Duden · Das Lexikon der Allgemeinbildung

Duden

Das Lexikon der Allgemeinbildung

Bescheid wissen, mitreden können

3., überarbeitete Auflage

Dudenverlag
Mannheim · Leipzig · Wien · Zürich

Titel der amerikanischen Originalausgabe:

The Dictionary of Cultural Literacy by E. D. Hirsch Jr., Joseph F. Kett, James Trefil

Redaktion der 3. Auflage:

Klaus M. Lange

Deutsche Bearbeitung und Übersetzung:

Ulrike Emrich M. A.
Martin Fruhstorfer M. A.
Jürgen Hotz M. A.
Dipl.-Ing. Helmut Kahnt
Heike Krüger
Klaus M. Lange
Dr. Werner Nell
Peter Neulen
Dr. Sabine Rochlitz
Hellmut Siebeck
Dr. Ursula G. Schling-Brodersen
Marianne Strzysch
Dr. Klaus Volkert
Günter Wiegand
Dr. Karl Henning Wolf

An der 2. Auflage wirkten außerdem mit:

Dipl.-Phys. Martin Bergmann
Alexander Froschauer
Dr. Roswitha Grassl
Dr. Andrea Klein
Peter Kratzmaier M. A.
Marc Rapparlié
Brigitte Röser
Christa Storck M. A.
Ingrid Suvak M. A.
Dr. Matthias Wallich

Die Deutsche Bibliothek - CIP-Einheitsaufnahme
Ein Titeldatensatz für diese Publikation ist bei der Deutschen Bibliothek erhältlich

Satz: Bibliographisches Institut & F. A. Brockhaus AG
(PageOne, alfa Integrierte Systeme)
Umschlaggestaltung: Hans Helfersdorfer, Heidelberg
Druck: Appl, Wemding
Bindearbeiten: Franz Spiegel Buch GmbH, Ulm
Printed in Germany
ISBN 3-411-05623-1

Vorwort

»*Bildung* ist ein junges und *Allgemeinbildung* ein ganz junges Wort. Die Sache freilich, für die beide stehen, ist älter, wurde jedoch früher anders bezeichnet. ... Jede aktuelle Vorstellung von Allgemeinbildung zehrt von Traditionsbeständen, so wie der Versuch jeder systematischen Begriffsklärung nicht ohne historische wie aktuelle Bezüge auskommt« schrieb der Frankfurter Publizist Rudolf Walter in einem Essay.

Die Bildungsinhalte unterliegen dem geschichtlichen Wandel. Wir alle erleben, dass sich das Wissen in immer kürzeren Abständen verdoppelt. Immer wieder sind wir erstaunt, was unsere Kinder in den Schulen lernen, und wundern uns, dass sie Dinge nicht mehr wissen, die für ihre Eltern zum selbstverständlich vorhandenen Wissen gehörten. Als Beispiel soll der Hinweis auf den Computer und die damit verbundenen Veränderungen und Wissenserweiterungen genügen. Trotzdem gibt es heute – wie in jeder Epoche – Daten, Fakten und Zusammenhänge, die zum Grundbestand unserer Kultur und unseres Alltagslebens gehören. Unkenntnis hierüber würden wir als Bildungslücke, das heißt Zeichen mangelnder Bildung empfinden.

In diesem Buch sind jene Dinge zusammengetragen, die uns für den deutschsprachigen Leser wichtig erscheinen, wohl wissend, dass sich über die Auswahl der Stichwörter trefflich streiten lässt. Die überaus positive Aufnahme, die die 1. und die 2. Auflage gefunden haben, hat uns ermutigt, das Werk in der nun vorliegenden 3. Auflage zu überarbeiten. Unseren Lesern danken wir für die Anregungen und die konstruktive Kritik; sie finden sich in dieser Ausgabe wieder.

Michel Eyquem de Montaigne, ein französischer Schriftsteller und Philosoph des 16. Jahrhunderts, hat von seinen Schriften gesagt: »Ich belehre nicht, ich erzähle.« In diesem Sinne will auch dieses Buch verfahren. Es möchte Sie als Leser mit möglichst einfachen Worten zum Weiterlesen anregen und neugierig machen auf Dinge, die Sie nicht mehr oder nur noch verschwommen wissen. Bemerkenswerte Einzelheiten oder auch Verknüpfungen zu anderen Wissensgebieten wurden durch ein ❧-Symbol gekennzeichnet.

Mannheim, im Herbst 2000 | Redaktion und Verlag

Hinweise für den Benutzer

Das ›DUDEN-Lexikon der Allgemeinbildung‹ enthält die Stichworte kapitelweise nach Sachgebieten sortiert. Sucht man ein Stichwort, schaut man im Register nach, ob der gesuchte Begriff vorhanden ist. Bei der Reihenfolge der Stichworte innerhalb der Kapitel wurden die bestimmten Artikel ›der‹, ›die‹, ›das‹ nicht berücksichtigt. Das Stichwort ›Der König ist tot, es lebe der König‹ z. B. ist also unter ›König‹ zu finden. Namen von wirklichen (im Gegensatz v. a. zu literarischen) Personen sind in Großbuchstaben gesetzt; haben sie kein eigenes Stichwort, sind sie in der Regel mit Lebensdaten versehen.

Aussprachebezeichnungen stehen in eckigen Klammern hinter allen Stichworten, bei denen die Aussprache Schwierigkeiten bereiten könnte. Die lautsprachliche Umschrift folgt dem Internationalen Lautschriftsystem der Association Phonetique Internationale; die verwendeten Zeichen bedeuten:

a = helles a, dt. Bl*a*tt, frz. p*a*tte
ɑ = dunkles a, dt. w*a*r, engl. r*a*ther
ã = nasales a, frz. gr*an*d
ʌ = dumpfes a, engl. b*u*t
β = halboffener Reibelaut b, span. Ha*b*anera
ç = Ich-Laut, dt. mi*ch*
ɕ = sj-Laut (stimmlos), poln *S*ienkięwicz
ð = stimmhaftes engl. th, engl. *th*e
æ = breites ä, dt. *Ä*ther
ɛ = offenes e, dt. f*e*tt
e = geschlossenes e, engl. *e*gg, dt. B*ee*t
ə = dumpfes e, dt. all*e*
ɛ̃ = nasales e, frz. f*i*n
ɣ = geriebenes g, span. Tarragona, niederländ. *G*ogh
i = geschlossenes i, dt. W*ie*se
ɪ = offenes i, dt. b*i*tte
ĩ = nasales i, port. *I*nfante
ʎ = lj, span. Sevi*ll*a
ŋ = ng-Laut, dt. Ha*ng*
ɲ = nj-Laut, Champa*gn*er
ɔ = offenes o, dt. K*o*pf
o = geschlossenes o, dt. T*o*r
ø = geschlossenes ö, dt. H*ö*hle
œ = offenes ö, dt. H*ö*lle
œ̃ = nasales ö, frz. parf*um*
s = stimmloses s, dt. wa*s*
z = stimmhaftes s, dt. *s*ingen
ʑ = zj-Laut (stimmhaft), poln. *Zi*elona Gora
ʃ = stimmloses sch, dt. *Sch*uh
ʒ = stimmhaftes sch, Gara*ge*
θ = stimmloses th, engl. *th*ing
u = geschlossenes u, dt. K*u*h
ʊ = offenes u, dt. b*u*nt
ũ = nasales u, port. At*um*
v = stimmhaftes w, dt. *W*ald
w = halbvokalisches w, engl. *w*ell
x = Ach-Laut, dt. Kra*ch*
y = geschlossenes ü, dt. M*ü*tze
ʏ = konsonantisches y, frz. S*u*isse
ː = bezeichnet Länge des vorhergehenden Vokals
ˈ = bezeichnet Betonung und steht vor der betonten Silbe, z. B. ˈætlɪ = Attlee
̯ = unter Vokalen, gibt an, dass der Vokal unsilbisch ist

Das ›DUDEN-Lexikon der Allgemeinbildung‹ verzichtet weitgehend auf Abkürzungen: Einige wenige wurden dennoch verwendet. Es bedeuten:

d. Ä. = der Ältere
d. J. = der Jüngere
d. Gr. = der Große
hl. = heilige(r)
Hl. = Heilige(r)
Jh. = Jahrhundert
Mio. = Millionen
Mrd. = Milliarden
n. Chr. = nach Christus
u. a. = unter anderem, unter anderen
v. a. = vor allem
v. Chr. = vor Christus

Inhalt

1

Die Weltgeschichte

Die Erforschung und Darstellung der Menschheitsgeschichte ist ein verhältnismäßig junger Zweig der Geschichtswissenschaft. Die weltgeschichtliche oder universalhistorische Betrachtung geht auf die Geschichtsschreibung der Aufklärung zurück. VOLTAIRES Werk ›Versuch einer allgemeinen Weltgeschichte ...‹ aus dem Jahr 1756 gilt als erste wirkliche Weltgeschichte. Sie stellte die Geschichte der Menschheit als gleichmäßigen Aufstieg von primitiver Barbarei bis zur Herrschaft der Vernunft und der Tugend dar. Seit dem 19. Jh. versucht die Geschichtswissenschaft, die geschichtliche Entwicklung der verschiedenen Völker, Reiche und Kulturen in ihren wechselseitigen Beziehungen und inneren Gemeinsamkeiten zu einem wissenschaftlichen Gesamtbild zusammenzufassen. Im 20. Jh. erhielt das Interesse an einer Universalgeschichte neuen Auftrieb, als Wissenschaften, Technologie und Massenkommunikation die Menschheit in einen erdumfassenden Zusammenhang gebracht hatten. Die Vorgeschichte dieses Weltzusammenhangs zu analysieren ist eine Grundform der modernen universalgeschichtlichen Betrachtung.
Dieses Kapitel will grundlegendes welthistorisches Wissen vermitteln, indem es auf die wichtigsten Personen und Begriffe eingeht. Eine vollständige Darstellung der Weltgeschichte konnte und sollte nicht angestrebt werden.

Abbasiden, muslimisches Herrschergeschlecht, das 750 die Omaijaden als Kalifen entmachtete und bis 1258 als Kalifen in Bagdad herrschte. Nach der Eroberung Bagdads durch die Mongolen lebten Abbasiden noch bis 1517 im Exil in Kairo.

Abendland, Okzident, Bezeichnung für den westeuropäischen Kulturkreis, der sich im Mittelalter herausbildete und bis heute über kulturelle Gemeinsamkeiten verfügt. Das Abendland ist geistesgeschichtlich von der römisch-griechischen Antike und von der katholischen Weltkirche des Mittelalters geprägt. Es umfasst die Länder mit katholischer bzw. protestantischer Bevölkerung im Gegensatz zu den Ländern mit orthodoxer Bevölkerung in Osteuropa und islamischer Bevölkerung im Orient. Der Begriff leitet sich davon ab, dass das Abendland von Italien aus gesehen eher im Westen, wo die Sonne am Abend untergeht, liegt. Der Gegenbegriff ist Morgenland (Orient).

Absolutismus, monarchische Regierungsform, in der der Herrscher die uneingeschränkte und ungeteilte Staatsgewalt ohne Mitwirkung von Ständen oder Parlament innehat und über den Gesetzen steht. In Europa prägte der Absolutismus besonders das 17. und 18. Jh., wobei der französische König LUDWIG XIV. als Musterbeispiel eines absoluten Monarchen gilt. Im 18. Jh. entstand in Mittel- und Südeuropa der ›aufgeklärte Absolutismus‹. Er war geprägt von den Ideen der Aufklärung *(siehe dort)* und sah im Herrscher den ›ersten Diener‹ des Staates, der dem Gemeinwohl verpflichtet war. Beispiele für Monarchen dieses Stils waren FRIEDRICH II., DER GROSSE, in Preußen und JOSEPH II. in Österreich. Im 19. Jh. wurde der Absolutismus in Europa weitgehend durch den parlamentarischen Verfassungsstaat abgelöst. – Abb. S. 10.

Adel, historisch gesehen ein sozial, rechtlich und politisch bevorrechtigter Stand, der durch eigene Lebensformen und ein ausgeprägtes Standesbewusstsein gekennzeichnet ist. Er beeinflusste in Europa über lange Zeiträume hinweg das gesamte gesellschaftliche Leben. Besonders in der Politik war

Absolutismus. Ludwig XIV. auf einem Gemälde von Hyacinthe Rigaud (* 1659, † 1743)

der Adel ein bestimmender Faktor, da meist nur Adlige in wichtige Ämter gelangen konnten. Die Adelsvorrechte wurden überwiegend erst im 19./20. Jh. beseitigt. Der Adel ist meist erblich; in Monarchien kann er durch den Monarchen verliehen werden. In Deutschland sind die bis 1918 verliehenen Adelsbezeichnungen nur noch Teil des Namens.

Adoptivkaiser, Antoninen, die römischen Kaiser des 2. Jh., die durch Adoption zur Herrschaft gelangten. Die Adoption des Nachfolgers durch den regierenden Kaiser wurde dabei als ›Auswahl des Besten‹ verstanden, jedoch nur so lange vorgenommen, wie die Kaiser keine leiblichen Söhne hatten.

Afghanistankrieg, der mit dem Einmarsch sowjetischer Truppen zum Schutz der kommunistischen Regierung 1979 ausgebrochene Krieg zwischen afghanischen Regierungstruppen und sowjetischen Interventionstruppen (bis 1988/89) sowie islamisch orientierten Rebellengruppen (Mudschaheddin). Der Afghanistankrieg führte zur Flucht von mehr als 3 Mio. Afghanen nach Pakistan und in den Iran. Der Krieg dauert als Bürgerkrieg zwischen verfeindeten Mudschaheddingruppen an. Am durchsetzungsfähigsten haben sich die so genannten Talibanmilizen erwiesen, die als fundamentalistische Muslime mit einer straffen Organisation die Hauptstadt Kabul einnehmen und eine Regierung bilden konnten.

ägäische Kultur, bronzezeitliche Kultur des 3. und 2. Jahrtausends v. Chr. auf dem griechischen Festland (helladische und mykenische Kultur), den Inseln der Ägäis (Kykladenkultur), Kreta (minoische Kultur) und an der Küste Kleinasiens. Zu ihrer höchsten Blüte kam sie um 1500 v. Chr. auf Kreta.

Ägyptisches Reich, zusammenfassende Bezeichnung für die Reichsbildungen in Ägypten seit 2850 v. Chr. bis zur Eroberung des Landes durch ALEXANDER DEN GROSSEN 332 v. Chr. In dieser Zeit wurde Ägypten von 31 Dynastien regiert; man gliedert diese Zeit in Altes Reich (2660–2160), Mittleres Reich (2040–1785) und Neues Reich (1552–1070) mit Zwischenzeiten, einer Frühzeit und einer Spätzeit. Nach ALEXANDER DEM GROSSEN gehörte Ägypten zum griechischen, dann zum römischen und seit dem 7. Jh. zum arabischen Kulturkreis.

Albigenser, nach der Stadt Albi in Südfrankreich gebildete Bezeichnung für die südfranzösischen Katharer, die in den Albigenserkriegen (1209–29) im Rahmen eines Kreuzzuges vor allem durch die französischen Könige unterworfen wurden. Damit wurde die Beherrschung des zuvor weitgehend unabhängigen Südfrankreichs durch die französische Krone eingeleitet.

Alea iacta est, *siehe* Die Würfel sind gefallen.

Alexander der Große, König von Makedonien (* 356, † 323 v. Chr.). Als Herrscher über Griechenland begann Alexander 334 seinen Krieg gegen das Persische Reich *(siehe dort),* das er bis 327 ganz eroberte; 325 drang er bis Indien vor. Seine Bemühungen um eine Verschmelzung aller Reichsteile scheiterten an seinem frühen Tod, nach dem sein Reich schnell zerfiel und unter mehrere Nachfolger, die Diadochen *(siehe dort),* aufgeteilt wurde. Seine Kriegszüge erschlossen neue Räume und führten zur Entstehung eines Welthandels und -verkehrs, auf dessen Basis die hellenistische ›Weltkultur‹ entstehen konnte.

Alliierte [zu französisch allier ›verbünden‹], allgemein Bezeichnung für eine Gruppe verbündeter (alliierter) Staaten; vor allem Bezeichnung für die im Ersten Weltkrieg gegen die Mittelmächte, im Zweiten Weltkrieg gegen die Achsenmächte und im zwei-

ten Golfkrieg 1991 gegen den Irak verbündeten Staaten.

Alte Welt, mitunter Bezeichnung für die Länder des abendländischen Kulturkreises (Abendland). Meist ist Alte Welt die Bezeichnung für die schon in der Antike bekannten Erdteile Europa, Asien und Afrika im Gegensatz zu Amerika, der Neuen Welt, die erst seit der Entdeckung durch Kolumbus (1492) bekannt ist; Australien bleibt dabei unberücksichtigt.

amerikanischer Bürgerkrieg, *siehe* Sezessionskrieg.

amerikanischer Unabhängigkeitskrieg, der Krieg zwischen Großbritannien und 13 seiner nordamerikanischen Kolonien 1775–83, der zur Bildung der USA führte. Mit französischer Hilfe gelang es dem amerikanischen Oberkommandierenden George Washington 1781, die britischen Truppen zur Kapitulation zu zwingen. Im Frieden von Paris erkannte Großbritannien 1783 die Unabhängigkeit der USA an.

amerikanische Unabhängigkeitserklärung, weitgehend von Thomas Jefferson verfasstes und durch den Kontinentalkongress als parlamentarische Versammlung der 13 rebellierenden britischen Kolonien in Nordamerika am 4. 7. 1776 verabschiedetes Dokument. Mit ihm erklärten sich die 13 Kolonien unabhängig von Großbritannien, erläuterten die Gründe für diesen Schritt und legten die Prinzipien dar, für die sie um ihre Unabhängigkeit kämpften.

❧ Der Tag der Verkündung der Unabhängigkeitserklärung (4. Juli) ist der Nationalfeiertag der USA.

Amselfeld, serbisch **Kosovo polje,** fruchtbares Hochbecken im Kosovo. Das Amselfeld war wiederholt Stätte entscheidender Schlachten. Am 28. 6. 1389 besiegte ein türkisches Heer unter Murad I. (* 1326 ?, † 1389) ein südslawisch-serbisches Heer unter Lazar I. Hrebeljanović (* um 1329, † 1389). Der ungarische Reichsverweser J. Hunyadi (* um 1408, † 1456) wurde am 19. 10. 1448 mit seinem Heer von den Türken unter Murad II. (* 1404, † 1451) geschlagen.

Ancien Régime, *das* [ãsjɛ̃: reˈʒi:m; französisch ›alte Regierungsform‹], Bezeichnung besonders für das absolutistisch regierte Frankreich vor der Französischen Revolution 1789. Es werden mit Ancien Régime aber auch allgemein die politischen und gesellschaftlichen Verhältnisse in Europa im 17./18. Jh. bezeichnet.

Antike, *die* Epochenbegriff für das um das Mittelmeer zentrierte griechisch-römische Altertum. Die Antike beginnt mit der Einwanderung der Griechen nach Griechenland im 2. Jahrtausend v. Chr. Sie endet etwa um 500 n. Chr. mit der Absetzung des letzten weströmischen Kaisers (476). Die Antike prägte das abendländische Europa in vielfacher Hinsicht (z. B. in Wissenschaft, Kunst, Philosophie, Recht).

Antisemitismus. Darstellung einer Judenverbrennung aus dem 15. Jh.

Antisemitismus, Abneigung oder Feindseligkeit gegen Juden. Im Mittelalter und in der frühen Neuzeit gab es einen religiös begründeten Antisemitismus, der den Juden die Kreuzigung Jesu Christi zum Vorwurf machte. Ein Rassenantisemitismus entstand dagegen erst im 19. Jh. Im späten 19. und frühen 20. Jh. wurde der Antisemitismus besonders in Deutschland und Frankreich zum politischen Schlagwort einzelner Politiker und Parteien. Schwere Judenverfolgungen (Pogrome) gab es in Russland. Der Antisemitismus gipfelte nach 1933 unter der Herrschaft des Nationalsozialismus in Deutschland in der planmäßigen Ausrottung der großen Mehrzahl der europäischen Juden.

Antoninen, *siehe* Adoptivkaiser.

Arabersturm, die machtvolle Ausbreitung des Islam durch die Araber bis Mitte des 8. Jh. Als Träger des in Arabien in der ersten Hälfte des 7. Jh. entstandenen Islam drangen die Araber seit der Mitte jenes Jahrhunderts in alle Teile des Vorderen Orients und nach Nordafrika vor. 711–713 wurde die Iberische Halbinsel erobert; der weiteste Vorstoß im Westen erfolgte um 730 bis nach Zentralfrankreich. Im Osten wurde bis etwa 750 das gesamte Sassanidenreich erobert und die byzantinische Herrschaft aus Palästina und Syrien verdrängt.

Arbeiterbewegung, der Kampf der Industriearbeiterschaft um die Beteiligung an der politischen und gesellschaftlichen Macht seit der Mitte des 19. Jh. Den geschichtlichen Hintergrund bildeten das starke Wachstum der Arbeiterschaft infolge der industriellen Revolution *(siehe dort)* und die krisengefährdete, sozialpolitisch und arbeitsrechtlich ungesicherte Lage der Arbeiter. Zur geistigen Grundlage wurden sozialistische Ideen, besonders die von KARL MARX. In den einzelnen Staaten gestaltete sich die Arbeiterbewegung sehr unterschiedlich. Träger wurden im politischen Bereich die Arbeiterparteien und hinsichtlich der wirtschaftlichen Forderungen die Gewerkschaften. Nach dem Sieg des Bolschewismus in der russischen Oktoberrevolution 1917 *(siehe dort)* spaltete sich die Arbeiterbewegung in die reformorientierte Sozialdemokratie und die nach Revolution strebenden kommunistischen Parteien.

armenischer Völkermord, die systematische Ausrottung der armenischen Bevölkerungsmehrheit in der Osttürkei während des Ersten Weltkriegs. Großtürkische Ideen und das Ziel der ethnischen Einheitlichkeit in der Politik der türkischen Regierung unter den Jungtürken *(siehe dort)* seit 1908/09 waren die Gründe für den Völkermord. Bis heute ist das Geschehen ein nationales Trauma der Armenier.

❧ In der Türkei sind Berichte über den armenischen Völkermord und die Bezeichnung selbst als ›Beleidigung des türkischen Staates‹ strafbar.

Assyrien, im Altertum das Herrschaftsgebiet der Stadtfürsten von Assur, das seit etwa 2400 v. Chr. nachweisbar ist. Im 13. Jh. stieg Assyrien zur Großmacht im Vorderen Orient auf und beherrschte zeitweise auch Babylon und Ägypten. 612 v. Chr. vernichteten Babylonier und Perser das assyrische Reich.

Atatürk, *siehe* Kemal Atatürk, Mustafa.

Athen, in der Antike eine der bedeutendsten Städte und die größte Stadt Griechenlands. Athen war die führende Macht unter den griechischen Stadtstaaten in den Perserkriegen. Unter PERIKLES erlebte es seine höchste politische und kulturelle Blüte. Im Peloponnesischen Krieg unterlag es Sparta, 338 v. Chr. kam es unter makedonische, seit dem 2. Jh. v. Chr. unter römische Herrschaft. Mit dem Untergang des Römischen Reichs verfiel auch Athen; neue Bedeutung erlangte es erst seit 1834 als Hauptstadt des unabhängigen Griechenland.

Atlantik-Charta, 1941 von dem amerikanischen Präsidenten FRANKLIN D. ROOSEVELT und dem britischen Premierminister W. CHURCHILL vereinbarte Erklärung über die Grundlagen einer zukünftigen Weltordnung. Nach dem Beitritt der Sowjetunion erkannten alle Alliierten des Zweiten Weltkriegs die Atlantik-Charta als allgemeines Programm an. Sie forderte vor allem das Selbstbestimmungsrecht der Völker, den Aufbau eines kollektiven Sicherheitssystems und die Entwaffnung von Friedensbrechern. Damit wurde sie zur Grundlage für die Gründung der UNO.

Attila, König der Hunnen († 453). Attila herrschte über ein Reich, dessen Mittelpunkt im heutigen Ungarn lag, das im Osten bis zum Kaukasus und im Westen fast bis zum Rhein reichte. Mit seinen Reiterheeren drang er bis tief ins Römische Reich ein. So konnte sein Kriegszug nach Gallien 451 erst nahe der Loire in der Schlacht auf den Katalaunischen Feldern durch eine Koalition von Westgoten, Burgundern, Franken und Römern gestoppt werden. Nach seinem Tod zerfiel sein Reich.
❧ Attila lebt in Sagen und Liedern fort, so z. B. als Etzel im Nibelungenlied.

attische Demokratie, in Athen im 6./5. Jh. v. Chr. entstandene und unter PERIKLES vollendete Staatsform. Sie zielte auf eine gleichmäßige politische Vertretung aller Vollbürger der Stadt ab und sollte die Herrschaft eines Einzelnen (Tyrannis) verhindern. Die attische Demokratie gilt als ältestes Vorbild der modernen Demokratien, wenngleich sie unter antiken Denkern (PLATON, ARISTOTELES) als nicht stabil umstritten war.

Auch du, Brutus? *siehe* Brutus.

aufgeklärter Absolutismus, *siehe* Absolutismus.

Aufklärung, *siehe* Kapitel 8.

Augustus [lateinisch ›der Erhabene‹], eigentlich GAIUS OCTAVIANUS, der erste römische Kaiser (* 63 v. Chr., † 14 n. Chr.). Von seinem Großonkel GAIUS JULIUS CAESAR testamentarisch adoptiert und zum Haupterben eingesetzt, setzte er sich als Mitglied des 2. Triumvirats *(siehe dort)* gegen die Caesarmörder und danach gegen seine Bundesgenossen MARCUS ANTONIUS (* um 82, † 30 v. Chr.) und MARCUS AEMILIUS LEPIDUS (* um 90, † 13/12 v. Chr.) durch. Seit 30 v. Chr. war er alleiniger Herrscher Roms. Er behielt den formalen Staatsaufbau der römischen Republik bei, bündelte aber die wichtigsten Funktionen in seiner Person und formte so die Republik zur Monarchie um. Er beendete die Bürgerkriege und führte eine geordnete Verwaltung ein; auch rundete er das Staatsgebiet ab.
❧ ›Augustus‹ war im Mittelalter und in der frühen Neuzeit der offizielle lateinische Titel der Kaiser.

Azteken, Indianervolk, das zur Zeit der spanischen Eroberung im 16. Jh. weite Gebiete Mexikos beherrschte. Seit dem 12. Jh. hatten die Azteken eine Hochkultur und ein bedeutendes Reich geschaffen, das durch HERNÁN CORTÉZ 1519–21 für Spanien erobert wurde. Ihr Reich ging unter, aber noch heute bilden die Nachkommen der Azteken einen Großteil der Bevölkerung Zentralmexikos.

Baath-Partei, Bath(-Partei) [arabisch ›Wiedergeburt‹], 1943 gegründete, panarabisch und sozialistisch orientierte politische Partei, in den einzelnen Ländern von einem ›Nationalen Kommando‹ geleitet; konnte im Libanon, Irak und v. a. in Syrien Fuß fassen.

Babylon, die erstmals Ende des 3. Jahrtausends v. Chr. erwähnte Stadt in Mesopotamien war vom Beginn des 2. Jahrtausends v. Chr. bis zu ALEXANDER DEM GROSSEN das kulturelle Zentrum Vorderasiens. Nach einem ersten Höhepunkt vom 18. bis 13. Jh. stand sie unter der Vorherrschaft Assyriens, erlebte aber im 6. Jh. unter NEBUKADNEZAR II. (* 605, † 562 v. Chr., Neubabylonisches Reich) ihre höchste Blüte. Ab 550 v. Chr. war Babylon eine der drei Hauptstädte des Perserreichs.
❧ ›Babylonische Gefangenschaft‹ nennt man den Zwangsaufenthalt der Juden in Babylonien unter NEBUKADNEZAR II.; später im übertragenen Sinne auch den Aufenthalt der Päpste in Avignon (1309–76). ❧ Der ›Babylonische Turm‹ der Bibel

François Dubois,
Eine Szene aus
der Bartholomäusnacht

war ein Stufentempel in Babylon, der angeblich bis in den Himmel gebaut werden sollte und dessen Fertigstellung Gott durch die babylonische Sprachverwirrung (Sich-nicht-mehr-Verstehen der Bauleute) verhindert haben soll.

Bartholomäusnacht, auch als ›Pariser Bluthochzeit‹ bezeichnete Ermordung von 5 000 bis 10 000 Hugenotten mit ihren Führern in der Nacht zum 24. 8. (Bartholomäustag) 1572 in Paris. Sie erfolgte auf Drängen der Königinmutter KATHARINA VON MEDICI (* 1519, † 1589) wenige Tage nach der Hochzeit des Protestanten HEINRICH VON NAVARRA (* 1553, † 1610), des späteren Königs HEINRICH IV., mit MARGARETE VON VALOIS (* 1553, † 1615), der Schwester des Königs KARL IX. (* 1550, † 1574). Die Bartholomäusnacht brachte die Hugenotten in unversöhnlichen Gegensatz zur Krone.

Die Erstürmung der Bastille am 14. 7. 1789

Bastille, *die* [bas'ti:j(ə)], im 14. Jh. erbaute Burg in Paris. Die als Staatsgefängnis benutzte Bastille wurde im Verlauf der Französischen Revolution am 14. 7. 1789 von einer revolutionären Menschenmenge gestürmt und später zerstört. Diese Tat gilt als entscheidender Durchbruch der Revolution.
❧ Der Tag des Sturms auf die Bastille ist der französische Nationalfeiertag.

Becket, Thomas Erzbischof von Canterbury (* 1118, † 1170, Erzbischof ab 1162). Zunächst enger Vertrauter und Kanzler des englischen Königs HEINRICH II. (* 1133, † 1189), trat er nach seiner Ernennung zum Erzbischof von Canterbury energisch für die Rechte der Kirche gegen den König ein. Nachdem er seine Gegner 1170 gebannt hatte, wurde er in der Kathedrale von Canterbury von vier Gefolgsleuten des Königs ermordet. Schon 1173 heilig gesprochen, breitete sich seine Verehrung rasch aus.
❧ Sein Leben wurde in Dramen von T. S. ELIOT und von JEAN ANOUILH verarbeitet.

Benedikt von Nursia, Ordensgründer (* um 480, † 547). Benedikt war Gründer und Abt des ersten Benediktinerklosters Monte Cassino bei Neapel.

Durch die von ihm verfasste und nach ihm benannte Regel für das Ordensleben wurde er der Begründer des abendländischen Mönchtums.

Ben Gurion, David früher DAVID GRÜN, israelischer Staatsmann (* 1886, † 1973). Als Anhänger der zionistischen Bewegung kam der in Polen geborene Ben Gurion 1906 nach Palästina, wo er 1921 Mitbegründer der jüdischen Gewerkschaftsbewegung und 1930 der sozialistischen Partei war. 1948 rief er den Staat Israel aus und war dessen erster Ministerpräsident; 1955–63 auch Verteidigungsminister.

Berliner Kongress, Zusammenkunft der führenden Staatsmänner der europäischen Großmächte und des Osmanischen Reichs in Berlin 1878 zur Neuordnung der Verhältnisse auf dem Balkan nach dem russisch-türkischen Krieg von 1877/78. Als ›ehrlicher Makler‹ übernahm der deutsche Reichskanzler OTTO VON BISMARCK die Aufgabe, die unterschiedlichen Interessen von Großbritannien, Russland und Österreich-Ungarn auszugleichen. Die Folge war jedoch eine Verschärfung des russisch-österreichischen Gegensatzes und der nationalen Frage auf dem Balkan.

Bettelorden, im 13. Jh. entstandene Mönchsorden (Franziskaner, Dominikaner), in denen nicht nur der einzelne Mönch, sondern die ganze Gemeinschaft auf Besitz verzichtete und sich durch Arbeit oder Betteln erhielt. Die Bettelorden sollten der Verweltlichung der Kirche entgegenwirken und prägten stark das kirchliche Leben des späten Mittelalters.

Boatpeople, *die* ['bəʊtpi:pl; englisch ›Bootsleute‹], Flüchtlinge, die ihr Land aus politischen und wirtschaftlichen Gründen mit oft seeuntüchtigen Booten verlassen; im engeren Sinne vor allem die Flüchtlinge aus Vietnam, die seit etwa 1978 ihr Land über das Südchinesische Meer verließen. Durch Nahrungsmangel, Piraten und Schiffbruch kamen sehr viele von ihnen ums Leben.

Bolivar, Simon südamerikanischer Politiker und Freiheitskämpfer (* 1783, † 1830). Bolivar war der Führer des Unabhängigkeitskampfes des nördlichen Südamerika gegen die spanische Kolonialherrschaft 1811–24. Er regierte 1825–30 die neu entstandene Republik Großkolumbien als Diktator, konnte aber den Abfall Venezuelas und Perus nicht verhindern. Kurz vor seinem Tod dankte er ab. Nach ihm wurde der Staat Bolivien benannt.

Bolschewiki, *die* seit 1903 der an dem marxistischen Konzept der proletarischen Weltrevolution festhaltende radikale Flügel der russischen Sozialdemokraten im Gegensatz zu den reformorientierten Menschewiki. Die Bolschewiki ergriffen mit der Oktoberrevolution 1917 die Macht in Russland und errichteten die Sowjetunion. 1918–52 auch Beiname der Kommunistischen Partei Russlands bzw. der Sowjetunion, die aus den Bolschewiki hervorgegangen war.

Borgia ['bɔrdʒa], aus Spanien stammendes Adelsgeschlecht, aus dem die Päpste CALIXTUS III. (* 1378, † 1458, Papst ab 1455) und ALEXANDER VI. (* 1430, † 1503, Papst ab 1492) stammten, deren Vetternwirtschaft die Borgia Reichtum, Einfluss

Der Berliner Kongress 1887, Gemälde von Anton von Werner, (* 1843, † 1915). Bismarck verabschiedet den russischen Gesandten Pjotr Schuwalow. Neben Bismarck der österreichisch-ungarische Außenminister Gyula Graf Andrássy. Der britische Premierminister Disraeli (links stehend auf einen Stock gestützt) redet mit dem russischen Kanzler Alexandr Michailowitsch Fürst Gortschakow (im Stuhl sitzend)

Die Boston Tea Party nach einer Lithographie vom Anfang des 19. Jh. Sie führte zur Schließung des Hafens von Boston durch die britischen Behörden und letztlich zum amerikanischen Unabhängigkeitskrieg

und Macht verdankten. Die Borgia-Päpste stehen sinnbildlich für die Päpste der Renaissancezeit, die vor allem Wert auf Macht und Luxus legten und ihre geistlichen Aufgaben vernachlässigten.

❧ Berühmte Vertreter der Borgia sind auch LUCREZIA BORGIA (* 1480, † 1519), eine Tochter ALEXANDERS VI., deren Jahrhunderte überdauernder schlechter Ruf durch zeitgenössische Verleumdung entstand, und ihr Bruder, der als Musterbeispiel eines Renaissancemenschen geltende CESARE BORGIA (* 1475, † 1507).

Boston Tea Party [ˈbɔstən ˈtiː paːtɪ; englisch ›Bostoner Teefeier‹], Protestaktion amerikanischer Kolonisten gegen die britische Regierung im Jahr 1773. Die Regierung in London hatte einer englischen Handelsgesellschaft das Recht verliehen, Tee direkt in den amerikanischen Kolonien zu verkaufen, was die amerikanischen Händler schädigte. Einige Kolonisten verkleideten sich als Indianer, bestiegen im Hafen von Boston ein britisches Teeschiff und warfen den dort befindlichen Tee über Bord. Die britische Regierung wollte daraufhin die Kolonien bestrafen, indem sie den Hafen schloss, aber dies verstärkte nur den Widerstand, der letztlich zur amerikanischen Unabhängigkeitserklärung führte.

Bourbonen [bur...], französisches Herrschergeschlecht, das 1589–1792 und 1814–30 sowie in einer Nebenlinie 1830–48 alle französischen Könige stellte. Weitere Nebenlinien herrschten 1701–1808, 1814–68, 1874–1931 und seit 1975 in Spanien, 1735–1860 in Neapel-Sizilien und 1731–36 und 1748–1803 im italienischen Herzogtum Parma.

Bourgeoisie, *die* [burʒwaˈziː; französisch ›Bürgertum‹], Bezeichnung für das wohlhabende städtische Bürgertum des 19. Jh. Als Spitzengruppe des dritten Standes *(siehe dort)* stieg die Bourgeoisie durch die Französische Revolution zur führenden gesellschaftlichen Kraft in Frankreich auf. Im marxistischen Sprachgebrauch ist die Bourgeoisie die führende Klasse der kapitalistischen Gesellschaft und somit der eigentliche Gegner der Arbeiterschaft, der im Zuge einer Revolution durch das Proletariat entmachtet werden muss.

Boxeraufstand, nach dem chinesischen Geheimbund der Boxer benannter Aufstand im Jahr 1900, der sich vor allem gegen den westlichen Einfluss in China richtete und in der Kriegserklärung der chinesischen Regierung an die europäischen Mächte gipfelte. In der Folge besetzte eine gemeinsame Armee Großbritanniens, Frankreichs, Russlands, Italiens, Deutschlands, Österreich-Ungarns und der USA Peking und schlug den Aufstand nieder.

❧ Aus dem Krieg gegen die Boxer stammt der Ausspruch des britischen Oberbefehlshabers ›Germans to the front‹ [›Deutsche an die Front‹].

Breschnew, Leonid Iljitsch, sowjetischer Politiker (* 1906, † 1982). Er war 1964 führend am Sturz N. CHRUSCHTSCHOWS beteiligt und seither Parteivorsitzender der KPdSU. In den folgenden Jahren verdrängte Breschnew zunehmend die anderen Mitglieder der Staats- und Parteiführung und wurde

1977 Staatsoberhaupt der Sowjetunion. Unter ihm setzte innenpolitisch wieder eine verschärfte Unterdrückungspolitik ein, außenpolitisch verstärkte sich der Druck auf die Staaten des Ostblocks. Das Hauptziel seiner Politik war es, die Großmachtstellung der Sowjetunion auszubauen und zu erhalten.

Breschnew-Doktrin, von dem sowjetischen Staats- und Parteichef L. I. BRESCHNEW aufgestellte These von der beschränkten Unabhängigkeit der damaligen Ostblockstaaten, die sich der Führungsmacht Sowjetunion unterzuordnen hätten. Die Breschnew-Doktrin diente unter anderem 1968 zur Rechtfertigung des Einmarsches von Truppen des Warschauer Pakts in die Tschechoslowakei (*siehe* Prager Frühling).

Brest-Litowsk, Stadt in Weißrussland, in der am 3. 3. 1918 der von den Mittelmächten *(siehe dort)* diktierte Frieden zwischen ihnen und Sowjetrussland geschlossen wurde. Russland verlor Polen, Litauen, Kurland und die Ukraine sowie Gebiete im Süden Armeniens. In einem Zusatzvertrag vom August 1918 erkannte es auch die Unabhängigkeit Estlands, Livlands und Georgiens an.

Briand, Aristide [briˈã], französischer Politiker (* 1862, † 1932). Als französischer Ministerpräsident und Außenminister bemühte sich Briand in den 1920er-Jahren um Abrüstung und eine deutsch-französische Aussöhnung. Für seine Bemühungen um den Locarno-Pakt erhielt er mit dem deutschen Außenminister GUSTAV STRESEMANN (*siehe* Kapitel 2) 1926 den Friedensnobelpreis. Im Briand-Kellogg-Pakt erreichte er 1928 die völkerrechtliche Ächtung des Angriffskrieges.

Britisches Empire [- ˈempaɪə(r); englisch ›Reich‹], Bezeichnung für das englisch-britische Weltreich. Nach Anfängen im 16. Jh. erwarb England im 17. Jh. Kolonien in Nordamerika und in der Karibik sowie Handelsniederlassungen in Westafrika und Indien. In Kriegen gegen Frankreich vergrößerte es im 18. Jh. diese Besitzungen. Die Unabhängigkeit der USA (1776/83) brachte das Ende dieses ›Ersten Empire‹. Im 19. Jh. erwarb Großbritannien umfangreichen Kolonialbesitz: Kanada und Australien wurden erschlossen, Indien restlos britischer Herrschaft unterworfen und weite Teile Afrikas kamen unter britische Gewalt. Während die von Europäern besiedelten Kolonien seit dem späten 19. Jh. schrittweise ihre Unabhängigkeit erlangten, wurden die anderen Kolonien vom Mutterland direkt verwaltet. Nach dem Zweiten Weltkrieg musste Großbritannien aber auch diese fast alle in die Unabhängigkeit entlassen. Viele von ihnen sind jedoch bis heute im Commonwealth of Nations (*siehe* Kapitel 3) zusammengeschlossen.

Bronzezeit, vorgeschichtliche Kulturstufe zwischen der Steinzeit *(siehe dort)* und der Eisenzeit *(siehe dort),* die besonders durch den Gebrauch von Bronze zur Herstellung von Geräten und Waffen geprägt war. In fast allen Teilen der Alten Welt gab es eine Bronzezeit, deren Beginn und Dauer jedoch nach regionalen Gegebenheiten unterschiedlich war. In Mitteleuropa begann sie etwa zu Beginn des 2. Jahrtausends v. Chr. und dauerte bis gegen 700 v. Chr.

Brot und Spiele [lateinisch: ›panem et circenses‹], Zitat des römischen Schriftstellers JUVENAL (* um 60, † 140 n. Chr.), der damit die Anspruchshaltung seiner Mitbürger bezeichnete, die keine politischen Interessen hatten, sondern nur Lebensmittel und Unterhaltung durch Zirkusspiele von der Regierung verlangten.

Boxeraufstand.
Mitglieder des Geheimbundes bringen gefangene Europäer zu Beamten, um den Mythos der Unbesiegbarkeit zu unterstreichen.
Zeitgenössischer chinesischer Bilderbogen

Brutus, eigentlich MARCUS IUNIUS BRUTUS, einer der Caesarmörder (* 85, † 42 v. Chr.). Er war als Anhänger der römischen Republik trotz großzügiger Förderung durch CAESAR einer von dessen Mördern. Nach der Niederlage der Verschwörer in der Schlacht bei Philippi 42 v. Chr. gegen MARCUS ANTONIUS (* um 82, † 30 v. Chr.) und AUGUSTUS beging er Selbstmord.
❧ ›Auch du, Brutus?‹ [lateinisch ›Et tu Brute?‹], waren nach SUETON (* um 70, † um 140) die letzten Worte CAESARS, als er bei seiner Ermordung Brutus unter seinen Mördern erkannte.

Buren, die ehemals politisch führende Bevölkerungsgruppe in Südafrika. Die Buren sind Nachkommen der seit 1652 ins Kapland eingewanderten niederländischen, deutschen und französischen Siedler. Sie zogen 1835–38 im Großen Treck nach Norden und gründeten die Burenstaaten Natal, Transvaal und Oranjefreistaat, die 1843 (Natal) bzw. nach dem Burenkrieg 1902 unter britische Herrschaft kamen.

Burenkrieg, der Krieg zwischen Großbritannien und den von Buren besiedelten südafrikanischen Staaten Transvaal und Oranjefreistaat 1899–1902. Der Burenkrieg führte nach harten Kämpfen zur Eingliederung der Burenstaaten in das Britische Empire. Er schuf durch Zusammenfassung der Burenstaaten mit den englischen Kolonien Kapland und Natal die Grundlage für die heutige Republik Südafrika.

Bürgerkönig, Beiname des französischen Königs LOUIS PHILIPPE (* 1773, † 1850), der nach der Julirevolution von 1830 als Kandidat des liberalen Großbürgertums auf den Thron kam. Außenpolitische Misserfolge und die Verschleppung innenpolitischer Reformen führten 1848 zu seinem Sturz in der Februarrevolution. Er war der letzte französische König.

Burgunder, germanischer Stamm, der seit 406/407 im Gebiet um Mainz, Alzey und Worms siedelte. 436 hier durch Römer und Hunnen vertrieben, wurden die Burgunder im Rhônegebiet angesiedelt.
❧ Nach ihnen ist ›Burgund‹ benannt. ❧ Ihre Niederlage im Kampf mit den Hunnen fand Eingang ins Nibelungenlied.

Byzantinisches Reich, entwickelte sich seit dem 4. Jh. aus den griechisch-hellenistischen Teilen des Römischen Reichs und war dessen Nachfolgereich um das östliche Mittelmeer. Das Byzantinische Reich war geprägt von staatlicher Tradition Roms und einer Verbindung von hellenistischer und christlicher Kultur. Seit dem 7. Jh. wurde es auf dem Balkan durch die Slawen, in Afrika und dem Vorderen Orient durch den Islam immer weiter zurückgedrängt, 1453 ging es mit der Eroberung Konstantinopels durch die Türken unter.
❧ Den Namen Byzantinisches Reich für das Oströmische Reich prägten erst die Humanisten nach dem antiken Namen von Konstantinopel, Byzanz.

Caesar, eigentlich GAIUS IULIUS CAESAR, römischer Staatsmann und Feldherr (* 102 oder 100, † 44 v. Chr.). Nach Unterwerfung Galliens unter die Herrschaft Roms setzte sich Caesar im Bürgerkrieg (49–45 v. Chr.) gegen GNAEUS POMPEIUS (* 106, † 48 v. Chr.) als alleiniger Machthaber durch. 44 v. Chr. wurde er von Anhängern der römischen Republik, die ihm vorwarfen, eine Monarchie errichten zu wollen, umgebracht. Nach ihm nannten sich die späteren römischen Kaiser Caesaren.
❧ Von ›Caesar‹ stammt das deutsche Wort ›Kaiser‹ ebenso wie das russische ›Zar‹. ❧ Mit Überschreiten des Grenzflusses Rubikon eröffnete Caesar 49 v. Chr. den Bürgerkrieg; heute noch meint der Ausdruck ›Den Rubikon überschreiten‹ eine endgültige Entscheidung. ❧ Caesar erlangte Ruhm auch als Schriftsteller. Überliefert sind von ihm die Schriften über den Gallischen Krieg (›De bello Gallico‹) und über den Bürgerkrieg gegen POMPEIUS.

Calvin, Jean französisch-schweizerischer Reformator (* 1509, † 1564). Calvin wirkte seit 1536 hauptsächlich in Genf, wo er eine strenge Kirchenzucht einführte, die alle Lebensbereiche erfasste und notfalls mit Gewalt durchgesetzt wurde. Er ist neben ULRICH (HULDRYCH) ZWINGLI (* 1484, † 1531) Begründer der reformierten Kirchen.

Calvinismus, die von JEAN CALVIN geprägte reformatorische Richtung des Christentums. Sie zeichnet sich vor allem durch ihre Auserwähltheitslehre aus, die häufig in weltlichen Erfolgen (z. B. Reichtum) ein Zeichen göttlicher Gnade sah. Daneben ist der Calvinismus von einfachem Leben und strengen Moralvorstellungen geprägt. Er verbreitete sich seit der 2. Hälfte des 16. Jh. besonders in Südwestdeutschland, den Niederlanden, Frankreich (Hugenotten), England (Puritaner) und Nordamerika.

Camp-David-Abkommen ['kæmp'deɪvɪd-], nach den vorangegangenen Verhandlungen auf dem Landsitz der amerikanischen Präsidenten, Camp David, benanntes ägyptisch-israelisches Abkommen von 1978, das den israelischen Rückzug von besetztem ägyptischem Gebiet (Sinaihalbinsel) regelte. Es führte 1979 zum Abschluss des ägyptisch-israelischen Friedensvertrags, nachdem sich beide Staaten seit der Gründung Israels 1948 im Kriegszustand miteinander befunden hatten.

Cannae, bei der antiken Ortschaft Cannae in Süditalien fand am 2. 8. 216 v. Chr. eine Schlacht zwischen dem karthagischen Heer unter HANNIBAL und einem erheblich größeren römischen Heer statt. Es gelang HANNIBAL, das römische Heer durch die karthagische Reiterei einzukesseln und die römische Armee fast völlig zu vernichten. Seither gilt die Schlacht von Cannae als das Muster einer Umfassungsschlacht und wird als solches noch heute von Militärtheoretikern studiert.

Castro Ruz, Fidel [- rus], kubanischer Revolutionär und Politiker (* 1927). Castro kämpfte 1956–59 mit einer Rebellenarmee gegen den damaligen kubanischen Staatspräsidenten FULGENCIO BATISTA (* 1901, † 1973) und übernahm 1959 die Macht. Seit 1961 führte er, unter Anlehnung an die Sowjetunion, eine kommunistische Diktatur in Kuba ein. Das Kuba Castros wurde in den 1960er- und 1970er-Jahren häufig als Modell für die Dritte Welt angesehen. Der verheerende wirtschaftliche Niedergang seit dem Zusammenbruch des Ostblocks nach 1989, verstärkt durch die Wirtschaftsblockade der USA, zwang Castro, marktwirtschaftliche Ansätze (z. B. Bauernmärkte) zu gestatten.

Cato, eigentlich MARCUS PORCIUS CATO CENSORIUS, römischer Staatsmann (* 234, † 149 v. Chr.). Cato gilt wegen seines konservativen Festhaltens an alten römischen Werten und Institutionen als Hauptvertreter altrömischer Staats- und Moralvorstellungen, der besonders im Gegensatz zum nach Rom eindringenden Hellenismus stand.

❧ Er war verantwortlich für die Zerstörung Karthagos durch Rom, die er bei jedem öffentlichen Auftreten mit dem Satz ›Ceterum censeo Carthaginem esse delendam‹ [lateinisch ›Übrigens bin ich der Meinung, dass Karthago zerstört werden muss‹] immer wieder gefordert hatte. Dieser Satz bezeichnet heute eine wiederholt vorgebrachte Forderung.

Ceterum censeo Carthaginem esse delendam, *siehe* Cato.

Chamberlain, Neville ['tʃeɪmbəlɪn], britischer Politiker (* 1869, † 1940). Als Premierminister (1937–40) betrieb Chamberlain zunächst eine Beschwichtigungspolitik (Appeasement) gegenüber dem nationalsozialistischen Deutschland, die im Münchner Abkommen gipfelte. Nach deren Scheitern gab er im März 1939 eine Garantieerklärung für Polen ab und erklärte Deutschland nach dessen Überfall auf Polen im September 1939 den Krieg.

Che Guevara [tʃegɛ'βara], eigentlich ERNESTO GUEVARA SERNA, lateinamerikanischer Revolutionär (* 1928, † 1967). Che Guevara war als Industrieminister (1961–65) maßgeblich an der revolutionären Umgestaltung Kubas unter F. CASTRO RUZ beteiligt. 1966/67 versuchte er, in Bolivien eine revolutionäre Guerillaorganisation aufzubauen, wobei er erschossen wurde.

❧ Che Guevara war eine Leitfigur der Befreiungs-

Che Guevara auf einem Plakat aus den 1960er-Jahren

Sir Winston Churchill (rechts) und Th. Heuss

bewegungen der Dritten Welt und ein Idol der Studentenbewegung 1968. ❧ Im Juli 1998 wurden seine sterblichen Reste von Bolivien nach Kuba überführt.

Chiang Kai-shek [tʃiaŋkaiʃɛk], chinesischer General und Politiker (* 1887, † 1975). Als Führer der Kuomintang setzte er sich ab 1925 in ganz China gegen regionale Machthaber durch. Seine Innenpolitik war von Antikommunismus und dem Festhalten an traditionellen Leitbildern geprägt. Während des Zweiten Weltkriegs lehnte er sich eng an die USA an. Im chinesischen Bürgerkrieg (1946–49) von den Kommunisten geschlagen, musste er 1949 nach Taiwan fliehen, wo er die Republik China errichtete.

Chinesische Mauer, mit einer Gesamtlänge von über 2 500 km die größte Schutzanlage der Erde im Norden Chinas. Um 200 v. Chr. begonnen, erhielt sie ihre heutige Form im 15. Jh. Sie diente der Sicherung Chinas gegen die Mongolen.

Chou En-lai [dʒu -], *siehe* Zhou Enlai.

Chruschtschow, Nikita Sergejewitsch [xru-], sowjetischer Politiker (* 1894, † 1971). Als Nachfolger STALINS führte Chruschtschow innenpolitische Reformen durch. Außenpolitisch warb er um ›friedliche Koexistenz‹, baute jedoch zugleich die Militärmacht der Sowjetunion aus. In seiner Amtszeit kam es über die Frage der Führung der kommunistischen Weltbewegung zum Bruch mit den chinesischen Kommunisten. 1964 wurde er von einer Politikergruppe um LEONID BRESCHNEW gestürzt.

Churchill, Sir Winston ['tʃə:tʃɪl], britischer Staatsmann (* 1874, † 1965). Nachdem er bereits im Ersten Weltkrieg als Marine- und Munitionsminister entscheidenden Einfluss ausgeübt hatte, stand Churchill als frühzeitiger Warner vor HITLER nach 1933 der britischen Beschwichtigungspolitik (*siehe* Appeasement, Kapitel 3) NEVILLE CHAMBERLAINS ablehnend gegenüber. Im Zweiten Weltkrieg leitete er als Premierminister mit dem amerikanischen Präsidenten ROOSEVELT und dem sowjetischen Staatschef STALIN die politische und militärische Kriegführung der Alliierten.
❧ Churchill malte und war auch schriftstellerisch tätig. Für sein Werk erhielt er 1953 den Nobelpreis für Literatur.

Cicero, eigentlich MARCUS TULLIUS CICERO, römischer Politiker und Schriftsteller (* 106, † 43 v. Chr.). Cicero stieg zu höchsten Staatsämtern auf; er war ein entschiedener Anhänger der römischen Republik. Seine größte Bedeutung liegt in seinem schriftstellerischen Schaffen, durch das er – unter Vermittlung der griechischen Gedankenwelt an die Römer – zum eigentlichen Schöpfer des klassischen Lateins wurde. Er beeinflusste entscheidend die abendländische Geistesgeschichte.

Clemenceau, Georges [klemã'so], französischer Politiker (* 1841, † 1929). Als französischer Ministerpräsident (1917–20) versuchte Clemenceau nach dem Ende des Ersten Weltkriegs, Deutschland so weit wie möglich zu schwächen (Versailler Vertrag, *siehe* Kapitel 2). Er war ein glühender Nationalist und wohl die stärkste Politikerpersönlichkeit im Frankreich seiner Zeit.

Cluny [kly'ni], 909 gegründete Benediktinerabtei in Burgund, die im 11./12. Jh. Ausgangs- und Mittelpunkt einer umfassenden Erneuerungsbewegung des abendländischen Mönchtums und der Kirche insgesamt war. Die cluniazensische Reform führte,

nach einem Niedergang des kirchlichen Lebens im 10. Jh., zu einer neuen Blüte im hohen Mittelalter.
❧ Die Abteikirche von Cluny war bis zum Bau der heutigen Peterskirche in Rom im 16. Jh. die größte Kirche der Christenheit.

Cook, James [kʊk], britischer Seefahrer (* 1728, † 1779). Cook leistete auf drei Weltumsegelungen (1768–71, 1772–75, 1776–80) Bahnbrechendes zur Erforschung Australiens und Ozeaniens sowie des antarktischen Raums. Er wurde auf seiner letzten Fahrt auf Hawaii von Eingeborenen erschlagen.

Cordon sanitaire, *der* [kɔrˈdɔ̃ saniˈtɛr; französisch ›Sicherheitsgürtel‹], Bezeichnung für den 1919/20 auf britisches und französisches Drängen errichteten Staatengürtel von Finnland über die baltischen Staaten und Polen bis Rumänien, der Sowjetrussland vom übrigen Europa trennen sollte, um dieses vor der ›bolschewistischen Weltrevolution‹ zu schützen.

Cortéz, Hernán [kɔrˈtes], Eroberer Mexikos (* 1485, † 1547). Cortéz eroberte 1519–21 das Aztekenreich, das den größten Teil Mexikos umfasste, für Spanien. Als Statthalter des nun Neuspanien genannten Gebietes drang er bis Honduras und Kalifornien vor.

Cromwell, Oliver [ˈkrɔmwəl], englischer Staatsmann (* 1599, † 1658). Cromwell, ein strenger Puritaner, entschied als Heerführer 1644/45 den englischen Bürgerkrieg zugunsten des Parlaments gegen König KARL I. (* 1600, † 1649), drängte 1648 das Parlament beiseite und ließ 1649 den König hinrichten. Als ›Lordprotector‹ herrschte er über England, das er erstmals mit Schottland und Irland zusammenschloss. Durch siegreiche Kriege gegen die Niederlande und Spanien förderte er die See- und Handelsmacht Englands.

Dalai-Lama, das politische und religiöse Oberhaupt der Tibeter. Nach der Besetzung Tibets durch China und einem niedergeschlagenen Volksaufstand (Tibetfrage, *siehe dort*) floh der gegenwärtige 14. Dalai-Lama TENZIN GYATSO (* 1935) 1959 nach Indien, wo er seither im Exil lebt. Von hier setzt er sich für die friedliche Wiedererringung der tibetischen Unabhängigkeit ein. 1989 wurde ihm der Friedensnobelpreis verliehen.

Danton, Georges [dɑ̃ˈtɔ̃], französischer Revolutionär (* 1759, † 1794). Als Justizminister der Revolutionsregierung organisierte Danton 1792 die Terrorherrschaft. Nach der Abwehr der äußeren Feinde der Revolution im 1. Koalitionskrieg trat er 1794 für den Abbau des Terrors ein, weshalb er von den Radikalen um ROBESPIERRE als Verräter angeklagt und hingerichtet wurde.
❧ Seine Rolle bei der Französischen Revolution wurde mehrfach literarisch verarbeitet, so z. B. 1835 von GEORG BÜCHNER, der bezüglich Dantons Schicksal den Ausspruch prägte: ›Die Revolution ... frisst ihre eignen Kinder.‹

Dareios I., persischer König (* 550, † 486 v. Chr.). Er erweiterte das Persische Reich im Osten bis zum Indus. Mit seinen misslungenen Kriegszügen gegen die Griechen (492–490) begannen die Perserkriege.

Dayton-Abkommen [ˈdeɪtn-], nach dem Verhandlungsort Dayton im US-Bundesstaat Ohio benanntes Abkommen von 1995, das die auf der Bosnien-Konferenz (Kroatien, Jugoslawien-Serbien, Bosnien und Herzegowina, die USA als Vermittler) getroffenen Vereinbarungen für eine Friedensregelung in Bosnien und Herzegowina festschrieb und

Die Karte zeigt den Gebietsstand der Republik Bosnien und Herzegowina nach dem Dayton-Abkommen

zum Frieden von Paris führte (Dezember 1995). Bosnien und Herzegowina blieb als international anerkannter einheitlicher Staat, gegliedert in zwei Teile (Union aus bosniakisch-kroatischer Föderation und bosnisch-serbischer Republik) erhalten; Verfassungsgrundsätze, das Rückkehrrecht von Flüchtlingen und Vertriebenen, Freizügigkeit, Durchführung von Wahlen und die Festlegung auf Sarajevo als ungeteilte Hauptstadt und Sitz der Zentralregierung wurden ebenfalls vereinbart.

Deng Xiaoping [...çiao...], chinesischer Politiker (* 1904, † 1997). Nach dem Tod MAO ZEDONGS (1976) stieg Deng zum starken Mann Chinas auf. Im Innern verfolgte er eine Politik der Wirtschaftsreformen bei gleichzeitigem Festhalten am überkommenen politischen System. Außenpolitisch öffnete er China nach Westen. Seit 1987 zog er sich aus den meisten Führungspositionen zurück, behielt aber seinen beherrschenden Einfluss. 1989 war er maßgeblich für die Niederschlagung der Demokratiebewegung verantwortlich.

Diadochen, die Feldherren ALEXANDERS DES GROSSEN, die nach dessen Tod (323 v. Chr.) sein Reich teilten. Die Diadochenkämpfe um die Ausdehnung dieser Teilreiche (Diadochenreiche) fanden erst 281 v. Chr. ihr Ende.

Disraeli, Benjamin, britischer Staatsmann (* 1804, † 1881). Als Führer der konservativen Partei war Disraeli 1868 und 1874–80 britischer Premierminister. Er gilt als einer der Hauptvertreter des britischen Imperialismus.

Divide et impera! [lateinisch ›Teile (eigentlich: entzweie) und herrsche!‹], die oft den Römern zugeschriebene, in dieser Form aber erst seit der Renaissance belegbare politische Maxime, Macht durch Spaltung der Gegner zu gewinnen.

Dominotheorie, nach dem Zweiten Weltkrieg entstandene Theorie über die fortschreitende Ausbreitung des Kommunismus, vor allem in Südostasien. Wie bei einer Reihe hintereinander stehender Dominosteine der Fall eines einzigen den Sturz der ganzen Reihe bewirke, so ziehe der kommunistische Umsturz in einem Land weitere in Nachbarländern nach sich. In den 1960er-Jahren diente die Dominotheorie zur Begründung des amerikanischen Einsatzes im Vietnamkrieg.

Drake, Francis [dreɪk], englischer Seefahrer (* um 1540, † 1596). Er kämpfte als Freibeuter seit 1567 in Westindien gegen Spanien und umsegelte bei einer solchen Kriegsfahrt 1577–80 die Erde (2. Erdumsegelung nach MAGELLAN). Drake spielte 1588 eine wichtige Rolle beim englischen Sieg über die spanische Armada.

Drakon, athenischer Gesetzgeber, der um 621 v. Chr. erstmals die Gesetze Athens aufzeichnete. Die Härte der Strafen seiner Gesetze ist sprichwörtlich geworden (drakonische Strafen).

Dreyfusaffäre [drɛˈfys...], Affäre um den fälschlicherweise wegen Landesverrats verurteilten französischen Hauptmann jüdischen Glaubens ALFRED DREYFUS (* 1859, † 1935), die Frankreich um die Wende vom 19. zum 20. Jh. erschütterte. Die Wiederaufnahme des Verfahrens gegen DREYFUS wurde gegen den Widerstand des Militärs durch eine öffentliche Kampagne erzwungen, wobei die Angelegenheit immer mehr zur politischen Streitfrage

Das Reliefbild des Echnaton zeigt die asketischen Züge des Pharaos besonders deutlich

zwischen der militaristisch-antisemitischen Rechten und der republikanisch-demokratischen Linken wurde. Die Dreyfusaffäre endete 1906 mit der Rehabilitierung von DREYFUS.

dritter Stand, in der mittelalterlichen und frühneuzeitlichen Ständegesellschaft die Bürger und Bauern, die nach dem Adel und der Geistlichkeit den dritten Platz einnahmen. In der Französischen Revolution erkämpfte sich der dritte Stand die rechtliche Gleichstellung und die politische Führung. Mit dem Aufkommen der modernen Industrie verengte sich der Begriff dritter Stand auf das besitzende Bürgertum, die Bourgeoisie, im Unterschied zum Proletariat, das nun als vierter Stand bezeichnet wurde.

Dschingis Khan, eigentlich TEMUDJIN, Begründer des mongolischen Weltreichs (* um 1155 oder 1167, † 1227). Er einte bis 1205 die Mongolen. Ab 1215 eroberten seine Heere ganz Nord- und Zentralasien bis nach Russland. Das Reich Dschingis Khans reichte bei seinem Tod vom Chinesischen Meer bis an die Grenzen Europas. Seine Nachfolger vergrößerten und bewahrten es, in Teilreiche untergliedert, zum Teil für Jahrhunderte.

Duce ['du:tʃe; italienisch ›Führer‹], in der Form ›Duce del fascismo‹ [- fa'ʃismo; ›Führer der Faschisten‹] Herrschaftstitel BENITO MUSSOLINIS.

Dunant, Henry [dy'nã], Gründer des Internationalen Roten Kreuzes (* 1828, † 1910). Nachdem er 1859 als Augenzeuge der Schlacht von Solferino das Elend der Verwundeten gesehen hatte, gründete der Schweizer Henry Dunant 1863 das Internationale Komitee vom Roten Kreuz. Auf seine Anregung hin wurde 1864 auch die Genfer Konvention zum Schutz der Kriegsverwundeten abgeschlossen.
❧ 1901 erhielt H. Dunant den Friedensnobelpreis.

Echnaton, eigentlich AMENOPHIS IV., von 1364 bis 1347 v. Chr. ägyptischer König. Er erhob, unter Abkehrung vom traditionellen Reichsgott Amun, die Sonnenscheibe (Aton) zum einzigen Gott und baute sich in Amarna eine neue Hauptstadt. Er gilt als Ketzerkönig. Seine Gemahlin war NOFRETETE.

Edikt von Nantes [- - nãt], von König HEINRICH IV. (* 1553, † 1610) von Frankreich 1598 erlassenes Edikt, das die französischen Religionskriege beendete. Es bestätigte den Katholizismus als Staatsreligion, gewährte aber den Hugenotten *(siehe dort)* Gewissensfreiheit und an vielen Orten das Recht, Gottesdienste abzuhalten. Außerdem erhielten sie rund 100 ›Sicherheitsplätze‹, an denen sie eigene Truppen unterhalten konnten. Die Aufhebung des Edikts von Nantes durch LUDWIG XIV. 1685 führte zur Auswanderung zahlreicher Hugenotten nach Deutschland und in die Niederlande.

Eigentum ist Diebstahl [französisch ›La propriété c'est le vol‹], Ausspruch des französischen Frühsozialisten PIERRE JOSEPH PROUDHON (* 1809, † 1865), mit dem er seine Forderung begründete, dass jeder Mensch nur so viel besitzen solle, wie für seinen Lebensunterhalt nötig sei.

Eisenzeit, nach der Stein- und Bronzezeit die dritte große vorgeschichtliche Kulturperiode, die durch die allgemeine Verwendung von Eisen als Werkstoff für Werkzeuge, Waffen und Geräte gekennzeichnet ist. Die Verbreitung der Eisentechnik ging um 1400 v. Chr. von den Hethitern aus und erreichte über den Balkan (Griechenland um 1100 v. Chr.) Europa. In Skandinavien setzte sie sich stellenweise erst um Christi Geburt durch. Allgemein wird das Ende der Eisenzeit (und damit der Vorgeschichte) mit dem Einsetzen einer breiten schriftlichen Überlieferung angesetzt, so im Mittelmeerraum mit dem Beginn der klassischen griechischen und römischen Geschichte, in Skandinavien dagegen erst nach der Wikingerzeit.

Eiserner Vorhang, von WINSTON CHURCHILL 1946 geprägter Ausdruck, der bildhaft die von der Sowjetunion seit Ende des Zweiten Weltkriegs betriebene Abschließung ihres Machtbereichs in Europa von der übrigen Welt bezeichnete. Mit den Umwälzungen in der Sowjetunion und den mittelosteuropäischen Staaten 1989/90 verschwand auch der Eiserne Vorhang.

Eldorado, Name eines sagenhaften Goldlandes im Innern des nördlichen Südamerika. Die Suche nach dem Eldorado war Ursache für viele Entdeckungs- und Eroberungszüge der Konquistadoren. Die Sage blieb bis ins 18. Jh. lebendig.
❧ Heute bezeichnet man mit Eldorado auch ein Traumland, ein Paradies.

Elisabeth I., englische Königin (* 1533, † 1603, Königin ab 1558). Elisabeth sicherte ihre Herrschaft im Innern unter anderem durch die Inhaftierung und Hinrichtung (1587) ihrer katholischen Rivalin MA-

RIA STUART. Den Krieg gegen Spanien gewann sie dank des Sieges ihrer Flotte unter FRANCIS DRAKE über die spanische Armada *(siehe dort)*. Unter ihrer Regierung erlebte England einen großen wirtschaftlichen Aufschwung und eine geistige Blütezeit (Elisabethanisches Zeitalter). Deshalb gilt sie bis heute als eine der größten Herrscherpersönlichkeiten des Landes.

❧ Da Elisabeth nie heiratete, galt sie als ›jungfräuliche Königin‹ [englisch ›virgin queen‹]; nach ihr wurde der amerikanische Bundesstaat Virginia benannt.

Emanzipation, *die* [lateinisch ›Freilassung‹], die Befreiung aus einem Zustand der Abhängigkeit, Entrechtung oder Unterdrückung, besonders die rechtliche und gesellschaftliche Gleichstellung benachteiligter Gruppen. Ausgehend von der Idee der Aufklärung, dass allen Menschen gleiche Rechte zustehen, formierten sich seit dem späten 18. Jh. zahlreiche Emanzipationsbewegungen (z. B. der Sklaven, Juden, Frauen und des Bürgertums). Während es häufig relativ rasch gelang, eine rechtliche Gleichstellung zu erlangen, dauern die Bemühungen um eine soziale Gleichstellung teilweise bis heute an (z. B. Emanzipation der Frau).

Engels, Friedrich sozialistischer Schriftsteller und Politiker (* 1820, † 1895). Er verfasste gemeinsam mit KARL MARX das Kommunistische Manifest *(siehe dort)* und unterstützte diesen materiell und geistig. Neben MARX ist er der Begründer des Marxismus.

Entdeckung Amerikas, obgleich Wikinger bereits um 1000 in Nordamerika gelandet waren und bretonische und galizische Fischer wohl schon im späten Mittelalter in den Gewässern vor Neufundland fischten, gilt bis heute die Landung von KOLUMBUS auf den Bahamas am 12. 10. 1492 als Entdeckung Amerikas; das Wissen um die früheren Fahrten war nicht ins Bewusstsein der Zeitgenossen gedrungen.

Entdeckungsfahrten, die Fahrten, aufgrund deren das Wissen der Europäer um fremde Erdteile erweitert und ihre Herrschaft über die Erde ausgebreitet wurde. Somit zählen z. B. die Fahrten der Wikinger im Nordatlantik im 10. Jh. und MARCO POLOS nach China im 13. Jh. ebenso dazu wie die Fahrten vor allem portugiesischer und spanischer Seeleute im 15. und 16. Jh., die zur Entdeckung und Eroberung großer Gebiete in Amerika, Afrika und Asien führten. Erste Weltumsegelungen bewiesen noch im 16. Jh. die Kugelgestalt der Erde. Auf diesem Fundament aufbauend, führten vor allem Engländer und Niederländer im 17. und 18. Jh. zahlreiche Entdeckungsfahrten durch, die unter anderem Australien und die Südsee erschlossen; gleichzeitig erkundeten und eroberten Russen Sibirien. Im 19. und frühen 20. Jh. wurden die Entdeckungsfahrten dann mit der Erkundung des Inneren Afrikas und Zentralasiens sowie der Polargebiete weitgehend abgeschlossen.

Entente cordiale, *die* [ãtãtkɔrˈdjal; französisch ›herzliches Einverständnis‹], Bezeichnung für die bündnisähnlichen Beziehungen zwischen Großbritannien und Frankreich seit 1904. Ihr Kern waren militärische Absprachen für den Fall eines Kriegs gegen Deutschland. Aus der Entente cordiale entwickelte sich durch die Einbeziehung Russlands seit 1907 die Tripelentente, die dann zu Beginn des Ersten Weltkriegs den Mittelmächten Deutschland und Österreich-Ungarn gegenüberstand.

Entkolonialisierung, die Aufhebung der Kolonialherrschaft und die Entlassung der bisherigen Kolonien in die staatliche Unabhängigkeit durch die Kolonialmächte. Als eigentliches Zeitalter der Entkolonialisierung wird die Zeit vom Ende des Zweiten Weltkriegs bis in die 1960er-Jahre angesehen, in der die meisten Kolonien ihre Unabhängigkeit erlangten.

Entstalinisierung, der Abbau von wesentlichen Bestandteilen des von STALIN in der Sowjetunion und in den von dieser beherrschten Staaten errichteten Herrschaftssystems (Personenkult, Terror, Unterdrückung abweichender Meinungen usw.). Eine erste Entstalinisierung setzte 1956 ein und endete mit dem Sturz CHRUSCHTSCHOWS 1964. Mit der Übernahme der Staats- und Parteiführung in der Sowjetunion durch MICHAIL S. GORBATSCHOW 1985 begann eine grundlegende Entstalinisierung, die seit 1989/90 zum Zerfall der sozialistischen Einparteiensysteme in den Staaten Mittelosteuropas und letztlich zur Auflösung der Sowjetunion führte.

Erster Weltkrieg, Krieg, der 1914–18 zwischen den Mittelmächten (Deutsches Reich, Österreich-Ungarn) und den Alliierten (v. a. Großbritannien, Frankreich, Italien, Russland) geführt wurde. Er wurde 1914 durch das Attentat von Sarajevo *(siehe dort)* ausgelöst. Er war durch ausgedehnten Stellungskrieg an allen Fronten und große Verluste an Soldaten auf allen Seiten geprägt. Trotz Erfolgen an der Ostfront und in Italien mussten die Mittelmächte nach dem Kriegseintritt der USA 1917 Ende 1918 kapitulieren. Deutschland verlor im Friedensvertrag von Versailles (*siehe* Kapitel 2) seine Kolonien sowie große Gebiete im Osten und Westen und musste enorme Reparationen zahlen. Der Krieg veränderte die politische Landkarte in Europa nachhaltig: Österreich-Ungarn zerfiel in mehrere Staaten (u. a. entstand als neues Land Jugoslawien), ebenso das Osmanische Reich. In Deutschland, Österreich, der Türkei und Russland wurde die Monarchie gestürzt.

Etrusker, ein Volk unbekannter Herkunft, das zu Beginn des 1. Jahrtausends v. Chr. Teile Italiens (Toskana, Latium) eroberte. Die Etrusker siedelten in zahlreichen voneinander unabhängigen Städten. Ihre Macht und Kultur erlebte im 6./5. Jh. v. Chr. ihren Höhepunkt. Rom wurde in den ersten Jahrhunderten seiner Geschichte von etruskischen Königen regiert. Im 3. Jh. v. Chr. unterwarfen die Römer dann ihrerseits die Etrusker.

Europa der Vaterländer, von dem französischen Präsidenten CHARLES DE GAULLE geprägter Ausdruck, der dessen Abneigung gegen ein unter einem gemeinsamen staatlichen Dach vereinigtes Europa zum Ausdruck brachte. Nach seiner Vorstellung sollte das vereinigte Europa aus einem Zusammenschluss weiterhin souveräner Nationalstaaten (Vaterländer) bestehen.

Exkommunikation, *die* eine der Kirchenstrafen, *siehe* Kirchenbann.

Faschismus, *der* [zu italienisch fascio ›Rutenbündel‹], zunächst Eigenbezeichnung der politischen Bewegung, die unter Führung BENITO MUSSOLINIS 1922–45 in Italien eine Diktatur errichtet hatte; davon abgeleitet auch Bezeichnung für alle extrem nationalistischen, nach dem Führerprinzip organisierten, antiliberalen und antikommunistischen Bewegungen, die seit dem Ersten Weltkrieg die parlamentarischen Demokratien stürzen wollten. Faschistische Bewegungen gab es in der Zeit zwischen den beiden Weltkriegen in allen europäischen Staaten, in einigen (z. B. Spanien, Portugal, Österreich, Deutschland) konnten sie die Macht erlangen. In der Nachkriegszeit waren sie nur noch in Spanien und Portugal und in Grenzen in Italien einflussreich (Neofaschismus, *siehe* Kapitel 3).

Faschoda-Krise, britisch-französischer Kolonialkonflikt um die Herrschaft über den Sudan 1898/1899. 1898 trafen bei dem Ort Faschoda im Sudan britische und französische Truppen aufeinander. Die dadurch entstandene Kriegsgefahr wurde 1899 durch französisches Nachgeben beseitigt. Die friedliche Lösung der Faschoda-Krise leitete zu einer britisch-französischen Verständigungspolitik über, die 1904 zur Entente cordiale führte.

Februarrevolution, Bezeichnung für zwei revolutionäre Erhebungen:
Im Februar 1848 erhoben sich in Paris vor allem Studenten und Arbeiter, setzten den Bürgerkönig *(siehe dort)* LOUIS PHILIPPE ab und riefen die Republik aus.
Die Februarrevolution 1917 in Russland führte zum Sturz des Zaren und zur Bildung einer provisorischen bürgerlichen Regierung. Durch das Nebeneinanderbestehen dieser Regierung und von Arbeiter- und Soldatenräten kam es in den folgenden Monaten zu einer Dauerkrise, die schließlich zur Oktoberrevolution *(siehe dort)* führte.

Feudalismus, *der* ein soziales, wirtschaftliches und politisches Ordnungssystem, in dem eine adlige Oberschicht vom Herrscher mit Grundbesitz sowie politischen und gesellschaftlichen Vorrechten ausgestattet wird. In Europa bezeichnet der Feudalismus die durch das Lehnswesen (*siehe* Kapitel 2) geprägte Gesellschaftsordnung des Mittelalters und der frühen Neuzeit. Feudalismus ist auch in Altamerika und Asien nachgewiesen und in Schwarzafrika teilweise noch heute verbreitet. Der feudale Staat ist streng hierarchisch organisiert und wird durch ein System von Treuebeziehungen zusammengehalten.

Fin de Siècle, *das* [fɛ̃d ˈsjɛkl; französisch ›Ende des Jahrhunderts‹], Bezeichnung für die Zeit des ausgehenden 19. Jh., die in Gesellschaft, Kultur und Kunst krisenhafte, für eine Spätzeit typische Erscheinungsformen aufwies.

Franco Bahamonde, Francisco spanischer General und Politiker (* 1892, † 1975). Im Spanischen Bürgerkrieg (1936–39) stürzte Franco, mit der Unterstützung des faschistischen Italien und des nationalsozialistischen Deutschland, die parlamentarische Republik. In der Folge errichtete er eine faschistische Diktatur, die bis zu seinem Tod Bestand hatte.

Französische Revolution, große politische und soziale Umwälzung in Frankreich am Ende des 18. Jh., die durch ihre weite Ausstrahlung weltgeschichtliche Bedeutung gewann. Die Revolution begann 1789, nachdem König LUDWIG XVI. (* 1754, † 1793) wegen hoher Staatsschulden die Generalstände einberufen hatte. Der dritte Stand innerhalb der Generalstände erklärte sich zur Verfassungsgebenden Versammlung. Der königliche Widerstand wurde durch die Erstürmung der Bastille gebrochen. Es wurde eine konstitutionelle Monarchie errichtet, die jedoch bereits 1792 unter dem Einfluss der Jakobiner in eine Republik umgewandelt wurde. Nach einem gescheiterten Fluchtversuch wurden der König und die Königin MARIE ANTOINETTE 1793 hingerichtet. Die Jakobiner führten nun bis 1794 eine blutige Schreckensherrschaft, der Tausende zum Opfer fielen. Nach dem Sturz der Jakobiner wurde 1795 eine neue Verfassung erlassen, der zufolge der Staat von einem fünfköpfigen Direktorium geleitet wurde. Dieses wurde 1799 durch den erfolgreichen General NAPOLEON BONAPARTE entmachtet. Dessen Machtergreifung beendete schließlich die Revolution.

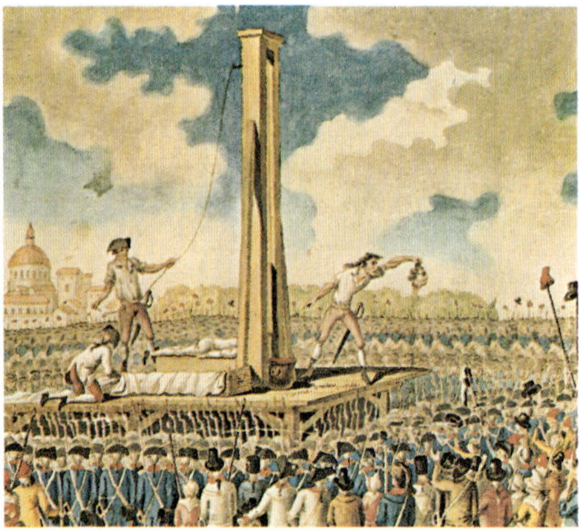

Französische Revolution. Hinrichtung Ludwigs XVI. in Paris am 21. 1. 1793

Frauenwahlrecht, das Recht der Frauen, an den Wahlen zu den parlamentarischen Vertretungen der Staaten teilzunehmen. In vielen europäischen Staaten wurde das Frauenwahlrecht nach dem Ersten Weltkrieg eingeführt (z.B. Österreich 1918, Deutschland 1919, Großbritannien 1928), teilweise aber auch erst deutlich später (z.B. Frankreich 1946, Schweiz 1959–91, auf Bundesebene 1971).

Freihandel, eine Handelspolitik, die den zwischenstaatlichen Handel weitgehend von Zöllen und anderen Beschränkungen befreien will. Die Idee des Freihandels setzte sich im 19. Jh. vor allem in Großbritannien durch, das an ihr bis 1932 festhielt, während die meisten anderen europäischen Staaten zumindest zeitweise die gegenläufige Politik der Schutzzölle betrieben. Der Freihandel war eine Hauptforderung des Wirtschaftsliberalismus.

Fronde, *die* [ˈfrɔ̃də; französisch ›Schleuder‹], unter anderem vom französischen Hochadel getragene Aufstände gegen die Errichtung des Absolutismus in Frankreich zur Zeit der vormundschaftlichen Regierung Kardinal MAZARINS für LUDWIG XIV. 1648–53. Sie scheiterten vor allem an der Uneinigkeit der Aufständischen. Die Erfahrung der Fronde prägten LUDWIG XIV. stark und führten ihn zur Errichtung seiner absoluten Herrschaft.

fünfte Kolonne, Bezeichnung für politische Gruppen, die (meist im Untergrund) mit Gegnern des eigenen Staats aus ideologischen Gründen zusammenarbeiten.

❧ Der Ausdruck entstand, als General FRANCO im Spanischen Bürgerkrieg mit seinen Armeen in vier Kolonnen auf Madrid vorrückte und seine Anhänger in der Stadt als fünfte Kolonne bezeichnete.

Gaddhafi, Moamar al- libyscher Politiker (* 1942). Gaddhafi war 1969 führend am Sturz des libyschen Königs IDRIS AS-SENUSSI (* 1890, † 1983) beteiligt. Seither regiert er sein Land in wechselnden Funktionen, wobei er im Islam die Grundlage seiner Politik sieht. Er ist einer der entschiedensten Gegner Israels und der USA unter den arabischen Führern und gilt als Förderer des weltweiten Terrorismus.

Galilei, Galileo italienischer Naturwissenschaftler und Philosoph (* 1564, † 1642), *siehe* Kapitel 16.

Gallien, ursprünglich die römische Bezeichnung für das von Kelten (Galliern) bewohnte Oberitalien (Gallia Cisalpina, ›Gallien diesseits der Alpen‹, von Rom aus gesehen), das jedoch seit 42 v. Chr. zu Italien gerechnet wurde. Das transalpine Gallien (Gallia Transalpina, ›Gallien jenseits der Alpen‹, von Rom aus gesehen) umfasste das ebenfalls keltisch besiedelte Gebiet zwischen Rhein, Alpen, Mittelmeer, Pyrenäen und Atlantik. Es wurde 125–51 v. Chr. von Rom erobert. Gallien blieb Teil des Römischen Reichs bis zu dessen Untergang im 5. Jh., wobei die gallische Bevölkerung romanisiert wurde. Seit etwa 400 drangen Germanen über den Rhein in Gallien ein und siedelten sich an; im Westen gingen sie in der gallorömischen Bevölkerung auf, im Osten überlagerten sie diese.

Gallikanismus, *der* [von Gallia, dem lateinischen Namen für Frankreich], in der französischen Kirche des 15. bis 18. Jh. die maßgebende Kirchenverfassung. Der Gallikanismus schränkte den päpstlichen Einfluss auf die französische Kirche zugunsten der Bischöfe und des Königs ein. Die so genannten ›gallikanischen Artikel‹ von 1682 bestätigten u.a. die Oberhoheit eines Konzils über den Papst und legten fest, dass päpstliche Entscheidungen der Zustimmung der Gesamtkirche bedürfen. Mit dem Ende des Königtums ab 1789 verlor der Gallikanismus seine Grundlage.

Gama, Vasco da portugiesischer Seefahrer (* um 1460, † 1524). Er umrundete als erster europäischer Seefahrer die Südspitze Afrikas und landete 1498 in Indien. 1502–04 unterwarf er einige Städte an der Westküste Indiens und legte damit den Grundstein für das portugiesische Kolonialreich in Asien. 1524 wurde er als Vizekönig nach Indien gesandt, wo er noch im selben Jahr starb.

Gambetta, Leon französischer Politker (* 1838, † 1882). Gambetta war ein Gegner des Zweiten Kaiserreichs und proklamierte nach der Kapitulation von Sedan die Republik (4. Oktober 1870). Als Innen-, Finanz- und Kriegsminister der ›Regierung der nationalen Verteidigung‹ suchte er mit von ihm aufgestellten Volksheeren vergeblich, Paris zu entsetzen. Als Führer der radikalen, dann aufseiten der gemäßigten Republikaner bekämpfte Gambetta die monarchistische Mehrheit der Nationalversammlung. Er übte großen Einfluss auf die Politik der Linken in der Dritten Republik aus und vertrat eine gegen das Deutsche Reich gerichtete Außenpolitik.

Gandhi, Indira Priyadarshini indische Politikerin (* 1917, † 1984). Als Ministerpräsidentin 1966–77 und 1980–84 förderte I. Gandhi die Industrialisierung ihres Landes und baute dessen politisch-militärische Stellung in Südasien aus. Zugleich war sie eine der Führungsgestalten der Blockfreienbewegung, obwohl Indien sich unter ihrer Regierung zunehmend an die Sowjetunion anlehnte. Sie fiel einem Attentat religiöser Fanatiker unter ihren Leibwächtern zum Opfer.

Mahatma Gandhi mit Anhängern (1930)

Gandhi, Mahatma [Hindi ›große Seele‹], eigentlich MOHANDAS KARAMCHAND GANDHI, Führer der indischen Unabhängigkeitsbewegung (* 1869, † 1948). Gandhi kämpfte bereits vor dem Ersten Weltkrieg für die Gleichberechtigung seiner Landsleute in Südafrika und danach für die Unabhängigkeit Indiens von Großbritannien. Sein hohes Ansehen und seine Erfolge gründen sich auf seine Methode des gewaltlosen Widerstands. Gandhi wurde von einem religiösen Fanatiker ermordet.

Garibaldi, Giuseppe italienischer Freiheitskämpfer (* 1807, † 1882). Garibaldi gelang 1860 die Vertreibung der Bourbonen aus deren Königreich Neapel-Sizilien; er schuf damit die Voraussetzung für die Bildung des Königreichs Italien. Garibaldi ist eine der Hauptgestalten der italienischen Einigungsbewegung (Risorgimento, *siehe dort*).

Gaulle, Charles de [go:l], französischer Staatsmann und General (* 1890, † 1970). Im Zweiten Weltkrieg organisierte General de Gaulle als Chef der französischen Exilregierung von London aus den Widerstand gegen die deutsche Besatzung in Frankreich. 1959 wurde er in einer Staatskrise Präsident der Französischen Republik und schuf eine auf seine Person zugeschnittene Verfassung (5. Republik). Mit der Entlassung Algeriens in die Unabhängigkeit (1962) beendete er die Staatskrise. Er förderte die deutsch-französische Zusammenarbeit und schloss 1963 mit K. ADENAUER den deutsch-französischen Freundschaftsvertrag. Sein Ziel war die Stärkung der weltpolitischen Stellung Frankreichs. 1969 trat er zurück.

Geld stinkt nicht [lateinisch ›pecunia non olet‹], Entgegnung des römischen Kaisers Vespasian auf Vorhaltungen, dass eine von ihm eingeführte Besteuerung öffentlicher Bedürfnisanstalten unschicklich sei.

Generalstaaten, ursprünglich eine gemeinsame Vertretung der Stände mehrerer Territorien eines Landesherrn (in den Niederlanden erstmals 1464). 1588 Bezeichnung für die von Spanien abgefallenen niederländischen Provinzen, seit 1814 für das niederländische Parlament.

Generalstände, die aus Abgeordneten der drei Stände Adel, Geistlichkeit und Bürgertum zusammengesetzte gesamtfranzösische Ständeversammlung des 14.–18. Jh. Ihr oblag vor allem die Steuerbewilligung (*siehe auch* Französische Revolution).

Gewerbefreiheit, das dem Einzelnen zustehende Recht, ein Gewerbe auszuüben. Die Gewerbefreiheit löste in Europa zu Beginn des 19. Jh. das Zunftwesen (*siehe* Zünfte) ab, nachdem sie in Frankreich bereits während der Französischen Revolution eingeführt worden war. Sie war ein Hauptanliegen des Wirtschaftsliberalismus.

Ghibellinen [italienisch gi-], *siehe* Guelfen und Ghibellinen.

Gladiator, *der* Teilnehmer an römischen Kampfspielen (Gladiatorenspielen) auf Leben und Tod, die seit 105 v. Chr. zur Unterhaltung des Volkes veranstaltet wurden. Die Gladiatoren waren zumeist Sklaven, Kriegsgefangene oder verurteilte Verbrecher. Sie wurden in eigenen Gladiatorenschulen ausgebildet.

Gleichgewicht der Mächte [englisch ›balance of power‹], ein Ziel vor allem der englischen Politik seit dem 18. Jh., das darin bestand, dass kein Staat und keine Mächtegruppierung so viel Macht besitzen sollte, um eine Vorherrschaft ausüben zu können. Dabei hielten sich bis ins 20. Jh. meist die fünf europäischen Großmächte Großbritannien, Frankreich, Russland, Österreich und Preußen (Deutschland) die Waage. Im 20. Jh. ging dieses Gleichgewicht durch den Aufstieg der USA und der Sowjetunion zu Weltmächten verloren.

Glorreiche Revolution, der unblutige Sturz des katholisch gewordenen englischen Königs JAKOB II. (* 1633, † 1701) 1688/89 durch das englische Parlament und die Thronbesteigung durch dessen protestantisch gebliebene Tochter MARIA (* 1662, † 1694) und deren Gemahl WILHELM VON ORANIEN. Mit der Glorreichen Revolution waren die Versuche der Könige aus dem Haus Stuart, in England den Absolutismus zu errichten, endgültig gescheitert. Das englische Königtum ist seither an eine Verfassungsordnung gebunden. Die Glorreiche Revolution bildete den Höhepunkt im Kampf zwischen Krone und Parlament um die Souveränität im Staat.

Goldene Horde, Bezeichnung für das Reich DSCHÖTSCHIS († 1227), des ältesten Sohns von DSCHINGIS KHAN, das die nordwestlichen Teile des mongolischen Eroberungsgebietes in Asien und Europa umfasste, vor allem also auch Russland. Seinen Höhepunkt erlebte dieses Reich im späten 13. Jh. Im 15. Jh. zerfiel es durch Abspaltungen langsam; die letzten Reste in der Ukraine wurden 1502 zerschlagen.

Golfkriege, Bezeichnung für zwei Kriege in der Region am Persischen Golf:
1980–88 fand der 1. Golfkrieg nach einem Überfall des Irak auf den Iran zwischen diesen beiden Ländern statt. Er stand im Zeichen irakischer Gebietsforderungen und des iranischen Drängens auf Verbreitung der iranischen islamischen Revolution und forderte hohe Verluste an Menschenleben.
1990/91 kam es nach einem irakischen Überfall auf das Emirat Kuwait zum 2. Golfkrieg, in dessen Verlauf eine von der UNO bevollmächtigte internationale Streitmacht unter Führung der USA Kuwait

Gladiatoren kämpfen in der Arena gegen wilde Tiere (Mosaik, 4. Jh. v. Chr.)

Griechische Kolonisation. Links: Abwägen und Verladen von Gewürzen unter Aufsicht König Arkesilaos' im Hafen von Kyrene (um 560 v. Chr.). Rechts: Der so genannte Cerestempel (6. Jh. v. Chr.) in Paestum (nahe bei Salerno)

befreite und die irakischen Angreifer vernichtend schlug.

Gorbatschow, Michail Sergejewitsch sowjetischer Politiker (* 1931). Gorbatschow, 1985 zum Generalsekretär der Kommunistischen Partei der Sowjetunion und 1988 auch zum Staatsoberhaupt gewählt, leitete unter der Parole ›Glasnost und Perestroika‹ (russisch ›Öffnung und Umgestaltung‹) einschneidende Reformen des politischen und wirtschaftlichen Systems der Sowjetunion ein. Außenpolitisch entließ er 1989/90 die sowjetischen Satellitenstaaten Mittelosteuropas aus der sowjetischen Vorherrschaft und ermöglichte so deren Demokratisierung und die deutsche-deutsche Vereinigung. Dadurch und durch weit reichende Abrüstungsverträge konnte der Ost-West-Konflikt beendet werden. 1990 wurde ihm der Friedensnobelpreis verliehen. Nach einem gescheiterten Putschversuch orthodoxer kommunistischer Kräfte trat er im August 1991 als Generalsekretär der KPdSU zurück. Bis Ende 1991 stemmte er sich vergeblich gegen den Zerfall der Sowjetunion. Im Dezember 1991 legte er auch sein Amt als Staatspräsident nieder.

Gordischer Knoten, nach dem sagenhaften Gründer des Phrygierreichs in Kleinasien, Gordion, benannter Knoten, der Joch und Deichsel von dessen Streitwagen zusammenhielt. Nach einer Prophezeiung sollte demjenigen, dem es gelang, den Knoten zu lösen, die Herrschaft über Asien zufallen. ALEXANDER DER GROSSE löste das Problem, indem er den Knoten mit dem Schwert durchhieb.

Goten, germanisches Volk. Ursprünglich in Südskandinavien, dann an der unteren Weichsel ansässig, wanderten die Goten zwischen 150 und 180 an die Schwarzmeerküste und lösten so die 1. Phase der germanischen Völkerwanderung aus. Seit Mitte des 3. Jh. bedrängten sie die Balkangrenze des Römischen Reichs. Ab 269 schied sich der Stamm nach seinen Wohnsitzen in Südrussland in Westgoten und Ostgoten.

Gottesgnadentum, Bezeichnung für eine seit dem Mittelalter bestehende Herrschaftsauffassung in Monarchien, nach der der Monarch in göttlichem Auftrag herrsche. Während die Aufklärung im 18. Jh. das Gottesgnadentum bereits infrage gestellt hatte, erlebte es im 19. Jh., u. a. auch im deutschen Kaiserreich, eine letzte Blüte.

Gracchus ['graxus], Beiname einer römischen Familie, aus der zwei bedeutende Politiker des 2. Jh. v. Chr. stammten, mit deren Wirken das Jahrhundert der römischen Bürgerkriege begann. Sowohl TIBERIUS SEMPRONIUS GRACCHUS (* 162, † 133 v. Chr.) als auch sein Bruder GAIUS SEMPRONIUS GRACCHUS (* 153, † 121 v. Chr.) versuchten, sich eine politische Machtstellung gegen die herrschende Elite zu schaffen, indem sie die Plebejer (*siehe* Plebs) durch Bodenreformen für sich gewannen. Immer radikaler werdend, fanden sie beide bei bürgerkriegsähnlichen Unruhen den Tod.

Gregor VII., seit 1073 Papst (* um 1021, † 1085). Als entschiedener Anhänger der Kirchenreform, die von Cluny ausgegangen war und im Investiturstreit gipfelte, forderte Gregor neben dem Verbot der Laieninvestitur (*siehe* Investiturstreit, Kapitel 2), des Kaufs geistlicher Ämter und der Priesterehe vor allem eine Unterwerfung der weltlichen Herrscher unter den Papst. Vor Kaiser HEINRICH IV. musste er 1083/84 aus Rom flüchten und starb im Exil. Seine Gedanken prägten die mittelalterliche Kirche und führten das Papsttum auf den Gipfel seiner Macht.

Griechische Kolonisation, Bezeichnung für die Ausbreitung der Griechen in der Antike: Zwischen 1200 und 900 v. Chr. setzten sich Griechen auf Zypern und in Kleinasien fest. Seit dem 8. Jh. v. Chr. wurden rund um das Mittelmeer griechische Kolonien errichtet. Im Bereich der Eroberungen ALEXANDERS DES GROSSEN wurden zahlreiche griechische Städte gegründet. Am Ende dieser Entwicklung waren der Vordere Orient und das östliche Mittelmeer griechisch geprägt, während im westlichen Mittelmeer die Römer Teile der griechischen Kultur übernahmen und die Griechen als kulturell führendes Volk ablösten. – Abb. S. 29.

Guelfen und Ghibellinen [guˈɛlfen, ˈgɛlfen, gi...], die großen italienischen Parteiungen des Mittelalters. Sie entstanden wohl während des Kampfes zwischen Anhängern des Welfen (Guelf) OTTO IV. (* um 1177, † 1218) und des Staufers (Waiblinger) FRIEDRICH II. (*siehe* Kapitel 2) in den Jahren 1212–18. Zunächst waren die Guelfen die Gegner und die Ghibellinen die Anhänger des Kaisertums. Nach dem Untergang der Staufer (1268) wurden die Bezeichnungen auf andere politische und soziale Gegensätze übertragen und blieben teilweise bis ins 17. Jh. lebendig.

Guillotine, *die* [gijɔ-], seit 1792 das Hinrichtungsgerät der Französischen Revolution, durch das mittels eines schnell herabfallenden Beils der Kopf vom Rumpf getrennt wird. Es wurde nach seinem Erfinder, dem Arzt JOSEPH IGNACE GUILLOTIN (* 1738, † 1814) benannt.

Haager Friedenskonferenzen, 1899 und 1907 in Den Haag abgehaltene Konferenzen der europäischen und vieler außereuropäischer Staaten, die eine Friedensordnung sowie Rüstungsbeschränkungen zum Thema hatten. Da das Misstrauen zwischen den Großmächten aber zu groß und ihre Bereitschaft zu gegenseitigen Zugeständnissen zu gering war, wurden die wesentlichen Ziele verfehlt. Allerdings wurde die Haager Landkriegsordnung mit Regeln für einen Landkrieg verabschiedet und der Internationale Ständige Schiedsgerichtshof eingerichtet.

Haager Landkriegsordnung, Abkürzung **HLKO,** als eines der Ergebnisse der Haager Friedenskonferenz von 1907 das Abkommen über die ›Ordnung der Gesetze und Gebräuche des Landkriegs‹ (Kriegsrecht). Die HLKO bindet die Staaten, die sie ratifiziert haben, und definiert für diese den Begriff des Kriegführenden, regelt die Behandlung von Kriegsgefangenen und den Einsatz bestimmter Kampfmittel und Kampfmethoden (Verbot der Verwendung von Giftgasen und der Beschießung unverteidigter Orte und Wohnstätten), bekräftigt die Unantastbarkeit des Privateigentums, den Schutz der Ehre, des Lebens, der Rechte der Bürger. Diese Grundregeln wurden ergänzt durch die Genfer Vereinbarungen von 1949.

Haile Selassie I., Kaiser von Äthiopien (* 1892, † 1975). Nachdem er sich in Kämpfen gegen aufständische Stammesfürsten durchgesetzt hatte, ließ sich Haile Selassi 1930 zum Kaiser krönen. Während der italienischen Besetzung Äthiopiens 1936–41 war er in London im Exil. Nach dem Zweiten Weltkrieg wurde er zu einem der führenden Politiker Afrikas. Seine nur zögernde Modernisierungspolitik führte 1974 zu einem Militärputsch, bei dem er entmachtet wurde.

Hammarskjöld, Dag [ˈhamarʃœld], UNO-Generalsekretär (* 1905, † 1961). Als UNO-Generalsekretär (ab 1953) suchte der Schwede Hammarskjöld bei zahlreichen internationalen Krisen (z. B. Suezkrise, Ungarischer Aufstand) das Gewicht der UNO als friedensstiftender Macht zu stärken. Darüber hinaus förderte er tatkräftig die Entkolonialisierung. Er kam bei einer Vermittlungsaktion im Kongo ums Leben.

Hammurabi, von 1728 bis 1686 v. Chr. König von Babylon und Schöpfer des ersten babylonischen Reichs. Er ist bekannt durch seine auf einem Steinblock eingemeißelte Gesetzessammlung (heute im Louvre in Paris).

Handelskompanien, diejenigen Handelsgesellschaften, die, mit Monopolen, Vorrechten (Privile-

Heinrich VIII. Gemälde von H. Holbein d. J.

gien) und staatlichen Unterstützungen (Herrschaftsrechten) ausgestattet, besonders im 17. und 18. Jh. den Überseehandel beherrschten und in dieser Zeit wesentlich zur Gründung von Kolonien beitrugen.

❧ Eine der bedeutendsten Handelskompanien war die 1600 gegründete englische Ostindische Kompanie *(siehe dort)*.

Hannibal, karthagischer Feldherr (* 247/246, † 183 v. Chr.). Als entschiedener Gegner Roms begann Hannibal den 2. Punischen Krieg, in dessen Verlauf er von Spanien nach Italien marschierte (Überquerung der Alpen im Oktober 218 v. Chr.) und dort mehrere römische Heere vernichtete *(siehe* Cannae). Nach jahrelangen Kämpfen und römischen Gegenschlägen sah er sich zum Rückzug nach Afrika gezwungen, wo er 202 v. Chr. entscheidend geschlagen wurde. Vor römischen Nachstellungen nach Kleinasien geflohen, nahm er sich dort, von Auslieferung bedroht, das Leben.

❧ Hannibal ante portas! (lateinisch ›Hannibal vor den Toren‹) war der Schreckensruf der Römer, als Hannibal 211 v. Chr. auf Rom marschierte. Heute bezeichnet man damit ein bevorstehendes Unheil.

Heilige Allianz, ein 1815 von Russland, Österreich und Preußen geschlossenes Bündnis, das vor allem bemüht war, die auf dem Wiener Kongress *(siehe dort)* erreichte Ordnung Europas zu bewahren. Ihm schlossen sich fast alle europäischen Staaten an. Die Heilige Allianz richtete sich besonders gegen revolutionäre und liberale Bestrebungen. Sie zerbrach jedoch bereits in den 1820er-Jahren an Interessengegensätzen der Großmächte.

Heinrich VIII., König von England (* 1491, † 1547, König ab 1509). Heinrich löste 1535 die Kirche von England aus der katholischen Kirche. Grund war die Weigerung des Papstes, seine Ehe mit KATHARINA VON ARAGON (* 1485, † 1536), die ihm nicht den ersehnten Thronfolger gebar, zu scheiden. So schuf Heinrich zwar die anglikanische Staatskirche, eine theologische Reformation wie in Deutschland erfolgte jedoch nicht.

❧ Besonders bekannt ist Heinrich dafür, dass er sechsmal heiratete, zwei seiner Frauen hinrichten und sich von zweien scheiden ließ, während ihn nur eine überlebte.

Hellenismus, Bezeichnung für die durch ALEXANDER DEN GROSSEN eingeleitete Epoche, in der in den Ländern des Vorderen Orients und des östlichen Mittelmeers eine einheitliche griechische Kultur entstand. Der Hellenismus prägte die letzten beiden Jahrhunderte v. Chr. und wirkte über das Römische Reich auch weit nach Europa und kulturell über die Renaissance bis in die Gegenwart.

Herodot, griechischer Geschichtsschreiber (* um 490, † um 425/420 v. Chr.). Herodot gilt als Begründer der Geschichtsschreibung. Nach Reisen in Vorderasien und Nordafrika beschrieb er diese Länder und deren Geschichte sowie die Geschichte des griechisch-persischen Gegensatzes.

Hethiter, Volk im östlichen Kleinasien, das dort Mitte des 2. Jahrtausends v. Chr. neben Babylon und Ägypten zur dritten Großmacht aufstieg. Um 1220 v. Chr. ging das hethitische Reich an inneren Wirren und gleichzeitigen Einfällen fremder Völker zugrunde.

Hieroglyphen [griechisch ›heilige Schriftzeichen‹], Schriftzeichen mit erkennbar bildhaftem Charakter, vor allem die altägyptische Schrift. Hieroglyphen benutzten aber auch die Hethiter und die antiken Kreter; hieroglyphische Schriftsysteme bestanden ferner im Industal, auf der Osterinsel und bei den indianischen Hochkulturen Mittel- und Südamerikas.

Hirohito, japanischer Kaiser (* 1901, † 1989). Seit 1926 Tenno, stimmte Hirohito den Angriffsplänen der politisch-militärischen Führung Japans im Zweiten Weltkrieg zu. Nach den amerikanischen Atombombenangriffen auf Hiroshima und Nagasaki setzte er jedoch die Kapitulation Japans durch. Unter amerikanischem Druck verzichtete er nach dem Krieg auf die ihm nach der shintoistischen Religion zukommende Göttlichkeit und war nur noch repräsentatives Staatsoberhaupt.

Hiroshima [...ʃ...], Stadt in Japan. Am 6. August 1945 war die Stadt Ziel des ersten amerikanischen Atombombenangriffs, der Japan zur Kapitulation im Zweiten Weltkrieg zwingen sollte. Dieser Angriff kostete etwa 200 000 Menschenleben. Nach einem weiteren Angriff auf die Stadt Nagasaki (9. August 1945; etwa 75 000 Todesopfer) kam es zur japanischen Kapitulation.

Ho Chi Minh [hotʃimin, hotʃmiŋ; vietnamesisch ›der nach Erkenntnis Strebende‹], eigentlich NGUYEN THAT THANH, vietnamesischer Politiker (* 1890, † 1969). Als Führer der Kommunistischen Partei leitete er ab 1940 den Kampf gegen die japanischen Besatzer und ab 1945 gegen die französischen Kolonialherren. Nach der Teilung Vietnams 1954 war er Staatspräsident von Nord-Vietnam und treibende Kraft für eine Wiedervereinigung unter kommunistischer Herrschaft. In den 1960er-Jahren wurde er zur Symbolfigur des vietnamesischen Kampfes gegen die USA.
❧ Ein wichtiger Nachschubweg des Vietcong im Vietnamkrieg war der Ho-Chi-Minh-Pfad.

Hudson's Bay Company, *die* [ˈhʌdsnz beɪ ˈkʌmpənɪ; englisch ›Hudsonbucht Gesellschaft‹], 1670 gegründete englische Handelskompanie, die mit Bergbau- und Handelsprivilegien sowie Herrschaftsrechten und dem Besitzrecht für alles Land im Einzugsbereich der Hudsonbai im Norden Kanadas ausgestattet war. Unter ihrer Leitung wurde der Norden und Westen Kanadas erschlossen. 1870 verkaufte sie ihre Besitzrechte an den Kanadischen Bund. Als Handelsgesellschaft ist sie bis heute tätig.

Hugenotten, Bezeichnung für die französischen Protestanten (Calvinisten). Sie mussten sich seit 1562 in den Religionskriegen gegen eine katholische Bürgerkriegspartei behaupten. 1572 durch die Bartholomäusnacht *(siehe dort)* erheblich geschwächt, blieben sie eine Minderheit. König HEINRICH IV. (* 1553, † 1610) bestätigte ihnen 1598 im Edikt von Nantes die freie Religionsausübung und eine politische Sonderstellung. Letztere nahm ihnen RICHELIEU. König LUDWIG XIV. verfolgte die Hugenotten, sodass viele vor allem nach Deutschland und in die Niederlande flohen.

Humanismus, im Mittelalter in Europa entstandene Geistesbewegung, deren Ziele das Studium der Antike sowie die umfassende Bildung des Menschen waren. Der Humanismus hatte eine erste Blüte im 12. Jh. in Frankreich und England. Im 14. Jh. bildete sich in Italien der Renaissancehumanismus, der im 15. Jh. auf das gesamte Abendland übergriff und die Neuzeit unter anderem durch sein Wissenschaftsverständnis stark prägte (*siehe auch* Kapitel 8).

Hundertjähriger Krieg, der durch Erbansprüche der englischen Könige auf den französischen Thron ausgelöste Krieg zwischen England und Frankreich im 14./15. Jh. Er dauerte mit Unterbrechungen von 1339 bis 1453 und endete mit dem fast völligen Verlust des englischen Festlandbesitzes, der zeitweilig die Hälfte Frankreichs umfasste.
❧ Die englischen Könige führten seit dieser Zeit bis 1802 auch den Titel ›König von Frankreich‹. ❧ Eine der bedeutendsten Gestalten dieser Zeit war die ›Jungfrau von Orléans‹ *(siehe dort).*

Hunnen, asiatisches Reitervolk, das im 4. Jh. in Europa eindrang und durch Zerstörung des Ostgotischen Reichs in Südrussland die 2. Phase der germanischen Völkerwanderung auslöste. Unter ATTILA standen die Hunnen, die ihr Kerngebiet nun im heutigen Ungarn hatten, im 5. Jh. auf dem Höhepunkt ihrer Macht.

Ich kam, sah und siegte, *siehe* veni, vidi, vici.

Iden des März, *die* [von lateinisch Idus], im antiken Rom waren die Iden der 13. Monatstag, in den Monaten März, Mai, Juli und Oktober der 15. Tag. Am 15. März 44 v. Chr. wurde CAESAR ermordet; deshalb wird mit dem Ausdruck ›Iden des März‹ noch heute ein Unglückstag bezeichnet.

Imperialismus [von lateinisch imperium ›Herrschaft‹], Bezeichnung für die Bemühungen europäischer Staaten, der USA und Japans vor allem im späten 19. und frühen 20. Jh., seit etwa 1880 andere Teile der Erde ihrer Herrschaft zu unterwerfen. Es kam dabei zu einem Wettbewerb der Mächte untereinander und daher zu zahlreichen Konflikten. Im Zeitalter des Imperialismus, das mit dem Ersten Weltkrieg zu Ende ging, wurden bis auf wenige Aus-

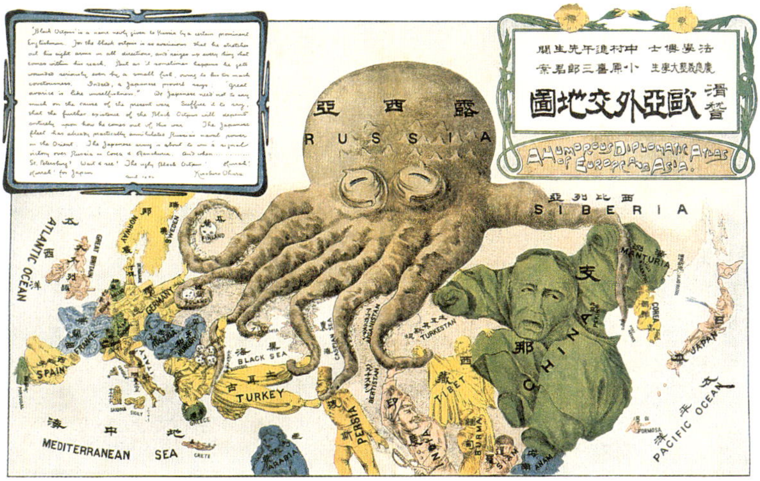

Imperialismus.
Die während des russisch-japanischen Kriegs (1904/05) entstandene japanische Karikatur zeigt Russland als Krake, die ihre Arme in alle Richtungen ausstreckt

nahmen die letzten noch unabhängigen Gebiete der Erde dem Zugriff der imperialistischen Mächte unterworfen. In den 1930er-Jahren entwickelte Deutschland, Italien und Japan eine imperialistische Politik auf rassistischer und nationalistischer Grundlage.

❧ Heute nennt man die wirtschaftliche oder politische Abhängigkeit eines Landes von einem anderen oft Neoimperialismus (d. h. neuer Imperialismus).

Indianerkriege, die zahlreichen bewaffneten Konflikte zwischen Indianern und Weißen im Gebiet der heutigen USA vom 17. bis 19. Jh. In ihrem Verlauf wurden die Indianer immer weiter nach Westen zurückgedrängt und im 19. Jh. letztlich in Reservationen, die ihnen die amerikanische Regierung auf meist wertlosem Land anwies, gezwungen. Die Zahl der Indianer sank von etwa zwei Millionen im 17. Jh. auf ungefähr 237 000 im Jahr 1900.

Indochinakrieg, 1945–54 geführter Krieg zwischen der vietnamesischen Unabhängigkeitsbewegung und der Kolonialmacht Frankreich. Nach der Niederlage von Dien Bien Phu (1954) zog sich Frankreich aus Indochina zurück. Es entstanden neben Laos und Kambodscha zwei vietnamesische Staaten. Nord-Vietnam wurde kommunistisch, Süd-Vietnam war westlich orientiert. Der Indochinakrieg setzte sich danach im Vietnamkrieg *(siehe dort)* fort.

industrielle Revolution, die rasante Umgestaltung der Wirtschafts- und Gesellschaftsordnung, wie sie Ende des 18. Jh. zuerst in England, bald auch in anderen westeuropäischen Staaten und den USA einsetzte. Sie war bedingt durch den Übergang von der handwerklichen Produktion zur maschinellen Erzeugung in Großbetrieben und durch die Revolutionierung des Verkehrswesens (Eisenbahn, Dampfschiff).

❧ Seit Mitte des 20. Jh. spricht man von der Automatisierung als der zweiten und von der Elektronisierung als der dritten industriellen Revolution.

Inka, ursprüngliche Bezeichnung für den Herrscher, später für alle Angehörigen eines indianischen Volkes im heutigen Peru, dessen hoch entwickeltes und gut geordnetes Reich im 16. Jh. das Gebiet von Südkolumbien bis Mittelchile umfasste. Das durch Thronfolgewirren geschwächte Inkareich wurde 1532 von den Spaniern unter FRANCIS-

Inka. Teil eines Gewebes in Gobelintechnik

co Pizarro erobert. Der letzte Inkaherrscher, Inka Tupac Amaru, wurde 1572 gefangen genommen und hingerichtet.

Innozenz III., seit 1198 Papst (* 1160/61, † 1216). Innozenz III. ist eine der hervorragendsten Gestalten der Papstgeschichte. Er löste den Kirchenstaat endgültig aus dem Heiligen Römischen Reich. Zur Abwehr von Ketzerbewegungen förderte er die Bettelorden und regelte die Inquisition. Mit der Unterstützung Ottos IV. (* um 1177, † 1218) im deutschen Thronfolgestreit nach 1198 und später Friedrichs II. gegen Otto griff er entscheidend in die Reichspolitik ein. Höhepunkt und Ausklang seiner Regierung war das 4. Laterankonzil (1215), die größte Kirchenversammlung des Mittelalters, deren Beschlüsse zum Teil bis heute fortwirken.

Inquisition, *die* [lateinisch ›Untersuchung‹], von kirchlichen Behörden seit dem Mittelalter betriebene und meist mit staatlicher Hilfe durchgeführte Verfolgung von Ketzern (u. a. Katharer, Waldenser). Die Aburteilung erfolgte vor kirchlichen Gerichten, die Urteilsvollstreckung (Züchtigung, Kerker, Scheiterhaufen) lag bei der weltlichen Obrigkeit. Im Zeichen der Aufklärung ging der Einfluss der Inquisition zurück, vor allem in Südeuropa bestand sie jedoch bis ins 19. Jahrhundert.

Internationale, Bezeichnung für verschiedene internationale sozialistische Vereinigungen im Rahmen der Arbeiterbewegung: Mit der 1. Internationale (1864–76) versuchte Karl Marx vergeblich der Arbeiterbewegung eine straffe internationale Organisation zu geben. Die 1889 gegründete 2. Internationale scheiterte an der fehlenden Solidarität der Sozialisten bei Ausbruch des Ersten Weltkriegs 1914 und spaltete sich 1919. Während die reformorientierten Sozialisten (Sozialdemokraten) die 2. Internationale wieder begründeten, errichteten die Kommunisten die 3. Internationale, die zunehmend unter sowjetischen Einfluss geriet und 1943 von Stalin aufgelöst wurde. Die heutige Sozialistische Internationale wurde 1951 gegründet.

Isolationismus, allgemein die politische Tendenz, sich vom Ausland abzuschließen und staatliche Eigeninteressen zu betonen. In den USA eine politische Haltung, die die Nichteinmischung in Angelegenheiten nicht amerikanischer Staaten und die Vermeidung von Bündnissen einschließt. Der Isolationismus prägte seit Bestehen der USA (1776) die amerikanische Außenpolitik. Dauerhaft wurde er erst durch den Zweiten Weltkrieg überwunden.

Iwan IV., der Schreckliche russischer Zar (* 1530, † 1584, Zar ab 1547). Durch Reformen in Verwaltung, Rechtswesen, Kirche und Armee stärkte Iwan die Zentralgewalt. Er nannte sich als erster russischer Großfürst Zar. Er dehnte Russland nach Osten aus und leitete die Eroberung Sibiriens ein, scheiterte aber bei dem Versuch, einen Zugang zur Ostsee zu erwerben.

Iwan IV., der Schreckliche

Jakobiner, die Mitglieder des bedeutendsten und radikalsten politischen Klubs der Französischen Revolution. Die Jakobiner waren Republikaner; sie stellten die eigentlichen Träger der Terrorherrschaft 1793/94. Ihr wichtigster Führer war Maximilien de Robespierre. Nach dessen Sturz wurde der Jakobinerklub Ende 1794 geschlossen. Im deutschen Sprachraum wurden alle radikalen Demokraten und entschiedenen Anhänger der Französischen Revolution als Jakobiner bezeichnet.

Jeanne d'Arc [ʒanˈdark], *siehe* Jungfrau von Orléans.

Jefferson, Thomas [dʒefəsn], amerikanischer Staatsmann (* 1743, † 1826). Als einer der Führer der Unabhängigkeitsbewegung verfasste Jefferson 1776 die amerikanische Unabhängigkeitserklärung. Er war u. a. Gouverneur von Virginia (1779–81),

Gesandter der USA in Paris, Vizepräsident (1797–1801) und einer der Gründer der Demokratischen Partei. Als dritter Präsident (1801–09) förderte er v. a. die Ausdehnung der USA nach Westen.

Jelzin, Boris Nikolajewitsch russischer Politiker (* 1931). In der Kommunistischen Partei der Sowjetunion aufgestiegen, brachte ihn sein energisches Eintreten für Reformen 1988 in Gegensatz zur zögerlicheren Politik der Staatsführung. Seinem Sturz folgte 1989/90 ein erneuter Aufstieg zum Präsidenten des russischen Parlaments. Im Juni 1991 wurde er in freien Wahlen zum ersten Präsidenten der Republik Russland gewählt. Nachdem im August 1991 ein Staatsstreich reaktionärer Kräfte gegen Präsident GORBATSCHOW nicht zuletzt an Jelzin gescheitert war, wurde er zum starken Mann der Sowjetunion. Dem von ihm 1992 durchgesetzten Föderationsvertrag verweigerten Tschetschenien und Tatarstan die Unterschrift, was letztlich zum Tschetschenienkrieg *(siehe dort)* führte. 1996 wurde Jelzin wieder gewählt. Am 31. Dezember 1999 trat er überraschend zurück.

Jimmu-tenno [ˈdʒimmu...], legendärer Gründer des japanischen Kaiserhauses und Reiches; er soll 711–585 v. Chr. gelebt haben und gilt als Abkömmling der Sonnengöttin Amaterasu. Der Sage nach bestieg er am 11. 2. 660 v. Chr. den Thron.

Jom-Kippur-Krieg, nach dem jüdischen Festtag Jom Kippur, an dem er mit einem arabischen Überraschungsangriff begann, benannter israelisch-arabischer Krieg vom Oktober 1973. Nach anfänglichen arabischen Erfolgen gelang es den israelischen Streitkräften, die syrischen und ägyptischen Angreifer zurückzuschlagen und weit nach Ägypten und Syrien einzudringen. Die nach dem Krieg unterzeichneten ägyptisch-israelischen Truppenentflechtungsabkommen von 1974 und 1975 mündeten 1979 in den ägyptisch-israelischen Friedensvertrag, dem Camp-David-Abkommen *(siehe dort).*

Judenemanzipation, seit Ende des 18. Jh. geforderte und durchgeführte rechtliche Gleichstellung der jüdischen Bevölkerung mit der christlichen in den meisten Ländern Europas. Während die Juden in Frankreich im Rahmen der Französischen Revolution zu gleichberechtigten Staatsbürgern wurden, zog sich die Emanzipation in Deutschland beinahe das ganze 19. Jh. hin. Dabei wuchs mit zunehmenden Fortschritten auch der Antisemitismus. Dieser bewirkte, dass letztlich die jüdischen Bürger zwar rechtlich gleichgestellt waren, aber sozial häufig dennoch benachteiligt wurden.

Julikrise, durch das Attentat von Sarajevo (28. Juni 1914) ausgelöste internationale Krise, die über die österreichische Kriegserklärung an Serbien (28. Juli 1914) zum Ersten Weltkrieg führte.

Julirevolution, Bezeichnung für die Erhebung der Pariser Bevölkerung vom 27. bis 29. Juli 1830. Die Julirevolution führte zum Sturz des französischen Königs KARL X. (* 1757, † 1836) und zur Thronbesteigung des Bürgerkönigs LOUIS PHILIPPE aus dem Hause Orléans. Angeregt durch die Pariser Ereignisse kam es unter anderem in Belgien zur revolutionären Trennung von den Niederlanden und zu nationalen Aufständen in Italien und Polen, die jedoch erfolglos blieben.

Jungfrau von Orléans, französisch Jeanne d'Arc, französische Nationalheldin (* 1412, † 1431). Das Bauernmädchen Johanna (französisch ›Jeanne‹) fühlte sich im Hundertjährigen Krieg *(siehe dort)* durch Gott berufen, das von englischen Truppen belagerte Orléans zu befreien. Dass ihr dies gelang, führte zur Wende des Krieges gegen England. Von den Engländern wurde sie später gefangen genommen, als Hexe angeklagt und verbrannt. Schon 1456 rehabilitiert, wurde sie 1920 heilig gesprochen.

Jungtürken, nationaltürkische Reformpartei, die 1889 gegründet wurde und besonders im Offizierskorps Einfluss gewann. 1908/09 kamen die Jungtürken an die Macht. Sie errichteten eine diktatorische und zentralistische Regierung und setzten ein umfangreiches Reformwerk westeuropäischer Prägung in Gang. Zugleich wurden die Bevölkerungsminderheiten (vor allem Armenier, Griechen, Kurden) unterdrückt, um so die Türkisierung der Gesamtbevölkerung zu erreichen. Nach dem Ersten Weltkrieg wurden die Jungtürken von KEMAL ATATÜRK entmachtet.

Kalif, Titel der an der Spitze des Islam stehenden Herrscher als Nachfolger Mohammeds; anfangs wurden sie gewählt und hatten ihren Sitz in Medina. Seit 661 residierten erbliche Kalifen in Damaskus, seit 750 in Bagdad. 1460 ging das Kalifat an die Sultane von Konstantinopel über; 1924 wurde es abgeschafft.

kalter Krieg, Bezeichnung für einen nicht militärischen Konflikt zweier Staaten oder Staatengruppen, die durch Militärbündnisse, Wettrüsten, diplomatisch-politischen Druck (bis hin zur Kriegsdrohung), wirtschaftliche Kampfmaßnahmen (z. B. Embargo), militärisches Eingreifen in regionale Konflikte (Stellvertreterkriege), ideologische Unterwanderung, Förderung von Putschen und Staatsstreichen im ›anderen Lager‹ sowie durch Propaganda ihre internationale Stellung zum Nachteil des anderen verbessern wollen. Als historischer Begriff umschreibt Kalter Krieg den Gegensatz zwischen den beiden Weltmächten USA und Sowjetunion sowie deren Verbündeten besonders zwischen 1946/47 und 1961/62.

Kamikaze, *der* [japanisch ›göttlicher Wind‹], Kamikazeflieger waren japanische freiwillige Kampfflieger, die sich in der Endphase des Zweiten Weltkriegs mit ihren mit Sprengstoff beladenen Flugzeugen im Selbstopferangriff auf Schiffe der amerikanischen Flotte stürzten.

Kampf um Rom, *siehe* Ostgoten.

Karthago, im heutigen Tunesien gelegene, von Phöniziern im 9. Jh. v. Chr. gegründete Stadt; sie war jahrhundertelang die bedeutendste Handelsstadt und Seemacht der Antike. Karthago gebot seit dem 6. Jh. über ein Reich, das Kolonien auf Sardinien, Sizilien, in Spanien, Gallien und an der afrikanischen Mittelmeerküste umfasste. In den Punischen Kriegen *(siehe dort)* unterlag es Rom und wurde 146 v. Chr. zerstört. Sein Gebiet wurde römische Provinz.

Kaschmirkonflikt, Konflikt zwischen Indien und Pakistan um das von beiden Staaten beanspruchte Kaschmir. Seit der Teilung Britisch-Indiens bei dessen Unabhängigkeit 1947 in Indien und Pakistan ist Kaschmir zwischen beiden Staaten geteilt und umstritten. Darüber kam es 1947/48, 1965 und 1971 zu kriegerischen Auseinandersetzungen. Seit den 1980er-Jahren kämpft im indischen Teil Kaschmirs eine militärische Unabhängigkeitsbewegung mit Unterstützung Pakistans gegen die indische Armee.

Katharer, bedeutende religiöse Bewegung des abendländischen Mittelalters. Die Katharer breiteten sich im 12. und 13. Jh. besonders im Rheinland, in England, Frankreich und Norditalien aus. Ursache dafür war vor allem ein verbreiteter Unmut über Missstände in der Kirche. Die Lehre der Katharer verband altorientalische mit christlichen Elementen. Sie wurden durch die Inquisition *(siehe dort)* blutig verfolgt. Daneben war für ihr Erlöschen jedoch auch das Aufkommen der Bettelorden maßgebend, die einen Teil der Unzufriedenheit der Gläubigen mit der Kirche auffingen.

Katharina II., die Große, russische Kaiserin (* 1729, † 1796, Kaiserin ab 1762). Die der Aufklärung verbundene Monarchin führte viele Reformen durch, stärkte aber auch die traditionelle Sozialordnung durch Ausdehnung der Leibeigenschaft auf die Ukraine. Seit 1763 holte sie zahlreiche deutsche Kolonisten ins Land. Aufgrund einer erfolgreichen Machtpolitik erweiterte sie das Russische Reich zulasten des Osmanischen Reichs nach Süden bis ans Schwarze Meer und durch die Polnischen Teilungen nach Westen. Sie festigte so Russlands Stellung als Großmacht.

Kelten, Völkergruppe, die ursprünglich in Süddeutschland, Böhmen und Schlesien beheimatet war. Von dort von den Germanen verdrängt, siedelten die Kelten seit dem 6. Jh. v. Chr. auf den Britischen Inseln, in Gallien, Norditalien, auf dem Balkan, der Iberischen Halbinsel und in Kleinasien. Mit der Eroberung Galliens und Britanniens durch die Römer Mitte des 1. Jh. v. Chr. wurde ihre Macht gebrochen.

❧ Keltische Sprachen werden noch heute in der Bretagne, in Schottland, Wales und Irland gesprochen.

Kemal Atatürk, Mustafa türkischer Politiker (* 1881, † 1938). Als Offizier hatte er 1908/09 Anteil an der jungtürkischen Revolution und nahm am Ersten Weltkrieg teil. Nach dem Zusammenbruch der Türkei 1918 leitete Kemal den erfolgreichen Widerstand gegen die Zerstückelung seines Landes. 1923 rief er die Republik aus und wurde deren erster Präsident. Er machte die Türkei durch tief greifende Reformen (u. a. Trennung von Kirche und Staat) zu einem europäisch ausgerichteten modernen Staat. Er gilt dadurch als ›Schöpfer‹ der modernen Türkei.

❧ Der Beiname ›Atatürk‹ (›Vater der Türken‹) wurde ihm 1934 verliehen.

Kennedy, John Fitzgerald ['kenɪdi], amerikanischer Politiker (* 1917, † 1963). Kennedy wurde 1960 zum 35. Präsidenten der USA gewählt. Er hatte weit reichende Reformpläne und galt als Hoffnungsträger der jungen Generation. In der Kubakrise 1962 *(siehe dort)* gelang es ihm, einen Atomkrieg zu verhindern, zugleich begann unter seiner Regierung jedoch die direkte amerikanische Verstrickung in den Vietnamkrieg. Kennedy wurde in Dallas ermordet.

❧ Die Hintergründe von Kennedys Tod wurden niemals zweifelsfrei aufgeklärt; sie waren Gegenstand zahlreicher Untersuchungen, Spekulationen und Verfilmungen. – Abb. S. 41.

Khomeini, Ruhollah Mussawi Hendi [xɔˈmeɪni], iranischer religiöser Führer (* 1900, † 1989). Seit den 1950er-Jahren war Khomeini ein Gegner des Schahs RESA PAHLEWI, dessen Modernisierungspolitik er als Abfall vom Islam verdammte. Seit 1978 steuerte er aus dem Exil in Frankreich eine Aufstandsbewegung gegen den Schah. Nach dessen Sturz 1979 kehrte er in den Iran zurück und errichtete mit der Islamischen Republik Iran ein Staatswesen, das streng nach islamischen Grundsätzen ausgerichtet ist. Andersdenkende ließ er verhaften und ermorden. Seine Außenpolitik zielte auf eine Verbreitung der islamischen Revolution in allen islamischen Ländern.

Martin Luther King (Bildmitte) bei einem Protestmarsch in Montgomery (Alabama) 1965

King, Martin Luther schwarzer amerikanischer Bürgerrechtler und Baptistenpfarrer (* 1929, † 1968). King entwickelte den gewaltlosen Widerstand und den zivilen Ungehorsam zur wirksamsten Waffe der schwarzen Bürgerrechtsbewegung der USA. Seit 1956 einer ihrer Führer, wurde er mehrfach inhaftiert, errang aber dennoch beträchtliche Erfolge. 1964 erhielt er den Friedensnobelpreis. King wurde im April 1968 von einem weißen Fanatiker erschossen.

Kirchenbann, Exkommunikation, besonders im Mittelalter auch als Waffe im politischen Kampf der Päpste mit ihren Gegnern eingesetztes kirchliches Strafmittel. Durch den Kirchenbann wird der Gebannte bis zu seiner Unterwerfung aus der Gemeinschaft der Gläubigen ausgeschlossen, d. h. vor allem vom Gottesdienst und vom Empfang der Sakramente. Die große Bedeutung des kirchlichen Lebens für die mittelalterlichen Menschen machte den Kirchenbann zu einem gefährlichen Machtinstrument, zumal mit seiner Verhängung auch Eidleistungen und Treuepflichten gegenüber dem Gebannten erloschen.

❧ Bekannte Beispiele für die Verhängung des Kirchenbanns sind der Bann gegen den deutschen König HEINRICH IV. und gegen MARTIN LUTHER.

Kirchenstaat, ehemaliges Herrschaftsgebiet des Papstes in Mittelitalien. Im 8. Jh. durch Schenkungen der fränkischen Könige PIPPINS III. und KARLS DES GROSSEN geschaffenes Territorium, dessen Umfang im Mittelalter schwankte und das unter Papst INNOZENZ III. aus dem Heiligen Römischen Reich ausschied. Unter Papst JULIUS II. (* 1443, † 1513, Papst ab 1503) stark ausgeweitet, verlor der Kirchenstaat infolge der Französischen Revolution große Gebiete und wurde 1870 dem italienischen Staat einverleibt. 1929 erhielt der Papst u. a. die Vatikanstadt in Rom als Staatsgebiet zurück.

Kleopatra VII., die Große, ägyptische Königin (* 69, † 30 v. Chr., Königin ab 51 v. Chr.). Sie hatte als Geliebte der römischen Feldherren CAESAR und später MARCUS ANTONIUS (* um 82, † 30 v. Chr.) starken Einfluss auf die römische Geschichte der späten Bürgerkriegszeit (48–30 v. Chr.). Nach ihrer und des MARCUS ANTONIUS Niederlage bei Actium gegen den späteren Kaiser AUGUSTUS verübte sie Selbstmord.

Knossos, Stadt im antiken Kreta, die vor allem wegen der zwischen 1900 und 1400 v. Chr. erbauten, mehrfach zerstörten und wieder errichteten Palastanlage berühmt ist. Knossos war ein Zentrum der ägäischen Kultur. – Abb. S. 38.

❧ Der Palast von Knossos mit seinen vielen Räumen war das Vorbild für das in der Theseussage genannte Labyrinth des Minotaurus.

Koalitionskriege, *siehe* Kapitel 2.

Kolonie, das Ausbreitungsgebiet eines Volkes in fremden Gegenden, besonders die vom Beginn der Neuzeit bis zum Ersten Weltkrieg von den europäischen Staaten als Kolonialmächten erworbenen auswärtigen, meist überseeischen Besitzungen. Man unterscheidet dabei vor allem Siedlungskolonien (zur Ansiedlung von Auswanderern), Wirt-

Knossos. Der Nordeingang des Palastes von Knossos (Teilrekonstruktion)

schaftskolonien (zur wirtschaftlichen Ausbeutung), Militärkolonien (Militärstützpunkte) und Strafkolonien (zur Unterbringung von Sträflingen). Die meisten Kolonien europäischer Mächte erlangten nach dem Zweiten Weltkrieg ihre Unabhängigkeit.

Kolumbus, Christoph eigentlich CRISTOFORO COLOMBO, genuesischer Seemann (* 1451, † 1506). Kolumbus war überzeugt davon, Indien auf dem Seeweg nach Westen erreichen zu können. Dazu gewann er nach vielen Rückschlägen die Unterstützung des spanischen Königspaars ISABELLA I. VON KASTILIEN (* 1451, † 1504, Königin ab 1474/79) und FERDINAND II. VON ARAGONIEN (* 1452, † 1516, König ab 1479), in deren Auftrag er 1492 aufbrach. Am 12. 10. 1492 landete er auf einer Bahamainsel, womit Amerika (aus europ. Sicht) entdeckt war. Insgesamt unternahm er vier Fahrten dorthin. Kolumbus wusste nicht, dass er einen neuen Kontinent betreten hatte; er starb in der Überzeugung, Inseln vor der Ostküste Asiens entdeckt zu haben.

Kolumbus. Die Schiffe ›Pinta‹, ›Niña‹ und ›Santa Maria‹ des Christoph Kolumbus (Keramik)

Kominform, Kurzbezeichnung für das 1947 als Nachfolger der Komintern auf Betreiben STALINS als Vereinigung kommunistischer Parteien gegründete **Kom**munistische **Inform**ationsbüro. Es sollte die kommunistischen Parteien nach den Vorgaben STALINS einheitlich ausrichten und als Hilfsorgan der sowjetischen Außenpolitik dienen. Im Zuge der Reformen CHRUSCHTSCHOWS wurde es 1956 aufgelöst.

Komintern, Kurzbezeichnung für die 1919 auf Betreiben LENINS als Vereinigung aller kommunistischen Parteien gegründete **Kom**munistische **Intern**ationale. Ziel der Komintern war die proletarische Weltrevolution. Durch den beherrschenden sowjetischen Einfluss wurde sie seit 1924 zunehmend zu einem Instrument der sowjetischen Außenpolitik. Alle kommunistischen Parteien wurden gleichgeschaltet. 1943 ließ STALIN im Interesse seines Bündnisses mit den Westmächten die Komintern auflösen (*siehe auch* Internationale).

Kommunistisches Manifest, das grundlegende Dokument des Marxismus. Es wurde 1847/48 von KARL MARX und FRIEDRICH ENGELS als Grundsatzprogramm einer revolutionären Vereinigung erstellt und 1848 in London veröffentlicht. Es umreißt die Grundthesen des Marxismus und hebt besonders den Klassenkampf zwischen Proletariat und Bourgeoisie sowie die internationale Solidarität der Arbeiter hervor.

❧ Berühmt wurden die Anfangsworte: ›Ein Gespenst geht um in Europa, das Gespenst des Kommunismus‹, und der Schlussaufruf: ›Proletarier aller Länder, vereinigt Euch!‹.

Konferenz von Jalta, im Februar 1945 in Jalta auf der Krim (Ukraine, damals Sowjetunion) abgehaltene Konferenz, bei der sich der amerikanische Präsident ROOSEVELT, der britische Premierminister CHURCHILL und der sowjetische Staatschef STALIN unter anderem über die Aufteilung Deutschlands in

Besatzungszonen, die polnische Ostgrenze und die Grundlagen der UNO einigten. Die Sowjetunion sagte gegen territoriale und politische Zugeständnisse den Kriegseintritt gegen Japan zu.

Kongokrise, Bezeichnung für die politischen Wirren, die im Zuge der Entkolonialisierung ab 1958/59 in Belgisch-Kongo (heute Demokratische Republik Kongo) entstanden und in Bürgerkrieg und wirtschaftlichem Chaos gipfelten. Die Kongokrise führte zu einem Autoritätsverlust der UNO, da diese nicht in der Lage war, sich gegen die widerstreitenden Interessen der Großmächte sowie wirtschaftlicher und politischer Gruppen durchzusetzen.

Kongresspolen, das durch den Wiener Kongress 1815 geschaffene Königreich Polen, das in Personalunion mit Russland vereinigt war. Es verlor seine zunächst weitgehende Eigenverwaltung nach dem antirussischen Aufstand von 1830/31 und wurde seither wie ein Teil Russlands behandelt.

Der König ist tot, es lebe der König! Redensart, mit der vor allem in der französischen Erbmonarchie die beim Tod eines Königs automatisch eintretende Thronfolge des nächsten Erbberechtigten verdeutlicht wurde.

Konquistadoren [spanisch ›Eroberer‹], die spanischen und portugiesischen Entdecker und Eroberer in Süd- und Mittelamerika im 16. Jahrhundert.

Manifest

der

Kommunistischen Partei.

Veröffentlicht im Februar 1848.

Proletarier aller Länder vereinigt Euch!

London.

Gedruckt in der Office der „Bildungs-Gesellschaft für Arbeiter" von J. E. Burghard.

46, Liverpool Street, Bishopsgate.

Titelblatt der Erstausgabe des Kommunistischen Manifests (London 1848)

Konstantin der Große, römischer Kaiser (* nach 280, † 337). Ab 312 Herr des Westteils, war Konstantin seit 324 Alleinherrscher des Römischen Reichs. Unter anderem durch das Toleranzedikt von 313 und die Einberufung des ersten ökumenischen Konzils in Nicäa 325 förderte er das Christentum, dem er eine staatstragende Funktion zuschrieb. Er festigte den Staat durch Reformen und erfolgreiche Verteidigung der Grenzen.
Obgleich christlich gesinnt, behielt er während seiner Herrschaft die heidnischen Herrschaftssymbole bei. Er ließ sich erst auf dem Totenbett taufen. Seine Mutter war die hl. HELENA.

Konstantinopel, von 330 bis 1930 Name der Stadt Istanbul. 330 machte KONSTANTIN DER GROSSE die an der Stelle des alten Byzanz gegründete und nach ihm benannte Stadt zur Hauptstadt der östlichen Hälfte des Römischen Reichs. In der Folge wurde sie Hauptstadt des Oströmischen (Byzantinischen) Reichs und nach ihrer Eroberung durch die Türken 1453 Hauptstadt des Osmanischen Reichs. Seine Hauptstadtfunktion verlor Konstantinopel erst 1923 an Ankara.

konstitutionelle Monarchie, im Gegensatz zum Absolutismus *(siehe dort)* stehende Form der Monarchie, in der der Monarch durch eine Verfassung (Konstitution) gebunden ist. Die erste konstitutionelle Monarchie entstand als Folge der Glorreichen Revolution 1689 in England.

Kontinentalsperre, ein 1806 von NAPOLEON I. verhängtes Wirtschaftsembargo gegen England. Der Ausschluss Englands vom durch Napoleon beherrschten Festland sollte diesen Hauptgegner Frankreichs wirtschaftlich in die Knie zwingen. Die Kontinentalsperre schädigte aber auch die kontinentaleuropäischen Volkswirtschaften schwer und führte 1812 zum Krieg Napoleons gegen Russland.

Konzil, Versammlung hoher kirchlicher Würdenträger zur Beratung und Entscheidung gesamtkirchlicher Angelegenheiten. Die ersten sieben Konzile (zwischen 325 und 787) werden als gesamtkirchliche (ökumenische) Konzile von allen großen christlichen Kirchen anerkannt, die katholische Kirche kennt darüber hinaus noch 14 weitere Konzile. Die Frage, ob ein Konzil über dem Papst steht (Konziliarismus), war jahrhundertelang Streitpunkt (das Konstanzer Konzil 1414–18 bejahte sie), bis das 1. Vatikanische Konzil (1869/70) sie zugunsten des

Papsttums verneinte. Das letzte Konzil (2. Vatikanisches Konzil) fand 1962–65 statt.

Konzil von Trient, das 1545–63 mit Unterbrechungen tagende Konzil, das sich mit der Reformation auseinander setzte und eine Reform der katholischen Kirche durchführte. Mit den Reformen des ›Tridentinums‹ begannen eine innere Erneuerung der katholischen Kirche und die Gegenreformation (*siehe* Kapitel 2). Von besonderer Auswirkung waren seine Beschlüsse für die Frömmigkeit und die Kunst.

Kopernikus, Nikolaus deutscher Astronom und Mathematiker (* 1473, † 1543), *siehe* Kapitel 16.

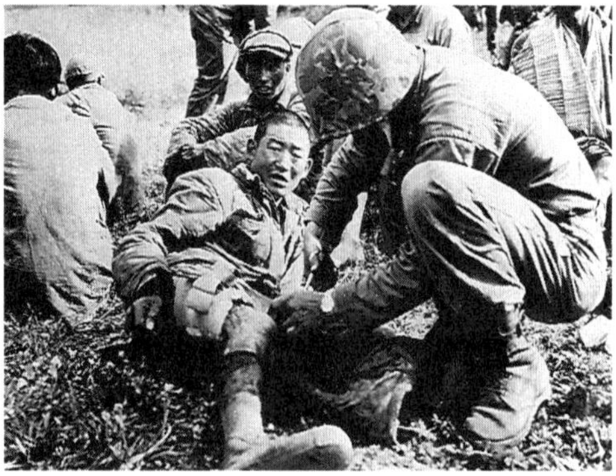

Koreakrieg. Ein chinesischer Soldat wird von einem amerikanischen Sanitäter versorgt

Koreakrieg, im Zusammenhang mit dem Kalten Krieg stehender, 1950–53 dauernder Krieg zwischen den beiden Teilen des 1948 geteilten Korea. Während das kommunistische Nordkorea von starken chinesischen Truppeneinheiten unterstützt wurde, griff die UNO unter amerikanischer Führung auf der Seite Südkoreas in den Krieg ein. 1953 wurde ein bis heute andauernder Waffenstillstand vereinbart. Korea blieb geteilt. Zu Beginn der 1990er-Jahre kam es zu ersten Kontakten zwischen beiden Landesteilen; im Juni 2000 trafen erstmals die beiden Präsidenten zusammen.

Kosaken, kriegerische Gemeinschaften in der Ukraine und Südwestrussland. Seit dem 15. Jh. wurden sie durch aus der Leibeigenschaft entflohene Bauern zu einer Massenerscheinung. Die Kosaken organisierten sich in Reiterheeren und wählten sich ihre Anführer (Atamanen). Sie lebten von Beutezügen und Landwirtschaft. An der russischen Eroberung Sibiriens hatten sie großen Anteil. Im 18./19. Jh. wurden ihre Wohngebiete dem russischen Reich einverleibt und ihre Sonderrechte beschnitten. Bis ins 20. Jh. stellten sie in der russischen Armee besondere Reiterregimenter.

der kranke Mann am Bosporus, charakterisierende Bezeichnung für das Osmanische Reich in den letzten Jahrzehnten seines Bestehens.

Kreuzzug, allgemein im Mittelalter ein von der Kirche geförderter Kriegszug gegen Heiden und Ketzer zur Ausbreitung oder Wiederherstellung des katholischen Glaubens. Vor allem versteht man unter den Kreuzzügen die kriegerischen Unternehmungen der abendländischen Christenheit zur Rückeroberung des Hl. Landes (Palästina) von den Arabern vom Ende des 11. bis zum Ende des 13. Jh. Aber auch die Kriege z. B. gegen die Albigenser und die Hussiten wurden als Kreuzzüge geführt.

Krieg den Palästen! Friede den Hütten! [französisch ›Guerre aux châteaux! Paix aux chaumières!‹], Wahlspruch der französischen Revolutionsheere in den Koalitionskriegen, der in Deutschland durch den Schriftsteller Georg Büchner 1834 als revolutionäre Parole verbreitet wurde.

Krimkrieg, Krieg Russlands gegen das mit Frankreich und England verbündete Osmanische Reich 1853–56, durch den ein weiteres Vordringen Russlands auf dem Balkan zunächst verhindert wurde. Der Hauptkampf tobte 1854/55 um die Festung Sewastopol auf der Halbinsel Krim, die französische und englische Truppen eroberten. Russland musste im Frieden von Paris auf eine Kriegsflotte im Schwarzen Meer verzichten und das südliche Bessarabien an das Osmanische Reich abtreten.

Kubakrise, Konflikt zwischen den USA und der Sowjetunion 1962/63 um den Bau von die USA bedrohenden Abschussbasen für sowjetische Mittelstreckenraketen auf Kuba. Die Krise spitzte sich derart zu, dass ein Krieg zwischen den beiden Atommächten drohte. Letztlich gab die Sowjetunion unter Staats- und Parteichef N. Chruschtschow jedoch nach und zog die bereits errichteten Anlagen wieder aus Kuba ab.

k. u. k. Doppelmonarchie, seit 1869 übliche Bezeichnung für die österreichisch-ungarische Monarchie. Die Abkürzung ›k. u. k.‹ steht für ›kaiserlich

Chruschtschow (rechts) und J. F. Kennedy bei einem Gipfeltreffen vor der Kubakrise (Wien 1961)

und königlich‹, da das Staatsoberhaupt Kaiser von Österreich und zugleich König von Ungarn war.

Kulturrevolution, eine politisch-ideologische Kampagne in der Volksrepublik China 1966–69, mit der MAO ZEDONG die noch wirksamen Denk- und Lebensweisen westlicher und traditioneller chinesischer Prägung ausmerzen und seine pragmatisch orientierten innerparteilichen Kritiker (z. B. DENG XIAOPING) ausschalten wollte. Dabei kam es zu blutigen Auseinandersetzungen. China erlitt durch die jahrelangen Wirren erhebliche wirtschaftliche und kulturelle Schäden.

Kulturrevolution. Demonstration der Roten Garden 1966 in Peking

Kuomintang, 1912 gegründete chinesische Nationalpartei. Unter CHIANG KAI-SHEK eroberte die Kuomintang 1926 ganz China und wurde 1931 Staatspartei. 1937–45 kämpften ihre Truppen gegen die japanischen Truppen, die China überfallen hatten. Nachdem sie in den Vierzigerjahren durch Korruption und die Verschleppung einer Landreform stark an Ansehen verloren hatte, unterlag die Kuomintang im chinesischen Bürgerkrieg den Kommunisten unter MAO ZEDONG und konnte sich seit 1949 nur noch auf der Insel Taiwan halten.

Kyros, seit 559 v. Chr. König der Perser († 529 v. Chr.). Kyros war der Gründer des persischen Weltreichs, dem er u. a. Babylon, die Griechenstädte in Kleinasien und die phönizischen Städte im Libanon eingliederte.

Langer Marsch, der Zug der chinesischen Kommunisten und ihrer Streitkräfte (Rote Armee) 1934/35 aus Südostchina nach Nordwestchina über rund 12 500 km, mit dem sie der Umzingelung durch die Truppen CHIANG KAI-SHEKS entkamen. Von 90 000 Marschierern erreichten nur 7 000 das Ziel. Während des Langen Marsches setzte sich MAO ZEDONG endgültig als Parteiführer durch.

Langobarden, germanischer Stamm, der seit 568 Oberitalien (Lombardei) und Teile Mittel- und Süditaliens eroberte. Durch ihre Konflikte mit den Päpsten im 8. Jh. kamen sie in Gegensatz zum Fränkischen Reich. 774 wurde das Reich der Langobarden von KARL DEM GROSSEN erobert und ins Fränkische Reich eingegliedert. In Süditalien hielten sich unabhängige langobardische Machtbereiche bis ins 11. Jahrhundert.

Lawrence von Arabien [ˈlɔrəns - -], eigentlich THOMAS EDWARD LAWRENCE. Der englische Archäologe, Schriftsteller und Diplomat (* 1888, † 1935) organisierte im Ersten Weltkrieg als britischer Agent den Aufstand der Araber gegen das Osmanische Reich. Aufgrund seiner Rolle im Wüstenkrieg errang er einen legendären Ruf. 1919 vertrat er auf der Friedenskonferenz von Versailles die Forderungen der Araber. Enttäuscht von der britischen Nahostpolitik zog er sich 1922 zurück.

❧ Bekannt wurde die Verfilmung seines Lebens (1962) durch DAVID LEAN (* 1908, † 1991).

Leif Erikson, norwegischer Seefahrer (* um 975, † um 1020). Er kam um 1000 bei einer Fahrt in das zu dieser Zeit von Wikingern besiedelte Grönland vom Kurs ab und gelangte an die Küste Nordamerikas, das er ›Vinland‹ nannte; so wurde er zum ersten europäischen Entdecker Amerikas lange vor Ko-

LUMBUS. Das Wissen darum ging jedoch bald wieder verloren, sodass seine Entdeckung Amerikas *(siehe dort)* folgenlos blieb.

Lenin, eigentlich WLADIMIR ILJITSCH ULJANOW, russischer Revolutionär (* 1870, † 1924). Seit 1903 Führer der Bolschewiki, lebte Lenin bis 1917 meist im Exil im Ausland. 1917 kam er mit deutscher Hilfe nach Sankt Petersburg, wo er die Oktoberrevolution auslöste. Seither war er der unbestrittene Führer Sowjetrusslands. Die von ihm zum Marxismus-Leninismus weiterentwickelten Lehren von KARL MARX wurden zur ideologischen Grundlage der Sowjetunion und der von ihr beeinflussten kommunistischen Weltbewegung.

Lepanto, Ort am Golf von Korinth, Griechenland. In der Seeschlacht von Lepanto besiegte 1571 eine venezianisch-spanisch-päpstliche Flotte eine zahlenmäßig überlegene osmanische Flotte und leitete damit den Niedergang der osmanischen Vorherrschaft im Mittelmeer ein.

Liberté, Egalité, Fraternité [französisch ›Freiheit, Gleichheit, Brüderlichkeit‹], Parole der Französischen Revolution.

Lincoln, Abraham [ˈlɪŋkən], amerikanischer Staatsmann (*1809, † 1865). Lincoln war 1861–65 der 16. Präsident der USA. Er hob 1862 die Sklaverei auf und führte die Nordstaaten im Sezessionskrieg *(siehe dort).* Die Einheit der Nation sah er als Erbe der amerikanischen Unabhängigkeitsbewegung an. Nach Kriegsende und seiner Wiederwahl wurde er 1865 von einem südstaatlichen Fanatiker ermordet. Lincoln gilt den Amerikanern bis heute als Verkörperung der politischen Tugenden ihrer Nation.

Lombardenbund, 1167 geschlossenes Bündnis oberitalienischer Städte gegen die auf Stärkung der kaiserlichen Rechte in Reichsitalien gerichtete Politik Kaiser FRIEDRICHS I. BARBAROSSA. Nach wechselvollen Kämpfen kam es 1183 zu einem Kompromiss, der den Städten weitgehende Unabhängigkeit bei Anerkennung der kaiserlichen Oberhoheit sicherte. Der Lombardenbund wurde im 13. Jh. gegen Kaiser FRIEDRICH II. erneuert, der ihn ebenfalls nicht bezwingen konnte.

Ludwig XIV., französischer König (* 1638, † 1715, König ab 1643). Unter ihm erlebte der französische Absolutismus seine Glanzzeit und wurde zum Vorbild für ganz Europa; sein Zeitalter war zugleich das klassische Zeitalter des französischen Geisteslebens. Durch innere Reformen, die Niederringung des französischen Adels (*siehe* Fronde) und den Aufbau eines stehenden Heeres gestärkt, gelang es Ludwig XIV. in langen Kriegen, Frankreich zur europäischen Vormacht zu erheben. Er überschätzte jedoch seine Möglichkeiten und verlor diese Hegemonie im Spanischen Erbfolgekrieg *(siehe dort)* wieder. Seine Kriege und die Vertreibung der französischen Hugenotten schwächten die Wirtschaftskraft Frankreichs erheblich. – Abb. S. 10.

❧ Wegen seiner glanzvollen Hofhaltung, besonders im Schloss von Versailles, erhielt Ludwig XIV. den Beinamen ›Sonnenkönig‹ (französisch ›roi soleil‹).

Luftschlacht um England, 1940/41 der deutsche Versuch, durch massive Luftangriffe auf England Großbritannien zum Friedensschluss zu zwingen oder eine Invasion der Insel vorzubereiten. Nachdem sich die deutsche Luftwaffe nicht hatte durchsetzen können, mussten beide Ziele aufgegeben werden.

Lusitania, der Name eines britischen Passagierschiffes, das 1915 durch ein deutsches U-Boot versenkt wurde. Dabei starben mehr als 100 Amerikaner, was zur Verschlechterung der deutsch-amerikanischen Beziehungen führte. Der Lusitania-Zwischenfall war der erste Schritt zum Kriegseintritt der USA in den Ersten Weltkrieg.

Magellan, Ferdinand portugiesischer Seefahrer (*um 1480, † 1521, eigentlich FERNÃO DE MAGALHÃES). Er bewies durch die unter seinem Kommando im Auftrag Spaniens unternommene erste Weltumseglung (1519–22) endgültig die bis dahin angezweifelte Kugelgestalt der Erde.

❧ Die Magellanstraße zwischen der Südspitze Amerikas und Feuerland ist nach ihm benannt.

Maginotlinie [maʒiˈno...], 1929–36 errichtetes, nach dem damaligen Verteidigungsminister benanntes französisches Befestigungssystem an den Grenzen zu Deutschland und Italien. Im Zweiten Weltkrieg wurde die Maginotlinie im Rahmen des Westfeldzugs 1940 von den deutschen Truppen umgangen.

Magna Charta, *die* [lateinisch ›große Urkunde‹], das wichtigste englische Grundgesetz. Die Magna Charta wurde 1215 König JOHANN OHNE LAND (* 1167, † 1216) von Adel und Geistlichkeit abgerungen, von König und Papst später widerrufen, dann jedoch in einer Neufassung 1225 endgültig rechtskräftig. Sie ist ein Vertrag zur Einschränkung der königlichen Willkür und zur Wiederherstellung der feudalen Rechtsordnung. Unter Berufung auf die Magna Charta wurde im 17. Jh. in England der Parlamentarismus durchgesetzt.

Make love, not war [meɪk lʌv nɒt wɔ:r; englisch ›Macht Liebe, nicht Krieg‹], Wahlspruch der Hippie- und Antivietnamkriegsbewegung in den späten 1960er- und frühen 1970er-Jahren.

Manchestertum [ˈmæntʃɪstə...], eine im 19. Jh. einflussreiche, nach der englischen Stadt Manchester benannte Richtung des Wirtschaftsliberalismus, die für schrankenlosen Freihandel eintrat und alle wirtschafts- und sozialpolitischen Eingriffe des Staates ablehnte. Im Allgemeinen nennt man Manchestertum daher – meist abwertend – eine Lehre, die als treibende Kraft in Wirtschaft und Gesellschaft nur den Egoismus des Einzelnen kennt.

Mandschukuo, 1932–45 Name für einen unter japanischer Herrschaft stehenden, von China abgetrennten Staat in der Mandschurei. Japan setzte hier 1932 den letzten chinesischen Kaiser PUYI (* 1906, † 1967) als Regenten und 1934 als Kaiser ein. Mit der japanischen Niederlage 1945 löste sich das Kaiserreich Mandschukuo auf; das Gebiet fiel wieder an China zurück.

Manufaktur, *die* [englisch manufacture ›Handarbeit‹], vorindustrieller Gewerbebetrieb mit innerbetrieblicher Arbeitsteilung. Die Manufakturen bildeten eine Zwischenstufe zwischen dem in Zünften organisierten Handwerk und der im 19. Jh. sich durchsetzenden Industrie. Die Erzeugung war zwar schon in größeren Betrieben zusammengefasst, aber noch nicht mechanisiert. Die Blütezeit der Manufakturen war die Zeit des Merkantilismus *(siehe dort)* im 17. und 18. Jh.

Mao Zedong, chinesischer Politiker (* 1893, † 1976). Mao war 1921 Mitbegründer der Kommunistischen Partei Chinas und seit 1931 ihr Vorsitzender. 1947–49 eroberte er von der Mandschurei aus ganz China und errichtete die Volksrepublik China. Er bestimmte bis zu seinem Tod weitgehend die Politik Chinas. Mao entwickelte eine eigene Spielart des Marxismus (Maoismus).

Marathon, antike Ortschaft in Griechenland. Auf der Ebene bei Marathon besiegte in den Perserkriegen *(siehe dort)* ein athenisches Heer 490 v. Chr. die Perser. Ein Läufer soll die Siegesnachricht nach Athen gebracht haben und dann tot zusammengebrochen sein.

❧ Auf die Legende vom antiken Marathonlauf geht die moderne Sportdisziplin des Marathonlaufs über 42 195 m zurück.

Marco Polo, venezianischer Kaufmann (* 1254, † 1324). Marco Polo bereiste von 1271 bis 1295 Zentralasien, Indien und vor allem China, wo er 1275–92 als Beauftragter des Mongolenherrschers KHUBILAI (* 1215, † 1294) genaue Einblicke in Kultur und Leben des Landes gewann. Seine Berichte erweiterten das europäische Wissen über Asien und wirkten durch ihre Schilderung der Reichtümer stark auf das Zeitalter der Entdeckungen.

Maria Stuart, schottische Königin (* 1542, † 1587, Königin 1542–68). Die streng katholische Maria Stuart kam 1561 nach dem Tod ihres ersten Mannes, König FRANZ II. von Frankreich (* 1544, † 1560), zurück nach Schottland. Hier geriet sie in Gegensatz zum protestantischen Hochadel. Sie wurde gestürzt und musste 1568 nach England fliehen. Da sie Ansprüche auf den englischen Thron erhob, wurde sie von der englischen Königin ELISABETH I. inhaftiert und 1587 hingerichtet.

Marie Antoinette [...ãtwaˈnɛt], französische Königin (* 1755, † 1793). Die Tochter MARIA THERESIAS heiratete 1770 den späteren französischen König LUDWIG XVI. (* 1754, † 1793). Als Königin ent-

Mao Zedong im chinesischen Bürgerkrieg 1947

täuschte sie die Hoffnungen des Volkes und wurde während der Terrorherrschaft hingerichtet.

Marokkokrisen, zwei internationale Krisen um Marokko 1905 und 1911. Sie wurden ausgelöst durch das Bestreben des Deutschen Reichs und Frankreichs, den jeweils eigenen Einfluss in Marokko zu verstärken. Die Marokkokrisen führten dazu, dass Deutschland für die Anerkennung der französischen Schutzherrschaft über Marokko Gebiete in Zentralafrika erhielt, es isolierte sich aber international durch sein kriegerisches Auftreten zunehmend.

Marsch auf Rom, faschistische Massendemonstrationen im Oktober 1922 in Italien, die die Einsetzung MUSSOLINIS zum Ministerpräsidenten und damit die Machtübernahme durch die Faschisten erzwangen.

Marshallplan ['mɑːʃl...], umgangssprachliche Bezeichnung für das 1948 auf Anregung des amerikanischen Außenministers GEORGE MARSHALL (* 1880, † 1959) geschaffene European Recovery Program (englisch ›Europäisches Wiederaufbauprogramm‹), das zur Förderung des Wiederaufbaus Europas nach dem Zweiten Weltkrieg diente.

Marx, Karl sozialistischer Theoretiker und Begründer des Marxismus (* 1818, † 1883). Wegen seines politischen Engagements aus Deutschland ausgewiesen, lebte Marx seit 1849 in London, wo er mit FRIEDRICH ENGELS zum Schöpfer des ›wissenschaftlichen Sozialismus‹ wurde. Dieser behauptet, dass nicht die Ideen und Ideologien, sondern die wirtschaftlichen Kräfte und Verhältnisse die Entwicklung der Geschichte bestimmen. Marx und ENGELS schrieben das ›Kommunistische Manifest‹ *(siehe dort)*.

Karl Marx

Stufentempel der Maya

Mau-Mau, von der britischen Kolonialregierung in Kenia verwendete Bezeichnung für Geheimbünde, die ab 1949/50 gewaltsam gegen die europäische Herrschaft kämpften. Die Mau-Mau-Aufstände wurden bis 1956 blutig niedergeschlagen.

Maya, in Mittelamerika beheimatetes Indianervolk, das in der Zeit vom 4. bis 6. Jh. eine hoch entwickelte Kultur hervorbrachte. Die Maya organisierten sich in zahlreichen Stadtstaaten, deren Überreste (z. B. Stufenpyramiden) noch heute Bewunderung erregen. Ihre Hochkultur ging mit der spanischen Eroberung im 16. Jh. unter.

Mayflower ['meɪflaʊə; englisch ›Maiblume‹], *siehe* Pilgerväter.

Mazarin, Jules [maza'rɛ̃], Kardinal und französischer Staatsmann (* 1602, † 1661). Als Nachfolger Kardinal RICHELIEUS war er seit 1643 leitender Minister Frankreichs während der Minderjährigkeit LUDWIGS XIV. Vom Vertrauen des jungen Königs getragen, blieb er nach der Niederschlagung der Fronde *(siehe dort)* bis zu seinem Tod der unbestrittene Herr Frankreichs. Durch geschickte Diplomatie legte er die Grundlagen für die französische Vormachtstellung in Europa in der 2. Hälfte des 17. Jahrhunderts.

McCarthy, Joseph Raymond [mə'kɑ:θɪ], amerikanischer Politiker (* 1909, † 1957). 1950–54 leitete McCarthy als Vorsitzender eines Ausschusses des US-Senats die Suche nach angeblichen Kommunisten in der Verwaltung und im öffentlichen Leben der USA. Diese Suche weitete sich zu einer allgemeinen Verfolgungswelle aus (McCarthyismus), die erst abklang, nachdem McCarthy vom Senat abgelöst und gerügt worden war. Die McCarthy-Ära gilt heute in den USA als Zeit der Bedrohung der verfassungsmäßig garantierten Grundrechte.

Medici ['mɛditʃi], florentinische Kaufmannsfamilie, die im 15. Jh. zu Herren von Florenz aufstieg, 1532 den Herzogstitel und 1569 den Großherzogstitel der Toskana erhielt. Die Medici hatten vor allem durch Bankgeschäfte großen Reichtum erworben und gehörten zu den größten Kunstmäzenen der Renaissance. Sie stellten zwei Päpste (LEO X., 1513–21, und KLEMENS VII., 1523–34) sowie die beiden französischen Königinnen KATHARINA (* 1519, † 1589) und MARIA VON MEDICI (* 1573, † 1642). 1743 erlosch die Familie.

Meerengenfrage, das politisch-militärische Problem der Durchfahrt von Kriegsschiffen durch die türkischen Meerengen (Bosporus und Dardanellen) zwischen dem Schwarzen Meer und dem Mittelmeer. Aufgrund der Interessengegensätze zwischen Russland, der Türkei, Großbritannien und Frankreich war die Meerengenfrage seit dem 18. Jh. Gegenstand zahlreicher Konflikte und Verträge. Sie wurde erst 1936 mit dem Meerengenabkommen gelöst, das eine beschränkte Freigabe der Durchfahrt für Kriegsschiffe in Friedenszeiten vorsieht.

Mehmet Ali [mɛx'mɛd -], osmanischer Statthalter von Ägypten (* 1769, † 1849), dehnte in den 1830er-Jahren seine Herrschaft bis nach Syrien aus, musste sich aber auf Druck der europäischen Großmächte 1841 mit der erblichen Herrschaft in Ägypten unter osmanischer Oberhoheit zufrieden geben. Seine Nachkommen herrschten in Ägypten bis 1952.

Meijireform [meɪdʒi...], zusammenfassende Bezeichnung für die Maßnahmen, mit denen Japan in der Regierungszeit des MEIJI TENNO (* 1852, † 1912) nach 1868 zur konstitutionellen Monarchie und einem Staat moderner Prägung geführt wurde. Diese Maßnahmen umfassten: Rechts-, Währungs- und Militärreform, Einführung der allgemeinen Schulpflicht sowie Aufbau eines modernen Nachrichtenwesens und eines Eisenbahnnetzes. Die 1889

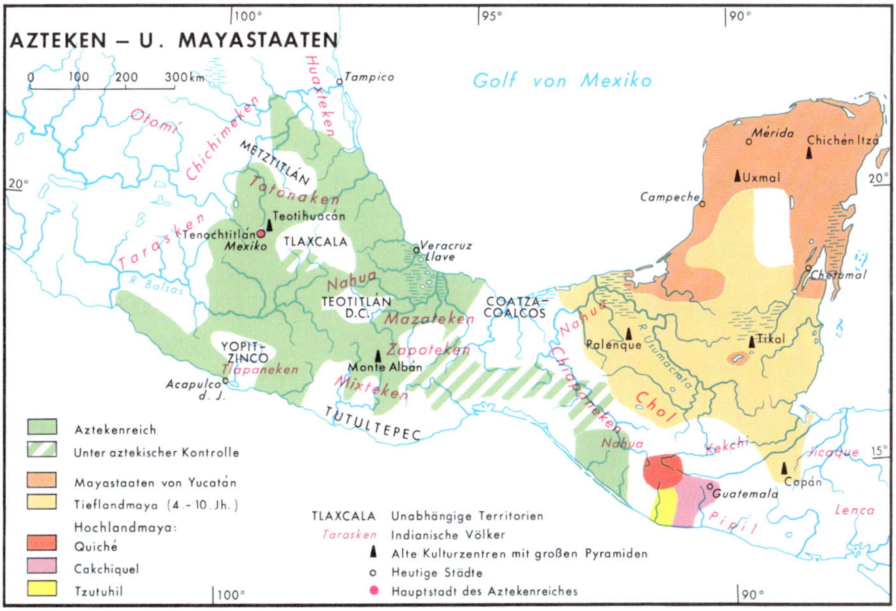

verkündete Meijiverfassung gab Japan seine moderne Gestalt.

Menschewiki, *siehe* Bolschewiki.

Merkantilismus, *der* [von lateinisch mercatus ›Handel‹], das wirtschaftspolitische System des Absolutismus im 17./18. Jh. Sein Ziel war die Erhöhung der staatlichen Einkünfte. Um dies zu erreichen, wurde die gewerbliche Erzeugung in Manufakturen *(siehe dort)* gefördert. Zugleich wurden Schutzzölle errichtet und die eigene Ausfuhr angekurbelt, um möglichst viel Geld ins eigene Land zu ziehen. Seit Ende des 18. Jh. wurde der Merkantilismus vom Wirtschaftsliberalismus abgelöst.

Mesopotamien, Zweistromland, geschichtliche Landschaft beiderseits des unteren und mittleren Euphrat und Tigris, die heute größtenteils zum Irak gehört. Mesopotamien gilt mit seinen frühen Hochkulturen als eine der Wiegen der Menschheit. Es brachte das babylonische und das assyrische Reich hervor und gehörte später teilweise zu den Reichen der Perser, Parther, Römer, Sassaniden, Araber, Seldschuken, Mongolen und Türken.

Minamoto, Sippenname für Nachkommen des japanischen Kaiserhauses, die in den Untertanenstand versetzt waren. Seit dem 12. Jh. stellte das auch Genji genannte Geschlecht alle Shogune *(siehe dort)*.

Mittelalter, nach der von den Humanisten eingeführten Dreiteilung der Geschichte die Zeit zwischen der Antike und der Neuzeit. Dabei wird der Beginn des Mittelalters im Abendland häufig mit dem Untergang des Weströmischen Reichs 476 n. Chr. angesetzt und sein Ende mit der Reformation und der Entdeckung Amerikas. Es wird unterteilt in Früh-, Hoch- und Spätmittelalter, wobei das Hochmittelalter etwa die Zeit vom 10. bis zum 13. Jh. umfasst, das Frühmittelalter die Zeit davor, das Spätmittelalter die Zeit danach.

Mittelmächte, im Ersten Weltkrieg Bezeichnung für die Bündnispartner Deutsches Reich und Österreich-Ungarn, sowie für deren Verbündete Bulgarien und Osmanisches Reich.

Mogulreich, das Reich der Moguln, einer muslimischen Dynastie türkisch-mongolischer Abstammung in Indien. Es erlebte im 17. Jh. seinen Höhepunkt und umfasste ganz Nordindien von Bengalen im Osten bis Afghanistan im Westen. Im 18. Jh. wurde das Mogulreich, durch Einfälle südindischer und afghanischer Gegner geschwächt, durch die britische Ostindische Kompanie weitgehend in Besitz genommen. Seit 1803 waren die Moguln nur noch Titularkaiser von britischen Gnaden. Der letzte Mogul wurde 1857 abgesetzt.

Mohammed, Stifter des Islam (*um 570, †632). Als Kaufmann auf Handelsreisen mit Christentum, Judentum und anderen Religionen bekannt geworden, verkündete Mohammed ab 610 in Mekka seine Offenbarungen, die wohl schon zu seinen Lebzeiten aufgezeichnet wurden und den Koran bilden. Nach einem Exil in Medina machte er 630 seine Heimatstadt Mekka zum Zentrum seiner Lehre, die bis zu seinem Tod bereits über weite Teile Arabiens verbreitet worden war.

Monarchie, *die* Staatsform, in der ein Einzelner, der erbliche oder gewählte Monarch (z. B. König), Staatsoberhaupt ist.

Mondlandung, nachdem der amerikanische Präsident JOHN F. KENNEDY zu Beginn der 1960er-Jahre dazu aufgerufen hatte, bis Ende des Jahrzehnts einen Amerikaner auf den Mond zu schicken, entbrannte zwischen den USA und der Sowjetunion ein Wettlauf um die erste bemannte Mondlandung. Diese sollte die Überlegenheit des je eigenen politischen, wirtschaftlichen und gesellschaftlichen Systems zeigen. Schließlich landeten am 20. Juli 1969 als erste Menschen die amerikanischen Astronauten NEIL ARMSTRONG (*1930) und EDWIN ALDRIN (*1930) auf dem Mond; ihr Teamkollege MICHAEL COLLINS (*1930) blieb in der Kapsel.

Mongolensturm, Bezeichnung für das stürmische Vordringen der Mongolen besonders unter DSCHINGIS KHAN im 13. Jh. Die Mongolen drangen tief nach Ost- und Mitteleuropa ein; trotz gewonnener Schlacht bei Liegnitz (1241) zogen sie sich kurz darauf zurück.

Monroedoktrin, *die* [mənˈrəʊ...], Erklärung des Präsidenten der USA JAMES MONROE (*1758, †1831) von 1823, nach der den europäischen Mächten der Erwerb von Kolonien in ganz Amerika und die Einmischung in die inneren Angelegenheiten der amerikanischen Staaten verwehrt sein sollte. Diese Erklärung richtete sich vor allem gegen die russische Expansion in Alaska und die Interventionsabsichten der Heiligen Allianz *(siehe dort)* gegen die abgefallenen spanischen Kolonien in Lateinamerika. Im 20. Jh. wurde die Monroedoktrin zur ideologischen Grundlage der Vormachtstellung der USA in ganz Amerika.

Morgenland, *siehe* Abendland.

Italienische Faschisten mit Mussolini (Zweiter von rechts) beim Marsch auf Rom (1922)

Mussolini, Benito italienischer Politiker (* 1883, † 1945). Ab 1919 Führer der italienischen Faschisten, gelang es Mussolini, seit 1922 eine Diktatur in Italien zu errichten. 1939 trat Italien unter seiner Führung an der Seite Deutschlands in den Zweiten Weltkrieg ein. Nachdem er 1943 erstmals gestürzt worden war, rief er mit der ›Republik von Salò‹ einen ganz von der nationalsozialistischen deutschen Führung abhängigen Staat in Norditalien aus. Während des militärischen Zusammenbruchs 1945 wurde er von italienischen Widerstandskämpfern erschossen.

Mykene, in der Antike griechische Stadt auf dem Peloponnes. Mykene war im 2. Jahrtausend v. Chr. ein Zentrum der ägäischen Kultur. HOMER *(siehe* Kapitel 6) nennt es als Sitz des griechischen Heerführers Agamemnon.

Nagasaki, *siehe* Hiroshima.

Napoleon I., Kaiser der Franzosen (* 1769, † 1821). Aufgrund großer militärischer Erfolge in den Koalitionskriegen (Revolutionskriegen) stieg der auf Korsika als Napoleone Buonaparte Geborene rasch auf. Nach 1798/99 wurde er der maßgebliche französische Politiker; 1804 krönte er sich selbst zum Kaiser. Er entschied die Koalitionskriege zugunsten Frankreichs und errichtete bis 1807 eine französische Vorherrschaft in Europa. Sein Versuch, 1812 Russland zu unterwerfen, scheiterte und führte nach den (deutschen) Befreiungskriegen 1813/14 zu seinem Sturz. Auf die Insel Elba verbannt, gelang ihm 1815 die Rückkehr nach Frankreich. Er versuchte erneut, die Macht dauerhaft zu erringen, wurde jedoch in der Schlacht bei Waterloo geschlagen und gefangen genommen. Er starb in britischer Gefangenschaft auf der Insel St. Helena im Südatlantik. Außer als Feldherr besaß er auch als Gesetzgeber große Bedeutung.
Obgleich Kaiser der Franzosen, gelang es Napoleon nie, seine italienischen Wurzeln zu verleugnen; das Französische beherrschte er niemals vollkommen. Sein Versuch, eine eigene Dynastie zu gründen, misslang. Zahlreiche Verwandte, besonders seine Brüder, machte er zu Königen in den Gebieten, die er erobert hatte oder die von Frankreich abhängig waren (in Spanien, den Niederlanden, Westfalen).

Napoleon III., Kaiser der Franzosen (* 1808, † 1873). Der Neffe NAPOLEONS I. wurde nach der Revolution 1848 zum französischen Präsidenten gewählt. 1851 gewann er durch einen Staatsstreich die unumschränkte Macht und ließ sich 1852 zum Kaiser ausrufen. Nach der französischen Niederlage im Deutsch-Französischen Krieg von 1870/71 musste er abdanken. Er starb im Exil in England.

Nasser, Gamal Abd el- ägyptischer Politiker (* 1918, † 1970), war 1952 führend am Sturz des letzten ägyptischen Königs FARUK I. (* 1920, † 1965, König 1936–52) beteiligt. Nasser stieg bis 1954 zum starken Mann Ägyptens auf und gewann während der Suezkrise 1956 eine Führerstellung im ganzen arabischen Raum. Innenpolitisch verfolgte Nasser einen sozialistischen Kurs. Außenpolitisch trat er als einer der Führer der Blockfreienbewegung hervor. Den von ihm ausgelösten Sechstagekrieg gegen Israel 1967 verlor er.

Navigationsakte, Bezeichnung für englische Gesetze, die zur Förderung der englischen Schifffahrt erlassen wurden. Die wichtigste Navigationsakte wurde 1651 beschlossen und schloss fremde Schiffe weitgehend vom englischen Handel aus. Hierdurch wurde sie eine Grundlage für die Blüte der englischen Seemacht in den folgenden beiden Jahrhunderten. Mit dem Sieg der Idee des Freihandels wurde die Navigationsakte 1849 aufgehoben.

Neandertaler, nach einem 1856 im Neandertal bei Düsseldorf gemachten Knochenfund benannte Menschenform, die zwischen 300 000 und 40 000 v.Chr. weite Teile der Alten Welt besiedelte. Die Neandertaler waren Sammler und Jäger; es handelt sich bei ihnen um eine ausgestorbene Seitenlinie der Menschheit.

Nehru, Jawaharlal indischer Politiker (* 1889, † 1964). Seit 1919 in der indischen Unabhängigkeitsbewegung aktiv, war Nehru ein Anhänger der Ideen MAHATMA GANDHIS. Neben diesem wurde er zu einem Führer der Unabhängigkeitsbewegung. Ab der Unabhängigkeit 1947 Ministerpräsident, formte er wesentlich das Bild des modernen Indien. Außenpolitisch wurde er zu einem der Führer der Blockfreienbewegung.

Nelson, Horatio [nelsn], britischer Admiral (* 1758, † 1805). Als Oberbefehlshaber der britischen Mittelmeerflotte im Kampf gegen das revolutionäre Frankreich vernichtete er 1798 die französische Flotte bei Abukir, wodurch NAPOLEONS Versuch der Eroberung Ägyptens scheiterte. 1805 errang er den Seesieg bei Trafalgar, der Großbritannien endgültig die Seeherrschaft brachte. In dieser Schlacht fiel er selbst.

❧ Berühmt ist seine Affäre mit Lady EMMA HAMILTON (* 1765, † 1815).

Die Büste der Nofretete aus dem 14. Jh. v.Chr. gilt als Inbegriff zeitloser Schönheit

NEP [Abkürzung für russisch **N**owaja **E**konomitscheskaja **P**olitika ›Neue Wirtschaftspolitik‹], Bezeichnung für ein 1921 von LENIN in Sowjetrussland eingeführtes Wirtschaftsprogramm, das die Versorgungslage der Bevölkerung nach den Wirren der Jahre seit 1917 durch Liberalisierung der Wirtschaft verbessern sollte. Der durch diese Politik ausgelöste Aufschwung wurde 1928 wieder zunichte gemacht, als STALIN mit der Zwangskollektivierung der Landwirtschaft und dem Vorrang der Industrialisierung einen neuen Weg einschlug.

Neue Welt, *siehe* Alte Welt.

Neuzeit, nach der von den Humanisten eingeführten Dreiteilung der Geschichte die Zeit nach dem Mittelalter bis zur Gegenwart. Der Beginn der Neuzeit wird meist um das Jahr 1500 mit der Reformation und der Entdeckung Amerikas angegeben. Als Untergliederung wird häufig eine Grenze bei der Französischen Revolution (1789) gezogen; die Zeit vorher wird frühe Neuzeit, die Zeit danach neuere Zeit genannt. Die Erforschung der Jahrzehnte nach 1917 (Oktoberrevolution in Russland, Eintritt der USA in den Ersten Weltkrieg) wird als Zeitgeschichte bezeichnet.

Nixon, Richard Milhous [nɪxn], amerikanischer Politiker (* 1913, † 1994). Als 37. Präsident der USA (1969–74) beendete Nixon den Vietnamkrieg, nahm diplomatische Beziehungen zur Volksrepublik China auf und verbesserte das Verhältnis zur Sowjetunion. Innenpolitisch vertrat er eine konservative Politik, die weitere Fortschritte z. B. in der Rassenfrage behinderte. Nixon musste als erster Präsident der USA zurücktreten, weil er 1974 in die Watergate-Affäre (*siehe dort*) verwickelt war und den Kongress belogen hatte.

Nofretete, Gemahlin des ägyptischen Königs AMENOPHIS IV. (ECHNATON). Bekannt ist sie vor allem durch ihre Büste, die 1912 in Amarna (Ruinenstätte in Mittelägypten) ausgegraben wurde und sich heute in Berlin befindet.

Kathedrale im normannischen Baustil (Trani, nach 1094)

Nordischer Krieg, 1700–21 zwischen Schweden einerseits, Dänemark, Polen, Sachsen, Russland, Preußen und Hannover andererseits geführter Krieg um die Vorherrschaft in Nord- und Osteuropa. Nach anfänglichen schwedischen Erfolgen setzte sich Russland unter PETER DEM GROSSEN letztlich durch, brach das schwedische Übergewicht im Norden und wurde selbst zur europäischen Großmacht.

Normannen, Bezeichnung für die Wikinger, die als Händler, Krieger, Entdecker, Siedler und Staatengründer in West- und Südeuropa auftraten. Die Normannen erlangten besondere Bedeutung durch die Eroberung und Besiedlung der nach ihnen benannten Normandie (10. Jh.) und durch die von dort im 11. Jh. ausgehenden Eroberungen Englands und Siziliens, die beide normannische Königreiche wurden.

Octavian, *siehe* Augustus.

Oda Nobunaga, japanischer Feldherr (*1534, †1582), war neben TOYOTOMI HIDEYOSHI und TOKUGAWA JEYASU einer der drei Reichseiner Japans. Seine Einigungsbestrebungen und die von ihm begonnene Straffung der Verwaltung wurden von seinem Nachfolger TOYOTOMI HIDEYOSHI weitergeführt.

Oktoberrevolution, der nach dem damaligen russischen Kalender am 25./26. Oktober 1917 (7./8. November) erfolgte Umsturz, mit dem die von LENIN geführten Bolschewiki die aus der Februarrevolution hervorgegangene gemäßigte Regierung stürzten und die Macht in Russland ergriffen. Sie gilt als wichtigster Meilenstein bei der Errichtung der kommunistischen Sowjetunion.

Okzident, *siehe* Abendland.

Ölkrise, die 1974 durch den Lieferstopp der arabischen Erdölproduzenten im Gefolge des Jom-Kippur-Kriegs *(siehe dort)* ausgelöste Erdölknappheit vor allem in Westeuropa. Auf dem Höhepunkt der Ölkrise schränkten zahlreiche europäische Staaten den Fahrzeugverkehr ein und suchten den Ölverbrauch zu drosseln. In den folgenden Jahren führte die Politik der OPEC, die eine Verknappung des Erdöls zur Folge hatte, um so Preiserhöhungen durchsetzen zu können, zu weiteren kleineren Ölkrisen. Besonders betroffen von den Ölkrisen waren die Entwicklungsländer, die seitdem für Erdöl erheblich mehr bezahlen mussten und so ihre Auslandsschulden vergrößerten.

Oktoberrevolution. Lenin spricht in Petrograd

Olympische Spiele, im antiken Griechenland die bedeutendsten Festspiele. Sie wurden in der Stadt Olympia von 776 v. Chr. bis 393 n. Chr. alle vier Jahre ausgetragen. Der vierjährige Zeitraum zwischen den Spielen wurde als ›Olympiade‹ bezeichnet. Als olympische Disziplinen galten vor allem Laufdisziplinen, Ringen, klassischer Fünfkampf, Faustkampf sowie Pferde- und Wagenrennen. Während der Olympischen Spiele herrschte im ganzen Land unbedingte Waffenruhe. Die Spiele wurden 393 von

Kaiser THEODOSIUS I., DEM GROSSEN (* 347, † 395), als heidnischer Kult verboten.
❧ Seit 1896 gibt es die modernen Olympischen Spiele, seit 1924 auch die Winterspiele, die seit 1994 im zweijährigen Wechsel mit den Sommerspielen stattfinden.

Omaijaden. Hof der großen Moschee in Damaskus

Omaijaden, muslimisches Herrschergeschlecht, das 661–750 die ersten Kalifen von Damaskus stellte und nach seiner Vertreibung 756–1031 als Emire von Córdoba über weite Teile der Iberischen Halbinsel gebot.

Opiumkrieg, Krieg zwischen Großbritannien und China 1840–42, mit dem das Zeitalter der Unterwerfung Chinas unter die wirtschaftlichen Ansprüche vor allem westlicher Mächte begann. Als 1839 die chinesische Regierung versuchte, die Einfuhr von Opium aus Britisch-Indien nach China zu unterbinden, griffen überlegene britische Flotteneinheiten China an. Dieses musste daraufhin 1842 Hongkong abtreten und fünf Häfen dem britischen Handel öffnen.

ora et labora [lateinisch ›bete und arbeite‹], Sinnspruch für die Lebensweise des von BENEDIKT VON NURSIA durch seine Ordensregel geprägten mittelalterlichen abendländischen Mönchtums, das eine gottgefällige Lebensweise in der Verbindung von Gebet und körperlicher Arbeit sah.

Orient, *siehe* Abendland.

Osman dan Fodio islamischer Reformator und Reichsgründer (* 1745, † 1817). Der aus dem westafrikanischen Volk der Fulbe stammende Osman dan Fodio eroberte in einem ›Heiligen Krieg‹ seit Ende des 18. Jh. weite Teile West- und Zentralafrikas und fasste sie zu einem islamischen Reich, dem Kalifat von Sokoto, zusammen.

Osmanisches Reich, das nach seinem Gründer OSMAN I. (Sultan 1288–1326) benannte und bis 1918 bestehende türkische Reich. Es umfasste auf dem Höhepunkt seiner Macht im 16./17. Jh. alle Länder um das östliche Mittelmeer von Ungarn im Norden und Algerien im Westen bis Mesopotamien im Osten und Arabien im Süden. Nach dem Ersten Weltkrieg wurde es zerschlagen und auf die heutige Türkei beschränkt.

Österreichischer Staatsvertrag, 1955 zwischen Österreich und den vier Siegermächten des Zweiten Weltkriegs abgeschlossener Vertrag, der Österreich als freien und unabhängigen Staat wieder herstellte. Im Gegenzug musste sich Österreich zur immer währenden Neutralität verpflichten.

Ostgoten, einer der beiden großen Stämme der Goten. Von den Hunnen im 4. Jh. unterworfen, kamen die Ostgoten in den Raum des heutigen Österreich. Der Ostgotenkönig THEODERICH DER GROSSE errichtete ab 488 ein Reich, das Bestandteil des Römischen Reichs blieb und Italien mit Sizilien, Dalmatien, Slawonien, das Alpengebiet und die Provence umfasste. Nach THEODERICHS Tod verfiel das Reich und wurde bis Mitte des 6. Jh. von oströmischen Feldherren zerschlagen. Die Ostgoten gingen in der italienischen Bevölkerung auf.
❧ Der Niedergang des Ostgotenreichs wird in dem Roman ›Kampf um Rom‹ von FELIX DAHN (* 1834, † 1912) beschrieben.

Ostindische Kompanie, Bezeichnung für verschiedene Handelskompanien *(siehe dort),* die im Asienhandel tätig waren. Die bedeutendste war die 1600 gegründete englische East India Company, die das Monopol für den englischen Indien- und Chinahandel besaß. Seit der 2. Hälfte des 17. Jh. erwarb sie Stützpunkte in Indien, erhielt dort Herrschaftsrechte und wurde zum Organisator und Herrscher von Britisch-Indien. 1813 (Indien) und 1833 (China) verlor sie ihre Handelsmonopole. 1853 wurde sie aufgelöst, ihre Besitzungen in Indien wurden britische Kolonien.

Ostrakismos, *der* [griechisch ›Scherbengericht‹], in Athen zwischen 487 und 416 v. Chr. angewendete Maßnahme, durch die das Volk die Verbannung einzelner Bürger auf zehn Jahre aussprechen konnte. Die Namen der zu Verbannenden wurden auf Tonscherben (Ostraka) geschrieben, die Mehrheit der Stimmen entschied. Der Ostrakismos bewirkte nicht den Verlust des Vermögens oder der Bürgerrechte. Ursprünglich als Mittel gegen Tyrannen gedacht, diente er bald zur Ausschaltung missliebiger Politiker.

Pahlevi, Mohammed Resa [pæhlæ'vi:], iranischer Kaiser (* 1919, † 1980). Seit 1941 Schah, betrieb Pahlevi unter enger Anlehnung vor allem an die USA eine an europäischen Maßstäben ausgerichtete Modernisierungspolitik in Wirtschaft und Gesellschaft, die auf zunehmenden Widerstand in der Bevölkerung und bei der islamischen Geistlichkeit stieß. 1979 wurde er durch eine islamische Revolution gestürzt. Er starb im Exil.

panem et circenses, *siehe* Brot und Spiele.

Panslawismus, Bewegung, die im 19. und frühen 20. Jh. den Zusammenschluss aller Slawen anstrebte. Die russische Politik nutzte zeitweise den Panslawismus, indem sie eine Vereinigung aller Slawen unter russischer Herrschaft betrieb. Nach dem Ersten Weltkrieg verlor der Panslawismus aufgrund der Gegensätze zwischen den slawischen Völkern seine frühere Bedeutung.

Parther, ursprünglich iranisches Volk. Im 3. Jh. v. Chr. gründeten die Parther ein Reich, das auf der Höhe seiner Macht vom Euphrat im Westen bis zum Indus im Osten reichte. Die Parther waren seit dem 1. Jh. v. Chr. bis zu ihrem Aufgehen im Sassanidenreich im 3. Jh. n. Chr. die Hauptgegner Roms im Osten.

Partisanen [französisch-italienisch; eigentlich ›Parteigänger‹], Freischärler und Widerstandskämpfer. Als Partisanen bezeichnete Gruppen traten im 20. Jh. in den Bürgerkriegen in Sowjetrussland (1917–22) und Spanien (1936–39) auf. Im Zweiten Weltkrieg kämpften Partisanengruppen vor allem in Osteuropa gegen die deutschen Besatzungstruppen. In neuerer Zeit setzt sich immer mehr der Begriff ›Guerillakämpfer‹ durch.

Patrizier, *der* [von lateinisch pater ›Vater‹], in der römischen Republik Angehöriger des Geburtsadels, der ursprünglich (vor 300 v. Chr.) allein die führenden Beamten stellte. Seit AUGUSTUS wurden einzelne plebejische Familien in das Patriziat, das durch Aussterben vieler Geschlechter stark geschrumpft war, aufgenommen.

Pax Britannica, *die* [lateinisch ›britischer Friede‹], Bezeichnung für die britische Weltreichspolitik vor dem Ersten Weltkrieg; ihr Ziel war die Freiheit der Meere und des Handels unter britischer Vorherrschaft zur Sicherung des Weltfriedens. Die Pax Britannica richtete sich ferner auf die Erhaltung von Gleichgewicht und Frieden in Europa, war aber seit dem Ersten Weltkrieg nicht mehr durchzusetzen.

Pax Romana, *die* [lateinisch ›römischer Friede‹], Bezeichnung für die durch einheitliches Recht und gemeinsame Grundwerte gesicherte Friedensordnung des Römischen Reichs besonders im 1. und 2. Jh. nach Christus.

Pearl Harbour ['pə:l 'hɑ:bə], Flottenstützpunkt der USA auf Hawaii. Bei einem japanischen Luftangriff auf Pearl Harbour am 7. Dezember 1941 gelang es den Angreifern zwar, schwere Schäden anzurichten, aber nicht wie beabsichtigt die amerikanische Pazifikflotte auszuschalten. Der Angriff ohne vorherige Kriegserklärung führte in den USA zu heftigen antijapanischen Reaktionen und zum Eintritt in den Zweiten Weltkrieg.

Peloponnesischer Krieg, Krieg zwischen Athen und Sparta mit ihren jeweiligen Verbündeten um die Vorherrschaft in Griechenland in den Jahren 431–404 v. Chr. Dabei war Athen vor allem zur See und Sparta zu Land überlegen. Nach anfänglichen Erfolgen Athens endete der Peloponnesische Krieg mit der Zerschlagung der athenischen Macht und der Vorherrschaft Spartas in Griechenland.

Perikles, athenischer Staatsmann (* nach 500, † 429 v. Chr.). Gestützt auf das Volk, war Perikles seit etwa 460 v. Chr. der maßgebliche Führer Athens, das unter ihm seine höchste Blüte und Machtstellung erlebte. Er entfaltete ein großzügiges Bauprogramm (z. B. Bau der Akropolis). An der Blüte der geistigen Kultur (HERODOT, SOPHOKLES) hatte er wesentlichen Anteil.

Perón, Juan Domingo argentinischer General und Politiker (* 1895, † 1974). Perón war 1946–55 Staatspräsident, lebte dann im Exil und wurde 1973 abermals Staatspräsident. Durch ein Programm praktischer Sozialreformen gewann er zeitweise eine breite Anhängerschaft. Auf ihn geht die Bewegung des

Peronismus zurück, die bis zur Gegenwart in der argentinischen Politik eine bedeutende Rolle spielt.
❧ Seine erste Frau MARÍA EVA DUARTE DE PERÓN (* 1919,† 1952) wurde vom Volk als ›Engel der Armen‹ verehrt. Der britische Komponist ANDREW LLOYD WEBBER nahm ihr Leben als Vorlage für sein Musical ›Evita‹.

Perserkriege, die Auseinandersetzungen zwischen Griechen und Persern zwischen 500 und 478 v. Chr., in deren Verlauf es den Griechen unter der Führung Athens und Spartas gelang, mehrere persische Versuche zur Eroberung Griechenlands abzuwehren und die griechischen Städte in Kleinasien teilweise aus dem Persischen Reich zu lösen.

Persisches Reich, um 550 v. Chr. durch KYROS *(siehe dort)* errichtetes Großreich, das auf seinem Höhepunkt im 5. Jh. v. Chr. vom Balkan und Ägypten bis nach Indien reichte. In den Perserkriegen wehrten die Griechen ihre Eingliederung ab. Ab 334 v. Chr. eroberte ALEXANDER DER GROSSE innerhalb weniger Jahre das ganze Reich, das nach seinem Tod in verschiedene Teile zerfiel.

Personalunion, eine nur durch ein gemeinsames Staatsoberhaupt hergestellte Staatenverbindung, die die staatsrechtliche Selbstständigkeit der verbundenen Staaten nicht beeinträchtigt. Ein bekanntes Beispiel war die Personalunion zwischen Großbritannien und Hannover 1714–1837. Noch heute besteht zwischen Großbritannien und denjenigen Staaten des Commonwealth of Nations (*siehe* Kapitel 3), die den britischen Monarchen als Staatsoberhaupt anerkennen, Personalunion.

Personenverbandsstaat, die Staatsform des frühen europäischen Mittelalters. Sie ist organisatorisch durch einzelne Personenverbände, insbesondere Stammesverbände, gekennzeichnet, die jeweils nach ihrem eigenen Recht (Stammesrecht) lebten. Der Zusammenhalt dieser Gemeinschaften ergab sich in erster Linie aus persönlichen Treueverhältnissen zwischen einzelnen Personen im Rahmen des Lehnswesens (*siehe* Kapitel 2).

Pest, früher meist tödlich verlaufene, durch Rattenflöhe übertragene Infektionskrankheit, die als ›schwarzer Tod‹ 1347–52 ganz Europa heimsuchte und unzählige Opfer (vermutlich 25 Mio. Tote) forderte. Dieser Pestzug löste eine schwere soziale und wirtschaftliche Krise aus. Spätere Pestausbrüche in Europa waren regional begrenzt und daher nicht so schwerwiegend. Heute ist die Pest in Europa ausgerottet.

Pest. Pestarzt in Schutzkleidung. Kupferstich, 1656

Peter der Große, russischer Kaiser (* 1672, † 1725). Peter versuchte sein Land der westeuropäischen Kultur zu öffnen. Er führte tief greifende Reformen in Armee, Verwaltung, Kirche und Gesellschaft durch und gründete 1703 Sankt Petersburg als neue Hauptstadt. Im Nordischen Krieg *(siehe dort)* dehnte er Russland bis an die Ostsee aus und machte es zur europäischen Großmacht.

Pharao, *der* [f...], Titel der Könige des Ägyptischen Reichs.

Phönizier, antikes Händler- und Seefahrervolk im Gebiet des heutigen Libanon, das seit dem späten 2. Jahrtausend v. Chr. jahrhundertelang den Seehandel beherrschte und viele Kolonien rings um das Mittelmeer gründete. Die in Stadtstaaten organisierten Phönizier wurden im 7. Jh. Untertanen der Assyrer, im 6. Jh. der Perser. In der Zeit des Hellenismus gräzisiert, gingen sie in der griechisch-römischen Provinzialbevölkerung auf.
❧ Die von den Phöniziern schon im 16. Jh. v. Chr. entwickelte Buchstabenschrift ist die Grundlage unseres heutigen Alphabets.

Pilgerväter, die ersten puritanischen Siedler in Neuengland, die 1620 mit dem Schiff Mayflower den Atlantik überquerten, da sie als Puritaner in England verfolgt wurden. Sie gründeten die Kolonie Plymouth und gaben sich mit dem ›Mayflower Compact‹ (englisch ›Mayflowervertrag‹) eine eigene Verfassung. Ihre Nachkommen bilden bis heute eine einflussreiche Gruppe der amerikanischen Oberschicht.

Pitt, William Name zweier englischer Staatsmänner des 18. Jh. WILLIAM PITT D. Ä. (* 1708, † 1778) unterstützte im Siebenjährigen Krieg als Außenminister FRIEDRICH II., DEN GROSSEN. Er ließ das französische Kolonialreich in Indien und Amerika erobern und die französische Seemacht zerschlagen. Sein Sohn WILLIAM PITT D. J. (* 1759, † 1806) war von 1783 bis 1801 und 1804/05 Premierminister. Er führte innere Reformen durch und leitete die europäischen Koalitionen gegen NAPOLEON I.

Pizarro, Francisco [pi'θarrɔ], spanischer Konquistador (* 1478, † 1541). Pizarro eroberte 1531–33 das Reich der Inka in Peru. Nach der Niederschlagung eines indianischen Aufstandes 1536/37 kam es zu Auseinandersetzungen unter den spanischen Eroberern, in deren Verlauf Pizarro 1541 umgebracht wurde.

Plebs, *die* [lateinisch ›Volk‹], im antiken Rom derjenige Teil der Bevölkerung, der nicht dem alten Geburtsadel (Patrizier) angehörte, in der späten Republik die mittleren und unteren Schichten im Gegensatz zur Nobilität, in der Kaiserzeit auch die Bevölkerungsteile, die nicht zur geistigen Elite gehörten.

Polnischer Korridor, durch die im Versailler Vertrag erzwungene Abtretung fast ganz Westpreußens an Polen entstandener Streifen polnischen Territoriums, der Pommern im Westen von Ostpreußen im Osten trennte. Während die deutschen Reichsregierungen in der Zeit der Weimarer Republik eine friedliche Änderung der deutsch-polnischen Grenzen erreichen wollten, nahm HITLER 1939 das Korridorproblem zum Anlass des deutschen Angriffs auf Polen, der den Zweiten Weltkrieg auslöste.

Polnische Teilungen, die drei von den Nachbarn Polens 1772, 1793 und 1795 erzwungenen Gebietsabtretungen Polens. Nach der 1. Polnischen Teilung, an der Österreich, Preußen und Russland beteiligt waren, blieb Polen ein lebensfähiger Staat. Dies änderte sich 1793 mit der 2. Polnischen Teilung, an der Russland und Preußen beteiligt waren. Deshalb

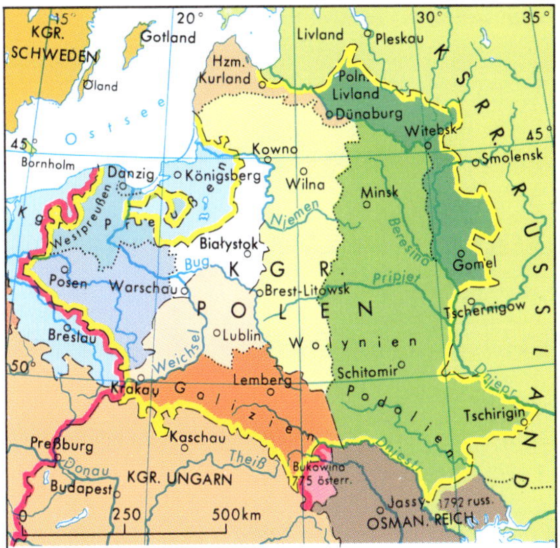

DIE POLNISCHEN TEILUNGEN

Grenze des Hl. Römischen Reiches
Polen vor den Polnischen Teilungen

	1. Teilung 1772	2. Teilung 1793	3. Teilung 1795
an Rußland	■	■	■
an Preußen	■	■	■
an Österreich	■		■

brach 1794 ein Aufstand gegen die Teilungsmächte aus, der nach seiner Niederschlagung zur 3. Polnischen Teilung (1795), an der wieder alle drei Mächte beteiligt waren, führte. Polen existierte danach bis 1918 nicht mehr als selbstständiger Staat.

Polnisch-Sowjetischer Krieg, Krieg zwischen Polen und der Ukraine einerseits sowie Sowjetrussland andererseits 1920–21. Nach wechselvollen Kämpfen kam es 1921 zum Frieden von Riga, der Polen unter Aufgabe der ukrainischen Verbündeten eine erhebliche Osterweiterung brachte.

Prager Frühling, die Reformphase von Januar bis August 1968 in der Tschechoslowakei, während der versucht wurde, einen ›Sozialismus mit menschlichem Antlitz‹ aufzubauen. Die militärische Intervention von fünf Staaten des Warschauer Pakts beendeten die Liberalisierungs- und Demokratisierungsbestrebungen gewaltsam. – Abb. S. 54.

Prohibition, staatliches Verbot der Herstellung und des Verkaufs alkoholhaltiger Getränke. In den USA wurde sie 1920 bundesweit eingeführt. Sie führte verbreitet zu Schmuggel und Schwarzbrennerei und kam so vor allem dem organisierten Verbrechen zugute. 1933 wurde sie aufgehoben.

Proletarier, *der* [von lateinisch proles ›Nachkomme‹], in Anlehnung an das antike Wort für die ärmsten Schichten der römischen Bevölkerung von KARL MARX und FRIEDRICH ENGELS geprägte Bezeichnung für einen besitzlosen Lohnarbeiter.

Punische Kriege, die drei Kriege Roms gegen die Karthager (Punier) um die Vorherrschaft im westlichen Mittelmeer. Der 1. Punische Krieg (264–241 v. Chr.) brachte Rom den Gewinn Siziliens. Der 2. Punische Krieg (218–201 v. Chr.) endete mit dem Verlust aller auswärtigen Besitzungen Karthagos. Im 3. Punischen Krieg (149–146 v. Chr.) wurde Karthago selbst vollständig zerstört. Die Punischen Kriege machten Rom zur Vormacht im westlichen Mittelmeer.

Puritaner, Bezeichnung für diejenigen englischen Protestanten, die seit etwa 1560 die englische Staatskirche reformieren und besonders die bischöfliche Verfassung abschaffen wollten. Die sittlichen Ideale der Puritaner waren strenge Selbstzucht und verstandesmäßige Beherrschung des Trieblebens. Im 17. Jh. erlangten sie in England zeitweise große politische Bedeutung; in dieser Zeit wanderten viele Puritaner nach Nordamerika aus.

Puritanische Revolution, die revolutionären Ereignisse in England zwischen 1641 und 1660, die in der Hinrichtung König KARLS I. (* 1600, † 1649)

Der Einmarsch der Truppen der Sowjetunion, Polens, der DDR, Ungarns und Bulgariens beendete den ›Prager Frühling‹

Prohibition. Schnapsbrenner, die unter Polizeiaufsicht ihre Alkoholvorräte vernichten müssen (Chicago, 1928)

und der Errichtung einer Republik durch OLIVER CROMWELL gipfelten. Es handelte sich dabei um einen Kampf des Bürgertums und des niederen Adels gegen den Versuch der Könige aus dem Haus Stuart, in England den Absolutismus durchzusetzen. Die entschiedensten Gegner der zum Katholizismus neigenden Stuarts waren die Puritaner. Dadurch mischten sich politische und soziale mit religiösen Anliegen.

Pyrrhus, König von Epirus in Griechenland (* 319, † 272 v. Chr.), besiegte 280 und 279 v. Chr. in zwei Schlachten unter schweren eigenen Verlusten römische Heere. Nach diesen Siegen bezeichnet man einen Sieg, der mehr Nachteile als Vorteile bringt, als Pyrrhussieg.

Raleigh, Walter [ˈrɔːli], englischer Seefahrer (* um 1552, † 1618), gründete 1584/85 die erste englische Kolonie in Nordamerika (Virginia). Er war entschiedener Vertreter einer antispanischen Politik, weshalb er 1618, dem Frieden mit Spanien zuliebe, nach einer missglückten Militärexpedition nach Südamerika hingerichtet wurde.

Rapackiplan [raˈpatski...], Plan des polnischen Außenministers ADAM RAPACKI (* 1909, † 1970) aus dem Jahr 1957, der die Schaffung einer kernwaffenfreien Zone in Mitteleuropa vorsah. Die internationale Diskussion um diesen Plan verlief jedoch wegen des großen gegenseitigen Misstrauens von

Ost und West auf dem Höhepunkt des Kalten Krieges ergebnislos.

Rätesystem, eine 1917 in Russland begründete Regierungsform, in der die gesetzgebende, ausführende und Recht sprechende Gewalt in der Hand von gewählten Arbeiter-und-Soldaten-Räten (Sowjets) vereinigt wurde. Die Macht der Sowjets ging in der Sowjetunion später auf die Kommunistische Partei über, die die Räte beherrschte. 1919 kam es auch in Bayern (Räterepublik) und Ungarn kurzzeitig zur Errichtung von Rätesystemen.

Reagan, Ronald Wilson [ˈrɛɪgən], amerikanischer Politiker (* 1911). 1967–75 Gouverneur von Kalifornien, wurde der Filmschauspieler Reagan 1980 zum 40. Präsidenten der USA gewählt. Nachdem sich unter seiner Präsidentschaft zunächst der Ost-West-Konflikt wieder verschärft hatte und die USA eine Politik der Aufrüstung betrieben hatten, war die 2. Hälfte seiner bis 1988 dauernden Amtszeit geprägt von der Annäherung zwischen den USA und der Sowjetunion unter GORBATSCHOW sowie von Abrüstungsbemühungen. Innenpolitisch verfolgte Reagan ein monetaristisches Wirtschaftsprogramm, das den USA die größten Haushaltsdefizite ihrer Geschichte brachte (*siehe* Reagonomics, Kapitel 4).

Reconquista, *die* [spanisch ›Rückeroberung‹], Bezeichnung für den Kampf christlicher Herrscher um die Zurückdrängung der ab 711 errichteten arabischen Herrschaft auf der Iberischen Halbinsel seit dem 8. Jh. Sie endete mit der Eroberung des letzten arabischen Fürstentums Granada 1492 durch die Herrscher von Kastilien und Aragón.

Religion ist Opium für das Volk, auf KARL MARX zurückgehender Satz, mit dem ausgesagt wird, dass die Religion zur Beruhigung des Volks angesichts der Ungerechtigkeit der Welt diene.

Religionskriege, hauptsächlich durch den Gegensatz der religiösen Bekenntnisse bedingte Kriege, wie die Kreuzzüge im Mittelalter und die Glaubenskriege des 16./17. Jh. als Folge von Reformation und Gegenreformation in Europa.

Renaissance, *die* [rənɛˈsã:s; französisch ›Wiedergeburt‹], eine im 14. Jh. von Italien ausgehende Bewegung in Kunst und Kultur, die bis zum 16. Jh. zu einer europäischen Bewegung wurde und die in nahezu allen Ländern nationale Ausprägungen erfuhr. In der Zeit der Renaissance begann sich das Denken und Forschen aus der kirchlichen Gebundenheit des Mittelalters zu lösen; es orientierte sich zunehmend am Einzelmenschen und am Diesseits, besonders an der Antike. Vor allem in der bildenden Kunst spricht man vom antike Vorbilder nachahmenden Renaissancestil, der die Gotik ablöste und in den Barock mündete (*siehe* Kapitel 5).

Résistance, *die* [rezisˈtã:s; französisch ›Widerstand‹], französische Widerstandsbewegung im Zweiten Weltkrieg gegen die deutsche Besatzung und die Zusammenarbeit der französischen Regierung in Vichy mit Deutschland. Die Résistance verübte Sabotageakte und baute ein Spionagenetz auf. Sie band damit deutsche Truppen und störte die Verkehrsverbindungen zum Teil erheblich.

Restauration, allgemein die Wiederherstellung eines früheren politischen oder wirtschaftlich-sozialen Zustands, besonders die Wiedereinsetzung eines gestürzten Herrscherhauses. So spricht man von der 1. Hälfte des 19. Jh. in Europa als dem Zeitalter der Restauration, da die durch die Französische Revolution gestürzten Herrscherhäuser (besonders die Bourbonen) wieder eingesetzt wurden und versucht wurde, die alten Herrschafts- und Gesellschaftsverhältnisse wieder herzustellen.

Revolutionskriege, die Kriege im Gefolge der Französischen Revolution (*siehe* Koalitionskriege, Kapitel 2).

Rhodes, Cecil [roʊdz], britischer Kolonialpolitiker (* 1853, † 1902). Rhodes wurde durch Diamantenfunde in Südafrika sehr reich. Er nahm große Gebiete der heutigen Länder Simbabwe, Sambia und Botswana für Großbritannien in Besitz und betrieb die Eingliederung der Burenrepubliken in das Britische Empire. Sein Ziel war ein zusammenhängender britischer Herrschaftsbereich von Südafrika bis Ägypten (vom Kap bis Kairo).

Richard Löwenherz, englischer König (* 1157, † 1199, König ab 1189). Er nahm 1190–92 an einem Kreuzzug ins Hl. Land teil. Auf der Rückreise geriet er in die Gefangenschaft Kaiser HEINRICHS VI. (* 1165, † 1197), der ihn erst 1194 gegen hohes Lösegeld und einen Lehnseid freiließ. In England musste er sich danach gegen seinen jüngeren Bruder JOHANN OHNE LAND (* 1167, † 1216) durchsetzen und zugleich seine Besitzungen in Frankreich gegen den französischen König verteidigen. Er fiel in einer Fehde.

❧ Im Gegensatz zu seinem Bruder JOHANN OHNE LAND erlangte er in der Volkssage (ROBIN HOOD) große Beliebtheit.

Richelieu, Armand Jean du Plessis, Herzog von [riʃəˈljø], Kardinal und französischer Staatsmann (* 1585, † 1642). Ab 1624 leitender Minister König LUDWIGS XIII. (* 1601, † 1643), setzte Richelieu im Kampf gegen den Hochadel den Absolutismus des Königs durch, nahm den Hugenotten 1628 ihre politische Sonderstellung, griff jedoch 1635 auf protestantischer Seite in den Dreißigjährigen Krieg ein, um die habsburgische Macht zurückzudrängen. Er ist der Begründer der Großmachtstellung Frankreichs im 17. Jahrhundert.

Risorgimento [risordʒiˈmento; italienisch ›Wiedererstehung‹], Bezeichnung für die italienische Einigungsbewegung, die von 1815 bis 1870 für die politische Einheit des in mehrere Kleinstaaten zerfallenen Italiens kämpfte. Ausgehend vom Königreich Sardinien-Piemont als Kernstaat, gelang es, vor allem gegen den Widerstand Österreichs, das große Teile Norditaliens beherrschte, Italien politisch zu einen. 1861 wurde das Königreich Italien gebildet, das 1866 das österreichische Venezien und 1870 das päpstliche Rom besetzte.

Ritterorden, während der Kreuzzüge im Hl. Land gegründete Orden, deren Mitglieder Ritter waren. Ihre Aufgaben waren Schutz der Pilger im Hl. Land, Krankenpflege und Kampf gegen die Heiden. Sie erwarben zeitweise großen Reichtum und beträchtliche Macht. Ritterorden waren der Deutsche Orden, der Templerorden und der Johanniterorden.

Robespierre, Maximilien de [rɔbɛsˈpjɛːr], französischer Revolutionär (* 1758, † 1794). Als Führer der Jakobiner errang Robespierre im Verlauf der Französischen Revolution seit 1793 eine fast unumschränkte Macht. Er setzte die Terrorherrschaft von 1793/94 durch und ließ neben vielen Anhängern des Königtums auch seine politischen Gegenspieler unter den Revolutionären (z. B. DANTON) hinrichten. Sein Versuch, diese Terrorherrschaft noch zu verstärken, endete im Dezember 1794 mit seinem Sturz und seiner eigenen Hinrichtung.

Robin Hood [ˈrɔbɪn ˈhʊd], sagenhafter englischer Volksheld. Als angelsächsischer Adliger von Normannen um seinen Besitz betrogen, lebte er als Gesetzloser mit einer Schar Getreuer in den Wäldern um Nottingham (Sherwood Forest). Er beraubte die Reichen und beschenkte die Armen und wurde so zum Symbol des angelsächsischen Widerstands gegen den normannischen Adel und Klerus.

❧ Seit dem 16. Jh. wurde der Stoff in der Literatur vielfach bearbeitet, im 20. Jh. auch mehrfach verfilmt.

Romanow, russisches Herrscherhaus, das Russland von 1613 bis 1762 in direkter Linie und danach bis zur Revolution 1917 in einer Nebenlinie regierte.

römische Geschichte, Geschichte des antiken Rom von seiner sagenhaften Gründung durch Romulus 753 v. Chr. bis zur Absetzung des letzten weströmischen Kaisers 476 n. Chr. Bis etwa 500 v. Chr. wurde Rom von etruskischen Königen regiert. Nach deren Vertreibung bestand bis ins 1. Jh. v. Chr. die Römische Republik. Mit den Gracchen begann Ende des 2. Jh. v. Chr. das Jahrhundert der Bürgerkriege, an dessen Ende die Errichtung des Römischen Kaiserreichs durch AUGUSTUS stand. Seinen Höhepunkt erreichte das Römische Reich unter den Adoptivkaisern im 2. Jh. n. Chr.; es umfasste nun alle Mittelmeerländer, Gallien, England, Teile Germaniens und des Balkans und reichte im Osten bis nach Mesopotamien. Im 3. Jh. versank es unter den Soldatenkaisern in innenpolitischen Wirren, die verschärft wurden infolge einer zunehmenden Bedrohung der Reichsgrenzen durch die Parther bzw. Perser im Osten und germanische Stämme im Westen. Seit dem 4. Jh. erzwangen Letztere ihre Ansiedlung auf Reichsgebiet. Nach 395 wurde das Reich in ein Weströmisches und ein Oströmisches Reich geteilt. Der westliche Teil ging 476 mit der Absetzung des letzten Kaisers unter, der östliche bestand als Byzantinisches Reich bis 1453 fort.

Maximilien de Robespierre auf einem Punkierstich von Gabriel Tresinger (*1723, †1807)

Die Unterzeichnung der Römischen Verträge am 25. 3. 1957

Römische Verträge, nach dem Ort ihrer Unterzeichnung am 25. März 1957 benannte Gründungsverträge der Europäischen Wirtschaftsgemeinschaft (EWG) und der Europäischen Atomgemeinschaft (EURATOM). Diese beiden Gemeinschaften sowie die 1951 gegründete Europäische Gemeinschaft für Kohle und Stahl (EGKS; Montanunion) wurden 1967 als Europäische Gemeinschaften (EG) zusammengefasst. Gründungsmitglieder waren Belgien, die Bundesrepublik Deutschland, Frankreich, Italien, Luxemburg und die Niederlande (*siehe auch* Kapitel 4).

Roosevelt, Franklin Delano ['rouz(ə)vɛlt], amerikanischer Politiker (* 1882, † 1945), war von 1933 bis zu seinem Tod Präsident der USA. Er führte er die USA aus der mit dem ›Schwarzen Freitag‹ (1929) begonnenen schweren Wirtschaftskrise und verwirklichte ein wirtschafts- und sozialpolitisches Reformprogramm (›New Deal‹), das erstmals sozialstaatliche Ansätze in den USA verwirklichte. Frühzeitig von der Aggressivität des nationalsozialistischen Deutschland und Japans überzeugt, führte er die USA in und durch den Zweiten Weltkrieg. Er war maßgeblich am Entstehen der UNO beteiligt.

Rosenkriege, Bezeichnung für die Kämpfe um den englischen Thron 1455–85 zwischen zwei Seitenlinien des englischen Königshauses, nämlich York und Lancaster. Der Name leitet sich von den Wappen der beiden Familien ab: York hatte eine weiße und Lancaster eine rote Rose im Wappen. Die Rosenkriege endeten mit der Thronbesteigung HEINRICHS VII. TUDOR (* 1457, † 1509).

Rote Garden, Bezeichnung für revolutionär-sozialistische Kampfverbände. Nachdem bereits die Arbeiterkampfgruppen der Russischen Revolution von 1905 und der Oktoberrevolution 1917 so genannt worden waren, wurden während der chinesischen Kulturrevolution 1966–69 die besonders radikalen maoistischen Schüler- und Studentenverbände als Rote Garden bezeichnet.

Rubikon, *siehe* Caesar.

Russische Revolution von 1905, durch die Niederlage Russlands im Russisch-Japanischen Krieg, Forderungen nach einer Verfassung, die Unzufriedenheit der Arbeiter und Bauern sowie Aktivitäten der Sozialisten ausgelöste Revolution. Nach Gewährung eines Parlaments (Duma) waren die Forderungen der Liberalen zunächst erfüllt. Die von den Sozialisten weitergeführte Revolution wurde niedergeschlagen. Durch eine vom Zaren erlassene Verfassung wurde 1906 das gerade geschaffene Parlament wieder entmachtet.

Russisch-Japanischer Krieg, 1904/05 zwischen Russland und Japan geführter Krieg um Korea und die Mandschurei. Nach mehreren schweren Niederlagen (Seeschlacht bei Tsuschima) musste Russland die Vorherrschaft Japans in Korea und der Süd-

Franklin Delano Roosevelt im Gespräch mit einem Arbeitslosen mandschurei anerkennen und seinen Kriegshafen Port Arthur sowie den Süden der Halbinsel Sachalin an Japan abtreten. Innenpolitisch führte die Niederlage zur russischen Revolution von 1905.

Sacharow, Andrei Dimitrijewitsch sowjetischer Physiker und Bürgerrechtskämpfer (* 1921, † 1989), arbeitete führend an der ersten sowjetischen Wasserstoffbombe mit. Seit Ende der 1960er-Jahre brachte ihn sein Eintreten für die Menschenrechte und eine Demokratisierung der Sowjetunion in Konflikt mit der Staatsmacht. 1975 erhielt er den Friedensnobelpreis. 1980 nach Gorki (dem heutigen Nischnij Nowgorod) verbannt, zählte er nach seiner Rückkehr nach Moskau Ende 1986 zu den Führern der Demokratiebewegung.

Der ägyptische Präsident Sadat (links), US-Präsident Carter (Mitte) und Israels Ministerpräsident Begin (rechts) 1979 bei der Unterzeichnung des Camp-David-Abkommens

Sadat, Mohammed Anwar as- ägyptischer Staatsmann (* 1918, † 1981), wurde 1970 als Nachfolger GAMAL ABD EL-NASSERS Präsident Ägyptens und führte sein Land zunächst in den Jom-Kippur-Krieg. Danach gelang es ihm, gegen heftige Widerstände im arabischen Lager, 1977/79 einen Friedensvertrag mit Israel zu erreichen (*siehe auch* Camp-David-Abkommen). 1978 erhielt er zusammen mit dem israelischen Ministerpräsidenten MENACHEM BEGIN (* 1913, † 1992) den Friedensnobelpreis. Sadat fiel einem Attentat islamischer Fanatiker zum Opfer.

Saladin, Sultan von Ägypten und Syrien (* 1138, † 1193). Als Truppenführer des Sultans von Syrien eroberte er 1169–71 Ägypten, danach auch Syrien. 1187 vernichtete er ein christliches Kreuzfahrerheer und besetzte Jerusalem. Saladin genoss bei Christen und Muslims hohe Achtung als frommer Herrscher und ritterlicher Gegner.

❧ Saladin ist eine der Hauptfiguren in LESSINGS Schauspiel ›Nathan der Weise‹.

Salomo, König der Juden etwa von 965 bis 926 v. Chr. Er konnte durch kluge Politik das von seinem Vater DAVID (regierte 1004/03 bis 965/964 v. Chr.) geschaffene Reich ohne Kriege erhalten. Er förderte Kunst und Wissenschaft (Bau des Tempels in Jerusalem) und brachte so Israel zu einer Hochblüte. In der Überlieferung des Orients gilt er als Idealbild des weisen und mächtigen Herrschers.

❧ Als salomonisches Urteil bezeichnet man eine besonders weise Entscheidung. Nach der Sage soll Salomo beim Streit zweier Mütter um ein Kind zum Schein befohlen haben, dieses in zwei Teile zu zerschneiden; die falsche Mutter verriet sich daraufhin durch ihre Einwilligung zu dieser Zerstückelung.

Samurai, ursprünglich japanischer Kriegerstand, der ab dem 16. Jh. die oberste Gesellschaftsschicht bildete. Die Beamten sowie die meisten Ärzte, Künstler und Priester entstammten dem Stand der Samurai. Nach der Meijireform *(siehe dort)* wurden die Samurai teils zum Adel, teils zum Bürgertum gerechnet.

Sandinisten, nach einem Guerillaführer der 1930er-Jahre (AUGUSTO CÉSAR SANDINO [* 1893, † 1934]) benannte nicaraguanische Guerillaorganisation, die 1979 maßgeblichen Anteil am Sturz der rechtsgerichteten Diktatur in Nicaragua hatte. Seit den Wahlen von 1990 bilden die Sandinisten, die die Macht friedlich abgaben, die größte Oppositionspartei.

Sansculotte [sãsky...; französisch ›ohne Kniehosen‹], in der Französischen Revolution Spottname für die Revolutionäre, die im Gegensatz zur adligen Mode nicht Kniehosen, sondern lange Hosen trugen. Sansculotte wurde dann zur Bezeichnung für Republikaner.

Sarajevo, Hauptstadt von Bosnien und Herzegowina. Am 28. Juni 1914 wurden in der damals zu Österreich-Ungarn gehörenden bosnischen Stadt der österreichische Thronfolger FRANZ FERDINAND (* 1863) und seine Gemahlin SOPHIE GRÄFIN CHOTEK (* 1868) von serbischen Extremisten ermordet. Dieser Mord führte zur Julikrise *(siehe dort)* und zum Ersten Weltkrieg. Im jugoslawischen Bürgerkrieg war die Stadt seit 1992 zwischen Serben und Bosniern heftig umkämpft.

Sassanidenreich, nach der persischen Dynastie der Sassaniden bezeichnetes zweites persisches Großreich, das 224 n. Chr. die Herrschaft der Parther beendete. Seinen Höhepunkt erlebte es im 6. Jh.; es reichte von Mesopotamien bis nach Indien. 642 erlagen die Sassaniden dem Ansturm der islamischen Araber.

Schah, Titel der ehemaligen persischen Könige. Der letzte Schah, MOHAMMED RESA PAHLEWI, trug als Kaiser von Persien den Titel Schahinschah (Schah der Schahs).

Scherbengericht, *siehe* Ostrakismos.

Schierlingsbecher, Trank mit dem giftigen Saft der Schierlingspflanze. Der Schierlingsbecher diente im antiken Athen als Mittel zum Vollzug der Todesstrafe. Mit ihm wurde 399 v. Chr. der Philosoph SOKRATES hingerichtet.

Schisma, im Christentum eine nicht durch unterschiedliche Lehre begründete Aufhebung der Kirchengemeinschaft. Die Kirchengeschichte kennt zahlreiche Schismen. Besonders bedeutend ist jedoch das griechische Schisma, die 1054 endgültig erfolgte und bis heute andauernde Trennung zwischen der abendländischen (katholischen) und der griechischen (orthodoxen) Kirche. Im großen abendländischen Schisma (1378–1417) standen sich innerhalb der katholischen Kirche zwei, zuletzt sogar drei Päpste gegenüber.

Schweitzer, Albert evangelischer Theologe, Philosoph und Arzt (* 1875, † 1965), war ab 1913 Missionsarzt in einem Leprakrankenhaus im afrikanischen Lambarene (Gabun). Schweitzer trat nachhaltig für die Erhaltung des Friedens und die Menschenrechte ein. 1952 erhielt er den Friedensnobelpreis.
❧ Albert Schweitzer war auch Organist, er spielte an der Thomaskirche in Straßburg.

Sechstagekrieg, der nach seiner Dauer (5. bis 10. Juni) benannte arabisch-israelische Krieg von 1967. Im durch den ägyptischen Präsidenten NASSER provozierten Sechstagekrieg besiegte Israel in mehreren Blitzfeldzügen Syrien, Jordanien und Ägypten und besetzte die Golanhöhen, das Westjordanland, den Gazastreifen und die Sinaihalbinsel.

Seidenstraße, alte Karawanenstraße von China durch Zentral- und Vorderasien zum Mittelmeer, die seit spätestens dem 2. Jh. v. Chr. bestand. Ihren Namen hat sie von der auf ihr jahrhundertelang nach Europa transportierten chinesischen Seide. Eine Karawanenreise vom Mittelmeer nach China und zurück dauerte sechs bis acht Jahre. Auch MARCO POLO reiste auf ihr nach China.

Sezessionskrieg, der amerikanische Bürgerkrieg 1861–65. Die Wahl des Sklavereigegners ABRAHAM LINCOLN *(siehe dort)* zum Präsidenten der USA führte 1860/61 zum Austritt mehrerer südlicher Staaten aus der Union. Sie schlossen sich zu den ›Konföderierten Staaten von Amerika‹ zusammen. Als Folge dieses Schritts kam es zu einem Bürgerkrieg, der die USA tief spaltete. Aufgrund ihrer materiellen Überlegenheit gewannen die Nordstaaten den Krieg. Die Union blieb erhalten, die Sklaverei wurde abgeschafft. Die Wirtschaft der Südstaaten war weitgehend zerstört. Die inneramerikanische Aussöhnung dauerte Jahrzehnte.
❧ Der Bürgerkrieg spaltete selbst die Familien. In mehreren Romanen, u. a. in ›Vom Winde verweht‹ von MARGARET MITCHELL (* 1900, † 1949), wurde der Krieg literarisch verarbeitet.

Shogun [ʃo:gun], im alten Japan zunächst hoher militärischer Amtstitel. Seit 1194 war Shogun der Ehrentitel der Regenten aus dem Haus Minamoto (seit 1603 aus dessen Zweig Tokugawa) bis hin zum letzten Shogun TOKUGAWA YOSHINOBU (* 1837, † 1913), der 1868 zurücktrat und die Macht wieder dem Tenno übergab. Der Shogun übte im Namen des Tenno, der nominell Staatsoberhaupt war, die Regierung aus.

sieben Weltwunder, im 3. Jh. v. Chr. zusammengestellte Liste von sieben Bau- und Kunstwerken, die durch ihre Größe und Pracht hervorragten: die Pyramiden von Giseh, die Hängenden Gärten in Babylon, der Artemistempel in Ephesos, die Zeusstatue des PHIDIAS (* um 490, † nach 430 v. Chr.) in Olympia, das Mausoleum in Harlikarnassos, der Koloss von Rhodos und der Leuchtturm auf der Insel Pharos bei Alexandria.

Sissy, volkstümliche Bezeichnung für die Kaiserin von Österreich, Königin von Ungarn und Gemahlin Kaiser FRANZ JOSEPHS I. (* 1830, † 1916), ELISABETH EUGENIE AMALIE (* 1837, † 1898). Elisabeth

Franz Xaver Winterhalter malte 1864 Elisabeth I., Kaiserin von Österreich; sie galt als eine der schönsten Frauen ihrer Zeit

galt als eine der schönsten Frauen ihrer Zeit. Ihre Sympathien für Ungarn nutzte der ungarische Ministerpräsident Graf ANDRÁSSY (* 1823, † 1890) für die amtliche Politik. Die zur Schwermut neigende Kaiserin entzog sich durch Reisen zunehmend dem Hofleben. Sie wurde von einem italienischen Anarchisten ermordet.

❧ Ab einem bestimmten Alter ließ sich die Kaiserin nicht mehr porträtieren oder fotografieren. Sie wollte dadurch für alle Zeiten ihr Image als strahlende Schönheit bewahren.

Sizilianische Vesper, Aufstand der Einwohner Palermos und daran anschließend ganz Siziliens gegen die Herrschaft KARLS I. VON ANJOU (* 1226, † 1285), der bei der Ostermontagsvesper 1282 begann. Der Aufstand endete mit der Entmachtung und Vertreibung Karls.

Sklaverei, die vollständige Entrechtung und Abhängigkeit von Menschen (Sklaven). Die Sklaverei war seit frühester Zeit über die ganze Erde verbreitet und erwuchs vielfach aus Kriegsgefangenschaft und Kolonisation. In Europa hörte sie im Spätmittelalter weitgehend auf. Nach der Entdeckung Amerikas nahm jedoch der Sklavenhandel neuen Aufschwung, vom 16. bis 19. Jh. wurden etwa 10 Mio. Afrikaner als Sklaven nach Amerika verkauft. Erst im 19. Jh. wurden die Sklaverei und der Sklavenhandel nach und nach von den Kolonialmächten verboten. In den USA führte 1861 u.a. die Sklavenfrage zum Sezessionskrieg *(siehe dort)*.

Slawen, Völkergruppe in Ost- und Südosteuropa, die vor allem durch Gemeinsamkeiten der Sprache geprägt ist. Ursprünglich wohl in der Ukraine und Südrussland ansässig, wanderten die Slawen im 5./6. Jh. nach Südwesten (Balkan), nach Norden (Russland) und nach Westen (Mittelosteuropa). Seit dem 7. Jh. wurden die Balkanslawen, seit dem 10. Jh. auch die nördlichen Slawen christianisiert.

Soldatenkaiser, die römischen Kaiser des 3. Jh., die überwiegend als Feldherren durch ihre eigenen Truppen zu Kaisern erhoben wurden.

Söldner, geworbener, für Sold dienender und für fremde Interessen kämpfender Krieger. Im spätmittelalterlichen und frühneuzeitlichen Europa bildeten aus Söldnern bestehende Heere die vorherrschende militärische Erscheinungsform. Mit dem Aufkommen der stehenden Heere und ihrer Rekrutierung aus Landeskindern sowie der Einführung der allgemeinen Wehrpflicht im Gefolge der Französischen Revolution verschwand das Söldnerwesen in Europa weitgehend.

Sonnenkönig, *siehe* Ludwig XIV.

Sowjetunion, eigentlich **Union der sozialistischen Sowjetrepubliken (UdSSR);** aus der Oktoberrevolution 1917 und dem ihr folgenden Bürgerkrieg als Nachfolgestaat des Russischen Reiches hervorgegangener Staat, der durch Zusammenschluss der unter der Herrschaft der Bolschewiki stehenden Republiken Russland, Weißrussland, Ukraine und Transkaukasien 1922 entstand und bis Ende 1991 existierte. Seit Ende der 1920er-Jahre von STALIN als totalitäre Diktatur geführt, stieg die Sowjetunion zunächst zur Führungsmacht des Weltkommunismus auf. Im Verlauf des Zweiten Weltkriegs, in dem

Sowjetunion. Links: Die Anfänge der sowjetischen Geschichte bestimmten vor allem Lenin und nach seinem Tode Stalin. Rechts: Gorbatschows (Mitte) neue Politik, die nach Jelzins (links) Auffassung nicht energisch genug vorangetrieben wurde, führte letztlich zur Auflösung der Sowjetunion. Sie förderte aber außenpolitisch die Unterzeichnung des Start-I-Vertrags mit US-Präsident Bush (rechts) während des Gipfeltreffens in Moskau (30. 7.–1. 8. 1991)

sie mit massiver Unterstützung der Westmächte den deutschen Angriff unter hohen Verlusten abwehren konnte, gewann sie den Status einer Weltmacht. Nach dem Zweiten Weltkrieg war die Sowjetunion bis zu ihrem Zerfall neben den USA, denen sie im Kalten Krieg als Führungsmacht der sozialistischen Staaten gegenüberstand, der mächtigste Staat der Erde. Ein erster Versuch, die unbefriedigende Wirtschafts- und Gesellschaftsstruktur des Landes zu reformieren, endete 1964 mit dem Sturz CHRUSCHTSCHOWS weitgehend ergebnislos. Die erst 1985 mit der Machtübernahme MICHAIL GORBATSCHOWS wieder einsetzenden Reformbemühungen führten innerhalb weniger Jahre unter den Schlagwörtern ›Glasnost‹ und ›Perestroika‹ (*siehe* Kapitel 3) zur weitgehenden Demokratisierung des politischen Systems, aber auch zum Zusammenbruch der politischen Strukturen. In diesem Prozess gewannen die die Union bildenden Republiken politisch entscheidend zulasten des Zentralstaates an Gewicht. Am Ende stand die Auflösung der Sowjetunion im Dezember 1991, nachdem zuvor bereits, neben den drei baltischen Republiken Estland, Lettland und Litauen, auch zahlreiche weitere Republiken ihre Unabhängigkeit erklärt hatten.

Sozialdarwinismus, *der* eine sozialwissenschaftliche Theorie, die dadurch entstand, dass man die naturwissenschaftliche Entwicklungslehre des britischen Gelehrten CHARLES DARWIN (*siehe* Kapitel 13) auf die Entwicklung der menschlichen Gesellschaft übertrug. Der Sozialdarwinismus prägte vor allem in der 2. Hälfte des 19. Jh. das politische Denken. Die geschichtliche Entwicklung der Gesellschaft wurde als Auslese- und Anpassungsprozess verstanden, an dessen Ende sich nur die Tüchtigen und Starken durchsetzen. Vergröbernd nutzte man den Sozialdarwinismus auch zur Rechtfertigung von Krieg und Militarismus.

soziale Frage, Schlagwort für die sozialpolitischen Probleme, die sich im Verlauf von Bevölkerungs- und Industrialisierungsentwicklungen und den daraus folgenden Umwälzungen ergeben. Besonders die durch Armut, Entwurzelung, schlechte Arbeitsbedingungen usw. gekennzeichnete Lage der europäischen Arbeiterschaft im Verlauf ihrer Herausbildung während der industriellen Revolution im 19. und frühen 20. Jh. wird als soziale Frage bezeichnet.

spanische Armada, eine von König PHILIPP II. (* 1527, † 1598) von Spanien 1588 aufgestellte Flotte, mit deren Hilfe er das protestantische England ELISABETHS I. erobern wollte. Sie unterlag der wesentlich kleineren englischen Flotte im englischen Kanal; ihre Reste wurden durch Stürme weiter dezimiert, sodass das Unternehmen ein völliger Fehlschlag wurde.

Spanischer Bürgerkrieg, 1936–39 geführter Kampf zwischen der gewählten spanischen Regie-

Spanischer Bürgerkrieg. General Franco (zweiter von rechts) nach der Eroberung Toledos (1936)

rung und den von General FRANCO BAHAMONDE geführten rechtsgerichteten Kräften. Aufgrund der massiven Unterstützung der Rebellen durch das faschistische Italien und das nationalsozialistische Deutschland und wegen des Ausbleibens einer Unterstützung der republikanischen Regierung durch die westeuropäischen Demokratien konnte sich FRANCO durchsetzen und eine faschistische Diktatur errichten, die bis zu seinem Tod 1975 bestand.

Spanischer Erbfolgekrieg, nach dem Tod des letzten spanischen Königs aus dem Haus Habsburg 1701–14 geführter Krieg um das Erbe der spanischen Besitzungen. Dabei standen sich das Frankreich LUDWIGS XIV. und eine europäische Koalition, geführt von England, den Niederlanden und Österreich, gegenüber. Es gelang dieser, die Vormachtstellung Frankreichs zu brechen. Zwar erhielt ein Enkel LUDWIGS XIV. die spanische Krone, aber die Nebenländer Neapel, Mailand und die südlichen Niederlande (heute Belgien) fielen an die österreichischen Habsburger. England gewann Gibraltar und Neufundland.

Sparta, antike griechische Stadt, neben Athen die bedeutendste Stadt der griechischen Antike. Sparta wurde seit dem 7. Jh. v. Chr. von einer Kriegerkaste (Spartiaten) geführt. Die Spartaner führten ein auf Krieg und Dienst am Staat eingestelltes Leben. Auf dieser Basis gelang es Sparta, im Peloponnesischen Krieg gegen Athen die Vorherrschaft in Griechenland zu erkämpfen. Die Verfassung des antiken Sparta galt den Zeitgenossen als vorbildlich.

❧ Nach dem durch strenge Zucht und einfaches Leben geprägten Lebensstil der Spartaner bezeichnet man den Verzicht auf jeden Luxus als ›spartanisch‹.

Spartacus, Führer der Sklaven im römischen Sklavenkrieg 73–71 v. Chr. († 71 v. Chr.). Spartacus entfloh 73 v. Chr. aus der Gladiatorenschule in Capua. Nachdem er mit anderen entflohenen Sklaven mehrere römische Truppenaufgebote besiegt hatte, hielt er einen großen Teil Süditaliens in seiner Gewalt. Erst LICINIUS CRASSUS DIVES (* um 115, † 53 v. Chr.) besiegte die aufständischen Sklaven 71 v. Chr., wobei Spartacus den Tod fand.

❧ Bei marxistischen Theoretikern galt der von ihm geführte Aufstand als frühes Zeugnis für die Klassenkampflehre; so wurden verschiedene Einrichtungen (z. B. Spartakiade) und Organisationen (z. B. Spartakusbund) nach ihm benannt.

Splendid Isolation, *die* [ˈsplɛndɪd aɪsəˈleɪʃən; englisch ›glanzvolles Alleinsein‹], Schlagwort für die britische Außenpolitik im 19. Jh., die, gestützt auf die britische Seeherrschaft, Bündnisse vermied, um die eigene politische Handlungsfreiheit zu wahren. Sie wurde mit dem britisch-japanischen Bündnis von 1902 und der Entente cordiale *(siehe dort)* von 1904 beendet.

Sputnikschock, in den USA Bezeichnung für das durch den Start des ersten künstlichen Satelliten Sputnik I (4. Oktober 1957) durch die Sowjetunion ausgelöste öffentliche Erschrecken. Der Sputnikschock führte zu einer starken Förderung der Raumfahrt und letztlich zur ersten bemannten Mondlandung 1969.

Der Staat bin ich [französisch ›L'état c'est moi‹], Ausspruch des französischen Königs LUDWIG XIV., der damit seinen Anspruch auf absolute und unbeschränkte Herrschaft verdeutlichte.

Staatsräson, *die* Lehre, nach der die staatliche Sicherheit, Wohlfahrt und Macht den Vorrang vor religiösen, sittlichen und rechtlichen Ansprüchen habe und Leben, Freiheit und Eigentum des Einzelnen um des Staatswohls willen beschränkt, im Notfall geopfert werden müssen. Die Lehre von der Staatsräson entstand vor allem im Zusammenhang mit dem Absolutismus, fand im Zeichen des Nationalismus Anwendung auf die Nation und hat bis in die Gegenwart zahlreiche Anhänger.

Stalin, Jossif Wissarionowitsch eigentlich J. W. DSCHUGASCHWILI, sowjetischer Politiker (* 1879, † 1953). Ab 1903 Mitglied der Bolschewiki, hatte Stalin seit der Oktoberrevolution hohe Staats- und Parteiämter inne. Nach dem Tod LENINS (1924) baute er seine Macht aus und errichtete bis Ende der 1920er-Jahre eine persönliche Diktatur, der durch Terror und Unterdrückung Millionen Menschen zum Opfer fielen. Als Sieger im Zweiten Weltkrieg erweiterte Stalin das Gebiet der Sowjetunion und errichtete in den Staaten Ostmitteleuropas zwangsweise Volksdemokratien. Das Herrschaftssystem Stalins (Stalinismus) wurde nach seinem Tod zwar gemildert, aber erst Ende der 1980er-Jahre in der Sowjetunion und den von ihr beherrschten Staaten abgeschafft. – Abb. S. 61.

Ständegesellschaft, die Gesellschaftsordnung der europäischen Staaten in Mittelalter und früher Neuzeit, die die Gesellschaft in die Stände Adel (1. Stand), Geistlichkeit (2. Stand) und Volk (3. Stand) gliederte. Adel und Klerus standen neben der Ausübung der Herrschaft zahlreiche Vorrechte zu, während dem Volk die Rolle des Untertans zufiel. Die Ständegesellschaft als Herrschaftssystem der Über- und Unterordnung war rechtlich und ideologisch durch religiöse und staatstheoretische Ordnungsvorstellungen abgesichert und damit relativ stabil. Sie ging im Zuge der Französischen Revolution unter.

Ständeversammlung, nach den drei Ständen der Ständegesellschaft gegliederte Versammlung von Abgeordneten dieser Stände, die an der Verwaltung oder Regierung des Staates teilnahmen. Neben regionalen Ständeversammlungen (z. B. Landstände) traten früh Versammlungen eines ganzen Landes (z. B. Generalstände in Frankreich, Parlament in England) auf, die sich zunehmend als Vertretung des ganzen Volkes sahen und so zu Vorläufern der modernen Parlamente wurden.

Steinzeit, älteste Kulturstufe der Menschheit, in der Metalle noch unbekannt waren und Waffen und Werkzeuge aus Stein, Knochen oder Holz gefertigt wurden. Sie gliedert sich in Alt-, Mittel- und Jungsteinzeit und umfasst die Zeit vom Beginn der Menschheitsgeschichte vor ungefähr 2,5 Millionen Jahren bis zum Beginn der Bronzezeit *(siehe dort)*.

Stuart [stjʊət], schottisches Adelsgeschlecht, das 1371 auf den schottischen Thron und 1603 zugleich auf den englischen Thron kam, beide aber 1688/89 in der Glorreichen Revolution verlor. Damit war der Versuch der Stuartkönige gescheitert, in England und Schottland den Absolutismus einzuführen. Die katholische Hauptlinie der Stuarts wurde 1701 von der Thronfolge ausgeschlossen und starb 1807 aus.

Sturm auf die Bastille, *siehe* Bastille.

Suezkrise, politisch-militärische Krise um den Suezkanal 1956. Nach der Verstaatlichung des Suezkanals durch Ägypten landeten dort britische und französische Truppen, die israelische Armee besetzte den Gazastreifen und die Sinaihalbinsel. Das Vorhaben, Ägypten zur Rücknahme der Verstaatlichung zu zwingen, scheiterte jedoch, da die USA und die Sowjetunion gemeinsam die Angreifer zum Rückzug nötigten.

Suffragetten, radikale Mitglieder der Frauenbewegung in Großbritannien, die vor 1914 für die politische Gleichberechtigung der Frauen (vor allem das Wahlrecht) u. a. mit Hungerstreiks und Demonstrationen kämpften.

❧ Heute wird der Ausdruck mitunter noch als Spottname für Anhängerinnen der Frauenbewegung benutzt.

Sukarno, Achmed indonesischer Politiker (* 1901, † 1970), war der Führer der indonesischen Unabhängigkeitsbewegung und 1945–67 Staatspräsident. Zugleich war er einer der Führer der Blockfreienbewegung. Wegen seiner zweideutigen Haltung bei einem gescheiterten kommunistischen Umsturzversuch 1965 wurde er bis 1967 schrittweise vom Militär entmachtet.

Steinzeit. Höhlenbild eines Hirsches (Lascaux, Dordogne)

Suleiman I., der Prächtige Sultan des Osmanischen Reichs (* 1494, † 1566, Sultan ab 1520). Unter seiner Regierung erreichte das Osmanische Reich den Höhepunkt seiner Macht; er eroberte 1526 und 1541 den größten Teil Ungarns, belagerte 1529 vergeblich Wien, kämpfte siegreich gegen Persien und beherrschte mit seiner Flotte das Mittelmeer.

Sultan, seit dem 11. Jh. häufiger islamischer Herrschertitel. Die Herrscher der osmanischen Türken nahmen ihn um 1400 an und trugen ihn bis 1922. Bei ihnen war er der höchste Titel.

Sumerer, die frühesten Bewohner Mesopotamiens im 3. Jahrtausend v. Chr. Das Volk unbekannter Herkunft schuf die städtische Kultur des Zweistromlandes. Unter wechselnder Vormachtstellung einzelner Königtümer prägte die von einer gut organisierten Priester- und Beamtenschaft getragene sumerische Kultur das 3. Jahrtausend v. Chr. in Mesopotamien und legte die Grundlagen für die Hochkultur Babylons.

Suttner, Bertha von deutsch-österreichische Schriftstellerin (* 1843, † 1914). Die aus österreichischem Hochadel stammende Bertha von Suttner (geborene Gräfin Kinsky) erregte mit ihrem pazifistischen Roman ›Die Waffen nieder!‹ 1889 großes Aufsehen. Sie gehörte zu den Führungspersönlichkeiten der Friedensbewegung und erhielt 1905 den Friedensnobelpreis.

Tenno, Titel des japanischen Kaisers. Vom 12. Jh. bis 1868 war das Kaisertum Japans politisch nahezu bedeutungslos. Erst mit der Meijireform *(siehe dort)* gewann der Tenno als Inhaber der obersten Staatsgewalt wieder Macht. Nach dem Zweiten Weltkrieg verlor er abermals seine überragende politische Stellung. Die Verfassung von 1947 bestimmt ihn zum Symbol Japans und des japanischen Volkes.

Terrorherrschaft, die von den Jakobinern unter Führung ROBESPIERRES 1793/94 geprägte Phase der Französischen Revolution, in der neben Tausenden Anhängern des Königtums auch zahlreiche Revolutionäre dem revolutionären Terror zum Opfer fielen.

Thatcher, Margaret Hilda [ˈθætʃə], britische Politikerin (* 1925), war ab 1975 Führerin der Konservativen Partei und 1979–90 Premierministerin. Ihre Regierung war innenpolitisch geprägt von einer betont marktwirtschaftlichen Wirtschaftspolitik (Thatcherismus), außenpolitisch vertrat sie eine Politik der Stärke des Westens gegenüber der Sowjetunion sowie Großbritanniens innerhalb der Europ. Gemeinschaft. Im Falklandkrieg verteidigte sie die britischen Interessen auch militärisch. 1992 wurde sie in den Adelsstand erhoben.

Sumerer.
Stadtfürst Ur-Nansche von Lagasch inmitten seiner Familie. Darstellung auf einer Weihtafel vom Ende des 26. Jh. v. Chr.

Tibetfrage. Der gegenwärtige vierzehnte Dalai-Lama Tenzin Gyatso (*1935)

❧ Wegen ihrer oft starren Haltung erhielt M. Thatcher den Beinamen ›eiserne Lady‹.

Theoderich der Große, König der Ostgoten (* um 453, † 526). Er eroberte 488–493 im Auftrag des oströmischen Kaisers ZENON (* 426, † 491, Kaiser 474/75 und ab 476) Italien. Danach dehnte er sein Herrschaftsgebiet weiter aus. Sein Versuch, alle germanischen Königreiche innerhalb des untergegangenen weströmischen Reichs zu vereinigen, scheiterte. Seine Regierungszeit gilt als ›Goldene Epoche‹ in der Geschichte Italiens, da sie Frieden und eine kulturelle Blüte brachte.
❧ Theoderich der Große ist als ›Dietrich von Bern‹ in die germanische Heldendichtung (Nibelungenlied) eingegangen.

Thukydides, griechischer Geschichtsschreiber und Feldherr (* um 460, † nach 400 v. Chr.). In seiner Geschichte des Peloponnesischen Krieges, an dem er selbst teilnahm, versuchte er, die Geschehnisse wahrheitsgetreu (objektiv) darzustellen. Thukydides gilt als der Begründer der wissenschaftlich-politischen Geschichtsschreibung.

Tibetfrage, seit der Besetzung Tibets durch die Volksrepublik China 1950 betrachtet diese Tibet als Teil Chinas, während der geistliche und politische Führer der Tibeter, der seit einem vergeblichen Volksaufstand 1959 in Indien im Exil lebende DALAI-LAMA, weiterhin an der Unabhängigkeit Tibets festhält. Seit den späten 1980er-Jahren führt China, nach einem Erstarken des tibetischen Widerstands, eine Unterdrückungspolitik durch, die auf eine Vernichtung der tibetischen Traditionen zielt.

Tito, eigentlich JOSIP BROZ, jugoslawischer Politiker (* 1892, † 1980), führte im Zweiten Weltkrieg die kommunistischen Partisanen, die bis 1945 aus eigener Kraft die größten Teile Jugoslawiens von deutscher und italienischer Besatzung befreiten. Nach dem Krieg wurde er der führende Politiker seines Landes. Innenpolitisch setzte er seinen ›eigenen Weg zum Sozialismus‹ mit großer Härte durch. Außenpolitisch wurde er, nachdem er sich der Bevormundung durch die Sowjetunion bereits Ende der 1940er-Jahre entzogen hatte, zu einem der Führer der Blockfreienbewegung.

Tokugawa Jeyasu, japanischer Feldherr und Staatsmann (* 1542, † 1616), stand in der Nachfolge von ODA NOBUNAGA und TOYOTOMI HIDEYOSHI und setzte sich bis 1600 als beherrschender Machthaber in Japan durch. Seit 1603 war er Shogun. Er brach die Kontakte Japans zu auswärtigen Mächten weitgehend ab und legte den Grundstein für einen mehr als 250 Jahre währenden Frieden. Seine Nachfolger regierten als erbliche Shogune bis 1867.

Tito (rechts) und seine engsten Mitarbeiter 1944 vor dem Hauptquartier der Partisanen

Toyotomi Hideyoshi, japanischer Feldherr (* 1536, † 1598), war Nachfolger ODA NOBUNAGAS und seit 1585 kaiserlicher Regent, der die Reformen seines Vorgängers zum Abschluss brachte. Er schuf die klassische japanische Sozialordnung aus den vier Ständen Samurai, Bauern, Handwerker und Kaufleute; außerhalb dieser Ordnung standen der Hofadel sowie die ›Hinin‹ und die ›Eta‹, denen alle niederen Arbeiten zufielen.

Trafalgar, Kap an der Südküste Spaniens. Vor Trafalgar besiegte 1805 die englische Flotte unter Admiral HORATIO NELSON die vereinigte französisch-spanische Flotte und errang damit die unumschränkte britische Seeherrschaft.

Triumvirat, *das* [lateinisch ›Dreimännerherrschaft‹], Dreimännerkollegium im antiken Rom, das für besondere staatliche Aufgaben eingesetzt werden konnte. Bedeutsam wurden vor allem zwei Triumvirate im 1. Jh. v. Chr.: Das 1. Triumvirat bestand aus GAIUS IULIUS CAESAR, GNAEUS POMPEIUS (* 106 v. Chr., † 48 v. Chr.) und LICINIUS CRASSUS DIVES (* um 115 v. Chr., † 53 v. Chr.). Es wurde 60 v. Chr. geschlossen und war nur ein politisches Zweckbündnis ohne gesetzliche Grundlage. Es ebnete jedoch CAESAR den Weg zur Macht.
Das 2. Triumvirat aus den Jahren 43/42 v. Chr. schlossen MARCUS ANTONIUS (* um 82 v. Chr., † 30 v. Chr.), MARCUS AEMILIUS LEPIDUS (* um 90 v. Chr., † 13/12 v. Chr.) und GAIUS OCTAVIANUS (Augustus). Es war ein zur ›Wiederherstellung des Staates‹ geschaffenes Ausnahmeamt. Letztlich ebnete das 2. Triumvirat für OCTAVIAN den Weg zur Macht im Staat.

Trojanischer Krieg, die zehnjährige Belagerung der kleinasiatischen Stadt Troja durch die Griechen unter der Führung des mykenischen Königs Agamemnon, wie sie bei HOMER geschildert wird. Der Trojanische Krieg wird auf etwa 1200 v. Chr. datiert, ob er jedoch wirklich jemals in der bei HOMER überlieferten Form stattgefunden hat, ist unklar.

Trotzki, Leo eigentlich LEO DAWIDOWITSCH BRONSTEIN, russischer Revolutionär (* 1879, † 1940), war neben LENIN 1917 der Hauptverantwortliche für die Oktoberrevolution. In den Folgejahren baute er die Rote Armee auf und trug damit entscheidend zum Entstehen der Sowjetunion bei. Nach dem Tod LENINS wurde er von STALIN entmachtet und ins Exil nach Mexiko vertrieben. Hier kämpfte er weiter für die Weltrevolution und gegen STALIN, in dessen Auftrag er ermordet wurde.

Truman, Harry Spencer ['tru:mən], amerikanischer Politiker (* 1884, † 1972), war 1945–53 der 33. Präsident der USA. Innenpolitisch verfolgte er in Anlehnung an seinen Vorgänger F. D. ROOSEVELT, dessen Vizepräsident er gewesen war, ein Sozialprogramm (›Fair Deal‹). Außenpolitisch begann er mit der Truman-Doktrin eine Politik der Unterstützung der freien Völker und Staaten unter drohendem kommunistischem Einfluss, die auf eine Eindämmung (Containment) und letztliche Zurückdrängung der Macht der Sowjetunion zielte.

Tschernobyl [tʃɪr'nɔbɨl], Ort in der Ukraine, in der Nähe von Kiew. Im Kernkraftwerk Tschernobyl kam es am 26. April 1986 zu einem folgenschweren Unfall, in dessen Verlauf (Explosion, Brände) große Mengen radioaktiven Materials frei wurden. Ein weiter Landstrich wurde verseucht und unbewohnbar, etwa 130 000 Menschen mussten evakuiert werden, radioaktive Niederschläge führten in weiten Teilen Europas zu erheblich erhöhten Strahlenbelastungen.

Tschetschenienkrieg, bewaffneter Konflikt zwischen dem nach Unabhängigkeit strebenden Tschetschenien und Russland, das Tschetschenien als Teil der russischen Föderation ansieht. Nachdem es in Tschetschenien zu Kämpfen zwischen russlandtreuen und den nach Unabhängigkeit strebenden Kräften gekommen war, befahl der russische Präsident JELZIN im Dezember 1994 eine Militärintervention (1. Tschetschenienkrieg). Im Verlauf des Krieges wurde die tschetschenische Hauptstadt Grosnyj im Januar 1995 fast vollständig zerstört, doch konnte die russische Armee den Widerstand nicht brechen. Erst Ende August 1996 kam es zu einem russisch-tschetschenischen Abkommen, das den Krieg beendete. Gemäß diesem Abkommen soll über die Zugehörigkeit Tschetscheniens zu Russland erst 2001 entschieden werden. Im September/Oktober 1999 brachen neue Kämpfe zwischen Russland und Tschetschenien aus (2. Tschetschenienkrieg).

Tudjman, Franjo ['tudʑ...], kroatischer Politiker (* 1922, † 1999), nahm im 2. Weltkrieg am Partisanenkampf TITOS teil und war danach im Militärdienst, den er 1961 als Generalmajor verließ. Nach seinem Ausschluss (1967) aus dem Bund der Kommunisten wegen ›staatsfeindlicher Propaganda‹ mehrmals inhaftiert, gründete er im Februar 1989 die Kroatische Demokratische Gemeinschaft. 1990,

1992 und 1997 wurde er zum Präsidenten des (seit 1991 unabhängigen) Staates Kroatien gewählt.

Tudor ['tju:də], englisches Königshaus, das von 1485 bis 1603 herrschte. Es wurde am Ende der Rosenkriege durch HEINRICH VII. (* 1457, † 1509, König ab 1485) begründet und starb mit ELISABETH I. aus.

Türkenkriege, Bezeichnung für eine Reihe von Kriegen verschiedener europäischer Staaten (v.a. Österreichs, Venedigs, Polens, Russlands) vom 16. bis 19. Jh. gegen das Osmanische Reich.

Tut-anch-Amun, ägyptischer König von 1347 bis 1339 v. Chr., Schwiegersohn ECHNATONS (Amenophis IV.) und NOFRETETES, der den Sonnenkult ECHNATONS wieder aufgab und die Hauptstadt von Amarna nach Memphis verlegte. Bekannt ist er besonders wegen seines 1922 unversehrt entdeckten Grabes, das reiche Schätze enthielt.

Ungarischer Aufstand, Volksaufstand im Oktober und November 1956 in Ungarn. Angeregt von Reformbemühungen in Polen, kam es in Ungarn zu Protesten, die die Einsetzung des Reformpolitikers IMRE NAGY (* 1896, † 1958) zum Ministerpräsidenten erzwangen. Dieser bildete eine Koalitionsregierung, kündigte freie Wahlen an und führte Ungarn aus dem Warschauer Pakt in die Neutralität. Die Reformbewegung wurde daraufhin durch sowjetische Truppen blutig unterdrückt. Etwa 190 000 Ungarn flohen ins westliche Ausland. NAGY und andere wurden hingerichtet, 1989 aber rehabilitiert.

Vasco da Gama, *siehe* Gama, Vasco da.

Venedig, in den ersten Jahrhunderten n. Chr. in einer Lagune an der Adria entstandene Stadt. Durch seine Lage weitgehend vor Feinden sicher, bewahrte sich Venedig große Unabhängigkeit. Seit 697 bildete es eine Adelsrepublik mit einem Dogen an der Spitze. Im Mittelalter errang es die Seeherrschaft im östlichen Mittelmeer. Nach der Eroberung Konstantinopels durch die Türken (1453) war es der Hauptgegner der Türken im östlichen Mittelmeer, wo es bis zum 18. Jh. seine Besitzungen jedoch nach und nach verlor. 1797 löste NAPOLEON I. die Adelsrepublik auf, Venedig kam an Österreich. Seit 1866 gehört es zu Italien.

veni, vidi, vici [lateinisch ›Ich kam, sah und siegte‹], Ausspruch CAESARS, mit dem er seinen in einer einzigen Schlacht errungenen Sieg im Krieg gegen das Königreich Pontus 47 v. Chr. nach Rom meldete. Dieser Ausspruch wird oft auch als Sinnspruch für das gesamte Lebenswerk CAESARS gesehen.

Vichy [vi'ʃi], Stadt in Südfrankreich, in der 1940–44 die nach der deutschen Besetzung Frankreichs gebildete französische Regierung unter Marschall PHILIPPE PÉTAIN (* 1856, † 1951) residierte. Diese ›Vichy-Regierung‹ arbeitete eng mit den deutschen Besatzern zusammen und entwickelte sich zu einem diktatorischen Regime.

Victoria, britische Königin und Kaiserin von Indien (* 1819, † 1901). Unter ihrer langen Regierung (1837–1901) erlebte Großbritannien den Höhepunkt seiner Machtstellung und seines Empires. Dass sie die parlamentarischen Mehrheitsverhältnisse immer achtete, trug wesentlich zur reibungslosen Parlamentarisierung Großbritanniens bei. Nach ihr heißt die Blütezeit des englischen Bürgertums im 19. Jh. ›Viktorianisches Zeitalter‹. Allerdings steht diese Epochenbezeichnung auch für eine starre und heuchlerische Sexualmoral.

❧ Wegen ihrer zahlreichen Enkel (u. a. auch WILHELM II.) in vielen europäischen Fürstenhäusern wurde Victoria oft als ›Großmutter Europas‹ bezeichnet.

Viererbande, Bezeichnung für die 1976 kurz nach dem Tod MAO ZEDONGS verhafteten vier Führer des ultralinken Flügels der Kommunistischen Partei Chinas, darunter MAOS Witwe JIANG JING (* 1914, † 1991). Sie wurden 1981 unter anderem wegen Aufruhr zu hohen Haftstrafen bzw. zum Tod verurteilt. Mit ihrem Sturz setzten sich die Pragmatiker um DENG XIAOPING gegen die doktrinären Ideologen durch.

Vierzehn Punkte, von dem amerikanischen Präsidenten WOODROW WILSON 1918 aufgestellte Grundsätze für eine allgemeine Friedensordnung. Sie enthielten neben dem Selbstbestimmungsrecht der Völker und konkreten Vorschlägen zur Regelung desselben vor allem den Vorschlag zur Errichtung des Völkerbunds. Die Vierzehn Punkte bildeten die Grundlage für die deutsche Kapitulation am Ende des Ersten Weltkriegs, wurden aber nur bruchstückhaft verwirklicht.

Vietnamkrieg, der in der Nachfolge des Indochinakrieges *(siehe dort)* geführte Krieg der USA und Südvietnams gegen das von China und der Sowjetunion unterstützte Nordvietnam 1957/58–1975. Die

USA suchten in diesem Krieg der Ausweitung des Kommunismus (*siehe auch* Dominotheorie) in Südostasien militärisch entgegenzutreten. Nachdem sie sich, durch die Vergeblichkeit des militärischen Einsatzes und die Watergate-Affäre *(siehe dort)* gezwungen, 1973 aus dem Krieg zurückgezogen hatten, musste Südvietnam 1975 kapitulieren. Vietnam wurde unter kommunistischer Herrschaft wieder vereinigt. In den Nachbarländern Laos und Kambodscha konnten sich ebenfalls kommunistische Kräfte durchsetzen.

❧ Der Vietnamkrieg hinterließ in den USA ein tief gehendes Trauma, vor allem in der Mittelschicht. In Europa förderte er den Antiamerikanismus.

Völkerbund, auf eine Anregung des amerikanischen Präsidenten Woodrow Wilson zurückgehende, 1920–46 existierende Staatenvereinigung zur Sicherung des Weltfriedens und zur Förderung der wirtschaftlichen und kulturellen Zusammenarbeit unter den Nationen. Der Völkerbund, dem die USA nicht angehörten, konnte den Zweiten Weltkrieg nicht verhindern. Er war der Vorgänger der UNO, die 1946 sein Erbe antrat.

Völkerwanderung, die Wanderungsbewegungen ganzer Völker und Stämme seit dem 3. Jahrtausend v. Chr., die durch Landnot, Klimawechsel oder Druck anderer Völker hervorgerufen wurden. Für die Geschichte des Abendlandes besonders bedeutsam ist die germanische Völkerwanderung, in deren Verlauf vom 2. bis 8. Jh. germanische Völker nach Süd- und Westeuropa vordrangen. Diese Völkerwanderung trug zum Untergang des Römischen Reichs bei und schuf durch neue Reichsbildungen die Grundlagen der abendländischen Staatenwelt.

Volksdemokratie, das nach dem Zweiten Weltkrieg im Einflussbereich der Sowjetunion zwangsweise durchgesetzte Regierungs- und Gesellschaftsmodell. In den Volksdemokratien hatten die kommunistischen Parteien, bei einer formalen Beibehaltung eines Mehrparteiensystems, die alleinige Macht. Im Rahmen der Umwälzungen in Osteuropa 1989/90 wurde dieses System abgeschafft.

Volksfront, die Koalition zwischen bürgerlichen Linken, Sozialisten und Kommunisten. Volksfrontregierungen bestanden vor allem 1936–38 in Frankreich, 1936–39 in Spanien und 1938–47 in Chile. Nach dem Zweiten Weltkrieg und der Errichtung der europäischen Volksdemokratien lehnten die nicht kommunistischen Parteien Europas den Volksfrontgedanken überwiegend ab. Die Volksfrontpolitik scheiterte meist an den unterschiedlichen Zielen der Partner.

Waldenser, um 1175 von dem Kaufmann Petrus Waldes († zwischen 1184 und 1218) in Lyon gestif-

Vietnamkrieg.
Truppen des Vietkong ziehen 1975 als Sieger in Saigon ein. Die Stadt wurde in Ho-Chi-Minh-Stadt umbenannt

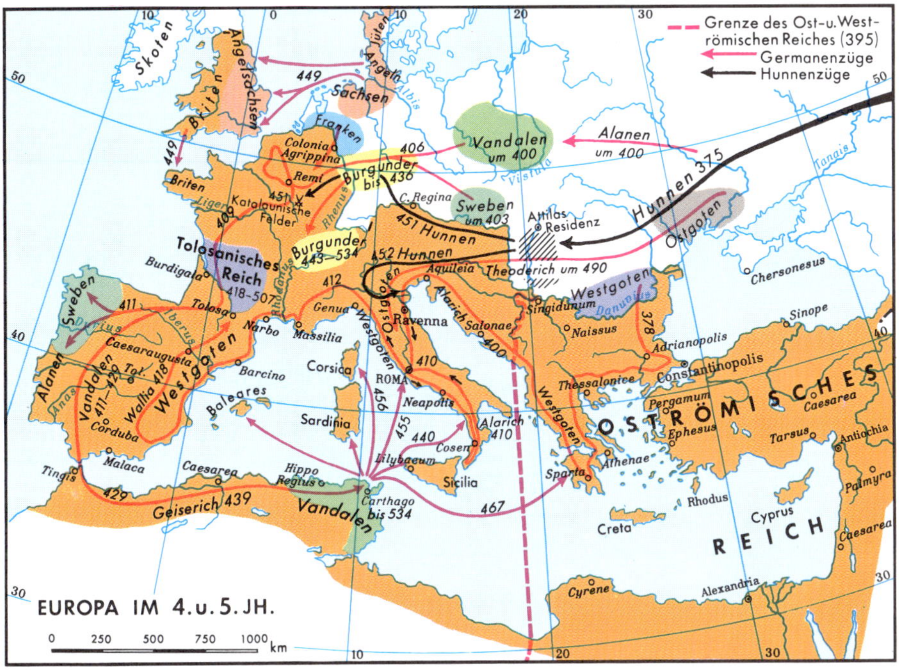

Die durch den Hunnenzug ausgelöste Völkerwanderung

tete religiöse Laienbewegung. Die Waldenser forderten zunächst vor allem Armut und Einfachheit der Kirche, wandten sich dann aber, beeinflusst von den Katharern, auch gegen viele Lehrinhalte (z. B. Sakramente, Heiligen- und Reliquienverehrung, Ablass) der katholischen Kirche. Sie wurden seit dem 13. Jh. durch die Inquisition *(siehe dort)* verfolgt. In Italien, Frankreich und Südamerika haben sich einige Gemeinden bis heute erhalten.

Wałęsa, Leszek (Lech) [va'u̯ɛ̃sa], polnischer Gewerkschaftsführer und Politiker (* 1943), wurde 1980 als Sprecher streikender Werftarbeiter in Danzig zum Mitbegründer und Vorsitzenden der unabhängigen Gewerkschaft ›Solidarność‹ (›Solidarität‹). Nach der Verhängung des Kriegsrechts in Polen wegen der anhaltenden Forderungen nach Demokratisierung wurde er 1981 verhaftet, stieg aber dennoch zum Hauptgegenspieler der kommunistischen Staatsführung auf. 1983 erhielt er den Friedensnobelpreis. Nach dem Übergang Polens zur parlamentarischen Demokratie war Wałęsa 1990–96 Staatspräsident.

Wandalen, germanischer Stamm, der im 5. Jh. über Spanien nach Nordafrika wanderte, wo er unter seinem König GEISERICH (*um 390, † 477) ein mächtiges Reich errichtete. In Konflikt zu Byzanz geraten, wurde das Reich der Wandalen 533/34 zerschlagen und dem Byzantinischen Reich eingegliedert. Der Begriff Wandalismus bezeichnet eine rohe Zerstörungswut; er geht auf die angeblich besonders rücksichtslose Zerstörung der Stadt Rom durch die Wandalen im Jahr 455 zurück.

Washington, George ['wɔʃɪŋtən], amerikanischer Feldherr und Staatsmann (* 1732, † 1799), führte im amerikanischen Unabhängigkeitskrieg 1775–83 die amerikanischen Truppen. 1787 leitete er die Versammlung, die die amerikanische Verfassung schuf, und wurde 1789 zum ersten Präsidenten der USA (1789–97) gewählt. Als solcher festigte er den jungen Staat durch eine feste Finanzordnung und eine streng neutrale Außenpolitik. – Abb. S. 70.

Watergate-Affäre ['wɔːtəgeɪt...], der Einbruch von Anhängern des republikanischen Präsidenten RICHARD NIXON in das Hauptquartier der Demokratischen Partei im Watergate-Haus in Washington (D. C.) im Juni 1972 und dessen politische Folgen. Die Mitwisserschaft von Präsident NIXON und sein Versuch, die Hintergründe zu verschleiern, führten zu einer Vertrauenskrise und zur Einleitung eines Amtsenthebungsverfahrens (Impeachment) gegen ihn. Unter dem Druck der Öffentlichkeit trat er im August 1974 zurück.

George Washington

❧ Die Watergate-Affäre hatte eine tiefe Krise des politischen Systems und des Selbstverständnisses der USA zur Folge.

Waterloo, belgische Stadt südlich von Brüssel, in deren Nähe 1815 der Versuch NAPOLEONS I., sich die 1814 verlorene Machtstellung zurückzuerobern, in einer großen Schlacht gegen englische und preußische Truppen unter den Feldherren WELLINGTON (* 1769, † 1852) und BLÜCHER endgültig scheiterte. ❧ Seither bezeichnet man mit der Redewendung ›Jemand erlebt sein Waterloo‹ endgültige Niederlagen. ❧ Wie schwer die Schlacht für beide Seiten war, belegen die beiden folgenden Aussprüche: ›Die Garde stirbt, aber sie ergibt sich nicht‹, rief angeblich der französische General CAMBRONNE (* 1770, † 1842), nachdem die preußischen Truppen eingegriffen hatten. ›Ich wollt', es wäre Nacht oder die Preußen kämen‹, sagte der englische Feldherr WELLINGTON, kurz bevor die preußischen Truppen auf dem Schlachtfeld eintrafen.

Weltwirtschaftskrise, allgemein eine Wirtschaftskrise, deren Auswirkungen nicht auf einen Staat oder eine Staatengruppe beschränkt bleiben. Als Weltwirtschaftskrise bezeichnet man besonders die durch den Kurssturz an der New Yorker Börse vom 24. 10. 1929 (Schwarzer Freitag) ausgelöste Wirtschaftskrise, die in zahlreichen Ländern zu Massenarbeitslosigkeit und Verelendung führte und damit wesentlich zum Erstarken radikaler politischer Bewegungen (in Deutschland des Nationalsozialismus) beitrug.

Westgoten, einer der beiden großen Stämme der Goten. Die Westgoten plünderten unter ihrem König ALARICH I. (* um 370, † Ende 410) 410 Rom und ließen sich danach in Südwestfrankreich nieder. Als römische Verbündete eroberten sie in der 2. Hälfte des 5. Jh. auch die Iberische Halbinsel; zu Beginn des 6. Jh. wurden sie von den Franken aus Frankreich verdrängt. In Spanien bestand das westgotische Königreich bis zur Eroberung durch die Araber 711. Die Westgoten verschmolzen hier mit der romanischen Bevölkerung.

Westmächte, die westlichen Kriegsgegner des Deutschen Reiches 1914–18, vor allem Frankreich und Großbritannien, ab 1917 auch die USA. Nach dem Zweiten Weltkrieg waren die Westmächte das von den USA geführte Bündnissystem im Gegensatz zu den Ostblockstaaten.

Wiener Kongress, Versammlung der europäischen Fürsten und Staatsmänner in Wien 1814/15, die nach dem Sturz NAPOLEONS I. die Neuordnung Europas beriet. Die deutschen Einzelstaaten wurden zum Deutschen Bund (*siehe* Kapitel 2) vereinigt, die Großmächte Österreich, Preußen und Russland erlangten Gebietsgewinne, der Kirchenstaat wurde wieder hergestellt, und Holland und Belgien wurden zum Königreich der Vereinigten Niederlande verbunden. Frankreich durfte in den Kreis der Großmächte zurückkehren. Die Maßnahmen des Wiener Kongresses, der maßgeblich vom österreichischen Staatskanzler Fürst METTERNICH geprägt war, hatten das Ziel, die Zustände vor der Französischen Revolution wieder herzustellen (Restaurationszeit, *siehe* Restauration). Sie berücksichtigten dabei nicht neue Bewegungen wie den Nationalismus oder den Liberalismus.

Wikinger, germanische Bewohner Skandinaviens, die vom 8. bis 11. Jh. als Seeräuber, Kaufleute, Eroberer und Staatengründer Schifffahrten bis nach Nordamerika, ins Mittelmeer und über das Flussnetz der Ukraine und Russlands bis ins Schwarze und Kaspische Meer unternahmen. Sie bewirkten damit eine erhebliche Ausweitung des europäischen Handelsraums. Zusätzlich gaben sie weiten Teilen Ost- und Westeuropas sowie Süditaliens neue politische Strukturen.

Wilhelm der Eroberer, englischer König (* 1027, † 1087). Der Normannenherzog Wilhelm landete 1066 mit seinem Heer in Südengland und schlug in der Schlacht bei Hastings den angelsächsischen König HAROLD II. GODWINSON (* um 1020, † 1066). Bis 1070 unterwarf er das ganze Land. Die neue normannische Führungsschicht wurde mit Grundbesitz ausgestattet und in straffem Lehnsverhältnis dem neuen König untergeordnet.
❧ Wilhelms Eroberung ist die letzte geglückte Eroberung Englands. ❧ Der auch in der Erzählung von Robin Hood zum Ausdruck kommende Gegensatz zwischen Angelsachsen und Normannen hat seinen Ausgangspunkt in dieser Eroberung.

Wilhelm III. von Oranien, englischer König (* 1650, † 1702, König ab 1688/89). Wilhelm von Oranien war ab 1674 als Erbstatthalter Führer der Niederlande, 1677 heiratete er MARIA (II.) STUART (* 1662, † 1694), die Tochter des englischen Königs JAKOB II. (* 1633, † 1701, König 1685–89). Im Verlauf der Glorreichen Revolution *(siehe dort)* 1688 rief ihn die Opposition gegen JAKOB II. nach England und übertrug ihm nach dessen Flucht gemeinsam mit seiner Gemahlin MARIA die englische Krone, um die protestantische Thronfolge zu sichern.

Wilson, Woodrow [wɪlsn], amerikanischer Politiker (* 1856, † 1924), war 1913–21 der 28. Präsident der USA. Er führte 1917 die USA in den Ersten Weltkrieg und stellte 1918 die Vierzehn Punkte als Grundsätze einer Weltfriedensordnung auf. Auf der Pariser Friedenskonferenz 1919 konnte er sich damit jedoch in wichtigen Teilen nicht durchsetzen. 1920 verweigerte der US-Senat den Beitritt der USA zum Völkerbund. Wilson erhielt 1919 den Friedensnobelpreis.

Wirtschaftsliberalismus, *der* eine vor allem im 19. Jh. mit dem politischen Liberalismus verknüpfte Wirtschaftslehre. Er forderte die Beseitigung staatlicher Eingriffe in das wirtschaftliche und soziale Leben der Gesellschaft und das freie Gewährenlassen der wirtschaftlichen Kräfte (französisch ›laissez faire‹). Besonders das Manchestertum *(siehe dort)* betonte diese Forderungen.

Die Würfel sind gefallen, eigentlich eine falsche Übersetzung des CAESAR zugeschriebenen Aus-

Unter den Teilnehmern des Wiener Kongresses befanden sich u. a. der Herzog von Wellington (1. von links), Fürst Hardenberg (unten links), Fürst Metternich (7. von links), Viscount Castlereagh (11. von links), Fürst Talleyrand (4. von rechts unten)

spruchs »alea iacta est« [›der Würfel ist geworfen‹]. CAESAR soll dies gesagt haben, als er mit seinem Heer den Grenzfluss Rubikon überschritt und dadurch den römischen Bürgerkrieg (49–45 v. Chr.) auslöste. Heute meint man damit die Unumkehrbarkeit einer Entscheidung.

Zar, *der* [von lateinisch Caesar], 1547–1917 der offizielle Titel der russischen, 1908–46 auch der bulgarischen Herrscher.

Zehnt, *der* eine Vermögensabgabe, die die Kirche seit etwa dem 5. Jh. von den Laien zum Unterhalt des Klerus forderte. Der Zehnt war ursprünglich vom Gesamtbesitz zu erbringen, umfasste aber schon früh nur noch den zehnten Teil des Bodenertrages. Er bestand bis zur Französischen Revolution bzw. zur Bauernbefreiung.

Zeitgeschichte, der Teil der Geschichte, den die gegenwärtig lebenden Generationen miterlebt haben, sowie seine wissenschaftliche Behandlung. In der deutschen Geschichtsforschung wird meist die Zeit seit 1917 (Eintritt der USA in den Ersten Weltkrieg, Oktoberrevolution in Russland) als Zeitgeschichte bezeichnet.

Zhou Enlai [dʒou̯anˈlai̯], chinesischer Politiker (* 1898, † 1976), war Mitbegründer der chinesischen kommunistischen Partei und setzte sich in den 1920er- und 1930er-Jahren für eine Volksfrontregierung ein. Nach dem Scheitern dieser Bemühungen und dem Sieg der Kommunisten im Bürgerkrieg (1946–49) war er bis zu seinem Tod Ministerpräsident. Er galt als Hauptvertreter einer pragmatischen Politik. Seit 1969/70 führte er die Volksrepublik China aus der internationalen Isolation, in die sie besonders in der Zeit der Kulturrevolution geraten war.

Zionistische Bewegung [nach dem Tempelberg Zion in Jerusalem], jüdische Nationalbewegung, die Ende des 19. Jh. entstand und die Schaffung eines jüdischen Staats in Palästina forderte. Der Zionismus betonte durch Neubelebung der hebräischen Sprache und Kultur die nationale Eigenart der Juden und lehnte ihre Eingliederung in die christlich geprägten europäischen Gesellschaften ab. Die zionistische Bewegung erreichte ihr Ziel 1948 mit der Gründung des Staates Israel.

Zünfte, vom Mittelalter bis zum 19. Jh. Genossenschaften vor allem der selbstständigen Handwerker (bei Kaufleuten: Gilden), denen alle Meister angehören mussten (Zunftzwang). Die Zünfte regelten unter anderem die Preise, die Qualitätsnormen der Waren, die Zahl der Handwerker und die Ausbildung der Lehrlinge. Daneben hatten sie oft erheblichen Einfluss auf die Politik ihrer Heimatstadt. Mit der Einführung der Gewerbefreiheit (z. B. in Frankreich 1791, in Preußen 1810/11, in Österreich 1859) wurden sie aufgelöst.

Zweistromland, *siehe* Mesopotamien.

Zweiter Weltkrieg, Krieg, der 1939–45 zwischen den Achsenmächten (vor allem Deutschland, Italien und Japan) und den Alliierten (vor allem Großbritannien, Frankreich, Sowjetunion, USA und China) geführt wurde. Der Krieg begann mit dem deutschen Überfall auf Polen im September 1939. Deutschland eroberte danach in mehreren Blitzkriegen bis 1942 den größten Teil Europas und Nordafrikas. Der Versuch, Großbritannien durch einen Bombenkrieg niederzukämpfen (Luftschlacht um England), misslang. Trotz eines Nichtangriffspaktes überfiel das nationalsozialistische Deutschland im Juni 1941 die Sowjetunion; deutsche Armeen drangen bis kurz vor Moskau und an den Kaukasus vor, bevor sie nach der Schlacht von Stalingrad seit Anfang 1943 in äußerst verlustreichen Kämpfen zurückgedrängt wurden. Im Dezember 1941 erklärte Deutschland den USA den Krieg. Nach Landungen britischer und amerikanischer Truppen in Nordafrika, Italien und Frankreich musste Deutschland einen Mehrfrontenkrieg führen, an dessen Ende die Eroberung des Landes durch die Alliierten und die bedingungslose Kapitulation (8./9. 5. 1945) stand.

Gleichzeitig mit dem Krieg in Europa fand in Ostasien der Kampf zwischen Japan sowie den USA, Großbritannien und China statt, der bereits in den 1930er-Jahren mit dem Vordringen Japans in China begonnen hatte und sich 1941 mit dem japanischen Angriff auf Pearl Harbour sowie die amerikanischen, britischen und französischen Besitzungen in Südostasien ausweitete. Nach großen japanischen Anfangserfolgen gelang es amerikanischen Truppen im Pazifik und britischen Truppen von Indien aus, seit 1942 die japanischen Eroberungen schrittweise zurückzugewinnen. Nach dem Abwurf der Atombomben auf Hiroshima und Nagasaki kapitulierte Japan am 2. 9. 1945. Damit endete der Zweite Weltkrieg, der mehr als 50 Mio. Menschen das Leben kostete.

2
Deutsche Geschichte

Dieses Kapitel befasst sich mit Ereignissen, Personen und Erscheinungen der deutschen Geschichte, von ihren Anfängen bis zur Gegenwart. Eine eindeutige Grenze dafür, wann Deutschland bzw. ein deutsches Reich entstand, lässt sich nicht bestimmen. Das Bewusstsein des ›Deutschseins‹ bildete sich allmählich bis zum 10. Jh. heraus. Kann man für das Mittelalter noch von einer einheitlichen europäischen Gesellschaft ausgehen, wird eine deutsche Eigenentwicklung durch das Wirken MARTIN LUTHERS eingeleitet. Die Reformation teilte Deutschland konfessionell in zwei große Blöcke. Zugleich beschleunigte sie den Prozess der territorialen Zergliederung in zahlreiche Herrschaftsgebiete sehr unterschiedlicher Größe. Tiefe Spuren hinterließ der Dreißigjährige Krieg, der das Gebilde des Heiligen Römischen Reiches Deutscher Nation nachhaltig schwächte. 1806 hört es auf zu bestehen.
Die Napoleonischen Kriege hatten die Gedanken der Französischen Revolution von Gleichheit und Freiheit auch in Deutschland verwurzelt. Seine Leistungen in den Befreiungskriegen legitimierten das Bürgertum, diese Rechte als Lohn hierfür einzufordern. Verstärkt wird diese Haltung durch die v. a. vom Bürgertum getragene stürmische Entwicklung in Wissenschaft, Technik und Wirtschaft. Im Kampf mit den Inhabern der überkommenen Macht unterliegen die bürgerlichen Kräfte, die nach Freiheit und staatlicher Einheit verlangen: Die Revolution von 1848/49 scheitert. Eine Generation später, 1871, gelingt BISMARCK die Gründung des (zweiten) Deutschen Reiches, dessen dynamische Kräfte im Ersten Weltkrieg verbraucht werden. Die Niederlage von 1918 stürzt die Nation in eine tiefe Krise, die folgende Republik, die so genannte Weimarer Republik, wird nie recht akzeptiert. 1933 gelangt HITLER an die Macht. Von ihm schlecht und verbrecherisch geführt, erleidet Deutschland nach dem vorsätzlich entfesselten Zweiten Weltkrieg 1945 die schwerste Niederlage seiner Geschichte: das Land zerstört, besetzt und geteilt, große Teile der Bevölkerung aus ihrer Heimat vertrieben, die Nation auch moralisch besiegt. In den folgenden Jahrzehnten erlebt Deutschland den Gegensatz von Ost und West im eigenen Volk. 1989/90 gelingt, was lange unmöglich schien: staatlich zu einen, was zusammengehört.

Ablass, nach katholischer Lehre der Nachlass verhängter Kirchenbußen, dann auch der Nachlass zeitlicher Sündenstrafen, d. h. von Strafen, die entweder auf Erden oder im Fegefeuer zu büßen wären. ❧ Die Ablasspraxis seiner Zeit, die im Ablasswesen oft nur ein Mittel zur Geldbeschaffung für die Kirche sah, veranlasste MARTIN LUTHER zum so genannten ›Thesenanschlag‹ (eigentlich ein ›Rundschreiben‹ an Theologen seiner Zeit) an der Wittenberger Schlosskirche, mit dem 1517 die Reformation begann. ❧ ›Sobald das Geld im Kasten klingt, die Seele aus dem Fegefeuer in den Himmel springt‹ (Werbespruch des Ablasspredigers JOHANN TETZEL [* um 1465, † 1519]).

Achsenmächte, zunächst die beiden seit 1936/37 in der ›Achse Berlin–Rom‹ verbündeten Staaten Deutschland und Italien, im Zweiten Weltkrieg *(sie-*

he dort) dann alle mit dem nationalsozialistischen Deutschland und Italien verbündeten Staaten (Japan, Ungarn, Rumänien, Slowakei, Bulgarien, Kroatien).

Achtundsechziger, die Teilnehmer der Studentenbewegung *(siehe dort)* der 1960er-Jahre, die 1968 mit Streiks und Massendemonstrationen in vielen Ländern Westeuropas und Nordamerikas ihren Höhepunkt erlebte.

Achtundvierziger, die Teilnehmer der Revolution von 1848/49, besonders die Vertreter der (radikalen) republikanischen und demokratischen Strömungen. Viele Achtundvierziger waren in der Zeit nach der Revolution Verfolgungen ausgesetzt, zahlreiche mussten emigrieren.

Bundeskanzler Adenauer unterzeichnet den Deutschlandvertrag (26. 5. 1952)

Adenauer, Konrad deutscher Politiker (* 1876, † 1967). Als Oberbürgermeister von Köln (1917–33) und Präsident des Preußischen Staatsrats (1920–33) trat Adenauer nach dem Ersten Weltkrieg für ein autonomes Rheinland innerhalb des Deutschen Reichs ein. In der Zeit des Nationalsozialismus verfolgt, gehörte er 1945 zu den Mitbegründern der CDU, deren Parteivorsitzender er bis 1966 war. An den Beratungen des Parlamentarischen Rats (1948/49) hatte er maßgeblichen Anteil. Von 1949 bis 1963 war er Bundeskanzler der Bundesrepublik Deutschland, von 1951 bis 1955 zugleich Außenminister. Adenauer setzte die Eingliederung in den Westen und die Wiederbewaffnung durch, er förderte die Freundschaft mit Frankreich und den USA und die Verständigung mit Israel.

Agrarreform, *die* [zu lateinisch ager ›Acker, Boden‹], Bezeichnung für grundlegende gesetzgeberische Umgestaltungen des Bodenbesitzrechts eines Landes. Ziel ist dabei meist die Aufteilung des (bäuerlichen) Großgrundbesitzes in Einzelhöfe. In Deutschland erfolgte eine Agrarreform zu Beginn des 19. Jh. unter anderem im Verlauf der preußischen Reformen *(siehe dort).* Durch die damit verbundene Aufhebung von Leibeigenschaft, Erbuntertänigkeit und Frondiensten wurden viele selbstständige Bauernstellen geschaffen (Bauernbefreiung). Nach 1945 wurde in der sowjetischen Besatzungszone im Zuge einer ›Bodenreform‹ aller Grundbesitz über 100 Hektar entschädigungslos enteignet.

Ahlener Programm, ein 1947 von der CDU der britischen Besatzungszone in Ahlen (Westfalen) verabschiedetes wirtschafts- und gesellschaftspolitisches Programm, das sowohl einen unbeschränkten Kapitalismus als auch einen Staatskapitalismus sozialistischer Prägung ablehnte.

Alemannen, germanischer Stamm in Südwestdeutschland, der seit dem 3. Jh. die römische Grenze (Limes) bedrängte, sich im 5. Jh. bis ins Elsass und in die Pfalz ausdehnte, um 500 von den Franken unterworfen wurde und seither zum Frankenreich gehörte. Die Alemannen waren einer der sechs deutschen Stämme und bildeten im 10. Jh. das Stammesherzogtum Schwaben.

❧ Von den Alemannen leitet sich das französische Wort für deutsch (allemand) her.

Alleinvertretungsanspruch, *siehe* Hallstein-Doktrin.

Alliierte, *siehe* Kapitel 1.

Alliierter Kontrollrat, Bezeichnung für die 1945 eingerichteten Besatzungsorgane der vier Siegermächte in Deutschland und in Österreich, die die oberste Regierungsgewalt ausübten. Sie bestanden aus den Oberbefehlshabern der je vier Besatzungszonen. Vor dem Hintergrund des Kalten Krieges verließ der sowjetische Vertreter 1948 den Alliierten Kontrollrat für Deutschland, der damit praktisch aufhörte zu funktionieren, aber erst mit der deutschen Vereinigung 1990 aufgehoben wurde. Der Alliierte Kontrollrat für Österreich stellte mit der Erlangung der Souveränität Österreichs 1955 seine Tätigkeit ein.

Allmende, *die* aus dem germanischen Bodenrecht stammende Einrichtung. Die Allmende bestand aus Ländereien (meist Weide, Wald oder Ödland), die allen Mitgliedern einer Gemeinde zur Nutzung offen standen.

Anschluss, der Eintritt eines Staates in einen anderen Staatsverband. In der deutschen Geschichte versteht man darunter vor allem den Anschluss Österreichs an das nationalsozialistische Deutschland 1938. Zwar hatte die Mehrheit der Bevölkerung zugestimmt, doch war das durch Terror und massiven politischen Druck zustande gekommen.

Antikominternpakt, 1936 geschlossenes deutsch-japanisches Abkommen zur Abwehr des Kommunismus (Komintern [*siehe* Kapitel 1]). Ihm traten 1937 Italien, 1939 Ungarn, Spanien, Mandschukuo, 1941 Bulgarien, Dänemark, Finnland, Kroatien, Rumänien und die Slowakei bei.

APO, Abkürzung für **au**ßer**p**arlamentarische **O**pposition. Vor dem Hintergrund der von CDU und SPD gebildeten Bundesregierung (große Koalition 1966–69) entstand nach 1966 eine politische, locker organisierte Bewegung linker studentischer, teils auch gewerkschaftlicher Gruppen, die versuchte, gesellschaftliche Veränderungen durch provokative Protestaktionen durchzusetzen. Im Streit um Hochschulreform, Pressekonzentration und Notstandsgesetze *(siehe dort)* verstand sich die APO als antiautoritäre Reformbewegung. Sie sah sich durch die parlamentarische Opposition nicht vertreten und suchte ihre Ziele auf nicht parlamentarischem Weg zu erreichen. Höhepunkte waren die Demonstrationen nach dem Attentat auf den Studentenführer RUDI DUTSCHKE (* 1940, † 1979) Ostern 1968 und die Demonstrationen gegen die Notstandsgesetzgebung. In der Folgezeit zerfiel die APO, ein kleiner Teil ging zum Terrorismus über.

Arbeitsdienst, *siehe* Reichsarbeitsdienst.

Arier, ursprünglich sprachwissenschaftlicher Begriff, der v. a. in Deutschland durch den Antisemitismus (*siehe* Kapitel 1) im späten 19. Jh. rassisch umgedeutet wurde. Die angeblich überlegene arische Rasse (Europäer, Germanen) wurde den

APO. Demonstration der außerparlamentarischen Opposition in Berlin gegen den Vietnamkrieg (Februar 1968). In der Bildmitte Rudi Dutschke

Nichtariern (vor allem den Juden) gegenübergestellt. Dieser Missbrauch des Begriffs fand seinen Höhepunkt bei den Nationalsozialisten und gipfelte in der Ermordung von Millionen Juden, aber z. B. auch von Sinti und Roma.

Arierparagraph, *siehe* Rassengesetze.

Arminius, auch HERMANN DER CHERUSKER genannt, germanischer Adliger (* um 17 v. Chr., † 19 n. Chr.), der zuerst im römischen Militärdienst stand und sich dann zu einem Gegner Roms entwickelte. An seinen militärischen Erfolgen scheiterte die römische Eroberung des rechtsrheinischen Germanien.

❧ In der Schlacht im Teutoburger Wald vernichtete Arminius 9 n. Chr. ein römisches Heer unter VARUS († 9 n. Chr.). ❧ ›Vare, redde legiones‹ [lateinisch ›Varus, gib mir meine Legionen wieder‹], Ausruf des AUGUSTUS nach dieser Schlacht.

Augsburger Bekenntnis, auf dem Augsburger Reichstag von 1530 vorgelegte Bekenntnisschrift der Anhänger der reformatorischen Lehre in Deutschland.

Augsburger Religionsfriede, ein auf dem Augsburger Reichstag von 1555 verkündetes Grundgesetz des Heiligen Römischen Reichs, das die Religionskämpfe der Reformationszeit beilegte, indem es den Anhängern des Augsburger Bekenntnisses (nicht den Calvinisten und Zwinglianern) eine Friedens- und Besitzstandsgarantie gab.

❧ Die Formel ›cuius regio, eius religio‹ [lateinisch ›wessen die Regierung, dessen die Religion‹] bezeichnete die Tatsache, dass nach dem Augsburger Religionsfrieden nur die Landesherren frei ihre Konfession wechseln konnten. Die Untertanen mussten sich dem Konfessionswechsel anschließen oder auswandern.

Auschwitz, Stadt in Polen, in der die SS 1940 ein Konzentrationslager *(siehe dort)* errichtete, das 1941/42 zu einem Vernichtungslager *(siehe dort)* ausgebaut wurde. Hier wurden bis 1945 vor allem Juden in Millionenzahl ermordet. Der Name wird deshalb oft stellvertretend gebraucht für den nationalsozialistischen Völkermord an den Juden.

Baader-Meinhof-Gruppe, in den 1970er-Jahren gebräuchliche Bezeichnung für die 1968–70 unter Führung von ANDREAS BAADER (* 1944, † 1977) und ULRIKE MEINHOF (* 1934, † 1976) entstandene Terrorgruppe Rote-Armee-Fraktion (RAF) *(siehe dort)*.

Baiern, germanischer Stamm in Süddeutschland, Österreich und Norditalien, der im 6. Jh. das Herzogtum Baiern schuf, das bis heute ununterbrochen besteht und damit das älteste staatliche Gebilde Europas ist. Baiern war mit wechselnden Grenzen unabhängiges Stammesherzogtum *(siehe dort)*, ab 788 Teil des Frankenreiches, ab dem 10. Jh. Herzogtum im Heiligen Römischen Reich, ab 1806 unabhängiges Königreich, ab 1815 Königreich im Deutschen Bund, ab 1871 im Deutschen Reich und ist seit 1918 deutscher Freistaat. Die Baiern waren einer der sechs deutschen Stämme.

Barschelaffäre, innenpolitische Affäre in Deutschland. Im September 1987 trat der schleswig-holsteinische Ministerpräsident UWE BARSCHEL (* 1944, † 1987) nach Vorwürfen zurück, eine Verleumdungskampagne gegen den Spitzenkandidaten der Opposition im Landtagswahlkampf von 1987, BJÖRN ENGHOLM (* 1939), in Auftrag gegeben zu haben. BARSCHEL, der die Vorwürfe stets bestritten hatte, wurde wenig später, am 11. Oktober 1987, tot in einem Genfer Hotel aufgefunden. Nachlässigkeiten der Untersuchungsbehörden führten zu Zweifeln an der Feststellung eines Genfer Gerichts, es handele sich um Freitod.

Ein Untersuchungsausschuss des schleswig-holsteinischen Landtags stellte in Bezug auf die Verleumdungskampagne Barschels Schuld zwar fest, allerdings wurden später Informationen bekannt, die die Rolle aller Hauptbeteiligten neu zu bewerten schienen.

Bauernbefreiung, *siehe* Agrarreform.

Bauernkrieg, Aufstand der Bauern in Süd- und Mitteldeutschland 1524/25 sowie in Tirol 1526, bei dem sich soziale Ziele mit reformatorischen Anliegen mischten. Die Bauern wehrten sich besonders gegen die Ausdehnung der Rechte der Herren und ihre eigene zunehmende Unterdrückung und Entrechtung. Der Bauernkrieg war die größte politisch-soziale Massenbewegung der frühneuzeitlichen deutschen Geschichte.

Bebel, August Politiker (* 1840, † 1913). Bebel war 1869 Mitbegründer der Sozialdemokratischen Arbeiterpartei, aus der später die SPD hervorging. Seit 1867 Reichstagsabgeordneter, wurde er zum unbestrittenen Führer der deutschen Sozialdemokratie. Mehrfach wegen seiner politischen Tätigkeit in Haft, war er einer der bedeutendsten sozialistischen Theoretiker. Unter seiner Führung entwickelte sich die SPD zu einer Massenpartei.

August Bebel

Befreiungskriege, die Kriege von 1813 bis 1815, die Deutschland, Italien und Spanien von der napoleonischen Herrschaft befreiten und dem Kaiserreich NAPOLEONS I. ein Ende bereiteten.

Bekennende Kirche, evangelische kirchliche Bewegung, die seit 1934 dem Machtanspruch des Nationalsozialismus auch innerhalb der Kirche (Deutsche Christen) entgegentrat. Sie forderte Unabhängigkeit der Kirche von staatlichen Einflüssen und eine strenge Bindung an die Glaubensbekenntnisse und die Heilige Schrift. Zahlreiche ihrer Mitglieder wurden verfolgt.

❧ Eines der bedeutendsten Mitglieder der Bekennenden Kirche war Pfarrer MARTIN NIEMÖLLER (* 1892, † 1984).

Belagerung Wiens, zwei Belagerungen der Hauptstadt Österreichs durch die Türken 1529 und 1683, die beide den jeweils weitesten Vorstoß der türkischen Macht in Südosteuropa anzeigen. Den Zeitgenossen galt Wien als letztes Bollwerk der Christenheit gegen den Islam. 1683 wurde die Stadt durch eine Armee aus dem Reich und aus Polen in der Schlacht am Kahlenberg befreit.

❧ Die Belagerung 1683 ist der Wendepunkt der Türkenkriege, da in der Folge das habsburgische Österreich die Türken auf dem Balkan weit zurückdrängte und zur europäischen Großmacht aufstieg.

Berlinabkommen, Kurzbezeichnung für das Abkommen vom 3. 9. 1971 zwischen den Siegermächten des Zweiten Weltkriegs Frankreich, Großbritannien, Sowjetunion und USA. In ihm bekräftigten die vier Staaten ihre gemeinsame Verantwortung für Berlin. Die Sowjetunion verpflichtete sich, den zivilen Verkehr zwischen der Bundesrepublik Deutschland und West-Berlin nicht zu behindern. Zusammen mit Regelungen zwischen dem Berliner Senat und der Regierung der DDR trat das Abkommen am 3. 6. 1972 in Kraft.

Berliner Blockade, von der sowjetischen Besatzungsmacht in Deutschland verfügte Sperrung aller Land- und Wasserwege von und nach West-Berlin 1948/49. Der Versuch der Sowjetunion, auf diesem Weg die Berlinfrage *(siehe dort)* zu lösen und damit ganz Berlin unter ihre Kontrolle zu bringen, scheiterte am Widerstandswillen der Westmächte und der Westberliner Bevölkerung, die beinahe ein Jahr lang durch eine Luftbrücke mit allem Lebensnotwendigen versorgt wurde.

Berliner Mauer, ein 1961 errichtetes, scharf bewachtes militärisches Sperrsystem, das West-Berlin vom Ostteil der Stadt trennte. Die Berliner Mauer sollte den damals ständig steigenden Strom von Flüchtlingen aus der DDR nach West-Berlin stoppen. Versuche von Flüchtlingen, die Grenzsperren dennoch zu überwinden, endeten oft tödlich. Über 200 Menschen starben an der Mauer. Nach der friedlichen Revolution im November 1989 wurde die Mauer geöffnet und 1990/91 abgerissen. Sie war das Symbol der deutschen Teilung. – Abb. S. 78.

Berliner Blockade. Ein amerikanisches Flugzeug beim Anflug auf Berlin-Tempelhof

Berlinfrage, als Teil der deutschen Frage seit dem Zweiten Weltkrieg (*siehe* Kapitel 1) ein Hauptkrisenpunkt der europäischen Politik. Berlin wurde 1945 in vier Besatzungssektoren geteilt und bis 1948 gemeinsam von den Siegermächten verwaltet. Der Versuch der Sowjetunion, durch die Berliner Blockade 1948/49 die ganze Stadt unter ihre Kontrolle zu bringen, scheiterte und führte zur Teilung in Ost- und West-Berlin. Die Berlinkonferenzen der 1950er-Jahre brachten keine Lösung. Ende der 1950er-Jahre verschärften sich die Spannungen abermals bis zum Bau der Berliner Mauer *(siehe dort)*. Danach stellte die Sowjetunion vor allem die Bindungen West-Berlins an die Bundesrepublik infrage, die erst durch das Viermächteabkommen *(siehe dort)* von 1971 eine vertragliche Basis erhielten. Endgültig gelöst wurde die Berlinfrage mit der deutschen Vereinigung 1990.

Besatzungszone, allgemein das von ausländischen Truppen besetzte Gebiet eines Staats, in dem eine fremde Staatsmacht die Herrschaft ausübt. Nach ihrem Sieg über das nationalsozialistische Deutschland teilten die Siegermächte des Zweiten Weltkriegs (*siehe* Kapitel 1) Deutschland in vier Besatzungszonen. Aus der sowjetischen Zone ging 1949 die DDR, aus den drei Westzonen die Bundesrepublik Deutschland hervor. Österreich war bis zum Abschluss des Österreichischen Staatsvertrags 1955 ebenfalls in vier Besatzungszonen eingeteilt.

Bismarck, Otto Fürst von Gründer des Deutschen Reichs (* 1815, † 1898). Im Zuge des preußischen Verfassungskonflikts *(siehe dort)* 1862 zum preußischen Ministerpräsidenten berufen, verfolgte Bismarck eine Politik der Stärkung Preußens in Deutschland. Sie führte nach den Kriegen gegen Dänemark (1864) und Österreich (Deutscher Krieg von 1866) zur Bildung des Norddeutschen Bundes (1866) und nach dem Deutsch-Französischen Krieg von 1870/71 zur Gründung des Deutschen Reichs. Innenpolitisch bekämpfte er den Katholizismus (*siehe* Kulturkampf) und die Arbeiterbewegung (*siehe* Sozialistengesetz), schuf aber auch die Anfänge der Sozialgesetzgebung. Außenpolitisch sicherte er sein Werk durch zahlreiche Bündnisse. Bismarck prägte das Deutsche Reich, dessen Reichskanzler er bis 1890 war, ebenso wie die europäische Politik seiner Zeit tief.

Bizone, Ende 1946 erfolgter Zusammenschluss der amerikanischen und britischen Besatzungszonen in Deutschland zu einem gemeinsamen Wirtschaftsgebiet.

Blitzkrieg, im Zweiten Weltkrieg Bezeichnung für die jeweils innerhalb weniger Wochen ›blitzartig‹ siegreich entschiedenen deutschen Feldzüge der Jahre 1939–41; heute Bezeichnung für jeden sehr schnell entschiedenen Krieg.

Blockparteien, in der DDR die in der Nationalen Front der DDR unter Führung der SED zusammengeschlossenen Parteien.

Blücher von Wahlstatt, Gebhard Leberecht Fürst preußischer Generalfeldmarschall (* 1742, † 1819). Seit 1760 mit Unterbrechung in preußischen Militärdiensten, zeichnete sich Blücher in den Revolutions- und Koalitionskriegen *(siehe dort)* aus. Nach der preußischen Niederlage 1806/07 auf Druck Napoleons I. entlassen, errang er nach seiner Rückkehr 1813/14 als Oberbefehlshaber der Schlesischen Armee entscheidende Siege gegen diesen (unter anderem in der Schlacht bei Waterloo).
❧ Blücher hatte bei seinen Truppen den Beinamen ›Marschall Vorwärts‹.

Bodenreform, *siehe* Agrarreform.

Bonifatius, Missionar und Bischof (* um 672/673, † 754, eigentlich Winfried). Der Angelsachse Bo-

Bauarbeiter aus Ost-Berlin schließen, bewacht von einem Volkspolizisten, eine Lücke in der Berliner Mauer

In der Silvesternacht 1989/90 feiern Berliner aus dem Ost- und dem Westteil der Stadt auf der Berliner Mauer vor dem Brandenburger Tor, das am 22. Dezember wieder geöffnet worden war

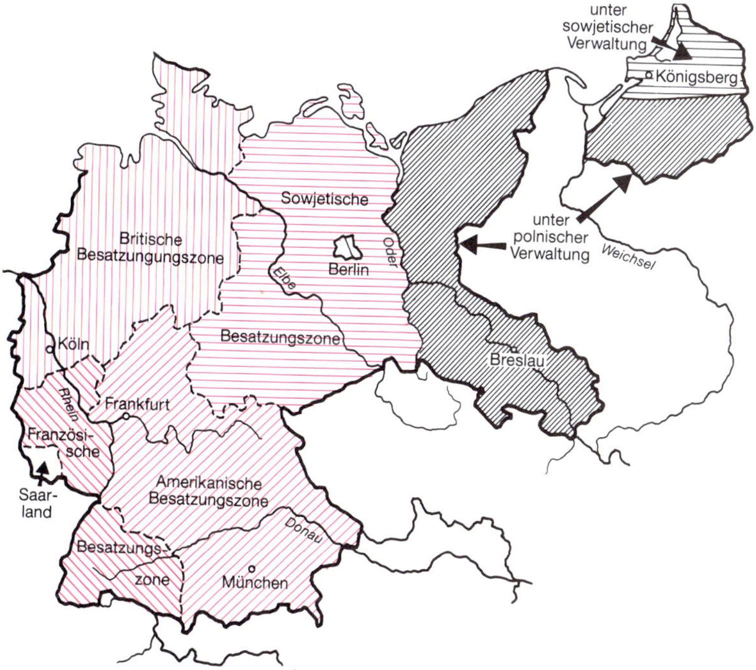

Die Aufteilung des Deutschen Reiches in vier Besatzungszonen am Ende des Zweiten Weltkrieges

nifatius war der bedeutendste Missionar und Kirchenorganisator im Frankenreich des 8. Jh. Zahlreiche deutsche Bistümer wurden von ihm gegründet bzw. ausgebaut. Er starb 754 den Märtyrertod beim Versuch, die Friesen zu bekehren.

❧ Bonifatius fällte 723 die dem germanischen Gott Donar geweihte Donareiche in Geismar bei Fritzlar. ❧ Er gilt als ›Apostel der Deutschen‹.

Brandt, Willy deutscher Politiker (* 1913, † 1992). Als Sozialist musste Brandt 1933 nach Norwegen emigrieren und nahm dessen Staatsbürgerschaft an, nachdem ihn die Nationalsozialisten 1938 ausgebürgert hatten. 1949–57 und ab 1969 war er Abgeordneter des Deutschen Bundestages, 1964–87 Parteivorsitzender der SPD. Brandt gewann international Ansehen als Regierender Bürgermeister von Berlin (1957–66), Außenminister (1966–69) und Bundeskanzler (1969–74). 1971 erhielt er den Friedensnobelpreis für seine (in Deutschland zunächst umstrittene) Ostpolitik, die in den Verträgen von Moskau und Warschau 1970 und im Viermächteabkommen über Berlin 1971 ihren Ausdruck fand. Im Grundlagenvertrag mit der DDR gelang es Brandt, zu einem erträglichen Miteinander der beiden deutschen Staaten zu kommen. Aus Anlass der Spionageaffäre um GÜNTER GUILLAUME (* 1927, † 1995) trat Brandt als Bundeskanzler 1974 zurück. Ab 1976 Vorsitzender der Sozialistischen Internationale, stand Brandt ab 1977 auch der Nord-Süd-Kommission vor.

❧ Brandt hieß ursprünglich Herbert Ernst Karl Frahm und wurde wegen seines Namenswechsels und seiner Emigration häufig persönlich angegriffen. Besonderes Ansehen, vor allem im Ausland, er-

Willy Brandt

warb er sich durch seinen Kniefall vor dem Mahnmahl des Warschauer Gettos bei einem Staatsbesuch in Polen 1970.

Brüning, Heinrich Politiker (* 1885, † 1970). Als Führer der Zentrumspartei war Brüning 1930–32 Reichskanzler. Er versuchte, die schwere Staats- und Wirtschaftskrise der Zeit durch Notverordnungen *(siehe dort),* allein gestützt auf den Reichspräsidenten, zu bekämpfen. Da ihm dieser jedoch letztlich sein Vertrauen entzog, scheiterte er. Außenpolitisch gelang es ihm, die Beendigung der deutschen Reparationszahlungen zu erreichen. 1934 emigrierte er in die USA.

Bundschuh, im späten 15. und frühen 16. Jh. Name und Feldzeichen mehrerer aufständischer Bauernverbände am Oberrhein. Die Bezeichnung stammt von der Fußbekleidung der Bauern, einem über die Knöchel reichenden, mit Riemen über dem Fuß festgebundenen Schuh, dem Bundschuh.

Burgfriede, im Mittelalter die durch Verbot oder Einschränkung der Fehde verstärkte Sicherheit in ummauerten Plätzen. Daran anknüpfend bezeichnet man heute die Einstellung innerer Kämpfe in Notzeiten als Burgfrieden.
❧ Ein Beispiel ist der Burgfriede während des Ersten Weltkriegs in Deutschland.

Burgund, Herzogtum, zu Frankreich gehörendes Kernland eines sich 1363–1477 unter vier Herzögen zwischen Frankreich und dem Heiligen Römischen Reich entwickelnden Herrschaftsgebildes. Dieses ›Burgundische Reich‹ umfasste Territorien in beiden Reichen (u.a. Herzogtum und Freigrafschaft Burgund, Picardie, Luxemburg, Flandern und die Niederlande). Der burgundische Hof hatte für die zeitgenössische europäische Kultur Vorbildfunktion. Der letzte Herzog scheiterte mit seinem Versuch, ein zusammenhängendes, unabhängiges Königreich zu schaffen. Nach seinem Tod fielen das Herzogtum Burgund und die Picardie als erledigte Lehen an den französischen König, die Franche-Comté und die Niederlande kamen dagegen an MAXIMILIAN I., den Ehemann der Erbtochter MARIA VON BURGUND (* 1457, † 1482). Das ›Burgundische Reich‹ war der Grundstein der späteren österreichischen Niederlande, aus denen sich das heutige Belgien entwickelte, und der heutigen Niederlande.

Burgund, Königreich, nach seiner Hauptstadt Arles auch Arelat genanntes Königreich im Gebiet der Westschweiz und der Provence. Es entstand als Folge des Zerfalls des Fränkischen Reichs im 9./10. Jh. und war ab 1034 eines der drei Teilreiche des Heiligen Römischen Reichs. Im Spätmittelalter und in der frühen Neuzeit fiel es überwiegend an Frankreich; die nordöstlichen Gebiete wurden Bestandteil der Schweizer Eidgenossenschaft.

Burschenschaft, im frühen 19. Jh. entstandene Studentenverbindungen. Die Burschenschaften spielten in der 1. Hälfte des 19. Jh. eine bedeutende Rolle beim Kampf um Demokratie und nationale Einheit in Deutschland. Ihre Bundesfarben Schwarz-Rot-Gold wurden zu den deutschen Nationalfarben. Später wurden sie eher Hort konservativen bis reaktionären Gedankenguts (z.B. auch des Antisemitismus).

Canossa, *siehe* Gang nach Canossa.

Chlodwig I. [ˈklo:...], fränkischer König (* um 466, † 511). Chlodwig vergrößerte sein Reich durch Siege über die Alemannen und Aquitanier sowie den letzten römischen Statthalter in Gallien und einigte es mit List, Verrat und Gewalt. Durch seine Taufe (498), in deren Folge alle Franken (katholische) Christen wurden, leitete er den Weg der römisch-katholischen Kirche zur mittelalterlichen Universalkirche Europas ein.

DDR, Abkürzung für **D**eutsche **D**emokratische **R**epublik.

Demagogenverfolgung, Schlagwort für die Maßnahmen gegen die nationale und liberale Bewegung im Deutschen Bund, die die Regierungen der deutschen Staaten nach den Karlsbader Beschlüssen von 1819 *(siehe dort)* ergriffen. Sie richteten sich vor allem gegen liberale Professoren, Intellektuelle (u.a. Schriftsteller) und die Burschenschaften *(siehe dort).*

Demontage, *die* [französisch demonˈta:ʃɛ], erzwungener Abbau von Industrieanlagen und ihr Abtransport ins Ausland zur Entschädigung (*siehe* Reparationen) der Sieger für erlittene Kriegsschäden. Nach dem Zweiten Weltkrieg demontierten die Siegermächte in Deutschland ganze Industrieanlagen, besonders in der sowjetischen Besatzungszone.

Deutsche Arbeitsfront, Abk. DAF, nach der Zerschlagung der Gewerkschaften im Mai 1933 gegründeter nationalsozialistischer Einheitsverband der Arbeitnehmer und Arbeitgeber. Populär wurde die DAF vor allem durch ihre Abteilung ›Kraft durch Freude‹ (KdF), die unter großem Propagandaaufwand Veranstaltungen zur Urlaubs- und Freizeitgestaltung organisierte.

Deutsche Demokratische Republik, Abk. DDR, 1949–90 bestehender deutscher Staat, der aus der sowjetischen Besatzungszone Deutschlands hervorgegangen war. Die DDR, die sich mit Mauer und Schießbefehl gegen die Bundesrepublik Deutschland abschottete, war bis zum Frühjahr 1990 eine Volksdemokratie unter der Führung der SED. Alle Machtpositionen des Staates besetzte die SED, die Wirtschaft war verstaatlicht, alle politischen und gesellschaftlichen Organisationen (Ausnahmen waren v. a. die Kirchen) standen ebenso wie die Massenmedien unter strikter Kontrolle der SED. Nachdem die Führung der DDR bis in die 1960er-Jahre an der Idee der deutschen Einheit festgehalten hatte, vertrat sie danach die These einer eigenen ›DDR-Nation‹, die sich jedoch nicht durchsetzen ließ. 1989 kam es in der Folge der in der Sowjetunion unter MICHAIL S. GORBATSCHOW (*siehe* Kapitel 1) vorangetriebenen und auch für die DDR angemahnten Reformen zu den Montagsdemonstrationen *(siehe dort),* die schließlich zum Sturz der SED-Herrschaft und zu den ersten freien Wahlen im März 1990 führten. Im Juli 1990 ging die DDR eine Wirtschafts- und Währungsunion mit der Bundesrepublik Deutschland ein und trat dieser am 3. Oktober 1990 bei.

deutsche Frage, sich in drei historischen Etappen unterschiedlich darstellendes Problem der Einheit der bis 1806 dem Heiligen Römischen Reich angehörenden deutschen Gebiete. Im 19. Jh. ging es bei der deutschen Frage vor allem darum, ob bei der angestrebten deutschen Einigung eine großdeutsche oder eine kleindeutsche Lösung erreicht werden sollte (*siehe* Großdeutsche). Mit der Bildung des Deutschen Reichs *(siehe dort)* hatte sich die kleindeutsche Lösung unter Ausschluss Österreichs durchgesetzt. Nach 1918 stellte sich die deutsche Frage vor allem als Problem der österreichischen Anschlussbewegung. Der Anschluss 1938 war dann zwar im Sinne der großdeutschen Idee, erwies sich aber nur als Vorstufe für HITLERS Eroberungspolitik. Nach 1945 bestand die deutsche Frage aus dem Problem der Wiedervereinigung der vier Besatzungszonen Deutschlands bzw. der aus diesen entstandenen beiden deutschen Staaten. Als solche fand sie mit der Vereinigung 1990 ihre Lösung.

Deutschenspiegel, *siehe* Sachsenspiegel.

deutsche Ostsiedlung, Bezeichnung für die im Mittelalter erfolgte Besiedlung, Erschließung und Christianisierung des zuvor von Slawen bewohnten Landes in Ost- und Ostmitteleuropa durch deutsche Siedler. Nach Ansätzen im 9. und 10. Jh. erreichte die deutsche Ostsiedlung ihren Höhepunkt im 12. bis 14. Jh. mit der Besiedlung des heutigen Ostdeutschlands, Schlesiens, Pommerns, Preußens und von Randgebieten Böhmens sowie Ansiedlungen in Galizien, Ungarn und Siebenbürgen.

Deutscher Bund, auf dem Wiener Kongress 1815 begründeter Zusammenschluss der deutschen Einzelstaaten (35 Fürstenstaaten, 4 freie Städte) zu einem Staatenbund. Der Deutsche Bund zerbrach im Deutschen Krieg von 1866 am österreichisch-preußischen Gegensatz.

deutscher Dualismus, *der* [lateinisch dualis ›von zweien, zwei enthaltend‹], politisches und militärisches Gleichgewicht zwischen den beiden deutschen Großmächten Preußen und Österreich vom 18. Jh. bis zum Deutschen Krieg von 1866.

deutscher König, der nie offiziell als deutscher König bezeichnete König des alten Deutschen Reichs. Zunächst war ›Rex Francorum‹ (lateinisch ›König der Franken‹) der Titel des Königs des Ostfränkischen Reichs, nach dessen Wandlung zum Deutschen Reich im 10. Jh. wurde der König auch als ›Rex Teutonicorum‹ (lateinisch ›König der Deutschen‹) bezeichnet. Seit den Ottonen war der offizielle Titel des deutschen Königs ›Rex Romanorum‹ (lateinisch ›König der Römer‹), womit der Anspruch der deutschen Könige auf das römische Kaisertum unterstrichen wurde. Seither (seit 1452 durchgängig) waren die deutschen Könige zugleich Kaiser. Das deutsche Königtum war ein Wahlkönigtum, wobei der König seit dem 13. Jh. allein von den Kurfürsten *(siehe dort)* gewählt wurde. *Siehe auch* Goldene Bulle.

Deutscher Krieg von 1866, Krieg zwischen Preußen und Österreich um die Vorherrschaft in Deutschland, der den deutschen Dualismus *(siehe* *dort)* beendete. Der preußische Sieg führte zur Auflösung des Deutschen Bundes, zur Vergrößerung Preußens und zur Bildung des Norddeutschen Bundes *(siehe dort)* als Vorstufe zur Reichsgründung von 1871. Österreich war nun aus Deutschland verdrängt.

deutscher Michel, seit dem 16. Jh. vermutlich aus der Verehrung des Erzengels Michael herrührende, sinnbildliche Darstellung des Deutschen. Meist wird der deutsche Michel in Bauernkleidung mit Zipfelmütze dargestellt und als schwerfälliger, ungeschickter, verschlafener, aber offener, ehrlicher und einfacher Mensch charakterisiert.

Deutscher Orden, auch Deutschherrenorden genannter, 1198 in Jerusalem gegründeter Ritterorden. Der Deutsche Orden schuf sich ab 1226 in Preußen und im Baltikum einen eigenen Ordensstaat, der, nach Gebietsverlusten an Polen und Litauen im 15. Jh., 1525 in das weltliche Territorium Preußen umgewandelt wurde. Der 1809 aufgelöste Orden wurde 1834 erneuert und besteht seit Ende des Ersten Weltkriegs als geistlicher Orden.

Deutscher Zollverein, 1834 gegründete wirtschaftspolitische Vereinigung der deutschen Einzelstaaten unter Führung Preußens und Ausschluss Österreichs, dem bis 1867 mit Ausnahme Bremens und Hamburgs alle deutschen Staaten beitraten. Der Zollverein schuf vor allem ein einheitliches Zollgebiet und bereitete so die spätere politische Einigung im Deutschen Reich vor.

Deutsches Reich, das aus dem Ostfränkischen Reich (*siehe* Fränkisches Reich) im 10. Jh. hervorgegangene Reich. Neben den Königreichen Italien und Burgund das dritte der drei Teilreiche des Heiligen Römischen Reichs *(siehe dort).* Sein König hatte seit OTTO I., DEM GROSSEN, Anspruch auf das Kaisertum; er war zugleich König der Königreiche Italien und Burgund. Das Deutsche Reich umfasste im Wesentlichen die sechs deutschen Stämme. Durch die deutsche Ostsiedlung wurde es erheblich nach Osten erweitert. Nach dem weitgehenden Ausscheiden Reichsitaliens und des Königreichs Burgund aus dem Heiligen Römischen Reich im Spätmittelalter bildete es den Kern des nun als Heiliges Römisches Reich Deutscher Nation bezeichneten Restes. Daher wird oft das ganze Heilige Römische Reich als Deutsches Reich bezeichnet. – Deutsches Reich ist ferner die amtliche Bezeichnung des deutschen Staates von 1871 bis 1945. Der auf Initiative des preußischen Ministerpräsidenten OTTO VON BISMARCK 1871 begründete Staat (im Wesentlichen aus einer Erweiterung des Norddeutschen Bundes hervorgegangen) war bis 1918 ein Kaisertum unter dem preußischen Königshaus der Hohenzollern, dann bis 1933 eine Republik. Ab 1933 war das Deutsche Reich ein diktatorisch regierter Staat unter den Nationalsozialisten, der 1945 zusammenbrach. Staats- und völkerrechtlich ist dieses Deutsche Reich erst im Zuge der deutschen Wiedervereinigung durch Abschluss des Zwei-plus-Vier-Vertrages von 1990 untergegangen.

deutsche Stämme, Bezeichnung für die sechs germanischen Stämme der Alemannen, Bayern, Franken, Friesen, Sachsen und Thüringer im Bereich des Ostfränkischen Reichs, die sich im Zusammenhang mit der Entwicklung dieses Reichs zum Deutschen Reich im 9.–10. Jh. als ›Deutsche‹ im Gegensatz zur romanischen Bevölkerung des Westfränkischen Reichs und Italiens zu begreifen begannen.

Deutsch-Französischer Krieg von 1870/71, vom preußischen Ministerpräsidenten OTTO VON BISMARCK wegen der ablehnenden Haltung Frankreichs zu seiner Politik der deutschen Einigung un-

Die vom Deutschen Orden 1274 gegründete Marienburg an der Nogat (bei der Stadt Marienburg)

Deutsches Reich.
Am 18. 1. 1871 wurde im Spiegelsaal des Schlosses zu Versailles König Wilhelm I. von Preußen zum Deutschen Kaiser proklamiert. Auf dem Podest stehen (von links) der preußische Kronprinz Friedrich, König Wilhelm I. und der badische Großherzog, vor dem Podest Bismarck (in weißer Uniform) und Graf von Moltke.

ter Führung Preußens durch Veröffentlichung der Emser Depesche *(siehe dort)* provozierter Krieg. Gleich zu Kriegsbeginn traten alle süddeutschen Staaten auf die Seite Preußens und des Norddeutschen Bundes. Frankreich wurde rasch besiegt und zur Kapitulation gezwungen. Der französische Kaiser NAPOLEON III. wurde bei Sedan gefangen genommen (2. 9. 1870) und musste abdanken. Der preußische König WILHELM I. wurde in Versailles am 18. 1. 1871 zum Deutschen Kaiser ausgerufen und damit das Deutsche Reich geschaffen. Durch die erzwungene Abtretung von Elsass-Lothringen an Deutschland kam es zur dauerhaften Feindschaft Frankreichs gegen das Deutsche Reich.

❧ Der 2. September wurde bis 1918 als nationaler Feiertag (›Sedanstag‹) begangen.

Deutschland einig Vaterland, Textzeile aus der Hymne der DDR, die im Dezember 1989 als Forderung nach der deutschen Wiedervereinigung bei den Montagsdemonstrationen skandiert wurde.

❧ Der Text der Hymne ›Auferstanden aus Ruinen‹ stammt von dem Dichter und Kultusminister der DDR JOHANNES R. BECHER (* 1891, † 1958).

Deutschlandvertrag, Vertrag von 1952 zwischen der Bundesrepublik Deutschland, den USA, Großbritannien und Frankreich, der 1955 in Kraft trat. Mit ihm endete die Besatzungszeit, und die Bundesrepublik, die der NATO und der WEU beitrat, wurde souverän.

Dolchstoßlegende, nach dem Ersten Weltkrieg weit verbreitete Behauptung militärisch-konservativer und nationalistischer Kreise, der Kriegsausgang sei nicht auf Fehler der Heeresleitung zurückzuführen, sondern auf das Versagen der politischen Führung sowie vor allem auf die zersetzende Haltung der Sozialdemokratie und der Pazifisten. Sie hätten der ›im Felde unbesiegten Truppe hinterrücks den Dolch in den Rücken gestoßen‹. Die sachlich unzutreffende Dolchstoßlegende nutzten die nationalistischen und konservativen Parteien als Parole zum Kampf gegen die Weimarer Republik.

Dreiklassenwahlrecht, ungleiches und indirektes Wahlrecht vor allem in Preußen 1849–1918 für die Wahl zum Gemeinderat und zur Zweiten Kammer des Landtags. Dabei wurden die Wähler nach ihrer Steuerhöhe in drei Klassen eingeteilt, die jeweils ein Drittel der Wahlmänner wählten, die ihrerseits dann die Abgeordneten bestimmten. Dies führte zu einem unverhältnismäßig großen politischen Einfluss der Wohlhabenden. Das Dreiklassenwahlrecht stand jahrzehntelang im Mittelpunkt von Verfassungskämpfen. – Abb. S. 84.

Karikatur von 1893 zum preußischen Dreiklassenwahlrecht

Dreißigjähriger Krieg, Krieg von 1618 bis 1648, in dem sich der konfessionelle Konflikt zwischen Protestanten und Katholiken im Heiligen Römischen Reich mit dem Kampf um die Vormachtstellung in Europa verband. Dabei standen v.a. Dänemark, Schweden, Frankreich und die evangelischen Reichsstände *(siehe dort)* Österreich, Spanien und den katholischen Reichsständen gegenüber. Nachdem weite Teile des Reichs verwüstet und nahezu entvölkert waren, führten unentschiedener Kampf und Kriegsmüdigkeit auf allen Seiten zum Westfälischen Frieden *(siehe dort)*.

Drittes Reich, Bezeichnung für das nationalsozialistische Deutschland (1933–45). Der Begriff stammte ursprünglich aus der christlichen Geschichtsphilosophie und bezeichnete dort das die Weltgeschichte abschließende Zeitalter. In einem 1923 erschienenen Buch übertrug ARTHUR MOELLER VAN DEN BRUCK (* 1876, † 1925) den Begriff auf die deutsche Geschichte. Er verstand unter dem Dritten Reich ein dem Heiligen Römischen Reich und dem Deutschen Reich BISMARCKS folgendes Gebilde, das nationale und soziale Idealvorstellungen verwirklichen würde. Die Nationalsozialisten übernahmen davon aber nur den Namen.

Duodezfürstentum [zu lateinisch duodez ›ein Zwölftel‹], Kleinstaat; besonders spöttisch gebrauchte Bezeichnung für die kleinen Territorien des Heiligen Römischen Reichs und des Deutschen Bundes unter ihren Herrschern, den Duodezfürsten.

Ebert, Friedrich Politiker (* 1871, † 1925). Seit 1913 Nachfolger AUGUST BEBELS als Vorsitzender der SPD, wurde Ebert während der Novemberrevolution 1918 Reichskanzler. Er bekämpfte alle Versuche, in Deutschland eine Räterepublik zu errichten. Die Weimarer Nationalversammlung wählte ihn Anfang 1919 zum Reichspräsidenten. Durch seine Politik des Ausgleichs und der Mäßigung trug er wesentlich zur Stabilisierung der Weimarer Republik in ihren Anfangsjahren bei.

Einigungsvertrag, der zwischen der Bundesrepublik Deutschland und der Deutschen Demokratischen Republik geschlossene Vertrag vom 31. 8. 1990 zur Wiederherstellung der deutschen Einheit. Der Vertrag bestimmt, dass mit dem 3. 10. 1990 die DDR aufhört zu bestehen, die staatliche Gewalt auf die Bundesrepublik übergeht, das Recht der DDR an Bundesrecht angeglichen sowie das Grundgesetz geändert wird (z.B. Wegfall des Wiedervereinigungsgebots). Er steht im engen Zusammenhang mit dem Zwei-plus-vier-Vertrag (*siehe* Kapitel 3).

Emser Depesche, Bericht an den preußischen Ministerpräsidenten OTTO VON BISMARCK über Gespräche des preußischen Königs WILHELM I. mit einem französischen Diplomaten über die spanische Thronkandidatur eines Hohenzollernprinzen. Die von BISMARCK veröffentlichte, durch Kürzung verschärfte Fassung löste erwartungsgemäß die Kriegserklärung Frankreichs aus, die zum Deutsch-Französischen Krieg von 1870/71 führte.

Endlösung der Judenfrage, beschönigende Umschreibung für die auf der Wannseekonferenz *(siehe dort)* 1942 beschlossene Ermordung der europäischen Juden.

Entnazifizierung, nach 1945 das Bemühen der Besatzungsmächte in Deutschland, die ehemaligen Nationalsozialisten und ›Militaristen‹ zu bestrafen und aus wichtigen Stellungen zu entfernen. Die Verfahren erfolgten vor Spruchkammern, die die Angeklagten in fünf Kategorien einteilen konnten: Hauptschuldige, Belastete, Minderbelastete, Mitläufer, Entlastete. Die Strafen bestanden vor allem in Haft bis zu zehn Jahren, Vermögensentzug, Amtsverlust, Berufsverbot. Die Entnazifizierung wurde 1954 beendet.

❧ Durch entsprechende Leumundszeugnisse konnten sich Angeklagte unter Umständen ›rein waschen‹, deshalb nannte man ein solches Zeugnis auch ›Persilschein‹.

Erbuntertänigkeit, eine sich bis nach dem Dreißigjährigen Krieg vor allem in Preußen voll ausbildende, besonders starke Form der Abhängigkeit der Bauern von ihren Grundherren *(siehe dort).* Ohne Erlaubnis der Grundherren durften die Bauern ihre zu ungünstigen Bedingungen gepachteten Höfe nicht verlassen und z.B. auch nicht heiraten; der Grundherr bestimmte den Erben. Vereinzelt konnten Bauern sogar verkauft werden. Die Erbuntertänigkeit wurde durch die Bauernbefreiung *(siehe dort)* im 19. Jh. abgeschafft.

Erfüllungspolitik, Schlagwort der politischen Rechten für die 1921 eingeleitete deutsche Politik, die Verpflichtungen des Versailler Vertrags nach Möglichkeit zu erfüllen, um damit die Grenzen der deutschen Leistungsfähigkeit deutlich zu machen und eine Verringerung der Reparationen *(siehe dort)* zu erreichen. Dass diese Politik erfolgreich war, zeigte sich letztlich, wenn auch zu spät für die Stabilität der Weimarer Republik, bei der Beendigung der Reparationszahlungen 1932.

Erhard, Ludwig Politiker (* 1897, † 1977). Wirtschaftsminister 1949–63 und seit 1957 Vizekanzler unter KONRAD ADENAUER, war Erhard 1963–67 dessen Nachfolger als Bundeskanzler und 1966/67 auch als Parteivorsitzender der CDU. Erhard entwarf in den 1940er-Jahren das Konzept der sozialen Marktwirtschaft, die er dann auch erfolgreich durchsetzte.
❧ Erhard gilt als ›Vater‹ des deutschen Wirtschaftswunders *(siehe dort).*

Ermächtigungsgesetz, allgemein ein Gesetz, durch das ein Parlament ein anderes Staatsorgan (meist die Regierung) ermächtigt, an seiner Stelle Gesetze zu erlassen. Im März 1933 verabschiedete so der deutsche Reichstag unter massivem Druck der Nationalsozialisten ein Ermächtigungsgesetz, das es der Regierung HITLER erlaubte, verfassungsändernde Gesetze zu erlassen. Damit war ihr die Möglichkeit gegeben, scheinbar legal die nationalsozialistische Diktatur zu errichten.

Europäische Verteidigungsgemeinschaft, Abk. EVG, 1952 unterzeichneter, aber nicht in Kraft getretener Vertrag zwischen den Beneluxländern, Italien, Frankreich und der Bundesrepublik Deutschland zur Bildung einer gemeinsamen Verteidigungsorganisation. 1954 scheiterte der Plan an der Ablehnung durch das französische Parlament. Das Ziel, die deutsche Wiederbewaffnung international einzubinden, wurde danach im Rahmen der NATO erreicht.

Euthanasieprogramm, Programm der nationalsozialistischen Regierung von 1940 zur planmäßigen Tötung missgebildeter Kinder und geistig behinderter Erwachsener, die als ›lebensunwert‹ bezeichnet wurden. Die Mordaktionen wurden 1941 aufgrund kirchlicher Proteste, u. a. des Bischofs von Münster, CLEMENS GRAF VON GALEN (* 1878, † 1946), gestoppt, forderten bis dahin aber dennoch rund 100 000 Opfer.

Fehde. Ein Bote überbringt der Stadt Bern einen Fehdebrief. Miniatur aus der Spiezer Chronik des Diebold Schilling (1485)

Fehde, im Mittelalter tätliche Feindseligkeit bzw. Privatkrieg zwischen Einzelpersonen, Sippen, Familien und Städten zur Durchsetzung von Rechtsansprüchen. Sie war grundsätzlich als rechtmäßig anerkannt und im Fehderecht genau geregelt. Gegen Ende des Mittelalters entartete die Fehde teilweise zu reinen Raubzügen, weshalb sie im Ewigen Landfrieden von 1495 verboten wurde. Erst der moderne Staat konnte aber die Fehde endgültig überwinden.
❧ Ein Fehdehandschuh war bei der Fehde zwischen Adligen der Handschuh, der dem zum Zweikampf Herausgeforderten zugeworfen wurde.

Flottenrivalität, der Versuch des Deutschen Reichs seit den 1890er-Jahren, eine Kriegsflotte aufzubauen, die der damals stärksten Seemacht Großbritannien gefährlich werden konnte. Die Flottenrivalität führte zu einer dauerhaften Missstimmung zwischen beiden Ländern und trieb Großbritannien an die Seite Frankreichs und Russlands (Entente cordiale, *siehe* Kapitel 1), ohne dass es Deutschland gelang, die britische Seemacht zu übertreffen.

Franken, im 3. Jh. durch Zusammenschluss kleinerer Stämme entstandener germanischer Stamm, der sich seit dem 4. Jh. im römischen Gallien (*siehe* Kapitel 1) und Germanien ansiedelte. Vom Niederrhein aus dehnten die Franken ihr Siedlungsgebiet bis zum 6. Jh. auf ganz Nordgallien bis an den Oberrhein und entlang des Mains aus. Mit der Bildung des Fränkischen Reichs *(siehe dort)* und der damit einhergehenden Christianisierung wurden die Franken zur bedeutendsten politischen Kraft der frühmittelalterlichen abendländischen Geschichte. Sie waren einer der sechs deutschen Stämme.

Frankfurter Nationalversammlung, verfassunggebendes Parlament, das aus der Märzrevolution 1848 *(siehe dort)* hervorgegangen war und in der Paulskirche (Paulskirchenparlament) in Frankfurt am Main tagte. Es erarbeitete die Reichsverfassung vom Januar 1849, mit der das liberale Bürgertum ein konstitutionelles deutsches Kaiserreich schaffen wollte. Das Unternehmen scheiterte jedoch an der inneren Uneinigkeit der Liberalen und an der Ablehnung der seit der Revolution bis 1849 wieder erstarkten deutschen Fürsten.

Eröffnungssitzung der Frankfurter Nationalversammlung am 18. 5. 1848

Fränkisches Reich, in seiner größten Ausdehnung das heutige Frankreich, die Beneluxstaaten, die Schweiz, den größten Teil Deutschlands, Österreichs, Italiens sowie Grenzgebiete Ungarns und Spaniens umfassendes Nachfolgereich des Römischen Reichs. Es wurde Ende des 5. Jh. durch CHLODWIG begründet, erreichte seinen Höhepunkt um 800 unter KARL DEM GROSSEN und zerfiel im 9. Jh. nach Teilungen und Thronwirren in erster Linie in das Westfränkische Reich, aus dem Frankreich hervorging, und in das Ostfränkische Reich, aus dem sich das mittelalterliche Deutsche Reich entwickelte, dessen König sich auch als Herrscher in Italien durchsetzte.

Franz II., letzter Kaiser des Heiligen Römischen Reichs, als österreichischer Kaiser FRANZ I. (* 1768, † 1835). Als Reaktion auf die Krönung NAPOLEONS I. (*siehe* Kapitel 1) zum Kaiser der Franzosen errichtete der römische Kaiser Franz II. 1804 das Kaisertum Österreich. Er wurde als Franz I. dessen erster Kaiser. Nach dem von NAPOLEON angeregten Austritt der Rheinbundstaaten *(siehe dort)* aus dem Heiligen Römischen Reich legte er 1806 die römische Kaiserkrone nieder und erklärte das Reich für erloschen.

Freie Deutsche Jugend, Abkürzung FDJ, staatliche Einheitsorganisation der Jugendlichen in der ehemaligen DDR, die der weltanschaulichen und vormilitärischen Erziehung diente.

Freier Deutscher Gewerkschaftsbund, Abkürzung FDGB, Einheitsgewerkschaft der ehemaligen DDR.

Freiheitskriege, *siehe* Befreiungskriege.

Freikorps, allgemein Freiwilligentruppe, die sich während Kriegen oder Notzeiten bildet. So bildeten sich in den Befreiungskriegen Freikorps, die gegen NAPOLEON I. kämpften. Die nach dem Ersten Weltkrieg gebildeten Freikorps vereitelten Versuche, in Deutschland eine Räterepublik zu errichten. Daneben kämpften sie erfolgreich im Baltikum gegen die Rote Armee (1919) und in Oberschlesien gegen polnische Verbände (1921). Danach wurden sie aufgelöst. Rechtsextreme Angehörige der Freikorps verübten zahlreiche politische Morde und Attentate.

Friedrich I., genannt FRIEDRICH BARBAROSSA, römischer Kaiser (* 1122, † 1190). Der aus dem Geschlecht der Staufer stammende Herzog von Schwaben wurde 1152 deutscher König und 1155 Kaiser. Seine Regierungszeit gilt als Höhepunkt der Machtstellung des Heiligen Römischen Reichs. Sie war geprägt durch seine Auseinandersetzungen mit den italienischen Städten und dem Papsttum sowie durch sein Verhältnis zu dem Welfen HEINRICH DEM LÖWEN *(siehe dort)*, den er nach anfänglicher Zusammenarbeit 1180 entmachtete. Er gilt neben KARL DEM GROSSEN als volkstümlichster Kaiser des deutschen Mittelalters.
❧ Auf Friedrich Barbarossa bezieht sich seit dem 16. Jh. die ursprünglich um FRIEDRICH II. entstandene Kyffhäusersage (*siehe* Kyffhäuser).

Friedrich II., römischer Kaiser (* 1194, † 1250). Enkel FRIEDRICH I. BARBAROSSAS; ab 1198 König von Sizilien. Ab 1212 deutscher König, setzte er sich gegen den Welfen OTTO IV. (* um 1177, † 1218, König ab 1198) durch und richtete die staufische Macht in Deutschland und Italien wieder auf. Ab 1220 war er Kaiser. In Sizilien und Süditalien schuf er einen modernen, straff organisierten Staat, in Deutschland musste er dagegen den Fürsten große Zugeständnisse machen. Seit den 1220er-Jahren lag er, trotz seines erfolgreichen Kreuzzuges 1228/29, im Kampf mit den Päpsten und den norditalienischen Städten um die Macht in Italien. Durch die auf Sizilien verbreitete arabische Kultur beeinflusst, war er ein Förderer von Künsten und Wissenschaften. Nach seinem Tod brach die staufische Macht zusammen, und das Heilige Römische Reich erlebte ein zwanzigjähriges Interregnum *(siehe dort)*.
❧ Sein Beiname ›Stupor Mundi‹ (lateinisch ›Das Staunen der Welt‹) spielt auf sein den Zeitgenossen rätselhaftes Wesen an. ❧ Um ihn rankte sich ursprünglich die Kyffhäusersage, die aber auch mit FRIEDRICH I. BARBAROSSA in Verbindung gebracht wird.

Friedrich II., genannt FRIEDRICH DER GROSSE, preußischer König (* 1712, † 1786, König ab 1740). Durch seine ohne Rechtsgrundlage 1740 erfolgte Eroberung Schlesiens und dessen Behauptung gegen Österreich und andere Mächte in zwei weiteren Kriegen, in denen er sich als großer Feldherr erwies, stieg Brandenburg-Preußen endgültig zur europäischen Großmacht auf. Er gilt als Hauptvertreter des aufgeklärten Absolutismus (*siehe* Kapitel 1) sowie als Reformer und Vollender des preußischen Beamtenstaates.
❧ Sein Ausspruch ›Der Fürst ist der erste Diener des Staates‹ kennzeichnet seine von Pflichtbewusstsein geprägte Haltung. ❧ Als ›Alter Fritz‹ und ›Fridericus Rex‹ (lateinisch ›König Friedrich‹) wurde er zur volkstümlichen Gestalt.

Friedrich II.

Friedrich Wilhelm I., preußischer König (* 1688, † 1740, König ab 1713). Der calvinistisch-fromme und strenge Friedrich Wilhelm I. vollendete den Absolutismus in Brandenburg-Preußen und legte durch Sparsamkeit, Staatsreformen und die Schaffung eines gut geschulten stehenden Heeres die Grundlagen, auf denen sein Sohn, FRIEDRICH II., DER GROSSE, Preußen endgültig zur europäischen Großmachtstellung führen konnte. Unter ihm erhielt der preußische Staat seine einseitige militärische Ausrichtung.
❧ Wegen seiner Vorliebe für das Militär wird er auch Soldatenkönig genannt. ❧ Seit 1707 ließ er für die königliche Garde Soldaten anwerben, die besonders groß gewachsen sein mussten und daher im Volksmund als ›Lange Kerls‹ bezeichnet wurden.

Friedrich Wilhelm IV., preußischer König (* 1795, † 1861, König ab 1840). Nach seiner Thronbesteigung 1840 beendete er die Restaurationspolitik seines Vaters (u. a. die Demagogenverfolgung [*siehe dort*]). Der Märzrevolution 1848 gab er zunächst nach, lehnte aber 1849 die ihm von der Frankfurter Nationalversammlung angetragene deutsche Kaiserkrone ab. 1848 erließ er eine Verfassung, die 1850 in konservativem Sinn geändert wurde und dem König erhebliche Machtpositionen sicherte. Da er seit 1857 geisteskrank war, übernahm sein Bruder WILHELM I. *(siehe dort)* die Regierung.

Friesen, germanischer Stamm an der Nordseeküste mit dem Kerngebiet zwischen Niederrhein und Ems. Seit dem 6. Jh. zeitweilig unter der Oberherrschaft des Fränkischen Reichs, wurden die Friesen seit dem späten 7. Jh. christianisiert und unter KARL DEM GROSSEN seit 785 dem Fränkischen Reich endgültig eingegliedert. Sie waren einer der sechs deutschen Stämme.

Frondienste, Fronen, bis zur Bauernbefreiung (*siehe* Agrarreform) übliche Dienstleistungen, die persönlich Abhängige, Besitzer bzw. Pächter bestimmter Liegenschaften oder Bewohner eines Bezirks zum Vorteil eines Dritten (Landesherr, Gutsherr usw.) leisten mussten. Sie konnten Feldarbeit (Hand- und Spanndienste), Gewerbearbeit (z. B. Mahlen des Getreides) und Gesindearbeit umfassen. Im Westen Deutschlands teilweise schon im späten Mittelalter durch Abgaben ersetzt, spielten sie besonders in der ostdeutschen Gutswirtschaft bis ins 19. Jh. eine große Rolle.

Fugger, Augsburger Kaufmannsfamilie, deren Handelsgesellschaft im 15.–17. Jh. Weltgeltung besaß. Unter JAKOB DEM REICHEN (* 1459, † 1525), der 1519 die Wahl KARLS V. zum Kaiser finanzierte, wurden die Fugger Reichsgrafen. Sie waren die Hauptgeldgeber des Hauses Habsburg im 16. Jh. Ihre Geschäfte umfassten neben dem Leinenhandel auch Beteiligungen am Erzbergbau, Finanzgeschäfte und den Überseehandel vor allem innerhalb des habsburgischen Weltreichs.
❧ Die 1514 von JAKOB DEM REICHEN in Augsburg erbaute Fuggerei ist die älteste noch bewohnte Sozialsiedlung Deutschlands.

Führerstaat, ein nach dem Führerprinzip aufgebauter Staat. Die Führungsorgane treffen ihre Entscheidungen nur durch Befehl der jeweiligen Führungsspitze. Es gelten unbedingte Autorität nach unten und unbedingter Gehorsam nach oben. Die Unterführer werden durch den Führer auf der jeweils höheren Ebene ernannt. Der oberste Führer beruft sich auf den ›Volkswillen‹, auf Weltanschauungen oder z. B. die Vorsehung oder den Willen Gottes. Das nationalsozialistische Deutschland war ein solcher Führerstaat mit ADOLF HITLER als ›Führer‹ an der Spitze.

Der Fürst ist der erste Diener des Staates, Ausspruch FRIEDRICHS II., DES GROSSEN von Preußen, in dem der Geist des aufgeklärten Absolutismus zum Ausdruck kommt.

Gang nach Canossa [ka...], im Verlauf des Investiturstreits erfolgter Bußgang Kaiser HEINRICHS IV. (* 1050, † 1106) zu Papst GREGOR VII. auf die italienische Burg Canossa. Durch diese persönliche Erniedrigung erzwang Heinrich die Lossprechung vom Kirchenbann, der ihn politisch in große Bedrängnis gebracht hatte, und erlangte so seine Handlungsfreiheit zurück. Der Canossagang wird in der neueren Geschichtsschreibung meist als persönlicher und politischer Sieg Heinrichs angesehen.
❧ Der Ausdruck ›nach Canossa gehen‹ bedeutet sich unterwerfen, als Bittsteller auftreten, einen schweren Gang vor sich haben.

Gau, bei den Germanen Bezeichnung für einen Teil des Stammesgebietes, der eine Siedlungseinheit bildete und teilweise von einem Unterkönig (Gaukönig) geführt wurde; im germanischen Osten des Fränkischen Reichs der Amtsbezirk (Grafschaft, *siehe dort*) eines königlichen Beamten (Grafen), im romanischen Westen auch Bezeichnung für das Umland der Städte.
❧ Das Wort lebt noch heute in zahlreichen Landschaftsnamen fort, wie z. B. Kraichgau, Hegau.

Gegenreformation, Ende des 18. Jh. geprägter Begriff für die gewaltsame Rekatholisierung während der Reformation *(siehe dort)* protestantisch gewordener Gebiete. Als Epochenbegriff umfasst das Zeitalter der Gegenreformation besonders die Jahre von 1555 bis 1648. Die Gegenreformation gipfelte im Heiligen Römischen Reich im Dreißigjährigen Krieg und erstreckte sich auch auf andere Staaten, wie z. B. Frankreich und Polen.

Generalgouvernement [...guvɛrn(ə)'mã], im Zweiten Weltkrieg Bezeichnung für das von deutschen Truppen besetzte polnische Territorium.

Germanen, Sammelname für Völker und Stämme in Nord- und Mitteleuropa, die sprachverwandt

Joseph Goebbels während einer Rede in Berlin (um 1931)

sind und sich von den benachbarten Völkern der Kelten, Illyrer, Balten, Slawen und Finnen durch Sprache, Religion und Sitten unterscheiden. Im Verlauf der germanischen Völkerwanderung *(siehe dort)* drangen seit dem späten 2. Jh. germanische Stämme in das Römische Reich ein, wo sie sich seit dem 4. Jh. dauerhaft ansiedelten. Dies trug zu dessen Untergang im 5. Jh. wesentlich bei.

Germanien, im Altertum das von Germanen bewohnte Gebiet in Mitteleuropa, das sich in die zwei römischen Provinzen Germania inferior (Hauptstadt Köln), Germania superior (Hauptstadt Mainz) und das nicht römische, freie Germanien rechts des Rheins gliederte. Seit dem 9. Jh. wurden mit Germanien die volksmäßig fränkischen Gebiete des Fränkischen Reichs bezeichnet; nach den Reichsteilungen des 9. Jh. wurde diese Bezeichnung auf das Ostfränkische Reich, aus dem sich das Deutsche Reich entwickelte, übertragen.
❧ Von Germanien leitet sich das englische Wort für deutsch (german) her.

Gestapo, Kurzwort für die **Ge**heime **Sta**ats**po**lizei, die politische Polizei im nationalsozialistischen Deutschland. Die Gestapo war durch Bespitzelung und Terror eine der Hauptstützen der nationalsozialistischen Diktatur in Deutschland und während des Zweiten Weltkriegs in den von deutschen Truppen besetzten Gebieten. In den Nürnberger Prozessen wurde die Gestapo zur ›Verbrecherischen Organisation‹ erklärt.

Gleichberechtigung, *siehe* Emanzipation (*siehe* Kapitel 1).

Gleichschaltung, allgemein in Diktaturen die Unterdrückung aller selbstständigen und abweichenden Lebensäußerungen auf politischem, wirtschaftlichem und kulturellem Gebiet. Während der nationalsozialistischen Diktatur (1933–45) wurde eine weitgehende Gleichschaltung nach dem Willen der NSDAP erreicht, ebenso wie in der DDR nach dem der SED.

Godesberger Programm, 1959 auf einem Parteitag in Bad Godesberg beschlossenes Parteiprogramm der SPD, mit dem diese endgültig von marxistischen Positionen abrückte. Auf dieser Grundlage entwickelte sich die SPD in den Folgejahren von der reinen Arbeiterpartei zu einer Volkspartei.

Goebbels, Joseph nationalsozialistischer Politiker (* 1897, † 1945). Joseph Goebbels baute ab 1926 die Berliner Parteiorganisation der NSDAP auf mit dem Auftrag, ›das rote Berlin für die NSDAP zu erobern‹. Als Minister für Volksaufklärung und Propaganda ab 1933 leitete er sehr erfolgreich die nationalsozialistische Propaganda. Es gelang ihm, bis weit in den Zweiten Weltkrieg hinein, eine breite Unterstützung für die nationalsozialistische Politik in der Bevölkerung zu erlangen. Goebbels beging beim Zusammenbruch des NS-Regimes 1945 Selbstmord.

Goldene Bulle, *die* nach seiner goldenen Siegelkapsel (Bulle, vom lateinischen ›bulla‹) benanntes

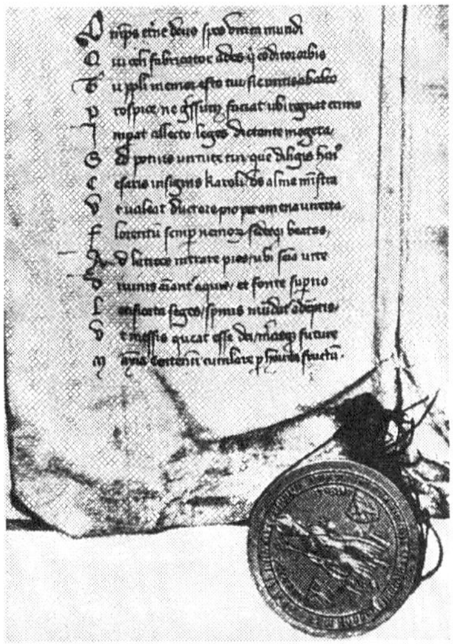

Goldene Bulle. Seite aus einer der Originalhandschriften mit Goldsiegel

wichtigstes Verfassungsgesetz des Heiligen Römischen Reichs, das bis zu dessen Ende 1806 in Geltung blieb. Das 1356 von Kaiser KARL IV. *(siehe dort)* verkündete Reichsgesetz regelt besonders die deutsche Königswahl und die Stellung der sieben Kurfürsten *(siehe dort),* die allein mit Stimmenmehrheit den König wählen; daneben enthält sie ein Verbot aller Bündnisse mit Ausnahme von Landfrieden *(siehe dort)* sowie Regelungen zum Fehderecht.

Göring, Hermann nationalsozialistischer Politiker (* 1893, † 1946). Im Ersten Weltkrieg Jagdflieger, stellte Göring für die NSDAP eine wichtige Verbindung zur Reichswehr dar. Ab 1932 war er Reichstagspräsident, seit 1933 preußischer Ministerpräsident, seit 1935 Oberbefehlshaber der Luftwaffe und seit 1940 Reichsmarschall. Er gehörte zum engsten Führungskreis der Nationalsozialisten. 1946 wurde er bei den Nürnberger Prozessen zum Tode verurteilt und beging Selbstmord.
❧ Göring galt als eitel, aber sehr umgänglich, und war während des Dritten Reichs sehr populär.

Grafschaft, im Fränkischen Reich der Amtsbezirk eines Grafen. Vor allem KARL DER GROSSE überzog das Reich mit einem Netz von Grafschaften, wobei die Grafen als Beamte dem König verantwortlich und an seine Weisungen gebunden waren (Grafschaftsverfassung). Als Gebiete unmittelbarer Königshoheit verschwanden die Grafschaften im 11./12. Jh.; sie wurden zu Lehen und entwickelten sich im Besitz adliger Familien zum Objekt adliger Hausmachtpolitik. Der Titel Graf wurde so zum reinen Adelstitel.

Großdeutsche, in der Frankfurter Nationalversammlung 1848/49 eine Gruppierung, die ein geeintes Deutschland unter Einschluss Österreichs anstrebte. Dagegen erstrebten die Kleindeutschen ein von Preußen geführtes Deutschland ohne Österreich, wie es mit der Gründung des Deutschen Reichs 1871 verwirklicht wurde.

Großdeutsches Reich, im Zweiten Weltkrieg zeitweise offizielle Bezeichnung des Deutschen Reichs, das ab 1938 auch Österreich umfasste.

Der Große Kurfürst, eigentlich Markgraf FRIEDRICH WILHELM VON BRANDENBURG (* 1620, † 1688). Er stärkte durch den Aufbau eines stehenden Heeres, den Ausbau der Landesverwaltung und eine rücksichtslose und erfolgreiche Außenpolitik die Stellung Brandenburg-Preußens, das er zu einem einheitlichen Staatswesen mit absolutistischer Regierung auszubauen bestrebt war. Dadurch legte er die Grundlagen für den Aufstieg Brandenburg-Preußens zur Großmacht im 18. Jahrhundert.

Grundherrschaft, Organisationsform des Grundbesitzes im Mittelalter und in der frühen Neuzeit, bei der der adlige, kirchliche oder königliche Grundherr über das Land und die Menschen, die es bewohnten und bearbeiteten (Grundholden), Herrschaft und Schutz ausübte. Die in unterschiedlichen Abhängigkeitsverhältnissen stehenden Grundholden schuldeten dem Grundherrn neben Treue Frondienste *(siehe dort)* und Abgaben (Grundlasten). Die ostdeutsche Grundherrschaft bezeichnet man als Gutsherrschaft.

Grundlagenvertrag, der auch als Grundvertrag bezeichnete Vertrag zwischen der Bundesrepublik Deutschland und der DDR vom 21. 12. 1972. In dem Vertrag, der am 21. 6. 1973 in Kraft trat, vereinbarten beide Seiten gutnachbarliche Beziehungen ›auf der Grundlage der Gleichberechtigung‹, auf Gewalt zu verzichten und den Gebietsstand gegenseitig zu achten. Eine Reihe von Zusatzerklärungen und Protokollnotizen ergänzten den Vertrag und legten die unterschiedlichen Auffassungen der Vertragspartner zu Problemen wie der Staatsbürgerschaft und der nationalen Frage dar. Außerdem wurden in den Zusatzdokumenten u. a. Regelungen über den Warenaustausch, Reiseerleichterungen, Familienzusammenführung und der Beitritt der beiden deutschen Staaten zur UNO vereinbart.
❧ Gegen den Grundlagenvertrag hatte die CDU/CSU-Opposition im Deutschen Bundestag ein Verfahren vor dem Bundesverfassungsgericht angestrengt. In seiner Entscheidung stellte das Gericht fest, dass der Vertrag nicht gegen das Wiedervereinigungsgebot des Grundgesetzes verstoße.

Gutenberg, Johann eigentlich JOHANN GENSFLEISCH ZUM GUTENBERG, Buchdrucker (* um 1400, † 1468). Gutenberg erfand den Buchdruck mit beweglichen Metalllettern, durch den das Vervielfältigen von Schriften, die zuvor von Hand abgeschrieben werden mussten, erheblich erleichtert wurde. Die so mögliche Massenproduktion von Schriftgut förderte die Alphabetisierung der Gesellschaft und ermöglichte eine rasche Verbreitung von

Ideen und Meinungen, wovon u. a. die Reformation profitierte.

Gutsherrschaft, *siehe* Grundherrschaft.

Habsburger, Herrschergeschlecht, das sich nach der Habsburg bei Brugg in der Schweiz nennt. Die Habsburger waren zunächst Grafen mit Besitzungen in der Schweiz und im Elsass. Als erster Habsburger wurde 1273 RUDOLF VON HABSBURG deutscher König. Seit 1438 stellten die Habsburger, deren Hausmacht seit dem 14. Jh. v. a. in Österreich lag, bis zum Untergang des Heiligen Römischen Reichs 1806, mit Ausnahme der Jahre 1742–45, alle Könige und Kaiser. Daneben war seit 1526 das Oberhaupt des Hauses zugleich König von Ungarn und von Böhmen. 1804 fassten die Habsburger ihre Besitzungen im Kaisertum Österreich zusammen, das sie bis 1918 regierten. Nebenlinien des Geschlechts beherrschten 1516–1700 Spanien und im 18. Jh. verschiedene italienische Territorien.

Haithabu, von der Mitte des 8. Jh. bis 1050 bedeutender Handelsplatz im Norden Schleswig-Holsteins an der Handelsstraße zwischen Niederrhein und Ostsee. Heute ist Haithabu ein Wikinger-Museum.

Hallstein-Doktrin, seit 1955 bestehende und mit dem Grundlagenvertrag 1972 aufgegebene Politik der Bundesrepublik Deutschland, nach der die diplomatischen Beziehungen zu jenen Staaten abgebrochen wurden, die die DDR anerkannten. Diese auf den Diplomaten WALTER HALLSTEIN (* 1901, † 1982) zurückgehende Doktrin war Ausfluss des Alleinvertretungsanspruchs, der besagte, dass die Bundesrepublik als Rechtsnachfolgerin des Deutschen Reichs allein für ganz Deutschland sprechen und handeln könne.

Hambacher Fest, erste große Massenkundgebung für die Einheit und die Freiheit Deutschlands Ende Mai 1832 auf dem Hambacher Schloss bei Neustadt an der Weinstraße. Das Hambacher Fest war der Höhepunkt der konstitutionellen Einheits- und Oppositionsbewegung, die sich als Folge der Julirevolution 1830 (*siehe* Kapitel 1) neu gebildet hatte. Der Deutsche Bund *(siehe dort)* reagierte auf das Hambacher Fest mit weiterer Unterdrückungspolitik (Verhaftungen, Beschneidung der Presse- und Versammlungsfreiheit).

Hanse, im Mittelalter Vereinigung deutscher Kaufleute zum Schutz gemeinsamer Handelsinteressen. Die Hanse erstreckte sich über den ganzen Nord- und Ostseeraum und reichte weit ins Binnenland. Seit 1356 war sie ein förmliches Bündnis zahlreicher, besonders norddeutscher Handelsstädte. Auf dem Höhepunkt ihrer Macht im 14. und 15. Jh. kontrollierte sie den gesamten Ostseehandel. Durch die wachsende Macht der Anrainerstaaten von Ost- und Nordsee sowie der deutschen Territorialherren setzte seit Ende des 15. Jh. der Niedergang der Hanse ein.

❧ Die Bezeichnung ›Hansestadt‹ für die Städte Bremen, Greifswald, Hamburg, Lübeck, Rostock, Stralsund und Wismar weist auf deren Tradition hin.

Grabplatte Rudolfs von Habsburg im Dom zu Speyer

Hausgut, der Gesamtbesitz einer (Fürsten-)Familie. Im Gegensatz zum Reichsgut *(siehe dort)* bezeichnet Hausgut v. a. den erblichen Besitz des Geschlechtes, das den König stellt. Auf dem Hausgut gründet sich die Hausmacht der mittelalterlichen Könige.

Hausmacht, im Mittelalter die Gebiete (Territorien), die im erblichen Besitz einer Fürstenfamilie waren. Nach dem Investiturstreit vereinigten die deutschen Könige aus dem Geschlecht der Salier ihr Hausgut mit dem nicht verliehenen Reichsgut (Lehen), das damit v. a. unter den Staufern KONRAD III. (* 1039, † 1152, König ab 1138) und FRIEDRICH I. BARBAROSSA zur Grundlage einer ausgedehnten Hausmachtpolitik wurde. Die Bildung einer starken Hausmacht war für die gewählten Könige wichtig, um sich gegen die Interessen der zu Landesherren aufgestiegenen Fürsten durchsetzen zu können.

Hausmeier, im Fränkischen Reich ursprünglich der Vorsteher des königlichen Haushalts. Seit etwa 600 auch Führer des kriegerischen Gefolges, wurden die Hausmeier Leiter der Staatsgeschäfte und entmachteten die Könige. Nach Absetzung des letzten Merowingerkönigs ließ sich 751 der Hausmeier PIPPIN III. *(siehe dort)* zum König wählen. Er begründete damit die Dynastie der Karolinger, die das Amt des Hausmeiers abschaffte.

Heiliges Römisches Reich (Deutscher Nation), seit 1254 belegter Name des im 10. Jh. aus dem Deutschen Reich und den Königreichen Italien und Burgund zusammengefügten mitteleuropäischen Großreichs unter der Herrschaft der deutschen Könige. Seit der Kaiserkrönung OTTOS I. *(siehe dort)* 962 war es mit der Tradition des antiken Römischen Reichs verbunden und galt als dessen Fortsetzung. Die Hinzufügung ›Deutscher Nation‹ im 15. Jh. kennzeichnet den zunehmenden Verlust der Herrschaft über die nicht deutschen Reichsgebiete in Italien und Burgund. Seit 1512 war diese Hinzufügung offizieller Namensbestandteil des Reichs bis zu dessen Auflösung durch Kaiser FRANZ II. im Jahr 1806. Umgangssprachlich wird es auch oft als ›Altes Deutsches Reich‹ bezeichnet.

Heimatvertriebene, andere Bezeichnung für Vertriebene *(siehe dort).*

Heim ins Reich, Schlagwort vor allem der nationalsozialistischen Propaganda, mit dem der (angebliche) Wunsch der außerhalb des Deutschen Reichs lebenden deutschen Minderheiten nach Anschluss an das Deutsche Reich ausgedrückt werden sollte.

Heinemann, Gustav deutscher Politiker (* 1899, † 1976), war führend für die Bekennende Kirche tätig, 1946–49 Oberbügermeister von Essen und 1947–48 Justizminister von Nordrhein-Westfalen. Aus Protest gegen die Wiederbewaffnung trat er 1950 als Bundesinnenminister zurück und 1952 aus der CDU aus. 1957 schloss sich Heinemann der SPD an. Als Bundesjustizminister (1966–69) betrieb er die Große Staatsrechtsreform, die Reform des Unehelichenrechts und die des politischen Strafrechts. Als Bundespräsident (1969–74) bemühte er sich v. a. um eine Aussöhnung der Deutschen mit ihren Nachbarn.

Heinrich der Löwe, Herzog von Sachsen und Bayern (* um 1129, † 1195). Nach einem Ausgleich zwischen den beiden rivalisierenden Geschlechtern der Staufer und Welfen stieg der Welfe Heinrich mit der Unterstützung des staufischen Kaisers FRIEDRICH I. BARBAROSSA zum mächtigsten Reichsfürsten auf. Als er dem Kaiser aber 1176 in einer Notlage dringend benötigte Hilfe verweigerte, wandte sich dieser gegen ihn. In der Folge verlor Heinrich 1180 seine Herzogtümer und musste ins Exil gehen. Er ist Gründer Münchens und Lübecks und trieb die deutsche Ostsiedlung stark voran.

Heinrich IV., Römischer Kaiser (* 1050, † 1106). Heinrich wurde 1056 deutscher König und 1085 Kaiser. Er führte während seiner Regierungszeit viele Kämpfe gegen Reichsfürsten und das Papsttum (*siehe* Investiturstreit und Gang nach Canossa).

Herrenrasse, Begriff der nationalsozialistischen Rassentheorie, die in den Ariern *(siehe dort)* und v. a. den Deutschen eine den anderen Völkern und Rassen überlegene Rasse sah, die zum Herrschen über diese berufen sei.

Herzog, im Frankenreich der Merowinger ein mehreren Grafen übergeordneter königlicher Beamter. In Alemannien, Aquitanien, Bayern und Thüringen konnten die Herzöge auf der Grundlage geschlossener Stämme zeitweise große Selbstständigkeit gewinnen und Stammesherzogtümer *(siehe dort)* bilden. Unter den Karolingern wurden sie jedoch wieder königliche Beamte. Im 9./10. Jh. kam es im Ostfränkischen Reich erneut zur Bildung von Stammesherzogtümern (v. a. Bayern, Sachsen, Schwaben), die im 12./13. Jh. untergingen. Später wurden neue Herzogtümer ohne Bezug zu den Stämmen geschaffen. Der Titel Herzog wurde zum höchsten deutschen Adelstitel.

Heuss, Theodor Politiker (* 1884, † 1963). Bereits in der Zeit der Weimarer Republik Abgeordneter des Reichstags, war Heuss 1948/49 als Vorsitzender

der FDP Mitglied des Parlamentarischen Rats. 1949–59 war er der erste Bundespräsident der Bundesrepublik Deutschland. Seine Ehefrau ELLY HEUSS-KNAPP (* 1881, † 1952) begründete das Müttergenesungswerk.

Hexenverfolgungen, seit dem Mittelalter und besonders vom 14. bis 17. Jh. kam es zu Hexenverfolgungen, bei denen v. a. Frauen der Hexerei bezichtigt und zu Zehntausenden durch Verbrennen auf dem Scheiterhaufen hingerichtet wurden. Die Angeklagten wurden gefoltert, um Geständnisse zu erzwingen. Das Nichtablegen eines Geständnisses trotz Folter konnte jedoch ebenfalls als Zeichen für übernatürliche Kräfte zur Verurteilung führen, sodass die Beklagten praktisch chancenlos waren. Die Hexenverfolgungen endeten im 18. Jahrhundert.

Hier stehe ich, ich kann nicht anders, Ausspruch MARTIN LUTHERS auf dem Wormser Reichstag 1521, mit dem er sich weigerte, seine Lehre zu widerrufen.

Himmler, Heinrich nationalsozialistischer Politiker (* 1900, † 1945). Himmler leitete als Reichsführer der SS (seit 1929), Chef der deutschen Polizei (seit 1936), Reichsinnenminister (seit 1943) und Oberbefehlshaber des Ersatzheeres (seit 1944) die nationalsozialistische Unterdrückungsmaschinerie. Er organisierte den Terror der Gestapo, der Konzentrationslager und die Massentötung der Juden. Kurz nach Kriegsende beging er Selbstmord.

Hindenburg, Paul von Beneckendorff und H. General und Politiker (* 1847, † 1934). Im Ersten Weltkrieg übernahm Hindenburg nach entscheidenden Siegen gegen Russland mit ERICH LUDENDORFF 1916 die Oberste Heeresleitung. 1918 befürwortete er die deutsche Kapitulation und den Thronverzicht des Kaisers. 1925 und 1932 zum Reichspräsidenten gewählt, berief er 1933 nach langem Zögern HITLER als Führer der stärksten Partei zum Reichskanzler.

Hitler, Adolf nationalsozialistischer Politiker österreichischer Herkunft (* 1889, † 1945). Hitler lebte bis 1912 als Gelegenheitsarbeiter und Zeichner in Wien und kam 1913 nach München. Im Ersten Weltkrieg diente er als Soldat im deutschen Heer. Seit 1919 baute Hitler die NSDAP auf, deren Führung er 1921 übernahm. 1923 beteiligte er sich führend in München an einem Umsturzversuch (Hitlerputsch), nach dessen Scheitern er zu Festungshaft verurteilt wurde. Während der Haft schrieb er das Buch ›Mein Kampf‹, in dem seine politischen Ziele niedergelegt waren. In der Zeit der Weltwirtschaftskrise gelang es ihm, die NSDAP zur stärksten politischen Partei zu machen. Am 30. 1. 1933 wurde er von Reichspräsident HINDENBURG zum Reichskanzler ernannt. Innerhalb weniger Monate errichtete er eine totalitäre Diktatur. Nach dem Tod HINDENBURGS 1934 vereinigte er die höchsten Ämter in seiner Hand (›Führer und Reichskanzler‹). Seither betrieb er eine zunehmend aggressive Außenpolitik, die 1939 zum Zweiten Weltkrieg führte. In den von deutschen Truppen besetzten Gebieten wurde auf seine Befehle hin eine brutale Unterdrückungs- und Vernichtungspolitik durchgeführt, der Millionen von Menschen zum Opfer fielen. Er trägt die Hauptverantwortung für den Holocaust und das Euthanasieprogramm ebenso wie für die unmenschliche Kriegsführung. Hitler beging 1945 Selbstmord.

Adolf Hitler und Benito Mussolini

Hitlerjugend, Abkürzung HJ, 1926–45 die nationalsozialistische Jugendorganisation, die nach Beseitigung aller anderen Jugendverbände ab 1936 die alleinige deutsche ›Staatsjugend‹ darstellte.

Hitlerputsch, *siehe* HITLER, ADOLF.

Hitler-Stalin-Pakt, deutsch-sowjetischer Nichtangriffspakt von 1939. Der Hitler-Stalin-Pakt enthielt ein geheimes Zusatzabkommen, in dem die beiden Diktatoren Mittelosteuropa in eine sowjetische (Finnland, Estland, Lettland, Ostpolen, Bessarabien) und eine deutsche (Westpolen, Litauen) Interessensphäre aufteilten. Er ermöglichte HITLER den Angriff auf Polen, ohne dabei die Gefahr eines sowjetischen Eingreifens befürchten zu müssen.

Hofer, Andreas Tiroler Freiheitskämpfer (* 1767, † 1810). Hofer führte den Aufstand gegen die bayerische Herrschaft in Tirol (1805–14) im Jahr 1809 an. Er wurde nach Erfolgen gegen bayerische und französische Truppen nach der Kapitulation Österreichs gegenüber NAPOLEON I. verraten und standrechtlich erschossen.

Hohenzollern, deutsches Herrschergeschlecht, das durch den Aufstieg Brandenburg-Preußens zur Großmacht im 18. Jh. besondere Bedeutung erlangte. Seit 1417 waren die Hohenzollern Markgrafen von Brandenburg, seit 1525 auch Herzöge von Preußen. 1701 erreichte FRIEDRICH I. von Brandenburg-Preußen seine Erhebung zum König. Einen ersten Machthöhepunkt erlangte das Haus unter FRIEDRICH II., DEM GROSSEN. Der Hohenzoller WILHELM I. wurde 1871 der erste Deutsche Kaiser; dieses Amt blieb bis zu seiner Abschaffung 1918 in der Familie.

Holocaust, *der* ['hɔləkɔ:st; englisch], allgemein Bezeichnung für die Tötung einer großen Zahl von Menschen. Heute wird darunter vor allem die Ermordung von 6 Mio. europäischer Juden während der nationalsozialistischen Herrschaft verstanden.

Honecker, Erich deutscher Politiker (* 1912, † 1994), war ab 1929 Mitglied der KPD und nach 1933 in der kommunistischen Widerstandsbewegung tätig (1935–45 im Zuchthaus Brandenburg inhaftiert). Ab 1946 gehörte er zu den Führungskräften der SED, u. a. war er Vorsitzender der FDJ und wurde 1971 als Nachfolger WALTER ULBRICHTS der starke Mann der DDR (1971 Generalsekretär der SED, ab 1976 Vorsitzender des Staatsrats der DDR). Im Zuge des Umbruchs in der DDR (*siehe* Montagsdemonstrationen) wurde er 1989 gestürzt. Nach der deutschen Vereinigung lebte er in Moskau, bis im August 1992 seine Rückkehr nach Deutschland erzwungen werden konnte. In Deutschland vor Gericht gestellt (u. a. wegen der Todesschüsse an der Berliner Mauer), musste er 1993 wegen seines Gesundheitszustandes aus der Haft entlassen werden und konnte nach Chile ausreisen.

❧ Honecker war einer der Hauptverantwortlichen für den Bau der Berliner Mauer und den Schießbefehl an der innerdeutschen Grenze.

Hussiten, die Anhänger des in Konstanz als Ketzer verbrannten Kirchenreformers JAN HUS (* um 1370, † 1415) in Böhmen. In den Hussitenkriegen (1420–34) gelang es ihnen, sich gegen von Kaiser und Papst gesandte Kreuzzugsheere zu behaupten. Dabei wurden neben Böhmen auch Gebiete in Österreich, Ungarn, Bayern, Sachsen, Schlesien und Brandenburg verwüstet. Die Hussiten bestimmten das kirchliche und politische Leben in Böhmen bis zur Reformation weitgehend, sie wurden danach überwiegend Lutheraner.

Ich bin ein Berliner, Schlusssatz der Rede des amerikanischen Präsidenten JOHN F. KENNEDY bei seinem Besuch in Berlin 1963.

Interregnum, *das* [lateinisch ›Zwischenregierung‹], allgemein Bezeichnung für die Zeit zwischen dem Tod, der Absetzung oder Abdankung eines Herrschers und der Inthronisation seines Nachfolgers. In der deutschen Geschichte besonders die Zeit zwischen dem Tod KONRADS IV. (* 1228, † 1254) und der Wahl RUDOLFS VON HABSBURG 1273, in der die Reichsfürsten ihre Stellung gegenüber dem Königtum stark ausbauen konnten.

Investitur, *die* [lateinisch ›Einsetzung‹], im Lehnsrecht der aus germanischen Rechtsvorstellungen kommende symbolische Akt der Übertragung von Lehen *(siehe dort)*, im römisch-katholischen Kirchenrecht die förmliche Einweisung in ein Kirchenamt. Als Laieninvestitur wurde die Einsetzung von kirchlichen Würdenträgern in ihre Ämter durch weltliche Fürsten bezeichnet, wodurch sich Letztere großen Einfluss auf die Kirche sicherten.

Investiturstreit, besonders im 11. Jh. Kampf des Papsttums gegen die Laieninvestitur (*siehe* Investitur). Der auch in anderen europäischen Ländern geführte Kampf wurde im Heiligen Römischen Reich vor allem zwischen Papst GREGOR VII. (*siehe* Kapitel 1) und Kaiser HEINRICH IV. (* 1050, † 1106, *siehe dort*) ausgefochten. Der deutsche Investiturstreit endete 1122 mit dem Wormser Konkordat.

Joseph II., Römischer Kaiser (* 1741, † 1790). Der Sohn MARIA THERESIAS und Kaiser FRANZ' I. STEPHANS (* 1708, † 1765, Kaiser ab 1745) wurde 1765 Kaiser und 1780 auch Nachfolger seiner Mutter als österreichischer Herrscher. Neben FRIEDRICH II., DEM GROSSEN, war er Hauptvertreter des aufgeklärten Absolutismus (*siehe* Kapitel 1). Er betrieb in seinen Ländern umfassende Reformen, die zu einem rational verwalteten Zentralstaat führen sollten. Nach ihm wurde der Josephinismus, eine von Absolutismus und Aufklärung (*siehe* Kapitel 8) geprägte Geisteshaltung, benannt.

Jugendbewegung, seit etwa 1900 der Versuch Jugendlicher, sich von der Bevormundung durch Erwachsene freizumachen und sich eigene Lebensformen zu schaffen. Die Jugendbewegung suchte eine auf Freundschaft gegründete Gemeinsamkeit bei Wanderungen, im Gruppenleben und in der Gestaltung von Festen. Nach dem Ersten Weltkrieg zerfiel die Jugendbewegung in zahlreiche, teilweise politisch bestimmte Gruppen. Der Nationalsozialismus setzte an ihre Stelle die Hitlerjugend.

Junge Pioniere, umgangssprachliche Bezeichnung für die 1948 gegründete ›Pionierorganisation Ernst Thälmann‹, die staatliche Kinderorganisation der DDR für 6- bis 12-Jährige. Ihre Aufgabe war es, bereits die Kinder im Sinn der SED zu erziehen.

Junker Jörg, Deckname MARTIN LUTHERS während seines Aufenthalts auf der Wartburg 1521/22, wo er das Neue Testament ins Deutsche übersetzte.

Kapp-Putsch, nach seinem Anführer WOLFGANG KAPP (* 1858, † 1922) bezeichneter rechtsradikaler Umsturzversuch vom März 1920. Die Loyalität der Ministerialbürokratie gegenüber der gewählten Regierung, ein Generalstreik der Gewerkschaften und mangelnde Unterstützung durch die Reichswehr ließen den Putsch nach einigen Tagen scheitern.

Karl der Große, Römischer Kaiser (* 748, † 814). Seit 768 Frankenkönig, erweiterte Karl sein Reich durch Unterwerfung der Sachsen (772–805), Eroberung des Langobardenreichs in Italien (774), Errichtung der Spanischen Mark (seit 778) und Zerschlagung und teilweise Eingliederung des Awarenreichs im heutigen Ungarn (791–805). Zudem wurde Bayern durch die Absetzung des letzten selbstständigen Herzogs (788) dem Fränkischen Reich endgültig angeschlossen. Karl war seit 774 zugleich Schutzherr der Päpste. Weihnachten 800 wurde er in Rom vom Papst zum Kaiser gekrönt, womit er das abendländische Kaisertum begründete. Karl gilt als eine der größten europäischen Herrschergestalten. Durch seine politische Konzeption (Verschmelzung antiken Erbes, christlicher Religion und germanischer Gedankenwelt) bestimmte er die geschichtliche Entwicklung Europas maßgeblich.

Bildnisbüste Karls IV. von Peter Parler (*1330 [1333?], †1399) im Veitsdom zu Prag

Karl IV., Römischer Kaiser (* 1316, † 1378). Karl wurde 1346 deutscher König und 1355 Kaiser. Unhaltbare Positionen des Reichs in Italien (*siehe* Reichsitalien) und Burgund gab er auf, indem er nach seiner Anerkennung als König und Kaiser dort die tatsächlichen Machthaber zu Reichsvikaren ernannte und somit wenigstens formal an das Reich band. Er erließ 1356 die Goldene Bulle, errichtete 1348 in seiner böhmischen Residenzstadt Prag die erste Universität des Reichs und baute zielstrebig seine Hausmacht aus, was nach dem Aussterben seiner Familie im 15. Jh. besonders den Habsburgern als deren Erben zugute kam.

Karl V., Römischer Kaiser (* 1500, † 1558). Seit 1516 König von Spanien und Herr der Niederlande, wurde der Habsburger Karl V. 1519 zum deutschen

König gewählt und 1530 zum Kaiser gekrönt. Seine Regierungszeit war geprägt vom Kampf mit Frankreich um die Vorherrschaft in Italien und vom Bemühen, die Reformation *(siehe dort)* zu unterdrücken. Letztlich scheiterte jedoch seine auf Stärkung der kaiserlichen Macht gerichtete Politik im Reich und veranlasste ihn, 1556 als Kaiser abzudanken.

Karlsbader Beschlüsse, im August 1819 auf Konferenzen in Karlsbad gefasste Beschlüsse des Deutschen Bundes zur Unterdrückung der nationalen und liberalen Opposition, die das bestehende politische System kritisierte. Die Karlsbader Beschlüsse berechtigten den Deutschen Bund zu Eingriffen in einzelnen Gliedstaaten und blieben bis zur Märzrevolution 1848 gültig.

Karl V. Gemälde von Tizian

Karolinger, das nach KARL DEM GROSSEN benannte fränkische Herrschergeschlecht. Die Karolinger stiegen im 7./8. Jh. als Hausmeier *(siehe dort)* der fränkischen Könige zu großer Macht auf. 751 setzte der Karolinger PIPPIN III. den letzten König aus der Familie der Merowinger ab und wurde selbst König der Franken. Angehörige seiner Familie regierten nach den Reichsteilungen des 9. Jh. in Italien bis 875, im Ostfränkischen Reich bis 911 und im Westfränkischen Reich (Frankreich) bis 987.

Karolingische Renaissance, *die* [- rənɛˈsãːs], Bezeichnung für die Erneuerung der christlich-germanischen Kultur des Fränkischen Reichs durch Aufgreifen antiker Traditionen in Kunst, Literatur und Staatssymbolik unter KARL DEM GROSSEN. Sie wurde vor allem vom Hof KARLS getragen, der viele der bedeutendsten Gelehrten seiner Zeit um sich scharte. Zur Hebung der Bildung im ganzen Reich wurden Bischofsschulen und Klöster gefördert; in der Folge erreichten abendländische Dichtung und Geschichtsschreibung einen ersten Höhepunkt.

Kirchenkampf, der Kampf des Nationalsozialismus gegen die christlichen Kirchen in seinem Machtbereich. Da der Versuch, die Kirchen gleichzuschalten, nicht vollständig glückte, sollte eine neuheidnische Ersatzreligion mit Parteifeiern an die Stelle des Christentums treten. Die Kirchen und ihre bekennenden Mitglieder hatten unter starken Benachteiligungen und Verfolgungen zu leiden.

Kleindeutsche, *siehe* Großdeutsche.

Koalitionskriege, vier Kriege wechselnder Verbündeter (u. a. England, Österreich, Preußen, Russland und das Heilige Römische Reich) gegen das revolutionäre und napoleonische Frankreich zwischen 1792 und 1807. Der erste Koalitionskrieg (1792–97) wurde durch die Frieden von Basel (1795) und Campoformio (1797), der zweite (1798–1801) durch den Frieden von Lunéville, der dritte (1805) durch den Frieden von Preßburg und der vierte (1806/07) durch den Frieden von Tilsit beendet. Nach ihrem Abschluss war das Heilige Römische Reich aufgelöst und Frankreich die vorherrschende Macht in Europa.

Kollektivierung, *die* [zu lateinisch colligere ›sammeln‹], Überführung von Privateigentum in Gemeinbesitz, vor allem in sozialistischen Staaten. Nach dem Vorbild der Sowjetunion (Zwangskollektivierungen unter STALIN 1929) wurde in den 1950er-Jahren auch in der DDR der landwirtschaftliche Besitz enteignet und ›Landwirtschaftlichen Produktionsgenossenschaften‹ (Abk. LPG) übergeben. Diese Kollektivierung wurde nach der deutschen Vereinigung 1990 rückgängig gemacht.

Konzentrationslager, Abkürzung KZ, ursprünglich Lager zur Festsetzung (Internierung) von Zivilpersonen während eines Krieges (spanische KZ auf Kuba 1895 und englische im Burenkrieg 1901). In

Tote Häftlinge nach der Befreiung des Konzentrationslagers Buchenwald am 11. 4. 1945

totalitären Staaten des 20. Jh. ein Mittel zur Unterdrückung von ›Staatsfeinden‹, besonders im nationalsozialistischen Deutschland. In die KZ kamen u. a. politische Gegner, rassisch Verfolgte (v. a. Juden) und Homosexuelle. Ebenfalls inhaftierte Kriminelle übten oftmals Aufsichtsfunktionen unter den Häftlingen aus. Die Häftlinge waren rechtlos und schlimmsten Quälereien und grausamen Strafen ausgesetzt. Zudem mussten sie Zwangsarbeit bis zur Erschöpfung leisten. Die Zahl der Opfer war sehr hoch. Das Ausmaß der Gräuel wurde durch Schweigegebote verschleiert. Im Zuge des Holocausts wurden seit 1941 KZ in den besetzten Gebieten Osteuropas in Vernichtungslager *(siehe dort)* umgewandelt. 1945–50 wurden KZ von der sowjetischen Militärverwaltung als Internierungslager benutzt, in denen über die Hälfte der Häftlinge an Hunger oder Krankheiten starb.

KPD, Abk. für **K**ommunistische **P**artei **D**eutschlands. Die KPD entstand 1919 als linksrevolutionäre Partei durch Austritt streng marxistischer Politiker aus der SPD. Sie unternahm 1919–23 mehrere Revolutionsversuche. In den 1920er-Jahren geriet sie unter den Einfluss der Komintern (*siehe* Kapitel 1). Von den Nationalsozialisten 1933 verboten, arbeitete sie im Untergrund weiter. In der sowjetischen Besatzungszone wurde sie 1946 mit der SPD zur SED verschmolzen, in der Bundesrepublik Deutschland 1956 als verfassungswidrig verboten. 1968 wurde hier die Deutsche Kommunistische Partei (DKP) als Nachfolgeorganisation gegründet.

Kraft durch Freude, *siehe* Deutsche Arbeitsfront.

Kreisauer Kreis, 1942 entstandene Widerstandsgruppe (*siehe* Widerstandsbewegung) um HELMUTH JAMES GRAF VON MOLTKE, benannt nach dessen Gut Kreisau in Niederschlesien.

Kristallnacht, *siehe* Reichspogromnacht.

Kulturkampf, 1871 begonnener politischer Kampf der Reichsregierung unter BISMARCK gegen den politischen und gesellschaftlichen Einfluss der katholischen Kirche. Die 1872/73 erlassenen antikatholischen Gesetze mussten später weitgehend wieder zurückgenommen werden; der Kulturkampf wurde so zu einer politischen Niederlage BISMARCKS.
❧ Die standesamtliche Trauung (Zivilehe) wurde im Verlauf des Kulturkampfs eingeführt.

Kurfürsten [von mittelhochdeutsch kur ›Wahl‹], seit dem späten 12. Jh. sich herausbildende Gruppe von Fürsten, die den deutschen König wählten. In der Goldenen Bulle *(siehe dort)* wurden 1356 die drei rheinischen Erzbischöfe (von Köln, Mainz und Trier) sowie der Pfalzgraf bei Rhein (Kurpfalz), der Herzog von Sachsen, der Markgraf von Brandenburg und der König von Böhmen als Kurfürsten festgeschrieben. 1623 erhielt Bayern die pfälzische Kurwürde, wofür die Pfalz 1648 mit einer achten Kur entschädigt wurde; beide fielen 1777 wieder zusammen. 1692 erhielt Hannover eine neunte Kur. 1803 wurden neue Kurfürstentümer gebildet. Das Kurfürstenamt wurde 1806 mit dem Ende des Heiligen Römischen Reichs bedeutungslos. – Abb. S. 98.

Kyffhäuser, *der* ['kıf...], Bergrücken südlich des Unterharzes, Bezirk Halle. Im Süden liegt die Barbarossahöhle. Der Kyffhäusersage zufolge soll Friedrich I. Barbarossa darin hausen und auf seine Wiederkehr warten.

Laieninvestitur, *siehe* Investitur.

Landesherrschaft, im Heiligen Römischen Reich die seit dem Hochmittelalter entstandene, vom Reichsoberhaupt anerkannte Herrschaftsgewalt der Reichsstände *(siehe dort)* über ihr Land (Territorium) innerhalb des Reichs, dem allein Souveränität zukam. Grundlagen der Landesherrschaft waren

Kurfürsten. Kaiser Maximilian II. mit seinen sieben Kurfürsten: links die drei geistlichen, rechts die vier weltlichen Kurfürsten

besonders die Überlassung der Regalien *(siehe dort),* der hohen Gerichtsbarkeit und der Wahrung des Landfriedens *(siehe dort)* an die Reichsstände. Die Anerkennung der Landesherrschaft als volle Landeshoheit (jedoch ohne Souveränität) wurde im Westfälischen Frieden ausgesprochen.

Landfriede, im frühen und hohen Mittelalter Gesetz des Königs oder Kaisers zur Einschränkung des Fehdewesens, wobei bestimmte Personen (Geistliche, Frauen, Kaufleute, Bauern) und Sachen (Kirchen, Friedhöfe, Ackergeräte, Mühlen) unter Schutz gestellt wurden. Die Landfrieden galten in der Regel nur regional, der erste für das ganze Heilige Römische Reich geltende Landfriede (Reichslandfriede) wurde 1103 erlassen. Im späten Mittelalter schlossen Landesherrn oder Städte Abkommen zur Eindämmung des Fehdewesens (Landfriedensbünde). Durch den Ewigen Landfrieden von 1495 wurde die Fehde im Heiligen Römischen Reich verboten.

Landsknechte, im 15. und 16. Jh. Bezeichnung für im Heiligen Römischen Reich (›in kaiserlichen Landen‹) angeworbene Fußsöldner. Sie wurden von einem Feldhauptmann als militärischem Führer und wirtschaftlichem Unternehmer angeworben und geführt. Bei eigener Bewaffnung erhielt der Landsknecht einen festen Monatssold; ausstehender Sold bildete einen rechtmäßigen Grund zur Verweigerung des Dienstes.

Landstände, im Heiligen Römischen Reich den Reichsständen *(siehe dort)* vergleichbare Gewalten auf der Ebene der Landesherrschaften *(siehe dort).* Die Landstände waren dem Landesherrn zu Rat und Hilfe verpflichtet; jede außerordentliche Hilfeleistung bedurfte ihrer Zustimmung, die der Landesherr auf Landtagen einholen musste. Dabei erwies sich das Steuerbewilligungsrecht als das wirkungsvollste Machtmittel der Landstände. Mit dem Aufbau des Absolutismus (*siehe* Kapitel 1) versuchten die Landesherren mit unterschiedlichem Erfolg, die Landstände auszuschalten. Die nach 1814 in den meisten deutschen Ländern erlassenen Verfassungen knüpften größtenteils an die Tradition der Landstände an.

Lange Kerls, *siehe* Friedrich Wilhelm I.

Lebensraumideologie, Teil der nationalsozialistischen Weltanschauung, nach der dem deutschen Volk der zu seinem Gedeihen nötige Lebensraum fehle (Volk ohne Raum). Sie bestimmte die Außenpolitik des nationalsozialistischen Deutschland und gipfelte im Krieg gegen die Sowjetunion.

Lehen, *das* im Mittelalter und in der frühen Neuzeit die Nutzungsrechte an einer fremden Sache oder die Sache selbst, die durch Verleihung seitens des Eigentümers (Lehnsherr) an einen Beliehenen (Lehnsmann) übergingen. Lehen waren vor allem Grundbesitz, aber auch Ämter, Rechte, Einkünfte usw. Da die Lehen bereits seit dem 10./11. Jh. erblich geworden waren, verwischte sich zunehmend der Unterschied zwischen Lehen und Eigentum.

Lehnswesen, während des 8. Jh. im Fränkischen Reich entstandene Grundlage der mittelalterlichen und frühneuzeitlichen abendländischen Adelsgesellschaft. Das Lehnswesen beruhte darauf, dass der Lehnsherr dem Lehnsmann ein Lehen *(siehe dort)* überließ und von diesem dafür Dienst- und Treuepflicht erlangte. Durch diese Art der Bindung, die sich von den Kaisern und Königen bis zum niederen Adel erstreckte, waren alle mittelalterlichen abendländischen Staaten geprägt. In der frühen Neuzeit verlor das Lehnswesen durch die Rolle des Bürgertums und Veränderungen im Heerwesen (Söldner- statt Ritterheere) an Bedeutung. Das Heilige Römische Reich blieb jedoch verfassungsrechtlich bis zu seinem Ende 1806 ein Lehnsstaat.

Leibeigenschaft, seit dem Mittelalter die persönliche Abhängigkeit eines zu Frondienst *(siehe dort)* und Abgaben verpflichteten Bauern von seinem Grundherrn. In Süd- und Westdeutschland schon im späten Mittelalter abgemildert oder beseitigt, bildete die Leibeigenschaft in Ostdeutschland bis zur Bauernbefreiung im 19. Jh. in der Form der Erbuntertänigkeit die Grundlage der Gutswirtschaft.

Limes, *der* [lateinisch ›Grenze‹], im Römischen Reich jede befestigte Reichsgrenze, vor allem in Germanien, Britannien, Nordafrika, Arabien und Mesopotamien. Neben dem niedergermanischen Limes am Niederrhein, der aus einer Reihe von Befestigungen entlang des Rheins bestand, bildete der obergermanisch-rätische Limes zwischen dem Rhein bei Neuwied und der Donau bei Regensburg die Reichsgrenze im heutigen Süddeutschland. Er entstand ab 85 n.Chr. als mit Palisaden, Wall, Wachttürmen und Kastellen versehene Befestigung und musste um 260 n.Chr. unter dem Ansturm der Alemannen aufgegeben werden. Danach war bis zum Untergang des Römischen Reichs auch in Süddeutschland der Rhein die Grenze.

Locarnopakt, 1925 in Locarno vereinbarter Sicherheitsvertrag, durch den sich das Deutsche Reich, Frankreich und Belgien verpflichteten, die im Versailler Vertrag festgelegten deutschen Westgrenzen und die entmilitarisierte Rheinlandzone zu achten. Der Locarnopakt war ein Meilenstein zur Wiedereingliederung Deutschlands in die internationale Gemeinschaft nach dem Ersten Weltkrieg. 1936 erklärte HITLER den Pakt für hinfällig und marschierte im Rheinland ein.

Lübke, Heinrich deutscher Politiker (* 1894, † 1972), war 1931–33 Mitglied des preußischen Landtags (Zentrum), danach wiederholt in Haft. Nach dem 2. Weltkrieg trat er 1945 der CDU bei. 1953–59 war Lübke Bundesminister für Ernährung, Landwirtschaft und Forsten. Als Bundespräsident (1959–69) förderte er innenpolitisch v.a. den Gedanken einer großen Koalition, außenpolitisch die Entwicklungshilfe.

Ludendorff, Erich General (* 1865, † 1937). Im Ersten Weltkrieg hatte Ludendorff in der Obersten Heeresleitung seit 1916 entscheidenden Einfluss auf die deutsche Kriegführung. Angesichts der Niederlage erfand er die Dolchstoßlegende *(siehe dort).* 1923 beteiligte er sich am Hitlerputsch. Er zählt zu den Wegbereitern des Nationalsozialismus.

Landsknechte,
hier bereits mit Büchsen bewaffnet,
Holzschnitt (1515)

Ludwig der Bayer, Römischer Kaiser (* um 1283, † 1347). Herzog Ludwig von Bayern wurde 1314 zum König gewählt und 1328 in Rom gegen den Willen des Papstes zum Kaiser erhoben. Seine Regierung war geprägt vom Konflikt mit den Päpsten um deren Einfluss auf die deutsche Königswahl. Es gelang Ludwig, zur Abwehr dieses Einflusses eine gemeinsame Front mit den Reichsständen *(siehe dort)* zu bilden, auf deren Grundlage sein Nachfolger, KARL IV., die päpstlichen Ansprüche in der Goldenen Bulle *(siehe dort)* ignorieren konnte. Durch eine rücksichtslose Hausmachtpolitik (*siehe* Hausmacht) geriet Ludwig gegen Ende seiner Regierungszeit in Isolation; seine Gegner wählten daher 1346 KARL IV. zum König, der sich jedoch erst nach Ludwigs Tod durchsetzte.
❧ Sein Beiname ›der Bayer‹ stammt daher, dass die Päpste, die ihn exkommuniziert und für abgesetzt erklärt hatten, ihn nur als ›der Bayer‹ und nicht als Herzog, König oder Kaiser betitelten.

Lutheraner, zunächst die Anhänger MARTIN LUTHERS, noch heute Bezeichnung für die Mitglieder der lutherischen Kirchen, die sich besonders auf LUTHER berufen.

Luther, Martin Reformator (* 1483, † 1546). Luther löste 1517 die Reformation *(siehe dort)* aus, die er in der Folge stark prägte und durch seine eigene, nur dem eigenen Gewissen und damit Gott verantwortliche, kompromisslose Haltung zum Erfolg führte. Er erkannte allein die Bibel als Richtschnur für christliches Handeln an und nicht die Lehrtradition der Kirche. 1521 mit der Reichsacht *(siehe dort)* und dem Kirchenbann *(siehe dort)* belegt, wirkte Luther von Wittenberg in Sachsen aus besonders durch zahlreiche Schriften. Unter anderem durch seine Bibelübersetzung beeinflusste er nachhaltig die Entwicklung der deutschen Sprache.

Martin Luther

Luxemburg, Rosa Politikerin (* 1871, † 1919). Rosa Luxemburg war die führende Theoretikerin des linken Flügels der SPD. Im Ersten Weltkrieg mehrfach inhaftiert, wandte sie sich gegen die Politik des Burgfriedens und gründete 1917 mit KARL LIEBKNECHT (* 1871, † 1919) den Spartakusbund zum Kampf gegen den Krieg. Im Januar 1919 nahm sie an einem Aufstand des Spartakusbundes in Berlin teil. Nach dessen Scheitern wurde sie von Freikorpsoffizieren ermordet.
❧ Berühmt wurde ihre Anmerkung ›Freiheit ist immer die Freiheit des Andersdenkenden.‹

Maria Theresia, Erzherzogin von Österreich (* 1717, † 1780) und Gemahlin Kaiser FRANZ I. STEPHANS (* 1708, † 1765). Die Tochter Kaiser KARLS VI. (* 1685, † 1740) wurde 1740 Erzherzogin von Österreich sowie Königin von Böhmen und Ungarn. Obwohl die weibliche Thronfolge in der Pragmatischen Sanktion *(siehe dort)* geregelt worden war und internationale Anerkennung gefunden hatte, sah sich Maria Theresia im Österreichischen Erbfolgekrieg (1740–48) einer Koalition von europäischen Staaten gegenüber, die ihr Teile ihres Besitzes streitig machte. Bis auf den Verlust Schlesiens, das zu Preußen kam, konnte sie sich und damit auch die österreichische Großmachtstellung behaupten; 1745 wurde ihr Ehemann FRANZ I. STEPHAN zum Kaiser gewählt, wodurch auch das Kaisertum in der Familie der Habsburger blieb. Trotz erfolgreicher Reformen im Innern, die die Leistungsfähigkeit ihrer Staaten stärkten, gelang es Maria Theresia nicht, Schlesien von Preußen zurückzugewinnen und Preußen als Großmacht zu vernichten.
❧ Der unter Maria Theresia erstmals geprägte Mariatheresientaler wurde eine besonders im Osmanischen Reich und in Ostafrika beliebte Handelsmünze; in Äthiopien war er bis 1945 gesetzliches Zahlungsmittel.

Mark, in karolingischer und ottonischer Zeit Bezeichnung für Grenzräume im Vorland des Reichs, die der militärischen Sicherung des Reichsgebiets dienten. Unter den Karolingern waren dies die Mark Friaul sowie die Spanische, Bretonische und Awarische Mark, die spätere bayerische Ostmark, aus der Österreich hervorging. Die Ottonen schufen die Elbmark, die sächsische Ostmark, die Mark Meißen und die Nordmark, aus der die Mark Brandenburg entstand, in der dieser Name noch heute fortlebt. Die Marken unterstanden Markgrafen, die aufgrund ihrer Machtbefugnisse zu herzogsähnlicher Stellung aufsteigen konnten.

Marktrecht, seit fränkischer Zeit verlieh der König das Recht einen Markt abzuhalten (Marktregal); er garantierte auch den Marktfrieden, unter dem alle Teilnehmer am Marktgeschehen standen und der von eigenen Marktgerichten überwacht wurde. Im Zuge der Vergabe der Regalien an die Landesherren wurden neben dem König zunehmend auch Landesherren Marktherren. Etwa seit dem 11. Jh. wurde das Marktrecht ohne zeitliche Beschränkung für alle Bewohner des Marktortes und alle Besucher des Marktes gültig; es bildete so eine der wichtigsten Wurzeln des Rechts der in dieser Zeit neu entstehenden Städte.

Marschall Vorwärts, volkstümliche Bezeichnung für den preußischen Generalfeldmarschall BLÜCHER *(siehe dort).* Der Ausdruck gründet sich auf dessen ungestümes Vorwärtsdrängen bei militärischen Unternehmungen.

Märzrevolution, die durch die französische Februarrevolution im März 1848 ausgelöste revolutionäre Bewegung in den Staaten des Deutschen Bundes. Sie war v.a. eine bürgerliche Revolution. In ihrem Verlauf kam es zur Bildung des ersten gesamtdeutschen Parlaments (Nationalversammlung) in der Paulskirche in Frankfurt am Main, das eine deutsche Verfassung ausarbeitete. Nachdem jedoch in Preußen und Österreich mit militärischer Gewalt die vorrevolutionäre Ordnung wieder hergestellt worden war, wurde auch die Frankfurter Nationalversammlung *(siehe dort)* aufgelöst und die Revolution in Süddeutschland bis 1849 militärisch niedergeschlagen.

Mauerbau, umgangssprachliche Bezeichnung für den Bau der Berliner Mauer 1961.

Maximilian I., Römischer Kaiser (* 1459, † 1519). Durch seine Heirat mit MARIA VON BURGUND (* 1457, † 1482) erwarb er die zum Heiligen Römischen Reich gehörenden Teile des Herzogtums Burgund für das Haus Habsburg. Ab 1486 war er deutscher König, ab 1508 Kaiser. Neben einer geschickten Hausmachtpolitik, die die Grundlage für die Großmachtstellung der Habsburger in den folgenden Jahrhunderten legte, trieb er auch die Reichsreform voran. Maximilian, der stark von der ritterlichen Kultur Burgunds geprägt war, gilt als ›letzter Ritter‹ unter den Königen.

Mediatisierung, *die* [zu lateinisch mediatus ›mittelbar‹], Verlust bzw. Entzug einer unmittelbaren Stellung. Im Heiligen Römischen Reich besonders die zwischen 1803 und 1806 erfolgte Aufhebung reichsunmittelbarer Stände *(siehe dort)* und ihre Unterwerfung unter die Landeshoheit eines anderen weltlichen Reichsstands *(siehe dort).*

Mein Kampf, Titel der 1924 geschriebenen Programmschrift ADOLF HITLERS, die bereits alle wesentlichen Inhalte seiner späteren Politik enthielt.

Merowinger, fränkisches Königsgeschlecht. Der Merowinger CHLODWIG I. gründete gegen Ende des 5. Jh. das Fränkische Reich. Danach stammten alle fränkischen Könige bis 751 aus dem Haus der Merowinger, wobei es oft zu Reichsteilungen und Bruderkriegen kam. Seit dem 7. Jh. verloren die Merowinger ihre Macht schrittweise an ihre Hausmeier *(siehe dort)* aus dem Geschlecht der Karolinger. Der Hausmeier PIPPIN III. setzte 751 den letzten Merowingerkönig ab und erhob sich selbst zum König.

Metternich, Klemens Wenzel Reichsgraf, seit 1803 Fürst von Metternich-Winneburg, österreichischer Staatsmann (* 1773, † 1859). Metternich war ein entschiedener Gegner der Französischen Revolution und NAPOLEONS I. Auf dem Wiener Kongress 1815 wirkte er führend an der Neuordnung Europas mit und sicherte Österreichs Vorherrschaft in Deutschland und Italien. Zur Erhaltung der 1815 errichteten staatlichen Ordnung und des Gleichgewichts der Mächte ging er die Heilige Allianz (*siehe* Kapitel 1) ein. Durch Polizeiherrschaft versuchte er, nationale und liberale Strömungen niederzuhalten. Die Märzrevolution 1848 erzwang schließlich seine Entlassung.

Ministerialen, im Mittelalter im Heiligen Römischen Reich die Oberschicht der unfreien Hofbediensteten von Fürsten. Seit dem 11. Jh. erhielten sie

Montagsdemonstration in Leipzig am 23. 10. 1989 mit rund 300 000 Teilnehmern

(zunächst nicht erbliche) Lehen und leisteten dafür ritterliche Dienste. Als Ministerialen der Könige (Reichsministerialen) wurden sie zur Stütze der Reichspolitik der Salier und Staufer, die auf eine Stärkung des Königtums abzielte. Bis zum 15. Jh. erlosch der Ministerialenstand, nachdem die Lehen *(siehe dort)* erblich geworden waren und seine Angehörigen dem niederen Adel zugerechnet wurden.

Montagsdemonstrationen, ab September 1989 entwickelten sich an den Montagen zunächst in Leipzig, dann auch in mehreren anderen Städten der DDR, ständig größer werdende Demonstrationen, bei denen die Teilnehmer Reformen und eine demokratische Erneuerung forderten. In Leipzig nahmen auf dem Höhepunkt der Montagsdemonstrationen Ende Oktober mehr als 300 000 Menschen teil, Anfang November in Ost-Berlin rund eine Million. Die friedlichen Demonstrationen erzwangen den Rücktritt der Staats- und Parteiführung. Ab Dezember tauchte die Forderung nach der deutschen Wiedervereinigung auf (›Deutschland, einig Vaterland‹). Mit dem zunehmenden Verfall der Machtstrukturen hörten die Montagsdemonstrationen allmählich auf.

Morgenthauplan, von dem amerikanischen Finanzminister HENRY MORGENTHAU (* 1891, † 1967) stammende Denkschrift von 1944. Er sah die Entwaffnung, Verkleinerung und Aufteilung Deutschlands vor sowie seine Zurückstufung zu einem Agrarland durch Zerschlagung seiner Industrie. Er beeinflusste 1945–47 die amerikanische Besatzungspolitik in Deutschland, verlor dann jedoch im Zeichen des Kalten Krieges an Bedeutung.

Münchener Abkommen, im September 1938 zwischen Deutschland, Italien, Großbritannien und Frankreich abgeschlossenes Abkommen, das ohne Beteiligung der Tschechoslowakei die Abtretung der sudetendeutschen Gebiete Böhmens an das Deutsche Reich verfügte. Das durch massive deutsche Kriegsdrohungen zustande gekommene Münchener Abkommen konnte die Kriegsgefahr entgegen den Hoffnungen der Westmächte nicht bannen, da HITLER viel weiter gehende Absichten hatte. Es wurde zum Inbegriff falscher Nachgiebigkeit gegenüber aggressiven Diktatoren.

Müntzer, Thomas Reformator (* um 1490, † 1525). Ursprünglich Anhänger MARTIN LUTHERS, entwickelte sich Müntzer zu einem radikalen ›Schwärmer‹, der von göttlichen Eingebungen überzeugt war und einen Gottesstaat auf Erden errichten wollte. Nachdem er sich in Sachsen nicht gegen LUTHER hatte durchsetzen können, ging er 1524 in die Reichsstadt Mühlhausen, wo er im folgenden Jahr zahlreiche seiner Vorstellungen ins Werk setzte. Im Mai 1525 schloss er sich im Bauernkrieg *(siehe dort)* den aufständischen Bauern an. Nach deren Niederlage wurde er verhaftet und hingerichtet.

Nationale Front der DDR, Abkürzung NF, 1949 gegründeter politischer Zusammenschluss, der unter der Führung der SED die Blockparteien und die Massenorganisationen (FDGB, FDJ, Kulturbund) der DDR angehörten. Ziel war die Lenkung und Beeinflussung der Bevölkerung auf möglichst breiter Basis.

Nationale Volksarmee, Abkürzung NVA, 1956 gegründete Streitkräfte der DDR. Sie waren größtenteils aus der schon zuvor bestehenden Kasernierten Volkspolizei (KVP) hervorgegangen. Die NVA war mit allen Truppenteilen dem Vereinigten Oberkommando des Warschauer Pakts unterstellt.

Nationalsozialismus, 1919 begründete nationalistisch-antisemitische Bewegung, die 1933 in Deutschland eine Diktatur errichtete und das Land bis 1945 in die größte Katastrophe seiner Geschichte führte. Der Nationalsozialismus bekämpfte radikal die Folgen der Niederlage Deutschlands im Ersten Weltkrieg und der Novemberrevolution (1918), die Bedingungen des Versailler Vertrags (1919), das parlamentarisch-demokratische System der Weimarer Republik, Kommunismus und Sozialismus, die demokratisch-liberale Ideenwelt, den politischen Katholizismus und lehnte besonders das Judentum ab. Kennzeichen des 1933 errichteten nationalsozialistischen Führerstaats waren: Ausrottungspolitik gegen Juden, Behinderte, Sinti und Roma sowie andere Minderheiten gemäß der nationalsozialistischen Rassenpolitik; Errichtung eines Polizeistaats; Fortfall aller rechtsstaatlichen Garantien; Beseitigung der Parteien und Parlamente; Auflösung oder Gleichschaltung aller nicht nationalsozialistischen Organisationen; Gleichschaltung von Presse und Rundfunk; Unterdrückung der freien künstlerischen Tätigkeit; Kirchenkampf; Zerschlagung der Gewerkschaften; Ersetzung der Tarifverträge durch staatliche Tarifordnungen und Streikverbot; Errichtung eines Einheitsstaates unter Beseitigung der Eigenstaatlichkeit der Länder; Wiedereinführung der allgemeinen Wehrpflicht; massive Aufrüstung. Der außenpolitische Weg führte über mehrere Etappen (Austritt aus dem Völkerbund 1933, Rheinlandbesetzung 1936, Anschluss Österreichs und des Sudetenlandes 1938) zum Zweiten Weltkrieg. Dieser brachte eine gesteigerte Schreckensherrschaft in Deutschland und den besetzten Gebieten und führte nach militärischen Anfangserfolgen zur Zerschlagung des Deutschen Reichs (1945).

nationalsozialistische Machtergreifung, umgangssprachliche Bezeichnung für die Ernennung ADOLF HITLERS zum Reichskanzler am 30. 1. 1933.

Neuer Kurs, Bezeichnung für die nach dem Sturz des Reichskanzlers OTTO VON BISMARCK 1890 eingeleitete Umorientierung der Politik des Deutschen Reichs. Außenpolitisch führte sie langfristig zur Isolierung Deutschlands, innenpolitisch verfehlte sie ihr Ziel, die Opposition für das bisherige System zu gewinnen, da es nicht zu grundsätzlichen Reformen kam.

Nibelungentreue, von dem deutschen Reichskanzler BERNHARD VON BÜLOW (* 1849, † 1929) 1909 geprägtes Schlagwort, das das Verhältnis des Deutschen Reichs zu Österreich-Ungarn beschrieb. Seit 1914 wird der Begriff im Sinn unbedingter Bündnistreue oder Hingabe an eine Führerpersönlichkeit gebraucht.

Norddeutscher Bund, nach dem preußischen Sieg im Deutschen Krieg von 1866 gegründeter Bundesstaat, der Preußen und 17 norddeutsche Kleinstaaten umfasste. Er ging 1871 im Deutschen Reich auf, dessen Kern er war.

Notverordnung, allgemein eine Verordnung mit Gesetzeskraft, die im Notfall aufgrund verfassungsmäßiger Ermächtigung von der Regierung oder dem Staatsoberhaupt erlassen werden kann. In der Weimarer Republik hatte der Reichspräsident das Recht, Notverordnungen zu erlassen. Die Reichsregierungen der Jahre 1930–33 regierten nur noch auf der Grundlage von Notverordnungen, da sie keine parlamentarischen Mehrheiten mehr hatten. Dadurch wurde der Parlamentarismus stark ausgehöhlt.

Novemberrevolution, Umsturz im Deutschen Reich im November 1918, der zum Sturz der Monarchien und zur Errichtung parlamentarischer Republiken führte. Die Novemberrevolution wurde v. a. von der SPD getragen. Durch ihre Zusammenarbeit mit der Armee verhinderte sie jedoch eine revolutionäre Umwälzung der gesellschaftlichen Verhältnisse, wie sie der Spartakusbund in Aufständen im Dezember 1918 und Januar 1919 durchsetzen wollte.

NSDAP, Abkürzung für **N**ationalsozialistische **D**eutsche **A**rbeiter**p**artei, 1919 als Deutsche Arbeiterpartei gegründete nationalistisch-antisemitische Partei unter der Führung ADOLF HITLERS (seit 1921). Die NSDAP war die politische Plattform des Nationalsozialismus *(siehe dort)*.

Nürnberger Gesetze, *siehe* Rassengesetze.

Nürnberger Prozesse, Gerichtsverfahren (1945–49) vor einem internationalen Militärtribunal und vor amerikanischen Militärgerichten in Nürnberg zur Aburteilung von nationalsozialistischen Verbrechen. Im Hauptverfahren wurde 1946 die nationalsozialistische Führungsspitze, soweit sie den Krieg überlebt hatte, zu Haftstrafen zwischen zehn Jahren und lebenslänglich bzw. zum Tod verurteilt. In zwölf Nachfolgeprozessen standen danach jeweils bestimmte politische, militärische oder wirtschaftliche Führungsgruppen im Mittelpunkt der Anklage.

Oder-Neiße-Linie, im Potsdamer Abkommen 1945 festgelegte deutsche Ostgrenze, durch die weite, vormals deutsche Gebiete an Polen fielen. Bis 1990 war die Oder-Neiße-Linie die Grenze Polens zur DDR, die diese 1950 im Görlitzer Abkommen anerkannt hatte. Seit 1990 ist sie die Grenze Polens zur Bundesrepublik Deutschland, die die Oder-Neiße-Linie endgültig erst im Zuge der deutsch-deutschen Vereinigung in einem Grenzvertrag mit Polen als Ostgrenze Deutschlands anerkannte.

ostelbisches Junkertum, v. a. in den östlich der Elbe gelegenen Gebieten Preußens ansässiger Landadel, der bis in die Zeit der Weimarer Republik durch seine starke Stellung in Beamtenschaft und Offizierskorps erheblichen politischen Einfluss ausübte. Seine konservative und gegenüber der parlamentarischen Demokratie ablehnende Haltung trug zum Scheitern der Weimarer Republik bei.

Österreichischer Erbfolgekrieg, *siehe* Maria Theresia.

Ostfränkisches Reich, *siehe* Fränkisches Reich.

Ostpolitik, die in den 1960er-Jahren eingeleitete und besonders in der Vertragspolitik der Regierung Brandt (1969–74) gipfelnde Außenpolitik der Bundesrepublik Deutschland v. a. gegenüber der Sowjetunion, Polen und der Tschechoslowakei. Die Ostpolitik war Teil der internationalen Entspannungspolitik, sollte zum Abbau des Ost-West-Konflikts beitragen und so das Zusammenleben beider deutscher Staaten erleichtern.

Otto I., der Große, Römischer Kaiser (*912, †973). Ab 936 deutscher König, brach Otto die Macht der Stammesherzöge und machte die Bischöfe und Äbte der Reichskirche *(siehe dort)* zu Stützen seiner Königsmacht (ottonisches Reichskirchensystem). Ab 951 war er auch König von Italien; der König von Burgund erkannte seine Lehnshoheit an. Nach Abwehr der Ungarneinfälle in der Schlacht auf dem Lechfeld bei Augsburg 955 dehnte er die deutsche Herrschaft nach Osten aus. 962 wurde Otto in Rom zum Kaiser gekrönt; seither blieb das Kaisertum an das deutsche Königtum gebunden und die Reichspolitik für Jahrhunderte nach Italien ausgerichtet.

Ottonen, nach seinem Begründer Graf LIUDOLF (†866) auch Liudolfinger genanntes deutsches Herrschergeschlecht, das von 919–1024 die deutschen Könige (HEINRICH I. [*um 875, †936], OTTO I., DER GROSSE, OTTO II. [*955, †983], OTTO III. [*980, †1002], HEINRICH II., DER HEILIGE [*973, †1024]) stellte.

Panthersprung nach Agadir, die Zurschaustellung militärischer Macht seitens der deutschen Regierung durch die Entsendung des Kanonenboots ›Panther‹ 1911 nach Agadir in Marokko, um so die deutschen Interessen dort durchzusetzen. Dies löste die 2. Marokkokrise aus, die das Deutsche Reich international zunehmend isolierte.

Pariser Verträge, 1954 in Paris unterzeichnetes Vertragswerk, mit dessen In-Kraft-Treten 1955 das Besatzungsregime über die Bundesrepublik Deutschland endete. Gleichzeitig trat die Bundesrepublik der Westeuropäischen Union (WEU) und der NATO bei und erlaubte die Stationierung verbündeter Truppen auf ihrem Gebiet.

Parlamentarischer Rat, vor der Gründung der Bundesrepublik Deutschland von den Landtagen der Länder der drei westlichen Besatzungszonen gewählte Versammlung, die auf der Grundlage von Empfehlungen der Westmächte (Frankfurter Dokumente) das Grundgesetz erarbeitete. Dieses wurde am 8. 5. 1949 vom Parlamentarischen Rat verabschiedet, bedurfte aber danach noch der Zustimmung der Länderparlamente und der alliierten Militärgouverneure (in Kraft seit 24. 5. 1949).

Patrizier, vom Mittelalter bis ins 19. Jh. die Angehörigen städtischer Oberschichten, die die Ratsmitglieder stellten und dem niederen Adel ebenbürtig waren. Das Patriziat war ein erblicher Stand, der aber auch vom Kaiser verliehen werden konnte.

Paulskirche, *siehe* Frankfurter Nationalversammlung.

Petersberger Abkommen, im Hotel Petersberg bei Bonn Ende 1949 geschlossenes Abkommen zwischen der Bundesrepublik Deutschland und den drei Westmächten, das es der Bundesrepublik erlaubte, im Ausland Konsulate zu errichten und sich an internationalen Organisationen zu beteiligen. Es regelte außerdem die Beendigung der Demontage *(siehe dort)* und betraf die künftige Gesetzgebung über die industrielle Entflechtung.

Pfalz, Königspfalz, im Mittelalter der Wohnsitz der reisenden Könige bzw. Kaiser und Tagungsort der Hofgerichte. Die mittelalterlichen (deutschen) Könige hatten keine feste Residenz, sondern reisten im Reich umher, wobei sie vor allem in den auf Reichsgut *(siehe dort)* gelegenen Pfalzen wohnten.

Pfalzgraf, im Mittelalter mit richterlicher und Verwaltungsfunktion betrauter königlicher Würdenträger, der ursprünglich in einer Pfalz residierte.
❧ Der Pfalzgraf bei Rhein wurde zum Namengeber für das ehemalige deutsche Territorium und die heutige Landschaft Pfalz.

Pfälzischer Erbfolgekrieg, auch Orléansscher Krieg genannter, von 1688–97 dauernder Eroberungskrieg des französischen Königs LUDWIG XIV. *(siehe* Kapitel 1). Auslöser des Kriegs waren die unberechtigten Erbansprüche, die LUDWIG XIV. beim Tod des kinderlosen pfälzischen Kurfürsten KARL II. (* 1651, † 1685) namens seiner Schwägerin ELISABETH CHARLOTTE (›Liselotte von der Pfalz‹ [* 1652, † 1722]), einer Schwester des Verstorbenen, erhob. Dagegen bildete sich eine Allianz, der besonders der Kaiser, England, die Niederlande, Schweden, Spanien, Savoyen sowie zahlreiche Reichsstände angehörten. 1689–93 verwüsteten französische Truppen die Pfalz. Letztlich musste sich Frankreich aber zurückziehen.

Pippin III., fränkischer König (* 714/715, † 768). Der Karolinger Pippin setzte als Hausmeier *(siehe dort)* 751 den letzten fränkischen König aus der Dynastie der Merowinger ab und ließ sich selbst in Soissons zum König wählen. Dabei berief er sich auch auf päpstliche Unterstützung. 754 und 756 half er in Italien Papst STEPHAN II. († 757) gegen die Expansionspolitik der Langobarden *(siehe* Kapitel 1) auf zwei siegreichen Feldzügen, deren Ergebnis die Begründung des Kirchenstaates (Pippinsche Schenkung) und der Schutzherrschaft der Frankenkönige über Rom war, die 800 zur Kaiserkrönung von Pippins Sohn, KARL DEM GROSSEN, führte.

Platz an der Sonne, von dem späteren Reichskanzler BERNHARD VON BÜLOW (* 1849, † 1929) 1897 geprägter Begriff, mit dem er für das Deutsche Reich eine den anderen Großmächten vergleichbare Stellung auf kolonialpolitischem Gebiet forderte: ›Wir wollen niemand in den Schatten stellen, aber wir verlangen auch unseren Platz an der Sonne.‹

politische Brunnenvergiftung, Ausdruck des Reichskanzlers OTTO VON BISMARCK, mit dem er in einer Reichstagsrede 1882 die bei Wahlen vorkommenden Lügen und Entstellungen bezeichnete.

Potsdamer Abkommen. Churchill, Truman und Stalin (von links nach rechts) während einer Verhandlungspause

Potsdamer Abkommen, am 2. August 1945 zwischen Großbritannien, der Sowjetunion und den USA auf einer Konferenz in Potsdam geschlossene Übereinkunft über ihr gemeinsames Vorgehen gegenüber dem besiegten Deutschland, der am 7. August auch Frankreich beitrat. Vereinbart bzw. bestätigt wurden unter anderem Grundsätze der politischen und wirtschaftlichen Behandlung Deutschlands (Besatzungszonen, alliierter Kontrollrat, Nürnberger Prozesse, Entnazifizierung, Entwaffnung, Demontage), die Übertragung der Verwaltung der östlich der Oder-Neiße-Linie gelegenen deutschen Gebiete an die Sowjetunion und Polen und die Zwangsaussiedlung der Deutschen aus den osteuropäischen Staaten. Mit der deutschen Vereinigung 1990 endete die Wirksamkeit des Potsdamer Abkommens.

Prager Fenstersturz, Bezeichnung für den Beginn des böhmischen Aufstandes gegen die habsburgische Herrschaft, der den Anfang des Dreißigjährigen Kriegs bedeutete. Am 23. 5. 1618 warfen Teilnehmer eines Protestantentages zwei habsburgische Statthalter aus Protest gegen das Verbot der Versammlung aus einem Fenster der Prager Burg. Wie durch ein Wunder überlebten die beiden Opfer den Sturz aus 17 m Höhe.

Pragmatische Sanktion, allgemein ein Edikt oder Grundgesetz zur Regelung einer wichtigen Staatsangelegenheit. Bedeutendste Pragmatische Sanktion ist das Hausgesetz Kaiser KARLS VI. (* 1685, † 1740) vom April 1713, mit dem er die habsburgischen Länder für unteilbar erklärte und die Erbfolge für den Fall des Aussterbens des habsburgischen Mannesstammes regelte. Die Pragmatische Sanktion, der die Landstände der habsburgischen Länder im Dezember 1724 endgültig zustimmten und die international garantiert wurde, ließ die weibliche Erbfolge in den habsburgischen Ländern zu. Trotz der internationalen Garantie kam es zum Österreichischen Erbfolgekrieg (1740–48).

Preußen, ehemaliger deutscher Staat, der von der französischen Grenze im Westen bis zur russischen Grenze im Osten, von Dänemark im Norden bis an den Main im Süden reichte. Der baltische Volksstamm der Preußen wurde im 13. Jh. vom Deutschen Orden *(siehe dort)* unterworfen und zum Christentum bekehrt. Der so geschaffene Ordensstaat, seit 1525 ein weltliches Herzogtum, kam 1618 an die brandenburgische Linie der Hohenzollern (Brandenburg-Preußen), die 1701 auf seiner Basis das Königtum erlangten. Erweitert und durch Reformen gestärkt, stieg Preußen unter FRIEDRICH II., DEM GROSSEN, zur europäischen Großmacht auf. Trotz anfänglicher Niederlagen gegen NAPOLEON I. ging Preußen 1815 gestärkt aus den Kriegen in der Folge der Französischen Revolution *(siehe dort)* hervor. Im 19. Jh. wurde es zur deutschen Führungsmacht. Im Deutschen Krieg von 1866 *(siehe dort)* wurde unter preußischer Führung das Deutsche Reich gegründet (1871), dessen Kaiser der preußische König wurde. Preußen war mit Abstand der größte und mächtigste Einzelstaat dieses Reichs und beeinflusste weitgehend dessen Geschicke. Nach dem Zweiten Weltkrieg wurde Preußen von den Siegermächten aufgelöst.

preußische Reformen, zusammenfassende Bezeichnung für die 1807–12 in Preußen eingeleiteten Reformen, vor allem die Bauernbefreiung (*siehe* Agrarreform), die Städteordnung (kommunale Selbstverwaltung), die Heeresreform (allgemeine Wehrpflicht), die Gewerbeordnung (Gewerbefreiheit), die Judenemanzipation und die Einführung von Fachministerien in der Regierung.

preußischer Verfassungskonflikt, Konflikt zwischen der liberalen Mehrheit des preußischen Landtags und der Regierung 1861–66 um das Budgetrecht des Landtags. Der Landtag verweigerte die Mittel für eine nicht seinen Wünschen entsprechende Heeresreform. Der 1862 von König WILHELM I. zum Ministerpräsidenten berufene OTTO VON BISMARCK regierte daraufhin ohne verfassungsmäßige Bewilligung des Staatshaushalts. Nach dem preußischen Sieg im Deutschen Krieg von 1866 lenkte der Landtag ein und erklärte dies nachträglich für rechtens.

Prinz Eugen

Prinz Eugen, österreichischer Feldherr und Staatsmann (* 1663, † 1736). Der Prinz von Savoyen-Carignan kam 1683 nach Wien. Als Offizier im großen Türkenkrieg (1683–99) stieg er bis 1697 zum Oberbefehlshaber auf. Im Spanischen Erbfolgekrieg (1701–13) führte er die kaiserlichen Truppen; seit 1707 war er Reichsfeldmarschall. Den Türkenkrieg 1714–18 entschied er mit der Einnahme Belgrads für

Österreich. Eugen gilt als fähigster Feldherr seiner Zeit und weitschauender Politiker, der die Idee der Staatsräson an die Stelle dynastischer Überlegungen setzte.
❧ Als ›Prinz Eugen, der edle Ritter‹ fand er Eingang ins Volksliedgut.

Protektorat Böhmen und Mähren, der Teil der Tschechoslowakei, der nach ihrer Zerschlagung durch das nationalsozialistische Deutschland im März 1939 mit Gewalt dem Deutschen Reich als Protektorat angegliedert wurde (›Resttschechei‹). Im Gegensatz dazu wurde die Slowakei zum unabhängigen Staat erklärt, der jedoch ebenfalls von Deutschland abhängig war.

Protestation, *die* auf dem Reichstag zu Speyer 1529 erfolgter Einspruch evangelischer Reichsstände gegen den Beschluss der altkirchlichen Mehrheit, kirchliche Reformen erneut zu verbieten. Begründet wurde die Protestation damit, dass in Gewissensfragen ein Mehrheitsbeschluss die Minderheit nicht binden könne.
❧ Seitdem heißen die evangelischen Christen auch Protestanten.

RAF, Abkürzung für **R**ote-**A**rmee-**F**raktion.

Rapallovertrag, 1922 geschlossener deutsch-sowjetischer Vertrag, in dem beide Seiten auf gegenseitige finanzielle Forderungen verzichteten und die Aufnahme diplomatischer Beziehungen vereinbarten. Der Rapallovertrag leitete eine Periode guter Beziehungen zwischen dem Deutschen Reich und der Sowjetunion ein.

Rassengesetze, die im nationalsozialistischen Deutschland ergangenen judenfeindlichen Gesetze. Das ›Gesetz zur Wiederherstellung des Berufsbeamtentums‹ von 1933 versperrte den Juden den Zugang zum öffentlichen Dienst (›Arierparagraph‹). Aus allen privaten und öffentlichen Verbänden wurden sie ausgeschlossen. Mit der ›Arisierung der Wirtschaft‹ (Berufsverbote, Enteignungen) wurden die Juden aus dem Wirtschaftsleben verdrängt. Höhepunkt waren die ›Nürnberger Gesetze‹ von 1935: Das ›Reichsbürgergesetz‹ entzog allen Juden das Bürgerrecht und das ›Gesetz zum Schutze des deutschen Blutes und der deutschen Ehre‹ verbot die Eheschließung (Rassenverrat) und den Geschlechtsverkehr (Rassenschande) von ›arischen‹ Deutschen mit Juden.

Räterepublik, *siehe* Rätesystem (Kapitel 1).

Raubritter, im späten Mittelalter Ritter, die ihr standesgemäßes Leben aus (durch den Verfall der Agrarpreise seit dem späten 14. Jh. bedingter) wirtschaftlicher Not durch Raubzüge und Wegelagerei, die sie als Fehden *(siehe dort)* ausgaben, finanzierten.

Reaktionszeit, die Zeit zwischen dem Scheitern der Märzrevolution von 1848 und dem Beginn der Neuen Ära in Preußen 1858. Die Reaktionszeit war gekennzeichnet durch das staatliche Streben nach Wiederherstellung der vorrevolutionären Zustände und eine weitgehende Unterdrückung der seit 1848 entstandenen demokratischen und liberalen Parteien und Organisationen.

Reformation, *die* [von lateinisch reformatio ›Umgestaltung‹], Bezeichnung für die 1517 von MARTIN LUTHER *(siehe dort)* ausgelöste religiöse Bewegung, die zunächst nur eine Reform der Kirche anstrebte, dann aber zur Zerstörung der konfessionellen Einheit des Abendlandes führte, indem sich neue kirchliche Gemeinschaften (Konfessionen) bildeten und mit dem Protestantismus eine neue religiöse Haltung entstand. Die Reformation setzte sich vor allem im Heiligen Römischen Reich Deutscher Nation sowie in Nord- und Westeuropa dauerhaft durch. Sie beeinflusste über den religiösen Bereich hinaus die Neuzeit auch in politischer und kultureller Hinsicht entscheidend und gilt daher weithin als deren Beginn.

Regalien, Einzahl **Regal,** *das* [von lateinisch regalis ›königlich‹], seit dem 11. Jh. Bezeichnung für die dem König zustehenden Hoheitsrechte, die dieser zur Nutzung vergeben konnte. Auf diese Weise wurden die Regalien zu einer der Grundlagen der Landesherrschaft *(siehe dort)*. Die Regalien umfassten neben der Verfügung über hohe Ämter und das Reichsgut *(siehe dort)* besonders Herrschaftsrechte und finanziell nutzbare Rechte wie Zölle und Steuern. In Deutschland nutzten die Fürsten die Regalien für den Ausbau ihrer Landeshoheit.

Das Reich, in dem die Sonne nicht untergeht, beschreibende Bezeichnung für die Herrschaftsgebiete Kaiser KARLS V., die neben dem Heiligen Römischen Reich und Spanien auch Besitzungen in Südamerika und auf den Philippinen umfassten, sodass irgendwo in seinem Reich immer die Sonne schien.

Reichsacht, *die* im Heiligen Römischen Reich die von Reichsgerichten verhängte Acht, durch die ein Rechtsbrecher aus dem Rechtsverband des Reichs ausgestoßen, für vogelfrei, ehrlos und rechtlos erklärt wurde. Danach durfte ihn jedermann straflos töten. Die Reichsacht konnte auch bei politischen Auseinandersetzungen eingesetzt werden, wie dies mit unterschiedlichem Erfolg 1180 bei HEINRICH DEM LÖWEN und 1521 bei MARTIN LUTHER geschah.

Reichsarbeitsdienst, Abkürzung RAD, ab 1935 zwangsweiser Arbeitseinsatz männlicher und weiblicher Jugendlicher von einem halben Jahr Dauer. Er diente zunächst der Urbarmachung von Land (z. B. Trockenlegung von Mooren), dann jedoch zunehmend militärischen Zwecken (Bautruppe der Wehrmacht u. a. für den Bunkerbau).

Reichsdeputationshauptschluss von 1803, das letzte Grundgesetz des Heiligen Römischen Reichs vom 25. 2. 1803, durch das die rechtsrheinischen weltlichen Landesherren für ihre im zweiten Koalitionskrieg *(siehe dort)* an Frankreich verlorenen linksrheinischen Gebiete entschädigt wurden. Dies geschah durch Säkularisierung und Mediatisierung *(siehe dort)* von 107 Reichsstädten und geistlichen Landesherrschaften. Als Folge entstanden wenige, von Frankreich abhängige Mittelstaaten. Der Reichsdeputationshauptschluss kann aufgrund der Schwere der erfolgten Änderungen im Reichsaufbau als Anfang vom Ende des Heiligen Römischen Reichs gelten.

Reichsgründung, umgangssprachliche Bezeichnung für die von BISMARCK betriebene Schaffung des Deutschen Reichs von 1871.

Reichsgut, im Heiligen Römischen Reich der Grundbesitz des Reichs, der dem König zum Unterhalt seines Hofs und für die Regierungstätigkeit zur Verfügung stand. Da die Könige mitunter aus Geldmangel Reichsgut verpfändeten oder als Lehen ausgaben, war nur ein Teil des Reichsgutes unter unmittelbarer königlicher Verfügungsgewalt, während ein anderer Teil dem Reich sogar auf Dauer verloren ging und in die Gewalt der Landesherren kam.

Reichsitalien, seit dem 9. Jh. gebrauchte Bezeichnung für das oberitalienische Königreich Italien, das seit 951 Bestandteil des Heiligen Römischen Reichs war. Die Geschichte Reichsitaliens war bis zum 14. Jh. geprägt vom Versuch der deutschen Könige und Römischen Kaiser, ihre Herrschaftsansprüche durchzusetzen. Dies scheiterte besonders an der Macht der italienischen Städte sowie am Widerstand des Papsttums, das einen starken Kaiser in Italien fürchtete.

Reichskammergericht, höchster unabhängiger Gerichtshof des Heiligen Römischen Reichs. 1495 im Zuge der Reichsreformbemühungen eingerichtet, hatte es seinen Sitz zunächst in Frankfurt am Main, ab 1527 in Speyer und ab 1693 bis zum Ende des Reichs 1806 in Wetzlar.

❧ Am Reichskammergericht war auch JOHANN WOLFGANG VON GOETHE 1772 tätig.

Reichskanzler, im Deutschen Reich von 1871 bis 1918 der vom Kaiser ernannte einzige Reichsminister, der die Politik und Verwaltung des Reichs leitete; von 1919 bis 1933 der vom Reichspräsidenten ernannte und vom Vertrauen des Parlaments abhängige Leiter der Regierung, der die Richtlinien der Politik bestimmte. Nach dem Tod des Reichspräsidenten PAUL VON HINDENBURG 1934 vereinigte ADOLF HITLER das Amt des Reichskanzlers, das er seit Januar 1933 inne hatte, mit dem des Reichspräsidenten (›Führer und Reichskanzler‹).

Reichskanzler, Erzkanzler, im Heiligen Römischen Reich das vom Erzbischof von Mainz als dem ranghöchsten Kurfürsten bekleidete Amt des Leiters der königlichen bzw. kaiserlichen Kanzlei. Seit 1559 leitete ein Reichsvizekanzler diese Reichskanzlei, wodurch das Amt des Reichskanzlers zum reinen Ehrenamt wurde.

Reichskirche, im Heiligen Römischen Reich die Gesamtheit der reichsunmittelbaren kirchlichen Institutionen, die von den Reichsbistümern und Reichsabteien über Stifte bis zu Pfarreien und Kapellen reichte. Als Instrument zur Regierung des Reichs wurde die Reichskirche vor allem unter den Ottonen herangezogen, die die wesentlichen Positionen in der Reichskirche mit ihren Vertrauensleuten besetzten (ottonisches Reichskirchensystem). Dieses System ging im Investiturstreit *(siehe dort)* unter; danach erlangte die Reichskirche größere Unabhängigkeit vom Kaiser.

Reichskleinodien, im Heiligen Römischen Reich die Herrschaftszeichen der Könige und Kaiser. Die Reichskleinodien waren vor allem die Reichskrone

aus dem 10. Jahrhundert, der Reichsapfel aus der Stauferzeit und das Zepter aus dem 14. Jahrhundert. Die von Heinrich II. erworbene Heilige Lanze gehört zu den Reichsheiligtümern.
❧ Die Reichskleinodien werden heute in der Wiener Hofburg aufbewahrt; Kopien sind u. a. auf der Burg Trifels in der Pfalz, dem ursprünglichen Aufbewahrungsort, sowie in Nürnberg ausgestellt.

Reichspogromnacht, das Judenpogrom der Nationalsozialisten vom 9./10. November 1938, auch ironisierend als **Reichskristallnacht** bezeichnet nach den in dieser Nacht zertrümmerten Schaufenstern. Jüdische Friedhöfe, Synagogen, Wohn- und Geschäftshäuser wurden zerstört. 91 Menschen fanden den Tod; mehr als 30 000 Juden wurden verhaftet und in Konzentrationslager gesperrt. Mit der Reichspogromnacht begann die gnadenlose Verfolgung der deutschen Juden.

Reichspräsident, in der Weimarer Republik das vom Volk direkt gewählte und weit reichende Vollmachten besitzende Staatsoberhaupt des Deutschen Reichs.

Reichsreform, im 15. und 16. Jh. im Heiligen Römischen Reich unternommene Versuche einer Reform der Reichsverfassung, die den Reichsständen eine Mitwirkung bei der Regierung des Reichs und dem Reich eine funktionsfähige Verwaltung sichern sollten. Trotz einzelner Maßnahmen (wie z. B. die Einrichtung des Reichskammergerichts) scheiterten diese Bemühungen am Gegensatz zwischen Kaiser und Reichsfürsten, die beide um ihren Einfluss fürchteten.

Reichsritterschaft, im Heiligen Römischen Reich der meist aus den Kreisen der Ministerialen *(siehe dort)* des Reichs und der Reichskirche stammende niedere reichsunmittelbare Adel, der keine Landesherrschaft ausübte und nicht Reichsstand war. Seit dem 14./15. Jh. in Ritterbünden organisiert, wurde die Reichsritterschaft 1542 in Ritterkreisen zusammengeschlossen. Sie zählte zu den treuesten Anhängern des Kaisertums, in dem sie eine Garantie der eigenen Reichsunmittelbarkeit sah. 1803–06 wurden die Reichsritter mediatisiert, d. h. größeren Landesherrschaften eingegliedert.

Reichsstädte, im Heiligen Römischen Reich im Unterschied zu den zu einer Landesherrschaft *(siehe dort)* gehörenden Städten reichsunmittelbare Städte, die auf königlichem oder reichskirchlichem Land entstanden waren oder im 13./14. Jh. ihre Freiheit gegen den Stadtherrn erkämpft hatten (freie Städte). Sie waren seit 1489 auf den Reichstagen vertreten. Bis auf wenige Ausnahmen verloren die (freien) Reichsstädte ihre Unabhängigkeit mit dem Ende des Heiligen Römischen Reichs 1806. Nur die Freien Hansestädte Bremen und Hamburg konnten ihre Unabhängigkeit bis heute bewahren.

Den nationalsozialistischen Terroraktionen der Reichspogromnacht (9. 11. 1938) fielen Menschen und viele jüdische Einrichtungen zum Opfer. Im Bild die brennende Synagoge in der Oranienburger Straße in Berlin

Reichsstände, im Heiligen Römischen Reich bis 1806 die nur direkt dem Kaiser als Reichsoberhaupt unterstellten Glieder des Reichs mit Sitz und Stimme auf den Reichstagen.

Reichstage, im Heiligen Römischen Reich die Versammlung der Reichsstände. Durch die Reichstage wurden im Zusammenwirken mit dem Kaiser die Reichsgesetze erlassen und die Reichssteuern erhoben. 1663 bis zum Untergang des Reichs 1806 war der Reichstag ein dauernd tagender Gesandtenkongress (›immer währender Reichstag‹) in Regensburg. Reichstag hieß auch das Parlament des Deutschen Reichs 1871–1945 und ist die Bezeichnung des Parlamentsgebäudes in Berlin.

Reichstagsbrand, Zerstörung des Reichstagsgebäudes in Berlin durch Brandstiftung im Februar 1933. Der Reichstagsbrand, dessen Hintergründe bis heute nicht sicher erschlossen sind, wurde von HITLER ausgenutzt, um die wichtigsten Grundrechte außer Kraft zu setzen und so v.a. die kommunistische und sozialdemokratische Opposition auszuschalten.

reichsunmittelbar, im Heiligen Römischen Reich: direkt Kaiser und Reich unterstehend.

Reichswehr, die durch den Versailler Vertrag auf 115 000 Mann begrenzten Streitkräfte (100 000 Mann Heer und 15 000 Mann Marine) des Deutschen Reichs 1919–35. Die Reichswehr bestand nur aus Berufssoldaten und unterstand dem Reichspräsidenten.

Reparationen, die dem Besiegten eines Krieges auferlegten Geld-, Sach- und Dienstleistungen zur Entschädigung der Sieger für erlittene Kriegsschäden. Die französischen Kriegsentschädigungen nach 1871 führten im Deutschen Reich in den 1870er-Jahren zu einem Wirtschaftsaufschwung (Gründerjahre). Die aufgrund des Versailler Vertrags vom Deutschen Reich geforderten Reparationen belasteten die Weimarer Republik wirtschaftlich und politisch sehr und trugen zu ihrer Schwächung bei. Die deutschen Reparationen nach dem Zweiten Weltkrieg wurden v.a. durch Demontage von Industrieanlagen und Patentverwertungen erbracht.

Reunionen, *die* [aus dem Französischen ›Wiedervereinigung‹], Annexionen Frankreichs zwischen 1679 und 1681 von Gebieten des Heiligen Römischen Reichs. LUDWIG XIV. (*siehe* Kapitel 1) erhob Ansprüche auf alle Gebiete, die mit den v.a. 1648 an Frankreich gefallenen Gebieten in Verbindung gestanden hatten. Zur Durchsetzung seiner Ansprüche richtete LUDWIG XIV. Reunionskammern ein. Betroffen waren das Elsass, pfälzische und rheinische Gebiete und Teile der südlichen spanischen Niederlande. 1681 besetzte er Straßburg ohne jeden Rechtsvorwand. Nach dem Pfälzischen Erbfolgekrieg *(siehe dort)* gab LUDWIG XIV. die annektierten Gebiete bis auf Straßburg und das Elsass zurück.

Rheinbund, 1806 geschlossener Bund von 16 süd- und westdeutschen Fürsten unter dem Schutz NAPOLEONS I. (*siehe* Kapitel 1), dessen Mitglieder sich vom Heiligen Römischen Reich lossagten. Daraufhin legte Kaiser FRANZ II. *(siehe dort)* die römische Kaiserwürde nieder, womit das Reich aufhörte zu bestehen. Kern des Rheinbundes war ein Bündnis der Rheinbundstaaten mit Frankreich. Die Rheinbundstaaten wurden in der Folge auf Kosten kleinerer Reichsstände vergrößert. Nach der preußischen Niederlage gegen NAPOLEON 1806/07 traten weitere Staaten bei; nach den Niederlagen NAPOLEONS 1812/13 zerfiel der Rheinbund.

Ritter, Angehöriger des mittelalterlichen Berufskriegerstandes. Die Ritter stammten meist aus den Kreisen der Ministerialen *(siehe dort)* und versahen für ihre Herren Kriegsdienste oder verwalteten Burgen. Zu ihrer wirtschaftlichen Absicherung erhielten sie Lehen und stiegen im Laufe des Mittelalters in den niederen Adel auf. Besonders während der Kreuzzüge entwickelte sich ein ritterliches Standesgefühl, und es bildeten sich Ritterorden, wie der Deutsche Orden. Seine höchste Blüte erreichte das Rittertum im Heiligen Römischen Reich unter den Staufern im 12./13. Jh. Mit der Einführung der Feuerwaffen seit dem späten Mittelalter verloren die Ritter ihre Bedeutung als Kriegerstand, und zahlreiche Ritter gerieten in wirtschaftliche Not (*siehe* Raubritter).

Röhm-Putsch, nationalsozialistische Bezeichnung für eine angebliche Verschwörung der Führung der SA unter ERNST RÖHM (* 1887, † 1934) im Juni 1934 gegen HITLER. Der Röhm-Putsch diente als Vorwand für eine von der Reichswehr unterstützte Aktion von SS und Gestapo gegen die SA. Dabei wurde die das sozialistische Element innerhalb der NSDAP bildende SA-Führung zusammen mit zahlreichen anderen politisch missliebigen Personen ermordet.

Römischer Kaiser, in der Form ›Imperator Romanorum‹ [lateinisch ›Beherrscher der Römer‹] 962–1806 Titel des zum Kaiser gekrönten Oberhauptes des Heiligen Römischen Reichs. Seit OTTO I., DEM GROSSEN, war der mittelalterliche und

Rote-Armee-Fraktion. Links: Der Tatort in Köln, an dem Hanns-Martin Schleyer am 5. 9. 1977 entführt wurde und seine vier Begleiter erschossen wurden. Rechts Schleyer in der Gewalt der RAF-Terroristen (Bild der Entführer)

frühneuzeitliche Römische Kaiser immer der deutsche König.

Römischer König, in der Form ›Rex Romanorum‹ [lateinisch ›König der Römer‹] seit dem 11. Jh. bis 1806 Titel für den gewählten aber noch nicht zum Kaiser gekrönten deutschen König.

Rote-Armee-Fraktion, Abkürzung RAF, eine terroristische Gruppe, die Ende der 1960er- und in den 1970er-Jahren zahlreiche Anschläge verübte. Ihre Anführer waren ANDREAS BAADER (* 1944, † 1977) und ULRIKE MEINHOF (* 1934, † 1976). Der Kern der Gruppe entstammte der außerparlamentarischen Opposition und der Studentenbewegung; sie wurde durch zahlreiche Sympathisanten von außen unterstützt. Die Aktivitäten der Rote-Armee-Fraktion führten zu einer Verschärfung der Sicherheitsgesetze und zum so genannten Extremistenerlass für Bewerber im öffentlichen Dienst. Während der Prozesse gegen ULRIKE MEINHOF und ANDREAS BAADER wurde auch die Strafprozessordnung verschärft, seitdem kann auch in Abwesenheit der Angeklagten vor Gericht verhandelt werden. Einzelne Mitglieder verließen die Gruppe, sie konnten zu Beginn der 1980er-Jahre in der DDR Unterschlupf finden und sich eine Existenz aufbauen. 1998 erklärte sich die RAF für aufgelöst.

Rudolf von Habsburg, Römischer König (* 1218, † 1291). Rudolf war der erste deutsche König aus dem Haus Habsburg und Stammvater aller späteren Habsburger. Seine Wahl 1273 beendete das Interregnum *(siehe dort)*. Rudolf verlieh die Herzogtümer Österreich, Steiermark und Krain an seine Söhne und legte so den Grundstein für die habsburgische Hausmacht im Südosten des Heiligen Römischen Reichs. Seine Bemühungen um die Kaiserkrönung scheiterten am Widerstand der Kurie.

Ruhrbesetzung, die französische Besetzung des Ruhrgebiets 1921 im Zuge der Auseinandersetzungen um die deutschen Reparationen nach dem Ersten Weltkrieg (*siehe* Kapitel 1) und der auf Vorherrschaft zielenden französischen Politik der Zeit. Diese wurde 1923 auf das gesamte Ruhrgebiet ausgedehnt. Der von der Reichsregierung ausgerufene passive Widerstand (Ruhrkampf) musste wegen wirtschaftlicher Erschöpfung des Deutschen Reichs im September 1923 abgebrochen werden. Nach Einigung über die Reparationsfrage räumten die französischen Truppen 1925 das Ruhrgebiet.
❧ Als Folge des Ruhrkampfes kam es zur Inflation und zur Einführung der Rentenmark.

SA, Abkürzung für Sturmabteilung, 1920 gegründete, ursprünglich v. a. aus Angehörigen von Freikorps bestehende nationalsozialistische Kampfgruppe, seit 1921 in einen paramilitärischen Verband umgebildet. Sie diente der NSDAP als Mittel zur Terrorisierung des politischen Gegners. 1933–34 bildete sie das stärkste revolutionäre Element des Nationalsozialismus. Nach der Ermordung ihrer Führer (*siehe* Röhm-Putsch) wandelte sich die SA zu einem der vormilitärischen Ausbildung dienenden Verband.

Saarfrage, die Frage der staatlichen Zugehörigkeit des 1919 aus Teilen der preußischen Rheinprovinz und der bayerischen Pfalz gebildeten Saargebietes (*siehe* Saarland, Kapitel 3).

Sachsen, germanischer Stamm in Norddeutschland. Die Sachsen wurden von KARL DEM GROSSEN in mehreren Kriegen (772–804) unterworfen, chris-

tianisiert und ins Fränkische Reich eingegliedert. Sie bildeten einen der sechs deutschen Stämme. Vom Ende des 9. Jh. bis 1180 bestand das Stammesherzogtum Sachsen.
❧ Der Name Niedersachsen deutet noch heute auf das sächsische Siedlungsgebiet hin. ❧ Das heutige Bundesland Sachsen liegt dagegen östlich des alten sächsischen Stammesgebiets und erhielt den Namen dadurch, dass die mittelalterlichen Markgrafen von Sachsen ihre Herrschaft nach Osten ausdehnten. ❧ Süddeutsche Ortsnamen mit dem Namensbestandteil Sachsen (z.B. Großsachsen/Baden) entstanden durch die Zwangsumsiedlung von Sachsen während der Sachsenkriege KARLS DES GROSSEN.

Sachsenspiegel, das bedeutendste deutsche Rechtsbuch des Mittelalters von dem sächsischen Ritter EIKE VON REPGOW (* um 1180, † nach 1233), Anfang des 13. Jh. in niederdeutscher Sprache verfasst. Der Sachsenspiegel, der das Land- und Lehnsrecht der Sachsen zusammenfasste, erlangte gesetzesgleiches Ansehen. Er wurde als Deutschenspiegel um 1274/75 ins Oberdeutsche übersetzt und beeinflusste maßgeblich den zur selben Zeit entstandenen Schwabenspiegel, der das gesamte deutsche Recht darstellen wollte. Der Sachsenspiegel wirkte durch die deutsche Ostsiedlung *(siehe dort)* auf weite Teile Polens, Russlands und Ungarns und blieb teilweise bis 1900 in Kraft.

Säkularisation, *die* [von lateinisch saecularis ›weltlich‹], Einziehung oder Nutzung kirchlicher Hoheitsrechte oder Besitztümer durch den Staat. Im Heiligen Römischen Reich brachte die Reformation im 16. Jh. eine erste Welle der Säkularisation. Auch JOSEPH II. säkularisierte im Zuge seiner Reformen 1782 viele Klöster. Umfassend war jedoch erst die 1803 in der Folge des Reichsdeputationshauptschlusses *(siehe dort)* durchgeführte Säkularisation, die beinahe alle reichsunmittelbaren geistlichen Herrschaften auflöste. Dadurch wurde die politische Macht des deutschen katholischen Klerus weitgehend gebrochen.

Salier, deutsches Herrschergeschlecht mit Machtschwerpunkt im Raum um Speyer und Worms. Die Salier wurden nach dem Aussterben der Ottonen *(siehe dort)* deren Nachfolger und stellten von 1024 bis 1125 die deutschen Könige (KONRAD II. [* um 990, † 1039], HEINRICH III. [* 1017, † 1056], HEINRICH IV. [* 1050, † 1106], HEINRICH V. [* 1086, † 1125]). Privaterben der Salier und ihre Nachfolger im Königtum waren die Staufer *(siehe dort)*.

Schießbefehl, seit den 1960er-Jahren von der Führung der DDR an die Grenztruppen ergangener Befehl, den illegalen Grenzübertritt (Republikflucht) nach West-Berlin oder in die Bundesrepublik Deutschland notfalls durch Schusswaffengebrauch zu verhindern. Dem Schießbefehl fielen bis zur deutschen Vereinigung wahrscheinlich etwa 400 Menschen zum Opfer.

Schinderhannes, Beiname des Räuberhauptmanns JOHANN WILHELM BÜCKLER (* 1783, † 1803). Er führte ab 1800 eine Räuberbande, die vorwiegend im französisch besetzten Hunsrück ihr Unwesen trieb. Von der Bevölkerung teilweise gedeckt, konnte er erst im Juni 1802 gefasst werden. In einem Schauprozess zum Tode verurteilt, wurde er in Mainz hingerichtet. Bald nach seinem Tod setzte eine romantische Verklärung seiner Person ein.

Schlacht auf dem Lechfeld, *siehe* Otto I., der Große.

Schlacht im Teutoburger Wald, *siehe* Arminius.

Schlesische Kriege, drei Kriege zwischen Preußen unter FRIEDRICH II., DEM GROSSEN, und Österreich unter MARIA THERESIA um den Besitz Schlesiens. Die beiden ersten Schlesischen Kriege (1740–42, 1744/45) waren Teile des Österreichischen Erbfolgekriegs und endeten mit der Erwerbung und Behauptung der größten Teile Schlesiens durch Preußen. Dritter Schlesischer Krieg ist eine andere Bezeichnung für den Teil des Siebenjährigen Krieges, der in Europa stattfand, da Österreich ihn vor allem um den Wiedergewinn Schlesiens führte.

Schumacher, Kurt Politiker (* 1895, † 1952). Er war 1930–33 Reichstagsabgeordneter der SPD, 1933–45 in Konzentrationslagern. Von 1946 bis zu seinem Tod Vorsitzender der SPD, prägte er deren entschiedenen Antikommunismus.

Schwabenspiegel, *siehe* Sachsenspiegel.

Schwedentrunk, im Dreißigjährigen Krieg zuerst von schwedischen Soldaten angewandte Foltermethode, bei der dem Gefolterten Jauche und Ähnliches durch den gewaltsam geöffneten Mund eingeflößt und anschließend der Körper zwischen Bretter gepresst wurde.

Schweizer Eidgenossenschaft, ein 1291 gegen die Expansionsbestrebungen der Habsburger und Savoyens geschlossener Bund der drei Talschaften Uri, Schwyz und Unterwalden, der sich bereits im 14. Jh. nach Siegen über habsburgische Ritterheere zum ›Ewigen Bund‹ umwandelte und ausdehnte. Bis Ende des 15. Jh. löste sich die Schweizer Eidgenossenschaft weitgehend aus dem Heiligen Römischen Reich, aus dem sie rechtlich 1648 (Westfälischer Friede) ausschied. Seither bildet sie einen unabhängigen Staat, nämlich die Schweiz.

SED, Abkürzung für Sozialistische Einheitspartei Deutschlands. Die SED entstand 1946 durch die von der sowjetischen Besatzungsmacht in ihrer Besatzungszone erzwungene Vereinigung von SPD und KPD. Das sozialdemokratische Element wurde bald weitgehend ausgeschaltet. Die SED wurde mit sowjetischer Hilfe die herrschende Staatspartei der DDR, bei ihr lagen die entscheidenden Machtpositionen. Ihre Herrschaft wurde erst 1989/90 durch die Montagsdemonstrationen *(siehe dort)* beendet. Im Januar 1990 benannte sie sich nach einem Führungswechsel in ›Partei des Demokratischen Sozialismus‹ (PDS) um und gab sich ein neues Parteiprogramm.

Siebenjähriger Krieg, der Krieg, den Österreich 1756–63 im Bündnis mit den meisten kontinentaleuropäischen Mächten um den Wiedergewinn Schlesiens gegen Preußen führte (3. Schlesischer Krieg) und der gleichzeitig See- und Kolonialkrieg zwischen Großbritannien und Frankreich war. Nach wechselndem Kriegsverlauf konnte sich Preußen auf dem europäischen Kriegsschauplatz behaupten. Dadurch sicherte es sich endgültig den Besitz Schlesiens und wurde zur europäischen Großmacht. Großbritannien setzte sich in Übersee gegen Frankreich, dessen Kolonialreich es erhielt, durch und festigte seine Stellung als führende Seemacht.

❧ Preußens Sieg im Siebenjährigen Krieg trug wesentlich zum Mythos FRIEDRICHS II., DES GROSSEN, als Held der deutschen Geschichte bei.

Kurt Schumacher bei einer SPD-Kundgebung in Frankfurt am Main (1947)

Siebzehnter Juni 1953, Volksaufstand gegen die Partei- und Staatsführung der DDR, der sich aus einem Protest gegen die Erhöhung von Arbeitsnormen entwickelte und von Ost-Berlin aus auf zahlreiche Städte übergriff. Die Demonstranten forderten den Rücktritt der Regierung und freie Wahlen. Im Verlauf des 17. Juni schlugen sowjetische Truppen den Aufstand blutig nieder.

Siegermächte, umgangssprachliche Bezeichnung für die vier Staaten USA, Sowjetunion, Großbritannien und Frankreich, die die im Zweiten Weltkrieg siegreichen Alliierten (*siehe* Kapitel 1) angeführt hatten. Die letzten Sonderrechte der Siegermächte in Deutschland erloschen erst 1990.

Soldatenkönig, *siehe* Friedrich Wilhelm I.

Sozialistengesetz, von OTTO VON BISMARCK 1878 zur Bekämpfung der Sozialdemokratie durchgesetztes Ausnahmegesetz. Es ermächtigte unter anderem die Polizei zur Auflösung sozialistischer Vereine und zur Beschlagnahme von sozialistischen Zeitungen und Schriften. Es lief 1890 aus, ohne dass es den Aufstieg der Sozialdemokratie hätte verhindern können.

Spartakusbund [nach dem antiken Sklavenführer SPARTACUS († 71 v. Chr.)], während des Ersten Weltkriegs aus entschiedenen Kriegsgegnern innerhalb der SPD entstandene Gruppierung, die eine radikale sozialistische Demokratie erstrebte. In der Novemberrevolution 1918 forderte der Spartakusbund das Rätesystem (*siehe* Kapitel 1) und versuchte vergeblich, dieses in Aufständen im Dezember 1918 und Januar 1919 durchzusetzen. Aus dem Spartakusbund ging 1919 die KPD *(siehe dort)* hervor.

Spiegelaffäre, die Durchsuchung der Redaktionsräume des Nachrichtenmagazins ›Der Spiegel‹ und die Verhaftung seines Herausgebers und eines Redakteurs im Oktober 1962 wegen eines verteidigungspolitischen Artikels. Dieser Vorgang führte zu einer innenpolitischen Krise, bei der es um die Abwägung von Meinungsfreiheit und Staatssicherheit ging. Letztlich musste der Verteidigungsminister FRANZ JOSEF STRAUSS zurücktreten, und ›Der Spiegel‹ sowie die beiden Verhafteten wurden vom Vorwurf des Landesverrats entlastet.

Spiegelaffäre. Sitzstreik von Studenten vor der Frankfurter Hauptwache gegen die Polizeiaktion beim Spiegel

SS, Abkürzung für Schutzstaffel, eine 1925 aus der SA abgesonderte nationalsozialistische Gliederung, die sich seit 1929 unter der Führung von HEINRICH HIMMLER zu einem innenpolitischen und militärischen Kampfverband entwickelte. Die SS-Totenkopfverbände waren für die Konzentrations- und Vernichtungslager verantwortlich. Die SS-Verfügungstruppe trat als Waffen-SS neben die Wehrmacht. Im Nürnberger Prozess wurde die SS zur ›verbrecherischen Organisation‹ erklärt.

Staatsrat, in der DDR ein Staatsorgan, das die Aufgaben des Staatsoberhaupts wahrnahm und dem zwischen den Sitzungen der Volkskammer auch die Rechte des Parlaments zufielen. Der Vorsitzende des Staatsrats war Staatsoberhaupt.

Städtebünde, im späten Mittelalter im Heiligen Römischen Reich häufige Zusammenschlüsse von Städten, die sich vor allem gegen die zunehmende Macht der Landesherren und gegen Ritterbünde richteten. Bedeutende Städtebünde waren u.a. die Hanse *(siehe dort),* der Rheinische Städtebund (1254–57, 1381–89) und der Schwäbische Städtebund (1376–89).

Stadtluft macht frei, Ausspruch, der darauf abhebt, dass im Mittelalter ein in eine Stadt zuziehender Landbewohner nach einer Aufenthaltsdauer von einem Jahr und einem Tag (Jahr und Tag) zur Rechtsgemeinschaft der Stadt gehörte und so gegebenenfalls auch seine Unfreiheit (Hörigkeit, Leibeigenschaft, *siehe dort*) abstreifen konnte.

Stahlpakt, 1939 geschlossener Freundschafts- und Bündnisvertrag zwischen dem nationalsozialistischen Deutschland und dem faschistischen Italien. Der Stahlpakt richtete sich besonders gegen die westlichen Demokratien. Beide Mächte sicherten sich bei kriegerischen Verwicklungen gegenseitig vollen militärischen Beistand zu.

Stalinnoten, Bezeichnung für vier diplomatische Vorstöße der Sowjetunion zur Lösung der deutschen Frage *(siehe dort)* 1952. Der sowjetische Vorschlag zum Abschluss eines Friedensvertrages mit Deutschland wurde von den Westmächten mit Zustimmung Bundeskanzler ADENAUERS abgelehnt, da sie zunächst freie Wahlen in ganz Deutschland, die Bildung einer gesamtdeutschen Regierung und erst danach den Abschluss eines Friedensvertrages wünschten, wozu die Sowjetunion nicht bereit war. An diesen gegensätzlichen Positionen scheiterte der Vorstoß, an dessen Ernsthaftigkeit bis heute schwere Zweifel bestehen.

Stammesherzogtümer, *siehe* Herzog.

Stasi, *die* volkstümliche Bezeichnung für den Staatssicherheitsdienst (SSD) der DDR, die als Ministerium für Staatssicherheit (MfS) arbeitende politische Polizei. Die Stasi diente dem Schutz der ›sozialistischen Staats- und Gesellschaftsordnung‹ sowie der Spionage und Gegenspionage. Sie stand außerhalb der Kontrolle der Volkskammer und unterhielt ein engmaschiges Netz von Informanten und Spitzeln im In- und Ausland.

Staufer, deutsches Herrschergeschlecht, das unter den Saliern im Königsdienst aufgestiegen war und beim Tod des letzten Saliers deren Erbe antrat. 1138–1254 stellten die Staufer die deutschen Könige (KONRAD III. [* 1093, † 1152], FRIEDRICH I. BARBAROSSA, HEINRICH VI. [* 1165, † 1197], PHILIPP

Staufer. Das Jagdschloss Castel del Monte, von Friedrich II. erbaut

von Schwaben [* um 1178, † 1208], Friedrich II., Konrad IV. [* 1228, † 1254]), wobei diese Zeit vom Gegensatz zwischen den Staufern und den konkurrierenden Welfen geprägt war. Auf dem Höhepunkt ihrer Macht unter Heinrich VI. herrschten die Staufer von Norddeutschland bis nach Sizilien. Mit der Enthauptung des letzten Staufers Konradin (* 1252, † 1268) in Neapel starb das Geschlecht im Mannesstamm aus.

Stein, Heinrich Friedrich Karl Reichsfreiherr vom und zum Politiker (* 1757, † 1831), wurde 1807 leitender Minister in Preußen und begann mit dessen Neuorganisation durch innere Reformen (*siehe* preußische Reformen). Als Gegner Napoleons I. musste er Ende 1808 zurücktreten. 1812/13 und beim Wiener Kongress war er Berater des russischen Zaren Alexander I. (* 1777, † 1825), konnte aber die Wiederherstellung der vorrevolutionären politischen Verhältnisse nicht verhindern.

Strauß, Franz Josef Politiker (* 1915, † 1988). Der Mitbegründer der CSU (1945) wurde 1952 stellvertretender Vorsitzender und war ab 1961 bis zu seinem Tod Vorsitzender seiner Partei. Mehrfach Bundesminister, war er ab 1978 Ministerpräsident von Bayern. Als Kanzlerkandidat der CDU/CSU scheiterte er 1980. Strauß, der durch seinen autoritären Führungsstil und sein polarisierendes Auftreten starke Emotionen weckte, gehörte zu den prägenden Politikern der Bundesrepublik Deutschland.

❧ Strauß löste 1962 die Spiegelaffäre *(siehe dort)* aus.

Stresemann, Gustav Politiker (* 1878, † 1929). Als Reichskanzler (1923) und Außenminister (1923–29) prägte Stresemann maßgeblich die Außenpolitik der Weimarer Republik. Im Mittelpunkt stand dabei sein Bemühen, durch Verhandlungen mit den Siegermächten des Ersten Weltkriegs und vor allem mit Frankreich die Revision des Versailler Vertrags (Ende der Reparationen und der Besetzung des Rheinlands) zu erreichen. Dabei erzielte er große Erfolge. 1926 erhielt er mit dem französischen Außenminister Aristide Briand den Friedensnobelpreis.

Studentenbewegung, Sammelbezeichnung für die in den 1960er-Jahren in verschiedenen Ländern vor allem Westeuropas und Nordamerikas auftretenden und Anfang der 1970er-Jahre wieder abklingenden Unruhen unter Studenten mit politischen Aktionen an den Hochschulen. In der Bundesrepublik Deutschland hatte sie vor allem den Protest gegen den Vietnamkrieg (*siehe* Kapitel 1) und die Notstandsgesetze (*siehe* Kapitel 3) zum Inhalt. Die Studentenbewegung war Teil der APO *(siehe dort)*.

Gustav Stresemann und der französische Außenminister Aristide Briand

Sudetenkrise, von November 1937 bis September 1938 die europäische Politik beherrschende Krise um den von den Nationalsozialisten geforderten Anschluss der von Deutschen bewohnten Teile der Tschechoslowakei (Sudetengebiete) an das Deutsche Reich. Angesichts der Entschlossenheit Hit-

LERS, die Angliederung auch militärisch zu erzwingen, kam es 1938 zur Abtretung der Sudetengebiete an Deutschland im Münchener Abkommen *(siehe dort)*.

Tabakskollegium, nach dem reichlichen Tabakgenuss benannte, fast täglich stattfindende Abendgesellschaft des preußischen Königs FRIEDRICH WILHELM I., zu der sich neben den engsten Beratern des Königs auch Gäste einfanden. Dabei wurde auf alle Formalitäten und jede Etikette verzichtet. Politische Bedeutung gewann das Tabakskollegium dadurch, dass einige Teilnehmer österreichische Agenten waren, die den König im Sinne der österreichischen Politik zu beeinflussen versuchten.

Der sowjetische Partei- und Regierungschef Nikita Chruschtschow im Juli 1958 bei einem Besuch in Ost-Berlin. Links hinter ihm Walter Ulbricht, rechts Otto Grotewohl

Territorialherrschaft, *siehe* Landesherrschaft.

Territorialstaat, *siehe* Kapitel 3.

Thälmann, Ernst Politiker (* 1886, † 1944). Aus der SPD hervorgegangen, stieß Thälmann 1920 zur KPD, deren Vorsitzender er 1925 wurde. Unter seiner Führung wurde die KPD der Kommunistischen Partei der Sowjetunion unter STALIN gleichgeschaltet. 1924–33 Mitglied des Reichstags, kandidierte Thälmann 1925 und 1932 für das Amt des Reichspräsidenten. Seit 1933 in Konzentrationslagern, wurde er 1944 ermordet.

Thing, *das* bei den Germanen die Volks-, Heeres- und Gerichtsversammlung, auf der alle Rechtsangelegenheiten des Stammes behandelt wurden. Im Fränkischen Reich entwickelte sich aus dem Thing die Gerichtsversammlung unter der Leitung des jeweils zuständigen Grafen. Obwohl das Thing teilweise bis ins 18. Jh. bestand, verlor es bereits im Mittelalter wesentlich an Bedeutung und wurde durch die Gerichtsversammlungen der Städte und Landesherrschaften verdrängt.
❧ Der Ausdruck ›dingfest machen‹ hat seinen Ursprung in der Tatsache, dass vor dem Thing Angeklagte zum Verfahren verhaftet wurden.

Thüringer, germanischer Stamm im Raum beiderseits der Saale. Nach Zerschlagung des thüringischen Königtums durch die Franken 531 wurden die Thüringer größtenteils ins Fränkische Reich *(siehe dort)* einbezogen, wo sie christianisiert wurden und zeitweilig ein Stammesherzogtum (*siehe* Herzog) unter fränkischen Herzögen bildeten. Nach den Reichsteilungen des 9. Jh. gehörten sie zum Ostfränkischen Reich und bildeten einen der sechs deutschen Stämme.

Transitabkommen, Vertrag zwischen der Bundesrepublik Deutschland und der DDR von 1971/72, der als Teil des Viermächteabkommens die Art und Weise des Verkehrs zwischen dem Bundesgebiet und West-Berlin regelte. Es blieb bis zur deutschen Vereinigung Grundlage für den Berlinverkehr.

Trizone, im April 1949 erfolgte Erweiterung der Bizone *(siehe dort)* durch den Anschluss der französischen Besatzungszone zu einem die drei westlichen Besatzungszonen Deutschlands umfassenden Wirtschaftsgebiet. Aus ihr ging im Mai 1949 die Bundesrepublik Deutschland hervor.

Ulbricht, Walter Politiker (* 1893, † 1973). Als Mitbegründer der KPD war Ulbricht 1938–45 im Exil in der Sowjetunion. Hier erlangte er eine führende Position in der Exil-KPD. An der Spitze der ›Gruppe Ulbricht‹ begann er bereits im Mai 1945 mit dem Aufbau der kommunistischen Herrschaft in der sowjetischen Besatzungszone. 1946 war er einer der Hauptbeteiligten bei der Zwangsvereinigung von SPD und KPD zur SED. 1950–71 Generalsekretär der SED, wurde er 1960 Staatsoberhaupt der DDR, 1968 gehörte er zu den schärfsten Gegnern des Prager Frühlings. Er hatte entscheidenden Anteil am Aufbau des Herrschaftssystems der SED in der DDR und an deren Einbeziehung in den Ostblock.

Ungarneinfälle, Bezeichnung für die Raubzüge ungarischer Reiterheere v.a. in den Südosten des Deutschen Reichs in der ersten Hälfte des 10. Jh. Die Ungarneinfälle, die vorübergehend zu Tributzahlungen des Reichs an die Ungarn geführt hatten, endeten nach der vernichtenden Niederlage der Ungarn gegen OTTO I., DEN GROSSEN, auf dem Lechfeld bei Augsburg 955.

Vernichtungslager, besondere Form der nationalsozialistischen Konzentrationslager, deren Zweck die Tötung ihrer Häftlinge war. Sie wurden 1941/42 vor allem in den besetzten Gebieten Osteuropas eingerichtet und dienten in erster Linie zur Ausrottung der europäischen Juden, wie sie als ›Endlösung der Judenfrage‹ *(siehe dort)* seit der Wannseekonferenz *(siehe dort)* betrieben wurde.

Versailler Vertrag, Friedensvertrag zwischen dem Deutschen Reich und den Siegermächten des Ersten Weltkriegs von 1919, der für Deutschland große Gebietsabtretungen vor allem an Frankreich und Polen, den Verlust aller Kolonien, ein Anschlussverbot für Österreich, die Entmilitarisierung des Rheinlands, eine weitgehende Entwaffnung und drückende Reparationszahlungen enthielt. Die Revision des Versailler Vertrags, der von der deutschen Bevölkerung überwiegend als ungerechtes Diktat der Sieger empfunden wurde und Deutschland die alleinige Kriegsschuld zuwies, war das Hauptziel der deutschen Außenpolitik seit 1919. Seine Regelungen verhinderten einen Ausgleich zwischen Deutschland und den Siegern sowie eine dauerhafte Gesundung der deutschen Wirtschaft. Die nationalistische deutsche Rechte rechtfertigte mit ihm die Ablehnung der Weimarer Republik.

Vertriebene, allgemein alle aus ihrer Heimat zwangsweise vertriebenen Personen; in engerem Sinn alle Deutschen, die infolge des Zweiten Weltkriegs aus ihren außerhalb der heutigen Bundesrepublik Deutschland gelegenen Wohnsitzen vertrieben wurden. Von den 1937 rund 16,6 Millionen in den Ostgebieten und außerhalb der Reichsgrenzen lebenden Deutschen wurde aufgrund des Potsdamer Abkommens *(siehe dort)* der größte Teil bis 1947 unter Gewaltanwendung in die vier Besatzungszonen Deutschlands umgesiedelt.

Viermächteabkommen, auch als Berlinabkommen bezeichneter, 1971 ausgehandelter Vertrag zwischen den vier Siegermächten des Zweiten Weltkriegs über die Bindungen West-Berlins an die Bundesrepublik Deutschland. Das Viermächteabkommen führte zu zahlreichen praktischen Verbesserungen, ohne den Status Berlins, das weiter unter der Hoheit der vier Mächte blieb, zu verändern. Es trat im Juni 1972 in Kraft.

Vogt, im Mittelalter der Schutzherr und Vertreter kirchlicher Einrichtungen (Klöster, Abteien) in weltlichen Angelegenheiten, besonders vor Gericht. Allmählich erlangten die Vögte die Stellung von Gerichtsherren. Durch Erwerb zahlreicher Vogteien erweiterten im späten Mittelalter viele Landesherren ihre Macht; die Vogtei wurde wichtiges Element beim Ausbau der Landesherrschaft.

Volk ohne Raum, *siehe* Lebensraumideologie.

Volksgerichtshof, ab 1934 das höchste nationalsozialistische Gericht zur Aburteilung von Hoch- und Landesverrat. Der Volksgerichtshof war ein Sondergericht, das mit seinen drakonischen Strafen und die Beklagten entwürdigenden Verhandlungsformen zu einem Instrument nationalsozialistischen Terrors wurde.

❧ Ende Januar 1985 erklärte der Deutsche Bundestag die Urteile des Volksgerichtshofs für nichtig.

Der Präsident des Volksgerichtshofs, Roland Freisler, verliest Urteile gegen Widerstandskämpfer des 20. Juli 1944

Volkskammer, das Parlament der DDR. Die Volkskammer wurde auf fünf Jahre nach zuvor unter Kontrolle der SED aufgestellten Einheitslisten der Nationalen Front der DDR gewählt. Obgleich formal das höchste Machtorgan des Staats, bildete sie in Wirklichkeit nur ein Ausführungsorgan für die von der SED festgelegte Politik. Die einzige frei gewählte Volkskammer (März 1990 gewählt) vollzog den Beitritt der DDR zur Bundesrepublik Deutschland.

Vormärz, Bezeichnung für die Zeit von 1815 (Wiener Kongress), oft auch von 1830 (Julirevolution), bis zur Märzrevolution von 1848. Kennzeichnend für diese Epoche sind äußerer Friede und Ruhe im Innern, die durch reaktionäre Maßnahmen (Karlsbader Beschlüsse) erzwungen wurden. Dennoch entstand die liberale, demokratische und nationale Bewegung, getragen vom Bürgertum, das sich zunächst auf kulturellem und wirtschaftlichem Gebiet emanzipierte und schließlich nach politischer Mitsprache strebte.

Die Wacht am Rhein, 1840 erstmals veröffentlichtes patriotisches und frankreichfeindliches Lied, das im Deutsch-Französischen Krieg 1870/71 zum Kampf- und Siegeslied der deutschen Truppen wurde.

Währungsreform, allgemein die Neuordnung des Geldwesens eines Landes nach einer vollständigen Zerrüttung. Die deutsche Geschichte des 20. Jh. kennt als Folgen der beiden verlorenen Weltkriege zwei Währungsreformen. 1923 war der Wert der Mark auf ein Billionstel ihres Nennwerts gesunken. Mit der Rentenmark wurde eine Übergangswährung eingeführt und der Wert der Mark wieder gefestigt. Die Währungsreform von 1948, mit der in den drei westlichen Besatzungszonen die Reichsmark durch die Deutsche Mark (DM) ersetzt wurde, schuf die Grundlage für den gleichzeitigen Übergang zur Marktwirtschaft und das Wirtschaftswunder. Da in der sowjetischen Besatzungszone daraufhin eine Währungsreform mit einer eigenen Deutschen Mark (später Mark der DDR) durchgeführt wurde, bedeutete sie einen Schritt zur Vertiefung der deutschen Teilung.

Wallenstein, Albrecht Wenzel Eusebius von Feldherr und Staatsmann des Dreißigjährigen Krieges (* 1583, † 1634). Wallenstein, der sein Heer mit eigenen Mitteln aufstellte, führte 1625–30 und nach einer durch Druck der katholischen Reichsfürsten verursachten Unterbrechung 1632–34 mit großem Erfolg die kaiserlichen Truppen. Er stieg zum Herzog von Friedland (1625), Fürsten von Sagan (1627/28) und Herzog von Mecklenburg (1627/29) auf. Verhandlungen mit den Kriegsgegnern seit 1632 brachten ihn in Gegensatz zum kaiserlichen Hof, woraufhin er geächtet und ermordet wurde.

❧ Wallenstein fasste seine Kriegspläne nur nach Rücksprache mit seinem Astrologen.

Wannseekonferenz, Tagung von Spitzenvertretern der obersten Reichs- und Parteibehörden des nationalsozialistischen Deutschlands im Januar 1942 am Wannsee in Berlin. Die Teilnehmer besprachen Maßnahmen zur Ausrottung der Juden in den von deutschen Truppen besetzten Gebieten, vor allem die Errichtung von Vernichtungslagern (›Endlösung der Judenfrage‹ *siehe dort*).

Wartburg, oberhalb von Eisenach in Thüringen gelegene Burg. Hier wurde MARTIN LUTHER *(siehe dort)* nach der Verhängung der Reichsacht gegen ihn auf dem Reichstag zu Worms 1521 durch seinen Landesherrn FRIEDRICH DEN WEISEN von Sachsen (* 1463, † 1525) versteckt. Während dieses zehn Monate dauernden Aufenthaltes übersetzte LUTHER u. a. das Neue Testament ins Deutsche. Die Wartburg war 1817 auch Schauplatz des Wartburgfestes.

Wartburgfest, Fest der Burschenschaften auf der Wartburg in Thüringen 1817. Anlass war die 300-Jahr-Feier des Thesenanschlags MARTIN LUTHERS. Beim Wartburgfest wurden Forderungen nach Demokratie und nationaler Einheit erhoben, die zum Verbot der Burschenschaften und zur Verfolgung ihrer Anhänger in den Staaten des Deutschen Bunds führten.

Wehner, Herbert Politiker (* 1906, † 1990), war 1927–42 Mitglied der KPD und lebte 1935–46 in der Sowjetunion und in Schweden im Exil. Als Bundestagsabgeordneter der SPD (1949–83), stellvertretender Parteivorsitzender (1958–73) und Fraktionsvorsitzender im Bundestag (1969–83) hatte er entscheidenden Anteil an der Öffnung der SPD durch das Godesberger Programm 1959 und 1969–82 an der sozialliberalen Regierungspolitik.

Wehrmacht, 1935–45 Bezeichnung für die aus der Reichswehr hervorgegangenen deutschen Streitkräfte (Heer, Marine, Luftwaffe), die aufgrund der allgemeinen Wehrpflicht rekrutiert wurden und ADOLF HITLER als Oberbefehlshaber unterstanden.

Weimarer Republik, Benennung für das Deutsche Reich in der Zeit 1919–33, nach der 1919 in Weimar tagenden verfassunggebenden Nationalversammlung. Die Weimarer Republik war ein demokratisch-parlamentarischer Bundesstaat, der, aus der Novemberrevolution hervorgegangen, das bismarcksche Reich fortsetzte. Sie war durch die deutsche Niederlage im Ersten Weltkrieg und den Versailler Vertrag schwer belastet. Dies begünstigte das Anwachsen der nationalistischen Rechten und kommunistischen Linken, besonders nachdem es ab 1929 zur Massenarbeitslosigkeit kam. Die Radikalisierung des politischen Lebens und anhaltende wirtschaftliche Schwierigkeiten führten zu einer Staatskrise, die 1933 den Zusammenbruch der Weimarer Republik und die Errichtung der nationalsozialistischen Diktatur zur Folge hatte.

Weiße Rose, 1942/43 eine studentische Widerstandsgruppe an der Universität München, die in Flugblättern die nationalsozialistische Diktatur anprangerte und eine moralische Erneuerung Deutschlands forderte. Die Mitglieder (u. a. HANS [* 1918, † 1943] und SOPHIE SCHOLL [* 1921, † 1943]) wurden zum Tod verurteilt und hingerichtet.

Welfen, deutsches Adelsgeschlecht mit umfangreichem Besitz in Schwaben, Bayern und Sachsen, das mit HEINRICH DEM LÖWEN und OTTO IV. (* 1177, † 1218) die Hauptgegenspieler der Staufer *(siehe dort)* stellte. Danach spielten die Welfen in der Reichspolitik keine wesentliche Rolle mehr. Erst die lüneburgische Teillinie Calenberg erlangte nach dem Aufstieg zum Kurfürstentum Hannover 1692 erneut Bedeutung, die durch die Nachfolge auf den englischen Thron 1714 noch gesteigert wurde. Die Familie der Welfen existiert noch heute.

Westfälischer Friede, Bezeichnung für die Friedensschlüsse von Münster und Osnabrück vom 24. 10. 1648, mit denen der Dreißigjährige Krieg *(siehe dort)* beendet wurde. Der Westfälische Friede bildete ein Reichsgrundgesetz des Heiligen Römischen Reichs, dessen Schwäche er zugleich offen legte. Seine Hauptinhalte sind: Abtretung von Gebieten an Frankreich und Schweden; Ausscheiden der Schweiz und der Niederlande aus dem Reich; Anerkennung des Calvinismus als dritte Konfession unter dem Schutz des Augsburger Religionsfriedens *(siehe dort);* volle Landeshoheit für alle Reichsstände einschließlich des Bündnisrechts; Notwendigkeit der Zustimmung des Reichstags für die Außenpolitik des Reichs; Einführung einer achten Kurwürde (*siehe* Kurfürsten).

Widerstandsbewegung, allgemein die aktive Auflehnung gegen ein als despotisch, unsittlich und verderblich empfundenes Regime, in Deutschland vor allem Sammelbezeichnung für die Gruppen, die sich 1933–45 gegen das nationalsozialistische Regime auflehnten. Die Widerstandsbewegung war keine Massenbewegung, sondern bestand nur aus kleinen Gruppen, die untereinander meist keinen Kontakt hatten. Ihr Spektrum reichte von konservativ-kirchlichen Kreisen bis zu kommunistischen Gruppen und schloss auch Militärs ein. Nennenswerte Erfolge konnte die deutsche Widerstandsbewegung nicht erringen. Auch ihre spektakulärste Aktion, das durch Oberst CLAUS SCHENK GRAF VON STAUFFENBERG (* 1907, † 1944) verübte Attentat vom 20. Juli 1944 auf ADOLF HITLER und der damit verbundene Putschversuch konservativer Kreise des Widerstands in Verwaltung und Armee, scheiterte.

Wiedervereinigung, allgemein die Erneuerung der staatlichen Einheit eines geteilten Landes. Nach der 1949 vollzogenen Zweiteilung Deutschlands in die DDR und die Bundesrepublik galt eine Wiedervereinigung unter Übertragung des jeweiligen politischen Systems auf den zu bildenden Gesamtstaat zunächst als Ziel beider Staaten. Die DDR rückte seit den 1960er-Jahren davon ab, während die Bundesrepublik daran festhielt. Am 3. 10. 1990 kam es zur deutschen Vereinigung durch Beitritt der DDR zur Bundesrepublik Deutschland. Dem Beitritt war der Abschluss des Einigungsvertrags vom 31. 8. 1990 vorausgegangen.

Wilhelm I., König von Preußen und deutscher Kaiser (* 1797, † 1888). Ab 1858 war Wilhelm I. für seinen geisteskranken Bruder FRIEDRICH WILHELM IV. (* 1795, † 1861) Regent in Preußen (König seit 1861) und leitete die Neue Ära ein. 1862 ernannte er im preußischen Verfassungskonflikt *(siehe dort)* OTTO VON BISMARCK zum Ministerpräsidenten, von dem er sich zeitlebens politisch leiten ließ. Am 18. Januar 1871 wurde er in Versailles zum deutschen Kaiser gekrönt, wodurch die (kleindeutsche) Einheit vollendet wurde (*siehe auch* Großdeutsche).

Wilhelm II., deutscher Kaiser und König von Preußen (* 1859, † 1941). Wilhelm II. erzwang nach seinem Regierungsantritt 1888 den Rücktritt BISMARCKS als Reichskanzler (1890). Seine Vorliebe für das Militärische und seine oft unbedachten Äußerungen erweckten – vor allem im Ausland – häufig den Anschein despotischer Neigungen und kriegerischer Absichten. Da er die außenpolitischen Gefahren nicht richtig einschätzte, wirkten sich seine Versuche, die deutsche Politik persönlich zu leiten (persönliches Regiment), negativ aus. Am Ende des Ersten Weltkriegs musste er abdanken und ging in die Niederlande ins Exil.

Wilhelmstraße, seit 1706 Name einer Straße in Berlin, benannt nach dem preußischen König Friedrich Wilhelm I. In der Straße befanden sich seit dem 19. Jh. preußische Ministerien und 1871–1945 Reichsministerien, v. a. das Auswärtige Amt und die Reichskanzlei. Der Straßenname wurde daher oft synonym für das Auswärtige Amt und dessen Politik gebraucht.

Winterkönig, Beiname Kurfürst FRIEDRICHS V. VON DER PFALZ (* 1596, † 1632). Als Führer der Calvinisten im Heiligen Römischen Reich wurde er 1619 im Zuge des böhmischen Aufstands gegen die habsburgische Herrschaft, der der Auftakt des Dreißigjährigen Kriegs war, von den böhmischen Landständen zum König gewählt. Der Beiname bezieht sich auf sein kurzes, nur einen Winter behauptetes Königtum in Böhmen (gewählt im August 1619, in Prag seit Oktober, gekrönt 4. 11. 1619, geflohen 8. 11. 1620 nach der Schlacht am Weißen Berg).

Wirtschaftswunder, Schlagwort für den unerwartet schnellen wirtschaftlichen Aufstieg in Westdeutschland nach 1948.

Wittelsbacher, nach der bei Aichach gelegenen Burg Wittelsbach benanntes bayerisches Fürstengeschlecht, das vom 12. Jh. bis 1918 die Herrscher besonders Bayerns, der Kurpfalz und zahlreicher geistlicher Territorien stellte und so die deutsche Geschichte prägte. Mit LUDWIG IV., DEM BAYERN (* um 1281, † 1347), RUPRECHT VON DER PFALZ (* 1352, † 1410) und KARL VII. ALBRECHT (* 1697, † 1745) waren Wittelsbacher deutsche Könige bzw. Kaiser.

Wormser Konkordat, 1122 zwischen Kaiser HEINRICH V. (* 1086, † 1125) und päpstlichen Legaten in Worms getroffene Vereinbarung, die den Investiturstreit *(siehe dort)* im Heiligen Römischen Reich beendete. Der Kaiser verzichtete auf das Recht, die geistlichen Würdenträger in ihre kirchlichen Ämter einzusetzen, behielt aber das Recht auf die vorherige Einsetzung in die zum Amt gehörenden weltlichen Rechte.

Zentrumspartei, 1870 gegründete katholische politische Partei. Ihre Wählerschaft umfasste den überwiegenden Teil der deutschen Katholiken von weit rechts bis in die Arbeiterschaft hinein. Im Kulturkampf *(siehe dort)* war die Zentrumspartei ein Hauptgegner BISMARCKS. In der Weimarer Republik hatte sie in allen Reichsregierungen entscheidenden Einfluss. Von den Nationalsozialisten wurde sie wie alle anderen Parteien verboten. Nach dem Zweiten Weltkrieg ging sie in der CDU auf.

Zwanzigster Juli 1944, *siehe* Widerstandsbewegung.

3
Politik

Untersuchungen, was Politik ist, gibt es seit der Antike. Die antiken Philosophen, unter ihnen PLATON und ARISTOTELES, verstanden unter Politik eine Lehre von der rechten Ordnung des Gemeinschaftslebens. Der Mensch wird danach als Gemeinschaftswesen verstanden, das nur im Verband mit anderen zur Erfüllung seines wahren Wesens und zur Verwirklichung eines tugendhaften Lebens gelangen kann. Diese Auffassung galt auch noch für das Mittelalter.
NICCOLÒ MACCHIAVELLI (*1469, †1527) hingegen beschrieb Politik als Kunstlehre für Fürsten, die Macht im Staat zu erobern, zu mehren und zu erhalten oder die Stellung eines Staates unter anderen zu verbessern. Politik wurde damit zur Machttechnik, zu ihrem Hauptinhalt wurde der Machtgewinn. Die Lehre von der Staatsräson bestimmte die Politik der Staaten bis in die Gegenwart. Der Wirtschaftshistoriker und Soziologe MAX WEBER beschrieb Politik als ›Streben nach Machtanteil oder nach Beeinflussung der Machtverteilung‹. Diese Position radikalisierte der Staatsrechtler CARL SCHMITT (*1888, †1985), als er das Element des Kampfes in der Politik betonte und damit das Politikverständnis formulierte, das totalitäre Staaten prägt. Bei diesen ist Politik nur der Kampf gegen äußere Feinde, im Inneren hingegen ist in der totalitär hergestellten Einheit von Staat und Gesellschaft kein Raum mehr für Politik. Im marxistischen Verständnis endet Politik mit dem Sieg des Proletariats im Klassenkampf und der Aufhebung aller Klassen als den Trägern von Politik. Das staatliche Handeln und die wichtigsten Grundsätze in den verschiedenen Politikbereichen Außenpolitik, Innenpolitik, Kulturpolitik, Rechtspolitik und Sozialpolitik sind das Thema dieses Kapitels.

Abgeordnetenhaus, eine parlamentarische Vertretung, z. B. das Landesparlament in Berlin. In Ländern mit einem so genannten Zweikammersystem *(siehe dort)* ist das Abgeordnetenhaus die von den Bürgern direkt gewählte parlamentarische Vertretung, die zweite Kammer ist der Senat *(siehe dort)* oder das Oberhaus *(siehe dort).*

Abkommen von Lomé, vier Abkommen zwischen den Europäischen Gemeinschaften und den AKP-Staaten, die die Zusammenarbeit zwischen den Ländern regeln und Vereinbarungen über die Entwicklungshilfe und den Zugang zum Europäischen Markt enthalten. Das Lomé-IV-Abkommen enthält u. a. Gesichtspunkte zum Schutz der Menschenrechte und zum Umweltschutz (auch zum Erhalt der tropischen Regenwälder).

ABM, Abkürzung für englisch ›**A**nti**b**allistic **M**issiles‹, d. h. Raketen, die anfliegende feindliche Raketen im Flug abfangen und zerstören sollen.
❧ Im zweiten Golfkrieg um Kuwait (Januar/Februar 1991; *siehe* Kapitel 1) wurden diese Waffensysteme eingesetzt.

ABM, *siehe* **A**rbeits**b**eschaffungs**m**aßnahmen.

Abtreibung, ärztlicher Eingriff, um den Abbruch einer Schwangerschaft zu erreichen. In Deutschland gilt im Prinzip eine ›Fristenlösung‹. Danach ist ein Schwangerschaftsabbruch innerhalb der ersten

12 Wochen erlaubt, wenn die Schwangere nachweist, dass sie sich über die Fortsetzungsmöglichkeiten der Schwangerschaft hat beraten lassen, und der Abbruch von einem Arzt durchgeführt wurde. Nicht rechtswidrig ist ferner ein Schwangerschaftsabbruch, wenn er erfolgt, um eine schwerwiegende gesundheitliche Beeinträchtigung der Mutter abzuwehren, die Schwangerschaft auf einem Sexualdelikt beruht oder Missbildungen bei dem ungeborenen Kind erkennbar sind.

AKP-Staaten, Kurzbezeichnung für die Entwicklungsländer (*siehe* Kapitel 4) in **A**frika, in der **K**aribik und im **P**azifik, die mit den Europäischen Gemeinschaften die Abkommen von Lomé *(siehe dort)* geschlossen haben. Inzwischen gehören dazu rund 70 Länder. Die EU stellt den AKP-Staaten zinsgünstige Kredite für den Aufbau ihrer Infrastruktur und die Zusammenarbeit in Landwirtschaft und Industrie zur Verfügung, die AKP-Staaten haben außerdem zollfreien Zugang zum Europäischen Markt. Auf diese Weise sollen sie ein Mindesteinkommen an Exporterlösen erhalten.

Amnestie, *die* [griechisch ›Vergessen, Vergebung‹], ein Strafnachlass oder eine Strafverschonung, die vom Staat aus einem bestimmten Anlass heraus (z. B. staatlicher Feiertag) für eine unbestimmte Anzahl von Fällen gewährt wird.

Amnesty International [ˈæmnəstɪ ɪntəˈnæʃnl], Abkürzung **ai,** eine international tätige Organisation zum Schutz der Menschenrechte. ai finanziert sich aus Spenden; die verschiedenen ai-Gruppen ›adoptieren‹ einen politischen Gefangenen und versuchen, diesem zu helfen, z. B. durch die Information der Öffentlichkeit über dessen Schicksal, durch Organisation von Postkarten- und Briefaktionen. 1976 erhielt ai den Friedensnobelpreis. Die Zentrale von ai ist in London.

Anarchismus, *der* eine politische Ideologie, die die Abschaffung der staatlichen Autorität und letztlich des Staates selbst fordert. An seine Stelle sollen der individuelle Wille und die freiwillige Zusammenarbeit der Menschen treten.

Annan, Kofi ghanaischer Politiker (* 1938), wurde 1996 zum Generalsekretär der UNO gewählt. Nach seinem Studium der Wirtschaftswissenschaften trat er 1962 in den Dienst der UNO. 1983 wurde Annan Budgetdirektor für Finanzdienstleistungen der UNO, 1990 Controller für Programmplanung, Budget und Finanzen und stieg 1993 zum stellvertretenden Generalsekretär für die friedenserhaltenden Missionen auf. 1995 war er UNO-Sonderbeauftragter auf dem Balkan.

Anstalt des öffentlichen Rechts, eine öffentlich-rechtliche Verwaltungseinrichtung, die aufgrund eines Gesetzes gegründet wird und bestimmte öffentliche Verwaltungsaufgaben unter Aufsicht des Staates erfüllt, z. B. Rundfunkanstalten oder die kommunalen Sparkassen. Die Anstalt des öffentlichen Rechts hat eine eigene Rechtspersönlichkeit (so genannte juristische Person).

Antarktisvertrag, internationales Abkommen, das die wissenschaftliche Forschung im Südpolargebiet

Frauen demonstrieren in Hamburg gegen den Abtreibungsparagraphen 218 (1974)

(Antarktis) fördern und die Nutzung der Antarktis für friedliche Zwecke sicherstellen soll. Der Antarktisvertrag wurde am 1. Dezember 1959 von zwölf Staaten unterzeichnet (die Bundesrepublik Deutschland folgte später) und trat am 23. Juni 1961 in Kraft. Der Vertrag verbietet das Anlegen von Militärstützpunkten, Waffenerprobungen, Kernexplosionen und die Ablagerung von Atommüll.

❧ Der Antarktisvertrag war der erste internationale Vertrag, der die Kernwaffenerprobung einschränkte.

Antisemitismus, *siehe* Kapitel 1.

Apartheid, *die* [afrikaans ›Gesondertheit‹], eine Form rassistischer Herrschaft. Nach Ansicht ihrer Befürworter sind Weiße bevorrechtigte Menschen, denen alle Rechte, Mischlingen und farbigen Menschen dagegen keine oder nur geringe politische Rechte zustehen. In Südafrika führte die Politik der Apartheid zu einer strikten Trennung zwischen der farbigen Mehrheit und den Weißen. Ende 1993 wurden die Apartheidgesetze in Südafrika ungültig.

❧ Auch in den USA gab es bis zu Beginn der 1960er-Jahre in den Südstaaten eine Apartheidpolitik.

Appeasement, *das* [əˈpi:zmənt; englisch ›Beruhigung‹], eine politische Haltung, die dazu neigt, die aggressive Politik anderer Staaten zu tolerieren und durch politische Zugeständnisse zu unterstützen, um einen Krieg zu vermeiden.

❧ Klassisches Beispiel der Appeasementpolitik ist das Münchener Abkommen von 1938 (*siehe* Kapitel 2).

Arabische Liga, Bezeichnung für den Zusammenschluss der arabischen Staaten im Pakt von Kairo 1945. Der Pakt sollte ursprünglich über die Zusammenarbeit in wirtschaftlichen, sozialen, politischen und kulturellen Fragen zu einer einigen ›arabischen Nation‹ führen. Die vielen politischen Differenzen und unterschiedlichen Interessen der arabischen Staaten verhinderten dies bislang.

Arbeiter, heute vorwiegend in Gewerbe und Industrie Beschäftigte mit überwiegend körperlicher Tätigkeit. Im 19. Jh. waren die Arbeiter eine vergleichsweise geschlossene Gruppe (›Arbeiterklasse‹) mit einer eigenen Kultur, der Arbeiterbewegung. Durch soziale Verbesserungen nach dem Ersten und Zweiten Weltkrieg verringerten sich die Unterschiede zu den Angestellten (z. B. wurden die wöchentliche Lohnzahlung auf monatliche Gehaltszahlung umgestellt und die Kündigungsfristen angeglichen). Unterschiede zwischen Arbeitern und Angestellten bestehen heute nur noch in wenigen versicherungs- und arbeitsrechtlichen Bestimmungen.

Apartheid. Blick auf die Township Crossroads bei Kapstadt

Arbeitgeberverbände, freiwillige Vereinigungen von Arbeitgebern, meist Unternehmen, in der Rechtsform des eingetragenen Vereins. Als Verhandlungs- und Vertragspartner der Gewerkschaften vertreten sie die sozialpolitischen Belange ihrer Mitglieder; bei ihnen liegt auch die Tarifhoheit *(siehe dort)* für den jeweiligen Wirtschaftszweig.

Arbeitsbeschaffungsmaßnahmen, auch ABM genannt, von der Arbeitsverwaltung finanzierte Arbeitsplätze für Arbeitslose. Die ABM-Stellen werden meist von Kommunen und Verbänden eingerichtet und sind auf zwei Jahre befristet. In dieser Zeit soll der Arbeitslose wieder in den Arbeitsprozess eingegliedert werden. Einen Teil der Kosten muss die Beschäftigungsstelle übernehmen. Wird der Arbeitslose fest eingestellt, kann das Arbeitsamt die Stelle noch ein drittes Jahr fördern.

Arbeitslosenquote, Anteil der Arbeitslosen an der Gesamtzahl der Arbeitnehmer.

Arbeitslosenversicherung, Zweig der Sozialversicherung, dem die Sicherung von Arbeitsplätzen und die Zahlung finanzieller Leistungen an Arbeitslose zukommt. Versicherungsträger ist die Bundesanstalt für Arbeit in Nürnberg.

Arbeitslosigkeit, der Zustand einer vorübergehenden Beschäftigungslosigkeit von Menschen, die berufsmäßig Arbeitnehmer sind. Arbeitslosigkeit ist nach dem Recht in der Bundesrepublik Deutschland auch dann gegeben, wenn Arbeitnehmer nicht mehr als 20 Stunden in der Woche beschäftigt werden (so genannte geringfügig Beschäftigte). Arbeitslosigkeit ist Voraussetzung für Arbeitslosengeld und Arbeitslosenhilfe (*siehe auch* Arbeitslosenversicherung).

ARD, Abkürzung für **A**rbeitsgemeinschaft der öffentlich-rechtlichen **R**undfunkanstalten der Bundesrepublik **D**eutschland. Sie ist der Zusammenschluss der zehn Landesrundfunkanstalten sowie der beiden Bundesanstalten Deutschlandfunk und Deutsche Welle.

Aristokratie, *die* [griechisch ›Herrschaft der Besten‹], Bezeichnung einer Staatsform, in der die Herrschaft im Besitz einer bevorrechtigten sozialen Gruppe, nämlich des Adels, ist. Nach der Staatstheorie des griechischen Philosophen und Lehrers ARISTOTELES steht die Aristokratie zwischen der Monarchie und der Demokratie (*siehe auch* Adel).

ASEAN, Abkürzung für englisch ›**A**ssociation of **S**outh **E**ast **A**sian **N**ations‹, ›Vereinigung Südostasiatischer Staaten‹, eine 1967 von Indonesien, Malaysia, den Philippinen, Singapur und Thailand gegründete Vereinigung, die den Frieden, den wirtschaftlichen und den sozialen Wohlstand in der Region fördern will. 1984 trat Brunei, 1995 Vietnam bei. Birma, Kambodscha und Laos wollen als Vollmitglieder in der nächsten Zeit beitreten.

Asyl, *das* [zu griechisch ásylon ›Unverletzliches‹], Zufluchtsort für Verfolgte.

❧ Im Mittelalter boten die Kirchen Asyl; wer sich in einen kirchlichen Raum flüchten konnte, durfte von der staatlichen Gewalt nicht festgenommen werden, solange er sich dort aufhielt.

Asylrecht, das Recht eines politisch Verfolgten, in der Bundesrepublik Deutschland Schutz vor Verfolgung durch seinen Heimatstaat zu erhalten. Das Asylrecht ist in Artikel 16 a des Grundgesetzes festgeschrieben. Auf ein Asylrecht kann sich nicht berufen, wer über einen ›sicheren Drittstaat‹ einreist, in dem die Anwendung des ›Abkommens über die Rechtsstellung der Flüchtlinge und der Konvention zum Schutze der Menschenrechte und Grundfreiheiten‹ sichergestellt ist. Zuständig für die Anerkennung als politisch Verfolgter ist das Bundesamt für die Anerkennung ausländischer Flüchtlinge in Zirndorf (Bayern).

❧ Das Asylrecht in der Bundesrepublik wurde in Erinnerung an das Dritte Reich beschlossen, als viele Deutsche vor den Nationalsozialisten fliehen mussten.

Atomwaffen, auch Kernwaffen genannte Waffensysteme; ihre zerstörende Wirkung beruht auf einer äußerst schnell ablaufenden Kettenreaktion, die ungeheure Energiemengen freisetzt. Z.T wird heute abgereichertes Uran in Waffen verwendet.

atomwaffenfreie Zone, Bezeichnung für ein Gebiet, in dem aufgrund internationaler Verträge keine Atomwaffen hergestellt, stationiert oder gelagert werden dürfen. Für Mitteleuropa schlug der polnische Außenminister RAPACKI 1957/58 eine solche Zone vor (Rapacki-Plan, *siehe* Kapitel 1), was aber Deutschland und die USA ablehnten. Die erste atomwaffenfreie Zone wurde in Mittel- und Südamerika durch einen Vertrag vom 14. 2. 1967 eingerichtet.

Atomwaffensperrvertrag, die Kurzbezeichnung für den ›Vertrag über die Nichtverbreitung von Kernwaffen‹ vom 1. 7. 1968. Der Vertrag wurde von den drei Atommächten Großbritannien, Sowjetunion und USA geschlossen und trat am 5. 3. 1970 in Kraft, nachdem ihn zahlreiche weitere Staaten unterzeichnet hatten. Die Internationale Atomenergie-Organisation (IAEO) in Wien kontrolliert die Einhaltung der Bestimmungen.

Attaché, *der* [ata'ʃe], ein Diplomat an einer Botschaft oder einem Konsulat eines Landes, meist mit speziellen Aufgaben, z.B. Handelsattachés für Wirtschaftsdinge.

Ausbürgerung, das Entziehen der Staatsbürgerschaft gegen den Willen des Betroffenen. Die Verfassungen vieler Staaten sehen eine Ausbürgerung dann vor, wenn ihr Staatsangehöriger in die Dienste einer fremden Macht tritt (z.B. Österreich, Schweiz) oder Landesverrat begeht. In der Bundesrepublik Deutschland ist die Ausbürgerung nicht erlaubt (Art. 16 GG), wohl aber kann jemand auf eigenen Antrag hin aus der Staatsbürgerschaft entlassen werden.

Ausländer, in der Bundesrepublik Deutschland jeder, der nicht die deutsche Staatsbürgerschaft besitzt, anerkannter Flüchtling oder Vertriebener ist. Ausländer benötigen für ihre Einreise und ihren Aufenthalt in Deutschland eine Aufenthaltserlaubnis, die von der Ausländerbehörde erteilt wird. Lebt der Ausländer seit mindestens acht Jahren rechtmäßig in der Bundesrepublik, kann ihm eine Aufenthaltsberechtigung erteilt werden, die unbefristet ist. Um in der Bundesrepublik zu arbeiten, benötigt der Ausländer eine Arbeitserlaubnis. Bürger aus Mitgliedstaaten der EU sind Inländern gleichgestellt.

Ausländerbeauftragter, eine Dienststelle der Bundesregierung oder auch einer Gemeinde, die dafür zu sorgen hat, dass Ausländer nicht benachteiligt werden. Der Ausländerbeauftragte des Bundes wird von der Regierung ernannt.

Auslandsdeutsche, Deutsche, die im Ausland leben. Als Auslandsdeutsche gelten auch jene Menschen, die in Polen, der ehemaligen Sowjetunion, der ehemaligen Tschechoslowakei, Ungarn, Rumänien, Jugoslawien und China geboren wurden und ihre Abstammung von Deutschen nachweisen können.

Aussiedler, Vertriebene, die nach Abschluss der allgemeinen Vertreibungsmaßnahmen die ehemaligen deutschen Ostgebiete, Danzig, Estland, Lettland, Litauen, die ehemalige Sowjetunion, Polen, die ehemalige Tschechoslowakei, Ungarn, Rumänien, Bulgarien, Jugoslawien, Albanien oder China verlassen haben oder verlassen, es sei denn, dass sie, ohne aus diesen Gebieten vertrieben worden und bis 31. 3. 1952 dorthin zurückgekehrt zu sein, nach dem 8. 5. 1945 dort einen Wohnsitz begründet hatten.

Auswärtiges Amt, offizielle Bezeichnung für das Außenministerium der Bundesrepublik Deutschland. Ihm unterstehen die Botschaften der Bundesrepublik Deutschland im Ausland.

Autokratie, *die* [griechisch ›Selbstherrschaft‹], eine Form der Monarchie, bei der die gesamte Staatsgewalt uneingeschränkt in der Hand eines einzelnen Herrschers liegt. Kontroll- und Mitspracherechte von Institutionen gibt es nicht.

❧ Russland wurde bis 1917 autokratisch durch die Zaren regiert.

autonome Gebiete, auch autonome Regionen genannte Staatsteile, die in bestimmten Sachbereichen (z. B. Kulturverwaltung) mit dem Recht der Selbstbestimmung (Verwaltung, Gesetzgebung und Rechtsprechung) ausgestattet sind. Sie werden oft zum Schutz von Minderheiten eingerichtet und berücksichtigen manchmal auch historische Gegebenheiten (z. B. in Spanien).

Autonomie, *die* [griechisch ›Selbstgesetzlichkeit‹], das Recht eines Staatswesens auf Selbstorganisation und Selbstbestimmung. In einem Bundesstaat kennzeichnet Autonomie die rechtliche Stellung der Gliedstaaten zum Gesamtstaat.

Autonomiebewegungen. Kundgebung der litauischen Unabhängigkeitsbewegung Saujudis in Wilna. Darüber kreist ein Hubschrauber der Sowjetarmee (April 1990)

Autonomiebewegungen, nationale, zum Teil parteipolitisch organisierte Gruppen, deren Programme und Aktionen darauf ausgerichtet sind, eine größere Selbstständigkeit und Sonderstellung von Teilen eines Staates oder Völkern bzw. Volksgruppen zu sichern oder durchzusetzen (Autonomie). Autonomiebewegungen sind eine Folge des Willens zu nationaler Eigenentwicklung, aber auch verbunden mit einer Übersteigerung des Nationalbewusstseins. Autonomiebewegungen können dadurch leicht abgleiten in einen separatistischen Nationalismus (auch Separatismus).

Autonomiestatut, die vom Gesamtstaat erlassenen schriftlich fixierten Regelungen über die Autonomie *(siehe dort)* z. B. eines Gliedstaates oder einer Region.

❧ Autonomiestatute hat z. B. Spanien für einige seiner Provinzen (u. a. Katalonien, Galizien) erlassen.

Baden-Württemberg, Land der Bundesrepublik Deutschland. Das Land entstand 1952 durch den Zusammenschluss der südwestdeutschen Länder Baden, Württemberg-Baden und Württemberg-Hohenzollern. Seitdem stellte überwiegend die CDU den Ministerpräsidenten.

Balkanisierung, Aufteilung einer Region oder eines Landes in mehrere kleine politische Einheiten, die instabil sind und untereinander oft Spannungen haben.

❧ Ursprünglich war der Ausdruck auf den Zerfall der osmanischen Herrschaft auf dem Balkan im 19. Jh. bezogen.

Bananenrepublik, Bezeichnung v. a. für lateinamerikanische Staaten, die vom Früchteexport wirtschaftlich abhängig sind und in denen deshalb internationale Fruchthandelsgesellschaften politischen Einfluss besaßen. Der Ausdruck entstand in den 1950er-Jahren und bezog sich auf die Aktivitäten der großen US-amerikanischen Gesellschaft United Fruits Company.

Bayern, Land der Bundesrepublik Deutschland. Im 6. Jh. nahmen die Baiern das Land zwischen Lech, Donau und Alpen in Besitz. 1180 erhielten die Wittelsbacher das Herzogtum Baiern, das sie durch geschickte Politik zu einem geschlossenen Territorium ausbauen konnten, 1214 kam die rheinische Pfalz hinzu. 1623 erhielt der bayerische Herzog die pfälzische Kurwürde, 1628 kam die Oberpfalz an Bayern. 1806 nahmen die Herzöge den Königstitel an und verdoppelten nahezu das Gebiet des Herzogtums durch die Auflösung des ›Heiligen Römischen Reichs Deutscher Nation‹ und die Säkularisation. 1871 trat Bayern nach erheblichen Zahlungen dem neu entstandenen Deutschen Reich bei, 1919 wurde es als Folge der Novemberrevolution 1918 zum Freistaat und damit zur Republik erklärt. Nach 1945 wurde die bayerische Pfalz abgetrennt und dem Land Rheinland-Pfalz zugeschlagen. Seit 1962 ist die CSU alleinige Regierungspartei.

❧ Der bayerische Landtag lehnte 1949 als einziges Länderparlament das Grundgesetz ab.

Beamte, alle die Beschäftigten im öffentlichen Dienst, die hoheitliche Aufgaben wahrnehmen. Dazu gehören u. a. Richter, Polizisten, Zollangehörige, Beschäftigte in den Ministerien. Beamte stehen in einem besonderen öffentlich-rechtlichen Dienst- und Treueverhältnis, sie haben kein Streikrecht, sind unkündbar und werden von ihrem Dienstherren (Staat, Bundesland, Gemeinde) versorgt (Anspruch auf Gehalt und Pension). Sie können – mit Ausnahme der Richter – jederzeit aus dienstlichen Gründen versetzt werden. Für Verletzung ihrer Amtspflichten haftet ihr Dienstherr. Beamte müssen auch in ihrem Privatleben dafür sorgen, dass ihr Ansehen keinen Schaden leidet; bei Straftaten werden in einem Disziplinarverfahren dienstrechtliche Konsequenzen geprüft.

❧ Ein Berufsbeamtentum in dieser Form gibt es nur in Deutschland. Manche Berufe im öffentlichen Dienst werden von Beamten ausgeübt, obwohl keine hoheitlichen Aufgaben damit verbunden sind, z. B. sind Lehrer an öffentlichen Schulen Beamte.

Befreiungsbewegungen, ein Sammelbegriff für den organisierten Widerstand, der die Ablösung einer Kolonialherrschaft, eines diktatorischen Regimes oder die Loslösung eines Teilstaats vom Gesamtstaat anstrebt. Befreiungsbewegungen entstanden v. a. in den Ländern der Dritten Welt nach dem Zweiten Weltkrieg und genießen, obwohl sie oft keine territoriale Herrschaft ausüben, eine gewisse internationale Anerkennung.

Befreiungsbewegungen. PLO-Kämpfer mit einem Porträt Jasir Arafats (1982)

Beneluxstaaten, Kurzwort für die 1948 in Kraft getretene Zollunion (seit 1960 auch Wirtschaftsunion) zwischen Belgien, Luxemburg und den Niederlanden.

Berlin, Hauptstadt und zugleich Stadtstaat der Bundesrepublik Deutschland. Berlin entstand 1432 aus der Vereinigung der beiden Ortschaften Berlin

und Cölln, ab 1470 war es ständiger Regierungssitz der brandenburgischen Kurfürsten und später der preußischen Könige. 1871–1945 war es Hauptstadt des Deutschen Reichs, 1992 wurde Berlin vom Deutschen Bundestag zur Hauptstadt und zum Regierungssitz bestimmt. Im Zweiten Weltkrieg wurde die Stadt stark zerstört, 1945 von sowjetischen Truppen erobert und nach dem Krieg von den Alliierten gemeinsam verwaltet. In der Folgezeit versuchte die Sowjetunion die alleinige Kontrolle über die Stadt zu erlangen (Berliner Blockade 1948–49, Verdrängung des Senats in den Westteil der Stadt 1948), was schließlich zur Teilung führte, die im Zuge der Vereinigung der beiden deutschen Staaten 1990 aufgehoben wurde.
Seit 1990 regiert eine CDU-SPD-Koalition die Stadt; die geplante Vereinigung Berlins mit dem Land Brandenburg scheiterte in einer Volksabstimmung 1996.

Berufsverbände, die vorwiegend auf freiwilliger Basis gebildeten Zusammenschlüsse von Einzelpersonen mit dem Ziel, gemeinsame berufliche, wirtschaftliche oder auch kulturelle Interessen zu wahren und nach außen zu vertreten. Man unterscheidet branchenmäßig organisierte Berufsverbände (z. B. die Innungen, die Fach- und Wirtschaftsverbände), regional organisierte Berufsverbände (z. B. die Handwerkskammern, Industrie- und Handelskammern) und fachlich und regional organisierte Berufsverbände (z. B. Arbeitgeberverbände).

bilateral [lateinisch], die politischen Beziehungen zwischen zwei Staaten betreffend.

blockfreie Staaten, Staaten, die sich im Ost-West-Konflikt als neutral bezeichnet haben und weder dem Ostblock noch dem Westblock angehören wollten. Die Gruppe der blockfreien Staaten trat 1961 erstmals zusammen und gewann vor allem in der UNO an politischem Gewicht. Ein dauerhaftes geschlossenes Handeln war ihnen aufgrund ihrer unterschiedlichen Interessen jedoch nicht möglich.

Boykott, *der* [beu'kot], eine Zwangsmaßnahme in Politik oder Wirtschaft, mit der die Beziehungen oder der Handel teilweise oder ganz abgebrochen werden, um ein bestimmtes Verhalten zu erzwingen. Im zwischenstaatlichen Bereich beruht ein Boykott meist auf Sanktionen der UNO.
❧ Die Bezeichnung Boykott rührt vermutlich von dem englischen Gutsverwalter CHARLES C. BOYCOTT (* 1832, † 1897) her, der aufgrund seiner Rücksichtslosigkeit gegen irische Landpächter 1880 durch die irische Landliga zum Verlassen Irlands gezwungen wurde. ❧ Mit Boykotts belegt wurden Südafrika wegen seiner Apartheidpolitik, Irak wegen der Besetzung Kuwaits und Serbien wegen des Krieges in Bosnien und Herzegowina.

Brandenburg, Land der Bundesrepublik Deutschland. 1134 erschloss ALBRECHT DER BÄR das Land der deutschen Ostsiedlung und der Christianisierung und nannte sich seit 1157 ›Markgraf von Brandenburg‹. Im 13. Jh. erfolgte der Aufstieg der Markgrafen zu Kurfürsten, 1411 erhielten die Hohenzollern die Markgrafschaft Brandenburg. 1539 wurde die Reformation eingeführt. 1618 erwarben die Kurfürsten das Herzogtum Preußen als polnisches Lehen. Der GROSSE KURFÜRST (*siehe* Kapitel 2) war der eigentliche Begründer des brandenburgisch-preußischen Staates. Unter FRIEDRICH II., DEM GROSSEN, erfolgte die Ausdehnung der Bezeichnung ›Preußen‹ auf Brandenburg. Nach 1945 verlor Brandenburg die Gebiete östlich der Oder an Polen, 1952 wurde es aufgelöst und in die Bezirke Potsdam, Frankfurt und Cottbus aufgeteilt. Im Zuge der Vereinigung der beiden deutschen Staaten wieder errichtet, trat Brandenburg am 3. Oktober 1990 der Bundesrepublik Deutschland bei. Seit 1990 regiert die SPD das Land.

Bremen, kleinstes Land und Stadtstaat in der Bundesrepublik Deutschland, bestehend aus den Städten Bremen und Bremerhaven. Bremen wurde 787 Bischofssitz, 845 Sitz eines Erzbischofs. Ab 1358 Mitglied der Hanse, wurde die Stadt 1541 bzw. 1646 Reichsstadt, die ihre Unabhängigkeit wahren konnte. Seit 1815 ist Bremen Freie Hansestadt. Nach dem Zweiten Weltkrieg wurde die Stadt überwiegend von der SPD regiert.

Budgetrecht [by'dʒe...], das Recht, die Höhe der Steuern und der Staatsausgaben zu bewilligen. In der Demokratie ist das Budgetrecht eines der wichtigsten Rechte des Parlaments.

Bundesadler, das Wappenzeichen der Bundesrepublik Deutschland: ein Adler mit gespreizten Flügeln.

Bundesamt für Verfassungsschutz, die Behörde, die für den Schutz der freiheitlich-demokratischen Grundordnung in der Bundesrepublik Deutschland zuständig ist. Sie darf nur aufklären, besitzt aber keinerlei polizeiliche Befugnisse. Die Bundesländer verfügen über eigene Landesämter für Verfassungsschutz. Das Bundesamt untersteht ebenso wie der Bundesnachrichtendienst dem Bundeskanzleramt.

Bundesbank, die Zentralbank der Bundesrepublik Deutschland. Sie ist von der Bundesregierung unabhängig und zuständig u. a. für die Ausgabe von Banknoten, die Festsetzung von Zinssätzen, den Geldverkehr und die Geldmenge (bis 2001). Ihre Organe sind der Präsident, der auf Vorschlag der Bundesregierung vom Bundespräsidenten für acht Jahre ernannt wird, das Direktorium und der Zentralbankrat, dem die Präsidenten der Landeszentralbanken angehören und der die Währungs- und Kreditpolitik der Bundesbank bestimmt. Ihre Funktionen werden zum Teil von der Europäischen Zentralbank *(siehe dort)* übernommen.

Bundesgerichtshof, oberstes Bundesgericht der Bundesrepublik Deutschland.

Bundesgrenzschutz, Abkürzung BGS, Polizeitruppe der Bundesrepublik Deutschland. Der BGS untersteht dem Bundesministerium des Innern, er ist zuständig für den Schutz von Bundeseinrichtungen und der Grenzen. Seit 1992 obliegt ihm auch die Sicherheit des Bahnverkehrs. Er gliedert sich in Grenzschutzkommandos. Eine besondere Einheit des BGS ist die Antiterroreinheit GSG 9, deren Aufgabe in der Bekämpfung von Terrorismus besteht. Auf Anforderung der Länder kann der BGS auch in den Bundesländern tätig werden.
❧ 1977 befreite die Antiterroreinheit des BGS in Mogadischu (Somalia) die von Terroristen genommenen Geiseln einer Flugzeugentführung.

Bundeskanzler, der Regierungschef in der Bundesrepublik Deutschland. Er legt die Richtlinien der Politik fest (Richtlinienkompetenz). Der Bundeskanzler wird vom Deutschen Bundestag auf Vorschlag des Bundespräsidenten gewählt. Die Bundeskanzler der Bundesrepublik Deutschland waren: KONRAD ADENAUER (* 1876, † 1967, CDU) 1949–63, LUDWIG EHRHARD (* 1897, † 1977, CDU) 1963–66, KURT GEORG KIESINGER (* 1904, † 1988, CDU) 1966–69, WILLY BRANDT (* 1913, † 1992, SPD) 1969–74, HELMUT SCHMIDT (* 1918, SPD) 1974–82, HELMUT KOHL (* 1930, CDU) 1982–98, GERHARD SCHRÖDER (* 1944, SPD) seit 1998.

Bundeskanzleramt, der Amtssitz des Bundeskanzlers und zugleich die Regierungszentrale. Hier wird die gesamte Politik der Bundesrepublik Deutschland koordiniert.

Bundesländer, die einzelnen Gliedstaaten der Bundesrepublik Deutschland. Sie verfügen über eigene Kompetenzen.

Bundesminister, die Mitglieder der Bundesregierung, die an der Spitze eines Bundesministeriums stehen. Sie werden auf Vorschlag des Bundeskanzlers vom Bundespräsidenten ernannt.

Bundesnachrichtendienst, Abkürzung BND, der für die Berichterstattung aus dem Ausland zuständige Geheimdienst der Bundesrepublik Deutschland. Der BND hat seinen Sitz in Pullach bei München und untersteht dem Bundeskanzleramt.

Bundespräsident, das Staatsoberhaupt der Bundesrepublik Deutschland. Der Bundespräsident wird von der Bundesversammlung für fünf Jahre gewählt und kann nur einmal wieder gewählt werden. Bundespräsidenten waren: THEODOR HEUSS (* 1884, † 1963) 1949–59, HEINRICH LÜBKE (* 1894, † 1972) 1959–69, GUSTAV HEINEMANN (* 1899, † 1976) 1969–74, WALTER SCHEEL (* 1919) 1974–79, KARL CARSTENS (* 1914, † 1992) 1979–84, RICHARD VON WEIZSÄCKER (* 1920) 1984–94, ROMAN HERZOG (* 1934) 1994–99 und JOHANNES RAU (* 1931) seit 1999.

Bundespresseamt, Amt der Bundesregierung, das für deren Unterrichtung mit Nachrichten aus dem Ausland sorgt, andererseits aber auch ›Sprachrohr‹ der Bundesregierung ist.

Bundespressekonferenz, die Gesamtzahl der am Regierungssitz zugelassenen Presse-, Rundfunk- und Fernsehkorrespondenten. Sie werden vom Bundespresseamt auf Pressekonferenzen über die Absichten der Bundesregierung unterrichtet.

Bundesrat, die Vertretung der Bundesländer bei der Bundesregierung. Mithilfe des Bundesrats nehmen die Länder an der Gesetzgebung des Bundes teil. Jedes Bundesland verfügt im Bundesrat über mindestens drei Stimmen, die einheitlich abgegeben werden müssen. Im Gegensatz zu den Abgeordneten des Bundestages haben seine Mitglieder kein freies Mandat, sondern sind an die Weisungen ihrer Länderregierungen gebunden.

Bundesregierung, oberstes Organ der Bundesrepublik Deutschland. Der Bundesregierung gehören neben dem Bundeskanzler als Vorsitzendem alle Bundesminister als stimmberechtigte Mitglieder sowie die Parlamentarischen Staatssekretäre als nicht stimmberechtigte Mitglieder an. Die Bundesregierung entscheidet als Kollegialorgan.

Bundesstaat, eine staatsrechtliche Verbindung mehrerer Staaten, sodass ein neuer Staat (Gesamtstaat) entsteht, die Gliedstaaten aber weiter ihre Staatseigenschaft behalten (*siehe auch* Föderalismus). Die Staatsgewalt wird zwischen Gliedstaat und Gesamtstaat aufgeteilt. Bundesstaaten entstehen durch einen Bündnisvertrag zwischen den Gliedstaaten (z. B. bei der Gründung des Deutschen Reiches 1871 [*siehe* Kapitel 2] oder der Gründung Tansanias durch Zusammenschluss der Staaten Sansibar und Tanganjika 1964) oder durch den verfassunggebenden Willen des Volkes (z. B. bei der Gründung der Weimarer Republik 1919).

Bundestag, das Parlament der Bundesrepublik Deutschland, als Vertretung der Bürgerinnen und Bürger höchstes Organ der Bundesrepublik Deutschland. Er wird für vier Jahre in allgemeinen, gleichen und geheimen Wahlen gewählt. Seine Mitglieder besitzen ein freies Mandat und sind nur ihrem Gewissen verpflichtet. Der Bundestag beschließt über die Gesetzesvorlagen der Bundesregierung und besitzt als wichtigste Rechte das Haushaltsbewilligungsrecht und das Recht auf Kontrolle der Bundesregierung. Diese ist dem Bundestag rechenschaftspflichtig. Der Bundestag wählt den Bundeskanzler und als Teil der Bundesversammlung *(siehe dort)* auch den Bundespräsidenten.

Bundesverfassungsgericht, neben dem Bundestag und der Bundesregierung ein Organ der Bundesrepublik Deutschland, zugleich das höchste Bundesgericht, dessen Entscheidungen auch vom Bundestag beachtet werden müssen und Gesetzeskraft besitzen. Die Richter des Bundesverfassungsgerichts werden für zwölf Jahre vom Bundestag und vom Bundesrat gewählt. Das Gericht besteht aus zwei Senaten mit jeweils acht Mitgliedern.

Bundesversammlung, die alle fünf Jahre zur Wahl des Bundespräsidenten zusammentretende Versammlung. Ihr gehören alle Bundestagsabgeordneten und eine gleiche Anzahl von den Länderparlamenten entsandte Abgeordnete an.

Bundeswehr, die Streitkräfte der Bundesrepublik Deutschland. Ihre Aufgabe ist es, die Bundesrepublik gegen äußere Bedrohungen zu schützen und zu verteidigen. Sie gliedert sich in die Teilstreitkräfte Heer, Marine und Luftwaffe. Das Kommando über die Bundeswehr hat im Frieden der Bundesminister der Verteidigung, im Kriegsfall geht die Kommandogewalt auf den Bundeskanzler über. Die Bundes-

Die erste Sitzung des Deutschen Bundestages am 7. 9. 1949. Anstelle des erst in den 1950er-Jahren angebrachten Bundesadlers ziert noch ein Vorhang mit den Länderwappen die Stirnseite des Plenarsaals

wehr darf nur im Rahmen des Grundgesetzes eingesetzt werden; auch ein Einsatz im Rahmen von UNO-Aktionen zur Friedenssicherung ist möglich. Ein Teil des Heeres untersteht dem Kommando der NATO.
❧ Die Bundeswehr wurde nach dem Zweiten Weltkrieg als Freiwilligenarmee gegründet und 1956 in eine Wehrpflichtarmee umgewandelt.

Bündnis 90/Die Grünen, politische Partei in der Bundesrepublik Deutschland, die sich Anfang 1980 unter dem Namen ›Die Grünen‹ durch den Zusammenschluss verschiedener regionaler Vereinigungen und der Grünen Aktion Zukunft um den ehemaligen Bundestagsabgeordneten der CDU, HERBERT GRUHL (* 1921, † 1993), bildete. Die Grünen konnten erstmals 1983 bei den Bundestagswahlen Sitze im Bundestag gewinnen. 1993 fusionierte die Partei mit der aus der Bürgerbewegung der DDR hervorgegangenen Partei Bündnis 90 zur Partei Bündnis 90/Die Grünen. Seit der Bundestagswahl vom 12. 9. 1998 bildet sie eine Koalition mit der SPD.

Bürgerinitiativen, Zusammenschluss von Bürgern, um gemeinsame Interessen durchzusetzen, v. a. auch gegen den Willen der etablierten Parteien.

Bürgermeister, in den meisten Bundesländern der oberste Repräsentant und Beamte einer Gemeinde (Stadt oder Dorf). In Großstädten und so genannten Großen Kreisstädten heißt der oberste Repräsentant Oberbürgermeister. In Bundesländern mit der so genannten Norddeutschen Ratsverfassung ist der Bürgermeister der ehrenamtliche Leiter des Gemeindeparlaments. In Süddeutschland ist der Bürgermeister auch Vorsitzender des (ehrenamtlich tätigen) Stadtrats (Gemeindeparlaments) und der Verwaltung (*siehe auch* Gemeindeverfassungen).

Bürgerrechte, im Unterschied zu den Menschenrechten *(siehe dort)* die Rechte, die dem Einzelnen als Angehörigem einer Gemeinde oder Staates zustehen und meist in der Verfassung festgelegt sind: u. a. Versammlungsfreiheit, Berufsfreiheit, Freizügigkeit, Wahlrecht, staatlicher Schutz im In- und Ausland. Die Bürgerrechte sind an die Staatsangehörigkeit gebunden.

Bürgerrechtsbewegung, organisierte Bemühungen, um Menschen- und Bürgerrechte durchzusetzen.
❧ In den Ostblockstaaten löste die Schlussakte der Konferenz über Sicherheit und Zusammenarbeit in

Wahlplakat der Grünen aus dem Bundestagswahlkampf 1983

Europa (*siehe* KSZE) in Helsinki 1975 Bemühungen von Einzelnen oder Gruppen aus, den in den Verfassungen der Staaten niedergelegten Grund- und Menschenrechten Geltung zu verschaffen. Aus den einzelnen Gruppierungen hervorgehende Bürgerrechtsbewegungen (u. a. ›Charta 77‹ in der Tschechoslowakei) trugen 1989/90 zum Zusammenbruch der kommunistischen Systeme in Osteuropa bei.

Chancengleichheit [ˈʃãːsən...], der Grundsatz, dass allen Menschen bei der Bewerbung um Plätze an Bildungseinrichtungen oder um Berufspositionen gleiche Start- und Zugangsmöglichkeiten geschaffen werden müssen. Der Grundsatz der Chancengleichheit ist im Gleichheitssatz des Art. 3 GG und im Recht auf freie Berufswahl (Art. 12 GG) verankert.
❧ Von Chancengleichheit spricht man auch, wenn bei allgemeinen Wahlen die Parteien gleiche Möglichkeiten der Wahlwerbung und Kandidatenaufstellung haben.

Chauvinismus, *der* [ʃoviˈnismʊs], Bezeichnung für einen extrem übersteigerten Nationalismus.
❧ Die Bezeichnung rührt her von der Figur des extrem patriotischen Rekruten Chauvin aus dem französischen Lustspiel (1831) ›La cocard tricolore‹ (›Die dreifarbige Kokarde‹) der Gebrüder COGNI-

ARD. ❧ Heute wird ein übertriebenes männliches Selbstwertgefühl und die gesellschaftliche Bevorzugung des männlichen Geschlechts polemisch als (männlicher) Chauvinismus bezeichnet.

Christlich-Demokratische Union, CDU, politische Partei in der Bundesrepublik Deutschland, nach dem Zweiten Weltkrieg als Sammlungsbewegung ehemaliger Politiker des Zentrums (*siehe* Kapitel 2), nationalkonservativer Parteien und christlicher Gewerkschafter gegründet. Im 1947 beschlossenen Ahlener Programm standen noch soziale Fragen und die Vergesellschaftung von Schlüsselindustrien im Vordergrund. Unter dem Einfluss Ludwig Erhards und Konrad Adenauers (*siehe* Kapitel 2) setzte sich eine Politik der Wiederbelebung privatwirtschaftlicher Tätigkeit durch. 1949 wurde die CDU gemeinsam mit der CSU stärkste politische Kraft in der Bundesrepublik. Sie stellte bis 1966 in Koalitionen mit kleineren Parteien, meist mit der FDP, die Bundesregierung. 1966–69 schloss sie mit der SPD eine große Koalition, um die Notstandsgesetze *(siehe dort)* im Parlament durchbringen zu können. Nachdem die CDU 1969–82 in der parlamentarischen Opposition hatte ausharren müssen, konnte sie – bedingt durch den Koalitionswechsel der FDP – in einem konstruktiven Misstrauensvotum *(siehe dort)* die SPD-geführte Regierung von Bundeskanzler Helmut Schmidt ablösen und bis zur Bundestagswahl 1998 regieren. Eine Parteispendenaffäre *(siehe dort)* 1999/2000 stürzte die CDU in eine existenzielle Krise.
Unter Bundeskanzler Adenauer vollzogen sich die Aussöhnung mit Frankreich, der Beitritt zum Verteidigungsbündnis der NATO und die Wiedererlangung der Souveränität. Wirtschaftlich stieg die Bundesrepublik zu einem der reichsten Wirtschaftsstaaten der Welt auf. Unter Helmut Kohl (* 1930) gelang die Vereinigung der beiden deutschen Teilstaaten Bundesrepublik Deutschland und DDR. Mit Angela Merkel (* 1954) wurde erstmals eine Frau Parteivorsitzende.
Die CDU tritt für den freien Wettbewerb als wirtschaftliches Lenkungsinstrument, den Mittelstand und die Vermögensbildung durch die Arbeitnehmer ein, um diesen den Zugang zum Privateigentum zu ermöglichen. Sie hält fest an Ehe und Familie als tragenden Elementen der Gesellschaft. Eine Liberalisierung des Schwangerschaftsabbruchs (*siehe* Abtreibung) lehnt sie unter Berufung auf ihre christliche Grundhaltung ab.

Christlich-Soziale Union, CSU, in Bayern 1945 gegründete christliche Partei. Sie stimmt innen- und außenpolitisch weitgehend mit der Christlich-Demokratischen Union *(siehe dort)* überein und bildet seit dem Zusammentreten des 1. Deutschen Bundestages 1949 mit dieser eine Fraktionsgemeinschaft. Die CSU hat sich auf Bayern als Verbreitungsgebiet beschränkt, wo sie seit 1962 allein regiert mit Stimmenanteilen von über 50 %. In ihrem Programm betont sie stärker als die CDU die christlichen und konservativen Züge. Hervorgehoben wird die Notwendigkeit menschenwürdiger Lebensbedingungen

Der Bau der Startbahn West des Frankfurter Flughafens stieß auf den Widerstand zahlreicher Bürgerinitiativen (Oktober 1982)

und die Bindung an sittliche und religiöse Werte. Wirtschaftspolitisch fördert die CSU den gewerblichen Mittelstand und die Landwirtschaft. In der Bundespolitik betont die CSU vor allem den föderativen Aufbau der Bundesrepublik Deutschland und die Eigenständigkeit des Freistaats Bayern.

CIA [si: ai ˈeɪ], Abkürzung für **C**entral **I**ntelligence **A**gency, das Zentralamt des amerikanischen Geheimdienstes. Es wurde 1947 gegründet und untersteht dem Präsidenten der USA. Die Behörde wurde bekannt wegen ihrer häufigen Versuche, direkt oder indirekt in die innenpolitischen Vorgänge fremder Staaten einzugreifen (z. B. Sturz von Regierungen, politische Morde, Verminen fremder Seehäfen).

Commonwealth (of Nations), *das* [ˈkɔmənwelθ əv ˈneɪʃnz; ›Gemeinwohl (der Staaten)‹], die englische Bezeichnung für eine Staatengemeinschaft, die aus der Reichskonferenz des Britischen Reichs von 1926 hervorging. Irland, Kanada, Neufundland, Australien, Südafrikanische Union und Neuseeland waren als so genannte Dominions autonome Gemeinschaften innerhalb des britischen Weltreichs, die einander gleichgeordnet und nur durch die britische Krone miteinander verbunden waren. Das Commonwealth umfasst heute neben Großbritannien und Nordirland über 40 selbstständige Mitglieder, die zum Teil die britische Königin als Staatsoberhaupt anerkennen. Eigenständige Hoheitsorgane besitzt das Commonwealth nicht, die Commonwealth-Konferenzen treten nach Bedarf zusammen und dienen vorwiegend dem Meinungsaustausch, der Beratung und der Ausarbeitung gemeinsamer Empfehlungen.

Cortes, *die* [spanisch; eigentlich ›Reichsstände‹], in Spanien Bezeichnung für das aus dem Kongress der Deputierten und dem Senat bestehende Parlament.

❧ Bis Anfang des 19. Jh. waren die Cortes auf der gesamten Pyrenäenhalbinsel, zeitweise auch in Sardinien, die Versammlung der Landstände. Ab 1812 in Spanien und von 1822 bis 1911 in Portugal wurde Cortes zur Bezeichnung der Volksvertretungen.

Coup d'état, *der* [kudeˈta], französische Bezeichnung für Staatsstreich oder Putsch.

DAG, Abkürzung für **D**eutsche **A**ngestellten-**G**ewerkschaft.

Datenschutz, die in verschiedenen Gesetzen enthaltene Verpflichtung der Behörden und Wirtschaftsunternehmen, die ihnen anvertrauten persönlichen Angaben der Bürgerinnen und Bürger vor Missbrauch zu schützen.

Datenschutzbeauftragter, die mit der Überwachung des Datenschutzes betraute Person. Der Bundestag wählt für die Überwachung der Bundesbehörden einen Datenschutzbeauftragten, der jährlich Bericht zu erstatten hat. Ähnliche Regelungen gelten für die Datenschutzbeauftragten der Bundesländer. In Privatunternehmen muss ein Datenschutzbeauftragter bestellt werden, wenn persönliche Daten der Beschäftigten automatisch gespeichert werden.

Demokratie, *die* [griechisch ›Volksherrschaft‹], eine Staatsform, bei der die Bürger direkten Einfluss auf die politischen Entscheidungen nehmen können. In der direkten Demokratie ist dies möglich z. B. durch die Teilnahme an Volksversammlungen (z. B. in der Schweiz), in der repräsentativen Demokratie geschieht dies durch allgemeine, gleiche und geheime Wahlen zu den Parlamenten.

Demonstrationsrecht, das Recht, seine Meinung durch eine Veranstaltung (Versammlung, Kundgebung, Umzug) unter freiem Himmel kundzutun; es ist im Grundgesetz (Art. 8) verankert.

Deutsche Angestellten-Gewerkschaft, Abkürzung DAG, 1949 gegründeter Gewerkschaftsverband für Angestellte mit Sitz in Hamburg. Die DAG ist in acht Berufsgruppen (kaufmännische Angestellte, Banken und Sparkassen, öffentlicher Dienst, technische Angestellte und Beamte, Versicherungsangestellte, Meister, Schifffahrt, Bergbauangestellte) und zwölf Landesverbände gegliedert.

❧ Gemeinsam mit einigen DGB-Gewerkschaften wird die DAG die Dienstleistungsgewerkschaft ›ver.di‹ bilden.

Deutscher Gewerkschaftsbund, Abkürzung DGB, gewerkschaftlicher Dachverband der 11 Einzelgewerkschaften in der Bundesrepublik Deutschland mit Sitz in Düsseldorf. Oberstes Organ des DGB ist der Bundeskongress (›Parlament der Arbeit‹), der alle drei Jahre zusammentritt und aus den Delegierten der 11 Einzelgewerkschaften besteht. Zwischen den Tagungen des Bundeskongresses ist der 100-köpfige Bundesausschuss das höchste Gremium. Der DGB hat als weitere Organe einen geschäftsführenden Bundesvorstand aus neun Mitgliedern, der zusammen mit den Bundesvorsitzenden der Einzelgewerkschaften den Bundesvorstand bildet (*siehe auch* Arbeiterbewegung, Kapitel 1).

Deutschlandlied, seit 1922 die Nationalhymne Deutschlands. Der Text stammt von AUGUST HEINRICH HOFFMANN VON FALLERSLEBEN, die Melodie von JOSEPH HAYDN. Die dritte Strophe ist die heutige Nationalhymne:

Einigkeit und Recht und Freiheit für das deutsche Vaterland!
Danach lasst uns alle streben brüderlich mit Herz und Hand!
Einigkeit und Recht und Freiheit sind des Glückes Unterpfand.
Blüh' im Glanze dieses Glückes, blühe deutsches Vaterland!

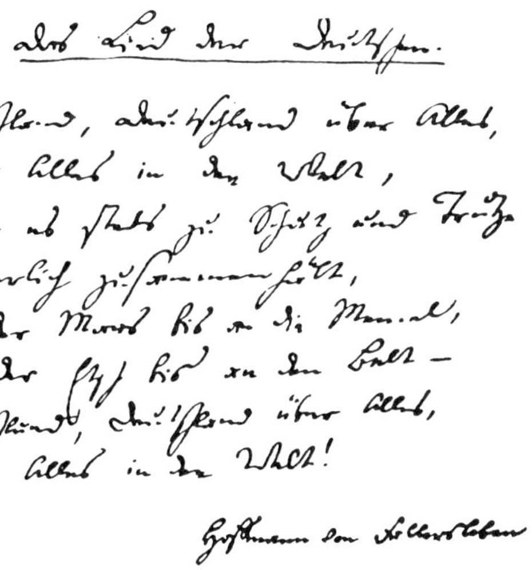

Eigenhändige Niederschrift des ›Liedes der Deutschen‹ von August Heinrich Hoffmann von Fallersleben (1841)

Deutsch-Polnischer Vertrag, auch Warschauer Vertrag genannt. Dieser Vertrag wurde im Zusammenhang mit dem Deutsch-Sowjetischen Vertrag am 7. 12. 1970 geschlossen. Er stellte fest, dass die Oder-Neiße-Grenze (*siehe* Oder-Neiße-Linie, Kapitel 2) die polnische Westgrenze ist, und bekräftigte die Unverletzlichkeit der bestehenden Grenzen der Vertragspartner.

Deutsch-Sowjetischer Vertrag, auch Moskauer Vertrag genannt. Der am 12. 8. 1970 in Moskau abgeschlossene Vertrag verpflichtet Deutschland und die (damals noch existierende) Sowjetunion, in ihren gegenseitigen Beziehungen auf Gewaltanwendung und -drohung zu verzichten und keine territorialen Forderungen zu erheben. Der Moskauer Vertrag anerkannte die nach 1945 geschaffenen politischen Verhältnisse in Europa und führte die Bundesrepublik Deutschland aus der Frontstellung gegen die Sowjetunion heraus. Er bot die Grundlage für den Abschluss der übrigen Ostverträge *(siehe dort)*.

DGB, Abkürzung für **D**eutscher **G**ewerkschafts**b**und.

Diktatur, *die* die unbeschränkte, auf Dauer angelegte Herrschaft eines Einzelnen oder einer Partei, oft verbunden mit dem Ziel, die gesellschaftlichen Verhältnisse und Anschauungen der Bürger vollständig umzugestalten.

❧ Im antiken Rom war die Diktatur die unbeschränkte, aber befristete Herrschaft einer Einzelperson zur Überwindung von Notsituationen.

Diplomatie, *die* allgemeine Bezeichnung für die internationalen Beziehungen oder die Außenpolitik. Im engeren Sinn meint Diplomatie alle Tätigkeiten, die der Vorbereitung außenpolitischer Entscheidungen und ihrer Durchführung auf friedlichem Wege dienen.

Dritte Welt, Bezeichnung für die wirtschaftlich unterentwickelten Staaten Afrikas, Asiens, Lateinamerikas. Gemeinsam ist ihnen u. a. die koloniale Vergangenheit, wirtschaftliche und soziale Unterentwicklung, hohes Bevölkerungswachstum und übergroße Verschuldung.

❧ Dritte Welt war ursprünglich Sammelbezeichnung für die Länder, die während der Zeit des Kalten Krieges (*siehe* Kapitel 1) eine Politik der Bündnisfreiheit zwischen der parlamentarisch-demokratischen westlichen Staatenwelt und den kommunistischen östlichen Staaten betrieben.

EFTA, *die* Abkürzung für **E**uropean **F**ree **T**rade **A**ssociation [›Europäische Freihandelsassoziation‹], 1960 in Stockholm gegründeter handelspolitischer Zusammenschluss, dem zurzeit Island (seit 1970), Liechtenstein (seit 1991), Norwegen und die Schweiz angehören. Die EFTA-Staaten schlossen 1992 mit der EG den Vertrag über den Europäischen Wirtschaftsraum.

EG, Abkürzung für **E**uropäische **G**emeinschaften, der wirtschaftliche Zusammenschluss von zunächst sechs westeuropäischen Staaten (Belgien, Deutschland, Frankreich, Italien, Luxemburg, Niederlande) aufgrund der Römischen Verträge (*siehe* Kapitel 1) von 1957. Gegründet wurden die EURATOM *(siehe dort)* und die EWG *(siehe dort),* einbezogen wurde die 1952 gegründete Montanunion *(siehe dort).* Jede der Gemeinschaften erhielt eine parlamentarische Versammlung, eine Kommission und einen Ministerrat. 1967 wurden diese Gremien verschmolzen: Die parlamentarischen Versammlungen gingen im Europäischen Parlament auf *(siehe dort),* die Kommissionen bilden seither die Europäische Kommission *(siehe dort),* die drei Ministerräte wurden ebenfalls zusammengefasst. 1973 traten Dänemark, Großbritannien und Irland bei, 1981 kam Griechenland hinzu, und 1986 schlossen sich Spanien und Portugal an. Seit 1995 gehören Finnland, Österreich und Schweden der EG an. Schon 1994 hatte man die EG zum Europäischen Wirtschaftsraum *(siehe dort)* erweitert. Die Maastrichter Verträge *(siehe dort)* veränderten sie zur Europäischen Union *(siehe dort).*

EGKS, Abkürzung für **E**uropäische **G**emeinschaft für **K**ohle und **S**tahl, auch Montanunion genannte, 1952 gegründete europäische Behörde für die Stahl- und Kohlepolitik der Mitgliedsstaaten. Die EGKS war von den Siegermächten des Zweiten Weltkriegs, vor allem von Frankreich, dafür gedacht, den Ruhrbergbau zu kontrollieren. Sie entwickelte sich aber schnell zu einer Behörde, die die Kohle- und Industriepolitik der Mitgliedsländer effektiv koordinierte und damit zu einem Motor der europäischen Einigung wurde.

Einbürgerung, ein staatlicher Hoheitsakt, mit dem einem Ausländer *(siehe dort)* die inländische Staatsangehörigkeit verliehen wird. Voraussetzungen dafür sind u. a. unbescholtener Lebenswandel und die Fähigkeit, seinen Lebensunterhalt allein verdienen zu können.

eingetragener Verein, *siehe* Verein.

Emanzipation, *die* [von lateinisch emancipare ›in die Selbstständigkeit entlassen‹], die Befreiung aus einem rechtlichen, sozialen oder politischen Abhängigkeitsverhältnis.

❧ Ursprünglich verstand man unter Emanzipation die Entlassung aus einem rechtlichen Gewaltverhältnis, so z. B. im römischen Recht, wo die Ehefrau und die Kinder unter der Gewalt des Hausherrn standen, der sie auch rechtlich vertrat und für sie haftete, da sie als vermögensunfähig galten.

Enteignung, der Übergang von Privatbesitz, v. a. von Grundstücken, in den Besitz der öffentlichen Hand gegen eine angemessene Entschädigung. Die Enteignung ist nur dann zulässig, wenn Verkaufsverhandlungen ergebnislos blieben, das öffentliche Wohl dies erfordert und die Enteignung aufgrund eines Gesetzes erlaubt ist.

Entspannungspolitik, Bezeichnung für das politische Bemühen, die Spannungen abzubauen, die zwischen dem westlichen Machtblock um die USA und dem östlichen Machtblock um die Sowjetunion als Folge des Kalten Krieges aufgetreten waren. Mittel der Entspannungspolitik waren u. a. die Vereinbarungen über Rüstungskontrolle und die Intensivierung der wirtschaftlichen und kulturellen Beziehungen.

Erziehungsgeld, eine staatliche Leistung an Mütter oder Väter, die zeitweise ihre Berufstätigkeit aufgeben, um ihre Kinder zu erziehen.

Erziehungsurlaub, ein allen Arbeitnehmern, die Erziehungsgeld erhalten, in den ersten drei Lebensjahren eines Kindes zustehender Urlaub. Während der Zeit des Erziehungsurlaubs darf dem Arbeitnehmer nicht gekündigt werden.

ETA, Abkürzung für **E**uzkadi **t**a **A**zkatasuna [›Baskenland und Freiheit‹], eine 1959 gegründete terroristische baskische Untergrundorganisation.

EURATOM, Abkürzung für **Eur**opäische **Atom**gemeinschaft, die für eine einheitliche Atomenergiepolitik und die Einhaltung von Sicherheitsstandards zuständige europäische Behörde. Ursprünglich eine selbstständige Gemeinschaft, ist sie heute Teil der EG.

Europäische Kommission, eines der wichtigsten Organe der EG, besteht aus 20 Mitgliedern, die von den Regierungen der Mitgliedsstaaten für jeweils vier Jahre ernannt werden, aber völlig unabhängig sind und keinen Weisungen der nationalen Regierungen unterliegen. Die Europäische Kommission hat das Recht, dem Rat der EG Vorschläge zu machen, gleichzeitig ist sie ausführendes Organ für die Beschlüsse des Rats. Sie vertritt auch dem Rat und den Mitgliedsländern gegenüber die EG.

Europäische Konvention zum Schutze der Menschenrechte und Grundfreiheiten, ein Vertrag von 1950 (in Kraft seit 1953), der u. a. folgende Rechte verbrieft: Recht auf Leben, Verbot von Folter, Sklaverei und Zwangsarbeit, Recht auf Freiheit

Die drei Säulen der Europäischen Union

und Sicherheit, Rechte des Angeklagten, Gewissens- und Religionsfreiheit, Verbot der Ausweisung eigener Staatsangehöriger. Die Konvention ist unmittelbar anwendbar und in den Mitgliedsländern nationales Recht.

Europäischer Gerichtshof, das europäische Organ, das die Einhaltung des Gemeinschaftsrechts der EG überwacht.

Europäischer Gerichtshof für Menschenrechte, ein internationales Gericht in Straßburg, das die Einhaltung der Europäischen Konvention zum Schutze der Menschenrechte und Grundfreiheiten überwacht.

Europäischer Rat, die Gipfelkonferenz der Regierungschefs der EG-Länder.

Europäischer Wirtschaftsraum, der wirtschaftliche Zusammenschluss der EG *(siehe dort)* und der EFTA-Staaten *(siehe dort).* Ziel ist es, die EFTA-Staaten (Island, Liechtenstein, Norwegen, Schweiz) in den Wirtschaftsraum der EG einzubeziehen.

Europäisches Parlament, die parlamentarische Versammlung der EG. Es entstand aus den parlamentarischen Versammlungen der EWG, der EURATOM und der EGKS. Seit 1979 wird das Europäische Parlament direkt in den Mitgliedsstaaten gewählt. Die Zahl der Sitze eines Mitgliedslandes orientiert sich an der Bevölkerungszahl des Landes. Die Rechte des Europäischen Parlaments sind sehr beschränkt, es besitzt kontrollierende und beratende Befugnisse und beschließt den EG-Haushalt.

Europäische Union, Abkürzung **EU,** eine neuartige Staatenverbindung, die als Staatenbund oder internationale Organisation eigener Art bezeichnet wird. Nach dem Anfang November 1993 in Kraft getretenen Vertrag über die EU (Maastrichter Vertrag, ergänzt durch den Vertrag von Amsterdam) sind die Ziele u. a. die Förderung des sozialen und wirtschaftlichen Fortschritts durch Wegfall der Binnengrenzen und die Einführung einer Unionsbürgerschaft.

Europäische Zentralbank, Abk. EZB, auf der Basis des Vertrages über die Europäische Wirtschaftsunion gegründete Zentralbank der Europäischen Union. Gemeinsam mit den nationalen Zentralbanken bildet sie das Europäische System der Zentralbanken (ESZB). Die EZB ist von den Organen der EU und den Regierungen unabhängig, sie hat das ausschließliche Recht, Banknoten auszugeben, und ist gegenüber der EU-Kommission, dem EU-Parlament und dem Europäischen Rat rechenschaftspflichtig. Ihre Aufgaben sind ähnlich denen der Deutschen Bundesbank. Ihr Direktorium wird vom Europäischen Rat bestimmt, ihr Sitz ist Frankfurt am Main.

Europarat, 1949 gegründete internationale Vereinigung europäischer Staaten mit dem Ziel, den wirtschaftlichen und sozialen Fortschritt der Mitgliedsländer zu fördern. Wichtigstes Abkommen ist die 1950 abgeschlossene Europäische Konvention zum Schutze der Menschenrechte und Grundfreiheiten *(siehe dort).* Dem Europarat gehören derzeit 41 Mitgliedsländer an.

EWG, Abkürzung für Europäische Wirtschaftsgemeinschaft, die für eine einheitliche Agrarpolitik zuständige Behörde; heute Teil der Europäischen Gemeinschaft (EG).

Exekutive, *die* [von lateinisch exsequi ›ausführen‹], der Teil der Staatsgewalt, dem die Ausführung der Gesetze obliegt. Die Exekutive sind in erster Linie die staatlichen Behörden der Verwaltung. Die Exekutive ist der Legislative *(siehe dort)* untergeordnet.

Extremismus, *der* [zu lateinisch extremus ›am äußersten Rand‹], eine politische Haltung oder Richtung, die am äußersten Rand der politischen Auffassungen angesiedelt ist und deren Vertreter in ihrem Handeln auch zu terroristischen Mitteln greifen.

extremistische Parteien, Parteien, die als radikal und antidemokratisch angesehen werden; dazu zählen in der Bundesrepublik Deutschland v.a. die Parteien des rechten Spektrums wie Nationaldemokratische Partei, die Republikaner (REP) und die Deutsche Volksunion (DVU) sowie im linken Spektrum die so genannte Kommunistische Plattform innerhalb der PDS. Extremistische Parteien dürfen vom Verfassungsschutz beobachtet werden.

Familienlastenausgleich, staatliche Förderung der Familien, u.a. durch Kindergeld und Kinderfreibeträge. Familien mit Kindern sollen dadurch in ihren Einkommen mit kinderlosen Familien gleichgestellt werden.

Feminismus, *der* eine Richtung der Frauenbewegung, die die Befreiung der Frau von gesellschaftlicher Diskriminierung und Unterdrückung durch die Veränderung gesellschaftlicher Verhältnisse anstrebt. Der Feminismus will nicht nur die wirtschaftliche Unabhängigkeit der Frau vom Mann sichern, sondern auch ihre soziale, politische und psychische Unabhängigkeit sowie die Abschaffung der Arbeitsteilung nach Geschlecht, v.a. in der Familie.

Finanzausgleich, Verteilung der gesamten öffentlichen Einnahmen auf die Gebietskörperschaften *(siehe dort)* in einer Weise, dass diese ihre Aufgaben erfüllen können. Der Finanzausgleich wird als ›vertikaler‹ Finanzausgleich z.B. zwischen Bund und Ländern durchgeführt, damit die Länder die ihnen zukommenden Aufgaben erfüllen können. Die Bundesländer ihrerseits gleichen ihre unterschiedliche Finanzkraft untereinander im ›horizontalen‹ Finanzausgleich aus. In den Kreisen erfolgt der Ausgleich über die Kreisumlage, die die Gemeinden zu bezahlen haben.

Föderalismus, *der* [zu lateinisch foederati ›durch Vertrag verbunden‹], ein Gestaltungsprinzip von Staaten, das der übergeordneten Gewalt (z.B. der Bundesregierung) nicht mehr Regelungsbefugnisse gegenüber den nachgeordneten Gewalten (z.B. Landesregierungen) einräumt, als im Interesse des Gesamtstaates notwendig ist.

Fraktion, *die* [von lateinisch fractio ›der Bruch‹], der Zusammenschluss der Angehörigen einer Partei im Parlament.

Frankfurter Schule, Bezeichnung für den Kreis von Sozial- und Kulturwissenschaftlern um M. HORKHEIMER und das 1930-59 von diesem geleitete Frankfurter ›Institut für Sozialforschung‹ (1933/34 in Genf, dann in New York; 1950 von Horkheimer und T. W. ADORNO in Frankfurt wieder gegründet) sowie für die hier entwickelten, von K. MARX und S. FREUD bestimmten soziologisch-philosophischen Lehren, die kritische Theorie. Die Frankfurter Schule spielte v.a. seit den 1960er-Jahren eine Rolle auf gesellschaftskritischer, wissenschaftstheoretischer und pädagogischer Ebene im Rahmen des Neomarxismus.

Frauenbeauftragte, Frauen, die die Aufgabe haben, die Benachteiligung von Frauen im öffentlichen Leben aufzudecken und abzubauen. Frauenbeauftragte sind meistens in ›Gleichstellungsstellen‹ bei Kommunen und öffentlichen Arbeitgebern (z.B. Universitäten) eingesetzt. Zu ihren Aufgaben gehören u.a. die Prüfung von Gesetzesvorhaben und die Erstellung von Frauenförderplänen.

Frauenbewegung, die organisierte Form des Kampfes um die politische, soziale und kulturelle Gleichstellung der Frau. Er wurde getragen von den Suffragetten (*siehe* Kapitel 1) seit Mitte des 19. Jh. und stand oft im Zusammenhang mit anderen Reformbestrebungen. 1918 wurde in Deutschland das Hauptanliegen der Frauenbewegung, das Frauenwahlrecht, erreicht. In der Bundesrepublik Deutschland entstanden seit Ende der 1960er-Jahre neue Frauengruppen, die gegen die gesellschaftliche Vorrangstellung des Mannes kämpfen (*siehe* Feminismus).

Frauenhaus, in Deutschland Bezeichnung für ein Haus, in dem misshandelte Frauen mit ihren Kindern vorübergehend Aufnahme finden. Frauenhäuser sind selbst verwaltet und haben weder Heimcharakter noch männliche Mitarbeiter.

Freie Demokratische Partei, Abkürzung FDP, politische Partei, entstand 1948 in der südhessischen Stadt Heppenheim aus einem Zusammenschluss nationalliberaler und liberal-demokratischer Gruppen. Die FDP ist seit ihrer Gründung im Deutschen Bundestag vertreten und war an fast allen Bundesregierungen beteiligt. 1949–56, 1961–66 und 1982–98 bildete sie mit der CDU/CSU bürgerliche Koalitionen, 1969–82 war sie mit der SPD in der sozialliberalen Koalition verbunden. Seit der Bundestagswahl 1998 ist sie eine der Oppositionsparteien. Sie versteht sich als politische Organisation des Liberalismus *(siehe dort)* und tritt für die freie Marktwirtschaft ein. Gemeinsam mit der SPD setzte die FDP nach einer personellen und programmatischen Erneuerung eine neue Ostpolitik und damit die Ostverträge durch.

Demonstration für die Emanzipation der Frauen am Internationalen Frauentag (8. 3. 1982)

freies Mandat, das Mandat eines Abgeordneten, der seine Entscheidungen nur nach seinem Gewissen zu treffen braucht und nicht an die Vorgaben seiner Wähler gebunden ist.

freiheitlich-demokratische Grundordnung, der Kernbestand der staatlichen Ordnung in Deutschland. Die freiheitlich-demokratische Grundordnung stellt eine Ordnung dar, die unter Ausschluss jeglicher Gewaltherrschaft eine rechtsstaatliche Herrschaftsordnung auf der Grundlage des Selbstbestimmungsrechts ermöglicht. Grundlegende Prinzipien sind u.a. Achtung vor den Menschenrechten *(siehe dort),* Volkssouveränität *(siehe dort),* Gewaltenteilung, Verantwortlichkeit der Regierung gegenüber dem Parlament, Gesetzmäßigkeit der Verwaltung, Unabhängigkeit der Gerichte und Mehrparteiensystem.

Frieden [von althochdeutsch fridu ›Schutz‹, ›Sicherheit‹, ›Freundschaft‹], Zustand eines verträglichen und gesicherten Zusammenlebens von Menschen auf verschiedenen Ebenen. Da Frieden ohne ein Minimum an Ordnung und Einvernehmen nicht lange bestehen kann, ist der Begriff eng mit dem des Rechts verknüpft, der seinerseits Freiheit voraussetzt. Frieden ist stets ein geschaffener Zustand nicht kriegerischer Beziehungen zwischen Staaten (›äußerer Frieden‹). Im internationalen Leben ist Frieden der Normalzustand, der seinen Ausdruck in gegenseitigen diplomatischen Beziehungen, im Abschluss und der Durchführung von Staatsverträgen, in Handels-, Kultur- und Rechtsbeziehungen und im gegenseitigen Schutz der Staatsangehörigen findet. Der Frieden wird durch Krieg unterbrochen und klassischerweise durch einen Friedensvertrag wieder hergestellt. Nach der UNO-Satzung ist jede Verletzung des Friedens untersagt. Bereits die Gefahr einer kriegerischer Auseinandersetzung oder sonstiger Gewalthandlungen löst als Friedensbedrohung die in der Charta vorgesehenen Maßnahmen aus (Abwehr einer Gewaltmaßnahme nur in begrenztem Umfang, Sanktionen).

Friedensbewegung, im 19. Jh. entstandene politisch uneinheitliche Bewegung meist ohne feste Organisationsstruktur, die für Abrüstung und friedliches Zusammenleben der Völker eintritt. Nach ihrem Scheitern vor dem Ersten und Zweiten Weltkrieg lebte die Friedensbewegung zu Beginn der 1980er-Jahre in zahlreichen westlichen Ländern neu auf. In der DDR wurde sie 1989 zu einem Kristallisationspunkt der Opposition gegen die SED-Herrschaft.

Friedensnobelpreis, von dem schwedischen Industriellen ALFRED NOBEL (* 1833, † 1896) gestiftete, hoch angesehene internationale Auszeichnung für besondere Leistungen um den Erhalt des Friedens. Die Preisträger werden vom norwegischen Parlament gewählt. Der Preis selbst wird im Dezember jeden Jahres vom norwegischen König überreicht.

Gebietskörperschaft, Körperschaft des öffentlichen Rechts, deren Gebietshoheit einen räumlich abgegrenzten Teil des Staatsgebiets und dessen Bewohner umfasst. Die wichtigsten Gebietskörperschaften sind die Gemeinden und Landkreise.

Geburtenkontrolle, die Praxis der Empfängnisverhütung zur Beschränkung der Geburten. Sie wird in vielen Ländern, vor allem in Staaten der Dritten Welt, angewandt.

Gemeindeverfassung, die von den Landesparlamenten vorgeschriebene Organisationsform für die Städte, Kreise und Gemeinden. In Deutschland gibt es vier verschiedene Typen: In Bayern und Baden-Württemberg gilt die Süddeutsche Ratsverfassung. Hier ist der von den Gemeindebürgern direkt gewählte Bürgermeister zugleich Vorsitzender des Gemeindeparlaments und Leiter der Gemeindeverwaltung. Bei der Norddeutschen Ratsverfassung (Niedersachsen, Nordrhein-Westfalen) ist der Bürgermeister der ehrenamtliche Vorsitzende des Gemeindeparlaments und wird auch von diesem gewählt. Die Verwaltung leitet der vom Gemeindeparlament gewählte (Ober-)Stadtdirektor bzw. (Ober-)Kreisdirektor. In Rheinland-Pfalz und im Saarland gilt die Bürgermeisterverfassung; auch in diesem Verfassungstyp wird der Bürgermeister vom Gemeindeparlament gewählt und ist dessen Vorsitzender. Er leitet jedoch zugleich die Verwaltung. Nur in der Magistratsverfassung (Hessen, Schleswig-Holstein) sind die gesetzgeberischen und ausführenden Befugnisse strikt getrennt. Das von den Gemeindebürgern gewählte Gemeindeparlament wählt die Verwaltungsspitze, den Magistrat und dessen Vorsitzenden, den (Ober-)Bürgermeister. Der Magistrat entscheidet als Kollegialorgan gemeinsam.
❧ Die 1990 der Bundesrepublik beigetretenen Bundesländer Brandenburg, Mecklenburg-Vorpommern, Sachsen, Sachsen-Anhalt und Thüringen beschlossen 1991 eine gemeinsame Kommunalverfassung, die Elemente aus den anderen Typen übernommen hat.

Generationenvertrag, Bezeichnung für die Tatsache, dass die jüngere, erwerbstätige Generation die Altersrenten für die aufbringt, die aus Altersgründen nicht mehr arbeiten können. Problematisch ist dabei, dass im Augenblick immer weniger Erwerbstätige für immer mehr Rentner arbeiten müssen.

Genfer Abkommen, auch Rotkreuzabkommen genannt, vier internationale Abkommen über die Behandlung von Kranken und Verwundeten zu Lande und zur See (I. und II. Genfer Abkommen), über die Behandlung von Kriegsgefangenen (III.

Demonstration der Friedensbewegung gegen die Stationierung amerikanischer Mittelstreckenraketen am 22. 10. 1983 in Bonn

Genfer Abkommen) und den Schutz von Zivilpersonen (IV. Genfer Abkommen). Diese vier Genfer Abkommen sind für den Kriegsfall geltendes Völkerrecht; sie wurden 1949 ausgehandelt und 1977 ergänzt. Die Bundesrepublik Deutschland trat ihnen 1954 bei.

Genfer Flüchtlingskonvention, ein 1952 abgeschlossener Vertrag, dem die Bundesrepublik 1953 beitrat. Die Flüchtlingskonvention regelt die Anerkennung von Flüchtlingen und ihr Aufenthaltsrecht im Zufluchtsland. Sie sieht allerdings kein Klagerecht für den Flüchtling vor.

Gesetzgebung, die staatliche Rechtsetzung, soweit sie im Erlass von formellen Gesetzen besteht. In der Bundesrepublik Deutschland ist die Zuständigkeit zur Gesetzgebung zwischen dem Bund und den Ländern aufgeteilt.
Das Gesetzgebungsverfahren sieht vor, dass Bundesgesetze nur erlassen werden können, soweit dem Bund die ausschließliche oder konkurrierende Gesetzgebungskompetenz zusteht oder der Bund ermächtigt ist, Rahmenvorschriften zu erlassen. Die rechtswirksam beschlossenen (Bundes-)Gesetze werden vom Bundespräsidenten ausgefertigt und vom Bundeskanzler sowie vom zuständigen Bundesminister gegengezeichnet. Nach der Verkündigung im Bundesgesetzblatt tritt das Gesetz zu dem in ihm bestimmten Zeitpunkt in Kraft.

Glasnost [russisch ›Öffentlichkeit‹], von MICHAIL GORBATSCHOW geprägtes Schlagwort, das in der Sowjetunion die Bestrebung bezeichnete, mithilfe der Medien den Entscheidungsprozess in Partei und Staat durchsichtiger zu machen. Die Bevölkerung sollte damit die Möglichkeit erhalten, Entscheidungen besser zu durchschauen und Mitspracherechte wahrzunehmen.

Gleichgewicht der Mächte, *siehe* Kapitel 1.

Gleichgewicht des Schreckens, der nicht kriegerische Zustand zwischen Staaten, die Atomwaffen besitzen und aus Furcht vor einer atomar geführten Auseinandersetzung vor kriegerischen Aktionen zurückschrecken.

Green Card [griːn kaːd; englisch ›grüne Karte‹], in den USA die Bezeichnung für die Arbeitserlaubnis. Sie wird jährlich in begrenzter Anzahl an Einwanderer ausgegeben. In der Bundesrepublik Deutschland ist eine ähnliche Regelung für ausländische Fachkräfte aus der EDV-Branche geplant.

Hamburg, Bundesland und Stadtstaat in der Bundesrepublik Deutschland. Seit dem 13. Jh. war Hamburg Mitglied der Hanse, gegen Ende des 16. Jh. beerbte es Antwerpen als Stapelplatz Nordeuropas. 1815 trat Hamburg dem Deutschen Bund und 1888 dem Deutschen Zollverband bei. Im Zweiten Weltkrieg wurde die Stadt stark zerstört. Hamburg hatte seit 1949 überwiegend von der SPD gestellte Landesregierungen.

Hammelsprung, parlamentarisches Wahlverfahren, bei dem die Abgeordneten nicht durch Handaufheben oder durch die Abgabe von Stimmkarten in Urnen abstimmen, sondern durch drei verschiedene Türen (›Ja-Tür‹, ›Nein-Tür‹, Enthaltung) den Plenarsaal betreten und dabei gezählt werden.

Hammelsprung. Nach dieser Tür im alten Reichstagsgebäude ist der Hammelsprung benannt: Der von Odysseus geblendete Zyklop zählt seine Schafe, um die Flucht des Odysseus und seiner Gefährten zu verhindern

❧Der Name dieses Verfahrens rührt von einer Tür im alten Reichstagsgebäude her, die eine Episode aus der Odyssee zeigt: Der von Odysseus geblendete Zyklop Polyphem streicht seinen Schafen über den Rücken, um zu verhindern, dass Odysseus mit seinen Gefährten die Höhle verlässt. Über dieser Episode war zudem als Türschmuck ein springender Widder geschnitzt.

Havel, Václav, tschechischer Schriftsteller und Politiker (* 1936). Seit der Niederschlagung des Prager Frühlings *(siehe dort)* 1968 gehörte Havel zu den Gegnern der kommunistischen Staatsführung, die ihn mit Veröffentlichungs- und Aufführungsverbot sowie Inhaftierung verfolgte. 1989 erzwang er an der Spitze einer Massenbewegung demokratische Reformen und wurde zum Staatspräsidenten der Tschechoslowakei gewählt. Im Sommer 1992 legte V. Havel sein Amt nieder, da sich die Tschechoslowakei in zwei souveräne Staaten auflöste. Seit 1993 ist er Präsident der Tschechischen Republik.

Hessen, Bundesland der Bundesrepublik Deutschland. Seit dem 1. Jh. n. Chr. war Hessen Siedlungsland der Chatten, im 8. Jh. erfolgte die Christianisierung durch Bonifatius. 1130 wurde das Land mit der Landgrafschaft Thüringen vereint, aber nach dem Thüringischen Erbfolgekrieg (1256–64) wieder abgetrennt. Die Landgrafschaft Hessen wurde 1292 Reichsfürstentum. 1526 wurde die Reformation eingeführt, 1567 erfolgte die Teilung in die Linien Hessen-Darmstadt, Hessen-Kassel, Hessen-Marburg und Hessen-Rheinfels. Hessen-Kassel erhielt 1803 die Kurwürde; Hessen-Darmstadt wurde 1806 Großherzogtum. Im deutsch-österreichischen Krieg 1866 schlossen sich die hessischen Fürstentümer Österreich an und wurden nach der Niederlage dem preußischen Staat eingegliedert (Hessen-Kassel in die preußische Provinz Hessen-Nassau) oder zu Gebietsabtretungen gezwungen (Hessen-Darmstadt). Bis 1918 gehörte Hessen-Darmstadt als Bundesstaat zum Deutschen Reich. 1918 wurde der Großherzog abgesetzt und Hessen zum ›Volksstaat‹ erklärt. Nach dem Zweiten Weltkrieg bildeten die Alliierten das Land Hessen neu aus dem größten Teil von Hessen-Darmstadt und der preußischen Provinz Hessen-Nassau. Die darmstädtische Provinz Rheinhessen und der nassauische Kreis Montabaur wurden dem neu gebildeten Land Rheinland-Pfalz zugeschlagen. SPD-geführte Landesregierungen entwickelten das Bundesland Hessen zu einem wirtschaftlichen Schwerpunkt der Bundesrepublik.

IAEO, Abkürzung für **I**nternationale **A**tom**e**nergie-**O**rganisation.

Ideologie, *die* eine Theorie mit weltanschaulichem Charakter. Sie beruht auf Ideen, die alles das ausschließen, was nicht den gesetzten gesellschaftlichen und politischen Zielen dient.

Immunität, *die* [zu lateinisch immunis ›frei‹], Schutz für Diplomaten fremder Staaten vor Strafverfolgung durch die Gerichte des Gastlandes und für parlamentarische Abgeordnete. Abgeordnete dürfen nur dann gerichtlich verfolgt werden, wenn das Parlament dies genehmigt, es sei denn, sie werden auf frischer Tat ertappt oder im Lauf des folgenden Tages festgenommen.

Impeachment, *das* [ɪmˈpiːtʃmənt; von englisch to impeach ›anklagen‹], der Antrag einer parlamentarischen Körperschaft auf Amtsenthebung und Bestrafung. In der amerikanischen Bundesverfassung ist ein Impeachment ein Verfahren, mit dem der Präsident, der Vizepräsident und Beamte des Bundes bei persönlichen Amtsverfehlungen aus dem Amt entfernt werden können. Das Repräsentantenhaus entscheidet mit einfacher Mehrheit über die Anklageerhebung; als Gerichtshof fungiert dabei der Senat unter Vorsitz des Präsidenten des Obersten Bundesgerichts.
❧ 1974 trat der amerikanische Präsident RICHARD M. NIXON (* 1913, † 1994) zurück, um einem Impeachment zuvorzukommen.

imperatives Mandat, ein Mandat, bei dem der Abgeordnete sein Abstimmungsverhalten nach den Instruktionen seiner Wähler zu richten hat; z. B. unterliegen die Mitglieder des Bundesrates bei ihren Abstimmungen den Weisungen ihrer Landesregierungen.

Indemnität, *die* [lateinisch ›Schadloshaltung‹], der Schutz des parlamentarischen Abgeordneten vor gerichtlicher Verfolgung aufgrund seiner Äußerungen oder seiner Abstimmung im Parlament.

innere Führung, in der Bundeswehr das Konzept für die Menschenführung. Die innere Führung geht davon aus, dass die gesellschaftliche Integration der Soldaten in einer freiheitlichen Demokratie not-

wendig ist. Leitbild der inneren Führung ist der ›Staatsbürger in Uniform‹.
❧ Die Konzeption der inneren Führung entwickelte WOLF GRAF VON BAUDISSIN (* 1907, † 1993).

Internationale Atomenergie-Organisation, Abkürzung IAEO, 1957 gegründete internationale Organisation mit Sitz in Wien, die die friedliche Anwendung und Nutzung von Atomenergie fördern soll. Die IAEO ist eine eigene Organisation innerhalb der UNO.

Internationaler Gerichtshof, Abkürzung IGH, eines der Hauptorgane der UNO mit Sitz in Den Haag. Er entscheidet in Streitfällen, wenn zwei oder mehr Staaten eine Streitsache vor ihn tragen. Er richtet sich dabei nach dem Völkerrecht. Für andere Organe der UNO ist er gutachterlich tätig.

Internationaler Währungsfonds, *siehe* Kapitel 4.

Internationales Kriegsverbrechertribunal, internationaler Gerichtshof in Den Haag zur Aburteilung von Kriegsverbrechern.

IWF, Abkürzung für **I**nternationaler **W**ährungsfonds (*siehe* Kapitel 4).

Judikative, *die* [zu lateinisch iudicare ›Recht sprechen‹], der Teil der Staatsgewalt, dem die Rechtsprechung obliegt.

Junta, *die* [ˈxunta; spanisch ›Versammlung‹], ein Gremium von mehreren Personen, die gemeinsam die Entscheidungsgewalt ausüben. Oft bezeichnet Junta auch eine Militärregierung.

juristische Person, ein Unternehmen oder eine Anstalt des öffentlichen Rechts, denen das Gesetz eine eigene Rechtspersönlichkeit zubilligt. Sie können also Rechte ausüben, die normalerweise nur eine Person wahrnehmen kann.

Kapitalismus, *der* eine Wirtschafts- und Gesellschaftsordnung der Neuzeit, in der nicht nur die wirtschaftlichen, sozialen und politischen Verhaltensweisen und Beziehungen der Menschen, sondern auch deren Organisation und Institutionen wesentlich von den Interessen derjenigen bestimmt werden, die über das Kapital verfügen. Als Merkmale gelten: 1. Privateigentum an Produktionsmitteln (Maschinen, Kapital); 2. Ausrichtung aller wirtschaftlichen Vorgänge am Prinzip der Gewinnmaximierung; 3. Produktion für einen Markt, wobei Angebot und Nachfrage den Preis bestimmen; 4. Gegensatz von Kapital und Arbeit. Man unterscheidet den Frühkapitalismus (etwa ab 1500), den Hochkapitalismus (ab Ende des 18. Jh.) und den Spätkapitalismus (ab Ende des 19. Jh.).

Kinderfreibetrag, in die Lohnsteuerkarte einzutragender Betrag, um den die zu zahlende Einkommensteuer gekürzt wird. Kinderfreibeträge können auch halbiert werden, z. B. wenn die Ehe geschieden ist und ein gemeinsames Sorgerecht vereinbart ist.

Kindergeld, staatliche Leistung im Rahmen des Familienlastenausgleichs. Das Kindergeld wird bei der Familienkasse des Arbeitsamts beantragt. Es beträgt für das erste und das zweite Kind jeweils 270 DM, für das dritte Kind 300 DM und für jedes weitere Kind 350 DM.

Klassenkampf, nach marxistischer Vorstellung das Austragen der Gegensätze zwischen den Herrschenden und den Beherrschten. Im Klassenkampf werden die Widersprüche einer Gesellschaft bis zur Lösung auf einer neuen gesellschaftlichen Entwicklungsstufe ausgetragen. Für den Kapitalismus *(siehe dort)* erwartet der Marxismus eine Verschärfung des Klassenkampfes zwischen Bourgeoisie (*siehe* Kapitel 1) und Arbeiterklasse.

klassenlose Gesellschaft, nach marxistischer Lehre das Endziel des Klassenkampfes *(siehe dort)*. Sie ist dadurch gekennzeichnet, dass das Privateigentum an Produktionsmitteln aufgehoben ist und die Arbeiter nicht mehr ausgebeutet werden.

Knesset, *die* das Parlament des Staates Israel.

Koalition, *die* [lateinisch], ein zweckgerichtetes und zeitlich befristetes Bündnis zwischen unabhängigen Partnern. Dies waren zunächst Allianzen unabhängiger Staaten, seit 1918 bezeichnet man die Bündnisse politischer Parteien als Koalitionen.

Koalitionsfreiheit, das jedem zustehende Grundrecht, zur Wahrung und Förderung der Arbeits- und Wirtschaftsbedingungen Vereinigungen (›Koalitionen‹) zu bilden. Zu diesen Vereinigungen gehören die Gewerkschaften und die Arbeitgeberverbände.
❧ Das Grundrecht ist in Art. 9 GG festgelegt.

Kohl, Helmut deutscher Politiker, * 1930, war ab 1982 Bundeskanzler der Bundesrepublik Deutschland. Er trat 1947 der CDU bei, 1973 wählte man

ihn zu deren Bundesvorsitzenden. Nach seinem Geschichtsstudium arbeitete er bis 1969 beim Industrieverband Chemie. 1959 wurde er in den Landtag von Rheinland-Pfalz gewählt, war 1963–69 Fraktionsvorsitzender seiner Partei und 1969–76 Ministerpräsident von Rheinland-Pfalz. Im Zuge eines von der CDU/CSU- und der Mehrheit der FDP-Fraktion getragenen Misstrauensvotums wurde er im Oktober 1982 zum Nachfolger HELMUT SCHMIDTS als Bundeskanzler gewählt und in den folgenden Bundestagswahlen immer wieder bestätigt. Gemeinsam mit dem französischen Staatspräsidenten FRANÇOIS MITTERRAND (* 1916, † 1996) trieb er die europäische Einigung voran. Nach dem politischen Umbruch in der DDR erkannte er die Chance einer Vereinigung der beiden deutschen Staaten, für die er sich nachdrücklich einsetzte und die er gemeinsam mit dem damaligen Außenminister HANS DIETRICH GENSCHER außenpolitisch absicherte (*siehe* Zwei-plus-vier-Vertrag).
❧ Kohl war ab 1. Oktober 1996 der am längsten regierende Bundeskanzler der Bundesrepublik, ebenso überrundete er die Amtszeit KONRAD ADENAUERS als Parteivorsitzender. ❧ Sein Eingeständnis, Barspenden angenommen zu haben, die nicht ordnungsgemäß in den Rechenschaftsberichten der CDU verbucht wurde, löste eine zweite Parteispendenaffäre aus.

Kollegialorgan, *das* [zu lateinisch collegium ›(Amts)genossenschaft‹], ein Gremium, dessen Mitglieder gleichberechtigt sind und das nur in seiner Gesamtheit Entscheidungen treffen kann. Kollegialorgane sind z. B. die einzelnen Kammern oder Senate der Gerichte, der Magistrat einer Stadt oder der Betriebsrat.

kollektive Sicherheit, vertraglich vereinbarte internationale Ordnung, in der Gewaltanwendung untersagt und der Schutz jedes einzelnen Staates einer umfassenden oder regionalen Staatenorganisation übertragen ist. Maßnahmen zur Schaffung eines Systems kollektiver Sicherheit sind z. B. Nichtangriffsverträge, Rüstungskontrolle, internationale Schiedsgerichtsbarkeit.

Kommunismus, *der* [zu lateinisch communis ›allen gemeinsam‹], ein politisch-ideologischer Begriff mit mehreren Bedeutungen: 1. die gedankliche Vorstellung einer Gesellschaft, in der das Privateigentum an Produktionsmitteln in Gemeineigentum überführt wird; 2. die Gesamtheit der wirtschaftlichen und politischen Lehren, die mit dem Ziel einer kommunistischen Gesellschaft auf der Grundlage der von K. MARX und F. ENGELS aufgestellten Theorien von W. I. LENIN und seinen Nachfolgern umgeformt wurden; 3. die politischen Herrschaftssysteme, die diese Lehren in die Praxis umsetzten. Nach marxistischer Auffassung ist der Kommunismus eine Gesellschaftsform, die sich nach dem notwendigen Zusammenbruch des Kapitalismus, der Revolution des Proletariats und dem Übergangsstadium des Sozialismus *(siehe dort)* herausbildet. In ihr soll der Mensch zu einer allseitigen Entfaltung seiner Fähigkeiten in einer herrschafts- und klassenlosen Gesellschaft kommen.
In diesen Vorstellungen ist der Kommunismus an wirtschaftlichen Überfluss und den revolutionären Gesellschaftsumsturz gebunden. LENIN setzte sich

Bundeskanzler Helmut Kohl empfängt 1987 den damaligen Staatschef der DDR, Erich Honecker, mit militärischen Ehren im Garten des Bundeskanzleramtes für eine Partei aus Berufsrevolutionären zur Durchführung der Revolution ein. Seit der Oktoberrevolution 1917 (*siehe* Kapitel 1) wird unter Kommunismus auch ein Herrschaftssystem unter Führung einer kommunistischen Partei verstanden.

Kongress, das aus Repräsentantenhaus und Senat bestehende Parlament in den USA. Beide Häuser haben fest umrissene Zuständigkeiten in der Gesetzgebung und der Verwaltung.

Konservatismus, *der* eine Haltung, die dem Bestehenden und seiner Bewahrung den Vorzug gibt. Neuerungen betrachtet der Konservatismus eher kritisch und vorsichtig; Veränderungen sollen das Bestehende stützen und nicht revolutionär umgestalten.

konstruktives Misstrauensvotum, *das* die in Art. 67 GG vorgesehene einzige Möglichkeit, die amtierende Bundesregierung zu stürzen. Der Bundestag muss einen Nachfolger für den amtierenden Bundeskanzler wählen und den Bundespräsidenten ersuchen, den Kanzler zu entlassen. Der Bundespräsident muss diesem Ersuchen stattgeben und den neu Gewählten zum Bundeskanzler ernennen. Diese Form wurde gewählt, weil damit ausgeschlossen ist, dass das Misstrauensvotum von wechselnden Mehrheiten missbraucht werden kann.

❧ In der Geschichte der Bundesrepublik Deutschland war ein konstruktives Misstrauensvotum erst einmal erfolgreich (1982 gegen Bundeskanzler HELMUT SCHMIDT); ein Misstrauensvotum gegen WILLY BRANDT 1972 scheiterte.

Konvention, *die* [zu lateinisch convenire ›zusammenkommen‹], ein völkerrechtlicher Vertrag zwischen mehreren Staaten, z. B. die Europäische Konvention zum Schutze der Menschenrechte und der Grundfreiheiten.

Körperschaft des öffentlichen Rechts, eine mitgliedschaftlich organisierte Institution des öffentlichen Rechts. In der Regel ist die Körperschaft des öffentlichen Rechts rechtsfähig, das heißt, sie kann unter ihrem Namen vor Gericht verklagt werden und selbst Klage erheben. Sie hat im Allgemeinen auch hoheitliche Befugnisse. Körperschaften des öffentlichen Rechts sind u. a. Gebietskörperschaften und gemeindliche Zweckverbände (z. B. Abwasserverbände).

Krankenkasse, im Rahmen der Sozialversicherung geschaffene Unternehmen, die den Versicherungsschutz und damit die Bezahlung der Krankheitskosten übernehmen (Krankenversicherung).

Der deutsche Bundestag am 27. 4. 1972, als das konstrukive Misstrauensvotum gegen Bundeskanzler Brandt scheiterte

KSZE, Abkürzung für **K**onferenz über **S**icherheit und **Z**usammenarbeit in **E**uropa, eine Konferenz sämtlicher europäischer Staaten zur grundsätzlichen Regelung von Fragen der europäischen Sicherheit, der Zusammenarbeit in Wirtschaft, Technik und Umwelt, Fragen der Sicherheit und Zusammenarbeit im Mittelmeerraum sowie Fragen in humanitären Angelegenheiten. Sie ging 1995 in der Organisation für Sicherheit und Zusammenarbeit in Europa (OSZE) auf.

Kultushoheit, die Befugnis der Bundesländer, die kulturellen Angelegenheiten, also v. a. die Schulpolitik, in eigener Kompetenz zu regeln. Zur Abstimmung ihrer Politik nutzen die Länder die Kultusministerkonferenz. Der Bundesregierung steht ein Mitwirkungsrecht nur in der Hochschulpolitik zu.

Kultusministerkonferenz, Kurzbezeichnung für die ›Ständige Konferenz der Kultusminister der Länder in der Bundesrepublik Deutschland‹. Die Kultusministerkonferenz verfügt über ein Sekretariat in Bonn; sie ist zuständig für die Zusammenarbeit der Bundesländer auf kulturellem Gebiet, vor allem im Schul- und Hochschulwesen. Die Beschlüsse der Kultusministerkonferenz sind allerdings nicht bindend für die Bundesländer.

❧ Die Kultusministerkonferenz wurde gegründet, um die Schulpolitik der Bundesländer untereinander abzustimmen und die Gleichwertigkeit von Schulabschlüssen zu prüfen.

kumulieren, die Möglichkeit des Wählers, bei Wahlen mehrere Stimmen (meist bis zu drei) auf einen Kandidaten zu vereinigen. Kumulieren ist dort möglich, wo bei der Wahl so viele Stimmen abgegeben werden können, wie Parlamentssitze zu vergeben sind. Dies ist v. a. bei Kommunalwahlen in verschiedenen Bundesländern der Fall, z. B. in Baden-Württemberg.

KVAE, Abkürzung für **K**onferenz über **V**ertrauensbildung und **A**brüstung in **E**uropa, als Folge der KSZE *(siehe dort)* in Madrid beschlossene Verhandlungen über Rüstungskontrolle.

Länderfinanzausgleich, der finanzielle Ausgleich von Steuermitteln zwischen den einzelnen Bundesländern, um einheitliche Lebensbedingungen herzustellen. Er wird auch horizontaler Finanzausgleich genannt *(siehe dort)*.

Landesregierung, die vom Parlament eines Bundeslandes (Landtag) gewählte Regierung eines Bundeslandes. Sie wird geleitet vom Ministerpräsidenten und ist dem Landtag verantwortlich.

Landesvertretung, die am Sitz der Bundesregierung eingerichteten Dienststellen der Bundesländer. Sie werden von einem Bevollmächtigten, meist im Rang eines Landesministers, geleitet. Über die Landesvertretungen sichern die Bundesländer ihre Zusammenarbeit mit der Bundesregierung und nehmen Einfluss auf die Gesetzgebung des Bundes.
❧ Nach den Sitzungen des Bundeskabinetts informiert ein Vertreter der Bundesregierung die Bevollmächtigten der Länder über die Beschlüsse.

Landkreis, eine Gebietskörperschaft, die die überörtlichen Aufgaben wahrnimmt, die von den kreisangehörigen Gemeinden nicht geleistet werden können. Die Landkreise in der Bundesrepublik sind einerseits kommunale Behörden, andererseits aber auch staatliche Verwaltungsbehörden mit Aufgaben z. B. in der Kommunalaufsicht.
❧ Organe des Landkreises sind der Landrat und der Kreistag als gewählte Vertretung der kreisangehörigen Bürgerschaft.

Landrat, der oberste Verwaltungsbeamte eines Landkreises in den meisten Bundesländern.
❧ In Niedersachsen und Nordrhein-Westfalen ist der Landrat der Vorsitzende des Kreistages, oberster Verwaltungsbeamter ist hier der Oberkreisdirektor. ❧ In Baden-Württemberg, Bayern und Rheinland-Pfalz ist er zugleich Vorsitzender des Kreistags.

Landtag, das Parlament eines Bundeslandes; in Berlin ist der Landtag das Abgeordnetenhaus, in Bremen und Hamburg entspricht ihm die Bürgerschaft.

Lastenausgleich, nach dem Zweiten Weltkrieg in der Bundesrepublik Deutschland geschaffene gesetzliche Möglichkeit, einen Ausgleich zwischen Geschädigten und Nichtbetroffenen zu schaffen. V. a. Vertriebenen und Flüchtlingen gab der Lastenausgleich die Hilfen zur Eingliederung.
❧ Der Lastenausgleich war die größte Vermögensumverteilung in der europäischen Geschichte.

Legislative, *die* [zu lateinisch legislatio ›Gesetzgebung‹], die gesetzgebende Gewalt im Rechtsstaat; sie wird meistens mit dem Parlament gleichgesetzt.

Legitimität, *die* [zu lateinisch lex ›Gesetz‹], Rechtmäßigkeit, vor allem von Herrschaft.

Liberalismus, *der* eine politische Richtung, die die Würde des einzelnen Menschen, sein unverzichtbares Recht auf Freiheit, Humanität und Toleranz in den Mittelpunkt stellt.

Lobby, *die* [englisch], im parlamentarischen Sprachgebrauch die Wandelhalle im Parlamentsgebäude, wo die Abgeordneten mit Außenstehenden verhandeln können. Die Bezeichnung wurde dann auch auf die Vertreter der Interessenverbände (Lobbyisten) übertragen, die versuchen, die Politik zu beeinflussen.

Lomé-Abkommen, *siehe* Abkommen von Lomé.

Maastrichter Verträge, ein im Jahr 1992 abgeschlossenes Vertragswerk, das die EG zur Europäischen Union erweitert. Vorgesehen sind in verschiedenen Stufen eine Wirtschafts- und Währungsunion mit dem Euro (*siehe* Kapitel 4) als Leitwährung und eine politische Union, die Europäische Union. Das Vertragswerk wurde 1996 durch den Vertrag von Amsterdam ergänzt, der den Zeitplan für die Wirtschafts- und Währungsunion sowie einen Stabilitätspakt enthält.

❧ In einigen Mitgliedstaaten der EG wurden die Maastrichter Verträge in Volksabstimmungen abgelehnt, z. B. in Dänemark, die französische Bevölkerung nahm sie mit nur knapper Mehrheit an.

Magistrat, in den Bundesländern mit der so genannten Magistratsverfassung für die Kommunen (*siehe auch* Gemeindeverfassungen) der eigentliche Gemeindevorstand. Er ist ein Kollegialorgan *(siehe dort)* und steht der Vertretung der Bürgerschaft, dem Gemeindeparlament, als ›Stadtregierung‹ gegenüber.
❧ Die Magistratsverfassung war die traditionelle Organisationsform der preußischen Städte und wurde schon in der Steinschen Städteordnung 1808 angewendet.

Marxismus, *der* von KARL MARX und FRIEDRICH ENGELS begründete Lehre und Betrachtungsweise der Welt. Ursprünglich eine Deutung der geschichtlichen Entwicklung, wurde er dann zur Erklärung der Wirklichkeit umgeformt. Der Marxismus gliedert sich 1. in den dialektischen Materialismus (dies ist die Deutung der Welt und ihrer Entwicklung), 2. in den historischen Materialismus (die Interpretation der Entwicklung der menschlichen Gesellschaft), 3. in die politische Ökonomie (die Deutung der gesellschaftlichen und wirtschaftlichen Strukturen und Entwicklungen, vor allem des Kapitalismus) und 4. in den wissenschaftlichen Sozialismus, der die Theorie der künftigen (sozialistischen) Gesellschaft und ihrer revolutionären Herbeiführung darstellt.

Mecklenburg-Vorpommern, Bundesland der Bundesrepublik Deutschland. Seit KARL DEM GROSSEN gerieten die Elb- und Ostseeslawen in ein Tributverhältnis zunächst zum Fränkischen, dann zum Heiligen Römischen Reich. HEINRICH DER LÖWE konnte Mecklenburg dauerhaft dem deutschen Kulturbereich eingliedern. 1229 wurde das Land in die Fürstentümer Mecklenburg, Parchim, Rostock und Werle geteilt, aber bis 1471 wieder in der Hand der Fürsten von Mecklenburg vereinigt, die 1348 die sächsische Lehnshoheit abstreifen und Reichsunmittelbarkeit erlangen konnten. 1701 bildeten sich die Linien Mecklenburg-Schwerin und Mecklenburg-Strelitz. Beide mecklenburgischen Herzöge traten 1808 dem Rheinbund bei. 1866/67 mussten sie auf preußischen Druck hin dem Norddeutschen Bund, 1868 dem Deutschen Zollverein beitreten. 1918 erhielten die mecklenburgischen Staaten republikanische Verfassungen, 1934 vereinten die Nationalsozialisten die beiden Länder Mecklenburg-Schwerin und Mecklenburg-Strelitz zum Land Mecklenburg mit Regierungssitz in Schwerin. 1945 wurde das Land Mecklenburg-Vorpommern aus Mecklenburg und dem westlich der Oder gelegenen Teil der preußischen Provinz Vorpommern gebildet. 1952 wurde das Land in die Bezirke Rostock, Schwerin und Neubrandenburg aufgeteilt, aber im Zuge der Umwälzung in der DDR 1990 wieder errichtet. Am 3. 10. 1990 trat Mecklenburg-Vorpommern der Bundesrepublik Deutschland bei.

Menschenrechte, die Freiheitsrechte oder Grundfreiheiten, die jedem Menschen zustehen: das Recht auf Gleichheit, auf Unversehrtheit, auf Meinungs- und Glaubensfreiheit, auf Widerstand gegen Unterdrückung. Diese Rechte werden nicht vom Staat verliehen, sondern gelten ihm als vorgegebene überstaatliche Rechte; sie sind zu unterscheiden von den Bürgerrechten *(siehe dort),* die gemäß der Verfassung verliehen werden.
❧ Die Menschenrechte sind in den ersten Artikeln des Grundgesetzes für die Bundesrepublik Deutschland aufgeführt.

Milošević, Slobodan [miˈlɔʃeviç], serbischer Politiker (* 1941), war ab 1987 1. Sekretär der KP, seit 1990 Vorsitzender der Sozialistischen Partei Serbiens und 1989–97 Präsident Serbiens, seitdem Präsident der Bundesrepublik Jugoslawien. Im Rahmen seiner großserbischen Politik betrieb er die Aufhebung der Autonomie im Kosovo und unterstützte im jugoslawischen Bürgerkrieg (1991–95) die Serben in Kroatien und in Bosnien und Herzegowina. Die von ihm forcierte Unterdrückung der albanischen Bevölkerung im Kosovo endete im Frühjahr 1999 nach elfwöchigen Luftangriffen der NATO mit dem Einsatz der internationalen Friedenstruppe KFOR.

Ministerpräsident, der vom Landesparlament gewählte Regierungschef für das Bundesland. In den Stadtstaaten Berlin, Bremen und Hamburg entspricht dem Ministerpräsidenten der Regierende Bürgermeister (Berlin), der Senatspräsident (Bremen) und der Erste Bürgermeister (Hamburg).

Mitbestimmung, die Beteiligung von Arbeitnehmern an wirtschaftlichen Entscheidungen der Unternehmen. Die Mitbestimmung reicht von reinen

Informationsrechten für die Arbeitnehmer bis zur echten Mitsprache und Mitentscheidung im Vorstand oder Aufsichtsrat der Unternehmen. In der Montanindustrie gilt die Montanmitbestimmung, in den anderen Betrieben die Mitbestimmung nach dem Mitbestimmungsgesetz von 1976. Danach setzen sich die Aufsichtsräte der Unternehmen mit mehr als 2000 Beschäftigten aus der gleichen Anzahl von Vertretern der Aktionäre und der im Betrieb Beschäftigten zusammen. Das Gesetz regelt die Vertretung der Arbeitnehmer sehr genau: Von den im Betrieb vertretenen Gewerkschaften werden zwei (bei einem 20-köpfigen Aufsichtsrat drei) Vertreter entsandt, die übrigen Sitze verteilen sich auf die Gruppen der Angestellten, Arbeiter und leitenden Angestellten entsprechend ihrem Anteil an der Gesamtbelegschaft. Jeder Gruppe steht mindestens ein Sitz im Aufsichtsrat zu.

❧ Forderungen nach Mitbestimmung gab es bereits im Entwurf einer Gewerbeordnung der Frankfurter Nationalversammlung 1848. ❧ In Preußen bestand 1880–87 ein Volkswirtschaftsrat aus 75 Mitgliedern, von denen 15 Handwerker sein mussten. ❧ In der Weimarer Republik 1920–33 gab es den Reichswirtschaftsrat, der aber keinen nennenswerten Einfluss ausüben konnte.

Montanmitbestimmung [zu lateinisch mons ›Berg‹], eine besondere Form der Mitbestimmung für die Bergbauindustrie und die Hüttenbetriebe mit mehr als 1000 Beschäftigten. Der Aufsichtsrat setzt sich hier zusammen aus vier Vertretern der Anteilseigner und einem weiteren (neutralen) Mitglied, vier Vertretern der Arbeitnehmer und einem weiteren (neutralen) Mitglied sowie einem weiteren Mitglied, dem so genannten elften Mann. Die weiteren Mitglieder dürfen weder Repräsentanten noch Angestellte einer Gewerkschaft oder einer Arbeitgebervereinigung sein, weder im Unternehmen beschäftigt noch an dem Unternehmen wirtschaftlich wesentlich interessiert sein. Zwei der Arbeitnehmervertreter werden von den Gewerkschaften vorgeschlagen. Der ›elfte Mann‹ wird auf Vorschlag der übrigen Aufsichtsratsmitglieder gewählt. Für den Vorstand wird ein Arbeitsdirektor als gleichberechtigtes Mitglied bestellt.

Moratorium, *das* im zwischenstaatlichen Verkehr der vertraglich vereinbarte oder staatlich angeordnete Aufschub der Erfüllung fälliger Verbindlichkeiten.

Mutterschaftsurlaub, früher ein der Mutter für die Erziehung ihres Kindes zustehender Urlaub, durch den Erziehungsurlaub *(siehe dort)* ersetzt.

Nahostkonflikt, seit der verstärkten Einwanderung von Juden nach Palästina bestehender Dauerkonflikt zwischen Arabern und Juden. Der jüdische Staat Israel wurde 1948 aufgrund eines Beschlusses der UNO-Generalversammlung vom 29. 11. 1947 gegründet, nachdem wegen der Judenverfolgung durch das nationalsozialistische Deutschland eine große Zahl europäischer Juden in Palästina – damals britisches Mandatsgebiet – Zuflucht gesucht hatte. Ihre Landnahme brachte sie mit den dort wohnenden Arabern in Konflikt. Seit der Staatsgründung, die zahlreiche Palästinenser zum Verlassen ihrer Heimat zwang, kam es mehrfach mit den angrenzenden Staaten Libanon, Jordanien, Syrien, Ägypten zu Kriegen (1948, 1956, 1967, 1973, 1982), aus denen Israel jeweils siegreich hervorging. Trotz zahlreicher Abkommen bleibt der Nahostkonflikt im Kern ungelöst.

Nation, *die* eine durch bestimmte gemeinsame Merkmale wie z. B. Sprache, Kultur, Abstammung verbundene Gemeinschaft, die sich ihrer geschichtlichen und kulturellen Eigentümlichkeiten bewusst ist. Entscheidend ist, dass die Angehörigen einer Nation von deren Anders- und Besonderssein im Vergleich zu anderen Nationen überzeugt sind.

Nationaldemokratische Partei Deutschlands, *siehe* extremistische Parteien.

NATO, *die* Abkürzung für **N**orth **A**tlantic **T**reaty **O**rganization [nɔːθ ətˈlæntɪk ˈtriːtɪ ɔːgənaɪˈzeɪʃn; ›Nordatlantische Vertragsorganisation‹], das 1949 geschlossene Verteidigungsbündnis zwischen Belgien, Dänemark, Frankreich, Großbritannien, Island, Italien, Kanada, Luxemburg, den Niederlanden, Norwegen, Portugal und den USA. Später traten Griechenland (1952), die Türkei (1952), die Bundesrepublik Deutschland (1955) und Spanien (1982) bei. 1997 wurden Beitrittsverhandlungen mit Polen, der Tschechischen Republik und Ungarn beschlossen. Frankreich kündigte 1966 die militärische Zusammenarbeit auf, blieb aber in der zivilen Organisation. Die NATO strebt auch eine ständige Zusammenarbeit im politischen, wirtschaftlichen und kulturellen Bereich an. Oberstes Organ der NATO ist der Nordatlantikrat, dem die Fachminister der Vertragsstaaten angehören; seine Beschlüsse müssen einstimmig gefasst werden.

Neonazis, die heutigen Anhänger der nationalsozialistischen Weltanschauung (*siehe* Nationalsozialismus, Kapitel 2).

Neugliederung des Bundesgebietes, die in Art. 29 GG vorgesehene Möglichkeit, die Bundesländer in ihren Grenzen zu verändern. Die meisten Bundesländer entstanden nach 1945 aufgrund willkürlicher Entscheidungen der Besatzungsmächte und weisen daher erhebliche Unterschiede in ihrer wirtschaftlichen Leistungskraft auf. Eine Neugliederung soll die historischen Zusammenhänge, aber auch wirtschaftliche Zweckmäßigkeit und soziale Gefüge berücksichtigen und Länder schaffen, die ihren Aufgaben gerecht werden können. Die Neugliederung muss durch ein Bundesgesetz erfolgen, die Möglichkeiten eines Volksbegehrens oder des Volksentscheides sind dabei vorgesehen.
❧ 1952 entstand auf diesem Weg das Bundesland Baden-Württemberg aus den Ländern Württemberg-Baden, Württemberg-Hohenzollern und Südbaden. ❧1996 scheiterte der Versuch, die Bundesländer Berlin und Brandenburg zu vereinigen an der Ablehnung durch die Brandenburger Bevölkerung.

Niedersachsen, Bundesland der Bundesrepublik Deutschland; das Land Niedersachsen wurde von den Besatzungsmächten am 1. November 1946 aus der ehemaligen preußischen Provinz Hannover, den Ländern Braunschweig, Oldenburg, Schaumburg-Lippe und Lippe-Detmold neu gebildet. Am 1. Januar 1947 kamen Teile des Landgebiets von Bremen hinzu. Niedersachsen wird seit 1949 vorwiegend von SPD-geführten Landesregierungen regiert.

Nordrhein-Westfalen, Bundesland der Bundesrepublik Deutschland. Nach dem Zweiten Weltkrieg bildeten die Alliierten aus dem Nordteil der preußischen Rheinprovinz (die Regierungsbezirke Aachen, Düsseldorf und Köln) und der Provinz Westfalen ein neues Land, das sie 1947 um (Lippe-)Detmold erweiterten. Erster Ministerpräsident wurde 1946 RUDOLF AMELUNXEN (* 1888, † 1969). Aufgrund der Bodenschätze (Kohle) und der im Ruhrgebiet konzentrierten Stahlindustrie sah sich die Landesregierung mit den Demontageplänen der Alliierten und der Internationalisierung des Ruhrgebiets konfrontiert. 1949 wurde das Ruhrstatut unterzeichnet, im gleichen Jahr trat das Land der neu gegründeten Bundesrepublik bei. Seit 1966 steht die Landesregierung unter einer SPD-Führung.

Nord-Süd-Konflikt, die Gegensätze zwischen den vorwiegend auf der nördlichen Erdhälfte liegenden Industrieländern und den v. a. auf der Südhälfte liegenden Entwicklungsländern. Diese Gegensätze versucht die Konferenz über internationale wirtschaftliche Zusammenarbeit (KIWZ) abzubauen. Die Entwicklungsländer sollen Zollvergünstigungen erhalten; mit Rohstoffabkommen und Rohstofflagerhaltung sollen stabile Rohstoffpreise gesichert und durch Transfer von Kapital und technischem Wissen die Produktionsverhältnisse verbessert werden.

Notstandsgesetze, zusammenfassende Bezeichnung für die 1968 vom Deutschen Bundestag verabschiedeten verfassungsändernden Gesetze, die Besatzungsvorbehalte aus dem Deutschlandvertrag (*siehe* Kapitel 2) mit den westlichen Alliierten ablösten. Die Gesetze umfassen u. a. die Sicherstellung der Ernährung, der Wasser- und Energieversorgung und regeln das Gesetzgebungsverfahren im Verteidigungsfall, wenn Bundesregierung und Bundestag nicht mehr ordnungsgemäß zusammentreten können.

Demonstration gegen die Notstandsgesetze (Mai 1968)

NPD, Abkürzung für **N**ationaldemokratische **P**artei **D**eutschlands.

Oberhaus, die zweite Parlamentskammer in Großbritannien. In ihm ist der Adel vertreten. 1999 wurde im Zuge einer Parlamentsreform das Oberhaus radikal verkleinert (von über 900 Sitzen auf 300 Sitze).

Oberstadtdirektor, der leitende Verwaltungsbeamte einer Großstadt in Niedersachsen und Nordrhein-Westfalen. Den Oberstadtdirektor wählt das Gemeindeparlament. In Landkreisen wird entsprechend ein Oberkreisdirektor gewählt (*siehe auch* Gemeindeverfassung).

OECD, Abkürzung für **O**rganization for **E**conomic **C**ooperation and **D**evelopment (›Organisation für wirtschaftliche Zusammenarbeit und Entwicklung‹), ein Zusammenschluss der 24 führenden westlichen Industrieländer. Er strebt die Zusammenarbeit bei allgemeinen wirtschafts- und währungspolitischen Fragen, der Entwicklungshilfe und der Handelspolitik an. Die OECD wurde 1960 als Nachfolgeorganisation der Organization for European Economic Cooperation (OEEC; ›Organisation für europäische wirtschaftliche Zusammenarbeit‹) gegründet.

öffentliche Hand, die als Verwalter öffentlichen Vermögens, Träger von Versorgungsunternehmen und Unternehmer auftretende öffentliche Verwaltung.

öffentlicher Dienst, der Dienst der Beamten *(siehe dort),* Angestellten und Arbeiter bei Bund, Ländern, Gemeinden und anderen Körperschaften des öffentlichen Rechts. Nicht im öffentlichen Dienst stehen die Beschäftigten bei privatrechtlich organisierten Unternehmen der öffentlichen Hand.

öffentlicher Personennahverkehr, Abkürzung ÖPNV, die Gesamtheit aller Verkehrsmittel, die von jedermann benutzt werden können. Dazu zählen v.a. die Deutsche Bahn AG und die kommunalen Verkehrsgesellschaften mit ihren Straßenbahn- und Buslinien. Da möglichst viele Menschen den ÖPNV nutzen sollen, sind die Fahrpreise oft nicht kostendeckend. Das entstehende Defizit muss der Verkehrsträger (Land oder Kommune) tragen.

öffentliches Recht, alles das, was nicht zum Privatrecht zählt. Das öffentliche Recht ist dadurch gekennzeichnet, dass hier der Staat mit einseitigen hoheitlichen Akten dem Bürger in einem Über- und Unterordnungsverhältnis gegenübersteht, z.B. mit dem Steuerbescheid des Finanzamtes oder polizeilichen Auflagen. Zum öffentlichen Recht zählen eine ganze Reihe von Rechtsgebieten, unter anderem das Völkerrecht, das Verfassungsrecht, das Verwaltungsrecht und das Strafrecht. Für Streitigkeiten im öffentlichen Recht sind im Allgemeinen die Verwaltungsgerichte zuständig, bei Strafsachen die ordentlichen Gerichte.

❧ Die Unterscheidung zwischen Privatrecht und öffentlichem Recht bildete sich im 17. Jh. heraus. Im modernen Sozialstaat gewann dann das öffentliche Recht zunehmend an Bedeutung.

Ombudsmann [schwedisch ›Treuhänder‹], eine von der Volksvertretung bestellte Vertrauensperson, die im Interesse des Rechtsschutzes des Einzelnen, aber auch zur Unterstützung des Parlaments die Arbeit der Verwaltung kontrolliert.

❧ In der Bundesrepublik Deutschland wurden nach dem schwedischen Vorbild die Ämter des Wehrbeauftragten und des Ausländerbeauftragten geschaffen.

OPEC, Abkürzung für **O**rganization of the **P**etroleum **E**xporting **C**ountries (›Organisation Erdöl exportierender Staaten‹), 1960 von Irak, Iran, Kuwait, Saudi-Arabien und Venezuela gegründet, um eine gemeinsame Erdölpreispolitik zu betreiben und das Preisdiktat der multinationalen Ölgesellschaften zu durchbrechen. Die Preispolitik der OPEC führte zu Beginn der 1970er- und 1980er-Jahre in den westlichen Industrienationen zu Wirtschaftskrisen und war eine der Ursachen für die Schuldenkrise *(siehe dort)* der Dritten Welt.

ÖPNV, Abkürzung für **ö**ffentlicher **P**ersonen**n**ah**v**erkehr.

Opposition, *die* [von lateinisch opponere ›entgegensetzen‹], die Gruppen oder Meinungsträger, die der Regierung sowohl im Parlament als auch außerhalb gegenüberstehen. Die Opposition spielt in parlamentarischen Systemen eine wichtige Rolle als Kontrolleur und Kritiker der Regierung. Im Parlament hat sie u.a. das Recht, Untersuchungsausschüsse einzuberufen. Der Vorsitzende der größten Oppositionsfraktion im Parlament wird oft als Oppositionsführer bezeichnet.

Ostverträge, zusammenfassende Bezeichnung für die Verträge, die die sozialliberale Koalition zu Beginn der 1970er-Jahre im Rahmen ihrer Entspannungspolitik *(siehe dort)* abgeschlossen hat. Im Einzelnen sind dies der Deutsch-Sowjetische Vertrag (Moskauer Vertrag), der Deutsch-Polnische Vertrag (Warschauer Vertrag), das Berlinabkommen 1972, der Vertrag mit der Tschechoslowakei und der Grundlagenvertrag mit der damals noch bestehenden DDR.

Ost-West-Konflikt, nach dem Zweiten Weltkrieg der Gegensatz zwischen den Staaten mit einer kommunistischen Wirtschafts- und Gesellschaftsordnung und einer sozialistischen Verfassung und den Staaten mit einer marktwirtschaftlich-kapitalistischen Wirtschafts- und Gesellschaftsordnung und parlamentarisch-demokratischer Verfassung. Höhepunkte des Ost-West-Konflikts waren die Koreakrise (*siehe* Kapitel 1) und die verschiedenen Berlinkrisen. Er wurde durch die Entspannungspolitik überwunden.

panaschieren, die Möglichkeit des Wählers bei der Verhältniswahl, Kandidaten auf der von ihm gewählten Liste in bestimmtem Umfang durch Kandidaten anderer Listen zu ersetzen.

Parlament, *das* [zu französisch parlement ›Unterhaltung; Erörterung‹], seit dem 19. Jh. die Bezeichnung für die Volksvertretungen, deren Mitglieder für eine bestimmte Zeit gewählt werden. Das deutsche Parlament ist der Bundestag.

Parlamentarischer Staatssekretär, ein nicht beamteter Staatssekretär, der zugleich Mitglied des Bundestages sein muss und den zuständigen Bundesminister bei dessen Regierungsaufgaben v. a. gegenüber dem Parlament, der Fraktion und der Öffentlichkeit unterstützt.

Partei des Demokratischen Sozialismus, Abkürzung PDS, die Nachfolgepartei der Sozialistischen Einheitspartei Deutschlands (*siehe* Kapitel 2). Sie wurde im Dezember 1989 in Berlin als SED-PDS gegründet, um einerseits die Kontinuität zur SED und andererseits die angestrebten Reformen nach außen zu dokumentieren. Am 4. 2. 1990 erfolgte die Umbenennung in PDS. Die PDS versteht sich als Wahrer der Interessen der Bürger der ehemaligen DDR.

Parteien, politische Vereinigungen, die durch programmatische Aussagen und Propaganda (Wahlwerbung, Parteiprogramme) die Regierung in einem Staat zu erringen, behaupten und kontrollieren suchen. In der Bundesrepublik Deutschland ist in Art. 21 GG festgelegt, dass die politischen Parteien an der politischen Willensbildung der Bevölkerung mitzuwirken haben. Wie sich die Parteien zu organisieren haben, wie die Kandidaten für die Wahlen aufzustellen sind, wie sie sich finanzieren, bestimmt das Parteiengesetz von 1967. Verstoßen politische Parteien gegen die freiheitlich-demokratische Grundordnung, dürfen sie nicht einfach von der Regierung verboten werden, sondern das Bundesverfassungsgericht muss die Verfassungswidrigkeit feststellen. Den Antrag muss die Bundesregierung, der Bundestag oder der Bundesrat stellen (so genanntes Parteienprivileg).

Parteienfinanzierung, die Deckung der laufenden Kosten der Arbeit politischer Parteien. Wie sich die politischen Parteien zu finanzieren haben, legt das Parteiengesetz fest: 1. Mitgliedsbeiträge; 2. Spenden; 3. staatliche Wahlkampfkostenerstattung. Nach dem Parteiengesetz müssen die politischen Parteien die Herkunft ihrer Geldmittel offen legen. Spenden über 20 000 DM sind mit dem Na-

Ostverträge.
Die Verhandlungsführer der Bundesrepublik Deutschland und der DDR, Egon Bahr (links) und Michael Kohl (rechts) nach der Unterzeichnung des Grundlagenvertrages am 21. Dezember 1972

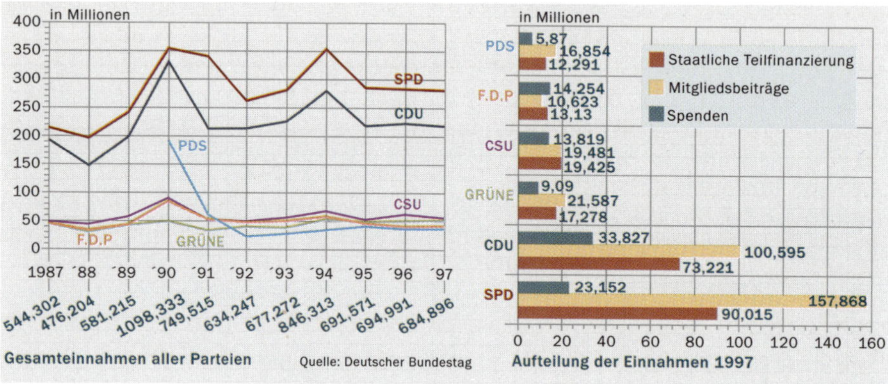

Parteispendenaffären. Die Zusammensetzung der Parteifinanzen 1997 nach den offiziellen Rechenschaftsberichten, wie sie dem Bundestagspräsidenten (vor Bekanntwerden der illegalen Spenden) zugeleitet worden waren.

men des Spenders zu veröffentlichen. Zur Deckung der Wahlkampfkosten erhalten die Parteien eine Pauschale von 5 DM pro Wahlberechtigtem im Verhältnis der erzielten Stimmen. Voraussetzung ist allerdings ein Stimmenanteil von mindestens 0,5 % der Stimmen. Teilweise versuchen die politischen Parteien die Vorschriften zu umgehen (*siehe* Parteispendenaffären).

Parteienprivileg, *siehe* Parteien.

Parteispendenaffären, zwei innenpolitische Affären in der Bundesrepublik Deutschland. Seit Mitte der 1970er-Jahre wurde bekannt, dass Parteien Spenden aus der Wirtschaft, u. a. vom Flick-Konzern, illegal über gemeinnützige Organisationen an sich selbst weitergeleitet hatten, wodurch die Spender große Steuerersparnisse erlangten. Im Zuge dieser 1. Parteispendenaffäre (»Flick-Affäre«) musste Bundestagspräsident RAINER BARZEL (* 1924) 1984 zurücktreten, und neben Spitzenmanagern der Industrie wurden auch die früheren Bundesminister HANS FRIDERICHS (* 1931) und OTTO GRAF LAMBSDORFF (* 1926) 1987 gerichtlich belangt.
Die 2. Parteispendenaffäre entstand Ende 1999, als der ehemalige Schatzmeister der CDU, WALTHER LEISLER KIEP (* 1925) im Zuge von gegen ihn geführten Ermittlungen die Existenz ›schwarzer Kassen‹ bei der CDU zugab, auf die nur der damalige Parteivorsitzende, der ehemalige Bundeskanzler HELMUT KOHL, Zugriff hatte. Dieser räumte ein, dass er von anonymen Spendern rund 2 Mio. DM Barspenden erhalten und damit gegen das Parteiengesetz verstoßen hatte, verweigerte aber die Nennung der Spendernamen. Auch der neue CDU-Bundesvorsitzende, WOLFGANG SCHÄUBLE (* 1942), musste einräumen, dass er eine Barspende in beträchtlicher Höhe angenommen hatte. Im Zuge der Aufklärung wurde auch bekannt, dass die CDU in Hessen noch während der Beratungen über das Parteiengesetz von 1994 Geld ins Ausland transferiert hatte, um die Vorschriften zur Offenlegung ihrer Finanzierung zu umgehen. Der Rückfluss des Geldes geschah durch angebliche Spenden und Vermächtnisse Verstorbener. Beide Affären führten zu einer Glaubwürdigkeitskrise der deutschen Parteien.

Pazifismus, *der* [zu lateinisch pax ›Friede‹], eine Grundhaltung, die bedingungslose Friedensbereitschaft fordert und jede Gewaltanwendung kompromisslos ablehnt.

PDS, Abkürzung für **P**artei des **D**emokratischen **S**ozialismus.

Perestroika, *die* [russisch ›Umbau‹], Schlagwort für die mit der Öffnung der Medien (Glasnost) ab 1985 von MICHAIL GORBATSCHOW verfolgte Strategie gesellschaftlicher Reformen bei den politischen und wirtschaftlichen Institutionen.

Pflegeversicherung, die 1995 gegründete Sozialversicherung, die einen Teil der im Alter notwendigen Pflegekosten übernimmt. Sie finanziert sich aus Beiträgen sowohl der Arbeitnehmer als auch der Arbeitgeber. Die Leistungen umfassen seit 1. 4. 1995 die häusliche Pflege (Sach- und Geldleistungen, gestaffelt nach dem Grad der Pflegebedürftigkeit), seit 1. 7. 1996 auch die stationäre Pflege.

Planfeststellungsverfahren, ein Verwaltungsverfahren, um bestimmte Baupläne, wie z. B. Fernstraßenbau, Bau von Eisenbahnanlagen, Flughäfen, U-Bahnen, festzulegen. Zunächst wird geprüft, ob der beabsichtigte Bau mit den Zielen der übergeordneten Raumordnungspläne übereinstimmt. Ist der Plan vorgelegt und damit das Planfeststellungsverfahren eröffnet, wird die Stellungnahme der betroffenen Behörden eingeholt. Danach wird der Plan öffentlich ausgelegt und der Bevölkerung Gelegenheit zu Einsprüchen gegeben, die in einem öffentlichen Erörterungstermin behandelt werden. Das Planfeststellungsverfahren wird mit dem Planfeststellungsbeschluss abgeschlossen und der Plan damit rechtskräftig.

Plebiszit, *das* [zu lateinisch plebs ›Volk‹], auch Volksabstimmung genannte Entscheidung aller Staatsbürger über politische Sachfragen im Gegensatz zur Volksbefragung und zu Wahlen. Volksabstimmungen kommen u. a. vor bei Verfassungsänderungen oder der Vereinigung mehrerer Staaten.

Pogrom, *das* [russisch], eigentlich ›Judenverfolgung‹, heute auch Bezeichnung für Ausschreitungen gegen Mitglieder von Minderheiten.

Politik, *die* [zu griechisch politikḗ téchnē ›Kunst der Staatsverwaltung‹], ursprünglich das den Staat und seine inneren Zustände Betreffende. Heute versteht man darunter das staatliche Handeln und seine wichtigsten Grundsätze in verschiedenen Bereichen (z. B. Außen-, Innenpolitik).

Politikwissenschaft, auch Politologie genannter Wissenschaftszweig, der sich mit den Regierungssystemen und deren Beziehungen zueinander befasst. Sie untersucht auch die Abhängigkeit der Politik von Wirtschaft und Gesellschaft.

politische Beamte, Beamte, die bei der Ausübung ihres Amtes in ständiger Übereinstimmung mit den grundsätzlichen politischen Ansichten und Zielen der Regierung sein müssen. Sie können jederzeit und ohne Angabe von Gründen in den einstweiligen Ruhestand versetzt werden. Zu den politischen Beamten gehören u. a. die Staatssekretäre und Ministerialdirektoren.

politische Gefangene, aus politischen, rassischen oder religiösen Gründen Verfolgte, denen friedliche oder gewaltsame oppositionelle Tätigkeiten vorgeworfen werden. Zu den politischen Gefangenen zählen auch Inhaftierte, die aufgrund ihrer Zugehörigkeit zu nationalen Minderheiten verfolgt werden. Die Gefangenenhilfsorganisation Amnesty International *(siehe dort)* versucht, ihnen zu helfen.

politisches System, ein Grundbegriff der Politikwissenschaft. Er bezeichnet die Gesamtheit aller an der politischen Willensbildung und -durchsetzung beteiligten Institutionen, Personen und Vorgänge.

Polizeistaat, ursprünglich der das gesamte Leben reglementierende Staat des Absolutismus (*siehe* Kapitel 1). Heute versteht man unter Polizeistaat eine auf der Polizei, v. a. der politischen Polizei, beruhende Herrschaft ohne rechtliche Sicherungen für den Bürger.

Pressefreiheit, ein Grundrecht, das nicht nur die freie Meinungsverbreitung durch Presse, Rundfunk und Film, sondern auch die Presse als Institution und besonders die Informationsbeschaffung schützt. Das Grundrecht ist verbürgt in Art. 5 des Grundgesetzes und auch in der Europäischen Konvention zum Schutze der Menschenrechte und Grundfreiheiten verankert.

Privatrecht, auch Zivilrecht genanntes Rechtsgebiet, das die Beziehungen der Bürger als Privatpersonen untereinander regelt. Dazu gehören z. B. das Bürgerliche Gesetzbuch und das Handelsrecht. Im Privatrecht sind die Personen einander gleichgeordnet, im öffentlichen Recht dagegen treten staatliche Organe mit ihrer Amtsgewalt dem Bürger gegenüber. Privatrechtliche Streitigkeiten werden von den ordentlichen Gerichten entschieden.

Putsch, *der* [von schweizerisch bütsch ›heftiger Stoß; Zusammenprall, Knall‹], Umsturz oder Umsturzversuch zur Übernahme der Staatsgewalt, durchgeführt von (meist militärischen) Gruppen, die anders als beim Staatsstreich vorher nicht Teilhaber der Staatsgewalt waren.

Quotenregelung, ein Verfahren, mit dessen Hilfe eine bestimmte Zusammensetzung von Gremien erreicht werden soll.

Radikalismus, *der* [zu lateinisch radix ›Wurzel‹], politische Bewegungen oder Theorien, die die bestehenden politischen, sozialen und wirtschaftlichen Verhältnisse grundlegend (›von der Wurzel her‹) verändern wollen. Häufig wird von radikalen Gruppen Gewalt zur Durchsetzung ihrer Ziele angewendet. Radikalismus gibt es sowohl bei der politischen Rechten als auch bei der Linken.

❧ Ursprünglich wurden Demokraten, die zur Zeit des monarchischen Absolutismus für Volkssouveränität eintraten, als Radikale bezeichnet.

Rau, Johannes deutscher Politiker (* 1931), wurde am 23. 5. 1999 zum Bundespräsidenten gewählt. Er gründete 1952 die Gesamtdeutsche Volkspartei mit und trat 1958 zur SPD über. 1958–98 war Rau Mitglied des Landtags von Nordrhein-Westfalen, 1970–78 dort Minister für Wissenschaft und Forschung und 1978–98 Ministerpräsident.

Raumordnung, die zusammenfassende, überörtliche Planung. Sie geht über das Gebiet der kleinsten Verwaltungseinheit hinaus, koordiniert vielfältige Fachplanungen und wird im Raumordnungsplan niedergelegt.

❧ Die Raumordnung ging aus dem Städtebau hervor und resultiert aus dem in den 1960er-Jahren entstandenen Bestreben, umfassende Planungen für die Entwicklung größerer Gebiete vorzunehmen. Ziel war die Verzahnung der Planungen von Bund, Ländern und Gemeinden.

Rechnungshof, Finanzkontrollbehörde für die Haushalte der öffentlichen Verwaltungen im Bund und in den Ländern. Für den Bund ist der Bundesrechnungshof zuständig, die Bundesländer verfügen über eigene Landesrechnungshöfe. Die Städte, Kreise und Gemeinden werden von den Regierungspräsidien und den Gemeindeprüfungsanstalten geprüft.

Rechtsstaat, ein Staat, dessen Staatstätigkeit zum einen auf die Verwirklichung von Recht ausgerichtet und zum anderen durch die Rechtsordnung begrenzt ist. Die Rechtsstellung des Einzelnen ist durch garantierte Rechte (z. B. Grundrechte) gesichert. Die Staatsgewalt ist an Recht und Gesetz gebunden, und die staatlichen Maßnahmen können durch Gerichte überprüft werden.

Redaktionsstatut, *das* die vertragliche Abgrenzung der Rechte von Verlag und Redaktion in Zeitungsverlagen, um die Unabhängigkeit der Redakteure (›innere Pressefreiheit‹) von Weisungen des Verlegers durchzusetzen.

Regierender Bürgermeister, *siehe* Ministerpräsident.

Regierungsbezirk, eine Zwischenstufe in der Verwaltung eines Bundeslandes und Amtsbezirk des Regierungspräsidiums. An der Spitze steht der Regierungspräsident.

Regionalplanung, ein Teil der Raumordnung, der zwischen Landesplanung und der kommunalen Entwicklungs- oder Bauleitplanung steht.

Rentenversicherung, Zweig der Sozialversicherung, der durch Geldleistungen (Rente) an die aufgrund ihres Alters nicht mehr im Arbeitsleben Stehenden für deren Lebensunterhalt sorgt.

Repräsentantenhaus, die Bezeichnung für die direkt gewählten Abgeordneten in den USA. Repräsentantenhaus und Senat bilden gemeinsam den Kongress. Das Repräsentantenhaus bewilligt das Budget.

Repräsentativsystem, *das* ein politisches System, in dem die politische Herrschaft durch gewählte Volksvertreter und von ihnen abhängige Organe wahrgenommen wird.

Republik, *die* [lateinisch res publica ›Gemeinwesen; Staat‹], eine nicht monarchische Staatsform, bei der die Regierung durch ein Parlament gewählt wird.

Rheinland-Pfalz, Land der Bundesrepublik Deutschland. 1946 bildeten die Siegermächte aus der bayerischen Pfalz, aus Rheinhessen, Teilen der preußischen Rheinprovinz und der preußischen Provinz Hessen-Nassau das neue Land Rheinland-Pfalz. 1949 trat das Land der Bundesrepublik Deutschland bei. Bis 1991 stand es unter CDU-geführten Landesregierungen, seitdem stellt die SPD den Ministerpräsidenten.

Robertson, George britischer Politiker (* 1946), gehörte 1973–79 dem Scottish Executive Committee der Labour Party an und stand 1987/88 an dessen Spitze. 1992 rückte er als Minister für Schottland in das Labour-Schattenkabinett auf, wurde 1997 Verteidigungsminister und im Oktober 1999 NATO-Generalsekretär.

Rundfunk und Fernsehen, ein Massenmedium zur Verbreitung von Informationen und Darbietungen aller Art in Wort und Ton (Hörfunk) und als Bild (Fernsehen). In der Bundesrepublik Deutschland besitzen die Rundfunk- und Fernsehanstalten als Anstalten des öffentlichen Rechts *(siehe dort)* das Recht auf Selbstverwaltung, die durch besondere Organe wahrgenommen wird: den Rundfunk- bzw. Fernsehrat, den Verwaltungsrat und den Intendanten. Die öffentlich-rechtlichen Rundfunk- und Fernsehanstalten der Länder sind in der ARD zusammengeschlossen. Neben den in der ARD zusammengeschlossenen Sendern verbreitet das Zweite Deutsche Fernsehen (*siehe* ZDF) ein eigenes Fernsehprogramm. Die Bundesländer haben seit den 1980er-Jahren durch die Landesmediengesetze private Rundfunk- und Fernsehanstalten zugelassen, die sich v. a. durch Werbung oder als so genanntes Pay-TV durch Abonnementsgebühren finanzieren.

❧ Die Rundfunk- und Fernsehanstalten wurden nach dem Zweiten Weltkrieg öffentlich-rechtlich organisiert, weil man eine zentrale Steuerung und Kontrolle wie in der Zeit des Nationalsozialismus vermeiden wollte. Inzwischen haben die politischen Parteien jedoch über die Verwaltungs- und Rundfunkräte einen beherrschenden Einfluss erlangt, sodass die angestrebte ›Staatsferne‹ teilweise nicht mehr vorhanden ist.

Saarland, Land der Bundesrepublik Deutschland. Das Saarland wurde aufgrund des Versailler Vertrags aus Teilen der preußischen Rheinprovinz und der bayerischen Pfalz gebildet und für 15 Jahre als Saargebiet dem Völkerbund unterstellt. 1935 wurde es nach einer Volksabstimmung wieder dem Deutschen Reich eingegliedert. 1946 gliederte Frankreich das Saarland aus seiner Besatzungszone aus und erweiterte es um Teile von Rheinland-Pfalz. Ziel der französischen Politik war die dauerhafte Loslösung des Saarlands von Deutschland und der wirtschaftliche Anschluss an Frankreich (Saarfrage). Das Saarstatut von 1954 wurde in einer Volksabstimmung abgelehnt; aufgrund des Saarvertrages von 1956 wurde das Saarland zum 1. Januar 1957 Teil der Bundesrepublik Deutschland. 1985-99 stellte die SPD die Landesregierungen, vorher und seitdem die CDU.

Sachsen, Land der Bundesrepublik Deutschland. 929 wurde die Mark Meißen als sächsisches Kernland gegründet, 1089 erhielten die Wettiner die Markgrafenwürde. 1423 erhielten sie Sachsen-Wittenberg und die damit verbundene Kurwürde. 1485 teilte sich das Haus Wettin in die albertinische und die ernestinische Linie. Letztere verlor durch viele Erbteilungen bis 1547 ihre politische Bedeutung. Mit AUGUST I., DEM STARKEN, erhielten 1697 die Albertiner zeitweilig die polnische Königskrone. 1806 trat Sachsen dem Rheinbund bei und wurde Königreich. Als Verbündeter NAPOLEONS musste Sachsen beim Wiener Kongress 1815 über die Hälfte des Landes an Preußen abtreten, das daraus die preußische Provinz Sachsen bildete. 1918 wurde Sachsen zum Freistaat erklärt, nach dem Zweiten Weltkrieg wurde es ein Land der DDR. 1952 in die Bezirke Chemnitz (später Karl-Marx-Stadt), Dresden und Leipzig aufgeteilt, wurde es 1990 wieder errichtet und trat am 3. 10. 1990 der Bundesrepublik Deutschland bei. Seitdem regiert eine CDU-Landesregierung.

Sachsen-Anhalt, Land der Bundesrepublik Deutschland. Sachsen-Anhalt entstand 1947 aus der ehemaligen preußischen Provinz Sachsen und dem Land Anhalt. Schon 1952 erfolgte die Auflösung in die Bezirke Halle und Magdeburg. 1990 wurde das Land im Zuge der Umwälzungen in der DDR neu errichtet; gemeinsam mit den übrigen neu gebildeten Ländern trat es am 3. 10. 1990 der Bundesrepublik Deutschland bei. Seit 1994 führt eine von der PDS geduldete Minderheitsregierung der SPD das Land.

Schengener Abkommen, der Vertrag über die Abschaffung der Kontrollen im grenzüberschreitenden Verkehr ab Juli 1992. Das Abkommen wurde 1985 von den Beneluxstaaten, Frankreich und der Bundesrepublik Deutschland geschlossen, 1990 trat Italien, 1991 traten Spanien und Portugal bei, Österreich kam 1997 hinzu. Um die Zusammenarbeit der Polizeibehörden zu sichern und die internationale Kriminalität einzudämmen, wurden Zusatzvereinbarungen geschlossen und die Errichtung eines Computerfahndungssystems vorgesehen.

Schleswig-Holstein, nördlichstes Bundesland der Bundesrepublik Deutschland. 1386 erwarb das Haus Schauenburg in Holstein auch das Herzogtum Schleswig als dänisches Lehen. Unter der Bedingung, dass Schleswig und Holstein ›auf ewig ungeteilt bleiben‹, wählte man 1460 den Dänenkönig CHRISTIAN I. (* 1426, † 1481) zum Herzog, der als Herzog von Holstein damit zugleich Reichsfürst wurde. Seit 1815 war Holstein, nicht aber Schleswig, Mitglied des Deutschen Bundes. Als der dänische König Schleswig von Holstein trennen und Dänemark eingliedern wollte, erhoben sich 1848 die Schleswig-Holsteiner, unterlagen aber im Deutsch-Dänischen Krieg (1848–50). 1864 erreichte Bismarck ein gemeinsames deutsch-österreichisches Vorgehen; im Deutsch-Dänischen Krieg 1864 wurden die Dänen besiegt und mussten Schleswig-Holstein abtreten, das 1866 als Folge des Deutschen

Krieges preußisch wurde. 1920 kam nach einer Volksabstimmung aufgrund des Versailler Vertrags Nordschleswig nördlich der Flensburger Förde an Dänemark. 1946 wurde aus der preußischen Provinz das Land Schleswig-Holstein gebildet, das 1949 der Bundesrepublik Deutschland beitrat. Nach einer langen Reihe von CDU-geführten Landesregierungen regiert seit 1988 die SPD.

Schuldenkrise, *die* Bezeichnung für die Tatsache, dass die meisten Länder der Dritten Welt einen übermäßig hohen Anteil ihres Bruttosozialprodukts für die Tilgung ihrer Auslandsschulden aufwenden müssen. Ausgelöst wurde die Schuldenkrise durch die großzügige Kreditvergabe der Industrieländer und den Preisverfall für Rohstoffe, verbunden mit einer drastischen Erhöhung der Erdölpreise.

Schwarz-Rot-Gold, die deutschen Nationalfarben.

❧ Die Farbgebung entstand in den Befreiungskriegen (*siehe* Kapitel 2) angeblich von den Uniformen des Lützowschen Freikorps: schwarze Uniform mit goldenen Knöpfen und roten Aufschlägen. ❧ Die Jenaische Burschenschaft setzte auf dem Wartburgfest 1817 ihre Tracht in Schwarz und Rot, mit Gold durchwirkt, und ihre gleichfarbige Fahne für die gesamte Burschenschaft durch. ❧ 1848/49 erklärte die Frankfurter Nationalversammlung Schwarz-Rot-Gold zu den Bundesfarben.

Schwellenländer, Bezeichnung für die Entwicklungsländer, deren wirtschaftliche Kraft an die der Industriestaaten heranreicht.

❧ Als Schwellenländer bezeichnet man mitunter auch jene Staaten, die ihre Kerntechnologie so weit entwickelt haben, dass sie in der Lage sind, Atomwaffen herzustellen.

Selbstbestimmungsrecht der Völker, im Völkerrecht ein Grundrecht der Staaten, das v.a. die schwächeren Staaten vor Übergriffen stärkerer Staaten schützen soll.

❧ Ende des 19. Jh. hatte der Begriff der Selbstbestimmung in Europa Bedeutung für die Lösung der zahlreichen Nationalitätenfragen in Österreich-Ungarn und im russischen Zarenreich.

Senat, *der* [von lateinisch senatus, dem nach der Verfassung der römischen Republik höchsten Staatsorgan des Römischen Reichs], vielfach Bezeichnung für die zweite Kammer eines Parlaments; in der Bundesrepublik Deutschland Bezeichnung für die Regierungen der Bundesländer Berlin, Bremen und Hamburg.

❧ In den USA z. B. ist der Senat die Vertretung der Bundesstaaten, er bestimmt u. a. mit über die Besetzung von Regierungsämtern und Botschafterposten.

Separatismus, *der* [zu lateinisch separatus ›getrennt‹], das Bestreben, einen Teil des Staatsgebiets abzuspalten, um einen neuen Staat zu gründen oder ihn an einen anderen Staat anzuschließen.

❧ Während der Zeit der Weimarer Republik gab es Bestrebungen, das Rheinland vom Deutschen Reich abzutrennen und eine Rheinische Republik zu gründen.

Sicherheitsrat, auch Weltsicherheitsrat genanntes Organ der UNO *(siehe dort)*. Er besteht aus fünf ständigen Mitgliedern (China, Frankreich, Großbritannien, Russland, USA) und zehn nicht ständigen Mitgliedern, die für zwei Jahre von der Vollversammlung gewählt werden. Vorrangige Aufgabe des Sicherheitsrats ist die Aufrechterhaltung des Friedens.

Sorgerecht, das Recht und die Pflicht, für einen anderen Menschen zu sorgen, z.B. für die Erziehung eines Kindes. Im Fall der Kindererziehung schließt das Sorgerecht z. B. den Anspruch auf Kinderfreibeträge und Kindergeld ein. Bei einer Scheidung legt das Familiengericht fest, welcher der Elternteile das Sorgerecht erhält.

Souveränität, *die* [zu mittellateinisch superanus ›überlegen; darüber befindlich‹], die höchste Gewalt im Staat nach innen und außen. Äußere Souveränität bedeutet die Handlungsfähigkeit und Unabhängigkeit eines Staates in internationalen Beziehungen. Mit innerer Souveränität wird die Staatsgewalt als rechtlich höchste Gewalt im Staat gekennzeichnet, die von keiner anderen Gewalt abhängig ist.

❧ Geschichtlich hat sich die Souveränität des Volkes gegenüber der Souveränität der Fürsten schrittweise durchgesetzt (Volkssouveränität). Nach dem Grundgesetz der Bundesrepublik Deutschland geht die Staatsgewalt vom Volke aus.

Sozialdemokratische Partei Deutschlands, Abkürzung SPD, die älteste deutsche politische Partei. Sie hat ihre Wurzeln in der industriellen Revolution (*siehe* Kapitel 2). Die Erkenntnis der Arbeiter, dass eine eigene politische Organisation notwendig sei, um ihre Forderungen nach einem menschenwürdigen Dasein durchzusetzen, führte 1863 zur Gründung des Allgemeinen Deutschen Arbeitervereins (ADV) durch FERDINAND LASSALLE (* 1825, † 1864). 1875 schloss sich der ADV mit der von WILHELM LIEBKNECHT (* 1826, † 1900) und AUGUST BEBEL geführten Sozialdemokratischen Arbeiterpartei zur Sozialistischen Arbeiterpartei zusammen; 1890 nahm die Partei den Namen Sozialdemokratische Partei Deutschlands an. Die SPD wurde trotz der Unterdrückung durch das Sozialistengesetz zur stärksten Partei des Kaiserreichs. Im Ersten Weltkrieg stellte sie sich zunächst hinter die Regierung und nahm dafür 1917 die Abspaltung der Unabhängigen Sozialdemokratischen Partei (USPD) in Kauf. Nach dem Ersten Weltkrieg wurde die SPD zur Mitgestalterin der Weimarer Verfassung und gehörte auch der so genannten Weimarer Koalition an, die die verschiedenen Regierungen der Weimarer Zeit trug, konnte aber keinen wesentlichen Einfluss mehr auf die Regierungspolitik ausüben. 1933 lehnte die Reichstagsfraktion das Ermächtigungsgesetz (*siehe* Kapitel 2) ab, kurze Zeit später wurde sie wegen ihrer Gegnerschaft zum Nationalsozialismus (*siehe* Kapitel 2) verboten, der Parteivorstand ging ins Exil. 1945 in den Besatzungszonen wieder aufgebaut, wurde sie 1946 in der Sowjetischen Besatzungszone mit der ebenfalls wieder gegründeten Kommunistischen Partei zur Sozialistischen Einheitspartei Deutschlands (SED) verschmolzen. In Westdeutschland konnte sie sich neu formieren und stellte 1949–66 die parlamentarische Opposition im Deutschen Bundestag. 1966 ging sie mit der CDU eine große Koalition ein, 1969–82 koalierte sie mit der FDP; seit 1998 regiert sie in einer Koalition mit Bündnis 90/Die Grünen.

Trotz ihrer Traditionsverbundenheit vollzog die SPD im Lauf ihrer Geschichte grundlegende Wandlungen ihrer Programme und Konzepte. In der Anfangszeit marxistisch geprägt, verfocht sie die Ideen vom Klassenkampf und vom revolutionären Umsturz. Um die Jahrhundertwende löste sie sich von diesen Ideen und vollzog die Umorientierung zu einer Reformpolitik innerhalb eines parlamentarisch-demokratischen Systems (Revisionismus). Seinen endgültigen Niederschlag fand diese Entwicklung im Godesberger Programm 1957 mit der Anerkennung der sozialen Marktwirtschaft und der Westorientierung der Bundesrepublik Deutschland. Im Rahmen der großen Koalition 1966–69 ermöglichte sie die Verabschiedung der Notstandsgesetze *(siehe dort),* in der sozialliberalen Koalition unter den Bundeskanzlern WILLY BRANDT und HELMUT SCHMIDT setzte sie Akzente in der Ostpolitik und erreichte die Aufnahme der Bundesrepublik in die UNO als Folge der Ostverträge.

sozialer Wohnungsbau, die Förderung des Wohnungsbaus mit zinsfreien oder verbilligten Baudarlehen und nicht rückzahlbaren Zuschüssen (so genannte verlorene Zuschüsse) der öffentlichen Hand, um Menschen mit geringem Einkommen billige Wohnungen zu sichern. Die Wohnungen im sozialen Wohnungsbau unterliegen einer Mietpreisbindung; Belegungskontrollen und die Festlegung von Einkommenshöchstgrenzen sollen einen Missbrauch verhindern.

❧ Der soziale Wohnungsbau wurde mit dem Wohnungsbaugesetz von 1950 eingeführt und sollte v. a. die Wohnungsnot nach dem Zweiten Weltkrieg schnell beseitigen.

Sozialhilfe, die staatliche Fürsorge, die Bund und Länder finanzieren. Gesetzliche Grundlagen sind das Bundessozialhilfegesetz und das Sozialgesetzbuch. Träger der Sozialhilfe sind die Städte und Gemeindeverbände mit ihren Sozialämtern. Die Sozialhilfe soll dann eingreifen, wenn Eigenhilfe und freie Wohlfahrtspflege mit den Wohlfahrtsverbänden nicht mehr greifen. Es besteht Anspruch auf die ›Hilfe zum Lebensunterhalt‹ (Kosten für Ernährung, Kleidung, Wohnung) und die ›Hilfe in besonderen Lebenslagen‹ (z. B. Hilfen für Schwangere, Altenhilfe).

Sozialismus, *der* [zu lateinisch socialis ›gemeinschaftlich‹], eine Bewegung, die auf die Aufhebung des Privateigentums an Produktionsmitteln (Kapital, Boden) zielt, genossenschaftliche oder staatliche Produktionsweisen bevorzugt und sich um von Solidarität geprägte menschliche Beziehungen bemüht. Der Sozialismus entstand im 19. Jh. als Gegenbewegung zum Liberalismus und richtete sich gegen das damals propagierte Prinzip des Egoismus als Mittel zur Förderung der allgemeinen Wohlfahrt. Der Sozialismus blieb im Wesentlichen eine ethische Forderung. Bedeutung erlangte er, nachdem KARL MARX und FRIEDRICH ENGELS versucht hatten, sozialistische Verhältnisse als notwendige Folge der wirtschaftlichen Entwicklung nach-

zuweisen (›wissenschaftlicher Sozialismus‹). Aus der Sicht der Marxisten handelt es sich beim Sozialismus um eine künftige Gesellschaftsform, die aus dem Zusammenbruch des Kapitalismus und der Revolution des Proletariats entsteht und eine Übergangserscheinung zum Kommunismus darstellt.
❧ Der ›existierende Sozialismus‹ in den kommunistischen Staaten war ein umfassendes Herrschaftssystem der kommunistischen Parteien mit einer staatlich gelenkten Wirtschaft.

sozialliberale Koalition, eine Regierungskoalition aus SPD und FDP.

Sozialstaat, ein Staat, der gemäß seiner Verfassung soziale Sicherheit, Chancengleichheit und Gerechtigkeit anstrebt. Im Gegensatz zum Wohlfahrtsstaat *(siehe dort)* ist die Existenzsicherung jedoch an die Leistungsfähigkeit und die besondere Lage jedes einzelnen Bürgers gekoppelt.

Staatsbürger in Uniform, *siehe* innere Führung.

Staatsminister, die Minister einzelner Landesregierungen der deutschen Bundesländer, z. B. in Bayern und in Hessen. In der Bundesregierung ist Staatsminister der Amtstitel einiger parlamentarischer Staatssekretäre mit besonderen Aufgaben, z. B. im Bundeskanzleramt.

Staatsräson, *die* Bezeichnung für den höheren Anspruch eines besonderen Staatsinteresses gegenüber den Interessen des Bürgers. Gerechtfertigt wird diese Haltung damit, dass mit dem Staatswohl eine über dem Einzelinteresse stehende Zielsetzung verfolgt werde, die dem Wohl des Einzelnen erst die Existenzmöglichkeit schaffe.
❧ Die Idee der Staatsräson geht auf NICCOLÒ MACHIAVELLI (* 1469, † 1527) zurück.

Staatssekretär, die Amtsbezeichnung des nach dem Minister ranghöchsten Beamten in einem Ministerium. Die Staatssekretäre (bis zu drei in einem Ministerium) vertreten den Minister in allen Ressortfragen, außer in Regierungsgeschäften, hier ist der parlamentarische Staatssekretär der Vertreter.

Staatsstreich, ein gewaltsamer Umsturz der Verfassung durch die Inhaber der Regierungsgewalt oder deren gewaltsame Vertreibung durch andere hohe Staatsfunktionäre (z. B. Militär).

Stadtrat, je nach der Gemeindeverfassung entweder Bezeichnung für die gewählte Vertretung der Bürgerschaft einer Gemeinde und Titel des gewählten Bürgervertreters (z. B. in Baden-Württemberg) oder Amtsbezeichnung des vom Gemeindeparlament gewählten Magistratsmitglieds (z. B. in Hessen).

strukturschwache Gebiete, Regionen, die eine einseitige Wirtschaftsstruktur aufweisen, wie z. B. das allein auf den Kohlenbergbau und die Schwerindustrie ausgerichtete Ruhrgebiet oder das Saarland. In vielen Fällen sind vor allem ländliche Gebiete strukturschwach, weil sie zu den Ballungszentren eine Randlage haben und weil Verkehrswege und -mittel sowie Arbeitsplätze für die überwiegende Zahl der Arbeitsfähigen fehlen.

Strukturwandel, *der* die langsame, oft aber auch schnell und abrupt vor sich gehende Änderung der Wirtschaftsstruktur einer Region. Schnelle Strukturwandel sind meist durch die wirtschaftliche Entwicklung erzwungen und werden dann durch staatliche Hilfen unterstützt.

Subvention, *die* [lateinisch subvenire ›unterstützen‹], staatliche Unterstützungszahlung an wirtschaftlich gefährdete Zweige der Volkswirtschaft, z. B. die Landwirtschaft, oder zur Entwicklung strukturschwacher Gebiete *(siehe dort)*, oder zur Förderung politisch gewollter Wirtschaftszweige, wie z. B. Flugzeugbau und Raumfahrttechnik. Subventionen werden v. a. als Steuerermäßigung oder (in der Landwirtschaft) durch Festpreisgarantien wirksam.

Tendenzschutz, die Einschränkung der Mitbestimmung in Presseverlagen, um den Inhalt von Zeitungen und Zeitschriften von Einwirkungen des Betriebsrats und der Gewerkschaften freizuhalten.

Territorialstaat [von lateinisch terra ›Erde‹], ein Staat, der ein räumlich und verwaltungsmäßig fest umschriebenes Gebiet umfasst. Der Territorialstaat löste in Europa ab dem Mittelalter den Personenverbandsstaat (*siehe* Kapitel 2) ab. Er ist ein charakteristisches Merkmal moderner Staatlichkeit.

Terrorismus, *der* [lateinisch], politisch motivierte Gewaltanwendung v. a. durch revolutionäre oder extremistische Gruppen und Einzelpersonen. Mit auf besonders hervorragende Vertreter des herrschenden Systems oder bestimmte Bevölkerungsgruppen gezielten oder auch wahllos die Bevölkerung treffenden direkten Aktionen will der Terrorismus die

Hilflosigkeit des Regierungs- und Polizeiapparats gegen solche Aktionen bloßstellen. Die internationale Verbreitung des Terrorismus wirft erhebliche rechtliche und praktische Schwierigkeiten bei der Bekämpfung auf.

Thüringen, Bundesland der Bundesrepublik Deutschland. 531 eroberten die Franken und Sachsen das Königreich Thüringen der Hermunduren. Ab Mitte des 11. Jh. bis 1247 beherrschten die fränkischen Ludowinger (seit 1130 als Landgrafen) das Land, das nach ihrem Aussterben 1263 an die Wettiner fiel. Bei der wettinischen Landesteilung kam es an die ernestinische Linie und wurde aufgrund der Erbgesetze immer weiter aufgeteilt. 1918 wurden sämtliche thüringischen Länder zu Freistaaten und vereinigten sich 1920 zu einem Land Thüringen; Coburg kam dabei zu Bayern. Nach dem Zweiten Weltkrieg fiel Thüringen in die Sowjetische Besatzungszone und wurde 1949 der DDR eingegliedert. 1952 löste die DDR das Land in die Bezirke Erfurt, Gera und Suhl auf. 1990 erfolgten die Wiedererrichtung und der Beitritt Thüringens zur Bundesrepublik Deutschland. Seitdem ist die CDU Regierungspartei.

Totalitarismus, *der* eine Herrschaftsweise, die alle gesellschaftlichen und persönlichen Lebensbereiche bestimmend erfasst und reglementiert. Eine Autonomie von Einzelbereichen, z. B. der Wirtschaft, Erziehung oder Religion, und ein staatsfreier Raum für den Einzelnen wird nicht anerkannt.
❧ Der Begriff wurde von BENITO MUSSOLINI 1925 erstmals gebraucht und auf das faschistische Italien angewandt. Seitdem verwendete man ihn auch zur Beschreibung der UdSSR unter STALIN und für das nationalsozialistische Deutschland.

Terrorismus. 1978 wurde der frühere italienische Ministerpräsident Aldo Moro von Mitgliedern der ›Roten Brigaden‹ entführt und ermordet

Übersiedler, ein Oberbegriff für alle Personen, die insbesondere aus Ost- und Südosteuropa sowie aus den nicht europäischen Gebieten der Sowjetunion in die Bundesrepublik Deutschland umgezogen sind.

Umsiedler, Bezeichnung für Menschen, die aufgrund der während des Zweiten Weltkriegs geschlossenen zwischenstaatlichen Verträge aus außerdeutschen oder während des gleichen Zeitraums aufgrund von Maßnahmen deutscher Dienststellen aus den von der deutschen Wehrmacht besetzten Gebieten umgesiedelt worden sind.

Umweltverträglichkeitsprüfung, Abkürzung UVP, ein Verwaltungsverfahren, in dem z. B. Baumaßnahmen der öffentlichen Hand daraufhin geprüft werden, ob und wieweit die Umwelt durch die Maßnahme geschädigt wird.

UNCTAD, Abkürzung für **U**nited **N**ations **C**onference on **T**rade **a**nd **D**evelopment ›Konferenz der Vereinten Nationen für Handel und Entwicklung‹, eine Unterorganisation der UNO, die sich um die Neuordnung der wirtschaftlichen Beziehungen zwischen Industrie- und Entwicklungsländern bemüht.

UNESCO, Abkürzung für **U**nited **N**ations **E**ducational, **S**cientific and **C**ultural **O**rganization ›Organisation der Vereinten Nationen für Erziehung, Wissenschaft und Kultur‹, die Sonderorganisation der UNO zur Förderung der allgemeinen Bildung; Sitz Paris. Eine neue Aufgabe ist der Schutz des Weltkulturerbes.

UNICEF, Abkürzung für **U**nited **N**ations **I**nternational **C**hildren's **E**mergency **F**und ›Internationales Kinderhilfswerk der Vereinten Nationen‹, die Sonderorganisation der UNO für die Fürsorge für die Kinder in den Entwicklungsländern; Sitz New York.

UNO, Abkürzung für **U**nited **N**ations **O**rganization [juːˈnaɪtɪd neɪʃnz ɔːgənaɪˈzeɪʃn; ›Vereinte Nationen‹], eine überstaatliche Vereinigung, der fast alle Staaten der Welt angehören. Grundlage ist die Charta der UNO von 1945, die zunächst von 51 Staaten unterzeichnet wurde. Hauptziele der UNO sind die Friedensbewahrung durch kollektive Sicherheit und friedliche Streitbeilegung, die Förde-

rung der internationalen Zusammenarbeit v.a. bei der Hebung des Lebensstandards, der Förderung der Kultur und der Menschenrechte. Grundsätze der UNO sind u.a. die souveräne Gleichheit und Nichtdiskriminierung der Mitglieder, das Selbstbestimmungsrecht, das Gewaltverbot in internationalen Beziehungen und die Pflicht, Streitigkeiten friedlich beizulegen.
Die beiden wichtigsten Organe der UNO sind der Generalsekretär, der für fünf Jahre von der Vollversammlung gewählt wird, und der Sicherheitsrat *(siehe dort)*. Daneben bestehen eine Reihe von Unter- und Sonderorganisationen wie z. B. das Kinderhilfswerk UNICEF. Für die politisch Verfolgten und Flüchtlinge bedeutsam ist das Amt des Flüchtlingskommissars der UNO. Zur Aufrechterhaltung des Friedens kann die UNO in Krisengebieten bewaffnete Streitkräfte (›Blauhelme‹) einsetzen.
Generalsekretäre der UNO waren: 1946–53 TRYGVE HALVDAN LIE (* 1896, † 1968, Norwegen), 1953–61 DAG HAMMARSKJÖLD (* 1905, † 1961, Schweden), 1961–71 SITHU U THANT (* 1909, † 1974, Birma), 1971–81 KURT WALDHEIM (* 1918, Österreich), 1982–91 JAVIER PÉREZ DE CUÉLLAR (* 1920, Peru), 1992–96 BOUTROS BOUTROS GHALI (* 1922, Ägypten), seit 1997 KOFI ANNAN (* 1938, Ghana).

UNO-Sanktionen, wirtschaftliche und politische Zwangsmaßnahmen gegen einen Staat, um diesen zu einem bestimmten Verhalten zu zwingen. Diese Maßnahmen reichen vom Abbruch kultureller Beziehungen (z. B. Sportveranstaltungen) bis zu Lieferverboten für bestimmte Güter (*siehe auch* Embargo) und dem vollständigen Abbruch der diplomatischen Beziehungen. UNO-Sanktionen werden vom Sicherheitsrat der UNO bzw. von deren Vollversammlung verhängt.

Unterhaus, parlamentarische Vertretung der Bürger in Großbritannien.

Verband, in den Rechtswissenschaften ein Zusammenschluss von Personen oder Unternehmen, um gemeinsame Interessen zu verfolgen. Bedeutende Verbände sind die verschiedenen Arbeitgeberverbände in der Industrie und die Berufsverbände. Als Lobby können Verbände bedeutenden Einfluss auf die Gesetzgebung des Parlaments ausüben.

Verein, Zusammenschluss von Personen, um gemeinsame kulturelle, soziale u.a. Interessen in der Freizeit zu verfolgen; die größten Vereine sind Sport- und Gesangvereine. Aus steuerlichen Gründen haben die meisten Vereine die Rechtsform des eingetragenen Vereins. Die rechtlichen Vorschriften für die Vereine sind im Vereinsgesetz zusammengefasst.

Verfassungsorgane, die im Grundgesetz der Bundesrepublik Deutschland ausdrücklich erwähnten Organe des Bundes: Bundespräsident, Bundestag, Bundesregierung, Bundesrat, Bundesverfassungsgericht.

Verfassungsschutz, zum einen die Gesamtheit aller Gesetze, Einrichtungen und Maßnahmen zum Schutz der freiheitlich-demokratischen Grundordnung in Deutschland. Zum anderen bezeichnet Verfassungsschutz das Bundesamt und die Landesämter für Verfassungsschutz. Ihre Aufgaben sind u.a. das Sammeln und Auswerten von Nachrichten über Bestrebungen, die freiheitlich-demokratische Grundordnung zu zerstören, über geheimdienstliche Tätigkeiten für eine fremde Macht und gewaltsame Bestrebungen gegen auswärtige Belange in der Bundesrepublik Deutschland. Sie wirken außerdem an den Überprüfungen von Geheimnisträgern (z. B. Offiziere, höhere Ministerialbeamte) mit.
❧ Die parlamentarische Kontrolle über das Bundesamt für Verfassungsschutz unterliegt einem besonderen Ausschuss des Deutschen Bundestages.

verfassungswidrige Organisationen, Sammelbezeichnung für die vom Bundesverfassungsgericht verbotenen Parteien oder Vereinigungen. Als verfassungsfeindliche Organisationen bezeichnet man jene Parteien und Vereinigungen, die aus politischen Gründen nicht für verfassungswidrig erklärt und verboten werden, um z. B. politische Untergrundarbeit zu verhindern. Gleichwohl sollen die Mitglieder solcher Organisationen von einer Beschäftigung im öffentlichen Dienst fern gehalten werden.

Vertriebener, ein Oberbegriff für Aussiedler, Umsiedler und Übersiedler.

Vierte Welt, eine Bezeichnung für die Länder der Dritten Welt *(siehe dort)*, die wegen fehlender eigener Rohstoff- und Energiereserven von der Mengen- und Preispolitik der Erdöl fördernden Länder am stärksten betroffen sind.
❧ Der Ausdruck entstand auf der Rohstoffkonferenz der UNO 1974.

Volksabstimmung, Abstimmung der Wahlberechtigten über eine bestimmte Sachfrage. Im Grundgesetz der Bundesrepublik Deutschland ist eine Volksabstimmung nur für die Neugliederung des Bundesgebietes vorgesehen.

Volksbegehren, Initiative des Volkes, die zu einer Volksabstimmung führen soll.

Volkssouveränität, *siehe* Souveränität.

Wahl, in Vereinen, in Staaten, Gebiets- und anderen Körperschaften vorgesehenes Verfahren, um repräsentative Entscheidungsorgane auf Zeit zu bestellen. Gewählt werden z.B. Bundes- und Landtagsabgeordnete, Stadt- und Kreisräte, Vereinsvorstände, Betriebs- und Personalräte usw. Sie erhalten ihren Auftrag und ihre Legitimation durch ihre Wähler, die in einem vorher festgelegten Verfahren ihren Willen äußern. Die Summe der Einzelentscheidungen führt zur Gesamtentscheidung, zur Wahl. Die Vorteile der Wahl gegenüber anderen Formen der Organbestellung sind u.a.: geordnetes und friedliches Verfahren im Gegensatz zur gewaltsamen Machtergreifung, rationales Verfahren anstelle z.B. von Erbfolge oder Losentscheiden, demokratische Legitimation der Gewählten, zeitliche Begrenzung, um eine Bestätigung der Herrschaft oder einen Wechsel zu ermöglichen.

Wahldelikte, Straftaten im Zusammenhang mit Wahlen: z.B. Wahlbehinderung, Wahlfälschung, Verletzung des Wahlgeheimnisses, Wählernötigung und Wählerbestechung.

Wehrbeauftragter, nach dem Vorbild des schwedischen Ombudsmanns *(siehe dort)* vom Deutschen Bundestag gewählter Beauftragter, der das Parlament bei der Kontrolle der Streitkräfte unterstützt. Er legt dem Bundestag jährlich einen Bericht über seine Tätigkeit vor, seine Amtszeit beträgt fünf Jahre. Der Wehrbeauftragte kann von allen militärischen Dienststellen und vom Bundesministerium der Verteidigung Akteneinsicht und Auskünfte verlangen und alle Einheiten und Dienststellen unangemeldet aufsuchen. Die Soldaten können sich jederzeit an ihn wenden und Missstände aufzeigen.

Wehrdienstverweigerung, das Grundrecht jedes Wehrpflichtigen, den Dienst mit der Waffe zu verweigern. Um als Wehrdienstverweigerer anerkannt zu werden, muss der Wehrpflichtige einen ausführlich begründeten schriftlichen Antrag an die Wehrersatzbehörden, das Kreiswehrersatzamt, stellen. Die Behörde leitet den Antrag an das Bundesamt für Zivildienst, das den Wehrpflichtigen über die Anerkennung informiert und ihm einen Platz für die Ableistung des Zivildienstes zuweist. Einer mündlichen Anerkennungsverhandlung müssen sich nur noch Wehrdienstverweigerer stellen, die sich selbst bei der Bundeswehr beworben hatten oder ihren Wehrdienst schon angetreten haben.

Weizsäcker, Richard Freiherr von deutscher Politiker (* 1920), war 1964–70 und 1979–81 Präsident des Deutschen Evangelischen Kirchentags, 1969–84 Mitglied des Rates der EKD, 1969–81 MdB und 1979–81 Vizepräsident des Bundestags, 1981–84 Regierender Bürgermeister von Berlin (West) und 1984–94 Bundespräsident. Weizsäcker vermochte – in einem v.a. ethischen Verständnis von politischer Kultur – seinem Amt konsensstif-

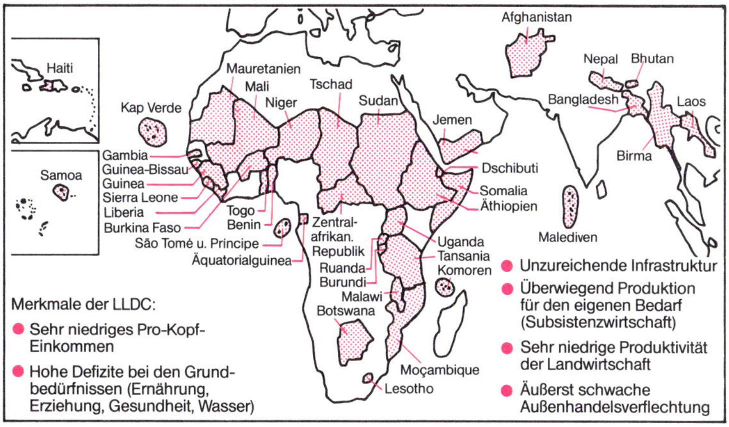

Vierte Welt.
Die von der UNO-Generalversammlung verabschiedete Liste der Least Developed Countries, der am wenigsten entwickelten Länder

tend neue Geltung zu verschaffen und das internationale Ansehen der Bundesrepublik Deutschland zu erhöhen.

WEU, Abkürzung für **W**est**e**uropäische **U**nion, ein 1954 abgeschlossener Beistandspakt im Rahmen der NATO, dem Großbritannien, Frankreich, die Beneluxstaaten, Deutschland und Italien angehören. Er sollte ursprünglich der wirtschaftlichen, sozialen und kulturellen Zusammenarbeit und der gemeinsamen Verteidigung dienen. Die WEU verfügt über keine eigenständigen politischen oder militärischen Entscheidungsbefugnisse. Sitz des Generalsekretariats ist Brüssel.

Widerstandsrecht, das Recht zum Widerstand, wenn durch den Staat besonders geschützte Verfassungsprinzipien verletzt werden. Das Grundgesetz schützt die Prinzipien der Demokratie, des Sozialstaats, der bundesstaatlichen Gliederung, der Gewaltenteilung und des Rechtsstaats. Gegen jeden, der diese Ordnung beseitigen will, haben alle Deutschen das Recht zum Widerstand, wenn andere Abhilfe nicht möglich ist.

Wohlfahrtsstaat, ein Staat, dessen Ziel es ist, die materielle Wohlfahrt (›Daseinsvorsorge‹) seiner Bürger zu fördern.
❧ Schweden gilt als Musterbeispiel eines modernen Wohlfahrtsstaates. ❧ Ursprünglich war mit Wohlfahrtsstaat der Staat des Absolutismus gemeint, der, um das Wohl seiner Bürger besorgt, eine Fülle von Verordnungen und Reglementierungen erließ. Gegen diesen ›Polizeistaat‹ wandte sich der Liberalismus *(siehe dort)*.

Wohlfahrtsverbände, private Organisationen, die die Wohlfahrtspflege der öffentlichen Hand ergänzen, besonders die in der Bundesarbeitsgemeinschaft der Freien Wohlfahrtspflege zusammengeschlossenen großen Verbände Diakonisches Werk der Evangelischen Kirche in Deutschland, Deutscher Caritasverband, Zentralwohlfahrtsstelle der Juden in Deutschland, Arbeiterwohlfahrt, Deutsches Rotes Kreuz und Deutscher Paritätischer Wohlfahrtsverband.

ZDF, Abkürzung für **Z**weites **D**eutsches **F**ernsehen, durch den Staatsvertrag der Länder vom 6. 6. 1961 gegründete Rundfunkanstalt des öffentlichen Rechts. Sie nahm am 1. 4. 1963 den Sendebetrieb auf; Sitz Mainz.

Zivildienst, der anstelle des Wehrdienstes zu leistende Ersatzdienst eines anerkannten Kriegsdienstverweigerers. Der Zivildienst kann bei sozialen Einrichtungen wie Krankenhäusern oder Altenheimen, bei Wohlfahrtsverbänden oder im Rahmen des Umweltschutzes bei Umweltschutzverbänden abgeleistet werden. Gegenüber dem Wehrdienst ist der Zivildienst um ein Drittel länger, da der Wehrpflichtige nach seinem Wehrdienst noch zu Wehrübungen eingezogen werden kann.

Zweikammersystem, ein politisches System, bei dem das Parlament aus zwei Kammern oder Häusern besteht. Die eine Kammer wird direkt von den Bürgern gewählt (Abgeordnetenhaus, Repräsentantenhaus oder Unterhaus), die zweite Kammer (Senat, Oberhaus) ist die Vertretung der Gliedstaaten oder z. B. auch des Adels. Beide Parlamentskammern haben fest umrissene Aufgaben und Kompetenzen bei der Gesetzgebung.

Zwei-plus-vier-Vertrag, der Vertrag vom 12. 9. 1990 zwischen den vier Siegermächten des Zweiten Weltkriegs Frankreich, Großbritannien, Sowjetunion und USA einerseits und der Deutschen Demokratischen Republik und der Bundesrepublik Deutschland andererseits. Der Vertrag bettet die deutsche Vereinigung in den internationalen Entspannungsprozess ein und verpflichtet die Bundesrepublik Deutschland zur Reduzierung der Bundeswehr auf eine Stärke von 370 000 Mann bis 1994. Außerdem enthält er Erklärungen über den Gebietsstand Deutschlands (vor allem über die Endgültigkeit der Oder-Neiße-Grenze) und die Stationierung der alliierten bzw. sowjetischen Streitkräfte.

4
Wirtschaft

Unsere Erfahrung, dass die Mittel zur Befriedigung unserer Bedürfnisse nicht unbegrenzt vorhanden sind, sondern ihre Knappheit sorgfältige Auswahl und sparsamen Umgang erfordert, zwingt uns zu ökonomischem Handeln. Dies geschieht in dem Lebensbereich, in dem bei der Herstellung wirtschaftlicher Güter auch die Mittel zu ihrem Erwerb entstehen, in der Wirtschaft.
Dieses Handeln in Abhängigkeit seines gesellschaftlichen Umfeldes zu erkennen und zu beschreiben ist Gegenstand der Wirtschaftswissenschaften: Die Volkswirtschaftslehre untersucht die Bedingungen der Produktion, der Entstehung und Verteilung des Einkommens sowie dessen Verwendung, die Funktionen des Marktes und der Preise. Sie analysiert die wirtschaftlichen Abhängigkeiten zwischen dem Einzelnen und der Allgemeinheit: die Entstehung und Verwendung des Volkseinkommens, seine Beeinflussung von staatlichen Eingriffen oder vom Ausland und den Wirtschaftskreislauf, indem sie nach den Gründen für Konjunktur oder Depressionen fragt. Die Volkswirtschaftslehre entwickelt auch die Instrumente für die Wirtschaftspolitik und untersucht die Abhängigkeit des wirtschaftlichen Handelns von der Gesellschafts- und Wirtschaftsordnung.
Somit liefert sie auch die Grundlagen für die Betriebswirtschaftslehre, die sich mit der praktischen Anwendung allgemeiner wirtschaftstheoretischer Erkenntnisse am wichtigsten Ort wirtschaftlichen Handelns, dem Betrieb, befasst. Die Organisation von Produktion und Absatz, die Erfassung und Abrechnung wirtschaftlicher Daten in Kalkulation und Bilanz, die Entwicklung von Management-, Produkt- oder Marketingstrategien sind Beispiele für Forschung und Lehre auf einem Gebiet, das vor gar nicht allzu langer Zeit besonders ›Begabten‹ oder ›Erfahrenen‹ vorbehalten schien.
Die Auseinandersetzung mit der Wirtschaft bleibt niemandem erspart. Tarifparteien, Betriebsrat und Arbeitskampf beschreiben Begriffe des Arbeitsmarktes und der Erwerbstätigkeit. Lebenshaltungskosten-Index, Spareckzins, DAX® oder Allfinanzinstitut betreffen die Verwendung des Einkommens. Entwicklungsländer, Zahlungsbilanz oder Export kennzeichnen die Einbindung in die Weltwirtschaft. Namen schließlich wie z. B. die von LUDWIG ERHARD, HANS BÖCKLER, FRIEDRICH WILHELM RAIFFEISEN, JOSEPH SCHUMPETER, KARL MARX oder JOHN D. ROCKEFELLER erinnern an den Einfluss Einzelner auf das wirtschaftliche Geschehen.

Abgaben, alle Geldleistungen an die öffentliche Hand, z. B. Steuern, Gebühren oder Beiträge.

Abschreibung, Geldbetrag, der die Wertminderung eines Gutes erfasst, die vor allem durch seine Nutzung im Laufe der Zeit eintritt.

Absetzung für Abnutzung, Abkürzung AfA, Bezeichnung des Steuerrechts für Abschreibung: Die über die Nutzungsdauer eines Gutes verteilten Anschaffungskosten können als Werbungskosten oder Betriebsausgaben bei der Ermittlung der steuerpflichtigen Einkünfte abgezogen werden.

Abs, Hermann Josef (* 1901, † 1994), einer der bedeutendsten deutschen Bankiers nach dem Zweiten Weltkrieg. Als Leiter v. a. der Delegation zur Londoner Schuldenkonferenz, die der Regelung der deutschen Auslandsschulden diente, schuf er Grundlagen für die Wiedergewinnung des ausländischen Vertrauens in Deutschland und damit wichtige Voraussetzungen für den deutschen Wiederaufbau. Er war ab 1938 Vorstand der Deutschen Bank AG.

Abwertung, Wertminderung einer Währung gegenüber Auslandswährungen: Eine Einheit der inländischen Währung ist weniger Einheiten der fremden Währung wert.

Agio, *das* ['a:dʒo; italienisch], auch Aufgeld, Preisaufschlag; der Ausgabebetrag, der über den Nennwert hinausgeht.

Aktie, Anteil am Grundkapital einer Aktiengesellschaft in Höhe eines Nominalbetrags von mindestens 1 Euro (vorher 5 DM) und die Urkunde, die die Rechte des Inhabers verbrieft. Mit der Änderung des Aktiengesetzes 1998 wurden nennwertlose Aktien (Stückaktien) eingeführt, um die Umstellung der Aktienbestände auf Euro zu erleichtern.

Aktiengesellschaft (AG), Kapitalgesellschaft, deren Kapital, das Grundkapital, mindestens 50 000 Euro betragen muss, und in Anteile, die Aktien, aufgeteilt ist. Ihre Gesellschafter, die Aktionäre, haften nur bis zur Höhe ihrer Einlage für die Verbindlichkeiten der AG.
❧ In Deutschland wurden 1997 die Aktien von etwa 430 Gesellschaften amtlich an der Börse gehandelt.

Aktienindex, *der* Kennziffer, die Auskunft gibt über die Veränderung der Aktienkurse z. B. an einem Börsentag, in Deutschland unter anderem DAX® *(siehe dort)* oder XETRA-DAX®.

Aktienkurs, der Preis, zu dem eine Aktie gehandelt wird.

Aktiva, in der Bilanz *(siehe dort)* eines Unternehmens in ihrem Geldwert dargestellte Vermögenswerte wie Gebäude, Maschinen oder Forderungen.

Allfinanz, die Strategie, den Kunden sämtliche Finanzdienstleistungen aus einer Hand anzubieten, indem Banken auch Versicherungen und Bausparverträge vertreiben oder Versicherungen Bankleistungen vermitteln.

Amortisation, *die* [französisch; eigentlich ›Abtötung‹], die Deckung der Anschaffungskosten einer Investition aus ihren Erträgen; auch die planmäßige Rückzahlung eines Darlehens.

Angebot, die Güter und Dienstleistungen, die auf einem Markt zum Verkauf stehen.

Angebotspolitik, eine Wirtschaftspolitik, die die Stärkung des Angebots in den Mittelpunkt stellt, weil sie davon ausgeht, dass Beschäftigung und Wachstum v. a. von den Investitionen und diese wiederum von den Gewinnen abhängig sind. Steuersenkungen z. B. sollen die Gewinnerwartung erhöhen, sodass hiernach mehr Investitionen durchgeführt werden. Damit steigen die Beschäftigung und auch das Angebot, was zugleich preisdämpfend wirkt, also Inflationstendenzen vermindert. Gegensatz ist der Keynesianismus.
❧ Eine ausgeprägte Angebotspolitik wurde unter anderem in den USA unter Präsident RONALD REAGAN (Reaganomics) sowie in Großbritannien unter Premierministerin MARGARET THATCHER (Thatcherism) betrieben.

Angebot und Nachfrage. Auf dem freien Markt bestimmen die Beziehungen zwischen diesen Größen den Preis eines Gutes. So führt steigende Nachfrage zunächst zu einem höheren Preis, dann aber zu einer Vergrößerung des Angebots, da die Anbieter mit höheren Gewinnen rechnen. Hierdurch wird der Wettbewerb angeregt und der Preis fällt wieder, sodass der Markt wie von einer unsichtbaren Hand zu einem (neuen) Gleichgewicht von Angebot und Nachfrage geführt wird.

Anlagevermögen, das zu langfristiger Nutzung in einer Unternehmung bestimmte Vermögen wie Grundstücke oder Maschinen.

Anleihen, langfristige Kreditaufnahme von Unternehmen oder der öffentlichen Hand durch die Ausgabe von Anleihen wie Schuldverschreibungen. Diese Wertpapiere sind mit festen Zinsen ausgestattet.

Annuität, *die* [zu lateinisch annus ›Jahr‹], ein regelmäßig, meist jährlich, in gleicher Höhe zu zahlender Betrag zur Verzinsung und Tilgung eines Darlehens. Da sich der geschuldete Betrag durch die Tilgung vermindert, sinkt der Zinsanteil an der Annuität immer stärker, je näher das Ende der Laufzeit rückt.

Personenkreis Sachverhalt	Arbeitnehmer	Jugendliche (14–18-Jährige)
Höchstarbeitszeit	8 Stunden täglich; Ausdehnung auf 10 Stunden täglich, wenn nicht mehr als 8 Stunden im täglichen Durchschnitt innerhalb von 6 Monaten oder 24 Wochen	täglich 8 Stunden; wöchentlich 40 Stunden; Fünftagewoche einschließlich Berufsschule
Mindestruhezeit zwischen 2 Arbeitstagen	11 Stunden ununterbrochen, Ausnahmen für bestimmte Berufsgruppen	12 Stunden ununterbrochen; keine Arbeit zwischen 20 und 6 Uhr; Verbot der Sonntags- und Nachtarbeit (evtl. Ausnahmen)
Mindestruhepausen während der Arbeitszeit	bei über 6-stündiger Arbeitszeit 30 Minuten oder zweimal 15 Minuten, 45 Minuten bei über 9-stündiger Arbeitszeit	bei über 4,5–6 Stunden 30 Minuten, bei längerer Arbeit 60 Minuten; Mindestdauer einer Pause: 15 Minuten

Arbeitszeit. Die wichtigsten Arbeitszeitschutzbestimmungen

Anteil, Geldbetrag, der dem Verhältnis der Beteiligung an einem Unternehmen entspricht.

Arbeit, jede auf Wertschöpfung gerichtete menschliche Tätigkeit. Da Güter nicht ohne sie herzustellen sind, gilt die Arbeit als ein wichtiger Produktionsfaktor.

Arbeitgeber, Sammelbegriff für alle (Unternehmen, der Staat), die Arbeitnehmer beschäftigen.

Arbeitnehmer, Sammelbegriff für Angestellte und Arbeiter, also alle nicht selbstständigen Erwerbspersonen.

Arbeitskampf, Auseinandersetzung zwischen den Tarifparteien mit dem Ziel, die eigene Position in Verhandlungen über die Tarifverträge zu verbessern.

Arbeitskosten, *siehe* Personalkosten.

Arbeitslose, nicht beschäftigte Erwerbspersonen, die arbeitsfähig sind und einen Arbeitsplatz suchen.

Arbeitslosengeld, Zahlungen der Arbeitslosenversicherung an Arbeitslose für eine Dauer von längstens 32 Monaten.

Arbeitslosenhilfe, Zahlungen der Arbeitslosenversicherung an Arbeitslose, die kein Arbeitslosengeld mehr erhalten.

Arbeitslosenquote, *die* Anteil der Arbeitslosen an der Anzahl der Erwerbspersonen.

Arbeitslosigkeit, Beschäftigungslosigkeit der arbeitsfähigen und arbeitswilligen Erwerbspersonen. Sie kann mehrere Ursachen haben: konjunkturelle, wenn die Wirtschaft in einer Abschwungsphase ist; saisonale, wenn Jahreszeiten einen ungünstigen Einfluss auf die Beschäftigung haben, z. B. der Winter auf die Bauindustrie; wenn sich die strukturelle Nachfrage nach Arbeit langfristig qualitativ verändert, z. B. mehr Computerfachleute und weniger Textilfacharbeiter gesucht werden.

Arbeitsteilung, Verteilung von Tätigkeiten oder Produktionen zwischen Personen, Betrieben oder Volkswirtschaften, die besonders geeignet sind, diese Aufgaben zu übernehmen; Voraussetzung für leistungsorientiertes Wirtschaften.

Arbeitszeit, in Stunden gemessene Zeit, die für die Erwerbstätigkeit innerhalb eines Zeitraums (z. B. Woche, Jahr) aufgebracht wird. Sie wird durch Tarifvertrag und Gesetz (Feiertage) geregelt und ist ein wichtiger Maßstab zur Beurteilung der internationalen Wettbewerbsfähigkeit eines Landes. Das Verhältnis zwischen der jährlichen Arbeitszeit und wirtschaftlichen Leistungen wie Umsatz oder Wertschöpfung gibt die Produktivität der Arbeit wieder.

Aufwertung, Werterhöhung einer Währung gegenüber Auslandswährungen.

Außenhandel, Austausch von Gütern zwischen einem Land und allen übrigen Ländern der Welt.

Als Ausdruck der internationalen Arbeitsteilung fördert er den allgemeinen Wohlstand.

Aussperrung, Mittel des Arbeitskampfes: Die Arbeitnehmer werden vom Arbeitgeber an der Aufnahme ihrer Arbeit gehindert; gleichzeitig werden die Lohn- und Gehaltszahlungen verweigert.

Baisse, *die* ['bɛ:sə; französisch], ein andauernder Kursrückgang an der Börse, im Gegensatz zur Hausse.

Banken, Unternehmen, die Geld als Einlagen annehmen, Darlehen gewähren, den Zahlungsverkehr für ihre Kunden abwickeln und unter anderem mit Wertpapieren und Devisen handeln. In Deutschland sind die Bedingungen der Bankgeschäfte durch das Gesetz über das Kreditwesen geregelt, in dem auch die Bankenaufsicht bestimmt ist.

Bankgeheimnis, Verpflichtung der Banken und ihrer Angestellten, grundsätzlich keine Informationen weiterzugeben, die sie über die Bankbeziehungen und Vermögensverhältnisse ihrer Kunden erhalten haben.

Bargeldumlauf, der Bestand an Papiergeld (Banknoten) und Münzen.

Bauherrenmodell, eine Art der Finanzierung vor allem von Wohnungseigentum durch Ausnutzen von Steuervorteilen. Die Einkommensteuer wird dadurch gemindert, dass Aufwendungen, die in der Bauphase entstehen, sofort als Werbungskosten geltend gemacht werden können.

Bausparkasse, privates oder öffentlich-rechtliches Kreditinstitut, das auf der Grundlage eines Bausparvertrages Darlehen zu Erwerb oder Renovierung von Wohnimmobilien gewährt.

Beitragsbemessungsgrenze, in der Sozialversicherung die gesetzlich festgelegte Höchstgrenze, bis zu der das Arbeitsentgelt des Versicherten zur Beitragsleistung herangezogen wird. Sie wird jährlich entsprechend der allgemeinen Bemessungsgrundlage in der Rentenversicherung neu festgesetzt.

Belegschaftsaktien, von einer Aktiengesellschaft meistens mit einem Preisnachlass (Vorzugskurs) an die Mitarbeiter ausgegebene Aktien.

Beschäftigung, Auslastung eines Betriebes, aber auch die Anzahl der beschäftigten Erwerbspersonen eines Landes während einer bestimmten Zeit.

Beschäftigungsgesellschaften, meist von gemeinnützigen Einrichtungen getragene Unternehmen. Sie beschäftigen Arbeitslose mithilfe öffentlicher Gelder befristet und schulen sie teilweise auf zukunftsorientierte berufliche Tätigkeiten um.

beschränkte Haftung, Verantwortlichkeit für die Übernahme eines Vermögensschadens nur bis zu einer bestimmten Höhe. Die Beschränkung der Haftung z. B. in einer GmbH oder Aktiengesellschaft auf die Höhe der Einlage schützt das Privatvermögen des Anlegers im Falle des Konkurses oder der Liquidation des Unternehmens.

Betrieb, Unternehmen oder Teil eines Unternehmens mit der Aufgabe, Güter oder Dienstleistungen herzustellen.

Betriebsrat, Interessenvertretung der Arbeitnehmer eines Betriebes gegenüber der Betriebsleitung.

Bewertung, die Feststellung des Geldwertes von Vermögenswerten wie Forderungen, Gebäuden oder Maschinen sowie von Verbindlichkeiten, die z. B. für die Erstellung einer Bilanz notwendig ist. Sie unterliegt handels- und steuerrechtlichen Vorschriften.

Bilanz, die auf einen bestimmten Tag, den Bilanzstichtag, bezogene Gegenüberstellung der Aktiva (Vermögen) und Passiva (Eigen- und Fremdkapital) eines Unternehmens. Der dabei entstehende Unterschied ist der Bilanzgewinn oder -verlust.

Blanko [zu italienisch bianco ›weiß‹, d. h. unbeschrieben], ein unvollständig ausgefertigtes Schriftstück oder Dokument: Der Blankoscheck ist zwar unterschrieben, zeigt aber keinen Betrag.

Bluechip, *der* ['blu:'tʃɪp; englisch ›blaue Spielmarke‹], Aktie erstklassiger amerikanischer Unternehmen, vergleichbar den deutschen Standardwerten.
❧ Der Ausdruck wurde von den Spielchips der Kasinos übernommen, wo blaue Chips besonders teuer sind.

Böckler, Hans deutscher Gewerkschafter (* 1875, † 1951), war ab 1949 Vorsitzender des DGB. Böckler war maßgeblich am Wiederaufbau der deutschen Gewerkschaften und deren Zusammenschluss im DGB nach dem 2. Weltkrieg beteiligt. Als Verfechter der Mitbestimmung vertrat er in den Jahren nach der Währungsreform eine maßvolle Lohnpoli-

Die Wall Street während des Börsenkrachs am ›Schwarzen Freitag‹ (25. 10. 1929)

tik und trug damit wesentlich zur Entwicklung des Wirtschaftswunders bei.

Boom, *der* [bu:m; englisch], Höhepunkt einer wirtschaftlichen Aufwärtsbewegung, z. B. der Konjunktur oder an der Börse.

Börse, Markt zum Kauf und Verkauf von Wertpapieren, Devisen und Waren. Sie ist durch Gesetze über die Börsenaufsicht geregelt, die bestimmen, welche Titel oder Sachen zum Börsenhandel zugelassen sind und wer diesen durchführt.
❧ Die größte Wertpapierbörse ist New York, die größte Warenbörse Chicago. Die Börsen in London und Frankfurt am Main als die wichtigsten europäischen Börsenplätze fusionierten 2000.

Börsenkrach, der plötzliche und unerwartete Verfall von Börsenkursen.
❧ Der New Yorker Börsenkrach vom 25. 10. 1929 (›Schwarzer Freitag‹) war der Beginn einer lang andauernden Weltwirtschaftskrise.

Briefkurs, Kurs an der Wertpapierbörse, zu dem zwar Angebot besteht, aber keine Nachfrage vorliegt; auch der Kurs, zu dem Banken Devisen verkaufen.

Broker ['brəʊkə; englisch], der Börsenmakler; er ist allein berechtigt, die Kauf- und Verkaufsaufträge an den Wertpapierbörsen durchzuführen.

Bruttosozialprodukt, *siehe* Sozialprodukt.

Buchführung, lückenlose Aufzeichnung aller Veränderungen der Vermögenswerte des Eigen- und Fremdkapitals, der Aufwendungen und Erträge sowie der Kosten und Leistungen während eines Berichtszeitraums. Bei der doppelten Buchführung werden die jeweiligen Geldwerte sowohl auf der Sollseite (links) eines Kontos als auch auf der Habenseite (rechts) eines entsprechendes Gegenkontos verbucht.

Buchgeld, Guthaben bei Banken, über die jederzeit verfügt werden kann.

Call, *der* [kɔ:l; englisch], eine Option *(siehe dort)* zum Kauf.

Cash-flow, *der* ['kæʃfloʊ; englisch ›Bargeldfluss‹], Begriff der Finanzanalyse, der den Zahlungsmittelüberschuss angibt, der in einer Periode erwirtschaftet wurde.

Chartanalysen, *die* [tʃart-; englisch], Auswertung der grafischen Darstellung einer Kursentwicklung, z. B. von Wertpapieren. Aus einem bestimmten Kurvenverlauf leiten sie Vorhersagen über zukünftige Entwicklungen ab.

Computerbörse, Abwicklung von Börsengeschäften mithilfe elektronischer Einrichtungen, *siehe auch* XETRA®.

Copyright, *das* ['kɔpirait; englisch ›Urheberrecht‹, eigentlich ›Vervielfältigungsrecht‹], Recht zur alleinigen Vervielfältigung von Texten, Filmen, Gemälden, Musikstücken und ähnlichen Gütern für den Zeitraum von 70 Jahren nach dem Tod ihres Urhebers.

Corporate Identity, *die* ['kɔ:pərɪt aɪ'dɛntətɪ; englisch ›Unternehmensidentität‹], einheitliche, unverwechselbare Selbstdarstellung eines Unternehmens.

DAX®, Abkürzung für **D**eutscher **A**ktieninde**x,** eine Kennziffer, die die Kurse von 30 ausgewählten deutschen Aktien erfasst und während eines Börsentags fortlaufend an der Frankfurter Wertpapierbörse errechnet wird.

Defizit, *das* jeder Fehlbetrag, der bei einem Vergleich zwischen Einnahmen und Ausgaben entsteht, z. B. in einem öffentlichen Haushalt oder der Zahlungsbilanz.

Deflation, *die* Preisrückgang, der die Kaufkraft erhöht. Bei längerem Anhalten kann die Deflation zu einem Rückgang der Konjunktur führen (*siehe auch* Inflation).

Depot, *das* [de'po:], die Aufbewahrung und Verwaltung von Wertpapieren durch eine Bank.

Depression, *die* im Konjunkturzyklus *(siehe dort)* der Tiefpunkt eines wirtschaftlichen Abschwungs, der u. a. durch hohe Arbeitslosigkeit und geringe Investitionstätigkeit gekennzeichnet ist.

Deutsche Bahn AG, Abkürzung **DB AG,** privates Unternehmen des Eisenbahnwesens, das zum 1. 1. 1994 im Zuge der Bahnreform gegründet wurde und die Bundesanteile an der Deuschen Bundesbahn übernahm. Unternehmenssitz ist Berlin, die Zentrale ist in Frankfurt am Main. Das Unternehmen betätigt sich als Eisenbahnverkehrs- und Eisenbahninfrastrukturunternehmen. Das Streckennetz ist rund 40 000 km lang und sowohl für den DB-eigenen wie für fremden Betrieb zugänglich. Tochter- und Beteiligungsgesellschaften der DB AG sind in allen Bereichen des Transportwesens, im Reiseverkehr und im Telekommunikationsmarkt tätig.

Deutsche Bundesbank, die Notenbank von Deutschland (*siehe* Bundesbank, Kapitel 3).

Deutscher Gewerkschaftsbund (DGB), *siehe* Kapitel 3.

Devisen, *die* Guthaben und Forderungen, z. B. Schecks, die auf eine fremde Währung lauten und nur im Ausland ausbezahlt werden (*siehe auch* Sorten).

Devisenkurs, Wechselkurs zwischen Währungen, meist als Preis für eine Auslandswährung, der in der Inlandswährung ausgedrückt wird, z. B. ein Dollar kostet DM 1,80.

Diäten, die finanzielle Entschädigung der Parlamentsabgeordneten, die Geld- und Sachleistungen (z. B. die Benutzung von Dienstfahrzeugen) umfasst.

Dienstleistung, wirtschaftliche Tätigkeit, die eine spezielle Leistung erbringt wie z. B. die Abwicklung des Zahlungsverkehrs durch eine Bank oder die Verkaufsleistung im Einzelhandel.

❧ In modernen, arbeitsteiligen Industriegesellschaften überwiegt der Dienstleistungssektor.

Disagio, *das* [dis'a:dʒo; italienisch], Preisabschlag vom Nennwert einer Schuldverschreibung oder einem Darlehensbetrag. Gegensatz: Agio.

Diskont, *der* Abzug von Zinsen beim Ankauf einer noch nicht fälligen Forderung, insbesondere von Wechseln, durch Banken.

Diskontsatz, Zinssatz, zu dem die Zinsen für die Restlaufzeit beim Ankauf eines noch nicht fälligen Wechsels durch die Deutsche Bundesbank festgesetzt werden. Der Diskontsatz zählte zu den Leitzinsen *(siehe dort).*

Dividende, *die* [lateinisch ›das zu Verteilende‹], Anteil am Reingewinn einer Aktiengesellschaft, der an den Aktionär jährlich je Aktie ausgeschüttet wird.

Dow-Jones-Index, *der* ['daʊ'dʒoʊnz-; englisch], Kurswert, der täglich für 65 amerikanische Aktien in New York festgestellt wird.

Duisenberg, Willem Frederik ['dœjzənbɛrx], niederländischer Bankmanager und Finanzpolitiker (* 1935). Er lehrte 1970–73 an der Universität Amsterdam Volkswirtschaft und wurde im Mai 1973 Finanzminister. 1982 übernahm er den Posten des Präsidenten der niederländischen Zentralbank. Im Juli 1997 wurde er zum Präsidenten des Europäischen Währungsinstituts und Anfang Mai 1998 von den Staats- und Regierungschefs der EU zum ersten Präsidenten der Europäischen Zentralbank ernannt.

Dumping, *das* ['dampɪŋ; zu englisch to dump ›hinwerfen, verschleudern‹], Verkauf auf Auslandsmärkten zu Preisen, die unter den Inlandspreisen liegen; auch der Verkauf zu extrem niedrigen Preisen, z. B. unter den Herstellungskosten.

ECU, *der* Abkürzung für **E**uropean **C**urrency **U**nit [jʊrə'pi:ən 'kʌrənsɪ 'ju:nɪt; englisch ›Europäische Währungseinheit‹], Bezeichnung einer Währungeinheit im Europäischen Währungssystem. Sie wurde mit der Einführung des Euro *(siehe dort)* abgeschafft.

Effekten, Wertpapiere wie Aktien oder Anleihen.

Effektivverzinsung, die wirkliche Höhe eines Zinssatzes, die auf der Grundlage der Nominalverzinsung berechnet wird, in dem alle sonstigen Bedingungen der Verzinsung, z. B. im Falle von Anleihen der Kurs, bei Darlehen der Auszahlungsbetrag, berücksichtigt werden.

Eigenkapital, die Geldmittel, die seine Eigentümer einem Unternehmen langfristig zur Verfügung stellen.

Einkommen, alle Einnahmen in Geld- oder Sachform, die eine Person, ein Haushalt oder ein Unternehmen während einer bestimmten Zeit, z. B. eines Jahres, hat und die aus Arbeitsleistung (Lohn oder Gehalt), aus Vermögen (Dividende), aus Unterstützung (Sozialhilfe) oder als Pension entsteht.

Einkommensverteilung, Aufteilung des Volkseinkommens. Nach der Art seiner Entstehung werden unterschieden: das Einkommen aus unselbstständiger (Arbeitnehmer-)Tätigkeit, aus selbstständiger (Unternehmer-)Tätigkeit, aus Vermögen und aus Übertragungen.

Einlagen, Geldmittel, die entweder in ein Unternehmen oder eine Bank eingebracht werden.

Ein wichtiger Ansatzpunkt der Entwicklungshilfe ist die projektgebundene Hilfe; ihr liegt der Gedanke zugrunde ›Hilfe zur Selbsthilfe‹ zu leisten

Elastizität, der Umfang einer Änderung der Angebots- oder Nachfragemenge, wenn sich der Preis eines Gutes verändert. Steigt z. B. der Preis um 1 % und sinkt die Nachfrage um mehr als 1 %, dann spricht man von einer elastischen Nachfrage. Das Gegenteil, also eine unter 1 % liegende Nachfrageänderung, wäre eine unelastische Nachfrage.
❧ Güter des täglichen Gebrauchs haben häufig eine unelastische Nachfrage: Ein höherer Brotpreis vermindert die Nachfrage zwar, doch fällt die Veränderung geringer aus als die des Preises.

Embargo, *das* [zu spanisch embargar ›behindern‹], ein aus politischen Gründen verordnetes Handelsverbot mit bestimmten Ländern oder bestimmten Waren.
❧ Das vom Sicherheitsrat der Vereinten Nationen gegen den Irak verhängte Embargo soll der Durchsetzung von Völkerrechtsnormen dienen.

Emission, *die* Ausgabe von Wertpapieren durch Unternehmen, öffentliche Körperschaften (z. B. Gemeinden) und Banken. Die Aussteller heißen Emittenten.

Entwicklungshilfe, Gesamtheit aller staatlichen und privaten Maßnahmen, die von Industrieländern und internationalen Organisationen (Weltbank) zur wirtschaftlichen und sozialen Förderung von Entwicklungsländern getroffen werden. – Abb. S. 167.

Entwicklungsländer, Staaten, die im Vergleich zu den Industrieländern unter anderem ein deutlich geringeres Sozialprodukt pro Kopf, eine geringe Arbeitsproduktivität, hohe Analphabetenquote und einen hohen Anteil landwirtschaftlicher Erwerbstätigkeit aufweisen.
❧ Die Weltbank hat als Maßstab für die Gruppe der am wenigsten entwickelten Länder einen Pro-Kopf-Anteil am Sozialprodukt von weniger als US-$ 473 festgelegt.

Ergänzungsabgabe, Zuschlag auf die Einkommensteuer und Körperschaftsteuer wie z. B. der ›Solidaritätszuschlag Deutsche Einheit‹ (1991/92 und seit 1995 erhoben).

Erhard, Ludwig *siehe* Kapitel 2.

ERP-Mittel, zinsgünstige Kredite zur Unterstützung des Mittelstands und für Umweltaufgaben aus dem ERP-Sondervermögen des Bundes. Die Mittel entstammen dem Europäischen Wiederaufbauprogramm (englisch: **E**uropean **R**ecovery **P**rogram), das 1948 auf Initiative des amerikanischen Außenministers GEORGE C. MARSHALL (* 1880, † 1959) als Hilfsprogramm für den Aufbau Europas nach dem 2. Weltkrieg eingerichtet wurde. Dieser so genannte ›Marshallplan‹ umfasste 13 Mrd. Mark, wovon die Bundesrepublik Deutschland 1,7 Mrd. erhielt und lediglich 1,1 Mrd. zurückzahlen musste. Aus dem Rest wurde das ERP-Sondervermögen gebildet, auf dessen Grundlage bis 1993 ca. 118 Mrd. Mark Kredite gewährt wurden.

Für viele Entwicklungsländer typisch sind Elendsviertel wie hier in Rio de Janeiro

Ersparnis, der Rest des Einkommens, der nicht für den sofortigen Verbrauch ausgegeben wird.

Ertrag, in Geld ausgedrücktes Ergebnis eines Herstellungsprozesses während einer bestimmten Zeit, z. B. eines Jahres. Gegensatz ist Aufwand.

Ertragsgesetz, von dem britischen Wirtschaftswissenschaftler DAVID RICARDO zuerst beschriebener Zusammenhang zwischen Aufwand und Ertrag: Nicht jeder zusätzliche Aufwand führt zu einer Erhöhung des Ertrags im gleichen Umfang, sondern im Gegenteil, von einem bestimmten Punkt an, zu dessen Verminderung.

Erwerbspersonen, alle abhängig Beschäftigten und Selbstständigen, die eine Erwerbstätigkeit ausüben oder suchen.

Erwerbsquote, Anteil der Erwerbspersonen an der Bevölkerung eines Landes.

❧ 1998 betrug die Erwerbsquote in der Bundesrepublik Deutschland 49,1 % der Gesamtbevölkerung.

Euro, Währungssymbol €, die nach In-Kraft-Treten der dritten Stufe der Europäischen Wirtschafts- und Währungsunion gültige europäische Einheitswährung. Die Stückelung ist 5, 10, 20, 50, 100, 200 und 500 Euro, 1 € = 100 Cent. Der innereuropäische bargeldlose Zahlungsverkehr wird seit 1. 1. 1999 in Euro abgerechnet, ebenso notieren die europäischen Börsen seitdem in der neuen Währung. Die Einführung der Münzen und Noten ist zum 1. 1. 2002 vorgesehen.

Euromarkt, Bezeichnung für europäische Finanzmärkte, auf denen Finanztransaktionen in Auslandswährungen durchgeführt werden.

Europäisches Währungssystem (EWS), Abkommen zwischen den EG-Ländern mit dem Ziel, die Wechselkurse zu stabilisieren.
❧ Nach dem ›Abkommen von Maastricht‹ (1991) wurde 1999 mit der Errichtung einer Europäischen Zentralbank der Euro als einheitliche europäische Währung eingeführt und damit unter anderem eine einheitliche Währungs- und Wechselkurspolitik ermöglicht.

Europäische Wirtschafts- und Währungsunion (EWWU), der auf der Grundlage des Vertrags von Maastricht in drei Stufen angestrebte wirtschaftliche Zusammenschluss der Länder der Europäischen Union.

EWR, Abkürzung für **E**uropäischer **W**irtschafts**r**aum, 1994 in Kraft getretene Vereinbarung zwischen EFTA (*siehe* Kapitel 3) und EG (*siehe* Kapitel 3) über die Schaffung eines gemeinsamen Binnenmarktes.
❧ Mit einer Bevölkerung von etwa 375 Millionen Menschen ist der EWR der weltgrößte Markt von hoch industrialisierten Ländern.

Existenzminimum, steuerrechtlich der Mindestbetrag an Geldmitteln, den eine Person zum Leben benötigt.

Export, *der* auch **Ausfuhr,** die Lieferung von Gütern ins Ausland sowie die Durchführung von Dienstleistungen für das Ausland.

Exportbeschränkungen, alle staatlichen Maßnahmen mit dem Ziel, Exporte einzuschränken oder zu verhindern, z. B. ein Embargo.

Festgeld, Geldanlage bei einer Bank mit kurzer Laufzeit (z. B. drei Monate) und vergleichsweise hohen Zinsen.

FIBOR, Abkürzung für **F**rankfurt **I**nter**b**ank **O**ffered **R**ate, in Frankfurt am Main für Kredite unter Banken zu zahlender Zinssatz; mit Einführung des Euro abgeschafft.

Finanzpolitik, alle Maßnahmen der öffentlichen Hand, die wirtschaftspolitischen Zielen dienen, z. B. Konjunkturbelebung oder Umverteilung.

fixe Kosten, alle Kosten, die unabhängig von der Herstellungsmenge sind, z. B. Mieten, Gegensatz: variable Kosten.

Fonds, für einen bestimmten Zweck verfügbares Sondervermögen. So wurden z. B. 1990–94 im Fonds ›Deutsche Einheit‹ Geldmittel für die neuen Bundesländer bereitgestellt (*siehe* Investmentfonds).

Ford, Henry amerikanischer Industrieller (* 1863, † 1947), der als Begründer der industriellen Massenfertigung die Herstellung von Automobilen auf dem Fließband und unter Anwendung extremer Arbeitsteilung einführte. Die damit erreichte Verringerung der Stückkosten ermöglichte niedrige Preise und somit einen großen Absatz.

Henry Ford mit seiner Frau und einem Enkel auf dem von ihm 1896 konstruierten Automobil

❧ Von dem Modell T (Tin Lizzy) wurden zwischen 1908 und 1927 mehr als 15 Millionen Stück verkauft.

Franchise, *das* [ˈfræntʃaɪz; englisch ›Konzession‹], besondere Kooperation zwischen rechtlich selbstständigen Unternehmen. Dabei überlässt der so genannte Franchisegeber gegen Entgelt und mit weitgehender Weisungsbefugnis dem Franchisenehmer z. B. das Recht, einen bestimmten Firmennamen zu benutzen oder bestimmte Markenartikel zu vertreiben.

Freibetrag, im Steuerrecht Beträge, welche z. B. aus sozialen Gründen vom steuerpflichtigen Einkommen abgezogen werden können, z. B. der Kinderfreibetrag.

freier Markt, ein Markt, auf dem sich der Preis für ein Gut aufgrund der Nachfrage durch den Wettbewerb zwischen Anbietern bildet, also weder ein Monopol besteht noch staatliche Eingriffe die Preisbildung beeinflussen.

Freihandel, Austausch von Gütern und Dienstleistungen auf Auslandsmärkten, ohne dass der Staat, z. B. durch die Erhebung von Zöllen, eingreift.

Freiverkehr, Handel mit Wertpapieren, die an der Börse nicht zugelassen sind.

Fremdkapital, Schulden eines Unternehmens, deren Höhe sich aus dem Unterschied zwischen den Vermögenswerten (Aktiva) und dem Eigenkapital ergibt. Fremdkapital steht einem Unternehmen nur für eine bestimmte Zeit zur Verfügung, z. B. als Darlehen.

Friedenspflicht, Verpflichtung der Tarifpartner, während der Laufzeit des Tarifvertrags Arbeitskampfmaßnahmen zu unterlassen, also nicht zu streiken oder auszusperren.

Friedman, Milton amerikanischer Wirtschaftswissenschaftler (* 1912). Friedman begründete die Wirtschaftstheorie des Monetarismus, die Geldwertstabilität und Wirtschaftswachstum von der Änderung der Geldmenge abhängig macht. Auf ihr baut die Angebotspolitik *(siehe dort)* auf.

Fusion, *die* [lateinisch ›das Gießen, das Schmelzen‹], Zusammenschluss bisher unabhängiger Unternehmen zu einem neuen, rechtlich und wirtschaftlich einheitlichen Unternehmen. Das Bundeskartellamt in Berlin sowie die Europäische Kommission üben eine Fusionskontrolle aus, um Kartelle verhindern zu können.

G 7, lose Vereinigung der sieben wichtigsten Industrieländer (USA, Japan, Deutschland, Großbritannien, Frankreich, Kanada, Italien) mit dem Ziel, international bei der Bewältigung von Problemen in der Weltwirtschaft zusammenzuarbeiten. Seit 1998 sind die G 7 um Russland zu den G 8 erweitert.

Garantie, schriftliche Zusicherung, dass einem Ereignis bestimmte Handlungen folgen. Z. B. beseitigt ein Hersteller Fehler, die innerhalb einer festgelegten Frist an seinem Produkt auftreten und die nicht durch den Kunden verursacht wurden, oder eine Bank sichert die Zahlung einer Schuldsumme zu.

GATT, Abkürzung für **G**eneral **A**greement on **T**ariffs and **T**rade [englisch ›Allgemeine Übereinkunft über Zölle und Handel‹], internationales Handelsabkommen mit dem Ziel, Handelshemmnisse zu beseitigen; 1996 von der WTO *(siehe dort)* abgelöst.

Gebrauchsgüter, *siehe* Verbrauch.

Geld, ein Gut, mit dem andere Güter gekauft werden können (Tauschmittel), in dessen Einheiten (z. B. eine DM) die Preise berechnet werden (Recheneinheit) und dessen Wert sich aus der Kaufkraft ergibt. Muss ein Gläubiger Geld für die Rückzahlung einer Schuld annehmen, ist es auch gesetzliches Zahlungsmittel.

Geldkurs, Kurs an der Wertpapierbörse, zu dem zwar Nachfrage besteht, aber kein Angebot vorliegt; auch der Kurs, zu dem Banken Devisen ankaufen.

Geldmenge, Bestand an sofort verfügbaren Geldmitteln (Bar- und Buchgeld) in einer Volkswirtschaft.
❧ Die Änderung der Geldmenge beeinflusst die Kaufkraft des Geldes und wird deswegen von der Zentralbank reguliert.

Geldpolitik, alle Maßnahmen vor allem der Zentralbank, die der Steuerung des Geldumlaufs und der Kreditversorgung dienen, z. B. Steuerung der Geldmenge, Änderung der Leitzinsen (Diskont- und Lombardsatz), Ver- oder Ankauf von Devisen zur Beeinflussung des Wechselkurses.

Geldschöpfung, Vermehrung der Geldmenge entweder durch zusätzliche Ausgabe von Banknoten und Münzen durch den Staat oder durch Kreditgewährung des Bankensystems.
❧ Setzt der Staat die ›Notenpresse‹ zur Zahlung seiner Schulden ein, dann vermehrt er die Geldmenge, ohne dass zusätzliche Güter entstehen, d. h., er verursacht eine Inflation.

Geldwert, *siehe* Kaufkraft.

Gemeinkosten, Aufwand bei der Herstellung eines Gutes, der sich diesem nicht direkt zurechnen lässt, z. B. Mietkosten für ein Fabrikgebäude.

Gemeinnützigkeit, der rechtliche Sonderstatus einer Vereinigung, z. B. Genossenschaft, die nicht auf Gewinnerzielung ausgerichtet ist, sondern dem Allgemeinwohl dient. Mit ihm können Steuervorteile verbunden sein wie z. B. im Fall gemeinnütziger Baugesellschaften.

Genossenschaft, Gesellschaft mit dem Ziel, einem gemeinsamen Interesse der Gesellschafter, der Genossen, zu dienen. Beispiele sind die Volksbanken als Kreditgenossenschaften oder landwirtschaftliche Absatz- und Einkaufsgenossenschaften.
❧ Heute werden Genossenschaftsleistungen auch Nichtmitgliedern angeboten. Begründer des Genossenschaftswesens waren FRIEDRICH WILHELM RAIFFEISEN *(siehe dort)* und HERMANN SCHULZE-DELITZSCH *(siehe dort)*.

Geschäftsbericht, Darstellung des Jahresabschlusses eines Unternehmens, die aus einem allgemeinen Überblick, der Bilanz sowie der Gewinn-und-Verlust-Rechnung besteht.

Gesellschaft, Vereinigung von Personen oder auch Gesellschaften mit dem Ziel, einen gemeinschaftlichen Zweck auf der Grundlage eines Gesellschaftsvertrags zu erreichen.

Gesellschaft mit beschränkter Haftung (GmbH), Kapitalgesellschaft *(siehe dort),* deren Gesellschafter am Stammkapital von mindestens 25 000 Euro mit mindestens 100 Euro beteiligt sind und deren Haftung auf die Höhe ihrer Einlage beschränkt ist.

Gewerbe, wirtschaftliche Tätigkeit, die auf Dauer angelegt ist und auf eigene Rechnung, eigene Verantwortung und eigenes Risiko selbstständig erfolgt. Sie richtet sich auf Gewinnerzielung und ist Teil des allgemeinen kaufmännischen Lebens.

Gewerbefreiheit, als typisches Merkmal einer Marktwirtschaft das Recht eines jeden, im Rahmen bestimmter Gesetze ein Gewerbe zu betreiben.

Gewerkschaft, Vereinigung von Arbeitnehmern mit dem Zweck, deren Interessen gegenüber den Arbeitgebern zu vertreten. Die deutschen Gewerkschaften sind im Deutschen Gewerkschaftsbund, in der Deutschen Angestellten-Gewerkschaft und im Christlichen Gewerkschaftsbund Deutschlands zusammengeschlossen.

Gewinn, Zweck der wirtschaftlichen Tätigkeit, der erreicht ist, wenn die Aufwendungen geringer sind als der Ertrag.

Gewinnstreben, Verhalten des Unternehmers in der Marktwirtschaft: Seine Tätigkeit hat das Ziel, einen möglichst hohen Gewinn zu erzielen. Dies kann zu einer ›Ellbogenwirtschaft‹ führen, wenn solches Verhalten nicht durch die Bedingungen einer sozialen Marktwirtschaft abgefedert wird.

Gewinn-und-Verlust-Rechnung (GuV), die Gegenüberstellung sämtlicher Aufwendungen und Erträge eines Unternehmens während eines Geschäftsjahres. Sie dient der Ermittlung des Gewinns.

Giralgeld [ʒi...], *siehe* Buchgeld.

Giro, *das* [ˈʒiːro; italienisch ›Kreis‹], Überweisung von Geld im bargeldlosen Zahlungsverkehr.

Gleichgewicht, der Idealzustand einer Marktwirtschaft: Auf allen Märkten stimmen Angebot und Nachfrage überein, womit die Preise stabil sind. Es gibt z. B. keine Arbeitslosigkeit, da alle Arbeitswilligen auf dem Arbeitsmarkt Beschäftigung finden.

Globalisierung, Bezeichnung für die zunehmende Entstehung weltweiter Märkte für Waren, Kapital und Dienstleistungen sowie die damit verbundene internationale Verflechtung der Volkswirtschaften.

GmbH, Abkürzung für **G**esellschaft **m**it **b**eschränkter **H**aftung *(siehe dort)*.

Grenzkosten, die zusätzlichen Kosten, die bei der Herstellung einer zusätzlichen Gütereinheit entstehen (*siehe auch* Ertragsgesetz).

Grenznutzen, der zusätzliche Nutzen, der aus dem Verbrauch einer zusätzlichen Gütereinheit resultiert (*siehe auch* Ertragsgesetz).

Grundschuld, Belastung eines Grundstücks zugunsten eines Gläubigers zur Absicherung von dessen Geldforderung. Die Grundschuld wird im Grundbuch vermerkt.

Güter, alle Mittel zur Bedürfnisbefriedigung.

Haftung, Verantwortlichkeit für die Übernahme eines Vermögensschadens.

Handelsbilanz, Darstellung der Aus- und Einfuhr von Gütern im Rahmen der Zahlungsbilanz eines Landes. Die Handelsbilanz eines Unternehmens ist eine Bilanz, die nach handelsrechtlichen, aber ohne Berücksichtigung der steuerlichen Vorschriften erstellt wurde.

Handelshemmnis, jede Einschränkung des internationalen Freihandels, entweder durch Zölle oder durch Sanktionen, aber auch durch unterschiedliche Rechts- oder Kulturkreise und Wirtschaftsordnungen.

Handelsregister, beim Amtsgericht geführtes Verzeichnis aller Vollkaufleute. Im Handelsregister eingetragen werden auch die Personengesellschaften sowie die Kapitalgesellschaften GmbH und Aktiengesellschaft mit ihren Besitz- und Vertretungsverhältnissen.

Harmonisierung, Ausdruck für die Angleichung aller rechtlichen und wirtschaftlichen Bedingungen innerhalb der Länder der Europäischen Union, besonders mit Blick auf die Vollendung der Europäischen Wirtschafts- und Währungsunion.

Haushalt, jede wirtschaftlich selbstständige Einheit, die über eigene Einkünfte verfügt und ihre Ausgaben bestimmt, also der Privathaushalt oder ein öffentlicher Haushalt.

Hausse, *die* [ˈhoːs(ə); französisch ›Erhöhung‹], andauernder Kursanstieg an Börsen, im Gegensatz zur Baisse.

Holding, *die* [ˈhoʊldɪŋ; englisch], Gesellschaft mit dem alleinigen Zweck, Beteiligungen an anderen Gesellschaften zu halten. Sie stellt also z. B. keine Güter her.

Humankapital, die wirtschaftlich nutzbaren Fähigkeiten und Kenntnisse Einzelner oder von Personengruppen, die entweder natürlich vorhanden sind (Begabung) oder durch Ausbildung erworben wurden.

Hypothek, *die* [griechisch ›Unterlage‹], Belastung eines Grundstücks zur Sicherung einer Geldforderung, die mit diesem Grundstück verbunden ist, also z. B. bei seinem Erwerb entstanden ist.

Import, die Einfuhr von Gütern, Dienstleistungen und Kapital aus dem Ausland.

Importquote, Anteil des Imports am Sozialprodukt. Die Importquote zeigt den Umfang der Abhängigkeit eines Landes vom Ausland an.

Incoterms, *die* [ˈinkotəːmz; englisch], Abkürzung für **In**ternational **Co**mmercial **Terms,** von der Internationalen Handelskammer herausgegebene und im Außenhandel anerkannte, insgesamt 14 Vertragsklauseln, welche die Vertragsbeziehungen zwischen Importeur und Exporteur regeln.
❧ Zu den Incoterms gehört z. B. die Lieferbedingung FOB (Free-on-Board) ›[Fracht] frei ab Grenze‹.

Index, *der* [lateinisch ›Anzeiger, Register‹; Mehrzahl Indizes], statistischer Messwert, der die Veränderungen bestimmter wirtschaftlicher Größen wie der Preise im Lebenshaltungskostenindex oder der Kurse im DAX® ausdrückt.

Industrieländer, Länder, die über eine arbeitsteilige Wirtschaft mit hoher Produktivität, ein hohes Pro-Kopf-Einkommen, hohes Bildungsniveau, ausreichende Kapitalbildung und konvertible Währungen verfügen und rege außenwirtschaftliche Beziehungen unterhalten.

Industriepolitik, Mittel der Wirtschaftspolitik, das vor allem in Japan entwickelt und angewandt wird. In Zusammenarbeit zwischen Staat, Industrie und Wissenschaft werden Maßnahmen zur Erhöhung des Wachstums erarbeitet, indem zukunftsorientierte ›Gewinnerindustrien‹ gefördert werden, während ›Verliererindustrien‹ durch Anpassungshilfen der Marktaustritt erleichtert wird.

Inflation, *die* [lateinisch inflatio ›das Sichaufblasen‹], Preiserhöhungen, die bei länger dauerndem Überschuss der Nachfrage über das Angebot entstehen und die zu einem Verlust von Kaufkraft führen.
❧ Eine der schlimmsten Inflationen herrschte in Deutschland 1922/23.

Inhaberpapier, Wertpapier, das den Besitzer zur Ausübung aller verbrieften Rechte berechtigt (z. B. das Sparbuch) im Gegensatz zur Namensaktie, bei der das Recht am Wertpapier nur dem namentlich genannten Eigentümer zusteht.

Input, *der* [englisch ›Eingabe‹], alle Güter und Leistungen, die bei der Herstellung von Gütern verwendet werden.

Insidergeschäfte ['ɪnsaɪdə-; englisch ›Eingeweihter‹], Wertpapiergeschäfte, bei denen Personen, die aufgrund ihrer Stellung zur Wahrung der Vertraulichkeit verpflichtet sind, vertrauliche oder nicht öffentlich zugängliche, erheblich kursrelevante Informationen, z. B. über Unternehmensfusionen, zum eigenen Vorteil ausnutzen. Insidergeschäfte sind in Deutschland seit 1994 strafbar.

Internationaler Währungsfonds (IWF), *der* Organisation der Vereinten Nationen, der über 180 Länder angehören, mit Sitz in Washington. Ziel des IWF ist es, den Welthandel zu fördern, die Währungen international zu stabilisieren und Devisenkredite an Entwicklungsländer zu gewähren.

❧ Wegen seiner strengen Kreditpolitik, die die Entwicklungsländer stark belastet und deren Wirtschaft erheblich beeinflusst, wird der IWF teilweise heftig kritisiert.

Inventar, *das* [lateinisch], der Bestand eines Unternehmens an Vermögen und Verbindlichkeiten an einem bestimmten Tag. Inventar nennt man auch die Einrichtungsgegenstände.

Inflationsgeld von 1922 (mit späterem Aufdruck)

Investition, *die* [zu lateinisch investire ›bekleiden‹], jede Verwendung von Geldvermögen, die nicht dem unmittelbaren Verbrauch dient, sondern auf die längerfristige Nutzung von Gütern ausgerichtet ist, z. B. Kauf von Maschinen, Errichtung von Fabrikgebäuden, Erwerb von Beteiligungen.

Investitionsgüter, im Gegensatz zu Verbrauchsgütern solche Güter, die langfristig genutzt werden können, z. B. Maschinen.

Investmentfonds, Kapitalanlagegesellschaft, die die ihr von ihren Kunden anvertrauten Gelder getrennt von ihrem eigenen Vermögen in Wertpapieren oder Immobilien anlegt. Die Kunden erhalten ein Investmentzertifikat, in dem das Miteigentum am Fondsvermögen verbrieft ist.

Jahreswirtschaftsbericht, Bericht der Bundesregierung zur wirtschaftlichen Lage und Entwicklung.

Jobsharing, *das* [dʒɔb'ʃɛrɪŋ; englisch ›Arbeitsplatzteilung‹], eine Form der Teilzeitarbeit.

Jointventure, *das* ['dʒɔɪnt'vɛntʃə; englisch ›Gemeinschaftsunternehmen‹], Zusammenarbeit von Unternehmen, die gemeinsam einen wirtschaftlichen Zweck verfolgen, den ein Partner allein nicht erreichen kann.

❧ Jointventures werden oft in Entwicklungsländern vereinbart. Dabei stellt z. B. der eine Partner Marktkenntnisse, Grundstücke und Arbeitskräfte, der andere Partner bringt Kapital, seine Erfahrung (Know-how) und Technik ein.

Junk-Bond, *der* [dʒʌŋk...; englisch ›Ramschanleihe‹], ein mit hohem Risiko behaftetes Wertpapier, das deshalb hoch verzinst ist; entstanden in den USA zur Finanzierung der Übernahme von Unternehmen mit dem Zweck, später Teile mit hohen Gewinnen zu veräußern.

Kalkulation, Erfassung sämtlicher Kosten, die bei der Herstellung eines Gutes entstehen (werden). Sie ist Grundlage des Angebotspreises.

Kapital, neben Arbeit und Boden einer der Produktionsfaktoren, die zur Erzeugung des Sozialprodukts dienen. Kapital werden auch die Sach- und Finanzmittel genannt, die einem Unternehmen zur Verfügung stehen. Außerdem bezeichnet man die Passiva, die in der Bilanz dem Vermögen gegenüberstehen, als Kapital.

Kapitalflucht, Abzug von Kapital aus einem Markt oder einem Land, wenn diese als unsicher angesehen werden.

Kapitalgesellschaft, Gesellschaft mit eigener Rechtspersönlichkeit (*siehe* juristische Person, Kapitel 3), bei der die Kapitalbeteiligung und nicht z. B. die Mitarbeit im Vordergrund der Mitgliedschaft steht. Die Haftung der Gesellschafter ist auf die Höhe ihrer Einlage beschränkt. Kapitalgesellschaften sind die Aktiengesellschaft, die GmbH und die Kommanditgesellschaft auf Aktien (KGaA).

Kapitalgüter, im Gegensatz zu Verbrauchsgütern solche Güter, die langfristig genutzt werden können, z. B. Maschinen.

Kapitalismus, *siehe* Kapitel 3.

Kapitalmarkt, Markt für langfristige Kredite und Kapitalanlagen (z. B. Anleihen). Er ist entweder als Börse organisiert oder ein freier Kapitalmarkt.

Kartell, Zusammenschluss von Unternehmen zum Zweck der Marktbeherrschung, wobei die Unternehmen selbstständig bleiben.
❧ Kartelle sind in Deutschland grundsätzlich verboten und werden nur in Ausnahmefällen vom Bundeskartellamt oder der Europäischen Kommission genehmigt.

Kassageschäft, ein Börsengeschäft, das sofort zu erfüllen ist, Gegensatz: Termingeschäft.

Käufermarkt, Markt, auf dem die Nachfrage geringer ist als das Angebot, was zu Preissenkungen führen kann.

Kaufkraft, die Menge von Gütern, die für eine bestimmte Menge von Geld gekauft werden kann.

Kaufmann, jeder, der, auch unselbstständig, gewerblich tätig ist. Vollkaufleute sind selbstständig und müssen ihr Gewerbe in das Handelsregister eintragen lassen.

Keynesianismus, *der* [keınz-], auf JOHN MAYNARD KEYNES zurückgehende Wirtschaftspolitik, die den Grund für wirtschaftliche Krisen in einer zu geringen Nachfrage sieht. Werde diese z. B. durch öffentliche Nachfrage wie den Straßenbau angeregt, erfolge durch den Multiplikatoreffekt eine Belebung der Nachfrage insgesamt und damit eine Erholung der Konjunktur. Gegensatz: Angebotspolitik.

Keynes, John Maynard [keınz], britischer Wirtschaftswissenschaftler, Diplomat, Publizist und Unternehmer (* 1883, † 1946). Keynes war 1915 Berater des britischen Schatzamts, dessen Delegation zu den Versailler Friedensverhandlungen er leitete; ab 1920 beriet Keynes die britische Regierung in Wirtschafts- und Währungsfragen. In seinem Hauptwerk ›Die allgemeine Theorie der Beschäftigung, des Zinses und des Geldes‹ begründete er eine neue Richtung der Volkswirtschaftslehre als moderne Wirtschaftstheorie.

Kommanditgesellschaft auf Aktien (KGaA), Gesellschaft mit eigener Rechtspersönlichkeit (*siehe* juristische Person, Kapitel 3), bei der die Teilhafter (Kommanditisten) mit Einlagen auf das in Aktien zerlegte Grundkapital beteiligt sind.

Kommanditgesellschaft (KG) [zu französisch commandite ›Geschäftsanteil‹], Gesellschaft zum Betrieb eines Handelsgewerbes unter gemeinschaftlicher Firma ohne eigene Rechtspersönlichkeit (juristische Person, *siehe* Kapitel 3) mit zwei Arten von Gesellschaftern: den Vollhaftern (Komplementären), die persönlich haften, und den Teilhaftern (Kommanditisten), deren Haftung auf die Höhe ihrer Einlagen beschränkt ist.

Kommunalanleihen, von Städten, Gemeinden oder Gemeindeverbänden ausgegebene Anleihen. Sie dienen der Finanzierung von Investitionen der öffentlichen Hand.

Konjunktur, *die* [mittellateinisch ›Verbindung‹], allgemeine wirtschaftliche Lage eines Landes, besonders im Hinblick auf Wachstum und Beschäftigung.

Konjunkturzyklus, der Zeitraum, in dem die wirtschaftliche Entwicklung vier Phasen durchläuft: einen Aufschwung bis zu ihrem Höchststand (Boom) sowie einen Abschwung (Rezession) bis zu ihrem erneuten Tiefstand (Depression).

Konkurs, *der* [lateinisch concursus ›das Zusammenlaufen (der Gläubiger)‹], Gerichtsverfahren, in dem alle Vermögenswerte eines zahlungsunfähigen (insolventen) Schuldners zur (anteilmäßigen) Befriedigung der Gläubiger verwertet werden. Heute verwendet man den Begriff **Insolvenzverfahren.**

Konvertibilität, *die* [lateinisch ›Umwandlung‹], Möglichkeit, die eigene Währung gegen Auslandswährungen umzutauschen und diese dann zu verwenden. Sie ist dann gegeben, wenn die eigene Währung auch von Ausländern nachgefragt wird.

Konzern, Zusammenschluss mehrerer Unternehmen zu einer wirtschaftlichen Einheit, die unter einheitlicher Leitung, oft einer Holding, steht.

Kosten, in Geld bewerteter Einsatz von Gütern und Dienstleistungen zur Herstellung eines Gutes.

Kredit, zeitweise Überlassung von Geld gegen Zahlung eines Zinses.

Krupp, Alfred deutscher Unternehmer (* 1812, † 1887), baute die 1811 von seinem Vater FRIEDRICH (* 1787, † 1826) gegründete Gussstahlfabrik zur größten der Welt aus. Er führte neue Technologien (z. B. das Bessemerverfahren zur Stahlherstellung) ein und erlangte Weltruf mit einer Reihe von hochwertigen Stahlprodukten und seiner Waffenproduktion. Seine vorbildlichen Sozialleistungen (Kranken- und Pensionskassen, Werkswohnungen, Krankenhäuser, Konsumanstalt) waren richtungweisend für die deutsche Sozialpolitik im 19. Jahrhundert.

❧ Der Konzern Friedr. Krupp AG Hoesch-Krupp mit Sitz in Essen ist heute ein Technologie-Unternehmen, an dem die gemeinnützige Krupp-Stiftung wesentlich beteiligt ist.

Kupon, *der* [ku'põ; französisch], ein Aktien als Dividendenschein oder festverzinslichen Wertpapieren als Zinsschein beigefügtes Dokument, gegen dessen Vorlage Banken die Dividende oder den Zins auszahlen.

Kurs, Preis von an der Börse gehandelten Wertpapieren, Waren oder Devisen. Er wird täglich im Kurszettel festgestellt und veröffentlicht.

Kurszettel, eine regelmäßig (börsentäglich) erscheinende Aufstellung über die Preise von Wertpapieren, bestimmten Waren oder Rohstoffen.

Kurzarbeit, Verringerung der normalen Arbeitszeit um mindestens 10% für die Dauer von vier Wochen. Sind die Gründe für die Kurzarbeit wirtschaftlich unvermeidbar, hat der Arbeitnehmer Anspruch auf Kurzarbeitergeld.

Lagebericht, von einer Kapitalgesellschaft zusätzlich zu Bilanz und Gewinn-und-Verlust-Rechnung zu erstellender Bericht.

Länderfinanzausgleich, der vom Grundgesetz vorgeschriebene Ausgleich zwischen steuerstarken und steuerschwachen Bundesländern bei der Verteilung des Steueraufkommens.

Landesbank, öffentlich-rechtliches Kreditinstitut, dessen Gewährsträger ein Bundesland ist, z. B. Hessische Landesbank. Sie gehört zur Sparkassenorganisation.

Leasing, *das* ['li:ziŋ; zu englisch to lease ›vermieten‹], gewerbsmäßige Vermietung von Gütern (Maschinen, Kraftfahrzeuge) oder auch Personal, bei der dem Leasingnehmer gegen eine fest vereinbarte Rate die Nutzung des Wirtschaftsgutes gestattet wird. Die Leasinggeber sind oft Tochtergesellschaften von Finanzierungsinstituten oder der Herstellerfirmen der Güter selbst.

Lebenshaltungskosten-Index, *der* Kennziffer für den Geldaufwand eines Haushalts für Ernährung, Wohnung, Heizung, Kleidung, Verkehrsmittel, aber auch für kulturelle Bedürfnisse. Seine Änderungen spiegeln die Änderungen der Kaufkraft wider.

Leitwährung, eine Währung, die auf internationalen Devisen-, Kapital- und Rohstoffmärkten eine herausragende Rolle spielt. An ihr orientieren sich deshalb andere Länder in ihrer Geldpolitik. Seit den 1970er-Jahren haben der US-Dollar, die Deutsche Mark und der japanische Yen die Bedeutung von Leitwährungen erlangt.

Leitzins, ein Zinssatz, an dessen Höhe sich andere Zinssätze ausrichten. Anhebung bzw. Senkung des Leitzinses durch die Zentralbank signalisiert deren geldpolitischen Kurs.

LIBOR, Abkürzung für **L**ondon **I**nter**b**ank **O**ffered **R**ate, der auf dem freien Londoner Geldmarkt gebildete Zinssatz für Ausleihungen zwischen Banken; mit Einführung der EWU abgeschafft.

Liquidation, *die* [lateinisch ›das Flüssigmachen‹], Auflösung eines Unternehmens v. a. durch Verkauf aller Vermögenswerte.

Liquidität, *die* Fähigkeit eines Unternehmens, seine Zahlungsverpflichtungen rechtzeitig zu erfüllen.

List, Friedrich deutscher Wirtschaftswissenschaftler und Politiker (* 1789, † 1846), war ein Vorkämpfer für die Aufhebung der innerdeutschen Zölle und damit für den ersten ›gemeinsamen Markt‹ innerhalb des zersplitterten Deutschland im 19. Jh. (Deutscher Zollverein). Auf List geht die Schutzzolltheorie zurück, nach der Ländern für die Anfangszeit ihrer wirtschaftlichen Entwicklung Schutz vor höher entwickelten Ländern gewährt werden soll. – Abb. S. 176.

Lizenz, *die* [zu lateinisch licentia ›Erlaubnis‹], die Erlaubnis, das Recht eines anderen zu nutzen, z. B. Güter nach einem patentierten Verfahren herzustellen. Für sie ist meist eine Lizenzgebühr zu bezahlen.

Lohn, Entgelt für Arbeit, das entweder auf einen bestimmten Zeitraum (Zeitlohn) oder auf eine bestimmte Leistung (Akkord-, Stück- oder Leistungslohn) bezogen bezahlt wird.

Links: Friedrich List. Rechts: Thomas Malthus

Lohnnebenkosten, *siehe* Personalkosten.

Lohn-Preis-Spirale, die Wirkung von Preiserhöhungen auf Lohnforderungen und umgekehrt: Verringern Preiserhöhungen die Kaufkraft, führt dies zu Lohnerhöhungen. Sind diese höher als der Produktivitätsfortschritt, ergeben sich wiederum Preiserhöhungen, was schließlich zu einer Inflation *(siehe dort)* führt.

Lohnquote, prozentualer Anteil sämtlicher Einkommen aus unselbstständiger Arbeit am Sozialprodukt.

Lombardsatz, einer der Leitzinsen, über die die Deutsche Bundesbank verfügte.

Makler, Person, die ein Geschäft gegen Zahlung einer Provision vermittelt oder nachweist.

Makroökonomie, Bereich der Wirtschaftswissenschaft, der sich mit volkswirtschaftlichen Gesamtgrößen befasst (Sozialprodukt, Beschäftigung, Investition).

Malthus, Thomas britischer Wirtschaftswissenschaftler (* 1766, † 1834), der v. a. durch sein Bevölkerungsgesetz gewirkt hat: Die Bevölkerung wächst stärker als der Nahrungsmittelspielraum, was zu einer Verelendung der Menschheit führt. In den pessimistischen Erwartungen des Club of Rome finden diese eine moderne Entsprechung.

Management, *das* ['mænɪdʒmənt; zu englisch to manage ›handhaben, leiten‹], Ausüben von Leitungs- und Führungsfunktionen. Es umfasst die Bestimmung der Unternehmensziele und die Entscheidung über den einzuschlagenden Weg, um diese Ziele zu erreichen. Als Management bezeichnet man auch alle Personen, die in einem Unternehmen Leitungsaufgaben haben.

Management-buy-out, *das* ['mænɪdʒmənt- baɪ'aʊt], die Übernahme eines Unternehmens durch dessen leitende Angestellte.

Marketing, *das* [zu englisch to market ›Handel treiben‹], alle für den Absatz eines Gutes erforderlichen Unternehmensentscheidungen wie Festsetzung des Preises, Produktgestaltung oder Werbung.

Markt [zu lateinisch mercatus ›Handel, (Jahr-)Markt‹], der Platz, an dem sich Käufer und Verkäufer zu Handelszwecken treffen, z. B. der Marktplatz. In den Wirtschaftswissenschaften bezeichnet man als Markt das Zusammentreffen von Angebot und Nachfrage, die durch den Preis ausgeglichen werden.

Marktbeherrschung, überragende Marktstellung eines Anbieters oder Nachfragers, der ohne wirksamen Wettbewerb handeln kann und so erhöhte Gewinne macht.

Marktwirtschaft, Wirtschaftsordnung, die auf Privateigentum beruht und den Markt als Mittelpunkt aller wirtschaftlichen Aktivitäten sieht. Dort wird entschieden, welche Gütermengen von wem hergestellt werden, welcher Preis sich aus Angebot und Nachfrage bildet und wie die Einkommen auf Selbstständige und Unselbstständige verteilt werden. Eine besondere Form ist die in Deutschland eingeführte soziale Marktwirtschaft *(siehe dort).*

Meistbegünstigung, eine Vereinbarung im internationalen Handel, wonach ein Land einem anderen alle handelspolitischen Vorteile einräumt, die einem anderen (dritten) Staat bereits zugestanden wurden. Sie verhindert die Benachteiligung einzelner Staaten im internationalen Handel.

Merkantilismus, *siehe* Kapitel 1.

Mikroökonomie, Bereich der Wirtschaftswissenschaft, der sich mit den wirtschaftlichen Aktivitäten der privaten Haushalte und Unternehmen befasst.

Mindestreserven, ein bestimmter Anteil ihrer Kundeneinlagen, den Banken zinslos bei der Zentralbank unterhalten müssen.

Mitbestimmung, *siehe* Kapitel 3.

Monetarismus, auf MILTON FRIEDMAN zurückgehende Lehre, wonach Wachstum und Beschäftigung eines Landes von der Geldmenge seiner Wirtschaft abhängen.

Monopol, Kontrolle eines Marktes durch einen einzigen Anbieter.
❧ In Deutschland liegt z. B. das Branntweinmonopol beim Staat, andere Staatsmonopole, wie z. B. das Fernmeldemonopol, wurden aufgehoben, die Märkte damit freigegeben für den Wettbewerb.

multinationale Unternehmen, Konzerne, deren Tochtergesellschaften in mehreren Ländern, oft weltweit, tätig sind.

mündelsicher, Form der Kapitalanlage in besonders sicheren Wertpapieren, z. B. Pfandbriefen.

Nachbörse, Börsengeschäft, das nach der offiziellen Börsenzeit zwischen Banken abgewickelt wird.

Nachfrage, Güter und Dienstleistungen, die Kunden auf einem Markt abnehmen wollen.

Namensaktien, Aktien, die auf den Namen des Inhabers lauten, der vom Vorstand der Aktiengesellschaft in ein Aktienbuch eingetragen sein muss, um seine Rechte ausüben zu können.
❧ Die Namensaktie ist ein wichtiges Instrument zum Schutz einer Aktiengesellschaft vor Überfremdung, denn ihre Weitergabe hängt von der Zustimmung der AG ab.

Neckermann, Josef deutscher Unternehmer (* 1912, † 1991). Er gilt als typischer Vertreter des Konkurrenzgedankens zum Nutzen des Verbrauchers, denn mit seinem Versandhaus, einem Reiseunternehmen und einer Fertighausgesellschaft ermöglichte Neckermann neuen, vor allem sozial schwächeren Käuferschichten den Kauf ansonsten relativ teurer Güter und Dienstleistungen. Neckermann, der als Dressurreiter mehrere Olympia-Medaillen gewann, war Initiator der Deutschen Sporthilfe.

Nennwert, auf Banknoten oder Wertpapieren angegebener Geldbetrag. Bei Aktien bezeichnet er den Anteil am Grundkapital, bei Anleihen die Höhe der Forderung des Inhabers gegen den Emittenten. Nennwerte weichen häufig von Kurswerten ab.

Neuer Markt, 1997 eröffnetes neues Handelssegment der Deutschen Börse AG, das es Anlegern ermöglicht, gezielt in Aktien junger, wachstumsorientierter Unternehmen aus Zukunftsbranchen (z. B. Biotechnologie, Multimedia) zu investieren. Diese Unternehmen haben damit die Möglichkeit, Risikokapital zu erhalten.

Nikkei-Index, Kursindex der Tokioter Börse, der auf den Kursen von 225 Aktien basiert.

nominal, zum Nennwert, auf den Nennwert bezogen, z. B. der auf den Nennwert einer Anleihe bezogene Zins; Gegensatz: effektiv.

Nominallohn, in Währungseinheiten angegebener Lohn ohne Berücksichtigung seiner Kaufkraft; Gegensatz: Reallohn.

No-Name-Produkt, *das* ['nounеım-; englisch ›namenlos‹], Verbrauchsgüter, die ohne Hinweis auf einen Hersteller in besonders einfacher Verpackung und zu niedrigen Preisen angeboten werden. In Abgrenzung von Markenartikeln werden sie auch als ›weiße Marken‹ bezeichnet.

Norm, Vereinheitlichung von Methoden in der Herstellung eines Gutes, deren Beachtung zu einer bestimmten Qualität führt und damit dem Käufer Sicherheit hinsichtlich der Eigenschaften des Gutes bietet.

Notenbank, *siehe* Bundesbank Kapitel 3.

Notierung, die Feststellung des amtlichen Börsenpreises für Wertpapiere, Devisen und Waren.

Nullkupon-Anleihe, *siehe* Zerobond.

Nullwachstum, Zustand einer Volkswirtschaft, in dem die wichtigen Bestandsgrößen wie Bevölkerung oder Kapital dadurch gleich bleiben, dass Zugänge durch Abgänge ausgeglichen werden. Die Forderung nach Nullwachstum wurde im Rahmen der Diskussion über die Zukunft der Erde erhoben, die das Gutachten ›Die Grenzen des Wachstums‹ für den Club of Rome 1972 ausgelöst hat.

Nummernkonto, Bankkonto, das ausschließlich unter einer Nummer geführt wird; Namen und Anschrift des Inhabers sind nur einigen wenigen Bankmitarbeitern bekannt.
❧ In Deutschland sind Nummernkonten nicht erlaubt.

Nutzen, Fähigkeit eines Gutes, ein Bedürfnis zu befriedigen.

Obligation, *die* [zu lateinisch obligare ›anbinden, verpflichten‹], festverzinsliches Wertpapier mit bestimmter Laufzeit, das als Schuldverschreibung von

Staat, Gemeinden oder Unternehmen zur Kapitalbeschaffung ausgegeben wird.

Obligo, Gesamtverbindlichkeiten eines Schuldners.
❧ ›Ohne Obligo‹ werden Auskünfte gegeben, wenn deren Inhalt nicht verbürgt werden kann.

offene Handelsgesellschaft (OHG), Personengesellschaft, deren Gesellschafter unbeschränkt, d. h. mit ihrem gesamten Vermögen, für die Verbindlichkeiten der Gesellschaft einzeln haften.

Offenmarktpolitik, ein Mittel der Geld- und Kreditpolitik, mit dem das Geld- und Kreditvolumen reguliert werden kann. Die Zentralbank kauft (verkauft) festverzinsliche Wertpapiere und erhöht (senkt) damit die Geldmenge bei den privaten Kreditinstituten.

öffentlicher Sektor, der Wirtschaftsbereich des Staates; Gegensatz: privater Sektor.

Offshoregeschäft [-ʃɔr-; englisch ›vor der Küste‹], Bezeichnung für jede wirtschaftliche Tätigkeit außerhalb nationaler Grenzen mit dem Zweck, nationalen Beschränkungen auszuweichen.

ökonomisches Prinzip, Leitbild des Wirtschaftens, nach dem ein bestimmter Nutzen unter geringstmöglichem Aufwand oder ein höchstmöglicher Nutzen mit einem bestimmten Aufwand erreicht werden soll.

Oligopol, *das* [griechisch], Markt, in dem einige wenige Anbieter einer Vielzahl von Nachfragern gegenüberstehen, z. B. wenige Automobilfabriken der Vielzahl der Autokäufer.

Option, *die* [lateinisch ›freie Wahl; Belieben‹], das Recht, aber nicht die Verpflichtung, gegen die Zahlung einer Prämie ein Geschäft zu tätigen, z. B. ein Wertpapier innerhalb einer bestimmten Frist zu einem bestimmten Preis zu kaufen (Call) oder zu verkaufen (Put).

Ordnungspolitik, Teilbereich der Wirtschaftspolitik, der sich mit den Rahmenbedingungen befasst, z. B. mit der Gestaltung der Eigentumsverteilung oder den Wettbewerbsbedingungen.

Output, *der* [ˈaʊt-; englisch ›Ausstoß‹], Ergebnis des Herstellungsprozesses in Form von Gütern oder Dienstleistungen, der nach der Menge (Stück) oder in Geld gemessen wird. Der Output enthält neben den ›gewollten‹ auch ›unerwünschte‹ Ergebnisse (Abfall, Abgase, Abwasser).

Outsourcing, *das* [ˈaʊtsɔːsɪŋ; englisches Kunstwort aus ›außen‹ und ›Hilfsmittel‹], Übergang zum Fremdbezug von Leistungen, die bisher im Unternehmen erstellt werden, um Kosten zu senken, z. B. zum Bezug von Teilen von Zulieferern.

Parität, *die* [zu lateinisch paris ›gleich‹], das im Wechselkurs zum Ausdruck kommende Wertverhältnis zwischen zwei oder mehreren Währungen.

parkinsonsches Gesetz, von dem englischen Soziologen CYRIL NORTHCOTE PARKINSON (* 1909, † 1993) ironisch formulierte Feststellung, dass ›Arbeit sich entsprechend der vorhandenen Zeit ausdehnt‹. Damit entstehe die Gefahr des Leerlaufs und des Aufblähens ihrer Verwaltung.

Passiva, *die* in der Bilanz *(siehe dort)* dargestelltes Kapital, das einem Unternehmen zur Verfügung steht und unterteilt wird in Eigenkapital, Rückstellungen und Verbindlichkeiten.

Pensionsgeschäft, *das* [pãˈzioːns...], eine besondere Form des Wertpapiergeschäfts: Wertpapiere werden vom Besitzer (Pensionsgeber) an einen Dritten (Pensionsnehmer) zu einem im Voraus festgelegten Termin und Preis verkauft (›in Pension gegeben‹), mit der Absprache, dass der Pensionsgeber die Papiere zu einem späteren Zeitpunkt zurückkaufen muss. Die Deutsche Bundesbank nutzt Pensionsgeschäfte im Rahmen ihrer Offenmarktpolitik *(siehe dort),* um Einfluss auf die Geldmenge der Banken zu nehmen.

Personalkosten, sämtliche Kosten, die durch den Einsatz der Arbeit als Produktionsfaktor entstehen. Das sind Löhne und Gehälter sowie die Lohnnebenkosten, die durch Gesetz vorgeschriebenen Arbeitgeberanteile für die Sozialversicherung und die durch Tarifvertrag vereinbarten Leistungen wie Urlaubs- oder Weihnachtsgeld. Die Personalkosten gelten als ein wichtiges Merkmal für die internationale Wettbewerbsfähigkeit eines Landes.

Personengesellschaft, Gesellschaft, die von natürlichen Personen betrieben wird, die unbeschränkt für die Verbindlichkeiten haften. Im Gegensatz zu Kapitalgesellschaften besitzt sie keine eigene Rechtspersönlichkeit, erlischt also mit Ausscheiden eines Gesellschafters.

Peterprinzip, *siehe* Kapitel 11.

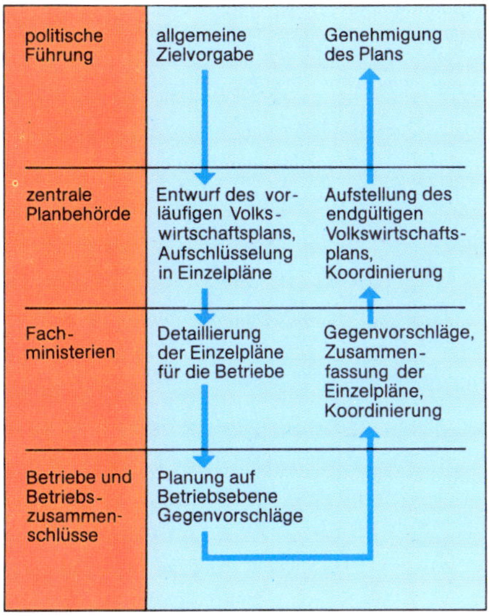

Planwirtschaft. Schema des Planungsprozesses auf den verschiedenen Planungs- und Entscheidungsebenen

Pfandbrief, von öffentlich-rechtlichen Banken und Hypothekenbanken ausgegebene Anleihen, die mit bestimmter Laufzeit und festen Zinsen ausgestattet sind. Pfandbriefe sind besonders risikoarme Wertpapiere und gelten deshalb als mündelsicher.

Planwirtschaft, auch als Kommando- oder Befehlswirtschaft bezeichnete Wirtschaftsordnung des Sozialismus (*siehe dort,* Kapitel 3).

Portfolio, *das* [italienisch], Bestand an Anlagen in Form von Wertpapieren oder Wechseln, der von Privatpersonen, Unternehmen oder Banken gehalten wird.

Preis, das Austauschverhältnis von Wirtschaftsgütern. Seit der Einführung des Geldes wird der Tauschwert eines Gutes in einer einheitlichen Bezugsgröße, der Geldeinheit, angegeben. Der Preis ist damit die Geldmenge, die pro Einheit eines gewünschten Gutes zu zahlen ist.

Preisabsprachen, ungesetzliche Vereinbarung zwischen Wettbewerbern, z. B. sich bei der Bewerbung um öffentliche Aufträge reihum Preisvorteile einzuräumen, d. h. zu vereinbaren, wer jeweils das günstigste Angebot abgeben und damit den Auftrag erhalten wird.

Preisfunktion, die Rolle, die der Preis in der Marktwirtschaft spielt. So bestimmt seine Höhe z. B. die Menge von Angebot und Nachfrage und entscheidet damit, welche Güter gewinnbringend hergestellt werden können.

Primerate, *die* [ˈpraimˈreɪt; englisch ›Zinssatz‹], Zinssatz, zu dem in den USA Kredite an erstklassige Schuldner vergeben werden. Die Primerate ist der Leitzins in den USA.

privater Sektor, im Gegensatz zum öffentlichen Sektor der Wirtschaftsbereich der privaten Haushalte und Unternehmen.

Produkthaftung, Haftung eines Herstellers für Personen- und Sachschäden, die durch ein fehlerhaftes Produkt bei dessen normaler Benutzung entstehen. Als Mittel des Verbraucherschutzes gilt sie auch dann, wenn den Hersteller keine Schuld an der Fehlerhaftigkeit treffen sollte.

Produktionsfaktor, *der* alle Güter und Leistungen, die zur Herstellung anderer Güter und Leistungen benötigt werden.
❧ Arbeit, Kapital und Boden werden als die primären Produktionsfaktoren bezeichnet, wobei Boden auch für Natur steht, d. h. auch die Rohstoffe oder das Klima umfasst.

Produktivität, *die* die Ergiebigkeit des Wirtschaftsprozesses, ausgedrückt als Verhältnis zwischen seinem mengenmäßigen Ertrag und dem hierfür notwendigen Aufwand.
❧ Die Arbeitsproduktivität beschreibt das Produktionsergebnis eines Landes pro Kopf der Erwerbstätigen oder pro Arbeitsstunde. Sie ist ein wichtiger Maßstab für die internationale Wettbewerbsfähigkeit eines Landes.

Planwirtschaft. Getreideernte auf einer Kolchose, einem landwirtschaftlichen Großbetrieb in der früheren Sowjetunion

Programmhandel, Börsengeschäfte auf der Grundlage von Computerprogrammen, welche die Kauf- oder Verkaufsentscheidungen automatisch treffen, wenn bestimmte Werte bei der Kursentwicklung erreicht sind.

Protektionismus, *der* [zu spätlateinisch protectio ›Beschützung‹], Handelspolitik eines Landes zum Schutz der inländischen Wirtschaft vor dem Ausland, z. B. durch Zölle oder Importbeschränkungen.

Provision, *die* [italienisch], Entgelt für eine Dienstleistung, die von Maklern oder Banken erbracht wird, z. B. für eine Kreditgewährung, den Kauf von Wertpapieren oder die Vermögensverwaltung.

Publizität, *die* [zu lateinisch publicare ›veröffentlichen‹], gesetzlich vorgeschriebene oder freiwillig erfolgende Information der Öffentlichkeit über ein Unternehmen, z. B. im Handelsregister, im Bundesanzeiger oder im Geschäftsbericht.

Put, *der* [englisch], eine Option *(siehe dort)* zum Verkauf.

Qualitätsmanagement, *das* [lateinisch qualitas ›Beschaffenheit‹], alle Maßnahmen zur Sicherung der wesentlichen Eigenschaften der Produkte eines Unternehmens. Hierzu gehört es ebenso, die Planung des Produktangebots auf die Bedürfnisse der Kunden auszurichten, wie Fehler bei der Herstellung der Produkte zu vermeiden. Durch Qualitätsmanagement soll die Stellung des Unternehmens im Wettbewerb gesichert und verbessert werden.

Quellensteuer, eine Form der Einkommensteuer, die Einkünfte am Ort ihrer Entstehung (der ›Quelle‹) besteuert, z. B. wird die Lohnsteuer im Unternehmen erhoben, dem Arbeitnehmer also nur der Nettolohn ausbezahlt.
❧ Die Einführung einer Quellensteuer auch für anonyme Einkünfte, wie z. B. Tafelgeschäfte *(siehe dort)* soll zu größerer Steuergerechtigkeit führen. In Deutschland wird deshalb seit Januar 1993 die Zinsbesteuerung direkt bei den Banken vorgenommen.

Rabatt, anderes Wort für Preisnachlass.

Raiffeisen, Friedrich Wilhelm deutscher Begründer der landwirtschaftlichen Genossenschaften (* 1818, † 1888). Raiffeisen baute die Genossenschaften auf betont christlich-sozialer Grundlage als Selbsthilfeorganisationen mit Wohltätigkeitscharakter auf. Erst später erhielten sie eine stärker wirtschaftliche Zielsetzung. Die gegenwärtig bestehende Gliederung des Genossenschaftswesens in örtliche Genossenschaften, überregionale Zentralkassen und einen Revisionsverband geht auf Raiffeisen zurück. Bei seinem Tod existierten bereits 423 Raiffeisen-Vereine.
❧ Das landwirtschaftliche Genossenschaftswesen gilt als Vorbild für eine Wirtschaftspolitik in Entwicklungsländern, die auf ›Hilfe zur Selbsthilfe‹ zielt.

Links: Friedrich Wilhelm Raiffeisen. Rechts: David Ricardo

Rating, *das* [ˈreɪtɪŋ; englisch ›Bewertung‹], Klassifizierung von internationalen Schuldnern entsprechend ihrer Kreditwürdigkeit.

Rationalisierung, *die* [zu französisch rationaliser ›vernünftig denken‹], in Wirtschaft und Verwaltung die zweckmäßige (›rationale‹) Gestaltung von Arbeitsabläufen mit dem Ziel, das Verhältnis zwischen Aufwand und Erfolg zu verbessern. Im Mittelpunkt von Rationalisierungsmaßnahmen steht im Allgemeinen die menschliche Arbeitskraft.

Reallohn, um die Höhe der Geldentwertung verminderter Nominallohn.

Rechnungshof, unabhängige Behörde, die das Finanzgebaren der öffentlichen Hand hinsichtlich seiner Sparsamkeit und Wirtschaftlichkeit überprüft.

Rendite, *die* [zu lateinisch rendita ›Einkünfte‹], jährlicher Ertrag einer Kapitalanlage; im engeren Sinn ihre Effektivverzinsung.

Rentabilität, *die* das Verhältnis von Gewinn zu eingesetztem Kapital eines Unternehmens.

Rente, *die* eine regelmäßige Geldleistung auf der Grundlage von vorher erworbenen Rechten, z. B. durch Beiträge zur gesetzlichen Sozialversicherung oder zu einer Lebensversicherung.

Reservewährung, eine Währung, die wegen ihrer internationalen Anerkennung von Zentralbanken anderer Länder als Rücklage für etwaige Zahlungsbilanzprobleme gehalten wird.
❧ Neben dem US-Dollar sind die Deutsche Mark und der japanische Yen Reservewährungen.

Ressource, *die* [reˈsʊrsə; französisch zu lateinisch resurgere ›wiedererstehen‹], alle Güter, die bei der Herstellung anderer Güter verbraucht werden, vor allem Rohstoffe, die als natürliche Ressourcen nicht unbegrenzt vorhanden sind.

Rezession, *die* Abschwung der Konjunktur.

Ricardo, David britischer Wirtschaftswissenschaftler (* 1772, † 1823), begründete, auf den Arbeiten von ADAM SMITH aufbauend, die klassische Volkswirtschaftslehre. Wichtig sind dabei vor allem seine Formulierung des Ertragsgesetzes und seine Außenhandelstheorie. KARL MARX baute seine Mehrwertlehre auf Ricardo auf.

Risiko, die Möglichkeit, dass mit einem Vorhaben Nachteile verbunden sind, z. B. bei einer Investition auch ein Verlust entstehen kann.

Risikokapital, Wagniskapital, auch **Venture-Kapital** [ventʃə kæpɪtəl] genannte Form des Eigenkapitals, das im Unterschied zum Fremdkapital für die Kapitalgeber keinen rechtlich fixierten festen Anspruch auf Rückzahlung oder Zinszahlung einschließt. Dies ist v. a. für innovative Unternehmen mit investitionsbedingten hohen Anfangsverlusten bedeutungsvoll, da keine zusätzlichen Aufwendungen für Zinsen entstehen.

Rockefeller, John Davidson amerikanischer Unternehmer (* 1839, † 1937). Er beherrschte mit seinem Ölunternehmen Standard Oil Corporation den amerikanischen Petroleummarkt, bis die Firma 1911 im Zuge einer Antimonopolkampagne vom Obersten Gerichtshof der USA verboten wurde. Rockefeller galt zu seiner Zeit als der reichste Mann der Welt. Er gründete unter anderem die Universität Chicago (1890) und verschiedene Stiftungen, in die er 500 Mio. Dollar einbrachte.

Röpke, Wilhelm deutscher Wirtschaftswissenschaftler (* 1899, † 1966), erarbeitete die wissenschaftlichen Grundlagen für die soziale Marktwirtschaft.

Sacheinlage, eine Einlage in ein Unternehmen, die nicht in Geld, sondern als Sachleistung, z. B. das Einbringen von Gebäuden oder Grundstücken, erbracht wird.

Sachverständigenrat, ein aus fünf Wirtschaftswissenschaftlern, den ›fünf Weisen‹, bestehendes Gremium, das einmal im Jahr die gesamtwirtschaftliche Entwicklung beurteilt und hierüber ein Gutachten erstellt. Die Regierung ist verpflichtet, in ihrem Jahreswirtschaftsbericht auf dieses Gutachten einzugehen.
❧ Die ›fünf Weisen‹ werden auf Vorschlag der Bundesregierung vom Bundespräsidenten bestellt.

Sanierung, *die* [zu lateinisch sanare ›gesund machen‹], alle finanziellen und organisatorischen Maßnahmen, die dazu dienen, die Wirtschaftlichkeit eines Unternehmens wieder herzustellen und damit seinen Fortbestand zu sichern.

Schattenwirtschaft, alle nicht im Sozialprodukt erfassten wirtschaftlichen Vorgänge. Dazu gehören Nachbarschaftshilfe und Eigenarbeit ebenso wie Schwarzarbeit *(siehe dort)* und wirtschaftliche Ergebnisse anderer z. T. strafbarer Handlungen (z. B. Drogen- oder Waffenschmuggel).
❧ In Deutschland geht man derzeit von einem Anteil der Schattenwirtschaft von ungefähr 15 % (1957: 6 %) am Sozialprodukt aus.

Schatzanweisung, Schuldverschreibung der öffentlichen Hand mit Laufzeiten von sechs bis 24 Monaten.

Links: Wilhelm Röpke. Rechts: John Davison Rockefeller

Schatzwechsel, Schatzanweisungen mit einer dreimonatigen Laufzeit.

Scheck, schriftliche Anweisung an eine Bank, aus einem Guthaben einen bestimmten Betrag auszuzahlen. Bei einem Verrechnungsscheck darf das Geld nur einem Konto des Empfängers gutgeschrieben werden.

Schlichtung, zwischen den Tarifpartnern vereinbartes Verfahren im Rahmen der Tarifautonomie: Ein gemeinsam ernannter Schlichter erarbeitet Kompromisse, die zur Überwindung der Streitpunkte vorgelegt werden.

Schuldverschreibung, eine Anleihe von öffentlichen oder privaten Schuldnern, die mit fester Zinszahlung und bestimmter Laufzeit ausgestattet ist.

Schulze-Delitzsch, Hermann deutscher Sozialpolitiker und Gründer der Genossenschaften (* 1808, † 1883). Er rief 1850 die erste Volksbank als Vorschussverein ins Leben.

Schumpeter, Joseph Alois österreichischer Wirtschaftswissenschaftler (* 1883, † 1950). In seiner Theorie der wirtschaftlichen Entwicklung misst Schumpeter dem schöpferischen Unternehmer eine zentrale Rolle im Ablauf von Konjunkturen zu. Das Bild von der ›schöpferischen Zerstörung‹ beschreibt dabei die Erfahrung, dass die Anwendung neuer Technologien oftmals ältere Verfahren wertlos macht.

Schwarzarbeit, wirtschaftliche Tätigkeit, die über die Nachbarschaftshilfe hinausgeht, ohne dass bei ihrer Entlohnung Steuern und Sozialversicherungsbeiträge abgeführt werden. Schwarzarbeit wird mindestens als Ordnungswidrigkeit geahndet; sie ist Teil der Schattenwirtschaft *(siehe dort).*

Sichteinlage, bei einer Bank unterhaltenes Guthaben, über das jederzeit verfügt werden kann.

Skonto, *das* [italienisch], prozentualer Abzug vom Rechnungsbetrag, der bei Barzahlung gewährt wird.

Smith, Adam [smɪθ], britischer Philosoph und Wirtschaftswissenschaftler (* 1723, † 1790). Smith sah den Wohlstand der Nationen in der Arbeit und der Arbeitsteilung begründet: Nur Arbeit vermehrt den Wert eines Gutes, und das umso wirksamer, je mehr sie nach ihrer Qualität arbeitsteilig eingesetzt wird, sodass nicht jeder alles herstellt, sondern jeweils nur einige wenige Güter produziert. Gelenkt wird dieser Prozess – wie von einer unsichtbaren Hand – durch den Wettbewerb auf dem Markt.

Sonderausgaben, private Ausgaben, die vom steuerpflichtigen Einkommen abgezogen werden können.

Sonderziehungsrechte, Buchgeld des Internationalen Währungsfonds (*siehe dort*), das zu den nationalen Währungsreserven der Mitgliedsländer gerechnet wird und damit für Zahlungen verwendet werden kann.

Sorten, ausländisches Bargeld.

Sozialdumping, *das* [...ˈdampɪŋ], ein Vorwurf an jene Staaten, die sich aufgrund ihres niedrigen Lohnniveaus, geringer Sozialleistungen und der weniger umfassenden Vorschriften zum Arbeitsschutz Wettbewerbsvorteile gegenüber Ländern mit höheren Standards versprechen.

❧ Unterschiede dieser Art zwischen den Mitgliedsstaaten versucht die Sozialcharta der EG auszugleichen.

soziale Marktwirtschaft, die in Deutschland herrschende Wirtschaftsordnung. Die soziale Marktwirtschaft lässt gegenüber der freien Marktwirtschaft (*siehe dort*) staatliche Eingriffe zu, um deren Auswüchse zu begrenzen. So sollen z. B. kleine und mittlere Unternehmen gegen Kartelle geschützt werden. Daneben tritt der Staat als Träger einer die Marktwirtschaft ergänzenden Sozialpolitik auf: Er sorgt für die soziale Absicherung der Arbeitnehmer und stellt selbst zahlreiche lebenswichtige Güter bereit, z. B. in den öffentlichen Verkehrs- und Versorgungsbetrieben.

❧ Den Begriff der sozialen Marktwirtschaft prägte der Staatssekretär im Wirtschaftsministerium, ALFRED MÜLLER-ARMACK (* 1901, † 1978), der auch an der Formulierung der theoretischen Grundlagen beteiligt war.

soziale Sicherung, Gesamtheit aller Maßnahmen zur Vermeidung oder Verminderung wirtschaftlicher Notlagen Einzelner, die als Geldleistung innerhalb der Sozialversicherung oder der Sozialhilfe erfolgen.

Sozialismus, *siehe* Kapitel 3.

Sozialplan, *der* die im Arbeitsrecht vorgesehene schriftliche Einigung zwischen Arbeitgeber und Betriebsrat über Ausgleich oder Milderung wirtschaftlicher Nachteile, die den Arbeitnehmern als Folge einer (beabsichtigten) Betriebsänderung oder -stilllegung entstehen.

Sozialprodukt, *das* die Abbildung der wirtschaftlichen Leistung einer Volkswirtschaft in zusammengefasster Form. Man berechnet das Sozialprodukt mit Blick entweder auf seine Entstehung (Gewerbe, Handel und Verkehr, Dienstleistungen, Landwirtschaft, Staat) oder auf seine Verwendung (Verbrauch, Investitionen). Das Produktionsergebnis der Bewohner eines Landes heißt Bruttosozialprodukt. Zieht man hiervon die Abschreibungen ab, so erhält man das Nettosozialprodukt.

Sozialversicherung, Pflichtversicherung für Arbeiter und Angestellte. Sie umfasst die Krankenversicherung, die Rentenversicherung, die Pflegeversicherung, die Arbeitslosenversicherung und Unfallversicherung.

Spareckzins, der Zinssatz, den Banken auf Sparguthaben zahlen, die für mindestens drei Monate angelegt werden.

Sparkasse, öffentlich-rechtliches Kreditinstitut, dessen Hauptaufgabe die Annahme und Verwaltung von Spargeldern ist. Die Sparkassen betreiben alle Bankgeschäfte. Träger sind Gemeinden, Städte und Kreise, die als Gewährsträger für die Verbindlichkeiten haften.

Sparquote, *die* Anteil der Ersparnis eines Landes am Sozialprodukt. Sie beträgt in Deutschland etwa 12%.

Spekulation, *die* [lateinisch ›Betrachtung‹], das Kaufen oder Verkaufen von Gütern in der Erwartung, aufgrund zukünftiger Preisänderungen einen (hohen) Gewinn zu erzielen. Wegen der Ungewissheit über die zukünftige Entwicklung sind Spekulationen mit einem hohen Risiko behaftet.

Spesen, vom Arbeitgeber erstattete oder vom steuerpflichtigen Einkommen abzugsfähige Geschäftsauslagen.

Spotmarkt, *der* [zu englisch spot ›Flecken‹], ein Handelsplatz, an dem Geschäfte gegen sofortige Bezahlung und Lieferung abgeschlossen werden, z. B. der Rotterdamer Spotmarkt für Rohöl.

Staatsausgaben, die Gesamtheit aller Ausgaben der öffentlichen Hand einschließlich der Sozialversicherungsträger. Sie betrugen 1997 in Deutschland etwa 48% des Sozialprodukts.

Staatseinnahmen, die Gesamtheit aller Einnahmen der öffentlichen Hand wie Steuern, Abgaben, Gebühren und Beiträge, Anleihen und Einkünfte der staatlichen Unternehmen.

Staatsverschuldung, Gesamtschulden der öffentlichen Hand zur Deckung von Haushaltsdefiziten. Eine hohe Staatsverschuldung belastet den Staatshaushalt mit hohen Zins- und Rückzahlungsbeiträgen. Damit vermindert sich die Möglichkeit, andere staatliche Aufgaben, z. B. im Rahmen der Sozialpolitik, zu erfüllen. Da eine hohe Kapitalaufnahme außerdem zu Zinssteigerungen führen kann, vermindert sich durch die Staatsverschuldung die Bereitschaft zur Durchführung privater Investitionen, was sich wiederum negativ auf die Beschäftigung auswirken kann.

Stabilitätspolitik, eine Wirtschaftspolitik, die sich an den Zielen der Preis-, Beschäftigungs-, Wechselkurs- und Wachstumsstabilität ausrichtet. Seit 1969 ist die Bundesregierung gesetzlich zur Stabilitätspolitik verpflichtet, die sich auf die gleichzeitige Realisierung des ›Magischen Vierecks‹ richtet: Preisstabilität, Vollbeschäftigung, ausgeglichene Zahlungsbilanz und angemessenes Wachstum. Seit einigen Jahren wird die Erfüllung dieser Ziele unter Beachtung der ökologischen Belange gefordert.

Stagflation, *die* [Kunstwort aus **Stag**nation und In**flation**], Stillstand der wirtschaftlichen Entwicklung bei gleichzeitiger Unterbeschäftigung und Inflation.

Stagnation, *die* [zu lateinisch stagnare ›stehen machen‹], Stillstand der wirtschaftlichen Entwicklung.

Standort, der geographische Ort, an dem Produktionsfaktoren eingesetzt, z. B. Güter produziert werden.

Steuer, von der öffentlichen Hand gesetzlich verordnete Zwangsabgaben, die von Privaten oder Unternehmungen ohne direkte Gegenleistung zu leisten sind. Sie dienen dazu, den Finanzbedarf der öffentlichen Körperschaften zu decken.

Steuerflucht, Verlagerung von Einkommen, Vermögen und Gewinnen in Länder, in denen keine oder nur niedrige Steuern erhoben werden. Von Steuerflucht spricht man auch, wenn der Wohnsitz oder Unternehmenssitz mit dem Ziel der Steuerersparnis ins Ausland verlegt wird.

Steuerhinterziehung, *die* Steuern hinterzieht derjenige, der durch unvollständige oder unrichtige Angaben die rechtzeitige Festsetzung der Steuern in voller Höhe vorsätzlich verhindert. Steuerhinterziehung wird bestraft.

Steueroase, ein Land ohne oder mit sehr niedrigen Steuern. Eine typische Steueroase ist Monaco.

Steuerprogression, *die* ein Verfahren der Steuerfestsetzung, wonach höhere Einkommen höher besteuert werden als niedrige.

Steuerquote, *die* Anteil der Steuereinnahmen am Sozialprodukt. Er betrug in Deutschland 1996 etwa 23%.

Streik, *der* [zu englisch to strike ›streichen; abbrechen‹], vorübergehende Arbeitsniederlegung als Mittel des gewerkschaftlichen Arbeitskampfes mit dem Ziel, verbesserte Arbeitsbedingungen zu erreichen. Der Streik darf sich nur gegen die andere Tarifvertragspartei richten. Streikende sind nach Ende des Streiks wieder zu beschäftigen.

Strukturpolitik, wirtschaftspolitische Maßnahmen zur Verbesserung der wirtschaftlichen Lage benachteiligter Gewerbe (Landwirtschaft) oder Gebiete (ostdeutsche Länder).

Stückelung, die Aufteilung einer Emission auf die Nennwerte der einzelnen Wertpapiere, bei Aktien z.B. 5 DM.

Subvention, *die* [zu lateinisch subvenire ›zu Hilfe kommen‹], Unterstützung des privaten Sektors durch öffentliche Mittel ohne wirtschaftliche Gegenleistung. Sie erfolgt direkt als Geldleistung oder indirekt als Steuervergünstigung. Subventionen wirken entweder kostensenkend oder wie die Erhöhung des Verkaufspreises. In jedem Fall verändern sie das Marktgeschehen.

Tafelgeschäfte, Wertpapiergeschäft zwischen einer Bank und einer Privatperson, bei dem die Wertpapiere gegen Barzahlung übergeben werden; damit bleibt die Anonymität des Anlegers gewahrt, Steuerhinterziehung wird begünstigt.

Tageskurs, der Kurs des Ausführungstages von Börsengeschäften.

Tantieme, *die* [tã...; zu französisch tant ›so viel‹], eine Gewinnbeteiligung an einem Unternehmen; auch die Vergütung, die ein Künstler für die Wiedergabe seines Werkes erhält.

Tarifautonomie, in Deutschland auf dem Grundgesetz (Koalitionsfreiheit) aufbauendes Recht der Tarifpartner, ihre Vereinbarungen unabhängig vom Staat zu treffen.

Tarifpartner, Gewerkschaften und Arbeitgeberverbände, welche den Tarifvertrag abschließen.

Tarifvertrag, schriftlicher Vertrag zwischen den Tarifpartnern, welcher alle Rechte und Pflichten von Arbeitgebern und Arbeitnehmern innerhalb eines öffentlichen oder privaten Erwerbszweiges regelt. Neben Arbeitsplatz- und Rationalisierungsschutzbedingungen werden vor allem die Höhe von Löhnen und Gehältern, die Dauer der Wochenarbeitszeit und die Länge des Jahresurlaubs im Tarifvertrag geregelt.
❧ In Deutschland sind die Bestimmungen des Tarifvertrags Mindestbedingungen, von denen nur zugunsten des Arbeitnehmers abgewichen werden darf.

Taxkurs, geschätzter Kurs eines Wertpapiers, für das kein amtlicher Kurs festgesetzt werden konnte, weil kein Umsatz erfolgte.

technischer Fortschritt, eine Folge von Wettbewerb und/oder Industriepolitik, die sich in Produktverbesserungen, der Entwicklung von neuen Produkten und Produktionsverfahren und in der Steigerung der Produktivität darstellt.

Telefonhandel, nachbörslicher Handel von Wertpapieren, Devisen oder Rohstoffen, der zwischen den Maklern am Telefon durchgeführt wird.

Termingeschäft, Börsengeschäft, bei dem der Preis bei Abschluss festgelegt wird, die Erfüllung jedoch zu einem späteren Termin erfolgt; Gegensatz: Kassageschäft.

Tilgung, Ausgleich einer Verbindlichkeit, z.B. die Rückzahlung einer Darlehensschuld.

Transferleistungen, Zahlungen der öffentlichen Hand an Private (z.B. Sozialhilfe) oder Unterneh-

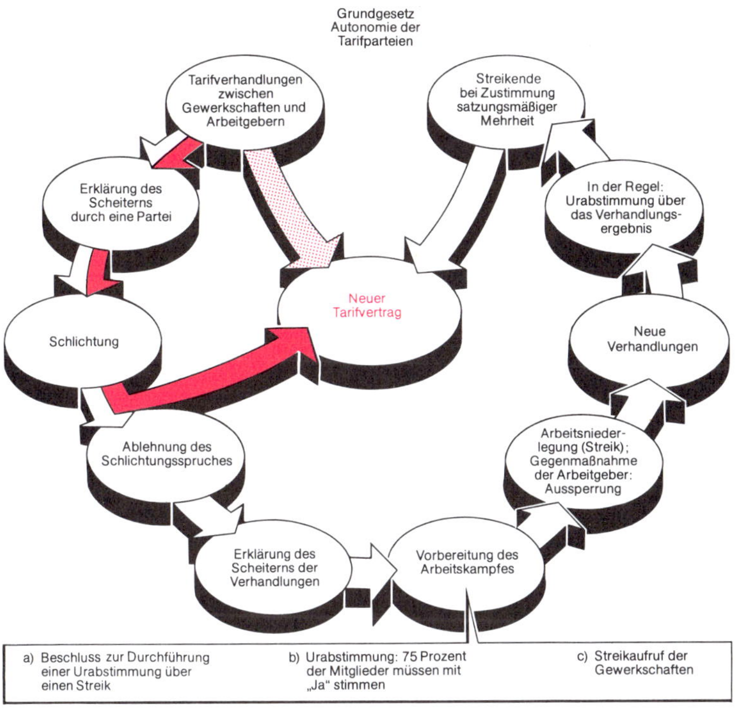

Tarifvertrag.
Die drei Wege, auf denen ein Tarifvertrag zustande kommen kann

men (z. B. Subventionen), denen keine marktmäßige Gegenleistung entspricht. Die Entwicklungshilfeleistungen der Industrieländer, die Leistungen der EG-Länder zur Bestreitung der Gemeinschaftsaufgaben oder die Strukturhilfen für Ostdeutschland sind ebenfalls Beispiele für Transferleistungen.

Überflussgesellschaft, auf den Amerikaner John Kenneth Galbraith (* 1908) zurückgehende Beschreibung einer Gesellschaft, die durch ein Überangebot von Gütern für den privaten Verbrauch gekennzeichnet ist (Automobile), während der staatliche Sektor (Straßen) eher unterversorgt ist.

Überziehung, Beanspruchung eines Bankkontos über den Guthabenstand oder den Kreditrahmen hinaus. Die Überziehung ist meist mit einem erhöhten Zinssatz zu bezahlen.

Ultimo, *der* [lateinisch], der Monatsletzte; von Bedeutung als Jahresultimo im Bank- und Börsenwesen (z. B. als Stichtag für die Bilanzwerte von Wertpapieren).

Umlaufvermögen, Vermögenswerte eines Unternehmens, die, wie Vorräte oder Forderungen, nur kurzfristig im Unternehmen verbleiben; Gegensatz: Anlagevermögen.

Umsatz, der geldmäßige Wert der abgesetzten Erzeugnisse oder der erbrachten Leistungen; eine der wesentlichen betrieblichen Kennzahlen.

Umverteilung, staatliche Korrektur von Marktergebnissen, die im Widerspruch zu den Zielen der Gesellschaftspolitik stehen. So bewirkt z. B. eine Steuerprogression eine Umverteilung zugunsten niedriger Einkommen.

Umweltökonomie, *die* eine wirtschaftswissenschaftliche Fachrichtung, die das Gut Umweltqualität in die ökonomische Betrachtung und Analyse einbezieht. Ihr Ziel ist es vor allem, ein Gleichgewicht zwischen dem Produktionsumfang (bei gegebener Produktionstechnik) und der Umweltbelastung zu ermitteln.

unlauterer Wettbewerb, jedes Marktverhalten eines Unternehmens, das, z. B. durch Lockvogelwerbung, gegen die ›guten Sitten‹ und bestehende Gesetze verstößt.

unsichtbare Hand, auf den englischen Wirtschaftswissenschaftler Adam Smith zurückgehender Ausdruck für die Steuerung aller Wirtschaftskräfte durch den Markt.

Valuta, *die* [zu lateinisch valere ›gelten, wert sein‹], Auslandswährung; auch die Wertstellung eines Postens auf einem Konto.

variable Kosten, alle diejenigen Kosten, die sich mit der Erhöhung der Herstellungsmenge verändern wie z.B. die Kosten für Rohlinge; Gegensatz: fixe Kosten.

Verbindlichkeiten, Schulden eines Unternehmens, die in der Bilanz auf der Passivseite aufgeführt sind.

Verbrauch, jede Verwendung des Einkommens der privaten Haushalte zum Erwerb von Gütern, die der Bedürfnisbefriedigung dienen. Verbrauchsgüter wie Lebensmittel gehen mit ihrer Benutzung unter, während Gebrauchsgüter, z.B. Küchengeräte, nur abgenutzt werden.

❧ Die Summe aller Verbrauchsausgaben Privater im Verhältnis zum Sozialprodukt wird als Verbrauchs- oder Konsumquote bezeichnet.

Verbraucherschutz, sämtliche staatlichen Maßnahmen, die Verbraucher vor Schäden bewahren sollen, z.B. die Warnung vor dem Rauchen auf Zigarettenpackungen oder die Preisauszeichnungspflicht.

Vergleich, Einigung eines Schuldners, der unverschuldet in finanzielle Schwierigkeiten geraten ist, mit seinen Gläubigern. Durch einen Vergleich soll die Insolvenz vermieden werden.

Verkäufermarkt, Markt, auf dem das Angebot geringer ist als die Nachfrage, was eine Preiserhöhung auslösen kann.

Verlust, Ergebnis einer wirtschaftlichen Betätigung, deren Erträge niedriger ausgefallen sind als die Aufwendungen.

Vermögen, Gesamtheit aller einer Privatperson oder einem Unternehmen zustehenden geldwerten Güter und Rechte, z.B. Geldvermögen wie Bargeld oder Kapitalvermögen wie Wertpapiere.

Versicherung, Zusammenschluss Einzelner zu einer Gefahrengemeinschaft mit dem Zweck des Risikoausgleichs im Falle eines Schadens. Auf gesetzlicher (Sozialversicherung) oder privater (Kapital-Lebensversicherung) Grundlage werden laufend Prämien gezahlt, deren Höhe sich nach der Wahrscheinlichkeit des versicherten Schadens richtet.

Volksbank, Kreditgenossenschaft, die wesentlich für den gewerblichen Mittelstand tätig ist. Sie gehört regional einer Zentralgenossenschaftsbank, z.B. der Südwestdeutschen Zentralgenossenschaftsbank, an, deren Zentrale die Deutsche Genossenschaftsbank (Frankfurt am Main) ist.

Volkseinkommen, die Summe aller Einkommen, die Inländer erzielen; *siehe auch* Sozialprodukt.

Volkswirtschaft, die Gesamtheit wirtschaftlicher Tätigkeit Privater, Unternehmen und öffentlicher Haushalte in einem Wirtschaftsraum (Land) mit einheitlicher Währung und einheitlichem Wirtschaftssystem.

Vollbeschäftigung, Zustand einer Volkswirtschaft, bei dem alle arbeitsfähigen Arbeitswilligen zu den bestehenden Löhnen eine ›zumutbare‹ Beschäftigung gefunden haben.

Vorbörse, Börsengeschäfte, die vor Beginn der offiziellen Börsenzeit abgewickelt werden.

Währung, die Geldeinheit eines Landes, die gesetzliches Zahlungsmittel ist.

Währungsreform, völlige Neuordnung der Geldordnung eines Landes, wie sie z.B. nach lang anhaltender Inflation erforderlich ist.

❧ In Westdeutschland wurde mit der Währungsreform 1948 die Deutsche Mark eingeführt.

Währungsreserven, der von der Zentralbank eines Landes gehaltene Bestand an Gold, Devisen und Sonderziehungsrechten.

Wall Street, *die* ['wɔ:lstri:t], Straße in New York, an der viele amerikanische Banken ihren Sitz haben, und deren Namen daher im übertragenen Sinn als Ausdruck für das Finanzzentrum der USA verwendet wird.

Wandelanleihen, Anleihen von Aktiengesellschaften, die dem Inhaber ein zukünftiges Umtauschrecht in Aktien einräumen und bis zu diesem Zeitpunkt einen Anspruch auf Zins- und Rückzahlung verbriefen.

Warenbörse, Börse, an der bestimmte Waren gehandelt werden, z. B. Getreide, Rohöl oder Metalle.

Wechsel, schriftliche Verpflichtung des Ausstellers, innerhalb eines angegebenen Zeitraums einen bestimmten Geldbetrag zu zahlen. Ursprünglich war der Wechsel hauptsächlich ein Zahlungsmittel; heute liegt seine Bedeutung darin, dass er an eine Bank verkauft werden kann.

Wechselkurs, Preis einer Auslandswährung, der in der Inlandswährung ausgedrückt wird, z. B. 1 US-Dollar kostet 1,80 DM. Seine Höhe bestimmt maßgeblich Export und Import eines Landes: Niedrige Wechselkurse bedeuten hohe Auslandspreise und damit Exporterschwernis.

Währungsreform 1948: Umtauschstelle in Hamburg

Wechselkurspolitik, Wirtschaftspolitik der Zentralbanken mit dem Ziel, die Wechselkurse zu beeinflussen. Wechselkurse können sich frei, also durch die Bedingungen von Angebot und Nachfrage, auf den Devisenmärkten bilden oder fest sein, d. h. einseitig oder durch Absprachen mit anderen Zentralbanken festgesetzt werden.

Weltbank, Kurzform für ›Internationale Bank für Wiederaufbau und Entwicklung‹, eine 1945 gegründete Organisation der Vereinten Nationen mit Sitz in Washington (D.C.). Ihr Ziel ist die Unterstützung der 178 Mitgliedsländer durch Förderung von Investitionsvorhaben, für welche Garantien übernommen oder welchen Kredite gewährt werden.

Welteke, Ernst deutscher Politiker und Finanzmann (* 1942), studierte nach seiner Lehre zum Landmaschinenmechaniker Volkswirtschaft. Ab Dezember 1974 gehörte er dem Hessischen Landtag an und wurde 1984 Vorsitzender der SPD-Landtagsfraktion. 1991–95 war Welteke Hessischer Minister für Wirtschaft, Verkehr und Technologie, 1995–99 Präsident der Hessischen Landeszentralbank, seit 1999 ist er Präsident der Deutschen Bundesbank.

Werbungskosten, Aufwendungen eines Unselbstständigen wie Bewerbungskosten, Ausgaben für Arbeitskleidung oder Beiträge zu Berufsverbänden, die steuermindernd geltend gemacht werden können.

Wertpapier, Urkunde, die ihrem Inhaber bestimmte Rechte einräumt, z. B. Gläubigerrechte bei Anleihen oder Gesellschafterrechte bei Aktien.

Wertschöpfung, die jährliche Summe aller Löhne, Gehälter, Zinsen, Mieten, Pachten und Gewinne, also die Einkünfte der Produktionsfaktoren eines Landes. Sie entspricht dem Sozialprodukt.

Wettbewerb, auch Konkurrenz genanntes Grundprinzip der Marktwirtschaft: der dauernde ›Kampf‹ der Anbieter um den Nachfrager, des Arbeiters um den Arbeitsplatz, des Unternehmers um den Gewinn. Wettbewerbsinstrumente sind vor allem der Preis, aber auch die Qualität der Güter oder Werbung.

wilder Streik, gegen die Bedingungen des Tarifvertrags verstoßender Streik, aber auch ein Streik, der von den Gewerkschaften nicht getragen wird.

Wirtschaftlichkeit, Vergleich des Erreichten mit den hierfür aufgewendeten Mitteln.

Wirtschaftskreislauf, vom menschlichen Blutkreislauf abgeleitetes Bild, das die Ströme beschreibt, in denen Güter und Geld ununterbrochen zwischen Einzelnen, Unternehmen, Staat und Ausland ausgetauscht werden.

Wirtschaftsordnung, der Rahmen, der allen wirtschaftlichen Aktivitäten innerhalb eines Landes gesetzlich vorgegeben ist. Seine Grundformen sind die Marktwirtschaft und die Planwirtschaft.

Wirtschaftspolitik, alle staatlichen Maßnahmen zur Durchsetzung einer Wirtschaftsordnung und

Wirtschaftswunder. Ludwig Erhard und Konrad Adenauer 1964

der ihr zugrunde liegenden gesellschaftlichen Ziele. Hierzu gehören z. B. die Geldpolitik der Zentralbank und die Konjunkturpolitik.

Wirtschaftsprüfer, öffentlich ernannte Personen oder Gesellschaften, die zur Prüfung der Jahresabschlüsse von Kapitalgesellschaften berechtigt sind und in der Regel auch steuerberatend tätig werden.

Wirtschaftswunder, Bezeichnung für den schnellen Aufstieg der westdeutschen Wirtschaft nach dem 2. Weltkrieg. Zu seiner Entwicklung beigetragen haben die Währungsreform, der Marshallplan, der Wiederaufbau der zerstörten Produktionsstätten nach modernsten Gesichtspunkten, die Einführung der sozialen Marktwirtschaft.
❧ Als ›Vater des Wirtschaftswunders‹ gilt LUDWIG ERHARD *siehe* Kapitel 2.

Wohlfahrtsstaat, Staat, der die soziale Sicherung seiner Bürger in erster Linie durch staatliche Maßnahmen wie kostenlose Krankenversorgung oder niedrige Wohnungsmieten erreichen will. Als ›Versorgungsstaat‹ wird der Wohlfahrtsstaat oft negativ bewertet.

WTO, Abkürzung für **W**orld **T**rade **O**rganization [englisch ›Welthandelsorganisation‹], Sonderorganisation zur Gewährleistung eines freien Welthandels. Sie trat 1995 in Kraft und löste 1996 das GATT *(siehe dort)* ab.

XETRA®, Abkürzung für e**x**change **e**lectronic **tra**ding [englisch ›elektronischer Börsenhandel‹], elektronisches Wertpapierhandelssystem (Computerbörse) in Frankfurt am Main.

Zahlungsbilanz, nach den Grundsätzen der doppelten Buchführung erfolgende Darstellung sämtlicher das Ausland berührender Wirtschaftsaktivitäten eines Landes. Sie unterteilt sich in die Handelsbilanz, die den Import und Export von Waren erfasst, die Dienstleistungsbilanz zur Darstellung der ›unsichtbaren‹ Leistungen wie Transport, Tourismus, Versicherungsleistungen sowie die Übertragungsbilanz für Leistungen ohne Gegenleistung wie Gastarbeiterüberweisungen oder Entwicklungshilfe. Die Kapitalbilanz erfasst sämtliche Auslandsguthaben und -schulden, die Devisenbilanz zeigt die Währungsreserven der Zentralbank.

Zehnergruppe, Gremium innerhalb des Internationalen Währungsfonds, das inzwischen aus Vertretern der elf wichtigsten Industrienationen der Welt besteht und aufgrund seiner Macht von entscheidender Bedeutung für die Weltwirtschaftspolitik ist. Neben den Staaten der G 7 gehören ihm noch Belgien, die Niederlande, Schweden und die Schweiz an.

Zentralbank, als Bank des Staates tätige Bank. Sie ist für die Währungs- und Geldpolitik verantwortlich, gibt die gesetzlichen Zahlungsmittel heraus (Münzhoheit) und wickelt den Zahlungsverkehr des Staates ab. Wichtigste Aufgabe jeder Zentralbank ist es, den Geldwert und die Währung stabil zu halten.

Zerobond, *die* [ˈze:ro...; zu französisch zéro ›null‹], auch Nullkupon-Anleihe genannte Anleihe, für die während der Laufzeit keine Zinsen gezahlt werden. Stattdessen werden Zerobonds weit unter dem Nennwert verkauft und zum Kurs von 100 (Nennwert) zurückgezahlt. Damit tritt der Kursgewinn an die Stelle des Zinsertrages.

Zins, *der* [zu lateinisch census ›Steuerkataster, Vermögen‹], der Preis, der für die Überlassung von Kapital für eine bestimmte Zeit gezahlt wird.

Zinseszins, der Zins auf Zinsen, der anfällt, wenn der Zins für eine Periode bei Fälligkeit nicht ausbezahlt, sondern dem Kapital zugeschlagen wird.

Zinssatz, Höhe der Zinsen, ausgedrückt in Prozenten vom Kapital.

5
Kunst und Musik

Das Begriffspaar ›Kunst und Musik‹ provoziert bei näherem Hinsehen die Frage, ob es zwischen ›Kunst‹ und ›Musik‹ Unterschiede in der Weise gibt, wonach Musik keine Form der Kunst sei. Nichts liegt diesem Kapitel jedoch ferner als die Musik, die eine der ältesten Ausdrucksformen menschlichen Geistes und Empfindens ist, begrifflich aus dem Kreis der Künste zu entfernen. Vielmehr soll der Leser auf die Spannweite des Kapitels aufmerksam gemacht werden: Die Beiträge widmen sich nicht nur dem durch das Sehen Wahrnehmbaren, sondern auch dem, was wir durch unser Gehör verarbeiten und als Kunst erkennen.
Seit der Wende vom 18. zum 19. Jh. wird Kunst als Gegensatz zu Handwerk und Wissenschaft begriffen. Nach heutigem Verständnis ist die Kunst in die Teilbereiche Literatur, Musik, darstellende Kunst (also Schauspiel- und Tanzkunst) sowie bildende Kunst (Malerei, Grafik, Kunsthandwerk, Architektur, Bildhauerkunst) gegliedert. Der Literatur ist in diesem Werk schon wegen ihres Umfangs und ihrer stofflichen Eigenheit ein eigenes Kapitel (6) gewidmet. Die Stichwortauswahl für die verbliebenen Bereiche legt ihren Schwerpunkt auf die bildende Kunst und die Musik, wobei nicht erheblich war, ob es sich um ›alte‹ oder ›neue‹ Namen und Begriffe handelt, sondern ob ihre Verbreitung eine allgemeine und ihre Bedeutung für diesen Teil unseres Lebens als beträchtlich anzunehmen ist. So finden sich die großen Klassiker wie BACH, MOZART oder BEETHOVEN ebenso erwähnt wie ELVIS PRESLEY oder die BEATLES, MICHELANGELO oder DÜRER ebenso wie PABLO PICASSO und JOSEPH BEUYS.
Jenseits von persönlichen Vorlieben und objektiven Erkenntnissen sollen die folgenden Stichwörter zu einem Gang durch die ›schönen Künste‹ einladen, eine Welt, in die es den Menschen seit jeher zog – jenseits auch des Alltäglichen.

abstrakte Kunst, Stilrichtung von Malerei und plastischer Kunst des 20. Jh., die sich von der traditionellen Darstellung körperlicher Gegenstände (daher abstrakt, gleich ›vom Dinglichen gelöst‹) abwendet und die Beziehung von Form und Farbe in den Vordergrund stellt.

adagio [a'da:dʒo; italienisch ›gemächlich‹, ›bequem‹], musikalische Tempovorschrift: langsam.

Aida, Oper von GIUSEPPE VERDI. Titelfigur ist die äthiopische Königstochter Aida, die den ägyptischen Feldherrn Radames liebt, der ihr militärische Geheimnisse der Ägypter offenbart und hierfür eines qualvollen Todes sterben soll: Er wird lebend in eine Grabkammer eingeschlossen. Aida flieht, kehrt aber zurück, um mit ihm zu sterben.
❧ Die Uraufführung fand anlässlich der Eröffnung des Suezkanals am 24. 12. 1871 in Kairo statt. Die populärste musikalische Partie der Oper ist der ›Triumphmarsch‹.

Akkord [zu französisch accorder ›in Einklang, in Übereinstimmung bringen‹], in der Musik der sinnvolle Zusammenklang von mindestens drei Tönen verschiedener Tonhöhe.
❧ Ein Akkordeon ist eine Handharmonika, bei der feststehende Akkorde durch Knopfdruck ausgelöst werden. Es wurde 1829 in Wien entwickelt und ist in der Volksmusik beliebt.

Akropolis, *die* [griechisch ákros ›höchst‹ und polis ›Stadt‹, also ›Oberstadt‹], ursprünglich altgriechische Bezeichnung für die Burg einer Stadt; am bekanntesten ist die Akropolis von Athen, als befestigter und ausgebauter höchster Punkt des alten Athen mit dem Parthenontempel als weithin sichtbarem Gebäude. Sie war Mittelpunkt des religiösen und städtischen Lebens.

Akt, die nach einem unbekleideten Modell (zu Studienzwecken) gefertigte Darstellung des menschlichen Körpers. Nach der an der menschlichen Anatomie nur wenig interessierten mittelalterlichen Malerei kehrte erst das 15./16. Jh. zu den bereits in der Antike gesetzten Grundlagen der wirklichkeitsnahen Abbildung des bloßen menschlichen Körpers zurück.

Alhambra. Die Alhambra in Granada wurde unter den Nasridenherrschern im 13./14. Jh. errichtet

Alhambra, *die* im 13./14. Jh. von den islamischen Beherrschern im spanischen Granada erbaute Burg, die zu den bedeutendsten Leistungen des islamischen Schlossbaus zählt. Sehr bekannt ist der Löwenhof der Alhambra, in dessen Mitte ein aus steinernen Löwen gebildeter Brunnen steht. Der Bau ist als Weltkulturerbe geschützt.

Allegorie, *die* die verstandesmäßig fassbare bildliche Darstellung eines abstrakten Begriffs oder Sachverhalts, z. B. die Gerechtigkeit als Frauengestalt mit verbundenen Augen, die in den Händen eine Waage und ein Schwert hält.

Alt, *der* [zu lateinisch altus ›hoch; hell‹], heute in der Musik vorwiegend die Bezeichnung für die tiefere der beiden Frauen- oder Knabenstimmen; im 15./16. Jh. wurde auch die hohe Männerstimme (Contratenor) so genannt.

Altdorfer, Albrecht Maler, Grafiker und (seit 1526) Stadtbaumeister in Regensburg (*um 1480, †1538). Altdorfer, der eines der ersten europäischen Landschaftsbilder ohne Darstellung menschlicher Figuren schuf, gilt wegen seiner fantasievollen und farbenfrohen Wiedergabe von Natur und historischem Geschehen (›Alexanderschlacht‹) als Begründer der Stilrichtung der ›Donauschule‹.

andante [italienisch ›gehend‹], musikalische Tempovorschrift: weder schnell noch langsam, vielmehr gleichmäßig, gelassen im Vortrag. Das Andante ist ein musikalischer Satz von ruhiger Bewegung.

Appassionata, *siehe* Beethoven.

Aquarell, *das* [zu lateinisch aqua ›Wasser‹], das mit Wasserfarben gemalte Bild. Charakteristisch beim Aquarell sind die weichen, fließenden Konturen sowie das Durchscheinen des Malgrundes. Der Arbeitsgang verläuft immer von den hellen zu den dunklen Partien. Aquarellmalerei findet sich schon in altägyptischen Totenbüchern, chinesischen Rollbildern, war im 19. Jh. sehr beliebt und eine oft angewandte Technik des Expressionismus. Schöne Aquarelle schuf EMIL NOLDE.

Arabeske, *die* [italienisch ›die arabische (Verzierung)‹], in der Dekorationskunst, vor allem an Bauten der griechisch-römischen Antike und des Klassizismus, eine rankenförmige, in sich symmetrisch aufgebaute Verzierung. In der Musik seit dem 19. Jh. ein Musikstück, das durch reiches Umspielen der Melodie gekennzeichnet ist.

Archäologie, die wissenschaftliche Beschäftigung mit den Überresten und Quellen älterer Kulturen, v. a. deren Kunstdenkmälern. Man unterscheidet u. a. klassische (Antike), christliche oder auch mittelalterliche Archäologie.

Allegorie. Der Winter von Giuseppe Arcimboldo (* um 1527, † 1593)

Arie, *die* [italienisch ›Weise, Melodie‹], Musikstück, das in der Regel von einer Stimme in einem größeren Werk (v. a. einer Oper) gesungen wird. Arien sind gewöhnlich formvollendet und im Unterschied zum Rezitativ melodisch.

❧ Manche Komponisten meinten, dass Arien das dramatische Geschehen zu sehr unterbrechen würden und schränkten die vorherrschende Rolle der Arie ein, v. a. RICHARD WAGNER.

Armstrong, Louis amerikanischer Jazztrompeter und Sänger (* 1900, † 1971). Seine Karriere begann in den 1920er-Jahren und ist aus der Geschichte der Jazzmusik nicht wegzudenken. Er spielte die Trompete mit meisterhafter Virtuosität und war ebenso berühmt wegen seiner rauen Gesangstimme (besonders mit ›Hello Dolly‹). Sein Spitzname ›Satchmo‹ ist eine Abkürzung für ›Satchel Mouth‹, den amerikanischen Slangausdruck für ›Quadratschnauze‹.

Art déco, *die* [a:rde'ko; Kurzform von französisch Arts décoratifs ›dekorative Künste‹], Stilbezeichnung für Kunsthandwerk, Malerei, Plastik und Architektur der 1920er- und 1930er-Jahre. Der Begriff entstand während der Internationalen Kunstgewerbeausstellung 1925 in Paris. Im Art-déco-Stil leben Elemente des Jugendstils fort; gemeinsam ist allen Objekten eine geometrische Struktur, gemischt mit andersartigen, z. B. pflanzlichen Ornamenten.

Ave-Maria [lateinisch ›Gegrüßet seist Du, Maria‹], der Gruß des Engels (daher auch: ›Englischer Gruß‹) gegenüber Maria; seit dem 11. Jh. Volksgebet. Berühmte Vertonungen zum Ave-Maria stammen von JOHANN SEBASTIAN BACH und CHARLES GOUNOD (* 1818, † 1893).

❧ Eine berühmte Darstellung des ›Englischen Grußes‹ von VEIT STOSS (1517/18) hängt in der St.-Lorenz-Kirche in Nürnberg.

Bach, deutsche Musikerfamilie des 17. und 18. Jh. Am bekanntesten ist der Komponist JOHANN SEBASTIAN BACH (* 1685, † 1750), der seine musikalische Ausbildung von seinem Bruder JOHANN CHRISTOPH BACH (* 1671, † 1721) erhielt. Zunächst Kirchenorganist, später u. a. Organist und Kapellmeister an den Höfen von Sachsen-Weimar und Anhalt-Köthen, wurde Bach schließlich Thomaskantor (kirchlicher Vorsänger der Thomaskirche) in Leipzig, wo er bis zu seinem Tode blieb. Bachs Musik bildet den abschließenden Höhepunkt der Musik des Barock. Sein umfangreiches Gesamtwerk umfasst – abgesehen von Oper und Ballett – alle musikalischen Gattungen seiner Zeit. Aus ihm ragen die Orgelwerke (darunter die Toccata d-Moll) und die etwa 30 ›Weimarer Kirchenkantaten‹ (u. a. ›Weinen, Klagen, Sorgen, Zagen‹) heraus, in der Instrumentalmusik die ›Brandenburgischen Konzerte‹, als Klaviermusik die Stücke für das ›Wohltemperierte Klavier‹, die ›Englischen‹ und ›Französischen Suiten‹. Kirchenmusikalische Leuchtpunkte sind neben anderem seine Passionen (v. a. ›Matthäuspassion‹) und das ›Weihnachtsoratorium‹.

❧ Bachs Werk galt seinen Zeitgenossen als schwierig und zu gelehrt. Nach seinem Tod wurde seine Musik vernachlässigt und erst wieder stärker beachtet, nachdem FELIX MENDELSSOHN BARTHOLDY die Matthäuspassion 1829 in Berlin wieder aufführte.

❧ Aus den beiden Ehen von J. S. Bach entstammen 20 Kinder; einige von ihnen wurden ihrerseits bedeutende Komponisten: WILHELM FRIEDEMANN (* 1710, † 1784), CARL PHILIPP EMANUEL (* 1714, † 1788), JOHANN CHRISTOPH FRIEDRICH (* 1732, † 1795) und JOHANN CHRISTIAN (* 1735, † 1782).

Baldung, Hans genannt GRIEN [wohl wegen seiner Jugend, ›der Grüne‹], * 1484/85, † 1545; als Maler und Zeichner für den Holzschnitt ein Schüler DÜRERS. Neben seinem Hauptwerk, dem Hochaltar des Münsters in Freiburg i. Br. (1512/16), eröffnete

Baldung in zahlreichen Blättern der deutschen Grafik den Zugang zur Renaissance.

Ballett, *das* [zu italienisch ballo ›Tanz‹], im abendländischen Kulturkreis der stilisierte Theatertanz, bei dem die Tänzer, begleitet von und in Abstimmung mit Musik, durch ihre Bewegungen einer erzählenden Handlung Ausdruck verleihen; einschränkend auch Bezeichnung für den klassisch-akademischen Tanz. Stationen des europäischen Balletts waren das Paris LUDWIG XIV. (1661 Gründung der Königlichen Tanzakademie), Wien zur Mitte des 18. Jh. (in diese Zeit fällt die Entwicklung des Tanzes auf den spitzen Fuß) und das kaiserliche St. Petersburg Ende des 19. Jh. (mit dem kaiserlichen Ballettmeister MARIUS PETIPA [* 1818, † 1910]). Im 20. Jh. gaben GEORGE BALANCHINE (* 1904, † 1983), MARTHA GRAHAM (* 1894, † 1991), MARY WIGMAN, JOHN CRANKO (* 1927, † 1973), JOHN NEUMAIER (* 1942) und HANS VON MANEN (* 1932) mit ihren Choreographien *(siehe dort)* dem Ballett neue Impulse. Bekannte Ballettstücke sind ›Giselle‹ (Musik von ADOLPHE CHARLES ADAM [* 1803, † 1856]), ›Schwanensee‹, ›Nussknacker‹, ›Dornröschen‹ (alle von TSCHAIKOWSKY), ›Feuervogel‹, ›Petruschka‹, ›Sacre du Printemps‹ (alle von STRAWINSKY). Zu den berühmtesten Tänzern zählen WASLAW NIJINSKIJ, ISADORA DUNCAN sowie RUDOLF NUREJEW (*1938, †1993) und MARGOT FONTEYN (* 1919, †1991).

Der Barbier von Sevilla, Oper von GIOACCHINO ROSSINI (Urauff. 1816), in deren Mittelpunkt Figaro steht, ein gewiefter Bursche, der seinem ehemaligen Herrn (Graf Almaviva) hilft, gegen dessen Konkurrenten (Bartolo) die Hand seiner Liebsten (Rosine) zu gewinnen. Der Oper diente das gleichnamige Lustspiel (*siehe* Hochzeit des Figaro) des französischen Schriftstellers PIERRE DE BEAUMARCHAIS (* 1732, † 1799), das 1775 uraufgeführt wurde, als Vorlage.

Bariton, *der* [griechisch ›volltönend‹], Stimmlage, die zwischen Tenor und Bass gelegene mittlere Männerstimme.

Barlach, Ernst Bildhauer und Dichter (* 1870, † 1938). In seinen strengen und schnörkellosen Bildwerken aus Holz und Bronze zeigt Barlach das Bild des einfachen, gefühlsmäßig ergriffenen, bodenständigen Menschen. Dazu mag ihn seine Reise durch Russland (1906) angeregt haben.

Barock, in der bildenden Kunst ein Epochenbegriff, der das 17. Jh. und den Beginn des 18. Jh. umspannt. Das portugiesische Wort barroca bedeutet ›Steinchen‹, ›unregelmäßige, schiefe Perle‹ und wurde zunächst vom Juwelierhandwerk aufgegriffen. Der Barock entspricht in etwa der europäischen Geschichtsepoche der Gegenreformation und des beginnenden Absolutismus; er prägte v. a. die katholischen Länder. Herausragende Künstler waren JOHANN SEBASTIAN BACH, ANTONIO VIVALDI, GEORG FRIEDRICH HÄNDEL (Musik), GIAN LORENZO BERNINI, JOHANN BALTHASAR NEUMANN (Architektur), ANDRÉ LE NÔTRE (* 1613, † 1700; Gartenkunst) und v. a. die Maler PETER PAUL RUBENS und REMBRANDT.

Das barocke Treppenhaus von J. B. Neuhaus in Schloss Augustusburg bei Brühl

Basie, Count [kaʊnt ˈbeɪsɪ], eigentlich William Basie, amerikanischer Jazzpianist und Bandleader (* 1904, † 1984); die von ihm geleitete Band war stilistisch dem Swing verpflichtet und wurde durch ihre rhythmische Intensität bedeutend.

Basilika, *die* [griechisch ›königliche (Halle)‹], ein spätestens seit dem Anfang des 2. Jh. v. Chr. im Römischen Reich entstandener Bautypus; als lang gestreckte Halle diente sie weltlichen Zwecken (für Märkte, Gerichtsverhandlungen u. Ä.). Im Zuge der Christianisierung übernahmen die Christen den Grundtyp der Basilika als Bauform für ihre Kirchengebäude. Am Ende der antiken Basilika befand sich ein halbrunder, nach innen offener Raum (als

Platz für den Richter, den Herrscher oder sein Standbild), aus dem sich der Chor christlicher Kirchen entwickelte.

Bass, *der* [von italienisch basso ›niedrig‹], die Stimmlagenbezeichnung für die tiefste Männerstimme; bei Instrumentenfamilien steht Bass für die tiefsten Vertreter, z. B. Bassgeige, Bassposaune.

Bauhaus, von WALTER GROPIUS (* 1883, † 1969) 1919 in Weimar gegründete Schule mit Werkstätten für Handwerk, Architektur und bildende Künste; 1925 fand die Übersiedelung nach Dessau statt. Gedanklich lag der Bauhaus-Bewegung die Forderung nach der Einheit aller bildenden Künste unter Führung der Baukunst und der Betonung des handwerklich-technischen Könnens als Grundlage künstlerischen Schaffens zugrunde. Neben GROPIUS zählen JOHANNES ITTEN (* 1888, † 1967), LIONEL FEININGER (* 1871, † 1956), OSKAR SCHLEMMER (* 1888, † 1943), LUDWIG MIES VAN DER ROHE (* 1886, † 1969) zu den bedeutendsten Bauhaus-Vertretern. Das Bauhaus wurde im nationalsozialistischen Deutschland geschlossen.

Beatles [bi:tlz], als Symbol des Umbruchs im Empfinden und Leben ihrer Zeit zählen die vier Musiker der britischen Beatgruppe ›The Beatles‹ (GEORGE HARRISON [* 1943], JOHN LENNON [* 1940, † 1980], PAUL MCCARTNEY [* 1942], RINGO STARR [* 1940]) schon zu den Klassikern der Musikgeschichte des 20. Jh. Bis sich die Gruppe 1970 trennte, war sie überaus erfolgreich mit Songs wie I Want to Hold Your Hand‹, ›Hey Jude‹, ›Help‹, ›All You Need is Love‹, ›Yesterday‹; die teilweise anspruchsvollen Texte stammten meist von Lennon.

Beckmann, Max Maler (* 1884, † 1950), der in seinen späteren, von den ›Fauves‹ *(siehe dort)* beeinflussten Bildern (darunter zahlreiche Selbstporträts) in kantiger, wuchtiger Aufdringlichkeit unverhohlene Zeitkritik übte. Dies führte nach der Machtergreifung HITLERS zur Entlassung von seinem Lehrauftrag und zur Auswanderung in die Niederlande und die USA.

Beethoven, Ludwig van (* 1770, † 1827), neben MOZART und HAYDN (dessen Schüler Beethoven war) einer der großen drei Komponisten der ›Wiener Klassik‹, einer Stilrichtung der europäischen Musik, deren Höhe- und Endpunkt Beethoven setzte. In seinen Werken lebt eine musikalische Empfindungssprache, die von Ruhe und Innigkeit, Derbheit, Trotz und Kraft geprägt ist. Zu seinen berühmtesten Werken zählen neben der Oper ›Fidelio‹ und den Klaviersonaten (z. B. die ›Mondscheinsonate‹, die ›Appassionata‹) die 3. (›Eroica‹), die 5. (›Schicksalssinfonie‹) und die 9. Sinfonie (nach dem Text ›Ode an die Freude‹ von SCHILLER). Schon als junger Mann schwerhörig, wurde Beethoven 1819 völlig taub.

❧ Beethovens Musik löste bei seinen Zeitgenossen nicht nur Zustimmung aus: ROBERT SCHUMANN sagte beim Anhören der 5. Sinfonie: ›Mir wird so angst‹; GOETHE soll es für ein Glück gehalten haben, dass der taube Beethoven seine Musik nicht zu hören brauchte.

Bellini, Giovanni (* um 1430, † 1516), begründete gemeinsam mit seinem Bruder GENTILE (* 1429 (?), † 1507) die venezianische Malerschule der Frührenaissance, aus der im 16. Jh. so berühmte Meister wie TIZIAN hervorgehen sollten.

Berlioz, Hector [bɛr'ljo:z], französischer Komponist (* 1803, † 1869), der in der Epoche der Romantik als Mittelpunkt eines künstlerischen Kreises galt, zu dem u. a. auch VICTOR HUGO, ALEXANDRE DUMAS D. Ä. und HONORÉ DE BALZAC gehörten. Aus seinen Arbeiten (Opern, Orchesterwerke, Kantaten, Messen) ragen die ›Symphonie fantastique‹ (1830) und die ›Symphonie funèbre et triomphale‹ (1840) heraus.

Bernini, Gian Lorenzo (* 1598, † 1680), schmückte als Baumeister das barocke Rom mit Platzanlagen (u. a. Kolonnaden auf dem Petersplatz) und Brunnen (u. a. Vierströmebrunnen auf der Piazza Navona). Die Übergänge zu seinem bildhauerischen Schaffen (u. a. ›Apoll und Daphne‹) sind dabei fließend, wie der Bronzebaldachin über dem Hauptaltar oder die Papstgräber in der Peterskirche beweisen.

Bernstein, Leonard ['bə:nstaɪn], amerikanischer Komponist, Dirigent und Pianist (* 1918, † 1990). Bernsteins Ruhm als einer der bekanntesten Dirigenten des 20. Jh. begann mit einem Zufall: Für den erkrankten BRUNO WALTER (* 1876, † 1962) dirigierte er 1943 die New Yorker Philharmoniker mit so viel Bravour, dass man sich seinen Namen fortan merken musste. Großen Erfolg hatte er mit der Komposition des Musicals ›West side story‹ (1957), einer in New York spielenden Geschichte, die Elemente des alten Stoffs von ›Romeo und Julia‹ enthält.

Der Bettelstudent, Operette (Uraufführung 1882) von KARL MILLÖCKER (* 1842, † 1899); auch Titel einer Operette (Uraufführung 1785) von PETER VON WINTER (* 1754, † 1825) nach ›La cueva de Salamanca‹ von CERVANTES.

Beuys, Joseph deutscher Künstler, Professor an der Düsseldorfer Kunstakademie (* 1912, † 1986). In seinen Werken suchte Beuys u. a. seine Vorstellung von den Gegensätzen zwischen Kälte und Wärme, Werden und Erstarrung, Schöpferkraft und Vernunft darzustellen. Die verwendeten Materialien sollten dies ausdrücken: z. B. Filz (Isolation), Fett (Wärme). Beuys gilt als einer der bedeutendsten Künstler der Nachkriegszeit; seine Werke (z. B. Filzanzug, Fettecke, Hut auf Konzertflügel) bleiben aber heftig umstritten, da viele Menschen zu ihnen keinen Zugang finden.

Biedermeier, *das* Bezeichnung für die zwischen 1815 (Ende der Napoleonischen Kriege) und 1848 (Revolutionsjahr) liegende Stilepoche (besonders bei Mode, Malerei und Wohnkultur) in Deutschland. Namengebend war die treuherzig-spießbürgerliche Figur des ›Gottlieb Biedermeier‹ in den von LUDWIG EICHRODT (* 1827, † 1892) und ADOLF KUSSMAUL (* 1822, † 1902) verfassten ›Fliegenden Blättern‹ (zwischen 1855 und 1857 veröffentlichte Gedichte).

Bizet, Georges [bi'ze], französischer Komponist (* 1838, † 1875); nachdem seine frühen Opernwerke wenig Beachtung fanden, gelang ihm mit der Suite ›L'Arlésienne‹ (1872) der Durchbruch; am bekanntesten ist seine Oper ›Carmen‹ (1872) nach der gleichnamigen Novelle von PROSPER MÉRIMÉE (* 1803, † 1870).

Blasinstrumente, eine Gruppe von Musikinstrumenten, bei denen die in einem festen Körper eingeschlossene Luft zum Klingen gebracht (z. B. Flöte, Oboe, Fagott, Klarinette, Saxophon, Trompete, Posaune, Horn) oder die Außenluft unmittelbar in Schwingung versetzt wird (z. B. Harmonium, Mundharmonika). Die Unterscheidung zwischen Holz- und Blechblasinstrumenten ist insoweit irreführend, als Flöten- und Rohrblattinstrumente (z. B. Saxophon) auch aus Metall gefertigt werden.

Blauer Reiter, Name eines Kreises gleich gesinnter Künstler, der 1911 in München von WASSILY KANDINSKY und FRANZ MARC ins Leben gerufen wurde. Der Name (auch Titel eines Almanachs und außerdem Titel einer Ausstellung) sollte den Aufbruch zu einer neuen, geistigen Kunst symbolisieren. Dem Kreis gehörten u. a. auch ALEXEJ VON JAWLENSKY (* 1864, † 1941), GABRIELE MÜNTER (* 1877, † 1962), PAUL KLEE, HEINRICH CAMPENDONCK (* 1889, † 1957) an.

Blues, *der* [blu:z], die um 1900 entstandene Form des weltlichen Lieds der Schwarzen in Nordamerika, im Gegensatz zu ihrem religiösen Lied, dem Negrospiritual (*siehe* Spiritual). Es war ursprünglich ein improvisiertes Lied, das vom Leben und den Problemen der Schwarzen handelte. Später entwickelte sich daraus auch eine instrumentale Musizierform, die eine entscheidende Rolle bei der Entstehung des Jazz spielte. – Als Blues bezeichnet man auch einen Tanz, der ursprünglich von amerikanischen Schwarzen entwickelt und seit den 1920er-Jahren ein Gesellschaftstanz der Weißen wurde.

Bogart, Humphrey amerikanischer Schauspieler (* 1899, † 1957), weltbekannt für die Darstellung hartgesottener Charaktere, z. B. als Kapitän Queeg in ›Die Caine war ihr Schicksal‹ (1954) oder als Rick Blaine in ›Casablanca‹ (1942; zusammen mit INGRID BERGMANN, * 1915, † 1982).

Bohemien, *der* [boe'miɛ̃; französisch, zu lateinisch bohemus ›Böhme‹], Bezeichnung für jemanden, der v. a. als Künstler (Literat) einen unkonventionellen Lebensstil pflegt, der sich im Äußeren ebenso zeigt wie in Fragen der Moral.
❧ PUCCINI griff das Leben der Pariser Boheme in seiner Oper ›La Bohème‹ (Urauff. 1896) ebenso auf wie RUGGIERO LEONCAVALLO (* 1857, † 1919).

Bolschoi-Theater [russisch bolschoi ›groß‹], eigentlich ›Großes Akademisches Theater‹ in Moskau, 1776 gegründet. Berühmt ist sein Ballettensemble, das Bolschoi-Ballett.

Bosch, Hieronymus eigentlich Bosch van Aken, nach seinem Geburtsort 's Hertogenbosch benannter niederländischer Maler (* 1453, † 1516). In seinen detailgenauen Darstellungen (u. a. ›Garten der Lüste‹, ›Heuwagen-Triptychon‹) entspinnt sich eine bizarre Traumwelt voller Fabelwesen, die der Symbolik des Surrealismus vorgreift.

Botticelli, Sandro [botti'tʃɛlli], italienischer Maler (* 1445, † 1510), in dessen Werken (u. a. ›Geburt der Venus‹) ein noch gotischer Zug zum Schönlinigen und Gezierten vorherrscht.

Brahms, Johannes deutscher Komponist (* 1833, † 1897), trat bereits als Zehnjähriger als Pianist öffentlich auf. In seinen Kompositionen verbinden sich die Stil- und Ausdrucksmittel seiner Zeit mit denen der Klassik und des Barock. Sie zeigen sangliche Melodik und Reichtum in Rhythmik und Harmonik. Die Kammermusik und das strophische Lied haben bei Brahms zentrale Bedeutung. Außerdem schrieb er Sinfonien, Klavierwerke und das Chorwerk ›Ein Deutsches Requiem‹ (1868).

Brandenburger Tor, von CARL GOTTHARD LANGHANS (* 1732, † 1808) 1788/91 im frühklassizistischen Stil in Berlin erbautes Tor, gekrönt von einer von GOTTFRIED SCHADOW (* 1764, † 1850) 1789/94 geschaffenen bronzenen Quadriga (Streitwagen mit vier Pferden, gelenkt von einer Siegesgöttin).

Brandenburgische Konzerte, *siehe* Bach.

Bratsche, der deutsche Name für die Viola. Aus ihr entwickelte sich im 16. Jh. die gesamte heutige Violinfamilie, in der sie den Platz des Altinstruments, klanglich zwischen Geige und Violoncello, einnimmt. Die Bratsche ist größer als die Geige, wird aber wie diese gespielt. Ihre Stimme wird mit einem speziellen Schlüssel, dem Alt- oder Bratschenschlüssel, notiert.

Die Brücke, expressionistisch orientierte deutsche Künstlervereinigung, die 1905 in Dresden u. a. von ERNST LUDWIG KIRCHNER (* 1880, † 1938), ERICH HECKEL (* 1883, † 1970) und KARL SCHMIDT-ROTTLUFF (* 1884, † 1976) gegründet wurde. Ihr gehörten auch MAX PECHSTEIN (* 1881, † 1955), OTTO MUELLER (* 1874, † 1930) sowie EMIL NOLDE an. Stilistisch verband die Maler eine intensive Farbgebung und eine gewisse eckige Steifheit der Formen.

Bruckner, Anton österreichischer Komponist (* 1834, † 1896), eine der herausragenden Musikerpersönlichkeiten des 19. Jh. Aus seinen gewaltigen, farbenprächtigen Tonschöpfungen sprechen tiefe Religiosität und inniges Naturgefühl. 1868 wurde er als Hoforganist und Professor nach Wien berufen. Sein Schaffen umfasst 11 Sinfonien, Messen, das ›Requiem‹ und das ›Te Deum‹ sowie viele kleinere Werke, darunter Motetten, Psalmen, Hymnen.

Brueghel, Pieter d. Ä. [brø:xəl], niederländischer Maler (* um 1525/30, † 1569), der in durchaus erzieherischer Absicht das alltägliche Leben der ländlichen Bevölkerung im Bilde festhielt (daher auch: ›Bauernbrueghel‹).

Burgtheater, als ›Theater nächst der Burg‹ 1741 von Kaiserin MARIA THERESIA gegründetes Theater in Wien, das in der Mitte des 19. Jh. die führende Rolle unter den deutschsprachigen Bühnen errang. – Seit 1926 wird der Burgtheaterring einem seiner Mitglieder oder einem Dramatiker als Auszeichnung verliehen.

Callas, Maria griechische Sängerin (* 1923, † 1977), Sopranistin, verfügte über ein ungewöhnlich breites Gesangsrepertoire und war auch wegen der dramatischen Dichte ihrer Rollengestaltung berühmt.
❧ Maria Callas hieß eigentlich Maria Anna Cecilia Sofia Kalogeropoulos.

Capriccio, *das* [ka'prɪtʃo; italienisch ›Laune, Einfall‹], scherzhaftes, launiges Musikstück; ein Stück in besonders einfallsreicher Art und freier Form (z. B. das ›Capriccio italien‹ von TSCHAIKOWSKY, 1880 nach einer Italienreise entstanden).

Caravaggio [kara'vaddʒo], italienischer, nach seinem Geburtsort benannter Maler (* 1573, † 1610), dessen ruheloser Lebenswandel sich mit einer neuartigen, den Barock vorwegnehmenden Kunstauffassung verbindet. Caravaggios naturnahe Bilder (u. a. ›Amor als Sieger‹, um 1596) begründeten wegen ihrer Helldunkeleffekte und der kühnen, oft das Menschliche des dargestellten Heiligen betonenden Komposition eine grundlegende Umwälzung in der Malerei.
❧ Caravaggio hieß eigentlich Michelangelo Merisi.

Carnegie Hall ['kɑ:nəgɪ hɔ:l], die von dem amerikanischen Industriellen ANDREW CARNEGIE (* 1835, † 1919) gestiftete Konzerthalle in New York, deren Akustik gepriesen wird.

Caruso, Enrico italienischer Sänger (* 1873, † 1921), als bester Operntenor seiner Zeit gefeiert; war auch als Zeichner begabt.

Casals, Pablo spanischer Cellist (* 1876, † 1973), dessen Spiel von technischer Perfektion und hoher Musikalität gekennzeichnet war.

Cellini, Benvenuto [tʃel'li:ni], in Frankreich und v. a. in Florenz tätiger Goldschmied und Bildhauer (* 1500, † 1571). Sein ›Perseus‹ (1545–54) bildet den Einstieg in die manieristische Skulptur. Sehr bekannt ist auch sein für den französischen König FRANZ I. (* 1494, † 1547) geschaffenes ›Salzfass‹ (1539–43).
❧ Cellinis selbst verfasste, abenteuerliche Biographie übersetzte GOETHE ins Deutsche (1803).

Cello, *das* ['tʃɛlo], Musikinstrument, Kurzform für Violoncello, Bassinstrument der Familie Viola da Bracchio (*siehe* Viola). Es wird beim Spielen mit den Knien gehalten, durch einen Stachel auf dem Boden gestützt.

Cembalo, *das* ['tʃɛmbalo], ein Tasteninstrument, das in seinem Erscheinungsbild einem Konzertflügel ähnelt. Die Tonerzeugung erfolgt durch Anzupfen von dünnen, parallel verlaufenden Messing-, Bronze- oder Stahlsaiten unterschiedlicher Länge und Stärke, die über einen Resonanzboden mit Stegen gespannt sind. Im Gegensatz zum Klavier ist die Lautstärke nicht durch die Anschlagstärke beeinflussbar. Klangveränderungen erreicht man durch verschiedene Register, die durch Pedale zugeschaltet oder durch eine zweite Tastatur bedient werden.
❧ Das Cembalo entstand im 14. Jh. und erlebte seine Blütezeit im Barock.

Cézanne, Paul [se'zan], französischer Maler (* 1839, † 1906), der sich ab Ende der 1870er-Jahre mit seinen Stillleben und Landschaften eine am Farbwert orientierte Malerei schuf, die als Vorläufer zur Abstraktion gilt. Durch die Betonung geometrischer Formen in den Kompositionen hatte Cézanne auch Einfluss auf die Kubisten.
❧ Für PABLO PICASSO war Cézanne in Bezug auf die eigene und die Malerei seiner Freunde ›unser aller Vater‹.

Chagall, Marc Maler und Grafiker russischer Herkunft (* 1887, † 1985), in dessen Werken Erinnerungen an die früh verlassene Heimat mit jüdischem Brauchtum und Traumvisionen zu farbenfrohen, meist heiteren Bildern verschmelzen. Besonders bekannt sind Chagalls Illustrationen zu literarischen Themen (Bibel).

Chanson, *das* [ʃã'sõ; französisch ›Lied‹], in der Gegenwart ein Sprechgesang, bei dem Text, Musik und Vortrag eine Einheit mit lyrischem, humoristischem oder satirischem Charakter bilden.
Bekannte Chansonsänger(innen) waren oder sind: CHARLES AZNAVOUR (* 1924), GILBERT BÉCAUD (* 1927), GEORGES BRASSENS (* 1921, † 1981), JACQUES BREL (* 1929, † 1978), JULIETTE GRÉCO (* 1927), IVES MONTAND (* 1921, † 1991); ANDRÉ HELLER (* 1946), HILDEGARD KNEF (* 1925), REINHARD MEY (* 1942), HELEN VITA (* 1928), HANNE WIEDER (* 1929, † 1990).

Charlie Chaplin im Film ›Der große Diktator‹

Chaplin, Charles ['tʃæplɪn], genannt Charlie, britischer Filmkomiker, -autor, -regisseur und -produzent (* 1889, † 1977). Durch die Verkörperung der Figur des Vagabunden mit abgetragenem schwarzem Anzug, Melone und durchgetretenen Schuhen, der unschuldig in Gefahr gerät und auf abenteuerlich-groteske Weise gerade noch davonkommt, ging er in die Filmgeschichte ein. Filme u. a.: Goldrausch (1925), Lichter der Großstadt (1931), Moderne Zeiten (1936). Seine Tochter ist die Filmschauspielerin GERALDINE CHAPLIN (* 1944).

Chopin, Fryderyk Franciszek [ʃɔ'pɛ̃], (französisch Frédéric François), polnischer Komponist und Pianist (* 1810, † 1849). Sohn eines Franzosen und einer Polin, wegen seines früh entwickelten Talents beim Klavierspielen als Wunderkind gefeiert. 1838 reiste er mit der Dichterin GEORGE SAND (* 1804, † 1876) zur Besserung seines Lungenleidens nach Mallorca. Chopin schrieb ausschließlich Werke für Klavier oder Werke, in denen dem Klavier zentrale Bedeutung zukommt. Rhythmen und viele seiner Melodien sind von der polnischen Volksmusik beeinflusst, z.B. Mazurken, Polonaisen. Chopin war einer der größten Meister des lyrischen Klavierstücks, dessen romantischer Stil die Klaviermusik bis ins 20. Jh. beeinflusst hat.

Chor [griechisch ›Tanzplatz‹], in der Musik eine Gruppe von Sängern, die gemeinsam ein Lied vortragen. Ein Chor kann einstimmig (alle singen die gleiche Melodie) oder mehrstimmig sein. Ein sechsstimmiger Chor z. B. ist in folgende Stimmlagen eingeteilt: Sopran, Mezzosopran, Alt, Tenor, Bariton, Bass.
In der Architektur ursprünglich der Raum für Sänger und Priester im Inneren altchristlicher und mittelalterlicher Kirchen, später allgemein übertragen auf den das Kirchenhauptschiff meist im Osten abschließenden Teil des Kirchenraumes mit Hochaltar und Chorgestühl.

Choreographie, *die* ursprünglich die Tanzschrift zur Aufzeichnung von Bewegungsabläufen (Stellung, Haltung, Richtung); seit dem 18. Jh. die vom Choreographen festgelegte künstlerische Gestaltung eines Balletts *(siehe dort).*

Collage, *die* [kɔ'la:ʒə; französisch coller ›kleben‹], in der Kunst ein Bild, das aus auf eine Fläche geklebten Stücken von Papier, Stoff, Holz u.Ä. besteht. Das Prinzip der Collage geht auf die ›Papiers collés‹ (geklebte Papiere) von GEORGES BRAQUE (* 1882, † 1963) und PABLO PICASSO zurück.

Così fan tutte [italienisch ›So machen's alle (Frauen)‹], komische Oper von MOZART; Text von LORENZO DA PONTE (* 1749, † 1838); uraufgeführt 1790. Handlung der Oper: Neapel um 1720; zwei Offiziere (Ferrando und Guglielmo) sind von der Treue ihrer Verlobten (Fiordiligi und Dorabella) so überzeugt, dass sie auf die Wette des Spötters Alfonso, der weibliche Treue grundsätzlich infrage stellt, eingehen und die Frauen auf die Probe stellen.

Countrymusic ['kʌntrɪmju:zɪk; englisch ›ländliche Musik‹], auch Country and Western, aus dem Südosten und Südwesten der USA (besonders aus Nashville im US-Bundesstaat Tennessee) stammende Volksmusik; die sie begleitenden Texte greifen die Höhen und Tiefen des Alltags auf. Bekannte Interpreten der Countrymusic sind HANK WILLIAMS (* 1923, † 1953) und JONNY CASH (* 1932) und JIMMIE RODGERS (* 1897, † 1933).

Cranach, Lucas d.Ä. ein aus dem oberfränkischen Kronach (daher sein Name) stammender Maler und Grafiker (* 1472, † 1553). Der enge Freund LUTHERS und Anhänger der Reformation schuf seit 1505 in Wittenberg bedeutende Porträts und Szenen mit mythologischem und alttestamentarischem Hintergrund (Wiedergabe weiblicher Aktfiguren). Er schuf auch Holzschnitte zur Bibel und zu den Reformationsschriften.
❧ Arbeiten aus der Werkstatt Cranachs erkennt man an einer kleinen geflügelten Schlange, dem Wappentier des Künstlers.

crescendo [krɛ'ʃɛndo; italienisch ›wachsend‹], musikalische Vortragsbezeichnung für das allmähliche Anwachsen der Tonstärke.

Collage. P. Picasso, Stillleben mit Violine und Früchten (1913)

Dadaismus (kurz: Dada), Kunstströmung um 1920, die sämtliche Traditionen des Kunstschaffens der Lächerlichkeit preisgab, um dadurch einen Akt der Besinnung und Reinigung in Gang zu setzen. Für die beteiligten Künstler (u.a. HANS [JEAN] ARP [* 1886, † 1966], KURT SCHWITTERS [* 1887, † 1948]) bildete Dada meist eine Durchgangsphase zum Surrealismus oder zur Neuen Sachlichkeit.

Dalí, Salvador spanischer Maler (* 1904, † 1989), der sich in seinen häufig durch die Psychoanalyse angeregten Werken (u. a. ›Die brennende Giraffe‹, 1935) und Spektakeln zu surrealistisch überhobenen Halluzinationen bekannte, in seiner Malerei jedoch die gegenständliche, handwerklich saubere Darstellungsweise und Motivwahl älterer Meister bevorzugte.

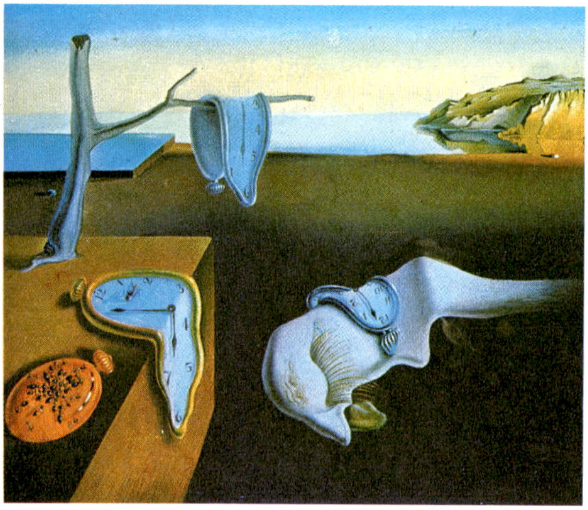

Salvador Dalí. ›Die Beständigkeit der Erinnerung‹ (1931; Ausschnitt)

David, Jacques Louis französischer Maler (* 1748, † 1825), der nicht nur den Umschwung vom Rokoko zum Klassizismus (›Der Schwur der Horatier‹, 1784/85) vollzog, sondern nach glühender Anteilnahme an der Französischen Revolution von 1789 auch den Wechsel ins Lager NAPOLEONS (›Kaiserkrönung‹, 1806/07) nicht versäumte.

Davis, Miles [ˈdeɪvɪs], amerikanischer Trompeter und Komponist (* 1926, † 1991), der viele Facetten der Jazzmusik, von Modern Jazz bis zum Rockjazz beherrschte; bedeutender Entdecker neuer Talente. Schrieb: ›Birth of the Cool‹; ›Kind of Blue‹; ›Bitches Brew‹; ›We want Miles‹.

Debussy, Claude [dəbyˈsi], französischer Komponist (* 1862, † 1912), gilt als Hauptmeister des musikalischen Impressionismus. Diese Kunstrichtung zeichnete sich durch feinste Unterschiede in den Klangfarben und verschwimmende Klänge aus. Debussy schuf zahlreiche Werke, aus denen ›Vorspiel zum Nachmittag eines Fauns‹ (1892) für Orchester, das Bühnenwerk ›Pelléas et Mélisande‹ (1902) und das große dreiteilige Orchesterwerk ›Das Meer‹ (1903/05) hervorzuheben sind.

Degas, Edgar [dəˈga], französischer Maler (* 1834, † 1917), der mit Vorliebe scharf beobachtete Szenen aus Ballett, Pferderennbahn oder mit sich ankleidenden Damen wählte, häufig in Pastelltechnik ausgeführt. Fast erblindet, schuf er gegen Ende seines Lebens eine Reihe von rund 70 Statuetten.

Delacroix, Eugène [dəlaˈkrwa], französischer Maler (* 1798 † 1863), dessen Tier- und Historienbilder (u. a. ›Die Freiheit führt das Volk‹, 1830) und Reiseskizzen aus dem Orient die französische Romantik begründeten und in ihrer Behandlung von Licht und Farbe Impulse für den Impressionismus stifteten.

Dietrich, Marlene Filmschauspielerin und Sängerin (* 1901, † 1992), seit 1921 als Bühnen- und Filmschauspielerin in Berlin, wurde weltbekannt in der Rolle der Lola und mit dem Lied ›Ich bin von Kopf bis Fuß auf Liebe eingestellt‹ in dem Film ›Der blaue Engel‹ (1930, Regie JOSEF VON STERNBERG [* 1894, † 1969], nach der Romanvorlage ›Professor Unrat‹ von HEINRICH MANN). Als Gegnerin der Nationalsozialisten lebte Marlene Dietrich seit den 1930er-Jahren in den USA (1937 amerikanische Staatsbürgerin), zuletzt in Paris. Sie hieß eigentlich Maria Magdalena von Losch.

Dirigent [zu lateinisch dirigere ›leiten‹], Leiter eines Chors, eines Orchesters oder der Aufführung eines musikalischen Bühnenwerks. Der Beruf des Dirigenten gewann erst seit dem 18. Jh. Profil. Große Dirigenten des 20. Jh. waren bzw. sind u. a.: CLAUDIO ABBADO (Italien, * 1933), ERNEST ANSERMET (Schweiz, * 1883, † 1969), DANIEL BARENBOIM (Israel, * 1942), SIR THOMAS BEECHAM (Großbritannien, * 1879, † 1961), LEONARD BERNSTEIN (USA, * 1918, † 1990), KARL BÖHM (Österreich, * 1894, † 1981), PIERRE BOULEZ (Frankreich, * 1925), SERGIU CELEBIDACHE (Rumänien, * 1912, † 1996), SIR COLIN DAVIS (Großbritannien, * 1927), WILHELM FURTWÄNGLER (Deutschland, * 1886, † 1954), HERBERT VON KARAJAN (Österreich, * 1908, † 1989), OTTO KLEMPERER (Israeli deutscher Abstammung, * 1885, † 1973), HANS KNAPPERTSBUSCH (Deutschland, * 1888, † 1965), ZUBIN MEHTA (Indien, * 1936), ARTHUR NIKISCH (Ungarn, * 1855, † 1922), EUGENE ORMANDY (Amerikaner ungarischer Abstammung, * 1899, † 1985),

Sir Georg Solti (Brite ungarischer Abstammung, * 1912, † 1997), Arturo Toscanini (Italien, * 1867, † 1957), Bruno Walter (Amerikaner deutscher Abstammung, * 1876, † 1962).

Disney, Walt ['dɪznɪ], amerikanischer Filmproduzent und Trickfilmzeichner (* 1901, † 1966); er ist der ›Vater‹ der ›Mickymaus‹ (1928 entstanden), von ›Donald Duck‹, ›Bambi‹ und ›Pluto‹. Seit 1934 stellte Disney auch Farbfilmserien her und drehte Spielfilme. Großen Erfolg erzielte u. a. sein Dokumentarfilm ›Die Wüste lebt‹ (1953). Er gründete 1955 den Vergnügungspark ›Disneyland‹ (bei Los Angeles); es folgten 1971 in Florida ›Disney World‹ und 1992 ›Euro-Disneyland‹ bei Paris.

Dissonanz, *die* [zu lateinisch dissonare ›misstönen‹], in der Musik ein aus zwei oder mehr Tönen bestehender Klang, der im Gegensatz zur Konsonanz eine Spannung enthält und nach Auflösung strebt. Was als Dissonanz aufgefasst wird, wie sie im musikalischen Satz zu behandeln ist und in welcher Häufigkeit sie auftritt, hat sich im Laufe der Zeit ständig gewandelt.

Dix, Otto deutscher Maler (* 1891, † 1969). In oft altmeisterlicher, neuromantischer, scheinbar wirklichkeitsgetreuer Pinselführung entführt Dix in die Welt der 1920er-Jahre: den Schock des Kriegserlebnisses (Dix selbst kämpfte als Maschinengewehrschütze), die von den Massenvernichtungswaffen entstellten Kriegskrüppel, die Halbwelt der ›goldenen Zwanziger‹, sowie Porträts.

Dixieland ['dɪksɪlænd], ursprünglich: volkstümliche Bezeichnung für die Südstaaten der USA; in der Musik ein um 1890 in den US-Südstaaten von Weißen geschaffener Jazzstil. Der Rhythmus ist gewöhnlich schnell und erlaubt improvisierte Einlagen einzelner Instrumente.

Donatello, italienischer Bildhauer (* um 1385, † 1466), der durch das Studium der antiken Bildwerke die mittelalterlichen Skulpturenschemata überwand: So modellierte er neben der ersten neuzeitlichen umschreitbaren Vollfigur (›David‹) u. a. das erste Reiterdenkmal der Frührenaissance (›Gattamelata‹, in Padua).

Don Giovanni [- dʒo'wanɪ], **Don Juan** [- xu'an], Oper von Mozart, Text von Lorenzo da Ponte (* 1749, † 1838); Uraufführung 1789. Im Mittelpunkt der im Spanien des 17. Jh. spielenden Oper steht das ausschweifende Leben Don Juans (italienisch Don Giovanni). Für seine Taten wird Don Giovanni vom Komtur – den Don Giovanni getötet hatte – bestraft, der als ›steinerner Gast‹ bei einem Gastmahl erscheint und die Ehre seiner Tochter rächt, indem er Don Juan in den Schlund der Hölle wirft.

Doors [do:rs], legendäre amerikanische Rockgruppe um Jim Morrison (* 1943, † 1971), die ab der Mitte der 1960er-Jahre mit ihren Rockinterpretationen, denen z. T. poetische, z. T. provozierende Texte zugrunde lagen, großes Aufsehen erregte; mit ›Light my fire‹ gelang ihnen der Durchbruch.

Dreigroschenoper, Oper, bestehend aus Prolog (einleitender Teil) und acht Szenen, von Kurt Weill (* 1900, † 1950), Text nach der ›Bettleroper‹ des englischen Dichters John Gay (* 1685, † 1732), übersetzt von Elisabeth Hauptmann (* 1897, † 1973), mit Versen von Bertolt Brecht (zum Teil mit Texten von François Villon und Rudyard Kipling); Uraufführung 1928.

Duett, *das* [zu italienisch duo ›zwei‹], Komposition für zwei Singstimmen, meist mit Instrumentalbegleitung. In derselben Bedeutung wird der Begriff ›Duo‹ gebraucht, der darüber hinaus aber auch eine Komposition für zwei Instrumente bezeichnet sowie die beiden Instrumentalisten meint, die die Komposition spielen.

Duncan, Isadora ['dʌŋkən], amerikanische Tänzerin (* 1878, † 1927). Ihre emotional-expressiven Interpretationen tanzte sie barfüßig, nur mit einer losen Tunika bekleidet.

Dürer, Albrecht deutscher Maler und Grafiker (* 1471, † 1528), in dessen Schaffen sich spätgotisches Herkommen (Holzschnittfolge der ›Apokalypse‹) und die auf zwei Italienreisen (1494/95, 1505/07) erfahrene Renaissance fruchtbar vermischen. Sich vom spätmittelalterlichen Handwerkertum lösend, spricht aus seinen Werken (u. a. Kupfersticheinzelblätter, etwa ›Ritter, Tod und Teufel‹, Landschaftsaquarelle und [Selbst-]Porträts) ein neues schöpferisches Selbstbewusstsein. In seinen letzten Lebensjahren widmete er sich in Nürnberg dem Verfassen kunsttheoretischer Schriften. – Abb. S. 200.

Dvořák, Antonin ['dvɔrʒa:k], tschechischer Komponist (* 1841, † 1904). Er schuf zahlreiche Werke,

Albrecht Dürer. Adam und Eva. Kupferstich (1504)

die sich durch Formkraft und großen melodischen Reichtum auszeichnen, z. B. die Sinfonie ›Aus der neuen Welt‹, Opus 95 (1893).

Dyck, Anthonis van [dɛi̯k], 1620 nach England ausgewanderter flämischer Maler (* 1599, † 1641), der am dortigen Königshof in malerischer Anlehnung an RUBENS zum gefeierten Porträtmaler (u. a. ›Karl I. mit Reitknecht und Page‹) wurde.

El Greco [spanisch ›der Grieche‹], Künstlername des auf Kreta geborenen Malers DOMENIKOS THEOTOKOPULOS (* um 1541, † 1614). Über Italien gelangte er um 1575 nach Spanien, wo er in der damaligen Hauptstadt Toledo zahlreiche, wegen ihrer kühlen Farbigkeit und absonderlichen, manieristischen Übersteigerung heftig umstrittene Gemälde (u. a. ›Begräbnis des Grafen Orgaz‹) schuf.

Ellington, Duke eigentlich Edward Kennedy Ellington, amerikanischer Jazzpianist und -komponist (* 1899, † 1974), Mitbegründer des modernen Orchesterjazzstils; zu seinen populärsten Liedern zählen ›Mood Indigo‹, ›Satin Doll‹, ›Sophisticated Lady‹ und ›Don't Get Around Much Anymore‹.

Empire, *das* [ã'pi:r; französisch ›Kaiserreich‹], bereits ein Jahrzehnt vor der Kaiserkrönung NAPOLEONS I. (1804) einsetzende Spielart des Klassizismus in Frankreich. Von hier aus verbreitete sich der prunkvolle, an antiken Motiven angelehnte Stil (Innenraumdekoration, Kunsthandwerk, Mode) bis etwa 1830 über Europa.

Die Entführung aus dem Serail, Singspiel von MOZART (Uraufführung 1782). Die Handlung führt nach Kleinasien in die Mitte des 16. Jh. Im Landhaus des Selim Bassa befindet sich die an ihn von Seeräubern verkaufte Constanze; Belmonte, ihr Verlobter, versucht, sie aus dem Serail (Harem) des Selim Bassa zu befreien, was zunächst am Aufseher Osmin scheitert; Selim Bassa erweist sich schließlich als großmütig und gibt sie frei.

Eremitage, *die* [...taʒə], auf mehrere, im 18. und 19. Jh. erbaute Gebäudekomplexe verteiltes Museum in St. Petersburg mit einer bedeutenden Gemäldegalerie.

Ernst, Max deutscher Maler, Grafiker und Plastiker (* 1891, † 1976), in dessen Werk sich Züge des Dadaismus und Surrealismus widerspiegeln. Für seine absichtlich absurden, häufig beklemmenden Arbeiten bediente sich Ernst, der seit 1922 meist in Frankreich lebte, neuer Techniken, etwa des Zusammenklebens (Collage) oder Durchreibens (Frottage) ursprünglicher Materialien.

Eroica [italienisch ›die Heldische‹], Name der 1803/04 entstandenen Sinfonie Nr. 3 Es-Dur Opus 55 von LUDWIG VAN BEETHOVEN; zu Ehren von NAPOLEON BONAPARTE komponiert; der republikanisch gesinnte BEETHOVEN zerriss die Widmung, als er von NAPOLEONS Kaiserkrönung erfuhr.

Escorial, *der* die im Auftrag PHILIPPS II. von Spanien (* 1527, † 1598) seit 1563 in strenger, festungsähnlicher Gliederung erbaute, klösterliche Residenz und Grablege der spanischen Könige, rund 60 km von Madrid entfernt.

Etüde, *die* [französisch ›Studium‹], eine Komposition, mit der man bestimmte spieltechnische Schwierigkeiten üben kann.

Expressionismus [zu lateinisch expressio ›Ausdruck‹], Strömung in Literatur und Malerei zwischen 1880 und 1920. Nicht die Wiedergabe der sinnlich erfahrbaren Umwelt, sondern das geistige wie seelische Empfinden des Künstlers bestimmt den Schaffensprozess. Angeregt von exotischen und mittelalterlichen Kunstwerken, durchzieht eine aufgewühlte Grellheit in Farbe, Form und Sprache die Kunstproduktion; dies bedeutete auch ein Aufbegehren gegen die gesellschaftliche Erstarrung an der Jahrhundertwende. Zu den bedeutendsten Vertretern zählen EMIL NOLDE, ERNST LUDWIG

KIRCHNER (* 1880, † 1938), ERNST BARLACH oder WILHELM LEHMBRUCK (* 1881, † 1919).

Eyck, Jan van niederländischer Maler (* um 1390, † 1441), der sich als erster Künstler außerhalb Italiens von den Zwängen der mittelalterlichen, noch ganz von den kirchlichen Erwartungen dominierten Kunst zu befreien begann, ohne deren Überlieferung aufzugeben. Diese neue, kritisch-rationale Weltanschauung äußert sich bereits in van Eycks ›Genter Altar‹, jedoch besonders in seinen Porträts.

Fagott, *das* das größte Holzblasinstrument, der ›Bass‹ in der Familie der Oboen. Die Schallröhre des Fagotts ist geteilt, nebeneinander angebracht und am Fuß durch den ›Stiefel‹ als Übergangsstück verbunden; ein Teil, der ›Flügel‹ ist kürzer, an ihm befindet sich das Mundstück; die längere Röhre trägt das Schallstück.

Fauves [fo:v; französisch ›Wilde‹], Malergruppe um HENRI MATISSE, die sich zu Beginn des 20. Jh. entschieden vom bestehenden Kunstgeschmack abkehrte. Hierbei bediente sie sich eines großflächigen, ungestümen Auftrags leuchtender, meist unvermischter Farben.

Fidelio, Oper von LUDWIG VAN BEETHOVEN. Ort der Handlung: ein Staatsgefängnis im spanischen Sevilla, Ende des 18. Jh. Fidelio ist die als Gefängnishilfe verkleidete Frau eines aus politischen Gründen unschuldig Eingekerkerten (Florestan), den sie (die in Wahrheit Leonore heißt) befreien will. Kurz vor dem Eintreffen eines Gefängnisinspizienten versucht der Gefängnisgouverneur (Pizarro), Florestan zu töten, was Fidelio mutig verhindert. Bald darauf werden die Gefangenen freigelassen.
❧ Fidelio ist BEETHOVENS einzige Opernkomposition; in ihr drückt sich sein Glaube an die Menschheit aus. Die Oper wurde zwischen 1805 und 1814 in jeweils geänderten Fassungen (ur)aufgeführt (teilweise auch als ›Leonore‹). Die Ouvertüren der Fassungen sind als ›Leonorenouvertüren‹ bekannt.

Film, die etwa seit der Wende zum 20. Jh. einem immer größer werdenden Publikum zugänglichen Spiel-, Dokumentar- oder Trickfilme, die ihre technischen (Tonfilm seit Ende der 1920er-Jahre, Farbfilm seit Ende der 1930er-Jahre) und künstlerischen Möglichkeiten in den Dienst eines länger andauernden, bewegten und beliebig wiederholbaren schöpferischen Ausdrucksvermögens stellen können. Seit dem Expressionismus (›Das Kabinett des Dr. Caligari‹, 1919) besteht daher eine unterschiedlich enge Zusammenarbeit zwischen Filmschaffenden und Vertretern der ›anerkannten‹ bildenden Künste (z. B. LUIS BUÑUEL [* 1900, † 1983] und SALVADOR DALÍ).

Fitzgerald, Ella [fɪtsˈdʒerəld], amerikanische Jazzsängerin (* 1918, † 1996); bekannt für die Klarheit und Fülle ihrer Stimme und ihre Fähigkeit, die Werke unterschiedlicher Komponisten zu interpretieren.

Flöte, Blasinstrument, meist aus Holz oder Metall mit Blaslöchern und bei der Querflöte mit durch Klappen verschließbaren Tonlöchern.
❧ Die Flöte ist eines der ältesten Musikinstrumente. In Europa bezeichnete man bis ins 18. Jh. mit Flöte meist nur die Blockflöte, heute meint man auch die Querflöte.

Forellenquintett, 1819 entstandenes Quintett für Klavier, Violine, Viola, Violoncello und Kontrabass A-Dur, Opus 114, von FRANZ SCHUBERT, benannt nach dem Variationensatz (Andantino) über Schuberts Lied ›Die Forelle‹.

forte [italienisch ›fest, stark‹], musikalische Vortragsbezeichnung: stark, laut; sehr stark (fortissimo), mittelstark (mezzoforte), laut und sofort wieder leise (fortepiano).

Forum Romanum, *das* das Zentrum des öffentlichen Lebens im antiken Rom, ein seit dem 6. Jh. v. Chr. mit Tempeln, Heiligtümern, Markt- und Amtsgebäuden, Basiliken und Ehrenmalen überbauter Versammlungsplatz. In der Kaiserzeit in großem Maßstab erneuert, verfiel es im Mittelalter (Steinbruch, Viehweide) und wurde erst in Ausgrabungen des 19. Jh. erschlossen.

Fotografie [zu griechisch phos ›Licht‹ und graphein ›schreiben‹], die ersten brauchbaren Fotografien waren die nach dem Franzosen LOUIS DAGUERRE (* 1787, † 1851) benannten ›Daguerreotypien‹ (1837), von denen allerdings keine Abzüge hergestellt werden konnten. Die Fotografie erlaubt nicht nur eine dokumentarische Aufzeichnung des Wirklichen, sondern auch eine in Konkurrenz zu Malerei und Grafik tretende Verfremdung des Sichtbaren (Arrangement, Entwicklungsverfahren, Montagen, Collagen). Neben der Ideenvermittlung geriet die Porträt-, Landschafts- oder Genrefotografie rasch zu einer eigenständigen künstlerischen Ausdrucksform.

Freischütz, romantische Oper von CARL MARIA VON WEBER (Uraufführung 1821); Ort und Zeit: Böhmen, nach 1648. Der Jägerbursche Max muss beim traditionellen Probeschießen bestehen, will er Agathe zur Frau und das Forstrevier ihres Vaters erhalten. Kaspar, ein anderer Jäger, verleitet ihn, bei der berüchtigten Wolfsschlucht sieben treffsichere Kugeln zu gießen, wobei die siebente Unheil bringt; beim Probeschießen trifft sie Kaspar. Der ›Freischütz‹ ist (ähnlich der ›Zauberflöte‹) eine Volksoper, die populäre Melodien enthält, z. B. ›Wir winden dir den Jungfernkranz‹.

Fresko, *das* [italienisch ›frisch‹, d. h. ›auf den frischen Putz aufgetragen‹], um 1300 in Italien (v. a. von GIOTTO) vervollkommnete Maltechnik, bei der die Farben auf den noch feuchten Kalkbewurf einer Wand aufgetragen werden. Im Gegensatz zur Darstellung auf trockenem Putz ist die Freskomalerei durch höhere Dauerhaftigkeit gekennzeichnet.

Caspar David Friedrich.
Dorflandschaft bei Morgenbeleuchtung (1822; Ausschnitt)

Friedrich, Caspar David Maler der Romantik (* 1774, † 1840). Reiseeindrücke (u. a. durchs Riesengebirge) prägten Friedrichs rein empfindsame, stimmungsvolle Idyllen nach der Natur. Die neuen Inhalte romantischen Erlebens sind Spiegelungen einer Gefühlswelt, deren Vorstellungen um Werden und Vergehen kreisen.

Fries, in der Baukunst ein bandartiger Streifen, der die Wandfläche gliedert, schmückt oder abschließt.

Fuge, eine mehrstimmige Komposition für Instrumente, in der ein musikalischer Einfall (ein Thema) in verschiedener Form mehrmals wiederkehrt: Eine Stimme beginnt mit dem Thema (dem Subjekt) in der Grundtonart, der Tonika. Darauf setzt als Beantwortung eine zweite Stimme mit dem Thema auf der fünften Tonstufe der Grundtonart, der Quinte, ein, während die erste Stimme eine Gegenstimme (Kontrasubjekt) dazu ausbildet. Wenn alle Stimmen das Thema ausgeführt haben, ist die erste Durchführung (Exposition) beendet. Danach folgen noch mindestens zwei weitere Durchführungen. Zwischen den einzelnen Durchführungen stehen oft freie Zwischensätze, in denen jedoch ebenfalls das Thema oder die Gegenstimme weitergeführt werden.

❧ Einen Höhepunkt in der Entwicklung dieser musikalischen Form stellen die Fugen JOHANN SEBASTIAN BACHS dar.

Furtwängler, Wilhelm Dirigent und Komponist (* 1886, † 1954), leitete (ab 1922) das Leipziger Gewandhausorchester, später die Bayreuther Festspiele, ab 1933 die Berliner Staatsoper. Im Konflikt mit den Nationalsozialisten gab er vorübergehend alle Ämter auf. Als Dirigent z. B. der Berliner Philharmoniker, der Wiener Staatsoper und der Salzburger Festspiele errang er weltweites Ansehen (besonders als Interpret der Musik des 19. Jh.).

Garbo, Greta schwedisch-amerikanische Filmschauspielerin (* 1905, † 1990). Bereits ihr erster Film ›Gösta Berling‹ (1924) wurde ein Welterfolg. ›Die Göttliche‹, wie sie bald genannt wurde, stellte in ihren Filmen (z. B. ›Mata Hari‹, 1932; ›Königin Christine‹, 1934) außergewöhnliche, aristokratische Gestalten dar; sie galt (freilich erst nach gehöriger Abmagerung) als einer der schönsten und geheimnisvollsten Stars, ein Mythos, den sie auch durch ihren frühen Rückzug vom Filmgeschäft pflegte.

❧ Greta Garbo hieß eigentlich Greta Lovisa Gustafsson.

Gauguin, Paul [goˈgɛ̃], französischer Maler und Grafiker (* 1848, † 1903), der nach der Hinwendung zur Kunst seit den 1880er-Jahren ein unstetes Wanderleben (u. a. in der Bretagne, in Südfrankreich zusammen mit VAN GOGH, in der Südsee) führte. Berühmt wurde er durch seine ganz der Fläche und einer gesteigerten Farbigkeit hingegebenen Südseebildern.

Geige, deutscher Name der Violine, eines Streichinstruments aus der Familie der Viola da Braccio (Armgeige). Die Geige besteht aus einem hohlen hölzernen Schallkörper und dem Geigenhals. Der Stimmstock, im Innern des Schallkörpers, überträgt die Schwingungen der Decke auf den Boden. Auf dem Geigenhals befindet sich das Griffbrett, über das vier Saiten vom Saitenhalter über den Steg zu den vier Wirbeln laufen, die zum Stimmen dienen. Mit dem Bogen wird die Geige zum Klingen gebracht.

❧ Die heutige Form der Geige entstand im 16. Jh. Ihre höchste Vollendung erreichte sie durch die Geigenbauer des 17. und 18. Jh. in Oberitalien (die Familien AMATI und GUARNERI, ANTONIO STRADIVARI [* um 1644, † 1737]) und Südtirol (JAKOB STAINER, * 1617, † 1683).

Genre, *das* ['ʒãːrə; französisch ›Gattung‹], die Wiedergabe von dem alltäglichen Leben entnommenen Bildmotiven. Seine Anfänge liegen in der frankoflämischen Malerei des 15. Jh. (Stundenbücher des Herzogs Johann von Berry); besonderer Beliebtheit erfreute es sich in der niederländischen Malerei des 17. Jh. und der französischen Malerei des 18. Jh. (u. a. FRANÇOIS BOUCHER [* 1703, † 1770] und JEAN HONORÉ FRAGONARD [* 1732, † 1806]).

Gershwin, George ['gəːʃwɪn], amerikanischer Komponist (* 1898, † 1937), der in seinen Kompositionen Stilelemente des Jazz, der Unterhaltungsmusik und der klassischen europäischen Musik verband. Neben erfolgreichen Schlagern verfasste er bekannte Werke wie die Oper ›Porgy and Bess‹ (1935, darin ›Summertime‹), die ›Rhapsody in Blue‹ (1924) und das Orchesterwerk ›Ein Amerikaner in Paris‹ (1928).

Gewandhaus, auch **Tuchhalle,** das in zahlreichen Orten des späten Mittelalters errichtete Haus der Tuchmacherzunft, das neben Lager- und Verkaufsräumen auch Räume für gesellige Veranstaltungen bot. Berühmt sind z. B. die Gewandhäuser der Städte in Flandern (z. B. in Brügge).

❧ Das Gewandhausorchester Leipzig spielte seit 1781 im Festsaal des Leipziger Gewandhauses.

Giotto di Bondone ['dʒotto - -], italienischer Maler und Dombaumeister in Florenz (* wohl 1267, † 1337). In der Verarbeitung und Weiterentwicklung antiker, frühchristlicher, byzantinischer und gotischer Stilmerkmale legte Giottos Malerei den Grundstein für die Überwindung der mittelalterlich befangenen Kunst: Seine Werke (u. a. Fresken der Arena-Kapelle in Padua, um 1305) bestechen durch die neuartige Bewegtheit, Körperlichkeit und Selbstständigkeit der abgebildeten Menschen.

Gluck, Christoph Willibald deutscher Komponist (* 1714, † 1787), der zu den Erneuerern des Musiktheaters im Zeitalter des Barock gezählt wird. Er beseitigte die Auswüchse des Ziergesangs und die unnatürliche Starrheit im Aufbau der damaligen Opern, indem er die bisher getrennten Einzelformen wie Rezitativ, Arie, Ballett, Chor usw. zu großen, ineinander fließende Szenen verband. Seine wichtigste Oper ›Orfeo ed Euridice‹ (1762) berichtet von dem Gang des sagenhaften griechischen Sängers Orpheus in die Unterwelt.

Gobelin, *der* [gobə'lɛ̃], nach einer Pariser Färberfamilie (königliche Manufaktur seit 1662) benannter Wandbehang; ein in der Regel gewirkter, nicht gewebter Bildteppich. Entwürfe (›Kartons‹) für die Produktion stammten aus der Hand berühmter Künstler (u. a. RAFFAEL, GOYA).

Gogh, Vincent van [gɔx], niederländischer Maler (* 1853, † 1890), der nach Versuchen als Laienprediger zu seiner den Impressionismus überwindenden, farbenglühenden Kunst (u. a. ›Sonnenblumen‹, 1888) fand. Bis zu seinem Freitod durchlebte van Gogh Krankheiten und Krisen (Selbstverstümmelung durch Abschneiden eines Ohres, zeitweiliger Aufenthalt in der Heilanstalt von Saint Rémy); seine ungestüme Schaffenskraft wurde davon jedoch ebenso wenig gebrochen wie durch seine ärmlichen, im Misserfolg des Verkaufs seiner Gemälde begründeten, durch finanzielle Förderung durch seinen Bruder THEO (* 1857, † 1891) aufgebesserten Lebensumstände. – Abb. S. 204.

Gospel, Gospelsong [englisch gospel ›Evangelium‹], eine Form des religiösen Liedes der schwarzen Nordamerikaner. Ursprünglich entstand der Gospelsong innerhalb des Gottesdienstes während

Vincent van Gogh.
Spitalgarten von Saint-Paul (1889/90)

der Auslegung des Evangeliums durch den Prediger aus spontanen Zurufen der Gemeindemitglieder. Der Gospelsong wird solistisch und im Chor dargeboten, wobei die für die afroamerikanische Volksmusik und den Jazz typischen Ruf-Antwort-Muster (Vorsänger und Chor) wichtig sind.

Gotik, Stilepoche der abendländischen Kunst. Der Begriff entstand in der Renaissance und war zunächst abwertend gemeint (Goten = Barbaren). Ursprungsgebiet der Gotik war das französische Kronland um Paris, wo noch vor der Mitte des 12. Jh. der die Romanik ablösende Stil v.a. in Kirchenbauten seinen Ausdruck fand. Spätestens zu Beginn des 16. Jh. war die Gotik überlebt, ihre Formen tauchten (als Neugotik) in späteren Jh. wieder auf.
❧ Ein wesentliches Kennzeichen gotischer Baukunst ist der Spitzbogen.

Goya y Lucientes, Francisco de technisch wie thematisch revolutionärer spanischer Maler und Grafiker (* 1746, † 1828), der in schonungsloser Offenheit das Anmutige (Entwürfe für Teppiche, ›nackte‹ und ›bekleidete Maja‹, um 1797) neben das vom eigenen Schicksal der späteren Gehörlosigkeit und den Gräueln im Spanien des ausgehenden 18. Jh. geprägte Düstere (›Schwarze Malereien‹ in seinem spanischen Alterssitz) zu stellen wusste. Seine angespannte, geistige Wachheit zeigt sich auch in den zahlreichen Porträts (u.a. ›Familie Karls IV.‹) und grafischen Serien, die etwa die Schrecken des Krieges oder die fantasiereiche Vorstellungswelt des Künstlers thematisieren.

Grafik [griechisch ›Schreibkunst‹], umfasst alle auf Papier als Bildträger aufgebrachten künstlerischen Erzeugnisse; vornehmlich Druck und Zeichnung.

Greco, El Maler, *siehe* El Greco.

gregorianischer Gesang, der einstimmige Gesang in lateinischer Sprache, der im Wechsel von einem einzigen Sänger und dem Chor im Gottesdienst der katholischen Kirche gesungen wird. Er hat seinen Ursprung in der Musik der Mittelmeerländer und wird seit der Zeit Papst Gregors I. (um 600) gepflegt.

Gründgens, Gustav Schauspieler, Regisseur und Theaterleiter (* 1899, † 1963). Nachdem seine Inszenierungen bereits in den 1920er-Jahren Aufsehen erregt hatten, durchlebte Gründgens eine der glanzvollsten, aber auch umstrittensten Karrieren in der deutschen Theatergeschichte (u.a. Intendant am Staatlichen Schauspielhaus Berlin 1934–37; Generalintendant des Preußischen Staatstheaters 1937–45; seit 1947 Leitung des Düsseldorfer, 1955–63 des Hamburger Deutschen Schauspielhauses). Seine Inszenierungen von Goethes ›Faust‹, in denen er selbst den ›Mephisto‹ verkörperte, sind bis heute Maßstab geblieben.

Grünewald, seit dem 17. Jh. geläufiger Name für den im 20. Jh. mit Mathias Gothart Nithart (* um 1480, † 1528) identifizierten Maler und Baumeister. Die Werke (u.a. Isenheimer Altar) des von der spätgotischen Malerei (Hans Holbein d.Ä.) angeregten, in Mitteldeutschland tätigen Meisters leben von ihrer leuchtenden Farbigkeit, ihren bizarren Motiven und einer kompositorischen Angespanntheit (v.a. in der Wiedergabe von Körpern und Händen), nicht zuletzt aber auch von Grünewalds rätselhaft gebliebener Biographie.

Haley, Bill [heılı], amerikanischer Rockmusiker (* 1927, † 1981); sein 1954 erschienener Titel ›Rock around the clock‹ war namengebend für die Rockmusik und weltweit so erfolgreich, dass er der Rockmusik zum Durchbruch verhalf.
❧ Bill Haleys Markenzeichen war die pomadisierte Stirnlocke.

Händel, Georg Friedrich Komponist, 1685 in Halle geboren, starb nach fast 40-jährigem Aufenthalt in England 1759 in London. Ähnlich dem Werk JOHANN SEBASTIAN BACHS gilt das Schaffen Händels als Gipfel und Abschluss der musikalischen Ausdrucksmittel des Spätbarock. Unter seinen Werken ragen die Opern (z. B. ›Xerxes‹), die Oratorien, unter ihnen ›Der Messias‹ sowie die Instrumentalwerke, z. B. sechs Concerti grossi hervor. Zu den beliebtesten Werken Händels zählen die ›Feuerwerksmusik‹ und die ›Wassermusik‹. Händel wurde in der Londoner Westminsterabtei beigesetzt. Sein Nachlass befindet sich im Britischen Museum.

Harfe, ein seit dem 3. vorchristlichen Jahrtausend bekanntes Saiteninstrument mit 47 Saiten, das mit den Fingerkuppen beider Hände gezupft wird. Die heute allgemein verwendete Doppelpedalharfe wurde 1811 erstmals in Paris gebaut. Sie ist in Ces-Dur gestimmt.

Harmonie [von griechisch harmonia, eigentlich ›Fügung‹], der wohltönende Zusammenklang mehrerer Töne oder Akkorde; als Teilgebiet der Musikwissenschaft befasst sich die Harmonielehre mit den harmonischen Verbindungen von Tönen und Akkorden im musikalischen Satz.

Haydée, Marcia [aɪˈdeː], brasilianische Tänzerin und Ballettdirektorin (* 1937), Primaballerina des Stuttgarter Balletts, kreierte viele Hauptrollen in Choreographien von JOHN CRANKO (* 1927, † 1973).

Haydn, Joseph Komponist (* 1732, † 1809), der älteste der Wiener Klassiker; er wurde Hofkomponist des Fürsten NIKOLAUS JOSEPH ESTERHÁZY (* 1714, † 1790) in Eisenstadt, wo seine meisten Werke entstanden. Nach dem Tod des Fürsten und der Auflösung der Kapelle übersiedelte er nach Wien. Konzertreisen führten ihn auch nach England.
Haydn komponierte über 100 Sinfonien, darunter die ›Sinfonie mit dem Paukenschlag‹ und die ›Abschiedssinfonie‹ sowie Streichquartette, z. B. das ›Kaiserquartett‹, dessen Thema im langsamen Satz später für das ›Deutschlandlied‹, heute Nationalhymne der Bundesrepublik Deutschland, verwendet werden sollte. Viel gespielt sind auch die beiden Oratorien ›Die Schöpfung‹ und ›Die Jahreszeiten‹. Der Komponist JOHANN MICHAEL HAYDN (* 1737, † 1806) ist sein Bruder.

Hendrix, Jimi amerikanischer Musiker (* 1942, † 1970); vom schwarzen Blues kommend, spielte er auf der Gitarre mit Kühnheit, großem Einfallsreichtum und Hingabe. Galt als eine der schillerndsten Persönlichkeiten der Popmusik; starb durch Missbrauch von Drogen.

Hindemith, Paul deutsch-amerikanischer Komponist (* 1895, † 1963), zählt zu den Vertretern der modernen Musik; war 1915–23 Konzertmeister der Oper in Frankfurt am Main; schrieb u. a. die Opern ›Cardillac‹ (1926), ›Mathis der Maler‹ (1934/35) sowie Sinfonien und zahlreiche Instrumentalkonzerte.

Hitchcock, Alfred britisch-amerikanischer Filmregisseur (* 1899, † 1980), der in seinen über 50 Filmen (u. a. ›Der Mieter‹, 1928; ›Eine Dame verschwindet‹, 1938; ›Bei Anruf Mord‹, 1954; ›Das Fenster zum Hof‹, 1954; ›Vertigo‹, 1958; ›Psycho‹, 1960; ›Die Vögel‹, 1963; ›Marnie‹, 1964) mit spezifisch filmischen Wirkungen eine psychologisch grundierte, oft unheimliche Spannung erzeugte.

h-Moll-Messe, Messe in h-Moll für Soli, Chor und Orchester von JOHANN SEBASTIAN BACH; entstanden zwischen 1724 und 1749 (*siehe auch* Messe).

Die Hochzeit des Figaro, Figaros Hochzeit, Oper von MOZART (Uraufführung 1786), Textbearbeitung von LORENZO DA PONTE (* 1749, † 1838) nach der Vorlage von PIERRE DE BEAUMARCHAIS (* 1732, † 1799), die auch ROSSINI für den ›Barbier von Sevilla‹ benutzte. In Form einer Komödie verteilt die Oper kräftige Seitenhiebe auf die feudale Ordnung des späten 18. Jh., was MOZART bereits in der temperamentvollen Ouvertüre zum Ausdruck bringt. Im Mittelpunkt stehen der Kammerdiener Figaro und seine Braut, die Zofe Susanna, auf die ausgerechnet an deren Hochzeitstag der Graf Almaviva ein Auge geworfen hat.

Hoffmanns Erzählungen, Oper von JACQUES OFFENBACH, Text nach Motiven von E. T. A. HOFFMANN; Uraufführung 1881. Hoffmann, ein Dichter, erzählt in einem weinseligen Zustand zwischen Wachen und Träumen seinen studentischen Kameraden von seinen Liebesabenteuern mit Olympia (einer in Wirklichkeit genial konstruierten Puppe), mit der Kurtisane Giulietta und mit Antonia. Eine andere Frau, Stella, die ihm Quelle der Inspiration war, verliert er an seinen Rivalen Lindorf.

Holbein, Hans d. J. deutscher Maler (* 1497/98, † 1543), der sich vom noch ganz dem spätgotischen Herkommen verhafteten Schaffen seines Vaters HANS D. Ä (* um 1465, † 1524) löste und einer bestechend präzisen Malerei zum Durchbruch verhalf. Nach Aufenthalten in der Schweiz, Italien und Frankreich lebte Holbein nach 1532 in England und wurde Hofmaler König HEINRICHS VIII. Am Londoner Hof entstand dann die Mehrzahl seiner sachlich exakten Bildnisse, die zusammen mit der ›Holzschnittfolge zum Totentanz‹ (um 1525) seinen Ruhm begründeten.

Holzblasinstrumente, Kurzform **Holz,** die Gruppe der Flöten- und Rohrblattinstrumente, die im modernen Orchester der Gruppe der Blechblasinstrumente gegenübersteht und sich von ihr hinsichtlich der Art der Tonerzeugung und der Spielweise unterscheidet. Ursprünglich aus Holz, sind die Holzblasinstrumente heute oft aus Metall.

Holzschnitt, die älteste Variante des Hochdrucks, bei der der Entwurf des Zeichners mit Schneidegeräten aus einem Holzstock herausgearbeitet wird, sowie der Abzug von der eingefärbten Vorlage selbst. Der Holzschnitt entwickelte sich um etwa 1450 in Mitteleuropa bei großer Nachfrage nach Buchillustrationen und massenhaft verbreitbaren Andachtsbildern. Nachdem der Kupferstich die Blüte des Holzschnittes (DÜRER, BALDUNG) beendet hatte, erlebte dieser seit Ende des 19. Jh. eine Wiederentdeckung (bei MUNCH, im Expressionismus, sowie durch HAP GRIESHABER [* 1909, † 1981]).

Horn, Blasinstrument mit gekrümmtem, sich konisch erweiterndem Schallrohr. Heute versteht man unter Horn nur noch das Waldhorn; es ist im Klang das farbigste der Blechblasinstrumente, aber schwierig zu spielen.

Horowitz, Vladimir amerikanischer Pianist ukrainischer Herkunft (* 1904, † 1989), begann seine internationale Karriere unter ARTURO TOSCANINI (dessen Tochter er heiratete); er bevorzugte Werke der Romantik, die er in glänzender Technik sehr persönlich interpretierte.

Hundertwasser, Friedensreich österreichischer Maler und Grafiker (* 1928, † 2000), der in Fortsetzung des Jugendstils mit schönlinigen, bunten Arbeiten (darunter auch ökologischen Aktionen oder Buchgestaltungen) hervortritt.

❧ Hundertwasser hieß eigentlich Friedrich Stowasser.

Hymne, *die* [griechisch ›Gefüge‹ (von Tönen)], auch **Hymnus,** *der* feierlicher, meist religiöser Lob- und Preisgesang.

Ikone [griechisch ›Bild‹], aus der Tradition der spätantiken Porträtmalerei erwachsenes Kultbild der Ostkirchen.

Impressionismus [französisch ›Eindruck‹], um 1860 in Frankreich ausgebildete Stilrichtung der

Impressionismus.
Claude Monet, Felder im Frühling (1887)

Malerei. Anliegen des Impressionismus war, alltägliche Motive möglichst unmittelbar in ihrer momentanen Ansicht (Freilichtmalerei) festzuhalten. Er bediente sich einer raschen, die Farbe dick auftragenden Pinselführung. Als Künstler rechnet man zum Impressionismus u. a. CLAUDE MONET (* 1840, † 1926), CAMILLE PISSARRO (* 1831, † 1903), ALFRED SISLEY (* 1839, † 1899), in Deutschland neben MAX LIEBERMANN (* 1847, † 1935) v. a. LOVIS CORINTH (* 1858, † 1925) und MAX SLEVOGT (* 1868, † 1932).

Intervall, *das* [lateinisch ›Zwischenraum‹], in der Musik der Abstand zwischen zwei Tönen, die man als Unterschied in der Tonhöhe hören kann. Intervalle werden nach der Zahl der Notenstufen, die sie umfassen, benannt. Ein Intervall ist z. B. die Oktave.

Isenheimer Altar, das heute in Colmar aufbewahrte, für das Antoniterkloster Isenheim im Elsass gestiftete Hauptwerk GRÜNEWALDS; gemalt 1513–15 mit Abbildungen aus dem Leben des hl. Antonius und zur Passion Christi.

Jazz [dʒæz], ein Musikstil, der Ende des 19./Anfang des 20. Jh. in den Südstaaten der USA entwickelt wurde, und zwar von Nachfahren der als Sklaven aus Afrika verschleppten Schwarzen; diese brachten aus ihrer Heimat Lieder mit, die sie bei der Arbeit, bei Festen und anderen Anlässen sangen. Viele dieser Lieder nahmen die Form des Blues *(siehe dort)* an, religiös-kirchliche Lieder prägten sich als Negrospiritual (*siehe* Spiritual) aus; zusammen mit dem Ragtime *(siehe dort)* verschmolzen diese Einflüsse zum neuen Musikstil des New-Orleans-Jazz, der nur von schwarzen Musikern gespielt wurde. Aus dieser ältesten Form des Jazz entstanden dann mehrere neue Stilrichtungen (z. B. Dixielandjazz, Chicagojazz, Swing, Cooljazz, Modernjazz, Bebop, Freejazz), die auch von Weißen gespielt werden, und die nach der Erfindung von Schallplatte und Radio fast überall in der Welt populär wurden. Ein Hauptmerkmal des Jazz ist die Improvisation, das heißt, die Musiker spielen nicht nach Noten, sondern sie erfinden beim Spielen immer neue rhythmische und melodische Veränderungen eines meist vorgegebenen Themas. Immer erklingen zwei verschiedenartige Rhythmen gleichzeitig, was dem Jazz eine große innere Spannung verleiht. Die Rhythmusgruppe schlägt einen gleich bleibenden Grundrhythmus, den Beat, und die Melodiegruppe improvisiert dazu einen freien, vorwärts treibenden Rhythmus, den Offbeat. Den hierdurch entstehenden Effekt nennt man Swing. Im Laufe der Zeit entwickelten sich aus den kleinen Musikergruppen große Orchester, die Bigbands (z. B. unter DUKE ELLINGTON, COUNT BASIE, GLENN MILLER [* 1904, † 1944]), und es profilierten sich bekannte Solisten wie LOUIS ARMSTRONG, BENNY GOODMAN (* 1909, † 1986), ELLA FITZGERALD.

Jazz. Louis Daniel Armstrong

Jugendstil, Kunstrichtung zwischen 1890 und 1910, die in Deutschland nach der entsprechend aufgemachten Zeitung ›Jugend‹ benannt wurde (in Frankreich ›Art nouveau‹, in England ›Modern Style‹, in Österreich ›Sezessionsstil‹). Charakteristisch waren ein neues Naturstudium und eine daraus gewonnene, pflanzlich berührte Ornamentik, handwerkliche Sorgfalt bei der Verarbeitung der meist kostbaren Materialien sowie die Anlehnung an die japanische Kunst, den Spätimpressionismus und die

Ideen des englischen Kunsthandwerkers und Sozialreformers William Morris (* 1834, † 1896), der eine künstlerische Formgebung auch für alltägliche Gebrauchsgegenstände verfocht. Bedeutende Vertreter waren Gustav Klimt (* 1862, † 1918), Henry van de Velde (* 1863, † 1957), Louis Comfort Tiffany (* 1848, † 1933) oder Peter Behrens (* 1868, † 1940).

❧ Ein Zentrum des deutschen Jugendstils war die Mathildenhöhe in Darmstadt.

Jugendstil. Gustav Klimt, Der Kuß (1908)

Kaiserquartett, *siehe* Haydn, Joseph.

Kammermusik, ein im Italien des 16. Jh. als musica da camera, ›Musik für die Kammer‹ (d. h. für einen kleinen Saal) geprägter Begriff. Im Unterschied zum Orchester ist die Kammermusik nur für wenige Instrumente (z. B. als Duo, Trio oder Quartett) bestimmt.

Kandinsky, Wassily russischer Maler (* 1866, † 1944), der nach 1922 am Bauhaus *(siehe dort)* wirkte. Kandinsky gehört zu den bedeutendsten Kunsttheoretikern des 20. Jh. (u. a. Mitbegründer des ›Blauen Reiters‹, Grundlegung der abstrakten Malerei). Sein malerisches Schaffen wird nach 1910 zunehmend von gegenstandslosen Form- und Farbharmonien geleitet.

Kanon, *der* [griechisch], ein Lied oder Instrumentalstück, in dem zwei, drei oder mehr Stimmen dieselbe Melodie singen oder spielen, wobei die Stimmen nacheinander in einem festgelegten Abstand, meist auf derselben Tonhöhe, einsetzen.

Kantate, *die* [italienisch, zu cantare ›singen‹], größeres Gesangswerk, das aus Chören, Einzelgesängen, Duetten, Terzetten usw. besteht. Die Kantate entstand um 1600 in Italien neben der Oper als Bühnenstück mit weltlichem Inhalt. In Deutschland wurde sie zu einer Hauptform der evangelischen Kirchenmusik, in der das Wort der Bibel und bekannte Kirchenlieder verarbeitet wurden.

❧ Viele Kirchenkantaten stammen von Johann Sebastian Bach.

Karikatur, *die* [italienisch ›übertreiben‹], zeichnerische Groteske, die sich mit ›spitzer Feder‹ der Abweichung vom Normalen bedient, um gesellschaftliche Zustände anzuprangern. Zum Selbstzweck erhoben Künstler der Neuzeit (William Hogarth [* 1697, † 1764], Honoré Daumier [* 1808, † 1879], George Grosz [* 1893, † 1959]) die verzerrten Sticheleien, die vielfach in speziellen Zeitschriften erschienen.

Kathedrale, Hauptkirche am Sitz eines Bischofs; in Italien und Deutschland auch Dom genannt. Obwohl der Begriff epochenübergreifend gebraucht werden kann, hat er sich im umgangssprachlichen Gebrauch mit den Kirchenbauten der Gotik verbunden, die ein Abbild des Jenseits darstellen sollten.

Kindertotenlieder, Zyklus von fünf Orchesterliedern von Gustav Mahler, entstanden 1901–1904 nach Gedichten von Friedrich Rückert (* 1788, † 1866).

Klarinette, *die* ein Holzblasinstrument, bei dem der Ton durch ein einfaches Rohrblatt erzeugt wird, das an dem schnabelförmigen Mundstück befestigt ist. Die Klarinette zeichnet sich durch die Fähigkeit zu feinsten Abwandlungen der Klangfarbe aus. Eine Variante ist das Saxophon.

Klassizismus, die von der wissenschaftlichen Beschäftigung mit der antiken Kunst angeregte europäische Stilepoche zwischen 1750 und 1840. Als Gegenreaktion auf das Rokoko bemühte er sich in Architektur (u. a. Karl Friedrich Schinkel [* 1781, † 1841]: Altes Museum, Berlin), Malerei (u. a. Jean Auguste Dominique Ingres [* 1780, † 1867]) und Skulptur (Antonio Canova [* 1757, † 1822], Gottfried Schadow [* 1764, † 1850]) um eine Reinigung und Vereinfachung der Formen. Im weiteren Sinne wird der Begriff auch für Stilrichtungen innerhalb der gesamten Kunstgeschichte gebraucht, die sich an antike Vorbilder anlehnen.

Klavier [zu lateinisch clavis ›Schlüssel‹, ›Taste‹], **Pianoforte, Hammerklavier,** Sammelbezeichnung für Saiteninstrumente, bei denen die Saiten mit filzummantelten Holzhämmerchen angeschlagen werden. Diese werden über eine komplizierte Mechanik durch den Druck der Tasten in Bewegung gesetzt. Die Stahlsaiten sind in aufsteigender Tonfolge von links nach rechts über 7 Oktaven angeordnet. Wegen des starken Zuges von rund 200 kN (entspricht einem Gewicht von 20 000 kg) sind sie in einem Stahlrahmen über den hölzernen Resonanzboden gespannt. Beim Klavier stehen die Saiten senkrecht zur Tastatur, beim *Flügel* liegen sie waagerecht in Richtung der Tasten. Diese sind aufgeteilt in die weißen für die Töne der C-Dur-Tonleiter und der (natürlichen) a-Moll-Tonleiter sowie die dazwischenliegenden kürzeren, aber erhöhten schwarzen Tasten für die Halbtöne, die für die anderen Tonarten benötigt werden. Das Neue am Klavier war die Möglichkeit, durch Pedale Unterschiede in der Lautstärke zu bewirken.

Klee, Paul schweizerischer Maler (* 1879, † 1940), der in seinem Schaffen (u. a. als Meister am Bauhaus) auf eine poetische wie schöpferisch gezielte Weise Stilrichtungen des 20. Jh. fruchtbar vereinigt; so finden sich Berührungspunkte zum abstrakten Expressionismus, zu einem grafisch bestimmten Konstruktivismus und zur naiven Malerei.

Klimt, Gustav als österreichischer Maler (* 1862, † 1918) einer der Hauptvertreter des Wiener Sezessionsstils (*siehe* Jugendstil).

Koda, *die* [italienisch ›Schwanz‹], der als zusammenfassendes, steigerndes oder ausklingendes Glied gefasste Schlussteil einer Komposition.

Kokoschka, Oskar österreichischer Maler und Dichter (* 1886, † 1980), in dessen farbintensiven Bildern der Übergang vom Jugendstil zum Expressionismus sichtbar wird. In seinem Bild ›Die Windsbraut‹ thematisiert er 1914 seine Liebesbeziehung zu ALMA MAHLER (* 1879, † 1964), der Frau des Komponisten GUSTAV MAHLER.

Kollwitz, Käthe deutsche Grafikerin und Bildhauerin (* 1867, † 1945), die sich in Nachfolge zu Realismus und Symbolismus in menschlich einfühlsamen Werken (u. a. ›Der Weberaufstand‹ und ›Krieg‹) häufig sozialkritischen Themen oder der Mutter-Kind-Beziehung widmete.

Kölner Dom, über älteren Vorgängerbauten seit 1248 errichtete, aber in ihren meisten Baugliedern erst 1880 vollendete, größte Kirche Deutschlands. Nach dem Vorbild der gotischen Kathedralen Frankreichs geplant, birgt das Innere des Kölner Doms eine Vielzahl kostbarer Kunstschätze, darunter u. a. das größte mittelalterliche Chorgestühl Deutschlands oder den Reliquienschrein (um 1200) mit den mutmaßlichen Gebeinen der Heiligen Drei Könige.

Koloratur, *die* [italienisch ›Ausmalung‹], reiche Auszierung der Gesangstimme mit einer Reihe umspielender Töne, die zusammenhängend auf einer Textsilbe ausgeführt werden, besonders bei Arien.

Kolosseum, *das* das 80 n. Chr. eingeweihte, größte Amphitheater der Antike (über 50 000 Plätze); war Schauplatz von Gladiatorenkämpfen und Tierhetzen; seit der Christenverfolgung Stätte des frühen Märtyrertums in Rom.

Konsonanz, *die* [lateinisch ›zusammenklingen‹], in der Musik ein aus zwei oder mehr Tönen bestehender Klang mit Reihe- und Entspannungscharakter, im Gegensatz zur Dissonanz. Man unterscheidet vollkommene und unvollkommene Konsonanzen. Der Begriff der Konsonanz ist weder in verschiedenen Musikkulturen derselbe noch zu allen Zeiten innerhalb einer Musikkultur gleich bleibend.

Kontrabass, auch **Bass,** das mit etwa 2 m Höhe größte Streichinstrument; seine vier Saiten werden in den Quarten E–A–D–G gestimmt.

Kontrapunkt, in der Komposition von Musik die Kunst, mehrere Stimmen gleichzeitig so anzuordnen, dass sie gut zusammenklingen, dabei aber auch ihre melodische Selbstständigkeit voll bewahren. Meist werden zu einer gegebenen Melodie eine oder mehrere selbstständige Stimmen erfunden. Zu den anspruchsvollen Formen des Kontrapunkts gehören der Kanon und die Fuge.

Konzert [von lateinisch concertare ›wetteifern‹], allgemein jede öffentliche Aufführung von Musikwerken. Im engeren Sinn eine wie eine Sonate aufgebaute Komposition für ein Soloinstrument und Orchester. Beim Concerto grosso (italienisch ›großes Konzert‹) sind zwei oder drei Soloinstrumente dem Orchester gegenübergestellt.

Kreml, *der* der meist auf einer Anhöhe gelegene, festungsartig abgeschlossene Kernbereich mittelalterlicher russischer Städte, der Sitz der weltlichen und geistlichen Macht. Der Moskauer Kreml bildete bis 1991 den politischen Mittelpunkt der Sowjetunion.

Kubismus [zu lateinisch cubus ›Würfel‹], eine um 1910 in Frankreich von PICASSO und GEORGES BRAQUE (* 1882, † 1963) entwickelte Strömung in Malerei und Plastik. Die sichtbare Wirklichkeit wird, einer Äußerung PAUL CÉZANNES zufolge, auf die Grundformen Kubus, Kegel und Kugel zurückgeführt; im analytischen Kubismus erfolgt daher die Zersplitterung der Formen zu geometrischen Mustern, die im synthetischen Kubismus (auch als Collagen) zu einem mehransichtigen, die perspektivischen Gesetzmäßigkeiten aufhebenden Werk zusammengefügt werden.

Kunst, der Begriff leitet sich von ›können‹ ab und bedeutet eigentlich ›Fertigkeit‹, ›Handwerk‹. Von dieser Bedeutung begann er sich im 16. Jh. zu lösen und wird seit dem 18. Jh. im heutigen Sinne verstanden. Kunst umfasst Dichtung (Literatur) und Musik sowie die bildende (Architektur, Bildhauerei, Malerei, Grafik, Zeichnung) und darstellende Kunst (Tanz, Theater, Pantomime und Filmkunst).

Kunsthistorisches Museum, hervorgegangen aus den Sammlungen des habsburgischen Herrscherhauses, beherbergt es in Wien in einem Neubau des ausgehenden 19. Jh. eine bedeutende Gemäldegalerie sowie die Schatzkammern, in denen die Reichskleinodien ausgestellt sind.

Land des Lächelns, Operette von FRANZ LEHÁR.

Laokoon, eine wohl aus dem 1. Jh. v. Chr. stammende, 1506 in Rom ausgegrabene Marmorgruppe, die außerordentlich fruchtbar auf die neuzeitliche Kunst wirkte. Sie zeigt den Tod des trojanischen Priesters Laokoon (*siehe* Kapitel 9) und seiner beiden Söhne, wie sie wegen ihrer Warnung vor dem Untergang Trojas von zwei Schlangen erwürgt werden.

largo [italienisch], musikalische Tempovorschrift: breit, langsam; gewichtiger und im Allgemeinen langsamer als adagio. – Als Satzüberschrift ein Musikstück in diesem Tempo (z. B. das Largo von HÄNDEL aus seiner Oper ›Xerxes‹).

La Traviata, Oper von VERDI (Uraufführung 1853); der Oper liegt der Text der ›Kameliendame‹ von ALEXANDRE DUMAS D. J. (* 1824, † 1895) zugrunde und handelt von einer Edelkurtisane (Violetta Valery) im Paris des 19. Jh., in die sich Alfred Germont verliebt. Beide finden zwar zueinander, aber Violetta, an Schwindsucht erkrankt, stirbt.

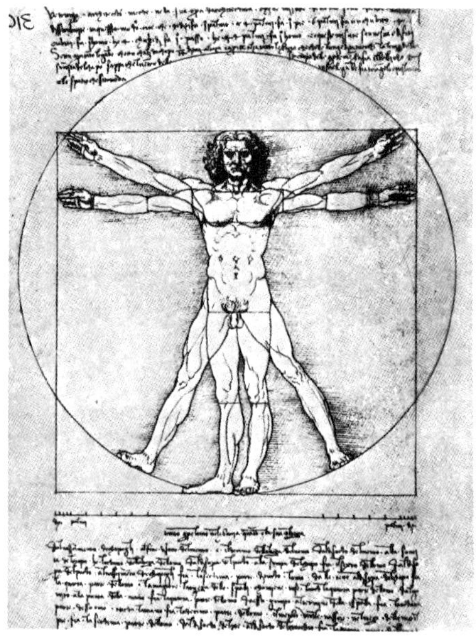

Leonardo da Vinci. Figur aus der Proportionslehre des menschlichen Körpers (um 1479)

Le Corbusier [lәkorby'zje], französisch-schweizerischer Architekt (* 1887, † 1965), der unter Verwendung von Stahlbeton in großzügigen wie schlichten Blöcken gefasste, die Statik scheinbar aufhebende Gebäude errichtete (z. B. große Wohneinheiten in Marseille, 1947–52, in Berlin, 1957). Er war nach 1920 für Jahrzehnte die beherrschende Figur der modernen Architektur, deren Wirkungen, besonders mit Blick auf ihre Bevorzugung streng rationalen Bauens, heute wegen ihrer sozialpsychologischen Folgen zunehmend kritisch gesehen werden.
❧ Le Corbusier hieß eigentlich Charles-Éduard Jeanneret-Gris.

Lehár, Franz österreichischer Komponist (* 1870, † 1948), dessen Operetten, besonders ›Die lustige

Witwe‹ (1905, darin: ›Heut geh ich ins Maxim‹), ›Zarewitsch‹ (1927), ›Das Land des Lächelns‹ (1929, darin: ›Immer nur lächeln‹, ›Dein ist mein ganzes Herz‹), ihn zu einem der erfolgreichsten Komponisten seines Fachs machten.

Leonardo da Vinci [- - 'vintʃi], italienischer Künstler (* 1452, † 1519), gilt wegen der Vielseitigkeit seines von Neugier besessenen Schaffens (Malerei, Baukunst, Technik, Anatomie) als Inbegriff des neuzeitlichen Menschen, als Universalgenie schlechthin. Seine Suche nach umfassendem Wissen fand ihren Niederschlag in zahlreichen Experimenten (Öffnung von Leichen entgegen Verbot), Skizzen und Schriften, die der Linkshänder in Spiegelschrift aufzuzeichnen pflegte. Er war tätig in Mailand (›Abendmahl‹ in Santa Maria delle Grazie), Florenz, Rom und – nach einer Einladung des französischen Königs FRANZ I. (in dessen Armen er gestorben sein soll) – seit 1517 auf dem Landschlösschen Cloux.

Leonorenouvertüren, *siehe* Fidelio.

Libretto, *das* [italienisch ›kleines Buch‹], Textbuch und der Text selbst zu musikalisch-szenischen Werken wie Opern, Operetten, Musicals.

Liebermann, Max deutscher Maler (* 1847, † 1935), der sich auf Studienreisen nach Holland und Frankreich eine impressionistische Darstellungsweise aneignete. Wegen seiner jüdischen Abstammung wurde die Kunst Liebermanns (v. a. Genre-, Porträtmalerei), der 1920–33 als Präsident der Preußischen Akademie der Künste amtierte, von den Nationalsozialisten verfemt.

Liszt, Franz von (seit 1859), deutsch-ungarischer Pianist und Komponist (* 1811, † 1886), dessen Kompositionsstil besonders von der französischen Romantik beeinflusst ist; seine Klavierkompositionen sind von meisterhafter Technik. Der als Klaviervirtuose gefeierte Liszt gilt auch als Schöpfer der ›sinfonischen Dichtung‹, einer engen Verbindung von Musik und poetischem Text.
Sein schillerndes Leben spiegelt sich u. a. in seiner Verbindung zur Comtesse D'AGOULT (* 1805, † 1876) wider, aus der neben anderen COSIMA (* 1837, † 1930), die spätere Frau RICHARD WAGNERS, hervorging; religiös gesinnt, nahm er nach 1858 die niederen Weihen eines katholischen Geistlichen (Abbé) an.

Lithographie, *die* [zu griechisch lithos ›Stein‹ und graphein ›schreiben‹], der Steindruck, das älteste Flachdruckverfahren, bei dem als Druckform eine 6–15 cm dicke Platte aus kohlensaurem Kalkschiefer verwendet wird (besonders aus Solnhofen oder Kelheim); auch die in diesem Verfahren hergestellten grafischen Kunstblätter, kurz Litho, werden so genannt. Das Verfahren wurde 1798 von ALOIS SENEFELDER (* 1771, † 1834) erfunden und schon bald zu künstlerischen Arbeiten benutzt. Bedeutende lithographische Arbeiten stammen u. a. von HENRI DE TOULOUSE-LAUTREC.

Lochner, Stefan um 1400 wohl im Bodenseeraum geborener, seit etwa 1430 in Köln (›Anbetung der Könige‹, ›Madonna in der Rosenlaube‹) tätiger, dort 1451 verstorbener Maler, dessen Bilder von juwelenhafter Brillanz sind.

Leonardo da Vinci. Mona Lisa (um 1503–06)

Lohengrin, Oper von RICHARD WAGNER (Uraufführung 1850). Handlung: Lohengrin, Ritter des Hl. Grals, betritt in einem von einem Schwan gezogenen Boot das Geschehen. Er streitet für Elsa, die des Brudermords bezichtigt ist, unter der Bedingung, dass sie niemals nach seinem Namen und seiner Herkunft fragt. Elsa bricht ihr Versprechen. Darauf zieht Lohengrin sich zurück; sein Abschied verhindert die Erlösung von Elsas Bruder, der in einen Schwan verwandelt wurde. Allein Lohengrins Gebet erreicht dies. Elsa stirbt.

Lortzing, Albert deutscher Komponist (* 1801, † 1851), der v. a. in Anlehnung an CARL MARIA VON WEBER die deutsche romantische Oper neu belebte. Zu seinen bekanntesten Werken zählen ›Zar und Zimmermann‹ (1837), ›Der Wildschütz‹ (1842), ›Undine‹ (1845) und ›Der Waffenschmied‹ (1846).

Louvre, *der* [lu:vr], jahrhundertelang das Pariser Stadtschloss der französischen Könige, dessen Galerie 1793 als Museum der Öffentlichkeit zugänglich gemacht wurde. Der Louvre wurde unter FRANZ I. (* 1494, † 1547) begonnen.

Madame Butterfly [ma'dam 'bʌtəflaɪ], Oper von GIACOMO PUCCINI (Uraufführung 1904). Im Japan des beginnenden 20. Jh. heiraten nach Landessitte der amerikanische Marineleutnant Linkerton und die Geisha Cho-Cho-San, genannt Butterfly. Linkerton nimmt die Heirat nicht ernst. Nach Amerika zurückgekehrt, heiratet er erneut. Butterfly, die ein Kind von ihm hat, glaubt weiter an seine Treue. Als Linkerton den Sachverhalt aufdeckt und Butterfly um ihr gemeinsames Kind bittet, geht sie darauf ein, nimmt Abschied und ersticht sich.

Madrigal, *das* seit Anfang des 14. Jh. in Italien anzutreffende Gattung gesungener volkssprachlicher Lyrik; im 16. Jh. entwickelte es sich zum meist fünfstimmigen weltlichen Kunstlied. Im 17. Jh. Bezeichnung für ein einstimmiges Instrumentalstück.
❧ Madrigalchöre nennt man seit dem 20. Jh. Chöre mit kleiner Besetzung.

Mahler, Gustav österreichischer Komponist und Dirigent (* 1860, † 1911), war Schüler ANTON BRUCKNERS. Seine z. T. hochgeistigen Werke gehören der Übergangszeit von Spätromantik und Avantgarde an und haben auf die Vertreter der Neuen Musik (ARNOLD SCHÖNBERG, ALBAN BERG [* 1885, † 1935], ANTON WEBERN [* 1883, † 1945]) gewirkt. Er schrieb unter anderem zehn Sinfonien und Lieder (›Kindertotenlieder‹, ›Lieder eines fahrenden Gesellen‹, Lieder auf Texte von ›Des Knaben Wunderhorn‹).

Mailänder Scala, *siehe* Scala.

Mandoline, ein der Laute verwandtes Zupfinstrument, dessen birnenförmiger Korpus jedoch wesentlich kleiner ist; sie ist mit vier Doppelsaiten bespannt, die wie bei der Violine in G–D–A–E gestimmt sind. Diese werden vom Spieler mit einem Kunststoffplättchen (Plektron) in schnellen Hin- und Herbewegungen angerissen, wobei der charakteristisch helle Tremoloklang entsteht.

Manet, Édouard [ma'nɛ], in eindringlicher Auseinandersetzung mit der europäischen Kunst der Neuzeit (besonders hervorzuheben seine 1863 entstandene ›Olympia‹) bereitete dieser französische Maler (* 1832, † 1883) den Impressionisten den Weg. Sein farblich bahnbrechendes Schaffen (u. a. ›Das Frühstück im Freien‹, ›Erschießung Kaiser Maximilians von Mexiko‹) wurde von den meisten Zeitgenossen abschätzig beurteilt.

Manierismus, Spielart der Kunst zwischen Renaissance und Barock, also etwa zwischen 1520 und 1600. Kennzeichen waren Überlängen und Verdrehtheit der Figuren, eine kühle, gesucht grelle Farbigkeit, die Auflösung der ausgeglichenen Komposition, die Freude an überreichem Dekor und geistreichen Überraschungen. Davon ausgehend hat sich der Begriff allgemein auf jedwedes geziert-übersteigerte, distanzierte Kunstwollen übertragen. Wichtige Vertreter dieser Epoche waren u. a. der späte MICHELANGELO, EL GRECO, TINTORETTO (* 1518, † 1594).

Marc, Franz deutscher Maler (* 1880, † 1916), der zusammen mit WASSILY KANDINSKY den ›Blauen Reiter‹ *(siehe dort)* gründete. In Anlehnung u. a. an AUGUST MACKE (* 1887, † 1914) wandte sich seine Ausdrucksweise nach 1910 einem von geometrischen Formen und kräftigen Farben bestimmten Expressionismus zu. Das besondere Interesse von Marc galt der Tierwelt.

Marseillaise, *die* [marsɛ'jɛ:zə], seit 1795 die französische Nationalhymne. Es handelt sich ursprünglich um das Marschlied, das ein von der südfranzösischen Stadt Marseille zur Unterstützung der Französischen Revolution entsandtes Bataillon bei seinem Einzug in Paris am 30. 7. 1792 sang. Text und Melodie entstanden im gleichen Jahr durch C. J. ROUGET DE LISLE (* 1760, † 1836) in Straßburg.

Matisse, Henri [ma'tis], französischer Maler (* 1869, † 1954), der sich nach impressionistischen Versuchen um 1905 einer intensiven, in flächigen Kontrasten gegeneinander gesetzten Farbmalerei verschrieb (*siehe* Fauves). Eine zunehmende Vereinfachung der Form durchzog besonders die Stillleben des Künstlers. Zusammen mit PICASSO bildet Matisse die herausragende Gestalt in der europäischen bildenden Kunst des 20. Jahrhunderts.

❧ Seit einem Aufenthalt in Marokko liebte Matisse Orangen, die zeit seines Lebens als Motiv immer wieder in seinen Bildern erscheinen.

Matthäuspassion, *siehe* Bach (Johann Sebastian).

Die Meistersinger von Nürnberg, Oper von RICHARD WAGNER (Uraufführung 1868). Handlung: Bei einem Meistersingen ist Eva von ihrem Vater als Preis ausgelobt worden. Walther von Stolzing will an diesem Wettbewerb teilnehmen, bittet um Aufnahme in die Meistersingerzunft, wird aber abgewiesen. Ein Vermittlungsversuch des Meisters Hans Sachs scheitert; Beckmesser, der selbst Eva gewinnen will, behält die Oberhand; am Ende versagt jedoch sein gesanglicher Vortrag; Walther gelingt hingegen eine vollkommene Darbietung; er erringt den Sieg und gewinnt Eva.

Mendelssohn Bartholdy, Felix deutscher Komponist (* 1809, † 1847), gehört zu den bedeutendsten Vertretern der deutschen Romantik. Seine große Begabung zeigte sich schon als Kind; bereits 1826 schrieb er die Ouvertüre zu SHAKESPEARES ›Sommernachtstraum‹. Nach mehrjährigen Reisen (Deutschland, Italien, Frankreich und England) wurde er u. a. Leiter der Gewandhauskonzerte in Leipzig. Zu seinen bedeutendsten Werken gehören Konzertouvertüren, Sinfonien (darunter die ›Schottische‹ und die ›Italienische‹), das Violinkonzert e-Moll, sowie die Oratorien ›Paulus‹ und ›Elias‹.

❧ Felix Mendelssohn Bartholdy war ein Enkel des Philosophen MOSES MENDELSSOHN (* 1728, † 1786); seine Schwester FANNY HENSEL (* 1805, † 1847) komponierte ebenfalls und war eine bekannte Pianistin. Beim Übertritt vom jüdischen zum protestantischen Glauben hatte ihr Vater dem Familiennamen den Zusatz ›Bartholdy‹ gegeben.

Menuett, *das* ein Hof- und Gesellschaftstanz im $^3/_4$-Takt, der um 1650 in Frankreich entstand und sich in ganz Europa verbreitete.

Menuhin, Yehudi amerikanischer Violinist und Dirigent (* 1916, † 1999), gelangte bereits als Kind zu Weltruhm. In seinem weit gespannten Repertoire nimmt auch die neue Musik einen wichtigen Platz ein. Er rief mehrere Festspiele (Gstaad, Windsor) ins Leben und verstand sich als ›musikalischer Botschafter des Friedens‹.

Menzel, Adolph von deutscher Grafiker und Maler (* 1815, † 1905), der in seinem auf Helldunkelwirkung abzielenden Stil und seinen alltäglich-realistischen Motiven (u. a. ›Eisenwalzwerk‹) dem Impressionismus zuarbeitete. Besonders bekannt sind Menzels Illustrationen und Gemälde zur Geschichte Preußens zur Zeit FRIEDRICHS II., DES GROSSEN.

Messe, in der Musik die geistliche Komposition als Vertonung der feststehenden liturgischen Bestandteile des Gottesdienstes; in der Barockzeit löste sich die Messe musikalisch zunehmend von ihrer liturgischen Zweckbestimmung, das konzertante Element trat in den Vordergrund.

❧ Bekannte Messen sind z. B. die ›h-Moll-Messe‹ von JOHANN SEBASTIAN BACH oder die ›Missa solemnis‹ von BEETHOVEN.

Messias [hebräisch ›der Gesalbte‹], Oratorium von GEORG FRIEDRICH HÄNDEL (Uraufführung 1742), Text nach der Bibel und dem ›Common Prayer Book‹ von CHARLES JENNERS.

Metropolitan Opera [metrəˈpɔlɪtn ˈɔpərə], das bekannteste Opernhaus der USA, meist kurz die ›Met‹ genannt; es wurde 1883 in New York eröffnet und befindet sich dort seit 1966 im Lincoln Center.

Mezzosopran, um die Mitte des 18. Jh. eingeführte Frauenstimmlage zwischen Sopran und Alt.

Michelangelo [mikeˈlandʒelo], eigentlich Michelangelo Buonarroti (* 1475, † 1564), als italienischer Bildhauer (u. a. ›David‹; Figurenschmuck für die Grabmäler Papst JULIUS' II. (* 1443, † 1513) und der Medici; sechs Pietà-Gruppen), Maler (u. a. ›Das Jüngste Gericht‹ in der Sixtinischen Kapelle), Baumeister (u. a. seit 1547 Bauleitung an der Peterskirche) und Dichter vielleicht einer der vielseitigsten Künstler überhaupt. In seinem Schaffen verbinden sich das Studium der Antike, der Hochrenaissance und des Manierismus; kraftvollste Monumentalität steht neben quälendem Ringen des Meisters mit seinen im Bereich der Skulptur häufig unvollendeten Werken. – Abb. S. 214.

Miró, Joan (* 1893, † 1983), der spanische Künstler verband nach längeren Aufenthalten in Paris seit 1920 Elemente des Surrealismus, der abstrakten wie naiven Malerei zu seinem unverwechselbar unbeschwert-bunten Stil (z. B. Keramikwandbilder, u. a. UNESCO-Gebäude, Paris, 1955–58).

Michelangelo.
Die Erschaffung Adams,
ein Deckenfresko aus der
Sixtinischen Kapelle in Rom
(1511)

Missa solemnis [lateinisch ›feierliche Messe‹], im 19. Jh. gebräuchliche Bezeichnung für groß angelegte orchestrale Vertonungen der feststehenden Gesänge einer Messe; besonders bekannt die Missa solemnis in D-Dur Opus 123 für 4 Solostimmen, Chor, Orchester und Orgel (1819/23) von BEETHOVEN.

Mona Lisa, Porträt der Gattin des florentinischen Edelmanns FRANCESCO DEL GIOCONDO (daher auch ihr Beiname ›la Gioconda‹), ausgeführt um 1503/06 von LEONARDO DA VINCI. Das Bild offenbart deutlich LEONARDOS Bestreben nach einer ›rauchigen‹ Lichtführung; es ist eines der populärsten Bildnisse der Kunstgeschichte. – Abb. S. 211.

Mondscheinsonate, eine Klaviersonate von LUDWIG VAN BEETHOVEN (1801); sie verdankt ihren Namen wohl einem Musikkritiker, den der ruhige erste Satz an den Mondschein erinnerte, der sich im Wasser spiegelt.

Monet, Claude [mo'nɛ], französischer Maler (* 1840, † 1926), der nach Anfängen als Karikaturist und unter dem Einfluss TURNERS und MANETS zum bekanntesten Vertreter des Impressionismus wurde. Sein Interesse am farbwandelnden Spiel des Lichtes ließ ihn mehrere Motive (u. a. Seerosen, Heuhaufen, Fassaden) aus dem gleichen Blickwinkel, aber zu verschiedenen Tageszeiten abbilden. – Abb. S. 206.

Moore, Henry [mʊə], englischer Bildhauer und Zeichner (* 1898, † 1986), den frühgeschichtliche Skulpturen (Ägypten) zu meist liegenden, häufig grob und vereinfachend bearbeiteten Plastiken anregten.

Motette, *die* [spätlateinisch ›leiser, halb unterdrückter Laut‹], Gattung mehrstimmiger Vokalmusik in der abendländischen Musikgeschichte. Im ausgehenden 15. Jh. vollzog sich eine bis heute gültig gebliebene Bindung der Motette an die Kirchenmusik; bedeutende Komponisten dieser Gattung waren GIOVANNI PIERLUIGI DA PALESTRINA (* um 1525, † 1594), ORLANDO DI LASSO (* 1532, † 1594), HEINRICH SCHÜTZ (* 1585, † 1672), J. S. BACH.

Mozart, Wolfgang Amadeus Komponist (* 1756, † 1791), der mit HAYDN und BEETHOVEN zu den Großen der Wiener Klassik *(siehe dort)* gehört. Mozarts früh zutage tretende Begabung wurde von seinem Vater LEOPOLD (* 1719, † 1787) planmäßig gefördert. Mit drei Jahren spielte er Klavier, mit fünf Jahren komponierte er seine ersten Stücke und trat als Wunderkind an europäischen Höfen auf.
Ein Konflikt mit seinem Dienstherrn, dem Erzbischof von Salzburg, führte 1781 zur Übersiedlung nach Wien, wo in rascher Folge seine Meisterwerke entstanden. 1782, im Jahr seiner Heirat mit KONSTANZE WEBER (* 1763, † 1843) aus Mannheim, komponierte er das Singspiel ›Die Entführung aus dem Serail‹, 1785 die Oper ›Die Hochzeit des Figaro‹, 1787 (dem Todesjahr seines Vaters) die Oper ›Don Giovanni‹ sowie das Orchesterstück ›Eine kleine Nachtmusik‹, 1788 die drei großen Sinfonien in Es-Dur, g-Moll und C-Dur (›Jupiter‹). 1790 entstand die Oper ›Così fan tutte‹, der 1791 ›Die Zauberflöte‹ folgte. Während der Arbeit am ›Requiem‹, einer Totenmesse, ist Mozart gestorben; sein Grab auf dem St. Marxer Friedhof in Wien ist nicht mehr festzustellen.

Mozart verbindet in seiner Musik klangliche Farbigkeit mit formaler Strenge. Die Instrumentalmusik, im galanten Stil des Rokoko begonnen, vertiefte er durch den Reichtum der Melodik und formale Differenzierung. Aus der Übernahme italienischer Formelemente entwickelte er seine Oper, für die dramatischer Aufbau und Individualität der Personenzeichnung kennzeichnend sind.

Munch, Edvard [mʊŋk], norwegischer Maler und Grafiker (* 1863, † 1944), der nach Aufenthalten in Frankreich und Deutschland nach 1890 einen Brückenschlag zwischen impressionistischer Sehweise, expressionistischer Aussagekraft und der Formmelodie des Jugendstils vollzog. In seinen psychologisch bis ins Übersteigerte verdichteten Arbeiten (u. a. ›Der Schrei‹, 1893) wiederholen sich Motive (Angst, Tod, Geschlechterkampf), die auch im literarisch gleichfalls selbstquälerischen Schaffen skandinavischer Zeitgenossen (AUGUST STRINDBERG) ausgebreitet werden.

Museumsinsel, Berliner Museumszentrum auf einer Insel zwischen Spree, Kupfergraben und Lustgarten.

Musical [ˈmju:zɪkəl], eine volkstümliche Form des amerikanischen Musiktheaters, die um 1900 am New Yorker Broadway entstand. In ihm verschmelzen Elemente der Operette, der Revue, des Varietees und des Balletts, gelegentlich aber auch der Oper. Außerdem verwendet das Musical Mittel der amerikanischen Popmusik, des Jazz und der Tanz- und Unterhaltungsmusik. Motive und Stoffe stammen aus der Weltliteratur, auch Probleme des Alltags und aktuelle politische und gesellschaftliche Themen werden behandelt.
❧ Populäre Musicals sind z. B. ›Porgy and Bess‹ (1935, GEORGE GERSHWIN), ›Kiss me Kate‹ (1948, COLE PORTER [* 1891, † 1964]), ›My fair Lady‹ (1956, FREDERICK LOEWE [* 1904, † 1988]), ›West side story‹ (1957, LEONARD BERNSTEIN), ›Hello Dolly‹ (1964, JERRY HERMAN [* 1933]), ›Fiddler on the roof‹ (1964, deutsch ›Anatevka‹, JERRY LOUIS BOCK [* 1928]), ›Hair‹ (1967, GALT MCDERMOT [* 1928]), ›Jesus Christ Superstar‹ (1971) und ›Cats‹ (1982, beide ANDREW LLOYD WEBBER [* 1948]).

My fair Lady, populäres Musical von FREDERICK LOEWE ([* 1904, † 1988], nach Texten von ALAN JAY LERNER [* 1918]), das auf dem Drama ›Pygmalion‹ von GEORGE BERNARD SHAW beruht. Sehr bekannt ist die Melodie ›I could have danced all night‹.

naive Malerei, Laienkunst, die nicht in die Abfolge kunstgeschichtlicher Stilrichtungen einzuordnen ist. Im Unterschied zur meist handwerklich betriebenen, auf Überlieferungen beruhenden Volkskunst wird die naive Malerei völlig durch die Person des Künstlers bestimmt, der sich dem Malen meist nur neben dem Beruf widmet. Die Bilder nehmen den Betrachter besonders durch die fröhliche Buntheit der Farben und die Unbefangenheit und Schlichtheit der Darstellung für sich ein. Zu den bekanntesten Künstlern der naiven Malerei gehören die amerikanische Farmersfrau GRANDMA MOSES (* 1860, † 1961) und der Franzose HENRI ROUSSEAU.

Neue Sachlichkeit, nach einer Gemäldeausstellung in Mannheim benannte Gegenströmung zum Expressionismus. Gegen dessen Auflösung der Formen stellte sie eine fast beschwörerische Gegenständlichkeit des oft flächig Abgebildeten. Nennenswerte Vertreter waren neben OTTO DIX u. a. CHRISTIAN SCHAD (* 1894, † 1982) und GEORG SCHRIMPF (* 1889, † 1938).

Neumann, Johann Balthasar Artillerieoffizier, Ingenieur und Baumeister (* 1687, † 1753), der mit seinen Kirchen (u. a. Vierzehnheiligen; Neresheim) und Palastanlagen (u. a. Würzburger Residenz, mit berühmtem Treppenhaus) v. a. in Franken das Idealbild bewegter barocker Raumerlebnisse hinterließ.
❧ Sein Konterfei ziert den 50-Mark-Schein.

Neunte Sinfonie, die letzte der von BEETHOVEN komponierten Sinfonien (in d-Moll, Opus 125; 1822/24), mit dem Schlusschor nach der ›Ode an die Freude‹ von FRIEDRICH VON SCHILLER.

Neuschwanstein, Schloss bei Füssen im Allgäu, das zwischen 1868 und 1886 im neuromanischen Stil für den bayrischen, romantisch-träumerisch veranlagten König LUDWIG II. errichtet wurde.

Nijinskij, Waslaw [niʒinski], russischer Tänzer und Choreograph (* 1889, † 1950), gefeierter Tänzer und wegweisender Choreograph, der zusammen mit SERGE DIAGHILEW (* 1872, † 1929) zum Weltruhm der ›Ballets Russes‹ beitrug. Seine Schwester BRONISLAWA NIJINSKA (* 1892, † 1972) war ihrerseits eine berühmte Tänzerin und Choreographin.

Schloss Neuschwanstein

Nocturne [nok'tyrn; französisch ›nächtlich‹], auch: **Notturno** oder **Nachtstück,** in der Musik des 18. Jh. ein der Serenade ähnliches Instrumentalwerk oder ständchenartiges Gesangsstück, das in dieser Form auch in nächtlichen Opernszenen vorkommt.

Nolde, Emil eigentlich Emil Hansen, deutscher Maler und Grafiker (* 1867, † 1956), der seit 1904 unter dem Namen seines Geburtsortes signierte. Sein reiches, farbkräftiges Werk umfasst in Leinwand und Holzschnitt die stürmische Natur seiner norddeutschen Heimat, Groteskes, aber auch religiöse Motive.

Notenschlüssel, Zeichen der Notenschrift, die am Anfang der Notenzeile stehen und festlegen, welche Tonhöhe die einzelnen Linien haben. Es gibt drei Arten von Notenschlüsseln: G-Schlüssel (auch Violinschlüssel), F-Schlüssel (auch Bassschlüssel) und C-Schlüssel.

Nurejew, Rudolf österreichischer Tänzer russischer Herkunft (* 1938, † 1993). Ein hervorragender klassischer Tänzer mit starker Expressivität.

Nußknackersuite, Musik von Tschaikowsky, zum Ballett ›Der Nußknacker‹ (1892). Um die märchenhafte Erzählung komponierte Tschaikowsky eine Orchestermusik von brillanter Artistik, die von Anfang an sehr beliebt war. Besonders bekannt hieraus ist der ›Blumenwalzer‹.

Oboe, *die* [von französisch haubois, eigentlich ›helles, lautes Holz‹], Holzblasinstrument, das aus einer etwa 60 cm langen, konisch gebohrten, dreiteiligen Schallröhre aus Ebenholz besteht, die sich unten zum Schallbecher erweitert. Der Klang der Oboe ist etwas herb, leicht scharf, aber sehr tragend.

❧ Die Oboe übernimmt meist die Melodieführung der Holzbläsergruppe des Orchesters. Vorläufer der Oboe ist die Schalmei, eine tiefer klingende Abart das Englischhorn.

Offenbach, Jacques französischer Komponist deutscher (Kölner) Herkunft (* 1819, † 1880). Stieg unter der Herrschaft Napoleons III. mit seinen satirischen, dem Geschmack der Zeit entsprechenden Werken, besonders den Operetten ›Orpheus in der Unterwelt‹, ›Die schöne Helena‹, ›Pariser Leben‹, zu einem erfolgreichen Komponisten auf. Mit dem Ende des Zweiten Kaiserreichs (1870) verblasste sein Stern. Sein Alterswerk ist die Oper ›Hoffmanns Erzählungen‹ *(siehe dort).*

Oktave, *die* [lateinisch ›die achte‹], ein Intervall im Abstand von acht Notenstufen; Oktave ist auch die Gesamtheit der Töne, die innerhalb dieses Intervalls liegen.

Oper [von italienisch opera (in musica) ›(Musik-)Werk‹], im westlichen Kulturkreis ein musikalisches Schauspiel, in dem entweder nur gesungen wird oder gesungene mit gesprochenen Partien abwechseln. Als Vorläufer der Oper können bereits die musikalischen Inszenierungen der Antike oder die Triumphaufzüge, Masken- und Trauerspiele der Renaissance betrachtet werden. Ihre Geburtsstunde erlebte sie um 1600 in Florenz. Die erste bedeutende Oper war ›Orfeo‹ (1607) des Italieners Claudio Monteverdi (* 1567, † 1643); 1637 eröffnete in Venedig das erste Opernhaus. Gegenüber der Vorherrschaft der italienischen Oper (getragen von Komponisten wie Monteverdi und Alessandro Scarlatti [* 1660, † 1725]) konnte sich im späten 17. Jh. zunächst nur in Frankreich eine eigenständige Operntradition entwickeln (besonders durch Jean-Baptiste Lully [* 1632, † 1687], der das Musikleben Frankreichs zur Zeit Ludwigs XIV. beherrschte). Der anfangs nur von tragischen Stoffen aus der antiken Götter- und Heldenwelt bestimmten ›ernsten Oper‹ (italienisch ›opera seria‹) erwuchs im 18. Jh. eine Konkurrenz in der ›komischen Oper‹ (italienisch ›opera buffa‹), die meist Themen aus dem bürgerlichen Alltagsleben behandelte. Die

Oper des 18. Jh. erreichte ihren Höhepunkt in den Werken von CHRISTOPH WILLIBALD GLUCK und WOLFGANG AMADEUS MOZART. Zu den herausragenden Opernkomponisten des 19. und 20. Jh. zählen RICHARD WAGNER, GIUSEPPE VERDI, GIACOMO PUCCINI und RICHARD STRAUSS.

Operette [italienisch ›kleine Oper‹], musikalisches Bühnenwerk mit gesprochenem Dialog, mit leichter, an komischen Szenen reicher Handlung, die von liedhaften Formen mit ausgeprägtem Tanzcharakter unterbrochen wird. Die Blütezeit der Operette waren die zweite Hälfte des 19. und die ersten Jahrzehnte des 20. Jh. mit Komponisten wie JOHANN STRAUSS, JACQUES OFFENBACH, EMMERICH KÁLMÁN ([* 1882, † 1953] ›Csárdásfürstin‹, 1915; ›Gräfin Mariza‹, 1924), FRANZ LEHÁR und PAUL LINCKE ([* 1866, † 1946] ›Frau Luna‹, 1899).

Opus, *das* [lateinisch ›Arbeit‹ oder ›Werk‹], in der Musik ein einzelnes Werk, eine einzelne Komposition. Mit den Opuszahlen werden die Werke eines Komponisten gezählt. Meist wird das Wort dann ›op.‹ abgekürzt, z. B. die 9. Sinfonie von BEETHOVEN op. 125.

Oratorium, *das* [aus italienisch ›Betsaal‹], Komposition für Einzelstimmen, Chor und Orchester mit meist religiösem Inhalt, die in ihrem Aufbau der Oper ähnelt. Die Handlung wird jedoch nicht szenisch dargestellt, sondern geht allein aus den gesungenen Texten hervor. Die ersten Oratorien wurden im 17. Jh. in Italien in Betsälen aufgeführt.

Orchester, *das* im Altgriechischen war ›orchestra‹ der ›Tanzplatz‹ des Chores. Danach wird seit der Entstehung der Oper auch im modernen Theater der Raum vor der Bühne, in dem die Musiker sitzen, Orchester oder Orchesterraum genannt. Von diesem Raum ging der Name über auf die Musiker als Gruppe, die – meist unter der Leitung eines Dirigenten – auf verschiedenen Instrumenten musizieren.

Orff, Carl deutscher Komponist (* 1895, † 1982), dessen Bühnenwerke, z. B. die ›Carmina Burana‹ (1937), ›Der Mond‹ (1939) und ›Die Kluge‹ (1943) durch die Einheit von Sprache, Musik und Bewegung gekennzeichnet sind. Das zusammen mit GUNHILD KEETMAN (* 1904, † 1990) erarbeitete Orff-Schulwerk ist grundlegend für den elementaren Musikunterricht.

Orgel [griechisch ›Mittel, Werkzeug‹]. Die Orgel wird im Wesentlichen aus drei Elementen gebildet: dem Spieltisch, dem Pfeifen- und dem Windwerk. Der Spieltisch besteht aus mehreren übereinander liegenden Tastaturen wie beim Klavier, die hier ›Manuale‹ genannt werden, und einer Tastatur für die Füße, den Pedalen. Jeder Taste ist ein Ton zugeordnet, der von einer Pfeife erzeugt wird. Die Vielfalt der Orgel zeigt sich darin, dass es je nach ihrer Größe bis zu über 100 im Klang verschiedene Pfeifenreihen gibt, die man ›Register‹ nennt. Diese können nach Belieben kombiniert werden.
Das Windwerk ist der technische Teil der Orgel, der die Luft erzeugt, die, von der Tastatur ausgelöst, in die Pfeifen geleitet wird.
❧ Die älteste noch spielbare Kirchenorgel aus dem 14. Jh. steht in Sitten (Kanton Wallis, Schweiz), eine besonders große im Dom zu Passau. Der bedeutendste Komponist für dieses Instrument ist JOHANN SEBASTIAN BACH.

Oscar, volkstümliche Bezeichnung für eine vergoldete Statuette (25,6 cm hoch), die als Filmpreis seit 1929 jährlich für ›beste‹ Leistungen u. a. in folgenden Kategorien vergeben wird: Film, Regie, Haupt- und Nebendarsteller, Drehbuch, Kamera, Schnitt, Musik, Ausstattung, Kostüme, Maske, bester nicht englischsprachiger Film.

Ouvertüre, *die* [uvɛr...; französisch ›Eröffnung‹], Orchestervorspiel, besonders zu Bühnenwerken (Oper, Ballett, Schauspiel) oder Oratorien, dann auch zur Suite, im 19. Jh. auch eine eigenständige Komposition (Konzertouvertüre).

Palladio, Andrea (* 1508, † 1580), wirkte als Baumeister in Vicenza (u. a. Villa Capra, genannt ›La Rotonda‹, um 1550) und Venedig. Seine an den antiken Bauregeln orientierten Entwürfe leiten von der Renaissance zum Barock über.

Pantheon, im 2. Jh. n. Chr. unter Kaiser HADRIAN (* 76, † 138) zu Ehren des gesamten Götterhimmels errichteter Kuppelrundbau in Rom (Begräbnisstätte bedeutender Italiener).
❧ Ein Panthéon genannter Bau, Ende des 18. Jh. als Kirche errichtet, befindet sich auch in Paris.

Parsifal, Oper von WAGNER (Uraufführung 1882). Parsifal verkörpert die Figur des edlen Unwissenden, des reinen Toren, der gegen das Zauberreich des Ritters Klingsor um die Entsühnung Kundrys (sie verlachte den leidenden Christus und steht unter Klingsors Bann) kämpft. Dies, die Erkenntnis seiner eigenen Sendung und seine Krönung zum Gralskönig sind Thema des Werks.

Partitur, *die* [italienisch, eigentlich ›Einteilung‹], eine Aufzeichnung, in der alle Sing- und Instrumentalstimmen eines Musikwerkes in Notenschrift so aufgezeichnet sind, dass die gleichzeitig erklingenden Noten untereinander stehen.

Pas de deux, *der* [padəˈdø; französisch ›Schritt von Zweien‹], im Ballett der Tanz zu zweit, meist derjenige der Ballerina und ihres Partners.

Pastell [italienisch ›Farbstift‹], ein mit Pastellfarben gemaltes Bild. Die Pastellfarben werden aus einer Farbpaste in Stiftform gepresst und getrocknet. Die Farbteilchen haften nur leicht auf der Oberfläche des Zeichenpapiers und können mit dem Finger zu feinsten Übergängen verrieben werden. Die Farben sind von hoher Leuchtkraft und Beständigkeit. Die zarten und duftigen Farben des Pastells entsprachen besonders dem Geschmack des Rokoko. Bedeutende Leistungen der Pastellmalerei stammen von ÉDOUARD MANET und EDGAR DEGAS.

Pastorale, *das* [zu lateinisch pastor ›Hirt‹], in der Kunst das Schäferstück, die Schäferszene; in der Musik eine vom Schäferspiel des Sprechtheaters ausgehende Operngattung sowie im 17. und 18. Jh. beliebter, das Schalmeispiel von Hirten nachahmender Instrumentalsatz. BEETHOVENS 6. Sinfonie, die ›Sinfonia pastorale‹ (1808), von ihm in einem Skizzenbuch bezeichnet als Erinnerung an das Landleben, steht in der Tradition vergleichbarer Pastoralsinfonien.

Pauke, ein Schlaginstrument, das aus einem großen halbkugeligen Kupfer- oder Messingkessel besteht, der mit gegerbtem Fell überzogen ist. Ein Eisenreifen mit acht Schrauben spannt das Fell und reguliert die Tonhöhe. Geschlagen wird die Pauke mit Filz-, Hartfilz-, Holz- oder Lederschlägeln.

Paukenschlag-Sinfonie, die Sinfonie Nr. 94 in G-Dur von JOSEPH HAYDN, Teil einer Reihe von sechs Sinfonien, die HAYDN für seinen Londoner Aufenthalt (1791) komponierte. Das Andante ›Mit dem Paukenschlag‹ gab der Sinfonie ihren populären Namen (in England ›The surprise‹, d.h. ›Die Überraschung‹).

Pawlowa, Anna russische Tänzerin (* 1881, † 1931). Die zerbrechliche und scheinbar schwerelose Ballerina wurde noch zu Lebzeiten durch ihre große Ausstrahlungskraft und außergewöhnliche stilistische Sensibilität zur Legende; unsterblich wurde sie duch ihre Rolle als ›sterbender Schwan‹.

Perspektive, *die* [von lateinisch perspicere ›hindurchsehen‹, ›deutlich erkennen‹], zeichnerische Darstellung von Körpern auf Bildflächen, so wie der Betrachter die Gegenstände tatsächlich sieht. In Spätantike und Mittelalter gingen die antiken Kenntnisse über die perspektivischen Darstellungen verloren. Wichtige Figuren wurden nun grundsätzlich größer dargestellt als weniger wichtige (man spricht hier von ›Bedeutungsperspektive‹). Der Durchbruch zur mathematisch darstellbaren Zentralperspektive gelang in der Theorie um 1400 in Italien und wurde von MASACCIO ([* 1401, † 1429] ›Dreifaltigkeitsfresko‹, 1427) erstmals malerisch umgesetzt. Die Entwicklung schritt weiter fort, bis der Kubismus mehrere perspektivische Wirklichkeiten zu neuer Sichtweise verband.

Außenansicht der Peterskirche in Rom

Peterskirche, die über der vermuteten Grabstelle des Apostels PETRUS in Rom errichtete, größte Kirche der Christenheit; Hauptkirche des Papstes. Die Gestalt des unter Papst JULIUS II. (* 1443, † 1513) seit 1506 in Angriff genommenen Neubaus (nach

Plänen BRAMANTES [* 1444, † 1514]) wurde bis zu seiner Weihe 1626 durch zahlreiche Baumeister abgewandelt. Die Ausstattung besorgten u. a. MICHELANGELO (Kuppel) und BERNINI.

Peter und der Wolf, sinfonisches Märchen von SERGEJ PROKOFJEW (* 1900, † 1971) für Sprecher und kleines Orchester (Uraufführung 1936).

piano [italienisch ›langsam, leise‹], musikalische Vortragsbezeichnung: leise, sanft; Varianten sind: pianissimo: sehr leise; fortepiano: laut und sofort wieder leise.

Picasso, Pablo spanischer, nach 1904 hauptsächlich in Frankreich lebender Maler, Grafiker und Bildhauer (* 1881, † 1973). In Auseinandersetzung mit afrikanischer Kunst und dem Werk CÉZANNES schuf Picasso um 1907 nach der impressionistisch beeinflussten ›blauen‹ (1901/04) und der ›rosa‹ (1904/06) Periode die für sein späteres Schaffen grundlegende Stilrichtung des Kubismus (zusammen mit GEORGES BRAQUE [* 1882, † 1963]). Das Schlüsselbild hierzu sind seine ›Jungen Frauen von Avignon‹ (1906/07); herausragend auch das Antikriegsbild ›Guernica‹ (1937), das nach dem Luftangriff deutscher Bomber auf das gleichnamige baskische Städtchen entstand. Ein immer wiederkehrendes Motiv war der Stierkampf. Nach dem Zweiten Weltkrieg entstand eine große Anzahl bemalter Keramiken.
❧ Um die Erbschaftssteuer abzugelten, gelangte ein Teil des Nachlasses Picassos in den Besitz des französischen Staates und wurde der Öffentlichkeit 1985 in einem eigens eingerichteten Museum (in Paris) übergeben.

piccolo [italienisch ›klein‹], in Wortverbindungen, z. B. Piccoloflöte, der jeweils kleinste Typ bestimmter Musikinstrumente.

Pinakothek, im antiken Griechenland ursprünglich der Aufbewahrungsort von Weihgeschenktafeln; seit der Renaissance eine Bezeichnung für Gemäldesammlungen (etwa in München die Alte und Neue Pinakothek als Gründungen des 19. Jahrhunderts).

Plastik, *die* in der Bildhauerkunst alle Verfahrensweisen, die durch allmähliche Anstückung formbarer Materialien (Ton, Gips, Wachs, Porzellan) den Entstehungsprozess eines Werkes bestimmen, bzw. die von diesen Modellen genommenen Metallabgüsse. Ein anderes Verfahren der Bildhauerkunst ist die Skulptur, bei der die endgültige Form durch Abtragen von außen nach innen erarbeitet wird.

Polka, *die* [tschechisch ›Polin‹ oder von půlka ›Halbschritt‹], böhmischer Rundtanz in lebhaftem $^3/_4$-Takt. Nach 1830 europäischer Gesellschaftstanz.

Polonaise, *die* [polo'nɛːzə; französisch ›polnischer Tanz‹], geschrittener Tanz im $^3/_4$-Takt, oft als Einleitung von Bällen, wobei die Paare in beliebig langer Kolonne in verschiedenen Touren und Figuren durch die Festräume schreiten. – In der Kunstmusik ein einzelner Satz oder Bestandteil der Suite.

Pop-Art [von englisch popular art ›volkstümliche Kunst‹], Strömung der zeitgenössischen Kunst, die ähnlich dem Dadaismus aus alltäglichen Gegenständen und Aussagen der Werbung, des Massenkonsums (z. B. Konservendosen) oder der Unterhaltung (z. B. Comics) durch deren Verfremdung und Nachahmung (Fotomontagen, Vergrößerung, Reihung) neuartige, oft parodisierende Objekte herstellt. Bekannte Vertreter sind seit den 1950er-Jahren u. a. ANDY WARHOL (* 1930, † 1987), ROY LICHTENSTEIN (* 1923, † 1997) und GEORGE SEGAL (* 1924).

Porgy und Bess, Oper von GEORGE GERSHWIN (Uraufführung 1935). Bess, eine leichtlebige junge Frau, zieht es vor, statt mit dem Rauschgifthändler Sportin' Life mit Porgy, einem Krüppel, zusammenzuleben. Als Crown, ein früherer Liebhaber von Bess, diese entführen will, ersticht Porgy ihn. Gleichwohl macht Bess sich mit Sportin' Life auf und davon und wird von Porgy gesucht.

Porträt, das Bildnis eines bestimmten Menschen mit dem ihm eigenen Aussehen und Ausdruck. Nach dem Durchbruch des neuzeitlichen persönlichen Porträts im 14./15. Jh. (Hilfestellung durch Skulpturen und Münzen) geriet das (Selbst-)Porträt zu einer der bevorzugten Aufgaben der (repräsentativen) Malerei.

Posaune, großes Blechblasinstrument, dessen Schallröhre in drei parallel laufende Stränge gebogen ist. Das Mittelstück der Posaune ist stufenlos ausziehbar, wodurch sie gleichmäßig alle Töne ohne Ventile oder Grifflöcher hervorbringen kann.

Postmoderne, bezeichnet eine in der Philosophie des 19. Jh. (F. NIETZSCHE) begründete, seit den 1960er-Jahren begrifflich umstrittene Kulturtheorie: die als ›modern‹ bezeichnete Periode sei abgelaufen, erschöpft und müsse überwunden, durch einen neuen Aufbruch ersetzt werden. In der gegenwärtigen Baukunst wendet sich eine nachmoderne Strömung gegen die zweckgerichtete, gleichförmige Architektur des 20. Jahrhunderts.

Prado, das aus den Sammlungen der spanischen Könige hervorgegangene, 1819 eröffnete spanische Nationalmuseum für Malerei und Bildhauerkunst in Madrid (benannt nach dem Park Prado de San Jerómino).

Premiere, *die* [prəˈmi̯eːrə; französisch ›die erste‹], bei Musik- oder Bühnenstücken die erste Aufführung eines neu einstudierten oder neu inszenierten, aber bekannten Stücks, auch die erste Aufführung eines Stücks an einem bestimmten Ort; seltener die Erst- oder Uraufführung.

Presley, Elvis [ˈpreslɪ], amerikanischer Rock'n'-Roll-Musiker (* 1935, † 1977), der v. a. seine ersten Lieder (u. a. ›Heartbreak Hotel‹, 1956) mit Hüftschwung und Schmollmund darbot und damit das damalige Publikum teils begeisterte, teils schockierte. Er blieb, auch nach seinem großen Come-back (ab 1969) eine Legende, eine Symbolfigur für die Musik der 1950er-Jahre.

Puccini, Giacomo [putˈtʃini], italienischer Komponist (* 1858, † 1924), dessen Opern ›La Bohème‹, ›Tosca‹ und ›Madame Butterfly‹ zusammen mit denjenigen von VERDI zu den am häufigsten aufgeführten Opern zählen. Ihre Musik zeichnet sich durch großen Melodienreichtum aus; sie gibt die Gefühle der handelnden Personen mit den Mitteln des musikalischen Impressionismus wieder.

Quartett [von lateinisch quartus ›der Vierte‹], in der Musik eine Komposition für vier Instrumente oder vier Singstimmen; auch Bezeichnung für eine Gruppe von vier Instrumentalisten oder Sängern.

Querflöte, Blasinstrument aus der Gruppe der Flöten, das aus einer dreiteiligen, zylindrisch gebohrten Schallröhre aus Metall (Silber) besteht, die an einem Ende offen ist. Das andere Endstück enthält seitlich das Anblaseloch, auf dessen Rand der Bläser die Luft durch die Lippen leitet. Ihr silbriger, schwebender Klang hat die Querflöte zu einem bevorzugten Orchester- und Soloinstrument gemacht.

Quintett [von lateinisch quintus ›der Fünfte‹], in der Musik Bezeichnung sowohl für eine Komposition für fünf Instrumente oder fünf Singstimmen als auch für eine Gruppe von fünf Instrumentalisten oder Sängern.

Radierung [aus lateinisch radere ›schaben‹], von Hand betriebenes Tiefdruckverfahren mittels beschichteter geätzter Druckplatte (eine Weiterentwicklung des Kupferstichs), wobei die Zeichnung mit einer spitzen Nadel seitenverkehrt auf den Grund gegraben wird. Beim Druck presst sich die Platte tief in das angefeuchtete Papier und nutzt rasch ab. Neben dem Verfahren bezeichnet Radierung auch das in ihm hergestellte grafische Blatt.
Die Radierung kam Anfang des 16. Jh. auf; bereits DÜRER fertigte Eisenradierungen; herausragende Arbeiten stammen von JACQUES CALLOT (* 1592/93, † 1635), REMBRANDT, PIRANESI (* 1720, † 1778), GOYA, PICASSO.

Raffael (* 1483, † 1520), eigentlich Raffaello Santi, genießt den Ruf, einer der vollkommensten italienischen Künstler der Hochrenaissance gewesen zu sein. Die Mehrzahl seiner in Farbe und Komposition sehr ausgeglichenen Gemälde (u. a. ›Sixtinische Madonna‹; Ausmalung der päpstl. Gemächer, Stanzen genannt, im Vatikan) entstand in Rom, wo Raffael 1515 als Nachfolger BRAMANTES (* 1444, † 1514) zum Bauleiter der Peterskirche berufen wurde.

Ragtime [ˈrægtaɪm; englisch-amerikanisch ›zerrissener Takt‹], ein Ende des 19. Jh. im Mittelwesten der USA entstandener afroamerikanischer Klaviermusikstil, der als Vorläufer des Jazz *(siehe dort)* gilt.

Ravel, Maurice [raˈvɛl] französischer Komponist (* 1875, † 1937), der neben DEBUSSY als der bedeutendste Vertreter des musikalischen Impressionismus gilt. Sein Werk lässt neben Einflüssen von DEBUSSY, CHOPIN und LISZT auch solche barocker Cembalomusik erkennen. Ravel lebte wegen einer Krankheit sehr zurückgezogen. In der Öffentlichkeit trat der hervorragende Pianist und Dirigent nur als Interpret eigener Werke in Erscheinung. Weltberühmt ist sein ›Boléro‹ (1928).

Relief, *das* [französisch ›das Hervorgehobene‹], ein Werk der Bildhauerkunst, dessen Figuren nicht frei im Raum stehen, sondern an eine Fläche (einen

Rembrandt. Das Schützenstück ›Die Compagnie des Hauptmanns Frans Banning Cocq‹ (1642), bekannt als ›Die Nachtwache‹

Hintergrund) gebunden sind, aus der sie hervortreten. Nach dem Grad der Erhebung über den Grund unterscheidet man das Flachrelief vom Hochrelief.

Rembrandt holländischer Maler (* 1606, † 1669), [eigentlich Rembrandt Harmensz van Rijn], beschäftigte sich in seinen hochbarocken, effektvollen Gemälden, Stichen und Zeichnungen vorwiegend mit biblischen Inhalten (›Samsons Blendung‹) und Porträts (›Anatomie des Dr. Tulp‹; ›Nachtwache‹; zahlreiche Selbstporträts), bei denen die Lichtführung eine bedeutende Rolle spielt (Helldunkelmalerei). Als die Aufträge zurückgingen, geriet Rembrandt in wirtschaftliche Schwierigkeiten, seine Habe wurde versteigert. In seinen letzten Lebensjahren fand er zu seinem ganz von erdigen Farben und einer locker, fast fahrigen Pinselführung bestimmten Spätstil.

❧ Rembrandt unterhielt in Leiden und Amsterdam Werkstätten mit einer großen Zahl an Schülern, denen viele ursprünglich Rembrandt selbst zugeschriebene Werke (u. a. ›Der Mann mit dem Goldhelm‹) zugewiesen werden müssen.

Renaissance [rənɛˈsãːs], im Italien des frühen 15. Jh. entstandener und bis etwa 1525 reichender Stil, der sich an der Formensprache der Antike ausrichtete. Daher der Name: Renaissance bedeutet ›Wiedergeburt‹ (der antiken Kunst). Geistig erstrebte sie eine Verbindung zwischen christlicher Glaubensüberlieferung und der in ihrem Zeitalter entdeckten neuen Wertschätzung des einzelnen Menschen. Demgemäß waren religiöse Hinwendung und Betonung des weltlich-selbstständigen Einzelmenschen zwei Pole, die sich auch in der Kunst wieder finden. Bedeutende Künstler der Epoche: BRUNELLESCHI (* 1377, † 1446), DONATELLO, GHIBERTI (* 1378, † 1455), LEONARDO DA VINCI, MICHELANGELO, DÜRER.

❧ Als Renaissancemensch bezeichnet man einen skrupellosen Machtmenschen.

Renoir, Auguste [rəˈnwaːr], französischer Maler (* 1841, † 1919), dessen tonige Freilichtmalerei noch den Einfluss des Realismus erkennen lässt, gleichzeitig mit MONET aber die charakteristische, strichartige Pinselschrift des Impressionismus herausbildet. Renoir malte neben Porträts und Landschaftsbildern zahlreiche weibliche Akte. In seinen letzten Lebensjahren entstanden Bronzeplastiken.

❧ Sein Sohn ist der Filmregisseur JEAN RENOIR (* 1894, † 1979).

Requiem, *das* [lateinisch ›Ruhe‹], die Totenmesse in der katholischen Kirche, die mit den lateinischen Worten ›Requiem aeternam dona eis, Domine‹ (›Herr, gib ihnen die ewige Ruhe!‹) beginnt. Bis zum Ende des 16. Jh. haben fast alle (vor allem italienische) Komponisten Requiems komponiert. Im 18. Jh. schufen neben anderen auch HAYDN zwei und MOZART ein (unvollendet gebliebenes) Requiem. Oft aufgeführt wird das Requiem von Jo-

HANNES BRAHMS (›Ein Deutsches Requiem‹), opus 45 (1861–1869).

Rezitativ, *das* [von lateinisch recitare ›vorlesen‹], eine Gesangsform in der Oper, die in Rhythmus und Tonfall dem normalen Sprechen angepasst ist (also eine Art Sprechgesang): Das Rezitativ wird, wie die Arie, von einem einzelnen Sänger (einem Solisten) vorgetragen und von Instrumenten begleitet.

Rheingold, *siehe* Der Ring des Nibelungen.

Rhythmus, *der* [griechisch ›Takt‹], der zeitliche Ablauf in der Musik; er wird durch die Aufeinanderfolge von langen und kurzen Tönen, ihr Verhältnis nach Gewicht und Betonung und die Geschwindigkeit des Ablaufs bestimmt.

Riemenschneider, Tilman deutscher Bildschnitzer (* 1460, † 1531), der erstmals auf die bis um 1500 gebräuchliche Bemalung von Statuen verzichtete. Seine Altäre (u. a. in Münnerstadt, Rothenburg ob der Tauber und Creglingen) sind mit ihren schwermütigen Figuren noch ganz der Spätgotik verhaftet. ❧ Riemenschneider, der nach seiner Zeit als Bürgermeister in Würzburg 1520/21 seine Parteinahme im Bauernkrieg zugunsten der Aufständischen mit Kerker und Folter bezahlen musste, war bis zur Auffindung seines Grabsteins im 19. Jh. völlig in Vergessenheit geraten.

Rigoletto, Oper von VERDI (Uraufführung 1851). Mantua im 16. Jh.: Rigoletto ist der Hofnarr des Herzogs von Mantua, eines Weiberhelden. Als Rigolettos Tochter Gilda, die der Herzog begehrt, von dessen Leuten entführt wird, beschließt Rigoletto, ihn töten zu lassen. Bei dem Mordanschlag findet stattdessen Gilda den Tod.

Der Ring des Nibelungen, häufig kurz: **Der Ring,** Bühnenfestspiel für drei Tage und einen Vorabend von WAGNER (erste Gesamtaufführung 1876). Der Ring besteht aus vier Teilen: Rheingold, Walküre, Siegfried und Götterdämmerung (je drei Akte). Der Ring ist eine Allegorie (bildnishafte Darstellung) und handelt vom Machtkampf zwischen Nibelungen, Zwergen, Riesen und Göttern, wobei sich in ihm verschiedene Sagenkreise vermischen, vor allem die Edda (*siehe* Kapitel 6) und die Nibelungen.

Rodin, Auguste [rɔ'dɛ̃], französischer Bildhauer (* 1840, † 1917), dessen Werke (u. a. ›Der Denker‹; ›Der Kuss‹) in Auseinandersetzung mit der Kunst der Gotik und der MICHELANGELOS entstanden. In den ›Bürgern von Calais‹ (1884–86) entwickelte Rodin erstmals einen Denkmalstyp, der auf heldenhafte Verklärung der Figuren verzichtet.

Rokoko. Die Wieskirche in Steingaden (1745–54) von Dominikus Zimmermann

Rokoko, Stilstufe zwischen Barock und Klassizismus (1730–1770), die das gefällige, spielerisch leichte Dekor betonte und auf das barocke Pathos verzichtete. Bedeutende Bauwerke entstanden u. a. von DOMINIKUS ZIMMERMANN ([* 1685, † 1766], Wieskirche) oder im Auftrag FRIEDRICHS II., DES GROSSEN, von Preußen (Schloss Sanssouci, Neues Palais, als Beispiele des ›Friderizianischen Rokoko‹). In der bildenden Kunst gefielen GIOVANNI BATTISTA TIEPOLO ([* 1696, † 1770], Freskenmalereien im Würzburger Schloss) oder die galanten Entwürfe der Franzosen JEAN ANTOINE WATTEAU, FRANÇOIS BOUCHER (* 1703, † 1770), JEAN HONORÉ FRAGONARD (* 1732, † 1806). Besonders bedeutsam sind auch die Leistungen des Rokoko auf dem Gebiet des Kunsthandwerks (Gobelins, Seidentapeten, Porzellan sowie Möbel) und der Gartengestaltung.

The Rolling Stones [θə 'rəʊlɪŋ'stəʊnz], britische Rockgruppe, die 1962 durch MICK JAGGER (* 1943), BRIAN JONES (* 1942, † 1969), KEITH RICHARDS (* 1943), BILL WYMAN (* 1936) und

CHARLIE WATTS (* 1941) gegründet wurde. Gigantische Konzerte und ein provozierendes Image sind Kennzeichen dieser Gruppe.
❧ Ihren Gruppennamen (deutsch ›Die rollenden Steine‹) gaben sie sich nach einem Titel von MUDDY WATERS (* 1915).

Romanik [zu lateinisch romanus ›römisch‹], der der karolingischen Kunst nachfolgende Stil des Mittelalters (950–1200) vor der Gotik. In der Architektur überwiegt eine ›bauklotzartige‹, an römischen Vorbildern orientierte, die Wandfläche betonende Anordnung der Bauglieder; zur Geltung kommen besonders beim Kirchenbau die unterirdisch unter dem Ostchor angelegte Krypta, die Wölbung der Decke (als Tonne oder als Kreuzgrat), ein Stützenwechsel zwischen Säule und Pfeiler, umlaufende Galerien und schlichte Formen der Wandgliederung (u. a. bei den ›Kaiserdomen‹ zu Worms, Speyer und Mainz). Der Bildhauerkunst gelingt der Durchbruch zur monumentalen, jedoch noch an die Architektur (v. a. Kirchenportale, u. a. in Bamberg oder an der ›Goldenen Pforte‹ zu Freiberg, um 1230) gebundenen Vollfigur. Von der Malerei haben sich im Wesentlichen Glasfenster und christliche Buchillustrationen erhalten.

Romantik, aus der Ablehnung gegen den strengen, vernunftmäßig erfassten Klassizismus erwachsene Stilrichtung in der ersten Hälfte des 19. Jh., die sich der Geschichte (des Mittelalters), der Offenbarung durch Natur und Religion und dem Volksleben zuwandte. In der Architektur äußerte sich die Romantik in neugotischen Bauten (Parlamentsgebäude in London, 1840–70) und in der Wiederentdeckung und -errichtung mittelalterlicher Denkmäler (u. a. Kölner Dom); in der Malerei müssen DELACROIX, THÉODORE GÉRICAULT (* 1791, † 1824) und PHILIPP OTTO RUNGE (* 1777, † 1810) und CASPAR DAVID FRIEDRICH erwähnt werden (*siehe auch* Kapitel 6).

Rondo [französisch ›Ringelweise‹], rundläufig angelegte musikalische Form, deren Kernstück ein Hauptsatz von meist heiterer Art ist, der im Laufe des Musikstücks immer wiederkehrt.

Der Rosenkavalier, Oper von RICHARD STRAUSS, Text von HUGO VON HOFMANNSTHAL (* 1874, † 1929), Uraufführung 1911. Ort und Zeit der Handlung: Wien zur Zeit MARIA THERESIAS. Baron Ochs will Sophie, die Tochter eines Neureichen, heiraten. Seine Cousine, die Feldmarschallin Fürstin Werdenberg, bringt ihren Geliebten, den Grafen Octavian, als Brautwerber ins Spiel. Sophie und Octavian verlieben sich ineinander. Ochs muss von der Heirat Abstand nehmen, nachdem er sich bei einem Stelldichein mit dem als ›Mariandl‹ verkleideten Octavian blamiert hat. Der Weg einer Heirat von Octavian und Sophie ist frei.

Rossini, Gioacchino italienischer Komponist (* 1792, † 1868), der sich vor allem auf dem Gebiet der komischen Oper auszeichnete. Sein Meisterwerk ›Der Barbier von Sevilla‹ (1816) begründete seinen Ruhm. Im Dienst des Theaterunternehmers DOMENICO BARBAJA (* 1778, † 1841) komponierte er 20 Opern, unter ihnen ›La Cenerentola‹ (›Aschenbrödel‹) und ›Die diebische Elster‹. 1824 ließ er sich in Paris nieder, wo er die Italienische Oper leitete. In dieser Zeit entstand auch bedeutende Kirchenmusik wie sein ›Stabat mater‹ und die ›Petite Messe solennelle‹.

Rubens, Peter Paul in Siegen geborener flämischer Maler (* 1577, † 1640), der nach der Rückkehr von einem Italienaufenthalt in Antwerpen eine viel beschäftigte Werkstatt unterhielt, in der in Figur und Farbe sinnlich wie üppig gehaltene, barocke Werke (u. a. ›Kreuzabnahme‹, Jagdbilder) entstanden und von eigens ausgebildeten Grafikern durch gestochene Wiedergaben verbreitet wurden.
❧ Rubens war auch ein gefragter Diplomat; für diese Tätigkeit wurde er in den spanischen und den englischen Ritterstand erhoben.

Rubinstein, Arthur amerikanischer Pianist polnischer Herkunft (* 1887, † 1982), bedeutender Interpret der Werke CHOPINS und spanischer Komponisten, aber auch der Wiener Klassik und SCHUBERTS.

Sankt Gallen, heute barocke Klosteranlage (Stiftskirche) im gleichnamigen schweizerischen Kanton. Die Anlage wurde zwischen 830 und 837 nach einem erhaltenen Klosterplan (um 820 auf der Reichenau gezeichnet) erbaut.

Sanssouci [sãsu'si; französisch ›sorgenfrei‹], Sommerschloss des preußischen Königs FRIEDRICHS II., DES GROSSEN, in Potsdam; erbaut 1745–47 zum Teil nach den Entwürfen des Königs durch GEORG WENZESLAUS VON KNOBELSDORFF (* 1699, † 1753).

Satz, in der Musik das selbstständige Stück eines instrumentalen ›mehrsätzigen‹ Werkes (z. B. der 1.,

2. usw. Satz einer Sinfonie, einer Sonate) oder die Art, in der ein Tonstück ausgearbeitet ist (z. B. schlichter, kunstvoller, zwei-, drei-, vierstimmiger Satz).

Säule, meist frei stehende architektonische Stütze, die sich in Fuß (Basis), Schaft, Hals und Kopf (Kapitell) untergliedert. Seit der altgriechischen Baukunst bestehen die drei klassischen Säulenordnungen: dorisch (u.a. Fehlen der Basis, deutliche Schwellung des Schaftes), ionisch (u.a. Kapitell mit schneckenförmig eingerollten Enden), korinthisch (u.a. Kapitell in Form von Blättern).

Saxophon, *das* ein Blasinstrument, das wegen seines Rohrblatts zu den Holzblasinstrumenten gezählt wird, obwohl es überwiegend aus Metall besteht. Es wird in acht verschiedenen Größen und Stimmlagen gebaut und ist heute besonders im Jazz verbreitet.
❧ Seinen Namen verdankt das Saxophon seinem Erfinder, dem Brüsseler ANTOINE-JOSEPH SAX (* 1814, † 1894).

Scala, *die* [italienisch ›Treppe‹], in der Musik sowohl die Tonleiter (Skala) als auch die Kurzbezeichnung für das ›Teatro alla Scala‹ (womit keineswegs die Tonleiter gemeint ist) in Mailand, jenes weltberühmte Opernhaus, das 1778 mit einer Oper des Mozart-Widersachers ANTONIO SALIERI (* 1750, † 1825) eröffnet wurde und seither als glanzvoller Mittelpunkt der Mailänder Gesellschaft und als eines der ›großen Häuser‹ der Opernwelt gilt.

Scherzo, *das* ['skertso; italienisch ›Scherz‹], Tonstück von heiterem Charakter, (meist dritter) Satz in Sinfonie, Sonate und Kammermusik.

Schicksalssinfonie, Bezeichnung für BEETHOVENS 5. Sinfonie, benannt nach dem Motto, das BEETHOVEN dem tragenden Motiv des 1. Satzes gegeben haben soll: ›So klopft das Schicksal an die Pforten.‹

Schlaginstrumente, eine Gruppe von Schlag- und Geräuschinstrumenten, die neben den Streichinstrumenten und den Blasinstrumenten die dritte Gruppe im Orchester bilden. Man zählt dazu vor allem die Pauken, die Trommeln, die Becken, das Triangel, die Celesta, das Xylophon und den Gong.

Schönberg, Arnold österreichischer Komponist (* 1874, † 1951), der bedeutendste Vertreter des musikalischen Expressionismus. Er knüpfte in seinen ersten Werken noch an den Spätstil WAGNERS und MAHLERS an, um dann zwischen 1908 und 1921 eine eigene, atonale Klangsprache zu entwickeln. Zur Grundlage seines Spätwerks wurde die um 1900 entwickelte Zwölftonmusik *(siehe dort).*

Schönbrunn, nach Plänen von JOHANN BERNHARD FISCHER VON ERLACH (* 1692, † 1766) errichtetes, für Kaiserin MARIA THERESIA 1744–49 umgebautes Wiener Schloss mit ausgedehnten Parkanlagen.

Schongauer, Martin vorwiegend in Straßburg tätiger Augsburger Kupferstecher und Maler (* wohl um 1450, † 1491). Neben den wenigen erhaltenen Gemälden (darunter das in den 1930er-Jahren freigelegte Wandbild des ›Jüngsten Gerichts‹ im Breisacher Münster) beanspruchen v.a. seine rund 100 kleinformatigen, häufig als Vorlagen benutzten Kupferstiche Rang.

Die Schöpfung, Oratorium von JOSEPH HAYDN (1798), Text nach dem Vorbild des ›Lost Paradise‹ (deutsch ›Verlorenes Paradies‹) des englischen Dichters JOHN MILTON (* 1608, † 1674).

Schubert, Franz österreichischer Komponist (* 1797, † 1828), gehört zu den großen Komponisten zwischen Wiener Klassik und Romantik. Er war Mittelpunkt eines Künstlerkreises, dem der Schriftsteller FRANZ GRILLPARZER (* 1791, † 1872) und der Maler MORITZ VON SCHWIND (* 1804, † 1871) angehörten. Unter seinen Werken sind besonders hervorzuheben acht Sinfonien (u.a. die ›Unvollendete‹), die Kammermusik (14 Streichquartette sowie das ›Forellenquintett‹) und mehr als 600 Lieder (Zyklen ›Schöne Müllerin‹, ›Winterreise‹).

Schumann, Robert Komponist (* 1810, † 1856). Vor allem durch seine bald schwärmerischen, bald temperamentvollen Klavierwerke und stimmungsvollen Lieder hat Schumann die musikalische Romantik entscheidend geprägt. 1840 heiratete er die Pianistin CLARA WIECK (* 1819, † 1896), eine der großen Künstlerinnen ihres Fachs im 19. Jh. Nach Ausbruch eines Gehirnleidens starb er in einer Heilanstalt. Neben seinen Klavierwerken, darunter ›Kinderszenen‹, und den Liedern (Zyklen ›Dichterliebe‹ und ›Liederkreis‹) sind seine Sinfonien (darunter ›Die Rheinische‹) hervorzuheben.

❧ CLARA SCHUMANN ist auf dem 100-DM-Schein abgebildet.

Schwanensee. Mit seiner Komposition des Balletts ›Schwanensee‹ (1877) schuf PETER TSCHAIKOWSKY eine der reizvollsten Ballettmusiken. Sie umfasst u. a. einen berühmten Walzer, den ›Schwanentanz‹ und den ungarischen Tanz, erfüllt mit Csardasrhythmen.

Serenade, *die* [zu italienisch ›heiter‹], ursprünglich eine Abendmusik oder ein Abendständchen; nach 1800 wurden häufig musikalische Ständchen schlechthin als Serenade bezeichnet. Die Blütezeit erlebte die Serenade im 18. Jahrhundert.

sieben Weltwunder, sagenhafte, Aufsehen erregende Kunstdenkmäler der Antike: die ägyptischen Pyramiden (als Einzige der Weltwunder erhalten), die Hängenden Gärten der Semiramis in Babylon, der Artemistempel in Ephesos, das von PHIDIAS (* um 490 v. Chr.) geschaffene Kultbild des Zeus in Olympia, das Mausoleum von Halikarnassos, der Koloss von Rhodos und der Leuchtturm vor Alexandria.

Sinfonie, Symphonie, *die* [griechisch ›Zusammenklang‹], als Komposition für großes Orchester eine Hauptgattung der Instrumentalmusik. Die klassische Sinfonie, die sich Ende des 18. Jh. vor allem durch JOSEPH HAYDN herausbildete, hat gewöhnlich vier Sätze.

Sixtinische Kapelle, unter Papst SIXTUS IV. (* 1414, † 1484) erbaute päpstliche Hauskapelle im Vatikan. An der Ausmalung waren u. a. MICHELANGELO und BOTTICELLI beteiligt.
❧ Seit den 1980er-Jahren bis 1999 ist die Sixtinische Kapelle sorgfältig restauriert worden, sodass die Farben der Freskomalerei in unerwarteter Farbigkeit leuchten.
❧ Hier versammeln sich nach dem Tod des Papstes die wahlberechtigten Kardinäle, um aus ihrer Mitte einen Nachfolger zu wählen.

Skulptur, *siehe* Plastik.

Smetana, Bedřich (Friedrich) tschechischer Komponist (* 1824, † 1884). Seine Musik ist gekennzeichnet durch leidenschaftliche Wärme und volkstümliche Lyrik, deren Verbindung die erste bedeutsame Leistung der nationalen Schulen des 19. Jh. im Gefolge von FRANZ VON LISZT war. Er schuf u. a. die Oper ›Die verkaufte Braut‹ und den Zyklus von sechs sinfonischen Dichtungen ›Mein Vaterland‹, darunter ›Die Moldau‹. Smetana war seit 1874 taub; 1882 fiel er in geistige Umnachtung.

Solo, *das* [italienisch ›allein‹], meist eine besonders anspruchsvolle Einzelstimme mit oder ohne Begleitung; auch für ein Einzelinstrument ohne Begleitung geschriebenes Stück. Der vortragende Künstler ist der ›Solist‹.

Sonate, *die* bedeutete ursprünglich ›Klingstück‹ (italienisch ›sonata‹), mit dem jede Form der Instrumentalmusik gemeint war. Heute versteht man darunter eine Komposition für ein oder zwei Instrumente. Die klassische Sonate bildete sich im 18. Jh. heraus, sie besteht aus drei oder vier Sätzen, die nach bestimmten Gesetzen aufgebaut sind.

Sopran, *der* die höchste Tonlage der menschlichen Singstimme und zwar von Frauen- und Knabenstimmen. Zwischen Sopran und Alt liegt der ›Mezzosopran‹.

Spinett, *das* Vorläufer des Cembalos *(siehe dort),* bei dem die Saiten noch quer zur Tastatur lagen.

Spiritual ['spɪrɪtjʊl], auch **Negrospiritual** ['ni:grəʊ...], religiöses Lied der Schwarzen in Nordamerika, im Gegensatz zum weltlichen Lied, dem Blues. Es entstand im 18. Jh., als die schwarzen Sklaven geistliche Lieder in den ihnen vertrauten Rhythmus setzten und biblische Themen behandelten, die ihre eigene Situation berührten, z. B. das Thema der Befreiung im ›Auszug aus Ägypten‹ (Exodus). Ein bekanntes Spiritual ist z. B. ›Go down Moses‹.

Spitzweg, Carl (* 1808, † 1885), Apotheker, der sich eigenständig zum Maler ausbildete. Überschaubar bieten seine kleinformatigen Bilder (›Der arme Poet‹, ›Der Liebesbrief‹) ein Schaubild der rührseligen Biedermeierzeit, das Leben von Kleinbürgern und Sonderlingen. – Abb. S. 226.

staccato [italienisch ›abgestoßen‹], eine musikalische Vortragsweise, bei der aufeinander folgende Töne nicht gebunden, sondern deutlich voneinander getrennt werden.

Stephansdom, 1304–1511 in Wien erbaute gotische Kathedrale mit nur einem ausgeführten Turm und einem mit bunt glasierten Ziegeln bedeckten Steildach; im Inneren u. a. das Grabmal Kaiser FRIEDRICHS III. von NIKOLAUS GERHAERT VON LEYDEN (* 1420/30, † 1473), einem der bedeutends-

Carl Spitzweg. Der arme Poet (1839; Ausschnitt)

ten Neuerer der Bildhauerkunst des 15. Jahrhunderts.

Stillleben [von niederländisch still-leven ›unbewegliches Modell‹], französisch nature morte [›tote Natur‹], die malerische Zurschaustellung unbelebter Gegenstände, v. a. von Früchten, Blumen, toten Tieren, Gebrauchsgütern. Solche kunstvoll angeordneten Zusammenstellungen treten erstmals am Beginn des 16. Jh. auf und erreichen ihre Blüte im 17. Jh. Je nach dem dargestellten Inhalt auch Blumen-, Küchen- oder Jagdstücke genannt.

Stoß, Veit (* 1447/48,† 1533), arbeitete als Bildhauer und Kupferstecher v. a. in Krakau (Hochaltar der Marienkirche, der größte erhaltene Flügelaltar der deutschen Spätgotik) und Nürnberg (dort u. a. in St. Lorenz der ›Englische Gruß‹).

Stradivari, Antonio italienischer Geigenbauer (* 1644, † 1737), der als der größte Meister seines Fachs gilt. Er entwickelte das Geigenmodell seines Lehrers NICOLA AMATI (* 1596, † 1684) zur Vollendung. Von seinen Instrumenten sind noch etwa 650 erhalten und als echt anerkannt.

Strauß, Wiener Musikerfamilie, die dem Wiener Walzer zu weltweitem Ruhm verhalf. Vater JOHANN STRAUSS (* 1804, † 1849) wurde 1835 Hofballdirektor. Von seinen zahlreichen Kompositionen (darunter über 150 Walzer) ist besonders der Radetzkymarsch bekannt. – Sein ältester Sohn JOHANN STRAUSS (* 1825, † 1899) ging als ›Walzerkönig‹ in die Musikgeschichte ein. Von seinen Werken, die sich durch rhythmischen Schwung, sangliche Melodik und vorzügliche Instrumentation auszeichnen, sind vor allem die Walzer ›An der schönen blauen Donau‹, ›Kaiserwalzer‹ und seine Operette ›Die Fledermaus‹ zu nennen. – Auch die Brüder JOSEF STRAUSS (* 1827, † 1870) und EDUARD STRAUSS (* 1835, † 1916) haben sich als Orchesterleiter und Komponisten von Tanzmusik hervorgetan.

Strauss, Richard deutscher Komponist (* 1864, † 1949). Seine Werke stehen in der Tradition der Spätromantik und verbinden farbige Instrumentation und differenzierte Harmonik. Aus seinem Schaffen sind die sinfonischen Dichtungen ›Don Juan‹, ›Till Eulenspiegels lustige Streiche‹, ›Also sprach Zarathustra‹ und die Opern ›Salome‹ und ›Der Rosenkavalier‹ hervorzuheben.

Strawinsky, Igor französisch-amerikanischer Komponist russischer Herkunft (* 1882, † 1971), der v. a. durch sein von elementarer Rhythmik geprägtes Frühwerk großen Einfluss ausübte; gehört neben ARNOLD SCHÖNBERG zu den bedeutendsten Vertretern der Musik des 20. Jh. Aus seinem Schaffen sind das Ballett ›Der Feuervogel‹ (1910), die Tanzburleske ›Petruschka‹ (1911) sowie das kultische Tanzspiel ›Le sacre du printemps‹ (1913) hervorzuheben.

Streichinstrumente, Gruppe von Musikinstrumenten, bei denen zur Tonerzeugung eine oder mehrere Saiten durch einen Bogen angestrichen werden. Dazu gehören vor allem Geige, Bratsche, Violoncello, Kontrabass und Gambe sowie viele außereuropäische Volksinstrumente.

Suite, *die* ['svi:tə; französisch ›Folge‹], musikalische Form, die aus einer Folge von verschiedenen zusammengehörigen, überwiegend in der gleichen Tonart stehenden Stücken besteht. Galt etwa seit 1600 als selbstständige Instrumentalmusik. Nach 1750 wurde die Suite von der Sinfonie abgelöst.
In der bildenden Kunst eine Folge thematisch verbundener Werke (meist grafische Blätter, z. B. PICASSOS ›Suite Vollard‹).

Surrealismus [zu französisch surréaliste ›die Wirklichkeit übersteigend‹], im ersten Viertel des 20. Jh. aufgetretene Richtung in Dichtung und Malerei, die im Anschluss an die psychoanalytischen

Tizian. Himmlische Liebe und irdische Liebe (1515)

Deutungen SIGMUND FREUDS das Unbewusste, rauschhaft Sinnliche in verfremdeten Wendungen auszudrücken trachtete. Hierzu kann man u.a. YVES TANGUY (* 1900, † 1955), SALVADOR DALÍ oder RENÉ MAGRITTE (* 1898, † 1967) rechnen.

Swing, *siehe* Jazz.

Symbolismus, nur inhaltlich fassbare Bewegung auch in der bildenden Kunst, die sich einer vernunftmäßig nachvollziehbaren Sichtweise entzieht und symbolische, im Erahnen liegende Deutungen bevorzugt. Er erlebte seine Blüte im 19. Jh. mit GUSTAVE DORÉ (* 1832, † 1883), MAX KLINGER (* 1857, † 1920), ARNOLD BÖCKLIN (* 1827, † 1901), FERDINAND HODLER (* 1853, † 1918). Seinen fantasiebegabten Werken liegt oft die Verzweiflung über die Vergänglichkeit allen Seins zugrunde.

Tannhäuser (und der Sängerkrieg auf der Wartburg), romantische Oper von WAGNER (1845 uraufgeführt); Ort und Zeit der Handlung: Hörselberg, Waldtal und die Wartburg bei Eisenach; Anfang des 13. Jh. In dieser Oper treffen die festgefügte Welt des christlichen Mittelalters (symbolisiert durch den Pilgerchor) und die sinnlich-heidnische (personifiziert durch die Göttin Venus) aufeinander. Zwischen ihnen soll sich Tannhäuser entscheiden, den die fromme Elisabeth erlöst.

Tempo, *das* in der Musik die Geschwindigkeit, mit der ein Musikstück ausgeführt werden soll. Es wird festgelegt durch die Tempobezeichnungen, z.B. adagio ›langsam‹, allegro ›schnell, heiter‹.

Tenor, *der* die hohe Männerstimme.

Thema, in der Musik ein durch seine Gestalt und seine Stellung in einem Werk erkennbarer, in sich geschlossener musikalischer Gedanke. Ein Thema ist im Allgemeinen rhythmisch, melodisch, oft auch harmonisch einprägsam. Nicht jedes musikalische Werk weist ein Thema auf.

Tizian (* um 1477, † 1576), eigentlich Tiziano Vecellio, vermittelte als hervorragendster Vertreter der venezianischen Malerei einen vom Manierismus nur unwesentlich berührten Übergang von der Renaissance zum Barock. In seinen oft großformatigen Gemälden (u.a. ›Himmelfahrt Mariae‹, ›Venus von Urbino‹; meisterhaft beobachtende Porträts, u.a. ›Karl V. sitzend‹) wechseln eine leuchtende und abgedunkelte Farbpalette, eine ruhige und dynamische Komposition sowie mythologische und christliche Stoffe.

Tonleiter, eine Folge von Tönen, die von dem 1. Ton, dem Grundton, bis zu seiner Oktave, dem 8. Ton reicht. Der Grundton gibt der Tonleiter den Namen, z.B. C-Dur-Tonleiter oder e-Moll-Tonleiter. In der europäischen Musik werden vor allem Dur- und Molltonleitern verwendet. Sie unterscheiden sich in ihrem Klang, da ihre Halbtonschritte verschieden angeordnet sind.

Tosca, Oper von GIACOMO PUCCINI (Uraufführung 1900); Rom, Juni 1800. Tosca ist die Geliebte eines Malers (Cavaradossi), der einen flüchtigen Staatsgefangenen (Angelotti) verborgen hält. Der Polizeichef möchte von Tosca das Versteck Angelottis erfahren und sie gleichzeitig erobern. Als sie mitansehen muss, wie der verhaftete Maler gefoltert wird, verrät sie das Versteck. Cavaradossi wird zum Tode verurteilt. Wenig später ersticht Tosca den Polizeichef. Am Morgen der Exekution erscheint Tosca auf der Engelsburg (der Exekutionsstätte) und stürzt sich von der Burg, als man sie wegen der Tötung des Polizeichefs verhaften will.

Toscanini, Arturo italienischer Dirigent (* 1867, † 1957), der v. a. an der Mailänder Scala gewirkt und wichtige amerikanische Orchester (u. a. New Yorker Philharmoniker) geleitet hat. Sein Prinzip der ›Werktreue‹ beeinflusste den Dirigierstil des 20. Jh. nachhaltig.

Toulouse-Lautrec, Henri de [tuluzloˈtrɛk], französischer Grafiker und Maler (* 1864, † 1901), der als gesellschaftlicher und künstlerischer Außenseiter das Nachtleben der Pariser Halbwelt festhielt. Indem er für die Kabarette (u. a. Moulin Rouge) Plakate entwarf, gab er der Kunst des Lithographierens wesentliche Impulse.

Trio, *das* [zu italienisch tre ›drei‹], eine Komposition für drei Instrumente; auch drei zusammen spielende Musiker; ferner der Mittelteil von Tanzsätzen in Suite, Sonate oder Sinfonie.

Triptychon, *das* [griechisch ›aus drei Tafeln bestehend‹], dreiteiliges Tafelbild, besonders der dreiteilige Flügelaltar der mittelalterlichen Kunst aus einem Mittelstück und zwei beweglichen Flügeln.

Tristan und Isolde, Oper von WAGNER (Uraufführung 1865). Die irische Königstochter Isolde soll Tristans Onkel, König Marke, heiraten. Aber sie liebt Tristan (und dieser sie); verzweifelt beschließt sie, mit Tristan zu sterben. Ihre Dienerin stellt aber einen Liebes-, keinen Todestrank her. Tristan geht auf eine bretonische Burg, wo er Isolde erwartet. Als sie eintrifft, stirbt Tristan in ihren Armen; betrübt über seinen Tod stirbt auch Isolde.

Trompete, das Sopraninstrument der Blechblasinstrumente, das in verschiedenen Größen gebaut wird; die Trompete wird wie das Horn mit einem Kesselmundstück angeblasen.

Der Troubadour, Oper von VERDI (Uraufführung 1853); Ort und Zeit der Handlung: Die Titelfigur ist als Kind seinem Vater, dem Grafen Luna, von einer Zigeunerin entführt worden, die damit den Tod ihrer Mutter, den Luna verschuldet hatte, rächen wollte. Herangewachsen und ohne je seine wahre Identität zu erfahren, gerät der Troubadour Manrico wegen einer Frau (Leonore) in heftigen Streit mit seinem natürlichen Bruder, dem anderen Sohn des Grafen, der ihn hinrichten lässt.

Tschaikowsky, Peter russischer Komponist (* 1840, † 1893), durch den die russische Musik Weltgeltung erlangte. Von seinen zahlreichen Werken sind die Ballette ›Schwanensee‹, ›Dornröschen‹, ›Der Nussknacker‹, sechs Sinfonien (darunter die ›Pathétique‹) sowie die Oper ›Eugen Onegin‹ hervorzuheben. Er trat auch als gefeierter Dirigent in Erscheinung.

Tuba, das Bassinstrument der Blechblasinstrumente. Die Tuba ist ein besonders großes Horn, das der Spieler vor sich stellen muss, ihr Ton ist voll. Eine zum Umhängen gebaute (Kontrabass-)Tuba nennt man ›Helikon‹ (z. B. in der Militärmusik verwendet).

Turner, William [ˈtəːnə], englischer Maler (* 1775, † 1851), der mit seiner atmosphärischen Landschaftsmalerei eine Zwischenstellung zwischen der französischen Malerei des 17. Jh. und der Moderne (Impressionismus, Abstrakte) einnimmt.

Uffizien, nach 1560 von GIORGIO VARSARI (* 1511, † 1574) in Florenz errichtetes Gebäude, das ursprünglich der staatlichen Verwaltung diente (daher der Name: italienisch uffizio heißt ›Amt, Amtsraum‹) und heute als Museum eine der bedeutendsten Sammlungen v. a. der italienischen Malerei beherbergt.

Die Unvollendete, 1822 entstandene Sinfonie in h-Moll von FRANZ SCHUBERT. Ob das Werk tatsächlich unvollendet geblieben ist oder von SCHUBERT mit zwei Sätzen als abgeschlossen betrachtet wurde, ist fraglich.

Variation, *die* [lateinisch ›Veränderung‹], in der Musik die Veränderung einer Melodie, z. B. durch Verzierungen, einen anderen Rhythmus, Takt oder eine andere Tonart.

Velázquez, Diego Rodriguez da Silva y [beˈlaθkɛθ], spanischer Maler (* 1599, † 1660), dessen reifer Stil mit einer stark aufgelockerten Pinselführung entscheidenden Einfluss auf die Kunst des 19. Jh. (GOYA, Impressionismus) ausübte. Während seiner Karriere am Madrider Hof erwies er sich nicht nur als glänzender Porträtist, sondern auch als Meister mehrschichtiger Kompositionen (u. a. ›Las Meninas‹ mit Selbstporträt; ›Die Übergabe von Breda‹).

Verdi, Giuseppe italienischer Opernkomponist (* 1813, † 1901). Mit seiner gegen die österreichische

Fremdherrschaft gerichteten Freiheitsoper ›Nabucco‹ gelang ihm 1842 ein triumphaler Durchbruch; allein der darin enthaltene ›Chor der Gefangenen‹ musste auf Verlangen des begeisterten Publikums bei der Uraufführung dreimal wiederholt werden. Unter seinen 26 Opern ragen ›Rigoletto‹, ›Der Troubadour‹, ›La Traviata‹, ›Ein Maskenball‹, ›Die Macht des Schicksals‹, ›Don Carlos‹ und ›Aida‹ heraus. Spätwerke sind ›Otello‹ und ›Falstaff‹. Verdis Opern sind geprägt durch großartige Menschendarstellung, mitreißende Dramatik und überquellenden melodischen Reichtum.

Vermeer, Jan in Delft geborener niederländischer Maler (* 1632, † 1675). Unter den Motiven seiner rund 40 bekannten Werke ragen Allegorien, Stadtansichten und Porträts hervor, die allesamt einer zarten Lichtführung unterworfen sind.

Versailles [vɛrˈzaj], unter LUDWIG XIV. von Frankreich seit 1678 als Hauptwerk des französischen Barock errichtete größte europäische Schlossanlage mit Vorbildcharakter für die höfischen Palastbauten des Absolutismus.

❧ Im Spiegelsaal des Schlosses wurde 1871 WILHELM I. von Preußen zum Deutschen Kaiser ausgerufen und 1919 der den Ersten Weltkrieg formell beendende Friedensvertrag unterzeichnet.

Viola, zum einen im Deutschen die Bratsche; zum anderen Sammelname für zwei Familien von Streichinstrumenten: die in Kniehaltung gespielte Viola da Gamba [italienisch gamba ›Bein‹] und die Viola (oder Lira) da Braccio [italienisch braccio ›Arm‹], die in Armhaltung gespielt wird.

Violine, *siehe* Geige.

Violoncello [...ˈtʃɛlo; Verkleinerungsform von Violone, dem Bassinstrument der Violinfamilie], Kurzform Cello *(siehe dort)*.

Vivaldi, Antonio italienischer Komponist des Spätbarock (* 1678, † 1741), der auch als Geiger großes Ansehen in Europa genoss. Er pflegte vor allem die Gattung des Konzerts, die ihm manche wichtige Neuerung verdankt. Berühmt sind ›Die vier Jahreszeiten‹. Bedeutendes leistete er auch auf dem Gebiet der Kirchenmusik und der Oper. JOHANN SEBASTIAN BACH wurde von ihm beeinflusst.

❧ Vivaldi, der 1703 zum Priester geweiht wurde, hatte wegen seiner Haarfarbe den Spitznamen ›der rote Priester‹.

Wagner, Richard Komponist (* 1813, † 1883), einer der wirkungsvollsten Musiker seiner Zeit; er ist der Schöpfer des ›Musikdramas‹, bei dem die Dichtung das Ursprüngliche ist (die Texte zu seinen Werken schrieb Wagner selbst), die geschlossenen Formen der Oper in der ›unendlichen Melodie‹ aufgehen und das Orchester den Hauptanteil am musikalischen Geschehen erhält. Kennzeichnend ist auch die Technik des wiederkehrenden musikalischen ›Leitmotivs‹ und der einer Sprachmelodie folgende Sprechgesang. ›Der fliegende Holländer‹, ›Tannhäuser‹ und ›Lohengrin‹ bedeuten den Höhepunkt der romantischen Oper; erst die folgenden Werke verwirklichen die Idee eines musikalischen ›Gesamtkunstwerks‹ im Sinn einer Vereinigung aller Künste ganz: ›Der Ring des Nibelungen‹, ›Tristan und Isolde‹, ›Die Meistersinger von Nürnberg‹ und ›Parsifal‹.

❧ Zeit seines Lebens lebte Wagner (zum Teil weit) über seine Verhältnisse, von Gläubigern verfolgt. In König LUDWIG II. von Bayern fand er, sehr zum Missfallen der öffentlichen Meinung, einen großzügigen Förderer. 1872 ließ er sich zusammen mit seiner Frau COSIMA (einer Tochter LISZTS [* 1837, † 1930]) in Bayreuth nieder, wo 1876 das Festspielhaus eingeweiht wurde.

Walzer [zu walzen ›sich drehen‹], ein deutscher Dreh-Paartanz im $^3/_4$-Takt; der Name kam Ende des 18. Jh. auf. Obwohl er (weil sich die Paare ›zu nahe‹ berührten) anfänglich als ›unschicklich‹ kritisiert wurde, eroberte er schnell die Ballsäle der ganzen Welt. Seine Blütezeit hatte er als ›Wiener Walzer‹, besonders durch den ›Walzerkönig‹ JOHANN STRAUSS (Sohn).

Wartburg, über der Stadt Eisenach liegende Burg aus spätromanisch-staufischer Zeit. Hier wirkte und lebte die hl. ELISABETH VON THÜRINGEN. LUTHER übertrug an diesem Zufluchtsort 1521/22 das Neue Testament aus dem Griechischen ins Deutsche. 1817 stand die Burg im Zeichen des Wartburgfestes mit rund 500 Abgesandten deutscher Universitäten, die die staatliche Einigung Deutschlands forderten.

Watteau, Antoine [vaˈto], vermittelt als Maler (* 1684, † 1721) in duftigen Farben ein Bild der (französischen) Gesellschaft des frühen 18. Jh. In flüchtiger Malweise bereitete Watteau mit der Darstellung galanter Feste (u. a. ›Aufbruch nach Kythera‹), den Parklandschaften und den oft melancholischen Szenen der damals beliebten italienischen Komödie das Rokoko *(siehe dort)* vor.

Wayne, John [weɪn], amerikanischer Filmschauspieler (* 1907, † 1979), der in seinen zahlreichen Filmen (u. a. ›Höllenfahrt nach Santa Fé/Ringo‹, 1939; ›Red River‹, 1948; ›Rio Bravo‹, 1959; ›El Dorado‹, 1967) den Typ des rauen Abenteurers und traditionellen Westernhelden verkörperte.

Weber, Carl Maria von Komponist (* 1786, † 1826). Als herausragender Opernkomponist der Frühromantik schuf Weber die deutsche romantische Oper, die vor dem Hintergrund der Freiheitskriege gegen NAPOLEON I. dem erwachenden deutschen Nationalbewusstsein künstlerischen Ausdruck gab. Der ›Freischütz‹ ist sein bekanntestes Werk.

Weihnachtsoratorium, das 1734 von JOHANN SEBASTIAN BACH aus verschiedenen Teilen (auch aus umgestalteten Partien weltlicher Kantaten) zusammengestellte Werk, das in seinen Teilen zur Aufführung an den drei Weihnachtstagen, dem Neujahrs- und dem Dreikönigsfest bestimmt war.

Wigman, Mary deutsche Tänzerin, Choreographin und Tanzpädagogin (* 1886, † 1973), wurde zur Wegbereiterin des deutschen Ausdruckstanzes, indem sie ihre oft von Trauer gekennzeichneten Empfindungen in tänzerische Bewegung umsetzte. Sie hieß eigentlich Marie Wiegmann.

Die Winterreise, ein 1827 entstandener Liederzyklus von FRANZ SCHUBERT zu Gedichten von WILHELM MÜLLER (1822/23).

Zar und Zimmermann, romantische Oper von LORTZING, Uraufführung 1837. Saardam in Holland, Ende des 17. Jh.: Auf einer Werft arbeiten zwei Russen: Der eine, Peter Michailow, ist der als Zimmermann verkleidete russische Zar Peter I., der andere, Peter Iwanow, ein Deserteur. Zu Verwicklungen und (wegen Marie, der Nichte des Bürgermeisters) Eifersüchteleien kommt es, als Gesandte Russlands, Frankreichs und Englands erscheinen. Während die einen Peter Iwanow für den Zaren halten, erkennen die anderen den wahren Zaren und verhandeln mit ihm. Dieser muss allerdings abreisen und verabschiedet sich.

Die Zauberflöte, Oper von MOZART (Text von EMANUEL SCHIKANEDER [* 1751, † 1812]), Uraufführung 1791. Pamina, die Tochter der Königin der Nacht, ist vom Mohren Monostatos entführt worden und wird im Palast des Sarastro gefangen gehalten; sie soll von Tamino befreit werden. Er wird von Papageno, einem lustigen Menschen im Federkleid, begleitet. Zu ihrem Schutz erhalten Tamino eine Zauberflöte und Papageno ein Glöckchenspiel.
❧ Die Zauberflöte ist MOZARTS letzte Oper; im Handlungsverlauf nicht ganz schlüssig, gilt sie als erste wirkliche deutsche Volksoper.

Zille, Heinrich deutscher Zeichner (* 1858, † 1929), hielt in volkstümlichem, das Elend seines ›Milljöhs‹ anprangerndem Humor die Welt der Berliner Arbeiter der Jahrhundertwende mit dem Zeichenstift fest.

Zwinger, 1711–28 am Dresdener Schloss von MATTHÄUS DANIEL PÖPPELMANN (* 1662, † 1736) erbaute Barockanlage für Hoffeste. In dem angrenzenden Museumsbau, den GOTTFRIED SEMPER (* 1803, † 1879) 1847–54 errichtete, befindet sich eine Gemäldegalerie.

Zwölftonmusik, von dem Komponisten ARNOLD SCHÖNBERG Anfang des 20. Jh. entwickelte und von seinen Schülern ALBAN BERG (* 1885, † 1935) und ANTON WEBERN (* 1883, † 1945) übernommene ›Methode der Komposition mit 12 nur aufeinander bezogenen Tönen‹. 12 Ganz- oder Halbtöne der Tonleiter bilden eine Grundreihe und stellen das Motiv dar. Die Reihenfolge dieser Töne wird nun im Verlauf der Komposition nach bestimmten Regeln verändert.
Die Zwölftonmusik ist ›atonal‹, da bei ihr die Tonarten keine Rolle spielen.

6
Literatur

Im wörtlichen Sinn bezeichnet Literatur zunächst einmal alles Geschriebene. In einem weiten Sinn gehören dazu auch Erzählungen, Sprichwörter und Mythen, die sich Menschen mündlich übermitteln.
Wenn wir allgemein von Literatur sprechen, denken wir dabei im Wesentlichen an die ›schöne‹ Literatur, also an Texte, die uns in das Reich erdachter Wirklichkeiten entführen. Im Laufe der Geschichte wurde der ›schönen‹ Literatur vieles zugeschrieben. Während PLATON den Dichtern vorwarf, dass sie lügen, haben andere die Wahrheit der Dichter als ›göttergleich‹ verehrt. Literatur wurde als Brennglas und Hohlspiegel bezeichnet. Der Dichter JEAN PAUL spricht von der Poesie als einem ›fliegenden Schiff‹, das uns aus einem finsteren Winter plötzlich über ein glattes Meer vor eine in voller Blüte stehende Küste führt. Gerade in diesem Bild vom ›fliegenden Schiff‹ werden die beiden Bestandteile der schönen Literatur gut erkennbar: die Aufhebung der Naturgesetze und der Alltagswelt durch eine fantasievolle Vorstellung und die Übermittlung dieser Vorstellung durch ein einsichtiges Bild. So wirken Kinderbücher auf Kinder und Erwachsene, poetische und fantastische Erzählungen auf alle, die Freude am Lesen haben. Damit soll allerdings nicht gesagt sein, dass Literatur nur auf die heiteren Seiten des Lebens blickt. Zur Literatur gehört auch der Anspruch, neu sehen zu lehren.
Sie kann eine andere Seite der Wirklichkeit zeigen als diejenige, die uns vertraut ist, sie kann uns in das Innenleben von Personen führen und macht uns so auch mit Ängsten, Bedrohungen und Gefahren bekannt. In der alten Tradition wurde Literatur als ›verzuckerte Pille‹ bezeichnet, sie sollte heilen und helfen und ›süß‹ schmecken. Moderne Literatur hat auf diese Zielsetzung verzichtet. Die moderne Literatur ist sachlicher, aber auch subjektiver und gleichzeitig unverbindlicher geworden, da sie nun eher die Zustände der Gesellschaften oder die Erlebnisse der Individuen betrachtet, das Nachdenken darüber aber den Lesern selbst überlassen will.
Um Literatur in ihren Zusammenhängen erschließen zu können, ist es nötig, geschichtliche Zusammenhänge (Epochen), literarische Fachbegriffe, aber auch einzelne literarische Werke und Lebensdaten von denen zu kennen, die Literatur ›machen‹ bzw. gemacht haben. Hierfür möge das folgende Kapitel hilfreich sein.

Die Abenteuer des braven Soldaten Schwejk, Roman (1921–23) des tschechischen Schriftstellers JAROSLAV HAŠEK (* 1883, † 1923). In grotesk-satirischer Weise werden die Unmenschlichkeit des Ersten Weltkriegs und die Überlebensstrategien des verschmitzten Helden, des Hundehändlers Schwejk, dargestellt.

Abenteuerroman, Romane, in denen der oder die Helden in eine Folge von Abenteuern verwickelt werden, die er oder sie schließlich besteht bzw. bestehen. Abenteuerromane dienen der Unterhaltung, aber auch der Belehrung und der Information. Zu den frühen Abenteuerromanen gehören Ritter- und Schelmenromane. Bekannte Abenteuerromane sind

›Robinson Crusoe‹, ›Lederstrumpf‹, ›Die drei Musketiere‹.

absurdes Theater, nach dem Zweiten Weltkrieg entstandene Form des Theaters, das die Sinnlosigkeit und das Unlogische der menschlichen Existenz zeigt. Autoren sind SAMUEL BECKETT, EUGÈNE IONESCO, HAROLD PINTER (* 1930) und PETER HANDKE.

Académie française [- frã'sɛz], eine 1635 in Paris gegründete nationale Einrichtung mit der Aufgabe, auf die Reinheit der französischen Sprache zu achten und die französische Literatur zu pflegen.
❧ Ihre 40 Mitglieder heißen ›Die Unsterblichen‹.

Aischylos, griechischer Dichter (* 525 v. Chr., † 456 v. Chr.), gilt als Begründer der literarischen Kunstform der Tragödie. Von seinen rund 90 Tragödien blieben nur sieben vollständig erhalten, darunter ›Die Perser‹, ›Sieben gegen Theben‹ und die ›Orestie‹.

Akademie, ursprünglich die um 385 v. Chr. von PLATON in Athen gegründete Philosophenschule. Seit der Renaissance bezeichnet der Begriff Akademie Gesellschaften, Vereinigungen oder Institutionen zur Förderung von Wissenschaft, Literatur und Kunst.

Akt, Handlungsabschnitt eines Theaterstücks oder einer szenischen Darstellung. Theaterstücke der deutschen Klassik bestehen aus fünf Akten, denen eine bestimmte Aufgabe (Exposition, Steigerung, Höhepunkt und Umschwung, fallende Handlung sowie Lösung und Abschluss der Handlung) und eine innere Geschlossenheit zukommen.

Aladins Wunderlampe, Märchen aus ›Tausendundeiner Nacht‹. Die Geschichte von Aladin, der mit seiner Wunderlampe einen Geist befreit und zahlreiche Widersacher überwindet, gehört zum Märchenbestand zahlreicher Literaturen.

Alexandriner, nach dem altfranzösischen Alexanderroman benannter Vers. Der Alexandriner ist ein 12- oder 13-silbiger Jambus mit einem Pauseneinschnitt (Zäsur) nach der sechsten Silbe.
❧ Beispiel: ›Ich weiß nicht, was ich will, ich will nicht, was ich weiß‹ (MARTIN OPITZ).

Ali Baba und die vierzig Räuber, Märchen aus ›Tausendundeiner Nacht‹, berichtet in bildreichen Episoden vom Kampf des Ali Baba gegen die Räuber und seinem Sieg.
❧ Besonders bekannt ist das Zauberwort ›Sesam öffne dich!‹, mit dem Ali Baba eine Felsentür öffnen konnte.

Alice im Wunderland, märchenhafte Kindergeschichte des englischen Schriftstellers LEWIS CARROLL (* 1832, † 1898) aus dem Jahr 1865. Bei der Verfolgung eines weißen Kaninchens gelangt die kleine Alice in ein Wunderland, in dem sie merkwürdigen Figuren begegnet und in dem alle Naturgesetze auf dem Kopf stehen.

Almanach, *der* ursprünglich ein Jahreskalender mit belehrenden und unterhaltenden Zusatztexten, dann Bezeichnung für ein Jahrbuch oder eine Sammlung mit informativen und/oder schöngeistigen Texten.

Der alte Mann und das Meer, Erzählung (1952) von ERNEST HEMINGWAY, die in der Schilderung des Kampfes eines alten Fischers mit einem riesigen Fisch eine Parabel von der moralischen Unbesiegbarkeit des wahren Helden darstellt.

Anapäst, *der* [griechisch], dreiteiliger Versfuß, bei dem auf zwei kurze (unbetonte) Silben eine lange (betonte) folgt, z. B. beim Wort Anapäst selbst.
❧ Beispiel: ›Wie mein Glück, ist mein Lied‹ (FRIEDRICH HÖLDERLIN).

Andersch, Alfred deutscher Schriftsteller (* 1914, † 1980), wichtiger Nachkriegsautor, Mitbegründer der Gruppe 47. In seinen Romanen thematisiert er Leben und Widerstand im nationalsozialistischen Deutschland. Wichtige Romane sind ›Die Kirschen der Freiheit‹ (1952), ›Sansibar oder der letzte Grund‹ (1957).

Andersen, Hans Christian dänischer Dichter (* 1805, † 1875), schrieb hauptsächlich Märchen, die auch für Erwachsene bestimmt waren. Sie erschienen ab 1835 und wurden bis heute in etwa 80 Sprachen übersetzt. Bekannt sind vor allem ›Des Kaisers neue Kleider‹, ›Das häßliche Entlein‹ und ›Die Prinzessin auf der Erbse‹.

Die Aeneis, Heldenepos des römischen Dichters VERGIL, das die mythische Gestalt des Äneas, dessen Flucht aus Troja, die Überfahrt nach Italien und die Anfänge der römischen Geschichte erzählt.

Anekdote, eine kurze Erzählung, die oft mit einer überraschenden, manchmal witzigen Wendung endet und eine Begebenheit schildert, die für eine Persönlichkeit oder eine Gesellschaftsschicht charakteristisch ist. Der Inhalt einer Anekdote muss nicht wahr, aber geschichtlich möglich sein.

Angry young men [ˈæŋgrɪ ˈjʌŋ ˈmen; englisch ›zornige junge Leute‹], Bezeichnung für eine Gruppe jüngerer gesellschaftskritischer Schriftsteller in England nach dem Zweiten Weltkrieg. Im deutschen Sprachraum ist John Osborne (* 1929, † 1994) mit ›Blick zurück im Zorn‹ bekannt geworden.

Anna Karenina, Roman von Tolstoj, zunächst in einer Zeitschrift erschienen (1875/77, in Buchform 1878); zeichnet ein vielgestaltiges Bild der russischen Oberschicht in einer vom Niedergang der Werte gekennzeichneten Zeit. Der Versuch der Heldin (durch einen Ehebruch) aus den vorgegebenen familiären Bahnen auszubrechen, scheitert. Sie nimmt sich das Leben.

Hans Christian Andersen

Anouilh, Jean [aˈnuj], französischer Dramatiker (* 1910, † 1987), gilt als einer der Wegbereiter des modernen Theaters, für das er zahlreiche griechische Mythen bearbeitete.
❧ Bei der Uraufführung seiner ›Antigone‹ 1944 in Paris sahen viele Zuschauer in der Figur der Antigone ein Symbol des Widerstands gegen die deutsche Besatzung.

Anthologie, *die* [griechisch ›Blütenlese‹], Sammlung von literarischen Texten, vor allem von Gedichten, Kurzprosa oder von Romanausschnitten, die jeweils unter verschiedenen Aspekten ausgewählt sein können, so z. B. zur Vermittlung eines Überblicks über das Schaffen eines oder mehrerer Autoren oder zur Charakteristik einer literarischen Epoche oder einer Literaturgattung.

Aphorismus, *der* kurzer, geistreicher, sprachlich treffender Ausdruck, der häufig eine Lebensweisheit oder eine besondere Einsicht vermittelt. Bekannte Aphoristiker sind Georg Christoph Lichtenberg, Arthur Schopenhauer und Karl Kraus (* 1874, † 1936).

Arbeiterliteratur, zum Ende des 19. Jh. im Zusammenhang mit der Industrialisierung entstandene Literatur, die sich zumeist sozialkritisch mit der Lebens- und Arbeitssituation von Arbeitern beschäftigt, später auch von Arbeitern selbst geschrieben wurde.

Der Archipel GULAG, dokumentarisch-literarischer Bericht (1973–75) von Aleksandr Solschenizyn über die Straflager in der UdSSR nach 1918.

Aristophanes, griechischer Komödiendichter (* um 445 v. Chr., † um 385 v. Chr.), von seinen vielen Stücken sind elf erhalten, darunter ›Die Vögel‹, ›Lysistrata‹ und ›Die Frösche‹.
❧ Aristophanes geriet mehrfach in Konflikt mit der Obrigkeit, weil er auch Politikern ihre Schwächen vorhielt.

aristotelisches Drama, Bezeichnung für ein innerlich streng strukturiertes Drama, das die von Aristoteles in seiner Poetik geforderten Merkmale der Einheitlichkeit der Handlung des Raumes und der Zeit aufweist. Gegen diese typische geschlossene Form entwickelte Bertolt Brecht das ›epische‹ (offene) Theater.

Arnim, Familienname des bekannten Schriftstellerehepaares der Romantik Achim von Arnim (* 1781, † 1831) und Bettina von Arnim (* 1785, † 1859). Während Achim von Arnim zusammen mit Clemens Brentano, einem Bruder Bettinas, die Volksliedersammlung ›Des Knaben Wunderhorn‹ herausgab (1806–08), wurde Bettina von Arnim

durch ›Goethes Briefwechsel mit einem Kinde‹ und durch ›Das Armenbuch‹ bekannt.
❧ Achim von Arnims eigentliche Vornamen waren Ludwig Joachim, und Bettina hieß Anna Elisabeth.

Artes liberales [lateinisch ›freie Künste‹], die in der griechischen Antike festgelegten, später die Grundlage des mittelalterlichen Bildungssystems bildenden sieben freien Künste, deren Kenntnis die allgemeinen geistigen Fähigkeiten des Menschen kultivieren sollten: Grammatik, Dialektik, Rhetorik, Arithmetik, Geometrie, Musik und Astronomie.

Artusdichtung, mittelalterliche Versepik, in deren Mittelpunkt der sagenhafte britannische König Artus (*siehe* Kapitel 9) mit seiner Tafelrunde von vorbildlichen Rittern steht; auch Prosabearbeitungen.
Artusgestalt und arthurische Sagenstoffe sind durch die Jahrhunderte hindurch lebendig geblieben und erleben immer wieder Zeiten intensiver literarischer Rezeption, so z. B. im 19. Jh. durch MARK TWAIN.

Äsop im Gespräch mit dem Fuchs. Vasenbild aus dem 5. Jh. v. Chr.

Äsop, griechischer Dichter, der um 600 v. Chr. gelebt haben soll. Unter seinem Namen wurden zahlreiche Fabeln (›äsopische Fabeln‹) überliefert, die eine wichtige Quelle der europäischen Fabeldichtung geworden sind.

Asterix, Titelheld der gleichnamigen französischen Comicserie (seit 1959) von RENÉ GOSCINNY (* 1926, † 1977) und dem Zeichner ALBERT UDERZO (* 1927). Der Gallier Asterix, sein Freund Obelix, der Hund Idefix und die Gallier ihres aufsässigen Dorfes setzen sich mithilfe von List und einem Zaubertrank gegen die römische Besatzung Cäsars immer wieder erfolgreich zur Wehr.

Atwood, Margaret Eleanor ['ætwʊd], kanadische Schriftstellerin englischer Sprache (* 1939). Zentrales Thema ihrer Werke sind die Verletzungen der Frau in patriarchalischen Gesellschaften sowie die Folgen der Konsumgesellschaft für Menschen und Natur. Erfolgreiche Romane sind ›Die eßbare Frau‹ (1969) und ›Lady Orakel‹ (1976).
❧ ›Der Report der Magd‹ (1985) wurde auch als Film ein Erfolg.

Aufklärung, geistesgeschichtliche Epoche im 17. und 18. Jh., in der die Vernunft als Maßstab und Grundlage der Kritik aller Erscheinungen des menschlichen Zusammenlebens verstanden wurde. Die Aufklärung wandte sich gegen Aberglauben, Vorurteile und Willkürherrschaft; in ihr liegen u. a. die Wurzeln der Französischen Revolution und der liberalen Ideen des 19. Jh. (*siehe auch* Kapitel 8). Vertreter waren u. a. JOHN LOCKE, VOLTAIRE, JEAN-JACQUES ROUSSEAU, die Enzyklopädisten, IMMANUEL KANT und CHRISTOPH MARTIN WIELAND.

Aus dem Leben eines Taugenichts, romantische Novelle von JOSEPH FREIHERR VON EICHENDORFF (1826). In kunstvoller Verbindung von Erzählung und Gedicht wird die Suche nach dem Glück als Reise in das Traumland Italien geschildert.

Austen, Jane ['ɔstɪn], englische Schriftstellerin (* 1775, † 1817), parodierte die modische Schauerliteratur und die empfindsamen Romane ihrer Zeit und schildert mit ironischer Distanz die enge, oft selbstgerechte Welt des gehobenen Landadels und des bürgerlichen Mittelstandes. Bekannt sind v. a. die Romane ›Gefühl und Verstand‹ (1811), ›Stolz und Vorurteil‹ (1813) und ›Emma‹, die auch verfilmt wurden.

Autobiographie, ein literarisches Werk, in dem ein Schriftsteller sein eigenes Leben mehr oder weniger wahrheitsgetreu erzählt. Berühmte Autobiographien sind die ›Bekenntnisse‹ des hl. AUGUSTINUS und GOETHES ›Aus meinem Leben. Dichtung und Wahrheit‹.

Autor, der Verfasser eines Werkes der Kunst, der Musik oder der Literatur.

Avantgarde, *die* [avã'gard], ursprünglich die Vorhut einer Armee, bezeichnet heute die Vorkämpfer (›Avantgardisten‹) einer neuen Idee oder einer neuen Richtung in Literatur, Musik und bildender Kunst. Kulturhistorisch wichtig war die Avantgardebewegung während und nach dem Ersten Weltkrieg.
❧ Dadaismus, Surrealismus und Futurismus sind ursprünglich avantgardistische Strömungen.

Bachmann, Ingeborg österreichische Schriftstellerin (* 1926, † 1973), trat zunächst mit sprachlich prägnanten Gedichten hervor, die, wie auch ihr Roman ›Malina‹ (1971), von der Ungesichertheit der menschlichen Existenz, von Zweifeln gegenüber der Liebe und Problemen der Sprachgestaltung handeln.
❧ Die Stadt Klagenfurt und der Österreichische Rundfunk verleihen seit 1977 den Ingeborg-Bachmann-Literaturpreis.

Baldwin, James [bɔ:ldwɪn], afroamerikanischer Schriftsteller (* 1924, † 1987), der in Harlem aufwuchs und von 1948 bis 1958 in Frankreich lebte. Er schildert in seinen Werken die Folgen des Rassismus und insbesondere die Lage von Homosexuellen. Ein bekannter Roman ist ›Giovannis Zimmer‹ (1956).

Ingeborg Bachmann (Zeichnung)

Honoré de Balzac

Ballade, erzählendes Gedicht, das für den öffentlichen Vortrag bestimmt ist; die Stoffe stammen häufig aus der Geschichte und aus Sagen. Verfasser von Balladen sind FRANÇOIS VILLON, JOHANN WOLFGANG VON GOETHE, FRIEDRICH VON SCHILLER; moderne Balladen verfasste u.a. E. KÄSTNER. Als Balladensänger trat z.B. WOLF BIERMANN (* 1936) hervor.

Balzac, Honoré de [bal'zak], französischer Schriftsteller (* 1799, † 1850), der in seiner Romanreihe ›Die menschliche Komödie‹ Leidenschaften und Machtstreben der Menschen vor dem Hintergrund der sozialen und politischen Umwälzungen seiner Zeit darstellte. Besonders bekannt sind die Romane ›Eugenie Grandet‹ (1833), ›Vater Goriot‹ (1835), ›Die Frau von 30 Jahren‹ (1831–42), ›Verlorene Illusionen‹ (1837–43) sowie ›Glanz und Elend der Kurtisanen‹ (1839–47). Balzac gilt als einer der Begründer des gesellschaftskritischen Realismus im modernen französischen Roman. ❧ Aus Geltungsbedürfnis und einer Vorliebe für den Adel legte er sich das Adelsprädikat ›de‹ selbst zu.

Barock, europäischer Kunststil von etwa 1600 bis zum Anfang des 18. Jh., der erst Mitte des 19. Jh. als Ausdruck einer eigenständigen Epoche verstanden wurde, die von starken Gegensätzen geprägt war. Für die barocken Dichter bestimmten die Gegenkräfte Leben und Tod, Zeit und Unendlichkeit, Weltfreude und religiöse Ekstase das menschliche Dasein, über die sie in einer kräftigen, bilderreichen Sprache schrieben (*siehe auch* Kapitel 5).
❧ Zur barocken deutschsprachigen Literatur gehören die Dramen DANIEL CASPER LOHENSTEINS (* 1635, † 1683), die Gedichte des ANDREAS GRYPHIUS (* 1616, † 1664) und die Romane CHRISTOFFELS VON GRIMMELSHAUSEN.

Baudelaire, Charles [bo'dlɛ:r], französischer Dichter (* 1821, † 1867), der v. a. innere Erfahrungen und das Leben in der Großstadt Paris zum Thema seiner Lyrik machte. Berühmt wurde er durch seinen Gedichtband ›Die Blumen des Bösen‹ (1857), einem Ausgangswerk moderner Lyrik.
❧ Baudelaire gilt als Vorläufer des literarischen Symbolismus.

Beatgeneration [bi:dʒenə'reɪʃn], Bezeichnung für eine Gruppe amerikanischer Schriftsteller, die in den 1950er-Jahren auftrat und ihre individualistische und anarchistische Orientierung mit einer scharfen Ablehnung der gesellschaftlichen Konventionen verband.
❧ Bekannt sind JACK KEROUAC (* 1922, † 1969) und ALLEN GINSBERG (* 1926, † 1997).

Beauvoir, Simone de [bo'vwa:r], französische Schriftstellerin (* 1908, † 1986), trat mit Romanen und kulturhistorischen Untersuchungen hervor, in deren Zentrum die Emanzipation der Frau steht. Ihr Hauptwerk ist ›Das andere Geschlecht‹ (1949).
❧ Sie lebte mit JEAN-PAUL SARTRE zusammen.

Becker, Jurek deutscher Schriftsteller (* 1937, † 1997), berichtet in seinem Werk ›Jakob der Lügner‹ (1969) von den Schwierigkeiten deutsch-jüdischer Identität vor dem Hintergrund des Holocaust.
❧ Becker wuchs im Getto von Łodz und in Konzentrationslagern auf.

Beckett, Samuel irischer Schriftsteller (* 1906, † 1989), der in englischer und französischer Sprache schrieb. Das Theaterstück ›Warten auf Godot‹ (1952), eines der wichtigsten Werke des absurden Theaters *(siehe dort)* machte Beckett berühmt. Weitere Werke sind ›Endspiel‹ (1957), ›Das letzte Band‹ (1961), ›Atem‹ (1969).
❧ 1969 erhielt er den Nobelpreis für Literatur.

Beecher Stowe, *siehe* Stowe.

Bei geschlossenen Türen, Stück von JEAN-PAUL SARTRE (1945). Drei Personen kommen in einem Hotelzimmer zusammen und machen in einer scheinbar ausweglosen Situation die Erfahrung, einander heillos ausgeliefert zu sein.
❧ Das Stück trug wesentlich zur Verbreitung existenzialistischer Ideen bei.

Belletristik [zu französisch belles-lettres ›schöne Wissenschaften‹], die schöngeistige Literatur, v. a. Erzählungen und Romane, im Unterschied zur wissenschaftlichen und Fachliteratur.

Bellow, Saul ['beləʊ], amerikanischer Schriftsteller (* 1915), der in seinen Romanen und Novellen die Konfliktsituationen des jüdischen Intellektuellen in der modernen Stadtgesellschaft beschreibt. Er schrieb auch Erzählungen und Dramen.
❧ Bellow erhielt 1976 den Nobelpreis für Literatur.

Benn, Gottfried deutscher Dichter (* 1886, † 1956), praktizierte als Arzt. Seine zunächst expressionistischen Gedichte und Novellen verbinden sachlich distanzierte Sichtweisen mit gefühlsbetont rauschhaften Elementen. ›Kleine Aster‹, ›Verlorenes Ich‹ gehören zu seinen bekanntesten Werken.

Berlin Alexanderplatz, Roman von ALFRED DÖBLIN, erzählt die Geschichte des Außenseiters Franz Biberkopf, der versucht, in der Unübersichtlichkeit der modernen Großstadt zu überleben.
❧ 1980 verfilmt von RAINER WERNER FASSBINDER (* 1945, † 1982).

Bernhard, Thomas österreichischer Schriftsteller (* 1931, † 1989), stellt in seinem Werk Menschen und Natur als der Krankheit, dem Tod und dem Verfall unterworfen dar. Viel gespielte Stücke von ihm sind ›Die Jagdgesellschaft‹ (1974), ›Minetti‹ (1977) und ›Heldenplatz‹ (1988).

Bibel, *siehe* Kapitel 10.

Der Biberpelz, Komödie von GERHART HAUPTMANN (1893), schildert in naturalistischer Weise die Verwicklungen um den Diebstahl eines Biberpelzes und nutzt dies zu Milieustudien und Gesellschaftssatire.

Bibliographie [griechisch ›Bücherbeschreibung‹], heute ein Verzeichnis von Büchern und Schriften zu einem bestimmten Thema oder Autor mit näheren Angaben. Bibliographische Angaben stehen häufig am Ende von Werken und nennen die Bücher, die der Autor benutzt hat oder die dem Leser nützlich sein können.

Biedermeier, *das* ursprünglich Spottname für den behaglichen, unpolitischen Lebensstil von Teilen des deutschen Bürgertums zwischen 1815 und 1848. Die Dichtung des Biedermeier ist gekennzeichnet durch Streben nach Harmonie und Idylle, aber auch durch genaues Beobachten. Biedermeierliche Züge finden sich bei u.a. bei ADALBERT STIFTER, EDUARD MÖRIKE und ANNETTE VON DROSTE-HÜLSHOFF.

Das Bildnis des Dorian Gray [... greɪ], Roman von OSCAR WILDE (1891). Die Titelfigur scheitert bei dem Versuch, das eigene Leben als Kunstwerk zu gestalten.
❧ Der Roman ist ein wichtiges Beispiel für die Überbetonung eines künstlerischen Weltentwurfs in der Literatur des ›Fin de siècle‹.

Biographie [griechisch ›Lebensbeschreibung‹], wissenschaftliche oder literarische Darstellung der Lebensgeschichte eines Menschen. Biographien gibt es schon seit der Antike.
❧ GOLO MANN (* 1909, † 1994) schrieb eine berühmte Biographie Wallensteins; zahlreiche Biographien verfasste STEFAN ZWEIG.

Blankvers, reimloser Jambus mit fünf betonten und fünf unbetonten Silben.
❧ Beispiel: ›Die Menschen fürchtet nur, wer sie nicht kennt‹ (GOETHE).

blaue Blume, Symbol für die romantische Sehnsucht nach einer Wiederverzauberung der Welt und die allumfassende Einheit des Lebens. Erstmals in NOVALIS' Romanfragment ›Heinrich von Ofterdingen‹ (1802).

Die Blechtrommel, Roman von GÜNTER GRASS (1959), der ein realistisches und zugleich groteskes Bild der kleinbürgerlichen Welt v.a. im Danzig der Jahre 1933–45 entwirft, gesehen mit den Augen des zwergwüchsigen Oskar Matzerath, der sich mithilfe einer Kindertrommel bemerkbar macht.

Die Blumen des Bösen, *siehe* Baudelaire.

Blut-und-Boden-Dichtung, Sammelbezeichnung für eine von den Nationalsozialisten geförderte Literaturrichtung, deren Ziel die Verherrlichung von Rasse, Volk, Heimat und Bauerntum war.

Boccaccio, Giovanni [bok'kattʃo], italienischer Dichter (* 1313, † 1375). Das ›Decamerone‹, entstanden 1348–53, eine Sammlung von hundert ernsten und humorvollen Novellen, ist sein Hauptwerk, in dem das mittelalterliche Weltbild dem aufkeimenden Lebensgefühl der Renaissance weicht.
❧ Boccaccio veranlasste die erste vollständige Übersetzung des HOMER ins Lateinische.

Boheme, *die* [bɔ'ɛ:m; französisch], bezeichnet seit dem 19. Jh. Künstlerkreise, die ihren Lebensstil bewusst außerhalb der gesellschaftlichen Konventionen ansiedeln. Besonders in Künstlerkreisen der Jahrhundertwende spielte die Boheme in Paris, Berlin und München eine wichtige Rolle.
❧ HENRI MURGERS (* 1822, † 1861) Künstlerroman ›Szenen aus dem Leben der Bohème‹ (1851) bildete die Vorlage für die Oper ›La Bohème‹ von GIACOMO PUCCINI.

Heinrich Böll an seinem Schreibtisch

Böll, Heinrich deutscher Schriftsteller (* 1917, † 1985), schrieb anfangs v.a. über den Krieg und die Nachkriegszeit (›Wo warst du, Adam?‹, 1951), entwickelte sich dann zum Kritiker und Chronisten der deutschen bundesrepublikanischen Gesellschaft

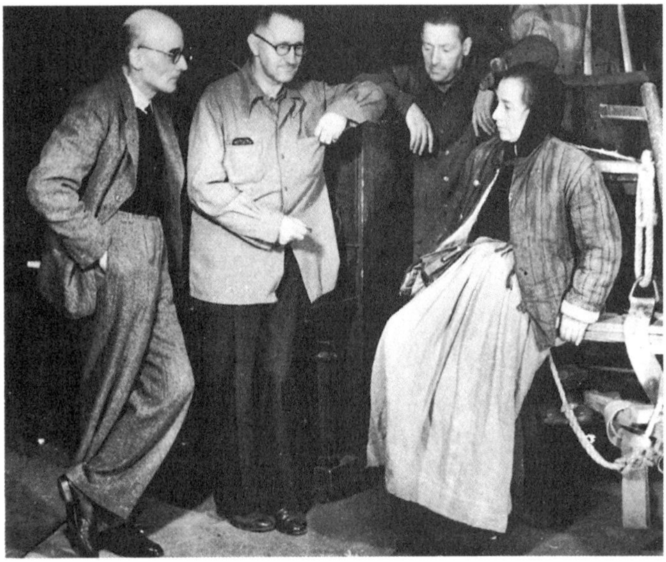

Bertolt Brecht (2. von links) mit Erich Engel (links), Paul Dessau und Helene Weigel

und setzte sich mit dem Katholizismus auseinander (›Ansichten eines Clowns‹, 1963; ›Gruppenbild mit Dame‹, 1971).
❧ 1972 erhielt Böll den Nobelpreis für Literatur.

Borchert, Wolfgang deutscher Schriftsteller (* 1921, † 1947), gestaltete in den expressiven dramatischen Szenen des Dramas ›Draußen vor der Tür‹ (1947) die Situation der Kriegsheimkehrer sowie in seinen Kurzerzählungen Menschenschicksale in Kriegs- und Nachkriegszeit.

Borges, Jorge Luis argentinischer Schriftsteller (* 1899, † 1986), schrieb fantastische Erzählungen, die insbesondere Probleme der Zeit, des Zufalls und der Identität behandeln.

Brecht, Bertolt deutscher Schriftsteller und Regisseur (* 1898, † 1956), hatte seinen ersten großen Erfolg 1928 mit der ›Dreigroschenoper‹ (Musik von KURT WEILL [* 1900, † 1950]), einer Verspottung der bürgerlichen Gesellschaft. Nach 1933 entstanden in der Emigration seine Hauptwerke ›Leben des Galilei‹ (1938/39), ›Mutter Courage‹ (1939), für die er die Konzeption des epischen Theaters *(siehe dort)* entwarf. Brecht, der sich bereits in den 1920er-Jahren dem Marxismus zugewandt hatte, lebte nach dem Zweiten Weltkrieg in Berlin (Ost), wo er die Theatergruppe ›Berliner Ensemble‹ gründete.

Brentano, Clemens deutscher Dichter (* 1778, † 1842), Hauptvertreter der deutschen literarischen Romantik, gab mit ACHIM VON ARNIM die Liedersammlung ›Des Knaben Wunderhorn‹ (1806–08) heraus.

Briefroman, Romanform, die aus einer Folge von Briefen, Tagebucheinträgen oder anderen Dokumenten eines oder mehrerer fingierter Verfasser besteht, ohne erzählende Verbindungstexte.
❧ Wichtige Briefromane der europäischen Literatur sind SAMUEL RICHARDSONS (* 1689, † 1761) Romane ›Geschichte der Pamela, oder die belohnte Tugend eines Frauenzimmers‹ (1740) und ›Clarissa Harlowe‹ (1748), FRIEDRICH HÖLDERLINS ›Hyperion‹, GOETHES ›Die Leiden des jungen Werthers‹ und ›Die gefährlichen Liebschaften‹ (1782) von CHODERLOS DE LACLOS (* 1741, † 1803).

Brontë, englische Schriftstellerinnen: CHARLOTTE BRONTË, Pseudonym Currer Bell (* 1816, † 1855), beschrieb in ›Jane Eyre‹ (1847) den Leidensweg einer englischen Gouvernante, die als junge Frau um persönliche Selbstständigkeit kämpft. Ihre Schwester, EMILY JANE BRONTË, Pseudonym Ellis Bell (* 1818, † 1848), schrieb den bekannten Roman ›Die Sturmhöhe‹ (1847). Literarisch weniger erfolgreich war die dritte Schwester, ANNE BRONTË (* 1820, † 1849, Pseudonym Acton Bell).

Die Brüder Karamasow, Roman von DOSTOJEWSKI (1879–80). Am Schicksal der vier Brüder, von denen einer für die Ermordung des Vaters zur

Rechenschaft gezogen werden soll, gestaltet Dostojewski den Zusammenbruch der alten Ordnung und die existenzialistische und atheistische Grunderfahrung des modernen Menschen.

Bücherverbrennung, die religiös oder politisch motivierte öffentliche Verbrennung verfemter Bücher.
❧ Am 10. 5. 1933 wurden in verschiedenen deutschen Städten Bücher von Autoren verbrannt, die die Nationalsozialisten als Juden, Pazifisten oder politische Gegner verfolgten. U. a. wurden Bücher von Sigmund Freud, Erich Kästner, Heinrich Mann und Kurt Tucholsky verbrannt.

Büchner, Georg Dichter (* 1813, † 1837), Wegbereiter der modernen Literatur. In seinen Werken gestaltet Büchner die Einsamkeit des Individuums und nimmt Elemente des epischen Theaters vorweg. Wichtig sind ›Leonce und Lena‹ (1836), ›Dantons Tod‹ (1835), ›Woyzeck‹ (1836) und die Erzählung ›Lenz‹.
❧ Unter dem Motto ›Friede den Hütten, Krieg den Palästen‹ gab er 1834 (zusammen mit Friedrich Ludwig Weidig [* 1791, † 1837]) die sozialrevolutionäre Flugschrift ›Der Hessische Landbote‹ heraus.

Die Buddenbrooks, Roman von Thomas Mann (1901), schildert Höhepunkte und Verfall der hanseatischen Kaufmannsfamilie Buddenbrook und zeigt damit zugleich ein Bild vom Niedergang der bürgerlichen Welt am Ende des 19. Jahrhunderts.

Charlotte (links) und Emily Jane Brontë

bürgerliches Trauerspiel. Während das vorhergehende klassische Theater nur Adlige als Helden der Tragödie akzeptierte, zeigt das im 18. Jh. auf-

Bücherverbrennung 1933
(Holzschnitt von Heinz Kiwitz, 1938)

kommende bürgerliche Trauerspiel Konflikte und tragische Verwicklungen im bürgerlichen Milieu und mit bürgerlichen Figuren. Dadurch trug es zur Vermittlung bürgerlicher Werte bei.
❧ Als erstes wichtiges bürgerliches Trauerspiel in Deutschland gilt Gotthold Ephraim Lessings ›Miss Sara Sampson‹ (1755).

Burleske, derb komisches, manchmal zum Teil improvisiertes kleines Stück; heute häufiger Schnurre, Posse oder Schwank genannt.
❧ Frühe Burlesken schrieb Carlo Goldoni (* 1707, † 1793).

Busch, Wilhelm deutscher Maler und Dichter (* 1832, † 1908), Schöpfer humorvoller und handlungsreicher Bildergeschichten, in denen er die Schwächen seiner Mitmenschen wie Spießbürgertum, Bequemlichkeit und Scheinmoral aufdeckt. Bekannt sind ›Max und Moritz‹ (1865) sowie ›Die fromme Helene‹ (1872).
❧ In Hannover gibt es ein Wilhelm-Busch-Museum.

Byron, George Gordon Noel genannt **Lord Byron** ['baɪərən], englischer Dichter (* 1788, † 1824), Vertreter der Romantik, der gleichermaßen durch seine Gedichte wie durch sein Leben als Dandy bekannt wurde.

❧ Byron starb im griechischen Unabhängigkeitskrieg gegen die Türken. ❧ GOETHE setzte ihm im ›Faust‹ in der Gestalt des Euphorion ein Denkmal.

Calderón de la Barca, Pedro spanischer Dramatiker (* 1600, † 1681), schrieb als Hofdramatiker etwa 200 Schauspiele (darunter ›Das Leben ist ein Traum‹, 1636), die vom Weltbild des Katholizismus geprägt waren und zu den Höhepunkten der spanischen Barockliteratur gehören.

Calvino, Italo italienischer Schriftsteller (* 1923, † 1985), schrieb sowohl politisch engagierte als auch märchenhaft-fantastische Werke (u. a. ›Der Baron auf den Bäumen‹, 1957).

Camus, Albert [ka'my:], französischer Schriftsteller (* 1913, † 1960), schildert, vom Existenzialismus beeinflusst, die Verantwortlichkeit des Menschen in einer als absurd empfundenen Welt. Zu seinen bekanntesten Werken gehören ›Der Fremde‹ (1942) und ›Die Pest‹ (1947).
❧ 1957 erhielt Camus den Nobelpreis für Literatur.

Canetti, Elias Schriftsteller spanisch-jüdischer Herkunft (* 1905, † 1994), schreibt in deutscher Sprache, in klarem, anschaulichem Stil. Neben dem Roman ›Die Blendung‹ (1935) wurden v. a. seine autobiographischen Werke bekannt.
❧ 1981 erhielt Canetti den Nobelpreis für Literatur.

Canterbury tales ['kæntəbəri teɪlz, ›Canterbury Erzählungen‹], *siehe* Chaucer, Geoffrey.

Carmina burana, bedeutende Sammlung vorwiegend weltlicher lateinischer Lieder des Mittelalters aus dem 13. Jh., die sich bis 1803 im Kloster Benediktbeuern (daher der Name: lateinisch carmina ›Lieder‹, aus lateinisch burana wurde Beuern) befanden. Einige Texte verwandte der Komponist CARL ORFF für sein gleichnamiges Werk (1937).

Casanova, Giovanni Giacomo italienischer Abenteurer und Schriftsteller (* 1725, † 1798), bekannt geworden durch seine ausführlich auf amouröse Abenteuer eingehenden ›Memoiren‹, die auch als kulturgeschichtliche Quelle Bedeutung haben. Casanova wurde auch Hauptgestalt zahlreicher literarischer Werke, in denen einzelne seiner Abenteuer (den Memoiren entnommen oder frei erfunden) im Mittelpunkt der Handlung stehen, u. a. das Drama von HUGO VON HOFMANNSTHAL ›Der Abenteuerer und die Sängerin‹ (1899).

Celan, Paul deutscher Dichter jüdischer Herkunft (* 1920, † 1970). Vom Symbolismus und Surrealismus beeinflusst, entwickelte Celan eine chiffren- und metaphernreiche Lyrik, in der es in einer verrätselten Sprache um die Erfahrung des Holocaust geht. Sein bekanntestes Gedicht ist ›Todesfuge‹ (1952).

Cervantes Saavedra, Miguel de spanischer Dichter (* 1547, † 1616), Verfasser des ›Don Quijote de la Mancha‹ *(siehe dort),* schrieb auch ernste Schauspiele und Komödien. Seine zwölf ›Exemplarischen Novellen‹ (1613) handeln von Liebe, Abenteuern und Alltagsfragen.

Chanson, *siehe* Kapitel 5.

Chaucer, Geoffrey ['tʃɔ:sə], englischer Dichter (* um 1340, † 1400), Teilnehmer am Hundertjährigen Krieg, unternahm Reisen nach Frankreich und Italien. Er übersetzte den ›Rosenroman‹ und war von PETRARCA und BOCCACCIO beeinflusst. Durch sein Hauptwerk ›Canterbury tales‹ (›Canterbury Erzählungen‹), das ein wirklichkeitsnahes Panorama des englischen Lebens am Ausgang des Mittelalters entwirft, wurde Englisch als Literatursprache anerkannt.

Christie, Agatha englische Schriftstellerin (* 1890, † 1976), schrieb über siebzig erfolgreiche Kriminalromane, besonders um die Figuren des Detektivs Hercule Poirot und der Amateurkriminalistin Miss Jane Marple. Zahlreiche Romane wurden verfilmt.

Cicero, Marcus Tullius *siehe* Kapitel 1.

Claudius, Matthias deutscher Dichter (* 1740, † 1815), der den ›Wandsbecker Bothen‹ (1771–76) herausgab. Claudius wurde bekannt vor allem durch seine volksliedhafte Lyrik. Sein Gedicht ›Der Mond ist aufgegangen‹ wurde von FRANZ SCHUBERT und JOHANN ABRAHAM PETER SCHULZ (* 1747, † 1800) vertont.

Comicstrips [englisch ›komische Streifen‹], gezeichnete Bildergeschichten, die als Fortsetzungen in Zeitschriften oder in Heftform erscheinen. Sie entstanden Ende des 19. Jh. in den USA. Die Dialoge der Personen stehen in Sprechblasen.
❧ Berühmte Comicfiguren sind u. a. Mickymaus, Donald Duck, Asterix und Obelix und die Peanuts.

Commedia dell'Arte, *die* [italienisch ›Berufslustspiel‹], im 16. Jh. entstandene italienische Stegreif-

Commedia dell'Arte. Die häufig auftretenden Figuren ›Capitano‹, ›Colombina‹ und ›Arlecchino‹

komödie, in der feststehende, typische Charaktermasken humorvolle Dialoge, mimische Scherze, Tanz- und Musikeinlagen sowie Akrobaten Zauberkunststücke vorführen.

Conrad, Joseph englischer Schriftsteller polnischer Herkunft (* 1857, † 1924), befuhr als Kapitän v. a. die südlichen Weltmeere. Seine Romane spielen meist in fremden Kulturen und beschreiben Menschen in schicksalhaften Entscheidungssituationen. Bekannte Werke sind ›Lord Jim‹ (1900) und ›Herz der Finsternis‹ (1902).
❧ Conrad hieß eigentlich Teodor Józef Konrad Korzeniowski.

Cooper, James Fenimore ['ku:pə], amerikanischer Schriftsteller (* 1789, † 1851), wurde durch seine Lederstrumpfgeschichten bekannt, in die er eigene Erfahrungen mit dem Leben der Siedler, Trapper und Indianer aufnahm. Die fünf Romane (u. a. ›Der letzte Mohikaner‹, 1826) werden durch die Hauptfigur des Lederstrumpf verknüpft.

Corneille, Pierre [kɔr'nɛj], französischer Schriftsteller (* 1606, † 1684), mit dem ›Cid‹ (1637) wurde er zum Begründer des klassischen französischen Dramas; Corneille schrieb außerdem Lustspiele.
❧ 1670 unterlag er in einem Theaterwettstreit seinem Rivalen RACINE.

Courths-Mahler, Hedwig deutsche Schriftstellerin (* 1867, † 1950), schrieb mehr als 200 Unterhaltungsromane, in denen sie breiten Bevölkerungsschichten den Wunschtraum eines erfüllten Lebens in einer vornehmen Scheinwelt vor Augen stellte. Ein charakteristischer Roman ist ›Die Bettelprinzeß‹ (1914).

Dadaismus, künstlerische Bewegung zwischen 1916 und dem Beginn der 1920er-Jahre, v. a. in Zürich und Paris. Unter dem Eindruck des Ersten Weltkriegs erschien einer Gruppe meist junger Dichter (HUGO BALL [* 1886, † 1927], TRISTAN TZARA [* 1896, † 1963], RICHARD HUELSENBECK [* 1892, † 1974]) und Maler die überlieferte Kultur fragwürdig. Mit Lärmmusik, Zufallscollagen und Deklamationen sinnloser Sprachsilben stellten sie die herkömmlichen Kunstmaßstäbe in Frage (*siehe auch* Kapitel 5).
❧ Ein Zentrum war das ›Cabaret Voltaire‹ in Zürich.

Daktylus, der dreiteiliger Versfuß, bei dem auf eine lange (betonte) Silbe zwei kurze (unbetonte) Silben folgen, z. B. die Wörter Wasserfall oder Daktylus.

Dante Alighieri [- ali'gi̯ɛ:ri], italienischer Dichter (* 1265, † 1321), führte wegen seiner Teilnahme an den politischen Kämpfen der Zeit ein unstetes Wanderleben. Sein Hauptwerk ist die ›Göttliche Komödie‹, begonnen etwa 1311, mit der er unter Verdrängung des Lateinischen die Grundlage für die italienische (toskanische) Sprache schuf.
❧ Seine Jugendliebe zu BEATRICE (* 1266, † 1290) gestaltete er auf poetische Weise in ›Das neue Leben‹.

Dantons Tod, Drama von GEORG BÜCHNER (1835), gestaltet das Scheitern des Revolutionsführers Danton in der Französischen Revolution und entwirft ein pessimistisches Bild von den Möglichkeiten des Menschen, verändernd in die Geschichte einzugreifen.

Das Decamerone, Novellensammlung von BOCCACCIO, entstanden 1348–53, eine Sammlung von hundert ernsten und humorvollen Novellen, die sich sieben Damen und drei Herren an zehn Tagen (Decamerone, ›Zehntagewerk‹) auf einem Landgut bei Florenz zur Zeit der Pest von 1348 erzählen. Hauptthema ist die Liebe.
❧ Einzelne Novellen dienten als Vorlagen anderer literarischer Werke; so übernahm LESSING das Motiv von den ›Drei Ringen‹ für sein Drama ›Nathan der Weise‹.

Defoe, Daniel [dɪˈfəʊ], englischer Schriftsteller (* 1660, † 1731), war Journalist und Kaufmann und veröffentlichte erst 1719/20 seinen ersten Roman ›Robinson Crusoe‹.

Deutschstunde, Roman von SIEGFRIED LENZ (1968), enthält die Erinnerungen des zwanzigjährigen Siggi Jepsen an die Zeit des Nationalsozialismus und die Schuldverstrickungen seines Vaters. Der Roman handelt auch von der Fortdauer autoritärer Einstellungen nach 1945.

Dialog, *der* [griechisch ›Unterredung‹], schriftliche oder mündliche Unterredung zwischen zwei oder mehreren Personen; zusammen mit dem Monolog ein wichtiges Gestaltungsmittel des Dramas, wird auch in der erzählenden Literatur und in philosophischen Texten verwendet.
❧ Wichtige philosophische Dialoge schrieb PLATON.

Dichtung und Wahrheit, Untertitel der Autobiographie GOETHES ›Aus meinem Leben‹ (1811–14; vierter Teil 1833). In einer Mischung aus Erfindung und Beschreibung berichtet GOETHE in poetischer Form über den eigenen Lebensweg und die Erfahrungen seiner Zeit bis zur Reise nach Italien 1786.

Dickens, Charles englischer Schriftsteller (* 1812, † 1870), stammte aus ärmlichen Verhältnissen. Zu seinen bekanntesten Werken, von denen viele zunächst als Fortsetzungsromane in Zeitschriften erschienen, gehören ›Die Pickwickier‹ (1837), ›Oliver Twist‹ (1838) und ›David Copperfield‹ (1849/50). Seine Kritik an sozialen Missständen, für die er die Form des sozialen Romans prägte, war Anstoß für verschiedene soziale Reformen.

Diderot, Denis [didəˈro], französischer Schriftsteller und Philosoph (* 1713, † 1784), Wortführer der Aufklärung, Herausgeber und Mitarbeiter der großen französischen Enzyklopädie (erschienen 1751–1780). Er schrieb philosophische Abhandlungen, Dialoge, Schauspiele sowie Romane und Erzählungen.

Döblin, Alfred deutscher Schriftsteller und Nervenarzt (* 1878, † 1957), trat zunächst mit expressionistisch geprägten Novellen und Romanen hervor. Die Veröffentlichung von ›Berlin Alexanderplatz‹ (1929) machte ihn mit einem Schlag berühmt.

Doktor Jekyll und Mr. Hyde [- ˈdʒiːkɪl (ˈdʒkɪl) -ˈmɪstə ˈhaɪd], Erzählung von ROBERT LOUIS STEVENSON (1886), ist die erste tiefenpsychologisch begründete Darstellung einer Persönlichkeitsspaltung in der modernen Literatur. Der angesehene Bürger Dr. Jekyll führt ein Doppelleben, indem er sich zeitweise in den bösartigen Mr. Hyde verwandelt und so verschiedene Untaten begeht.

Doktor Schiwago, Roman von BORIS PASTERNAK, zuerst 1957 italienisch erschienen. Er schildert anhand einer Liebesgeschichte die gesellschaftliche Entwicklung der Sowjetunion von der Oktoberrevolution bis zum Ende der Stalinzeit.
❧ Die Verfilmung (1966) durch DAVID LEAN (* 1908, † 1991) wurde ein Welterfolg.

Dokumentarliteratur, Sammelbezeichnung für literarische Texte und Stücke, die zumeist in politischer und gesellschaftskritischer Absicht Originalmaterial verarbeiten und aufbereiten.
❧ Beispiele sind HEINAR KIPPHARDTS (* 1922, † 1982) ›In der Sache Robert J. Oppenheimer‹ (1964) und PETER WEISS' ›Die Ermittlung. Oratorium in 11 Gesängen‹ (1965).

Don Carlos, Drama von SCHILLER (1787), gestaltet den Konflikt zwischen dem Streben nach bürgerlicher Freiheit und den Interessen des Machtstaates am Scheitern des Prinzen Don Carlos.
❧ GIUSEPPE VERDI schrieb danach 1867 eine Oper.

Don Juan [- xuˈan], Drama (1613) von TIRSO DE MOLINA (* 1571?, † 1648), bekannt geworden in der Bearbeitung des Stoffes von MOLIÈRE (1665) und v. a. durch die Oper ›Don Giovanni‹ MOZARTS von 1787 (*siehe* Kapitel 5).

Don Quijote de la Mancha [ˈdɔŋkiˈxɔte ...], Roman von MIGUEL DE CERVANTES SAAVEDRA (1605/15),

schildert die Abenteuer des verarmten Adligen Don Quijote und seines Dieners Sancho Pansa, die ein nicht der Zeit entsprechendes Leben als Ritter und Knappe führen wollen und so zum Gespött der Leute werden.
❧ Berühmt wurde der Kampf gegen die Windmühlen.

Dos Passos, John Roderigo amerikanischer Schriftsteller (* 1896, † 1970), trug mit der Montagetechnik und den erzählerischen Neuerungen seines Hauptwerks, ›Manhattan Transfer‹ (1925), zur Begründung des modernen Romans bei.

Dostojewskij, Fjodor Michailowitsch russischer Schriftsteller (* 1821, † 1881), gestaltet die seelischen Konflikte und sozialen Spannungen der Menschen seiner Zeit v. a. an Außenseitern wie Verarmten, Kranken und Spielern. Zu seinen Hauptwerken gehören die Romane ›Schuld und Sühne‹ (1866), ›Der Idiot‹ (1868) und ›Die Brüder Karamasow‹ (1879–80).
❧ Wegen der Teilnahme an frühsozialistischen Aktionen wurde Dostojewski 1849 zum Tode verurteilt und auf dem Richtplatz zu vier Jahren Verbannung begnadigt. Die Leidenszeit in Sibirien schilderte er in den ›Aufzeichnungen aus einem Totenhaus‹.

Doyle, Arthur Conan [dɔɪl], englischer Schriftsteller (* 1859, † 1930), wurde mit seinen Kriminalromanen weltberühmt, in deren Mittelpunkt der geniale Amateurdetektiv Sherlock Holmes und sein Freund Dr. Watson stehen.

Drama, literarische Großform, bei der eine in sich abgeschlossene Handlung mithilfe von Rede, Gegenrede (Monolog, Dialog) und szenischer Aktion von Figuren auf der Bühne dargestellt wird. Nach ihrem Ausgang lassen sich Dramen in Tragödien, Komödien und andere Spielarten dieser Gattungen, z. B. Tragikomödien, einteilen. Das Drama entstand in Griechenland aus rituellen und spielerischen Elementen des Dionysoskults.

drei Einheiten, unter Berufung auf ARISTOTELES in der französischen Klassik aufgestellte Forderung an den Aufbau dramatischer Werke: keine Nebenhandlungen zu zeigen, den Schauplatz des Geschehens nicht zu verändern; ferner soll die im Spiel gezeigte Zeit der Aufführungsdauer des Stückes entsprechen. Also: Einheit der Handlung, des Ortes und der Zeit.

Die drei Musketiere, Roman von ALEXANDRE DUMAS D. Ä. (1844), berichtet von den Abenteuern dreier Musketiere am französischen Königshof des 17. Jh. Der Held d'Artagnan meistert mit seinen Freunden zahlreiche gefährliche Situationen und Duelle im Kampf der Krone gegen den Staatsminister Richelieu.

Droste-Hülshoff, Annette von deutsche Dichterin (* 1797, † 1848), deren in strenger Form geschriebene Werke Landschaftserfahrungen und religiöse Empfindungen behandeln. Am bekanntesten wurde neben den Balladen die packend geschriebene Novelle ›Die Judenbuche‹ (1842), eine Analyse von Schuldverstrickung und Sühne.

Das Dschungelbuch, erster Teil der Erzählungen aus dem Dschungel von RUDYARD KIPLING (1894; der zweite Teil ›Das neue Dschungelbuch‹ erschien 1895). Die Geschichte des indischen Jungen Mowgli, der im Dschungel mit zahlreichen Tieren aufwächst, wurde v. a. als Kinderbuch berühmt und u. a. von WALT DISNEY 1967 verfilmt.

Dumas, Alexandre d. Ä. [dyˈma], französischer Schriftsteller (* 1802, † 1870), schrieb v. a. historische Abenteuerromane, u. a. ›Die drei Musketiere‹ (1844) und ›Der Graf von Monte Christo‹ (1845/46). Sein Sohn ALEXANDRE DUMAS D. J. (* 1824, † 1895) schrieb v. a. Gesellschaftsdramen und den bekannten Roman ›Die Kameliendame‹ (1848), der von VERDI als ›La Traviata‹ (*siehe* Kapitel 5) vertont wurde.

Dürrenmatt, Friedrich schweizerischer Schriftsteller (* 1921, † 1991), schildert in seinen Stücken mit humoristischen und grotesken Mitteln gesellschaftliche und moralische Widersprüche im Verhältnis des Menschen zur Welt. So in ›Die Ehe des Herrn Mississippi‹ (1952), ›Der Besuch der alten Dame‹ (1956) und ›Die Physiker‹ (1962).
❧ Er schrieb auch spannende Kriminalgeschichten, z. B. ›Der Richter und sein Henker‹ (1952).

Eco, Umberto italienischer Kunstphilosoph und Schriftsteller (* 1932), wurde v. a. bekannt mit dem Roman ›Der Name der Rose‹ (1980), der mit den Strukturen der Detektivgeschichte spielend die Welt des 14. Jh. als Gleichnis aktueller Verwirrungen entwirft.

Edda, bezeichnet zum einen eine Sammlung von etwa 30 isländischen Liedern aus dem 8. bis 11. Jh.

(ältere Edda oder Lieder-Edda) und zum anderen einen Kommentar zur altnordischen Dichtung und Mythologie aus dem 13. und 14. Jh. (jüngere Edda). Die Lieder-Edda enthält Stoffe der nordischen und der germanischen Sagenwelt, Götter- und Heldenlieder; u. a. treten hier die Helden des Nibelungenliedes auf.

Effi Briest, Roman von THEODOR FONTANE (1895), erzählt die Geschichte des Ehebruchs der Effi Briest und zeigt daran den Widerspruch von gesellschaftlichen Konventionen und individuellem Streben nach Glück.

Joseph Freiherr von Eichendorff

Eichendorff, Joseph Freiherr von deutscher Dichter (* 1788, † 1857), einer der Hauptvertreter der deutschen Romantik. Neben seinen Gedichten, die v. a. von Naturerfahrungen und Sehnsucht handeln, wurde die Novelle ›Aus dem Leben eines Taugenichts‹ bekannt.

❧ Viele seiner Gedichte wurden vertont, z. B. ›Wem Gott will rechte Gunst erweisen‹.

Ein Sommernachtstraum, Komödie von SHAKESPEARE (um 1595), die unter Einbeziehung märchenhafter und mythologischer Figuren die Vermählung des Helden Theseus mit der Amazonenkönigin Hippolyta zum Anlass einer Verwechslungskomödie nimmt und Fragen der Liebe, Treue und des Begehrens behandelt.

❧ Der Sommernachtstraum erlebte mehrfach musikalische Bearbeitungen; am bekanntesten ist die Bühnenmusik von FELIX MENDELSSOHN BARTHOLDY.

El Cid, volkssprachliches Epos um die historische Gestalt des ›Cid‹, entstanden im 12. oder 13. Jh., nutzt den historischen Hintergrund der spanischen Reconquista (Befreiung Spaniens von den Arabern) zur Gestaltung eines christlichen Ritterideals.

❧ Eine wichtige Bearbeitung des Stoffes stammt von PIERRE CORNEILLE (1637).

Eliot, T[homas] S[tearns] ['eljət], amerikanisch-englischer Dichter (* 1888, † 1965), beschäftigte sich in Lyrik und Drama mit der Bedeutung christlicher Vorstellungen in der Gegenwart. Als sein bedeutendstes lyrisches Werk gilt ›Das wüste Land‹ (1922).

❧ 1948 erhielt Eliot den Nobelpreis für Literatur.

elisabethanisches Theater, bezeichnet die Blütezeit des englischen Theaters in der Regierungszeit ELISABETHS I. (* 1558, † 1603). WILLIAM SHAKESPEARE und CHRISTOPHER MARLOWE (* 1564, † 1593) waren seine Vertreter.

❧ In dieser Zeit war das ›Globe Theatre‹ das wichtigste und auch von SHAKESPEARE für seine Aufführungen benutzte Theater Londons.

Émile oder Über die Erziehung, Erziehungsroman von JEAN-JACQUES ROUSSEAU (1762). Die dort vertretenen Erziehungsvorstellungen, u. a. die Förderung der natürlichen Anlagen des Kindes, revolutionierten die pädagogischen Auffassungen der Zeit.

Emilia Galotti, Trauerspiel von GOTTHOLD EPHRAIM LESSING (1772), in dem die Titelfigur, eine Vertreterin bürgerlicher Moral, den Freitod wählt, um nicht die Mätresse eines Adligen zu werden.

Enzensberger, Hans Magnus deutscher Schriftsteller (* 1929), trat mit zeitkritischer Lyrik (›Verteidigung der Wölfe‹, 1957), gesellschaftskritischen Essays sowie als Herausgeber von Zeitschriften und Bucheditionen hervor.

Enzyklopädisten, eine Gruppe von Schriftstellern und Wissenschaftlern um DENIS DIDEROT und

JEAN LE ROND D'ALEMBERT (* 1717, † 1783), die – der Aufklärung verpflichtet – das gesamte Wissen der Zeit alphabetisch und praxisbezogen darstellen wollten und dazu die 1751–80 erschienene Enzyklopädie (›Encyclopédie ou Dictionnaire raisonné des sciences, des artes et des métiers‹) in 35 Bänden vorlegten (wobei ihnen rund 200 Personen zuarbeiteten).

Epigramm, *das* kurzes, treffendes Spott- oder Sinngedicht.
❧ MARTIN OPITZ (* 1597, † 1639) hat das Epigramm in die deutsche Literatur eingeführt.

Epik, *die* die erzählende (epische) Dichtung in Prosa oder Versen; neben Lyrik und Dramatik eine der drei literarischen Gattungen. Großformen der Epik sind Epos (in Versen) und Roman; zu den Kleinformen gehören u. a. Novelle, Kurzgeschichte, Legende, Sage, Märchen sowie Anekdote und Erzählung.

episches Theater, von BERTOLT BRECHT entwickelte Spielform, die den Zuschauer nicht in die Illusion der Theaterwelt einbinden, sondern zum gesellschaftsverändernden Handeln aktivieren möchte. Hierzu dienen alle Mittel, die auf den Spielcharakter des Theaters aufmerksam machen: Songs, Erzähler, Verfremdungseffekte.
❧ BRECHT: ›Während des Zuschauens darf dem Zuschauer die Zigarre nicht ausgehen.‹

Epos, Großform der erzählenden Dichtung (Epik), meist mehrteilig und in Versen. Charakteristisch sind eine Leitfigur oder ein Leitgedanke und die ausführliche, zum Teil stilisierte Schilderung (epische Breite) des Geschehens. Das Epos behandelt v. a. sagenhafte und geschichtliche Stoffe. Das älteste Epos ist das babylonische Gilgameschepos *(siehe dort).*

Erzählung, im weiteren Sinn alle Arten epischer Gestaltung, meist in Prosa; im engeren Sinn eine Untergattung der Epik, wobei die Erzählung kürzer und einfacher strukturiert ist als ein Roman, aber länger und komplexer als eine Kurzgeschichte. Im Unterschied zur Novelle gibt es für die Erzählung keinen festen Bauplan, vielmehr sind die Grenzen gegenüber anderen epischen Formen fließend.

Essay, *der* oder *das* ['ɛse:; englisch ›Versuch‹], eine kürzere in Prosa verfasste literarische Abhandlung in stilistisch anspruchsvoller und subjektiver Form.
❧ MICHEL DE MONTAIGNE schrieb nach antiken Vorbildern die ersten, noch heute lesenswerten Essays der Neuzeit.

Eugen Onegin, Versroman von PUSCHKIN (1825–32), der Lebensleere und Liebeshändel des Dandys Eugen Onegin schildert. Der Roman gilt als der erste bedeutende psychologisch-gesellschaftskritische Roman der russischen Literatur.
❧ TSCHAIKOWSKY schrieb (1879) danach eine Oper.

Eulenspiegel, Held einer Schwanksammlung aus dem 16. Jh. Viele seiner Streiche richten sich gegen Bauern, Bürger, weltliche und geistliche Herren. Eulenspiegel deckt den Widerspruch von Sein und Schein auf, indem er oftmals die bildhaften Aussagen der Sprache wörtlich nimmt.
❧ Ein historischer Eulenspiegel soll um 1350 in Mölln gestorben sein.

Euripides, nach AISCHYLOS und SOPHOKLES der jüngste der drei antiken griechischen Tragödiendichter (* 485/484 v. Chr., † um 406 v. Chr.). Im Mittelpunkt seiner Dramen stehen nicht mehr die Götter, sondern Menschen im Widerstreit der Gefühle und Leidenschaften. Bekannt sind die Iphigeniedramen sowie ›Medea‹ und die ›Troerinnen‹.

Exilliteratur, Literatur, die während eines (meist aus politischen, rassistischen oder religiösen Gründen) erzwungenen oder freiwilligen Exils entstand. Eine große Gruppe bildet die Produktion der während des Nationalsozialismus aus rassistischen oder politischen Gründen im Exil lebenden, v. a. deutschen und österreichischen Schriftsteller (u. a. HEINRICH MANN, LION FEUCHTWANGER [* 1884, † 1958]).

existenzialistische Literatur, hat die problematisch gewordene Existenz des Menschen zum Thema. Einer der Vorläufer im 19. Jh. war DOSTOJEWSKI. Im 20. Jh. wurden in der Existenzphilosophie und im Existenzialismus die Sinnleere und Absurdität des Daseins zum Hauptthema. Vertreter dieser Gattung waren JEAN-PAUL SARTRE, JEAN ANOUILH, SIMONE DE BEAUVOIR und ALBERT CAMUS.

Expressionismus, künstlerische Bewegung, v. a. in der bildenden Kunst des frühen 20. Jh., die nicht in erster Linie die äußere Wirklichkeit, sondern den elementaren Gefühlen und seelischen Empfindungen Ausdruck verleihen wollte. In der Literatur

führte der Expressionismus zur Aufsprengung herkömmlicher Literaturformen und trat für gesellschaftliche Erneuerung ein (*siehe auch* Kapitel 5).
❧ GOTTFRIED BENN, ELSE LASKER-SCHÜLER (* 1869, † 1945), ALFRED DÖBLIN, ERNST BARLACH sind bedeutende Vertreter des Expressionismus.

Fabel, lehrhafte Erzählung in Vers oder Prosa, in der Tiere, gelegentlich auch Pflanzen menschliche Eigenarten verkörpern und so über menschliche Eigenschaften und Schwächen aufklären.
❧ Als Vater der europäischen Fabel gilt ÄSOP, im 17. Jh. hat der Franzose JEAN DE LA FONTAINE Fabeln in Versen verfasst. Ein bekannter deutscher Fabeldichter ist GOTTHOLD EPHRAIM LESSING.

Hans Fallada

Fallada, Hans deutscher Schriftsteller (* 1893, † 1947). In seinen sozialkritischen Romanen ›Kleiner Mann, was nun‹ (1932) und ›Wer einmal aus dem Blechnapf frißt‹ (1934) schildert er im Stil der Neuen Sachlichkeit mit genauer Beobachtungsgabe das Milieu der ›kleinen Leute‹.
❧ Fallada hieß eigentlich Rudolf Ditzen.

Farce, *die* ['farsə], kurzes, derb-komisches Bühnenstück, das meist in Versen abgefasst ist; auch eine Handlung, die man als bloßes Getue ansieht.

Farm der Tiere, satirischer Roman von GEORGE ORWELL (1945), beschreibt den Aufstand der Tiere gegen die Knechtschaft auf einem Bauernhof und den Umschlag der Freiheit in eine neue Diktatur.

Faulkner, William ['fɔːknə], amerikanischer Schriftsteller (* 1897, † 1962). In seinem künstlerisch anspruchsvollen Romanwerk stellt Faulkner den Niedergang des alten Südens der USA und den wachsenden Einfluss skrupelloser Aufsteiger dar. Wichtige Werke sind ›Licht im August‹ (1932), ›Absalom, Absalom‹ (1936).
❧ 1950 erhielt Faulkner den Nobelpreis für Literatur.

Faust, durch Sage und zahlreiche dichterische Bearbeitungen bekannter Gelehrter, der seine Seele dem Teufel verschreibt, um mit dessen Hilfe Wissen und Macht zu erlangen. Am Anfang der Faustliteratur steht die 1587 in Frankfurt am Main gedruckte ›Historia von D. Johann Fausten‹. Besondere Bedeutung erlangte die Dramatisierung des Stoffes durch GOETHE (›Urfaust‹, 1772–75; ›Faust‹ 1. Teil, 1808, 2. Teil, 1832). Anders als in den frühen Bearbeitungen verfällt hier Fausts Seele am Ende nicht dem Teufel, sondern wird von Engeln gerettet.

Felix Krull, Titelfigur des (unvollendet gebliebenen) Romans ›Bekenntnisse des Hochstaplers Felix Krull‹ von THOMAS MANN (Teildruck 1922, endgültige Ausgabe 1954). Felix Krull erzählt hierin von seinen verschiedenen Lebensstationen, wobei Mann die Perspektive des Schelms zu einem satirisch-ironischen Blick auf die menschlichen Lebensverhältnisse nutzt.

Feuilleton, *das* [fœj(ə)'tõ; französisch ›Blatt, Druckbogen‹], Teil der Zeitung, in dem das kulturelle Leben in Skizzen, Essays und Kritiken behandelt wird; enthält auch belletristische Texte.

Fielding, Henry englischer Schriftsteller (* 1707, † 1754), trug mit seinem Bildungsroman ›Tom Jones‹ (1749) zur Entwicklung des modernen realistischen Romans bei, für den er eine besondere, ironische Erzählweise entwickelte.

Fin de Siècle, *das* [fɛ̃d'sjɛkl; französisch ›Jahrhundertende‹], Bezeichnung für die Zeit Ende des

19. Jh., die in Gesellschaft, Kultur und Kunst von einer pessimistischen Grundströmung geprägt war.

Flaubert, Gustave [flo'bɛ:r], französischer Schriftsteller (* 1821, † 1880), schrieb in ausgefeilter Sprache und mit erzählerischer Distanz Romane, die die innere Gefühlswelt komplizierter Charaktere und den Verlust sozialer und politischer Illusionen schildern. Sein Roman ›Madame Bovary‹ löste 1857 einen Skandal aus. Weitere wichtige Werke sind ›Salambô‹ (1862) und ›Lehrjahre des Gefühls‹ (1869).

Gustave Flaubert

❧ Flaubert erkrankte 1846 an einem Nervenleiden, das ihn zwang, sich in seine heimatliche Normandie zurückzuziehen; der Umfang seines Schaffens blieb hinter seinen Plänen zurück.

Die Fliegen, Stück von JEAN-PAUL SARTRE (1943), schildert das Problem der Selbstverantwortlichkeit des Menschen an der Figur des Orest, der in der griechischen Mythologie als Rächer seines Vaters erneut Schuld auf sich geladen hat.

Fontane, Theodor deutscher Schriftsteller (* 1819, † 1898), gehört zu den großen Realisten des 19. Jh. Schrieb zahlreiche Balladen und zeichnete in seinen Romanen (›Effi Briest‹, 1895; ›Der Stechlin‹, 1899) ein kritisch-realistisches Bild der preußischen Gesellschaft.

Frank, Anne (* 1929, † 1945, sie starb an den Folgen einer Typhuserkrankung im Konzentrationslager Bergen-Belsen), schrieb als Kind einer 1933 emigrierten und 1940 in Amsterdam untergetauchten deutsch-jüdischen Familie ein Tagebuch über ihre Erlebnisse im Hinterhausversteck bis zu ihrer Entdeckung 1944.

Frankenstein, Titelfigur des gleichnamigen Romans (1818) von MARY WOLLSTONECRAFT-SHELLEY (* 1797, † 1851). Als Schöpfer eines Monsters fällt Frankenstein seinem eigenen Werk zum Opfer. Die Geschichte von der Dämonie menschlicher Naturbeherrschung wurde häufig bearbeitet.
❧ Bekannt wurde die Verfilmung mit BORIS KARLOFF (* 1887, † 1969).

Frauenliteratur, mit der Frauenbewegung Ende der 1960er-Jahre aufgekommene Bezeichnung für literarische Texte, die, von Frauen geschrieben, sich mit der Lebenssituation von Frauen beschäftigen und Gleichberechtigung einfordern.
❧ SIMONE DE BEAUVOIR und ALICE SCHWARZER (* 1942) sind bekannte Autorinnen der Frauenliteratur.

Der Fremde, Erzählung von ALBERT CAMUS (1942), in der die Hauptfigur Meursault unerwartet einen Menschen erschießt und in einer gleichgültigen Stimmung die Vollstreckung des Todesurteils erwartet. Gezeigt wird darin die Absurdität der Welt und der menschlichen Existenz.

Freude, schöner Götterfunken, Vers aus dem Gedicht ›An die Freude‹ von SCHILLER (1786).
❧ Der Text wurde von LUDWIG VAN BEETHOVEN als Chorsatz im Schlusssatz seiner Neunten Sinfonie vertont.

Fried, Erich österreichischer Schriftsteller (* 1921, † 1988), emigrierte 1938 nach London, wo er bis zu seinem Tode lebte. Wurde v. a. mit politischen Gedichten (›und vietnam und‹, 1966), aber auch mit seinen ›Liebesgedichten‹ (1979) und kritischen Stellungnahmen zum Zeitgeschehen bekannt.

Frisch, Max schweizerischer Schriftsteller (* 1911, † 1991). Frisch zeigt den modernen Menschen in seiner Abhängigkeit von verschiedenen Weltanschau-

ungen. Bekannte Romane sind ›Stiller‹ (1954), ›Homo Faber‹ (1957); wichtige Dramen sind ›Herr Biedermann und die Brandstifter‹ (1958) und ›Andorra‹ (1961).
❧ ›Homo Faber‹ wurde 1991 von VOLKER SCHLÖNDORFF (* 1939) verfilmt.

Die Früchte des Zorns, Roman von JOHN STEINBECK (1939), erzählt die Geschichte armer Wanderarbeiter aus Oklahoma, die unter den bestehenden Macht- und Besitzverhältnissen keine Chance haben. Der Roman wird als Inbegriff sozialkritischer Literatur verstanden.
❧ JOHN FORD (* 1895, † 1973) verfilmte den Roman 1940.

Frühlings Erwachen, Drama von FRANK WEDEKIND (1891), thematisiert die Unterdrückung sexueller Erfahrungen von Jugendlichen durch die bürgerliche Moral.
❧ Das Stück wurde bis 1912 von der Zensur unterdrückt.

Futurismus, *der* künstlerische, politische und literarische Bewegung, die vor dem Ersten Weltkrieg den Bruch mit der traditionellen Kultur forderte und Technik, Geschwindigkeit und Krieg verherrlichte.
❧ Das ›Manifest des Futurismus‹ von FILIPPO TOMMASO MARINETTI (* 1876, † 1944) erschien am 20. 2. 1909 in der Pariser Tageszeitung ›Le Figaro‹.

Ganghofer, Ludwig deutscher Schriftsteller (* 1855, † 1920), schrieb populäre bayerische Gebirgsromane, für die naiv-herzliche Frömmigkeit, idealisierende Lebensbejahung und sentimentale Liebesgeschichten charakteristisch sind.

García Lorca, Federico spanischer Dichter (* 1898, † 1936). Seine Lyrik kreist um das Bild eines mythischen Andalusiens. In seinen realistischen Dramen schildert er den Konflikt zwischen Tradition und Freiheit. Häufige Motive sind Liebe und Tod sowie Freiheit und Unterdrückung.
❧ García Lorca wurde kurz nach Beginn des Bürgerkriegs von Gegnern der Republik ermordet.

García Márquez, Gabriel kolumbianischer Schriftsteller (* 1928), gilt mit seinen Romanen ›Hundert Jahre Einsamkeit‹ (1967), ›Herbst des Patriarchen‹ (1975) und ›Die Liebe in den Zeiten der Cholera‹ (1985) als der bekannteste Erzähler lateinamerikanischer Geschichte und Gegenwart.
❧ 1982 erhielt García Márquez den Nobelpreis für Literatur.

Gattungen, die drei Grundformen des literarischen Ausdrucks: Epik, Lyrik, Dramatik, die jeweils eigene formale Eigenschaften und spezielle Darstellungsabsichten haben. Epik zeigt die Breite der Welt im Verhältnis zu einem Helden, die Dramatik setzt einen Konflikt in Szene; in der Lyrik werden innere Erfahrungen ausgesprochen. Die Wesensmerkmale der einzelnen Gattungen, lyrisch, episch, dramatisch, sind nicht immer starr geschieden, sondern können einander durchdringen.

Der Geizige, Komödie von MOLIÈRE (1668), gestaltet die Auswüchse menschlicher Charakterschwächen am Beispiel des Geizes der Neureichen.

Georg-Büchner-Preis, wichtigster deutscher Literaturpreis, 1923 zur Erinnerung an den Dichter GEORG BÜCHNER gestiftet, wird seit 1951 alljährlich von der Deutschen Akademie für Sprache und Dichtung (Darmstadt) verliehen.
❧ Preisträger waren u. a. GOTTFRIED BENN (1951), MAX FRISCH (1958), GÜNTER GRASS (1965), HEINRICH BÖLL (1967), CHRISTA WOLF (1980), FRIEDRICH DÜRRENMATT (1986), WOLF BIERMANN (1991), ADOLF MUSCHG (1994), SARAH KIRSCH (1996), H. C. ARTMANN (1997), ELFRIEDE JELINEK (1998), ARNOLD STADLER (1999).

George, Stefan deutscher Dichter (* 1868, † 1933), bedeutendster Vertreter des Symbolismus in Deutschland, schrieb formstrenge Gedichte, in denen seine Forderungen nach Überhöhung und Vergeistigung der Kunst zum Ausdruck kommen.
❧ George sammelte einen Kreis junger Künstler und Wissenschaftler um sich (›George-Kreis‹).

Ghostwriter, *der* [ˈgəʊstraɪtə; englisch ›Geisterschreiber‹], Autor, der für eine andere Person, z. B. Politiker oder berühmte Sportler, Reden, Artikel, Bücher (vor allem Memoiren) und Ähnliches schreibt und nicht als Verfasser in Erscheinung tritt.

Gilgameschepos, babylonisches Epos, besingt die Abenteuer des sagenhaften Herrschers Gilgamesch von Uruk. Der Stoff wurde zwischen dem dritten und dem ersten Jahrtausend v. Chr. überliefert und schildert u. a., ähnlich der Noahgeschichte, eine Sintflut.

Das Glasperlenspiel, Roman von HERMANN HESSE (1943), schildert die Entwicklung und Reifung des Josef Knecht in einer geistig-wissenschaftlichen Gemeinschaft. Als höchste Stufe der Erkenntnis gilt die Fähigkeit zur Teilnahme am Glasperlenspiel.

Der Glöckner von Notre Dame, Roman von VICTOR HUGO (1831). Die Liebes- und Abenteuergeschichte im spätmittelalterlichen Paris verbindet die Darstellung des Hässlichen (Gestalt des Glöckners Quasimodo) und Erhabenen und gilt als wichtigster historischer Roman der französischen Romantik.

Glosse, *die* in der Antike Erklärung für ein ungewöhnliches Wort. Glossen erscheinen in Handschriften zwischen den Zeilen des Textes oder an den Rand geschrieben. Heute v.a. Kurzkommentar zu aktuellen politischen oder kulturellen Ereignissen.

Goethe, Johann Wolfgang von deutscher Dichter (* 1749, † 1832), studierte zunächst die Rechte und war später u.a. als Geheimer Rat im Dienste des Herzogs KARL AUGUST (* 1757, † 1828) von Weimar tätig. Goethe begann als Dichter des Sturm und Drang (›Urfaust‹, 1772–75; ›Götz von Berlichingen‹, 1773; ›Die Leiden des jungen Werthers‹, 1774; Naturlyrik). Nach 1780 wandte er sich, u.a. unter dem Einfluss CHARLOTTE VON STEINS (* 1742, † 1827), dem Ideal klassischer Formen zu (›Iphigenie auf Tauris‹, 1787). Diese Richtung wurde durch die Italienreise 1786–88 und die Freundschaft mit SCHILLER ab 1794 verstärkt. Bis zu SCHILLERS Tod 1805 schufen beide das Leitbild der Weimarer Klassik. In dieser Zeit entstanden u.a. zahlreiche Balladen (z.B. ›Der Zauberlehrling‹, 1797), das Schauspiel ›Torquato Tasso‹ (1790); ›Wilhelm Meisters Lehrjahre‹ (1795/96) und ›Faust‹ (1808, 1. Teil). Wichtige Werke seiner Altersepoche sind u.a. ›Die Wahlverwandtschaften‹ (1809), die Autobiographie ›Aus meinem Leben. Dichtung und Wahrheit‹ (1811–14; 1833), das lyrische Hauptwerk ›West-östlicher Divan‹ (1819) und ›Faust‹ (1832, 2. Teil).
❧ Goethe trieb auch naturwissenschaftliche Studien, u.a. auf den Gebieten der Pflanzenkunde und der Farbenlehre. ❧ Sein Geburtshaus kann in Frankfurt am Main, Großer Hirschgraben 23, besichtigt werden; in Weimar bewohnte er das Haus am Frauenplan.

Gogol, Nikolaj Wassiljewitsch russischer Schriftsteller (* 1809, † 1852), stellt in seinen Werken in grotesker Übertreibung gesellschaftliche Missstände und deformierte Charaktere dar. Wegen der genauen Schilderung des Alltäglichen gilt Gogol als Vorläufer des Realismus. Seine Hauptwerke sind der Roman ›Die toten Seelen‹ (1842) sowie die Erzählungen ›Die Nase‹ (1835) und ›Der Mantel‹ (1842).

Golem, *der* in der jüdischen Mystik ein stummer, künstlicher Mensch aus Lehm. Der Stoff wurde u.a. von den Romantikern (ACHIM VON ARNIM, E. T. A. HOFFMANN) bearbeitet.
❧ Die Romanfassung (1915) von GUSTAV MEYRINK (* 1868, † 1932) wurde mehrfach verfilmt.

Gordimer, Nadine südafrikanische Schriftstellerin englischer Sprache (* 1923), schildert in ihren zahlreichen Romanen die Probleme des Zusammenlebens von Schwarzen und Weißen unter den Bedingungen der Apartheid, gegen die sie entschieden Stellung bezieht.
❧ 1991 erhielt sie den Nobelpreis für Literatur.

Johann Wolfgang von Goethe

Gorkij, Maksim russischer Schriftsteller (* 1868, † 1936), war einer der Begründer des sozialistischen Realismus, z.B. im Schauspiel ›Nachtasyl‹ (1902).
❧ Gorkij (russisch ›der Bittere‹) hieß eigentlich Aleksej Maksimowitsch Peschkow.

Günter Grass mit David Bennent, dem Darsteller des Oskar Matzerath im Film ›Die Blechtrommel‹

Die Göttliche Komödie, Epos von DANTE ALIGHIERI (entstanden etwa 1311–21). Das Gedicht mit 14 230 Versen enthält die Geschichte der erlösenden Wanderung des Dichters durch die drei Reiche des Jenseits: Hölle, Läuterungsberg und Paradies. Auf diesem Weg wird Dante u. a. von dem römischen Dichter Vergil und seiner Jugendliebe Beatrice geleitet und führt mit den Seelen großer Verstorbener philosophische, theologische und politische Gespräche.
❧ Der französische Bildhauer AUGUSTE RODIN gestaltete das Epos im ›Höllentor‹.

Götz von Berlichingen, Drama von GOETHE (1773), in dem der Reichsritter Götz von Berlichingen, der im Bauernkrieg zeitweise aufseiten der Bauern kämpfte, als kraftvoller Held im Sinne des Sturm und Drang erscheint.

Der Graf von Monte Christo, Abenteuerroman von ALEXANDRE DUMAS D. Ä. (1845/46), schildert die Geschichte des Seemanns Edmond Dantès, der, von Freunden verraten, vierzehn Jahre unschuldig im Kerker verbringt und nach einer abenteuerlichen Flucht Rache übt.

Grass, Günter deutscher Schriftsteller und Grafiker (* 1927), wurde v. a. mit zeitkritischen, z. T. grotesk-satirischen Romanen und Erzählungen bekannt. Der Roman ›Die Blechtrommel‹ (1959) bildet mit der Erzählung ›Katz und Maus‹ (1961) und dem Roman ›Hundejahre‹ (1963) die ›Danziger Trilogie‹. 1999 erhielt er den Nobelpreis für Literatur.

Greene, Graham [gri:n], englischer Schriftsteller (* 1904, † 1991), stellte häufig unter einer religiösen oder politischen Thematik die Helden seiner Werke in den Konflikt zwischen Selbstverwirklichung und Verantwortung. Kennzeichen seiner Romane ist eine Vorliebe für internationale Krisenschauplätze.
❧ Bekannt wurde v. a. die Verfilmung seines Romans ›Der dritte Mann‹ (1950) mit ORSON WELLES.

Green, Julien [gri:n], amerikanischer Schriftsteller französischer Sprache (* 1900, † 1998). Im Mittelpunkt seiner Werke (z. B. ›Leviathan‹, 1929) stehen von der Versuchung des Bösen geplagte, von Sehnsucht geleitete Menschen, die sich vor der Daseinsangst in leidenschaftliche Liebe oder in Träume flüchten oder die in Wahnsinn oder Verbrechen enden.

Grimm, die Brüder JAKOB (* 1785, † 1863) und WILHELM GRIMM (* 1786, † 1849), deutsche Sprach- und Literaturwissenschaftler; sammelten auf ihren Reisen durch Deutschland Märchen, die sie in der Sammlung ›Kinder- und Hausmärchen‹ (1812–15) herausgaben. Sie begründeten das ›Deutsche Wörterbuch‹, das erst 1960 abgeschlossen werden konnte.
❧ 1837 wurden beide wegen ihrer liberalen Gesinnung neben anderen (›Göttinger Sieben‹) aus Göttingen vertrieben.

Grimmelshausen, Johann Jakob Christoffel von deutscher Schriftsteller (* 1622, † 1676), nahm als Jugendlicher am Dreißigjährigen Krieg teil und verarbeitete seine Erlebnisse später in seinem Roman (1669) ›Der abentheuerliche Simplicissimus teutsch‹ (*siehe* ›Simplicissimus‹).

Groteske, *die* Bezeichnung für Dichtungen, in denen ähnlich wie beim schwarzen Humor, Komisches, Grausiges, Lächerliches und Schreckliches in enger Verbindung miteinander auftreten und so darauf hinweisen, dass sich die Welt oder die Gesellschaft in Unordnung befinden.
❧ FRIEDRICH DÜRRENMATTS ›Der Besuch der alten Dame‹ ist in diesem Sinne eine Groteske.

Der grüne Heinrich, Roman von GOTTFRIED KELLER (1854/55; 2. Fassung 1879/80), schildert

Herkunft und Entwicklung des Kunstmalers Heinrich Lee und seinen erfolglosen Kampf um Anerkennung.

Gruppe 47, 1947 von Schriftstellern und Kritikern gegründete literarische Werkstatt, in der viele bedeutende Autoren der westdeutschen Nachkriegsliteratur (HEINRICH BÖLL, GÜNTER EICH [* 1907, † 1972], INGEBORG BACHMANN, UWE JOHNSON) ihre Werke vorstellten und die auf das literarische Leben der Bundesrepublik Deutschland großen Einfluss hatte. Die Gruppe 47 löste sich auf ihrer Tagung im September 1977 auf.

Jakob und Wilhelm Grimm

Gullivers Reisen, satirischer Reiseroman von JONATHAN SWIFT (1726), schildert die Erlebnisse des Schiffsarztes Lemuel Gulliver bei den Liliputanern, den Riesen, den Wissenschaftlern auf einer fliegenden Insel und den weisen Pferden. SWIFT kritisiert damit indirekt die Zustände im England seiner Zeit.

Hamlet, Titelfigur der um 1600 entstandenen Tragödie von SHAKESPEARE. Der Geist des ermordeten Vaters erscheint und fordert Hamlet zur Rache an den Mördern, Hamlets Onkel und Mutter, auf. Das Drama zeigt den langen Prozess bis zur Entscheidung und nimmt ein blutiges Ende.
❧ ›Etwas ist faul im Staate Dänemark‹ und ›Sein oder nicht sein‹ sind bekannte Zitate aus diesem viel gespielten Bühnenstück.

Hammett, Samuel Dashiell ['hæmɪt], amerikanischer Kriminalschriftsteller (* 1894, † 1961); war selbst mehrere Jahre als Detektiv tätig. In seinen Kriminalromanen zeigt Hammett eine realistische Welt der Unterprivilegierten und der Gewalt und entwickelt sozialkritische Bezüge.
❧ Bekannt ist ›Der Malteser Falke‹ (1930), der 1941 mit HUMPHREY BOGART verfilmt wurde.

Handke, Peter österreichischer Schriftsteller (* 1942), wurde zunächst mit Sprachexperimenten (u. a. ›Die Publikumsbeschimpfung‹, 1966) bekannt. In späteren Werken spielen die Einsamkeit, die Probleme zwischenmenschlicher Kommunikation und die Bedeutung der Kunst eine wichtige Rolle. Dazu gehören u. a. ›Die linkshändige Frau‹ (1976).

Härtling, Peter deutscher Schriftsteller (* 1933), schrieb neben Lyrik und Kinderbüchern v. a. Romane und Erzählungen (›Hölderlin‹, 1976; ›Felix Guttmann‹, 1985; ›Schumann‹, 1996), in denen er historische Figuren und individuelle Erfahrungen vergegenwärtigt.

Hauff, Wilhelm deutscher Schriftsteller (* 1802, † 1827), schrieb den historischen Roman ›Lichtenstein‹ (1826) und wurde v. a. durch seine Märchen, u. a. ›Zwerg Nase‹, ›Das kalte Herz‹ und ›Das Wirtshaus im Spessart‹ bekannt.

Hauptmann, Gerhart deutscher Dichter (* 1862, † 1946), verhalf mit seinen Dramen ›Vor Sonnenaufgang‹ (1889), ›Die Weber‹ (1892) und ›Der Biberpelz‹ (1893), in denen er die soziale Realität schonungslos wiedergibt, dem Naturalismus zum Durchbruch.
❧ 1912 erhielt Hauptmann den Nobelpreis für Literatur.

Der Hauptmann von Köpenick, Schauspiel von CARL ZUCKMAYER (1930), gestaltet die historische Geschichte der Besetzung des Rathauses in Berlin-Köpenick am 16. 10. 1906 durch den arbeitslosen Schuhmacher WILHELM VOIGT (* 1849, † 1922), der in Hauptmannsuniform den Bürgermeister verhaftete und die Stadtkasse beschlagnahmte.
❧ Das Schauspiel wurde häufig verfilmt; populär in der Rolle des Hauptmanns wurde HEINZ RÜHMANN.

Havel, Václav *siehe* Kapitel 1.

Hebbel, Christian Friedrich deutscher Dramatiker (* 1813, † 1863). Von den Philosophen HEGEL und SCHOPENHAUER beeinflusst, ist das Hauptthema seines Werkes das tragische Verhältnis zwischen Ich und Welt (›Judith‹, 1841).

Hebel, Johann Peter deutscher Dichter (* 1760, † 1826), schrieb schlichte, naturverbundene Gedichte in alemannischer Mundart sowie humoristische und besinnliche Geschichten (›Schatzkästlein des rheinischen Hausfreundes‹, 1811).

Heimatroman, Roman, der v. a. die Welt der Bauern und das dörfliche Milieu im bewussten Gegensatz zur Welt der Großstadt und der Industrie idealisierend darstellt. LUDWIG GANGHOFER schrieb zahlreiche Heimatromane.
❧ Kritische Heimatromane stammen von GERD FUCHS (* 1932; ›Schinderhannes‹, 1986) und ANNA WIMSCHNEIDER (* 1919, † 1993; ›Herbstmilch‹, 1981).

Heine, Heinrich deutscher Dichter (* 1797, † 1856), lebte ab 1831 in Frankreich. 1835 wurden seine politischen und zeitkritischen Schriften in Deutschland verboten. Sein Werk umfasst u. a. Liebeslyrik, Reiseskizzen und Novellen, darunter das satirische Versepos ›Deutschland. Ein Wintermärchen‹ (1844).

Heldensage, stilisierte Geschichtsüberlieferung, in deren Mittelpunkt ein Held steht, dessen Schicksal häufig mit Ereignissen aus der Vor- und Frühgeschichte eines Volkes (Städtegründungen, Kriege, Völkerwanderung) verbunden ist. In der Heldendichtung erfährt die Heldensage ihre Literarisierung.
❧ Bekannte Figuren der keltischen Heldensagen, greifbar v. a. im höfischen Roman, aber auch in modernen Adaptionen, sind König Artus und die Helden seiner ›Tafelrunde‹.

Hemingway, Ernest ['hemɪŋweɪ], amerikanischer Schriftsteller (* 1899, † 1961). Thema seiner in knappem, sachlichem Stil geschriebenen Werke ist die Bewährung des Einzelnen in Abenteuer und Gefahr; als Grundlage dienten v. a. seine eigenen Erlebnisse und die Ereignisse seiner Zeit. Zu seinen Hauptwerken gehören die Romane ›Fiesta‹ (1926) und ›Wem die Stunde schlägt‹ (1940) sowie die Erzählung ›Der alte Mann und das Meer‹ (1952).
❧ 1954 erhielt Hemingway den Nobelpreis für Literatur.

Herder, Johann Gottfried von deutscher Dichter und Philosoph (* 1744, † 1803), beeinflusste mit seinen kunsttheoretischen und geschichtsphilosophischen Gedanken und mit seinen Untersuchungen über die Ursprünge der Sprache und Kultur der Völker die deutsche und europäische Geistesgeschichte, v. a. den Sturm und Drang, und war ein Wegbereiter von Klassik und Romantik.

Hermeneutik, *die* [von griechisch ›aussagen‹, ›erklären‹], Lehre vom Verstehen (Interpretieren) eines Textes; darüber hinaus das Verstehen von Sinnzusammenhängen in Lebensäußerungen aller Art (z. B. Kunstwerke, Handlungen, geschichtliche Ereignisse).
❧ Der Philosoph WILHELM DILTHEY (* 1833, † 1911) bestimmte Hermeneutik als charakteristisches Verfahren der Geisteswissenschaften.

Der Herr der Fliegen, Roman (1954) von WILLIAM GOLDING (* 1911, † 1993), schildert am Beispiel einer Internatsgeschichte die Entwicklung eines Terrorsystems, in dem schließlich das menschliche Zusammenleben in einen Kampf ums Dasein umschlägt.

Der Herr der Ringe, Romantrilogie von JOHN RONALD REUEL TOLKIEN (1954/55), entwirft ein Fantasiereich, dessen Bewohner, die Hobbits, eine eigens für sie erfundene Sprache besitzen. Im Zentrum steht der Kampf zwischen Gut und Böse.

Hesse, Hermann deutscher Schriftsteller (* 1877, † 1962). Sein Werk ist durch den Gegensatz Geist-Leben, durch den Bezug auf die Romantik und die indische Philosophie geprägt. ›Der Steppenwolf‹ (1927) wurde zum Kultbuch mehrerer Generationen. Weitere Werke sind ›Narziss und Goldmund‹ (1930) und ›Das Glasperlenspiel‹ (1943).
❧ 1946 erhielt Hesse den Nobelpreis für Literatur.

Hexameter, *der* ein Vers mit sechs Versfüßen (meist Daktylen) ohne Endreim.
❧ HOMERS Epen sind in Hexametern geschrieben.

Heym, Stefan deutscher Schriftsteller (* 1913), lebt seit 1952 in Ost-Berlin und beschäftigt sich u. a. mit den Erfahrungen des Ost-West-Verhältnisses. Seine Romane ›Fünf Tage im Juni‹ (1974) und ›Collin‹ (1979) konnten nur im Westen erscheinen.

Highsmith, Patricia ['haɪsmɪθ], amerikanische Schriftstellerin (* 1921, † 1995), stellt in ihren erfolgreichen Kriminalromanen (u. a. ›Der talentierte Mr. Ripley‹, 1955) das psychologische Interesse an Tätern und Opfern in den Mittelpunkt.

Hildebrandslied, das älteste, nur bruchstückhaft in 68 stabgereimten Langzeilen erhaltene germanische Heldenlied, das zwischen 810 und 820 in Fulda aufgezeichnet wurde. Erzählt wird die Geschichte Hildebrands, des Waffenmeisters Dietrichs von Bern, der bei seiner Rückkehr von seinem Sohn Hadubrand nicht erkannt wird und, von diesem zum Zweikampf herausgefordert, den eigenen Sohn tötet. Das Jüngere Hildebrandslied (zwei Fassungen des 16. Jh., auf das 13. Jh. zurückgehend) lässt die Vater-Sohn-Begegnung versöhnlich enden.

Hildesheimer, Wolfgang deutscher Schriftsteller (* 1916, † 1991), veröffentlichte Erzählungen (›Lieblose Legenden‹, 1952), Romane und Dramen, in denen es häufig um das Problem der Identität in einer absurden Welt geht. Intensiv beschäftigte er sich mit Mozart, dem er eine Biographie widmete (1977).

Hochhuth, Rolf deutscher Schriftsteller (* 1931); setzt sich mit der Frage der Schuld und Verantwortung des Menschen in der Geschichte auseinander, insbesondere während des Nationalsozialismus. Bekannt wurde seine Anklage des Papstes PIUS XII. (* 1876, † 1958) wegen seiner Zurückhaltung zur Zeit der nationalsozialistischen Judenmorde (›Der Stellvertreter‹, 1963).

Hoffmann, E[rnst] T[heodor] A[madeus] deutscher Dichter, Komponist, Maler und Zeichner

E. T. A. Hoffmann

(* 1776, † 1822), schrieb fantastische Erzählungen und Märchen, in denen eine normale Alltagswelt mit einer spukhaften Geisterwelt verbunden ist. Bekannt wurden ›Die Elixiere des Teufels‹ (1815) und ›Lebensansichten des Katers Murr ...‹ (1819–21). Hoffmanns Werk übte großen Einfluss auf die Weltliteratur aus (u. a. auf HONORÉ DE BALZAC, CHARLES DICKENS und EDGAR ALLAN POE).
❧ Seinen Vornamen Amadeus legte Hoffmann sich aus Verehrung für MOZART zu.

höfische Dichtung, Sammelbegriff für Dichtung, die an Fürstenhöfen entstand oder sich thematisch und formal an der höfisch-ritterlichen Kultur orientierte. Thematisch befasste sich die mittelhochdeutsche höfische Dichtung mit den ritterlichen Idealen des Mittelalters (êre, triuwe, milk, staete, mâze, zuht, minne).

Hofmannsthal, Hugo von österreichischer Dichter (* 1874, † 1929), trat mit Gedichten und Erzählungen, die impressionistische und neuromantische Züge verbinden, in Erscheinung. Er schrieb Komödien und erneuerte mit ›Jedermann‹ (1911) das mittelalterliche Mysterienspiel.
❧ Für den Komponisten RICHARD STRAUSS schrieb er den Text zu den Opern ›Der Rosenkavalier‹ (1911) und ›Frau ohne Schatten‹ (1916).

Hölderlin, Friedrich deutscher Dichter (* 1770, † 1843), wurde vom Ideal der griechischen Kunst und deren Mythologie und von den Ideen der Französischen Revolution beeinflusst; schrieb in Übernahme antiker Versformen die bedeutendsten Gedichte der deutschen Sprache, ferner den Briefroman ›Hyperion‹.
❧ Seit 1807 lebte er – als geistig verwirrt eingestuft – im Tübinger ›Hölderlinturm‹.

Homer, griechischer Dichter wahrscheinlich des 8. Jh. v. Chr., dem nach der Überlieferung die Verfasserschaft der ›Ilias‹ und der ›Odyssee‹ zugeschrieben wird. Homer gilt als ältester epischer Dichter des Abendlands.
❧ Nachdem Homer lange als fiktive Persönlichkeit betrachtet worden war, glaubt man heute wieder an seine historische Existenz.

Horaz, römischer Dichter, eigentlich QUINTUS HORATIUS FLACCUS (* 65 v. Chr., † 8 v. Chr.), gilt mit seinen Oden als Schöpfer der lateinischen Lyrik, schrieb auch bedeutende Satiren in Versen.

Hörspiel, dramatische Literaturform, die in den 1920er-Jahren eigens für den Rundfunk entwickelt wurde und nur mit akustischen Mitteln arbeitet. Bedeutende Verfasser von Hörspielen nach 1945 sind GÜNTHER EICH (* 1907, † 1972) und seine Frau ILSE AICHINGER (* 1921) sowie DIETER WELLERSHOFF (* 1925).

Horváth, Ödön von österreichischer Schriftsteller (* 1901, † 1938), schrieb im Rückgriff auf das Wiener Volksstück zeit- und moralkritische Bühnenstücke ›Geschichten aus dem Wiener Wald‹ (1931) und Prosawerke.

Huckleberry Finn [ˈhʌklbərɪˈfɪn], Titelgestalt des Romans ›Die Abenteuer und Fahrten des Huckleberry Finn‹ (1884) von MARK TWAIN. Erzählt werden die Erlebnisse des außerhalb gesellschaftlicher Bindungen lebenden Huckleberry Finn, des Freundes von Tom Sawyer, während einer Floßfahrt auf dem Mississippi.

Hugo, Victor [yˈgo], französischer Dichter (* 1802, † 1885), gilt mit seinen Dramen und Romanen (›Der Glöckner von Notre Dame‹, 1831) als wichtigster französischer Schriftsteller des Übergangs von der Romantik zum Realismus und vertrat in seinem Roman ›Die Elenden‹ (1862) demokratische Vorstellungen.

Huxley, Aldous Leonard [ˈhʌkslɪ], englischer Schriftsteller (* 1894, † 1963), schrieb seit 1921 satirische Romane, u. a. den bekannten ›Schöne neue Welt‹ (1932), in dem er in Form einer Antiutopie auf die Gefahren der modernen Technik und Unterhaltungsindustrie aufmerksam macht.

Hyperion, Briefroman (1797–99) von FRIEDRICH HÖLDERLIN, schildert in den Briefen des Emigranten Hyperion die Sehnsucht nach einem Leben in Freiheit und den Idealen der griechischen Antike.

Ibsen, Henrik norwegischer Dramatiker (* 1828, † 1906), war mit seinen gesellschafts- und moralkritischen Stücken (›Peer Gynt‹, 1867; ›Nora oder Ein Puppenheim‹, 1879; ›Hedda Gabler‹, 1890) einer der Wegbereiter des Naturalismus in Deutschland und Skandinavien.

Der Idiot, Roman von DOSTOJEWSKI (1868). Im Mittelpunkt steht die unglückliche Liebe des von seiner Umwelt als ›Idiot‹ angesehenen Fürsten Myschkin und damit die Leiden eines christusgleichen ›reinen‹ Helden in einer von Ehrgeiz und Rachsucht bestimmten Welt.

Idylle, *die* [griechisch ›Hirtengedicht, Bildchen‹], ausschnitthafte, dichterische Gestaltung beschaulich-unschuldsvoller Szenen, die häufig mit Bezugnahme auf ein idealisiertes Land- und Hirtenleben Bilder eines harmonischen Daseins vermitteln.

Ilias, Epos, das dem griechischen Dichter HOMER zugeschrieben wird, aus dem 8. Jh. v. Chr.; berichtet in 16 000 Versen über die 50 entscheidenden Tage in der zehnjährigen Belagerung Trojas.
❧ Wichtige Helden sind Achill, Hektor und Paris.

Impressionismus, um 1870 in der französischen Malerei aufgekommene künstlerische Bewegung (*siehe* Kapitel 5). In der Literatur zwischen 1890 und 1910 ging es v. a. um die genaue Wiedergabe persönlicher Eindrücke und seelischer Regungen.
❧ CHARLES BAUDELAIRE, PAUL VERLAINE (* 1844, † 1896), RAINER MARIA RILKE und ARTHUR SCHNITZLER sind Vertreter des literarischen Impressionismus.

Impressum, *das* die pressegesetzlich für alle Druckwerke vorgeschriebene Herkunftsangabe. Zum Impressum gehören Angaben über Verleger, Herausgeber, Redakteur, Autor, Druckerei, Buchbinder, Copyright, Auflage, Erscheinungsjahr und -ort.

Im Westen nichts Neues, Roman von ERICH MARIA REMARQUE (1929), schildert Kriegserfahrungen aus dem Ersten Weltkrieg in der Perspektive der einfachen Soldaten und gilt als einer der wichtigsten Antikriegsromane des Jahrhunderts.

In 80 Tagen um die Welt, Roman von JULES VERNE (1872). Aufgrund einer Wette reist Phileas Fogg, begleitet von seinem Diener und dem Geheimpolizisten Fix um die Welt. VERNES mit Witz und Gesellschaftskritik verbundene Sicht der technischen Errungenschaften seiner Zeit trug zum Erfolg des Romans bei.

innerer Monolog, Erzähltechnik, mit der besonders im modernen Roman die Gedanken, Eindrücke und Assoziationen einer Figur wiedergegeben werden. Die Darstellung folgt dabei den Sprüngen des Bewusstseins und nicht den kausalen oder grammatikalischen Vorgaben der Sprache.
❧ Eine wichtige Rolle spielt der innere Monolog im ›Ulysses‹ von JAMES JOYCE (1922).

Ionesco, Eugène [jɔnɛsˈko], französischer Dramatiker rumänischer Herkunft (* 1909, † 1994), gilt mit seinen Stücken ›Die kahle Sängerin‹ (1953), ›Die Stühle‹ (1954) und ›Die Nashörner‹ (1959) als führender Vertreter des absurden Theaters.

Iphigenie, *siehe* Kapitel 9. U.a. wurde der Stoff von GOETHE bearbeitet, um den Sieg der Humanität über die Rachegötter zu zeigen.

Ironie, literarisches Mittel, um versteckten Spott oder Kritik zu äußern, indem etwas gesagt wird und zugleich das Gegenteil des Gesagten gemeint wird. Ironie wird häufig in satirischer Absicht benutzt, so etwa wenn JEAN PAUL in seiner ›Bittschrift aller deutschen Satiriker‹ (1783) das Publikum dazu auffordert, mehr Unsinniges zu tun, damit die Satiriker nicht zu verhungern brauchten.

Jahrmarkt der Eitelkeit, Roman (1848) von WILLIAM MAKEPEACE THACKERAY (* 1811, † 1863), schildert am Beispiel des Lebenswegs zweier Frauen die Gesellschaft und das moralische Fehlverhalten in der viktorianischen Epoche.

Jambus, *der* Versfuß, der aus einer kurzen (unbetonten) und einer langen (betonten) Silbe besteht.
❧ Beispiel: ›Befiehl Du Deine Wege.‹

James, Henry [dʒeɪmz], amerikanischer Schriftsteller [ab 1915 britischer Staatsbürger] (* 1843, † 1916), verfasste psychologisch-realistische Romane und Erzählungen, die häufig die problematischen Begegnungen unbefangener Amerikaner mit der etablierten europäischen Gesellschaft zum Thema haben. Die Struktur seiner Romane wird von der Benutzung der ›Standpunkttechnik‹ bestimmt, die den Leser das Geschehen aus dem Blickwinkel einer Romanfigur erleben lässt (u.a. ›Die Drehung der Schraube‹, 1898).

Jandl, Ernst österreichischer Schriftsteller (* 1925, † 2000), wurde mit seinen der konkreten Poesie zugerechneten Lautgedichten bekannt, die zugleich auch politische und gesellschaftskritische Bedeutung haben. Bekannte Gedichtsammlung: ›Laut und Luise‹ (1966).

Jean Paul [ʒã -], deutscher Dichter (* 1763, † 1825), schrieb empfindsam-aufklärerische und satirisch gefärbte Romane und Erzählungen und war einer der bedeutendsten Schriftsteller der Goethezeit. Wichtige Werke von ihm sind ›Hesperus‹ (1795), ›Siebenkäs‹ (1796/97), ›Flegeljahre‹ (1804/05) und ›Dr. Katzenbergers Badereise‹ (1809).
❧ Jean Paul hieß eigentlich Johann [französisch Jean] Paul Friedrich Richter.

Jedermann, von HUGO VON HOFMANNSTHAL 1911 erneuertes Mysterienspiel um einen reichen Mann, an den plötzlich der Tod herantritt, Freunde und Reichtum verlassen ihn. Nur die Allegorien ›guter Glaube‹ und ›gute Werke‹ begleiten ihn vor Gottes Richterstuhl.

Jelinek, Elfriede österreichische Schriftstellerin (* 1946), behandelt in der Form experimenteller Prosa v.a. die gesellschaftliche und wirtschaftliche Unterdrückung der Frau und die Ausbeutung erotischer Gefühle in den Massenmedien.
❧ Besonders kontrovers wurde ihr Roman ›Lust‹ (1989) diskutiert.

Jenseits von Eden, Roman von JOHN STEINBECK (1952), schildert mit Bezug auf das Alte Testament (›Kainsmotiv‹) das Leben dreier Generationen der aus Irland nach Kalifornien eingewanderten Familien Trask und Hamilton von der Mitte des 19. Jh. bis zum Ende des Ersten Weltkriegs.

Johnson, Uwe deutscher Schriftsteller (* 1934, † 1984), stellt in seinen z.T. umfangreiches Dokumentarmaterial verarbeitenden Romanen das Leben unter den Bedingungen der deutschen Teilung und vor dem Hintergrund der Erfahrung des Nationalsozialismus dar. Wichtiges Werk: ›Mutmaßungen über Jakob‹ (1959).

Joyce, James Augustine Aloysius [dʒɔɪs], irischer Schriftsteller (* 1882, † 1941), brach in seinem Roman ›Ulysses‹ (1922) mit der traditionellen Romanform, indem er mythologische Muster aufnahm und die Erzähltechniken des Bewusstseinsstroms und des ›inneren Monologs‹ einsetzte. Erzählt werden die Ereignisse und inneren Erfahrungen im Leben des Leopold Bloom, seiner Frau Molly und des jungen Stephen Daedalus in Dublin am 16. Juni 1904. Joyce gilt auch mit seinen anderen Werken, u.a. ›Dubliner‹ (1914), als wichtiger Vertreter des modernen Erzählens.

Junges Deutschland, politisch oppositionelle literarische Bewegung in der ersten Hälfte des 19. Jh., die ihren Höhepunkt zwischen der Julirevolution 1830 und dem Verbot ihrer Schriften (wegen angeb-

lich staatsgefährdender und antichristlicher Tendenzen) 1835 erlebte. Für das Junge Deutschland sollte Literatur (v.a. Flugschriften und politische Lyrik) zum gesellschaftlichen Fortschritt beitragen und sich mit der Realität beschäftigen.
❧ Vertreter sind FERDINAND FREILIGRATH (* 1810, † 1876), GEORG HERWEGH (* 1817, † 1875); zeitweise HEINRICH HEINE, LUDWIG BÖRNE (* 1786, † 1837).

Die Jungfrau von Orleans, Drama von FRIEDRICH VON SCHILLER (1801), stellt die historische Gestalt der französischen Nationalheldin JEANNE D'ARC (*siehe* Kapitel 1) in den Mittelpunkt und behandelt das Spannungsverhältnis von individueller Verantwortung und politischem Machtstreben.

Kabale und Liebe, bürgerliches Trauerspiel von SCHILLER (1784), das an einer Liebesgeschichte das Aufeinandertreffen von bürgerlicher Wertorientierung und adligem Macht- und Genussstreben zeigt.

Kabarett, Bezeichnung für die ursprünglich auf einer kleinen Bühne dargebotene Kunstform, die v.a. mit Texten, Liedern und Sketchen in satirischer, literarischer, meist kritischer Weise politische und gesellschaftliche Zustände thematisiert. Gegenwärtig machen in Deutschland u.a. DIETER HILDEBRANDT (* 1927), HANNS DIETER HÜSCH (* 1925), die ›Münchner Lach- und Schießgesellschaft‹ und die ›Leipziger Pfeffermühle‹ Kabarett.
❧ Als erstes Kabarett gilt das 1881 in Paris eröffnete ›Chat noir‹.

Kafka, Franz österreichischer Schriftsteller (* 1883, † 1924), Sohn einer deutsch-jüdischen Kaufmannsfamilie aus Prag, stellt in seinen Erzählungen (›Das Urteil‹, 1912; ›Die Verwandlung‹, 1916) und Romanen (›Das Schloß‹, 1926; ›Amerika‹, 1927) den Menschen in seiner Unsicherheit und Lebensangst angesichts einer rätselhaften, undurchschaubaren Welt dar. Sein Roman ›Der Prozeß‹ (1924) beschreibt die Geschichte eines Angestellten, der von einem unsichtbaren Gericht zum Tode verurteilt wird, ohne dass er erfährt, welche Schuld ihm zur Last gelegt wird.
❧ Eine rätselhafte, unheimlich wirkende Schreibweise oder Erfahrung wird ›kafkaesk‹ genannt.

Kalendergeschichte, ursprünglich eine volkstümliche, oft anekdotische Geschichte als Zugabe auf einem Kalenderblatt, später eine selbstständige Gattung, die v.a. der Unterhaltung, aber auch der moralischen Belehrung dienen konnte. Kalendergeschichten schrieben JOHANN PETER HEBEL (›Schatzkästlein des rheinischen Hausfreundes‹, 1811) und BERTOLT BRECHT (›Kalendergeschichten‹, 1949).

Kamasutra, *das* altindisches Lehrbuch der Liebeskunst aus dem 4. Jh. n. Chr. An den ›Städter‹, dem es zu verfeinertem Lebensgenuss verhelfen soll, gerichtet, wird die Beherrschung der Liebeskunst als eines der obersten hinduistischen Lebensziele neben Gelderwerb und religiösem Streben dargestellt. In seinen sieben Kapiteln enthält es viele wichtige Nachrichten zur Kulturgeschichte.

Kasantzakis, Nikos griechischer Schriftsteller (* 1883, † 1957), schrieb Romane, in denen unter einer lebensphilosophischen Perspektive die zermürbende Suche nach einer letzten Wahrheit, aber auch politische und historische Probleme dargestellt werden. Bekannt ist ›Alexis Sorbas‹ (1946, verfilmt).

Kästner, Erich deutscher Schriftsteller (* 1899, † 1974), wandte sich in Gedichten und dem Roman ›Fabian‹ (1931/32) mit Kritik und Witz gegen die spießbürgerliche Moral, den Militarismus und den Faschismus. Daneben schrieb er spannende Jugendbücher, die auch verfilmt wurden, u.a. ›Emil und die Detektive‹ (1929), ›Pünktchen und Anton‹ (1931), ›Das fliegende Klassenzimmer‹ (1933) und ›Das doppelte Lottchen‹ (1949).

Katharsis, *die* [griechisch ›Reinigung‹], Zentralbegriff der antiken Poetik des ARISTOTELES. Danach führt die mit Schrecken und Jammer endende Tragödie im Zuschauer zu einer Bewegung der Gefühle, die als ›Reinigung‹ bezeichnet wird.

Keller, Gottfried schweizerischer Schriftsteller (* 1819, † 1890), schrieb neben vielen Gedichten v.a. erzählerische Werke, die sich durch Fantasie und Humor, Menschenkenntnis und realistische Darstellungskunst auszeichnen. Zu seinen wichtigsten Werken gehören die Novellensammlung ›Die Leute von Seldwyla‹ (1856–74, darin ›Kleider machen Leute‹) und der Roman ›Der grüne Heinrich‹ (1854/55).

Kipling, Joseph Rudyard englischer Schriftsteller (* 1865, † 1936), stellt in seinen Gedichten und Erzählungen die Lebensweise und die Kultur- und Sozialkonflikte im kolonialisierten Indien dar, wobei Kipling zu den Vertretern einer prokolonialisti-

schen Sichtweise gehört. Besonders populär wurden seine Geschichten aus dem Dschungel (›Das Dschungelbuch‹).
❧ 1907 erhielt Kipling den Nobelpreis für Literatur.

Kishon, Ephraim [kiˈʃɔn], israelischer Schriftsteller ungarischer Herkunft (* 1924), wurde als Verfasser von Theaterstücken, Romanen, Hörspielen, Filmdrehbüchern und v. a. von Satiren über das heutige Israel bekannt. Zu seinen populären Büchern gehören ›Drehn Sie sich um, Frau Lot‹ (1962) und ›Total verkabelt‹ (1989).

Klassik, Bezeichnung für eine Epoche und deren Kunst, die von den Nachfolgern als vorbildlich und normbildend anerkannt wird. Zunächst bezog sich der Begriff auf die griechische Kunst des 5. und 4. Jh. v. Chr. Klassische Epochen der Literatur sind z. B. in England das Zeitalter ELISABETHS I. (›elisabethanisches Theater‹) und in Deutschland die Zeit GOETHES und SCHILLERS (›Weimarer Klassik‹).
❧ In der Musik gibt es z. B. die Epoche der Wiener Klassik (*siehe* Kapitel 5).

Der kleine Prinz, das Märchen des französischen Schriftstellers ANTOINE DE SAINT-EXUPÉRY (1943), erzählt die Reise des kleinen Prinzen durch das Weltall und berichtet von seinen Gesprächen mit den Bewohnern verschiedener Sterne. Thema des Buches ist die Aufhebung der Einsamkeit durch die Erfahrung von Liebe und Freundschaft.

Kleist, Heinrich von deutscher Dichter (* 1777, † 1811), steht mit seinem Werk, zu dem das Lustspiel ›Der zerbrochene Krug‹ (1808) und das Drama ›Prinz Friedrich von Homburg‹ (1810) gehören, zwischen Klassik und Romantik. Auch seine Novellen, u. a. ›Michael Kohlhaas‹ *(siehe dort),* zeugen von seiner großen Sprachkunst und handeln u. a. von der zerstörerischen Macht der zwischenmenschlichen Gewalt.

Klopstock, Friedrich Gottlieb deutscher Dichter (* 1724, † 1803), schrieb feierliche, ausdrucksstarke Oden in antiken Versmaßen über Natur, Liebe, Freundschaft und religiöse Themen. Als sein Hauptwerk gilt die Versdichtung ›Der Messias‹ (1748–73).

Des Knaben Wunderhorn, Sammlung von Volksliedern und Gedichten, die 1806–08 von ACHIM VON ARNIM und CLEMENS BRENTANO herausgegeben wurde.

Koeppen, Wolfgang deutscher Schriftsteller (* 1906, † 1996), schrieb vor allem zeitkritische Romane, die sich durch eine souveräne Handhabung moderner dichterischer Mittel auszeichnen. Seine Romantrilogie ›Tauben im Gras‹ (1951), ›Das Treibhaus‹ (1953) und ›Der Tod in Rom‹ (1954) setzt sich mit dem Überdauern der Einstellungen auseinander, die zum Nationalsozialismus führten.

Komödie, ein Drama, das einen oft nur scheinbar vorhandenen Konflikt auf heitere und unterhaltsame Art löst. Zu den Komödien, die immer wieder gespielt werden, gehören Stücke von ARISTOPHANES, SHAKESPEARE, MOLIÈRE, CARLO GOLDONI (* 1707, † 1793) und Stücke des Wiener Volkstheaters.

Koran, *siehe* Kapitel 8.

Krebsstation, Roman von ALEKSANDR SOLSCHENIZYN (1968), schildert das Leben in einem im asiatischen Teil der Sowjetunion gelegenen Krankenhaus. Er stellt sowohl die verschiedenen Reaktionsweisen einzelner Personen auf die Bedrohung durch den Tod dar als auch die Entwertung des Individuums im Stalinismus.

Der Kreidekreis, chinesisches Singspiel (um 1300), das den Streit zweier Frauen um ein Kind behandelt. Der Richter erkennt die wahre Mutter daran, dass diese beim Versuch, das Kind aus einem Kreidekreis herauszuziehen, auf die Anwendung von Gewalt verzichtet. Das Motiv wurde von BERTOLT BRECHT (›Der kaukasische Kreidekreis‹, 1948) übernommen.

Krieg und Frieden, Roman von LEW TOLSTOJ (1868–69). Der breit angelegte Geschichtsroman schildert Gesellschaft und Lebenserfahrungen im Zusammenhang einer Familienchronik aus dem Russland zur Zeit der napoleonischen Kriege (zwischen 1805 und 1812). In einem Panorama zahlreicher Figuren werden politische und philosophische Fragestellungen der Zeit angesprochen.

Kriminalliteratur, meist Romane oder Erzählungen, die ein Verbrechen und dessen Aufklärung, häufig durch einen Detektiv als Helden, schildern. EDGAR ALLEN POE schrieb mit dem ›Doppelmord in der Rue Morgue‹ (1841) eine der ersten Kriminalerzählungen. Bedeutende Autoren sind ARTHUR CONAN DOYLE, AGATHA CHRISTIE, RAYMOND CHANDLER (* 1888, † 1959), DASHIELL HAMMETT,

Georges Simenon, Maj Sjöwall (* 1935) und Per Wahlöö (* 1926, † 1975).
❧ Detektive der Weltliteratur sind Sherlock Holmes, Hercule Poirot, Philip Marlowe und Kommissar Maigret.

Kundera, Milan tschechischer Schriftsteller (* 1929), behandelt in Dramen, Romanen und Erzählungen die Probleme der Identität von Menschen, die in einem totalitären System leben. Sein erfolgreicher Roman ›Die unerträgliche Leichtigkeit des Seins‹ (1984) wurde verfilmt.

Kunze, Reiner deutscher Schriftsteller (* 1933), bekannt mit hintergründig-ironischen Gedichten und zahlreichen Kinderbüchern; musste wegen seiner oppositionellen Haltung (›Die wunderbaren Jahre‹, 1976) 1977 die Deutsche Demokratische Republik verlassen.

Kurzgeschichte, kurze Form der Erzählung, die sich auf einen wichtigen Ausschnitt aus dem Leben einer Person oder eines Geschehens konzentriert; Merkmale sind offener Anfang und offener Schluss, die Verwendung von Symbolen und eine nur andeutende Erzählweise. Die Kurzgeschichte entwickelte sich zunächst in den USA (›Shortstory‹) und war in der deutschen Literatur nach dem Zweiten Weltkrieg sehr beliebt.
❧ Wolfgang Borchert, Günther Eich (* 1907, † 1972), Heinrich Böll, Siegfried Lenz sind bekannte Autoren von Kurzgeschichten.

La Fontaine, Jean de [lafɔnˈtæn], französischer Dichter (* 1621, † 1695), wurde v. a. durch seine ›Fabeln‹ (u. a. ›Der Fuchs und der Rabe‹) berühmt, für die er antike Fabeln, u. a. des Äsop, und orientalische Märchen als Vorlage benutzte.

Lagerlöf, Selma schwedische Schriftstellerin (* 1858, † 1940), verfasste religiöse, fantasievolle und heimatverbundene Erzählungen (z. B. ›Gösta Berling‹, 1891) sowie Kinderbücher (›Wunderbare Reise des kleinen Nils Holgersson mit den Wildgänsen‹, 1906/07).
❧ 1909 erhielt Selma Lagerlöf den Nobelpreis für Literatur und wurde 1914 als erste Frau in die Schwedische Akademie der Wissenschaften aufgenommen.

L'art pour l'art [la:rpurˈla:r; französisch ›die Kunst um der Kunst willen‹], von Victor Cousin (* 1792, † 1867) stammende Formel, in der sich eine um die Mitte des 19. Jh. vor allem in Frankreich verbreitete Kunstanschauung ausdrückte: Kunst ist Selbstzweck, sie genügt sich selbst; sie ist Gestaltung des Schönen; sie ist befreit von allen moralischen, politischen oder sonstigen Zielsetzungen. Bedeutende Vertreter waren Charles Baudelaire und Oscar Wilde.

Lear [lɪə], Titelfigur des gleichnamigen Schauspiels ›König Lear‹ von William Shakespeare, um 1605 entstanden. Gestaltet das Schicksal eines sagenhaften Königs, der von seiner ältesten Tochter vertrieben wird. Während Lear in den meisten Bearbeitungen sein Reich mithilfe seiner jüngsten Tochter zurückgewinnt, endet das Stück Shakespeares tragisch.

Lederstrumpf, Titelfigur der gleichnamigen Geschichten von James Fenimore Cooper.

Legende, volkstümliche, lehrhafte Erzählung aus dem Leben eines Heiligen, bei der die Darstellung des vorbildlichen, gottgefälligen Lebens und die vollbrachten Wunder im Mittelpunkt stehen.

Die Leiden des jungen Werthers, Briefroman von Goethe (1774). Der Roman enthält die Briefe und darin die Geschichte der unglücklichen Liebe Werthers zu Charlotte. Der empfindsame Ton, die neuartige Schilderung der Natur und der am Ende des Buches mitgeteilte Freitod Werthers lösten über Deutschland hinaus ein ›Werther-Fieber‹ (Freitodwelle) aus.

Lem, Stanisław polnischer Schriftsteller (* 1921), einer der bekanntesten Sciencefictionautoren der Gegenwart. Lem verbindet in seiner Prosa wissenschaftlich fundierte Darstellungen einer utopischen Zukunft mit überzeitlicher philosophischer Problematik der menschlichen Existenz. Wichtige Werke sind ›Robotermärchen‹ (1964) und ›Golem XIV‹ (1978).

Lenz, Siegfried deutscher Schriftsteller (* 1926), schrieb Dramen, Hörspiele und Romane, in denen er realistisch und anschaulich Konflikte der Kriegs- und Nachkriegszeit schildert und Menschen in der Auseinandersetzung mit der deutschen Geschichte zeigt. International bekannt wurde Lenz mit dem Roman ›Deutschstunde‹ (1968).

Lessing, Doris May englische Schriftstellerin (* 1919), verbindet in ihren realistisch erzählten Romanen Gesellschaftsanalyse mit der psychologischen Durchleuchtung ihrer Gestalten. Der biographische Hintergrund der Autorin – sie wuchs in Rhodesien, dem heutigen Simbabwe, auf – schlägt sich in ihren Romanen und Kurzgeschichten nieder. Wichtige Werke sind der Romanzyklus ›Kinder der Gewalt‹ (1952–69) und ›Das goldene Notizbuch‹ (1962).

Lessing, Gotthold Ephraim deutscher Dichter (* 1729, † 1781), war als Begründer des deutschen bürgerlichen Trauerspiels (›Miss Sara Sampson‹, 1755) und mit seinen kunsttheoretischen Schriften der bedeutendste Vertreter der deutschen Aufklärung. Noch heute aufgeführt werden seine Stücke ›Minna von Barnhelm‹ (1767), ›Emilia Galotti‹ (1772) und ›Nathan der Weise‹ (1779).

Der letzte Mohikaner, zweiter Teil der Lederstrumpfgeschichten von JAMES FENIMORE COOPER (1826).

Lichtenberg, Georg Christoph deutscher Physiker und Schriftsteller (* 1742, † 1799). In seinen ab 1764 geführten, erst nach seinem Tod veröffentlichten Tagebüchern (genannt ›Sudelbücher‹) finden sich zahllose Notizen und literarisch bedeutende Aphorismen, die neben seinen von den Zeitgenossen geschätzten wissenschaftlichen und kulturellen Abhandlungen die Bedeutung seines Werks ausmachen.

Das Lied von der Glocke, Ballade von FRIEDRICH VON SCHILLER (1799). Schiller schildert die Geschichte der Glocke, um daran den Zivilisationsprozess und seine Gefährdungen durch Natur und menschliche Gewalt (Krieg, Revolution) darzustellen.
❧ Bekannt ist sein idealistisches Bild der bürgerlichen Familienordnung in den Versen: ›Der Mann muss hinaus ins feindliche Leben ...‹; ›Drinnen aber waltet die züchtige Hausfrau ...‹

Limerick, seit etwa 1820 nachweisbare englische Gedichtform, die durch Wiederholung von Klangfiguren komisch-groteske Wirkung erzielt.
❧ Benannt nach der irischen Stadt Limerick, die in einem frühen Limerick erwähnt wird. ❧ Beispiel:

Eine alte Dame aus Plauen
beschloss einst, ganz sittsam zu bauen.
  Sie erbaute im Moos
  zwei getrennte Klos
für Spatzenmänner und -frauen.

Gotthold Ephraim Lessing

Bekanntester Verfasser von Limericks war EDWARD LEAR (* 1812, † 1888).

Lindgren, Astrid schwedische Schriftstellerin (* 1907), hatte großen Erfolg mit ihren Kinder- und Jugendbüchern, besonders der Pippi-Langstrumpf-Serie (1945–48), den Büchern um den ›Meisterdetektiv Kalle Blomquist‹ (1946–53), Karlsson vom Dach (1955–68) und Michel aus Lönneberga (1963 ff.).
Ihre Bücher wurden inzwischen in fast alle wichtigen Sprachen der Welt übersetzt.

Literatur [lateinisch ›Sprachkunst‹], im weiteren Sinn die Gesamtheit sprachlicher Texte, im engeren Sinn belletristische Texte beziehungsweise kultur- und geistesgeschichtliche Texte, in einem speziellen Sinn fachbezogene Texte (Fachliteratur). Je nach kulturellem Verständnis und fachbezogenem Interesse können ›hohe‹ und ›triviale‹, Sach- und belletristische, fiktionale (Dichtung) und nichtfiktionale, Unterhaltungs- und Gebrauchsliteratur unterschieden werden.

London, Jack amerikanischer Schriftsteller (* 1876, † 1916), schrieb vor allem Tiergeschichten und Abenteuerromane, denen oft eigene Erlebnisse zugrunde liegen. Besonders bekannt sind ›Der Seewolf‹ (1904), der das Bild des tragisch scheiternden Übermenschen schildert, und ›Wolfsblut‹ (1905), die Geschichte einer Freundschaft zwischen Tier und Mensch in Alaska zur Zeit des Goldrauschs.

Lostgeneration [lɔstʒenəˈreɪʃn; englisch ›verlorene Generation‹], Bezeichnung für eine Gruppe amerikanischer Schriftsteller, deren Werke durch Pessimismus, Desillusion und Verlust des Fortschrittsglaubens infolge des Ersten Weltkrieges bestimmt sind.
❧ Der Begriff ›Lostgeneration‹ erschien erstmals als Motto des Romans ›Fiesta‹ bei ERNEST HEMINGWAY.

Lumpazivagabundus, Der böse Geist Lumpazivagabundus, Posse von JOHANN NEPOMUK NESTROY (1835), verspottet die Gesellschaft der Donaumonarchie und gilt als wichtiges Stück des Wiener Volkstheaters.

Lustspiel, andere Bezeichnung für Komödie.

Lyrik, *die* [griechisch ›zum Spiel der Lyra gehörig‹], neben Dramatik und Epik die dritte literarische Gattung. Sie umfasst v.a. Formen der gebundenen (Gedichte), aber in der modernen Lyrik auch der ungebundenen Rede. In der Lyrik kommt v.a. das unmittelbare Erleben (Gefühle) bildhaft und konzentriert zur Sprache.

Lysistrate, Figur der griechischen Mythologie, Titelfigur der Komödie des ARISTOPHANES (411 v. Chr.), in der die athenischen Frauen auf Anraten der Lysistrate sich ihren Männern verweigern, bis diese den Peloponnesischen Krieg beendet haben.

Macbeth [mækˈbeθ], Drama von WILLIAM SHAKESPEARE, entstanden um 1608, schildert das Schicksal des schottischen Königs Macbeth, der durch den Mord an seinem Vorgänger die Königsmacht übernimmt und, selbst von Wahnvorstellungen verfolgt, ein Schreckensregiment führt.

Madame Bovary, Roman von GUSTAVE FLAUBERT (1857), erzählt den Ehebruch und Freitod einer Frau aus dem kleinstädtischen Bürgertum, die sich in ihre Gefühle verstrickt und an der nüchternen Umwelt zerbricht.
❧ Der Roman löste einen Skandal aus und gilt heute als wichtiger Roman des französischen Realismus.

Der Malteser Falke, Kriminalroman von DASHIELL HAMMETT (1930), in dessen Mittelpunkt der ›hartgesottene‹ Detektiv Sam Spade steht. Die Aufklärung eines Mordes verwickelt den Detektiv in die Jagd nach dem ›Malteser Falken‹, einer angeblich wertvollen Statue.
❧ Der Roman wurde 1941 mit HUMPHREY BOGART verfilmt.

Manessische Liederhandschrift, größte Sammlung mittelhochdeutscher Lyrik mit 137 Miniaturen. Sie ist im 14. Jh. wohl in Zürich entstanden, mutmaßlich auf der Grundlage einer Sammlung von Liederbüchern, die der Züricher Patrizier RÜDIGER MANESSE nach dem Zeugnis eines Liedes von JOHANNES HADLAUB († vor 1340) anlegte, und wird heute in Heidelberg aufbewahrt. Die Handschrift wird auch ›Große Heidelberger Liederhandschrift‹ genannt.
❧ Sie enthält z. B. zahlreiche Strophen WALTHERS VON DER VOGELWEIDE.

Heinrich und Thomas Mann

Mann, Heinrich deutscher Schriftsteller (* 1871, † 1950), der ältere Bruder von Thomas Mann, verfasste neben Essays und Streitschriften gegen den Obrigkeitsstaat und den Militarismus v.a. gesellschaftskritische Romane wie ›Professor Unrat‹ (1905) und ›Der Untertan‹ (1918) sowie historische Romane über den französischen König Heinrich IV. (1935, 1938).

❧ Heinrich Mann war der Bruder von THOMAS MANN.

Mann, Klaus deutscher Schriftsteller (* 1906, † 1949), gründete mit seiner Schwester ERIKA und GUSTAV GRÜNDGENS 1925 ein Theaterensemble, schrieb im Sinne der ›Lostgeneration‹ eine Autobiographie ›Kind dieser Zeit‹ (1932) und arbeitete ab 1933 im Exil gegen den Faschismus. Bekannt wurde sein Schlüsselroman ›Mephisto. Roman einer Karriere‹ (*siehe* Mephisto).
❧ Klaus Mann war der älteste Sohn von THOMAS MANN.

Mann, Thomas deutscher Schriftsteller (* 1875, † 1955), einer der bedeutendsten Erzähler des 20. Jh., schilderte in seinen Romanen und Erzählungen v. a. den Glanz und Niedergang der bürgerlichen Welt. Bekannte Werke sind ›Die Buddenbrooks‹ (1901), ›Der Tod in Venedig‹ (1912) und ›Der Zauberberg‹ (1924). Im Exil nach 1933 schrieb er u. a. die Romane ›Joseph und seine Brüder‹ (1933–43) und ›Dr. Faustus‹ (1947), eine Deutung der geistigen und kulturellen Voraussetzungen des Faschismus. 1954 erschien der Schelmenroman ›Bekenntnisse des Hochstaplers Felix Krull‹.
❧ 1929 erhielt er den Nobelpreis für Literatur.

Manuskript, *das* [zu lateinisch manus ›Hand‹ und scribere ›schreiben‹], hand- oder maschinenschriftlicher Text oder ein früherer (meist korrigierter) Druck als Druckvorlage.

Märchen, volkstümliche Erzählung, in der die Grenze zwischen Wirklichem und Wunderbarem aufgehoben ist. Volksmärchen, deren Verfasser unbekannt sind, wurden mündlich weitergegeben. Kunstmärchen sind durch einen Autor geprägt.
❧ Die Brüder JAKOB und WILHELM GRIMM gaben 1812–15 ihre Sammlung von Volksmärchen unter dem Titel ›Kinder- und Hausmärchen‹ heraus. Bekannte Autoren von Kunstmärchen sind HANS CHRISTIAN ANDERSEN und WILHELM HAUFF.

Maria Stuart, Trauerspiel von SCHILLER (1800), zeigt an der Geschichte der schottischen Königin Maria Stuart (*siehe* Kapitel 1), die um ihre Ansprüche auf den englischen Thron kämpft und im Auftrag ihrer Gegenspielerin ELISABETH I. hingerichtet wird, die Verstrickung der Menschen in die Geschichte, deren Verlauf sie mit moralischen Ansprüchen alleine nicht verändern können.

Mark Twain [mɑk ˈtweɪn], amerikanischer Schriftsteller (* 1835, † 1910), schrieb Romane, Reportagen und Erzählungen, die humoristisch-satirisch das Leben am Mississippi schildern. Er beleuchtete auch sozialkritisch die Missstände im Süden und Westen der USA sowie darüber hinaus das Verhalten der Amerikaner. Bekannt wurden ›Die Abenteuer Tom Sawyers‹ (1876) und ›Die Abenteuer und Fahrten des Huckleberry Finn‹ (1884).
❧ Mark Twain hieß eigentlich Samuel Langhorne Clemens.

Max und Moritz, illustrierte Verserzählung von WILHELM BUSCH (1865), die die Geschichte der beiden zu Streichen aufgelegten Buben Max und Moritz und ihren Tod in der Mühle schildert.

May, Karl deutscher Schriftsteller (* 1842, † 1912). In seinen spannenden Abenteuer- und Reiseerzählungen, die v. a. im Vorderen Orient und in Nordamerika spielen, trat er im Kampf gegen das Böse für Gerechtigkeit und christliche Ideen ein. Zu seinen Hauptwerken gehören ›Durch die Wüste‹ (1892), ›Winnetou‹ (1893–1910) und ›Der Schatz im Silbersee‹ (1894).
❧ Karl May gehört zu den bis heute meistgelesenen deutschen Schriftstellern.

Melville, Herman amerikanischer Schriftsteller (* 1819, † 1891), fuhr als Matrose zur See und wurde mit exotischen Reisebüchern (›Taipi‹, 1846) populär. Sein bekanntestes Werk ist heute der Roman ›Moby Dick oder Der weiße Wal‹ (1851), der symbolhaft im Kampf des Kapitäns Ahab mit dem Wal unter biblisch-philosophischen und realistischen Gesichtspunkten die Auflehnung des Menschen gegen Natur und Schicksal schildert.

Mephisto, Figur des verführerischen Teufels aus der Faustsage, die in GOETHES ›Faust‹ als Gegenspieler Gottes den Gelehrten zum Teufelspakt überredet und ihm bei seinen Taten zur Seite steht.
❧ KLAUS MANN schrieb mit ›Mephisto. Roman einer Karriere‹ (1936) eine Abrechnung mit der Korrumpierbarkeit der Künstler im Nationalsozialismus.

Die Metamorphosen, episches Sagengedicht von OVID (entstanden 1 v. Chr. bis etwa 10 n. Chr.), behandelt die Geschichten der griechischen und römischen Mythologie sowie das Thema der Verwandlung von Menschen in Tiere oder Pflanzen.

❧ Bevor Ovid seinem Werk den ›letzten Schliff‹ geben konnte, wurde er verbannt. ❧ Eine Illustration zum Text schuf PICASSO.

Metapher, *die* [griechisch ›Übertragung‹], bildhafter Ausdruck, bei dem ein Wort (oder eine Wortgruppe) aus seinem bekannten Bedeutungsbereich in einen anderen übertragen wird.

Meyer, Conrad Ferdinand schweizerischer Dichter (* 1825, * 1898), trat v. a. durch historische Novellen und Erzählungen hervor (z. B. ›Das Amulett‹, 1873; ›Die Hochzeit des Mönchs‹, 1884), in der er die Welt der italienischen Renaissance und des Mittelalters lebendig werden ließ. Er schrieb auch Balladen (›Die Füße im Feuer‹) und formvollendete Gedichte.

Michael Kohlhaas, Held der gleichnamigen Erzählung von HEINRICH VON KLEIST (1810), der für ein erlittenes Unrecht zunächst auf dem Rechtsweg Wiedergutmachung fordert, dann aber nach dem Scheitern dieses Versuchs den Glauben an die Staatsordnung verliert und einen Privatkrieg beginnt.
❧ Die Erzählung bezieht sich auf das Schicksal des Kaufmanns HANS KOHLHASE aus Cölln im 16. Jahrhundert.

Miller, Arthur amerikanischer Schriftsteller (* 1915), der mit seinen sozial- und zeitkritischen Theaterstücken weltbekannt wurde. ›Der Tod des Handlungsreisenden‹ (1949) stellt das Scheitern des ›amerikanischen Traums‹, der Vorstellung von Glück und Erfolg für jedermann, dar.
❧ Er war mit MARILYN MONROE verheiratet.

Minna von Barnhelm, Lustspiel von GOTTHOLD EPHRAIM LESSING (1767), spielt im zeitgenössischen Deutschland am Ende des Siebenjährigen Krieges. Mithilfe einer List gelingt es Minna von Barnhelm, ihren Verlobten Major Tellheim, dessen Ehrbegriff nach dem Verlust seines Besitzes einer Verbindung entgegensteht, wiederzugewinnen.

Minnesang, die an Höfen geübte ritterliche Liedkunst des Mittelalters, die auf die Liebeslyrik der französischen Troubadoure und Trouvères zurückgeht. Thema der kunstvoll aufgebauten Lieder ist die unerfüllte Liebe des Ritters zu einer meist verheirateten, höher gestellten Frau (hohe Minne).
❧ Bekannte deutsche Minnesänger sind OSWALD VON WOLKENSTEIN und WALTHER VON DER VOGELWEIDE.

Moby Dick, Roman von HERMAN MELVILLE *(siehe dort).*

Moderne, die zum Ende des 19. Jh. auftretenden künstlerischen Strömungen, die sich auf die Zeiterfahrung eines gesellschaftlichen und weltanschaulichen Umbruchs beziehen.
❧ Zur Moderne gehören Symbolismus, Naturalismus und Jugendstil.

Molière

Molière [mɔl'jɛ:r], eigentlich Jean-Baptiste Poquelin, französischer Dichter (* 1622, † 1673). Seine Komödien wollen Missstände der Zeit und menschliche Schwächen, z. B. Adelsehrgeiz der Neureichen, gelehrtes Gehabe unwissender Ärzte und religiöse Heuchelei, aufdecken. Seine Hauptwerke sind ›Tartuffe‹ (Uraufführung 1664), ›Der Menschenfeind‹ (1667), ›Der Geizige‹ (1668) und ›Der eingebildete Kranke‹ (1673).
❧ MOLIÈRE, der zunächst mit einer Theatertruppe über Land gezogen war, bevor er durch die Gunst LUDWIGS XIV. ein eigenes Theater erhielt, gilt als Begründer des modernen Theaters in Frankreich.

Monolog, *der* [griechisch ›allein redend‹], im Drama eine meist längere Rede, die eine Person in der Art eines Selbstgesprächs hält.
❧ Bekannte Monologe werden in SHAKESPEARES Dramen gesprochen, z. B. im ›Hamlet‹ (›Sein oder Nichtsein‹).

Montage, aus der Filmtechnik übernommenes Verfahren, sprachlich, stilistisch und inhaltlich ver-

schiedene Textteile zusammenzufügen, sodass dadurch ein neuartiger Eindruck entsteht.
❧ In der Lyrik wird die Montage u.a. von GOTTFRIED BENN, im Roman von ALFRED DÖBLIN und im Drama von PETER WEISS verwendet.

Moravia, Alberto italienischer Schriftsteller (* 1907, † 1990), schrieb Romane und Erzählungen, die unter dem Blickwinkel eines psychologischen Realismus ein gesellschaftskritisches Sittenbild des italienischen Bürgertums geben. Aufsehen erregte die Darstellung erotischer Szenen in seinem Werk.

Morgenstern, Christian deutscher Schriftsteller (* 1871, † 1914), wurde durch seine witzigen Sprachgrotesken bekannt, die v.a. in den ›Galgenliedern‹ (1905) gesammelt wurden.

Mörike, Eduard deutscher Dichter (* 1804, † 1875). Seine lyrischen Gedichte, von denen einige von ROBERT SCHUMANN und JOHANNES BRAHMS vertont wurden, sind von Naturgefühl, Frömmigkeit und märchenhaft romantischen Vorstellungen, später aber auch vom Realismus geprägt. In seinem Roman ›Maler Nolten‹ (1832) stellt er die Desillusionierung des romantischen Künstlerideals in den Vordergrund.

Die Möwe, Drama von ANTON PAWLOWITSCH TSCHECHOW (1896), gestaltet die Stimmung in einem russischen Landhaus, die von unerfüllter Sehnsucht, Eifersucht und Langeweile gekennzeichnet ist. Aufgrund einer unerfüllten Jugendliebe wählt der Sohn der Hausbesitzerin am Ende den Freitod.

Müller, Heiner deutscher Schriftsteller und Dramatiker (* 1929, † 1995), steht einerseits in der Tradition des von BERTOLT BRECHT begründeten epischen Theaters, andererseits ist er dem Theater des Absurden und den Vorstellungen ANTONIN ARTAUDS (* 1896, † 1948) von einem Theater der Grausamkeit verbunden. In seinen Theaterstücken und seinen zahlreichen Bearbeitungen werden Gewalttätigkeit und Sinnlosigkeit der Geschichte und des menschlichen Handelns in den Vordergrund gestellt.

Münchhausen. Um die Gestalt des Offiziers KARL FRIEDRICH HIERONYMUS FREIHERR VON MÜNCHHAUSEN (* 1720, † 1797), der ein abenteuerliches Leben führte und der ›Lügenbaron‹ genannt wurde, ranken sich zahlreiche z.T. fantastische Erzählungen.
❧ Bekannt ist Münchhausens Ritt auf der Kanonenkugel.

Mundartdichtung, Dichtung, die im Unterschied zur hochsprachlichen Literatur in einer bestimmten Mundart verfasst ist. Neben traditionellen Formen (z.B. bäuerliches Volkstheater) findet sich Mundartdichtung auch in zeitgenössischen Texten (neues Regionalbewusstsein, Liedermacher).
❧ FRITZ REUTER (* 1810, † 1874), JOHANN NEPOMUK NESTROY, LUDWIG THOMA, OSKAR MARIA GRAF (* 1894, † 1967) und FRANZ XAVER KROETZ (* 1946) sind Verfasser von Mundartdichtung.

Musil, Robert Edler von österreichischer Schriftsteller (* 1880, † 1942). Sein Roman ›Die Verwirrungen des Zöglings Törless‹ (1906), eine Darstellung der Pubertätsproblematik, umfasst zugleich eine Analyse autoritärer Gruppenstrukturen. Sein Hauptwerk ›Der Mann ohne Eigenschaften‹ (1930–43) schildert am Beispiel der untergehenden Donaumonarchie den Zerfall der Werte, die Auflösung der menschlichen Persönlichkeit und das Aufkommen politischer Weltanschauungen als deren Ersatz.

Mutter Courage und ihre Kinder, Stück von BERTOLT BRECHT (1939), zeigt anhand der Lebensgeschichte der Titelfigur, die in den Verwirrungen des Dreißigjährigen Kriegs versucht, sich und ihre Kinder durchzubringen, Klugheit, List und Anpassungsbereitschaft der ›kleinen Leute‹.

Mythos, *der* [griechisch ›Wort, Erzählung‹], Erzählungen und Sagen, in denen die Entstehung der Welt oder bestimmte Erscheinungen des menschlichen Zusammenlebens (z.B. die Gründung einer Stadt) auf die Taten von Göttern oder Helden zurückgeführt werden (*siehe* Kapitel 9).

Nathan der Weise, Drama von GOTTHOLD EPHRAIM LESSING (1779), spielt zur Zeit der Kreuzzüge in Jerusalem und fordert zur religiösen Toleranz auf, so wie sie von der Titelfigur des Juden Nathan verkörpert wird.

Naturalismus, literarische Strömung etwa zwischen 1870 und 1900, deren Ziel eine möglichst genaue Wiedergabe der Natur und der gesellschaftlichen Wirklichkeit war. Bevorzugte Themen waren der soziale Alltag und das Milieu der kleinen Leute.
❧ Der Naturalismus entstand in Frankreich (ÉMILE ZOLA).

Négritude, *die* [negriˈtyd], schwarzafrikanische künstlerische Bewegung, die im Paris der 1930er-Jahre entstand und v. a. mit der Forderung nach kultureller und politischer Eigenständigkeit besonders der französischsprachigen Länder Afrikas verbunden war.
❧ Vertreter waren LÉOPOLD SÉDAR SENGHOR und AIMÉ CÉSAIRE (* 1913). In der bildenden Kunst waren PABLO PICASSO und GEORGES BRAQUE (* 1882, † 1963) von der Négritude beeinflusst.

Neruda, Pablo chilenischer Lyriker (* 1904, † 1973). Sein umfangreiches Versepos ›Der große Gesang. Canto general‹ (1950, vertont von MIKIS THEODORAKIS) behandelt Realität, Geschichte und Utopie Lateinamerikas.
❧ 1971 erhielt Neruda den Nobelpreis für Literatur. Neruda wurde Symbolfigur des Widerstands gegen den Militärputsch vom 11. 9. 1973 (Pinochet-Diktatur).

Nestroy, Johann Nepomuk österreichischer Dichter (* 1801, † 1862), Hauptvertreter des Wiener Volkstheaters, kritisierte in seinen über 80 volkstümlichen Schauspielen, Possen und Zauberstücken soziale und politische Zustände und verspottete die Gesellschaft. Sein bekanntestes Werk ist ›Der böse Geist Lumpazivagabundus‹ (1835).
❧ Nestroy trat als Schauspieler auch in seinen eigenen Stücken auf.

Neue Sachlichkeit, künstlerische Strömung der 1920er-Jahre, die im Unterschied zum Expressionismus eine nüchterne und tatsachengenaue Darstellung der Wirklichkeit anstrebte. Literarische Formen waren das Dokumentationstheater (ERWIN PISCATOR [* 1893, † 1966]), die Reportage (EGON ERWIN KISCH [* 1885, † 1948]) und gesellschaftskritische Romane (HANS FALLADA, ERICH KÄSTNER).

Neunzehnhundertvierundachtzig (1984), gesellschaftskritisch-utopischer Roman von GEORGE ORWELL (1949). Vor dem Hintergrund des Totalitarismus entwirft der Roman das Bild einer Gesellschaft, in der der Einzelne durch Terror und Überwachungsapparate völlig entmündigt wird.

Nibelungenlied, um 1200 im Donauraum entstandenes Epos in mittelhochdeutscher Sprache. Der erste Teil handelt von dem Werben Siegfrieds um Kriemhild, die burgundische Königstochter, und seine Ermordung durch Hagen von Tronje. Im zweiten Teil wird vom Untergang der Burgunder am Hof des Hunnenkönigs Etzel berichtet; historische Ereignisse als Hintergrund sind besonders für diesen Teil deutlich. In allen vollständigen Handschriften schließt sich ›Die Klage‹ an, eine Totenklage der Überlebenden um die gefallenen Helden.

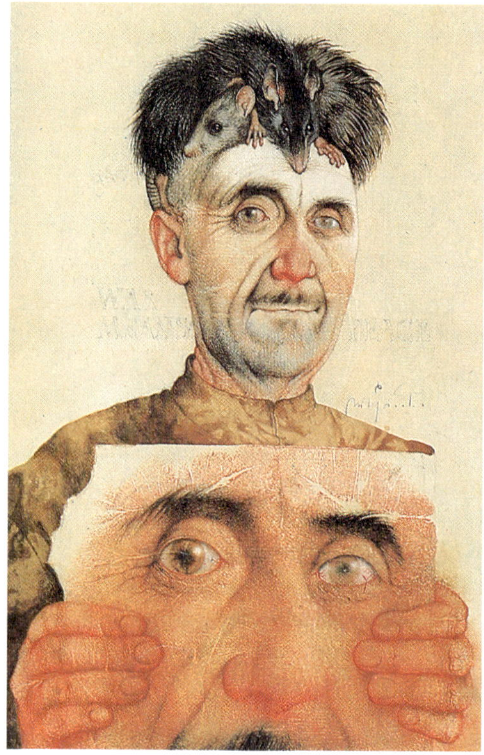

George Orwell

Nobelpreis für Literatur, von ALFRED NOBEL gestifteter, seit 1901 verliehener internationaler Preis für Literatur.
❧ Deutschsprachige Preisträger waren u. a. GERHART HAUPTMANN (1912), THOMAS MANN (1929), HERMANN HESSE (1946), NELLY SACHS (1966), HEINRICH BÖLL (1972), ELIAS CANETTI (1981) und GÜNTER GRASS (1999).

Nora oder Ein Puppenheim, Drama von HENRIK IBSEN (1879), zeigt den Ausbruch Noras aus der bürgerlichen Ehe. Mit dem Stück vertrat Ibsen das Recht der Frau auf Eigenständigkeit und kritisierte Scheinmoral und Lebenslügen.
❧ Das Stück gehört zu den wichtigen Dramen des Naturalismus.

Nō-Spiel, im 14. Jh. entstandene Gattung des klassischen japanischen Theaters. Das No-Spiel vereint Gesang, Pantomime, Tanz bei der Darstellung v. a. mythischer Stoffe.

Nouveau Roman, *der* [nu'vo rɔ'mã; französisch ›neuer Roman‹], eine in den 1950er-Jahren v. a. von französischen Autoren entwickelte experimentelle Romanform, die auf das Erzählen einer Geschichte und die Darstellung eines Charakters verzichtet und stattdessen unpersönliche Wahrnehmungsweisen der Wirklichkeit zeigt und das Interesse auf die Form und die Schreibweise des Textes lenkt.

Novalis, eigentlich GEORG PHILIPP FRIEDRICH FREIHERR VON HARDENBERG, Dichter (* 1772, † 1801), gilt mit den ›Hymnen an die Nacht‹ (1800) und dem Roman ›Heinrich von Ofterdingen‹ (1802) als Hauptvertreter der Romantik.
❧ Novalis verwendete das Symbol der blauen Blume als Sehnsuchtssymbol der Romantik.

Novelle, kürzere Erzählung in Prosa (selten in Versform). Inhaltlich wird meist ein real vorstellbares Ereignis oder eine Folge von Ereignissen, die aufeinander bezogen sind, gestaltet; die Ereignisfrage beruht auf einem zentralen Konflikt. Die Handlungsführung ist meist einsträngig und strenger gebaut als in einer Erzählung.
❧ Bedeutende deutsche Verfasser von Novellen sind GOETHE, HEINRICH VON KLEIST, GOTTFRIED KELLER, THEODOR STORM und THOMAS MANN.

Ode, *die* [griechisch ›Gesang‹], feierliches Gedicht, das sich vom Lied durch eine strengere Form unterscheidet. Ursprünglich waren Oden gesungene Teile griechischer Trauerspiele.

Odyssee, dem HOMER zugeschriebenes Epos aus dem 8. Jh. v. Chr., schildert die zehnjährige Irrfahrt des Odysseus (*siehe* Kapitel 9).

Oliver Twist, Roman von CHARLES DICKENS (1838), der an der Geschichte des Findelkinds Oliver Twist, das im Armenhaus aufwächst, Kinderarbeit, Kriminalität und soziales Elend im Alltag der unteren Gesellschaftsschichten seiner Zeit schildert.

O'Neill, Eugene Gladstone [əʊ'niːl], amerikanischer Dramatiker (* 1888, † 1953), zeigt in seinen Bühnenstücken menschliche Grundkonflikte und Zeiterfahrungen in einer pessimistischen Sichtweise. Bekannt wurden ›Trauer muss Elektra tragen‹ (1931) und ›Der Eismann kommt‹ (1946).
❧ 1936 erhielt O'Neill den Nobelpreis für Literatur.

Onkel Toms Hütte, Roman von HARRIET BEECHER STOWE (1852), schildert in sentimentaler Weise die Lebens- und Leidensgeschichte des schwarzen Sklaven Tom und trug damit zur öffentlichen Kritik an der Sklaverei bei.

Ortega y Gasset, José spanischer Schriftsteller (* 1883, † 1955), wurde v. a. mit kulturkritischen und philosophischen Werken bekannt. Dazu gehören ›Der Aufstand der Massen‹ (1929) und ›Der Mensch und die Leute‹ (1957).

Orwell, George englischer Schriftsteller (* 1903, † 1950), schrieb Essays, Sozialreportagen und Romane, die sich in gesellschaftskritischer Absicht mit dem Kolonialismus, der kapitalistischen Ausbeutung, dem Elend der Arbeitslosen und den Gefahren totalitärer Herrschaft auseinander setzen, u. a. ›Farm der Tiere‹ (1945) und ›1984‹ (1949).
❧ Orwell hieß eigentlich Eric Arthur Blair.

Oswald von Wolkenstein, Liederdichter und -komponist des Spätmittelalters (* um 1377, † 1445). Erhalten sind seine etwa 130 vorwiegend weltlichen Lieder mit Melodien, die von alltäglichen Erfahrun-

Oswald von Wolkenstein

gen, Politischem, Erotik und Reiseabenteuern handeln. Oswalds Werk ist nach Umfang und Bedeutung eines der wichtigsten literarischen und musikalischen Werke zwischen Mittelalter und Renaissance.
❧ Bekannt wurde DIETER KÜHNS (* 1935) Biographie ›Ich Wolkenstein‹ (1977).

Othello, Titelfigur des Dramas von SHAKESPEARE (1604). Aufgrund der Intrigen seines Adjutanten Jago tötet Othello in blinder Eifersucht seine Frau Desdemona. Als er ihre Unschuld erkennen muss, begeht er Selbstmord. Der Stoff wurde als Oper u. a. von ROSSINI (1816) und VERDI (1887) bearbeitet und häufig verfilmt.

Ovid, römischer Dichter (* 43 v. Chr., † etwa 17 n. Chr.); bekannt sind seine ›Ars amandi‹, ein Lehrgedicht über die Liebeskunst, und die ›Metamorphosen‹, die die Verwandlung von Menschen in Tiere und Pflanzen behandeln und zugleich eine Sammlung der antiken Mythen darstellen.

Parabel, *die* [griechisch ›Gleichnis‹], lehrhafte Erzählung, die eine allgemeine sittliche Wahrheit durch eine als Gleichnis zu deutende Begebenheit veranschaulicht.
❧ Beispielhaft ist die Parabel von den drei Ringen in LESSINGS ›Nathan der Weise‹ (1779).

Parodie, *die* [griechisch eigentlich ›Nebengesang‹], verspottende oder kritische Nachahmung einer als bekannt vorausgesetzten Vorlage. Die Parodie übernimmt oft die äußere Form, verbindet damit aber den gegenteiligen Inhalt.

Parzival, einer der Helden aus den Sagen um König Artus (*siehe* Kapitel 9) und Hauptgestalt des höfischen Epos ›Parzival‹ von WOLFRAM VON ESCHENBACH.

Pasternak, Boris Leonidowitsch russischer Schriftsteller (* 1890, † 1960). Obwohl zunächst als Lyriker bedeutend, fand er erst durch den Roman ›Doktor Schiwago‹ (1957), der auch Kritik an der Sowjetunion enthielt, weltweite Anerkennung.
❧ 1958 erhielt Pasternak den Nobelpreis für Literatur, den er unter politischem Druck wieder zurückgeben musste. Pasternak war bis zu seinem Tod in der UdSSR offiziell verfemt.

Paz, Octavio mexikanischer Schriftsteller (* 1914, † 1998), schrieb, vom Surrealismus beeinflusst, Gedichte sowie Essays, die sich v. a. mit Geschichte, Mythologie, Kultur und Politik Mexikos und Lateinamerikas beschäftigen. Bekannt ist ›Das Labyrinth der Einsamkeit‹ (1950).
❧ 1990 erhielt Paz den Nobelpreis für Literatur.

P.E.N. 1921 in England gegründete internationale Schriftstellervereinigung, die für die weltweite Verbreitung aller Literatur und für den ungehinderten Gedankenaustausch auch in Krisen- und Kriegszeiten eintritt.
❧ Die Abkürzung P.E.N. steht (vereinfacht) für Poeten, Essayisten, Novellisten.

Die Pest, Roman von ALBERT CAMUS (1947), schildert eine Pestkatastrophe in der algerischen Stadt Oran und zeigt die verschiedenen Möglichkeiten der Menschen, mit den Erfahrungen von Leid, Tod und Verantwortung umzugehen.
❧ CAMUS' Position, auch dann zu helfen, wenn das allgemeine Unglück damit nicht beseitigt wird, kommt in der Figur des Arztes Rieux zum Ausdruck.

Petrarca, Francesco italienischer Dichter und Humanist (* 1304, † 1374), der durch seine Lyrik entscheidend zur Entwicklung der italienischen Volkssprache beitrug. Zusammen mit DANTE und BOCCACCIO zählt er zu den großen Dichtern Italiens.

Philologie, *die* [griechisch eigentlich ›liebende Bemühung um das Wort‹], Wissenschaft von der Erforschung von Texten, von der Behandlung von Kulturen aufgrund ihrer mündlich oder schriftlich überlieferten literarischen Texte. Sie umfasst das gesamte Spektrum der alten und neueren Sprachen und Literaturen. Zum Beispiel ist die Romanistik die Beschäftigung mit den romanischen Sprachen (Französisch, Italienisch, Spanisch usw.) und Literaturen.

Die Abenteuer des Pinocchio [... pi'nokkjo], Kinderbuch (1883) des italienischen Schriftstellers CARLO COLLODI (* 1826, † 1890). Die Holzpuppe Pinocchio wird von einer Fee zum Leben erweckt und in Abenteuern über Gut und Böse belehrt.
❧ Die Nase Pinocchios wird immer dann länger, wenn er lügt.

Pippi Langstrumpf, Kinderbuchserie (1945–48) der schwedischen Schriftstellerin ASTRID LINDGREN (* 1907). Sie erzählt von dem eigenwilligen

Mädchen Pippi, das mit seinen Tieren allein in der ›Villa Kunterbunt‹ lebt und die vielfältigsten Abenteuer besteht.
❧ Die Geschichte, die Astrid Lindgren eigentlich nur für ihre Tochter erfunden hatte, wurde in viele Sprachen übersetzt.

Plagiat, *das* [von lateinisch plagium ›Menschenraub‹], Bezeichnung für geistigen Diebstahl, besonders an künstlerischen Werken, auch für die Verletzung des Urheberrechts.

Poe, Edgar Allan [pəʊ], amerikanischer Schriftsteller (* 1809, † 1849), gilt als einer der Begründer der Kurzgeschichte (›Der Untergang des Hauses Usher‹, 1840), für die er eine eigenständige Theorie entwickelte. Neben zahlreichen fantastischen und unheimlichen Geschichten schrieb er auch Gedichte.

Poesie, *die* allgemein die Dichtkunst, Dichtung, im engeren Sinne die Dichtung in Versen im Unterschied zur Prosa.
❧ Die Lehre vom Wesen und den Formen der Dichtung heißt Poetik.

Postmoderne. Der Begriff Postmoderne steht für den kulturellen Wandel von der Moderne zu der Zeit danach. In den 1950er- und 1960er-Jahren setzte sich Postmoderne als literaturkritischer Begriff v. a. in Amerika durch, zunächst in negativer Sicht als Bruch mit den avantgardistischen Errungenschaften der Moderne, dann in positiver Sicht als eine Fortsetzung der in der Moderne erreichten Positionen.
❧ UMBERTO ECOS (* 1932) ›Der Name der Rose‹ und CHRISTOPH RANSMAYRS ›Die letzte Welt‹ wurden als postmoderne Literatur bezeichnet.

Primärliteratur, die dichterischen oder philosophischen Texte, die Gegenstand einer Interpretation sein können im Unterschied zur Sekundärliteratur.

Professor Unrat, satirischer Roman von HEINRICH MANN (1905), erzählt die Geschichte eines Gymnasialprofessors im wilhelminischen Kaiserreich, der dem vermuteten unmoralischen Verhalten seiner Schüler nachspürt, dabei selbst in Kontakt mit dem Nachtmilieu kommt und sich schließlich in eine Tänzerin verliebt, was ihn seinen Ruf kostet.
❧ Der Roman wurde 1931 mit MARLENE DIETRICH unter dem Titel ›Der blaue Engel‹ verfilmt.

Prolog, *der* Einleitung eines dramatischen Werkes (Schauspiel, Hörspiel, Film), die von einer oder mehreren Personen szenisch dargestellt oder erzählend vorgetragen werden kann. Der Prolog dient u. a. zur Begrüßung des Publikums oder gibt Hinweise zum Verständnis der Handlung.

Prosa, *die* die freie, ungebundene, durch keine formalen Mittel gekennzeichnete Schreib- oder Redeweise des Alltags, aber auch künstlerischer und wissenschaftlicher Texte.

Protagonist, *der* Hauptdarsteller im Drama; ursprünglich in der griechischen Tragödie der erste Schauspieler, der dem Chor gegenübertritt.

Proust, Marcel [prust], französischer Schriftsteller (* 1871, † 1922), schrieb den siebenteiligen Romanzyklus (1913–27) ›Auf der Suche nach der verlorenen Zeit‹, der den Versuch darstellt, mithilfe der menschlichen Erinnerung die Vergänglichkeit des Lebens in der Kunst aufzuhalten.

Pseudonym, *das* angenommener oder vorgetäuschter Name bzw. Deckname v. a. für Schriftsteller und Künstler. Gründe für Pseudonyme können der Schutz vor Angriffen, Standesrücksichten, aber auch künstlerische Überlegungen sein.

Puschkin, Aleksandr Sergejewitsch russischer Dichter (* 1799, † 1837), gilt als Begründer der modernen russischen Literatursprache. Er schrieb lyrische Gedichte, Verserzählungen und Versromane (v. a. ›Eugen Onegin‹, 1825–32) sowie Dramen (u. a. die historische Tragödie ›Boris Godunow‹, 1825). Ab 1830 wandte er sich mehr der Prosa zu.

Pygmalion, *siehe* Kapitel 9.

Quo vadis? Roman (1895/96) des polnischen Schriftstellers HENRYK SIENKIEWICZ (* 1846, † 1916). Er schildert die Anfänge des Christentums im Rom unter der Herrschaft des Kaisers NERO und ist als Parabel für die Unbeugsamkeit der polnischen Bevölkerung nach der Teilung Polens auf dem Wiener Kongress (1814/15) zu lesen.

Rabelais, François [raˈblɛ], französischer Dichter (* um 1494, † 1553); sein satirisch-burleskes Prosawerk ›Gargantua und Pantagruel‹ (1532–64) verbindet märchenhaft-utopische Elemente mit Kritik an der Kirche und der Universitätsausbildung seiner Zeit, denen er das Streben nach Wissen und das Bildungsideal der Humanisten gegenüberstellt.

Racine, Jean [ra'sin], französischer Dichter (* 1639, † 1699), ist neben CORNEILLE der wichtigste Vertreter des klassischen französischen Dramas. Bekannte Stücke sind ›Andromache‹ (1668) und ›Phädra‹ (1677).

Die Ratten, Tragikomödie von GERHART HAUPTMANN (1911), schildert das kleinbürgerlich-proletarische Milieu in einer Berliner Mietskaserne und deren Bewohner, für deren Verwahrlosung die Ratten ein Symbol sind.

Die Räuber, Schauspiel von SCHILLER (1781) aus der Zeit des Sturm und Drang. Im Zentrum steht das rebellische Aufbegehren Karl Moors, der, vom Wunsch getrieben, die Welt zu verbessern, zum Verbrecher wird und sich schließlich der weltlichen Justiz stellt.

Realismus, Darstellung in der Literatur und Kunst, die sich um eine wirklichkeitsgetreue Wiedergabe der Welt im Kunstwerk bemüht. Besonders in der 2. Hälfte des 19. Jh. galt der Realismus als eine Leitvorstellung der europäischen Literatur, aus der sich dann der Naturalismus entwickelte.
❧ Wichtige realistische Romane schrieben H. DE BALZAC, CH. DICKENS und TH. FONTANE.

Reim [von althochdeutsch rim ›Reihe‹], seit dem 17. Jh. Bezeichnung für den Endreim. Mittel der gebundenen Rede, das auf dem Gleichklang zweier oder mehrerer Wörter vom letzten betonten Vokal an beruht.
❧ Als Hilfsmittel für Dichter dienen Sammlungen miteinander reimender Wörter (Reimlexika).

Reineke Fuchs, Tierepos, das eine Parodie des höfischen Lebens mit der Schilderung gesellschaftlicher Konflikte und menschlicher Schwächen verbindet. Neben dem Fuchs als Titelhelden treten der Löwe als König und der Wolf Isegrimm als der Widersacher des Fuchses auf.
❧ Populär wurde der Stoff in der Fassung ›Reineke de Vos‹ von 1498, auf den sich GOETHE in seiner Bearbeitung von 1794 stützte.

Remarque, Erich Maria [rə'mark], deutscher Schriftsteller (* 1898, † 1970), errang mit seinem Antikriegsroman ›Im Westen nichts Neues‹ (1929) Welterfolg. Themen seiner späteren Werke sind v. a. Emigrantenschicksale, z. B. im Roman ›Arc de Triomphe‹ (1946).
❧ Remarque hieß eigentlich Erich Paul Remark.

Renaissance, *die* [rənɛ'sɑ̃:s; lateinisch-französisch ›Wiedergeburt‹], im 19. Jh. aufgekommene Bezeichnung v. a. für die kulturgeschichtliche Epoche vom Anfang des 14. Jh. bis etwa 1600, die sich selbst als Zeit der Erneuerung der antiken Bildung, Kunst und Kultur verstand (Humanismus).
❧ Berühmte Dichter der Renaissance waren in Italien DANTE ALIGHIERI, FRANCESCO PETRARCA und GIOVANNI BOCCACCIO; in England auch noch WILLIAM SHAKESPEARE und in Frankreich FRANÇOIS RABELAIS.

Reportage, *die* [rəpɔr'ta:ʒə], meist kurzer Bericht über ein Geschehen aus der Sicht eines Augenzeugen. Literarische Gestaltung erfuhr die Reportage bei EGON ERWIN KISCH (* 1885, † 1948), ERNEST HEMINGWAY und in der Form der Sozialreportage.

Rezension, *die* die Beurteilung oder Stellungnahme eines Kritikers (Rezensenten) zu einem literarischen oder wissenschaftlichen Werk, Theaterstück oder Film.
❧ Rezensionen stehen meist im Feuilleton einer Zeitung und in Fachzeitschriften.

Rhetorik, *die* Redekunst, zum einen die Lehre von den Möglichkeiten, mithilfe der öffentlichen Rede andere zu beeinflussen, zum anderen die Lehre von den Mitteln der wirkungsvollen, sprachlichen Gestaltung eines Textes.
❧ Die Rhetorik wurde in Griechenland im 5. Jh. v. Chr. begründet und spielte im Mittelalter als eine der sieben freien Künste (Artes liberales) eine wichtige Rolle. Ein berühmter Rhetoriker war CICERO.
❧ Als rhetorische Frage wird eine Frage bezeichnet, die keine Antwort erwartet, sondern nur die Aussage verstärken soll.

Rilke, Rainer Maria österreichischer Dichter (* 1875, † 1926), gilt mit seinem lyrischen Werk (›Duineser Elegien‹, 1923) und seinem Roman ›Aufzeichnungen des Malte Laurids Brigge‹ (1910), in dem er eigene Großstadterfahrungen aus seiner Pariser Zeit verarbeitete, als einer der Wegbereiter der modernen Literatur.

Rimbaud, Arthur [rɛ̃'bo], französischer Dichter (* 1854, † 1891). In seiner Lyrik, v. a. in ›Das trunkene Schiff‹ (1883), gestaltete er die kompromisslose Sehnsucht nach Freiheit und beeinflusste mit seiner bildhaften Sprache nachhaltig den französischen Symbolismus und Surrealismus.

❧ Im Alter von zwanzig Jahren gab Rimbaud das Schreiben auf und führte ein unstetes Wanderleben.

Ringelnatz, Joachim deutscher Schriftsteller und Maler (* 1883, † 1934), war u.a. als Schiffsjunge, ›Hausdichter‹ in einer Münchener Künstlerkneipe, Marinesoldat und Schauspieler tätig. Ringelnatz wurde durch seine Gedichte bekannt, die hintergründigen Humor, antibürgerlichen Protest und wehmütigen Sarkasmus verbinden.
❧ Ringelnatz hieß eigentlich Hans Bötticher.

Robinson Crusoe [ˈrɔbɪnsn ˈkruːsəʊ], Held des gleichnamigen Romans von DANIEL DEFOE (1719/20), wird bei einem Schiffbruch auf eine einsame Insel verschlagen, wo er 28 Jahre lang lebt. Der Roman erzählt, wie Robinson Crusoe sein Überleben sichert, Ackerbau und Viehzucht betreibt und wie er in ›Freitag‹ einen Gefährten findet, den er vor Kannibalen rettet und zum Christentum erzieht.
❧ Defoes Roman geht auf die Erlebnisse des schottischen Matrosen ALEXANDER SELKIRK, der Ende des 16./Anfang des 17. Jh. lebte, zurück.

Rolandslied, ältestes, wohl zwischen 1075 und 1100 entstandenes französisches Heldenepos (*siehe auch* Roland, Kapitel 9).

Roman, Großform der erzählenden Dichtung (Epik), die sich aus dem Epos entwickelte, im Unterschied dazu aber Prosa verwendet (anfänglich auch Verserzählungen) und andere Textsorten einbezieht (Brief, Tagebuch). Thema des Romans ist die Auseinandersetzung eines Charakters mit der Welt, häufig in Form einer breit angelegten Schilderung des Entwicklungsganges der Person mit zahlreichen Nebenhandlungen.
❧ Das Wort Roman geht auf die altfranzösische Bezeichnung ›romanz‹ für volkssprachliche Literatur zurück.

Romantik, geistige, künstlerische Strömung in Europa, v.a. in Deutschland, die der Nüchternheit und Zweckgerichtetheit einer durchrationalisierten Weltsicht Fantasie und Gefühl für eine ›Wiederverzauberung‹ der Welt entgegensetzen wollte. Hauptgesichtspunkte der Romantik waren die Wiederentdeckung des Mittelalters, die Aufwertung der Volkskultur und die Sehnsucht nach der Wiederkehr einer harmonischen Welt. Bevorzugte Literaturform war das Märchen.
❧ Bedeutende Dichter waren L. TIECK, NOVALIS, C. BRENTANO und J. VON EICHENDORFF. ❧ Symbol der Romantik wurde die ›blaue Blume‹ *(siehe dort)*.

Romeo und Julia, Tragödie von SHAKESPEARE (entstanden um 1595), schildert die Liebe von Romeo und Julia, die zwei miteinander verfeindeten Veroneser Familien (den Montagues und den Capulets) angehören. Die Feindschaft ihrer Familien treibt sie schließlich in den Tod.

Roth, Joseph österreichischer Schriftsteller (* 1894, † 1939), schrieb sozialkritische Werke und schildert in seinem bekanntesten Roman ›Radetzkymarsch‹ (1932) beispielhaft den Untergang der Donaumonarchie.

Rot und Schwarz, Roman von STENDHAL (1830), schildert den Lebensweg des ehrgeizigen jungen Julien Sorel in der französischen Provinzgesellschaft der Restaurationszeit. ›Rot‹ und ›Schwarz‹ bezeichnen die in der Zeit vorherrschenden republikanischen bzw. klerikalen Kräfte.

Sachs, Hans deutscher Meistersinger und Dichter (* 1494, † 1576); schuf zahlreiche Spruchgedichte, Meisterlieder und Fastnachtsspiele, in denen sich die Lebensansichten des städtischen Handwerkertums im 16. Jh. spiegeln.
❧ Hans Sachs ist eine Figur in RICHARD WAGNERS Oper ›Meistersinger von Nürnberg‹ von 1868 (*siehe* Kapitel 5).

Hans Sachs (links) und Donatien Alphonse François Marquis de Sade

Sade, Donatien Alphonse François Marquis de französischer Schriftsteller (* 1740, † 1814), schildert in seinen Werken eine Welt voller Grausamkeiten (›Sadismus‹) und sexueller Ausschweifungen.

❧ Der Marquis de Sade verbrachte 27 Jahre seines Lebens in Haft oder in Nervenheilanstalten.

Sage, Sammelbegriff für Erzählungen, die wie das Märchen oft von wunderbaren, übernatürlichen Ereignissen handeln, vielfach aber auf einen bestimmten historischen Ort, eine bestimmte Person oder eine bestimmte Zeit Bezug nehmen.

Saint-Exupéry, Antoine de [sɛ̃tɛgsype'ri], französischer Schriftsteller (* 1900, † 1944), verbindet die Schilderung eigener Flugabenteuer mit seinen Vorstellungen von der Notwendigkeit eines menschlichen Verhaltens auch in einer von Technik und Krieg bestimmten Welt. Bekannt wurden der Roman ›Nachtflug‹ (1931) und das Märchen ›Der kleine Prinz‹ (1943).
❧ Saint-Exupéry kam bei einem Flugzeugabsturz ums Leben.

Salon, *der* im Frankreich des 17. Jh. entstandene Geselligkeitsform, bei der Künstler, Literaten und Philosophen im Salon einer adligen oder bürgerlichen Dame zusammentrafen und Fragen des Geschmacks, der Etikette und des gesellschaftlichen Lebens erörterten. Die Salons wurden dabei immer wieder zu Keimzellen politischer, wissenschaftlicher und literarischer Entwicklungen.
❧ Zum Beispiel verkehrten im Salon der Madame Du Deffand (* 1697, † 1780) die Philosophen Montesquieu (* 1689, † 1755) und Voltaire; um 1800 traf sich bei Rahel Varnhagen von Ense (* 1771, † 1858) das literarische Berlin.

Sancho Pansa, dickbäuchiger Knappe des Ritters Don Quijote de la Mancha *(siehe dort),* der im Gegensatz zum Idealismus seines Herrn die Forderungen des Magens und des Geldbeutels vertritt.

Sand, George [sã:d], französische Schriftstellerin (* 1804, † 1876), schrieb u. a. romantisch-idealistische Liebesromane, in denen sie das Thema der Liebe und die Emanzipation der Frau behandelte.
❧ George Sand, die eigentlich Aurore Dupin hieß, war u. a. mit Frédéric Chopin befreundet.

Sappho, griechische Lyrikerin um 600 v. Chr., deren Gedichte aufgrund ihrer musikalischen Sprache und lebendigen Weltsicht schon in der Antike zum allgemeinen Bildungsschatz gehörten.

Sartre, Jean-Paul französischer Philosoph und Schriftsteller (* 1905, † 1980), führender Vertreter des Existenzialismus, der sich in seinen philosophischen (u. a. ›Das Sein und das Nichts‹, 1943) und literarischen Werken (›Die Fliegen‹, 1943; ›Bei geschlossenen Türen‹, 1945) mit dem Thema der Freiheit des Einzelnen auseinander setzt.
❧ Sartre war der Lebensgefährte von Simone de Beauvoir. ❧ 1964 lehnte Sartre den ihm zuerkannten Nobelpreis für Literatur ab.

Satire, *die* literarische Form, die mithilfe von Spott, Ironie, Parodie oder Übertreibung eine bestimmte Person, Erscheinung, Verhaltensweise oder Anschauung kritisiert oder lächerlich macht.
❧ Im 19. und 20. Jh. wurde die Satire z. B. von Heinrich Heine, Heinrich Mann und Karl Kraus (* 1874, † 1936) sowie in kabarettistischen Texten verwendet.

Schäferroman, eine im 16. und 17. Jh. vor allem von der höfischen Gesellschaft getragene literarische Form. Im Schäferroman wird vom utopisch-idyllischen Leben der Hirten und ihren Liebesabenteuern berichtet.

Die Schatzinsel, Abenteuerroman von Robert Louis Stevenson (1883); schildert die Suche nach einem Piratenschatz in der Südsee und wurde v. a. als Jugendbuch bekannt.

Schauspiel, im weitesten Sinn gleichbedeutend mit Drama. Im engeren Sinn ist Schauspiel ein Drama, das sich von der Tragödie durch den glücklichen Ausgang, von der Komödie durch den Ernst von Thema und Stimmung unterscheidet, z. B. Schillers ›Wilhelm Tell‹, Goethes ›Iphigenie auf Tauris‹.

Scheherazade, die Erzählerin der Märchen in ›Tausendundeiner Nacht‹.

Schelmenroman, eine Romanform, in der ein zumeist zur Schicht der Unterprivilegierten gehörender Ich-Erzähler seine vielfältigen Abenteuer auf dem Weg zum Glück schildert und dabei einen satirischen Blick auf die Gesellschaft freigibt. Der Schelmenroman entstand im Spanien des 16. Jh.
❧ Bekannte Schelmenromane sind der ›Lazarillo von Tormes‹ (1554), ›Simplicissimus‹ (1669) und ›Felix Krull‹ (1954).

Die Schildbürger, Bewohner der Stadt Schilda im Volksbuch ›Die Schildbürger‹ (1598), das deren sprichwörtliche Torheiten und Narrenstreiche erzählt. So versuchen sie z. B. in ihr fensterloses Rathaus Sonnenlicht in Säcken hineinzutragen (*siehe auch* Kapitel 7). Die Schwanksammlung über die Schildbürger ist eine Bearbeitung des ›Lalebuchs‹ (erster Druck 1597).

Schiller, Friedrich von deutscher Dichter (* 1759, † 1805), trat zunächst mit seinem Stück ›Die Räuber‹ (1781) als Dichter des Sturm und Drang in Erscheinung. Begründete nach seiner Übersiedlung nach Weimar 1799 zusammen mit GOETHE die ›Weimarer Klassik‹ und trat v. a. mit Balladen (›Lied von der Glocke‹, 1799) und Dramen (›Don Carlos‹, 1787; ›Wallenstein‹, 1800 Druck der Trilogie; ›Wilhelm Tell‹, 1804) hervor. Schiller galt besonders im 19. Jh. als der bedeutendste Dichter des deutschen Bürgertums.
❧ In seinem Geburtsort Marbach am Neckar befindet sich das Schiller-Nationalmuseum/Deutsches Literaturarchiv, eine der wichtigsten Sammelstellen deutscher Literatur. ❧ Schillers Gedicht ›An die Freude‹ wurde von BEETHOVEN vertont (Neunte Sinfonie).

Der Schimmelreiter, Novelle von THEODOR STORM (1888), schildert den Aufstieg des begabten Hauke Haien zum Deichgrafen und sein Scheitern an der Trägheit seiner Umwelt und an den Naturgewalten. Nach der Sage erscheint der Schimmelreiter noch heute als Vorbote gewaltiger Sturmfluten.

Schlegel, Friedrich von deutscher Dichter (* 1772, † 1829), wurde v. a. als Verfasser des philosophisch-autobiographischen Romans ›Lucinde‹ (1799), in dem es ihm um die subjektive Sittlichkeit und Freiheit in den Beziehungen zwischen Mann und Frau geht, sowie durch seine literarischen Aufsätze und Aphorismen bekannt. Schlegel war als Ästhetiker, Literaturtheoretiker und -historiker, als Kritiker und Dichter fruchtbarer Anreger und geistiger Mittelpunkt der Frühromantik.
❧ Sein Bruder AUGUST WILHELM VON SCHLEGEL (* 1767, † 1845) war ein bedeutender Sprach- und Literaturwissenschaftler, der u. a. 17 Dramen von SHAKESPEARE übersetzte (fortgeführt u. a. von LUDWIG TIECK).

Schlüsselroman, Roman, bei dem auf reale Geschehnisse und Personen versteckt angespielt wird.
❧ Beispiele sind KLAUS MANNS ›Mephisto. Roman einer Karriere‹ (1936) und ROBERT MUSILS ›Mann ohne Eigenschaften‹ (1930–43).

Friedrich von Schiller

Schmidt, Arno deutscher Schriftsteller (* 1914, † 1979), wurde mit experimentellen, sprachspielerischen, z. T. schwer zugänglichen Prosatexten bekannt. Als Hauptwerk gilt der Roman ›Zettels Traum‹ (1970).

Schnitzler, Arthur österreichischer Schriftsteller (* 1862, † 1931), schilderte mit psychologischem Feingefühl und in sozialkritischer Perspektive die Charaktere und die Doppelmoral in der österreichischen Gesellschaft am Ende des 19. Jh. Bekannt wurde das Theaterstück ›Reigen‹ (1900).

Schuld und Sühne, Roman von DOSTOJEWSKI (1866), schildert die Tat des aus armen Verhältnissen stammenden Raskolnikoff, der eine Wucherin tötet, um sein Studium zu finanzieren und diese Tat durch seinen Glauben an den weltlichen Fortschritt rechtfertigt. Erst im Laufe eines anschließenden Zusammenbruchs und durch den Aufenthalt in einem Straflager sowie durch die Liebe Sonjas erkennt Raskolnikoff, dass er durch Sühne von seiner Schuld frei werden kann.

Schwank, seit dem 15. Jh. literarischer Begriff für scherzhafte Erzählungen in Vers und Prosa; seit dem 19. Jh. auch lustiges Schauspiel mit Situations- und Typenkomik.

Schwejk, *siehe* Die Abenteuer des braven Soldaten Schwejk.

Sciencefiction, *die* ['saɪəns'fɪkʃən], Bezeichnung für literarische Formen, die zukünftige Entwicklun-

gen, wie sie aufgrund wissenschaftlicher Erkenntnisse durchaus möglich wären, behandeln. Der Einsatz von Robotern, Reisen in den Weltraum und außerirdische Lebewesen stehen dabei oft im Vordergrund.
❧ JULES VERNE ist einer der Väter dieses Genres.

Scott, Sir Walter schottischer Dichter (* 1771, † 1832), wurde v.a. mit historischen Romanen berühmt. In ›Ivanhoe‹ (1820) schildert er den Kampf des gleichnamigen Ritters für seinen König Richard Löwenherz gegen dessen verräterischen Bruder Johann zur Zeit der Kreuzzüge.

Seghers, Anna deutsche Schriftstellerin (* 1900, † 1983), schildert in ihrem in der Emigration geschriebenen Hauptwerk ›Das siebte Kreuz‹ (1942) die Flucht von sieben Häftlingen aus einem KZ, von denen einer nicht wieder eingefangen werden kann. Sein Überleben wird zum Symbol des Widerstands gegen den Nationalsozialismus.
❧ Anna Seghers lebte ab 1947 in Berlin (Ost).

Sekundärliteratur, im allgemeinen Sinn die Forschungsliteratur, d.h. wissenschaftliche Untersuchungen, Interpretationen und Kommentare über bestimmte Autoren, Werke, Themen, Formen, Epochen usw.

Senghor, Léopold Sédar senegalesischer Politiker und Schriftsteller (* 1906), führender Vertreter der Négritude *(siehe dort),* gilt als einer der bekanntesten schwarzafrikanischen Schriftsteller, der sich in seinem Werk für die Verbindung europäischer und afrikanischer Traditionen einsetzt.

Shakespeare, William [ˈʃeɪkspɪə], englischer Schriftsteller (* 1564, † 1616), verbrachte den größten Teil seines Lebens in London als Schauspieler und Mitbesitzer des ›Globe Theatre‹. Sein Werk wird meist in vier Schaffensperioden eingeteilt: 1. Verserzählungen und frühe historische Dramen (›Richard III.‹, 1593); 2. weitere historische Dramen, Komödien (›Ein Sommernachtstraum‹, um 1595) und die romantische Tragödie ›Romeo und Julia‹ (um 1595). Den Übergang zur dritten, so genannten ›dunklen Periode‹ bildet die Tragödie ›Julius Cäsar‹ (1599). Dazu gehören auch ›Hamlet‹ (um 1600), ›Othello‹ (1604), ›König Lear‹ (um 1605) und ›Macbeth‹ (um 1608). Zur vierten Periode gehören ›Der Sturm‹ (1611) und ›Das Wintermärchen‹ (1611). Bis heute ist Shakespeare einer der meistgespielten Bühnenautoren geblieben.

Shaw, George Bernard [ʃɔ:], irischer Schriftsteller (* 1856, † 1950), dessen Werk durch die Kritik an überkommenen gesellschaftlichen Verhaltensweisen und persönlichen Vorurteilen, durch beißenden Spott und ironischen Sprachwitz gekennzeichnet ist. Bekannt wurden die Stücke ›Pygmalion‹ (1912) und ›Die heilige Johanna‹ (1923).
❧ 1925 bekam Shaw den Nobelpreis für Literatur.

Sherlock Holmes, Detektivfigur aus den Kriminalromanen ARTHUR CONAN DOYLES.

Simenon, Georges belgischer Schriftsteller (* 1903, † 1989), schrieb mehr als 200 Romane. Weltbekannt wurde er mit seinen 76 psychologisch fundierten Kriminalromanen um die Gestalt des kleinbürgerlich-gutmütigen Kommissars Maigret.

Simmel, Johannes Mario österreichischer Schriftsteller (* 1924), schreibt viel gelesene Romane, die Elemente der Unterhaltungsliteratur mit zeitgeschichtlichen und zeitkritischen Bezügen verbinden (›Es muß nicht immer Kaviar sein‹, 1960; ›Niemand ist eine Insel‹, 1975).

Simplicissimus, liberale politisch-satirische Wochenschrift, 1896 in München gegründet, 1967 eingestellt.
❧ Mitarbeiter waren u.a. FRANK WEDEKIND und LUDWIG THOMA, als Zeichner OLAF GULBRANSSON (* 1873, † 1958) und THOMAS THEODOR HEINE (* 1867, † 1948).

Simplicissimus, Titelfigur des Romans ›Der abentheuerliche Simplicissimus teutsch‹ (1669) von JOHANN JAKOB CHRISTOFFEL VON GRIMMELSHAUSEN, in dem die Lebensgeschichte des Bauernjungen Simplicissimus erzählt wird, der mit zehn Jahren nach einem Überfall auf den Bauernhof seiner Pflegeeltern in die Wirren des Dreißigjährigen Kriegs verstrickt wird. Aus dem einfältigen Jungen wird ein gewitzter und kluger Mann, der sich zuletzt als Einsiedler aus der Verlogenheit der Welt zurückzieht.

Singer, Isaac Bashevis amerikanischer Schriftsteller jiddischer Sprache (* 1904, † 1991), schildert in seinen Romanen die Welt des Judentums in Osteuropa vor dem Holocaust und das Leben jüdischer Einwanderer in New York. Bekannt sind ›Der Zauberer von Lublin‹ (1960), ›Jakob der Knecht‹ (1962) und ›Verloren in Amerika‹ (1976–81). Er veröffentlichte die meisten seiner Romane und Erzählungen

zuerst in der englischen Übersetzung, danach jiddisch, und erreichte so eine breite Leserschaft. Seine Erzählung ›Yentl‹ wurde von BARBRA STREISAND (* 1942) verfilmt.
❧ 1978 erhielt Singer den Nobelpreis für Literatur.

Solschenizyn, Aleksandr Issajewitsch russischer Schriftsteller (* 1918), verbrachte die Jahre 1945–53 im Arbeitslager und wurde 1974 aus der Sowjetunion ausgewiesen. Solschenizyn setzte sich in seinem Werk (›Ein Tag im Leben des Iwan Denissowitsch‹, 1962; ›Krebsstation‹, 1968) kritisch mit der Stalinzeit auseinander. ›Der Archipel GULAG‹ (1973–75) ist ein literarischer Dokumentarbericht über die sowjetischen Straflager.
❧ 1970 erhielt Solschenizyn den Nobelpreis für Literatur.

Sonett, *das* in Italien im 13. Jh. entwickelte strenge Form des lyrischen Gedichts; besteht aus zwei vierzeiligen und zwei dreizeiligen Strophen.

Sophokles, griechischer Dichter (*um 497/496 v. Chr., † 406/405 v. Chr.), lebte zur Zeit des PERIKLES in Athen. Von seinen über hundert Dramen sind sieben erhalten, darunter ›Antigone‹, ›König Ödipus‹ und ›Elektra‹. Sophokles rückte die einzelne Person in den Vordergrund und zeigte an ihrem Schicksal die furchtbare Macht der Götter.

Soyinka, Wole nigerianischer Schriftsteller (* 1934). Seine v. a. in englischer Sprache geschriebenen Stücke und Romane behandeln – zum Teil mit Humor und Satire, aber auch mit sozialkritischer Schärfe – sowohl Konflikte aus dem modernen Afrika und Themen aus der traditionellen Kultur als auch existenzielle Fragen des modernen Menschen.
❧ 1986 erhielt Soyinka den Nobelpreis für Literatur.

Steinbeck, John Ernst amerikanischer Schriftsteller (* 1902, † 1968), schilderte in seinen Romanen und Erzählungen das Leben von besitzlosen und umhergetriebenen Menschen aus der amerikanischen Unterschicht. Die soziale Anklage in seinen Werken, verbunden mit dem Glauben an das Gute in diesen Menschen, machte Steinbeck zu einem Anwalt der Armen. Bekannt sind ›Die wunderlichen Schelme von Tortilla Flat‹ (1935), ›Die Früchte des Zorns‹ (1939) und ›Jenseits von Eden‹ (1952).
❧ 1962 erhielt Steinbeck den Nobelpreis für Literatur.

Stendhal, französischer Schriftsteller (* 1783, † 1842), schrieb Romane, in denen er psychologisch fundiert die Zerrissenheit des Menschen angesichts sich auflösender Traditionen schildert. Bekannt sind die Romane ›Rot und Schwarz‹ (1830) und ›Die Kartause von Parma‹ (1839) sowie die psychologisch-historische Studie ›Über die Liebe‹ (1822).
❧ Stendhal, der eigentlich Marie Henri Beyle hieß, wählte sein Pseudonym nach dem Geburtsort des Antikenforschers JOHANN JOACHIM WINCKELMANN (* 1717, † 1768), dem brandenburgischen Stendal.

Sterne, Laurence [stəːn], englischer Dichter (* 1713, † 1768), schrieb mit seinem Hauptwerk ›Das Leben und die Ansichten Tristram Shandys‹ (1759–67) einen humoristischen Roman, der in Form der fiktiven Autobiographie in skuriler Weise die Frage der menschlichen Zeiterfahrung thematisiert.
❧ Das Erscheinen des Romans löste in Europa eine Mode des Shandyismus aus, innerhalb der bestimmte Sprech- und Verhaltensweisen der Romanfiguren nachgeahmt wurden.

Stevenson, Robert Louis [ˈstiːvnsn], schottischer Schriftsteller (* 1850, † 1894), lebte ab 1890 auf der Südseeinsel Samoa. Er wurde bekannt mit spannenden Südsee- und Abenteuerromanen, z. B. ›Die Schatzinsel‹ (1883), und hatte mit der Erzählung ›Der seltsame Fall des Doktor Jekyll und des Herrn Hyde‹ (1886) großen Erfolg.

Stifter, Adalbert österreichischer Dichter (* 1805, † 1868), unternahm in seinen Werken ›Der Nachsommer‹ (1857) und ›Witiko‹ (1865–67) den Versuch, den Erfahrungen einer schnelllebigen Moderne eine Welt überzeitlicher Werte und Traditionen entgegenzusetzen.

Storm, Theodor deutscher Dichter (* 1817, † 1888), schrieb neben Gedichten von wehmutsvoller Grundstimmung v. a. Novellen, die historische Ereignisse und Figuren sowie landschaftliche Stimmungen schildern. Hierzu gehören ›Immensee‹ (1851), ›Viola Tricolor‹ (1874), ›Pole Poppenspäler‹ (1875) und ›Der Schimmelreiter‹ (1888).

Stowe, Harriet Beecher [stəʊ], amerikanische Schriftstellerin (* 1811, † 1896), erlangte mit ihrem Roman ›Onkel Toms Hütte‹ (1852), der sich gegen die Sklaverei richtete, Weltruhm. Sie schrieb u. a.

auch Kinderbücher und Abhandlungen über die Stellung der Frau.

Strauß, Botho deutscher Schriftsteller (* 1944), in seinen Stücken (u.a. ›Trilogie des Wiedersehens‹, 1976), Erzählungen und Romanen zeigt Strauß die Oberflächlichkeit der eingefahrenen gesellschaftlichen Wahrnehmungs- und Verhaltensweisen und möchte an deren Stelle den Blick auf das Wesentliche lenken. Er zählt zu den derzeit meistgespielten Bühnenautoren Deutschlands.

Strindberg, August schwedischer Dichter (* 1849, † 1912), war mit seinen Bühnenwerken (›Meister Olof‹, 1878; ›Fräulein Julie‹, 1888; ›Der Totentanz‹, 1901; ›Gespenstersonate‹, 1907) einer der einflussreichsten Vertreter des Naturalismus. Mit seiner Sozialkritik und seiner Darstellung des Kampfes der Geschlechter erregte Strindberg Anstoß.

Seite aus der Erstausgabe des ›Struwwelpeter‹ mit Tuschzeichnung und handschriftlichem Text Heinrich Hoffmanns

Der Struwwelpeter, Bilderbuch (1845) des Frankfurter Arztes HEINRICH HOFFMANN (* 1809, † 1894), der dieses Buch für seinen Sohn verfasste. Es enthält in zehn Bildergeschichten die Grundregeln bürgerlicher Moral und warnt vor deren Verletzung durch Androhung z. T. grausamer Strafen. Bekannte Figuren sind neben dem Struwwelpeter Hans-Guck-in-die-Luft und Zappelphilipp.

Der Sturm, Theaterstück von SHAKESPEARE (1611). Der aus Mailand vertriebene Herzog Prospero bringt mithilfe eines durch seine Zauberkräfte erregten Sturms seine Feinde dazu, ihm seinen Besitz zurückzugeben. ›Der Sturm‹ gilt als SHAKESPEARES letztes Stück, dessen Rätselhaftigkeit unterschiedliche Deutungen zulässt.

Sturm und Drang, eine geistige Bewegung in Deutschland etwa von der Mitte der 60er- bis Ende der 80er-Jahre des 18. Jh. Der Name Sturm und Drang wurde nach dem Titel des Schauspiels ›Sturm und Drang‹ (1776, ursprünglicher Titel ›Wirrwarr‹, von CHRISTOPH KAUFMANN umbenannt) von FRIEDRICH MAXIMILIAN VON KLINGER (* 1752, † 1831) auf die ganze Bewegung übertragen. Ihr Ausgangspunkt war eine jugendliche Revolte gegen den Rationalismus der Aufklärung; im Zentrum der künstlerischen Produktion wollte sie das ›Genie‹ sehen.
❧ GOETHES ›Götz von Berlichingen‹ (1773), ›Die Leiden des jungen Werthers‹ (1774) und SCHILLERS ›Die Räuber‹ (1781) wurden unter Einfluss des Sturm und Drang geschrieben.

Surrealismus, eine nach dem Ersten Weltkrieg zunächst in Frankreich einsetzende literarische und künstlerische Bewegung, die darauf zielte, in poetischen Verfahren Rausch, Träume und freie Gedankenassoziationen als Quellen künstlerischer Produktion zu nutzen.
❧ ANDRÉ BRETON (* 1896, † 1966) schrieb die Manifeste des Surrealismus und 1928 den Roman ›Nadja‹ (*siehe auch* Kapitel 5).

Swift, Jonathan irisch-englischer Schriftsteller (* 1667, † 1745), übte in seinen Satiren und Erzählungen Kritik an den sozialen Verhältnissen Irlands und Englands. Bekannt wurde v. a. sein satirischer Roman ›Gullivers Reisen‹ (1726), der gekürzt zu einem beliebten Jugendbuch wurde.

Symbol, *das* [griechisch ›Zeichen‹], Zeichen bzw. Sinnbild, dem eine Bedeutung zugrunde liegt, die über die sichtbare Erscheinung des Zeichens hinausweist. So ist z. B. die Rose ein Symbol der Liebe.

Symbolismus, literarische Strömung, Ende des 19. Jh. als Reaktion auf den Naturalismus in Frankreich entstanden. Im Mittelpunkt stehen die künstlerische Gestaltung der Sprache und die Verwendung von Symbolen.

❧ Vertreter des literarischen Symbolismus waren in Frankreich CHARLES BAUDELAIRE und in Deutschland STEFAN GEORGE und HUGO VON HOFMANNSTHAL (*siehe auch* Kapitel 5).

Szene, kleinere, besonders gegliederte Einheit eines Dramas, Films oder eines Hörspiels; auch Bezeichnung für den Schauplatz einer Handlung.

Tacitus, Publius (?) Cornelius römischer Geschichtsschreiber (* um 55 n. Chr., † nach 116 n. Chr.), war Prätor und Konsul in Rom. In seinen ›Annalen‹ und ›Historien‹ schrieb er eine Geschichte der römischen Kaiserzeit; sein kurz ›Germania‹ genanntes Werk beschreibt in idealisierender Weise die Lebensformen der Germanen und stellt diese den ›verdorbenen‹ Sitten der Römer gegenüber.

Talmud, *siehe* Kapitel 8.

Taugenichts, *siehe* Aus dem Leben eines Taugenichts.

Tausendundeine Nacht, eine orientalische Geschichten- und Märchensammlung mit über dreihundert Erzählungen, deren Anfänge bis ins 10. Jh. zurückgehen. Nach der Übersetzung im 18. Jh. wurde das Werk auch in Europa bekannt. Zu den Geschichten, die Scheherazade dem König von Samarkand erzählt, gehören u. a. ›Aladins Wunderlampe‹ und ›Ali Baba und die vierzig Räuber‹.

Text, allgemein Wortlaut eines Schriftwerks oder dieses selbst, z. B. im Unterschied zu textkritischen Anmerkungen, Melodien oder Abbildungen.

Theater [griechisch ›Schaustätte‹], die Gesamtheit aller Arten szenischer Darstellung eines Geschehens, die für Zuschauer bestimmt sind, sowie der Ort der Aufführung und die dazu gehörigen technischen Einrichtungen. Neben dem Theater im engeren Sinne als Sprechtheater mit Schauspielern gibt es weitere Formen des Theaters: Musik- und Tanztheater, Pantomime und Puppenspiel.
❧ Die Geschichte des europäischen Theaters beginnt mit religiösen und kultischen Darstellungen im antiken Griechenland.

Thoma, Ludwig Pseudonym Peter Schlemihl, deutscher Schriftsteller (* 1867, † 1921), schrieb u. a. Satiren für den ›Simplicissimus‹. Populär wurden seine volkstümlich humoristischen Erzählungen wie ›Die Lausbubengeschichten‹ (1905) und ›Der Münchner im Himmel‹ (1911).

Thriller, *der* [ˈθrɪlə; von englisch to thrill ›erschauern‹], Bezeichnung für Filme, Theaterstücke oder Erzählungen, die mithilfe besonderer Effekte Spannung und Nervenkitzel erzeugen.

Tieck, Ludwig deutscher Dichter (* 1773, † 1853), wurde v. a. mit seinen romantischen Märchen, dem Briefroman ›Geschichte des Herrn William Lovell‹ (1795/96), der Komödie ›Der gestiefelte Kater‹ (1797) und dem Künstlerroman ›Franz Sternbalds Wanderungen‹ (1798) bekannt. Tieck führte neben anderen auch die Shakespeare-Übersetzungen A. W. VON SCHLEGELS (* 1767, † 1845) fort.

Der Tod in Venedig, Erzählung von THOMAS MANN (1912), schildert die letzten Tage und den Tod des Künstlers Gustav von Aschenbach in Venedig. In der von einer Choleraseuche heimgesuchten Stadt verliebt sich der Künstler in den Knaben Tadzio, der für ihn zugleich die Erfahrung der Schönheit im Angesicht der Vergänglichkeit verkörpert.

❧ Die Verfilmung (1970) durch den italienischen-Regisseur LUCHINO VISCONTI (* 1906, † 1976) gilt als ein Meisterwerk.

Tolkien, John Ronald Reuel englischer Schriftsteller und Mythenforscher (* 1892, † 1973), wurde als Romanautor v. a. durch die Trilogie ›Der Herr der Ringe‹ (1954/55) bekannt.

Graf Lew Nikolajewitsch Tolstoj

Tolstoj, Lew (Leo) Nikolajewitsch Graf russischer Schriftsteller (* 1828, † 1910), ein Meister der Darstellung menschlicher Verhaltensweisen und Charaktere. Tolstoj schrieb u. a. die Romane ›Krieg und Frieden‹ (1868–69) und ›Anna Karenina‹ (1878) sowie zahlreiche Erzählungen und Novellen, u. a. ›Die Kreutzersonate‹ (1891). Seine religiösen und sozialen Anschauungen (Lehre der Gewaltlosigkeit, Kritik am gesellschaftlichen Unrecht) wurden auch in seinen theoretischen Werken deutlich.
❧ Kurz vor seinem Tod verließ er seine Familie, um in asketischer Einsamkeit zu leben. – Abb. S. 275.

Tom Sawyer [- ˈsɔjər], Titelgestalt des Romans ›Die Abenteuer Tom Sawyers‹ (1876) von MARK TWAIN, schildert einige Monate im Leben des Lausbuben Tom in St. Petersburg am Mississippi, seine Konflikte mit der Erwachsenenwelt (›Tante Polly‹), seine Liebe zu Becky und seine Freundschaft mit Huckleberry Finn.
❧ Das Buch war eine Parodie auf die damaligen Jugendbücher vom ›guten Jungen‹ und wurde selbst zu einem Klassiker der Jugendliteratur.

Topos, *der* [griechisch], literaturwissenschaftlicher Ausdruck für eine feste literarische Wendung bzw. für ein bestimmtes Motiv.
❧ Ein Topos ist z. B. die Vorstellung, dass ein König gerecht und die Prinzessin schön ist.

Die toten Seelen, Roman von NIKOLAJ WASSILJEWITSCH GOGOL (1842), der ein grotesk-satirisches Bild der gesellschaftlichen Verhältnisse im Russland seiner Zeit entwirft. Da nach dem geltenden Gesetz auch verstorbene Leibeigene (›Tote Seelen‹) noch verpfändet werden konnten, unternimmt der Kollegienassessor Tschitschikow eine Reise durch die russische Provinz mit der Absicht, möglichst viele dieser Schuldverschreibungen aufzukaufen. Dabei treten die unterschiedlichsten Gutsbesitzertypen in karikierter Weise in Erscheinung.

Tragikomödie, dramatische Gattung, in der sich komische und tragische Elemente wechselseitig durchdringen, sodass Grauen in Lachen und Lachen in Grauen umschlägt und die Erfahrung des Grotesken entsteht.
❧ Zeitgenössische Tragikomödien verfassten F. DÜRRENMATT, M. FRISCH und TH. BERNHARD.

Tragödie, dramatische Gattung, in der ein Held in einem schicksalhaften, ausweglosen Konflikt unterliegt. Die Tragödie entwickelte sich aus kultischen Chorgesängen im antiken Griechenland und verarbeitete ursprünglich meist Stoffe aus dem Mythos. AISCHYLOS, SOPHOKLES und EURIPIDES schrieben die ersten bedeutenden Tragödien.
❧ MARTIN OPITZ (* 1597, † 1639) hat im 17. Jh. für die Tragödie den Begriff des Trauerspiels geprägt.

B. Traven (links) und Anton Pawlowitsch Tschechow (rechts)

Traven, B. deutschsprachiger Schriftsteller (* 1882 (?) oder 1890 (?), † 1969), schrieb erfolgreiche sozialkritische Romane, die von einem leidenschaftlichen Protest gegen Unmenschlichkeit, Krieg und Gewalt gekennzeichnet sind. Dazu gehören ›Das Totenschiff‹ (1926) und ›Der Schatz der Sierra Madre‹ (1927).
❧ Travens Identität ist bis heute Gegenstand der Forschung. Als gesichert gilt, dass er zwischen 1917 und 1921 unter dem Pseudonym Ret Marut die sozialistische Zeitschrift ›Der Ziegelbrenner‹ herausgab und an der Münchner Räterepublik beteiligt war.

Tristan, Held des mittelhochdeutschen Versepos ›Tristan und Isolt‹ (um 1210) von GOTTFRIED VON STRASSBURG (lebte im 13. Jh.), *siehe* Kapitel 9.

Trivialliteratur, abwertende Bezeichnung für Literatur, die sowohl in der sprachlichen als auch in der inhaltlichen Gestaltung nicht den jeweiligen Normen ›hoher‹ Literatur entspricht.
❧ Eine Form der Trivialliteratur sind die Heftchenromane.

Trochäus, *der* Versfuß, der aus einer langen (betonten) und einer kurzen (unbetonten) Silbe besteht.
❧ Beispiel: ›Freude, schöner Götterfunken.‹

Troubadour, *der* ['tru:badu:r], Dichter des 12. und 13. Jh., der an den Fürstenhöfen Südfrankreichs zumeist selbst vertonte Lieder vortrug, in denen die Ideale der Liebe zu einer unerreichbaren hoch gestellten Frau und des tugendhaften Rittertums vertreten wurden. Ihre Sprache ist die (südfranzösische) Langue d'oc. Die Troubadoure beeinflussten den Minnesang. An den nordfranzösischen Höfen dichteten die Trouvères nach dem Vorbild der Troubadoure, aber in der Sprache des nördlichen Frankreich, der Langue d'oïl.

Tschechow, Anton Pawlowitsch russischer Schriftsteller (* 1860, † 1904), schildert in zahlreichen Novellen und Kurzgeschichten die Welt des russischen Kleinbürgertums, der Intellektuellen und des niedergehenden Gutsadels. In den Theaterstücken ›Die Möwe‹ (1896), ›Onkel Wanja‹ (1897) und ›Der Kirschgarten‹ (1904) steht das Neben- und Gegeneinander von Seelenlagen und Stimmungen der Figuren im Mittelpunkt.

Tucholsky, Kurt deutscher Journalist und Schriftsteller (* 1890, † 1935), prangerte in satirischen Artikeln und Gedichten Militarismus, Nationalismus, Korruption und die antidemokratischen Bestrebungen an. Bekannt sind auch seine Geschichten ›Rheinsberg‹ (1912) und ›Schloß Gripsholm‹ (1931). 1933 wurden seine Bücher in Deutschland verboten.
❧ Tucholsky schrieb auch unter den Pseudonymen Kaspar Hauser, Peter Panter, Theobald Tiger und Ignaz Wrobel.

Twain, Mark *siehe* Mark Twain.

Uhland, Ludwig deutscher Dichter (* 1787, † 1862), gehörte dem spätromantischen schwäbischen Dichterkreis an und schrieb schlichte, volkstümliche Gedichte, von denen einige zu Volksliedern wurden.

Der Untertan, Roman von HEINRICH MANN, erschienen 1918. Schildert am Lebensweg des Unternehmersohnes Dietrich Hässling die Unterwürfigkeit des deutschen Bürgertums gegenüber Adel und Militarismus im wilhelminischen Kaiserreich. Der Roman ist eine der bedeutendsten Satiren in der deutschen Literatur des 20. Jahrhunderts.
❧ 1951 wurde der Roman von WOLFGANG STAUDTE (* 1906, † 1984) verfilmt.

Uraufführung, die erste Aufführung eines Bühnenwerks oder Films.

Utopie, *die* literarische Darstellung einer erfundenen idealen Staats- und Gesellschaftsordnung. Während die älteren Utopien meist vorhandene gesellschaftliche Zustände kritisieren, behandeln die Utopien seit dem 19. Jh. auch technisch-naturwissenschaftliche Probleme.
❧ Als erste Utopie gilt PLATONS ›Staat‹; das Buch ›Utopia‹ von THOMAS MORUS erschien 1516.

Vargas Llosa, Mario ['baryaz'josa], peruanischer Schriftsteller (* 1936), der mit seinen z. T. sozialkritischen Romanen zu den wichtigsten Vertretern der zeitgenössischen lateinamerikanischen Literatur gehört. Bekannt wurden ›Die Stadt und die Hunde‹ (1962), ›Das grüne Haus‹ (1965) und ›Lob der Stiefmutter‹ (1988).

Verfremdungseffekt, Bezeichnung für die von BERTOLT BRECHT im epischen Theater eingesetzten Effekte, die beim Publikum eine Identifikation mit dem Bühnengeschehen verhindern (Songs, sichtbare Bühnentechnik).

Vergil, römischer Dichter (* 70 v. Chr., † 19 v. Chr.), war mit Kaiser AUGUSTUS befreundet. Sein Hauptwerk ist das Heldenepos ›Aeneis‹, das zum Nationalepos der Römer wurde.

Die verlorene Ehre der Katharina Blum, Erzählung von HEINRICH BÖLL (1974), schildert den Fall der Katharina Blum, die sich in einen von der Polizei als Terroristen gesuchten Mann verliebt und ihm zur Flucht verhilft, und die Zerstörung ihres Lebens durch die Machenschaften der Sensationspresse.
❧ 1975 verfilmt von VOLKER SCHLÖNDORFF (* 1939).

Verne, Jules [vɛrn], französischer Schriftsteller (* 1828, † 1905), schrieb Zukunftsromane, in denen er technische Erfindungen vorwegnahm. Mit ihnen gehört er zu den Begründern der Sciencefictionliteratur. Zu seinen bekanntesten Büchern gehören ›Reise nach dem Mittelpunkt der Erde‹ (1864), ›20 000 Meilen unter'm Meer‹ (1870) und ›Reise um die Welt in 80 Tagen‹ (1873).

Vers, durch Metrum, Rhythmus, Zäsur gegliederte, eine bestimmte Anzahl von Silben, oft einen Reim aufweisende Zeile einer Dichtung in gebundener Rede wie Gedicht, Drama, Epos. Vers kann auch die Bedeutung Strophe haben.
❧ Herkömmliche Versformen sind Alexandriner, Hexameter, Jambus und Trochäus.

Villon, François [vi'jõ], französischer Dichter (* 1431, ab 1463 verschollen), studierte an der Universität Sorbonne (Paris) und war zeitweise Mitglied einer Diebesbande. Villon schrieb freche, ironische und sozialkritische Balladen, die vom Vagabundenleben, von Tod, Vergänglichkeit, vom Hass und von der Liebe handeln. Sein Hauptwerk ist ›Das große Testament‹ (1456).
❧ BERTOLT BRECHT hat einige der Lieder Villons in die ›Dreigroschenoper‹ aufgenommen.

Vom Winde verweht, Roman (1936) der amerikanischen Schriftstellerin MARGARET MITCHELL (* 1900, † 1949). Sie schildert darin die Geschichte und Erfahrungen einer Familie in den Südstaaten der USA während des Sezessionskriegs.
❧ Der Roman wurde mehrfach verfilmt, u. a. 1939 mit CLARK GABLE (* 1901, † 1960) und VIVIEN LEIGH (* 1913, † 1967).

Die Wahlverwandtschaften, Roman von GOETHE (1809), schildert die verwickelte Liebesgeschichte zwischen Eduard, seiner Frau Charlotte und den beiden hinzukommenden Figuren, dem Hauptmann und der Pflegetochter Ottilie, in Entsprechung zu einem naturwissenschaftlichen Experiment. GOETHE überträgt die Vorgänge chemischer Prozesse auf das Feld der Gefühle und thematisiert so das Verhältnis von Natur und Kultur.

Wallenstein, historische Figur aus dem Dreißigjährigen Krieg (*siehe* Kapitel 2). SCHILLER gestaltete das Schicksal des Feldherrn ALBRECHT VON WALLENSTEIN, der eine eigenständige Politik trieb und dadurch in Gegensatz zum Kaiser geriet, in drei verschiedenen Stücken, von denen ›Wallensteins Tod‹ (1799) das bekannteste ist; SCHILLER schrieb damit das erste bedeutende Geschichtsdrama.

Walser, Martin deutscher Schriftsteller (* 1927), schildert in seinen Werken neben Ehe- und Beziehungsproblemen, in denen er den Zustand der Gesellschaft widergespiegelt sieht (›Ehen in Philippsburg‹, 1957; ›Ein fliehendes Pferd‹, 1978), die Erfahrungswelt der Mittelschicht aus der Sicht von Versagern. Der Roman ›Die Verteidigung der Kindheit‹ (1991) thematisiert Identität und Geschichte der Deutschen. Politische Bezüge enthält auch sein Roman ›Finks Krieg‹ (1996).

Walther von der Vogelweide, mittelhochdeutscher Dichter (* um 1170, † um 1230), herausragender Vertreter des Minnesangs; ferner verfasste er politische Dichtungen. Walther von der Vogelweide führte v. a. als fahrender Sänger ein Wanderleben.

Warten auf Godot, Schauspiel von SAMUEL BECKETT (1952). Das Stück zeigt die beiden Landstreicher Vladimir und Estragon, die die Zeit des letztlich erfolglosen Wartens auf den ihnen unbekannten Godot mit Clownerien und Sprachspielen verbringen, und stellt so die mögliche Sinnlosigkeit menschlicher Existenz dar.

Die Weber, Schauspiel von GERHART HAUPTMANN (1892), das die Not der Weber in Schlesien und ihren Aufstand im Jahr 1844 zum Thema hat. Wegen der darin enthaltenen Sozialkritik wurde eine öffentliche Aufführung erst 1894 erlaubt. ›Die Weber‹ sind ein wichtiges Werk des Naturalismus.

Wedekind, Frank deutscher Schriftsteller (* 1864, † 1918), wandte sich in seinen Dramen (›Frühlings Erwachen‹, 1891; ›Der Erdgeist‹, 1895) und in seinen satirisch gefärbten Balladen gegen die erstarrten bürgerlichen Moralvorstellungen.
❧ Wegen Majestätsbeleidigung in dem Gedicht ›Palästinafahrt‹ wurde Wedekind 1899/1900 zu einer Festungshaft verurteilt.

Weimarer Klassik, von der Zusammenarbeit SCHILLERS und GOETHES geprägte Richtung der deutschen Literatur. In der älteren Literaturwissenschaft Epochenbezeichnung für die Zeit zwischen Sturm und Drang und Romantik.

Weiss, Peter deutschsprachiger Schriftsteller und Maler (* 1916, † 1982), schrieb experimentelle Prosa und politisch engagierte Theaterstücke, u. a. ›Die Ermittlung. Oratorium in 11 Gesängen‹ (1965). Aufsehen erregte sein Roman ›Die Ästhetik des Widerstands‹ (1975–81).

Weltliteratur, Sammelbezeichnung für die Literaturen aller Sprachen; im engeren Sinn die als überzeitlich und allgemein gültig angesehenen Werke der Nationalliteraturen.
❧ GOETHE prägte diesen Begriff im Gespräch mit seinem Sekretär JOHANN PETER ECKERMANN (* 1792, † 1854) am Neujahrstag des Jahres 1827.

Western, Filme und Romane, die, zumeist aus Sicht der Weißen, Kämpfe und Probleme der Eroberung des amerikanischen Westens im 19. Jh. behandeln.

West-östlicher Divan, Gedichtsammlung von GOETHE (1819), Ergebnis seiner Beschäftigung mit den Formen orientalischer Dichtung. Das Buch Suleika spiegelt die erotische Beziehung Goethes zu MARIANNE VON WILLEMER (* 1784, † 1860) wider.

Whitman, Walt ['wɪtmən], amerikanischer Dichter (* 1819, † 1892), Whitman, v. a. bekannt als Autor der Gedichtsammlung ›Grashalme‹ (englisch ›Leaves of grass‹, 1855, endgültige Fassung erst kurz vor seinem Tode), ist einer der bedeutendsten amerikanischen Versdichter des 19. Jahrhunderts.

Wie es euch gefällt, Komödie von SHAKESPEARE (1599), zeigt vor dem Hintergrund einer Schäfergeschichte die verschiedenen Auffassungen der Liebe und verhilft mithilfe einer Intrige der ›natürlichen‹ und ›zivilisierten‹ Vorstellung, die mit den beiden Helden Rosalinde und Orlando verbunden ist, zur Anerkennung.

Wieland, Christoph Martin deutscher Dichter (* 1733, † 1813), begründete mit der ›Geschichte des Agathon‹ (1766/67) den bürgerlichen Bildungsroman in Deutschland und schrieb zahlreiche weitere Werke, u. a. den humoristischen Roman ›Die Abderiten‹ (1774). Wieland verbindet die Verspieltheit des Rokoko mit bürgerlich aufklärerischer Gesinnung.
❧ Wieland übersetzte zahlreiche antike Autoren ins Deutsche.

Wiener Volkstheater, Bezeichnung für das vom Ende des 18. bis Mitte des 19. Jh. in der Wiener Vorstadt gespielte Theater, das Elemente des Volkstheaters und der Commedia dell'Arte mit gesellschaftskritischer Satire verband. Bekannte Autoren sind FERDINAND RAIMUND (* 1790, † 1836) und JOHANN NEPOMUK NESTROY; HELMUT QUALTINGER (* 1928, † 1986) wurde vom Wiener Volkstheater beeinflusst.
❧ Eine beliebte komische Figur ist ›Hanswurst‹.

Wilde, Oscar [waɪld], englischer Schriftsteller (* 1854, † 1900), wurde v. a. mit seinem Roman ›Das Bildnis des Dorian Gray‹ (1891), der Erzählung ›Das Gespenst von Canterville‹ (1887) und der Tragödie ›Salome‹ (1893) bekannt. In seinen Lustspielen (›Ein idealer Gatte‹, 1899) verspottet Wilde die Moralvorstellungen der englischen Gesellschaft.
❧ Wilde wurde wegen Homosexualität zu zwei Jahren Zuchthaus verurteilt. Seine Gefängniserfahrungen verarbeitete Wilde in der ›Ballade vom Zuchthaus in Reading‹, erschienen 1898.

Wilhelm Meisters Lehrjahre, Roman von GOETHE (1795/96), schildert den Bildungsgang und die Liebeserfahrungen des jungen, theaterbegeisterten Wilhelm, der auf seiner Reise durch Deutschland ein zunehmend realistisches Bild von sich und der Welt gewinnt und sich am Ende unter dem Eindruck der Liebe Nathalies zu einem praktisch-tätigen Arzt entwickelt.

Wilhelm Tell, Schauspiel von SCHILLER (1804), zeigt den schweizerischen Nationalhelden Tell aus der Zeit des Kampfes um die Unabhängigkeit der Schweiz. Im Zentrum des Dramas steht Tells Apfelschuss, der, als Zeichen der Demütigung gedacht, zum Ausdruck der Befreiung wird.
❧ Das Schauspiel enthält eine Reihe sprichwörtlich gewordener Redensarten, wie ›Es ist noch kein Meister vom Himmel gefallen‹.

Williams, Tennessee ['wɪljəmz], amerikanischer Dramatiker (* 1911, † 1983), beschreibt in ›Die Glasmenagerie‹ (1944) eine Frau, die sich aus Angst vor der Wirklichkeit in eine Traumwelt zurückgezogen hat. Auch ›Endstation Sehnsucht‹ (1947) und ›Die Katze auf dem heißen Blechdach‹ (1955) sind von der Psychoanalyse beeinflusst und thematisieren Lebenslügen als Fluchten aus der Wirklichkeit.

Wolf, Christa deutsche Schriftstellerin (* 1929), stellt in ihren Werken die Gesellschaft der DDR und ihre Veränderungen dar. Ihr Roman ›Der geteilte Himmel‹ (1963) behandelt das Schicksal eines Paares im geteilten Deutschland. Der Roman ›Nachdenken über Christa T.‹ (1968) ist autobiographisch. Die Erzählung ›Kassandra‹ (1983) gilt als wichtiges Werk der neueren feministischen Literatur.

Wolfram von Eschenbach, deutscher Dichter (* um 1170/80, † 1220), seine Werke gelten als Höhepunkt der in mittelhochdeutscher Sprache geschriebenen Dichtung der Stauferzeit. Sein Hauptwerk ist das Epos ›Parzival‹ (1200/10). Die subjektive Erzählweise Wolframs von Eschenbach ist für die Zeit ungewöhnlich.

Wolkenstein, *siehe* Oswald von Wolkenstein.

Woolf, Virginia [wʊlf], englische Schriftstellerin (* 1882, † 1941), beschreibt in ihren Romanen und Erzählungen v. a. die Erfahrungswelten von Frauen

Émile Zola auf einem Gemälde von É. Manet

mithilfe des inneren Monologs. Wichtige Werke sind u. a. ›Mrs. Dalloway‹ (1925), ›Die Fahrt zum Leuchtturm‹ (1927) und ›Orlando‹ (1928).

Yeats, William Butler [jeɪts], irischer Dichter (* 1865, † 1939), griff auf irische und keltische Mythen zurück und verband in seiner Lyrik Einflüsse des Symbolismus mit spirituellen Erfahrungen.
❧ Yeats erhielt 1923 den Nobelpreis für Literatur.

Der Zauberberg, Roman von THOMAS MANN (1924), schildert den Aufenthalt Hans Castorps in einem Schweizer Sanatorium, den dieser zu einer Bestandsaufnahme der abendländischen Kultur und ihrer teils wissenschaftlichen, teils irrationalen Traditionen nutzt.
❧ 1981 von HANS WERNER GEISSENDÖRFER (* 1941) verfilmt.

Zensur, *die* Maßnahmen, mit denen eine staatliche oder religiöse Autorität Veröffentlichungen kontrolliert, verändert oder verbietet. Zensur dient v. a. der Verhinderung einer nichtkonformen, oppositionellen Meinungsbildung.
❧ Das Grundgesetz verbietet eine Zensur. ❧ Historisch leitet sich der Begriff ›Zensur‹ vom Amt des römischen Zensors ab (*siehe* Kapitel 1).

Der zerbrochene Krug, Lustspiel von HEINRICH VON KLEIST (1808). Das im dörflichen Milieu spielende Stück, das die Gerichtsverhandlung um einen zerbrochenen Krug zeigt, an deren Ende der ermittelnde Richter selbst als Täter entlarvt wird, enthält neben Schwankelementen deutliche Kritik am Rechtssystem der Zeit und verweist u. a. auf das Zerbrechen der alten Ordnung.

Zitat, *das* wortwörtlich übernommene oder angeführte Stelle aus einem anderen Text, der in der Regel als Quelle angegeben werden muss.

Zola, Émile [zoˈla], französischer Schriftsteller (* 1840, † 1902), begründete mit seinem Roman ›Nana‹ (1880) den Naturalismus. Im Mittelpunkt seines Hauptwerks, des 20-teiligen Romanzyklus ›Die Rougon-Marcquart‹ (1871–93), steht die Frage nach der Rolle von Vererbung und Milieu im Leben des Menschen; Zola gibt damit ein mit wissenschaftlicher Exaktheit entworfenes umfassendes Zeitgemälde der französischen Gesellschaft.
❧ 1898 setzte er sich mit einem offenen Brief für den unschuldig verurteilten Hauptmann DREYFUS (* 1859, † 1935) ein. Zola war ein enger Jugendfreund des Malers PAUL CÉZANNE.

Zuckmayer, Carl deutscher Schriftsteller (* 1896, † 1977), schrieb expressionistisch beeinflusste Stücke, in denen sich Gesellschafts- und Kulturkritik verbinden und lyrische und derbe Elemente mischen. Bekannt sind ›Der fröhliche Weinberg‹ (1925), ›Schinderhannes‹ (1927), ›Der Hauptmann von Köpenick‹ (1930). In ›Des Teufels General‹ (1946) unternahm Zuckmayer seinen Versuch, mithilfe der Literatur den Nationalsozialismus in Deutschland aufzuarbeiten.
❧ Er schrieb auch das Drehbuch zu dem Film ›Der blaue Engel‹ (1929).

Zweig, Stefan österreichischer Schriftsteller (* 1881, † 1942). Einer der meistgelesenen Autoren seiner Zeit. Sein Werk umfasst erzählende Literatur, Lyrik, Dramen ebenso wie Biographien (u. a. über Erasmus von Rotterdam, Balzac, Marie Antoinette) und Essays (u. a. ›Sternstunden der Menschheit‹, 1927), in denen er sich u. a. mit der inneren Zerrissenheit des modernen Menschen auseinander setzt. Bekannt sind die Novellen ›Brennendes Geheimnis‹ (1911), ›Verwirrung der Gefühle‹ (1927) und der Roman ›Ungeduld des Herzens‹ (1938). In der ›Schachnovelle‹ (1942) thematisiert Zweig die Gefahren des Faschismus.

7
Sprichwörter und Redensarten

Sprichwörter und Redensarten bilden einen wichtigen Bestandteil unserer Sprache. So wie jeder Mensch bestimmte charakteristische Eigenschaften besitzt, besitzt auch jede Sprache ihre eigenen Redensarten. Es sind feste Wortgruppen, deren einzelne Wörter man nicht beliebig verändern oder austauschen darf. Denn ihre Bedeutung ergibt sich nur aus der vollständigen Wortgruppe, nicht aus der Bedeutung der Einzelwörter.
Viele Redensarten sind schon sehr alt und gehen auf Bräuche und Vorstellungen zurück, die wir gar nicht mehr kennen und die sich deshalb unserer unmittelbaren Einsicht entziehen. Wenn wir trotzdem verstehen, was gemeint ist, wenn jemand ›auf den Busch klopft‹, ›mit etwas hinter dem Berge hält‹ oder ›den Stab über jemandem bricht‹, so nur, weil wir diese Redensarten kennen, indem wir sie als Teil unserer Muttersprache gelernt haben.
Sprichwörter dagegen sind leichter zu verstehen. Sie formulieren allgemein gültige Erfahrungen, stellen Verhaltensregeln auf und warnen vor Fehlverhalten, z. B.: ›Man soll den Tag nicht vor dem Abend loben.‹
Sie sind Ausdruck einer allgemein verständlichen Philosophie, die von Generation zu Generation weiterlebt.

ad absurdum [lateinisch], etwas ›ad absurdum führen‹ heißt, die Widersinnigkeit oder Sinnlosigkeit z. B. einer Behauptung nachweisen.

nach Adam Riese, richtig gerechnet. Diese Redensart geht auf den berühmten deutschen Rechenmeister ADAM RIES (* 1492, † 1559) zurück.

Adel verpflichtet, eine höhere gesellschaftliche Stellung verpflichtet zu Verhaltensweisen, die von anderen nicht unbedingt erwartet werden. Der Ausspruch stammt aus dem Französischen (›noblesse oblige‹) und findet sich in den ›Maximes et réflexions sur différents sujets de morale et de politique‹ (1808) von PIERRE M. G. DUC DE LÉVIS.

Advocatus Diaboli [lateinisch ›Anwalt des Teufels‹] nennt man jemanden, der um der Sache willen mit seinen Argumenten die Gegenseite vertritt, ohne ihr selbst anzugehören.

Alma Mater [lateinisch ›nährende Mutter‹], oft scherzhafte Bezeichnung für die Universität und die Hochschule.

Alter Ego [lateinisch ›anderes Ich‹] nennt man einen sehr guten, vertrauten Freund.

Alter schützt vor Torheit nicht, auch alte Menschen begehen noch Dummheiten. – In SHAKESPEARES Tragödie ›Antonius und Kleopatra‹ (1623) sagt Kleopatra zu Antonius: ›Wenn mich das Alter auch nicht schützt vor Torheit, doch wohl vor Kindischsein.‹

bei jemandem gut (schlecht) angeschrieben sein, bei ihm in gutem (schlechtem) Ansehen stehen. Die Redewendung geht auf die Bibel (Buch Exodus) zurück, wo von einem Buch die Rede ist, in das der Herr die Gerechten einschreibt und aus dem er die Sünden tilgt.

das A und O, die Hauptsache, das Wichtigste, der Kernpunkt. Ursprünglich verstand man darunter den Anfang und das Ende, nach dem ersten (Alpha) und dem letzten (Omega) Buchstaben des griechischen Alphabets. Nach der Offenbarung des Johannes spricht Gott: ›Ich bin das A und O ...‹

Die Axt im Haus erspart den Zimmermann, jemand, der im Umgang mit Handwerkszeug geschickt ist, braucht für vieles nicht die Hilfe eines Fachmanns. Das Sprichwort ist ein Zitat aus SCHILLERS Drama ›Wilhelm Tell‹ (1804).

mit etwas hinter dem Berge halten, etwas Wichtiges verschweigen.
Die Redensart ist seit dem Dreißigjährigen Krieg bekannt und stammt aus der militärischen Fachsprache: Man stellte die Geschütze in Deckung hinter einem Berg auf, wo sie vom Gegner nicht gesehen werden konnten, und setzte sie dann in einem günstigen Augenblick ein.

biblisches Alter, ein sehr hohes Alter, nach den Angaben in der Bibel über das Alter der Patriarchen.

kein Blatt vor den Mund nehmen, offen seine Meinung sagen. Die Redensart geht auf eine alte Sitte im Theater zurück, nach der die Schauspieler sich Blätter vor den Mund hielten, um später nicht für ihre Äußerung zur Rechenschaft gezogen zu werden.

ein unbeschriebenes Blatt, noch unerfahren, ohne Kenntnisse; eine Redensart, die auf ARISTOTELES zurückgeht ›Wie auf einer Tafel, auf der in Wirklichkeit nichts geschrieben steht.‹

ins Bockshorn jagen, in die Enge treiben, einschüchtern. Die Redensart taucht erstmals um 1500 im ›Narrenschiff‹ von SEBASTIAN BRANT (* 1457, † 1521) auf.

böhmische Dörfer, unbekannte, unverständliche Dinge. Die seit Ende des 16. Jh. belegte Redewendung erklärt sich daraus, dass viele tschechische Ortsnamen in Böhmen für die Deutschen, die Tschechisch nicht beherrschten, fremd klangen und nur schwer auszusprechen waren. So schreibt z. B. HANS JAKOB CHRISTOFFEL VON GRIMMELSHAUSEN in seinem ›Simplicissimus‹ (1668): ›Es waren mir nur Böhmische Dörffer, und alles ein gantz unverständliche Sprache.‹

den Braten riechen, merken oder ahnen, dass etwas Unangenehmes auf einen zukommt; eine sehr alte Redensart, die schon bei dem römischen Dichter HORAZ nachzulesen ist. Auch LUTHER verwendet sie, z. B. in ›An die Ratsherren‹ (1524): ›... der Teuffel roch den braten wol.‹

die Bretter, die die Welt bedeuten, so nennt SCHILLER in seinem Gedicht ›An die Freude‹ (1803) die Bühne.

ein Buch mit sieben Siegeln, etwas Unverständliches, nicht Durchschaubares. Die Redensart stammt aus der Bibel (Offenbarung des Johannes) und wird z. B. von GOETHE in seinem ›Faust‹ zitiert: ›Mein Freund, die Zeiten der Vergangenheit sind uns ein Buch mit sieben Siegeln.‹

auf den Busch klopfen, früher schlugen Jäger mit Stangen auf die Büsche des Unterholzes, um das Wild aufzuscheuchen. Wenn heute ›jemand auf den Busch klopft‹, so spielt er auf etwas an, um etwas anderes, das er wissen möchte, zu erfahren.

coram publico [lateinisch], öffentlich, vor aller Augen.

Daumenschrauben, ›jemandem Daumenschrauben anlegen‹ bedeutet, ihn unter Druck setzen, ihn in rücksichtsloser Weise zu etwas zwingen. – Die Redensart geht auf eine Form der Folter zurück, bei der ein eisernes Schraubzeug um die Daumen gelegt wurde.

mit jemandem unter einer Decke stecken, mit ihm gemeinsame Sache machen, die gleichen, oft schlechten Ziele verfolgen. Ursprünglich bedeutete die Redensart ›mit jemandem verheiratet sein‹, nach dem Brauch, die Jungvermählten nach der Eheschließung ins Brautgemach zu geleiten und sie mit einer Decke zuzudecken.

Deus ex Machina [lateinisch ›Gott aus der Maschine‹], unerwarteter, im richtigen Moment auftauchender Helfer in einer Notlage. – Im antiken Theater schwebten die Götter an einer kranähnlichen Flugmaschine auf die Bühne.

ein Dorn im Auge, ein Ärgernis. Die Redensart geht auf die Bibel zurück (4. Buch Mose): ›Wenn ihr aber die Bewohner des Landes nicht vor euch her vertreibet, so werden euch die, die ihr übrig lasst, zu Dornen in euren Augen werden.‹

drakonisch, sehr streng, hart, grausam. So galten die Gesetze des altgriechischen Gesetzgebers DRAKON (7. Jh. v. Chr.), weil er sie ›mit Blut und nicht mit Tinte schrieb‹, wie PLUTARCH berichtet.

das Ei des Kolumbus, eine überraschend einfache Lösung; nach einer älteren Anekdote, die später auf

KOLUMBUS übertragen wurde, demonstrierte dieser die Lösung des Problems, ein Ei aufrecht hinzustellen, dadurch, dass er es durch Eindrücken auf der Spitze stehen ließ.

Eulen nach Athen tragen geht auf einen Ausspruch in einer Komödie des ARISTOPHANES zurück. Wer Eulen nach Athen trug, tat etwas gänzlich Überflüssiges, denn die Eule, mit dem die Stadtgöttin Athene dargestellt wurde, war schon längst in Athen heimisch.

sich mit fremden Federn schmücken, die Verdienste anderer als die eigenen ausgeben, sich mit den Verdiensten anderer brüsten. Diese alte Redensart, die in Europa weit verbreitet ist, geht auf die Fabel des lateinischen Dichters PHAEDRUS (1. Jh. n. Chr.) zurück: ›Hier schmückt sich eine Krähe mit den Federn eines Pfaus.‹

Man muss die Feste feiern, wie sie fallen, man soll sich keine gute Gelegenheit entgehen lassen, z. B. um ein Fest zu feiern. Aus der Berliner Lokalposse ›Graupenmüller‹ (1870) von HERMANN SALINGRÉ (* 1833, † 1879).

Einem geschenkten Gaul schaut man nicht ins Maul, mit einem Geschenk soll man, so wie es ist, zufrieden sein. Wenn man allerdings ein Pferd kaufen will, so sollte man ihm ins Maul schauen, denn am Zustand der Zähne lässt sich sein Alter abschätzen. Schon der Kirchenvater HIERONYMUS (* 337, † 420) kannte das Sprichwort: ›Noli equi dentes inspicere donati‹: Prüfe nicht die Zähne eines geschenkten Gauls.

Gelobt sei, was hart macht, aus ›Also sprach Zarathustra‹ von FRIEDRICH NIETZSCHE.

Gleich und gleich gesellt sich gern, Menschen mit gleicher Gesinnung und gleichen (oft zweifelhaften) Absichten schließen sich gern zusammen. Schon in der ›Odyssee‹ von HOMER steht: ›Ein Halunke führt da den anderen, wie eben stets ein Gott den Gleichen zum Gleichen gesellt.‹ Und CICERO schreibt: ›Nach einem alten Sprichwort aber tun sich Gleiche und Gleiche sehr gern zusammen.‹

etwas an die große Glocke hängen, etwas, meist etwas Privates oder Vertrauliches überall herum erzählen, ausposaunen. Früher ging der Gemeindediener mit einer Glocke durch den Ort und verlas seine Bekanntmachungen. V. a. Schuldner, die ihre Schuld nicht bezahlen konnten, wurden zur Strafe ›verläutet‹.

jedes Wort auf die Goldwaage legen, sich sehr vorsichtig, übergenau ausdrücken. Eine sehr alte Redewendung, die schon im Alten Testament vorkommt (Buch Sirach): ›Die Weisen wägen ihre Worte mit der Goldwaage.‹

das Gras wachsen hören. Wenn jemand an kleinsten und häufig auch eingebildeten Anzeichen zu erkennen glaubt, wie eine Entwicklung verlaufen wird, so sagt man spöttisch: Er hört das Gras wachsen. Die Redewendung geht auf die jüngere ›Edda‹ zurück, wo über Heimdall, den Wächter der Götter, berichtet wird: ›Er bedarf weniger Schlaf als ein Vogel und sieht bei Nacht ebenso gut wie bei Tage hundert Meilen weit. Er kann auch hören, dass das Gras auf der Erde und die Wolle auf den Schafen wächst, sowie überhaupt alles, was einen Laut von sich gibt.‹

Gretchenfrage, eine Frage, die eine heikle, oft auf das Gewissen bezogene Problematik anschneidet. Nach der Frage, die Gretchen an Faust richtet: ›Nun sag, wie hast du's mit der Religion?‹ (GOETHE, ›Faust‹).

Wer andern eine Grube gräbt, fällt selbst hinein, wer andern schaden will, schadet sich dadurch oft nur selbst. Nach der Bibel (7. Psalm): ›Er hat eine Grube gegraben und ist in die Grube gefallen, die er selbst gemacht hat.‹

Was ein Häkchen werden will, krümmt sich beizeiten, *siehe* Früh übt sich, was ein Meister werden will.

jemanden auf Händen tragen, jemanden, dem man sehr zugetan ist, sehr verwöhnen. In der Bibel (91. Psalm) wird berichtet, dass Gott seinen Engeln befohlen habe, ›dass sie dich behüten auf allen deinen Wegen, dass sie dich auf (den) Händen tragen und du deinen Fuß nicht an einen Stein stoßest.‹

jemandem das Handwerk legen, seinem üblen Treiben ein Ende setzen. Die Redewendung bezog sich ursprünglich auf einen Handwerker, der sich gegen Vorschriften der Zunft verging und der dafür mit dem Verbot, sein Handwerk weiter auszuüben, bestraft wurde.

unter die Haube bringen, ein Mädchen verheiraten; früher trugen verheiratete Frauen als Zeichen ihrer Würde eine Haube.

seine Haut zu Markte tragen, sich voll für jemanden oder etwas einsetzen und sich dabei selbst gefährden; nach der Vorstellung von der Haut als dem allerletzten Eigentum, das man einsetzt.

Hecht im Karpfenteich, jemand, der in einer langweiligen Umgebung für Unruhe sorgt. So nannte der deutsche Historiker HEINRICH LEO (* 1799, † 1878) in einem Aufsatz den französischen Kaiser NAPOLEON III.

Das Hemd ist mir näher als der Rock, der eigene Vorteil ist mir wichtiger als der Vorteil der anderen; nach dem ähnlich lautenden Ausspruch ›Tunica proprior pallio est‹ in der Komödie ›Trinummus‹ des römischen Dichters PLAUTUS (* um 250, † 184 v. Chr.).

wie der Herr, sos Gescherr, die negativen Eigenschaften eines Vorgesetzten, der Eltern usw. lassen sich auch an den Untergebenen, Kindern usw. feststellen, oder so wie der Besitz, so ist auch der Besitzer. Nach dem satirischen Roman ›Satyrica‹ des römischen Schriftstellers PETRONIUS ARBITER (1. Jh. n. Chr.): ›Qualis dominus, talis est servus‹: Welcher Art der Herr, solcher Art auch sein Diener.

Wem das Herz voll ist, dem geht der Mund über, wenn jemand von etwas sehr angetan, berührt, begeistert ist, dann muss er es auch zum Ausdruck bringen. Dieses Sprichwort, das LUTHER in seiner Bibelübersetzung verwendet, ist schon älter und findet sich 1515 im ›Evangelibuch‹ des JOHANN GEILER VON KAYSERSBERG (* 1445, † 1510): ›Wes das hertz vol ist, des loufft der mund über.‹

im siebenten Himmel sein, über die Maßen glücklich sein; nach der aus der jüdischen Tradition stammenden Vorstellung, dass der siebente und oberste Himmel der Sitz Gottes sei.

Hinz und Kunz, alle möglichen Leute, jedermann. Die Redewendung entstand schon im Mittelalter und bezieht sich auf die damals sehr häufigen Vornamen Hinz (Heinrich) und Kunz (Konrad).

Hochmut kommt vor dem Fall, der Hochmütige wird über kurz oder lang zu Fall kommen. Das Sprichwort geht auf die Bibel zurück (Buch der Sprichwörter) und wurde früher übersetzt als: Stolzer Mut kommt vor dem Fall.

sich in die Höhle des Löwen wagen, zu jemandem, den man fürchtet, hingehen und ihm ein Anliegen vortragen. In einer Fabel des ÄSOP fragt ein kranker Löwe den Fuchs, warum er nicht zu ihm in die Höhle komme. Der Fuchs antwortet: ›Ich träte schon ein, wenn ich nicht sähe, dass so viele Spuren hinein-, keine aber hinausführen.‹ Daraus entwickelte sich auch die Redensart: ›Vestigia terrent‹: Die Spuren schrecken.

auf dem Holzweg sein, im Irrtum sein, fehlgehen, da Holzwege vielfach nirgendwohin führen, sondern einfach im Wald enden.

Etwas geht aus, wie das Hornberger Schießen, etwas, um das viel Aufhebens gemacht wird, endet ohne Ergebnis. Die Redewendung geht auf einen mündlich überlieferten Schildbürgerstreich zurück, der sich im 16. Jh. ereignet haben soll: Nachdem die Bürger von Hornberg ihr ganzes Pulver beim Empfang des erwarteten Herzogs verschossen hatten, stellte sich heraus, dass lediglich sein vorausgesandtes Gefolge begrüßt worden war. Die Ankunft des Herzogs vollzog sich dann in aller Stille. Nach einer anderen Überlieferung übten die Bürger von Hornberg so oft das Salutschießen zur Begrüßung eines Fürsten, dass sie bei dessen Ankunft keine Munition mehr übrig hatten.

❧ In der Stadt Hornberg im Ortenaukreis, Baden-Württemberg, findet jedes Jahr ein Fest statt, das an das ›Hornberger Schießen‹ erinnert.

auf den Hund kommen, in schlechte Verhältnisse geraten, sehr herunterkommen. Die Redensart geht wohl darauf zurück, dass früher in der Rangfolge der Tiere, die Fuhrwerke zogen, der Hund nach Pferd und Esel an letzter Stelle stand. Nach einer anderen Deutung war früher in den Innenboden von Geldkästen ein Hund eingraviert, dessen Umrisse natürlich erst sichtbar wurden, wenn das Geld verbraucht, man also ›auf den Hund‹ gekommen war.

vor die Hunde gehen, verkommen, zugrunde gehen. Diese aus dem 17. Jh. stammende Redewendung kommt wohl aus der Jägersprache und bezieht sich auf krankes oder schwaches Wild, das Jagdhunden leicht zum Opfer fällt.

am Hungertuch nagen, Not leiden, sich sehr einschränken müssen. Diese Redewendung geht auf den mittelalterlichen Brauch zurück, während der Fastenzeit den Altar durch einen Vorhang, das ›Hungertuch‹, zu verhüllen.

in vino veritas [lateinisch], im Wein liegt Wahrheit, d. h., es ist wahrscheinlicher, dass jemand die

Wahrheit sagt, wenn er etwas Alkohol getrunken hat, als wenn er nüchtern ist.

dem Kaiser geben, was des Kaisers ist, seine Pflicht gegenüber der Obrigkeit erfüllen. – Im Matthäusevangelium spricht CHRISTUS: ›So gebet dem Kaiser, was des Kaisers ist, und Gott, was Gottes ist.‹

die Kastanien aus dem Feuer holen, für einen anderen eine unangenehme Sache erledigen und sich dabei selbst in Gefahr bringen.
Nach einer Tierfabel, die besonders durch den französischen Dichter JEAN DE LA FONTAINE (* 1621, † 1695) bekannt wurde (›Der Affe und die Katze‹): Ein Affe will geröstete Kastanien essen und überlegt sich, dass es ihm wohl wehtun würde, wenn er die Kastanien ohne Zange aus dem Feuer holen müsste. Also packt er eine Katze und benutzt deren Vorderbeine wie eine Zange zum Herausnehmen der Kastanien.

die Katze aus dem Sack lassen, über eine Absicht, einen Plan, den man bisher absichtlich verschwiegen hat, sprechen. Solange der Sack verschlossen ist, weiß man nicht, was drin ist. Öffnet man ihn aber, so weiß jeder, woran er ist. Die Katze kann dann nicht mehr als Hase verkauft werden.

die Katze im Sack kaufen, etwas kaufen, ohne sich vorher von der Qualität überzeugt zu haben. Eine alte, in vielen europäischen Sprachen vorkommende Redewendung. So wird z. B. im Volksbuch ›Till Eulenspiegel‹ (1510/11) von einer Katze im Sack erzählt, die als Hase verkauft wurde.

etwas auf dem Kerbholz haben, etwas Unerlaubtes, eine Straftat begangen haben, etwas ausgefressen haben. Das ›Kerbholz‹, dessen Gebrauch seit dem Mittelalter überliefert ist, war ein Stock, auf dem Lieferungen und Arbeitsleistungen aufgezeichnet wurden. Meist bestand es aus zwei Teilen: einem für den Schuldner und dem anderen für den Gläubiger. Bei der Abrechnung wurden dann die Teile aufeinander gelegt, wobei sich die Kerben genau entsprechen mussten.

das Kind mit dem Bad ausschütten, übereilt mit dem Schlechten auch das Gute verwerfen. SEBASTIAN FRANCK (* 1499, † 1543) erklärt 1541 diese Redewendung: ›Wenn man den rechten Brauch und Missbrauch miteinander aufhebt und ein Gespött daraus macht, das heißt Zaum und Sattel mit dem Pferd zum Schinder führen, heißt, das Kind mit dem Bade ausschütten. Das Kind soll man baden und von seinem Wuste säubern, darnach das Bad ausschütten und das Kind aufheben und einwickeln.‹

mit Kind und Kegel, mit der gesamten Familie. Kegel oder ›kekel‹ bedeutete im Mittelhochdeutschen ›uneheliches Kind‹.

mit jemandem ist nicht gut Kirschen essen, mit ihm ist nicht gut auszukommen. Diese Redensart geht auf eine ältere zurück: Mit hohen Herren ist nicht gut Kirschen essen, sie spucken einem die Kerne ins Gesicht. Sie stammt aus einer Zeit, wo es Kirschbäume nur in den Gärten von Klöstern oder Adligen gab, und warnt davor, mit launischen und übermütigen Herren vertraulich zu verkehren.

Kleider machen Leute, gepflegte, gute Kleidung fördert das Ansehen. Titel einer Novelle (1874) des Schweizer Schriftstellers GOTTFRIED KELLER.

etwas übers Knie brechen, etwas übereilt erledigen, schnell abtun. – Dünnes Holz oder Reisig kann man schnell über dem Knie zerbrechen, ohne dafür eine Axt oder Säge zu Hilfe nehmen zu müssen. Da das so zerbrochene Holz nicht genau geteilt werden kann, gab es früher als eine weitere Bedeutung der Redewendung: etwas flüchtig bearbeiten.

einen Korb bekommen, eine ablehnende Antwort auf ein Angebot, v. a. auf einen Heiratsantrag erhalten. – Die Redewendung bezieht sich darauf, dass in früheren Zeiten Frauen gelegentlich ihren Liebhaber in einem Korb zu sich hochziehen ließen. War der Liebhaber ungebeten oder nicht genehm, so bekam er einen Korb mit brüchigem Boden, sodass er auf die Erde zurückfiel, oder man ließ den Korb auf halber Höhe hängen und gab so den Liebhaber dem Gespött der Leute preis.

in der Kreide stehen, Schulden haben. – Früher wurden in Wirtshäusern die Schulden der Gäste mit Kreide auf einer schwarzen Tafel notiert, also ›angekreidet‹. Wenn ein Wirt ›mit doppelter Kreide‹ schrieb, so bedeutete dies, dass er Schulden doppelt aufschrieb oder zu hohe Preise verlangte.

Krethi und Plethi, alle möglichen Leute, allerlei Gesindel, Hinz und Kunz *(siehe dort).* Die Redensart wurde durch die luthersche Bibelübersetzung bekannt und bezieht sich auf die ›Kreter und Philister‹ in der Söldnertruppe König DAVIDS.

das Kriegsbeil begraben, einen Streit beenden. Das Kriegsbeil war eine Waffe der nordamerikanischen Indianer. Wenn ein Krieg beendet war, wurde als Zeichen dafür das Kriegsbeil begraben.

Krokodilstränen weinen, Rührung und Mitgefühl vortäuschende Tränen vergießen; nach einer seit dem Mittelalter weit verbreiteten Sage, dass Krokodile wie Kinder weinen, um ihre Opfer anzulocken.

in der Kürze liegt die Würze, eine knappe Darstellung ist oft treffender als eine ausführliche; nach SHAKESPEARE (›Hamlet‹): ›Weil Kürze denn des Witzes Seele ist, ... fass ich mich kurz.‹

durch die Lappen gehen, entkommen. – Die Redewendung stammt aus der Jägersprache: Bei Treibjagden wurden früher Stofflappen zwischen den Bäumen aufgehängt, um das Wild im Jagdrevier zurückzuhalten. Meist scheuten die Tiere vor diesen Lappen zurück, aber es kam auch vor, dass das Wild durchbrach, also ›durch die Lappen ging‹.

sich wie ein Lauffeuer verbreiten, ungemein schnell durch Weitererzählen (meist auf Nachrichten oder Gerüchte bezogen) verbreiten. – Als Lauffeuer bezeichnete man ursprünglich ein Feuer, das sehr schnell an auf dem Boden ausgestreutem Pulver entlanglief.

jemandem den Laufpass geben, ihn wegschicken, die Beziehungen zu ihm abbrechen. – Der ›Laufpass‹ oder älter ›Laufzettel‹ wurde früher den Soldaten bei ihrer Entlassung aus dem Militärdienst ausgestellt.

jemandem eine Laus in den Pelz setzen, ihm Ärger, Schwierigkeiten bereiten. – Diese Redewendung hatte früher einen ganz anderen Sinn: Flöhe in einen Pelz zu setzen bedeutete, etwas völlig Überflüssiges tun (etwa wie Eulen nach Athen tragen *[siehe dort]*), denn Läuse waren natürlich schon vorher im Pelz. Im ›Narrenschiff‹ (1494) schrieb SEBASTIAN BRANT: ›Es ist nit not, dass man Leuß in den Pelz werf, sie wachsen wol on das darin.‹

leben und leben lassen, man sollte jedem wie sich selbst seine eigene Existenz und Lebensart, seinen Bereich zugestehen. In SCHILLERS Drama ›Wallensteins Lager‹ (1798) behauptet einer der Personen (ein Jäger), dass dies sein Motto sei.

jemandem auf den Leim gehen, auf seine Tricks hereinfallen, hereingelegt werden; nach den mit Leim bestrichenen Ruten, die schon im Mittelalter zum Vogelfang verwendet wurden.

alles über einen Leisten schlagen, alles mit dem gleichen Maßstab messen, alles ohne Rücksicht auf wesentliche Unterschiede gleich behandeln. – Die seit dem 16. Jh. belegte Redewendung bezieht sich auf die Arbeit eines schlechten Schusters, der nicht genau Maß nimmt, sondern seine Schuhe nach feststehenden hölzernen Modellformen, den ›Leisten‹, anfertigt.

jemandem die Leviten lesen, ihn wegen eines tadelnswerten Verhaltens nachdrücklich zur Rede stellen, ihn zurechtweisen. – Die Redewendung geht auf das dritte Buch Moses ›Levitikus‹ der Bibel zurück, das die Vorschriften für die Leviten, d. h. die Priester, enthält.

sein Licht nicht unter den Scheffel stellen, seine Leistungen, Verdienste nicht aus Bescheidenheit verbergen. – Im Matthäusevangelium heißt es: ›Man zündet auch nicht ein Licht an und setzt es unter einen Scheffel, sondern auf einen Leuchter, so leuchtet es allen, die im Hause sind. Also lasst euer Licht leuchten vor den Leuten, dass sie eure guten Werke sehen.‹

Wo viel Licht, ist auch viel Schatten, wo es viel Positives gibt, gibt es auch viel Negatives. Das Sprichwort geht auf GOETHES Drama ›Götz von Berlichingen‹ (1773) zurück: Weislinger wünscht Götz, dass er mit seinem Sohn viel Freude haben möge; darauf antwortet Götz: ›Wo viel Licht ist, ist starker Schatten.‹

Liebe macht blind, der griechische Philosoph PLATON sagt in seinem Werk ›Die Gesetze‹: ... denn der Liebende wird blind in Bezug auf den Gegenstand seiner Liebe.‹

sich auf seinen Lorbeeren ausruhen, sich nach einem Erfolg nicht mehr anstrengen. – Nach einem Brief der Königin LUISE von Preußen (* 1776, † 1810) vom April 1808 an ihren Vater, den Herzog KARL von Mecklenburg-Strelitz (* 1741, † 1816): ›Wir sind eingeschlafen auf den Lorbeeren‹ (sie meinte, den ›Lorbeeren‹ FRIEDRICHS II., DES GROSSEN).

Löwenanteil, der größte und beste Anteil von etwas; nach der Fabel ›Der Löwe, der Esel und der Fuchs‹ von ÄSOP, in der sich der Löwe mit dem

Recht des Stärkeren nach einer gemeinsamen Jagd mit dem Esel und dem Fuchs den größten Teil der Beute nimmt.

Wer einmal lügt, dem glaubt man nicht, und wenn er auch die Wahrheit spricht. Sinngemäß war das Sprichwort schon in der Antike bekannt. Im Deutschen ist es 1642 in der Fabel ›Lügen Lohn‹ von ANDREAS TSCHERNING (* 1611, † 1659) belegt.

Lunte riechen, eine drohende Gefahr schon im Voraus bemerken. – Die Ende des 18. Jh. belegte Redewendung bezieht sich auf den scharfen Geruch einer glimmenden Zündschnur, der ›Lunte‹, mit der Geschützladungen entzündet wurden. Er verriet oftmals den Standort eines verborgenen Geschützes.

seinen Mantel nach dem Wind hängen, sich zum eigenen Vorteil immer der herrschenden Meinung anpassen. – Die Redewendung bedeutete ursprünglich – durchaus noch nicht negativ –, dass ein Wanderer gut daran tat, seinen Mantel an die Seite zu hängen, aus der der Wind kam.

durch Mark und Bein gehen, als besonders unangenehm und quälend laut empfunden werden. – Nach der Bibel: ›Denn das Wort Gottes ist ... schärfer denn ein zweischneidiges Schwert und dringt durch, bis es schneidet Seele und Geist, auch Mark und Bein.‹

Matthäi am Letzten, jemand ist finanziell am Ende, sein Geld ist ausgegeben. – Die Redewendung stammt aus LUTHERS Katechismus (4. Kapitel), wo die Taufe behandelt wird: ›Da unser Herr Jesus Christus spricht Matthäi am Letzten: Gehet hin in alle Welt.‹ Wie und wann die heutige Bedeutung entstanden ist, lässt sich nicht mit Sicherheit sagen.

einem das Maul stopfen, ihn durch etwas zum Schweigen bringen. – Nach einer Fabel des PHÄDRUS (1. Jh. n. Chr.), in der ein Dieb versucht, dem bellenden Hofhund ein Stück Brot ins Maul zu stecken, damit er aufhört zu bellen. Auch in LUTHERS Bibelübersetzung kommt die Wendung vor, z. B.: ›... und aller Bosheit wird das Maul gestopft werden.‹

Früh übt sich, was ein Meister werden will, wenn man etwas ›meisterhaft‹ beherrschen will, muss man schon in der Jugend anfangen, sich darum zu bemühen. Das Sprichwort ist ein Zitat aus dem Drama ›Wilhelm Tell‹ (1804) von SCHILLER. Den gleichen Sinn hat auch: ›Was ein Häkchen werden will, krümmt sich beizeiten.‹

Kein Mensch muss müssen, niemand kann zu etwas gezwungen werden; aus dem Drama ›Nathan der Weise‹ (1783) von LESSING.

Etwas steht auf des Messers Schneide, etwas wird sich bald so oder so entscheiden. Eine sehr weit verbreitete Wendung, die auf die ›Ilias‹ von HOMER zurückgeht.

der deutsche Michel, *siehe* Kapitel 2.

Milchmädchenrechnung, Erwartung, die auf Illusionen, unlogischen Berechnungen, Trugschlüssen beruht. Nach der Fabel ›Das Milchmädchen und der Milchtopf‹ des französischen Dichters JEAN DE LA FONTAINE, in der ein Milchmädchen Geld aus dem Verkauf der Milch erträumt, Pläne macht, vor Freude hüpft und so die Milch verschüttet.

aus einer Mücke einen Elefanten machen, etwas stark übertreiben, maßlos aufbauschen. Eine Redewendung, die schon dem griechischen Schriftsteller LUKIAN (* etwa 120, † nach 180) bekannt war.

Gottes Mühlen mahlen langsam, für sein unrechtes, böses Tun wird man schließlich doch von Gott gestraft. Nach dem Anfang eines Gedichts (›Göttliche Rache‹) von FRIEDRICH VON LOGAU (* 1604, † 1655): ›Gottes Mühlen mahlen langsam, mahlen aber trefflich klein, ob aus Langmut er sich säumet, bringt mit Schärf er alles ein.‹

Jeder ist sich selbst der Nächste, jeder denkt zuerst an sich selbst; nach CICERO: ›Proximus sum egomet mihi‹, ich bin mir selbst der Nächste.

jemanden an der Nase herumführen, ihn bewusst täuschen, irreführen, ›nasführen‹; bezieht sich wohl auf die Tierbändiger, die Tiere, z. B. Bären, an einem durch die Nase gezogenen Ring herumführten.

sich an der eigenen Nase fassen, statt andere zu kritisieren, den Fehler bei sich selbst suchen und erkennen. Die Redensart geht wohl auf einen alten Rechtsbrauch zurück, nach dem sich jemand, der verurteilt war, eine Schmähung oder Beleidigung zu widerrufen, an der Nase zu fassen hatte.

Noblesse oblige, *siehe* Adel verpflichtet.

sich etwas hinter die Ohren schreiben, sich etwas gut merken. Nach einem alten Rechtsbrauch wurden besonders bei Grenzfestlegungen Knaben hierfür an den Ohren gezogen oder geohrfeigt, damit sie sich der Bedeutung des Aktes bewusst wurden und sich noch lange daran erinnerten.

Öl ins Feuer gießen, etwas noch schlimmer machen; nach den ›Satiren‹ des HORAZ: ›Oleum addere camino.‹

wie ein Ölgötze dasitzen oder dastehen, steif, teilnahms- und verständnislos sein. Der Ausdruck geht vielleicht auf die ›Ölberggötzen‹ zurück, die volkstümliche Bezeichnung für die häufig bildlich dargestellten schlafenden Jünger Jesu auf dem Ölberg.

unter dem Pantoffel stehen, als Ehemann von seiner Frau beherrscht werden, ein ›Pantoffelheld‹ sein. Der Schuh bzw. der Fuß galt im alten deutschen Recht als Symbol der Herrschaft. So setzte z.B. der Sieger dem Besiegten den beschuhten Fuß auf den Nacken. Schon sehr früh gingen diese Vorstellungen auch in die Hochzeitsbräuche über.

Papier ist geduldig, schreiben oder drucken kann man alles – dass es auch stimmt, ist damit noch lange nicht gesagt; nach CICERO: ›Epistula non erubescit‹, ein Brief errötet nicht.

Perlen vor die Säue werfen, etwas Wertvolles Leuten geben, die es nicht zu schätzen wissen. – Die Redewendung stammt aus der Bibel: ›Ihr sollt das Heiligtum nicht den Hunden geben, und eure Perlen sollt ihr nicht vor die Säue werfen, auf dass sie dieselbigen nicht zertreten mit ihren Füßen und sich wenden und euch zerreißen.‹

das Pferd beim Schwanze aufzäumen, eine Aufgabe verkehrt, d.h. mit einem dem Arbeitsablauf entgegengesetzten Arbeitsgang beginnen. Eine alte Redensart, die wir z.B. im ›Simplicissimus‹ von GRIMMELSHAUSEN finden.

mit seinem Pfunde wuchern, seine Begabung, Fähigkeiten klug anwenden. Die Wendung geht auf das biblische Gleichnis von den Talenten als ›anvertrauten Pfunden‹ zurück.

von der Pike auf dienen, einen Beruf von Grund auf erlernen. Die Pike, ein Spieß, war die Waffe des Fußvolkes. Die ursprüngliche Bedeutung der Redewendung war daher: als gemeiner Soldat (mit der Pike) beginnen, so z.B. in den ›Teutschen Gedichten‹ (1686) von HEINRICH MÜHLPFORT (* 1639, † 1681): ›Bist von der Picken auf zum Hauptmanns-Stand gestiegen.‹

die Platte putzen, sich davonmachen, unbemerkt verschwinden. – Ausdruck aus der deutschen Gaunersprache, dem Rotwelschen, der auf die hebräischen Wörter p'lat ›Flucht‹ und puz ›sich zerstreuen‹ zurückgeht.

von Pontius zu Pilatus laufen, in einer Angelegenheit viele Wege machen müssen, von einer Stelle zur anderen geschickt werden. – Diese in Europa weit verbreitete Redewendung geht auf die Bibel zurück: Jesus wurde von dem damaligen römischen Statthalter PONTIUS PILATUS zu König HERODES (* 20 v. Chr., † nach 39 n. Chr.) geschickt und von diesem zurück zu Pontius Pilatus. Das eigentliche ›von Herodes zu Pontius Pilatus‹ wurde dabei volkstümlich als Witzwort umgeformt.

potemkinsche Dörfer, etwas Vorgetäuschtes, in Wirklichkeit gar nicht Existierendes. – Fürst GRIGORIJ ALEXANDROWITSCH POTEMKIN (oder: Potjomkin, * 1739, † 1791), Günstling und politischer Berater der Kaiserin KATHARINA II., DER GROSSEN, von Russland, eroberte 1783 die Krim und war dann mit der Kolonisation der neu erworbenen Gebiete betraut. Als die Kaiserin 1787 eine Reise auf die Krim machte, soll Potemkin an ihrem Reiseweg Dörfer errichtet haben, deren Häuser nur aus gemalten Fassaden bestanden, um so einen Wohlstand vorzutäuschen, den es noch nicht gab.

jemanden an den Pranger stellen, ihn öffentlich bloßstellen, der allgemeinen Verachtung preisgeben. – Der Pranger war im Mittelalter eine Säule oder ein Pfahl, an dem Straftäter angekettet und so der allgemeinen Verachtung ausgesetzt wurden.

Ein Prophet gilt nichts in seinem Vaterlande, jemandes Fähigkeiten werden von seiner Umgebung oft nicht erkannt, gewürdigt. – Das in dieser Form nach GOETHES Schauspiel ›Götz von Berlichingen‹ (1773) zitierte Sprichwort geht auf die Bibel (Matthäusevangelium) zurück: ›Ein Prophet gilt nirgends weniger als in seinem Vaterland und im eigenen Hause.‹ Sinngemäß dichtete schon EURIPIDES (* um 480, † 406 v. Chr.): ›Für eine wackere Tat dürftest du wohl kaum das Vaterland zum Zeugen nehmen.‹

Wenn der Berg nicht zum Propheten kommen will, muss der Prophet zum Berge gehen, einer muss den ersten Schritt tun. – Von dem türkischen Volksweisen NASREDDIN HODSCHA, der im 13. Jh. gelebt haben soll, erzählt man sich folgende Anekdote: Nasreddin, der gerne als Heiliger gelten wollte, wurde gefragt, welches Wunder er vollbringen könne. Er antwortete, dass ein Baum auf seinen Befehl zu ihm kommen werde. Natürlich misslang dieses Experiment. Als Nasreddin daraufhin wegging und gefragt wurde, wohin er gehen wolle, antwortete er: ›Die Propheten und die Heiligen sind nicht hochmütig und verblendet. Kommt der Palmbaum nicht zu mir, so gehe ich zu ihm.‹

als Prügelknabe dienen, für fremde Verfehlungen die Schuld auf sich nehmen und bestraft werden. – Ein ›Prügelknabe‹ war früher angeblich ein Knabe von einfachem Stand, der zusammen mit einem Fürstensohn erzogen wurde und die Prügel bezog, die diesem zugedacht war.

bis in die Puppen, sehr lange. – Diese aus Berlin stammende Redewendung bezieht sich auf die im Berliner Tiergarten, der im 18. Jh. noch weit von der Stadt entfernt lag, aufgestellten Statuen (›Puppen‹). Bis in die Puppen gehen bedeutete also ursprünglich: sehr weit gehen müssen.

auf dem Quivive sein [ki'vi:f], scharf aufpassen, dass man nicht benachteiligt wird. – Aus dem Französischen stammender Ausdruck, der auf den Ruf des Wachtpostens ›Qui vive?‹ (Wer da?) zurückgeht.

Quod licet Jovi, non licet bovi [lateinisch ›was Jupiter erlaubt ist, ist nicht dem Ochsen erlaubt‹], Wortspiel mit Sprichwortcharakter: Was dem höher Gestellten zugebilligt, nachgesehen wird, wird bei dem niedriger Stehenden beanstandet.

das fünfte Rad am Wagen, jemand, der in einer Gruppe überflüssig ist, die Harmonie der Gruppe stört. – Eine sehr alte Redewendung, die schon im 11. Jh. in der ›Fecunda Ratis‹ des EGBERT VON LÜTTICH (um 972) belegt ist: ›Wer uns lästig ist, der ist uns das fünfte Rad am Wagen.‹

jemandem den Rang ablaufen, ihn überflügeln, übertreffen. Eigentlich bedeutete dies: jemanden überholen, indem man ihm beim Laufen eine Kurve (mittelhochdeutsch ranc ›Krümmung‹) auf geradem Wege abschneidet.

Auf Regen folgt Sonnenschein, auf schlechte Zeiten folgen immer auch wieder gute. Das schon im 12. Jh. bekannte Sprichwort, ist in den ›Sprichwörtern‹ (1541) von SEBASTIAN FRANCK (* 1499, † 1543) aufgeführt. Vielleicht geht es auf die Bibel (Buch Tobias) zurück: ›Nach dem Ungewitter lässest du die Sonne wieder scheinen.‹

roter Faden, der leitende, verbindende Grundgedanke: Symbol gewordenes Zitat aus GOETHES ›Wahlverwandtschaften‹ (1809); bezieht sich auf die Tatsache, dass die Taue der englischen Marine von einem roten Faden durchzogen war, durch den sie als Besitz der Krone kenntlich waren.

den Rubikon überschreiten, unumkehrbar einen entscheidenden Schritt tun; *siehe* Caesar, Kapitel 1.

Ruhe ist die erste Bürgerpflicht, eine Redewendung, die zur Beschwichtigung in Situationen allgemeiner Aufregung verwendet wird. – Am 17. 10. 1806, drei Tage nach der Niederlage Preußens in der Schlacht bei Jena, ließ der Minister FRIEDRICH WILHELM GRAF VON SCHULENBURG-KEHNERT (* 1742, † 1815) einen Aufruf in den Straßen Berlins anbringen: ›Der König hat eine Bataille verloren. Jetzt ist Ruhe die erste Bürgerpflicht ...‹

Den Sack schlägt man, den Esel meint man, man tadelt jemanden, meint aber in Wirklichkeit jemand anderen. Das Sprichwort geht auf eine Sentenz des römischen Satirikers PETRONIUS ARBITER (1. Jh. n. Chr.) zurück: ›Qui asinus non potest, stratum caedit‹: Wer den Esel nicht (schlagen) kann, schlägt den Packsattel.

zur Salzsäule werden, so sehr fassungslos, entsetzt, sprachlos sein, dass man innehält und unbeweglich dasteht. Eine auf das 1. Buch Mose zurückgehende Redensart: ›Und sein (Lots) Weib sah hinter sich und ward zur Salzsäule.‹

auf Sand gebaut haben, sich auf etwas sehr Unsicheres eingelassen haben, nach dem biblischen Gleichnis von dem ›törichten Manne, der sein Haus auf dem Sand baute‹, sodass es durch Regen und Wind zerstört wurde.

das schwarze Schaf, jemand, der in einer Gemeinschaft unangenehm auffällt und von ihr als Außenseiter betrachtet wird; nach der Bibelstelle (1. Buch Mose): ›Ich will heute durch alle deine Herden gehen und aussondern alle gefleckten und bunten Schafe und alle schwarzen Schafe und die bunten und gefleckten Ziegen.‹

sein Schäfchen ins Trockene bringen, sich einen großen Gewinn, Vorteil verschaffen. Ursprünglich bedeutete die Redewendung wohl: seine Schafe auf eine höher gelegene, trockene Weide bringen, um sie vor dem in sumpfigen Gebieten lebenden, eine gefährliche Krankheit auslösenden Leberegel zu schützen.

eine Scharte auswetzen, einen Fehler wieder gutmachen. – Die Bauern schliffen (wetzten) früher ihre Sicheln und Sensen, die durch den Gebrauch Einkerbungen (›Scharten‹) bekommen hatten, mit dem Schleifstein, damit sie wieder scharf wurden.

Schildbürgerstreich, Handlung, deren eigentlicher oder ursprünglicher Zweck in törichter Weise verfehlt wird. – Die Einwohner des sächsischen Städtchens Schilda(u) sind mit ihren närrischen Taten die Helden des bekannten Schwankbuches ›Die Schiltbürger‹ (1598).

etwas im Schilde führen, heimlich etwas planen, das sich gegen jemanden oder etwas richtet. Die Redewendung bezieht sich auf die Ritter, die bei Turnieren Abzeichen und Wahlspruch auf ihrem Schild führten.

Bei ihm ist Schmalhans Küchenmeister, bei ihm geht es sehr knapp zu, es muss sogar mit dem Essen gespart werden; nach der Vorstellung eines dünnen Kochs, der selbst nicht genug zu essen hat (ein Koch muss gut genährt, also dick sein).

Jeder ist seines Glückes Schmied, man hat sein Schicksal selbst in der Hand. Das Sprichwort geht auf einen Ausspruch des römischen Konsuls APPIUS CLAUDIUS (3. Jh. v. Chr.) zurück. Der Komödiendichter PLAUTUS (*um 250, †184 v. Chr.) nimmt den Gedanken auf, billigt die Fähigkeit, sein Schicksal zu gestalten, aber nur dem Weisen zu: ›Sapiens ipse fingit fortunam‹, der Weise schafft sich sein Glück selbst.

die Gelegenheit beim Schopfe fassen, einen einmaligen, günstigen Augenblick schnell entschlossen ausnutzen; nach dem im griechischen Mythos als Gott verehrten Kairos (der Name bedeutet ›der günstige Augenblick‹), der als Davonfliegender dargestellt wird, weil man meist die gute Gelegenheit erst zu ergreifen sucht, wenn sie schon vorüber ist.

jemandem etwas in die Schuhe schieben, ihm die Schuld an etwas zuschieben. – Wenn früher die fahrenden Gesellen etwas gestohlen hatten und fürchteten, durchsucht zu werden, schoben sie in der gemeinsamen Unterkunft das Gestohlene in die Schuhe eines anderen, sodass dieser in Verdacht geriet.

Es fällt jemandem wie Schuppen von den Augen, ihm wird plötzlich etwas klar. – In der Bibel (Apostelgeschichte) wird von dem blinden Saulus erzählt, der im Auftrag Gottes von Ananias geheilt und bekehrt wird: ›Und alsbald fiel es von seinen Augen wie Schuppen, und er ward wieder sehend.‹

auf Schusters Rappen, zu Fuß, eigentlich mithilfe der Schuhe, denn früher nannte man die schwarzen Schuhe scherzhaft die ›Rappen des Schusters‹.

Eine Schwalbe macht noch keinen Sommer, ein einzelnes positives Anzeichen, ein positiver Einzelfall lässt noch nicht auf eine endgültige Besserung der Situation schließen. Das Sprichwort war schon in der Antike bekannt. ÄSOP erzählt in seiner Fabel ›Der verschwenderische Jüngling und die Schwalbe‹: Ein junger Mann brachte sein Erbe schnell durch. Als er am Ende des Winters eine Schwalbe sah, verkaufte er seinen Mantel, weil er dachte, dass nun der Frühling gekommen sei und es warm würde. Aber dann kamen noch einmal kalte Tage, und die erste Schwalbe erfror.

schwarz auf weiß, schriftlich, sodass man sich darauf verlassen kann, eigentlich: mit schwarzer Tinte (oder Druckerschwärze) auf weißes Papier geschrieben. GOETHE verwendet diese Redewendung im ›Faust‹: ›Denn, was man schwarz auf weiß besitzt, kann man getrost nach Hause tragen.‹

Sic transit gloria mundi [lateinisch], so vergeht der Ruhm der Welt. Seit dem 12. Jh. gab es bei der Papstkrönung den folgenden Brauch: Wenn der neue Papst zu seiner Krönung in die Peterskirche einzog, wurde dreimal ein Büschel Werg verbrannt und dazu jedes Mal gesprochen: ›Pater sancte, sic transit gloria mundi‹; Heiliger Vater, so vergeht der Ruhm der Welt.

ein Silberstreifen am Horizont, eine sich andeutende positive Entwicklung, Anlass zur Hoffnung. Wohl nach einem Ausspruch des deutschen Politikers GUSTAV STRESEMANN.

sine ira et studio [lateinisch ›ohne Hass und Eifer‹], sachlich, objektiv, ohne Parteilichkeit und Vorurteil: So wollte TACITUS Geschichte schreiben.

nach uns die Sintflut, was (nach uns) danach kommt, ist gleich, die Konsequenzen sind uns gleichgültig; nach einem Ausspruch (französisch: après nous le déluge) der MADAME DE POMPADOUR (* 1721, † 1764), der Mätresse LUDWIGS XV. von Frankreich, nach dem Sieg FRIEDRICHS II., DES GROSSEN, über die Franzosen bei Roßbach (1757).

den Spieß umdrehen, nachdem man angegriffen worden ist, seinerseits auf dieselbe Weise, mit denselben Mitteln angreifen; eigentlich: den Spieß des Gegners gegen diesen selbst wenden.

Spießbürger, engstirniger Mensch, der sich nur an den gesellschaftlichen Konventionen und dem Urteil anderer orientiert. Ursprünglich war ein Spießbürger wohl einfach ein mit einem Spieß bewaffneter Bürger; später bezeichnete man damit spöttisch einen altmodischen Wehrbürger, der statt des modernen Gewehrs noch den Spieß trug.

Spinne am Morgen bringt Kummer und Sorgen, Spinne am Abend erquickend und labend. Das Sprichwort bezog sich ursprünglich auf das (textile) Spinnen: Musste man schon morgens spinnen, wies das auf materielle Not hin, während das Spinnen am Abend ein geselliges Vergnügen war.

sich die Sporen verdienen, die ersten Erfolge für sich verbuchen können. – Das Tragen von Sporen war im Mittelalter ein Vorrecht der Ritter, das sie sich noch vor dem Ritterschlag verdienen mussten.

die Spreu vom Weizen trennen, Wertvolles von Wertlosem trennen; nach einer Stelle im Matthäusevangelium: ›... er wird seine Tenne fegen und den Weizen in seine Scheune sammeln; aber die Spreu wird er verbrennen mit unauslöschlichem Feuer.‹

der springende Punkt, der Kernpunkt einer Sache, von dem ihre Verwirklichung abhängt. Die Redensart, die auch lateinisch (›punctum saliens‹) verwendet wird, stammt aus dem Griechischen. Man stellte sich vor, dass sich im Weißen des Vogeleies ein Blutfleck als hüpfender Punkt befinde, der das Herz des werdenden Vogels sei.

den Stab über jemandem brechen, jemanden wegen seines Verhaltens verurteilen. – Der Gerichtsstab war früher das Sinnbild der Gerichtsbarkeit, die vom Herrscher verliehen wurde. Wurde ein Todesurteil gefällt, so zerbrach man unmittelbar vor der Hinrichtung über dem Kopf des Verurteilten diesen Stab zum Zeichen, dass das Urteil nun unwiderruflich sei.

wider den Stachel löcken, etwas, was als Einschränkung der persönlichen Freiheit empfunden wird, nicht hinnehmen und sich ihm widersetzen. Diese Redewendung findet sich in der lutherschen Bibelübersetzung, wo von der Bekehrung des Saulus die Rede ist: ›Es wird dir schwer werden, wider den Stachel zu lecken.‹ Dabei hatte LUTHER wohl den Verdacht, dass die Bibelleser das Wort ›lecken‹ nicht verstehen würden, denn er vermerkt am Rand als Erklärung: ›lecken‹, das ist springen, hupfen.

bei der Stange bleiben, eine begonnene Sache nicht aufgeben, sondern zu Ende führen. Die Redewendung geht wohl auf die Fahnenstange zurück, die früher den Truppen im Kampf vorangetragen wurde und um die die Soldaten sich immer wieder sammelten.

jemandem die Stange halten, für ihn eintreten und fest zu ihm stehen, ihn nicht im Stich lassen. Im Mittelalter konnte im gerichtlich festgelegten Zweikampf der Unterlegene vom Kampfrichter mit einer Stange geschützt werden.

sich aus dem Staub machen, sich rasch und unbemerkt entfernen, ursprünglich wohl: sich in der Staubwolke, die durch das Schlachtgetümmel entsteht, heimlich davonmachen.

aus dem Stegreif, ohne Vorbereitung, improvisiert. Das Wort Stegreif bedeutete im Althochdeutschen (stegareif) ›Steigbügel‹; die Redewendung meinte also: ohne vom Pferd abzusteigen.

Stein des Anstoßes, die Ursache der Verärgerung. Die Redewendung stammt aus der Bibel (z. B. Jesaja): ›So wird er ein Heiligtum sein, aber ein Stein des Anstoßes und ein Feld des Ärgernisses den beiden Häusern Israel.‹

bei jemandem einen Stein im Brett haben, seine besondere Gunst genießen, gut bei ihm angeschrieben sein. Ursprünglich bedeutete die seit Anfang des 16. Jh. belegte Redewendung wohl: einen Spielstein bei bestimmten Brettspielen im Feld des Gegners stehen haben und durch einen geschickten Spielzug die Anerkennung des Gegners finden.

der Stein der Weisen, die Lösung aller Rätsel. Die Alchimisten glaubten, dass es eine magische Substanz, nämlich den Stein der Weisen (lateinisch: Lapis philosophorum), gäbe, der unedle Metalle in edle, v. a. in Gold, verwandeln könne.

gegen den Strom schwimmen, sich der herrschenden Meinung widersetzen, sich nicht anpassen; im wörtlichen Sinn: mit großer Anstrengung und wenig Erfolg gegen die Strömung schwimmen. Diese sehr alte Redewendung stammt aus der Bibel (Buch Jesus Sirach): ›Schäme dich nicht, zu bekennen, wo du gefehlt hast, und strebe nicht wider den Strom.‹

ein Sturm im Wasserglas, große Aufregung um eine ganz nichtige Sache. Die Redewendung geht auf einen Ausspruch des französischen Staatsphilosophen MONTESQUIEU zurück, der so die Wirren in der Zwergrepublik San Marino bewertete.

Sündenbock, jemand, auf den man seine Schuld abwälzt, dem man die Schuld an etwas zuschiebt. Das 3. Buch Mose berichtet, dass am Versöhnungstag dem Hohen Priester als ›Sühneopfer‹ für die Sünde des Volkes zwei Böcke übergeben wurden, von denen der eine dem Herrn geopfert wurde. Der andere wurde mit den Sünden des jüdischen Volkes beladen und in die Wüste gejagt.
Auf diesen Brauch geht noch eine andere Redewendung zurück: ›jemanden in die Wüste schicken‹, jemanden, mit dem man unzufrieden ist, entlassen.

Tabula rasa machen, unnachsichtig aufräumen, rücksichtslos Ordnung, Klarheit schaffen. Tabula rasa war im Lateinischen eine Schreibtafel, die man abschaben (von lateinisch radere kommt auch ›rasieren‹) und daher wieder beschreiben konnte.

Man soll den Tag nicht vor dem Abend loben, man soll erst den Ausgang von etwas abwarten, bevor man urteilt. Das Sprichwort ist ein Zitat aus SCHILLERS Drama ›Die Piccolomini‹ (1810).

etwas aufs Tapet bringen, etwas zur Sprache bringen. Das Tapet war früher die meist grüne Decke auf einem Konferenztisch, dann auch der Konferenztisch selbst. Die Redewendung bedeutete also ›etwas auf einer Konferenz zur Sprache bringen.‹

wie von der Tarantel gestochen, sich in plötzlicher Erregung wild, wie besessen gebärdend. Die Tarantel ist eine im Mittelmeergebiet heimische, in Erdlöchern lebende große, giftige Spinne, deren Biss sehr schmerzhaft ist. Man glaubte, dass dieser Biss eine Krankheit hervorruft, die sich in heftigen Zuckungen äußert.

den Teufel durch Beelzebub austreiben, ein kleineres Übel durch ein größeres beseitigen (*siehe* Beelzebub, Kapitel 10).

den Teufel an die Wand malen, ein Unglück dadurch heraufbeschwören, dass man darüber spricht. Dieser Redensart liegt der Volksglaube zugrunde, dass man ein Unglück durch bloßes Erwähnen des Teufels herbeirufen könne.

der Teufel ist los, es gibt Streit, Aufregung, Lärm; nach der Bibel (Offenbarung des Johannes): ›Und wenn tausend Jahre vollendet sind, wird der Satanas los werden aus seinem Gefängnis ...‹

in Teufels Küche kommen, in eine äußerst schwierige Lage geraten; nach einem im Mittelalter lebendigen Volksglauben hatte der Teufel eine Küche, in der Hexen (daher auch: Hexenküche) und Zauberer ihre Zaubertränke zusammenbrauten.

ein ungläubiger Thomas, *siehe* Thomas, Kapitel 10.

Tohuwabohu, völliges Durcheinander, Wirrwarr, Chaos. LUTHER übersetzt am Anfang der Genesis (1. Buch Mose) das hebräische tohû wa vuhû mit ›Wüste und Öde‹.

der gute Ton, Regeln aus dem Buch ›Über den Umgang mit Menschen‹ (1788) des Schriftstellers ADOLPH FREIHERR VON KNIGGE (* 1752, † 1796).

kurz vor Toresschluss, im letzten Augenblick, gerade noch rechtzeitig. Gemeint waren die Stadttore, die früher jeden Abend geschlossen wurden. In Leipzig z. B. musste bis 1824 jeder, der ›nach Toresschluss‹ noch in die Stadt wollte, einen ›Torgroschen‹ entrichten.

Steter Tropfen höhlt den Stein, durch ständige Wiederholung erreicht man schließlich sein Ziel. Das aus dem Lateinischen stammende Sprichwort (›gutta cavat lapidem‹) findet sich z. B. bei OVID.

vor seiner eigenen Tür kehren, statt andere zu kritisieren, sich um seine eigenen Angelegenheiten kümmern.

zwischen Tür und Angel, in Eile, ohne genügend Zeit zu haben. Die Redensart wird schon von dem

österreichischen Dichter PETER SUCHENWIRT in der 2. Hälfte des 14. Jh. verwendet:
›Ein Sprichwort ist lang gesait:
Wer zwischen tüer und angel
Stöszt seinen Vinger unverzait,
der gewint an frewden mangel.‹

das kleinere Übel, etwas, was so übel ist wie etwas anderes, aber weniger Nachteile oder unangenehme Folgen mit sich bringt. Schon im ›Protagoras‹ des PLATON sagt SOKRATES: ›Von zwei Übeln wird niemand das größere wählen, wenn er das kleinere wählen kann.‹

ein notwendiges Übel, etwas, von dem man genau weiß, dass es übel ist, das sich aber nicht umgehen lässt; nach dem griechischen Komödiendichter MENANDER (* 342, † 293 v. Chr.): ›Heiraten ist, wenn man's bei Licht besieht, ein Übel, aber ein notwendiges Übel.‹ An einer anderen Stelle heißt es ebenfalls bei MENANDER: ›Der Arzt für alle notwendigen Übel ist die Zeit.‹

Unkraut vergeht nicht, normalen Menschen (mit ihren Fehlern und Unzulänglichkeiten) wird schon nichts passieren.
Schon der Dichter HANS SACHS (* 1494, † 1576) verwendet ›Unkraut‹ bildlich für einen nichtsnutzigen Menschen.

Alles verstehen heißt alles verzeihen, etwas, wofür man Verständnis hat, lässt sich leichter verzeihen. In ihrem Buch ›Corinne ou l'Italie‹ (1807) schreibt MADAME DE STAËL (* 1766, † 1817): ›... Denn alles verstehen macht sehr nachsichtig.‹

Vorschusslorbeeren, Lob, das jemand im Voraus, schon vor vollendeter Tat bekommt. – Der Ausdruck stammt aus dem Gedicht ›Plateniden‹ von HEINRICH HEINE, wo er über die ›Dichterfürsten‹ SCHILLER,GOETHE, LESSING, und WIELAND sagt:
›Wollten keine Ovationen
Von dem Publico auf Pump,
Keine Vorschuss-Lorbeerkronen,
Rühmten sich nicht keck und plump.‹

den Wald vor lauter Bäumen nicht sehen, etwas, was man sucht, nicht sehen, obwohl es in unmittelbarer Nähe liegt; auch: über zu vielen Einzelheiten das größere Ganze nicht erfassen. Die Redewendung wurde durch den Dichter CHRISTOPH MARTIN WIELAND geprägt:
›Die Herren dieser Art blend't oft zu vieles Licht; sie sehn den Wald vor lauter Bäumen nicht‹ (›Musarion‹, 1768).

Wandalismus, auch **Vandalismus,** blinde Zerstörungswut. Das Wort wurde 1794 durch den Bischof der französischen Stadt Blois, HENRI GRÉGOIRE (* 1750, † 1831), geprägt und bezieht sich auf die angebliche Zerstörung von Kunstwerken durch das germanische Volk der Wandalen, als diese im Jahr 455 für kurze Zeit Rom besetzten.

jemandem nicht das Wasser reichen können, ihm an Fähigkeiten, Leistungen nicht annähernd gleichkommen. Nach einer höfischen Sitte wurde den Teilnehmern an einem Mahl vor dem Essen von knienden Edelknaben eine Schüssel gehalten und Wasser über die Hände gegossen.

mit allen Wassern gewaschen sein, aufgrund von praktischen Erfahrungen sich nicht so leicht überraschen oder überrumpeln lassen, sondern diese Erfahrungen schlau für seine Ziele einsetzen. – Ursprünglich bezog sich diese Redewendung auf weit gereiste Seeleute, also auf Personen, die mit allen Wassern der Meere vertraut waren.

kein Wässerchen trüben können, harmlos, ungefährlich sein, nichts Böses tun können. – Die Redewendung geht auf eine Fabel von ÄSOP zurück, in der ein Wolf aus einem Bach trinkt und dabei weiter unten ein Lamm bemerkt, das ebenfalls aus dem Bach trinkt. Er frisst das Lamm, weil es ihm das Wasser getrübt habe, obwohl das Lamm eingewendet hatte, dass es das Wasser gar nicht trüben konnte, da es nicht bergauf fließe.

jemandem reinen Wein einschenken, ihm die volle Wahrheit sagen, auch wenn sie unbequem ist. Die Redewendung ist schon im 16. Jh. bezeugt.

der Weisheit letzter Schluss, die höchste Weisheit, Erkenntnis, die ideale Lösung, die Lösung aller Probleme. Nach GOETHE, ›Faust‹, bekennt Faust am Ende seines Lebens: ›Das ist der Weisheit letzter Schluss: Nur der verdient sich Freiheit wie das Leben, Der täglich sie erobern muss.‹

die Welt aus den Angeln heben wollen, aus dem Gleichgewicht bringen, grundsätzlich verändern wollen; nach einem Ausspruch des griechischen Mathematikers ARCHIMEDES: ›Gib mir einen Punkt, wo ich hintreten kann, und ich bewege die Erde.‹

Wind von etwas bekommen, von etwas, was man eigentlich nicht erfahren sollte, auf irgendeine Weise doch Kenntnis erhalten. Die seit dem 17. Jh. geläufige Wendung stammt aus der Jägersprache: Der Jäger muss vermeiden, dass das Wild ›Wind‹, das heißt Witterung, von ihm bekommt und flieht.

in den Wind reden, mit seinen Worten kein Gehör finden. LUTHER benutzt diese Redensart in der Übersetzung des 1. Korintherbriefs: ›So ihr nicht eine deutliche Rede gebet, wie kann man wissen, was geredet ist? Denn ihr werdet in den Wind reden.‹

ein Wolf im Schafspelz, jemand, der sich harmlos gibt und freundlich tut, dabei aber böse Absichten hegt und sehr gefährlich ist. Die Redewendung stammt aus der Bibel (Matthäusevangelium): ›Sehet euch vor vor den falschen Propheten, die in Schafskleidern zu euch kommen, inwendig aber sind sie reißende Wölfe.‹

im Wolkenkuckucksheim leben, eingesponnen in einer Fantasiewelt von völliger Realitätsferne leben, nach der von Vögeln in der Luft gebauten Stadt in der Komödie ›Die Vögel‹ des griechischen Dichters ARISTOPHANES (* um 445, † 385 v. Chr.).

geflügelte Worte, bekannte, viel zitierte Aussprüche. Der Ausdruck ist eine Lehnübersetzung aus dem Griechischen (›épea pteróenta‹), von HOMER häufig in seiner ›Odyssee‹ verwendet. Er meint damit Worte, die von Göttern und Menschen gesprochen wurden und ›wie auf Flügeln‹ das Ohr der Menschen erreichten.

ein frommer Wunsch, etwas, was schön wäre, zu haben oder zu erreichen, was sich aber nicht verwirklichen lassen wird; nach lateinisch ›pia desideria‹ (fromme Wünsche), dem Titel einer Schrift des belgischen Jesuiten HUGO (* 1588, † 1639).

mit der Wurst nach der Speckseite werfen, mit kleinem Einsatz, kleinen Geschenken etwas Großes zu erreichen versuchen. Die Redewendung findet sich erstmals bei dem mittelhochdeutschen Dichter KONRAD VON WÜRZBURG (* um 1230, † 1287).

jemanden in die Wüste schicken, *siehe* Sündenbock.

jemandem ein X für ein U vormachen, ihn auf plumpe Weise täuschen, übervorteilen. – Im Mittelalter wurden die Zahlen mit römischen Zahlzeichen geschrieben: V bedeutete 5 und wurde gleichzeitig für den Buchstaben U geschrieben, X war 10. Wörtlich bedeutete die Redensart also: aus einer V (5) eine X (10) machen, z. B. beim Anschreiben von Schulden.

die Zeichen der Zeit, die augenblickliche, bestimmte zukünftige Entwicklungen betreffende Lage, Situation.

das Zeitliche segnen, sterben; heute auch: schadhaft werden, entzweigehen; nach der alten Sitte, dass ein Sterbender, also jemand, der von der irdischen Welt, vom ›Zeitlichen‹, Abschied nahm, Gottes Segen für alles, was er hinterließ, erbat.

jemandem etwas am Zeug flicken, ihm etwas Nachteiliges nachsagen, im eigentlichen Sinn: sich an seinem Zeug, das heißt seiner Kleidung, zu schaffen machen, sie in Ordnung bringen. Die seit der Mitte des 18. Jh. bekannte Redewendung findet sich z. B. in dem Gedicht ›Der Kaiser und der Abt‹ von GOTTFRIED AUGUST BÜRGER (* 1747, † 1794):
›Der Kaiser will gern mir am Zeug was flicken,
Und hat mir drei Nüss' auf die Zähne gepackt.‹

ein alter Zopf, eine überholte Ansicht, ein längst überlebter Brauch. Nach der bei der scharnhorstschen Reform der preußischen Armee abgeschafften und als Symbol der Restauration geltenden Haartracht der Soldaten FRIEDRICH WILHELMS I.

Wer zuerst kommt, mahlt zuerst, wer zuerst da ist, hat ein Vorrecht gegenüber dem später Kommenden. Aus dem ›Sachsenspiegel‹ (um 1230) des EIKE VON REPKOW abgeleitetes Wort.

Der Zweck heiligt die Mittel, für einen guten Zweck sind alle Mittel erlaubt. Dieser Satz, der häufig fälschlicherweise den Jesuiten als Quintessenz ihrer Moral zugeschrieben wird, scheint eher auf eine Schrift des englischen Philosophen THOMAS HOBBES zurückzugehen: ›... weil dem das Recht, zu einem Zweck zu streben, nichts hilft, dem man das Recht versagt, die nötigen Mittel anzuwenden, so folgt daraus, dass, da jeder Selbsterhaltungsrecht hat, auch jeder berechtigt ist, alle Mittel anzuwenden und jede Handlung vorzunehmen, ohne die er sich selbst nicht erhalten kann.‹

auf keinen grünen Zweig kommen, keinen Erfolg, kein Glück haben, es zu nichts bringen. – Die Redewendung, die wohl den ›grünen Zweig‹ als Sinnbild des Wachsens und Gedeihens sieht, ist seit dem Ende des 15. Jh. belegt.

8
Religion und Philosophie

Seit Tausenden von Jahren beschäftigt die Menschen aller Kulturen die Frage, wer wir eigentlich sind, woher wir kommen und wie wir uns verhalten sollen. In Mythen und Ritualen gab man erste Antworten auf diese Fragen und brachte im Laufe der Zeit die verschiedensten Religionen und philosophischen Systeme hervor. Immer aber blieb es das Ziel dieser Bemühungen, nicht nur die Welt, d.h. die Lebensbedingungen der eigenen Sippe, des Volkes oder der ganzen Menschheit zu erklären, sondern den Mitmenschen auch Orientierungshilfen und Verhaltensregeln zu geben.

Diese doppelte Zielsetzung findet sich in den magischen Formen des Schamanismus genauso wie in den großen Weltreligionen, in der Astrologie ebenso wie in der modernen Erkenntnistheorie. Doch auch in Theologie und Philosophie hat das Bestreben, den Menschen ihre Lebenswelt zu erklären und ihnen gleichzeitig eine Orientierung zu geben, eine Gemeinsamkeit: indem sie das Handeln des Menschen lenken möchten, unterscheiden sie sich von den anderen Wissenschaften, die nur zeigen wollen, wie die Welt beschaffen ist.

Zwischen der Theologie und den verschiedenen Religonen einerseits sowie der Philosophie andererseits gibt es jedoch einen grundsätzlichen Unterschied: Die Theologie bemüht sich, ihr Ziel gestützt auf den Glauben zu erreichen, während die Philosophie dafür nur die menschliche Vernunft und überprüfbare Schlussfolgerungen zu Hilfe nehmen will. Und dennoch, ob es nun die rituellen Handlungen des Totemismus, des Katholizismus oder des Zen-Buddhismus sind, ob die Lehren JESU, BUDDHAS oder MOHAMMEDS, ob die Überlegungen eines ARISTOTELES, THOMAS VON AQUIN oder IMMANUEL KANT: Immer soll das Leben der Menschen auf die rechte Bahn gebracht werden, damit alle, die eine Gemeinschaft bilden, in möglichst verträglicher Weise miteinander leben können.

Was aber der rechte Weg ist, ließ sich nie beweisen und wird sich auch kaum jemals beweisen lassen. Erst im Zusammenleben der Menschen kann sich zeigen, was den Anspruch, dies zu erreichen, am besten erfüllt. Im folgenden Kapitel soll daher mit den bedeutendsten Persönlichkeiten und den wichtigsten Begriffen verschiedener Kulturen dargestellt werden, in welcher Weise Menschen schon immer versuchten, diese Aufgabe zu lösen.

Abendmahl, die Feier, die im evangelischen Gottesdienst zum Gedächtnis an das Letzte Abendmahl JESU abgehalten wird. Die evangelischen Kirchen sind sich jedoch uneinig in der Frage, ob das Abendmahl nur als Erinnerung zu verstehen ist, oder ob Brot und Wein wie nach katholischer Lehre tatsächlich in Leib und Blut Jesu verwandelt werden. – Abb. S. 296.

Ablass, die Möglichkeit der katholischen Kirche, durch Gebete und gute Werke die Zeit zu verkürzen, die im Fegefeuer zur Sühne der Sündenstrafen ver-

Das Abendmahl. Fresko (1495–97) von Leonardo da Vinci aus der Klosterkirche Santa Maria delle Grazie in Mailand (Ausschnitt; Zustand vor der 1999 abgeschlossenen Restaurierung)

bracht werden muss. Am Handel mit solchen Ablässen entzündete sich im 16. Jh. die Reformation.

Absolution, die Befreiung von den Sünden durch den Priester.

Adorno, Theodor W. deutscher Philosoph (* 1903, † 1969), der sich insbesondere mit der Musikästhetik und den Wirkungsweisen des Faschismus beschäftigte. Bedeutend wurde außerdem seine mit MAX HORKHEIMER (* 1895, † 1973) formulierte ›Dialektik der Aufklärung‹ (1944).

Advent, *der* [lateinisch ›Ankunft‹], die Ankunft JESU auf Erden. In der vierwöchigen Adventszeit wird an das erste Kommen JESU bei seiner Geburt erinnert. Den zweiten Advent erwarten die Christen mit seiner Wiederkehr am Ende der Zeit.
❧ Die adventliche Vorweihnachtszeit ist von zahlreichen Volksbräuchen geprägt, z. B. von musikalischen Aufführungen, Adventskranz, Weihnachtsmärkten.

Adventisten, eine christliche Gemeinschaft, deren Anhänger die Wiederkunft Christi erwarteten. Als dieses Ereignis ausblieb, spalteten sich die Adventisten in mehrere Gruppen, von denen heute nur noch die Sieben-Tage-Adventisten Bedeutung haben. Sie heiligen den Sabbat (Samstag) wie die Juden, vollziehen die Erwachsenentaufe und sollen ein einfaches Leben führen.

Agnostizismus [griechisch], die religiöse Überzeugung, dass es für die Menschen nicht feststellbar ist, ob es Gott gibt oder nicht. Ein Agnostiker erkennt dieser Frage meist auch keine Bedeutung für das Zusammenleben der Menschen zu.

Ahnenkult, die Verehrung der Vorfahren, die bei den Naturvölkern Afrikas, aber auch in China oder Japan gepflegt wird. Da man glaubt, dass die toten Ahnen in der Familie weiterwirken, sollen sie meist durch Opfer und Gastmähler freundlich gestimmt werden.

Allah [arabisch ›der Gott‹], im Islam der Name für Gott. Allah gilt als Schöpfer und Erhalter der Welt und ist Richter der Menschen am Jüngsten Tag. Ihm allein widmen die Muslimen Anbetung und Ergebung.

Altkatholiken, eine christliche Gemeinschaft, die sich von der katholischen Kirche nach der Verkündung des Dogmas der Unfehlbarkeit des Papstes von 1870 (1. Vatikanisches Konzil) abspaltete und von da an den Papst nicht mehr anerkennt.

anglikanische Kirche, die Vereinigung der christlichen Kirchen Englands, die der geistlichen Leitung des Erzbischofs von Canterbury unterstehen. Weltliches Oberhaupt ist der englische Monarch. Die anglikanische Kirche bildete sich im 16. Jh. Sie lehnt zwar wie die evangelischen Kirchen die Autorität des Papstes ab, ähnelt in ihrer Liturgie aber der katholischen Kirche und hat wie sie Bischöfe, die sich in der ununterbrochenen Nachfolge der zwölf Apostel sehen.

Anthroposophie, von RUDOLF STEINER (* 1861, † 1925) begründete Lehre, die okkultes Wissen mit der Kenntnis der zeitgenössischen Wissenschaften verbindet. Der Mensch, die Natur, alles Geschehen wird als Ausdruck des Geistigen aufgefasst. Die Entwicklung der menschlichen Erkenntnisfähigkeit soll zu einer fortschreitenden Wesensschau des Geistigen in Mensch und Natur führen. Von der Anthroposophie sind maßgebliche Kulturimpulse ausgegangen: die Waldorfpädagogik, eigene Ansätze in Architektur und Malerei, biologischer Landbau (biologisch-dynamische Wirtschaftsweise), medizinische Behandlung aus ganzheitlichem Menschenbild (mit Naturheilverfahren, neuen Ansätzen in der Pharmazie), Heilpädagogik, religiöse Erneuerung (die Christengemeinschaft).

Antithese, die Gegenbehauptung; ein Satz, der einer ersten Aussage (These) entgegengestellt wird; der Begriff ist aus der scholastischen Dialektik.

a priori [lateinisch ›vom Früheren her‹], ein Grundbegriff der Logik, Metaphysik und Erkenntnistheorie: eine Erkenntnis ohne Beweismethode, die aus voraussetzungsloser, in sich gegründeter Einsicht geschieht. Gegensatz: a posteriori, eine Erkenntnis, die durch Erfahrung gewonnen wird.

Aristoteles. Porträtkopf aus dem 4. Jh. v. Chr.

Aristoteles, griechischer Philosoph (*384, †322 v. Chr.), Schüler PLATONS und Lehrer von ALEXANDER DEM GROSSEN. Er war ein sehr vielseitiger Denker. Die Philosophie gliederte er in einen theoretischen und einen praktischen Teil. Die Metaphysik, die sich mit dem Seienden als solchem (den Dingen, insofern sie ›sind‹) befasst, zählte er wie auch die Naturphilosophie zur theoretischen Philosophie. Die praktische Philosophie (Ethik, Politik) zielt dagegen auf das, was sein soll, das richtige Handeln. Hinzu kommt die Logik als Lehre vom richtigen Denken und Schließen. Das Wesen der Dinge sah er als sie gestaltendes und zielgerichtet formendes Prinzip in ihnen selbst begründet – nicht in einem jenseitigen Prinzip. In seiner Ethik gibt Aristoteles lebensnahe Richtlinien für das tugendhafte Handeln, worin er den Weg sah, das höchste Ziel menschlichen Lebens, die Glückseligkeit, zu erreichen.
Wie sein Lehrer PLATON bestimmte Aristoteles maßgeblich die Entwicklung der abendländischen Philosophiegeschichte.

Aschermittwoch, der erste Tag der siebenwöchigen Fastenzeit vor Ostern. Nach der Lebensfreude der Fastnachtstage wird den Gläubigen in der katholischen Aschermittwochmesse mit Asche ein Kreuz auf die Stirn gezeichnet; der Priester spricht dazu die Worte Gottes an Adam: ›Gedenke, Mensch, dass du Staub warst und wieder zu Staub wirst.‹

Askese, *die* [griechisch ›Übung, Lebensweise‹], eine entsagungsvolle Lebensführung von Menschen, die durch Wachen, Beten oder Fasten Buße tun und Gottes Gnade erlangen möchten.

Ästhetik, *die* [von griechisch ›Wahrnehmung‹], ein Teilgebiet der Philosophie, bei dem die Frage nach der Erfahrung des Schönen und seiner Beziehung zu Wirklichkeit und Wahrheit im Vordergrund steht. Ein wichtiger Vertreter der Ästhetik war KANT.
❧ Mit Ästhet wird allgemein ein Mensch bezeichnet, der dem Schönen im Leben den Vorrang vor allen übrigen Werten einräumt.

Astrologie, die Sterndeutekunst, die Schicksal und Charakter des einzelnen Menschen, aber auch staatliche Ereignisse wie Krieg, Frieden, Katastrophen, Glück verheißende Tage aus dem Einfluss der jeweiligen Gestirnkonstellationen deutet oder vorhersagt. Für das Schicksal des Einzelnen gilt die Planetenkonstellation zum Zeitpunkt (genaue Uhrzeit) seiner Geburt als maßgeblich. Astrologische Lehren finden sich bei den Naturvölkern und auch in allen Hochkulturen.

Atheismus, *der* [zu griechisch átheos ›ohne Gott‹], eine religiöse Haltung, bei der die Existenz eines oder mehrerer Götter für unmöglich erklärt wird (*siehe auch* Agnostizismus).

Aufklärung, europäische Geistesbewegung vor allem des 18. Jh. Die Aufklärung sah in der Vernunft das eigentliche Wesen des Menschen; sie suchte die Kultur von kirchlicher Bevormundung und Aberglauben zu befreien, erstrebte Toleranz und glaubte an den steten Fortschritt der Menschheit durch Gestaltung des Lebens nach vernünftigen Grundsätzen und durch wissenschaftliche Forschung. Politisch führte die Aufklärung zum aufgeklärten Absolutismus und bereitete die Französische Revolution vor.

❧ Wichtige Vertreter der Aufklärung waren JOHN LOCKE, GOTTHOLD EPHRAIM LESSING, IMMANUEL KANT, JEAN-JAQUES ROUSSEAU und FRANÇOIS VOLTAIRE. Eine kritische Neubewertung nahmen THEODOR ADORNO und MAX HORKHEIMER (* 1895, † 1973) vor.

Augustinus, einer der wichtigsten Kirchenväter (* 354, † 430 n. Chr.). Nach seiner Bekehrung zum Christentum wirkte er als Priester, später als Bischof von Hippo Regio in Nordafrika. Seine autobiographischen ›Bekenntnisse‹ und der ›Gottesstaat‹ hatten wegen der Tiefe ihrer philosophisch-theologischen Gedanken überragende Bedeutung für das Mittelalter und die Neuzeit.

auserwähltes Volk, eine Bezeichnung des jüdischen Volkes. Im Buch Genesis der Bibel heißt es, dass Gott ABRAHAM versprach, seine Nachkommen zu beschützen und zahlreich werden zu lassen wie die Sterne des Himmels. Die Juden, die bis heute ihre Abstammung von Abraham herleiten, betrachten sich daher als das auserwählte Volk.

Ave-Maria, das wichtigste Mariengebet der katholischen Kirche, das auch Bestandteil des Rosenkranzes ist. Seine Worte geben den Gruß des Engels Gabriel wieder (daher: Englischer Gruß), der Maria verkündete, sie werde den Messias gebären. Das Ave-Maria beginnt mit den Worten: ›Gegrüßet seist du, Maria, voll der Gnaden, der Herr ist mit dir‹ (*siehe auch* Kapitel 5).

Axiom, *das* [griechisch ›was für wichtig erachtet wird‹], ein philosophischer oder mathematischer Lehrsatz, der formal logisch nicht weiter zu begründen ist und unmittelbar einleuchet.

Bahai-Religion, auf dem Boden des schiitischen Islam entstandene religiöse Gemeinschaft. Sie wurde von MIRSA HUSAIN ALI (* 1817, † 1892) im Iran begründet, der sich zur ›Herrlichkeit Gottes‹ (Baha Ullah) erklärte und als ein Prophet verehrt wird. Die Bahai möchten die Vereinigung der Menschheit in einer Weltgemeinschaft verwirklichen, in der alle trennenden Schranken beseitigt sind. Ihr deutsches Zentrum befindet sich in Langenhain (zu Hofheim am Taunus gehörend).

Baptisten [griechisch ›Täufer‹], eine der wichtigsten christlichen Gemeinschaften in den USA, im 17. Jh. entstanden. Grundlage ihres Glaubens ist allein die Bibel, die jeder Gläubige sich selbst erschließen soll; der Name der Baptisten verweist auf die Erwachsenentaufe, die durch Untertauchen vollzogen wird und die sie als Zeichen bewusster Entscheidung für Christus verstehen.

Beichte, eines der Sakramente *(siehe dort)* der katholischen Kirche: ein Schuldbekenntnis des Gläubigen, das vor einem Beichtvater abgelegt wird, der darauf die Absolution, die Zusage der Vergebung der Sünden, erteilt. Er verpflichtet sich, das Beichtgeheimnis zu wahren. In den evangelischen Kirchen existiert die Beichte als ein allgemeines Sündenbekenntnis im Gottesdienst.

Bekennende Kirche, *siehe* Kapitel 2.

Bibel, *siehe* Kapitel 10.

Bischof, die Bezeichnung der meisten christlichen Kirchen für ein Leitungsamt, mit dem die Aufsicht der Gemeinden einer Region verbunden ist. Die Bischöfe in der anglikanischen, der katholischen Kirche und den Ostkirchen sind berechtigt, Priester zu weihen. Sie gelten als direkte Nachfolger der zwölf Apostel.

Brahmanen, die Mitglieder der obersten Kaste der Hindugesellschaft; hierzu zählen vor allem die Priester, aber auch Dichter und Gelehrte.

Buddha [Sanskrit ›der Erwachte‹], Ehrentitel des Siddharta Gautama, stiftete im 6. Jahrhundert v. Chr. die nach ihm Buddhismus genannte Weltreligion. Im Bewusstsein von Alter, Krankheit und Tod erkannte Buddha mit 29 Jahren die Sinnlosigkeit seines bisherigen Lebens; er verließ sein fürstliches Elternhaus im nepalesischen Himalaja und zog fort, um – zunächst bei strenger Askese – die Wahrheit zu suchen. Unter einem Feigenbaum bei Bodh Gaya meditierend erlangte er, nachdem er die strenge Askese aufgegeben hatte, die Erleuchtung. Er zog nun durch Indien, wo er seine Lehre verkündete und die buddhistische Mönchsgemeinde, den Sangha, begründete.

Buddhismus, eine Weltreligion, die im 6. Jahrhundert v. Chr. von BUDDHA begründet wurde. Sie hat die Vervollkommnung des Menschen zum Ziel. Die Buddhisten glauben an die Vergeltung aller guten und bösen Taten (Karma) und dass alle Wesen einem Kreislauf der Wiedergeburten (Samsara) unterliegen. Letztes Ziel ist das Nirwana, die Erleuchtung, durch Überwindung von Nichtwissen und Erlöschen aller Lebensgier und damit zugleich Befreiung aus dem Kreislauf des Wieder-geboren-werden-Müssens; denn das Leben gilt als leidvoll. Es gibt zwei Hauptrichtungen des Buddhismus, den Mahayana-Buddhismus, wozu der Zen-Buddhismus gehört, und den Hinayana-Buddhismus. Der Buddhismus ist vor allem in den asiatischen Ländern verbreitet. Im Mittelpunkt dieser Religion steht das eigene Streben des Menschen nach Vervollkommnung, Götter spielen keine wichtige Rolle.

Chassidismus [zu hebräisch hasîd ›Frommer‹], eine mystische Strömung des Judentums (*siehe* Mystik), die die Liebe Gottes betont und eine Verinnerlichung des religiösen Lebens anstrebt. Sie wurde in Osteuropa durch ISRAEL BEN ELIEZER (* 1698, † 1759), genannt Baal Schem Tov, begründet. Die Angehörigen des Chassidismus trugen schwarze Kleidung, schwarze Hüte und lange Schläfenlocken, heute Zeichen der orthodoxen Juden.

Christentum, eine der Weltreligionen, die sich aus dem Judentum entwickelt hat und sich auf JESUS CHRISTUS als Leitgestalt bezieht. Sie beruht auf der Bibel, dem geoffenbarten Wort Gottes, die im Alten Testament die heiligen Schriften des Judentums enthält und im Neuen Testament vom Leben und Wirken Jesu und der Apostel berichtet. Nach christlichem Glauben ist Jesus der verheißene Messias, der Sohn Gottes (*siehe* Dreifaltigkeit). Er verkündete das Reich Gottes und brachte den Menschen durch sein Tun, insbesondere seine Bewährung bis in den Tod, das Heil. An ihn knüpfen die Christen ihre Hoffnung auf Auferstehung.
Die verbindlichen Glaubenssätze des Christentums sind im Credo *(siehe dort)* zusammengefasst; daneben eint das Vaterunser, das Gebet, das JESUS selbst lehrte, die Christen der verschiedenen Kirchen und religiösen Gemeinschaften.

Christi Himmelfahrt, das christliche Fest zehn Tage vor Pfingsten, an dem der Aufnahme Christi in den Himmel gedacht wird (*siehe auch* Himmelfahrt, Kapitel 10).

Christus, ein Titel, mit dem JESUS bezeichnet wird. Es ist das griechische Wort für ›Messias‹ und bedeutet ›der Gesalbte‹.

Cogito ergo sum, *siehe* Ich denke, also bin ich.

Credo, *das* [lateinisch ›ich glaube‹], das nach diesem Anfangswort benannte christliche Glaubensbekenntnis. Auf Deutsch beginnt es: ›Ich glaube an den einen Gott, Schöpfer des Himmels und der Erde, aller sichtbaren und unsichtbaren Dinge, und den einen Herrn Jesus Christus, Gottes eingeborenen Sohn.‹ Das Credo wird im Gottesdienst gebetet und enthält die für alle Christen verbindlichen Glaubenssätze.

Dalai-Lama, das Oberhaupt des tibetischen Lamaismus, politisches und religiöses Oberhaupt der Tibeter, *siehe auch* Kapitel 1.

Deduktion, *die* die Methode der Schlussfolgerung, die, von allgemeinen Behauptungen ausgehend, Einzelerscheinungen zu erklären versucht. Ihr Gegensatz ist die Induktion.

Derwisch, *der* islamischer Mystiker. Die Derwische leben in Armut und versuchen durch geistige Versenkung, aber auch durch Musik und Tanz die mystische Vereinigung mit Allah zu erreichen.

Descartes, René [deˈkart], französischer Philosoph (* 1596, † 1650), der die Grundlagen menschlicher Erkenntnis festzustellen versuchte. Sein Satz: ›Cogito ergo sum‹ (›Ich denke, also bin ich‹) bezeichnet den Punkt, vor dem auch der radikalste Zweifel Halt machen muss. Von dieser Gewissheit aus gelangte Descartes zu bahnbrechenden Erkenntnissen in Philosophie und Mathematik. Materie (Welt, Körper) und Geist (Denken, Seele) sah er als vollkommen voneinander unabhängige Substanzen an – eine Auffassung, die bis heute Einfluss auf unser Denken ausübt.

Determinismus, die Vorstellung, dass alles Geschehen auf der Welt und auch das menschliche Handeln durch Naturgesetzlichkeiten oder göttlichen Willen vollkommen vorbestimmt sind. Der Determinismus widerspricht damit der Lehre von der Willensfreiheit.

Dialektik, *die* [griechisch ›Rede und Gegenrede führen‹], in der griechischen Philosophie die Kunst, Widersprüche im Wechselgespräch aufzulösen. Später erklärte Hegel die Dialektik zur absoluten Methode menschlichen Erkennens; dabei wird einer These eine Antithese (Entgegensetzung) gegenübergestellt und der Widerspruch zwischen beiden zu einer Synthese vermittelt und aufgehoben. Von KARL MARX wurde diese Methode schließlich im Materialismus zur Erklärung gesellschaftlicher Zustände übernommen.

Dogma, *das* [griechisch ›Lehrsatz‹], ein Glaubenssatz der Kirche, der von Gott geoffenbart wurde. Die Leugnung eines Dogmas bedeutet eine Trennung von der kirchlichen Gemeinschaft. Die evangelischen Kirchen erkennen die Dogmen der katholischen Kirche nach der Reformation, insbesondere das Dogma der Unfehlbarkeit des Papstes *(siehe dort),* nicht an.

Dominikaner, ein von DOMINIKUS (*um 1170, † 1221) 1216 nach dem Vorbild der Franziskaner gegründeter Bettelorden. Seine Aufgabe bestand in der Predigt und der Bekehrung der Ketzer (*siehe* Häresie). Die Dominikaner waren führend in der Inquisition tätig. Ihre Ordenstracht besteht aus einem weißen Gewand und einem schwarzen Mantel. Einer ihrer berühmtesten Gelehrten war THOMAS VON AQUIN.

Dreifaltigkeit, die christliche Vorstellung vom Wesen Gottes. Danach erscheint der eine Gott in drei Personen: Gottvater, Gottsohn und Heiliger Geist, die alle von Anbeginn der Zeit waren und doch nur ein Wesen bilden. (Der Glaube an die Dreifaltigkeit oder Trinität wird im Credo festgehalten.)

Dschainismus, indische Religion, die von MAHAVIRA († 477 oder 467 v. Chr.), einem Zeitgenossen BUDDHAS, begründet wurde. Die Mönche und Nonnen ziehen als Wanderasketen umher; dabei wird vor allem das Gebot der Enthaltung von dem Verletzen anderer Lebewesen beachtet. Ziel ist es, durch sittliches Handeln und ein Leben in äußerster Askese Läuterung und Erlösung zu erlangen. Die Laienanhänger unter den Dschainas sind ebenfalls Vegetarier und dürfen keine Berufe ausüben, bei denen Tiere getötet werden. Der Kult gilt dem Mahavira.

Dualismus, *der* [zu lateinisch duo ›zwei‹], die theologisch-philosophische Vorstellung, dass die Welt aus zwei Stoffen oder Prinzipien besteht, die sich entweder ausschließen (z. B. Gut–Böse, Geist–Stoff) oder einander ergänzen (z. B. Yin–Yang in der chinesischen Philosophie). (*siehe auch* Monismus)

Empirismus [zu griechisch empiria ›Erfahrung‹], bezeichnet die erkenntnistheoretische Annahme, dass jegliche menschliche Erkenntnis auf Erfahrung beruht, im Gegensatz zum Rationalismus *(siehe dort).*

Enzyklika, *die* [griechisch ›allgemeiner Rundbrief‹], ein Schreiben des Papstes an die Katholiken der ganzen Welt, das die Stellungnahmen der katholischen Kirche zu den Fragen der Zeit enthält, ohne dass darin unfehlbare Lehrautorität zum Ausdruck kommt.

❧ Die amtliche Erstfassung einer Enzyklika ist meist in lateinischer Sprache verfasst; sie erhält ihren Namen nach ihren Anfangsworten.

Epikureismus, eine Schule der antiken Philosophie, die ein möglichst lustvolles Leben anstrebte. Dies wurde jedoch weniger in der Erfüllung körperlicher Begierden als in einem maßvollen, heiteren und sorgenfreien Dasein gesehen.

❧ Benannt nach dem griechischen Philosophen EPIKUR (* 341, † 271 v. Chr.), nennt man die Anhänger dieser Schule Epikureer.

Erasmus von Rotterdam, niederländischer Humanist und Theologe (* 1466 oder 1469, † 1536), war der bedeutendste Vertreter des europäischen Humanismus (*siehe* Kapitel 6). Er veröffentlichte die Sprichwortsammlung ›Adagia‹ (1500) und bekämpfte die Rückständigkeit der scholastischen Theologie. 1516 gab er die erste griechische Druckausgabe des Neuen Testaments heraus, die zur Grundlage von LUTHERS Bibelübersetzung wurde.

Erbsünde, die Sünde, die nach christlicher Vorstellung durch den Ungehorsam ADAM und EVAS in die Welt gebracht wurde und die durch die Zeugung von Mensch zu Mensch weitergegeben wird. Durch den Tod am Kreuz und die Auferstehung erlöste JESUS die Menschen von der Macht der Sünde; seitdem wird die Erbsünde durch die Taufe aufgehoben. Frei von ihr war nach katholischer Lehre neben

JESUS nur MARIA. Die Erbsündenlehre wurde von AUGUSTINUS entscheidend geprägt.

Erkenntnistheorie, eine zentrale Disziplin der Philosophie, die sich mit der Möglichkeit menschlicher Erkenntnis beschäftigt. Sie versucht, die Fragen zu klären, was wir überhaupt wissen können und wie wir dabei vorgehen müssen; wichtige Vertreter der Neueren Erkenntnistheorie waren J. LOCKE, G. W. LEIBNIZ und I. KANT.

Erlösung, religiöse Heilserfahrung, im Christentum vor allem die Vergebung der Sünden und Versöhnung mit Gott, die JESUS durch seinen Tod und seine Auferstehung allen, die an ihn glauben, ermöglicht (*siehe auch* Kapitel 10).

Ethik, *die* [griechisch ›Sitte‹], der Bereich der Philosophie, der sich mit der rechten Lebensführung beschäftigt. In der Ethik wird versucht, zunächst das Wesen des Menschen zu bestimmen, um dann Regeln des menschlichen Handelns aufstellen und überprüfen zu können. Bedeutende Vertreter der Ethik waren ARISTOTELES und KANT.

Eucharistie, *die* [griechisch ›Danksagung‹], das katholische Sakrament der Verwandlung von Brot und Wein in Leib und Blut JESU. Auch das gemeinsame Mahl der Kommunion wird oft Eucharistie genannt (*siehe auch* Abendmahl und Wandlung).

Evangelische Kirche in Deutschland, der Zusammenschluss der verschiedenen aus der Reformation hervorgegangenen Landeskirchen. Sie gliedert sich in lutherische, unierte und reformierte Kirchen, die sich in Organisation und Liturgie teilweise unterscheiden (*siehe auch* Protestantismus).

Existenzphilosophie, eine philosophische Richtung des 20. Jh., die, anknüpfend an Denker wie S. KIERKEGAARD, von der konkreten Existenz des einzelnen Menschen spricht. Von menschlichen Erfahrungen wie ›Angst‹, ›Scheitern‹ und ›Tod‹ aus versucht die Existenzphilosophie, den Grund des Daseins zu erhellen; dies geschieht unter Verweis auf die menschliche Freiheit, durch die ein jeder sich selbst finden, aber auch verlieren kann. Wichtige Vertreter dieser Richtung waren M. HEIDEGGER, J.-P. SARTRE und A. CAMUS. Sie hatte nachhaltigen Einfluss auf die Literatur.

Fasten, eine in vielen Religionen geübte Form der Askese. Zur Buße oder als Vorbereitung zu heiligen Handlungen enthält sich der Gläubige dabei bestimmter oder aller Speisen. In der katholischen Kirche gibt es vor Ostern eine Fastenzeit mit Aschermittwoch und Karfreitag als wichtigsten Fastentagen. Im Islam fasten die Gläubigen im Monat Ramadan täglich vom Morgengrauen bis zur Abenddämmerung.

Fatalismus, der Glaube von Menschen an den unabänderlichen Einfluss des Schicksals (lateinisch ›fatum‹) oder einer göttlichen Macht auf das Leben. Der Fatalismus hindert daher manchmal die Menschen daran, ihre Lebenssituation aktiv zu gestalten (*siehe auch* Kismet und Prädestination).

Fegefeuer [zu mittelhochdeutsch vegen ›reinigen‹], die Stätte, an der nach traditioneller katholischer und ostkirchlicher Vorstellung die Seelen gereinigt werden. Anders als in der Hölle, wo die ewigen Sündenstrafen verbüßt werden, sollen die Erlösten hier ihre zeitlichen Sündenstrafen ableisten.

Firmung [lateinisch ›Stärkung‹], eines der Sakramente der katholischen Kirche. Sie geht auf die Apostelgeschichte zurück und bedeutet die Aufnahme des meist jugendlichen Firmlings als vollgültiges Mitglied in die Gemeinde. Sie wird gespendet, indem der Bischof durch Handauflegen den Heiligen Geist auf den Firmling herabruft (*siehe auch* Konfirmation).

Franziskaner, die Mitglieder eines Bettelordens, der von FRANZ VON ASSISI als ›Orden der Minderen Brüder‹ gegründet und 1223 vom Papst anerkannt wurde. Die Franziskaner sind besonders der Armut verpflichtet und kümmern sich vor allem um die Seelsorge und die Unterstützung der Bedürftigen; ihre Tracht besteht aus einer einfachen braunen Kutte mit Kapuze und weißem Strick als Gürtel.

Franz von Assisi, ein Heiliger der katholischen Kirche (* 1182, † 1226), der nach einem ausgelassenen Leben als reicher Kaufmannssohn entschied, in Armut zu leben, und durch die Gründung des Ordens der Franziskaner die Kirche von innen zu reformieren versuchte. Seine tiefe Frömmigkeit und Liebe zur Schöpfung drückte sich in der Predigt vor den Vögeln und dem Sonnengesang, dem Lied an Bruder Sonne und Schwester Mond, aus. Am Ende seines Lebens erschien ihm Christus, von dem er die Wundmale des Gekreuzigten an seinem Körper empfing. Wegen seines einfachen Lebens genießt

Franz von Assisi predigt den Vögeln. Ausschnitt aus einem Glasfenster der ehemaligen Klosterkirche in Königsfelden

Franz von Assisi, der Schutzpatron Italiens, auch bei den Gläubigen anderer Konfessionen hohes Ansehen.
❧ Um sein Leben ranken sich zahlreiche populäre Legenden.

Freimaurer, eine Gemeinschaft auf christlicher Grundlage, die 1717 gegründet wurde. In Achtung vor der Menschenwürde treten die Freimaurer für Toleranz, Hilfsbereitschaft und Brüderlichkeit ein. Ziel der Freimaurer ist es, den Tempel Gottes in sich selbst zu errichten, d. h. in den Schritten ›Lehrling‹, ›Geselle‹ und ›Meister‹ die sittliche Vollkommenheit zu erreichen.
❧ Viele bekannte Persönlichkeiten waren Freimaurer, darunter König FRIEDRICH II., DER GROSSE, GOETHE und MOZART.

Fronleichnam [mittelhochdeutsch ›Leib des Herrn‹], das Fest des Sakraments der Eucharistie, das in der katholischen Kirche am zweiten Donnerstag nach Pfingsten begangen wird. Dabei wird der Leib Christi im verwandelten Hostienbrot in Prozessionen durch die Straßen getragen.
❧ Das Fronleichnamsfest wurde anlässlich einer Vision der hl. JULIANA von Lüttich 1246 in Lüttich eingeführt und 1264 für die ganze Kirche vorgeschrieben.

Gebet, die Hinwendung an Gott mit Worten des Dankes, der Bitte und des Lobes. Oft werden Gebete durch Gesten wie Händefalten, Niederknien oder durch Gegenstände wie Gebetsteppich, Gebetsmühle oder Rosenkranz unterstützt.

Gebetsmühle, ein im tibetischen Lamaismus verwendeter Zylinder, dessen Inneres Papierstreifen mit Gebeten enthält. Sie wird in kreisende Bewegung versetzt und soll damit das Aufsagen der Gebete ersetzen.

Gegenreformation, die katholische Erneuerung im 16. Jh. als Antwort auf die Reformation *(siehe dort).* Um die Macht des Papsttums zu stärken, wurden auf dem Konzil von Trient (1545–63) das Ablasswesen und die Heiligenverehrung eingeschränkt sowie die Liturgie reformiert. Daneben gründete IGNATIUS VON LOYOLA den Orden der Jesuiten, um die Kirche in den theologischen Auseinandersetzungen mit den Reformatoren zum Erfolg zu führen.
❧ Mit Gegenreformation wird oft auch speziell die Rückgewinnung protestantischer Gebiete in Deutschland bezeichnet (*siehe* Kapitel 2).

Gesellschaftsvertrag, die Vorstellung einer gemeinsamen, freien Übereinkunft der Bürger einer Gesellschaft, mit der sie dem Staat die Herrschaft übertragen und die Herrschaftsform begründen. Das Gedankenspiel der Staatsbildung durch einen Vertrag freier Individuen ist Teil der Theorien von HOBBES, LOCKE und ROUSSEAU.

Gnade, die nicht zu verdienende Güte Gottes, im Judentum auch die Bevorzugung der Nachkommen ABRAHAMS, ISAAKS und JAKOBS, des ›auserwählten Volkes‹. Nach christlicher Vorstellung besteht die Gnade in der Zuneigung Gottes, die der gläubige Mensch trotz seiner Sünden nicht verliert.

Gnadenlehre, die Lehre von der Bedeutung der Gnade Gottes für die Erlösung des Menschen. In der Reformation vertrat LUTHER die Meinung, dass der Mensch allein durch den Glauben und die Gnade erlöst werde, während die katholische Kirche immer auch die Wirkung der guten Werke betont.

Gott, philosophischer und theologischer Begriff für das Unbedingte, Unverfügbare oder Eindeutige, das der Mensch inmitten seiner Zweideutigkeit und Bedingtheit erfährt oder erschließt. Gott wird häufig als der Welt zugrunde liegendes Prinzip gedeutet oder im Christentum als personhafte Macht verstanden. Die göttliche Macht verteilt sich im Polytheismus auf mehrere Götter, die einander auch bekämpfen können; im Monotheismus dagegen vereint sie sich auf einen einzigen Gott.

Der römische Schriftsteller Plinius überlieferte den Satz: ›Es ist Gott dem Menschen, wenn der eine dem anderen hilft‹ (*siehe* Kapitel 10: Gott ist die Liebe). Eng verwandt mit dem Wort Gott ist der Begriff der Transzendenz (das Überschreiten) für das Überschreiten von vorgegebenen Grenzen. In einer Welt, in der allein das zählt, was gemessen und begründet werden kann, wird die Möglichkeit von Gotteserfahrungen fraglich.

Götzen, die abschätzige Bezeichnung für die Götter fremder Kulturen aus der Sicht des Monotheismus. Sie werden entweder als dem wahren Gott gegenüber machtlos, als Mächte des Bösen oder als Hirngespinste abgetan.

Gründonnerstag, der Tag vor Karfreitag, an dem in der katholischen Kirche die Erinnerung an das Letzte Abendmahl im Mittelpunkt steht.

Guru, *siehe* Kapitel 11.

Haddsch, *der* die Pilgerfahrt nach Mekka, die jedem Moslem vorgeschrieben ist, mindestens einmal im Leben zu vollziehen. Der Pilger darf sich nach dem Besuch der heiligen Stätten ›Hadschi‹ nennen.

Hallelujah, ein Jubelruf, der aus dem Hebräischen kommt und ›preiset Jahwe!‹ bedeutet.

Häresie, *die* die Bezeichnung, mit der innerhalb der christlichen Kirchen eine Haltung charakterisiert werden soll, die der offiziellen Lehrmeinung nicht oder nur teilweise entspricht, gleichbedeutend mit Ketzerei. So wurde auch Luther von der katholischen Kirche als Häretiker bekämpft.

Hedonismus, *der* [zu griechisch hēdonḗ ›Vergnügen‹], eine Einstellung, die das private Glück der körperlichen und geistigen Lusterfüllung als höchstes Ziel ansieht. Zu vermeiden dagegen sind Unlust und Schmerz. In der Antike stand Epikur dem Hedonismus nahe.

Hegel, Georg Wilhelm Friedrich deutscher Philosoph (* 1770, † 1831), der in der Tradition der Aufklärung steht. Das Weltganze, die Totalität aller materiellen und geistigen Dinge, sah Hegel als vernünftig an. In seinem Hauptwerk ›Phänomenologie des Geistes‹ (1807) stellte er der materiellen Welt den absoluten Geist, den er mit Gott gleichsetzte, gegenüber und verstand die Weltgeschichte als fortschreitende Entfaltung des Geistes. Diese Entwicklung erkannte er in Kunst, Religion und Philosophie, also in den Erscheinungsformen des Geistes und glaubte, sie werde im sich wiederholenden Dreischritt der Dialektik ihr Ziel in Gestalt des absoluten Geistes (absolutes Wissen) erreichen.

Heidegger, Martin (* 1889, † 1976), der bedeutendste deutsche Vertreter des philosophischen Existenzialismus. In seinem Hauptwerk ›Sein und Zeit‹ (1927) beschrieb er das Grundmotiv des Daseins des Menschen als die Frage nach dem Sinn von ›Sein‹. Später wandte er sich gegen das technisch-wissenschaftliche Denken der Moderne und stellte, in Auseinandersetzung mit der abendländischen Philosophie, die ›Seinsvergessenheit‹ der Metaphysik, das heißt das Versäumnis das Sein zu denken, als verhängnisvoll heraus.

❧ Heidegger hatte insbesondere großen Einfluss auf das Denken protestantischer Theologen und die moderne französische Philosophie; in neuester Zeit wurde ihm vorgeworfen, dass er sich zum Nationalsozialismus bekannte.

Heiden, eine Bezeichnung, die im Christentum für alle verwendet wurde, die nicht die Taufe empfangen haben. Heute benutzt man für Andersgläubige meist den Ausdruck Nichtchristen.

Heilige, Menschen, die Gott besonders nahe stehen und vom Papst heilig gesprochen werden können. Zunächst wurden nur die Märtyrer als Heilige verehrt, später auch Christen, die ein besonders frommes Leben geführt hatten. Nach katholischer und ostkirchlicher Vorstellung können die Heiligen bei Gott für die Menschen eintreten und werden in Notlagen dazu angerufen. Im Protestantismus dagegen gelten Heilige lediglich als vorbildliche Christen.

Heilige Drei Könige, *siehe* Kapitel 10.

Heiliges Jahr (Jubeljahr, Jubiläumsjahr, Anno Santo), in der katholischen Kirche ein Jahr, das der inneren Erneuerung dienen soll; erstmals 1300, seit 1475 alle 25 Jahre begangen. Das Jubeljahr wird am Weihnachtsfest mit dem Öffnen der Hl. Pforte in der Peterskirche durch den Papst eingeleitet und durch ihre Vermauerung wieder beschlossen.

Hermeneutik, *die* [griechisch ›auslegen, erklären‹], die Kunst der Auslegung und die philosophische Lehre vom geschichtlichen Verstehen. Die

Hermeneutik ist dementsprechend die Kunst der Auslegung philosophischer, juristischer, aber auch literarischer Schriften. Die Frage, wie wir Dinge verstehen können, die wir nicht kennen, führt zu dem so genannten ›hermeneutischen Zirkel‹: Der Mensch versteht nur das, was er schon weiß, und kann nur das wissen, was er einmal verstanden hat.

Hinduismus, eine der Weltreligionen, die vor allem in Indien verbreitet ist. Ihr Ziel ist die Erlösung des Menschen und damit die Beendigung des Kreislaufs der Wiedergeburten (Seelenwanderung), dem jeder Mensch unterliegt; dabei kann er je nach seiner Lebensführung, der moralischen Qualität seiner guten oder bösen Taten als Mitglied einer der vier Kasten oder auch als Tier wieder auf die Welt kommen. Die wichtigsten unter den zahlreichen Göttern des Hinduismus sind Brahma als der Schöpfer, Wischnu als der Erhalter und Schiwa als der Zerstörer; als heilige Schriften gelten die Weden und Upanischaden. Ein Merkmal hinduistischer Frömmigkeit ist die Heilighaltung der Kuh.
❧ Der Anhänger des Hinduismus ist ein ›Hindu‹, eine mittelalterlich persische Bezeichnung für den Bewohner Indiens.

Hobbes, Thomas [hɔbz], englischer Philosoph (* 1588, † 1679), der sich in seinem Hauptwerk ›Leviathan‹ mit den Entstehungsbedingungen der menschlichen Gesellschafts- und Staatsordnung beschäftigte. Nach seiner Meinung herrscht im ursprünglichen Naturzustand ein Kampf aller gegen alle; die Menschen müssen daher mittels eines gegenseitigen Vertrags alle Gewalt dem Staat übertragen, damit er seine Bürger voreinander schützen kann.
❧ Von Hobbes stammt die Erkenntnis ›homo homini lupus est‹: der Mensch ist dem Menschen ein Wolf.

Hugenotten, *siehe* Kapitel 1.

Humanismus [zu lateinisch humanitas ›Menschlichkeit‹], Geistesströmung des 14. bis 16. Jh., die die Rückkehr zu den Bildungsgrundlagen der Antike forderte und die Idee einer allseitig gebildeten, unabhängigen Persönlichkeit formulierte. Mit der italienischen Renaissance entstanden, wandte sich der Humanismus zunehmend weltlichen Themen zu und geriet so mit der kirchlichen Autorität in Konflikt.
❧ Bedeutende Humanisten waren ERASMUS VON ROTTERDAM, PHILIPP MELANCHTHON, ULRICH VON HUTTEN, THOMAS MORUS.

Hume, David [hju:m], englischer Vertreter der Erkenntnistheorie bzw. des Empirismus (* 1711, † 1776). In seiner Untersuchung über den menschlichen Verstand führte er sämtliche Gedanken und Vorstellungen auf sinnliche Eindrücke zurück und glaubte, dass alles Wissen nur auf wiederholter Erfahrung beruhe.

Hutten, Ulrich Reichsritter von deutscher Humanist und Publizist (* 1488, † 1523), stand zunächst im Dienst des Mainzer Erzbischofs. Seit 1519 trat er für LUTHER ein und wurde zum Gegner des Papsttums. Er verfasste den zweiten Teil der ›Dunkelmännerbriefe‹, einer fingierten Briefsammlung ungenannter Autoren, in denen u. a. die mittelalterliche Gelehrsamkeit verspottet wird. Mit FRANZ VON SICKINGEN (* 1481, † 1523) verband er sich zur Fehde gegen den Mainzer Erzbischof. Nach der Niederlage im Reichsritteraufstand (1521) floh Hutten zu ZWINGLI in die Schweiz.

Ich denke, also bin ich, die Übersetzung des Satzes: ›Cogito ergo sum‹. Mit ihm bezeichnete R. DESCARTES den Ausgangspunkt seiner Erkenntnistheorie: Wenn mir auch alles, so seine Überlegung, was ich um mich herum wahrnehme, nur vorgegaukelt werden könnte, so ist doch die Tatsache, dass ich denke und an all dem zweifeln kann, ein Beweis dafür, dass ich selbst keine Einbildung bin, sondern wirklich existiere.

Ich weiß, dass ich nichts weiß, der Satz, der den radikalen Zweifel des SOKRATES an der menschlichen Weisheit ausdrückt. Alles, was wir wissen können, ist nach seiner Meinung, dass wir im Grunde nichts wissen.

Idealismus, eine philosophische Strömung, die im Gegensatz zum Materialismus *(siehe dort)* steht. Der Idealismus vertritt die Ansicht, dass alle Dinge der Welt nur aufgrund von Nichtmateriellem (wie Ideen, Geist, Weltseele oder Gott) existieren. Dementsprechend soll auch das Handeln der Menschen sich nicht an den Verhältnissen der Welt, sondern an den allgemein gültigen Vorstellungen orientieren. Bedeutende Vertreter des Idealismus waren KANT und HEGEL.

❧ Daneben wird mit Idealismus die Haltung eines Menschen bezeichnet, der sich auch ohne materiellen Lohn für eine Sache einsetzt.

Idee, ein Begriff, der von PLATON geprägt wurde. Er verstand darunter die ewigen, nichtsinnlichen Urbilder oder Muster, denen alle Erscheinungen der Welt, seien es Dinge wie ein Tisch, Eigenschaften wie die Tapferkeit oder Werte wie das Gute nachgebildet sind. Der Kirchenvater AUGUSTINUS sah sie als die Gedanken Gottes bei der Erschaffung der Welt an; in der modernen Erkenntnistheorie gelten die Ideen dagegen als die Vorstellungen, die sich die Menschen von der sie umgebenden Welt bilden.

Ignatius von Loyola, spanischer Heiliger (* 1491, † 1556), der 1534 den katholischen Orden der Jesuiten gründete. Er leistete damit einen erheblichen Beitrag für Neuordnung der Kirche in der Gegenreformation *(siehe dort).*

Induktion, *die* die Methode der Schlussfolgerung, die von Einzelerscheinungen (dem Besonderen) ausgeht und versucht, aus diesen Beobachtungen auf allgemeine Sachverhalte oder Gesetzmäßigkeiten zu schließen. Ihr Gegensatz ist die Deduktion.

Inkarnation, *die* [lateinisch ›Fleischwerdung‹], eine Verkörperung Gottes. Der Hauptpunkt des christlichen Glaubens bedeutet, dass Gott in JESUS Fleisch annahm, also Mensch wurde, um die Menschen von der Sünde zu erlösen.

Inquisition, *siehe* Kapitel 1.

Islam, die jüngste der Weltreligionen, die auf die Verkündigung des arabischen Propheten MOHAMMED im 7. Jh. n. Chr. zurückgeht. Sie ist niedergelegt in der heiligen Schrift, dem Koran. Der Glaube an den alleinigen Gott Allah gründet sich auch auf die Verkündigungen JESU und der jüdischen Propheten. Die ›fünf Grundpfeiler‹ sind für den gläubigen Muslim verpflichtend: Das Glaubensbekenntnis ›Es gibt keinen Gott außer Allah, und Mohammed ist sein Prophet‹, fünfmal täglich zu beten (die Salat), Almosen zu geben (die Sakat), während des Monats Ramadan zu fasten und einmal im Leben den Haddsch, die Pilgerfahrt nach Mekka, zu unternehmen. Der Alkoholgenuss, Schweinefleisch, Glücksspiel sind den Muslimen untersagt.
❧ Der Islam ist in zwei Glaubensrichtungen, die der Sunniten und die der Schiiten, gespalten und eine der am weitesten verbreiteten Religionsgemeinschaften.

Jesuiten, die Mitglieder der ›Societas Jesu‹ (abgekürzt SJ), eines katholischen Ordens, der 1534 von IGNATIUS VON LOYOLA gegründet wurde. Seine Aufgaben waren vor allem die geistige Auseinandersetzung mit dem Protestantismus in der Gegenreformation, die Mission, Seelsorge und die Lehrtätigkeit. Die Jesuiten sind neben dem Gehorsam gegenüber ihrem Ordensgeneral in besonderer Weise auch dem Papst verpflichtet; wegen ihrer unnachgiebigen Haltung in Glaubensfragen wurden sie von vielen Seiten angefeindet und waren selbst von der katholischen Kirche zeitweilig verboten.

Jesus Christus, die Leitgestalt des Christentums, der als Sohn Gottes und als der Messias gilt, der die Menschen erlösen sollte (*siehe auch* JESUS, Kapitel 10).

Jom Kippur, *der* der höchste jüdische Feiertag, als Versöhnungsfest der Tag, an dem die Gläubigen ihre Sünden bekennen.
❧ Jom Kippur fällt in die Zeit von September und Oktober; an ihm begann 1973 der 4. Israelisch-Arabische Krieg (Jom-Kippur-Krieg).

Jubeljahr *siehe* Heiliges Jahr.

Judentum, eine der Weltreligionen. Sie ist die Religion der Nachfahren ABRAHAMS und JAKOBS und gründet sich auf die Thora (›Gesetz‹), die fünf alttestamentlichen Bücher, als deren Verfasser MOSES gilt. Ihr Kern ist der Glaube an den einen Gott, der mit dem auserwählten Volk der Juden seinen Bund schloss und dessen Gebote von ihnen deshalb eingehalten werden müssen. Die Lehre des Judentums wird im Talmud zusammengefasst, der aus der Tätigkeit der Rabbiner, der geistlichen Lehrer, hervorging. Die Juden heiligen den Sabbat (Samstag) und kennen die Beschneidung sowie eine Reihe von Reinheitsvorschriften und Speisegeboten.
❧ Die wichtigsten Feste des Judentums sind das Passahfest, das Laubhüttenfest sowie Jom Kippur.
❧ Außerdem bildet das Judentum die Grundlage sowohl des Christentums als auch des Islams.

Kaaba, *die* [arabisch ›Würfel‹], das wichtigste Heiligtum des Islam. Bei ihren Gebeten wenden sich die Muslime der Kaaba, die sich in Mekka im Mittelpunkt der Großen Moschee befindet, zu, einmal in ihrem Leben unternehmen sie eine Pilgerfahrt,

Die Kaaba in Mekka

bei der sie die Kaaba siebenmal umschreiten müssen.

❧ Die Kaaba ist ein mit einem schwarzen Tuch bedecktes Steingebäude in den Maßen 12 m (Länge) × 10 m (Breite) × 15 m (Höhe); an der südöstlichen Ecke befindet sich in 1 m Höhe ein als heilig geltender Meteorit.

Kalvinismus, *siehe* Calvinismus, Kapitel 1.

Kanonisation, die Heiligsprechung in der katholischen Kirche. Sie erfolgt in einem festgesetzten kirchlichen Verfahren durch den Papst.

Immanuel Kant. Gemälde aus dem Jahr 1791

Kant, Immanuel deutscher Philosoph der Aufklärung (* 1724, † 1804), der mit seinem Werk ›Kritik der reinen Vernunft‹ (1780) die moderne Philosophie und philosophische Kritik begründete. Durch eine Untersuchung des menschlichen Erkenntnisvermögens kam Kant zu der Einsicht, dass wir über Gott, Welt und Seele nichts Sicheres wissen können, die Existenz Gottes und die Unsterblichkeit der Seele aber als Voraussetzungen des Handelns notwendig sind. In der praktischen Philosophie (Ethik und Moralphilosophie) stellte er den ›kategorischen Imperativ‹ auf, die Regel, dass jeder Mensch so handeln soll, dass seine Grundsätze auch allgemeine Gesetze einer Gesellschaft sein könnten. Bedeutend ist auch die Forderung, dass niemand einen anderen Menschen nur als Mittel zu den eigenen Zielen gebrauchen dürfe, sondern immer auch als Zweck sich selbst ansehen müsse.

❧ Kants Bedeutung ist bis heute ungeschmälert; zumal in den Gebieten Erkenntnistheorie und Moralphilosophie ist die Auseinandersetzung mit seinem Werk unumgänglich.

Kardinal [von lateinisch cardinalis ›vorzüglich‹], nach dem Papst höchster kirchlicher Würdenträger. Die Kardinäle sind in der Regel Bischöfe, die vom Papst zu besonderen Aufgaben, von denen die Papstwahl die wichtigste ist, berufen werden.

❧ Äußeres Zeichen der Kardinalswürde ist der Kardinalspurpur.

Karfreitag, der Freitag vor Ostern, der in Erinnerung an die Kreuzigung JESU feierlich begangen wird. In den evangelischen Kirchen gilt der Karfreitag als der höchste Feiertag des Jahres.

Karma, *das* die Lehre von der kausalgesetzlichen Vergeltung aller menschlichen Taten, die im Zusammenhang mit dem Glauben an die Seelenwanderung im Buddhismus und im Hinduismus Bedeutung hat. Sie besagt: Alle guten Taten führen zu glücklichen Verhältnissen in einer zukünftigen Existenz, böse Taten bedingen eine schlechte Wiedergeburt (z. B. in äußerster Armut, oder, wie die Inder glauben, sogar als ein Tier).

Kasten, religiös begründete Gliederung der indischen Gesellschaft. An der Spitze der vier Kastengruppen stehen die Brahmanen, zu denen v. a. Priester gehören. Es folgen an zweiter Stelle die Kshatriya, die Kaste der Krieger, Fürsten und Könige, sodann die Waischja, zu denen meist Bauern und Handwerker gehören, und schließlich die Shudra, die Kaste der Verachteten.

Katechismus, *der* [griechisch ›Unterricht‹], ein Lehrbuch des Religionsunterrichts, das in Form von Frage und Antwort die religiöse Unterweisung erleichtern soll.

kategorischer Imperativ, die moralphilosophische Regel, die KANT aufstellte, um den Menschen eine moralische Begründung ihres Handelns zu geben. Er lautet: ›Handle so, dass die Maxime deines Willens jederzeit zugleich als Prinzip einer allgemeinen Gesetzgebung gelten könnte.‹

Kathedrale, eine meist besonders große und prachtvolle Kirche, die immer auch Sitz (griechisch ›kathédra‹) eines Bischofs ist. In Deutschland werden die Kathedralen oft Dom genannt.

katholische Kirche, die christliche Gemeinschaft, die ihrem Selbstverständnis nach direkt auf JESUS zurückgeht. Sie wird vom Papst geleitet, der sich als Nachfolger des Apostels PETRUS und Stellvertreter Gottes versteht und Oberhaupt des Vatikans und des Kirchenstaates ist; ihm unterstehen die Bischöfe, die die ihnen untergebenen Priester und Gemeinden leiten. Die katholische Kirche betrachtete sich traditionellerweise immer als die Gemeinschaft, die allein die Menschen zur Erlösung führen kann, gesteht in heutiger Zeit aber auch den anderen Kirchen und selbst anderen Religionen zu, dass sie zum Heil beitragen können. Von den anderen christlichen Gemeinschaften, die ihren Alleinvertretungsanspruch nicht anerkennen, wird sie meist römisch-katholische Kirche genannt (*siehe auch* Altkatholiken).

Katholizismus, zusammenfassende Bezeichnung der Lehre der katholischen Kirche.

Kierkegaard, Sören dänischer Philosoph und Theologe (* 1813, † 1855), stützte sein Denken auf die Erfahrung der menschlichen Existenz und gilt als Vorläufer der Existenzphilosophie. Nach seiner Ansicht ist das menschliche Leben durch Angst und Verzweiflung bestimmt, die nur durch die Gnade Gottes aufgehoben werden können.

Kirche, eigentlich nur die Bezeichnung des Gebäudes, das als Haus Gottes angesehen wird und zur Feier der Gottesdienste dient. Übertragen versteht man darunter auch die christlichen Gemeinschaften, die sich zumeist in einzelnen Glaubenssätzen unterscheiden, sich aber alle auf JESUS als zentralen Bezugspunkt berufen. Neben der katholischen Kirche gibt es die evangelischen Kirchen, die anglikanische Kirche, die Ostkirchen und verschiedene Freikirchen.

Kirchenväter, die Theologen des frühen Christentums, die als Begründer der kirchlichen Lehre angesehen werden. In der katholischen Kirche gelten ihre Werke als Teil der Offenbarung Gottes. Ein bedeutender Kirchenvater war AUGUSTINUS.

Kismet, *das* [türkisch-arabisch ›zugeteiltes Los‹], Bezeichnung des volkstümlichen Islam in der Türkei für das von Gott bestimmte Schicksal, in das der Gläubige sich willig fügt (*siehe auch* Fatalismus).

Klagemauer, der einzige Überrest des jüdischen Tempels von Jerusalem, der im Jahre 70 n. Chr. von den Römern zerstört wurde. Die Klagemauer ist der heiligste Ort des Judentums und eine besondere Stätte des Gebets.

Klerus, *der* [griechisch ›Geistlichkeit‹], Bezeichnung der Geistlichen der katholischen Kirche, die sich durch die Priesterweihe von den übrigen Gläubigen, den Laien, unterscheiden.

Kloster, ein von der Außenwelt abgeschirmter Bezirk, in dem Männer (Mönche) oder Frauen (Nonnen) leben, die sich ganz dem Dienste Gottes weihen. Klöster spielen in der katholischen Kirche und den Ostkirchen seit dem 3. Jh. eine große Rolle, sind aber auch im Buddhismus und Islam zu finden.

Kommunion, *die* [lateinisch ›Gemeinschaft‹], das gemeinsame Mahl des zum Leib Christi verwandelten Brotes, neben der Wandlung der wichtigste Teil der katholischen Messe (*siehe auch* Abendmahl).

Konfession, *die* [lateinisch ›Bekenntnis‹], das Bekenntnis zu einer der verschiedenen christlichen Kirchen, die daher oft auch selbst Konfessionen genannt werden.

Konfirmation, *die* [lateinisch ›Befestigung‹], in den evangelischen Kirchen die Aufnahme der jungen Christen mit etwa 14 Jahren als vollgültige Mitglieder der Gemeinde. In einem feierlichen Gottesdienst werden sie dabei auch erstmals zum Abendmahl zugelassen (*siehe auch* Firmung).

Konfuzius, chinesischer Philosoph (* 551, † 479 v. Chr.), der moralische Grundsätze für das Leben der Menschen aufstellte. Seine v. a. in China verbreitete und dieses Land bis heute tief prägende Lehre wird als Konfuzianismus bezeichnet.

Konklave, *das* [lateinisch ›verschließbarer Raum‹], die Versammlung der Kardinäle, die zur Papstwahl an einem von der Außenwelt abgeschlossenen Ort im Vatikan abgehalten wird.

Konzil, *das* [lateinisch ›Versammlung‹], eine Versammlung aller Bischöfe unter Vorsitz des Papstes, die zu kirchlichen und theologischen Fragen verbindliche Regelungen treffen.

Koran, *der* das heilige Buch des Islam, das die Offenbarungen Allahs an MOHAMMED enthält. Es enthält 114 Kapitel, die Suren, und bildet die Grundlage nicht nur des islamischen Glaubens, sondern auch der arabischen Hochsprache.

koscher [jiddisch ›rein‹], das Wort, mit dem im Judentum alle Speisen bezeichnet werden, die nach den Vorschriften der Thora erlaubt sind.
❧ Auch sonst wird alles, was einwandfrei ist, koscher genannt.

Kosmos, *der* [griechisch ›Ordnung‹], Bezeichnung des Universums, die andeutet, dass die ganze Welt eine geordnete und harmonische Einheit darstellt.

Krishna [...ʃ...], ein indischer Gott, in dem nach hinduistischer Vorstellung der Gott Vishnu wieder geboren wurde. Die Verehrung Krishnas steht im Mittelpunkt der Hare-Krishna-Bewegung.

Kurie, *die* die oberste Verwaltung der katholischen Kirche, die durch den Papst und so genannte Kurienkardinäle gebildet wird. Sie hat ihren Sitz im Vatikan.

Lamaismus, die tibetische Sonderform des Buddhismus. Der geistliche Führer des Lamaismus ist der DALAI-LAMA.

Laubhüttenfest, das jüdische Erntedankfest, ein Herbstfest, an dem in Erinnerung an den Auszug aus Ägypten Hütten aus Zweigen errichtet werden.

Leibniz, Gottfried Wilhelm deutscher Mathematiker und Philosoph (* 1646, † 1716), gilt als der letzte deutsche Universalgelehrte. Er war eigentlich Jurist; auf seinen verschiedenen Reisen trat er mit den bedeutendsten Gelehrten seiner Zeit in Verbindung. Er knüpfte seine mathematisch-naturwissenschaftlichen Erkenntnisse mit der Theologie seiner Zeit. Etwa gleichzeitig mit ISAAC NEWTON begründete Leibniz die Differenzial- und Integralrechnung und entwickelte das binäre Zahlensystem (*siehe* Kapitel 16). 1675 konnte er die erste Rechenmaschine vorführen. Leibniz dachte sich die Natur nicht aus toten Atomen, sondern aus unendlich vielen kleinen geistigen Einheiten, den Monaden (griechisch ›Einheiten‹), zusammengesetzt. Die auf seine Anregung hin gegründete preußische Akademie der Wissenschaften wählte Leibniz zu ihrem Präsidenten auf Lebenszeit.

Litanei, ein Gebet der katholischen Kirche, bei dem sich Vorbeter und Gläubige in festgelegter Folge abwechseln. Am bekanntesten ist die Allerheiligenlitanei, in der die Heiligen um Schutz und Beistand angerufen werden.

Liturgie, die Regelung der Formen, in denen sich der Gottesdienst der christlichen Kirchen vollzieht. Man versteht darunter einerseits die Gebete, andererseits die religiösen Handlungen, die Priester und Gläubige ausführen.

Locke, John [lɔk], englischer Philosoph (* 1632, † 1704) und bedeutender Vertreter der Erkenntnistheorie des Empirismus. Er behauptete, dass der Mensch nicht mit bestimmten Vorstellungen geboren werde, sondern sich diese erst im Laufe seines Lebens durch Erfahrung erwerbe. In seiner Staatstheorie nahmen die Menschenrechte und die Forderung nach der Teilung staatlicher Gewalten breiten Raum ein, wodurch er spätere Verfassungsentwürfe (v. a. USA, Frankreich) nachhaltig beeinflusste.

Logik, *die* eine Disziplin u. a. der Philosophie, die die Kunst des vernünftigen Denkens erstrebt; als solche ist sie die Lehre vom folgerichtigen (also logischen) Denken und Argumentieren über Gegenstände und Sachverhalte einer oder mehrerer Sachgebiete. Die in der Logik entwickelten Begründungsweisen sind Deduktion und Induktion.
❧ Als Begründer der Logik wird ARISTOTELES angesehen.

Luther, Martin *siehe* Kapitel 2.

lutherische Kirchen, die evangelischen Kirchen, die aus der Reformation hervorgingen und der Lehre MARTIN LUTHERS verpflichtet sind. Sie betonen die Erlösung allein durch die Gnade Gottes und unterscheiden sich von anderen evangelischen Kirchen in der Überzeugung, dass beim Abendmahl Brot und Wein tatsächlich in Leib und Blut Christi verwandelt werden.

Luzifer, ein anderer Name des Teufels *(siehe dort).*

Machiavelli, Niccolò [makja'vɛlli], italienischer Schriftsteller und Staatsphilosoph (* 1469, † 1527) zur Zeit der Renaissance. In seinem Hauptwerk ›Der Fürst‹ (1532) gestand er den Herrschenden zu, für das Staatswohl und zum Erhalt der Macht die allgemeinen Regeln der Moral auch zu übertreten; daher wird ein gewissenloser Machtmensch oft als ›Machiavellist‹ bezeichnet.

Mantra, eine heilige Formel des Buddhismus, deren ständige Wiederholung zur Erleuchtung führen soll.

Märtyrer, im Christentum und in anderen Religionen die Bezeichnung der Menschen, die für ihren Glauben den Tod auf sich nehmen.

Marxismus, *siehe* Kapitel 3.

Materialismus, philosophische Lehre, die im Gegensatz zum Idealismus steht. Im Materialismus werden nur die messbaren und fühlbaren Dinge der Welt als wirklich angesehen und das Vorhandensein übernatürlicher Ideen, Gottes oder einer unsterblichen Seele geleugnet. Als Grundlage des menschlichen Handelns werden daher auch nur die tatsächlichen Lebensverhältnisse und keine unbeweisbaren Vorstellungen von der Menschennatur zugelassen. Eine große Rolle spielt der Materialismus im Marxismus.

Mekka, Stadt im Westen von Saudi-Arabien, in der MOHAMMED geboren wurde und in der ein vorislamisches Heiligtum, die Kaaba *(siehe dort),* verehrt wird. Mekka ist die heiligste Stadt des Islam und darf von Nichtmuslimen nicht betreten werden. Die Muslime dagegen wenden sich ihr beim Gebet zu und sind verpflichtet, einmal in ihrem Leben den Haddsch, die Pilgerfahrt nach Mekka, zu unternehmen.

❧ Im übertragenen Sinn ist ›Mekka‹ ein Ort, der für viele Menschen eine bestimmte Bedeutung hat, z. B. Paris als das ›Mekka‹ der Damenmode.

Melanchthon, Philipp deutscher Humanist und Reformator, hieß eigentlich P. Schwartzerdt (* 1497, † 1560). Er lehrte als Professor für Griechisch an der Universität Wittenberg und war ab 1519 Mitarbeiter LUTHERS. Melanchthon schuf u. a. mit dem ›Augsburger Bekenntnis‹ (1530) die grundlegenden Bekenntnisschriften des Protestantismus und baute das evangelische Landeskirchensystem auf.

Messias, im Juden- und im Christentum der Gesalbte Gottes, der als Heiland die Menschen erlösen soll. Während die Juden aber die Ankunft des Messias noch erwarten, ist er für die Christen schon in der Person JESU CHRISTI gekommen.

Metaphysik [griechisch ›das, was hinter der Natur steht‹], Zentraldisziplin der Philosophie, die sich mit allem beschäftigt, was über die sinnlich erfahrbare Welt hinausgeht. Dazu gehören vor allem die Fragen nach Gott, der Wahrheit, der Unsterblichkeit der Seele und der Freiheit des Menschen. In der neueren Philosophie war es vornehmlich der Philosoph KANT, der die Metaphysik einer umfassenden Kritik unterzog, um sie auf eine vernunftgemäße Grundlage zu stellen.

Mission, die Bekehrung der Heiden *(siehe dort)* zum wahren Glauben. Im Christentum und dem Islam gibt es einen göttlichen Missionsauftrag, den das Judentum dagegen nicht kennt.

Mohammed, der Gründer des Islam (* um 570, † 632 n. Chr.), der von den Muslimen als Prophet verehrt wird. Er wurde in Mekka geboren und legte dort die an ihn durch den Erzengel Gabriel ergangenen Offenbarungen im Koran nieder; er musste dann aber nach Medina auswandern, wo er den überwiegenden Rest seines Lebens verbrachte. Mohammed einte die arabischen Stämme nicht nur durch die neue Religion, sondern schuf auch ein politisches Gemeinwesen, das seinen Machtbereich stark erweitern konnte. – Abb. S. 310.

Mönchtum, eine Lebensform in religiösen Gemeinschaften, deren Angehörige eine vom Weltlichen geschiedene Lebensform wählen und ihr Leben in den Dienst Gottes stellen. Das Mönchtum spielt im Buddhismus und Hinduismus eine große Rolle; daneben wird es im Islam und Christentum gepflegt. In die Orden der christlichen Kirchen werden Nonnen und Mönche erst nach dem Noviziat, einer Zeit der Prüfung, und nach dem Gelöbnis von Armut, Keuschheit und Gehorsam aufgenommen.

Monismus, *der* die theologisch-philosophische Vorstellung, nach der das Wesen der Welt aus einem einzigen Stoff (Substanz) oder einer einzigen Macht besteht (*siehe auch* Dualismus).

Mohammed bringt den heiligen Schwarzen Stein in die Kaaba.
Eine Miniatur in einer arabischen Universalgeschichte aus dem 13. Jh.

Monotheismus [griechisch mónos ›einzig, allein‹, theós ›Gott‹], der Glaube an einen einzigen, persönlich gedachten Gott, der von der Welt verschieden ist. Monotheistische Religionen sind das Judentum, das Christentum und der Islam (*siehe auch* Polytheismus).

Mormonen, die Anhänger der ›Kirche Jesu Christi der Heiligen der letzten Tage‹. Diese christliche Gemeinschaft wurde 1830 von JOSEPH SMITH (* 1805, † 1844) gegründet, der von einem Engel das heilige Buch Mormon empfangen haben will. Die Mormonen gründeten den amerikanischen Bundesstaat Utah; sie empfangen die ›Glaubenstaufe‹, verzichten auf Genussmittel und treten ein Zehntel ihres Einkommens der Gemeinschaft ab.

Morus, Thomas latinisierter Name des englischen Staatsmannes Sir Thomas More (* 1477 oder 1478, † 1535). Thomas Morus war ab 1529 Staatskanzler und unterstützte die Kirchenpolitik HEINRICHS VIII., lehnte aber eine englische Staatskirche entschieden ab und trat deshalb 1532 zurück. Aufgrund seiner Weigerung, den geforderten Suprematseid auf den König zu leisten, wurde er zum Tod verurteilt und enthauptet. Thomas Morus schrieb ›Utopia‹ (1516), in dem er nach der besten Staatsform suchte, und begründete damit die literarische Gattung der Utopie.

Moschee, *die* der Kultbau des Islam, in dem die Gläubigen zu den Gebeten zusammenkommen.

Muslim, Moslem, die Bezeichnung für einen Gläubigen des Islam (nicht: Mohammedaner).

Mystik, *die* eine besondere Form der Frömmigkeit, die in vielen Religionen zu finden ist. Jenseits von alltäglichem Bewusstsein und verstandesmäßiger Erkenntnis zielt Mystik auf die persönliche Erfahrung göttlicher Gegenwart.

Nietzsche, Friedrich deutscher Philosoph und Schriftsteller (* 1844, † 1900). Wie SCHOPENHAUER beschäftigte er sich ebenfalls mit der Bedeutung der Kunst für das Leben sowie der Frage nach der Möglichkeit objektiver Erkenntnis und der Begründbarkeit der Moral. Nietzsche kam zu dem Schluss, dass Gott tot sei und dass der ›Übermensch‹, für ihn der Mensch der Zukunft, sich rücksichtslos seine Ziele und seinen Sinn selbst setzen solle. Seine Hauptwerke sind ›Also sprach Zarathustra‹ und ›Der Wille zur Macht‹.

❧ Nietzsche hatte großen Einfluss auf Philosophen wie MARTIN HEIDEGGER und Schriftsteller wie

RAINER MARIA RILKE, THOMAS MANN und HERMANN HESSE.

Nihilismus [zu lateinisch nihil ›nichts‹], eine philosophische Haltung, die von der Sinnlosigkeit (Nichtigkeit) der Welt und des menschlichen Lebens überzeugt ist.
❧ Nachhaltige Wirkung erzeugte der Nihilismus Ende des 19. Jh. durch FRIEDRICH NIETZSCHE.

Der heilige Nikolaus von Myra auf einer russischen Ikone aus dem 18. Jh.

Nikolaus, Heiliger, ein Bischof von Myra (Griechenland), der wahrscheinlich im 4. Jh. lebte. Unter anderem ist er der Schutzheilige der Kinder; an seinem Fest, am 6. Dezember, werden ihnen daher in vielen Gegenden Geschenke gemacht. In protestantischen Ländern wurde aus ihm der Weihnachtsmann, der am Heiligabend kommt und die Kinder beschenkt.

Nirwana, *das* der Zustand der Erlösung, der im Buddhismus angestrebt wird. Es bedeutet das Erlöschen der Lebensgier und kann schon auf Erden durch Meditation erreicht werden. Nach einem vollkommenen Leben aber ist Nirwana das Ende des Kreislaufs der Wiedergeburten und das Eintauchen in das ewige, göttliche Sein.

Nonne, die Angehörige eines (Frauen-)Ordens, die ihr Leben unter feierlichen Gelübden dem Dienst Gottes weiht (*siehe* Mönchtum).

Okkultismus [lateinisch occultum ›Geheimnisvolles‹], der Glaube an geheime Mächte der Welt, die nicht wissenschaftlich überprüft werden können. Im Okkultismus spielen Geister eine große Rolle, mit denen man in Verbindung treten kann, um Nachrichten aus dem Jenseits zu erhalten oder Einfluss auf andere Menschen zu gewinnen.

Ökumene, *die* die zusammenfassende Bezeichnung aller christlichen Kirchen. Oft wird unter Ökumene auch die Annäherung zwischen den evangelischen Kirchen und der katholischen Kirche verstanden.

Ontologie [zu griechisch óntos ›seiend‹], die Lehre vom Sein und den allgemeinsten Seinsbegriffen. Die von CHRISTIAN WOLFF (* 1679, † 1754) entwickelte klassische Ontologie (1730) beschäftigte sich vor allem mit den mannigfachen Seinsbedeutungen und Seinsbestimmungen. Im Unterschied zu KANT war es vornehmlich HEGEL, der die Ontologie zu einer zentralen philosophischen Grundwissenschaft ausbaute.

Orden, eine religiöse Lebensgemeinschaft der katholischen Kirche, deren Angehörige sich ganz in den Dienst Gottes stellen. Es gibt Frauen- und Männerorden sowie Laien- und Priesterorden; alle Ordensleute müssen die Gelübde der Armut, der Keuschheit und des Gehorsams ablegen, die Mitglieder der Priesterorden empfangen außerdem die Priesterweihe.

orthodox, das griechische Wort für rechtgläubig. Mit dieser Bezeichnung setzen sich meist konservative religiöse Strömungen gegen Erneuerungsbewegungen ab. So nennen sich der Chassidismus und die Ostkirchen orthodox, da sie nach ihrem Verständnis die reine Lehre vertreten.

Ostern, das christliche Fest, an dem die Auferstehung JESU gefeiert wird. Es fällt auf das jüdische Passahfest, an dem Christus gekreuzigt wurde, und ist in der katholischen Kirche und den Ostkirchen der höchste Feiertag.
❧ Der Brauch der Ostereier, die ein altes Fruchtbarkeitssymbol sind, geht auf germanische Frühlingsfeiern zurück, mit denen Ostern schon früh verbunden wurde.

Ostkirchen, zusammenfassende Bezeichnung der christlichen Kirchen, die auf dem Gebiet des Oströmischen Reiches entstanden sind. Die meisten, wie die griechisch-orthodoxe und die russisch-orthodoxe Kirche, erkennen den Führungsanspruch des Papstes nicht an, sondern werden von Patriarchen geleitet. In ihren Glaubenssätzen unterscheiden sie sich nur wenig von der katholischen Kirche, legen aber besonderen Wert auf eine feierliche Liturgie.

Paradies. Die Schlange reicht Eva den Apfel vom Baum der Erkenntnis. Miniatur vom Ende des 13. Jh.

Palmsonntag, der Sonntag vor Ostern, an dem des triumphalen Einzugs JESU in Jerusalem gedacht wird (*siehe auch* Hosanna, Kapitel 10).

❧ In Erinnerung an die Palmzweige, die zu seiner Begrüßung auf die Straße gelegt wurden, werden im katholischen Palmsonntagsgottesdienst geweihte Buchsbaumzweige an die Gläubigen verteilt.

Pantheismus, die religiöse Überzeugung, dass Gott oder die göttliche Macht in allen Teilen der Welt zu finden ist. Der Monotheismus dagegen lehrt, dass Gott außerhalb der Welt existiert.

❧ Obwohl der Begriff selbst im 18. Jh. geprägt wurde, ist der Pantheismus der Sache nach die älteste Form des Gottesglaubens.

Papst [von lateinisch papa ›Vater‹], das vom Kardinalskollegium gewählte Oberhaupt der katholischen Kirche und des Vatikanstaates, als Bischof von Rom der Nachfolger des Apostels PETRUS. Der Papst wird als Vertreter JESU CHRISTI angesehen, gibt in Enzykliken die katholische Lehrmeinung zu Fragen der Welt bekannt und ist ermächtigt, unfehlbare Glaubenssätze zu verkünden (*siehe* Unfehlbarkeit des Papstes). Von den anderen christlichen Kirchen wird der Führungsanspruch des Papstes jedoch nicht anerkannt.

❧ Seit dem 11. Jh. besteht der Brauch, dass der gewählte Papst seinen bürgerlichen Namen ablegt und einen eigenen Papstnamen annimmt.

Paradies, der Garten, in dem nach der Erschaffung der Welt Adam und Eva frei von Sorgen lebten. Nach ihrem Sündenfall vertrieb sie Gott in die Welt, wo sie ein Leben in Mühsal führen mussten. Das Paradies gilt allgemein als Ort des Friedens und des Glücks, an dem die Seligen nach dem Ende der Welt gemeinsam mit Gott leben werden.

Passah, *siehe* Kapitel 10.

Pastor, das lateinische Wort für ›Hirte‹, mit dem besonders im nördlichen Deutschland katholische und evangelische Priester bezeichnet werden.

Patriarch [griechisch ›Sippenoberhaupt‹], die Bezeichnung der Oberhäupter der orthodoxen Ostkirchen (*siehe auch* Kapitel 10).

Pfingsten, das christliche Fest, an dem sieben Wochen nach Ostern daran erinnert wird, wie am jüdischen Erntedankfest der Hl. Geist über MARIA und die Jünger JESU ausgegossen wurde (*siehe auch* Kapitel 10).

Philosophie [griechisch ›Liebe zur Weisheit‹], im Unterschied zu den anderen Wissenschaften ist die Philosophie eher eine praktische Wissenschaft und sucht allein mithilfe der Vernunft nach Begründungen des menschlichen Denkens, Erkennens und Handelns. Neben diesen lebenspraktischen Orientierungshilfen, die keine allgemeine Gültigkeit für immer beanspruchen, werden auf Gebieten wie etwa der Logik jedoch auch Erkenntnisse hervorgebracht, die ähnlich gültig sind wie die Ergebnisse der Naturwissenschaften (*siehe auch* Ästhetik, Erkenntnistheorie, Ethik, Logik und Metaphysik).

❧ Jemanden, der sich mit Philosophie beschäftigt, nennt man einen Philosophen, also einen ›Freund der Weisheit‹, wie sich schon SOKRATES nannte.

Pietismus [zu lateinisch pietas ›Frömmigkeit‹], eine Bewegung des deutschen Protestantismus im 17. und 18. Jh. In ihr wird vor allem die Bekehrung des Einzelnen, seine Abkehr von der Sünde und sein persönliches Verhältnis zu dem väterlichen Gott betont. Der Pietismus bewirkte eine innere Erneuerung der Gemeinden und ein verstärktes soziales Engagement der Kirche.

Platon, griechischer Philosoph (*428, †348 v. Chr.), Schüler des SOKRATES und Lehrer des ARISTOTELES. Platon suchte nach Allgemeinbegriffen, nach dem, was verschiedenen Dingen der gleichen Art (z. B. gerechten Handlungen, auch Dingen wie den Tischen, den Hunden usw.) gemeinsam ist. All diese Allgemeinbegriffe – Platon nennt sie die ›Ideen‹ – haben ein selbstständiges Sein außerhalb der einzelnen Dinge. Eine gerechte Handlung zum Beispiel ist ›gerecht‹ vermöge ihrer Teilhabe an ihrem Urbild, der ›Idee der Gerechtigkeit‹. Es gibt also einerseits die Ideen, die unsichtbar, ewig und vollkommen sind, andererseits die vielen sinnlich wahrnehmbaren Dinge, die sich wandeln und vergänglich sind. Die höchste Stelle im Reich der Ideen nimmt die Idee des Guten ein. Tugend fasste Platon zugleich als Erkenntnis auf. Ungerechtes Handeln beruht demzufolge auf mangelndem Verständnis von Gerechtigkeit.
Platon hat fast alle seine Werke in Dialogform verfasst, meist wird das Gespräch durch SOKRATES geführt. Ein wichtiger Dialog ist ›Der Staat‹, in dem er seine Ideenlehre darlegt.
Das Denken Platons wurde wie das seines Schülers ARISTOTELES bahnbrechend für die gesamte Philosophiegeschichte des Abendlandes.

Pluralismus, eine ethische Grundhaltung, die es gutheißt, dass verschiedene Werte und Überzeugungen nebeneinander bestehen und miteinander konkurrieren.

Polytheismus, der Glaube an mehrere oder viele Götter, die oft für verschiedene Lebensbereiche zuständig sind und auch miteinander im Streit liegen können, im Gegensatz zum Monotheismus *(siehe dort)*. Der Polytheismus findet sich im Hinduismus und in den frühen Hochkulturen.

Positivismus, die Überzeugung, dass wahre Aussagen nur aufgrund überprüfbarer Voraussetzungen gemacht werden können. Damit werden die Metaphysik oder bloße Gedankengrundsätze (z. B. dass ›der Mensch frei geboren sei‹) abgelehnt.

Postmoderne, *die* ein Begriff der 1980er-Jahre, mit dem angedeutet werden sollte, dass die Moderne, die mit Aufklärung und industrieller Revolution begann, abgeschlossen sei und ihr kulturelles Erbe neue Ausdrucksformen verlange. Anstelle der bisherigen Suche nach einheitlichen, allgemein gültigen Leitvorstellungen befürworten Vertreter der Postmoderne gerade die Vielfältigkeit von Lebensformen, Handlungsorientierungen, Denkansätzen. Sie hatte großen Einfluss auf Architektur und Literatur (*siehe* Kapitel 5 und 6).

Prädestination, *die* [lateinisch ›Vorherbestimmung‹], die Vorstellung, dass das menschliche Leben und die Erlösung der Seele von Gott oder göttlichen Mächten vorherbestimmt wird. Diese Ansicht wird im Islam (*siehe* Kismet) und in der Lehre des Reformators CALVIN vertreten.

Pragmatismus, die Lehre, die im Handeln des Menschen sein innerstes Wesen erblickt und das Denken allein an seiner Dienlichkeit für die Bewältigung praktischer Aufgaben bemisst.

Priester, ursprünglich eine geheiligte Person, die als Vermittler zwischen den Menschen und den göttlichen Mächten dient. In der katholischen Kirche werden zu Priestern nur Männer geweiht, die Ehelosigkeit (*siehe* Zölibat) geloben müssen. In den evangelischen Kirchen sind auch Frauen zugelassen; die Pflicht zu Ehelosigkeit besteht nicht.

profan [lateinisch ›ungeweiht‹], alles, was nicht als heilig gilt.

Protestantismus, zusammenfassende Bezeichnung der Kirchen, die aus der Reformation hervorgegangen sind. Kern des Protestantismus ist die Gnadenlehre, die Auffassung, dass der Mensch sündig ist und nur aufgrund seines Glaubens von Christus durch die Gnade Gottes erlöst werden kann. Unterschiede bestehen allerdings zwischen den einzelnen Kirchen in der Frage, ob sich beim Abendmahl Brot und Wein wirklich in Leib und Blut JESU verwandeln.
❧ Protestantismus ist ursprünglich ein politischer Begriff, der 1529 entstand, als auf dem 2. Reichstag von Speyer 19 evangelische Reichsstände gegen den Beschluss protestierten, am Wormser Edikt von 1521 festzuhalten (*siehe* Kapitel 2).

Puritanismus [zu lateinisch puritas ›Reinheit‹], eine Reformbewegung der anglikanischen Kirche, die die kultischen Formen, die an die katholische Kirche erinnerten, abschaffen wollte. Die Puritaner wurden gezwungen, nach Amerika auszuwandern, und gelten als Beispiel besonderer Sittenstrenge (*siehe* Pilgerväter, Kapitel 1).

Rabbiner, die geistlichen Lehrer der jüdischen Gemeinden. Sie haben die Autorität in der Auslegung des Gesetzes. Rabbiner nennt man heute auch die Leiter der jüdischen Gemeinden; diese sind in Rabbinaten zusammengeschlossen, die ein Oberrabbiner leitet.

Ramadan, *der* der heilige Monat des Islam, in dem die Gläubigen täglich von Sonnenaufgang bis Sonnenuntergang fasten müssen.

Rationalismus, eine Überzeugung, derzufolge die Welt wesentlich dem Verstand oder der Vernunft (auf lateinisch ›ratio‹) gemäß, das heißt von logisch gesetzmäßiger Beschaffenheit sei. Anders als der Empirismus, der alle Erkenntnis letztlich durch menschliche Sinneserfahrung begründet sieht, nimmt der Rationalismus an, dass es von der Erfahrung unabhängige Vernunftwahrheiten gibt; deren Erkenntnis nimmt einen höheren Rang ein als die Sinneserfahrung, da diese wie die Sinnesdinge veränderlich ist.
❧ Ein strenger Rationalismus wurde von R. DESCARTES und G. W. LEIBNIZ vertreten, der Empirismus dagegen von J. LOCKE und D. HUME.

Realismus, eine Richtung der Philosophie, die davon ausgeht, dass die Welt und alle Dinge völlig unabhängig von unserem Denken existieren. Das bedeutet entweder, dass wir sie doch erkennen können so, wie sie sind. Es ist aber auch möglich, dass die Dinge wie bei PLATON nur als Ideen außerhalb der erfahrbaren Welt wirklich sind, oder dass wir die Welt, wie sie eigentlich ist, durch den Schleier unserer Vorstellung oft nur undeutlich erkennen können. Die zweite Überlegung führt zu dem, was in der Kunst Realismus genannt wird: die Überzeugung, dass nur die Welt, wie wir sie vor uns haben, wirklich und darstellenswert und daher ästhetisch erfahrbar ist.

Reformation [lateinisch ›Erneuerung‹], die theologische Bewegung des 16. Jh., die von MARTIN LUTHER durch seine Kritik an Missständen der katholischen Kirche ausgelöst wurde. Dabei hatte er zunächst nur die Erneuerung der Kirche zum Ziel, drang damit aber nicht durch und wählte deshalb mit anderen Reformatoren den Weg der Spaltung, der zur Bildung der evangelischen Kirchen führte.

Relativismus, eine Richtung der Erkenntnistheorie. Sie besagt, dass wir nicht die Dinge an sich erkennen können, sondern nur, wie sie zueinander stehen und wie sie von unserem Standpunkt aus erscheinen. Dies führt zu der Einstellung, dass auch alle Werte und Normen nur in Abhängigkeit von den jeweiligen Umständen gültig sind.

Religion, die zusammenfassende Bezeichnung der heiligen kultischen Handlungen und Glaubenssätze, die ausgeführt und befolgt werden müssen, will man den Schutz und die Hilfe der Götter erlangen. Je nachdem, ob ein oder mehrere Götter verehrt werden, unterscheidet man zwischen monotheistischen und polytheistischen Religionen; außerdem spricht man von Offenbarungsreligionen, wo diese den Menschen von Gott selbst verkündet wurden.

Reliquie, *die* [lateinisch ›Überbleibsel‹], die Asche oder Gebeine von Heiligen oder Märtyrern oder Teile von Gegenständen aus ihrem Besitz (z. B. Kleidung), die als fassbares Zeichen ihrer Verehrung dienen.

Requiem, *das* das Anfangswort der lateinischen Totenmesse der katholischen Kirche: Requiem aeternam dona eis, Domine (›Die ewige Ruhe gib ihnen, Herr‹). Requiem wurde so zur allgemeinen Bezeichnung der Totenmesse (*siehe auch* Kapitel 5).

Rosenkranz, eine Gebetsfolge der katholischen Kirche, die an MARIA gerichtet ist. Dabei werden anhand einer Perlenschnur, die ebenfalls Rosenkranz genannt wird, in festgelegtem Wechsel Vaterunser und Ave-Maria gebetet.

Rousseau, Jean-Jacques [ru'so], französischer Schriftsteller und Philosoph (* 1712, † 1778), der ein bedeutender Vertreter der Aufklärung war. Er entwickelte die Vorstellung vom einfachen und heilen Naturzustand des Menschen, aus dem dieser durch den ›Gesellschaftsvertrag‹ (1762) und die Entwicklung politischer Einrichtungen heraustrat. Mit seinem Erziehungsprogramm, das er in dem Buch ›Emile‹ (1762) darlegte, übte er wie mit seiner Staatsphilosophie großen Einfluss auf die Nachwelt aus.

Sakramente [lateinisch ›feierliche Verpflichtung‹], die heiligen Handlungen der christlichen Kirchen, die als Zeichen der Gnade den Segen Gottes gewähren. Dazu gehören in der katholischen Kirche und den Ostkirchen die Taufe, die Firmung, das Bußsakrament und die Eucharistie; daneben die Eheschließung, die Krankensalbung und die Priesterweihe. In den evangelischen Kirchen gelten nur Taufe und Eucharistie als Sakramente, da nur sie von JESUS selbst eingesetzt wurden.

Sartre, Jean-Paul französischer Schriftsteller und Philosoph (* 1905, † 1980), der mit dem Werk ›Das Sein und das Nichts‹ (1943) ein Hauptvertreter des Existenzialismus, die französische Form der Existenzphilosophie, wurde. Das Thema seiner engagierten Bücher wie ›Der Ekel‹ (1938) und ›Die Fliegen‹ (1943) waren die menschliche Freiheit und der Abscheu vor der Sinnlosigkeit des Lebens; seine politischen Aktivitäten brachten ihn in die Nähe des Marxismus, zu dem er jedoch stets kritischen Abstand bewahrte.
❧ Den ihm angetragenen Nobelpreis lehnte Sartre ab.

Schamane, *der* [Sanskrit ›Zauberer‹], ein Mensch mit großen magischen Kräften, der sich mithilfe von Tanz, Musik und Drogen in Rauschzustände versetzt, um Seelenreisen zu unternehmen und Verbindung mit Verstorbenen und Geistern aufzunehmen. Die Schamanen wirken als Priester und Heiler.

Schiiten, die Mitglieder der kleineren der beiden Konfessionen des Islam, die vor allem im Irak und Iran leben. Von den Sunniten trennten sie sich, weil sie die Nachfahren MOHAMMEDS und nicht die Kalifen, die gewählten Führer, als rechtmäßige Nachfolger des Propheten, als Imame, ansahen.

Schintoismus, die ursprüngliche Religion Japans, die vor allem durch Naturverehrung und Ahnenkult gekennzeichnet ist. Die Gebete und kultischen Handlungen werden an Schreinen im Freien vollzogen. Als Ahngottheit des Schintoismus wird die Sonnengottheit Amaterasu verehrt; als ihr Erbe galt der erste Tenno. Der Tenno, das Staatsoberhaupt Japans, ist auch das Oberhaupt des Schintoismus.

Schisma, *das* das griechische Wort für ›Trennung‹, ›Zwiespalt‹, mit dem verschiedene Abspaltungen von der Einheit der katholischen Kirche bezeichnet werden. Sie äußerten sich meist in der Ablehnung der Autorität des Papstes und führten zur Gründung neuer Kirchen.
❧ Im großen Abendländischen Schisma (1378 bis 1417), ausgelöst durch die Rückkehr der Päpste von Avignon nach Rom, konkurrierten zeitweilig drei Päpste miteinander.

Scholastik, *die* die zusammenfassende Bezeichnung der europäischen Philosophie im Mittelalter. Die Hauptfragen der Scholastik waren, ob wir eher durch vernünftiges Erkennen oder durch religiösen Glauben die Wahrheit erfassen können und ob die Wirklichkeit in den einzelnen Dingen oder in ihren Namen liege, also die allgemeinen Begriffe das Wirkliche seien (*siehe auch* Idee). Die Scholastiker lösten sich zwar von dem Einfluss der Kirche, folgten aber stets geistigen Autoritäten, vor allem ARISTOTELES; ihr wichtigster Vertreter war THOMAS VON AQUIN.

Schopenhauer, Arthur deutscher Philosoph (* 1788, † 1860), der mit seinem Hauptwerk ›Die Welt als Wille und Vorstellung‹ Künstler und Philosophen wie RICHARD WAGNER, FRIEDRICH NIETZSCHE und THOMAS MANN beeinflusste. Nach seiner Auffassung existiert die Welt, wie wir sie erleben, nur in unserer Vorstellung; gleichzeitig aber sind wir und die Welt die Produkte eines blinden göttlichen Willens. So hat die Weltgeschichte keinerlei Sinn, und auch das Leid der Menschen kann nur in einem Zustand der Bewusstseinslosigkeit, ähnlich dem Nirwana des Buddhismus, aufgehoben werden.

Sekte, ein meist abwertender Ausdruck für eine Glaubensgemeinschaft, die sich von einer Mutterreligion abgespalten hat.

Sieben Weisen, die Gruppe griechischer Männer des 8. und 7. Jh. v. Chr., denen Sinnsprüche wie ›Erkenne dich selbst!‹ und ›Nichts im Übermaß!‹ zugeschrieben werden (*siehe auch* Thales).

Skeptizismus, die Grundhaltung der europäischen Philosophie, die alles Denken und Handeln nur auf Behauptungen und Schlüsse aufbaut, die mit kritischem Zweifel geprüft worden sind. Der Skeptizismus richtet sich in Erkenntnistheorie und Ethik gegen kirchliche Vorschriften und Glaubenssätze und bestimmte die europäische Aufklärung.

Sokrates, einer der bedeutendsten griechischen Philosophen (* um 470, † 399 v. Chr.). Er lehrte in Athen, wo man ihn beschuldigte, gottlos zu sein und die Jugend zu verderben und daher schließlich zum Tode verurteilte. Sokrates selbst hinterließ keine Schriften, von seinem Schüler PLATON aber wissen wir, dass er das vermeintliche Wissen der anderen

Sokrates. Marmorstatue aus Alexandria aus dem 2. Jh. v. Chr.

Menschen mit seinen bohrenden Fragen in Zweifel zog und sie durch Anregung zum Nachdenken zu gültigeren Erkenntnissen führte. Er selbst war überzeugt, nichts zu wissen. Daneben ging sein Streben nach Gerechtigkeit so weit, dass er sein Todesurteil annahm und selbst eine Gelegenheit zur Flucht ausschlug. Sein Denken bedeutete für die Antike einen geistigen Einschnitt: Fortan sprach man von den Denkern, die vor ihm lebten, als den ›Vorsokratikern‹.

❧ Sokrates war mit Xanthippe verheiratet, die – wohl zu Unrecht – als Inbegriff eines zänkischen Eheweibes galt.

Sophisten, Bezeichnung für griechische Philosophen des 5. und 4. Jh. v. Chr., die als Wanderlehrer gegen Geld unterrichteten. Sie beschäftigten sich vor allem mit der Ethik, bei der sie zwischen der Natur des Menschen und seiner Abhängigkeit von den Regeln der Gesellschaft unterschieden, und vertraten die zweifelnde Grundhaltung des Skeptizismus. Der Philosoph Platon warf ihnen vor, nicht nach der Wahrheit zu suchen, sondern die Menschen nur überreden zu wollen; deshalb hat heute das Wort Sophist einen negativen Klang.

Spinoza, Baruch de holländischer Philosoph (* 1632, † 1677), der aus einer von Portugal eingewanderten jüdischen Familie stammte. Sein Hauptwerk ist die ›Ethik nach geometrischer Methode‹ (1675 und 1677). Demzufolge ist Gott mit der Natur identisch, da er die einzige, unteilbare, unendliche Substanz sei. Gott und Natur seien eine einzige Substanz, aus der alle anderen Substanzen notwendigerweise folgen. Spinoza wurde oft missverstanden, u. a. hat man seine Lehre des Atheismus bezichtigt. Sein Denken beeinflusste u. a. Lessing und Goethe.

Stein der Weisen, seit der Spätantike die Bezeichnung des Materials, das in der Alchemie gesucht wurde, um aus unedlen Metallen Gold, aber auch Silber und Kupfer herzustellen. Übertragen versteht man unter dem Stein der Weisen die ersehnte Formel zur Lösung aller Probleme.

Stoiker, die nach ihrem Versammlungsort, einer Säulenhalle (griechisch ›stoa‹) in Athen benannte Philosophenschule, die um 300 v. Chr. von Zenon von Kition in Athen gegründet wurde. Sie trat für eine ethische Grundhaltung ein, die den Menschen befähigt, die Wechselfälle des Lebens gelassen zu ertragen. In römischer Zeit waren die Philosophen Seneca d. Ä. (* um 4 v. Chr., † 65 n. Chr.), der Lehrer Kaiser Neros, Epiktet (* um 50, † 138 n. Chr.) und Kaiser Mark Aurel (* 121, † 180, Kaiser ab 161) bedeutende Stoiker.

❧ Die Redewendung ›etwas mit stoischer Ruhe ertragen‹ zielt auf jene Geisteshaltung.

Strukturalismus, eine Richtung der modernen französischen Sprachphilosophie und Ethnologie. In ihr werden sowohl die Sprachen als auch die Mythen und Kulthandlungen verschiedenster Völker auf Regeln und Strukturen zurückgeführt, die allen gemeinsam sind.

Sünde, unheilvolles Leben ohne Gott bzw. das Übertreten der göttlichen Gebote. Sünden können durch Buße gesühnt oder durch die Gnade Gottes vergeben werden. Nach katholischer Lehre gibt es lässliche Sünden, die der Mensch bereuen und wieder gutmachen kann, sowie Todsünden, die nicht vergeben werden und zur ewigen Verdammnis führen. Die evangelischen Kirchen sehen den Menschen als Sünder, der nur durch Gottes Gnade gerettet werden kann.

Sunniten, die Mitglieder der größten Konfession des Islam, 90 % der Muslime. Anders als die Schiiten erkennen sie die ersten vier frei gewählten Kalifen nach MOHAMMED an. Ihr Glaube stützt sich neben dem Koran auf die Sunna, die überlieferte Wegweisung des Propheten, ferner auf die übereinstimmende Meinung der Gemeinschaft.

Sure, *siehe* Koran.

Synagoge, *die* [griechisch ›Versammlungsraum‹], der Kultbau der Juden, in dem die Gottesdienste zum Sabbat und den Feiertagen sowie die Versammlungen der Gemeinden stattfinden.

Synode, *die* [griechisch ›Zusammenkunft‹], in den christlichen Kirchen allgemein die Versammlung meist hoher kirchlicher Amtsträger.

Synthese, *die* [griechisch], der zusammenfassende, letzte logische Schritt der dialektischen Methode (*siehe* Dialektik).

Talmud, *der* [hebräisch ›Lernen‹], der Name der heiligen Schriften des Judentums, die die Thora, das Gesetz Mose, auslegen. Der Talmud enthält einerseits die jüdischen Gesetze, andererseits die Lehren der Rabbiner.

Taoismus, eine philosophisch-religiöse Bewegung Chinas. Ihr Ziel ist eine Übereinstimmung des menschlichen Denkens und Handelns mit dem Tao. Tao bedeutet ›der Weg‹ und gilt als die Natur, die andauernd, ohne zu handeln, die Welt hervorbringt.

Taufe, eines der Sakramente aller christlichen Kirchen, die durch Untertauchen oder Begießen des Kopfes mit Wasser vollzogen wird. Der Täufling wird dadurch in die christliche Gemeinschaft aufgenommen, von Sünden und der Erbschuld gereinigt und kann so am Erlösungswerk Jesu teilhaben. In den meisten Kirchen wird die Taufe daher gleich nach der Geburt gespendet; einige Kirchen wie die Baptisten vollziehen jedoch nur die Erwachsenentaufe.

Te Deum, die lateinischen Anfangsworte eines christlichen Lobgesangs, der ›Te Deum laudamus‹ (›Dich, Gott, loben wir‹) beginnt.

Teleologie [griechisch télos ›Zweck‹], die Lehre von der Zweckmäßigkeit bzw. Zweckdienlichkeit der Natur. ARISTOTELES meinte, dass allen Wesen ein Ziel innewohne, das sie nach Vollendung streben lässt. KANT entwickelte in seiner Spätphilosophie eine teleologische Theorie der Natur, um besondere Phänomene der Natur hinreichend erklären zu können.

Tempel, in vielen Religionen die Bezeichnung eines Kultbaus, der oft als Haus der Götter und Abbild des Kosmos gilt. In oder vor ihnen werden die Opfer und heiligen Handlungen vollzogen; oft dürfen sie nur von Priestern betreten werden.

Die Tempelanlage auf der Akropolis in Athen

Teufel, der Gegenspieler Gottes, auch Satan oder Luzifer genannt, der über die Hölle herrscht und die Menschen in die ewige Verdammnis stürzen will. Er verkörpert das Böse und war der Legende nach ein Engel, der sich gegen Gott auflehnte und deshalb verbannt wurde. In vielen Religionen sind es böse Geister und Dämonen, die in ähnlicher Weise das Schlechte in die Welt bringen.

Thales, bedeutender griechischer Philosoph (1. Hälfte des 6. Jh. v. Chr.), der erste Philosoph des Abendlandes. Er sah das Wasser als den Ursprung der Welt an. Er zählt zu den Sieben Weisen und ist durch den nach ihm benannten geometrischen Satz bekannt.

Theologie [griechisch ›Lehre von Gott‹], die Wissenschaft, die sich mit den Bedingungen und Inhalten besonders des christlichen Glaubens beschäftigt, dabei aber von der Wahrheit der göttlichen Offenbarung ausgeht. Wie die Philosophie ist sie eine praktische Wissenschaft und will den Menschen konkrete Hilfen geben. Seit der Aufklärung setzte vor allem die evangelische Theologie sich mehr und mehr mit den anderen Wissenschaften auseinander und übernahm zum Teil deren Vorgehensweisen. Zu den Aufgaben der Theologie gehören die Auslegung der Bibel, die Formulierung der Glaubenssätze und der christlichen Moral sowie die Erforschung der Kirchengeschichte.

These, der erste logische Schritt der dialektischen Methode, die Behauptung (*siehe auch* Dialektik).

Thomas von Aquin, Dominikanerheiliger, Theologe und Philosoph der Scholastik (* 1225, † 1274). Er verband die Philosophie des ARISTOTELES mit der Theologie und beschäftigte sich in seinem Hauptwerk ›Summa Theologiae‹ mit dem Aufbau der Welt und der Frage, inwieweit der Mensch am göttlichen Wesen teilhat und wie er es erkennen kann.

Thora, *die* [hebräisch ›Weisung‹], jüdische Bezeichnung der ersten fünf Bücher des Alten Testaments, die als mosaisches Gesetz das Kernstück des Judentums bilden.

Totem, *das* [indianisch] Bezeichnung einer Pflanze, eines Tieres oder einer Naturerscheinung, die in magischen Kulturen als Vorfahren des Stammes gelten und für seinen Schutz sorgen. Sie werden meist durch ein Tabu, wie etwa das Jagdverbot, geschützt und oft auf ›Totempfählen‹ dargestellt.

Thomas von Aquin über Platon und Aristioteles thronend. Gemälde von Francesco Traini aus der Kirche Santa Caterina in Pisa

Transzendenz, *die* [lateinisch ›überschreitend‹], die Überschreitung der Grenze zwischen zwei Bereichen oder Gebieten im Sinne eines Hinausgehens über die Grenzen der Erfahrungswelt. Transzendenz bezeichnet demzufolge das Übersinnliche, welches den Bereich der Immanenz bzw. die Grenzen des sinnlich Fassbaren überschreitet.

Trinität, *siehe* Dreifaltigkeit.

Unbefleckte Empfängnis, das 1854 erlassene Dogma der katholischen Kirche, nach dem auch MARIA, die Mutter JESU, frei von der Erbsünde war.

Unfehlbarkeit des Papstes, das Dogma der katholischen Kirche, nach dem der Papst dank seines göttlichen Auftrags ermächtigt ist, unfehlbare Glaubenssätze zu verkünden, wenn er als oberster Hirte und Lehrer der Kirche ›ex cathedra‹ (also vom

Lehrstuhl Petri herab) Lehraussagen verkündet. Es wurde 1870 erlassen und führte zur Abspaltung der Altkatholiken. Von dieser Befugnis haben die Päpste seither erst ein einziges Mal (1950) Gebrauch gemacht (durch PIUS XII. in Bezug auf die Himmelfahrt MARIAS).

Upanischaden, die heiligen Schriften des Hinduismus, die zu den Weden *(siehe dort)* gehören und vom Ursprung der Welt, dem Kreislauf der Wiedergeburten und der Erlösung handeln.

Utilitarismus [zu lateinisch utilis ›nützlich‹], eine Grundhaltung der Ethik, nach der nur der Nutzen einer Handlung darüber entscheidet, ob diese gut oder schlecht ist. Ziel des Utilitarismus ist es, das größtmögliche Glück einer möglichst großen Zahl von Menschen zu verwirklichen.

Utopie, *siehe* Kapitel 6.

Vatikan, *der* der Wohnsitz des Papstes, am Vatikanhügel (Monte Vaticano) in Rom. Um ihn gruppiert sich die Vatikanstadt, ein völkerrechtlich souveräner Staat, zu dem auch außerhalb dieses Bereichs exterritoriale Besitzungen (vor allem Kirchen) gehören.

Voltaire [vɔlˈtɛ:r], französischer Philosoph und bedeutender Vertreter der Aufklärung (* 1694, † 1778). Wegen seines unermüdlichen Einsatzes gegen die Macht der Kirche, das Unrecht der Justiz und für die bürgerlich-liberale Gesellschaft verbrachte er fast sein ganzes Leben im Exil, einige Jahre auch bei FRIEDRICH II., DEM GROSSEN, in Potsdam. Bekannt wurde er durch zahllose Streitschriften, seine Geschichtsphilosophie und den Roman ›Candide‹.

❧ Eigentlich hieß Voltaire François Marie Arouet.

Vulgata [lateinisch], die im 4. Jh. vom hl. HIERONYMUS geleistete Übertragung der altlateinischen Bibelübersetzung ins Lateinische, die später verbindlich wurde.

Wahrheit, Kriterium für die allgemein gültige Erkenntnis. Erkenntnis ist nur dann allgemein gültig und folglich wahr, wenn sie unter Bedingungen zustande kommt, die jedermann bestätigen kann. Die Philosophen haben aber immer wieder betont, dass es eine letzthin gültige und absolute Wahrheit nicht geben kann, weil sie stets als Wahrheit wandelbar und unabgeschlossen ist.

❧ Es war u. a. PLATON, der stets darauf hinwies, dass die Frage nach der Wahrheit eine ständige Suche beinhalte.

Wallfahrt, eine oft beschwerliche Reise zu heiligen Stätten, die als Buße oder zur Erfüllung eines Gelübdes unternommen wird. Wallfahrten spielen in der katholischen Kirche eine große Rolle (z. B. nach Rom, nach Lourdes); im Islam ist den Gläubigen der Haddsch, die Pilgerfahrt nach Mekka, vorgeschrieben.

Wandlung, der wichtigste Teil der katholischen Messfeier, in dem sich die Verwandlung von Brot und Wein in Leib und Blut JESU vollzieht.

Weden, die heiligen Schriften des Hinduismus, die ältesten Schriften der indischen Literatur, die auch einen großen Einfluss auf die indische Philosophie hatten. Zu den späten Schriften der Weden gehören die Upanischaden *(siehe dort)*.

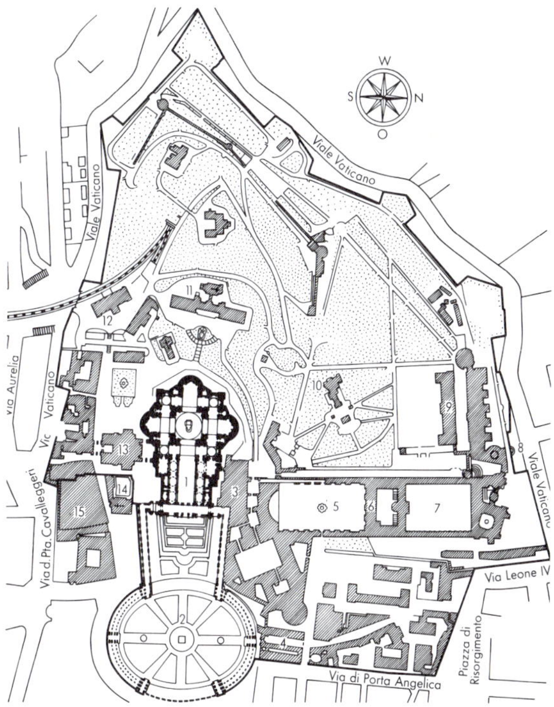

Vatikanstadt: 1 Peterskirche, 2 Petersplatz, 3 Sixtinische Kapelle, 4 Hof der Schweizer Garde, 5 Belvedere-Hof, 6 Bibliothek, 7 Pinienzapfenhof, 8 Eingang zu den Museen, 9 Pinakothek, 10 Casino Pius' IV., 11 Gouverneurspalast, 12 Bahnhof, 13 Sakristei, 14 Camposanto Teutonico, 15 Audienzhalle

Weihnachten, das christliche Fest, mit dem am 25. Dezember die Geburt JESU gefeiert wird. Am Vorabend, dem Heiligabend, beginnen die Feiern mit Gottesdiensten, Festessen und dem Austausch von Geschenken.

Wiedergeburt, Reinkarnation, die Vorstellung von der Rückkehr der Seele nach dem Tod in ein neues Leben. Eine große Rolle spielt sie im Hinduismus und im Buddhismus, wo der Mensch als Lohn oder zur Strafe für seine früheren Taten als Tier oder Mensch wieder geboren wird. Jeder durchläuft eine große Zahl von Existenzen, bis er Befreiung vom Kreislauf des Wieder-geboren-Werdens, d.h. Erlösung, erreichen kann.

Willensfreiheit, die Freiheit des Menschen, sich in seinem Leben für das Gute oder das Böse zu entscheiden. Die Lehre von der Willensfreiheit steht damit im Gegensatz zur Prädestinationslehre, nach der das menschliche Leben durch die göttliche Vorsehung bestimmt wird.

Wissen ist Macht, ein Ausspruch des englischen Philosophen FRANCIS BACON (* 1561, † 1626). Er wollte damit sagen, dass nur die Vermehrung der wissenschaftlichen Erkenntnisse die Beherrschung der Natur und das Glück der Menschen ermöglichen könne.

Wittgenstein, Ludwig österreichischer Philosoph (* 1889, † 1951), der in England lehrte. In seinen Hauptwerken ›Tractatus logico-philosophicus‹ (1921) und ›Philosophische Untersuchungen‹ (1945) untersuchte er mit den Mitteln der Logik die Frage, inwieweit die Welt in der Sprache und den Aussagen der Menschen enthalten sein kann.
❧ Von Wittgenstein stammt der Satz: ›Worüber man nicht sprechen kann, darüber muss man schweigen‹.

Wodu, religiöser Geheimkult, der auf Haiti verbreitet ist und in dem sich der Glaube an Naturgeister afrikanischer Herkunft mit der Verehrung der katholischen Heiligen vermischt. Diese werden mithilfe der Magie angerufen, damit sie den Feinden Unheil zufügen.

Yin und Yang

Yin und Yang, im chinesischen Denken die Bezeichnung der beiden Wirkungsmächte der Welt, die einander nicht ausschließen, sondern ergänzen (*siehe* Dualismus). Yin, das passive, und Yang, das aktive Prinzip, sind daher auch in jedem Menschen stets beide vorhanden.

Zen, *der* [japanisch ›Selbstversenkung‹], die in Japan vorherrschende Form des Buddhismus. Im Zen wird die Erleuchtung durch strenge Meditationsübungen gesucht. Auch Tätigkeiten wie das Bogenschießen, Zeichnen, Gartengestaltung, Teezeremonie und Kalligraphie werden in meditativer Haltung geübt.

Zeugen Jehovas, die Mitglieder einer Christengemeinschaft, in der die Bibel als die Wort für Wort wahre Offenbarung Gottes gilt. Sie bezeugen ihren Glauben in steter Missionsarbeit und leben in der Erwartung der bevorstehenden Wiederkehr JESU, der das Tausendjährige Reich des Friedens errichten soll.

Zölibat, *der* [von lateinisch coelebs ›ehelos‹], das Gelöbnis der Ehelosigkeit, das die katholischen und zum Teil die orthodoxen Priester bei ihrer Weihe ablegen. Die evangelischen Kirchen dagegen lehnen die Verpflichtung ihrer Pfarrer zur Ehelosigkeit ab.
❧ Der Zölibat wurde in der katholischen Kirche erst von Papst INNOZENZ II. 1139 durchgesetzt.

9

Mythen, Sagen, Märchen

In dem Roman ›Schwere Zeiten‹ von CHARLES DICKENS sagt Mister Gradgrind, dass jede Erziehung sich auf Tatsachen, Tatsachen und nochmals Tatsachen gründen müsse. Das mag richtig sein, aber daneben sollten die Menschen auch Mythen kennen: Sofern die Geschichte nicht auch die Lebendigkeit von Mythen besitzt, wird sie für die Kultur nicht fruchtbar. Denn Mythen besitzen wir gemeinsam, sie vermitteln uns Werte und Ziele und liegen Traditionen zugrunde. Die Geschichten und Märchen, die wir unseren Kindern erzählen, beeinflussen ihren Charakter und ihr Menschwerden.

Der Begriff Mythos, der als Schwerpunkt dieses Kapitel durchzieht, bedeutet im Griechischen ›Wort‹, ›Rede‹, ›Erzählung‹, ›Sage‹, ›Fabel‹. Die meisten dieser ›Erzählungen‹ versuchen, unsere Welt zu deuten, zu erklären. Sie handeln vom Anfang der Welt und von ihrem Ende, vom Entstehen der Götter und von ihren Taten, vom Werden und Vergehen der Natur im Wechsel der Jahreszeiten, von Tag und Nacht; sie kreisen um wichtige Ereignisse im menschlichen Leben wie Geburt, Ehe, Krankheit und Tod; sie behandeln Liebe und Hass, Treue und Verrat, Strafe und Vergeltung, Krieg und Frieden; sie berichten von den Ursprüngen der Stämme und Völker und von den Taten ihrer Helden.

Mythen gibt es in allen Völkern und Kulturen. Ihr Ursprung liegt meist im Dunkeln: Wir erben sie als Teil unserer Kultur. Zur abendländischen Kultur gehört der Mythos von Paris und dem ›Apfel der Zwietracht‹ ebenso wie der vom Untergang der germanischen Götter in der ›Götterdämmerung‹ oder die Sage von der Gründung der Stadt Rom durch Romulus und Remus.

Achilles, in der griechischen Mythologie der tapferste der griechischen Helden vor Troja. Um ihn unverwundbar zu machen, hatte ihn seine Mutter Thetis in das Wasser des Flusses der Unterwelt, Styx, getaucht. Nur die Ferse, an der sie ihn hielt, blieb verwundbar. Während des Trojanischen Krieges zieht sich Achilles nach einem Streit mit König Agamemnon gekränkt vom Kampf zurück, greift jedoch wieder ein, als die Trojaner die Oberhand gewinnen, und besiegt Hektor, dessen Leib er um Troja schleift. Er selbst wird durch einen vom Gott Apoll gelenkten Pfeil des Paris an der Ferse getroffen und stirbt.
❧ Unter ›Achillesferse‹ versteht man in übertragenem Sinn eine verwundbare Stelle oder eine besondere Schwäche bei einem Menschen.

Adonis, in der griechischen Mythologie ein schöner Jüngling; der Geliebte der Göttin Aphrodite.
❧ Unter einem ›Adonis‹ versteht man einen gut aussehenden jungen Mann von besonders schöner Gestalt.

Agamemnon, der König von Mykene und Führer der Griechen gegen Troja. Er opfert seine Tochter Iphigenie der Göttin Artemis, damit diese der griechischen Flotte für ihre Fahrt nach Troja günstige Winde schicke. Als er aus dem Trojanischen Krieg als Sieger nach Hause zurückkehrt, wird er von seiner Frau Klytämnestra und deren Liebhaber ermordet.

Amazonen, in der griechischen Mythologie ein Volk kriegerischer Frauen. Sie lebten jedes Früh-

jahr mit Männern benachbarter Völkerschaften zusammen, von den empfangenen Kindern zogen sie nur die Mädchen auf und bildeten sie zum Kampf heran. Um im Kampf besser mit Pfeil und Bogen umgehen zu können, sollen sich die Amazonen ihre rechte Brust abgeschnitten oder ausgebrannt haben.
❧ Heute versteht man unter einer ›Amazone‹ eine betont sportliche und selbstbewusste junge Frau. Auch die Teilnehmerinnen an Reitturnieren werden als Amazonen bezeichnet. ❧ Der größte Fluss Südamerikas, der Amazonas, wurde so benannt, weil man glaubte, dass an seinen Ufern kriegerische Frauenstämme lebten.

Ambrosia, die Speise der griechischen Götter, die ihnen ewige Jugend und Unsterblichkeit verleiht.

Amor, der römische Gott der Liebe, der dem griechischen Gott Eros entspricht.

Äneas, einer der tapfersten Helden der Trojaner im Trojanischen Krieg, Sohn des Anchises und der Aphrodite. Nach dem Fall Trojas rettet er seinen Vater und seinen Sohn Ascanius aus der brennenden Stadt und segelt nach Sizilien. Durch einen Sturm wird er nach Karthago verschlagen, wo Dido ihn vergeblich zum Bleiben zu überreden versucht. Nach siebenjähriger Irrfahrt gelangt er schließlich nach Italien und heiratet Lavinia, die Tochter des Königs Latinus. Sein Sohn gründet die Stadt Alba Longa, die Mutterstadt Roms.
❧ Äneas ist der Held der Dichtung ›Aeneis‹ von VERGIL.

Antigone, der griechischen Sage nach die Tochter des Ödipus, des Königs von Theben, den sie in die Verbannung begleitet. Nach Theben zurückgekehrt, bestattet sie gegen das Verbot König Kreons ihren Bruder Polyneikes, der im Zweikampf gegen ihren anderen Bruder gefallen ist. Zur Strafe lässt Kreon sie lebendig einmauern, worauf Antigone sich selbst den Tod gibt.
❧ Der Antigonestoff hat immer wieder Dramatiker beschäftigt, so bereits in der Antike SOPHOKLES (*siehe* Kapitel 6), in neuerer Zeit (1916) WALTER HASENCLEVER und (1942) JEAN ANOUILH.

Aphrodite, die griechische Göttin der Liebe und der Schönheit, die aus dem Schaum (griechisch ›aphrós‹) des Meeres entstanden sein soll, Gemahlin des Hephaistos, den sie mit Ares betrügt. Die Odyssee erzählt, wie Hephaistos das ehebrecherische Liebespaar überrascht und in einem kunstvollen Netz fängt. Die Götter stimmen darauf ihr ›homerisches Gelächter‹ an. Der trojanische Prinz Paris überreicht ihr als der schönsten Göttin den Apfel der Zwietracht. Bei den Römern entsprach ihr die Göttin Venus.
❧ Die wohl berühmteste Darstellung der Göttin ist die ›Aphrodite von Melos‹, auch ›Venus von Milo‹ genannt (2. Jh. v. Chr.), jetzt im Louvre in Paris.

Apoll, der griechische und römische Gott des Lichts und der Dichtung, Führer der Musen; Sohn des Zeus und der Leto, Zwillingsbruder der Artemis. Er ist die Verkörperung des griechischen Ideals der strahlenden Schönheit und vertritt Recht, Ordnung und Frieden. Apoll war der Herr mehrerer Orakelstätten, vor allem des Orakels in Delphi.

Ares, der griechische Gott des Krieges, Sohn des Zeus und der Hera, Vater des Eros und der Penthesilea. Seine Begleiter sind Eris (Streit), Deimos (Schrecken) und Phobos (Furcht). Die Römer setzten ihm den Mars gleich.

Argonauten, in der griechischen Mythologie die Gefährten des Jason, die auf dem Schiff ›Argo‹ nach Kolchis am Schwarzen Meer segeln, um das Goldene Vlies zu erobern.

Argus, in der griechischen Mythologie ein Riese mit hundert Augen, von denen einige immer wach bleiben. Hera bestellt ihn aus Eifersucht zum Wächter über Io, die Geliebte des Zeus, die dieser in eine weiße Kuh verwandelt hat. Um Zeus zu helfen, spielt Hermes eine Melodie, die alle Augen des Argus einschlafen lässt, und tötet ihn.
❧ Argus gab den ›Argusaugen‹ als scharf beobachtenden, sehr wachsamen Augen ihren Namen.

Ariadne, Tochter des kretischen Königs Minos. Sie hilft Theseus im Kampf mit dem Minotaurus, indem sie ihm ein Wollknäuel, den ›Ariadnefaden‹, gibt, mit dessen Hilfe er wieder aus dem Labyrinth herausfindet. Ariadne flieht mit Theseus, wird aber von ihm auf der Insel Naxos zurückgelassen. Dort findet Dionysos sie und macht sie zu seiner Frau.
❧ RICHARD STRAUSS behandelt diesen Stoff in seiner Oper ›Ariadne auf Naxos‹ (1912) nach dem Text von Hugo von Hofmannsthal.

Artemis, die griechische Göttin der Jagd, die Herrin der freien Natur und Spenderin des Lebens, eine Tochter des Zeus und der Leto und Zwillings-

König Artus im Kreis der Tafelrunde. Miniatur aus dem 13. Jh.

schwester Apolls. Artemis zieht mit ihren Nymphen durch die Natur und beschützt das wilde Getier. Meist wird sie mit Bogen, Pfeil und Köcher abgebildet. Die Römer nannten die Göttin Diana.

Artus, sagenhafter König der keltischen Briten, der zum Mittelpunkt eines in vielen Versionen erzählten Sagenkreises wurde: Artus, ein Zögling des Zauberers Merlin, gewinnt den Thron, nachdem er das Schwert ›Excalibur‹ aus einem Stein gezogen hat, was viele andere vor ihm vergeblich versucht hatten. Die an seinem Hof in Camelot als ›König Artus' Tafelrunde‹ versammelten Ritter wurden zum Ideal mittelalterlichen Rittertums; die bekanntesten sind Gawein, Iwein, Erec, Lanzelot, Galahad und Parzival. Während eines Kriegszuges gegen Rom wird Artus von seinem Neffen Modred, dem er sein Land und seine Frau Guinevere anvertraut hat, um beides betrogen. Im Zweikampf mit Modred tödlich verwundet, wird er auf die Insel Avalon entrückt, von wo er einst zum Ruhme seines Volkes wiederkehren soll.
❧ Ob Artus wirklich gelebt hat, ist in der Forschung umstritten. Vorbild für den Sagenkreis scheint ein britannischer Heerführer gewesen zu sein, der um 500 die eindringenden Sachsen besiegte.

Aschenputtel, Aschenbrödel, Hauptfigur eines Märchens, das in vielen Fassungen aus allen Kontinenten überliefert ist. In Deutschland kennt man das Märchen v. a. aus der Sammlung der Brüder Grimm: Aschenputtel, von der Stiefmutter und den Stiefschwestern schlecht behandelt, erhält wundersame Hilfe von der verstorbenen Mutter und von Vögeln. Sie tanzt in kostbaren Kleidern mit einem Prinzen, der vergeblich versucht, sie festzuhalten. Beim Tanzen verliert sie einen Schuh, den der Prinz an sich nimmt. Durch eine Schuhanprobe wird sie entdeckt und heiratet schließlich den Prinzen.
❧ Walt Disney drehte 1950 den Film ›Cinderella‹ (wie das Märchen im Englischen heißt).

Asen, in der germanischen Sagenwelt das gewaltigste Göttergeschlecht. Sein Wohnsitz ist Asgard, im Mittelpunkt der Welt. Die Asen werden von Chaosungeheuern bedroht und gehen in der Götterdämmerung zugrunde. Einige Götter, darunter Baldur, kehren danach in eine neue, friedliche Welt zurück.

Asgard, der Sitz der Asen *(siehe dort)*.

Äskulap, griechisch **Asklepios,** im griechischen Götterglauben der Gott der Heilkunde, ein Sohn des Apoll. Ursprünglich war Äskulap ein Heros, der von dem Zentauren Cheiron zum Arzt ausgebildet wurde. Zeus tötet ihn aus Zorn, weil er einen Toten wieder zum Leben erweckt hatte. Die Römer nannten ihn Aesculapius.
❧ Zeichen des Gottes ist der ›Äskulapstab‹, ein von der heiligen Schlange umringelter Stab, der später zum Sinnbild des Ärzteberufes wurde.

Athene, die griechische Göttin der Weisheit, die die griechischen Städte vor Feinden schützt und ihren inneren Frieden bewahrt. Athene ist zugleich Göttin des Krieges und des Friedens. Sie ist eine Tochter des Zeus und soll dem Haupt ihres Vaters bereits in voller Rüstung entsprungen sein. Als die

›Jungfräuliche‹ (griech. Parthenos) ging sie kein Liebesverhältnis ein. Ihre Zeichen sind Schild, Speer und Helm sowie die Eule als der klügste Vogel. Bei den Römern hieß die Göttin Minerva.
❧ Athene war die Schutzgöttin der Stadt Athen, die nach ihr benannt ist. Ihr wurde der bedeutendste Tempel auf der Akropolis, der Parthenon, erbaut.

Atlantis, sagenhafter Inselstaat, von dem PLATON berichtet, dass er im Atlantischen Ozean, westlich von Gibraltar, gelegen habe und nach einem Erdbeben im Meer versunken sei. Zahlreiche Forscher haben sich seither mit der Frage beschäftigt, ob Atlantis überhaupt existiert hat und wo es lag.

Atlas, in der griechischen Mythologie ein für seine Stärke berühmter Titan, Bruder des Prometheus und Vater der Plejaden und Hesperiden. Nachdem Zeus die Titanen besiegt hat, muss Atlas die Säulen stützen, die, wie Homer berichtet, ›die Erde und den Himmel auseinander halten‹. Nach einer späteren Sage wird er von Perseus mithilfe des Hauptes der Medusa in das nach ihm benannte ›Atlasgebirge‹ in Nordwestafrika versteinert.
❧ Atlas heißt in der Anatomie der oberste, den Kopf tragende Halswirbel.

Augiasställe, in der griechischen Mythologie die riesigen, 30 Jahre nicht ausgemisteten Rinderställe des Königs von Elis, Augias. Herakles erhält als sechste Arbeit die Aufgabe, diese Ställe an einem Tag zu reinigen. Er löst sie, indem er zwei Flüsse durch die Augiasställe hindurchleitet.

Aurora, lateinischer Name für Eos, die griechische Göttin der Morgenröte.

Bacchus, der römische Gott des Weines und der Fruchtbarkeit, der dem griechischen Gott Dionysos entspricht.

Baldur, in der germanischen Mythologie der Gott des Lichtes und der Fruchtbarkeit, Verkörperung alles Guten und Gerechten, Sohn Odins und der Frija. Da von seinem Leben das Schicksal der Götter abhängt, nimmt Frija allen Wesen und Dingen den Eid ab, Baldur nicht zu verletzen. Loki erfährt, dass allein die Mistel nicht vereidigt ist und gibt diese als Wurfgeschoss dem Hödr, einem blinden Bruder Baldurs, der ihn damit tötet. So kommt es zum Untergang der Götter in der Götterdämmerung. Nach der Erneuerung der Welt kehrt Baldur zurück und bewohnt in Frieden die Sitze der Götter.

Blaubart, Titel eines Märchens aus der Sammlung von CHARLES PERRAULT (1697): Ritter Blaubart bringt nacheinander seine sechs Ehefrauen um, weil sie gegen sein Verbot, ein bestimmtes Zimmer zu betreten, verstoßen. Auch die siebente Frau öffnet die Tür zu diesem Raum und entdeckt darin die Leichen ihrer Vorgängerinnen. Sie wird jedoch von ihren Brüdern gerettet.

Blocksberg, Name von Bergen, v.a. des Brockens im Harz, die nach dem Volksglauben in der Walpurgisnacht als Versammlungsort von Hexen und Unholden gelten.

Brunhild, auch **Brünhild,** in der germanischen Sagenwelt eine Frau mit riesenhaften, zauberischen Kräften, die nur durch übermenschliche Taten bezwungen werden kann. Das ›Nibelungenlied‹ erzählt, dass Siegfried im Schutz der Tarnkappe Brunhild besiegt und sie dadurch für Gunther, den Burgunderkönig, zur Frau gewinnt. Auch die Brautnacht verbringt er mit ihr, legt aber ein Schwert zwischen sich und Brunhild. Als Siegfrieds Frau, Kriemhild, dieses Geheimnis später bei einem Streit mit Brunhild preisgibt, lässt Brunhild Siegfried durch Hagen von Tronje ermorden. Sie selbst nimmt sich das Leben.

Camelot [kamlō], sagenhafter Ort, an dem König Artus Hof gehalten haben soll.

Castor und Pollux, *die* *siehe* Dioskuren.

Ceres, die römische Göttin des Wachstums der Ackerfrüchte. Sie entsprach der griechischen Göttin Demeter.

Charon, in der griechischen Mythologie der Fährmann, der die Toten über den Styx, den Fluss der Unterwelt, fährt. Als Fährlohn legte man den Toten eine Münze, das ›Charonsgeld‹, unter die Zunge.

Charybdis, Seeungeheuer der griechischen Mythologie, das an einer Meerenge gegenüber der Skylla haust. Es schlürft dreimal am Tag das Wasser ein und speit es dreimal wieder aus und bedroht so die Vorüberfahrenden.

Chimäre, ein Feuer schnaubendes Ungeheuer, das nach Homer vorn Löwe, in der Mitte Ziege und hinten Schlange ist.
❧ Eine ›Chimäre‹ (auch Schimäre) ist in übertragenem Sinn ein Hirngespinst, ein Trugbild.

Circe, eine Zauberin der griechischen Mythologie, Tochter des Sonnengottes Helios. Sie verwandelt alle Fremden durch Zaubertrank in Schweine, so z. B. die Gefährten des Odysseus auf ihrem Heimweg von Troja.
❧ Wenn man heute sagt, dass eine Frau einen Mann ›becirct‹, so meint man, dass sie ihn bezaubert.

Dädalus [griechisch daídalos ›der Kunstfertige‹], ein begabter Handwerker, Erfinder und Baumeister, der das Labyrinth erbaut, in dem König Minos von Kreta den Minotaurus gefangen hält. Als er bei Minos in Ungnade fällt und selbst festgehalten wird, konstruiert Dädalus Flügel, um damit zusammen mit seinem Sohn Ikarus zu entfliehen. Ihm gelingt die Flucht, aber sein Sohn kommt der Sonne zu nahe, sodass das Wachs, das die Flügel zusammenhält, schmilzt und Ikarus bei der nach ihm benannten Insel Ikaria ins Ägäische Meer stürzt.

Damokles, ein Höfling des Tyrannen von Syrakus. Als Damokles dessen Glück immer wieder überschwänglich pries, ließ dieser ihm köstliche Speisen vorsetzen, zugleich aber über ihm an einem dünnen (Rosshaar-)Faden ein Schwert aufhängen als Symbol für die im Genuss ständig liegende Gefahr.
❧ Noch heute steht daher der Begriff ›Damoklesschwert‹ sprichwörtlich für eine drohende Gefahr.

Delphi, eine griechische Kultstätte am Fuß des Parnass, in der sich ein Tempel des Apoll befand. Hier beantwortete die Priesterin Pythia durch das Orakel *(siehe dort)* Fragen von Rat Suchenden, wobei Apoll ihr die Antwort eingab.

Demeter, die griechische Göttin des Wachstums und der Fruchtbarkeit, Tochter des Kronos und der Rhea. Als Hades ihre Tochter Persephone raubt, zieht sie sich trauernd zurück und lässt die Saat absterben, sodass die Erde verödet und auch den olympischen Göttern keine Gaben mehr dargebracht werden können. Erst die Zusicherung des Zeus, dass Persephone von nun an zwei Drittel bei ihr im Olymp und ein Drittel bei ihrem Mann Hades in der Unterwelt verbringen dürfe, versöhnt die Göttin. Bei den Römern hieß die Göttin Ceres.

Diana, die römische Göttin der Jagd, die der griechischen Göttin Artemis entspricht.

Dido, Gestalt der römischen Mythologie; Prinzessin von Tyros in Phönizien. Sie flieht vor ihrem Bruder Pygmalion nach Afrika und gründet dort Byrsa, die spätere Burg von Karthago. VERGIL erzählt, dass sie den aus Troja entkommenen Äneas aufnimmt und sich in ihn verliebt. Als Äneas sie auf Befehl Jupiters verlässt, nimmt sie sich aus Verzweiflung das Leben.

Dietrich von Bern (mit Bern ist das heutige Verona gemeint), eine Gestalt der germanischen Heldendichtung, die den Ostgotenkönig THEODERICH D. GR. († 526), den Begründer der Gotenherrschaft in Italien, verkörpert. Dietrich von Bern erscheint in zahlreichen Epen als Idealgestalt des Rittertums.

Dionysos, der griechische Gott des Weines und der Fruchtbarkeit, ein Sohn des Zeus und der Semele, der meist mit einem von Efeu und Reben umkränzten Stab dargestellt wird. Seine Begleiter sind Naturdämonen wie Silene, Satyrn und Nymphen. Die Römer setzten ihm den Bacchus gleich.

Dioskuren, in der griechischen Mythologie die Zwillingsbrüder Kastor (lateinisch Castor) und Polydeukes (lateinisch Pollux), Söhne des Zeus und der Leda, Brüder der Helena und der Klytämnestra. Kastor war als Pferdebändiger, Polydeukes als Faustkämpfer bekannt. Sie galten als ritterliche Beschützer der Kampfspiele und wurden als Helfer in der Schlacht und als Retter in Seenot verehrt. Als Kastor getötet wird, lässt Zeus die Zwillinge, um sie nicht zu trennen, abwechselnd je einen Tag in der Unterwelt und im Olymp verbringen.

Donar, Thor, der bedeutendste germanische Gott neben Odin. Er wurde als Gott des Donners, der Winde und Wolken verehrt. Die Bauern riefen ihn um gute Ernten an. Er galt als schützender und helfender Gott, dem wegen seiner außerordentlichen Kraft die Aufgabe zufiel, die Welt der Götter gegen Riesen und Ungeheuer zu verteidigen. Seine Attribute sind der Hammer ›Mjöllnir‹ und ein von Böcken gezogener Wagen.
❧ Von Donar leitet sich der Donnerstag (ursprünglich Donarstag) ab.

Dornröschen, ein Märchen, das in Frankreich schon seit dem 14. Jh. bekannt ist und in Deutschland durch die BRÜDER GRIMM (*siehe* Kapitel 6) aufgezeichnet wurde: Die Königstochter Dornröschen wird von einer bösen Fee verwünscht, sticht sich an einer vergifteten Spindel und fällt mit allen Bewohnern des Schlosses in einen hundertjährigen Zauberschlaf. Als die Zeit verstrichen ist, dringt ein

Prinz durch die hohe Dornenhecke, die zwischenzeitlich um das Schloss gewachsen war, und weckt Dornröschen durch einen Kuss aus ihrem Schlaf.

Einhorn, ein pferdeähnliches Fabeltier mit einem geraden, spitzen Horn in der Mitte der Stirn. Es galt als Symbol der Keuschheit und wurde so zum Attribut der Jungfrau Maria. Außerdem verkörpert es unüberwindliche Kraft; das Pulver aus dem Horn sollte gegen Vergiftungen und Tierbisse helfen.

Elektra, eine Gestalt der griechischen Mythologie, Tochter des Agamemnon, Schwester der Iphigenie und des Orest, den sie zur Rache an den Mördern ihres Vaters treibt.
❧ Ihr Schicksal wird von AISCHYLOS, SOPHOKLES und EURIPIDES sowie später auch von GERHART HAUPTMANN literarisch verarbeitet; RICHARD STRAUSS schrieb 1909 die Oper ›Elektra‹ nach einem Text von Hugo von Hofmannsthal.

Elysium, *das* in der griechischen Mythologie die Insel der Seligen, ein Land am Westrand der Erde, wohin auserwählte Helden entrückt werden, ohne den Tod zu erleiden; später auch der Ort der Frommen und Gerechten in der Unterwelt.

Eos, die griechische Göttin der Morgenröte und des Tages, Mutter der Winde und Sterne, Schwester des Helios (Sonne) und der Selene (Mond). Sie fährt jeden Morgen mit ihren Rossen aus der Tiefe des Meeres herauf und eilt dem Helios bei seiner Fahrt über den Himmel voran. Bei den Römern entspricht ihr die Göttin Aurora.

Erinnyen, die Rachegöttinnen der griechischen Mythologie, die man sich ursprünglich als die nach Rache verlangenden Seelen von Ermordeten vorstellte. Sie leben im Tartarus, aus dem sie aufsteigen, um ihre Opfer zu peinigen.

Eris, die griechische Göttin des Streits. Als sie zu einer Hochzeit nicht geladen wird, wirft sie aus Zorn darüber einen Apfel mit der Aufschrift ›der Schönsten‹ unter die Gäste; sie entfesselt dadurch einen Streit zwischen den Göttinnen Hera, Athene und Aphrodite, in dessen Verlauf der trojanische Prinz Paris zum Schiedsrichter bestimmt wird.

Eros, der griechische Gott der Liebe, nach vielen Quellen ein Sohn des Ares und der Aphrodite. Er wird häufig als Knabe abgebildet, der mit seinen Pfeilen Liebe erweckt. Die Römer setzten ihm den Amor gleich.
❧ Von seinem Namen leiten sich Wörter wie Erotik, erotisch ab.

Europa, eine Gestalt der griechischen Mythologie: Europa wird von Zeus, der die Gestalt eines Stiers angenommen hat, über das Meer nach Kreta entführt. Aus der Verbindung von Zeus und Europa geht König Minos hervor.

Eurydike, Gestalt der griechischen Sagenwelt (*siehe* Orpheus).

Faunus, der altrömische Naturgott, als dessen Wohnung man sich die Wälder und Berge dachte. Er galt als Schirmherr der Herden und wurde dem griechischen Gott Pan gleichgestellt.
❧ Nach der Gemahlin des Faunus, der Göttin Fauna, bezeichnet man die Tierwelt eines bestimmten Gebietes als ›Fauna‹.

Flora, die römische Göttin des blühenden Getreides und der Blumen.
❧ Nach ihr wird die Pflanzenwelt eines bestimmten Gebietes als ›Flora‹ bezeichnet.

Fortuna, die römische Schicksals- und Glücksgöttin. Sie gilt als Symbol der Willkür und Wechselhaftigkeit des Lebens und wird meist mit Füllhorn, Steuerruder und Glücksrad dargestellt.

Frau Holle, Märchen der BRÜDER GRIMM: Frau Holle ist die Hüterin der Häuslichkeit, die fleißige Mädchen belohnt und die faulen bestraft. Wenn sie ihre Betten ausschüttelt, schneit es.

Freyja, in der altnordischen Mythologie die Ur- und Erdmutter aus dem Göttergeschlecht der Wanen, Göttin der Liebe und der Fruchtbarkeit.

Frija, auch **Frigg,** die germanische Göttin der Fruchtbarkeit und der Ehe, Gemahlin Odins und Mutter Baldurs.
❧ Nach ihr ist der Freitag, im Althochdeutschen ›friadag‹, benannt.

Furien, die römischen Rachegöttinnen, die den griechischen Erinnyen gleichgesetzt wurden.
❧ Hiervon abgeleitet ist die Bezeichnung Furie für eine rasende, wütende Frau.

Gäa, die griechische Erdgöttin, die ›Urmutter Erde‹, die alles Sterbliche hervorbringt und wieder in sich aufnimmt. Sie erzeugt aus sich selbst den Him-

Giganten.
Die ›Gigantomachie‹ auf einer Reliefplatte aus Delphi (vor 525 v. Chr.)

mel (Uranos), die Berge und das Meer (Pontos) und wird, von Uranos befruchtet, Mutter der Titanen und Zyklopen.

Der gestiefelte Kater, ein weit verbreitetes Märchen: Ein armer Bursche erbt von seinem Vater einen klugen Kater, der listig Reichtümer vortäuscht und seinem Herrn die Gunst des Königs und schließlich die Hand seiner Tochter verschafft.

Giganten, in der griechischen Mythologie wilde Riesen, die unversöhnlichen Gegner der olympischen Götter. Von diesen werden sie in einer großen Schlacht, der ›Gigantomachie‹, geschlagen.

Goldenes Vlies, in der griechischen Mythologie das goldene Fell eines Widders, das von den Argonauten geraubt wird.

Gordischer Knoten, *siehe* Kapitel 1.

Gorgonen, Fabelwesen der griechischen Mythologie, geflügelte, Grauen erregende Wesen mit Schlangenhaaren, deren Anblick versteinernd wirkt. Sie heißen: Stheno, Euryale und Medusa, die als Einzige sterblich ist. Aus dem Leib der Medusa, die sich in Pferdegestalt mit Poseidon vereinigt, gehen die Pferde Pegasus und Chrysaor hervor. Medusas Kopf schlug Perseus ab.

Götterdämmerung, falsche Übersetzung von isländisch ›Ragnarök‹ (Götterverhängnis), in der germanischen Mythologie der Untergang der Götter im Kampf gegen die Riesen und Dämonen, die von Utgard her gegen das von Göttern und Menschen bewohnte Midgard anrücken. Die Erde sinkt ins Meer, und das Weltall vergeht in Rauch und Feuer. Aber nach dem Untergang wird eine neue grünende Erde aus dem Meer emporsteigen, und Baldur wird aus dem Totenreich Hel in eine friedliche Welt zurückkehren.

❧ RICHARD WAGNER schrieb über diesen Stoff sein Musikdrama ›Götterdämmerung‹ (*siehe* Ring des Nibelungen, Kapitel 5).

Gral, in der mittelalterlichen Dichtung ein geheimnisvoller heiliger Gegenstand, der als Schale, Kelch oder Stein beschrieben wird. Seinem Besitzer verleiht er Glückseligkeit und ewige Jugend, aber nur der dazu Vorherbestimmte kann ihn finden.
❧ RICHARD WAGNER gestaltet die Gralssage in seinen Werken ›Lohengrin‹ und ›Parsifal‹ (*siehe* Kapitel 5).

Grazien, die drei römischen Göttinnen der jugendlichen Anmut und der Lebensfreude.
❧ Von den Grazien leiten sich Wörter wie Grazie (Anmut, Liebreiz) und graziös (anmutig) ab.

Gunther, eine Gestalt der germanischen Sage: Im Nibelungenlied ist er der König der Burgunder, Bruder der Kriemhild und Gatte der Brunhild, ein schwacher König, der an der Ermordung seines Schwagers Siegfried mitschuldig ist.

Gorgonen.
Caravaggio, ›Das Haupt der Gorgo Medusa‹ (um 1595)

Hades, der griechische Gott der Unterwelt, Sohn des Kronos und der Rhea, Bruder von Poseidon und Zeus, mit denen er nach dem Sieg über die Titanen die Weltherrschaft teilt: Zeus erhält Himmel und Erde, Poseidon das Meer und Hades die Unterwelt, wo er als Gott der Toten wirkt. Später bezeichnete der Name Hades das Totenreich selbst.

Hagen von Tronje, im Nibelungenlied Gefolgsmann des Burgunderkönigs Gunther. Er rächt die Kränkung seiner Herrin Brunhild in der Brautnacht durch den Mord an Siegfried und wird später von Kriemhild getötet.

Hänsel und Gretel, ein Märchen der BRÜDER GRIMM: Die Kinder werden aus Not von ihren Eltern im Wald ausgesetzt. Sie gelangen zu dem Kuchenhaus einer Hexe, die sie fressen will, aber sie können sie täuschen, und Gretel gelingt es schließlich, die Hexe in den Ofen zu stoßen.

Hans im Glück, ein Märchen der BRÜDER GRIMM: Hans erhält als Lohn einen Goldklumpen und tauscht diesen gegen ein Pferd, dieses wiederum gegen eine Kuh ein. Nach mehreren weiteren Tauschgeschäften besitzt er schließlich nur noch einen Schleifstein, der ihm in einen Brunnen fällt. Nun hat er gar nichts mehr, ist aber trotzdem glücklich.

Hektor, Sohn des Königs Priamos von Troja und der tapferste Held der Trojaner im Trojanischen Krieg. Er wird von Achilles getötet.

Hel, in der nordischen Mythologie eines der Todesreiche, das unter den Wurzeln der Weltesche Yggdrasil gelegen ist und in dem die Todesgöttin Hel herrscht.

Helena, nach der griechischen Mythologie die schönste Frau der Welt, eine Tochter des Zeus und der Leda, Gemahlin des Königs Menelaos von Sparta. Ihre Entführung durch den trojanischen Prinzen Paris löst den Trojanischen Krieg aus. Nach der Eroberung Trojas wird sie von Menelaos, der wegen ihrer Schönheit seine Rache vergisst, wieder als Frau angenommen und nach Sparta zurückgeführt.

Helios, der griechische Sonnengott, Bruder der Selene (Mond) und der Eos (Morgenröte). Er erhebt sich jeden Morgen von seinem Palast am Ostrand der Erde, um seinen mit vier Feuer schnaubenden Rossen bespannten Wagen über den Himmel in das dunkle Land der Hesperiden am Westrand der Erde zu lenken. Von dort kehrt er schlafend in einem goldenen Nachen über den Okeanos in den Osten zurück. Bei den Römern entsprach ihm der Gott Sol.

Hephaistos, der griechische Gott des Erdfeuers und Schutzgott der Schmiede, auch der Künste und des Handwerks, der mit seinen Gehilfen, u. a. den Zyklopen, in einer unterirdischen Schmiede wirkt. Ihm wurde der römische Gott Vulcanus gleichgesetzt.

Hera, griechische Göttin, die älteste Tochter des Kronos und der Rhea, Schwester und Gemahlin des Zeus. Sie galt als Beschützerin der Ehe und der Hochzeitsbräuche und wurde von den Frauen auch als Geburtsgöttin angerufen. HOMER beschreibt sie als eifersüchtige, zänkische Frau, deren Verhalten gegenüber den zahlreichen Kindern des Zeus mit sterblichen Frauen von Missgunst bestimmt ist. Die Römer setzten ihr die Göttin Juno gleich.

Herakles, lateinisch **Hercules,** einer der größten Heroen der griechischen Mythologie, ein Sohn des Zeus, der durch dessen eifersüchtige Gemahlin Hera verfolgt wird. So schickt sie dem Neugeborenen Schlangen in die Wiege, die dieser sofort erwürgt. Schließlich erhält er durch das Orakel in Delphi den Auftrag, im Dienst des Königs von Mykene zwölf Arbeiten zu vollbringen: u. a. reinigt er die Augiasställe, tötet die vielköpfige Hydra, erringt die goldenen Äpfel der Hesperiden und fängt den rasenden ›kretischen Stier‹ (*siehe* Minos). Nach seinem Tod wird Herakles unter die Unsterblichen aufgenommen.

Hermes, der griechische Gott des sicheren Geleits, Götterbote und Beschützer der Wanderer, Hirten und Kaufleute, ein Sohn des Zeus. Gleich nach seiner Geburt betätigt sich Hermes als Erfinder, Händler und Dieb. Er ist versehen mit Reisehut oder Flügelhelm, Flügelschuhen und dem Heroldsstab, der ursprünglich ein Zauberstab war, dessen Berührung Träume, Segen und Reichtum bringt. Die Römer setzten ihm den Merkur gleich.

Heros, Mehrzahl **Heroen,** in der griechischen Mythologie ein zwischen Göttern und Menschen stehender Held, ein Halbgott, der im Leben große Taten vollbringt und nach seinem Tod die Fähigkeit erlangt, wie die Götter den Menschen aus eigener Macht zu helfen.

Hesperiden [zu griechisch hespéra ›Abend, Westen‹], in der griechischen Mythologie Nymphen, die im äußersten Westen im Göttergarten jenseits des Okeanos zusammen mit einem hundertköpfigen

Drachen den Baum mit den goldenen Äpfeln hüten, das Hochzeitsgeschenk der Gäa an Zeus und Hera. Herakles gewinnt die Äpfel, nachdem er den Drachen besiegt und getötet hat.

Hestia, die griechische Göttin des heiligen Herdes und Herdfeuers als Schutz bietender Mittelpunkt des Hauses und – in übertragenem Sinn – auch des Staates, eine Tochter des Kronos und der Rhea. Bei den Römern entsprach ihr die Vesta.

Hydra, in der griechischen Mythologie eine riesige Schlange mit mehreren Köpfen, der für jeden Kopf, der ihr abgeschlagen wurde, zwei neue nachwuchsen. Herakles konnte die Hydra erst töten, als sein Gefährte Iolaos die Halsstümpfe mit Holzscheiten ausbrannte.

Ikarus, Gestalt der griechischen Mythologie, *siehe* Dädalus.

Io, eine Tochter des Flussgottes Inachos, Priesterin der Hera und Geliebte des Zeus. Um sie vor den Nachstellungen seiner eifersüchtigen Gattin Hera zu schützen, verwandelt Zeus sie in eine Kuh. Diese lässt Hera durch den hundertäugigen Riesen Argus bewachen. Von Hermes befreit, flieht Io nach Ägypten, wo sie ihre menschliche Gestalt wiedererhält und dem Zeus den Epaphos, den späteren König von Ägypten und Erbauer der Stadt Memphis, gebiert.

Iphigenie, Tochter des Agamemnon, Schwester der Elektra und des Orest. Sie wird von ihrem Vater der Göttin Artemis geopfert, um der griechischen Flotte für ihre Fahrt nach Troja günstige Winde zu sichern. Von der Göttin entführt, muss Iphigenie auf Tauris den Tempeldienst versehen. Später gelingt ihr zusammen mit ihrem Bruder Orest die Flucht nach Attika.

Isis, eine ägyptische Göttin, Schwester und Gemahlin des Osiris. Sie wird meist mit dem Schriftzeichen des Herrscherthrons auf dem Kopf, häufig auch mit Kuhgehörn und Sonnenscheibe, dargestellt.

Isolde, eine keltische Sagengestalt, *siehe* Tristan.

Janus, der römische Gott der öffentlichen Türen und Tore, Gott des Eingangs und des Ausgangs, später Gott des Anfangs. Er wurde meist mit zwei Gesichtern, die – wie die beiden Seiten der Tür – nach außen und nach innen schauen, sowie mit Schlüssel und Pförtnerstab dargestellt.

❧ Nach Janus, dem als Gott des Anfangs der erste Monat des Jahres heilig war, wurde der Monat Januar, im Lateinischen Ianuarius, benannt.

Jason, Held der griechischen Mythologie, Sohn eines thessalischen Königs, dessen Halbbruder sich der Herrschaft bemächtigt. Dieser sendet Jason nach Kolchis, das Goldene Vlies zu erobern. So macht sich Jason mit dem Schiff ›Argos‹ und mit 50 Gefährten, den Argonauten, auf den Weg, und nach zahlreichen Abenteuern und mithilfe von Medea, der zauberkundigen Tochter des Königs von Kolchis, gelingt es ihm, das Goldene Vlies zu rauben.

Juno, die bedeutendste römische Göttin, Gemahlin des Jupiter. Bei den Griechen entspricht ihr die Hera.

❧ Nach Juno wurde der Monat Juni, im Lateinischen Iunius, benannt.

Jupiter, der mächtigste römische Gott, Sohn des Saturn und Gemahl der Juno, Bewahrer des römischen Staates. Er erhält die menschliche Ordnung und gilt als Schwurzeuge und Schützer der Ehe. Jupiter wurde dem griechischen Gott Zeus gleichgesetzt.

❧ Nach ihm ist der größte Planet unseres Sonnensystems benannt.

Justitia, römische Göttin, die Vermenschlichung der Gerechtigkeit. Sie wird meist mit den Attributen Schwert und Waage dargestellt.

Kassandra, eine Seherin aus der griechischen Mythologie, Tochter des Priamos. Apoll verlieh ihr die Gabe der Weissagung, belastete sie aber, als Kassandra seine Liebe zurückwies, mit einem Fluch: Kassandra solle zwar immer die Wahrheit prophezeien, aber niemand sollte ihr je Glauben schenken. So sagte sie den Untergang Trojas voraus und warnte vergeblich vor dem ›Trojanischen Pferd‹.

❧ Unbeachtete Warnungen heißen daher ›Kassandrarufe‹.

Kentauren, andere Schreibung von Zentauren *(siehe dort).*

Kriemhild, Gestalt des Nibelungenliedes: Sie wird mit Siegfried verheiratet, nachdem dieser ihrem Bruder, dem Burgunderkönig Gunther, bei der Brautwerbung um Brunhild geholfen hat. Während eines Streits mit Brunhild verrät Kriemhild dieses Geheimnis. Hagen von Tronje rächt den vermeintlichen Verrat und ermordet Siegfried. Kriemhild heiratet daraufhin den Hunnenkönig Etzel (Attila) und übt furchtbare Rache an ihren Brüdern und Hagen. Sie selbst wird von Hildebrand, dem Waffenmeister Dietrichs von Bern, getötet.

Laokoon und seine Söhne (1. Jh. v. Chr.)

Kronos, ein Titan der griechischen Mythologie, Sohn des Uranos und der Gäa, durch seine Schwester Rhea Vater von Hestia, Demeter, Hera, Hades, Poseidon und Zeus. Kronos entmannt seinen Vater mit einer Sichel und folgt ihm in der Herrschaft. Da er nach einer Weissagung seinerseits durch eines seiner Kinder entthront werden soll, verschlingt er alle bis auf Zeus, der von Rhea gerettet wird, indem sie Kronos einen Stein zum Verschlingen gibt. Von diesem wird er gezwungen, die verschlungenen Geschwister wieder herauszugeben. Er wird entthront und mit den Titanen in den Tartarus geworfen. Später begnadigt Zeus ihn und macht ihn zum Herrscher über die Insel der Seligen.

Labyrinth, *das* in der griechischen Mythologie ein riesiger Irrgarten auf der Insel Kreta, der von Dädalus erbaut worden war. Hier hielt König Minos den Minotaurus gefangen. Die Flucht aus dem Labyrinth gelang Theseus, der den Minotaurus besiegte, und dem in Ungnade gefallenen und dort gefangen gehaltenen Dädalus selbst, der mit seinem Sohn Ikarus mithilfe von selbst konstruierten Flügeln entfloh.

❧ Labyrinth heißt bei Menschen und Wirbeltieren auch das Innenohr, das sowohl Hörorgan als auch Gleichgewichtsorgan und Organ des Drehsinns ist.

Lanzelot, Ritter der Tafelrunde des sagenhaften Königs Artus, der in Liebe zu Guinevere, der Gemahlin des Königs, entbrennt.

Laokoon, ein trojanischer Priester des Apoll. Als die Trojaner das hölzerne Pferd der Griechen entdecken, warnt Laokoon, dieses Pferd in die Stadt zu bringen (›Was es auch sei, ich fürchte die Griechen, selbst wenn sie Geschenke bringen‹). Da sendet der Gott Poseidon, der die Griechen unterstützt, zwei riesige Schlangen, die Laokoon und seine beiden Söhne erwürgen. Die Trojaner deuten dies als Strafe der Göttin Athene und holen unter Jubel das Trojanische Pferd in die Stadt (*siehe auch* Trojanischer Krieg).

❧ Den Tod des Laokoon und seiner Söhne haben die antiken Bildhauer HAGESANDER, POLYDOROS und ATHANODOROS in einer Marmorgruppe dargestellt (›Laokoon-Gruppe‹, heute in den Vatikanischen Sammlungen). Ihr Wiederauffinden (1506 in Rom) hat die abendländische Kunst nachhaltig beeinflusst. Die Gruppe galt als ›klassisches‹ Werk der Antike.

Leda, die Gemahlin des Spartanerkönigs Tyndareus, Geliebte des Zeus, der sich ihr in der Gestalt eines Schwans nähert. Aus dieser Begegnung gehen Helena und die Dioskuren Kastor und Polydeukes hervor.

Lethe, in der griechischen Mythologie ein Strom der Unterwelt, aus dem die Seelen der Verstorbenen trinken, um ihr irdisches Dasein zu vergessen.

Leto, eine Titanin, die als Geliebte des Zeus Mutter von Apoll und Artemis wird. Sie muss vor Heras Eifersucht über die Erde irren, bevor sie ihre Kinder auf der Insel Delos zur Welt bringen kann.

Lohengrin, mittelalterlicher Sagenheld, Sohn des Parzival, der auf Geheiß des Königs Artus in einem von einem Schwan gezogenen Schiff der bedrängten Herzogin Elsa von Brabant zu Hilfe kommt. Er muss sie jedoch nach kurzer, glücklicher Ehe wieder verlassen, als sie die verbotene Frage nach seiner Herkunft stellt.

❧ RICHARD WAGNER schrieb nach diesem Stoff die Oper ›Lohengrin‹ *(siehe* Kapitel 5).

Loki, eine Gestalt der altnordischen Götterwelt. Loki ist listenreicher Helfer der Götter, aber auch deren Feind. Als Stute gebiert er Odins Ross Sleipnir. Mit der Riesin Angurboda erzeugt er drei dämonische Wesen, die Midgardschlange, die Todesgöttin Hel und den Wolf Fenrir, der beim Weltenende die Sonne verschlingt.

Loreley, fast senkrechter Schieferfelsen am rechten Ufer des Rheins bei Sankt Goarshausen. Unter dem Eindruck einer Rheinreise schuf CLEMENS BRENTANO die Fantasiegestalt eines zauberhaft schönen Mädchens, das die Männer anzieht und ihnen Unglück bringt. Um diesem Fluch zu entgehen, stürzt es sich von einem Felsen in den Rhein. HEINRICH HEINE beschrieb die Loreley in seinem volkstümlichen Gedicht (1824) als Wasserfrau, die auf dem Felsen sitzt und die Schiffer ins Verderben zieht.

Luna, die römische Göttin des Mondes, die teils in Verbindung mit dem Sonnengott Sol verehrt wurde. Sie entspricht der griechischen Göttin Selene.
❧ Der römische ›Tag der Mondgöttin Luna‹ wurde als Montag ins Deutsche übernommen.

Mars, der römische Gott des Krieges, der auch als Schützer des Wachstums und der Fluren verehrt wurde. Als Vater der Zwillinge Romulus und Remus ist er der Ahnherr des römischen Volkes und ein Hauptgott Roms. Er wurde dem griechischen Gott Ares gleichgesetzt.
❧ Nach Mars sind sowohl der Monat März als auch der Planet Mars benannt.

Medea, in der griechischen Mythologie die zauberkundige Tochter des Königs von Kolchis, die dem Führer der Argonauten, Jason, hilft, das Goldene Vlies zu erobern. Als Jason die korinthische Königstochter Glauke zur Frau begehrt und Medea verstößt, tötet sie die Prinzessin, deren Vater und ihre eigenen Kinder aus der Ehe mit Jason.
❧ FRANZ GRILLPARZER schrieb über den Stoff die Trilogie ›Das goldene Vließ‹ (1822).

Medusa, eine der drei Gorgonen *(siehe dort).*

Menelaos, der König von Sparta, jüngerer Bruder des Agamemnon und Gemahl der Helena; einer der tapfersten Helden vor Troja.

Merkur, der römische Gott des Handels und Gewerbes. Bei den Griechen hieß der Gott Hermes.
❧ Nach ihm ist Merkur, der sonnennächste aller Planeten, benannt.

Merlin, in den Sagen um König Artus ein Zauberer und Wahrsager, der Ratgeber von Artus. Er stammt aus der Verbindung eines Teufels mit einer Jungfrau und beendet sein Leben im Wald von Brocéliande, wo er von der Fee Viviane in ewigem Schlaf gehalten wird.

Midgard, in der germanischen Mythologie der im Mittelpunkt der Welt gelegene Lebensraum der Menschen, der von der Midgardschlange, einem unheilvollen, von Loki abstammenden Wesen, umgeben ist. Außerhalb, in Utgard, wohnen die Riesen, unterhalb liegt die Unterwelt Hel und über der Erde Asgard, das Land der Götter.

Minerva, die römische Göttin des Handwerks, der Weisheit und der schönen Künste. Sie schützt zusammen mit Jupiter und Juno die Stadt Rom und den römischen Staat. Die drei Götter wurden als ›Kapitolinische Trias‹ im Jupitertempel auf dem Kapitol in Rom verehrt. Minerva wurde später der griechischen Göttin Athene gleichgesetzt.

Minos, in der griechischen Mythologie ein König in Knossos auf Kreta, Sohn des Zeus und der Europa. Als er einen von Poseidon aus dem Meer gesandten Stier nicht opfert, lässt der Gott das Tier rasend werden und die Gemahlin des Minos, Pasiphae, in Liebe zu ihm entbrennen. Aus dieser Verbindung stammt der Minotaurus. Das Einfangen des rasenden ›kretischen Stieres‹ ist die 7. Arbeit des Herakles.

Minotaurus und Labyrinth auf einer Münze aus Knossos

Minotaurus, in der griechischen Mythologie ein Ungeheuer mit Menschenleib und Stierkopf, das von König Minos in Knossos auf Kreta im Labyrinth gefangen gehalten wird. Das tributpflichtige Athen muss jährlich sieben Jünglinge und sieben Jungfrauen schicken, die dem Ungeheuer zum Fraß vorgeworfen werden. Erst Theseus gelingt es mithilfe der Ariadne, den Minotaurus zu besiegen.

Morpheus, der römische Gott des Schlafes und der Träume, der allerdings nur aus den Werken des OVID bekannt ist. Nach ihm wurde das Rauschgift Morphium benannt.

Musen, die Göttinnen der Künste und Wissenschaften, die man sich singend und tanzend im Gefolge des Apoll vorstellte. Die Anrufung der Musen gehörte seit HOMER zur Tradition der antiken Dichtkunst. Ihre Namen sind: Kalliope, Muse der epischen, Melpomene, Muse der tragischen, Thalia, Muse der komischen Dichtung; Euterpe, Muse des Flötenspiels; Terpsichore, Muse der Chorlyrik und des Tanzes; Erato, Muse der Liebesdichtung; Polyhymnia, Muse der Hymnendichtung; Klio, Muse der Geschichtsschreibung; Urania, Muse der Sternkunde.

Mythologie, *die* die Gesamtheit der mythischen Überlieferungen, also der Sagen, Dichtungen und Erzählungen von Göttern, Heroen und anderen Gestalten und Geschehnissen aus der vorgeschichtlichen Zeit eines Volkes.

Narziss, ein schöner Jüngling, der die Liebe der Nymphe Echo verschmäht und von der Göttin Aphrodite dadurch bestraft wird, dass er sich in Liebe nach seinem eigenen Spiegelbild verzehrt und schließlich in eine Narzisse verwandelt wird.

Nektar, in der griechischen Mythologie der Trank der Götter, der ihnen ewige Jugend und Unsterblichkeit verleiht (*siehe auch* Ambrosia).

Nemesis, griechische Göttin, die als Personifikation des sittlichen Rechtsgefühls und der gerechten Vergeltung aufgefasst wurde.
❧ Noch heute versteht man unter Nemesis die ›ausgleichende, strafende Gerechtigkeit‹.

Neptun, der römische Gott der Gewässer, der dem griechischen Meeresgott Poseidon gleichgesetzt wurde.
❧ Nach Neptun ist der achte Planet unseres Sonnensystems benannt.

Nestor, in der griechischen Mythologie ein König von Pylos in Messenien/Peloponnes. Er nahm in hohem Alter am Trojanischen Krieg teil, in dem er sich als weiser Ratgeber auszeichnete.
❧ Nach ihm wird ein kluger Ratgeber oder auch der Altangesehenste eines Wissenschaftszweiges ›Nestor‹ genannt.

Nike, die griechische Göttin des Sieges, der die römische Göttin Victoria entspricht.

Nixen, germanische Wassergeister, die in der Gestalt von Pflanzen, Tieren oder Menschen auftreten können.

Nornen, die Schicksalsgottheiten der altnordischen Mythologie: Urd (das Gewordene), Verdandi (das Seiende) und Skuld (das Werdende). Sie verweilen am Fuß der Weltesche Yggdrasil und bestimmen bei der Geburt eines Menschen dessen Schicksal und Lebensdauer.

Nymphen, in der griechischen Mythologie anmutige weibliche Naturgeister, die als Spenderinnen von Fruchtbarkeit und als Geburtsgöttinnen verehrt wurden: Die Najaden leben im Wasser, v. a. in Quellen, die Oreaden auf den Bergen, die Dryaden in Bäumen, die Nereiden und Okeaniden im Meer.

Nyx, in der griechischen Mythologie die Verkörperung der Nacht, als deren Kinder u.a. Thanatos (der Tod) und Hypnos (der Schlaf) angesehen werden.

Odin, auch **Wotan,** germanischer Gott, der oberste Gott der Asen, Herr und König über Götter und Menschen, Künder der höchsten Weisheit, Lenker von Kriegsgeschick und Todesschicksal. Seine Gemahlin ist Frija, seine Söhne sind Baldur und Donar, seine Dienerinnen und Botinnen die Walküren. Er reitet das gewaltige achtbeinige Pferd Sleipnir. Als dem Gott des Krieges sind ihm die Tiere des Schlachtfeldes, Rabe und Wolf, zugeordnet. Seine beiden Raben Hugin (Gedanke) und Munin (Gedächtnis) fliegen aus, um die Welt zu durchforschen; zurückgekehrt raunen sie ihm ins Ohr, was sie erfahren haben.

Ödipus, Gestalt der griechischen Mythologie, Sohn des Königs von Theben, Laios, und der Iokaste. Da das Orakel in Delphi seinem Vater geweissagt hat, er werde durch die Hand seines eigenen Sohnes sterben, wird Ödipus gleich nach der Geburt ausgesetzt. Korinthische Hirten finden das Kind und nehmen es auf. Als Ödipus später seinerseits das

Orakel wegen seiner Herkunft befragt und die Auskunft erhält, er werde seinen Vater töten und seine Mutter heiraten, verlässt er Korinth. Auf dem Weg nach Theben begegnet er seinem Vater Laios, den er nicht erkennt und in einem Streit erschlägt. Vor Theben löst er die Rätsel der Sphinx und befreit damit die Stadt von dem Ungeheuer. Als Dank erhält er den Thron und die Hand der verwitweten Königin, seiner Mutter Iokaste. Als eine Pest ausbricht und das Orakel die Bestrafung des Mörders von Laios fordert, wird die Wahrheit offenbar. Iokaste erhängt sich und Ödipus sticht sich beide Augen aus. Aus Theben vertrieben, irrt er, nur von seiner Tochter Antigone begleitet, in der Fremde umher, bis er schließlich bei Athen einen friedvollen Tod findet.
❧ SIEGMUND FREUD entwickelte in der Psychoanalyse für eine bestimmte menschliche Beziehungskonstellation die Bezeichnung des ›Ödipuskomplexes‹ (*siehe* Kapitel 11).

Odysseus, König von Ithaka, Gemahl der Penelope, einer der Helden des Trojanischen Krieges, der sich durch Listenreichtum auszeichnet. Auf seinen Rat bauen die Griechen das hölzerne Pferd, mit dessen Hilfe sie in die Stadt Troja gelangen und sie schließlich erobern. Bei seiner langen Heimfahrt nach Ithaka, die zehn Jahre dauert, besteht Odysseus viele gefährliche Abenteuer (*siehe* Circe, Sirenen, Skylla und Charybdis).
❧ HOMER erzählt die Geschichte von der Heimfahrt des Odysseus in seiner ›Odyssee‹. In übertragenem Sinn versteht man unter einer ›Odyssee‹ eine lange, mit vielen Schwierigkeiten verbundene, abenteuerliche Reise.

Okeanos, in der griechischen Mythologie ein Sohn des Uranos und der Gäa, Vater der Okeaniden (*siehe* Nymphen). Okeanos war die göttliche Verkörperung des die Erdscheibe ringförmig umfließenden Stromes, später des Weltmeers, des ›Ozeans‹.

Olymp, Griechenlands höchster Berg in Thessalien an der Grenze zu Makedonien. Der Olymp galt in der Antike als Sitz der ›olympischen Götter‹.

Olympia, antike Kultstätte des Zeus und der Hera in der Landschaft Elis im Nordwesten der Halbinsel Peloponnes. Hier fanden in der Antike alle vier Jahre zu Ehren des Zeus die Olympischen Spiele statt.
❧ Im Zeustempel befand sich eine 12 m hohe Statue des Zeus aus Gold und Elfenbein, die zu den sieben Weltwundern gehörte; sie ist verschwunden.

Orakel, *das* [lat. ›Sprechstätte‹], Stätte, an der z. B. durch Seherinnen oder Priester Weissagungen verkündet wurden; auch die Weissagung selbst wird als Orakel bezeichnet. Orakel gab es in fast allen alten Religionen und Kulturen. Eines der berühmtesten ist das Orakel von Delphi.

Orest, Sohn des Agamemnon und der Klytämnestra, Bruder von Elektra und Iphigenie. Orest rächt die Ermordung seines Vaters, indem er seine Mutter und deren Geliebten tötet.

Orion, in der griechischen Mythologie ein schöner Jäger aus Böotien von riesenhafter Gestalt, Sohn des Poseidon. Von Eos zum Geliebten erwählt, wird er im Auftrag der neidischen Göttin Artemis getötet. Daraufhin versetzt ihn Zeus zusammen mit den Plejaden als Sternbild an den Himmel.
❧ Der Orion, ein Sternbild der Äquatorzone, ist im Winter am Abendhimmel zu sehen.

Orkus, in der römischen Mythologie das Reich der Toten, die Unterwelt, und dessen Herrscher, der Gott des Todes.

Orpheus, thrakischer Sänger und Leierspieler, der durch seine Kunst auch wilde Tiere, Bäume und Steine bezaubert. Als seine Gemahlin Eurydike stirbt, bittet er die Götter der Unterwelt, sie ihm zurückzugeben. Diese entsprechen der Bitte, stellen jedoch eine Bedingung: Orpheus darf sich vor Erreichen der Oberwelt nicht nach Eurydike umsehen. Aber Orpheus verstößt gegen dieses Gebot und verliert so seine Frau für immer.
❧ Dieser Stoff lieferte die Vorlage für zahlreiche Bearbeitungen in Literatur, Kunst und Musik, z. B. für die Oper ›Orpheus und Eurydike‹ von CHRISTOPH WILLIBALD GLUCK.

Osiris, ägyptischer Gott, Bruder und Gemahl der Isis. Der Totengott Osiris wird meist mit ungegliedertem Körper wie eine Mumie, mit Krummstab und Geißel dargestellt.

Pan, der griechische Gott der Herden und des Wildes, Beschützer der Hirten und Jäger, Sohn des Hermes und einer Nymphe. Er erscheint im Gefolge des Dionysos oder als Anführer der Satyrn. Durch sein plötzliches Auftreten in der sommerlichen Stille des Mittags versetzt er einsame Wanderer in ›panischen‹ Schrecken. Auf der Flucht vor ihm soll die Nymphe Syrinx in ein Schilfrohr verwandelt worden sein, aus dem Pan dann eine Hirtenflöte, die ›Panflöte‹ oder Syrinx, herstellte. Die Römer setzten ihm den Gott Faunus gleich.

Pandora, eine schöne, verführerische Frau. Sie erhält von Zeus, der die Menschen für den Raub des Feuers durch Prometheus bestrafen will, ein Gefäß, die ›Büchse der Pandora‹, in dem alle Übel eingeschlossen sind. Als Pandora es öffnet, fliegen die Übel heraus und verbreiten sich über die gesamte Erde; nur die Hoffnung bleibt in dem Gefäß zurück.

Paris, trojanischer Prinz, Sohn des Priamus und der Hekabe, Bruder Hektors. In dem von der Göttin der Zwietracht, Eris *(siehe dort),* heraufbeschworenen Streit zwischen Hera, Athene und Aphrodite um die Frage, welche von ihnen die Schönste sei, wird er zum Schiedsrichter ausgewählt und überreicht den ›Apfel der Zwietracht‹ an Aphrodite, die ihm die schönste Frau (Helena) versprochen hatte. Dieses ›Urteil des Paris‹ führt zum Trojanischen Krieg, als Paris später Helena entführt.
❧ Noch heute erinnert unser ›Zankapfel‹, also etwas, um das man sich streitet, an diese Geschichte, die schon HESIOD (um 700 v. Chr.) erwähnt.

Parnass, Gebirge in Mittelgriechenland, das in der Antike als Sitz Apolls und der Musen galt. An seinem Fuß liegt Delphi.
❧ In übertragenem Sinn spricht man vom Parnass als dem ›Reich der Dichtkunst‹.

Parzival, ein Held der Sagen um König Artus und Hauptgestalt des Romans ›Parzival‹ von WOLFRAM VON ESCHENBACH: Parzival wächst nach dem Tod seines Vaters mit seiner Mutter Herzeloyde in einer einsamen Waldsiedlung auf und erhält dann durch seinen Onkel Gurnemanz eine ritterliche Erziehung. Nach manchen Abenteuern wird er in König Artus' Tafelrunde aufgenommen und schließlich, nachdem er in verschiedenen Entwicklungsstufen die Reife für dieses Amt erlangt hat, König der Gralsburg.
❧ Die bedeutendste neuere Bearbeitung des Stoffes erfolgte durch RICHARD WAGNER.

Pegasus, in der griechischen Mythologie ein aus dem Rumpf der Medusa entsprungenes Flügelross. Es wurde von Bellerophon gezähmt und, als es ihn abwarf, als Sternbild an den Himmel versetzt.
❧ Das Sternbild Pegasus kann man in unseren Breiten am Abendhimmel in der Nähe des Himmelsäquators sehen. ❧ In der neuzeitlichen Kunst lebt Pegasus als Musen- oder Dichterross fort.

Penelope, die Gemahlin des Odysseus, die sich während der langen Abwesenheit ihres Gatten einer immer zudringlicher werdenden Werbung zahlreicher Freier ausgesetzt sieht. Schließlich fügt sie sich in das Unvermeidliche und verheißt ihre Hand demjenigen, der den schweren, zurückgelassenen Bogen des Odysseus meistern kann. Aber nur der unerkannt heimgekehrte Odysseus selbst vermag den Bogen zu spannen, tötet die Freier und gibt sich Penelope zu erkennen.

Penthesilea, die Königin der Amazonen, Tochter des Ares. Sie kommt im Trojanischen Krieg den Trojanern zu Hilfe und wird im Zweikampf von Achilles getötet.
❧ HEINRICH VON KLEIST machte sie zur Hauptfigur seines Trauerspiels ›Penthesilea‹ (1808).

Phönix, Fabelwesen der Antike, das schon im alten Ägypten als heiliger Vogel verehrt wurde. Die Legende berichtet, dass der Phönix, wenn er sein Ende nahen fühle, sich selbst verbrenne und dass aus seiner Asche ein neuer Phönix entstehe.
❧ ›Wie ein Phönix aus der Asche steigen‹ bedeutet in übertragenem Sinn: in nicht mehr erwarteter Weise verjüngt und neu belebt zurückkehren.

Plejaden, die sieben Töchter des Atlas. Auf der Flucht vor den Nachstellungen des Jägers Orion werden die jungfräulichen Plejaden von Zeus – ebenso wie Orion – als Siebengestirn an den Himmel versetzt.
❧ Die Plejaden sind ein offener Sternhaufen im Sternbild ›Stier‹, von denen man etwa sieben Sterne mit bloßem Auge als Siebengestirn erkennen kann.

Pluto, griechischer Gott, ursprünglich Gott des Reichtums, den die Menschen aus dem Nährboden für die Pflanzen und aus den Bodenschätzen gewinnen. Man vermutete daher seinen Wohnsitz unter der Erde; später wurde er zum Gott der Unterwelt und Herrscher über die Seelen der Verstorbenen.
❧ Nach ihm ist der sonnenfernste Planet unseres Sonnensystems benannt.

Poseidon, der griechische Gott des Meeres, Sohn des Kronos und der Rhea, Bruder des Zeus und des Hades, dem bei der Aufteilung der Welt unter den Brüdern das Meer zufiel. Er wird meist mit Dreizack, Fisch und Delphin dargestellt. Die Römer setzten ihm den Neptun gleich.

Priamos, Priamus, Gestalt der griechischen Mythologie; der letzte König von Troja, Vater von 50 Söhnen, darunter Hektor und Paris, sowie von ebenso vielen Töchtern, darunter Kassandra. Er fand im Trojanischen Krieg, den er als Greis erlebte, den Tod.

Prokrustes, in der griechischen Mythologie ein Riese, der alle, die ihm in die Hände fallen, auf ein Bett legt. Waren sie für die Länge des Bettes zu kurz von Gestalt, wurden sie gestreckt, waren sie zu lang, wurden sie verstümmelt.
❧ ›Prokrustesbett‹ wird im übertragenen Sinn für ein vorgegebenes starres Schema, das schmerzhafte Anpassung erfordert, verwendet.

Prometheus, ein Titan, Wohltäter der Menschen und Kulturbringer. Er entwendet Zeus das Feuer, um es den Menschen auf die Erde zu bringen. Als Strafe sendet Zeus die Pandora zu den Menschen. Prometheus selbst lässt er an einen Felsen schmieden, wo ihm ein Adler täglich die Leber zerfleischt, die dann nachts wieder nachwächst. Er wird schließlich von Herakles befreit.

Pygmalion, sagenhafter König von Kypros (Zypern), der sich in eine von ihm gefertigte Statue einer Jungfrau verliebt. Auf seine Bitten haucht die Göttin Aphrodite der Statue Leben ein, und Pygmalion vermählt sich mit ihr.
❧ GEORGE BERNARD SHAW nahm dieses Thema in seinem Stück ›Pygmalion‹ (1913) wieder auf. Dieses Stück war die Grundlage für das Musical ›My fair Lady‹ (*siehe* Kapitel 5).

Ragnarök, *siehe* Götterdämmerung.

Ran, germanische Meeresgöttin und Herrscherin über das Totenreich der Ertrunkenen. Sie lockt die Seefahrer in die Tiefe und sammelt in einem Netz die Ertrunkenen, die sie dann in ihrem Meerespalast bewirtet.

Remus, *siehe* Romulus.

Rhea, in der griechischen Mythologie eine Tochter des Uranos und der Gäa, Schwester und Gemahlin des Kronos, Mutter von Demeter, Hades, Hera, Hestia, Poseidon und Zeus. Als Kronos alle seine Kinder verschlingt, rettet sie den Zeus, indem sie Kronos statt des Kindes einen in Windeln gewickelten Stein gibt.

Robin Hood, *siehe* Kapitel 1.

Roland, Gestalt aus dem Sagenkreis um KARL DEN GROSSEN, der bekannteste seiner zwölf Palladine. Roland, der Held des ›Rolandsliedes‹, gerät als Führer der Nachhut auf dem Rückzug KARLS über die Pyrenäen bei Roncesvalles in einen Hinterhalt und fällt nach heldenhaftem Kampf als Letzter seiner Getreuen.
❧ Historisch geht Roland auf den Markgrafen HRUOTLANT der Bretonischen Mark zurück, der 778 im Kampf gegen die Basken bei Roncesvalles fiel.

Romulus und Remus werden von der Wölfin gesäugt. Bronzeplastik; Wölfin um 600 v. Chr., Romulus und Remus aus dem 16. Jh.

Romulus, Gestalt der römischen Mythologie, Gründer und erster König Roms, Sohn des Mars und der Vestalin Rhea Silvia, Zwillingsbruder des Remus. Die Brüder werden nach der Geburt im Tiber ausgesetzt, jedoch gerettet und von einer Wölfin gesäugt und dann von einem Hirten aufgezogen. Bei der Gründung der Stadt Rom, der Romulus auf Geheiß der Götter seinen Namen geben soll, erschlägt Romulus seinen Bruder, als dieser sich über den neu gezogenen Befestigungsring lustig macht.

Rotkäppchen, ein Märchen, das u. a. von den BRÜDERN GRIMM aufgezeichnet wurde: Ein kleines Mädchen mit roter Kappe, das seine kranke Großmutter im Wald besuchen will, trifft unterwegs den Wolf, der ihm vorauseilt und die Großmutter frisst. Als Rotkäppchen ankommt, liegt er mit den Kleidern der Großmutter in deren Bett und verschlingt das ahnungslose Mädchen. Kurz darauf werden Rotkäppchen und die Großmutter von einem Jäger gerettet, indem dieser dem Wolf den Bauch aufschneidet.

Rübezahl auf einem Gemälde von Moritz von Schwind (um 1860)

Rübezahl, deutsche Sagengestalt, Berggeist und Herr des Riesengebirges. Er erscheint als Bergmännlein, Mönch, Riese oder in Tiergestalt. Er neckt die Wanderer und führt sie in die Irre, hütet die Bergschätze, beschenkt Arme und sendet, wenn man ihn neckt, Unwetter.

Rumpelstilzchen, Titelfigur eines Märchens der BRÜDER GRIMM: Ein Zwerg hilft einer jungen Königin, Stroh zu Gold zu verspinnen, und verlangt als Lohn dafür ihr erstes Kind, falls sie seinen Namen, der Rumpelstilzchen lautet, nicht erraten kann. Als sie den Namen doch herausfindet, tötet Rumpelstilzchen sich selbst.

Saturn, der römische Gott des Landbaues, Vater des Jupiter. Von diesem vertrieben, gelangt er nach Latium, wo er von Janus freundlich aufgenommen wird. Er entspricht dem griechischen Gott Kronos. ❧ Nach Saturn ist der zweitgrößte Planet unseres Sonnensystems benannt.

Satyrn, in der griechischen Mythologie Fruchtbarkeitsdämonen aus dem Gefolge des Dionysos oder von Pan angeführt, meist als Mischgestalten mit Pferdeohren und -schweifen, wild tanzend dargestellt.

Schlaraffenland, Märchenland, in dem Milch und Honig fließen und die gebratenen Tauben dem Trägen in den Mund fliegen. Faulheit ist hier die höchste Tugend, Fleiß das schlimmste Laster.

Schneewittchen, Märchen der BRÜDER GRIMM: Ein Mädchen wird wegen seiner Schönheit von seiner Stiefmutter gehasst und verfolgt. Es entflieht und verbirgt sich im Wald bei den sieben Zwergen. Die böse Stiefmutter aber befragt ihren Zauberspiegel: ›Spieglein, Spieglein an der Wand, wer ist die Schönste im ganzen Land?‹ Der Spiegel antwortet ihr, das sei Schneewittchen, und verrät ihren Aufenthaltsort. Daraufhin verkleidet sich die Königin, besucht Schneewittchen und gibt ihr einen vergifteten Apfel zu essen. Schneewittchen fällt darauf in einen todesähnlichen Schlaf, bis ein Prinz kommt, sie aus ihrem Schlaf weckt und zur Frau nimmt.

Selene, die griechische Mondgöttin, Schwester des Helios (Sonne) und der Eos (Morgenröte). Sie wird meist mit einer Mondsichel auf dem Kopf oder hinter den Schultern dargestellt. Bei den Römern entspricht ihr die Göttin Luna.

Semele, eine Gestalt der griechischen Mythologie: Semele, die schöne Tochter des thebanischen Königs Kadmos, die von Zeus geliebt wird, folgt dem tückischen Rat der eifersüchtigen Hera und bittet Zeus, sich ihr in seiner wahren Gestalt zu offenbaren. Als ihr der Gott unter Blitz und Donner erscheint, verbrennt sie. Zeus rettet ihren gemeinsamen, noch ungeborenen Sohn Dionysos, indem er ihn in seinen Schenkel einnäht und austrägt.

Siegfried, germanische Sagengestalt im Mittelpunkt des Nibelungenliedes: Siegfried wirbt um Kriemhild, die Schwester des Burgunderkönigs Gunther. Er erhält sie aber erst, nachdem er Brunhild, die Königin von Island, mithilfe einer Tarnkappe anstelle Gunthers in Kampfspielen überwunden hat. Als Brunhild dies von Kriemhild erfährt, veranlasst sie Hagen von Tronje, Siegfried auf einer Jagd zu ermorden.

Sirenen, Fabelwesen der griechischen Mythologie, die durch ihren betörenden Gesang vorüberfahrende Seeleute auf ihre Insel lockten und sie töteten.

Sisyphus, in der griechischen Mythologie der Gründer und erste König Korinths. Zur Strafe für seine Verschlagenheit – er überlistete sogar den Tod – muss Sisyphus für alle Ewigkeit in der Unterwelt einen Felsblock einen steilen Berg hinaufwälzen, aber bevor er den Gipfel erreicht, rollt der Stein wieder ins Tal, und Sisyphus beginnt seine Arbeit von neuem.
❧ Unter einer ›Sisyphusarbeit‹ versteht man eine sinnlose, nie ans Ziel führende schwierige Arbeit.

Skylla, in der Odyssee ein Ungeheuer, das in der Höhle einer Meeresklippe gegenüber der Charybdis *(siehe dort)* haust und den vorüberfahrenden Seeleuten auflauert, um sie zu fressen.
❧ Die Wendung ›zwischen Skylla und Charybdis‹ bezeichnet eine Situation, in der man von zwei Übeln eines wählen muss.

Sleipnir, in altnordischer Mythologie das achtbeinige graue Pferd Odins.

Sol, der römische Sonnengott, der dem griechischen Gott Helios entspricht.

Sphinx, ein Fabelwesen der griechischen Mythologie mit geflügeltem Löwenrumpf und Mädchenkopf. Sie haust auf einem Felsen bei Theben und tötet jeden, der ihr Rätsel nicht lösen kann. Dieses lautet: ›Es gibt auf der Erde ein Zweifüßiges und ein Vierfüßiges und genauso genannt ein Dreifüßiges. Als einziges Wesen ändert es seine Gestalt. Wenn es sich mit den meisten Füßen fortbewegt, ist seine Schnelligkeit am geringsten.‹ Ödipus errät, dass der Mensch gemeint sei, der als Kind auf Händen und Füßen kriecht, als Erwachsener auf zwei Beinen geht und als Greis einen Stock zu Hilfe nimmt. Daraufhin stürzt sich die Sphinx in die Tiefe.
❧ Im alten Ägypten war die Sphinx eine Mischgestalt mit Löwenkörper und Menschenkopf. Sie verkörperte die Königsmacht und war daher Wächterin an Tempeleingängen. Die älteste ägyptische Sphinx steht in Giseh; sie ist 20 m hoch und 73,5 m lang.

Styx, in der griechischen Mythologie ein Fluss der Unterwelt, bei dem die Götter ihre unverbrüchlichen Eide schwören.

Tantalus, Sohn des Zeus und Ahnherr des frevlerischen Geschlechts der Tantaliden, zu dem u. a. Agamemnon und Orest gehören. Um die Allwissenheit der Götter zu prüfen, lädt Tantalus sie an seine Tafel und setzt ihnen das Fleisch seines Sohnes Pelops vor. Dafür muss er in der Unterwelt ewige Qualen erleiden: In einem See stehend, über seinem Kopf köstliche Früchte, kann er dennoch Hunger und Durst niemals stillen, denn Wasser und Früchte weichen zurück, wenn er sie zu erreichen versucht.
❧ Unter ›Tantalusqualen‹ versteht man daher Qualen, die dadurch entstehen, dass jemand etwas Ersehntes in greifbarer Nähe hat, es aber dennoch nicht erreichen kann.

Tartarus, in der griechischen Mythologie der von einer dreifachen Mauer umgebene tiefste Teil der Unterwelt, in den Zeus seine Gegner, v. a. die Titanen, stürzte. Hier büßten u. a. Tantalus und Sisyphus für ihre Frevel.

Sphinx aus Delphi (560 v. Chr.)

Tell, schweizerische Sagengestalt und Nationalheld der Schweiz. Wilhelm Tell, ein Jäger und Meisterschütze aus Uri, wird von dem habsburgischen Landvogt Geßler gezwungen, mit einer Armbrust einen Apfel vom Kopf seines Sohnes zu schießen. Der Schuss gelingt, aber kurz darauf tötet Tell den verhassten Landvogt in der Hohlen Gasse bei Küssnacht und gibt damit das Zeichen zur Erhebung gegen die habsburgische Herrschaft.
❧ FRIEDRICH SCHILLER schrieb über diese Sage das Drama ›Wilhelm Tell‹ (*siehe* Kapitel 6).

Trojanischer Krieg.
Das Trojanische Pferd auf einer kykladischen Amphore (um 670 v. Chr.)

Theseus, Nationalheld der Athener. In der Argolis geboren und erzogen, zieht er als Jüngling nach Athen und besteht auf dem Weg sechs Abenteuer, durch die er Land und Leute von sechs Plagen befreit. Später tötet er den Minotaurus *(siehe dort).*

Thor, germanischer Gott, *siehe* Donar.

Titanen, in der griechischen Mythologie das von den göttlichen Erstahnen Uranos (Himmel) und Gäa (Erde) abstammende zweite Göttergeschlecht (u. a. Kronos und Rhea). Es unterliegt in einem gewaltigen Kampf, der ›Titanomachie‹, den olympischen Göttern unter der Führung des Zeus.

Tristan, Gestalt der keltischen Mythologie: Tristan wirbt in Irland für seinen alternden Onkel Marke, den König von Cornwall, um Isolde. Bei der Rückkehr nach Cornwall trinken beide versehentlich von dem Liebestrank, der für Marke und Isolde bestimmt ist, und sind nun für immer in Liebe verbunden.
❧ Der Stoff wurde in der Literatur häufig behandelt. RICHARD WAGNER gestaltete ihn in seinem Musikdrama ›Tristan und Isolde‹ (*siehe* Kapitel 5).

Trojanischer Krieg, die zehnjährige Belagerung Trojas, einer Stadt in Kleinasien nahe der Dardanellen, durch die Griechen unter der Führung des Agamemnon. Anlass war die Entführung der Helena, der Gemahlin des Königs Menelaos von Sparta, durch den trojanischen Prinzen Paris. Als es den Griechen nach langem, wechselvollen Kampfgeschehen nicht gelungen war, die Stadt einzunehmen, schlägt Odysseus im zehnten Jahr der Belagerung eine List vor: Danach fahren die griechischen Schiffe scheinbar weg, lassen aber ein großes hölzernes Pferd, das Trojanische Pferd, zurück, in dessen Bauch sich die tapfersten griechischen Helden verbergen. Trotz der Warnung des Laokoon bringen die Trojaner dieses Pferd als Weihegeschenk an die Göttin Athene in die Stadt. In der Nacht steigen die Krieger heraus und lassen die anderen in die Stadt hinein. Durch diese List wird Troja erobert. König Priamos findet mit seinen Männern den Tod, die Frauen werden gefangen genommen. Nur Äneas gelingt es, mit einigen Getreuen zu fliehen und die trojanischen Stadtgötter nach Italien zu retten.
❧ Einen Bericht über den Trojanischen Krieg gibt HOMER in seinem Epos ›Ilias‹ (Troja wurde von den

Griechen auch ›Ilion‹ genannt). Im Vertrauen auf den Wahrheitsgehalt der Ilias ließ HEINRICH SCHLIEMANN (* 1822, † 1890) im 19. Jh. nach Troja graben. Er fand die Überreste einer aus mehreren Schichten bestehenden Stadtanlage, deren sechste (aus etwa 1900–1260 v. Chr.) das Troja des Trojanischen Krieges sein könnte.

Troll, im nordischen Volksglauben ein männlicher oder weiblicher Dämon oder Kobold in Riesen- oder Zwergengestalt. Trolle, die ihr Aussehen ständig verändern können, sind den Menschen feindlich gesinnt und behexen sie mit Krankheiten. Sie fürchten das Tageslicht, weil sie hierdurch ihre Kraft verlieren.

Tyr, germanischer Gott, *siehe* Ziu.

Uranos, in der griechischen Mythologie die Personifikation des Himmels, Sohn und Gemahl der Gäa (Erde) und mit ihr Vater der Titanen und Zyklopen. Als er seine Kinder aus Hass in den Schoß der Erde zurückstößt, wird er auf Betreiben Gäas von Kronos, seinem jüngsten Sohn, entmannt. Aus den hierbei auf die Erde fallenden Blutstropfen gebar Gäa die Erinnyen und die Giganten.
❧ Nach Uranos ist der von der Sonne aus gerechnet siebte Planet unseres Sonnensystems, Uranus, benannt.

Utgard, in der germanischen Mythologie das außerhalb des menschlichen Lebensraums gelegene Reich der Riesen und Dämonen.

Vampir, nach einem v. a. in Südosteuropa verbreiteten Volksglauben ein Toter, der nachts unverwest aus seinem Grab steigt und den Lebenden das Blut aussaugt.
❧ Der wohl bekannteste Vampir ist Graf Dracula, die Titelgestalt des 1897 erschienenen Romans des irischen Schriftstellers BRAM STOKER. Das historische Vorbild ist ein Fürst der Walachei, der im 15. Jh. gelebt hat und den Beinamen ›der Pfähler‹ trug, weil er seine Feinde grausam hinrichten ließ.

Venus, die römische Göttin der Liebe, die der griechischen Göttin Aphrodite entspricht. Sie soll, wie Aphrodite, aus dem Schaum des Meeres entstanden sein. Sie wird von Malern häufig dargestellt (z. B. von BOTTICELLI ›Die Geburt der Venus‹).

Vesta, die römische Göttin des häuslichen Herdes und des Herdfeuers, das in einem Tempel am Fuß des Palatins in Rom von ihren Dienerinnen, den Vestalinnen, gehütet wurde und den Bestand des Staates symbolisierte. Ihr entspricht die griechische Göttin Hestia.

Victoria, die römische Siegesgöttin, die als jungfräuliche Hüterin des Reiches galt. Sie entspricht der griechischen Göttin Nike.

Vulcanus, der römische Gott des Feuers, der später als kunstfertiger Schmied dem griechischen Gott Hephaistos gleichgesetzt wurde.
❧ Von Vulcanus haben die Vulkane ihren Namen.

Walhall, in der nordischen Mythologie eines der Totenreiche, in das Odin die gefallenen Krieger beruft, die sich hier für den Kampf am Tage der Götterdämmerung bereithalten.

Walküren, in der nordischen Mythologie die Botinnen des Odin, die über die Schlachtfelder reiten, in den Kampf eingreifen und die gefallenen Krieger nach Walhall bringen, wo sie sie mit Met bewirten.
❧ Heute nennt man eine große, stattliche, meist blonde Frau scherzhaft eine Walküre.

Walpurgisnacht, die Nacht vor dem 1. Mai, dem Tag der hl. Walburga, in der nach altem Volksglauben die Hexen zu ihren Tanzplätzen fliegen und Menschen, Vieh und Äckern Unheil zufügen können.

Zentaur und Lapith auf dem Südfries des Pantheons in Athen (um 440 v. Chr.)

Wanen, in der germanischen Mythologie ein uraltes Göttergeschlecht, das in den Tiefen der Erde und des Meeres wohnt und den Menschen Gedeihen und Fruchtbarkeit beschert. Nach einem Krieg mit den Asen, dem ›Wanenkrieg‹, herrscht Einigkeit zwischen den beiden Göttergeschlechtern.

Werwölfe, im Volksglauben Menschen, die sich nachts in Wölfe verwandeln und Menschen und Haustiere töten.

Hera und Zeus (um 460 v. Chr.)

Wotan, germanischer Gott, *siehe* Odin.

Yggdrasil, in der nordischen Mythologie die Weltesche, ein immergrüner Baum, der im Mittelpunkt der Welt steht. Das Beben des Baumes ist ein erstes Zeichen des Weltuntergangs.

Zentauren, auch **Kentauren,** Fabelwesen der griechischen Mythologie, meist heimtückische Wesen mit Pferdeleib und menschlichem Oberkörper. Bei einem Fest der thessalischen Lapithen vergreifen sich die Zentauren an den Frauen ihrer Gastgeber, und es kommt zum Kampf, den die Lapithen schließlich gewinnen können.

Zerberus, in der griechischen Mythologie der dreiköpfige Höllenhund, der den Eingang zum Hades bewacht und keinen der Eingetretenen wieder herauslässt. Zerberus kann nur zweimal überwunden werden: von Orpheus durch die Macht des Gesangs und von Herakles, der das Ungeheuer als 12. Arbeit zu bezwingen hat.

Zeus, der höchste Gott der Griechen, Sohn des Kronos und der Rhea, der mithilfe seiner Brüder Hades und Poseidon die Herrschaft der Titanen stürzt und mit seinen Brüdern die Weltherrschaft teilt: Hades wird Herr über die Unterwelt, Poseidon über das Meer und Zeus über Himmel und Erde. Sein Sitz ist der Olymp, wo er mit seiner Gemahlin Hera den größten und schönsten Götterpalast bewohnt. Zeus, der ›Vater der Götter und Menschen‹ und oberster Garant der kosmischen Ordnung, hat auch sehr menschliche Züge: Zahlreich sind seine Begegnungen mit menschlichen Geliebten und die daraus hervorgegangenen Kinder, und seine eifersüchtige, ewig zänkische Gemahlin Hera hintergeht er mit immer neuen Listen. Die Römer setzten ihm den Jupiter gleich.
❧ Das berühmteste Heiligtum des Zeus war der Tempel in Olympia mit der Zeusstatue des PHIDIAS, die als eines der sieben Weltwunder galt.

Ziu, auch **Tyr,** der germanische Gott des Krieges und des Zweikampfes, Beschützer von Fürstentum und Herrscheramt.

Zyklopen, in der griechischen Mythologie die drei Söhne des Uranos und der Gäa, die für Zeus die Donnerkeile schmieden. Sie haben nur ein Auge, das mitten auf der Stirn sitzt.

10
Die Bibel

Die Bibel gilt als das am häufigsten übersetzte und am weitesten verbreitete Buch. Juden wie Christen bezeichnen ihre Heilige Schrift als Bibel: Für die Juden umfasst die Bibel ausschließlich das, was die Christen das Alte Testament nennen. Das Christentum, das aus dem Judentum hervorging, übernahm die jüdische Bibel als den ersten Teil der Heiligen Schrift und fügte das Neue Testament hinzu. Die christliche Bibel ist also in zwei Teile gegliedert, das Alte (oder auch Erste) und das Neue (oder auch Zweite) Testament.
Mit den aus ihr abgeleiteten und auf sie zurückgeführten Traditionen bildete die Bibel den Grundstein der christlichen Kultur Europas. Die ethischen Grundsätze des Neuen Testaments, wie sie in den Gleichnissen JESU, etwa im Gleichnis vom barmherzigen Samariter, bildhaft umschrieben oder in der Bergpredigt ausdrücklich dargelegt werden, sind zu Grundannahmen unseres sozialen Handelns oder zu Richtlinien solidarischen Zusammenlebens geworden. Der christliche Festkalender ist nach wie vor – ebenso wie das jüdische Sabbatgebot, das Gebot, am siebten Tag der Woche zu ruhen – für die Jahreseinteilung bestimmend.
Darüber hinaus ist ein Verständnis der europäischen Geschichte, Literatur und Kunst ohne Kenntnisse der Bibel unmöglich. Viele Begriffe und Weisheiten, die wir zitieren, sind der Bibel entlehnt. Die Texte der Bibel, besonders die Erzählungen von Adam und Eva, von Abraham und seinem Sohn Isaak im Buch Genesis, das Hohe Lied (das Lied der Lieder) oder auch das Buch Hiob gehören zur Weltliteratur und können auch ohne gläubige Haltung gelesen werden.
Gerade im deutschsprachigen Raum ist die Bibel durch die Bibelübersetzung MARTIN LUTHERS aus dem Jahre 1522 wichtig geworden: Auf ihrer Grundlage hat sich die neuhochdeutsche Schriftsprache entwickelt. Auch wenn die Vertrautheit mit den biblischen Geschichten immer weniger selbstverständlich ist, ist die Bedeutung der Bibel für unsere Sprache und Kultur also unbestreitbar.

Abraham und Isaak, die ersten beiden Patriarchen des Alten Testaments. Wie es im Buch Genesis heißt, schloss Gott einen Bund mit Abraham, befahl ihm, seine Heimat zu verlassen, und versprach, seinen Nachfahren, den Israeliten, das Gelobte Land zu geben. Außerdem sagte Gott ihm zu, den Bund auch mit seinem Sohn Isaak aufrechtzuerhalten. Später aber prüfte er ihn, indem er ihm befahl, Isaak als Brandopfer darzubringen. Gehorsam legte Abraham den Sohn auf einen Altar und ergriff ein Messer, um ihn zu töten. Da erschien ein Engel des Herrn und hinderte ihn daran: Weil Abraham seinen Glauben gezeigt habe, werde das Opfer des eigenen Sohnes nicht mehr von ihm verlangt.
❧ Sowohl die Juden als auch die Araber leiten ihre Abstammung von Abraham her, die Juden über Isaak, die Araber über seinen zweiten Sohn Ismael. Abrahams Gehorsam gegenüber Gott machte aus ihm ein Vorbild des Glaubens für Juden wie für Christen. PAULUS nennt ihn den ›Vater der Gläubi-

gen‹. ❧ Der Ausdruck ›in Abrahams Schoß‹ steht im Evangelium des Lukas.

Adam und Eva, die beiden ersten Menschen. Das Buch Genesis berichtet, dass Gott Adam erschuf, indem er aus dem Staub des Ackerbodens einen Menschen formte und ihm Leben einhauchte; danach machte er aus Adams Rippe Eva. Gott überließ den beiden den Garten Eden und erlaubte ihnen, die Früchte aller Bäume außer denen des Baumes der Erkenntnis zu essen. Adam und Eva lebten glücklich, bis Satan in Gestalt einer Schlange Eva aufforderte, auch die verbotene Frucht zu nehmen. Beide aßen davon: Sogleich erkannten sie ihre Nacktheit und schämten sich. Wegen ihres Ungehorsams vertrieb sie Gott aus dem Paradies in die Welt, wo Eva unter Schmerzen Kinder gebären und Adam im Schweiße seines Angesichts den Lebensunterhalt erwerben musste. Die schlimmste Folge ihres Ungehorsams aber war der Tod. Nach ihrer Vertreibung gebar Eva zunächst Kain und Abel, später noch Seth und andere Söhne und Töchter; so wurden beide die Stammeltern der Menschheit.

Adam und Eva. Miniatur aus einem flämischen Stundenbuch (16. Jh.)

Ihren Ungehorsam und die darauf folgende Vertreibung aus dem Garten Eden bezeichnet man als Sündenfall; von ihm leitet die Kirche die Lehre von der Erbsünde ab.
❧ Nach der Legende, dass ein Teil des Apfels, der verbotenen Frucht also, Adam im Hals stecken blieb, wird der Kehlkopf des Mannes Adamsapfel genannt.

Altes Testament, der erste Teil der Bibel, für die Juden die Bibel schlechthin. Es handelt vom Alten Bund, der Heilsgeschichte des Volkes Israel. Es berichtet bis zu Ereignissen im 2. Jh. v. Chr. Christen sehen die Vorhersagen der alttestamentlichen Propheten in JESUS erfüllt. Das Leben JESU wird im zweiten Teil der Bibel, dem Neuen Testament, beschrieben (*siehe auch* Bibel).

Am Anfang war das Wort, die Anfangsworte des Johannesevangeliums. Mit ihnen wird auf den Beginn des Buches Genesis, den Schöpfungsbericht, angespielt, wo es heißt: ›Am Anfang erschuf Gott Himmel und Erde.‹

Antichrist, eine Person, die im Neuen Testament als Feind JESU CHRISTI erwähnt wird (1. Brief des Johannes). Er soll vor dem Jüngsten Tag erscheinen und viele Jünger Christi verführen. Der Antichrist wurde oft mit dem apokalyptischen Drachen der Offenbarung *(siehe dort)* gleichgesetzt, den Gott vor dem endgültigen Sieg vernichten wird.

Apokalypse, *die* [griechisch ›Enthüllung‹], eine andere Bezeichnung des neutestamentlichen Buches der Offenbarung *(siehe dort)*.
❧ Unter Apokalypse wird auch der Jüngste Tag am Ende der Zeit verstanden und allgemein eine endgültige Katastrophe bezeichnet.

apokalyptische Reiter, vier Gestalten aus dem Buch der Offenbarung. Sie sind die Sinnbilder der Übel, die am Ende der Zeit über die Welt kommen sollen. Die erste Gestalt, die auf einem weißen Pferd reitet, bringt die Eroberung, die zweite, auf einem roten Pferd, den Krieg, die dritte, auf einem schwarzen, den Hunger und die letzte, auf einem bleichen Pferd, den Tod.

Apokryphen [zu griechisch apókryphos ›heimlich, versteckt‹], religiöse Schriften, die nicht unter die Bücher der Bibel aufgenommen wurden. So erkennt die katholische Kirche sieben Bücher des Alten Testaments an, die Juden und Protestanten nicht zur Heiligen Schrift zählen, aber dennoch zur geistlichen Erbauung empfehlen.

Apostel [griechisch ›Sendbote‹], diejenigen, die von JESUS oder der Gemeinde berufen sind, das Evangelium zu verkünden; nach dem Lukasevangelium berief JESUS zwölf Männer zu seinen Aposteln. Zu ihnen gehörten SIMON PETRUS, JOHANNES, THOMAS, ANDREAS, PHILIPPUS, BARTHOLOMÄUS, JAKOBUS D. J., THADDÄUS, SIMON, MATTHÄUS, JAKOBUS D.Ä. und JUDAS ISCHARIOT, dessen Platz nach seinem Verrat MATTHIAS einnahm. PAULUS, der nicht zu den Zwölfen gehörte, sah sich zur Verkündigung des Christentums berufen und gilt darum auch als Apostel.

Apostelgeschichte, ein Buch des Neuen Testaments. In ihm wird von Ereignissen nach der Himmelfahrt Christi wie der Herabkunft des Heiligen Geistes am Pfingstfest, dem Gemeindeleben der ersten Christen und den Missionsreisen des PAULUS berichtet.

Ararat, Teil des armenischen Hochlandes, der Berg, auf dem die Arche Noah aufsetzte, als die Sintflut zurückging (*siehe auch* Noah und die Sintflut).

auf dem Wasser wandeln, ein Wunder, das JESUS auf dem See Genezareth vollbrachte. Um die Jünger, die er in einem Schiff vorausgeschickt hatte, einzuholen, ging JESUS über das Wasser. Als er sie erreichte, wollte PETRUS ihm entgegenkommen, versank aber in den Wellen, weil er sich fürchtete. JESUS rettete ihn und sagte: ›Du Kleingläubiger, warum hast du gezweifelt?‹ (*siehe* Wunder).

Auferstehung, der Sieg JESU über den Tod, ein zentraler Glaubensinhalt des Christentums. Die Evangelien berichten, dass JESUS nach seiner Kreuzigung im Grabe lag, am dritten Tag danach aber von den Toten auferstand und lebendig seinen Jüngern erschien. Dies wird von den Christen an Ostern gefeiert.

❧ Der Auferstehungsglaube beinhaltet die Hoffnung, dass alle Christen wie JESUS den Tod überwinden werden.

Auge um Auge, Zahn um Zahn, das Rechtsprinzip, das eine dem Schaden entsprechende Strafe fordert und keine größere. So soll, wer einem anderen ein Auge aussticht, mit einem eigenen büßen. Im Buch Exodus heißt es: ›Du sollst geben Leben für Leben, Auge für Auge, Zahn für Zahn, Hand für Hand, Fuß für Fuß.‹ JESUS bezieht sich in der Bergpredigt auf dieses Prinzip, fordert aber, keine Vergeltung zu suchen, sondern ›die andere Wange hinzuhalten‹.

Albrecht Altdorfer, Die Auferstehung Christi (1518)

A und O, der Anfang und das Ende. A und O stehen für Alpha und Omega, den ersten und den letzten Buchstaben des griechischen Alphabets. In der Offenbarung sagt Gott: ›Ich bin das A und das O, der Anfang und das Ende‹, und meint damit, dass er von Anbeginn der Zeiten war und bis zu ihrem Ende sein wird.

Auszug aus Ägypten, die Rückkehr der Israeliten ins Gelobte Land, nachdem sie – wie das Buch Genesis berichtet – seit der Zeit Josephs und seiner Brüder in Ägypten gelebt hatten. Das Buch Exodus erzählt, wie der Pharao, gezwungen durch die zehn Plagen Ägyptens, sie freiließ, wie Gott sie dann führte, indem er tags in einer Wolkensäule und nachts in einer Feuersäule vor ihnen herzog, und wie er ihnen den Durchzug durchs Rote Meer ermöglichte. Außerdem ernährte sie Gott in der Wüste mit Manna und ließ Wasser aus einem Felsen fließen; auf dem Berg Sinai erschien er schließlich dem MOSES und übergab ihm die Zehn Gebote. Doch da sich die Israeliten unentwegt beklagten und in ihrem Glauben schwankten, mussten sie vierzig Jahre lang durch die Wüste ziehen, bevor sie das Gelobte Land erreichten.

Baal, ein orientalischer Fruchtbarkeitsgott, der im Alten Testament als der oberste der falschen Götzen genannt wird. Auch das Goldene Kalb, das die Israeliten beim Auszug aus Ägypten anbeteten, stellte wohl diesen Gott dar.

Babel, *siehe* Babylon und Turmbau zu Babel.

Babylon, die Hauptstadt des babylonischen Reiches, von dem Israel im 6. Jh. v. Chr. erobert wurde. Ein Teil der Israeliten wurde nach Babylon verschleppt, wo sie ein in ihren Augen verdorbenes Leben vorfanden. Erst nach der Eroberung Babylons durch die Perser durften die Israeliten nach Hause zurückkehren; dieser Abschnitt der jüdischen Geschichte wird ›Babylonische Gefangenschaft‹ genannt.
❧ Auch heute noch kann ein Ort ausschweifenden und sündigen Lebens als ›Sündenbabel‹ bezeichnet werden (›Babylon‹ ist die griechische Bezeichnung für ›Babel‹).

barmherziger Samariter, in einem Gleichnis JESU war er der Einzige, der einem Juden, der ausgeraubt und halbtot auf der Straße liegengelassen worden war, zu Hilfe kam. JESUS erzählt, dass ein Priester auf dem Weg zum Tempel und ein Levit achtlos an dem Mann vorübergingen und sich erst ein Samariter seiner erbarmte. Diese Hilfsbereitschaft war umso erstaunlicher, als Juden und Samariter miteinander verfeindet waren.
Das Gleichnis dient als Antwort auf die Frage, wer denn unser Nächster sei. Der jüdische Gesetzeslehrer, der danach gefragt hatte, musste daraufhin zugeben, dass der verachtete Samariter allein das göttliche Gebot der Nächstenliebe befolgt hat.
❧ Übertragen wird jeder Mensch ein barmherziger Samariter genannt, der anderen und vor allem Fremden besondere Hilfe erweist.

Baum der Erkenntnis, der Baum im Garten Eden, von dem Adam und Eva nicht essen durften. Als sie dennoch die verbotene Frucht nahmen, erkannten sie, dass sie nackt waren, und wurden zur Strafe aus dem Paradies vertrieben (*siehe auch* Sündenfall).

Beelzebub, nach dem hebräischen ›baal s'bub‹ (Herr der Fliegen) ein Name des Herrschers der Dämonen.
❧ Die Redensart ›den Teufel mit dem Beelzebub austreiben‹ bedeutet so viel wie ›ein Übel durch ein anderes zu heilen versuchen‹.

Belsazar (Belschazzar), ein babylonischer König, der die heiligen Geräte des Tempels von Jerusalem bei einem Fest schändete und dafür bestraft wurde. An der Wand erschien nämlich das Menetekel *(siehe dort)*, eine Schrift, die der Prophet DANIEL als Drohung Gottes deutete; daraufhin wurde Belsazar von seinen Dienern umgebracht.

Bergpredigt, die erste öffentliche Predigt JESU (Matthäusevangelium, ab Kapitel 5), in der die zentralen Aussagen seiner Lehre gemacht werden. Jesus befiehlt darin seinen Jüngern, noch gerechter zu sein, als es das mosaische Gesetz verlangt, und sagt: ›Seid vollkommen, wie euer Vater im Himmel vollkommen ist.‹ Die Bergpredigt beginnt mit den Seligpreisungen. Sie enthält außerdem das Vaterunser, die goldene Regel ›Was du nicht willst, das man dir tu, das füg auch keinem andern zu‹ und die Aufforderungen, auch die andere Wange hinzuhalten, wenn man geschlagen wird, und keine Perlen vor die Säue zu werfen. Daneben findet sich das Gleichnis von den falschen Propheten, die wie Wölfe im Schafspelz sind, und andere bekannte Aussprüche wie: ›Ihr seid das Salz der Erde‹, ›Liebe deine Feinde‹, ›Niemand kann zwei Herren zugleich dienen‹, ›Du kannst nicht Gott und dem Mammon dienen‹, ›Bitte, und es wird dir gegeben‹ und ›An ihren Früchten sollt ihr sie erkennen‹.

Bethlehem, der Ort in der Nähe Jerusalems, in dem JESUS nach dem Matthäus- und dem Lukasevangelium geboren wurde.

Bibel, die Heilige Schrift des Christentums, die als das den Menschen geoffenbarte Wort Gottes gilt. Sie besteht aus dem Alten Testament, das die heiligen Bücher der Juden mit der Geschichte des von Gott erwählten Volkes enthält, und dem Neuen Testament, das vom Leben und Wirken JESU und der Apostel berichtet.
Die Juden unterteilen die Bibel in drei Teile: in das Gesetz oder die Thora, das sind die ersten fünf Bücher der Bibel (Genesis, Exodus, Leviticus, Numeri,

Altes Testament	
Vulgata	Lutherbibel
Genesis	1. Buch Mose
Exodus	2. Buch Mose
Leviticus	3. Buch Mose
Numeri	4. Buch Mose
Deuteronomium	5. Buch Mose
Josua	Buch Josua
Richter	Buch der Richter
Ruth	Buch Ruth
1 Samuel	1. Buch Samuel
2 Samuel	2. Buch Samuel
1 Könige	1. Buch von den Königen
2 Könige	2. Buch von den Königen
1 Chronik	1. Buch der Chronik
2 Chronik	2. Buch der Chronik
Esdras	Buch Esra
Nehemias	Buch Nehemia
Tobit	–
Judith	–
Esther	Buch Esther
1 Makkabäer	–
2 Makkabäer	–
Psalmen	Psalter
Hiob	Buch Hiob
Sprüche	Sprüche Salomos
Prediger	Prediger Salomo
Hohes Lied	Hohelied Salomos
Buch der Weisheit	–
Jesus Sirach	–
Isaias	Jesaja
Jeremias	Buch Jeremia
Klagelieder	Klagelieder Jeremias
Baruch	–
Ezechiel	Hesekiel
Daniel	Daniel
Hosea	Hosea
Joel	Joel
Amos	Amos
Abdias	Obadja
Jonas	Jona
Michäas	Micha
Nahum	Nahum
Habakuk	Habakuk
Sophonias	Zephanja
Aggäus	Haggai
Zacharias	Sacharja
Malachias	Maleachi

Deuteronomium), die Propheten (darunter befinden sich das Buch Jesaja und das Buch Jeremia), und die Schriften, wozu das Buch der Psalmen, das Hohelied oder das Buch Hiob gehören. Das Neue Testament der Christen kann aufgegliedert werden in die vier Evangelien nach MATTHÄUS, MARKUS, LUKAS und JOHANNES, in die Apostelgeschichte,

Neues Testament	
Vulgata	Lutherbibel
Matthäusevangelium	Evangelium des Matthäus
Markusevangelium	Evangelium des Markus
Lukasevangelium	Evangelium des Lukas
Johannesevangelium	Evangelium des Johannes
Apostelgeschichte	Apostelgeschichte des Lukas
Römerbrief	Brief des Paulus an die Römer
1. und 2. Korintherbrief	1. und 2. Brief des Paulus an die Korinther
Galaterbrief	Brief des Paulus an die Galater
Epheserbrief	Brief des Paulus an die Epheser
Philipperbrief	Brief des Paulus an die Philipper
Kolosserbrief	Brief des Paulus an die Kolosser
1. und 2. Thessalonicherbrief	1. und 2. Brief des Paulus an die Thessalonicher
1. und 2. Thimotheusbrief	1. und 2. Brief des Paulus an Timotheus
Titusbrief	Brief des Paulus an Titus
Philemonbrief	Brief des Paulus an Philemon
Hebräerbrief	Brief des Paulus an die Hebräer
Jakobusbrief	Brief des Jakobus
1. und 2. Petrusbrief	1. und 2. Brief des Petrus
1., 2., 3. Johannesbrief	1., 2., 3. Brief des Johannes
Judasbrief	Brief des Judas
Geheime Offenbarung	Offenbarung des Johannes

die Briefliteratur, dazu gehören zum Beispiel die Briefe des PAULUS oder die Johannesbriefe, und die Offenbarung des Johannes am Ende des Neuen Testaments. Nicht nur zwischen Juden und Christen, auch unter den christlichen Kirchen gibt es verschiedene Auffassungen vom Inhalt des Alten Testaments: 39 Bücher werden von allen zu den heiligen Schriften gerechnet, einige christliche Kirchen aber nehmen daneben Bücher und Buchteile in die Bibel auf, die von anderen nur als Apokryphen bezeichnet werden. Einig sind sich die Christen dagegen in den 27 Büchern des Neuen Testaments, die für die Juden allerdings nicht als Wort Gottes gelten. Die alten Schriften im Umfeld der Bibel, die aber nicht darin aufgenommen wurden, bezeichnet man als Pseudepigraphen.

Die für die katholische Kirche gültige Fassung der Bibel geht auf die ›Vulgata‹ genannte Bibelübersetzung des hl. HIERONYMUS zurück (1546 auf dem Konzil von Trient für verbindlich erklärt).

In den evangelischen Kirchen ist die ›Lutherbibel‹, also die Übersetzung MARTIN LUTHERS, maßgeblich.

Bittet, so wird euch gegeben, eine der Lehren JESU aus der Bergpredigt *(siehe dort)*. Er fährt fort: ›Suchet, so werdet ihr finden, klopfet an, so wird euch aufgetan.‹ Damit will er sagen, dass Gott den Not Leidenden alles gibt, was sie benötigen, wenn sie nur das Vertrauen haben, darum zu bitten.

brennender Dornbusch, nach dem Buch Exodus ein Busch, in dem sich Gott MOSES offenbarte. Gott forderte ihn auf, vom Pharao die Freilassung der Israeliten aus der Knechtschaft in Ägypten zu verlangen und dann ins Gelobte Land zu führen. Bei der Erscheinung Gottes ›brannte der Dornbusch in Feuer, und der Dornbusch wurde nicht verbrannt‹. Aus ihm heraus sprach Gott zu Moses: ›Ich bin der Gott deines Vaters, der Gott Abrahams, der Gott Isaaks und der Gott Jakobs.‹ Als Moses ihn nach seinem Namen fragte, sagte er: ›Ich bin, der ich bin.‹ (*siehe auch* Jahwe).

Bund, eine Übereinkunft zwischen Gott und den Israeliten, in der er ihnen seinen Schutz versprach und als Gegenleistung die Erfüllung seiner Gesetze forderte (*siehe* Zehn Gebote). Im Alten Testament schloss Gott einen Bund mit Noah, Abraham und Moses. Dem Noah gelobte er, die Welt nie wieder durch eine Flut zu zerstören, und versprach Abraham, ihn zum Stammvater eines großen Volkes zu machen, wenn er in das Land gehe, das Gott ihm zeigen werde. Schließlich versprach er noch MOSES, die Israeliten ins Gelobte Land zurückzuführen.
Im Neuen Testament ist mit dem Abendmahl JESU ein Neuer Bund besiegelt, der als Aufhebung bzw. Vollendung des Alten Bundes gedeutet wird.

Bundeslade, wichtigstes Heiligtum der Israeliten. Sie war ein großer Kasten, in dem die Tafeln mit den Zehn Geboten aufbewahrt wurden. Statuen von Cherubim bedeckten sie mit ihren Flügeln. Die Israeliten nahmen sie auf ihrem Zug durch die Wüste mit und stellten sie im Bundeszelt (Stiftshütte) auf. DAVID brachte die Bundeslade nach Jerusalem und SALOMO stellte sie im Allerheiligsten des Tempels auf.

Cherubim, die Cherubim (Einzahl: der Cherub) sind eine der Engelsgruppen. Im Alten Testament wird in der Vision des Propheten EZECHIEL beschrieben, wie Gott über den Cherubim thront, die ihn tragen. Sie sind außerdem die Engel, die nach dem Sündenfall das Paradies mit Flammenschwertern bewachten.

Christen, die Jünger und Nachfolger JESU. In der Apostelgeschichte wird erwähnt, dass sie erst einige Zeit nach dem Tod Jesu Christen genannt wurden.

Christus, ein besonderer Titel JESU. Christus ist die griechische Übersetzung des hebräischen ›Messias‹ und bedeutet ›der Gesalbte‹ (*siehe* Jesus).

Dämonen, dunkle Mächte, die das Werk des Teufels unterstützen und bei den Menschen Unheil anrichten.

Daniel, ein Prophet Israels. Während der Gefangenschaft der Israeliten in Babylon betete er trotz ausdrücklichen Verbots weiter zu seinem Gott; zur Strafe wurde er in eine Löwengrube geworfen, in der ihn die Tiere zerreißen sollten. Gott aber schickte einen Engel, um ihn zu beschützen, und so kam er am nächsten Tag unversehrt aus der Grube und wurde zum Ratgeber des Königs ernannt. Später deutete er dem babylonischen König BELSAZAR das Menetekel *(siehe dort)*.

David, ein König der Israeliten im Alten Testament. In seiner Kindheit war David ein Hirte und erbat sich in einem Krieg von König SAUL die Erlaubnis, mit dem Philister GOLIATH kämpfen zu dürfen. Obwohl er selbst viel kleiner war als der gewaltige GOLIATH, tötete ihn David, indem er ihn mit einem Stein seiner Schleuder an der Stirn traf. König SAUL vertraute ihm daraufhin den Befehl über das Heer an, wurde später aber missgünstig und versuchte, ihn zu töten. Mehrere Jahre verbrachte David auf der Flucht, wurde aber nach SAULS Tod König der Israeliten und blieb trotz gelegentlicher Fehltritte in der Gunst Gottes. Viele der Psalmen werden David zugeschrieben, der für sein Harfenspiel berühmt war. Zu seinen Nachkommen, dem Haus David, gehörten SALOMO und die nachfolgenden Könige; auch JOSEPH, der Mann MARIAS, stammte nach dem Matthäus- und Lukasevangelium aus dem Hause Davids.
❧ Von einem Kampf wie zwischen David und Goliath spricht man, wenn die eine Seite der anderen weit überlegen ist.

Dornenkrone, ein Kranz aus Dornenranken, den die römischen Soldaten JESUS vor der Kreuzigung aufs Haupt setzten. Danach beugten sie das Knie vor ihm, verspotteten ihn und sagten: ›Heil dir, König der Juden!‹

dreißig Silberlinge, der Lohn, den JUDAS für seinen Verrat an JESUS erhielt. Als er seine Tat bereute, brachte er das Geld in den Tempel und gab es den Hohen Priestern zurück; sie kauften dafür einen Acker, der dann als Begräbnisstätte für Fremde diente.
❧ Die dreißig Silberlinge werden auch ›Blutgeld‹ genannt, da der Verrat des JUDAS die Kreuzigung JESU zur Folge hatte.

Durchzug durchs Rote Meer, nach dem Buch Exodus die wunderbare Rettung der Israeliten beim Auszug aus Ägypten. Gott trennte nämlich das Wasser, sodass sie trockenen Fußes durch das Meer ziehen konnten, und ließ dann den nachfolgenden Pharao mit seinem Heer in den zurückwogenden Fluten ertrinken.

Ein Prophet gilt nichts in seinem Vaterlande, das Urteil JESU über die Einwohner seiner Heimatstadt Nazareth, die ihn nur als Sohn des Zimmermanns kannten und nicht als Propheten akzeptierten.
❧ Allgemein wird mit diesem Satz oft angedeutet, dass die Leistungen eines Menschen nirgends so wenig geschätzt werden wie zu Hause.

Elias (Elija), ein Prophet des Alten Testaments. Er bekämpfte den Götzendienst, den Fruchtbarkeitskult des Baal, und wurde deshalb verfolgt. Am Ende seines Lebens wurde Elias auf einem Feuerwagen in den Himmel entrückt.

Emmaus, Dorf in der Nähe Jerusalems. Wie im Lukasevangelium erzählt wird, wanderten zwei der Jünger JESU voll Trauer über seinen Tod nach Emmaus. Auf dem Weg begegneten sie dem Auferstandenen, erkannten ihn aber nicht. Erst als sie abends zu Tische saßen, er das Brot brach und das Dankgebet sprach, sahen sie, dass es JESUS war.

Engel [von dem Griechischen ángelos ›Bote‹], die Wesen, die mit Gott im Himmel leben und ihm dienen. In den biblischen Geschichten treten Engel oft in menschlicher Gestalt auf, um Gottes Botschaften zu überbringen, die Menschen zu führen, zu beschützen oder nach dem Willen Gottes zu bestrafen. Nach der antiken Vorstellung sollen die Teufel der Hölle Engel gewesen sein, die einst abtrünnig geworden waren.

Erbsünde, in der späteren kirchlichen Deutung die Sünde, die Adam und Eva in die Welt brachten, als sie die verbotene Frucht aßen. Sie ist ein Inbegriff der sündigen Natur des Menschen, die durch die Zeugung weitergegeben wird. Frei von ihr war nach katholischer Lehre neben JESUS auch seine Mutter MARIA. Erbsünde ist kein biblischer Begriff, sondern entstammt der kirchlichen Lehre.

Erlösung, die Befreiung und Errettung aus Not, Verderben, Sünde und Tod. Sie ist neben der Messiaserwartung der zentrale Inhalt der Bibel. Im Alten Testament umfasst Erlösung den Auszug der Israeliten aus dem Sklavenhaus Ägypten. Sie wird im Neuen Testament durch JESUS CHRISTUS erlangt, der den Menschen, die ihm nachfolgen, durch seinen freiwilligen Opfertod den Bereich des Lebens eröffnet. Erlösung ist hier auch Gegenstand der Hoffnung, da sie erst mit der Wiederkunft CHRISTI abgeschlossen sein wird.

Rembrandt, Die Jünger von Emmaus (1648)

Die Ersten werden die Letzten sein, und die Letzten werden die Ersten sein, ein Wort JESU aus dem Evangelium des MATTHÄUS. Er erklärt damit seine Botschaft vom Reich Gottes: Die Ordnung der Welt wird von Gott umgekehrt. Vor den Erfolgreichen und Angesehenen werden die Gerechten, die im Leben um des Glaubens willen Leid erfuhren, die Erlösung erlangen.

Esau, *siehe* Jakob und Esau.

Esther, eine Israelitin, die wegen ihrer Schönheit vom König der Perser zur Königin gemacht wurde. Im gleichnamigen Buch des Alten Testaments wird erzählt, wie sie mit der Hilfe ihres Onkels eine Verschwörung verhinderte, die den Tod aller Israeliten zum Ziel hatte.

Eva, die erste Frau, erschaffen aus einer Rippe Adams (*siehe auch* Adam und Eva und Schöpfung).

Evangelium [griechisch ›gute Botschaft‹], die frohe Kunde von der Erlösung des Menschen. Die ersten vier Bücher des Neuen Testaments, die von JESU Leben und Wirken berichten, werden daher Evangelien genannt; als ihre Verfasser gelten MATTHÄUS, MARKUS, LUKAS und JOHANNES.

❧ Die aus der Reformation entstandenen Kirchen nennen sich evangelisch, da ihre Glaubenssätze vor allem auf den Evangelien beruhen.

Exodus, das zweite Buch des Alten Testaments. Es berichtet vom Auszug aus Ägypten und der Übergabe der Zehn Gebote an MOSES.

❧ Mit dem griechischen Wort Exodus, das ›Auszug‹ bedeutet, wird auch oft eine Massenflucht bezeichnet.

Friedenstaube, die Taube, die Noah ausschickte um festzustellen, wie weit die Sintflut zurückgegangen sei. Beim zweiten Flug brachte sie schon einen frischen Ölzweig mit und kehrte beim dritten gar nicht wieder zurück. Taube und Ölzweig sind daher Sinnbilder des Bundes, den Gott mit Noah schloss.

An ihren Früchten sollt ihr sie erkennen, eine Mahnung JESU in der Bergpredigt *(siehe dort)*. Er rät damit seinen Jüngern, die wahren Propheten von den falschen an ihren Werken zu unterscheiden.

Garten Eden, der Paradiesgarten, in dem Adam und Eva nach Gottes Willen ohne Mühsal leben sollten. In ihm wuchs der Baum der Erkenntnis, von dem sie nicht essen durften. Als sie dennoch die verbotene Frucht nahmen, wurden sie von Gott aus dem Garten Eden vertrieben.

❧ Allgemein wird jeder Ort ungetrübten Glückes Garten Eden genannt.

Geben ist seliger denn nehmen, Wort JESU, das nach der Apostelgeschichte PAULUS anführt, um die Menschen aufzufordern, sich der Schwachen und Bedrückten anzunehmen.

Geburt Jesu, die Menschwerdung Gottes, die jährlich an Weihnachten gefeiert wird. Von MATTHÄUS und LUKAS wird erzählt, dass sich JOSEPH und die hochschwangere MARIA in ihre Heimatstadt Bethlehem begaben, als der römische Kaiser AUGUSTUS eine Volkszählung angeordnet hatte. Dort aber fanden sie keine Unterkunft und mussten in einem Stall übernachten, wo MARIA ihren Sohn JESUS zur Welt brachte. Die Hirten der Gegend, denen ein Engel die Geburt des Messias verkündet hatte, kamen, um das Kind zu sehen und anzubeten. Außerdem ging in der Nacht ein Stern auf, der die drei Weisen herbeiführte.

❧ Nach der Geburt JESU richtet sich unsere Zeitrechnung. Durch eine Unschärfe in der Berechnung des genauen Datums im 6. Jh. ist das tatsächliche Datum der Geburt JESU 6–7 Jahre vor dem Beginn unserer Zeitrechnung anzusetzen.

Gelobtes Land, das Land, das Gott den Nachkommen Abrahams bestimmt hatte; es wird auch Land Kanaan, Palästina genannt oder das Land, in dem Milch und Honig fließen. Nach dem Auszug aus Ägypten mussten die Israeliten allerdings erst die dort ansässigen Philister besiegen, bevor sie das Gelobte Land in Besitz nehmen konnten.

Genesis, das erste Buch des Alten Testaments. Es beginnt mit der Schöpfung und berichtet dann von Adam und Eva, dem Sündenfall, Kain und Abel, Noah und der Sintflut, Gottes Bund mit Abraham sowie von Jakob und Esau und Joseph und seinen Brüdern.

❧ Genesis bedeutet auf griechisch ›Ursprung‹ oder ›Anfang‹; es ist das erste Wort des Alten Testaments, das folgendermaßen beginnt: ›Am Anfang erschuf Gott Himmel und Erde.‹

gewogen und zu leicht befunden, die Deutung des Wortes ›tekel‹ (gewogen), das Gott als Warnung bei Belsazars Festmahl an die Wand geschrieben hatte (*siehe* Menetekel).

Gib dem Kaiser, was des Kaisers ist, und Gott, was Gottes ist, die Antwort JESU auf die Frage seiner Gegner, ob es für die Juden, die damals zum Römischen Reich gehörten, recht sei, Steuern zu zahlen. Er nahm eine römische Münze, die das Bildnis des Kaisers trug, und wies darauf hin, dass man das Geld dem Kaiser zurückgeben solle, daneben aber Gott gegenüber die religiösen Pflichten erfüllen müsse.

❧ Die Antwort ist so zu verstehen, dass man zwischen weltlichem und göttlichem Anspruch unterscheiden und jedem das ihm Gebührende zukommen lassen muss.

Glaube, Liebe, Hoffnung, die drei christlichen Haupttugenden. Sie werden von PAULUS im 1. Korintherbrief angeführt: ›Nun aber bleibt Hoffnung, Glaube, Liebe, diese drei; aber die größte unter ihnen ist die Liebe.‹

Gleichnis, die Bezeichnung der Geschichten, die JESUS im Neuen Testament erzählt, um seine Lehre darzustellen; in ihnen wird meist das Wirken Gottes mit den Alltagserfahrungen der Zuhörer verdeutlicht. Die zwei bekanntesten Gleichnisse sind das Gleichnis vom barmherzigen Samariter und das Gleichnis vom verlorenen Sohn.

Goldenes Kalb, ein Götzenbild, das die Israeliten anbeteten, während Gott auf dem Berg Sinai MOSES die Zehn Gebote gab. Als MOSES vom Berg herabkam, zerschlug er voll Zorn die Gesetzestafeln und ließ das Kalb zerstören (*siehe auch* Baal).
❧ Eine Sache, die zu Unrecht verehrt oder höher geschätzt wird, als sie es verdient, nennt man daher oft ein Goldenes Kalb.

Golgotha, auch **Golgatha,** der Name des Ortes, an dem JESUS gekreuzigt wurde. Golgotha kommt aus dem Hebräischen und bedeutet so viel wie ›Schädel‹ oder ›Schädelstätte‹; ihm entspricht die aus dem Lateinischen abgeleitete Bezeichnung Kalvarienberg.

Goliath, *siehe* David.

Gott ist die Liebe, zentraler Satz aus dem ersten Johannesbrief, in dem es weiter heißt: ›... und wer in der Liebe bleibt, bleibt in Gott.‹ Er kann als Zusammenfassung der Botschaft Jesu angesehen werden.

Guter Hirte, ein Bild, das JESUS für sich selbst gebraucht. So sagt er: ›Ich bin der gute Hirte; der gute Hirte gibt sein Leben hin für die Schafe‹, und: ›Ich bin der gute Hirte und kenne die Meinen, und die Meinen kennen mich.‹ Das Bild vom Guten Hirten findet sich schon im 23. Psalm (*siehe* Der Herr ist mein Hirte).
❧ Die Bezeichnung Pastor, die in den christlichen Kirchen verwendet wird, ist das lateinische Wort für ›Hirte‹.

Hebräisch, die Sprache, in der das Alte Testament verfasst wurde. In etwas veränderter Form ist Hebräisch auch die Sprache des heutigen Israel.

Heilige Drei Könige, eigentlich die weisen Männer aus dem Morgenland (Magier), die den neugeborenen König der Juden suchten und zu MARIA und JOSEPH nach Bethlehem kamen. Sie wurden von einem Stern geführt und brachten Gold, Weihrauch und Myrrhe als Gaben. Später glaubte man daher, sie seien Könige gewesen, die Kaspar, Melchior und Balthasar hießen.

Die Anbetung der Heiligen Drei Könige. Ein Werk des Niccolò Pisano an der Kanzel des Baptisteriums in Pisa

Heiliger Geist, im Alten Testament die Leben spendende Gegenwart Gottes, die in der Geschichte erfahren werden kann. JESU Wirken wird im Neuen Testament als ein Leben aus dem Geist Gottes, ein Leben in freiheitlicher Vollmacht beschrieben. Im Neuen Testament verspricht JESUS den Aposteln, er werde ihnen den Heiligen Geist senden, was dann am Pfingstfest eintrat. Der Heilige Geist wird in der Gemeinschaft der Christen sichtbar (*siehe auch* Dreifaltigkeit, Kapitel 8).

Herodes, Name mehrerer jüdischer Könige. HERODES DER GROSSE (* 72, † 4 v. Chr.) war ein nach innen starker, aber auch rücksichtsloser Herrscher, von dem die Bibel berichtet, er habe den ›Kindermord von Bethlehem‹ befohlen, dem JESUS zum Opfer fallen sollte, da Weissagungen von ihm als neuem König der Juden kündeten. MARIA, JOSEPH und der kleine JESUS entzogen sich dem Massaker durch die Flucht nach Ägypten. Sein Sohn HERODES ANTIPAS, der bis 39 n. Chr., also zur Zeit JESU, regierte, ließ JOHANNES DEN TÄUFER enthaupten.

Himmel, in der antiken Vorstellung der über dem sichtbaren Himmel gelegene Sitz Gottes und der Engel, in den MARIA und die Märtyrer gleich nach ihrem Tod aufgenommen wurden. Als Ort der Glückseligkeit wird er auch mit dem Paradies gleichgesetzt.

Himmelfahrt, die Entrückung JESU in den Himmel. Wie LUKAS berichtet, verweilte Jesus nach der Auferstehung noch eine Zeit lang auf der Erde und erschien mehrfach seinen Jüngern. Schließlich aber führte er sie in die Nähe von Bethanien, wo er vor ihren Augen in den Himmel entschwand (*siehe auch* Maria). Das Alte Testament berichtet von der Entrückung des ELIAS.

Hiob, ein Mann, dessen Glauben vom Satan mit Gottes Einwilligung auf die Probe gestellt wurde. Im Buch Hiob des Alten Testaments wird erzählt, dass er einer der glücklichsten Menschen war. Aufgrund einer Wette mit Gott durfte Satan Hiobs Besitz zerstören, er tötete seine Kinder und bedeckte Hiob mit Geschwüren am ganzen Körper. Doch selbst im größten Elend verfluchte dieser Gott nicht, sondern sagte: ›Der Herr hat es gegeben, der Herr hat es genommen; der Name des Herrn sei gepriesen.‹ Hiob zweifelte nicht an Gottes Gerechtigkeit, stellte ihn mutig zur Rede, und schließlich tat Gott ihm seine Weisheit kund. Als Lohn für seinen Glauben heilte ihn Gott und gab ihm das Doppelte von dem, was er zuvor hatte.
❧ Nach den Meldungen, durch die Hiob von seinen Schicksalsschlägen erfuhr, werden schlechte Nachrichten Hiobsbotschaften genannt.

Der Herr ist mein Hirte, die Anfangsworte des 23. Psalms. Dieser wohl bekannteste Psalm des Alten Testaments wird oft bei Beerdigungen verlesen, um den Glauben an Gottes Schutz zu bekennen. Er lautet:
›Der Herr ist mein Hirte, nichts wird mir fehlen.
Er lässt mich lagern auf grünen Auen und führt mich zum Ruheplatz am Wasser.
Er stillt mein Verlangen; er leitet mich auf rechten Pfaden, treu seinem Namen.
Muss ich auch wandern in finsterer Schlucht,
ich fürchte kein Unheil; denn du bist bei mir,
dein Stock und dein Stab geben mir Zuversicht.
Du deckst mir den Tisch
vor den Augen meiner Feinde.
Du salbst mein Haupt mit Öl,
und füllst mir reichlich den Becher.
Lauter Güte und Huld werden mir folgen mein Leben lang, und im Hause des Herrn darf ich wohnen für lange Zeit.‹

Hochzeit zu Kana, eine Hochzeit, bei der JESUS sein erstes Wunder wirkte. Da der Wein ausgegangen war, bat MARIA ihren Sohn um Hilfe; JESUS lehnte zwar zunächst ab, befahl dann aber den Dienern, die Krüge mit Wasser zu füllen: Als man es daraufhin kostete, war das Wasser zu Wein geworden.

Hoher Priester, der oberste Priester der Israeliten. Die Hohen Priester (zur Zeit JESU waren es ausnahmsweise zwei), Schriftgelehrten und Ältesten des Volkes werden in den Evangelien als die Hauptgegner JESU hingestellt und für seinen Tod verantwortlich gemacht.

Hohes Lied Salomos, eine Sammlung von Liebes- und Hochzeitsgedichten, die SALOMO zugeschrieben wurde und auch Lied der Lieder heißt. Die Gedichte mit ihren erotischen Inhalten wurden oft übertragen gedeutet, etwa als Ausdruck der Beziehung Gottes zu seinem Volk, zu seiner Kirche oder zu MARIA.

Hölle, das Reich des Satans und der Dämonen, in das die Verdammten nach dem Jüngsten Gericht verbannt werden sollen und wo ›Heulen und Zähneknirschen‹ sein wird.

Hosanna, der Ruf, mit dem JESUS noch wenige Tage vor seiner Kreuzigung beim Einzug in Jerusalem begrüßt wurde. Als er kam, legten die Menschen Palmzweige und ihre Kleider auf die Straße und riefen: ›Hosanna! Gepriesen sei, der da kommt im Namen des Herrn und der der König Israels ist.‹
❧ Der Ruf Hosanna kommt aus dem 118. Psalm (Vers 25) und bedeutet: Ach, Herr, hilf doch! Er wird auch als Lobpreis Gottes verwendet.

Ich wasche meine Hände in Unschuld, Redewendung, die auf den 73. Psalm (Vers 13) zurückgeht. Bekannt wurde sie durch die Geste des PILATUS, der sich mit den Worten: ›Ich bin unschuldig an seinem Blute‹ die Hände wusch, als er JESUS den Juden zur Kreuzigung übergab.

Ihr könnt nicht Gott dienen und dem Mammon, Lehre JESU aus der Bergpredigt. Das hebräische Wort ›Mammon‹ bedeutet Reichtum; JESUS will damit sagen, dass der Mensch sich zwischen Gott und den weltlichen Gütern entscheiden muss.

Ihr werdet sein wie Gott! Verheißung der Schlange an ADAM und EVA: Wer von dem verbotenen Baum isst, wird sein wie Gott und gut und böse erkennen.

INRI, die Abkürzung der lateinischen Inschrift, die PILATUS am Kreuz JESU anbringen ließ. Sie lautet: **I**esus **N**azarenus **R**ex **I**udaeorum (›Jesus von Nazareth, König der Juden‹).

Isaak, einer der Patriarchen des Alten Testaments, der Sohn Abrahams und Vater Jakobs und Esaus.

Israel, Israel oder ›Gotteskämpfer‹ war der Name, den Jakob erhielt, nachdem er mit Gott gekämpft und seinen Segen bekommen hatte. Als nach SALOMOS Tod das Reich in zwei Teile zerfiel, wurde der südliche Juda, der nördliche Israel genannt.

Hölle. Hieronymus Bosch, Garten der Lüste

Israeliten, die Nachfahren Jakobs. Nach dem Buch Genesis begründen seine zwölf Söhne die Stämme Israels (*siehe auch* Joseph und seine Brüder).

Jahwe, auch **Jehova,** der Name Gottes, den er nannte, als er zu MOSES aus dem brennenden Dornbusch sprach. Er bedeutet ›Ich bin, der ich bin‹ oder ›Ich bin, der da ist‹. Den Juden ist der Name Gottes heilig, er wird aus Ehrfurcht mit ›Mein Herr‹ umschrieben.

Jakobsleiter, eine Leiter, die Jakob im Traum sah, als er das Erstgeburtsrecht seines Bruders und den Segen seines Vaters erhalten hatte. Engel stiegen daran hinauf und hinab, und Gott, der an ihrem oberen Ende stand, versprach Jakob seinen Schutz und erneuerte den Bund, den er mit Abraham geschlossen hatte.

Jakob und Esau, die beiden Söhne Isaaks. Als Älterem stand Esau das Erstgeburtsrecht und der Segen des Vaters zu. Aus Hunger aber überließ er das eine seinem Bruder Jakob für ein Linsengericht und wurde beim Tode des Vaters von Jakob und der Mutter Rebecca auch um den Segen betrogen. Der Streit zwischen den Brüdern endete, als Jakob mit Gott kämpfte und den Segen Gottes sowie den Namen Israel erhielt.
❧ Allgemein bedeutet der Ausdruck ›etwas für ein Linsengericht verkaufen‹ einen schlechten Handel machen.

Jehova, *siehe* Jahwe.

Jeremia, ein Prophet des Alten Testaments. Das gleichnamige Buch enthält die Geschichte seines Lebens und seine Klagen über die Schlechtigkeit der Israeliten. Daneben kündigte er einen neuen Bund an, den Gott mit den Menschen schließen wolle; der christliche Glaube sieht diesen in JESUS erfüllt.

Jericho, *siehe* Josua.

Jerusalem, die alte Hauptstadt der Israeliten, die Juden, Christen und Moslems heilig ist. Der Name bedeutet ›Stadt des Friedens‹; außerdem wurde Jerusalem auch ›die hohe Stadt‹ oder nach dem Berg, auf dem die Festung stand, ›Zion‹ genannt. Hier befand sich der Tempel Israels, den König SALOMO erbaut hatte. Jerusalem war auch Schauplatz vieler Ereignisse im Leben JESU.

Jesaja, ein Prophet des Alten Testaments, der das Kommen des Messias voraussagte. In dem gleichnamigen Buch sind die ihm zugeschriebenen Prophezeiungen gesammelt, darunter die vom Gottesknecht, der als Erwählter Gottes den Völkern das Licht bringen soll. Nach christlichem Glauben erfüllte sich dies in JESUS.

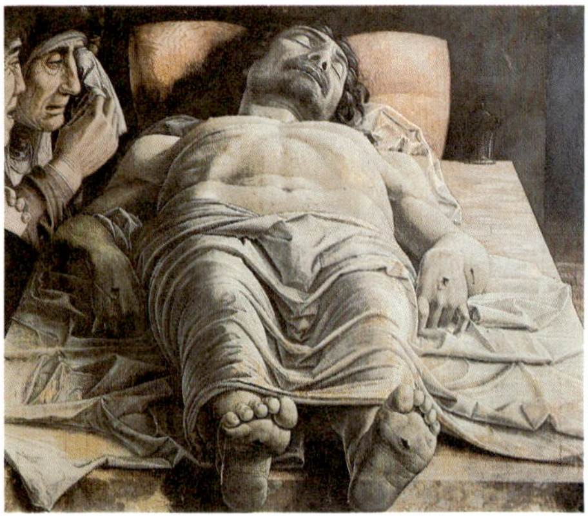

Jesus. Mantegna,
Die Beweinung Christi (um 1490)

Jesus, nach christlichem Glauben Gottes Sohn, der Messias, der die Menschheit von der Sünde erlöst und ihr das Heil bringt; für Juden und Moslems war Jesus einer der Propheten. Nach den Evangelien wurde er von MARIA durch den Heiligen Geist empfangen. Geboren wurde er in einem Stall in Bethlehem und wuchs bei MARIA und ihrem Mann JOSEPH in Nazareth auf. Als Zwölfjähriger überraschte er die Schriftgelehrten durch seine Kenntnis des mosaischen Gesetzes; später erwählte er zwölf Apostel, mit denen er durch Palästina zog, um zu predigen (*siehe* Bergpredigt), Kranke zu heilen und Wunder zu wirken (*siehe* wunderbare Brotvermehrung). Viele Jünger folgten ihm, doch er machte sich auch Feinde, da er sich als den Messias bezeichnete und das jüdische Gesetz nicht streng einhielt. Schließlich wurde Jesus von JUDAS verraten, vom römischen Statthalter PILATUS verurteilt und gekreuzigt. Nach christlichem Glauben erstand er drei Tage später von den Toten auf, erschien mehrfach seinen Jüngern und fuhr auf in den Himmel, von wo er am Jüngsten Tag wiederkehren soll. Die christlichen Kirchen bekennen ihn als ganz Mensch und ganz Gott. (*siehe auch* Evangelium, Kreuzigung, Auferstehung und Himmelfahrt).

Johannes (der Evangelist), derjenige unter den zwölf Aposteln, ›den JESUS lieb hatte‹. Die kirchliche Überlieferung hält ihn für den Verfasser des letzten, des Johannesevangeliums, dreier Briefe und des Buches der Offenbarung. Nach dem Johannesevangelium stand er mit MARIA beim Tode JESU unter dem Kreuz. Mit den Worten: ›Siehe, deine Mutter‹ vertraute JESUS ihm MARIA an, die er daraufhin bei sich aufnahm.

Johannes (der Täufer), ein Prophet, der als Einsiedler in der Wüste lebte. Er bezeichnete sich als die ›Stimme des Rufers in der Wüste‹ und wies auf das Kommen des Messias hin; zum Zeichen der Erneuerung taufte Johannes die Menschen, unter ihnen auch JESUS, im Jordan (*siehe* Taufe Jesu). Als er jedoch die Ehe des HERODES, des Königs von Galiläa, für unrechtmäßig erklärte, wurde er gefangen genommen und auf Verlangen SALOMES, der Stieftochter des Königs, enthauptet.

Johannesevangelium, eines der vier Evangelien, das von dem Apostel JOHANNES verfasst sein soll. Es unterscheidet sich von den anderen Evangelien darin, dass die Bergpredigt oder das Teilen von Brot und Wein beim letzten Abendmahl nicht erwähnt ist. Dagegen konzentriert es sich auf die philosophisch-theologische Bedeutung der Sendung JESU: Schon der erste Satz ›Am Anfang war das Wort‹ ist eine Anspielung auf den Beginn des Buches Genesis.

Jonas und der Wal, eine Geschichte des Alten Testaments, die im Buch Jonas erzählt wird. Jonas (auch: Jona) war ein Israelit, den Gott zum Propheten berufen hatte; er aber stieg auf ein Schiff und wollte fliehen. Da ließ Gott voll Zorn einen Sturm aufkommen, und als die Seeleute merkten, dass Jonas die Ursache war, warfen sie ihn ins Meer; durch einen großen Fisch aber, der ihn verschlang, wurde Jonas vor dem Ertrinken bewahrt. Als er schließlich nach drei Tagen wieder ans Land ausgespien wurde, nahm er dankbar über seine Rettung den Auftrag Gottes an.

Joseph, der Mann MARIAS. Nach dem Bericht der Evangelien zogen beide gemeinsam JESUS auf, den Maria durch den Heiligen Geist empfangen hatte. Joseph war Zimmermann; JESUS wurde daher auch Sohn des Zimmermanns genannt.

Joseph und seine Brüder, die zwölf Söhne Jakobs, von denen sich die zwölf Stämme Israels herleiten. Unter ihnen war, wie das Buch Genesis berichtet, Joseph der Lieblingssohn Jakobs. Als er seinen Brüdern erzählte, in einem Traum sei er von ihnen als der Vornehmste verehrt worden, planten sie voll Hass einen Anschlag gegen ihn. Sie verkauften ihn als Sklaven nach Ägypten und gaben vor, er sei von einem wilden Tier getötet worden. In Ägypten deutete er dem Pharao dessen beunruhigende Träume und wurde von ihm aus Dankbarkeit zum zweiten Herrscher gemacht. Als später in Israel eine Hungersnot herrschte, schickte Jakob seine Söhne nach Ägypten, um Getreide zu kaufen. Joseph erkannte seine Brüder, als er mit ihnen verhandelte, und verzieh ihnen, da sie ihre Tat bereuten.
❧ Die Namen der zwölf Söhne sind Ruben, Simeon, Levi, Juda, Dan, Naphtali, Gad, Ascher, Issachar, Sebulon, Benjamin und Joseph.

Josua, der Anführer der Israeliten, der sie nach MOSES' Tod in das Gelobte Land brachte. Durch ihn wurde auch die Stadt Jericho erobert; siebenmal zog er mit dem Heer unter Trompetenschall und Kriegsgeschrei um sie herum: Da stürzten die Mauern zusammen, und Josua konnte die Stadt einnehmen.

Judas Iskariot, derjenige unter den Aposteln, der JESUS für dreißig Silberlinge an die Hohen Priester verriet. Als er mit den Knechten ihm und den anderen im Garten Gethsemane begegnete, küsste er JESUS und zeigte damit, wen sie gefangen nehmen sollten. Am nächsten Tag aber brachte er das Geld zurück und erhängte sich, getrieben durch sein schlechtes Gewissen.
❧ Ein Verräter, zumal der eines Freundes, wird deshalb auch ein Judas genannt, sein Lohn der ›Judaslohn‹. Unter einem ›Judaskuss‹ versteht man eine geheuchelte Freundschaftsbezeugung.

Juden, eine andere Bezeichnung der Israeliten, abgeleitet von Juda, einem der zwölf Stämme Israels. Im 6. Jh. v. Chr. verlor auch der Staat Juda seine Unabhängigkeit. Im 2. Jh. v. Chr. wurden die Juden, die zuvor schon 800 Jahre unter Besatzungsmächten leben mussten, weitgehend aus ihrem Land vertrieben.

Judith, eine israelitische Witwe, die, wie das Buch Judith berichtet, ihre Heimatstadt vor dem babylonischen Heer bewahrte. Nur von einer Dienerin begleitet, wagte sie sich ins Lager der Feinde und betörte den Anführer Holofernes durch ihre Schönheit. In der Nacht aber schlug sie ihm den Kopf ab und kehrte damit in die Stadt zurück.

Jünger, die Männer und Frauen, die JESUS nachfolgten und seine Lehren weitergaben. (*siehe* Apostel).

Jüngster Tag, der Tag, an dem der Messias wiederkehren soll, um die Lebenden und die Toten zu richten und den endgültigen Sieg des Guten über das Böse herbeizuführen. Der Ankündigung JESU entsprechend, erwarteten die Jünger diese Wiederkehr noch innerhalb ihrer Generation.

Jüngstes Gericht, das Gericht, das der Messias bei seiner Wiederkehr am Ende der Zeit über die Lebenden und die Toten halten soll. Wie in den Evangelien und in der Offenbarung angekündigt wird, soll es Kriege und ›Gräuel der Verwüstung‹ geben, bevor Christus unter Trompetenschall kommen und die Menschen richten wird.

Tintoretto, Kain erschlägt Abel (1550/51; Ausschnitt)

Kain und Abel, die Söhne Adam und Evas, die nach der Vertreibung aus dem Paradies geboren wurden. Als die beiden einmal Gott Opfer darbrachten und Kain sah, dass das Opfer Abels von Gott angenommen wurde, sein eigenes aber nicht, erschlug er aus Neid seinen Bruder. Auf die Frage Gottes, wo Abel sei, antwortete Kain: ›Ich weiß es nicht; bin ich der Hüter meines Bruders?‹ Zur

Strafe musste er daraufhin sein Leben lang durch die Welt irren, von Gott gezeichnet durch ein Mal, dem Kainsmal, damit ihn niemand töte, denn sein Tod hätte seine Strafe verkürzt.

Kalvarienberg, *siehe* Golgotha.

das Kamel durchs Nadelöhr, ein Ausdruck aus dem Evangelium des MATTHÄUS. Dort antwortet JESUS auf die Frage, ob ein Reicher in den Himmel kommen könne: ›Es ist leichter, dass ein Kamel durch ein Nadelöhr geht, als dass ein Reicher ins Reich Gottes kommt.‹

Königin von Saba, orientalische Königin, bekannt durch ihre Schönheit und ihren Reichtum. Wie im 1. Buch der Könige berichtet wird, kam sie zu König SALOMO, stellte seine Weisheit auf die Probe und beschenkte ihn reich mit Gold und Edelsteinen.

Kreuzigung, die nach römischem Gesetz für Sklaven und nichtrömische Freie vorgesehene, verächtlichste Todesstrafe, die an JESUS am Vorabend des jüdischen Passahfestes vollstreckt wurde. Da JESUS sich, wie die Evangelien berichten, als Sohn Gottes bezeichnet hatte, lieferten ihn die Juden nach dem Verrat des JUDAS an PILATUS aus, damit dieser ihn zum Tode verurteile. PILATUS konnte zwar keine Schuld feststellen, ließ ihn aber dennoch von seinen Soldaten misshandeln; diese setzten ihm eine Dornenkrone auf und verspotteten ihn. Als JESUS daraufhin freigelassen werden sollte, verlangte das Volk seine Hinrichtung; PILATUS willigte ein, und JESUS musste sein Holzkreuz auf den Hügel Golgotha tragen, wo er zwischen zwei Verbrechern gekreuzigt wurde. Kurz vor seinem Tode flehte er noch zu Gott: ›Vater, vergib ihnen, denn sie wissen nicht, was sie tun‹, und verschied nach dem Bericht des Johannesevangeliums mit den Worten: ›Es ist vollbracht.‹ Nach dem Markusevangelium waren JESU letzte Worte: ›Mein Gott, mein Gott, warum hast du mich verlassen.‹

Lamm Gottes, der Ausdruck, mit dem JOHANNES DER TÄUFER auf JESUS hinwies und auf dessen Kreuzigung anspielte. Wie für die Israeliten mit der Schlachtung eines Lammes der Auszug aus der Sklaverei in Ägypten begann, so bedeutete für die frühen Christen der Tod JESU, des Gotteslammes, den Beginn einer neuen Heilszeit.

Das Land, in dem Milch und Honig fließen, im Buch Exodus eine Umschreibung für das Gelobte Land, in das Gott die Nachkommen ABRAHAMS bringen wollte.

Lass die Toten ihre Toten begraben! Antwort JESU an einen Jüngling, der ihm erst nach der Beerdigung des Vaters nachfolgen wollte. Er machte damit deutlich, dass nur der sein Jünger sein kann, der alle weltlichen Verpflichtungen hintanstellt.

Lazarus, ein Freund Jesu, der vier Tage im Grab lag und von ihm wieder zum Leben erweckt wurde. Die Erweckung des Lazarus war das erstaunlichste Wunder, mit dem sich Jesus als Herr über Leben und Tod erwies.

das letzte Abendmahl, das traditionelle Passahmahl, das JESUS mit den Aposteln in der Nacht vor seinem Tod feierte. Dabei nahm er das Brot, brach es und verteilte es mit den Worten: ›Nehmt und esst, dies ist mein Leib.‹ Dann gab er ihnen einen Becher voll Wein und sagte: ›Trinkt alle daraus; denn das ist mein Blut.‹ Dies tat er in Vorahnung seines Opfertodes am Kreuz und forderte die Apostel auf, das Mahl stets in Erinnerung an ihn zu feiern.
❧ Sowohl die katholische Eucharistie als auch das evangelische Abendmahl werden hiervon abgeleitet; unterschiedliche Auffassungen bestehen jedoch in der Frage, ob sich Brot und Wein wirklich in Leib und Blut Jesu verwandeln, oder damit nur an ihn erinnert werden soll. Im Johannesevangelium werden bei dem Abschiedsmahl Jesu Brot und Wein nicht erwähnt. ❧ Das letzte Abendmahl wurde künstlerisch oft dargestellt; am berühmtesten ist die Darstellung des LEONARDO DA VINCI in Mailand.

Levi, einer der Söhne Jakobs (*siehe* Joseph und seine Brüder). Da die Priester Israels aus dem Stamm Levi kamen, wird das Buch des Alten Testaments, das die kultischen Vorschriften enthält, Leviticus genannt.
❧ ›Jemandem die Leviten lesen‹ bedeutet, oft verbunden mit Vorhaltungen, einem Menschen eindringlich zu zeigen, wie er sich zu verhalten hat.

Leviathan, ein Ungeheuer, das im Buch Jesaja erwähnt wird und dort für die Mächte des Chaos und der Unterwelt steht.
❧ Leviathan heißt auch das Hauptwerk des Philosophen HOBBES (*siehe* Kapitel 8), das von der Macht des Staates über seine Bürger handelt.

Liebe deinen Nächsten wie dich selbst, das zentrale Gebot des Christentums. Es erscheint nicht nur in den Evangelien, sondern auch bereits im Alten Testament. Es wird im Gleichnis vom barmherzigen Samariter erläutert.

Liebet eure Feinde, ein Gebot JESU aus der Bergpredigt. Dort sagt er: ›Ihr habt gehört, dass gesagt wurde: Du sollst deinen Nächsten lieben und deinen Feind hassen. Ich aber sage euch: Liebet eure Feinde, segnet die, die euch verfluchen, tut Gutes denen, die euch hassen und bittet für die, die euch verachten und verfolgen, damit ihr Kinder eures Vaters im Himmel seid. Denn er lässt die Sonne aufgehen über Bösen und Guten und lässt regnen über Gerechte und Ungerechte.‹

Lied der Lieder, eine andere Bezeichnung für das Hohe Lied SALOMOS.

die Lilien auf dem Felde, ein Beispiel, mit dem JESUS in der Bergpredigt seine Jünger davon abzubringen versucht, sich um ihr Auskommen zu sorgen. Dort heißt es: ›Warum sorgt ihr euch um die Kleidung? Seht die Lilien auf dem Felde, wie sie wachsen: Sie arbeiten nicht, sie spinnen nicht. Aber ich sage euch: Selbst Salomo in all seiner Pracht war nicht gekleidet wie eine von ihnen.‹

Linsengericht, *siehe* Jakob und Esau.

Lot, der Neffe Abrahams, mit dem er in das Land Kanaan aufbrach. Als Gott die Städte Sodom und Gomorrha zerstören wollte, beschloss er, Lot und seine Familie, die sich dort niedergelassen hatten, zu schonen. Die Engel Gottes befahlen ihnen, zu fliehen ohne sich umzuwenden, doch Lots Frau drehte sich um und wurde in eine Salzsäule verwandelt.
❧ Von dieser Erzählung leitet sich die Redensart ›zu einer Salzsäule erstarren‹ her.

Lukasevangelium, eines der vier Evangelien des Neuen Testaments. Es erzählt ausführlicher als die anderen von der Geburt und Kindheit JESU und wird daher gewöhnlich im Weihnachtsgottesdienst verlesen.

Luzifer, ein Name des Herrschers der Dämonen, der auch ›Satan‹ genannt wird. Der Legende nach war Luzifer ein Engel, der sich gegen Gott auflehnte und deshalb in die Hölle verbannt wurde.

Manna, *das* das Brot, das den Israeliten von Gott gegeben wurde, als sie beim Auszug aus Ägypten in der Wüste hungerten. Da sie mutlos waren und sich nach den ›Fleischtöpfen Ägyptens‹ zurücksehnten, tat Gott als Zeichen seiner Fürsorge dieses Wunder.

Maria, die Frau JOSEPHS und Mutter JESU, den sie nach christlichem Glauben als Jungfrau durch den Heiligen Geist empfing, wie ihr vom Engel Gabriel verkündet worden war. Sie begleitete das Wirken ihres Sohnes bis zu seinem Tod am Kreuz. Dem Bericht der Apokryphen zufolge wurde sie nach ihrem Tod in den Himmel aufgenommen und dort zur Himmelskönigin gekrönt.

Maria Magdalena, eine Jüngerin JESU, die er von Dämonen befreit hatte und der er nach seiner Auferstehung erschien. Auch in der Ehebrecherin, die von ihm davor bewahrt wurde, gesteinigt zu werden, und in MARIA, der Schwester des LAZARUS, sieht man Maria Magdalena.

Markusevangelium, eines der vier Evangelien des Neuen Testaments. Es weist große Übereinstimmungen mit den Evangelien nach LUKAS und MATTHÄUS auf und wird als das Älteste der vier angesehen.

Matthäusevangelium, eines der vier Evangelien des Neuen Testaments. Es legt vor allem dar, wie sich die Prophezeiungen des Alten Testaments in JESUS erfüllten. Wichtige Teile des Matthäusevangeliums sind die Bergpredigt und die Ankündigungen vom Ende der Welt.

Mein Gott, mein Gott, warum hast du mich verlassen? Die Worte aus dem 22. Psalm, die JESUS bei seinem Tode ausrief. Dieser Aufschrei aus tiefster Verzweiflung mündet im Psalm jedoch in das Lob der Macht und Gerechtigkeit Gottes.

Menetekel, die Schrift, die Gott als Drohung dem babylonischen König BELSAZAR erscheinen ließ. Der Prophet DANIEL deutete die Wörter ›mene tekel u-parsin‹ (gezählt, gewogen, geteilt) als Ankündigung des Untergangs und löste so die Ermordung Belsazars aus.
❧ Oft wird daher das Anzeichen einer Katastrophe Menetekel genannt.

Der Mensch lebt nicht vom Brot allein, nach LUKAS die Antwort JESU an den Versucher Satan. JESUS hatte vierzig Tage in der Wüste gefastet, als der Satan ihn auf die Probe stellte und sagte: ›Wenn du der Sohn Gottes bist, befiehl diesen Steinen zu Brot zu werden.‹ JESUS aber entgegnete ihm ein Wort des

Alten Testaments: ›Der Mensch lebt nicht vom Brot allein, sondern von jedem Wort, das aus dem Munde Gottes kommt.‹

❧ Übertragen wird damit gesagt, dass der Mensch neben seinen materiellen die entscheidenderen geistlichen Bedürfnisse stillen muss.

Michelangelo, Moses (um 1513–16)

Messias [hebräisch ›Gesalbter Gottes‹], auf Griechisch CHRISTUS genannt, der, der das Königtum DAVIDS neu errichten soll. Nach christlichem Glauben verkörpert JESUS den Messias.

Methusalem (Metuschelach), nach dem Buch Genesis ein Nachfahre Adams, der mit 969 Jahren so alt wurde wie kein anderer.

❧ Oft wird daher ein würdiger alter Mann als Methusalem bezeichnet.

Moloch, eine altorientalische Gottheit, die durch Kindsopfer verehrt wurde.

❧ Moloch wird daher alles genannt, was die Menschen wie ein riesiges Ungeheuer verschlingt.

mosaisches Gesetz, das Gesetz, das Gott den Israeliten gab, als er sich MOSES auf dem Berg Sinai offenbarte. Man versteht darunter die Zehn Gebote und die anderen Vorschriften der ersten fünf Bücher des Alten Testaments.

❧ Von den Juden werden diese Bücher ›Thora‹, d. h. ›das Gesetz‹, genannt.

Moses, der bedeutendste Prophet und Gesetzgeber der Israeliten im Alten Testament. Nach dem Buch Exodus wurde Moses in Ägypten geboren, wo sein Volk in Unterdrückung lebte. Da der Pharao befohlen hatte, alle männlichen Kinder der Israeliten zu töten, wurde er als Säugling am Ufer des Nils in einem Weidenkorb verborgen; dort fand ihn die Tochter des Pharao und nahm ihn bei sich auf.
Als Moses älter war, erschlug er einen Ägypter, der einen Israeliten misshandelte, und musste fliehen. Da sprach in der Fremde Gott aus einem brennenden Dornbusch und befahl ihm, zurückzukehren und sein Volk aus der Knechtschaft zu befreien. Der Pharao weigerte sich zwar, dies zuzulassen, doch nachdem Gott die zehn Plagen Ägyptens geschickt hatte, gab er nach. So konnte Moses sein Volk durch das Rote Meer und die Wüste führen. Auf dem Berg Sinai empfing er die Zehn Gebote; doch da auch er an Gottes Wort gezweifelt hatte, durfte er das Gelobte Land nicht betreten, sondern starb, als es nach vierzig Jahren der Wanderung erreicht wurde.

Nazareth, die Heimatstadt von JESUS, MARIA und JOSEPH. Oft wird Christus daher auch JESUS VON NAZARETH oder der Nazarener genannt.

Neues Testament, der zweite Teil der Bibel, in dem vor allem das Leben und Wirken JESU und der Apostel berichtet wird. Nach christlichem Glauben enthält es den Neuen Bund, der den Alten Bund zwischen Gott und den Israeliten auf alle Menschen ausdehnt.

nichts Neues unter der Sonne, ein Wort aus dem alttestamentlichen Buch des Prediger Salomo, der immer wieder die Vergeblichkeit menschlichen Strebens beklagt. Die ganze Stelle lautet: ›Was war, wird wieder sein; was geschah, wird wieder geschehen: Es gibt nichts Neues unter der Sonne.‹

Niemand kann zwei Herren dienen, ein Wort JESU aus der Bergpredigt. Er will damit sagen, dass die Nachfolge Gottes es ausschließt, nach irdischen Reichtümern zu streben (*siehe auch* ›Ihr könnt nicht Gott dienen und dem Mammon‹).

Noah und die Sintflut, eine Geschichte aus dem Buch Genesis. Dort heißt es, die Schlechtigkeit der Menschen sei einst so groß gewesen, dass Gott beschlossen habe, seine Schöpfung zu vernichten. Mit Noah und seiner Familie aber, den einzigen Gerechten, hatte er Mitleid und befahl ihnen, ein Schiff, die

Arche, zu bauen und von allen Tieren ein Paar mit hineinzunehmen. Darauf regnete es vierzig Tage und Nächte lang, bis die Welt überflutet und alle Lebewesen umgekommen waren. Als die Arche schließlich auf dem Berg Ararat aufgesetzt hatte, schickte Noah eine Taube aus, die ihm anzeigen sollte, wie weit das Wasser zurückgegangen sei; beim zweiten Ausflug brachte sie einen Ölzweig und kam beim dritten nicht wieder. Da stiegen alle aus der Arche; Gott aber ließ einen Regenbogen als Zeichen seines Bundes erscheinen und versprach, nie wieder eine solche Flut zu schicken.

Offenbarung, das letzte Buch des Neuen Testaments, auch ›Apokalypse‹ genannt. Als Autor gilt der Apostel JOHANNES, dem auch eines der vier Evangelien zugeschrieben wird. In der Offenbarung werden die Ereignisse der letzten Tage der Welt enthüllt: wie CHRISTUS bei seiner Wiederkehr das Böse besiegen und nach dem Tausendjährigen Reich das himmlische Jerusalem errichten wird (*siehe auch* Jüngster Tag und Jüngstes Gericht).

Ostern, *siehe* Auferstehung.

Paradies, griechische Bezeichnung für den Garten Eden, in dem Adam und Eva ursprünglich lebten (*siehe auch* Kapitel 8).

Passah, auch **Pessach, Pascha** [hebräisch ›Vorübergang‹], ein jüdisches Fest, das zur Erinnerung an den Auszug aus Ägypten gefeiert wird. Als letzte der Plagen Ägyptens ließ Gott alle Erstgeborenen im Land durch seinen Engel töten. Damit aber die Israeliten geschont würden, befahl er ihnen, ein Lamm zu schlachten, es zu braten und zu essen, mit seinem Blut aber die Türpfosten zu bestreichen, damit der Engel dies als Zeichen erkenne, das Haus zu schonen und weiterzugehen. Das Fest beginnt mit der Opferung eines Lammes; in der Passahwoche dürfen die Juden nur ungesäuertes Brot essen in Erinnerung an die Eile des Auszugs, da für ein Durchsäuern des Teigs keine Zeit geblieben war.

❧ Auch das letzte Abendmahl war ein Passahmahl; JESUS, der am folgenden Tag gekreuzigt wurde, wird als das Passahlamm bezeichnet, das geopfert wurde, um die Menschen vom Tode zu erlösen.

Patriarchen, die Stammväter der Israeliten im Alten Testament. Zu ihnen gehören Abraham, Isaak, Jakob und dessen zwölf Söhne (*siehe* Joseph und seine Brüder).

❧ Heutzutage werden mit Patriarchen die Oberhäupter der verschiedenen Ostkirchen bezeichnet; auch einige katholische Bischöfe, z. B. von Venedig, tragen diesen Titel. Der Papst trägt den Ehrentitel ›Patriarch des Abendlandes‹.

Die Apostel Petrus (links) und Paulus am Nordportal der Kathedrale von Reims (um 1230)

Paulus, neben dem Apostel PETRUS die bedeutendste Persönlichkeit der frühen Kirche. Die Apostelgeschichte berichtet, dass Paulus, aus einer strenggläubigen jüdischen Familie stammend, als er noch Saulus hieß, ein erbarmungsloser Verfolger der Christen war. Auf einem Ritt nach Damaskus wurde er jedoch durch ein Licht vom Himmel geblendet: Gott sprach zu ihm und bekehrte ihn. Paulus, wie er sich nun nannte, predigte, unternahm weite Reisen und stand seinen Gemeinden in Briefen bei. Schließlich wurde er um 60 n. Chr. in Rom wegen seines Glaubens verurteilt und enthauptet.

Paulus verkündete vor allem Nichtjuden das Evangelium und erreichte, dass sie nicht erst zum Judentum übertreten mussten, um Christen zu werden. Durch die philosophisch-theologischen Überlegungen in seinen Briefen gelang es ihm, das Christentum auch in der griechisch-römischen Welt heimisch zu machen. Von den 13 Paulusbriefen sind wahrscheinlich nur sieben von dem Apostel selbst geschrieben: 1. Thessalonicher-, Galater-, 1. und 2. Korinther-, Philipper-, Philemon- und Römerbrief.

❧ Im allgemeinen Sprachgebrauch bezeichnet man als ›Damaskuserlebnis‹ das Ereignis oder die Erkenntnis, die einen Menschen von seiner bisherigen Überzeugung abrücken lassen.

Perlen vor die Säue werfen, ein Ausdruck aus der Bergpredigt, wo es heißt: ›Gebt das Heilige nicht den Hunden und werft eure Perlen nicht vor die Säue, damit sie sie nicht mit ihren Füßen zertreten, sich umwenden und euch zerreißen.‹ JESUS fordert damit seine Jünger auf, nur denen das Evangelium zu predigen, die es auch annehmen wollen.

Petrus, die herausragende Gestalt unter den zwölf Aposteln. Nach dem Matthäusevangelium berief JESUS den Fischer Simon als einen der Ersten und nannte ihn Petrus, d.h. Fels, weil er auf ihm seine Kirche errichten und ihm die Schlüssel des Himmels übergeben wollte. Petrus wollte JESUS von seinem Opfertod abhalten (*siehe* Weg von mir, Satan) und verleugnete ihn dreimal. Nach der Auferstehung gab JESUS ihm den Auftrag, der Hirte seiner Herde zu sein. Der Legende nach wurde Petrus mit dem Kopf nach unten gekreuzigt (um 65 n.Chr.); über seinem Grab wurde die Peterskirche in Rom errichtet.
❧ Die katholische Kirche führt die Reihe der Päpste auf Petrus als erstem Bischof von Rom zurück; im Volksglauben gilt er als der Torhüter des Himmels, der auch das Wetter auf der Erde bestimmt.

Pfingsten, das jüdische Fest der Weizenernte, an dem der Heilige Geist über die ersten Christen kam. Nach der Himmelfahrt JESU trafen sich die Jünger an diesem Fest, da ›erschienen ihnen Zungen wie von Feuer, die sich zerteilten, und es setzte sich eine auf jeden unter ihnen. Und sie wurden alle mit dem Heiligen Geist erfüllt und fingen an in Zungen zu reden, wie der Geist ihnen zu sprechen eingab‹. Wegen des Festes waren Menschen aus den verschiedensten Ländern dort, von denen sich viele taufen ließen. Pfingsten wird 50 Tage nach Ostern gefeiert und beendet die Osterzeit.

Pharisäer, Angehörige der jüdischen Gruppe, die als schriftgelehrte Laien das mosaische Gesetz in allen Klauseln streng befolgten. Die Pharisäer treten im Neuen Testament als Gegner JESU auf und werden von ihm beschuldigt, unredlich und scheinheilig zu sein.
❧ Auch heutzutage werden Heuchler oft als Pharisäer bezeichnet.

Philister, das Seevolk, das von den Israeliten bei ihrem Einzug ins Gelobte Land zunächst nicht gänzlich vertrieben wurde. Erst DAVID gelang der Sieg über die Philister.
❧ Von den Philistern leitet sich der Name Palästina ab, mit dem bis zur Gründung des Staates Israel 1948 die dortige Region bezeichnet wurde.

Pilatus, Pontius der römische Statthalter von Judäa (26–36 n.Chr.), der JESUS zum Tode verurteilte. Den Evangelien zufolge wollte er JESUS freilassen, übergab ihn aber unter dem Druck des Volkes den Juden zur Kreuzigung. Zuvor jedoch wusch er sich die Hände zum Zeichen seiner Unschuld und ließ ein Schild mit der Aufschrift ›Jesus von Nazareth, König der Juden‹ am Kreuz anbringen (*siehe auch* ›Ich wasche meine Hände in Unschuld‹ und INRI).

die Plagen Ägyptens, die Katastrophen, die Gott nach dem Buch Exodus über Ägypten kommen ließ, damit der Pharao den Israeliten den Auszug aus Ägypten ins Gelobte Land gestatte. Sie bestanden unter anderem in der Verseuchung des Wassers, in Hagelschlag, Krankheiten, Finsternis und Heuschreckenschwärmen. Die zehnte und schlimmste Plage war der Tod aller Erstgeborenen durch den Engel des Herrn; erst danach ließ der Pharao die Israeliten ziehen (*siehe auch* Passah).

Prophet [zu griechisch prophánai ›vorhersagen‹], Erwählter Gottes, der die Menschen zu gerechtem Handeln aufruft und Gottes Willen verkündet. Meist drohten die Propheten den Israeliten Strafen für ihre Schlechtigkeit an, mahnten zur Umkehr und weckten die Hoffnung auf das Kommen des Messias. Die Bedeutendsten unter ihnen waren MOSES, JESAJA, JEREMIA und ELIAS.
Auch im Neuen Testament werden Propheten wie JOHANNES DER TÄUFER erwähnt. JESUS, der vor den falschen Propheten warnte (*siehe* Wolf im Schafspelz), nannte auch sich einen Propheten (*siehe* ›Ein Prophet gilt nichts in seinem Vaterlande‹).

Psalmen, Buch des Alten Testaments, das aus 150 Gebeten besteht. Darunter finden sich Loblieder Gottes, Klagen, Bitten um die Errettung aus Gefahr oder um die Vernichtung der Feinde; zum Teil werden sie dem König DAVID zugeschrieben.

Reich Gottes, der Hauptinhalt der Botschaft JESU. In seinen Gleichnissen wollte JESUS das Reich Gottes beschreiben, als dessen letzter Verkünder er sich verstand. Seine Wunder, Dämonenaustreibungen und Heilungen sollten das Reich Gottes schon auf Erden greifbar machen: Das Reich Gottes scheint in echter Mitmenschlichkeit auf.

Richtet nicht, auf dass ihr nicht gerichtet werdet, eine der Lehren JESU an seine Jünger in der Bergpredigt. Er will damit sagen, dass es keinem zusteht, über die Sünden anderer zu urteilen, da auch wir nicht vollkommen sind.

Ruth, eine Nichtisraelitin, die nach dem Tod ihres jüdischen Mannes mit ihrer Schwiegermutter nach Bethlehem zog und dort erneut heiratete. Ihr Sohn wurde der Großvater des Königs DAVID. Ruth ist nach christlichem Glauben ein Beispiel dafür, dass Gott auch den Heiden seine Gnade gewährt, wenn sie sich zu ihm bekennen.

Saba, antikes Königreich auf der arabischen Halbinsel (*siehe auch* Königin von Saba).

Sabbat, der wöchentliche Ruhetag der Juden, der ausschließlich dem Gebet und der Besinnung dienen soll. Der Sabbat verkörpert den Bund Gottes mit den Menschen. Die Sabbatruhe ist das dritte der Zehn Gebote und wird auf die Schöpfung zurückgeführt, bei der Gott am siebten Tage ruhte.

Salome, den Legenden nach die Stieftochter des HERODES, des Königs von Galiläa. Sie soll als Lohn ihres Tanzes vor ihm das Haupt JOHANNES DES TÄUFERS verlangt haben, der die Ehe ihrer Mutter mit HERODES für unrecht erklärt hatte.

Salomo, ein König Israels (um 965 bis 926 v. Chr.), der Sohn und Nachfolger DAVIDS. Er war berühmt für seine Weisheit und Gerechtigkeit, errichtete den Tempel in Jerusalem. Das Hohe Lied verweist auf Salomo als Verfasser.
❧ Noch heute spricht man von einem salomonischen Urteil, wenn allen Parteien Recht widerfährt.

Ihr seid das Salz der Erde, Wort aus der Bergpredigt. JESUS fährt fort: ›Wenn aber das Salz seine Schärfe verliert, womit soll es salzig gemacht werden? Es ist zu nichts mehr nütze, als dass es hinausgeworfen und von den Leuten zertreten wird.‹ Damit fordert er auf, bei der Verbreitung des Evangeliums nicht schwach zu werden.

Samson, ein Israelit, auch Simson genannt, der mit seiner unüberwindlichen Kraft viele Philister erschlug. Er wurde von seiner Frau Delila verraten, die seine Locken, das Geheimnis seiner Stärke, abschnitt und dann die Philister herbeirief. Diese nahmen ihn gefangen und blendeten ihn; doch als sein Haar nachgewachsen war, brachte er bei einem Festmahl den Saal zum Einsturz und tötete sich mit all seinen Feinden.

Satan, der Gegenspieler Gottes, der die Menschen dazu verführt, dessen Gebote zu übertreten. So sieht man in der Schlange, die Eva aufforderte, die verbotene Frucht zu essen, den Satan; außerdem überredete er DAVID zu der Volkszählung, durch die er die Gunst Gottes verlor, und stürzte Hiob ins Unglück, damit er Gott verfluche. Auch JESUS wurde von Satan versucht (*siehe* ›Der Mensch lebt nicht vom Brot allein‹). Er fuhr in JUDAS ISKARIOT, als dieser den Plan fasste, JESUS zu verraten. Satan, der Versucher der Menschen, gilt als Herr über die Unterwelt und wird vor allem im Mittelalter Luzifer genannt.

Schlange, das Tier, in dessen Gestalt der Versucher Eva drängte, die verbotene Frucht zu essen. Im Neuen Testament wird die Schlange mit dem Teufel und Satan gleichgesetzt.

Ignaz Günther, Schutzengelgruppe (1763)

Schöpfung, die Erschaffung der Welt in sieben Tagen, wie sie zu Beginn des Buches Genesis, am Anfang der Bibel, beschrieben wird. Sie beginnt mit den Worten: ›Am Anfang erschuf Gott Himmel und Erde. Die Erde aber war wüst und wirr, und Finsternis lag über dem Abgrund. Und der Geist Gottes schwebte über den Wassern. Und Gott sprach: Es werde Licht, und es ward Licht‹. Nach den Pflanzen und Tieren schuf Gott Adam und Eva; am siebten Tage ruhte Gott (*siehe* Sabbat). Im zweiten Schöpfungsbericht, im zweiten Kapitel des Buches Genesis, schafft Gott zuerst den Menschen und danach erst den Garten Eden, seinen Lebensraum, und die Pflanzen und Tiere.

Schutzengel, ein Engel, der für die Sicherheit des ihm anvertrauten Menschen sorgt. Die Vorstellung vom Schutzengel kommt aus dem alttestamentlichen Buch Tobit, in dem der Engel Raphael Tobits Sohn Tobias auf seiner Reise begleitet und beschützt.

Seht, welch ein Mensch! [lateinisch ›ecce homo‹], nach dem Johannesevangelium die Aussage von PILATUS beim Anblick JESU, als er ihm nach seiner Geißelung vorgeführt wird. Ein Ecce-Homo-Bild zeigt den leidenden Christus, sein schmerzverzerrtes Antlitz mit der Dornenkrone.

Seligpreisungen, der Beginn der Bergpredigt. Sie beinhalten Versprechen von Hilfe und zugleich Glückwünsche, die schon jetzt gelten. Die bekanntesten unter ihnen sind: ›Selig sind die geistig Armen, denn ihrer ist das Himmelreich‹, ›Selig sind die Barmherzigen, denn sie werden Barmherzigkeit erlangen‹ und ›Selig sind die Friedfertigen, denn sie werden Söhne Gottes heißen‹.

Sinai, der Berg, den MOSES bestieg, um die Gesetzestafeln zu empfangen. Gott erschien ihm in einer Rauchwolke unter Donner, Blitz und Hörnerschall; die Israeliten aber, die am Fuße des Berges warteten, wurden in ihrem Glauben schwach und machten sich als Götzen das Goldene Kalb.

Sodom und Gomorrha, die beiden Städte, die Gott wegen ihrer Schlechtigkeit durch Feuer und Schwefel vernichtete. Nur LOT und seine Familie blieben verschont; Lots Frau aber, die sich auf der Flucht umdrehte, erstarrte zur Salzsäule.

Stark wie der Tod ist die Liebe, Satz aus dem Hohen Lied der Liebe, das in erotischen Bildern die Liebe beschreibt. Weiter heißt es dort: ›Die Leidenschaft ist hart wie die Unterwelt. Ihre Gluten sind Feuergluten, gewaltige Flammen.‹

Staub bist du und sollst wieder zu Staub werden, die Worte im Buch Genesis, die Gott zu Adam sprach, als er ihn und Eva aus dem Paradies vertrieb. Er wies damit Adam darauf hin, dass er, der aus dem Staub des Bodens erschaffen wurde, jetzt zur Strafe dem Tod ausgeliefert sei.

Die Stimme des Rufers in der Wüste, ein Ausdruck aus dem Buch Jesaja, der auf JOHANNES DEN TÄUFER bezogen wird. So heißt es im Matthäusevangelium: ›Die Stimme eines Rufers in der Wüste: Bereitet den Weg des Herrn, machet seine Straßen gerade.‹ Dieser Rufer soll Johannes gewesen sein, der mit seinem Wirken das Kommen JESU vorbereitete.

Der Sündenfall. Darstellung auf einer Bronzetür des Hildesheimer Doms (1015)

Sündenfall, der Ungehorsam Adams und Evas gegenüber Gott. Als sie die verbotene Frucht des Baumes der Erkenntnis gegessen hatten, vertrieb sie Gott zur Strafe aus dem Garten Eden und lieferte sie so der Macht des Todes aus.

❧ Nach christlicher Lehre lastet dieses Vergehen, von dem im Buch Genesis berichtet wird, als Erbsünde auf allen Menschen, wird aber durch die Taufe aufgehoben.

Taufe Jesu, der Beginn des öffentlichen Wirkens JESU. Wie MATTHÄUS berichtet, kam JESUS zu JOHANNES DEM TÄUFER, um sich von ihm im Jordan taufen zu lassen; da schwebte der Geist Gottes als Taube auf ihn herab und vom Himmel ertönte eine Stimme: ›Dies ist mein geliebter Sohn, an dem ich mein Wohlgefallen habe.‹

Tempel, im Allgemeinen ein Kultbau besonders der antiken Welt. Der Tempel von Jerusalem ist das religiöse Zentrum des Judentums. Er wurde um 960 v.Chr. von SALOMO errichtet, um die Bundeslade mit den Tafeln der Zehn Gebote, die MOSES empfangen hatte, aufzunehmen und zu verehren. Später zerstört, wurde der Tempel durch HERODES D.GR. prachtvoll erneuert, von den Römern im Jahre 70 n.Chr. aber wieder zerstört; von ihm blieb nur die Westwand, die so genannte Klagemauer, übrig, heute ein heiliger Ort der Juden.

Thomas, der ungläubige Apostel, der die Auferstehung JESU bezweifelte und erst dann daran glauben wollte, wenn er seine Finger in die Wunden gelegt hätte. Als Jesus daraufhin den Aposteln wieder erschien, forderte er ihn auf, seine Wunden zu berühren. Thomas tat dies und bekannte seinen Glauben, doch Jesus erwiderte: ›Weil du mich gesehen hast, hast du geglaubt; selig sind die, die nicht sehen und doch glauben.‹
❧ Daher nennt man einen Menschen, der beharrlich etwas bezweifelt, was alle für wahr halten, einen ›ungläubigen Thomas‹.

Thora [hebräisch ›Gesetz‹, ›Weisung‹], im engen Sinn umfasst die Thora die ersten fünf Bücher der Bibel (Genesis, Exodus, Levitikus, Numeri und Deuteronomium), in einem weiteren Sinn das Gesetz, das Gott MOSE geoffenbart hat und das den Juden aufgetragen ist (*siehe* Talmud, Kapitel 8).

Turmbau zu Babel, wie im Buch Genesis erzählt wird, wollten die Nachkommen Noahs, um selbst wie Gott zu sein, einen Turm errichten, der bis an den Himmel reichen sollte. Gott aber verhinderte seine Vollendung, indem er ihre Sprache so verwirrte, dass sie sich nicht mehr verstehen konnten. Von da an trennten sich die Völker mit ihrer jeweils eigenen Sprache.
❧ Der griechische Name von Babel ist Babylon; ein unverständliches Sprachendurcheinander wird daher auch ›babylonische Sprachverwirrung‹ genannt.

vanitas vanitatum, omnia vanitas, der Anfang des alttestamentlichen Buches des Predigers Salomo, der so viel bedeutet wie: ›Eitelkeit der Eitelkeiten, alles ist Eitelkeit.‹ Der Prediger beklagt die Wirkungslosigkeit menschlichen Handelns, ruft aber dazu auf, Gottes Gesetze zu beachten, ob dies nun erfreuliche Folgen hat oder nicht.

Vaterunser, das Gebet, das JESUS seine Jünger in der Bergpredigt lehrte. Es lautet: ›Unser Vater im Himmel, dein Name werde geheiligt, dein Reich komme, dein Wille geschehe, wie im Himmel, so auf der Erde. Gib uns heute das Brot, das wir brauchen. Und erlass uns unsere Schulden, wie auch wir sie unseren Schuldnern erlassen haben. Und führe uns nicht in Versuchung, sondern rette uns vor dem Bösen.‹
Das Vaterunser, auch Herrengebet genannt, wird in moderner Fassung mit nur geringen Unterschieden in allen christlichen Kirchen und Gemeinschaften gebetet.

Vater, vergib ihnen, denn sie wissen nicht, was sie tun! Eines der letzten Worte JESU vor seinem Tode. Er bat damit für die um Vergebung, die ihn verurteilt und ans Kreuz geschlagen hatten.

verbotene Frucht, die Frucht des Baumes der Erkenntnis, von dem Adam und Eva nicht essen durften. Die verbotene Frucht wird später oft als Apfel dargestellt, der auch ein Symbol des Lebens, der Liebe und der Fruchtbarkeit ist.

Verkündigung, Mitteilung einer göttlichen Botschaft, nach dem Lukasevangelium die Erscheinung des Engels Gabriel bei MARIA. Er trat ein mit den Worten: ›Gegrüßet seist du, voll der Gnaden, der Herr ist mit dir‹, und verkündete ihr, Gott habe sie erwählt, als Jungfrau seinen Sohn zu gebären, der Sohn des Höchsten genannt werden wird; ihm solle sie den Namen JESUS geben. MARIA erschrak, erwiderte aber dem Engel: ›Siehe, ich bin die Magd des Herrn, mir geschehe nach deinem Wort.‹ Die Worte des Engels (daher auch ›Englischer Gruß‹) bilden den Anfang des Ave-Maria, eines wichtigen Gebetes der katholischen Kirche.

Rembrandt, Die Rückkehr des verlorenen Sohns (1636)

verlorener Sohn, eine Gestalt in einem Gleichnis JESU, mit dem er zeigt, wie groß Gottes vergebende Gnade und Huld ist. Es erzählt, wie ein Sohn von seinem Vater sein Erbe forderte und in die Fremde ging, wo er alles verschwendete. Als er dann aus Not nicht einmal mehr zu essen hatte, beschloss er, zum Vater zurückzukehren, um bei ihm als Knecht zu dienen. Doch als dieser ihn sah, ließ er vor Freude ein Fest bereiten. Sein Bruder, der dies sah, ärgerte sich darüber, doch der Vater wies ihn zurecht: ›Du solltest fröhlich sein und dich freuen; denn dieser dein Bruder war tot und ist lebendig geworden, er war verloren und ist wiedergefunden worden.‹

Viele sind berufen, aber nur wenige sind auserwählt, das Schlusswort aus einem Gleichnis JESU. In ihm wurde ein Mann, der zwar eingeladen war, doch in unwürdiger Kleidung kam, bei einem Hochzeitsmahl nicht eingelassen. Es will sagen, dass das Reich Gottes nur mit ganzem persönlichem Einsatz zu erlangen ist.

Die andere Wange hinhalten, ein Wort aus der Bergpredigt (*siehe* Auge um Auge, Zahn um Zahn).

Was du nicht willst, das man dir tu, das füg auch keinem andern zu, Lebensregel aus dem Buch Tobit. In etwas anderer Form greift sie JESUS in der Bergpredigt auf: ›Alles nun, was ihr wollt, dass es euch die Menschen tun, das sollt ihr ihnen tun.‹
❧ Dieses Gebot wird oft die ›goldene Regel‹ genannt. ❧ KANT nahm diese Forderung in anderer Form im von ihm formulierten kategorischen Imperativ (*siehe* Kapitel 8) auf.

Weg von mir, Satan! Die Antwort JESU an den Satan, der ihm alle Reiche der Welt versprach, wenn er ihn anbeten würde. Ein zweites Mal wies er damit PETRUS zurecht, als dieser ihn von seinem Entschluss, sich gefangen nehmen und kreuzigen zu lassen, abbringen wollte.

Weihnachten, *siehe* Geburt Jesu und Weihnachten, Kapitel 8.

Wer ohne Sünde ist, werfe den ersten Stein, die Antwort JESU an die Pharisäer, die eine Frau zu ihm brachten, die beim Ehebruch ergriffen worden war. Sie fragten ihn, was mit ihr zu tun sei, da doch das mosaische Gesetz befehle, sie zu steinigen. Jesus antwortete nur: ›Wer von euch ohne Sünde ist, der werfe den ersten Stein.‹ Da gingen die Pharisäer auseinander, und schließlich sagte JESUS zu der Frau: ›Auch ich verurteile dich nicht, gehe und sündige nicht mehr.‹
❧ In der Ehebrecherin, die nicht mit Namen genannt wird, sieht man meist MARIA MAGDALENA.

Wolf im Schafspelz, ein Bild für die falschen Propheten, vor denen JESUS in der Bergpredigt warnt: ›Hütet euch vor den falschen Propheten, die in Schafskleidern zu euch kommen; inwendig aber sind sie räuberische Wölfe.‹

Wunder, unerwartete Ereignisse der Heilung und Errettung oder auch unbegreifbare Veränderungen der Natur, die in der Bibel als von Gott gewirkt beschrieben werden. Die Menschen der Antike waren wundergläubig und rechneten mit einem Hereinbrechen des Jenseits ins Diesseits. Die Wundererzählungen werden heute psychologisch verstanden oder als Sinnbilder aufgefasst, die die Größe, Macht und Schönheit des erfahrenen Gottes beschreiben sollen. So berichtet das Johannesevangelium von der Totenerweckung des LAZARUS.

wunderbare Brotvermehrung, ein Wunder JESU. Die Jünger wollten die fünftausend Menschen, vor denen er an einem einsamen Ort gepredigt hatte, abends wegschicken, da nichts zu essen vorhanden war. JESUS aber nahm die fünf Brote und zwei Fische, die ein Knabe bei sich hatte, segnete sie, teilte sie und ließ sie den Leuten geben. Alle wurden dabei satt, und von den Resten konnten noch zwölf Körbe gefüllt werden.

Zehn Gebote, die zehn Vorschriften, die den Kern des mosaischen Gesetzes bilden. Sie wurden MOSES auf dem Berg Sinai von Gott übergeben und lauten: 1. Du sollst keine fremden Götter neben mir haben. 2. Du sollst den Namen deines Gottes nicht entehren. 3. Du sollst den Sabbat heiligen. 4. Du sollst Vater und Mutter ehren. 5. Du sollst nicht töten. 6. Du sollst nicht die Ehe brechen. 7. Du sollst nicht stehlen. 8. Du sollst kein falsches Zeugnis ablegen gegen deinen Nächsten. 9. Du sollst nicht verlangen nach deines Nächsten Frau. 10. Du sollst nicht verlangen nach deines Nächsten Haus, seinem Feld, seinem Sklaven, seiner Sklavin, seinem Rind oder seinem Esel.

der Zehnte, der zehnte Teil des jährlichen Ertrags, der von den Israeliten als heiliges Eigentum Gottes gefordert wurde.
❧ Die Kirche übernahm dies im 5. Jh. zum Unterhalt des Klerus (*siehe* Kapitel 1).

Zion, der Berg, auf dem die Festung Jerusalems, DAVIDS Palast und später der Tempel standen. Nach ihm wird Jerusalem auch die Stadt Zion und die jüdische Bewegung, die die Besiedlung Palästinas zum Ziel hatte, Zionismus (*siehe* Kapitel 1) genannt.

zwölf Stämme Israels, Die Nachkommen der zwölf Söhne Jakobs, die nach dem Auszug aus Ägypten das Gelobte Land in Besitz nahmen (*siehe auch* Joseph und seine Brüder).

11

Psychologie, Soziologie, Anthropologie, Ethnologie

Ein bedeutender Gelehrter des 20. Jahrhunderts (HELMUTH PLESSNER, *1892, †1985) hat einmal die Einsicht formuliert: ›Um anschauen zu können, ist Distanz notwendig.‹ Gerade die in diesem Kapitel vorgestellten Wissenschaften sind von dieser Einsicht geprägt. Zum einen treten sie in Distanz zum Menschen, um ihn in seinen vielfältigen Bezügen beschreiben und verstehen zu können, zum anderen sind sie gerade deshalb auch von der Erfahrung geprägt, dass vorher Vertrautes plötzlich unvertraut erscheint.

So untersucht die Anthropologie den Menschen als Naturwesen, das seine ›Mängel‹ mit Kultur ausgleichen muss. Die Ethnologie beschäftigt sich vor allem mit der vergleichenden Untersuchung verschiedener Kulturen. In der Soziologie wird der Mensch als ›gesellschaftsbezogenes Lebewesen‹ beschrieben. Die Psychologie schließlich befasst sich mit dem ›Gefühlshaushalt‹ des Menschen und wirft damit einen Blick auf die Grundlagen der Empfindungen, ihrer Gesetzmäßigkeiten und Erscheinungsformen.

Der Soziologe NORBERT ELIAS bezeichnete Psychologie, Soziologie, Anthropologie und Ethnologie als ›Menschenwissenschaften‹. Dass die Frage nach dem Menschen ins Zentrum modernen Denkens rückte, wird von dem Philosophen ODO MARQUARDT (*1928) auf drei historisch wichtige ›Kränkungen‹ des menschlichen Bewusstseins zurückgeführt: Erstens haben KOPERNIKUS und GALILEI mit der Entdeckung, dass die Erde nicht der Mittelpunkt des Universums ist, den Menschen durch den Umsturz des bis dahin gültigen mittelalterlichen Weltbilds aus dem Zentrum der Welt vertrieben. Zweitens verlor der Mensch seine Stellung als ›Krone der Schöpfung‹ mit den wissenschaftlichen Erkenntnissen von CHARLES DARWIN, der den Menschen in den Prozess einer natürlichen Evolution einordnete. Drittens war es SIGMUND FREUD, der mit seiner Einsicht ›wir sind nicht Herr im eigenen Hause‹ das menschliche Selbstverständnis, zivilisiert und vernünftig zu sein, infrage stellte.

Alle ›Menschenwissenschaften‹ bieten auch im 20. Jahrhundert bei der Frage nach dem Wesen des Menschen in erster Linie eine Fülle unterschiedlicher Erklärungsmodelle, deren Antworten nicht als unumstößliche Dogmen zu verstehen sind.

Aborigines [æbɔrɪdʒɪnɪs], die jeweils erstbekannten Einwohner, die Urbevölkerung eines Landes; im engeren Sinn die ersten Einwohner Australiens vor der Ankunft der Weißen. Die Wohn- und Jagdgebiete der ca. 30 000 reinblütigen australischen Ureinwohner sind durch Landwirtschaft und Ausbeutung der Bodenschätze weitgehend eingeschränkt; viele leben als Viehtreiber und Hilfsarbeiter.

Abwehr-, Verdrängungsmechanismus, in der Psychoanalyse eine (häufig unbewusste) Reaktionsweise des Ichs *(siehe dort),* mit der versucht wird, peinliche oder unerträgliche Vorstellungen und Wünsche soweit von sich fern zu halten, dass Konflikte mit der Umwelt oder dem Gewissen vermieden werden können. Die Prägung des Begriffs geht auf ANNA FREUD (* 1895, † 1981) zurück.

Adoleszenz, *die* [zu lateinisch adolescere ›heranwachsen‹], Reifezeit, bezeichnet in der Entwicklung von Mädchen und Jungen die Phase des Übergangs von der Kindheit zum Erwachsenen, vor allem auch die sexuelle Reife (Pubertät) und die damit verbundene Ausbildung der Geschlechterrollen.

Aggression, *die* [lateinisch ›Angriff‹], das Angriffs- und Drohverhalten, das beim Menschen im Unterschied zum Tier nicht nur durch Instinkte gesteuert wird, sondern auch auf bestimmte Umweltbedingungen oder Lernprozesse zurückgeführt werden kann; im völkerrechtlichen Sinn auch der bewaffnete Angriff auf ein anderes Land.

Akkulturation, *siehe* Assimilation.

Alltagswissen, die Kenntnisse und Vorstellungen, die Menschen und Gruppen dadurch erwerben, dass sie im Alltag gemeinsame Erfahrungen machen und bestimmte Verhaltensweisen und Techniken anwenden, um ihr Zusammenleben zu ordnen und zu ermöglichen.

Altruismus, *der* [zu lateinisch alter ›der andere‹], Selbstlosigkeit, die Haltung eines Menschen, bei dem im Gegensatz zum Egoismus das Wohl der anderen im Mittelpunkt des eigenen Interesses steht.

Amnesie, *die* [zu griechisch mnesis ›Erinnerung‹], zeitlich begrenzte Erinnerungs- oder Gedächtnisstörung, die u.a. durch einen Schock oder eine sonstige Belastung hervorgerufen werden kann.

Amok [malaiisch ›Wut‹], Wutanfall, der so zuerst bei Malaien beobachtet wurde. Amok bezeichnet eine plötzliche Geistesgestörtheit, die mit aggressivem Bewegungsdrang verbunden ist und u.U. dazu führt, dass der Amokläufer wahllos andere Menschen, häufig dann auch sich selbst, tötet.

anale Phase, nach SIGMUND FREUD die zweite Phase der Sexualentwicklung (etwa 2. bis 4. Lebensjahr), in der sich das frühkindliche Erleben auf die Lustempfindungen konzentriert, die mit den Ausscheidungsvorgängen und -organen verknüpft sind.

Das andere Geschlecht, kulturhistorisches Werk der französischen Schriftstellerin SIMONE DE BEAUVOIR (* 1908, † 1986), erschienen 1949, in dem v.a. die Mechanismen der Unterdrückung der Frau im Verlauf der Geschichte untersucht werden.

Angestellte, in Abgrenzung zu den Begriffen Arbeiter und Beamte verwendete Bezeichnung für die Gruppe abhängig Beschäftigter, deren Arbeit eher geistige Anforderungen stellt, monatlich entlohnt wird und bestimmten Kündigungsfristen unterliegt. Grenzen und Sinn der Unterscheidung Angestellte, Arbeiter, Beamte sind durch die Veränderungen der modernen Arbeitswelt zunehmend fragwürdig geworden.

Angst, allgemein ein Gefühl der Beklemmung und Bedrohung, das im Unterschied zur Furcht durch keine besondere Erscheinung hervorgerufen wird, sondern ein Lebensgefühl beschreibt, z.B. Lebensangst.

Animismus, *der* [zu lateinisch anima ›Seele‹], Bezeichnung für die Vorstellungswelt oder den Glauben bestimmter Kulturen, wonach z.B. Tiere, Pflanzen, aber auch Felsen oder Flüsse eine Seele haben und deshalb in besonderer Weise geachtet oder verehrt werden.

Anthropologie, *die* [zu griechisch anthropos ›Mann, Mensch‹], die wissenschaftliche Erforschung des Menschen, seines Verhaltens und seiner Entwicklung als Gattung in Hinblick auf seine Umwelt unter biologischen, philosophischen oder sozialkulturellen Aspekten.

Anthroposophie, *die* [griechisch], von RUDOLF STEINER (* 1861, † 1925) Anfang des 20. Jh. begründete Weltanschauungslehre, die u.a. Elemente der indischen Philosophie enthält und die Grundlage der so genannten ›anthroposophischen Erziehung‹ in Waldorfschulen *(siehe dort)* bildet.

antiautoritäre Erziehung, eine in den 1960er-Jahren entstandene Erziehungskonzeption, wonach Kindern durch den Verzicht auf elterliche Machtausübung eine freie Entfaltung der Persönlichkeit ermöglicht werden soll.

Antisemitismus, *siehe* Kapitel 1.

Apathie, *die* [griechisch], bezeichnet den Zustand extremer Teilnahmslosigkeit und Gleichgültigkeit eines Menschen, der meist in Verbindung mit bestimmten psychischen Störungen oder infolge eines Schocks auftritt.

Arbeit, ein planvolles, gezieltes Tun, durch das technische oder geistige Aufgaben gelöst werden, und dessen Ergebnis (z.B. Produkte, Dienstleistungen) in der Regel mit einer Entlohnung verbunden ist, die der Existenzsicherung dient.

Arbeiterklasse, in der Vorstellung der Sozialisten die Gruppe der Arbeiter, die durch gleiche Erfahrungen und Zielsetzungen ein Bewusstsein ihrer gemeinsamen Lage entwickeln und ihre Interessen auch in diesem Sinn gegenüber anderen Gruppen der Gesellschaft vertreten.

Archäologie, *die* [griechisch], Altertumskunde, Wissenschaft, die sich mit der Erforschung des Altertums, z.B. der ägyptischen Hochkultur oder der griechisch-römischen Antike, beschäftigt und die dem Leben jener Zeit anhand von Denkmälern, Bodenfunden und Schriftquellen nachspürt.

Archetyp, Urbild, angenommene erste Form, von der sich andere Formen ableiten lassen. In der Psychologie CARL GUSTAV JUNGS sind Archetypen Bilder und Symbole, die bei allen Menschen unbewusst vorhanden sind und die in Träumen, Märchen und in der Mythologie zum Ausdruck kommen, z.B. das Tier, die Mutter, das Kind.

Arendt, Hannah amerikanische Soziologin und Politologin deutscher Herkunft (* 1906, † 1975). Sie erforschte die Entstehungsbedingungen totalitärer Staaten, v.a. des Nationalsozialismus, sowie die politisch-sozialen Hintergründe des Antisemitismus.

Armut, je nach Zeit und Gesellschaft ein Zustand, in dem der Mensch entweder so wenig besitzt, dass sein Leben gefährdet ist (objektive Armut, z.B. Hunger) oder aber so wenig, dass er nicht wie andere am gesellschaftlichen Leben teilnehmen kann (subjektive Armut, z.B. kein Geld für neue Kleidung).

Assimilation, *die* [lateinisch ›Ähnlichmachung‹], bezeichnet den Prozess der Anpassung eines Menschen an die Lebensweise einer bestimmten Gruppe, v.a. auch an die jeweilige Kultur (Akkulturation), durch die Übernahme von Werten, Vorstellungen und Verhaltensweisen, wie z.B. die Anpassung von Einwanderern an die Gegebenheiten des Gastlandes.

Asyl, *siehe* Kapitel 3.

Auswanderung, Emigration, Fortzug von Personen aus ihrem Heimatland, meist aus wirtschaftlichen oder politischen Gründen. Im 19. Jh. wanderten z.B. viele Deutsche, Iren und Italiener in die USA aus.

Autismus, *der* [zu griechisch autos ›selbst‹], bezeichnet in der Psychologie einen Zustand extremer Selbstbezogenheit und Insichgekehrtheit. V.a. der frühkindliche Autismus gilt heute als nicht umweltbedingte Entwicklungsstörung der Wahrnehmungsverarbeitung.

autoritärer Staat, ein Staat, in dem politische Entscheidungen nur von einer bestimmten Person, Partei oder Gruppe getroffen werden, und in dem für die Bevölkerung keine Möglichkeit der politischen Einflussnahme (z.B. durch Wahlen) besteht.

Autorität, *die* [lateinisch ›Ansehen‹], Überlegenheit, Vorrang einer Person, Gruppe oder Institution, die (im Unterschied zur Macht) auf der Zustimmung der ihr unterstellten Menschen beruht, entweder aus Einsicht in die Fähigkeiten einer Person (persönliche Autorität, z.B. eines Arztes) oder durch die Anerkennung der Rechtsbefugnis einer Institution (abstrakte Autorität, z.B. eines Richters).

Bauern, diejenigen, die auf eigenem oder gepachtetem Land selbstständig arbeiten und dadurch ihr Einkommen beziehen. Durch die industrielle Revolution ist die Zahl der Bauern seit dem 19. Jh. ständig zurückgegangen und macht heute in vielen Industrieländern weniger als 10% der Erwerbstätigen aus.

Beamte, *siehe* Kapitel 3.

Begabung, in der Pädagogik die individuellen Voraussetzungen für eine bestimmte Leistung. Mit Begabung werden also Fähigkeiten bezeichnet, die der Einzelne mitbringt und die dann in einem Lernprozess entwickelt werden können oder aber bei fehlenden Lernanreizen verkümmern. Als eine besondere Form der Begabung gilt die Intelligenz.

Behaviorismus [bihevjəˈrɪs...; von englisch behaviour ›Verhalten‹], Forschungsrichtung der Psychologie, die Anfang des 20. Jh. von JOHN BROADUS WATSON (* 1878, † 1958) begründet wurde. Es gehört zu den Grundannahmen des Behaviorismus, dass der Mensch lernt, indem er auf bestimmte Reize in bestimmter Weise reagiert, sein Verhalten also nach äußeren Bedingungen ausrichtet (*siehe auch* Konditionierung).

Bildung, bezeichnet in der Pädagogik den Vorgang und das Ergebnis der Formung von geistigen, kulturellen und sozialen Fähigkeiten des Menschen. Im Gegensatz zur Erziehung wird Bildung dabei als Prozess begriffen, der sich über die gesamte Lebensdauer erstreckt.

Bisexualität, die gleichzeitige Ausrichtung des sexuellen Interesses auf beide Geschlechter.

Bulimie, *siehe* Kapitel 12.

Bürgertum, in der industriellen Gesellschaft die zumeist durch das Leben in Städten geprägte, eher besitz- und bildungsorientierte Mittelschicht. Das traditionell zwischen Arbeiterschaft und Adel angesiedelte Bürgertum gewann v.a. im 19. Jh. durch selbsterwirtschafteten Besitz (Besitzbürgertum) und einen hohen Grad an Bildung (Bildungsbürgertum) an Macht und war die Grundlage für die Entstehung der heutigen bürgerlichen Gesellschaft.

Bürokratie, *die* bezeichnet meist die organisierte Verwaltung eines Staates, die hierarchisch gegliedert und in einzelne Zuständigkeitsbereiche unterteilt ist; in einem abwertenden Sinn ist damit auch die Herrschaft der Verwaltung in einem Staat (›Beamtenstaat‹) gemeint.

Charisma, *das* [griechisch ›Gnadengabe‹], eine meist als übernatürlich oder außeralltäglich empfundene Ausstrahlung oder Kraft, durch die sich eine Person aus einer Gruppe heraushebt. Häufig schreibt man politischen oder religiösen Führern Charisma zu.

Clan, *der* [englisch], Verwandtschaftsverband, der mehrere Großfamilien umfassen kann. In der keltischen Tradition Schottlands bezogen sich alle Mitglieder eines Clans auf einen gemeinsamen Stammvater, dessen Namen sie trugen, z.B. MacDonald.

Cro-Magnon-Mensch [kromanˈjõ...], nach seiner Fundstelle in Frankreich benannter Menschentyp, der vor etwa 30 000 Jahren lebte und eine Frühform des heutigen Menschen darstellt. Seine heute noch erhaltenen Höhlenmalereien geben Auskunft über seine Lebensweise.

Demographie, *die* [griechisch ›Volksbeschreibung‹], die zahlenmäßige Beschreibung einer Bevölkerung hinsichtlich bestimmter Merkmale, wie z.B. Geburten- und Sterberaten, Altersaufbau einer Gesellschaft oder räumliche Verteilungen, mit dem Zweck, daraus Hinweise über zukünftige Entwicklungen zu gewinnen.

Demoskopie, *die* [griechisch ›Volksbetrachtung‹], erforscht die Einstellungen und Meinungen in der Bevölkerung durch Umfragen (Interviews, Fragebogen, Telefonbefragungen usw.). So wird z.B. in der Wählerforschung die Zufriedenheit mit bestimmten Politikern und Parteien ermittelt.

Depression, *die* [zu lateinisch deprimere ›niederdrücken‹], in der Psychologie Bezeichnung für einen Zustand tiefer Traurigkeit und Interesselosigkeit. Äußere Anzeichen sind z.B. Gewichtsverlust, Schlafstörungen, sowie der Rückgang zwischenmenschlicher Kontakte. Endogene (körperlich bedingte) und exogene (auf äußere Einflüsse zurückgehende) Depressionen werden unterschieden.

Deprivation, *die* [lateinisch ›Beraubung‹], allgemein der Mangel, Entzug oder die Entbehrung einer bestimmten Sache, z.B. bei sozialer Deprivation der Mangel an liebevoller Zuwendung, bei sensorischer Deprivation der Mangel an Sinneseindrücken (z.B. Geräuschen). Je nach Art und Dauer führt Deprivation zu individuell unterschiedlichen neurotischen Verhaltensstörungen.

Doppelmoral, bezeichnet die Haltung eines Menschen, der bei anderen etwas als unmoralisch verurteilt, sich selbst aber heimlich das Verbotene erlaubt. Doppelmoral spielt v.a. im sexuellen Bereich eine wichtige Rolle.

Durkheim, Émile [dyrˈkɛm], französischer Soziologe (* 1858, † 1917), wollte soziale Sachverhalte wie Tatsachen durch Erfahrung und Beobachtung erforschen und begründete damit die Soziologie als ›Erfahrungswissenschaft‹. Für das soziale Verhalten des Menschen ist aus der Sicht Durkheims das Kollektivbewusstsein einer Gesellschaft ausschlaggebend, das den Einzelnen durch Normen und Sanktionen festlegt.

❧ Er erhielt 1896 die erste Professur für Sozialwissenschaft in Frankreich.

Ego, *das* [lateinisch ›ich‹], *siehe* Ich.

Egozentrik, *die* [zu lateinisch ego ›ich‹ und centrum ›Mittelpunkt‹], Ichbezogenheit, eine Haltung, bei der ein Mensch die eigene Person nicht nur in seinem Tun sondern auch in seinem Denken in den

Mittelpunkt stellt und daher unfähig ist, die Sichtweisen anderer zu verstehen.
❧ Egozentrik ist typisch für die Welt des Kleinkindes.

Einwanderung, Zuzug von Personen aus einem in ein anderes Staatsgebiet mit der Absicht, dort zu bleiben.
❧ Die Einwanderung wird in den meisten Ländern durch Gesetze geregelt.

Elias, Norbert deutscher Soziologe (* 1897, † 1990). In seinem Hauptwerk ›Der Prozess der Zivilisation‹ (1939) brachte er die Entstehung bestimmter, psychisch bedingter sozialer Verhaltensmuster in Zusammenhang mit der kulturellen Entwicklung der Gesellschaft seit dem Mittelalter und beeinflusste damit maßgeblich die moderne Soziologie.

Elite [zu französisch élire ›auslesen‹], bezeichnet die soziale Gruppe, die in einer Gesellschaft aufgrund ihres Standes, ihrer sozialen Stellung oder ihrer Leistungsfähigkeit besonders herausgehoben ist und deshalb über besondere Macht-, Einfluss- und Konsumanteile verfügt.

Emanzipation, *siehe* Kapitel 3.

Empathie, *die* [zu griechisch ›Leidenschaft‹], Bereitschaft oder Fähigkeit, sich in einen anderen Menschen so hineinzuversetzen, dass dessen Gefühle und Reaktionsweisen nachempfunden werden können.

Entfremdung, zunächst das Fremdwerden gegenüber einer Sache oder einer Umgebung, z. B. auch der Familie, allgemeiner auch das fehlende Gefühl der Zugehörigkeit und sozialen Sicherheit des Menschen in den Lebens- und Arbeitsverhältnissen der modernen Industriestaaten.

Erbe-Umwelt-Diskussion, die innerhalb der Sozialwissenschaften, z. B. der Psychologie, geführte Diskussion um die Frage, ob das Verhalten und das Wesen des Menschen v. a. durch die Umwelt (über Anpassung und Lernprozesse) oder durch die Erbanlagen (Gene) bestimmt werden.

Erziehung, die Unterstützung und Forderung des heranwachsenden Menschen durch die Familie oder bestimmte Erziehungsinstitutionen, z. B. der Schule. Allgemeines Ziel der Erziehung ist es, den Heranwachsenden zu einem selbstständigen und selbstverantwortlichen Leben in der Gesellschaft zu befähigen.

Es, in der Psychoanalyse SIGMUND FREUDS Bezeichnung für die Summe der Triebe und Bedürfnisse im Menschen, die der bewussten Kontrolle entzogen sind (*siehe auch* Ich).

Eskimo oder, in ihrer eigenen Sprache, **Inuit** [›Menschen‹], Bevölkerungsgruppe, die in den arktischen Regionen Alaskas, Kanadas und Grönlands lebt und sich traditionellerweise von Jagd und Fischfang ernährt, heute allerdings auch modernen Einflüssen unterliegt.

Establishment, *das* [ɪstæblɪʃmənt; englisch ›das Bestehende‹], abwertend gebrauchte Bezeichnung aus der Studentenbewegung für jene Gruppe von Menschen in einer Gesellschaft, die unter den bestehenden Bedingungen über politischen, ökonomischen und sozialen Einfluss verfügen und deshalb an keiner Veränderung interessiert sind.

Ethnie, *die* [griechisch], Gruppe von Menschen, die derselben Kultur angehören, z. B. dieselbe Sprache sprechen, ohne unbedingt eine staatliche Einheit zu bilden.

Ethnologie, *die* [zu griechisch ethnos ›Volk‹], Völkerkunde, erforscht v. a. die Lebensweise und Kultur der so genannten Naturvölker in den nicht industrialisierten Staaten außerhalb Europas.

Ethnozentrismus, *der* bezeichnet eine Haltung, bei der die eigene Kultur und Gesellschaft gegenüber anderen als überlegen bzw. als alleiniger Maßstab angenommen wird.

Euthanasie, *die* [griechisch ›schöner Tod‹], Sterbehilfe für unheilbar Kranke mit dem Ziel, deren Leiden zu verkürzen oder zu erleichtern, ist als aktive Sterbehilfe (›Tötung auf Verlangen‹) in fast allen Ländern strafbar.
❧ Die Nationalsozialisten benutzten den Begriff Euthanasie als bewusst irreführende Bezeichnung für die systematische Tötung von nach nationalsozialistischer Auffassung ›lebensunwertem Leben‹. Diesem so genannten ›Euthanasie-Programm‹ fielen von 1940 bis 1945 ca. 130 000 behinderte Kinder und Erwachsene zum Opfer.

Evolution, *die* [lateinisch], in der Biologie die langsame, beständige Entwicklung einer niederen zu einer höheren Lebensform, z. B. die Entwicklung des Menschen aus dem Tierreich.

Exotismus, *der* [zu griechisch exōtikós ›fremd‹], Haltung, Einstellung, bei der das jeweils Fremde (Kulturen, Landschaften und Menschen) eine hohe Anziehungskraft besitzt und in besonderem Maße positiv bewertet wird.

Extroversion, Extraversion *die* [lateinisch ›Außenwendung‹], bezeichnet in der Psychologie eine Eigenschaft, Haltung eines Menschen, der sein Verhalten v. a. von den Reaktionen anderer abhängig macht.

Familie [lateinisch ›Hausstand‹], in der Soziologie die kleinste soziale Einheit einer Gesellschaft, die all jene Menschen umfasst, die miteinander verwandt sind und in einem gemeinsamen Haushalt leben. Es gibt verschiedene Formen, z. B. die Kernfamilie (Eltern und Kinder), die Ein-Eltern-Familie (ein Elternteil und Kinder) oder die Großfamilie (Eltern, Kinder und z. B. Großeltern). Als erstem und wichtigstem Bezugspunkt des Kindes kommt der Familie besondere Bedeutung zu.

Feldforschung, v. a. in der Ethnologie und Sozialforschung verwendete Methode, bei der die Lebensweise einer sozialen Gruppe durch länger andauernde Teilnahme am Alltag der jeweiligen Menschen erforscht wird.

Feminismus, *siehe* Kapitel 3.

Fetisch, *der* [portugiesisch ›Zaubermittel‹], ein Gegenstand, dem übernatürliche Kraft zugeschrieben wird und der deshalb verehrt wird.

Fetischismus, in der Psychologie Bezeichnung für die Ausrichtung der sexuellen Lustempfindung auf bestimmte Gegenstände.

Flüchtlinge, Menschen, die aufgrund von Kriegen, politischen Zwangsmaßnahmen oder anderen existenzgefährdenden Notlagen gezwungen sind, ihre Heimat vorübergehend oder auf Dauer zu verlassen.

Folklore, *die* Gesamtheit der volkstümlichen Überlieferungen, z. B. Lieder, Märchen, Trachten oder Bräuche.

Freizeit, der Teil der Zeit, der dem arbeitenden Menschen nach Erledigung seiner beruflichen Pflichten frei zur Verfügung steht.

Fremdenfeindlichkeit, feindselige Einstellungen und Handlungen gegenüber Menschen, die z. B. wegen ihrer Religionszugehörigkeit oder ihrer Staatsangehörigkeit (Ausländerfeindlichkeit) als ›fremd‹ empfunden werden. Die Ursachen der Fremdenfeindlichkeit sind meist in bestimmten Ängsten oder Problemen der betreffenden Personen zu suchen.
❧ In der Bundesrepublik Deutschland kam es seit der deutschen Einigung von 1990 vermehrt zu fremdenfeindlichen Handlungen, z. B. zu Brandanschlägen auf Asylantenwohnheime.

freudscher Fehler, Fehlleistung, z. B. in der Wortwahl (›freudscher Versprecher‹), die auf einen verdrängten Wunsch oder ein unterdrücktes Gefühl zurückzuführen ist.

Freud, Sigmund österreichischer Arzt und Begründer der Psychoanalyse (* 1856, † 1939), erweiterte die Psychologie durch Einbeziehung des Unbewussten und neue Einsichten der Triebdynamik; nach Freud können psychische Krankheiten und Störungen auf nicht verarbeitete negative Erlebnisse in der Kindheit, v. a. in der kindlichen Sexualentwicklung zurückgeführt werden.

Fröbel, Friedrich deutscher Pädagoge (* 1782, † 1852), begründete und verbreitete die Idee des Kindergartens und entwickelte zahlreiche Spielzeuge (›Fröbel-Bausteine‹) und Spiele, durch die sowohl kindliche Fähigkeiten als auch das Gemeinschaftsgefühl gefördert werden sollten.

Fromm, Erich deutscher Psychoanalytiker (* 1900, † 1980), Begründer der humanistischen Psychoanalyse. Er beschäftigte sich v. a. mit der Bedeutung der Gesellschaft für die psychische Entwicklung des Menschen. Bekannt wurde er u. a. durch sein Buch ›Die Kunst des Liebens‹ (1950).

Fundamentalismus [lateinisch ›Grundlage‹], bezeichnet eine Haltung, bei der eine kompromisslose Befolgung bestimmter religiöser oder politischer Grundsätze gefordert wird.

Gallup, George Horace amerikanischer Sozialwissenschaftler (* 1901, † 1984), wies nach, dass durch bestimmte Formen der Meinungsumfrage (Gallup-Methode) die Einstellungen, Meinungen oder Gewohnheiten von Menschen in einer Gesellschaft ermittelt werden können.

Gedächtnis, bezeichnet die Fähigkeit, Erfahrungen und Gelerntes zu speichern und sich bei Bedarf daran zu erinnern. Man unterscheidet Ultrakurzzeit- (6–10 Sekunden), Kurzzeit- (1–2 Stunden) und Langzeitgedächtnis (Tage bis Jahre).

Gehirnwäsche, Art der Folter, bei der durch den Einsatz bestimmter Mittel (z. B. Drogen, Schlafentzug, Dauerverhöre) der Wille eines Menschen gebrochen werden soll, damit dieser z. B. von seiner bisherigen politischen Einstellung ablässt oder ein vermeintliches ›Geständnis‹ ablegt.

genitale Phase [zu lateinisch genus ›Geschlecht‹], die nach SIGMUND FREUD in der Pubertät einsetzende, letzte Phase der menschlichen Sexualentwicklung, in der sich das sexuelle Interesse von der eigenen Person weg auf andere zu richten beginnt.

Genozid, *der* [griechisch-lateinisch ›Völkermord‹], Vernichtung einer bestimmten religiösen, politischen oder nationalen Gruppe durch Tötung (v. a. in Konzentrationslagern) mit dem Ziel, die Gruppe als Gesamtheit auszulöschen. Ein Genozid größten Ausmaßes war im 20. Jh. die so genannte ›Judenvernichtung‹ durch die Nationalsozialisten.

Gerontologie [zu griechisch geron ›Greis‹], Forschungsrichtung, die v. a. die körperlichen, seelischen und sozialen Folgen des Alterns untersucht.

Geschlechterrolle *siehe* Rolle.

Geschlechtserziehung, Sexualpädagogik, diejenigen erzieherischen Maßnahmen, die den Umgang mit Sexualität betreffen; in der Pubertät z. B. die Aufklärung durch Eltern oder durch den ›Sexualkundeunterricht‹ in Schulen.

Geschlechtsumwandlung, medizinische Maßnahmen zur Änderung des Geschlechts eines Menschen durch Verabreichung bestimmter Sexualhormone sowie durch operative Eingriffe.

Gesellschaft, Bezeichnung für eine Gruppe von Menschen, die unter denselben politischen und sozialen Bedingungen leben, oft auch gleichbedeutend mit der Bevölkerung eines Landes in Hinblick auf die dort herrschenden Rangordnungen und die Macht- und Geldverteilung.

Ghetto, auch **Getto,** *das* zunächst die behördlich erzwungenen räumlich abgetrennten Wohnviertel der Juden in vielen Städten seit dem Mittelalter, zuerst (1531) für Venedig belegt; in der modernen Soziologie sind damit auch die schlechten Lebensbedingungen bestimmter Minderheiten in einer Gesellschaft, z. B. durch Armut oder niedriges Bildungsniveau, gemeint.

Die Grenzen des Wachstums, erster, 1972 im Auftrag der Wissenschaftlervereinigung ›Club of Rome‹ herausgegebener Bericht über die Begrenztheit der natürlichen Rohstoffe und Energievorräte angesichts steigender Bevölkerungszahlen und eines wachsenden Verbrauchs.

❧ Der Bericht war ein Anstoß für die Entwicklung des Umweltbewusstseins.

Gruppe, eine Anzahl von Menschen, die durch soziale Kontakte über einen längeren Zeitraum miteinander verbunden sind und durch gemeinsame Ziele oder Interessen ein Zusammengehörigkeitsgefühl entwickelt haben.

Jürgen Habermas (links) und Sigmund Freud (rechts)

Gruppendynamik, die in einer Gruppe vorhandenen Beziehungen, z. B. Zu- und Abneigung, und die damit verbundenen Abhängigkeiten und Führungsrollen. Die Beschäftigung mit der Gruppendynamik soll die Verständigung zwischen den Mitgliedern verbessern und damit auch die Leistungsfähigkeit einer Gruppe erhöhen.

Gruppentherapie, psychotherapeutische Behandlungsmethode, bei der Menschen unter Anleitung eines Therapeuten lernen sollen, in einer Gruppe über ihre Probleme zu reden, Vertrauen aufzubauen und die Hilfe anderer anzunehmen. Die Gruppentherapie eignet sich z. B. zum Abbau sozialer Ängste.

Guru, *der* [Sanskrit ›ehrwürdiger Lehrer‹], in Indien die geistlichen Führer hinduistischer Religionsgemeinschaften; allgemeiner auch ein Idol, jemand, der von seiner Anhängerschaft verehrt wird.

Habermas, Jürgen deutscher Sozialphilosoph (* 1929), der sich in seinen zahlreichen Schriften v.a. mit der Begründung und Regelung der politischen Entscheidungsverfahren in bürgerlich-liberalen Gesellschaften beschäftigt, wobei er in der Tradition des Marxismus die unterschiedlichen Chancen der Menschen aufgrund sozialer und ökonomischer Ungleichheit berücksichtigt. – Abb. S. 369.

Hackordnung, bezeichnet in Tiergesellschaften die Rangordnung der einzelnen Tiere, die sich z. B. bei Hühnern im Weghacken der Rangniederen vom Futterplatz zeigt; kann auch auf das menschliche Zusammenleben übertragen werden.

Halluzination, *die* [lateinisch] Sinnestäuschung, bei der jemand glaubt, eine Wahrnehmung gemacht zu haben, ohne dass dies tatsächlich möglich war. Halluzinationen können u.a. durch Drogen und mangelnde Ernährung hervorgerufen werden.

Heterogenität, *die* [zu griechisch héteros ›ungleichartig‹], die Zusammensetzung einer Gruppe aus ungleichen Teilen. Man spricht z. B. von der Heterogenität einer Schülergruppe, wenn die Kinder aus Familien unterschiedlicher sozialer Schichten kommen, im Gegensatz zu Homogenität *(siehe dort)*. Im Hinblick auf die Wirtschaft bedeutet Heterogenität, dass landwirtschaftlich-traditionelle und moderne industrielle Produktionsweisen unverbunden nebeneinander stehen.

Heterosexualität, die Ausrichtung des sexuellen Interesses eines Menschen auf das jeweils andere Geschlecht.

Hierarchie, *die* [griechisch], bezeichnet in der Soziologie die Rangordnung innerhalb einer Gruppe, wobei die jeweils Ranghöheren über mehr Macht, z. B. Entscheidungsbefugnisse, und Autorität verfügen.

Hippies, eine Mitte der 1960er-Jahre zunächst in den USA aufgekommene Jugendbewegung, die sich unter dem Motto ›love and peace‹ (Liebe und Frieden) passiv-friedlich gegen die Werte der Leistungs- und Konsumgesellschaft wandte und mit ihrer Musik, durch Drogenkonsum und ein offenes Liebesleben bürgerliche Tabus brechen wollte.

Homo erectus [lateinisch ›aufgerichteter Mensch‹], die frühen Vorfahren der Gattung Mensch, die vor 1,5 Millionen bis 300 000 Jahren lebten. Sie organisierten gemeinschaftliche Jagden, verfügten über das Feuer und kannten vermutlich eine gesprochene Sprache.

Homo faber [lateinisch ›der Mensch als Handwerker‹], beschreibt als feststehender Begriff, dass der Mensch sein Überleben mithilfe von Technik (z. B. Werkzeugen) sichert und dadurch seine Umwelt verändert.

Homogenität [griechisch ›Gleichartigkeit‹], die Zusammensetzung einer Gruppe aus gleichartigen Teilen, im Gegensatz zur Heterogenität *(siehe dort)*.

Homo sapiens [lateinisch ›wissender Mensch‹], in der Biologie Bezeichnung für die heutige Form der Menschen, im Gegensatz zu seinen Früh- oder Vorformen (z. B. Cro-Magnon-Mensch, Neandertaler). Der erste Homo sapiens lebte vor ca. 120 000 Jahren.

Homosexualität, die Ausrichtung des sexuellen Interesses eines Menschen auf Menschen des jeweils gleichen Geschlechts; wird bei Frauen auch als lesbische Liebe bezeichnet.

Homo sociologicus, 1958 erschienene Studie des Soziologen RALF DAHRENDORF (* 1929), beschreibt als feststehender Begriff den Umstand, dass der Mensch immer Träger mehrerer verschiedener sozialer Rollen ist.

Hypnose, *die* [zu griechisch ›Schlaf‹], ein Verfahren, mit dessen Hilfe Menschen in einen tranceähnlichen Schlaf versetzt werden, der sie für die Anweisungen des Hypnotiseurs empfänglich macht. Menschen können dadurch z. B. in einer Therapie ihr Unbewusstes zum Sprechen bringen.

Hypochonder, *der* [griechisch], jemand, der zwanghafte Angst davor hat, krank zu sein.

Hysterie [griechisch], Bezeichnung für eine seelische Krankheit oder ein Verhalten, bei dem sich ein psychischer Konflikt in einer körperlichen Erscheinung (Schreikrampf, Lähmung, zeitweiliges Erblinden) äußert, ohne dass es dafür organische Ursachen gibt.

❧ SIGMUND FREUD begann seine Untersuchung der seelischen Krankheiten mit Studien zur Hysterie.

Ich, lateinisch **Ego,** im Allgemeinen das sich selbst bewusste Zentrum des Denkens, Fühlens und Handelns eines Menschen. In der Psychologie FREUDS ist das Ich eine der insgesamt drei psychischen Instanzen (Ich, Es, Überich) und hat die Aufgabe zwischen triebhaften Neigungen (Es) und moralischen Ansprüchen (Überich) zu vermitteln.

Identität, die Übereinstimmung einer Person mit sich selbst. Identität bezeichnet den subjektiv empfundenen Zustand der Ausgewogenheit und Beständigkeit des Ichs *(siehe dort)*, der z. B. durch schmerzhafte Erlebnisse gestört werden und zu Identitätskrisen führen kann.

Ideologie, *siehe* Kapitel 3.

Indianer, Sammelbezeichnung für die Ureinwohner Nordamerikas. Die Bezeichnung geht auf CHRISTOPH KOLUMBUS zurück, der bei seiner Landung in Amerika irrtümlich glaubte, Indien erreicht zu haben. Die Zahl der Indianer betrug damals ca. 15 Millionen und liegt heute aufgrund der Verfolgung im 19. Jh. und ihrer schlechten sozialen Lage bei weniger als 2 Millionen.

❧ Die Bezeichnung ›Rothäute‹ bezieht sich nicht auf die Hautfarbe, sondern auf die häufig rote Körperbemalung.

Industriegesellschaft, Gesellschaftstyp, der sich in den letzten beiden Jahrhunderten aufgrund der industriellen Entwicklung herausgebildet hat, und in dem industrielle Produktion, Handel und Dienstleistung gegenüber der Landwirtschaft überwiegen. Merkmale sind u. a. fortgeschrittene Arbeitsteilung, das Anwachsen der Bürokratie und die Trennung von Wohnung und Arbeitsplatz.

Initiation, *die* [lateinisch ›Einweihung‹], die rituelle Einführung in eine neue Lebensphase oder bestimmte Gruppe durch festgelegte Handlungen (Initiationsriten), wie z. B. Beschneidung, Hochzeitsbräuche oder auch die Regeln bei der Aufnahme in einen Geheimbund.

Institution, *die* für bestimmte Aufgabenbereiche zuständige Einrichtung der Gesellschaft, die das Zusammenleben der Mitglieder ordnen und erleichtern soll und von dieser ein bestimmtes Verhalten fordert, z. B. Schule, Justiz, Familie.

Intellektuelle, Menschen, die aufgrund ihrer (meist akademischen) Bildung und ihrer geistigen Tätigkeit eine herausragende Stellung in der Gesellschaft einnehmen, z. B. Wissenschaftler, Schriftsteller.

Intelligenzquotient, Abkürzung IQ, misst die geistige Leistungsfähigkeit eines Menschen nach der Formel: Intelligenzalter zu Lebensalter mal 100; dabei entspricht ein Wert von 100 einem durchschnittlichen IQ. Die Testreihen zur Bestimmung des Intelligenzalters sind umstritten.

Introversion, *die* [lateinisch ›Innenwendung‹], die Haltung eines Menschen, dessen Aufmerksamkeit v. a. auf die eigene Innenwelt gerichtet ist und der deshalb verschlossen wirkt. Den Gegensatz bildet Extroversion.

Inzest, *der* [lateinisch ›Blutschande‹], Bezeichnung für eine sexuelle Beziehung zwischen engen Verwandten, z. B. zwischen Vater und Tochter oder zwischen Geschwistern. Ein Verbot von Inzestbeziehungen (Inzesttabu) findet sich in fast allen Gesellschaften.

Jäger- und Sammlergesellschaften, Bezeichnung für die ursprüngliche und älteste Lebensweise der Menschen, bei der sich diese vom Jagen wilder Tiere und Sammeln von Früchten, Wurzeln etc. ernährten. Erst vor ca. 10 000 Jahren ermöglichten Ackerbau und Viehzucht ein sesshaftes Leben; heute leben noch wenige Gruppen, zumeist am Rande von Wüsten oder im tropischen Regenwald, als Jäger und Sammler.

Jung, Carl Gustav schweizerischer Psychologe (* 1875, † 1961), Schüler von SIGMUND FREUD. Jung sah in Männern ein weibliches Prinzip (anima) und in Frauen ein männliches Prinzip (animus) wirken, unterschied Persönlichkeitsformen nach Introversion und Extroversion und ging von einem kollektiven, d. h. allen Menschen gemeinsamen Unbewussten aus, das sich in Symbolen und Archetypen, z. B. im Traum, zeigt.

Kader, *der* bezeichnet allgemein beim Militär die für Ausbildung und Führung verantwortlichen Personen, häufig auch bestimmte Funktionärsgruppen in der kommunistischen Partei.

Kannibalismus, der Verzehr von Menschenfleisch durch Menschen, beruht als Ritual bei Naturvölkern auf dem Glauben, z. B. durch das Essen des Herzens die eigene Tapferkeit und Kraft zu stärken.

Davon zu unterscheiden ist der Kannibalismus infolge extremer Hungersnot.

Kaste, Bezeichnung für eine bestimmte, von anderen abgegrenzt lebende soziale Gruppe. Eine Kastenordnung findet sich z. B. in Indien, wo durch Geburt die Zugehörigkeit zu einer bestimmten Kaste festgelegt ist und z. B. über Möglichkeiten der Berufswahl oder der Eheschließung entscheidet.

Der kleine Unterschied. Alice Schwarzer auf dem Titelblatt der Zeitschrift ›Emma‹ (1987)

Kavaliersdelikt, eine nach dem Gesetz kriminelle Handlung, die innerhalb bestimmter Gesellschaftsschichten oder Gruppen aber nicht als unehrenhaft gilt.
❧ So gilt z. B. Steuerhinterziehung bei manchen als Kavaliersdelikt.

Kinsey, Alfred Charles ['kɪnsɪ], amerikanischer Sexualforscher (* 1894, † 1956), veröffentlichte u. a. den ›Kinsey-Report‹ (1948 und 1953), eine Untersuchung zum Sexualverhalten der US-Amerikaner.
❧ Die Liberalisierung der Sexualmoral in der westlichen Welt seit den 1960er-Jahren geht u. a. auf die Forschungen Kinseys zurück.

Klasse, bezeichnet in der Soziologie eine Gruppe von Menschen mit ähnlichem Lebensstandard und Bildungsgrad. Wenn die Mitglieder dieser Gruppe ein Zusammengehörigkeitsgefühl und ein gemeinsames Bewusstsein ihrer Stellung innerhalb der Gesellschaft entwickeln, spricht man von Klassenbewusstsein. Aus marxistischer Sicht sind Gesellschaften, die auf dem Privatbesitz der Produktionsmittel beruhen, dadurch in mehrere Klassen geteilt (Klassengesellschaften), wobei zwischen den beiden wichtigsten ein Klassenkampf um die Macht geführt wird.

Der kleine Unterschied und seine großen Folgen, bekannt gewordene Streitschrift der feministischen Autorin ALICE SCHWARZER (* 1942), erschienen 1975. Das Buch, das die Benachteiligung der Frauen in der Gesellschaft aufzeigt und kritisiert, wurde zu einem Anstoß für die neue Frauenbewegung.

Kleptomanie [zu griechisch ›stehlen‹], ein psychisch bedingter, zwanghafter Drang zum Stehlen ohne Bereicherungsabsicht.

kognitive Entwicklung, die Entwicklung bestimmter, für das Lernen wichtiger Voraussetzungen und Fähigkeiten beim Kind, z. B. Sprache, räumliches Vorstellungsvermögen.

Kommunikation [zu lateinisch ›Mitteilung, Unterredung‹], der Austausch von Informationen zwischen zwei Partnern durch Zeichen aller Art (Worte, Symbole etc.). Kommunikation findet z. B. in einem Gespräch zwischen zwei Menschen statt.

Komplex [zu lateinisch ›Verknüpfung‹], in der Psychologie die Verbindung bereits gemachter Erfahrungen und Empfindungen zu einer Vorstellung. Diese bestimmt in der Folge (häufig unbewusst) das Bild, das jemand von sich selbst hat und anderen durch sein Verhalten vermittelt. So mag ein Mensch mit einem Minderwertigkeitskomplex niemals die Erfahrung machen, als gleichwertig anerkannt zu werden, weil sein Selbstbild und seine Wahrnehmung durch das Gefühl der Minderwertigkeit geprägt sind, und er Reaktionen anderer dementsprechend falsch einschätzt.

Konditionierung [zu lateinisch ›Bedingung‹], in der Lernpsychologie das Antrainieren bestimmter Verhaltensweisen als Antwort auf bestimmte Signale durch Belohnung oder Strafe. Das bekannteste

Experiment zur Konditionierung wurde mit ›Pawlows Hunden‹ durchgeführt; dabei wurde zunächst vor dem Verteilen des Futters eine Glocke geläutet, nach kurzer Zeit reagierten die Hunde auf den Ton der Glocke (Signal) wie sonst nur auf den Geruch des Futters mit vermehrter Speichelproduktion (konditionierter Reflex).

Konformismus [zu lateinisch ›Gleichförmigkeit‹], das Verhalten eines Menschen, der sich den Maßstäben und Meinungen der Mehrheit anpasst, um nicht aufzufallen, keine Nachteile zu erleiden oder sich stark zu fühlen.

Korruption [zu lateinisch ›Bestechung‹], Vorgang, bei dem politische oder behördliche Entscheidungen nicht nach sachlichen Gesichtspunkten getroffen werden, sondern danach, wie sich für die Beteiligten persönlich der größte Gewinn erzielen lässt.

Kosmologie, Lehre vom Weltall, die Kosmologie beschäftigt sich mit der Beschreibung und Erforschung des Weltalls als Ganzem und seiner Teile (z. B. Planeten, Sonnensysteme).

Kriminalität [zu lateinisch crimen ›Vergehen‹], Gesamtheit der Handlungen in einer Gesellschaft, die gegen das dort geltende Strafrecht verstoßen.

Kultur [zu lateinisch ›Pflege‹ (von Geist und Körper)], umfasst die Vorstellungen, Tätigkeiten, Gegenstände und Organisationsformen, soweit sie von den Menschen hervorgebracht werden und nicht einfach in der Natur vorhanden sind. Materielle Kultur (Werkzeuge, Gebäude, Fahrzeuge) und ideelle Kultur (Sprache, Religion, Kunst) werden unterschieden.

Latenzperiode, in der Psychoanalyse die zwischen dem Abschluss der frühkindlichen Sexualentwicklung und dem Einsetzen der Pubertät, also zwischen dem 6. und etwa 10./12. Lebensjahr, liegende Zeit, in der der Sexualtrieb eine untergeordnete Rolle spielt.

Lernen, der Erwerb, die Aneignung von Kenntnissen oder die Übernahme eines neuen Verhaltens aufgrund gemachter Erfahrungen.

lesbische Liebe, die sexuelle Beziehung zwischen zwei Frauen (*siehe* Homosexualität).

Lévi-Strauss, Claude Gustave [levɪˈstro:s], französischer Ethnologe und Kulturphilosoph (* 1908), übertrug sprachwissenschaftliche Methoden auf die Erforschung außereuropäischer, vorindustrieller Kulturen und vertritt die Gleichrangigkeit des ›wilden Denkens‹ mit dem europäisch-zivilisierten.

Libido, *die* [lateinisch ›Begierde‹], in der Psychoanalyse die psychische Energie der Triebe, die auf Lustgewinn zielen, z. B. des Sexualtriebs.

Lorenz, Konrad österreichischer Verhaltensforscher (* 1903, † 1989), erforschte v. a. die Zusammenhänge zwischen natürlichen Anlagen und Umwelteinflüssen bei Tieren. Bekannt wurden seine Untersuchungen über Graugänse.
❧ 1973 erhielt Lorenz den Nobelpreis für Medizin.

Luhmann, Niklas deutscher Soziologe (* 1927), untersucht als bedeutender Vertreter der Systemtheorie v. a. das Verhältnis zwischen bestimmten Teilbereichen der Gesellschaft (z. B. Rechtssystem, Massenmedien) und der Gesellschaft als Ganzem.

Lustprinzip, in der Psychoanalyse die Gesamtheit der psychischen Aktivitäten, die darauf zielen, Lust zu gewinnen und Unlust zu vermeiden.

Magie, *die* [zu griechisch ›Zauberei‹], Sammelbezeichnung für bestimmte, meistens symbolische oder ritualisierte Handlungen und Praktiken, mit deren Hilfe Menschen versuchen, ihre Umwelt in ihrem Sinne zu beeinflussen und zu verändern, ohne dass zwischen den Mitteln und Zwecken ein im modernen naturwissenschaftlichen Sinn verstandenes Ursache-Wirkung-Verhältnis besteht.

Mainstream, *der* [ˈmeɪnstri:m; englisch ›Hauptstrom‹], die in einer Gesellschaft oder Gruppe oder zu einer bestimmten Zeit vorherrschende Meinung, Tendenz oder das, was dem durchschnittlichen Geschmack der Mehrheit entspricht.

Manie, *die* [zu griechisch mania ›Raserei‹], allgemein jede Art von Raserei oder Wahn, bezeichnet auch den inneren Zwang, etwas Bestimmtes zu tun; in der Psychologie ein Zustand heftiger seelischer körperlicher Erregung, der durch übersteigerte Heiterkeit, Betätigungsdrang und Selbstüberschätzung gekennzeichnet ist, wie z. B. beim Größenwahn.

Manipulation, die verdeckte Lenkung oder Beeinflussung eines Menschen, oft mit dem Ziel, gegen seine eigenen Interessen zu handeln.

manische Depression, eine Gemütskrankheit, die dadurch gekennzeichnet ist, dass Zeiten der Manie (im Sinne von Hochstimmung) und Zeiten der Depression (Niedergeschlagenheit) einander ablösen.

Mannheim, Karl deutscher Soziologe ungarischer Herkunft (* 1893, † 1947), begründete die soziologische Erforschung der Welt- und Gesellschaftsbilder sowie der Wissensvorräte der verschiedenen gesellschaftlichen Gruppen (Wissenssoziologie).

Masochismus, psychisch-sexuelle Einstellung, bei der sexuelle Lust nur durch das Erleiden von Misshandlungen und körperlichen Schmerzen erfahren werden kann.
❧ Der Begriff geht auf eine Schrift von 1870 des österreichischen Schriftstellers LEOPOLD RITTER VON SACHER-MASOCH (* 1836, † 1895) zurück.

Massenmedien, diejenigen Medien (Vermittler) von Informationen, die sich wie Rundfunk, Fernsehen, Film oder Zeitung an ein großes, im Einzelnen nicht überschaubares (Massen-)Publikum wenden.

Matriarchat, *das* [zu lateinisch mater ›Mutter‹], Gesellschaftsordnung, in der die Frau (besonders die Mutter) eine hervorragende Stellung einnimmt.

Mead, George Herbert [miːd], amerikanischer Philosoph und Sozialpsychologe (* 1863, † 1931), begründete den ›symbolischen Interaktionismus‹, eine sozialpsychologische Forschungsrichtung, die davon ausgeht, dass der Mensch seine Umwelt über Symbole (z. B. Sprache, Handlungen) kennen lernt und auf diese reagiert, und es im Verlauf dieser Wechselbeziehung zur Ausbildung von Identität und zur Übernahme sozialer Rollen kommt.

Melancholie [griechisch, eigentlich ›schwarze Galle‹], Gemütsstimmung, die durch Gleichgültigkeit, Traurigkeit und Schwermut gekennzeichnet ist.

Melting Pot, *der* [englisch ›Schmelztiegel‹], aus den USA stammende Bezeichnung für eine Stadt oder Region, in der Menschen verschiedener Herkunftsländer zusammenleben und sich dabei gegenseitig so beeinflussen, dass es zur Annäherung der Lebensweise kommen kann.

Midlifecrisis [mɪdˈlaifkraɪsɪs], in den letzten Jahrzehnten verstärkt wahrgenommene Erscheinung, dass sich Menschen etwa um die Lebensmitte herum kritisch mit ihrem bisherigen Leben auseinander setzen, bestehende Verbindungen abbrechen und eine Neuorientierung suchen.

Migration, *die* [zu lateinisch ›Wanderung‹], die Wanderungsbewegungen von Menschen und sozialen Gruppen, die ihre Heimat verlassen (Emigration) oder auf Dauer in ein anderes Land einwandern (Immigration).
❧ Im 19. Jh. wanderten zahlreiche Deutsche, Iren, Italiener in die USA aus.

Miller, Alice schweizerische Psychoanalytikerin (* 1923), die sich v. a. mit den Folgen seelischer und körperlicher Misshandlung von Kindern beschäftigt und dabei die herkömmlichen Methoden der Psychoanalyse ablehnt und kritisiert. Bekannt wurde sie u. a. durch ihre Untersuchung zur so genannten ›schwarzen Pädagogik‹.

Mill, John Stuart englischer Philosoph (* 1806, † 1873), forderte für die Sozialwissenschaften die Übernahme naturwissenschaftlich exakter Methoden, v. a. die Anbindung der Theorie an die Erfahrung und an die vorhandenen Tatsachen (Positivismus).

Mitscherlich, Alexander deutscher Psychoanalytiker (* 1908, † 1982), beschäftigte sich v. a. mit den Problemen von Identität und Krankheit unter den Bedingungen der Industriegesellschaft und den sozialpsychologischen Folgen des Nationalsozialismus.

Monogamie, das eheliche Zusammenleben eines Mannes und einer Frau im Gegensatz zur Bigamie (Doppelehe) und Polygamie (Vielehe).

Montessori, Maria italienische Ärztin und Pädagogin (* 1870, † 1952), beschäftigte sich v. a. mit den Möglichkeiten der Förderung der geistigen Entwicklung von Kindern durch den Einsatz bestimmter Spielzeuge. Die ›Montessori-Kindergärten‹ arbeiten noch heute mit dem von ihr entwickelten Anschauungsmaterial, das sich v. a. für die Förderung geistig zurückgebliebener Kinder eignet. 1907 übertrug sie ihre Methode auf normal begabte Kinder; die ›Montessori-Schulen‹ sind heute international anerkannt.

motorische Entwicklung, die Entwicklung der körperlichen Fähigkeiten und Bewegungsabläufe beim Heranwachsen des Kindes; dazu gehören z. B. Greifen, Sitzen, Gehen und Turnen.

multikulturelle Gesellschaft, eine Gesellschaft, in der Menschen zusammenleben, die unterschiedlichen Kulturen, Religionen und Sprachgemeinschaften angehören und deshalb unterschiedliche Lebensgewohnheiten haben, ohne dass sie sich zwangsläufig zu einer gleichartigen Gesellschaft entwickeln müsste. Zur multikulturellen Gesellschaft gehört die Forderung, dass die verschiedenen Gruppen gegenseitig Toleranz und Anerkennung üben.

Mythologie, *siehe* Kapitel 9.

Narzissmus, zunächst die auf den eigenen Körper und die eigene Person gerichteten erotischen Regungen, im weiteren Sinn die Selbstliebe. Der Begriff geht auf die Gestalt des Narziss in der griechischen Mythologie zurück (*siehe* Kapitel 9).

Neandertaler, eine Frühform des heutigen Menschen (Homo sapiens), die zwischen 300 000 und 40 000 v. Chr. lebte.
❧ Der Name bezieht sich auf das Neandertal bei Düsseldorf, in dem 1856 die ersten Knochen gefunden wurden.

Nell-Breuning, Oswald von katholischer Theologe und Sozialwissenschaftler (* 1890, † 1991), begründete die katholische Soziallehre, die sich um reformerische Lösungen der sozialen Frage bemüht.

Nepotismus [zu lateinisch nepos ›Enkel, Neffe‹], die Bevorzugung von Verwandten oder Freunden bei der Vergabe von Stellen oder sonstigen Zuwendungen, umgangssprachlich auch ›Vetternwirtschaft‹.

Neurose, *die* [zu griechisch neuros ›Nerv‹], Sammelbezeichnung für psychische Störungen des Erlebens und Verhaltens, die ohne erkennbare körperliche Ursache auftreten, die aber meist auf einschneidende Erfahrungen im Lebenslauf der Betreffenden zurückgeführt werden können.

nichteheliche Lebensgemeinschaft, das eheähnliche Zusammenleben eines Mannes und einer Frau ohne Heirat, zunächst im studentischen Milieu und bei jungen Leuten verbreitet, hat sie sich in weitem Umfang durchgesetzt.

Nomaden, Gesellschaften oder Menschengruppen, die, v. a. als Viehhirten, ein beständiges Wanderleben führen und deshalb kein festes Siedlungsgebiet besitzen.

nonverbale Kommunikation, der Austausch von Informationen ohne eine gesprochene Sprache also z. B. durch Blicke, Körperhaltung, Mimik oder Gesten.

Nymphomanie, abnorm gesteigerter Geschlechtstrieb bei Frauen infolge seelischer Erkrankung.

Obsession, *die* [zu lateinisch ›Bedrängnis‹], Zwangsvorstellung, bezeichnet den Zustand einer Person, die ausschließlich oder überwiegend von einer bestimmten Vorstellung besessen ist.
❧ Ein Beispiel von Obsession ist der Verfolgungswahn.

Obszönität, eine Äußerung, Darstellung oder Handlung, die das in einer Gesellschaft vorhandene Scham- und Sittlichkeitsempfinden verletzt. Im Einzelfall ist die Obszönität eines Sachverhalts häufig umstritten, z. B. bei der Diskussion um Pornographie oder der Darstellung von Obszönität in der Kunst.

Ödipuskomplex, umstrittenes Modell aus der Psychoanalyse SIGMUND FREUDS. Danach gibt es in der Entwicklung von Jungen eine Zeit, die von dem unbewussten Wunsch nach einer sexuellen Beziehung mit der Mutter und einem Rivalitätsgefühl gegenüber dem Vater geprägt ist.
❧ Der Name bezieht sich auf die Gestalt des Ödipus in der griechischen Mythologie (*siehe* Kapitel 9).

Öffentlichkeit, bezeichnet allgemein die Möglichkeit der Teilnahme an Ereignissen oder Vorgängen für einen unbegrenzten Personenkreis, im Besonderen auch die in einer Gesellschaft vorherrschenden Meinungen, Einstellungen, sowie deren Vermittler (Zeitungen, Rundfunk, Fernsehen).

orale Phase [zu lateinisch os ›Mund‹], in der Psychoanalyse die erste Phase der menschlichen Sexualentwicklung, zwischen der Geburt und dem ersten Lebensjahr, in der der Mund als Zentrum der Nahrungsaufnahme auch den Mittelpunkt des Lustempfindens und der Welterfahrung bildet.

Organisation, der Aufbau oder die innere Ordnung eines größeren Ganzen. Durch Organisation wird z. B. die Verteilung der Entscheidungsbefug-

nisse, die Arbeitsaufteilung und die Weitergabe von Informationen geregelt.
❧ Organisationen wie Parteien, Verbände und Gewerkschaften stellen das Bindeglied zwischen dem Einzelnen und der Gesellschaft dar.

Pädagogik, *die* [zu griechisch ›Kinderführung‹], bezeichnet zum einen die Gesamtheit aller Handlungen, die die Erziehung *(siehe dort)* betreffen, zum anderen die diesen Handlungen zugrunde liegenden Theorien (Erziehungswissenschaft).

Päderast [zu griechisch ›Knaben Liebender‹], ein Mann, dessen erotisch-sexuelle Orientierung auf Jungen, v. a. vor und in der Pubertät, gerichtet ist.

Paranoia, *die* [griechisch], Geistesstörung, die dadurch gekennzeichnet ist, dass jemand ein in sich schlüssiges Wahnsystem aufgebaut hat, daneben aber scheinbar völlig realitätsbezogen handelt.
❧ Eine Form der Paranoia ist z. B. der religiöse Wahn, also wenn jemand glaubt, der Erlöser der Welt zu sein.

Parapsychologie, die Erforschung von übersinnlichen Erscheinungen mithilfe moderner naturwissenschaftlicher Methoden. In das Gebiet der Parapsychologie fällt u. a. die Erforschung von Geistererscheinungen, Hellsehen und Gedankenübertragung.

Parsons, Talcot [ˈpʌsəns], amerikanischer Soziologe (* 1902, † 1979), untersuchte die Formen, Wirkungen und Regeln des menschlichen Handelns, insbesondere in bestimmten Bereichen (Systemen) der modernen Industriegesellschaft.

Patriarchat, *das* [zu griechisch ›Väterherrschaft‹], bezeichnet zum einen eine Gesellschaftsform, in der ausschließlich Männer über politische Macht, Besitz und Autorität verfügen und diese an ihre männlichen Erben weitergeben, zum anderen die gesellschaftliche, politische und rechtliche Benachteiligung der Frau.

Pawlows Hunde, sprichwörtlich gewordene Bezeichnung für die Versuchstiere, mit denen der russische Physiologe IWAN PETROWITSCH PAWLOW (* 1849, † 1936) den Vorgang der Konditionierung *(siehe dort)* erforschte.

Peergroup [ˈpiːrgruːp], bezeichnet in der Jugendsoziologie die Gruppe der Gleichaltrigen, die nach der Pubertät zunehmend die Stelle der Familie bei Fragen der Orientierung ablöst und so einen wichtigen Bezugsrahmen für Jugendliche darstellt.

Penisneid, nach SIGMUND FREUD ein heute umstrittenes Merkmal der Sexualentwicklung des Mädchens; danach wird das ›Fehlen‹ des Penis in einer bestimmten Entwicklungsstufe als Mangel empfunden.
❧ An der Idee des Penisneids wird v. a. kritisiert, dass diese die gesellschaftliche Missachtung der Frau als scheinbar naturgegeben ansieht.

Pestalozzi, Johann Heinrich schweizer. Pädagoge und Sozialreformer (* 1746, † 1827), auf den die Forderung nach einer ›Volksschule‹ zurückgeht, die allen Menschen ein gewisses Maß an Bildung ermöglichen sollte, und der damit die Grundlage für eine Einführung der Schulpflicht für Kinder schuf. Pestalozzis Überlegungen waren maßgeblich für die Entwicklung des Erziehungs- und Bildungswesens in vielen Ländern Europas.

Peterprinzip, ein Grundsatz, mit dem der kanadische Bildungsforscher LAURENCE J. PETER (* 1919, † 1990) das Auftreten von Unfähigkeit in der Berufswelt erklärt: In einer hierarchischen Ordnung wird jeder Beschäftigte solange aufsteigen, bis er die Stelle seiner eigenen Unfähigkeit erreicht hat.

Phallussymbol, ein Zeichen, das durch sein Aussehen an das erigierte männliche Glied (Phallus) erinnern soll und in vielen kulturellen und kultischen Handlungen u. a. auf Fruchtbarkeit und Kraft verweist.
❧ In der psychoanalytischen Traumdeutung gelten z. B. Kirchtürme oder Bleistifte als Phallussymbole und werden als Hinweis auf sexuelles Verlangen verstanden.

Phobie, *die* [zu griechisch ›Furcht‹], in der Psychologie das Vorliegen einer unbegründbaren Angst gegenüber bestimmten Tieren, Gegenständen oder Situationen.
❧ Die Spinnenphobie ist ein bekanntes Beispiel.

Piaget, Jean [pjaˈʒɛ], schweizerischer Psychologe (* 1896, † 1980), beschäftigte sich mit der frühkindlichen Entwicklung; seine Untersuchungen zur kognitiven Entwicklung und zur Moralentwicklung bei Kindern beeinflussten auch die Pädagogik.

Pillenknick, der zu Anfang der 1960er-Jahre in der Bevölkerungsstatistik feststellbare Geburtenrückgang als Folge der Einführung und wachsenden Verbreitung der ›Antibabypille‹.

Pluralismus, bezeichnet in der Soziologie die rechtlich verankerte Möglichkeit der Vielfalt von Meinungen und Interessen, wie z. B. Religionszugehörigkeit oder politische Haltung, innerhalb einer demokratischen Gesellschaft.

Polygamie, eine Eheform, in der entweder ein Mann mit mehreren Frauen zugleich verheiratet sein kann (Polygynie) oder eine Frau mit mehreren Männern zur gleichen Zeit verheiratet ist (Polyandrie). Das Erstere findet sich in vielen Kulturen der Welt, z. B. in den islamisch geprägten arabischen Gesellschaften, das Letztere seltener, z. B. bei mongolischen Hirten.

Pornographie [griechisch, eigentlich ›Hurenbeschreibung‹], die Darstellung oder Beschreibung sexueller Handlungen mit dem Ziel, einen Menschen sexuell zu erregen. Über Geschmack, Moral und Wirkung der Pornographie gibt es unterschiedliche Meinungen.

postindustrielle Gesellschaft, eine Gesellschaftsform, die nach Meinung verschiedener Soziologen und Zukunftsforscher auf die Industriegesellschaft folgt. Entscheidend ist, dass in der postindustriellen Gesellschaft nicht mehr die Industrie, sondern der Dienstleistungsbereich das wichtigste Tätigkeitsfeld ist und dass dabei die Kommunikationsmedien eine zentrale Rolle spielen.
❧ Japan, die USA und Westeuropa sind auf dem Weg zur postindustriellen Gesellschaft.

Proletariat, seit dem 19. Jh. die armen Schichten einer Gesellschaft, deren Arbeitsertrag z. B. als Lohnarbeiter bestenfalls das Überleben sichert, keinesfalls aber die Chance bietet, reich zu werden oder sozial aufzusteigen.
❧ Im Marxismus stellt das Proletariat die Klasse dar, die die Revolution und die sozialistische Gesellschaftsordnung herbeiführen sollte.

Prostitution [zu lateinisch ›öffentlich Unzucht betreiben‹], der Verkauf sexueller Handlungen gegen Geld oder ähnliche Gegenleistungen.
❧ In einigen Ländern kämpfen heute Prostituierte um die Anerkennung der Prostitution als Dienstleistungsberuf mit entsprechenden Möglichkeiten der sozialen Absicherung.

Psyche, *die* [griechisch ›Seele‹], die Gesamtheit der bewussten und unbewussten inneren Antriebe des Menschen im Gegensatz zum Körper.

Psychiatrie, der Teilbereich der Medizin, der sich mit der Erforschung und Behandlung psychischer Krankheiten befasst, sofern dabei von körperlichen Ursachen, z. B. im Gehirn, im Blutkreislauf oder im Nervensystem, ausgegangen werden kann. Im Gegensatz zur Psychotherapie *(siehe dort)* werden bei einer psychiatrischen Behandlung auch Medikamente verabreicht, wie z. B. Beruhigungsmittel oder Antidepressiva.

Psychoanalyse, die von SIGMUND FREUD begründete Behandlungsmethode seelischer Krankheiten, bei der davon ausgegangen wird, dass bestimmte frühkindliche Erfahrungen und Verletzungen, v. a. innerhalb der Sexualentwicklung, die Grundlage späterer psychischer Störungen bilden. Durch ausführliche Gespräche, mithilfe der Traumdeutung und der freien Gedankeneinfälle sollen die verdrängten Erlebnisse aufgespürt und Erfahrungen bewusst gemacht werden, um durch beherrschtes Umgehen mit ihnen Heilung zu ermöglichen.

Psychologie, die Erforschung und Beschreibung des menschlichen Verhaltens, Denkens und Fühlens und der zugrunde liegenden inneren Vorgänge und Gesetzmäßigkeiten. Bereits die alten Kulturen sammelten zahlreiche Beobachtungen, um die innere Verfassung des Menschen besser zu verstehen. Die moderne Psychologie befasst sich einerseits mit den Gefühlen und inneren Erlebniswelten des Menschen, andererseits mit der Erforschung der zugrunde liegenden körperlichen Vorgänge, z. B. Gehirnströme und Nervenspannung.

Psychopathologie, die Beschäftigung mit alltäglichem Fehlverhalten, das als Ausdruck innerer, seelischer Störungen und Leiden betrachtet wird. Zu den bekannten Psychopathologien des Alltags gehören das Vergessen von Namen, Versprecher und Schreibfehler.

Psychose, *die* dauerhafte seelische Störung, die auf eine körperliche Erkrankung (z. B. des Gehirns) oder auf eine frühkindliche seelische Verletzung zurückzuführen ist. Äußere Merkmale sind z. B. nervöses Zucken, Angstschweiß und bestimmte Sprachfehler.

psychosomatische Krankheit, ein körperliches Leiden, das auf eine seelische Störung oder eine psychische Belastung des Betroffenen zurückgeführt werden kann.
❧ So gilt z. B. Stress als begünstigender Faktor für das Entstehen bestimmter Erkrankungen des Herzens oder des Magen-Darm-Traktes.

Psychotherapie, der Begriff bezeichnet verschiedene Heilungsverfahren für seelische Störungen. Psychoanalyse, Verhaltenstherapie und Gruppentherapie sind verschiedene Formen der Psychotherapie, die alle versuchen, durch Erinnerungsarbeit und gezielte Gespräche die vorhandenen Störungen aufzuspüren und zu heilen.

Pubertät [zu lateinisch ›Geschlechtsreife‹], die Phase der geschlechtlichen Reife bei Jungen und Mädchen, die nicht nur zur Fähigkeit führt, sexuelle Beziehungen aufzunehmen, sondern auch die Persönlichkeit vor neue Aufgaben stellt, wie z. B. die Ablösung vom Elternhaus und die zunehmende Übernahme von Erwachsenenrollen.

Pygmäen beim Elefantentanz, einer Form magischen Jagdbrauchs, um das Wild zu bannen.

Pygmäen [zu griechisch pygmaîos ›zwergenhaft‹], Sammelbezeichnung für verschiedene Völker, deren Angehörige kleiner als 1,50 m sind. Pygmäen gibt es in Afrika, in Indien und auf den Philippinen. Die afrikanischen Pygmäen leben noch heute als Jäger und Sammler, sind aber von der vordringenden Modernisierung bedroht.

Randgruppe, Menschen, die am gesellschaftlichen Leben nicht oder nur teilweise teilnehmen können, weil sie den herrschenden Maßstäben nicht gerecht werden können. Zu den Randgruppen der modernen Gesellschaft gehören Obdachlose, Arbeitslose, Drogenabhängige, Prostituierte, Homosexuelle.

Rangordnung, die Anordnung von Personen in der Hierarchie eines sozialen Systems, wobei die jeweilige Platzierung des Einzelnen durch ein Anerkennungsverhältnis abgesichert wird, aus der sich jeweils bestimmte gesellschaftliche Rechte (z. B. Weisungsbefugnisse), Pflichten (z. B. in der geforderten Lebensführung) und eine dieser Stelle erweisende Achtung ergeben.

Rassismus, die Benachteiligung oder Verachtung von Menschen aufgrund ihrer Abstammung. Beispiele für Rassismus sind die Judenverfolgung durch die Nationalsozialisten oder die gesellschaftliche Benachteiligung von Menschen mit schwarzer Hautfarbe.

Rolle, in der Soziologie die Summe von Erwartungen an das Verhalten einer Person aufgrund ihres Geschlechts oder ihrer Funktion und Stellung innerhalb einer Gruppe. So gehört es z. B. zur Rolle des Lehrers, Wissen zu vermitteln. Ein Mensch erfüllt meist mehrere Rollen gleichzeitig, z. B. Ehemann, Vater, Angestellter.

Rollenkonflikt, eine Situation, in die ein Mensch gerät, wenn die Verpflichtungen aus seinen verschiedenen Rollen miteinander unvereinbar sind. In einem Rollenkonflikt steht z. B. die berufstätige Mutter, die einerseits ihre Arbeit nicht vernachlässigen will und andererseits bei ihrem kranken Kind zu Hause bleiben möchte.

Rorschachtest, von dem schweizerischen Psychiater Hermann Rorschach (* 1884, † 1922) entwickeltes Testverfahren, das zur Erfassung der gesamten Persönlichkeitsstruktur verwendet wird.

Sadismus, psychosexuelle Einstellung, bei der Lust nur dadurch erfahren werden kann, dass einem anderen Schmerzen zugefügt werden.
❧ Der Begriff geht auf den französischen Schriftsteller Marquis de Sade (* 1740, † 1814) zurück.

Sanktion, Maßnahme der Bestrafung oder Belohnung, mit deren Hilfe die Gesellschaft oder eine Gruppe sicherstellen will, dass sich ihre Mitglieder an Vorschriften halten und ihre Aufgaben erfüllen.
❧ Eine Sanktion ist z. B. die Haftstrafe für ein Verbrechen.

Schicht, in der Soziologie eine große Gruppe von Menschen, die innerhalb einer Gesellschaft in bestimmten Merkmalen annähernd übereinstimmen und sich aufgrund eines Bewusstseins dieser Gemeinsamkeiten von anderen Schichten unterscheiden. Merkmale zur Bestimmung der Schichtzugehörigkeit sind z. B. Einkommen, Bildung, Lebensstil.

Schocktherapie, eine in der Psychiatrie heute seltener angewandte Behandlungsmethode bei psychischen Störungen, weitgehend durch die Behandlung mit Psychopharmaka ersetzt. – Allgemein auch der Versuch, durch ein unerwartetes Verhalten einen Zustand zu verbessern.

Selbsthilfegruppen, seit den 1960er-Jahren verstärkt in Erscheinung getretene Form der Lebenshilfe und auch der therapeutischen Behandlung, die darin besteht, dass sich Menschen, die von denselben oder ähnlichen Problemen betroffen sind, zusammenfinden und sich gegenseitig Rat und Hilfe bieten.
❧ Eine bekannte Selbsthilfegruppe sind die ›Anonymen Alkoholiker‹.

sensorische Deprivation, *siehe* Deprivation.

Sexismus, die Unterdrückung, Benachteiligung oder herabwürdigende Behandlung einer Frau aufgrund ihres Geschlechts. Der Begriff entstammt der emanzipatorischen Frauenbewegung und bezieht sich z. B. auf die schlechteren Arbeitsbedingungen von Frauen hinsichtlich Lohnzahlung und Aufstiegschancen.

Sexualerziehung, *siehe* Geschlechtserziehung.

sexuelle Revolution, die seit den 1960er-Jahren sich durchsetzende Befreiung der menschlichen Sexualität von bestimmten gesellschaftlichen, z. B. christlichen Moralvorstellungen. Folgen der sexuellen Revolution sind z. B. die Straffreiheit homosexueller Beziehungen unter Erwachsenen, der offenere Umgang mit Sexualität in der Öffentlichkeit, z. B. in den Medien.

Simmel, Georg deutscher Soziologe und Philosoph (* 1858, † 1918), untersuchte die Mechanismen der Gliederung und Steuerung des menschlichen Zusammenlebens, z. B. die Bedeutung des Geldes, und schrieb zahlreiche Abhandlungen zur abendländischen Kunst und Kultur.

Burrhus Frederic Skinner (links) und Georg Simmel (rechts)

Sitten, die je nach Tradition und Kultur unterschiedlichen, in einer Gesellschaft geltenden Verhaltensregeln des Alltags. Beispiele für Sitten sind die Regeln für das Verhalten bei Tisch, Begrüßungs- und Höflichkeitsregeln.

Die skeptische Generation, 1957 erschienene, soziologische Untersuchung von HELMUT SCHELSKY (* 1912, † 1984), deren Titel zu einem Schlagwort wurde. Das Buch gibt ein Porträt der Jugendgeneration nach dem Zweiten Weltkrieg wieder, die wegen der Verführbarkeit ihrer Eltern durch die Ideen der Nationalsozialisten für sich ein skeptisches Bewusstsein entwickelte.

Skinner, Burrhus Frederic amerikanischer Psychologe (* 1904, † 1990), der sich aus der Sicht des Behaviorismus *(siehe dort)* v. a. mit der Erforschung menschlicher Lernprozesse beschäftigte. Er untersuchte seine Theorien u. a. mit der ›Skinnerbox‹, einem Kasten, in dem ein Tier, z. B. eine Ratte, die Möglichkeit hatte, sich durch das Bewegen eines Schalters Nahrung zu besorgen. Nachdem dies einmal zufällig geschah, lernte das Tier allmählich, den Schalter immer dann zu betätigen, wenn es Hunger hatte.

Sozialarbeit, Berufe, die den Zweck verfolgen, Menschen zu helfen, die in sozialer Not sind oder aus anderen Gründen, z. B. als Alte, Behinderte, Obdachlose oder Straffällige auf fremde Hilfe angewiesen sind.

soziale Mobilität, der Auf- oder Abstieg von Personen und Gruppen hinsichtlich ihrer gesellschaftlichen Stellung; bezeichnet auch die in modernen Gesellschaften bestehende Möglichkeit, unabhängig von der Herkunft innerhalb eines Lebens z. B. in eine höhere Schicht *(siehe dort)* aufzusteigen.
❧ Der Traum des Tellerwäschers, Millionär zu werden, ist das Urbild sozialer Mobilität.

sozialer Brennpunkt, die Orte oder Bereiche, an denen soziale Konflikte und Probleme besonders deutlich zum Ausdruck kommen.
❧ Soziale Brennpunkte sind z. B. bestimmte Stadtviertel, in denen es durch Drogenhandel oder Prostitution zu kriminellen Handlungen kommt.

Sozialisation, bezeichnet den Prozess der Übernahme der in einer Gesellschaft herrschenden Normen, Werte und Verhaltensregeln durch die Heranwachsenden. Der wichtigste Ort der Sozialisation ist die Familie, darüber hinaus beeinflussen aber auch die Schule, der Freundeskreis, Alltagserlebnisse und die Medien die Sozialisation des Kindes.

Sozialplanung, die von den gesellschaftlich relevanten Einrichtungen, z. B. einer Stadtverwaltung, vorgenommene Planung der Aufgaben und Leistungen, die sie gegenüber den Bürgern erbringen sollen. Zur Sozialplanung gehören z. B. die Verkehrsplanung, die Ansiedlung von Industrieunternehmen, das Bereitstellen von Wohnraum und Freizeiteinrichtungen.

Sozialwissenschaften, auch **Gesellschaftswissenschaften,** all jene Wissenschaften, die sich mit der Erforschung oder Gestaltung des menschlichen Zusammenlebens in einer Gesellschaft beschäftigen, z. B. Psychologie, Soziologie, Politikwissenschaft.

Soziologie, die Wissenschaft von den sozialen Beziehungen und der Gesellschaft im Ganzen. Sie beschäftigt sich mit den Vorgängen in sozialen Gruppen, mit dem Aufbau der Gesellschaft in Schichten, mit den Möglichkeiten gesellschaftlicher Entwicklung und den verschiedenen Formen von Gesellschaften.

Status, die Stellung und das Ansehen eines Menschen in der Gesellschaft, die durch Bildung, Einkommen und Herkunft bestimmt wird, aber auch durch so genannte ›Statussymbole‹ (Kleidung, Auto).

Sterbehilfe, *siehe* Euthanasie.

Stereotyp, *siehe* Vorurteil.

Stimulus [lateinisch, eigentlich ›Stachel‹], im Lernmodell des Behaviorismus *(siehe dort)* der Anreiz, der eine Handlung oder Reaktion in Gang setzt. So war die Glocke für Pawlows Hunde ein Stimulus, sich auf das Essen vorzubereiten.

Studentenbewegung, 68er-Bewegung, bezeichnet die Protestbewegung der Studierenden in den 1960er-Jahren in Deutschland und anderen Ländern, die 1968 ihren Höhepunkt erreichte. Die Studenten strebten zunächst durch Proteste und Kundgebungen eine Reform des Bildungswesens an, forderten zum Teil auch bestimmte gesellschaftliche und politische Veränderungen.

Subkultur, bezeichnet die Gruppen von Menschen, die innerhalb einer Gesellschaft ein eigenes, von der Norm abweichendes Verständnis von Kultur haben, häufig unter Jugendlichen, so z. B. in der Technobewegung.

Sublimierung [zu lateinisch ›Erhabenheit‹], in der Psychoanalyse der Prozess der Umsetzung von Triebenergie in Kulturarbeit (z. B. künstlerische oder handwerkliche Betätigung), die v. a. dann stattfindet, wenn die unmittelbare Befriedigung der Triebbedürfnisse, z. B. der sexuellen Wünsche, nicht möglich ist oder gesellschaftlich verachtet wird.

Sündenbock, *siehe* Kapitel 7.

Symbol, eine Geste, ein Zeichen oder eine Sache, die stellvertretend für etwas anderes steht oder darauf verweist. Symbole versinnbildlichen oft einen abstrakten Gedanken und dienen damit der Vereinfachung. Ein christliches Symbol ist z. B. das Kreuz.

Synkretismus [griechisch], eine Religion oder Weltanschauung, die aus der Verschmelzung verschiedenartiger Lehren entstanden ist. Der christliche Glaube ist z. B. ein Synkretismus aus jüdischen, orientalischen und hellenistischen religiösen Vorstellungen.

Tabu, *das* [polynesisch], etwas Unantastbares, Unaussprechliches; eine sittliche Schranke. In fast allen Kulturen findet sich z. B. ein Inzesttabu *(siehe dort)*.

Technokratie, *die* [zu griechisch ›Herrschaft der Technik‹], kritische Bezeichnung für eine Gesellschaft, in der alle Bereiche den Zielsetzungen und Anforderungen der Technik unterworfen sind und die Bedürfnisse der Menschen dabei nicht berücksichtigt werden.

Telepathie, *die* Gedankenübertragung, Übertragung von Informationen von einer Person auf eine andere ohne Beteiligung der bekannten Sinnesorgane, häufig über weite räumliche oder zeitliche Entfernungen hinweg. Telepathie ist Gegenstand der Parapsychologie *(siehe dort).*

Therapie, die Behandlung körperlicher oder seelischer Leiden mit einer bestimmten Methode, z. B. mit Medikamenten oder durch eine Psychotherapie.

Totemismus, die Anbetung oder Verehrung einer Figur (Totem), die eine bestimmte Erscheinung der Natur, z. B. ein Tier oder eine Pflanze, verkörpert und der übernatürliche Kraft zugeschrieben wird. Der Totemismus findet sich in vielen Kulturen und leitet sich meist aus deren religiösen Vorstellungen ab.

Tradition [zu lateinisch ›Überlieferung‹], die Weitergabe von Erfahrungen, Vorstellungen, Bräuchen und Verhaltensregeln über mehrere Generationen hinweg.

Transsexualität, psychisch bedingtes Gefühl der Zugehörigkeit zum jeweils anderen Geschlecht. Transsexuelle Menschen streben häufig eine Geschlechtsumwandlung *(siehe dort)* an.

Transvestit, ein Mensch, der eine Vorliebe dafür hat, die Kleidung des jeweils anderen Geschlechts zu tragen und sich diesem Geschlecht entsprechend zu verhalten.

Trauma, *das* [zu griechisch ›Wunde‹], eine Erfahrung im Leben eines Menschen, die seine Wahrnehmungsfähigkeit und seine Belastbarkeit so stark überfordert, dass in der Folge eine innere, psychische Erschütterung mit dauerhaften, z. T. krank machenden Folgewirkungen auftritt. So kann das Miterleben eines Autounfalls oder einer Katastrophe zu einer traumatischen Erfahrung werden.

Die Traumdeutung, einflussreiches Hauptwerk von SIGMUND FREUD, erschienen 1900. Darin beschreibt Freud den Traum als verstellte und maskierte Äußerungsform des Unbewussten und gibt zahlreiche Beispiele der Entschlüsselung von scheinbar unverständlichen Traumereignissen.

Überich, in der Psychoanalyse SIGMUND FREUDS die Instanz im Bewusstsein eines Menschen, die den Trieben gegenübersteht und vom Ich *(siehe dort)* eine Einhaltung der Normen und Werte der Gesellschaft fordert; häufig wird es mit Gewissen gleichgesetzt.

Totemismus. Totempfahl aus dem Saxman-Totempark bei Ketchikan (Alaska)

Unbewusstes, in der Psychoanalyse FREUDS diejenigen Bereiche der Seele, die dem Bewusstsein unzugänglich sind, gleichzeitig aber einen wichtigen Einfluss auf das menschliche Handeln und die Gefühle ausüben, z. B. unbewusste sexuelle Wünsche.

Die Unfähigkeit zu trauern, gesellschaftskritische und sozialpsychologische Schrift des Ehepaars ALEXANDER MITSCHERLICH *(siehe dort)* und MARGARETE MITSCHERLICH (* 1917) von 1967, die sich u. a. mit den Verdrängungsmechanismen der westdeutschen Bevölkerung gegenüber den Verbrechen des Nationalsozialismus befasst.

Unterbewusstsein, in der Psychologie die unterhalb des Bewusstseins gelagerte Schicht von Vorstellungen, Wünschen oder Ängsten, die unter bestimmten Umständen ins Bewusstsein treten können. Hierzu gehören z. B. die Ursachen für die Zu- oder Abneigung, die man gegenüber einer Person empfindet.

Verhaltenstherapie, Form der Psychotherapie, bei der davon ausgegangen wird, dass bestimmte psychische Störungen, z. B. Ängste, auf ein erlerntes Verhalten zurückzuführen sind, und bei der das Verlernen dieses Verhaltens durch gezielte Übungen angestrebt wird.

Die verspätete Nation, 1959 erschienene geistesgeschichtliche Studie von HELMUTH PLESSNER (* 1892, † 1985), in der dieser die Anfälligkeit des deutschen Bürgertums für die Ideen des Nationalsozialismus u. a. aus dem in Deutschland verspätet einsetzenden Prozess der Nationenbildung erklärt.

Verwandtschaft, alle die Menschen, die im weitesten Sinn zur Familie gehören, wobei die Zugehörigkeit durch die biologische Verbindung oder eine rechtliche Verbindung (z. B. durch Heirat) begründet sein kann. Der Verwandtschaftsgrad bezeichnet die Nähe der Verwandtschaft.

Volkskultur, in einem weiten Sinn alle kulturellen Einrichtungen, Produkte und Tätigkeiten der Bevölkerung, soweit sie nicht staatlich begründet, sondern im Alltag oder aus der Tradition entwickelt wurden, wie z. B. Hobbys oder bestimmte Bräuche. In einem engeren Sinn versteht man unter Volkskultur auch Folklore *(siehe dort).*

Vorurteil, eine verfestigte Meinung oder Einstellung, die jemand hat, ohne vorher eine entsprechende Erfahrung gemacht zu haben. Wenn sich ein Vorurteil auf Eigenschaften einer ganzen Gruppe von Menschen bezieht, spricht man von einem Stereotyp, z. B. schwarze Menschen sind ... .

Voyeurismus [vwajø:r...; zu französisch ›Zuschauer‹], ein Verhalten, bei dem ein Mensch v. a. dadurch sexuelle Lust erfährt, dass er anderen, meist heimlich, bei sexuellen Aktivitäten zusieht.

Waldorfschulen, private Gesamtschulen, in denen Erziehung und Unterricht an den Grundsätzen der von RUDOLF STEINER begründeten Anthroposophie *(siehe dort)* ausgerichtet sind, und die sich u. a. um die Förderung künstlerischer und handwerklicher Fähigkeiten bemühen und eine herkömmliche Zensurenvergabe ablehnen.

❧ Die erste Waldorfschule wurde 1919 in Stuttgart von der Waldorf-Astoria-Zigarettenfabrik gegründet.

Max Weber

Weber, Max deutscher Soziologe (* 1864, † 1920), gilt als Begründer der so genannten ›verstehenden Soziologie‹ in Deutschland. Er untersuchte v. a. die Entstehung und Struktur des modernen Kapitalismus und widmete sich Fragen der Rechtswissens- und Herrschaftssoziologie. In seinem Hauptwerk ›Wirtschaft und Gesellschaft‹ (1922) beschreibt Weber den Entwicklungsprozess der Industriegesellschaft als zunehmende ›Entzauberung der Welt‹.

Werturteil, eine Aussage über den Wert oder Unwert einer Sache oder eines Verhaltens, die dadurch zustande kommt, dass man sich auf ein bestimmtes, allgemeines Bewertungssystem, z. B. einer Religion, bezieht.

Xenophobie, *die* [zu griechisch xenoi ›fremd‹], die grundsätzliche Angst vor dem Fremden, die zumeist in Unsicherheiten oder Problemen des Betreffenden begründet ist, und die bei einzelnen Personen oder Gruppen zu einer feindseligen Haltung gegenüber fremden Menschen führen kann (*siehe* Fremdenfeindlichkeit).

12
Medizin und Gesundheit

Der menschliche Körper mit seinem gegliederten Aufbau, seiner Funktion und seinen Krankheiten ist nur eines von vielen lebenden Gebilden, die es auf der Welt gibt. Trotzdem haben wir ein besonderes Interesse an ihm. Wie alles Lebendige – außer den Viren – ist der menschliche Körper aus Zellen aufgebaut. Diese Zellen bilden Gewebe, die Gewebe Organe und die Organe Organsysteme. So gibt es viele Ebenen, auf denen man ein Verständnis des Körpers suchen kann. Man kann die Biochemie einzelner Zellen oder Gewebe, bestimmte Organe oder das System als Ganzes betrachten. Die moderne medizinische Wissenschaft bezieht alle diese Ebenen mit ein.

Die Menge an wissenschaftlichen Grundlagen, die man braucht, um den Körper besser zu verstehen, ist so groß geworden, dass die Grenzen zwischen Medizin und Naturwissenschaft nicht mehr leicht zu bestimmen sind. Deshalb ist das Material in diesem Kapitel den drei verwandten, aber unterschiedlichen Wissensgebieten Anatomie, Physiologie und Medizin entnommen.

Anatomie ist die Wissenschaft vom Aussehen und der Struktur eines Organismus. Die menschliche Anatomie befasst sich mit dem genauen Studium der Körperteile und ihrer Lage. Physiologie, die Wissenschaft, die sich mit der Wirkungsweise lebender Organismen beschäftigt, untersucht die verschiedenen biochemischen und physikalischen Abläufe im Körper. Medizin ist die Wissenschaft und Kunst der Vorbeugung, Diagnose und Behandlung von Krankheiten. Die Beziehung zwischen diesen drei Zweigen der Wissenschaft ist einfach: Um die Funktionsstörungen im menschlichen Körper beheben zu können, muss man wissen, wie der Körper aufgebaut ist und wie er funktioniert.

Die meisten Menschen sind um einiges besser über die wichtigen Strukturen und Wirkungsweisen des Körpers informiert als über Sachverhalte aus anderen Wissenschaften. Zeitungen und andere Publikationen gehen daher in der Regel davon aus, dass ihre Leser recht gut über Anatomie, Physiologie und Medizin Bescheid wissen. Viele Begriffe, die häufig ohne Erklärung in den Massenmedien verwendet werden, werden hier erläutert, um das Wissen um ihre Bedeutung zu vermehren.

Abdomen, *das* [lateinisch ›Bauch‹], der Unterleib; der Teil des Körpers zwischen Brustkorb und Becken, der die Organe der Bauchhöhle umschließt. In der Chirurgie spricht man bei schmerzhafter Erkrankung der Bauchhöhle vom akuten Abdomen.

Abszess, *der* ein entzündetes Gebiet (*siehe* Entzündung) im Gewebe, das mit Eiter gefüllt ist.

Abtreibung, das absichtliche Beenden einer Schwangerschaft, in der Regel bevor der Embryo oder Fetus lebensfähig ist. Während in einigen Ländern die Abtreibung in den ersten 12 Wochen einer Schwangerschaft allgemein zulässig ist (›Fristenlösung‹), knüpfen andere an ihre Zulässigkeit bestimmte Voraussetzungen (so in Deutschland, *siehe* Kapitel 3) oder verbieten sie.

Achillessehne, Sehne, die den Fersenknochen mit dem Wadenmuskel des Beins verbindet.
❧ In der griechischen Mythologie konnte der Held Achilles (*siehe* Kapitel 9) nur an der Ferse verwundet werden.

Adrenalin, *das* ein von den Nebennieren ausgeschiedenes Hormon, das den Körper mit körperlichem oder seelischem Stress fertig werden lässt.
❧ Adrenalin spielt eine sehr große Rolle bei der so genannten Verteidigungsreaktion des Organismus in Gefahrensituationen, in denen die erhöhte Adrenalinausschüttung u.a. zur Erhöhung des Blutdrucks, zur Beschleunigung des Herzschlags und zur Verbesserung der Hirndurchblutung führt.

Aerobic, *das* [εəˈro:bɪk; englisch], sportliche Übungen, die speziell das Herz-Kreislauf-System trainieren und dadurch die Sauerstoffversorgung des Körpers verbessern.
❧ Das Wort Aerobic wird gewöhnlich für eine im Rhythmus von Diskomusik betriebene intensive Form von Gymnastik verwendet.

Aids, Abkürzung für die englische Bezeichnung **A**cquired **I**mmune **D**eficiency **S**yndrome (›erworbene Immunschwäche‹), eine in der Regel tödliche Krankheit, die durch das HIV-Virus (Abkürzung für **H**uman **I**mmunodeficiency **V**irus) verursacht wird. Das Virus, das von einem Menschen zum anderen über Körperflüssigkeiten (wie Blut, Speichel oder Samenflüssigkeit) übertragen wird, lähmt das Immunsystem und führt so zum Zusammenbruch der körpereigenen Abwehrkräfte. Aids wurde zuerst bei Homosexuellen beobachtet sowie bei Drogenabhängigen, die mit dem Virus verseuchte Nadeln benutzt hatten. Zur Ansteckung mit dem Virus kommt es nicht durch jeden Kontakt, vielmehr müssen Verletzungen (z.B. Schleimhautrisse) vorhanden sein, sodass es in den Blutkreislauf gelangen kann.

Akne, eine Hautkrankheit, die häufig in der Pubertät auftritt. Durch die Veranlagung des Einzelnen verstärkt und durch die in dieser Zeit auftretende hormonelle Umstellung bedingt, sondern die Talgdrüsen vermehrt Talg ab. Im Gesicht, an Brust und Rücken entstehen die auch als Mitesser bezeichneten Komedonen. Gefördert wird Akne vermutlich auch durch bestimmte Nahrungsmittel (z.B. Schokolade). Fettarme Kost und Meeresklima können sich günstig auswirken.

Akupunktur, *die* [lateinisch ›Nadelstich‹], ein aus China stammendes Heilverfahren, das durch Einstechen von Nadeln in festgelegte Punkte des Körpers Heilung und Schmerzausschaltung oder teilweise Betäubung zu erreichen sucht. Es gibt mehr als 360 festgelegte Einstichstellen, die auf 14 Linien (Meridianen) liegen, welche den ›Strom der Lebensenergie‹ fortleiten und die mit den inneren Organen verbunden sein sollen.

akut, auf Krankheiten bezogen: rasch einsetzend und heftig verlaufend. Akute Krankheiten sind häufig fieberhafte Erkrankungen, die auch in ein chronisches Stadium übergehen können.

Alkoholismus, chronische Krankheit, die durch übermäßigen und lang anhaltenden Alkoholgenuss verursacht wird; wenn die Krankheit nicht behandelt wird, kann sie zum Tod des Patienten führen. Alkoholismus ist gekennzeichnet durch seelische und körperliche Abhängigkeit vom Alkohol und kann Schädigungen an vielen Organen des Körpers erzeugen, wie der Leber (*siehe* Zirrhose), dem Magen, dem Darm und dem Gehirn. Er kann außerdem Herzrhythmusstörungen, bestimmte Formen von Krebs und Mangelernährung (wegen Appetitlosigkeit) hervorrufen. Die Ursachen des Alkoholismus sind oft durch eine Mischung von körperlichen, seelischen und sozialen Faktoren bedingt.

Allergie, *die* Überempfindlichkeitsreaktion des Körpers gegenüber bestimmten Stoffen, z.B. Pollen oder bestimmten Nahrungsmitteln. Gewöhnliche Anzeichen einer Allergie sind z.B. Niesen, Hautausschläge, Jucken, Schnupfen, Durchfälle.

Alveole, *die* Lungenbläschen, *siehe* Atmungssystem.

Alzheimer-Krankheit, eine nach dem Neurologen ALOIS ALZHEIMER (* 1864, † 1915) benannte Gehirnkrankheit, bei der es zum Schwund von Gehirnzellen kommt. Sie tritt meist ab dem 5. oder 6. Lebensjahrzehnt auf und ist oft der Grund für Gedächtnisschwund.

Amniozentese, *die* *siehe* Fruchtwasseruntersuchung.

Analgetikum, *das* Medikament, das schmerzstillend wirkt, z.B. Aspirin; Schmerzmittel.

Anämie, *die* Blutarmut; Zustand, bei dem die Fähigkeit des Blutes, Sauerstoff zu transportieren, eingeschränkt ist, entweder weil die Zahl der roten Blutkörperchen zu klein ist oder aus Mangel an Hämoglobin *(siehe dort)*.

Anästhesie, *die* [griechisch ›Unempfindlichkeit‹], ärztliches Verfahren, mit dem bei schmerzhaften Eingriffen mithilfe von Betäubungsmitteln Empfindungslosigkeit erzeugt wird. Unter Anästhesie versteht man auch die natürliche Empfindungslosigkeit bestimmter Organe (z. B. des Gehirns), eine krankhafte Erscheinung bei Verletzungen oder Erkrankungen des Nervensystems.

Angina, *die* [lateinisch ›das Erwürgen‹], Erkrankung, die mit Engegefühl verbunden ist, z. B. Angina Pectoris. Im engeren Sinne die Entzündung und Anschwellung der Rachen- und Gaumenmandeln mit Fieber, Schluckbeschwerden und der Gefahr mannigfacher Folgeerkrankungen.

Angina Pectoris, *die* anfallsweise auftretende, starke Herzbeschwerden. Sie beruhen meistens auf einer Verengung der Herzkranzgefäße, die den Herzmuskel mit Blut versorgen.

Anorexie, *siehe* Magersucht.

ansteckende Krankheit, Bezeichnung für eine Infektionskrankheit, die durch Kontakt mit einer infizierten Person verbreitet wird. Der Kontakt mit körperlichen Ausscheidungen einer solchen Person oder mit Gegenständen, die sie berührt hat, kann ebenfalls diese Art von Krankheiten verbreiten.

Antibabypille, *siehe* Ovulationshemmer.

Antibiotika, Stoffe, die Mikroorganismen abtöten oder ihre Vermehrungsfähigkeit blockieren und deshalb zur Behandlung von bestimmten Infektionen eingesetzt werden. Eines der bekanntesten Antibiotika ist Penicillin.

Antidepressiva, Medikamente, die den Symptomen der Depression vorbeugen oder sie lindern. Verschiedene seelische Störungen werden mit Antidepressiva behandelt.

Antigene, körperfremde Stoffe, die die Bildung von Antikörpern auslösen. Toxine, Bakterien, Viren, Zellen transplantierter Organe und alle körperfremden Stoffe ab einer bestimmten Molekülgröße können als Antigene wirken.

Antihistamine, Medikamente, die die Wirkungen des Histamins aufheben oder abschwächen. Der Körper kann in einer Überreaktion auf von außen wirkende Stoffe Histamin freisetzen, das für viele der Symptome von Allergien verantwortlich ist.

Antikörper, Eiweißmoleküle, die vom Körper nach Kontakt mit Antigenen (z. B. Bakterien) gebildet werden und diese unschädlich machen (*siehe* Immunsystem).

Anus [lateinisch ›After‹], *siehe* Darmausgang.

Aorta, *die* die Hauptschlagader, das Hauptblutgefäß des Körpers; sie transportiert das Blut von der linken Seite des Herzens zu den anderen Arterien im Körper.

Approbation, *die* die staatliche Anerkennung der Berechtigung zur Ausübung des Arzt- oder Apothekerberufes.

Arterien, Blutgefäße, die das Blut vom Herzen weg zum Körpergewebe leiten (*siehe auch* Venen).

Arteriosklerose, *die* umgangssprachlich die Arterienverkalkung; bei der Arteriosklerose werden die Wände der Arterien dick und hart. Die nachlassende Elastizität und die häufige Verengung der Blutbahn führen zu einer Verminderung des Blutflusses zu den einzelnen Körperorganen.
❧ Die Arteriosklerose tritt nach dem 40. Lebensjahr oft als chronisches Leiden auf und stellt in den hoch entwickelten Ländern die häufigste Todesursache dar. An ihrer Entstehung sind erbliche und Umweltfaktoren (falsche Ernährung, Rauchen) beteiligt.

Arthritis, *die* Entzündung des Gewebes in den Gelenken, verursacht Schmerzen und Steifheit.

Ascorbinsäure, eine Form des Vitamins C; wird zur Abwehr von Infektionskrankheiten benötigt.

Asthma, *das* [griechisch ›schweres, kurzes Atemholen‹], chronische Erkrankung der Atemwege, gekennzeichnet durch plötzliche, wiederkehrende Anfälle von Atemnot, Keuchen und Husten. Während eines Anfalls krampfen sich die Bronchien zusammen. Sie werden enger und sind nicht mehr ausreichend in der Lage, Luft aus den Lungen herauszulassen. Tierhaare, Staub, Pollen oder bestimmte Nahrungsmittel, aber auch psychischer Stress können einen Anfall auslösen.

Atmung, der Prozess, bei dem ein Organismus Sauerstoff aufnimmt und im Stoffwechsel zu Kohlendioxid umsetzt. Dieses wird zusammen mit anderen Abfallprodukten durch die Lunge wieder abgegeben. Zur Atmung gehören sowohl die Bewegungen des Zwerchfells und die Aufnahme und Abgabe von Gasen durch die Lunge als auch komplizierte chemische Reaktionen, die zur Energiefreisetzung durch die Zellen führen.

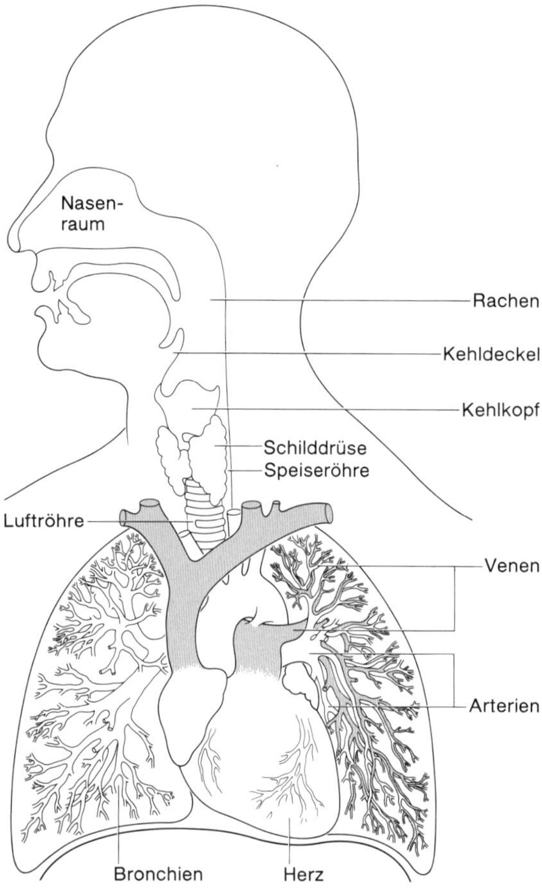

Das Atmungssystem

Atmungssystem, die Gesamtheit der Organe, die an der Atmung beteiligt sind. Die Luft gelangt durch den Mund und die Nase in den Nasen-Rachen-Raum und dann durch die Luftröhre und die Bronchien in die Lunge. Die Luft wird dann in die Lungenbläschen, kleine von Kapillaren durchzogene Luftsäckchen, gesogen. Der Austausch zwischen Sauerstoff und dem Kohlendioxid aus dem Blut findet in diesen Lungenbläschen (Alveolen) statt.

Atrophie, *die* Gewebsschwund, die Abnahme der Zahl oder der Größe der Zellen von Organen oder Geweben, verursacht durch mangelhafte Nahrungszufuhr oder gestörte Zelltätigkeit. Menschen, die ein gelähmtes Körperteil haben, können an Atrophie der betreffenden Muskeln leiden.

Auge, das Sinnesorgan für das Sehen. Teile des Auges sind unter anderem Hornhaut, Iris, Linse, Sehnerv, Pupille und Netzhaut.

Autoimmunkrankheit, durch Antikörper, die gegen die körpereigenen Zellen wirken, verursachte Krankheit. Bestimmte Formen der Anämie, bei denen sich die Antikörper gegen die roten Blutkörperchen wenden, oder Rheumatismus sind Beispiele für Autoimmunerkrankungen.

Backenzähne, die Zähne mit breiten Kauflächen hinten im Mund, die dazu dienen, die Nahrung zu zermahlen. Mit den Weisheitszähnen zusammen hat ein Erwachsener zwölf Backenzähne - sechs oben und sechs unten.

bakterielle Infektion, eine durch Bakterien verursachte Infektion. Das Wachstum vieler krankheitserregender Bakterien kann durch die Gabe von Antibiotika gestoppt werden.

Band, festes, sehnenähnliches Bindegewebe, das Knochen oder Knorpel miteinander verbindet.

Bandwurm, ein Wurm mit einem langen, flachen Körper, der in den menschlichen Därmen als Parasit leben kann. Der Befall mit einem Bandwurm ist gewöhnlich Folge des Verzehrs von rohem Fleisch oder Fisch, in dem sich Wurmlarven befinden.

Barbiturate, Stoffe, die von einer organischen Verbindung abgeleitet sind und als Beruhigungs- und Schlafmittel verwendet werden. Da Barbiturate die Aktivität des zentralen Nervensystems unterdrücken, werden sie manchmal auch bei der Behandlung von Krankheiten wie Epilepsie angewandt. Wiederholte Anwendung kann zu Gewöhnung und beim Absetzen zu Entzugserscheinungen führen.

Bauchhöhle, der Hohlraum im Abdomen *(siehe dort),* der Magen, Teile des Darms, Leber, Bauchspeicheldrüse, Gallenblase, Milz und den unteren Teil der Speiseröhre enthält.

Bauchspeicheldrüse, Pankreas, hinter dem Magen gelegene Drüse, die sowohl im endokrinen System *(siehe dort)* als auch im Verdauungssystem eine Rolle spielt. Sie scheidet Insulin, das den Zucker-

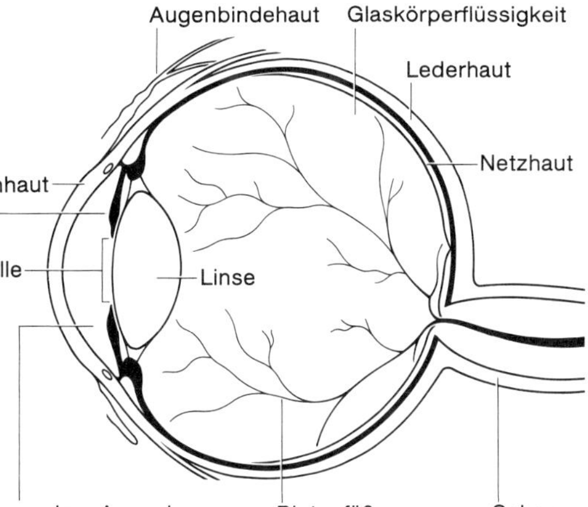

Querschnitt durch das Auge

spiegel im Blut regelt, direkt ins Blut aus. Als Teil des Verdauungssystems gibt die Bauchspeicheldrüse eine Flüssigkeit in den Dünndarm ab, die Enzyme enthält und bei der Verdauung benötigt wird.

Becken, beckenförmiger Knochengürtel, der den Rumpf mit den Beinen verbindet und die Baucheingeweide trägt. Das Becken besteht im Wesentlichen aus den beiden Hüftknochen, dem Kreuzbein und dem Schambein.

Befruchtung, Empfängnis, die Verschmelzung von Samen und Ei zur Zygote (*siehe* Kapitel 13).

Berufskrankheit, Krankheit, die durch den Beruf oder die Arbeit eines Menschen bedingt ist. Eine bekannte Berufskrankheit ist die Staublunge, von der Bergleute betroffen sind und die durch das Einatmen von Kohlenstaub über lange Zeiträume hinweg verursacht wird.
❧ Berufskrankheiten sind in Deutschland versicherungsrechtlich Betriebsunfällen gleichgestellt.

Beschneidung, operative Entfernung der Vorhaut des Penis. Sie findet gewöhnlich kurz nach der Geburt statt, aus medizinischen Gründen bei der Vorhautverengung.
❧ Die Beschneidung wird als eine religiöse Zeremonie v.a. bei Juden und Moslems praktiziert.

Betäubungsmittel, Stoff, der Empfindungs- oder Bewusstlosigkeit verursacht. Mithilfe eines Betäubungsmittels kann man sich Operationen ohne Schmerzempfindung unterziehen.

Bindegewebe, Körpergewebe, das dazu dient, andere Gewebe oder Körperteile zu verbinden oder zu stützen. Knorpel und Sehnen bestehen z.B. aus Bindegewebe.

Bindehautentzündung, Entzündung der Bindehaut, einer durchsichtigen Schleimhaut, die die innere Oberfläche des Augenlids umgibt und den vorderen Teil des Augapfels bedeckt.

Biofeedback, *das* [...fid'bæk; englisch], ein Trainingsverfahren, bei dem man lernt, bestimmte Körperfunktionen zu steuern, die normalerweise nicht vom Willen beeinflussbar sind, z.B. Herzschlag, Blutdruck oder Gehirnströme. Hierzu werden spezielle Überwachungsinstrumente am Körper angebracht, die eine Beobachtung und bewusste Rückkoppelung mit den eigenen Körperfunktionen erlauben; teilweise erfolgreich bei chronischen Kopf- und Rückenschmerzen angewandt.

Blase, dehnbares, sackähnliches Gebilde im Körper, das Flüssigkeit enthält. Die Bezeichnung wird meistens für die Harnblase benützt; ein anderes Beispiel ist die Gallenblase.

Blinddarm, kleines sackähnliches Organ am oberen Ende des Dickdarms. Der Blinddarm hat keine bekannte Funktion beim heutigen Menschen, aber er hat in der menschlichen Entwicklungsgeschichte irgendwann vielleicht eine Rolle im Verdauungssystem gespielt. Der Wurmfortsatz, ein Anhangsgebilde des Blinddarms, ist ein verkümmertes Organ.

blinder Fleck, winzige Region auf der Netzhaut des Auges, mit der man nicht sehen kann. Der blinde Fleck ist der Punkt im Auge, an dem der Sehnerv auf die Netzhaut trifft.

Blut, die Flüssigkeit, die durch Herz, Arterien, Venen und die Kapillargefäße des Herz-Kreislauf-Systems fließt. Blut transportiert Sauerstoff und Nährstoffe zu den Körperzellen und entfernt ›Abfallprodukte‹ und Kohlensäure. Es besteht aus Plasma (hauptsächlich Wasser, jedoch mit einer Mischung aus Hormonen, Nährstoffen, Gasen, Antikörpern und Abfallprodukten), den roten Blutkörperchen (die den Sauerstoff transportieren), den weißen Blutkörperchen (die bei der Abwehr von Infektionen beteiligt sind) und den Blutplättchen (die an der Blutgerinnung mitwirken).

Blutarmut, *siehe* Anämie.

Blutdruck, der Druck des Blutes gegen die Wände der Blutgefäße, besonders der Arterien. Er wird in zwei Zahlen ausgedrückt: Die eine bezeichnet den systolischen (größten) Druck, der dann entsteht, wenn die linke Herzkammer sich zusammenzieht, um das Blut durch den Körper zu pumpen; die andere Zahl steht für den diastolischen (niedrigsten) Druck, der entsteht, wenn die Herzkammer sich entspannt und wieder mit Blut füllt. Der Blutdruck wird unter anderem durch die Stärke des Herzschlags, die Menge an Blut im Körper, die Elastizität der Blutgefäße, das Alter und den Gesundheitszustand der Person beeinflusst (*siehe auch* Herz-Kreislauf-System).

Bluterkrankheit, eine Erbkrankheit, auch Hämophilie genannt, die durch das Fehlen eines Blutbestandteils, der an der Gerinnung mitbeteiligt ist, bedingt ist. Es erkranken fast nur Männer an dieser Krankheit, Frauen können sie jedoch, ohne selbst erkrankt zu sein, weitervererben. Bluter können infolge von kleinen Schnitten und Stößen verbluten, weil ihr Blut die Fähigkeit zu gerinnen weitgehend verloren hat.
❧ Die englische Königin VICTORIA, deren Nachfahren Könige und Königinnen von verschiedenen europäischen Ländern geworden sind, trug das Gen für die Bluterkrankheit, die seitdem immer wieder in den königlichen Familien aufgetreten ist.

Blutgefäße (Adern), die röhrenförmigen Kanäle, durch die bei Menschen und höheren Tieren das Blut im Körper kreist. Arterien, Venen und Kapillargefäße sind Blutgefäße (*siehe auch* Herz-Kreislauf-System).

Blutgruppe, eine von vielen Gruppen, in die das Blut einer Person eingeteilt werden kann. Dabei richtet man sich nach dem Vorhandensein oder Fehlen von bestimmten Antigenen auf den roten Blutkörperchen. Die Blutgruppe wird vererbt.
❧ Blutübertragungen können nur zwischen Spendern und Empfängern stattfinden, die miteinander verträgliche Blutgruppen haben; wenn die Blutgruppen nicht verträglich sind, bildet das Blut des Empfängers Antikörper gegen das Blut des Spenders. Es gibt vier Hauptgruppen: A, B, AB und Null. Innerhalb dieser Gruppen kann der Rhesusfaktor *(siehe dort)* jeweils positiv oder negativ sein.

Blutkrebs, *siehe* Leukämie.

Blutplättchen, Thrombozyten, dünne, scheibenförmige Zellbruchstücke, die die Blutgerinnung einleiten.

Blutübertragung, Bluttransfusion, das Einspritzen von Blut eines Spenders in den Körper eines Empfängers. Ein Mensch braucht Bluttransfusionen z. B. dann, wenn es aufgrund einer Verletzung oder eines chirurgischen Eingriffs zum Verlust größerer Mengen eigenen Bluts gekommen ist.
❧ Erkrankungen wie Hepatitis oder Aids können durch eine Bluttransfusion übertragen werden, wenn das übertragene (transfundierte) Blut verseucht ist. Durch das Abgeben von Blut kann der Spender allerdings nicht erkranken.

Bogengänge, aus drei knöchernen und drei häutigen Gängen bestehende Teile des Gleichgewichtsorgans im Innenohr, die mit einer dünnen Flüssigkeit gefüllt sind, *siehe* Ohr (Zeichnung).

Botulismus, *der* [zu lateinisch botulus ›Wurst‹], eine schwere Form der Lebensmittelvergiftung nach Genuss verdorbener Konserven, die zu Lähmungen führt; ohne sofortige Behandlung oft tödlich. Botulismus wird durch ein anaerobes, nur unter Ausschluss von Sauerstoff lebensfähiges Bakterium verursacht, das einen Giftstoff (das Botulismustoxin) produziert.

Bronchien, das Röhrensystem, das die Luftröhre mit den Lungen verbindet (*siehe* Atmungssystem).

Bruch, *siehe* Eingeweidebruch.

Brutkasten, speziell beschirmtes Bett für Frühgeborene, in dem die Temperatur und der Sauerstoffgehalt der Luft kontrolliert werden können. Die Frühgeborenen bleiben so lange im Brutkasten, bis sie kräftig genug sind, außerhalb des Brutkastens zu leben.

Bulimie, Form eines bewussten gestörten Essverhaltens, das fast ausschließlich bei jungen Frauen zwischen 15 und 30 Jahren mit meist normalem Körpergewicht auftritt. Symptome sind Heißhungerattacken, wobei große Mengen kalorienreicher Nahrungsmittel gegessen werden, und das anschließend selbst herbeigeführte Erbrechen, da eine hochgradige Angst vor einer Gewichtszunahme besteht. Zwischen Entstehung und Verlauf von Bulimie und Magersucht *(siehe dort)* bestehen enge, wahrscheinlich auch ursächliche Zusammenhänge.

Bypassoperation [bajpaß; englisch], operatives Verfahren, um die normale Blutzufuhr (z. B. zum Herzen) wieder zu gewährleisten, wenn eine oder mehrere der Herzkranzgefäße verstopft sind (in der Regel als Folge von Arteriosklerose). Dabei werden Blutgefäße aus einem anderen Teil des Körpers entnommen (meistens die Beinvenen) und vor und nach dem Engpass mit der Koronararterie verbunden, sodass das Blut die Verstopfung ›umgehen‹ (englisch ›bypass‹) kann.

Chemotherapie, Behandlung einer Krankheit mit chemisch hergestellten Medikamenten. Das Wort Chemotherapie bezieht sich oft auf eine Behandlungsmethode bei Krebserkrankungen, bei der chemische Substanzen gegeben werden, um den Krebs zu zerstören.
❧ Eine häufig vorkommende Nebenwirkung der Chemotherapie bei Krebserkrankungen ist der zeitweilige Haarausfall.

Chiropraktik, *die* eine 1897 entwickelte Behandlungsmethode, die verschobene Bandscheiben oder Wirbelkörper wieder einrenkt. Die Chiropraktik geht davon aus, dass Störungen der Nerven die Ursache für die Beschwerden sind.

Chloroform, *das* eine früher als Betäubungsmittel verwendete Flüssigkeit.

Cholera, *die* akute Infektionskrankheit, verursacht durch ein Bakterium, das den Darm befällt. Cholera wird durch verdorbene Nahrung oder mit Fäkalien verseuchtes Wasser übertragen und führt oft zum Tode. Symptome sind starkes Erbrechen, Durchfall und Kreislaufkollaps.

Cholesterin, *das* [zu griechisch cholō ›Galle‹ und stereós ›fest‹], weiße, seifenähnliche Substanz im Körpergewebe und in bestimmten Nahrungsmitteln wie tierischen Fetten, Ölen und Eigelb. Cholesterin wird mit Herzkrankheiten (u. a. dem Herzinfarkt) und Arteriosklerose in Verbindung gebracht (es sammelt sich an den Arterienwänden und stört den Blutdurchfluss). Ein hoher Cholesterinspiegel im Blut gilt als ungesund.

chronisch, auf Krankheiten bezogen: von langer Dauer.

Computertomogramm (CT), *das* dreidimensionale Aufnahme eines Körperquerschnitts mithilfe von Röntgenstrahlen. Ein Computertomogramm kann bei der Diagnose von Krankheiten (z. B. eines Tumors) nützlich sein.

Contergan, ein Schlaf- und Beruhigungsmittel, das in den 1960er-Jahren in Europa in Gebrauch war. Der Vertrieb von Contergan musste eingestellt werden, als klar wurde, dass es bei Verwendung in der Schwangerschaft zu schweren Missbildungen bei den Säuglingen (›Contergankinder‹) führte.
❧ Auf Contergan wird häufig hingewiesen, um auf die Gefahren des Gebrauchs von Medikamenten aufmerksam zu machen, deren Nebenwirkungen nicht ausreichend bekannt sind.

creutzfeldt-jakobsche Krankheit, nach den deutschen Neurologen Hans G. Creutzfeldt (* 1885, † 1964) und Alfons Jakob (* 1884, † 1931) benannte chronische Erkrankung des Nervensystems mit schwammartiger Erweichung des Gehirns, die nach einem bis zwei Jahren zum Tode führt. Die schnell fortschreitenden Symptome äußern sich v. a. als Demenz, spastische Lähmungen und Muskelstarre. Der Zusammenhang zwischen dem Genuss von mit BSE (›Rinderwahnsinn‹) verseuchten Tieren und einer bestimmten Form der creutzfeldt-jakobschen Krankheit gilt inzwischen als erwiesen.

CT, Abkürzung für Computertomogramm.

Darm, der Teil des Magen-Darm-Trakts, der sich vom Magen bis zum Darmausgang erstreckt. Der Darm ist unterteilt in Dickdarm und Dünndarm.

Darmausgang, Anus, der unterste Darmabschnitt am Übergang zur Haut.

Dentin, *siehe* Zahnbein.

Dermatitis, *die* [zu griechisch derma ›Haut‹], Hautentzündung; Juckreiz und Rötung der Haut sind die wichtigsten Symptome einer Dermatitis, die eine Vielzahl von Ursachen hat, z. B. Allergien und das Ausgesetztsein der Haut gegenüber Sonnenbestrahlung und Schadstoffen wie Chemikalien.

Desinfektionsmittel, chemische Mittel, die das Wachstum krankheitserregender Mikroorganismen verhindern oder hemmen.

Diabetes mellitus, *der* [lateinisch mellitus ›honigsüß‹, hier im Hinblick auf den Geschmack des Harns], chronische Stoffwechselkrankheit, bei der Kohlenhydrate nicht richtig verwertet werden können, weil die Bauchspeicheldrüse nicht genügend

Insulin ausscheidet. Ohne ausreichende Insulinproduktion steigt der Blutzuckerspiegel. Im Extremfall kann es dadurch zum Koma kommen.

Diagnose, *die* [griechisch ›Erkenntnis‹], Feststellung, Bestimmung einer körperlichen oder seelischen Krankheit durch den Arzt.

Dialyse, *die* [griechisch ›Trennung‹], chemisches Verfahren zur Trennung langer Moleküle von kurzen Molekülen mithilfe einer halbdurchlässigen Membran.
❧ Eine übliche Behandlung von Nierenkrankheiten ist der Gebrauch eines Dialysegerätes, das die giftigen Bestandteile des Blutes herausfiltert, eine Aufgabe, die sonst die gesunden Nieren übernehmen.

Diaphragma, *das* [griechisch ›Zwischenwand‹], eine kleine dehnbare Kappe, gewöhnlich aus Gummi, die über den Gebärmutterhals gestülpt wird und so eine Befruchtung (Empfängnis) verhütet.

Dickdarm, der untere Teilabschnitt des Darms, der hauptsächlich der Aufnahme von Wasser sowie der Koteindickung und -ausscheidung (über den Darmausgang) dient. Der Dickdarm setzt sich zusammen aus Blinddarm, Grimmdarm (Kolon) und Mastdarm (Rektum).

Dickdarmentzündung, *siehe* Kolitis.

Diphtherie, *die* akute Infektionskrankheit, von der meist Kinder befallen werden, mit Bildung häutiger Beläge auf den Mandeln und auf den Schleimhäuten verschiedener Organe (z. B. Nase). Diphtherie wird durch ein Bakterium hervorgerufen.

Downsyndrom [daun...], angeborene Krankheit, durch eine abnorme Veränderung in den Chromosomen verursacht. Sie ist mit leichter bis schwerer geistiger Behinderung und bestimmten körperlichen Veränderungen verbunden, z. B. mongoloider (nach außen ansteigender) Lidachsenstellung, kurzem, rundem Kopf, offenem Mund und vergrößerter Zunge.

Drogensucht, Zustand seelischer und körperlicher Abhängigkeit von einer Substanz, die auf das zentrale Nervensystem wirkt (z. B. Alkohol, Nikotin, Barbiturate, Opium, Morphium, Heroin, Kokain, Halluzinogene). Ein Drogenabhängiger verlangt zwanghaft nach Drogen, um einen angenehmen seelischen Zustand zu erreichen bzw. einen unangenehmen zu vermeiden. Gleichzeitig ist er auch körperlich auf eine fortlaufende Zufuhr der Giftstoffe angewiesen, wobei die Dosis nicht selten ständig erhöht werden muss.
Die meisten Versuche, durch eine Entzugskur in einer Klinik von der Droge loszukommen, schlagen fehl (Rückfallquote etwa 90 %). Bei der Behandlung Heroinabhängiger mit der Ersatzdroge Methadon (in Deutschland versuchsweise in einigen Städten seit 1988) sind jedoch weit weniger Rückfälle zu verzeichnen (*siehe auch* Alkoholismus).

Drüsen, Organe oder Zellgruppen, die Stoffe aus dem Blut entnehmen und sie chemisch verändern, sodass sie später ausgeschieden werden können, wenn sie im Körper gebraucht werden. Es gibt zwei Arten von Drüsen: solche, die ihre Produkte direkt in das Blut abgeben (die endokrinen Drüsen, z. B. die Schilddrüse), und solche, die ihre Produkte durch Kanäle oder Gänge ausscheiden (die exokrinen Drüsen wie z. B. die Schweißdrüsen, die Speicheldrüsen und die Nebennieren). Die Bauchspeicheldrüse ist sowohl eine endokrine Drüse (das von ihr produzierte Insulin gelangt direkt ins Blut) als auch eine exokrine Drüse (sie sondert auch Enzyme über einen Gang in den Zwölffingerdarm ab).

Dünndarm, der obere Anteil des Darmes, der sich vom Ende des Magens bis zum Anfang des Dickdarms erstreckt. Im Dünndarm, der ungefähr acht Meter lang ist, findet die Verdauung und Aufnahme von Nahrungsbestandteilen statt.

Durchfall, Diarrhö, das häufige Ausscheiden von ungewöhnlich dünnflüssigem Stuhl. Durchfall tritt als Begleiterscheinung anderer Erkrankungen auf, kann aber auch durch Fehler bei der Ernährung verursacht sein. Am häufigsten wird Durchfall durch Bakterien und deren Gifte sowie durch Viren verursacht; aber auch seelische Einflüsse, z. B. Aufregungen, können Durchfälle auslösen.

Eckzähne, die spitzen Zähne im vorderen Mundbereich (zwei oben und zwei unten) neben den Schneidezähnen.

Eierstock, Ovarium, paarig angelegte Keimdrüse, im kleinen Becken gelagert, in dem sich die weiblichen Geschlechtszellen entwickeln.

Eileiter, die feinen Röhren, durch die die Eier von den Eierstöcken zur Gebärmutter gelangen. Normalerweise findet die Befruchtung im Eileiter statt (*siehe* Fortpflanzungssystem).

Eileiterschwangerschaft, Schwangerschaft, die mit der Einnistung des Embryos in einem der Eileiter anstelle der Gebärmutter beginnt. Eileiterschwangerschaften werden gewöhnlich durch eine Verklebung oder eine andere Störung des Eileiters verursacht, die verhindert, dass das befruchtete Ei frei durch ihn hindurchwandern kann.

Eingeweidebruch, Hernie, Vortreten eines Organs oder eines Organteils durch die Wand der Struktur, die es umgibt. Meistens wird die Bezeichnung für das Hervortreten eines Teils des Darms verwendet, der als Ausstülpung des Unterleibs sichtbar ist.

Eisprung, das etwa 12–14 Tage vor Beginn einer Menstruation erfolgende Platzen eines Eibläschens (Follikel) im Eierstock, bei dem ein befruchtungsfähiges Ei freigesetzt und vom Eileiter aufgenommen wird. Von dort wandert es weiter in die Gebärmutter.

Eiweiße, Proteine, Moleküle, die nur aus Aminosäuren aufgebaut sind. Eiweiße sind z. B. als Enzyme unverzichtbar für einen geregelten Ablauf des Stoffwechsels, als Gerüstsubstanzen tragen sie wesentlich zum Aufbau der Gewebe und Organe bei. Eine ausgewogene Ernährung muss ausreichend Eiweiß enthalten. Ein zu hoher Anteil an tierischem Eiweiß (z. B. Fleisch, Eier) in der Nahrung kann zu Arteriosklerose und Gicht führen.

Eizelle, Ovum, weibliche Geschlechtszelle. Eizellen reifen in den Eierstöcken und werden beim Eisprung freigesetzt. Eine Eizelle muss befruchtet werden, um sich zu einem Lebewesen zu entwickeln (*siehe auch* Kapitel 13).

EKG-Gerät, Elektrokardiograph, Gerät, das die elektrische Aktivität des Herzens aufzeichnet. Das EKG-Gerät stellt ein Elektrokardiogramm her.

Elektroenzephalogramm, *das* Abkürzung: EEG, das Aufzeichnen der elektrischen Hirnströme. Elektroenzephalogramme sind nützlich beim Auffinden und bei der Untersuchung von Störungen im Gehirn (z. B. Epilepsie).

Elektrokardiogramm, *das* Abkürzung: EKG, eine bildliche Aufzeichnung der elektrischen Aktivität des Herzens. Elektrokardiogramme werden gemacht, um den Zustand des Herzens zu bestimmen und Herzerkrankungen festzustellen.

Elektrolyt, *der* Stoff, der als Leiter für einen elektrischen Strom dienen kann, wenn er in Flüssigkeit gelöst ist. Elektrolyte finden sich im Blut und in den Gewebsflüssigkeiten im Körper und spielen eine wichtige Rolle bei der Weiterleitung elektrischer Impulse durch die Nerven.

Embolie, *die* [zu griechisch embolḗ ›das Hineindringen‹], das Steckenbleiben von Blutgerinnseln in einer Ader, was zur Folge haben kann, dass ein Organ (z. B. die Lunge) ganz oder teilweise von der Sauerstoff- und Nährstoffversorgung abgeschnitten wird.

Embryo, *der* [griechisch], ein Lebewesen vor der Geburt oder vor dem Ausschlüpfen. Bei der menschlichen Entwicklung vor der Geburt wird das Wort Embryo für die ersten drei Monate nach der Empfängnis, in denen sich die Organsysteme bilden, verwendet. Danach benutzt man den Ausdruck Fetus.

Empfängnisverhütung, jede Maßnahme, die dazu dient, eine Empfängnis (d. h. Befruchtung) während des Geschlechtsverkehrs zu verhindern.

Enddarm, Mastdarm, Rektum, der unterste Teil des Dickdarms. Im Enddarm verweilt der Kot, bis er durch den Darmausgang aus dem Körper befördert wird.

endokrines System, das System endokriner Drüsen (*siehe* Drüsen) im Körper. Das endokrine System kontrolliert biochemisch verschiedene Funktionen von Zellen, Geweben und Organen durch die Ausscheidung von Hormonen *(siehe dort).* Das endokrine System umfasst u. a. Nebennieren, Hirnanhangsdrüse, Schilddrüse, Eierstöcke, Bauchspeicheldrüse und Hoden.

Endorphine, vom Gehirn produzierte Stoffe, die eine schmerzstillende und beruhigende Wirkung auf den Körper haben. Endorphine sind Verwandte der Morphine und werden gewöhnlich vom Gehirn in Zeiten extremen körperlichen Stresses freigesetzt. Das Freisetzen von Endorphinen erklärt wahrscheinlich die Tatsache, dass Patienten mit einem Trauma manchmal den damit verbundenen Schmerz nicht spüren.

Entzugssymptome, eine Vielzahl von körperlichen und seelischen Symptomen wie Nervosität, Zittern, Kopfschmerzen und Schlaflosigkeit. Diese Symptome treten auf, wenn ein Mensch aufhört, eine Substanz (z. B. Alkohol, Nikotin oder andere Drogen) einzunehmen, von der er abhängig geworden ist.

Entzündung, Reaktion des Gewebes auf Verletzung oder Infektion. Schmerzen, Hitze, Rötung und Geschwollensein sind die vier Hauptsymptome einer Entzündung.

Enzephalitis, *die* [zu griechisch enképhalos ›Gehirn‹], Gehirnentzündung; eine Enzephalitis kann durch ein Virus, Bakterien, Sporentierchen oder niedere Pilze hervorgerufen werden; sie kann eine Komplikation einer in erster Linie andere Organe betreffenden Viruserkrankung (wie Grippe oder Masern) sein. Eine Enzephalitis kann völlig ausheilen, jedoch auch zu bleibenden Hirnschädigungen oder gar zum Tod führen.

❧ Gegen die virusbedingte Zeckenenzephalitis kann man sich vorbeugend impfen lassen.

Enzyme, von den Körperzellen produzierte Eiweiße (Proteine), die an chemischen Veränderungen anderer Substanzen beteiligt sind, ohne dabei selbst verändert zu werden, z. B. die Enzyme, die die Nahrung bei der Verdauung aufspalten (*siehe auch* Enzym, Kapitel 13).

Epidemie, *die* [griechisch ›im Volk verbreitet‹], ansteckende Krankheit, die sich rasch unter der Bevölkerung eines Gebietes ausbreitet. Immunisierung und Quarantäne sind zwei der angewendeten Maßnahmen, um eine Epidemie unter Kontrolle zu bringen.

Epidermis, *die* [zu griechisch derma ›Haut‹], die äußere Schicht der Haut.

Epilepsie, *die* [griechisch ›Anfall‹], Erkrankung des Gehirns, die anfallsartig, also plötzlich auftritt, mit Bewusstseinsstörungen einhergeht und von ungelenken Bewegungsabläufen, oft Krämpfen, begleitet ist. Epilepsieanfälle können häufig medikamentös unter Kontrolle gehalten werden.

erblich, bezeichnet Merkmale, die von den Eltern an ihre Kinder durch die Gene (*siehe* Kapitel 13) weitergegeben werden können. Die Bezeichnung erblich wird auf Krankheiten wie die Bluterkrankheit und Merkmale wie die Neigung zur Glatzenbildung angewendet.

eustachische Röhre, die nach dem italienischen Arzt Bartolomeo Eustachi (* 1520, † 1574) benannte Verbindungsröhre zwischen Mittelohr und Nasen-Rachen-Raum; sie besteht aus Knochen und Knorpel.

❧ Beim Start und bei der Landung von Flugzeugen z. B. verhindert Schlucken oder Gähnen das ›Zugehen‹ der Ohren, weil dadurch Luft durch die eustachische Röhre gelangt und einen Druckausgleich zwischen Mittelohr und Umgebung schafft.

Farbenblindheit, ein Defekt bei der Wahrnehmung von Farben, der durch das Fehlen von bestimmten spezialisierten Zellen auf der Netzhaut des Auges verursacht wird. Es gibt eine teilweise Farbenblindheit (wie die ›Rotgrünblindheit‹, bei der eine Person Rot und Grün nicht unterscheiden kann) oder eine vollständige Farbenblindheit (bei der die Person alle Farben als grau sieht).

Fehlgeburt, spontaner Abort, vorzeitige, unfreiwillige Beendigung einer Schwangerschaft innerhalb der ersten 28 Schwangerschaftswochen, wobei der Keimling entweder frühzeitig (›Frühabort‹) abgestoßen wird oder ein nicht lebensfähiges Kind geboren wird (›Spätabort‹; *siehe auch* Totgeburt).

Fette, organische Verbindungen, die dem Körper als Energiespeicher dienen. Fett wird im Fettgewebe des Körpers eingelagert, das den Körper und seine Organe stützt, schützt und isoliert. Eine ausgewogene Ernährung muss Fette enthalten, da man sie außer als Energielieferanten auch für die Aufnahme von bestimmten Vitaminen und als Zellbestandteil braucht.

❧ Viele Menschen nehmen in ihrer Ernährung zu viel Fett zu sich; diese Unausgewogenheit kann zu verschiedenen Krankheiten, z. B. zu Herzkrankheiten, beitragen. Einige Fette, die so genannten gesättigten Fettsäuren, erhöhen den Cholesterinspiegel im Blut, während andere, die so genannten ungesättigten Fettsäuren, dabei helfen können, den Cholesterinspiegel im Blut zu senken.

Fettgewebe, Bindegewebe, das Zellen enthält, die mit Fett gefüllt sind.

Fetus, Fötus, *der* [lateinisch ›das Zeugen; das Gebären‹], bei Menschen das Ungeborene ab der zwölften Woche nach der Empfängnis bis zur Geburt.

Follikelsprung, *siehe* Eisprung.

Fortpflanzungssystem, Gesamtheit der Organe im Körper, die bei der Fortpflanzung eine Rolle spielen. Beim Mann wird der Samen in den Hoden produziert und ergießt sich mit der Samenflüssigkeit während des Geschlechtsakts. Andere Organe des männlichen Fortpflanzungssystems sind die Prostata, der Hodensack und die Samenbläschen. Bei der Frau reifen die Eizellen in den Eierstöcken und werden während des Eisprungs in der Mitte des Menstruationszyklus in die Eileiter abgegeben. Wenn eine Befruchtung erfolgt, wandert die befruchtete Eizelle durch den Eileiter in die Gebärmutter, um sich dort einzunisten und weiterzuentwickeln. Wenn das Ei nicht befruchtet wird, geht es zugrunde und wird während der Menstruation ausgeschieden.

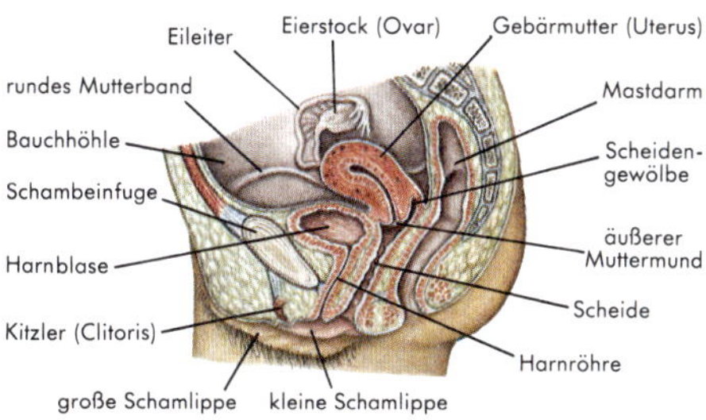

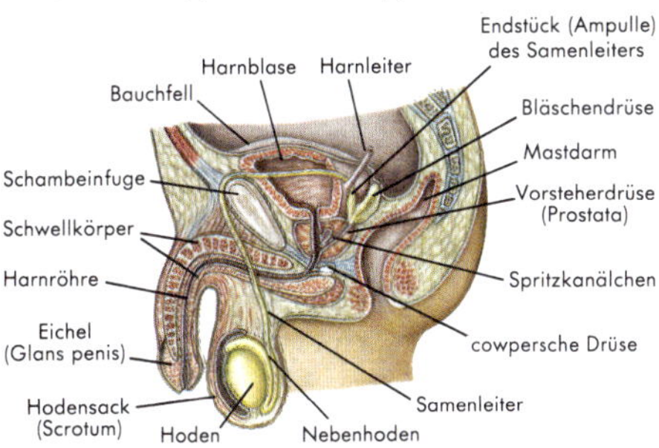

Fortpflanzungssystem des Menschen: oben weibliche, unten männliche Beckeneingeweide

Fruchtblase, doppelte Membran, die den Embryo bzw. Fetus in der Gebärmutter umgibt. Die Fruchtblase ist mit einer Flüssigkeit, dem Fruchtwasser, gefüllt, in der der Embryo oder Fetus schwimmt.

Fruchtwasser, salzhaltige Flüssigkeit, die in der Fruchtblase enthalten ist; der Embryo bzw. Fetus schwimmt im Fruchtwasser, das ihn gegen Druck, Stoß und Erschütterungen von außen schützt.

Fruchtwasseruntersuchung, Schwangerschaftsuntersuchung zur Früherkennung von bestimmten Störungen im Fetus. Bei der Fruchtwasseruntersuchung (auch Amniozentese genannt) wird eine kleine Menge des Fruchtwassers, das den Fetus in der Fruchtblase umgibt, mit einer Nadel, die durch die Bauchdecke der Mutter gestochen wird, entnommen. Das Fruchtwasser enthält gewöhnlich isolierte Zellen des Fetus. Diese Zellen werden untersucht, um Chromosomenstörungen des Fetus (z. B. Downsyndrom) zu erkennen. Sie können auch dazu dienen, Blutgruppenunverträglichkeit oder das Geschlecht des Kindes zu bestimmen.

funktionell, auf die Tätigkeit oder Betätigungsweise eines Gewebes oder auf die Aufgabe eines Organs im Rahmen des Gesamtorganismus bezogen. Bei funktionellen Erkrankungen ist im Gegensatz zu organischen Erkrankungen die Funktion eines Organs zwar gestört, eine Strukturveränderung lässt sich jedoch nicht nachweisen.

Fußpilz, Hautkrankheit, die gewöhnlich die Füße befällt und Juckreiz, Rötung und Zerstörung der Haut verursacht. Fußpilz wird von verschiedenen Pilzen verursacht, die in feuchter Umgebung gedeihen.

Galle, eine bittere, von der Leber produzierte Flüssigkeit in der Gallenblase. Galle wird in den Dünndarm freigesetzt, wenn sie bei der Verdauung von Fett benötigt wird (*siehe auch* Verdauungssystem.)
❧ Galle wird manchmal in übertragener Bedeutung gebraucht, um Bitterkeit zu bezeichnen: ›Ihm kam die Galle hoch‹ oder ›Er hat einen galligen Humor‹.

Gallengänge, Gefäße in der Leber und zwischen Gallenblase und Dünndarm; sie leiten die Gallenflüssigkeit in den Zwölffingerdarm.

Gallenstein, ein hartes, kieselsteinähnliches Gebilde, das sich in der Gallenblase oder den Gallengängen durch chemische Ausfällung ablagert. Gallensteine können beträchtliche Schmerzen verursachen und den Fluss der Galle von Leber und Gallenblase in den Dünndarm behindern. In vielen Fällen müssen Gallensteine oder die ganze Gallenblase operativ entfernt werden.

Gangrän, *die* oder *das* auch **Wundbrand,** Zersetzung von abgestorbenem Körpergewebe durch Fäulnisbakterien. Wegen Vergiftungsgefahr ist häufig die Abnahme (Entfernung) der abgestorbenen Gliedmaße nötig.

Ganzheitsmedizin, Richtung der Medizin, die die Behandlung der Person als Ganzes in den Mittelpunkt stellt und ihr besonderes Augenmerk auf die Wechselbeziehungen zwischen Seele und Körper und zwischen den Systemen innerhalb des Körpers richtet. Die Ganzheitsmedizin betont die Rolle des Patienten bei der Gesundheitsvorsorge durch Mittel wie positive Einstellungen, gesunde Ernährung und regelmäßige Bewegung.

gastrisch, den Magen betreffend.

Gaumen, obere Wölbung der Mundhöhle. Der Gaumen trennt den Mund vom Nasenraum.

Gebärmutter, birnenförmiges Organ des weiblichen Fortpflanzungssystems, in dem der Embryo bzw. Fetus bis zu seiner Geburt heranreift. Die starken Muskeln der Gebärmutter unterstützen die Austreibung des Babys aus dem mütterlichen Körper bei der Geburt.

Gebärmutterhals, das schmale untere Ende der Gebärmutter. Ein Teil des Gebärmutterhalses (Muttermund) erstreckt sich in die Scheide.

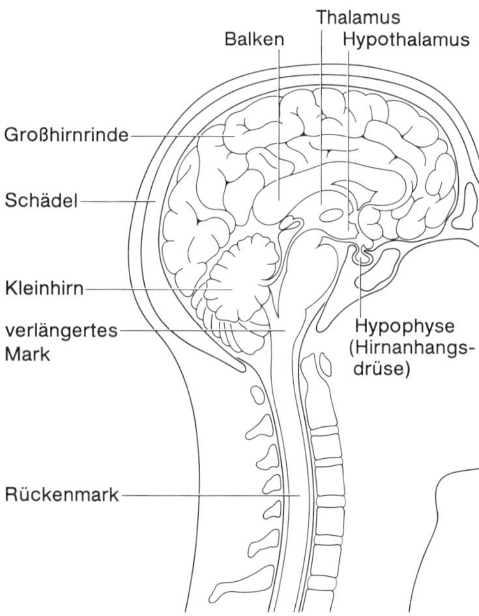

Gehirn. Schnitt durch das menschliche Gehirn

Gehirn, zentrales Organ im Nervensystem, durch den Schädel geschützt. Bestandteile des Gehirns sind: das verlängerte Mark, das Signale vom Rückenmark zum übrigen Hirn weiterleitet und auch das vegetative Nervensystem steuert; die Brücke, eine Ansammlung von Nervenfasern, die mit dem verlängerten Mark verbunden ist; das Kleinhirn, das für die Erhaltung des Gleichgewichts und die Abstimmung (Koordination) von Bewegungen große Bedeutung hat; schließlich das Großhirn, dessen äußere Schicht, die Großhirnrinde, der Sitz von Gedächtnis, Sehzentrum, Sprache und anderen höheren Funktionen ist.
Das Großhirn setzt sich aus der rechten und der linken Hirnhälfte (Hemisphäre) zusammen, wobei jede einzelne andere Funktionen steuert. Im Allgemeinen steuert die rechte Hemisphäre die linke Seite des Körpers und Funktionen wie räumliches Vorstellungsvermögen, während die linke Hemisphäre die rechte Seite des Körpers und Funktionen wie Sprache und Denken kontrolliert. Beide Hälften sind durch eine breite Nervenfaserplatte, den Balken, miteinander verbunden. Unter der Großhirnrinde befindet sich der Thalamus, die Hauptverbindungsstelle zwischen verlängertem Mark und Großhirn; außerdem der Hypothalamus, der u.a. Blutdruck und Körpertemperatur steuert.

Gehirnentzündung, *siehe* Enzephalitis.

Gehirnerschütterung, vorübergehender, meist vollständig ausheilender Zustand nach äußeren Gewalteinwirkungen auf den Schädel. Wesentliches Zeichen der Gehirnerschütterung ist Bewusstlosigkeit; Erbrechen kommt häufig vor. Bei schweren Formen zeigt sich eine ›rückläufige‹ Erinnerungslosigkeit.

Gelbsucht, Symptom für verschiedene Krankheiten, u.a. Leberkrankheiten, bei denen die Haut, das Weiße des Auges und andere Gewebe eine gelbliche Farbe annehmen. Grund dafür ist eine Vermehrung der Gallenfarbstoffe im Blut.

Genitalien, die Fortpflanzungsorgane.

Geschlechtsdrüsen, *siehe* Gonaden.

Geschlechtskrankheiten, Krankheiten, die durch Geschlechtsverkehr übertragen werden können. Zu ihnen gehören z.B. Aids, Gonorrhö (Tripper), Syphilis und bestimmte Formen des Herpes.

Geschmacksknospen, oval geformte Zellansammlungen auf der Zunge und in der Mundschleimhaut, in denen spezielle Nerven enden, die bei der Entstehung der Geschmacksempfindungen wichtig sind.

Geschwür, entzündliche, offene Wunde an Haut oder Schleimhäuten. Ein Geschwür kann sich in der Schleimhaut des Magens oder Zwölffingerdarms bilden und Verdauungsstörungen sowie starke Schmerzen verursachen. Ursache ist ein erst vor wenigen Jahren entdecktes Bakterium, das sich durch Einnehmen von Antibiotika bekämpfen lässt.

Gicht, eine Stoffwechselstörung mit schubweise auftretenden schmerzhaften Entzündungen der Gelenke, besonders der Füße und Hände. Sie tritt meistens bei älteren Männern auf. Die Neigung, Gicht zu entwickeln, ist erblich. Stress, zu viel körperliche Bewegung und vor allem zu viel Eiweiß in der Nahrung können einen Gichtanfall auslösen.

Glaukom, *das* *siehe* grüner Star.

Gonaden, die Organe (auch Keimdrüsen oder Geschlechtsdrüsen genannt), die Samen oder Eier produzieren. Bei der Frau sind die Gonaden die Eierstöcke, beim Mann die Hoden.

Gonorrhö, *die* [griechisch ›Samenfluss‹], eine durch Bakterien verursachte Geschlechtskrankheit, die hauptsächlich die Schleimhäute der Genitalien und des Harntrakts befällt. Wenn Gonorrhö (auch Tripper genannt) nicht behandelt wird, kann sie auf Knochen und Gelenke übergreifen oder Unfruchtbarkeit bewirken. Antibiotika, besonders Penicillin, sind bei der Behandlung von Gonorrhö äußerst wirkungsvoll.

grauer Star, Augenkrankheit, bei der die Linsen sich trüben und dadurch das Sehvermögen beeinträchtigen. Man kann diesen Zustand beheben, indem man die Linse operativ entfernt und sie durch eine künstliche Linse, Brillengläser oder Kontaktlinsen ersetzt.

Grimmdarm, Kolon, der mittlere und längste Teil des Dickdarms.

Grippe, akute Infektionskrankheit des Atmungssystems, verursacht durch das Grippevirus und gekennzeichnet durch Fieber, Muskelschmerzen, Kopfweh und Entzündung der Schleimhäute der Atemwege.

Großhirn, der größte Teil des Gehirns *(siehe dort).*

Großhirnrinde, *siehe* Gehirn.

grüner Star, Glaukom, eine Augenkrankheit, die durch einen erhöhten Flüssigkeitsdruck im Auge gekennzeichnet ist. Der grüne Star kann den Sehnerv beschädigen und zu Blindheit führen, wenn er nicht richtig behandelt wird. In schweren Fällen kann eine Augenoperation erforderlich sein.

Gürtelrose, durch das Herpes-Zoster-Virus verursachte akute Erkrankung bestimmter Nervenknoten mit Ausbildung von zahlreichen, meist halbseitig auftretenden entzündlichen Hautbläschen (meist am Rumpf), oft begleitet von starken Schmerzen.

Halluzinogene, Stoffe oder Drogen, die Halluzinationen, also Sinnestäuschungen oder Trugwahrnehmungen, hervorrufen können (z. B. LSD).

Hämoglobin, *das* komplexes organisches Molekül, das Eisen enthält und den Sauerstoff im Blut transportiert.
❧ Hämoglobin gibt dem Blut seine charakteristische rote Farbe.

Hämophilie, *die* *siehe* Bluterkrankheit.

harnausscheidendes System, die Gesamtheit der Organe, die die Menge an Wasser im Körper regulieren und die Stoffwechselabfallprodukte aus dem Blut herausfiltern und in Form von Urin ausscheiden. Die wichtigsten Organe dieses Systems sind Nieren, Harnleiter, Harnblase und Harnröhre.

Harnblase, sackförmiges Organ, in dem der Urin aufbewahrt bleibt, bis er durch die Harnröhre aus dem Körper gelangt.

Harnleiter, röhrenförmige Organe, die den Urin von den Nieren in die Harnblase transportieren.

Harnröhre, röhrenförmiges Organ, durch das der Urin von der Harnblase aus dem Körper gelangt. Beim Mann dient die Harnröhre auch dem Samenerguss.

harntreibend, bezeichnet einen Stoff, der die Urinproduktion erhöht, z. B. Kaffee.

Hasenscharte, Lippenspalte, angeborene Missbildung der Oberlippe. Die Oberlippe ist nicht richtig zusammengewachsen und durch eine schmale Rinne gespalten. Eine Hasenscharte kann durch plastische Chirurgie behoben werden.

Haut, das den Körper außen bedeckende Gewebe. Die Haut ist das größte Organ des menschlichen Körpers, ihr Gewicht macht ungefähr 4% des Körpergewichts aus. Sie ist ein wasserdichter Schutz des

Körpers gegen Krankheitserreger, Sonnenlicht und Temperaturextreme. Die Haut enthält zudem spezielle Nervenenden, die auf Berührung, Druck, Hitze und Kälte reagieren. Sie besteht aus drei Schichten: Die Oberhaut besteht an ihrer Oberfläche aus abgestorbenen Zellen, die sich ständig abschuppen und von der tiefer liegenden Keimschicht erneuert werden. Unter der Oberhaut liegt die Lederhaut, in die zahlreiche Blutgefäße, Nerven, Talg- und Schweißdrüsen sowie die Haare eingebettet sind. Die dritte Schicht bildet die weiche Unterhaut.

Hebamme, nichtärztliche Geburtshelferin, die von der Schwangeren und dem Arzt bei der Entbindung hinzugezogen werden muss. Die Ausbildung dauert drei Jahre. Männer, die diesen Beruf ausüben, werden als Entbindungspfleger bezeichnet.

Hepatitis, *die* Entzündung der Leber. Hepatitis wird meist durch ein Virus verursacht, kann aber auch durch bestimmte giftige Substanzen, z. B. Medikamente oder Chemikalien, bedingt sein. Von den drei wichtigsten durch Viren hervorgerufenen Formen dieser Erkrankung wird die eine (Hepatitis A) durch verseuchtes Essen und Wasser, die beiden anderen (Hepatitis B und C) durch infizierte Injektionsnadeln, Blutübertragungen oder Geschlechtsverkehr übertragen. Symptome der Hepatitis sind Fieber und gelblich gefärbte Haut (Gelbsucht).

Hernie, *die* *siehe* Eingeweidebruch.

Heroin, aus Morphium hergestellte Substanz (*siehe auch* Drogensucht).

Herpes, *der* eine Gruppe miteinander verwandter Krankheiten, die durch Herpesviren verursacht werden. Für diese Krankheiten typisch ist das Entstehen von bläschenartigen geröteten Wundflächen auf der Haut oder den Schleimhäuten des Körpers. Das Herpesvirus (Herpes Simplex, Typ I) kann die Mundregion befallen und schmerzhafte Bläschen hervorrufen oder eine Geschlechtskrankheit mit schmerzhaftem Juckreiz an den Genitalien (Typ II) verursachen. Windpocken ist eine weitere Krankheit, die von einem Herpesvirus, dem Herpes-Zoster-Virus, hervorgerufen wird; das Herpes-Zoster-Virus verursacht auch Gürtelrose.

Herz, das zentrale Pumporgan im Herz-Kreislauf-System. Das Herz ist ein kegelförmiger Hohlmuskel, dessen Größe ungefähr der Faust seines Trägers entspricht. Es ist von einem bindegewebigen, doppelwandigen Sack, dem Herzbeutel, umgeben. Die eigentliche Wand des Herzens besteht aus einem besonderen Muskelgewebe, das sich regelmäßig und unabhängig vom Willen zusammenzieht und wieder erschlafft, wodurch eine Pump- und Saugwirkung zustande kommt. Das Muskelgewebe wird über die Herzkranzgefäße ernährt. Das Herz ist durch die Herzscheidewand in eine linke und rechte Hälfte geteilt. Zusätzlich ist jede Herzhälfte nochmals in den kleineren Vorhof und die größere Kammer unterteilt, die durch Segelklappen miteinander verbunden sind. Diese Klappen wirken wie Ventile, indem sie das Blut nur in eine Richtung, nämlich von den Vorhöfen in die Kammern, fließen lassen.
In die Vorhöfe münden die zuleitenden Blutadern (Venen). Die rechte Herzkammer treibt das sauerstoffarme Blut, das vom Körper kommt, in die Lunge, die linke Herzkammer treibt das sauerstoffreiche Blut, das von der Lunge kommt, in den Körper. Von der linken Kammer geht die große Körperschlagader (Aorta) ab, von der rechten Kammer die Lungenschlagader. Auch im Anfangsteil dieser Gefäße befinden sich Ventile.

Herzinfarkt, Zerstörung von Herzmuskelgewebe aufgrund einer nicht ausreichenden Sauerstoffversorgung, in aller Regel bedingt durch eine Thrombose der Herzkranzgefäße. Symptome sind Druckgefühl und Schmerzen in der Brust, die oft bis zu Schulter, Armen und Nacken ausstrahlen. In schweren Fällen kommt es zum Aussetzen des Herzschlags oder zum Herzstillstand. Herzinfarkte treten verstärkt bei Männern über 50 Jahren auf.

Herz-Kreislauf-System, das System im Körper, in dem Blut und Lymphflüssigkeit zirkulieren. Zum Herz-Kreislauf-System gehören das Herz und die Arterien, Venen und Kapillargefäße. Die Organe des Lymphsystems gelten ebenfalls als Teil des Herz-Kreislauf-Systems. Nährstoffe, Sauerstoff und andere lebenswichtige Substanzen werden vom Blut, das durch rhythmisches Zusammenziehen des Herzens durch den Körper gepumpt wird, transportiert. Das Blut wird vom Herzen zu den Arterien gepumpt, die sich in immer kleiner werdende Gefäße verzweigen, je weiter sie vom Herzen entfernt sind. Das Blut gibt Sauerstoff und Nährstoffe an die Zellen weiter, nimmt die Abfallprodukte in den Kapillargefäßen auf und kehrt dann über ein System von Venen zum Herzen zurück.

Herz-Lungen-Wiederbelebung (HLW), notfallmäßige Maßnahme zur Wiederbelebung bei Atemstillstand und Herzstillstand. Die HLW wendet Herzmassage und Mund-zu-Mund-Beatmung an, um das Herz und die Lungen wieder in Gang zu bringen.

Hexenschuss, *siehe* Ischias.

hippokratischer Eid, ein früher von den Ärzten abgelegter Eid, mit dem sie schworen, ihre ärztliche Tätigkeit in Übereinstimmung mit den von dem griechischen Arzt HIPPOKRATES (lebte zwischen 460 und 370 v. Chr.) dargelegten Idealen und moralischen Prinzipien auszuüben.

Hirnanhangsdrüse, Hypophyse, kleine Drüse des endokrinen Systems. Sie ist an der Hirnbasis gelegen und wird vom Hypothalamus gesteuert. Die Hirnanhangsdrüse scheidet mehrere Hormone aus: Einige steuern die Tätigkeit anderer Drüsen (z. B. der Schilddrüse), andere beeinflussen Wachstum, Stoffwechsel und Fortpflanzung direkt.

Hirnhaut, die Haut, die das Gehirn und das Rückenmark umgibt.

Hirnhautentzündung, *siehe* Meningitis.

Hoden, die beiden Organe im männlichen Fortpflanzungssystem, die für die Produktion von Spermien und Testosteron *(siehe dort)* verantwortlich sind. Die Hoden befinden sich im Hodensack.

Homöopathie, *die* eine Methode der Krankheitsbehandlung, bei der dem Kranken in extremen Verdünnungen (also in ›homöopathischen Dosen‹) solche Mittel verabreicht werden, die in großen Dosen bei Gesunden ähnliche Symptome hervorrufen wie die Krankheiten, gegen die sie angewendet werden.

Homöostase, *die* die Neigung des Körpers, einen inneren Gleichgewichtszustand zu suchen und zu erhalten, auch wenn er mit äußeren Veränderungen konfrontiert ist. Ein einfaches Beispiel für Homöostase ist die Fähigkeit des Körpers, bei jeder Umgebungstemperatur eine Körpertemperatur um 36,5 °C aufrechtzuerhalten.

Hormone [zu griechisch hormãn ›in Bewegung setzen, antreiben‹], von den endokrinen Drüsen (*siehe* Drüsen) produzierte chemische Stoffe, die vom Blut zu anderen Organen transportiert werden, um deren Funktion anzuregen. Adrenalin, Östrogen, Insulin und Testosteron sind Hormone.

Hörnerv, der Nerv, der das Innenohr mit dem Gehirn verbindet. Einer seiner beiden Äste übermittelt die Hörempfindung an das Gehirn; der andere ist am Gleichgewichtssinn beteiligt.

Hornhaut, durchsichtige äußere Schicht vorne am Auge, die die Iris und die Pupille bedeckt und als Sammellinse für das Licht dient.

Hymen, *das* *siehe* Jungfernhäutchen.

Hypertonie, *die* der Bluthochdruck.

Hypochonder, *der* jemand, der sich ständig einbildet, er sei oder werde krank.

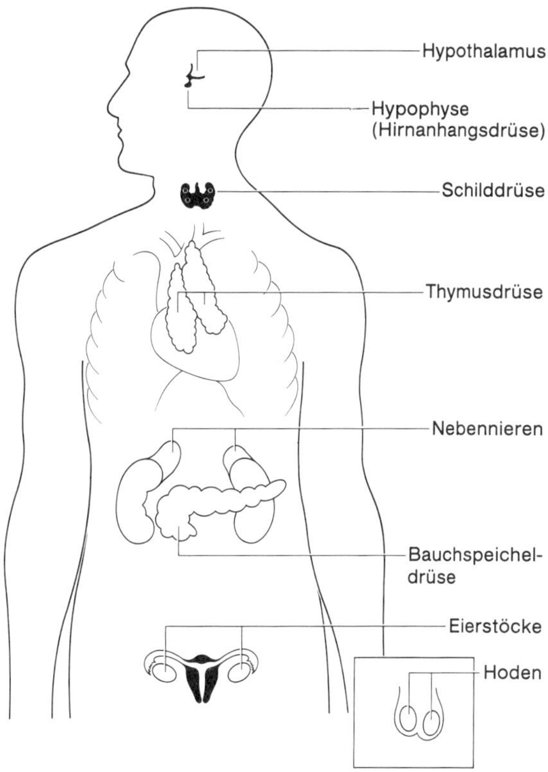

Hormone. Die Lage der Hormondrüsen beim Menschen

Hypophyse, *die* *siehe* Hirnanhangsdrüse.

Hypothalamus, *der* der Teil des Gehirns, der Hunger, Durst und Körpertemperatur steuert und verschiedene Aktivitäten im Körper reguliert, die mit dem Stoffwechsel zu tun haben, einschließlich des Wasserhaushalts. Der Hypothalamus steuert auch die Tätigkeit der Hirnanhangsdrüse und damit den Hormonhaushalt.

Hysterektomie, *die* operative Entfernung der Gebärmutter; erforderlich bei Gebärmutterkrebs, in manchen Fällen auch bei Myomen.

Immunisierung [zu lateinisch immunis ›frei, rein‹], das Herbeiführen von Immunität gegenüber Infektionskrankheiten, entweder durch Impfung oder, auf natürlichem Wege, durch das Überstehen einer Krankheit oder auch nur durch den Kontakt mit dem Krankheitserreger.
❧ Bestimmte Schutzimpfungen werden nach den Empfehlungen der Weltgesundheitsorganisation bei Kindern nach einem Impfplan durchgeführt, z. B. gegen Diphtherie, Tetanus, Kinderlähmung, Masern, Mumps und Röteln. Wegen dieser groß angelegten Immunisierungskampagnen sind viele Krankheiten, die früher häufig auftraten (z. B. Pocken, Tetanus, Kinderlähmung und Keuchhusten), stark zurückgegangen.

Immunität, angeborene oder erworbene Fähigkeit des Körpers, Infektionen abzuwehren oder zu bekämpfen.

Immunsystem, das System im Organismus, das u. a. Infektionen abwehrt. Entscheidende Bedeutung besitzen im Immunsystem die weißen Blutkörperchen: Ein Teil von ihnen produziert Antikörper als Antwort auf spezifische Antigene, die in den Körper eindringen; ein anderer Teil zerstört als ›Fresszellen‹ Krankheitserreger und transportiert tote Zellen ab, um so eine Infektion zu bekämpfen.

Impfstoff, aus toten oder lebenden Mikroorganismen gewonnene Substanz, die durch Schluckimpfung oder Injektion in den Körper eingebracht wird. Ein Impfstoff verursacht die Produktion von Antikörpern, die Immunität gegenüber der Krankheit verleihen, die durch die jeweiligen Mikroorganismen erzeugt wird.

Infektion, örtlich begrenzte oder allgemeine Störung des Organismus durch das Eindringen von Krankheitserregern (z. B. Viren, Bakterien, Pilzen, Parasiten), die sich vermehren und auf andere Einzelwesen übertragen werden können.

Injektion, das Einspritzen von flüssigen Heilmitteln in den Körper, und zwar direkt in die Blutbahn (intravenös), in oder unter die Haut (subkutan) oder ins Muskelgewebe (intramuskulär).

Inkubationszeit, Zeitspanne zwischen der Infektion mit einem Krankheitserreger und dem Ausbruch einer Krankheit.

Innenohr, der Teil des Ohrs, tief im Schädel gelegen, in dem Tonschwingungen in elektrische Signale umgewandelt und über den Hörnerv zum Gehirn geleitet werden, wo die Hörempfindung entsteht. Das Gleichgewichtsorgan befindet sich ebenfalls im Innenohr.

Insulin, *das* von der Bauchspeicheldrüse ausgeschiedenes Hormon, das den Blutzuckerspiegel reguliert.
❧ Personen, die an Diabetes mellitus leiden, müssen sich unter Umständen in größeren Abständen oder auch täglich Insulin spritzen, um dadurch die Krankheit zu behandeln.

Interferon, *das* Hormon, das von bestimmten weißen Blutkörperchen produziert wird, wenn sie einem Virus ausgesetzt sind. Interferon hindert ein Virus an der Vermehrung innerhalb der infizierten Zelle und kann auch andere Zellen gegen das Virus widerstandsfähig (resistent) machen.

Intrauterinpessar, *das* *siehe* Spirale.

intravenös, innerhalb einer Vene gelegen oder in sie hinein erfolgend. Intravenöse Ernährung oder intravenöse Gabe von Medikamenten erfolgt über einen Schlauch direkt in die Vene.

Iris, Regenbogenhaut, pigmenthaltige Membran des Auges, die die Pupille umgibt und sie mittels zweier Muskeln verengt oder erweitert. Damit steuert sie die Intensität des Lichteinfalls.

Ischias, Hexenschuss, akuter oder chronischer Schmerzzustand in Hüfte und Oberschenkel, der durch Druck auf den Ischiasnerv verursacht wird. Der Ischiasnerv verläuft durch das Becken und dann im Oberschenkel in Richtung zur Kniekehle.

jakob-creutzfeldtsche Krankheit, *siehe* creutzfeldt-jakobsche Krankheit.

Jungfernhäutchen, Hymen, dünne Schleimhautfalte, die den Scheideneingang oder einen Teil von ihm bedeckt.
❧ Ein anscheinend unverletztes Jungfernhäutchen wird in manchen Kulturen als Beweis für die Jungfräulichkeit einer Braut angesehen. Jedoch ist der ›Beweis‹ nicht schlüssig. Das Jungfernhäutchen

kann auch bei einer Jungfrau unvollständig sein und unverletzt auch bei einer Frau erscheinen, die schon Geschlechtsverkehr gehabt hat.

Kaiserschnitt, geburtshilfliche Operation, bei der der Fetus durch einen Schnitt in die Bauchdeckenwand und die Gebärmutter geholt wird. Ein Kaiserschnitt wird gewöhnlich dann gemacht, wenn eine natürliche Geburt durch die Scheide als riskant angesehen wird.
❧ Der Begriff geht auf die traditionelle Vorstellung zurück, dass JULIUS CAESAR (von dessen Name sich der Titel ›Kaiser‹ ableitet) auf diese Weise zur Welt gekommen sei.

Kapillargefäße, die kleinen Blutgefäße im Körper, die die Arterien mit den Venen verbinden. Die Kapillargefäße bilden ein kompliziertes Netzwerk um das Körpergewebe herum und verteilen so Sauerstoff und Nährstoffe an die Zellen und sorgen für den Abtransport von Abfallstoffen (*siehe auch* Herz-Kreislauf-System).

Karies, *die* auch **Zahnfäule,** häufige Erkrankung der Zähne, bei der es – zum Teil in Abhängigkeit von der Veranlagung des Einzelnen – durch äußere Einflüsse zur Zerstörung der harten Zahnsubstanz kommt. Karies wird durch die den Zahnkalk auflösende Säure bewirkt, die durch Mikroorganismen im Mund gebildet wird.

karzinogen, Krebs erzeugend.

Karzinom, *das* bösartiger Tumor in einem der Gewebe, welche Haut, Drüsen, Schleimhaut und die Oberfläche der Organe bilden (*siehe auch* Sarkom).

Katheter, *der* eine dünne Röhre, die man in Körperhohlorgane (z. B. die Harnblase) oder Blutgefäße einführt, um Flüssigkeiten zu entfernen, eine Öffnung in eine Körperhöhle zu schaffen oder um etwas einzuspritzen.

Kehlkopf, Larynx, der obere Teil der Luftröhre, der die Stimmbänder enthält.

Keimdrüsen, *siehe* Gonaden.

Keime, Mikroorganismen, die Krankheiten oder Infektionen verursachen können.

Keuchhusten, eine akute, v. a. bei Kindern auftretende Infektionskrankheit, bei der es zu starken, anhaltenden Hustenanfällen kommt. Gegen den durch ein Bakterium verursachten Keuchhusten kann man Kinder ab dem dritten Lebensmonat impfen lassen.

Kinderlähmung, spinale Kinderlähmung, Poliomyelitis, Polio, akute, stark ansteckende Infektionskrankheit, die besonders Kleinkinder und Schulkinder befällt. Erreger sind Viren, die zu einer Entzündung bestimmter Nervenzellen im Rückenmark führen können. Es kommt zu Grippesymptomen und Lähmungen. Meist bilden sich die Lähmungen nicht vollständig zurück. Als Folge der staatlich durchgeführten Schutzimpfung ist die Kinderlähmung in Europa und Nordamerika selten geworden (*siehe* Sabin-Impfstoff).

Kleinhirn, *siehe* Gehirn.

Klimakterium, *das* [griechisch], die Wechseljahre der Frau, *siehe* Menopause.

Kniesehnenreflex, ruckartige, unwillkürliche Vorwärtsbewegung des Unterschenkels, die man durch einen Schlag auf die Sehne direkt unterhalb der Kniescheibe auslösen kann.

Knochenmark, das weiche Bindegewebe in den Hohlräumen der Knochen. Das Knochenmark ist für die Bildung von roten Blutkörperchen im Körper zuständig.

Knorpel, eine Art zähes, aber elastisches Bindegewebe, das einigen Druck aushalten kann. Es ist Teil des Skeletts, z. B. als Hülle für die Gelenke, wo es Stöße dämpft. Knorpel findet sich auch an anderen Stellen des Körpers, z. B. an Nase und äußerem Ohr.

Kodein, *das* ein Medikament, das aus Opium oder Morphinen hergestellt wird und als Schmerz- und Hustenmittel Verwendung findet.

Kohlendioxid, *das* *siehe* Kohlensäure.

Kohlenhydrate, Stoffe, die chemisch aus langen Ketten von Kohlenstoff-, Wasserstoff- und Sauerstoffmolekülen bestehen. Zucker, Stärke und Zellulose sind Kohlenhydrate.
❧ Kohlenhydrate müssen in einer ausgewogenen Ernährung enthalten sein, weil sie eine wichtige Energiequelle für den Körper bilden.

Kohlensäure, Kohlendioxid, Gas, das aus den Lungen strömt, wenn man ausatmet. Kohlensäure ist ein Abfallprodukt des Stoffwechsels.

Kokain, *das* eine Droge, die aus dem in Südamerika beheimateten Kokastrauch gewonnen wird und eine berauschende Wirkung auf den Körper ausübt. Sie kann bei häufigem Gebrauch abhängig machen.

Kolik, *die* [griechisch ›Darmleiden‹], anfallartige, sich wiederholende heftige krampfartige Bauchschmerzen, die durch Zusammenziehen der glatten Muskulatur von Hohlorganen ausgelöst werden (Magen-, Darm-, Gallen-, Nierenkolik).

Kolitis, Dickdarmentzündung; Anzeichen der Kolitis sind Unterleibsschmerzen und abwechselnd Verstopfung und – manchmal blutige – Durchfälle.

Kolon, *das* [griechisch ›Darm‹], *siehe* Grimmdarm.

Koma, *das* [griechisch ›tiefer Schlaf‹], Zustand tiefer Bewusstlosigkeit. Ein Koma kann u.a. Folge einer Kopfverletzung, einer Erkrankung wie Meningitis, Schlaganfall, Diabetes mellitus oder einer Vergiftung sein.

Kontraktion, *die* Zusammenziehung (z.B. eines Muskels oder eines muskulären Hohlorgans wie der Gebärmutter).

Koronararterien, die Arterien, die das Herzgewebe mit Blut versorgen.

Körpersäfte, altertümlicher Ausdruck für jegliche Flüssigkeit im Körper wie Blut, Lymphe oder Galle. ❧ Die Ärzte des Mittelalters glaubten, dass vier verschiedene Körpersäfte – Blut, Schleim, gelbe und schwarze Galle – die Körperfunktionen steuern und dass ihnen vier Temperamente des Menschen entsprechen, die durch den vorherrschenden Saft geprägt sind: Sanguinikern wird Blut zugeordnet, Phlegmatikern Schleim, Cholerikern gelbe Galle und Melancholikern schwarze Galle.

Kortison, *das* von der Nebenniere ausgeschiedenes Hormon, das eine wichtige Rolle beim Stoffwechsel von Fetten und Kohlenhydraten spielt. Es wird unter anderem als Medikament bei der Behandlung von Autoimmunerkrankungen, bestimmten Formen der Arthritis und anderen Entzündungen verwendet.

Krampf, heftiges, oft anfallartiges, unwillkürliches Zusammenziehen der Muskeln. Krämpfe können z.B. durch hohes Fieber oder Vergiftungen verursacht sein und sind häufig Symptome der Epilepsie.

Krankheitserreger, Mikroorganismen, Viren, Bakterien, Pilze, Toxine und Parasiten sind Beispiele für Krankheitserreger.

Krebs, Krankheit, die durch ein schnelles und regelloses Wachstum der Zellen im Körper, oft in der Form eines Tumors, gekennzeichnet ist. Krebs ist invasiv, d.h., er kann sich auf umgebendes Gewebe ausbreiten. Obwohl die Forschung schon eine beträchtliche Kenntnis von ihren Ursachen (z.B. Ernährung, Viren, Umweltfaktoren, Fehler im Erbgut, Rauchen) erlangt und Möglichkeiten ihrer Heilung (z.B. durch Operation, Bestrahlung und Chemotherapie) gefunden hat, ist diese Krankheit eine der häufigsten Todesursachen.

Kreislauf, *siehe* Herz-Kreislauf-System.

Krupp, *der* [zu englisch to croup ›krächzen‹], akut auftretende entzündliche Schwellung der Kehlkopfschleimhaut bei Diphtherie. Ähnliche Symptome treten beim Pseudokrupp auf.

Kurzsichtigkeit, Sehstörung, bei der das Licht, das durch das Auge einfällt, vor der Netzhaut gebündelt wird statt direkt auf ihr, sodass weiter entfernte Gegenstände verschwommen erscheinen.

Lähmung, die vollständige Unfähigkeit, einen Muskel oder eine Muskelgruppe zu bewegen. Lähmungen beruhen auf einer Schädigung der Nerven, die den betroffenen Körperteil versorgen.

Larynx, *der* *siehe* Kehlkopf.

Lebensmittelvergiftung, Krankheit, die durch den Genuss von mit giftigen Stoffen verseuchten Nahrungsmitteln hervorgerufen wird. Eine Lebensmittelvergiftung ist durch Erbrechen und Durchfall gekennzeichnet und oft durch Bakterien wie Salmonellen oder Staphylokokken verursacht (*siehe auch* Botulismus).

Leber, zentrales Stoffwechselorgan und größte Drüse des menschlichen Körpers im rechten Oberbauch unterhalb des Zwerchfells. Die Leber produziert Galle und Bluteiweiße, speichert Vitamine, um sie später ins Blut freizusetzen, entfernt Gifte (u.a. Alkohol) aus dem Blut, baut alte rote Blutkörperchen ab und trägt zur Aufrechterhaltung des Blutzuckerspiegels im Körper bei.

Legasthenie, *die* Schwierigkeiten beim Erlernen des Lesens und Schreibens bei durchschnittlicher oder sogar überdurchschnittlicher Begabung. Legasthenie äußert sich v.a. in der Umstellung und Verwechslung einzelner Buchstaben (z.B. Schiff – Fisch).

Lepra, *die* chronische Infektionskrankheit. Als Symptome treten örtlich Veränderungen der Haut und des Nervengewebes auf, die sich allmählich ausbreiten und Muskelschwäche, Verstümmelungen an Fingern und Zehen sowie Lähmungen verursachen. Es werden heute verschiedene Antibiotika zur Behandlung eingesetzt; bei Verstümmelung sind Maßnahmen der plastischen Chirurgie erforderlich.
❧ Lepra (Aussatz) gehört zu den ältesten Infektionskrankheiten und war schon im Altertum bekannt. Aus Furcht vor Lepra verstieß man die Leprakranken aus der Gemeinschaft und behandelte sie als ›Aussätzige‹.

Leukämie, *die* Blutkrebs, Form des Krebses, bei der die Zahl der weißen Blutkörperchen im Blut stark vermehrt ist. Eine Leukämie betrifft in der Regel u.a. Blut, Knochenmark, Milz, Leber und Lymphknoten und verursacht Gewebeschädigungen. Leukämien führen oft zum Tode, bestimmte Arten sind aber auch heilbar.

Linse, glasklares, fast kreisförmiges Gebilde, direkt hinter der Pupille des Auges gelegen. Die Linse bündelt die einfallenden Lichtstrahlen auf die Netzhaut.

Lipide, Fette oder fettähnliche Stoffe, die sich nicht in Wasser lösen lassen. Lipide sind zusammen mit den Eiweißen und Kohlenhydraten die wichtigsten Bausteine der lebenden Zelle.

Lippenspalte, *siehe* Hasenscharte.

Lokalanästhesie, *siehe* örtliche Betäubung.

LSD, Abkürzung für **L**yserg**s**äure**d**iäthylamid, eine Droge, die Wahnvorstellungen hervorruft, die einer Psychose ähnlich sind. Personen, die auf einem LSD-Trip sind, der mehrere Stunden dauern kann, werden in ihrer Wahrnehmung von Raum und Zeit beeinträchtigt und können jeden Kontakt mit der Realität verlieren.

Lues, *siehe* Syphilis.

Luftröhre, das röhrenförmige Organ, das den Mund mit den Bronchien verbindet und über das Luft in die Lungen gelangt.

lumbal [zu lateinisch lumbus ›Lende‹], zu den Lenden gehörend, die Lenden betreffend.

Lunge, paarig angelegtes zentrales Organ des Atmungssystems. Es liegt im vorderen Brustraum. In den Lungen wird der aus der Luft eingeatmete Sauerstoff an das Blut abgegeben und das Kohlendioxid aus dem Blut entfernt und ausgeatmet.

Lungenarterie, eine große Arterie, die Blut direkt vom Herzen in die Lunge transportiert.

Lungenemphysem, *das* eine chronische Krankheit, bei der die winzigen Luftsäcke (Alveolen) in den Lungen aufgebläht sind, sodass sie das Blut nicht mehr ausreichend mit Sauerstoff versorgen können. Ein Lungenemphysem verursacht Kurzatmigkeit und schmerzhaften Husten und erhöht das Risiko, eine Herzkrankheit zu entwickeln. Es kommt am häufigsten bei älteren Männern vor, die starke Raucher sind.

Lungenentzündung, Pneumonie, Bezeichnung für akut oder chronisch entzündliche Prozesse des Lungengewebes, die durch unterschiedliche Ursachen, meist durch Infektionen (z.B. bakterielle, Pilz- oder Virusinfektionen), hervorgerufen werden. Lungenentzündungen können auch aufgrund von Schädigungen durch Atemgifte oder durch das Einatmen von Metalldämpfen und Stäuben entstehen.

Lymphe, *die* klare, farblose Gewebsflüssigkeit, die durch das Lymphsystem zirkuliert. Lymphe füllt die Zellzwischenräume im Gewebe.

Lymphknoten, kleine, rundliche Organe entlang den kleinen Gefäßen des Lymphsystems.

Lymphsystem, Netz von kleinen Gefäßen und Gewebezwischenräumen, das die Lymphe durch den Körper leitet. Das Lymphsystem erfüllt verschiedene Funktionen: Es filtert u.a. schädliche Bakterien heraus, lässt die weißen Blutkörperchen (in den Lymphknoten) reifen, verteilt Nährstoffe an die Zellen, ist bei der Regulation des Wasserhaushalts im Organismus beteiligt (indem es überschüssige Flüssigkeit abtransportiert und so ein Schwellen des Gewebes verhindert) und wirkt bei der Verdauung von Fetten mit.

Magen, im Oberbauch gelegenes Organ des Verdauungssystems, in das die zerkaute Nahrung aus der Speiseröhre gelangt. Winzige Drüsen in der Magenschleimhaut produzieren den Magensaft, der Säure, Schleim und für die Verdauung wichtige Enzyme enthält. Zusammen mit den Kontraktionen der Muskulatur der Magenwand verwandelt der Magensaft die Speisen in eine zähe, halbflüssige Masse, die zur weiteren Verdauung in den Dünndarm weiterbefördert wird.

Magersucht, Anorexie, psychosomatische Störung, bei der der Patient die Nahrungsaufnahme verweigert und durch bestimmte Handlungen (z. B. selbst herbeigeführtes Erbrechen) eine extreme Gewichtsabnahme zu erreichen sucht. Magersucht, die auch durch ein gestörtes Selbstbild gekennzeichnet ist, kommt meist bei jungen Mädchen und Frauen zwischen zwölf und einundzwanzig Jahren vor und kann im Extremfall zum Tode führen, wenn keine medizinische Behandlung erfolgt. Die Therapie besteht oft in ausführlichen Beratungsgesprächen, um verborgene psychische Probleme wie Angst vor dem Erwachsenwerden und vor der Übernahme der Geschlechterrolle aufzudecken (*siehe auch* Bulimie).

Malaria, Infektionskrankheit, die durch einen Parasiten verursacht wird, der durch den Biss einer infizierten Stechmücke übertragen wird. Malariakranke leiden meistens an periodisch auftretendem Schüttelfrost und Fieber. Weltweit leben 2,2 Mrd. Menschen in malariagefährdeten Gebieten, jährlich sterben etwa eine Mio. Menschen an der Krankheit.

Mammogramm, *das* Röntgenaufnahme der weiblichen Brust mittels einer Mammographie.

Mammographie [zu lateinisch mamma ›weibliche Brust‹], Untersuchung der weiblichen Brust mithilfe von Röntgenstrahlen. Eine Mammographie hilft beim Auffinden von Tumoren in der Brust, die zu klein sind, als dass sie mit anderen Methoden entdeckt werden könnten.

Mandeln, zwei Gewebsmassen auf beiden Seiten des Rachens. Die Mandeln sind ein Teil des Immunsystems und helfen, den Körper gegen Mikroorganismen zu verteidigen.
❧ Die Mandeln werden häufig in der Kindheit durch eine Operation entfernt, wenn sie durch zu ausgedehntes Wachstum die Atemwege verlegen oder wenn sie andauernd entzündet sind.

Masern, akute ansteckende Krankheit, die durch das Maservirus verursacht wird. Symptome sind Fieber, Schnupfen, Husten, Bindehautentzündung und charakteristische rötliche Hautausschläge. Masern treten meist als Kinderkrankheit auf.

Mastdarm, *siehe* Enddarm.

Mastektomie, *die* operative Entfernung der weiblichen Brust.

Melanin, *das* dunkelbrauner Farbstoff im Körper, v. a. in der Haut und im Haar. Es wird von besonderen Hautzellen, die für Sonnenlicht empfindlich sind, gebildet. Melanin schützt den Körper, indem es die ultravioletten Sonnenstrahlen absorbiert.
❧ Die Menge an Melanin bestimmt die Hautfarbe eines Menschen: Personen mit einer großen Menge haben dunkle Haut, während solche, die nur sehr wenig haben, hellhäutig sind. Melanin ist auch für die Sonnenbräune verantwortlich.

Membran, *die* dünnes Häutchen, das trennende oder abgrenzende Funktion hat.

Meningitis, *die* [zu griechisch mẽninx ›Hirnhaut‹], Hirnhautentzündung; Entzündung der Hirn- und Rückenmarkshäute, verursacht durch eine bakterielle oder durch eine Virusinfektion.

Menopause [zu griechisch mḗn ›Monat‹ und paũsis ›Ende‹], Aufhören der Regelblutung (Menstruation) in den Wechseljahren der Frau. Die Menopause tritt im Allgemeinen im Alter zwischen 45 und 50 Jahren auf.

Menstruation, Monatsblutung, das periodische Abstoßen der blutigen Gebärmutterschleimhaut durch die Scheide einer geschlechtsreifen Frau. Die Menstruation markiert das Ende eines Menstruationszyklus und den Beginn eines neuen.

Menstruationszyklus, die periodisch auftretenden Veränderungen im weiblichen Fortpflanzungssystem, die mit der Vorbereitung der Gebärmutter auf eine Schwangerschaft zusammenhängen. Der Zyklus dauert ungefähr 28 Tage. Während des Menstruationszyklus wird ein Ei aus einem der beiden Eierstöcke freigesetzt (das nennt man den Eisprung oder Ovulation), und die Gebärmutterschleimhaut baut eine Schicht aus Blut auf, um für die Einnistung einer befruchteten Eizelle (Zygote) gerüstet zu sein. Wenn eine Befruchtung und Einnistung nicht stattgefunden haben, wird die Gebärmutterschleimhaut während der Menstruation abgestoßen.

Methadon, *das* starkes Schmerzmittel, das manchmal zur Entwöhnung Heroinabhängiger eingesetzt wird.

Mikroorganismen, Lebewesen, die zumeist aus nur einer Zelle bestehen und nur unter starker Vergrößerung sichtbar sind.

Milz, im linken Oberbauch gelegenes Organ des Lymphsystems, das bei der Reinigung des Blutes eine wichtige Rolle spielt. Die Milz filtert auch zerstörte rote Blutzellen aus dem Körper, bildet eine Blutreserve für den Körper und kann unter bestimmten Bedingungen auch selbst weiße Blutkörperchen produzieren.

Mineralstoffe, die für den Aufbau von Körpersubstanzen notwendigen anorganischen Verbindungen, z.B. Calcium (für den Aufbau der Knochen) und Eisen (für die Bildung von Hämoglobin). Andere Mineralstoffe helfen bei der Regulation des Stoffwechsels. Sie müssen ständig mit der Nahrung zugeführt werden.

Mittelohr, Teil des Ohres zwischen Trommelfell und Innenohr. Es besteht aus drei kleinen Knochen (Hammer, Amboss und Steigbügel), die die Schallwellen vom Trommelfell zum Innenohr weiterleiten.

Mongolismus, *siehe* Downsyndrom.

Morphium, *das* Morphin, süchtig machende Droge, ein Abkömmling des Opiums. Morphium ist immer noch ein unentbehrliches starkes Schmerz- und Beruhigungsmittel. Aus ihm wird auch das Rauschgift Heroin hergestellt.

multiple Sklerose, schwere chronische Krankheit des zentralen Nervensystems mit unbekannter Ursache. Kennzeichnend sind Gewebeverhärtungen im Gehirn und im Rückenmark. Eine wirkungsvolle Therapie ist noch nicht gefunden. Der Verlauf der Krankheit ist nicht voraussagbar.

Mumps, akute ansteckende Krankheit, gekennzeichnet durch Fieber und entzündliche Schwellung der Ohrspeicheldrüsen. Mumps wird durch das Mumpsvirus verursacht, ist in der Regel eine Kinderkrankheit und hinterlässt lebenslange Immunität gegen ein erneutes Auftreten der Krankheit. Sie wird umgangssprachlich auch als ›Ziegenpeter‹ bezeichnet.

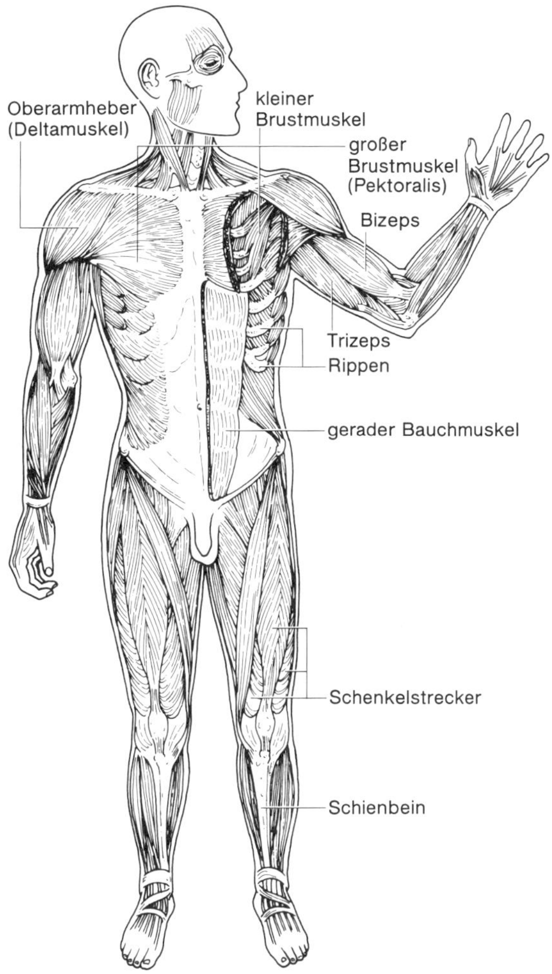

Muskulatur. Vorderansicht

Muskeldystrophie, *die* Erbkrankheit, bei der die Muskeln allmählich schwinden. Es gibt keine Behandlung, und es kommt zu bleibenden Schäden.

Muskulatur, Gesamtheit der Muskeln eines Organismus. Muskeln bestehen aus Muskelzellen bzw. Muskelfasern und dienen der Bewegung von Organen oder Körperteilen. Es gibt drei Arten von Muskeln: quer gestreifte Muskeln, das sind v. a. die Skelettmuskeln, die an den Knochen ansetzen und willkürliche Bewegungen ermöglichen; glatte Muskeln, die in den inneren Organen vorkommen und die unwillkürlichen Bewegungen im Herz-Kreislauf-, im Verdauungs-, im harnausscheidenden System, im Fortpflanzungs- und im Atmungssystem bewirken;

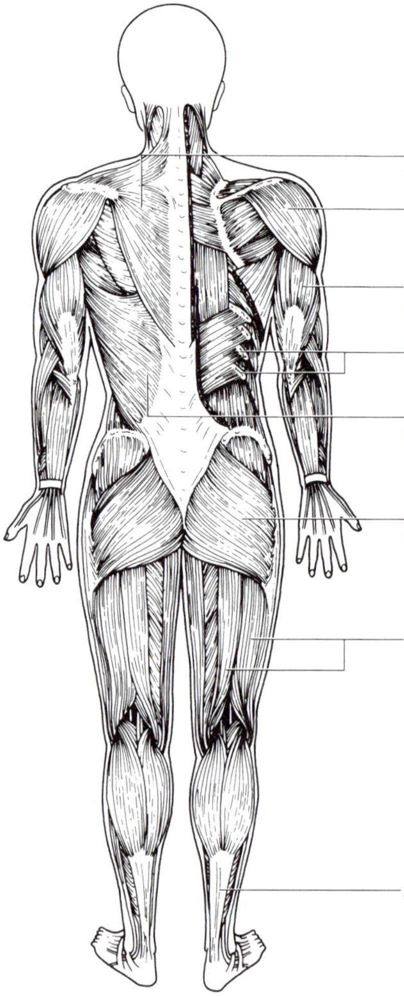

Muskulatur. Rückenansicht

außerdem gibt es die Herzmuskeln, die die kräftigen Wände des Herzens bilden.

Mutterkuchen, blutgefäßreiches Stoffwechselorgan, *siehe* Plazenta.

Nabelschnur, die Verbindung zwischen Embryo bzw. Fetus und Plazenta. Die Nabelschnur enthält Blutgefäße, die den Embryo bzw. Fetus mit Nährstoffen und Sauerstoff versorgen sowie Abfallprodukte des Stoffwechsels entfernen. Die Nabelschnur wird nach der Geburt abgetrennt und hinterlässt in der Mitte des Bauches eine Einwölbung, den Nabel.

Nachgeburt, *siehe* Plazenta.

Narkose, *siehe* Vollnarkose.

Nebennieren, zwei kleine Drüsen, je eine in der Nähe des oberen Teils jeder Niere, die am Hormonsystem beteiligt sind. Ein Teil jeder Nebenniere produziert Adrenalin; ein anderer Teil scheidet weitere wichtige Hormone aus.

Nebenschilddrüsen, vier kleine Drüsen im randnahen Gewebe der Schilddrüse, die im endokrinen System eine Rolle spielen. Die Nebenschilddrüsen produzieren ein Hormon, das den Calcium- und Phosphatstoffwechsel steuert.

Nerv, Faserbündel, das aus Nervenzellen (Neuronen) besteht und Körperteile und Organe mit dem zentralen Nervensystem verbindet. Nerven leiten elektrische Impulse von einem Teil des Körpers zum anderen.

Nervensystem, Gesamtheit der Nervengewebe eines Organismus. Es steuert die inneren Körperfunktionen und besitzt die Fähigkeit zur Reizaufnahme, Erregungsleitung, Signalverarbeitung und zur Beantwortung von Reizen (in Form von Impulsen an die Muskeln). Das Nervensystem setzt sich zusammen aus dem Gehirn, dem Rückenmark, den Nerven und den Sinnesorganen wie dem Auge und dem Ohr.

Nesselsucht, Hautausschlag mit juckenden Quaddeln. Nesselsucht kann durch eine allergische Reaktion (*siehe* Allergie) auf Nahrungsmittel oder andere Stoffe verursacht werden.

Netzhaut, Retina, die innerste, lichtempfindliche Schicht des Auges, die durch den Sehnerv mit dem Gehirn verbunden ist. Die Netzhaut begrenzt das Innere des Augapfels. Die Linse des Auges bündelt Lichtstrahlen auf die Netzhaut.

Neurodermitis, chronisch-entzündliche Hauterkrankung, die überwiegend auf eine angeborene allergische Überempfindlichkeit zurückzuführen ist; psychische Einflüsse können ebenfalls eine Rolle spielen. Symptome sind trockene, schuppende Haut, Bläschenbildung und infolge der chronischen Reizung eine Vergröberung der Oberflächenstruktur der Haut, besonders an Nacken und Hals, am Mund, in den Ellenbeugen, an den Händen und in den Kniekehlen.

Neurose, *die* [zu griechisch neũro ›Nerv‹], Sammelbegriff für eine Vielzahl von psychischen Störungen (z.B. Angst, Furcht, Depression) ohne nachweisbare organische Ursache, die durch bestimmte Erfahrungen entstehen, den Betroffenen unverständlich bleiben und von ihnen nicht ausreichend kontrolliert werden können.

Niere, paarig angelegtes Organ im oberen, hinteren Teil der Bauchhöhle, das insbesondere im harnausscheidenden System eine wichtige Rolle spielt. Die Nieren filtern Abfallprodukte aus dem Blut heraus und scheiden sie im Urin aus. Sie regulieren auch den Wasser- und Salzhaushalt im Organismus.

Nierensteine, kleine harte Gebilde, die durch chemische Ausfällung entstehen und in den Nieren auftreten. Sie sind von unterschiedlicher Größe, die meisten sind sehr klein und werden mit dem Urin ausgeschieden. Wenn sie zu groß sind, verstopfen sie die Niere und verursachen große Schmerzen.

Nikotin, *das* giftige chemische Substanz der Tabakpflanze. In kleinen Dosen wirkt Nikotin anregend auf das Nervensystem.
❧ Das Nikotin ist nach dem französischen Gelehrten JEAN NICOT (* 1530, † 1600) benannt.

Ohr, Hörorgan; es spielt auch eine Rolle bei der Erhaltung des Gleichgewichts. Beim Ohr unterscheidet man das äußere Ohr (von außen bis zum Trommelfell), das Mittelohr und das Innenohr.

Ohrmuschel, der äußere Teil des Ohres, der die Schallwellen auffängt und sie zum Trommelfell weiterleitet.

Opium, *das* süchtig machende Droge, die man aus den unreifen Fruchtkapseln des Schlafmohns gewinnt. Einige andere Drogen, z.B. Morphium und Kodein, sind Abkömmlinge des Opiums.

organisch, in der Medizin eine Bezeichnung für etwas, das auf ein Organ im Körper oder den ganzen Organismus bezogen ist. Bei organischen Erkrankungen lässt sich im Gegensatz zu funktionellen Störungen eine Veränderung der Struktur eines Organs mit naturwissenschaftlichen Methoden (z.B. Mikroskop, Labortest, Röntgen) nachweisen.

Organismus, die Gesamtheit der funktionell miteinander verbundenen und sich gegenseitig beeinflussenden Organe; auch Bezeichnung für das einzelne Lebewesen (Mensch, Tier, Pflanze).

örtliche Betäubung, Lokalanästhesie, das Erzeugen von Empfindungslosigkeit mithilfe eines Betäubungsmittels, das nur an der Stelle wirkt, an der es angewendet wird.

Osteoporose, *die* allmähliches Weichwerden der Knochen, sodass sie anfällig für Brüche werden. Osteoporose wird durch Mangel am Mineral Calcium verursacht und betrifft meistens ältere Frauen.
❧ Der Osteoporose kann durch ausreichende regelmäßige Bewegung, der Einnahme von Mineral- oder Hormonpräparaten und calciumreiche Nahrung vorgebeugt werden.

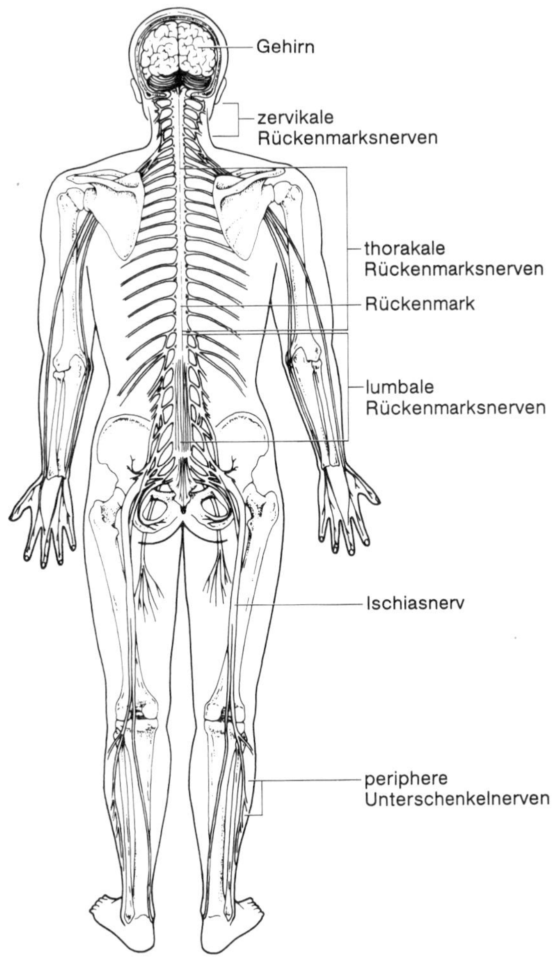

Nervensystem

Östrogene, Hormone, die hauptsächlich von den Eierstöcken produziert werden und im Fortpflanzungssystem eine Rolle spielen; sie wirken v.a. auf

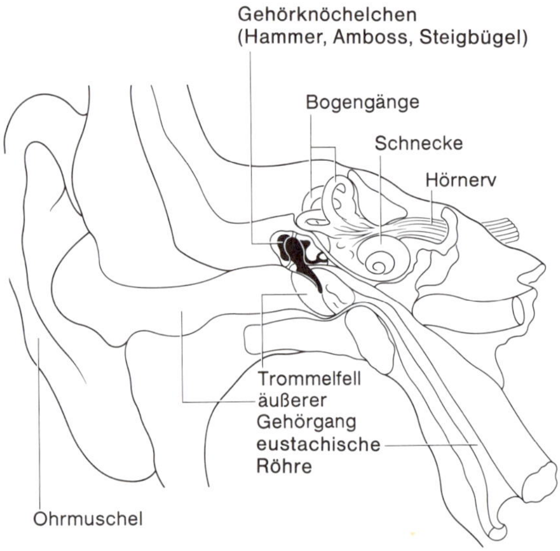

Ohr. Schnitt durch die äußeren Gehörgänge (links) und das Innenohr (rechts)

die Entwicklung der weiblichen äußeren Geschlechtsmerkmale ein und bereiten den Körper während des Menstruationszyklus auf den Eisprung vor.

Ovarium, *das* Mehrzahl **Ovaria** oder **Ovarien,** *siehe* Eierstock.

Ovulationshemmer, Arzneimittel auf hormoneller Basis zur Unterdrückung der Reifung eines befruchtungsfähigen Eies bei der Frau. Die so genannte ›Antibabypille‹ ist bei regelmäßiger Einnahme die zurzeit sicherste Methode der medikamentösen, steuerbaren Verhütung einer Schwangerschaft.

Pankreas, *die* *siehe* Bauchspeicheldrüse.

Parasiten, Schmarotzer, Organismen, die aus dem Zusammensein mit anderen Lebewesen, ihren Wirten, einseitig Nutzen ziehen. Parasiten, die den Menschen befallen, sind oft schädlich und können Krankheiten wie die Trichinose verursachen.

parkinsonsche Krankheit, erbliche Schüttellähmung, chronische Krankheit des Nervensystems mit Störungen der Bewegungsabläufe. Sie tritt gewöhnlich erst im höheren Lebensalter auf. Symptome sind Zittern, allgemeine Schwäche und vorübergehende Lähmungserscheinungen, v. a. im Gesicht. Bestimmte Medikamente können die Symptome lindern.

❧ Die Krankheit ist nach dem britischen Arzt JAMES PARKINSON (* 1755, † 1824) benannt.

Parodontose, *die* Zahnfleischschwund; nichtentzündliche Erkrankung des Zahnbetts mit Lockerung der Zähne.

pasteurisieren, *siehe* Pasteurisation, Kapitel 13.

pathogen, Krankheiten erregend, sie verursachend. Mikroorganismen, Viren und Toxine z. B. sind pathogen.

Pathologie, *die* Gebiet der Medizin, das sich mit der Erforschung von Ursachen, Entstehungsweise und Verlaufsformen von Krankheiten beschäftigt. Die Pathologie untersucht auch die anatomischen und funktionellen Auswirkungen von Krankheitsprozessen.

Penicillin, *das* Antibiotikum zur Behandlung von Infektionen, die durch Bakterien verursacht werden. Penicillin wird aus Schimmelpilzen, die auch auf Brot und Obst wachsen, gewonnen. Es war das erste Antibiotikum, das entdeckt und allgemein angewendet wurde.

Penis, das männliche Glied; das Organ des männlichen Fortpflanzungssystems, durch das sich der Samen während des Geschlechtsverkehrs ergießt. Der Penis enthält auch die Harnröhre.

peripher, außen liegend, zu den Randgebieten des Körpers (z. B. den Extremitäten) gehörend.

Peristaltik, *die* von den Wänden der muskulösen Hohlorgane (z. B. Speiseröhre, Magen, Darm, Harnleiter, Eileiter) ausgeführte Bewegung, bei der sich die einzelnen Organabschnitte nacheinander zusammenziehen und so den Inhalt des Hohlorgans transportieren.

Pest, hochgradig ansteckende Krankheit, gewöhnlich mit tödlichem Ausgang, die das Lymphsystem befällt. Die Pest wird durch Bakterien, die von Rattenflöhen auf den Menschen übertragen werden, verursacht.

❧ Pestepidemien (›schwarzer Tod‹) wüteten, aus Asien eingeschleppt, zwischen 1347 und 1352 in Europa besonders stark und entvölkerten weite Gebiete (*siehe* Kapitel 1).

pfeiffersches Drüsenfieber, nach dem Internisten EMIL PFEIFFER (* 1846, † 1921) benannte akute Infektionskrankheit, verursacht durch ein Virus. Zu den Symptomen gehören Fieber, geschwollene Lymphknoten und allgemeine Erschöpfungszustände. Beim pfeifferschen Drüsenfieber vermehren sich die weißen Blutkörperchen im Blut des Erkrankten. Die Behandlung besteht v. a. aus Bettruhe; die Erkrankung heilt nach ein paar Wochen aus.

physisch, die körperliche Beschaffenheit betreffend, körperlich.

Plaque, *die* [plak; französisch ›Fleck‹], dünner Belag aus Bakterien, Schleim und Essensresten, der sich auf der Oberfläche der Zähne bildet (Zahnbelag). Plaque trägt zu Karies und Parodontose bei. Plaque kann auch eine Mischung aus Cholesterin und Fetten bezeichnen, die sich an den Innenwänden der Arterien ansammelt und Arteriosklerose verursacht.

Plasma, *das* [griechisch ›Geformtes, Gebilde‹], der flüssige Teil des Blutes oder der Lymphe. Blutplasma besteht hauptsächlich aus Wasser; es enthält außerdem Gase, Nährstoffe und Hormone. Die roten und weißen Blutkörperchen sowie die Blutplättchen befinden sich im Blutplasma.

plastische Chirurgie, Gebiet der Chirurgie, das sich mit der Wiederherstellung von Körperteilen beschäftigt. Plastische Chirurgie wird zur Behebung körperlicher Missbildungen angewendet oder zur Wiederherstellung von Körperteilen, die durch Verletzung oder Krankheit entstellt wurden. Beispiele sind Brustrekonstruktionen bei Frauen, deren Brust operativ entfernt wurde, und Hauttransplantationen bei Verbrennungsopfern.

Plazenta, Mutterkuchen, Organ, das sich in der Gebärmutter bildet, wenn sich eine befruchtete Eizelle (Zygote) eingenistet hat. Die Plazenta leitet Nahrung vom mütterlichen Blut zum Embryo bzw. Fetus; sie transportiert auch Abfallstoffe vom Embryo (Fetus) zum Blut der Mutter, von wo sie mit dem Harn ausgeschieden werden. Der Embryo ist mit der Plazenta durch die Nabelschnur verbunden. Nach der Geburt löst sich die Plazenta von der Gebärmutter und wird aus dem Körper der Mutter als Nachgeburt ausgestoßen.

Pneumonie, *die* *siehe* Lungenentzündung.

Pocken, akute, durch ein Virus verursachte Infektionskrankheit. Sie gilt aufgrund eines erfolgreichen Impfprogramms weltweit als praktisch ausgerottet. Hohes Fieber und Geschwüre, die bei Ausheilung Narben hinterlassen, sind Symptome der Pocken.

Polio, *siehe* Kinderlähmung.

Poliomyelitis, *siehe* Kinderlähmung.

Procain, *das* Stoff, der als örtliches Betäubungsmittel verwendet wird.

Prostata, *die* *siehe* Vorsteherdrüse.

Proteine, *siehe* Eiweiße.

Pseudokrupp, *der* akut auftretende entzündliche Schwellung der Kehlkopfschleimhaut, v. a. bei Kleinkindern. Symptome sind pfeifende Einatmung, bellender, rauer Husten, Erstickungsangst. Der Pseudokrupp kann im Zusammenhang mit einer Infektion der oberen Luftwege stehen. Ein Zusammenhang mit einer erhöhten Schadstoffkonzentration in der Luft wird vermutet (*siehe auch* Krupp).

psychisch [zu griechisch psychḗ ›Seele‹], das seelisch-geistige Leben des Menschen betreffend; seelisch.

Psychose, *die* seelische Krankheit, die durch eine grundlegende Veränderung im Bezug zur Umwelt gekennzeichnet ist. Hierzu gehören Ichstörungen, bei denen z. B. eigene Gedanken als von fremden Personen stammend erlebt werden, Wahnstimmungen, die die Umwelt bedrohlich erscheinen lassen, und Wahrnehmungsveränderungen.

psychosomatisch, bezeichnet die Beziehung zwischen Seele (Geist) und Körper.
❧ Psychosomatische Erkrankungen haben eindeutige körperliche Symptome, man nimmt jedoch an, dass sie zumindest teilweise durch psychische Faktoren verursacht werden. Die Magersucht ist ein typisches Beispiel einer psychosomatischen Erkrankung.

Pupille, die scheinbar schwarze, zentrale Öffnung in der Iris des Auges, durch die Licht auf die Netzhaut einfällt.

Quarantäne, die Isolierung von Menschen, die die Erreger einer ansteckenden Krankheit möglicherweise oder wirklich tragen. Durch die Quarantäne soll die Ausbreitung ansteckender Krankheiten verhindert werden.
❧ Quarantäne stammt aus dem Französischen und bedeutet eigentlich ›Anzahl von 40 Tagen‹; damit

waren früher Isolierungsmaßnahmen und ihre Dauer gemeint, besonders anlässlich von Pestausbrüchen; sie wurde erstmals 1377 in Ragusa (heute Dubrovnik) verhängt.

Rachitis, *die* v. a. bei Kindern vorkommende Erkrankung, die durch krankhaft weiche, mangelhafte Knochenbildung gekennzeichnet ist; Ursachen sind Vitamin-D-Mangel in der Ernährung oder fehlende Sonneneinwirkung auf die Haut.

Reflex, *der* unwillkürliche Reaktion eines Muskels oder einer Muskelgruppe auf einen von außen an den Organismus herangebrachten Reiz (z. B. der Kniesehnenreflex).

Regenbogenhaut, *siehe* Iris.

Rektum, *das* *siehe* Enddarm.

Remission, *die* Rückgang von Krankheitserscheinungen.

Resorption, *die* Aufnahme flüssiger oder gelöster Stoffe, z. B. von Nahrungsbestandteilen, über das Verdauungssystem oder von Medikamenten über die Haut und Schleimhaut in die Blut- oder Lymphbahn.

Retina, *die* *siehe* Netzhaut.

Rhesusfaktor, ein Antigen auf der Oberfläche von roten Blutkörperchen bei Rhesus-positiven Menschen. Menschen, die dieses Antigen nicht besitzen, bezeichnet man als Rhesus-negativ. Wenn Rhesus-negativen Menschen Rhesus-positives Blut übertragen wird, bilden sich so genannte Rhesus-Antikörper. Diese reagieren mit den Rhesus-Antigenen des Rhesus-positiven Spenders und führen zu schweren Komplikationen bei der Blutübertragung.
❧ Eine Rhesus-negative Mutter kann gegen ihr Rhesus-positives Kind während einer Schwangerschaft Rhesus-Antikörper bilden. Dies kann bei einer zweiten Schwangerschaft mit einem Rhesus-positiven Kind zum Tod des Embryos bzw. Fötus führen, wenn nicht rechtzeitig vorbeugende Maßnahmen ergriffen werden.

rheumatisches Fieber, Komplikation einer Infektion mit Streptokokken, die meist bei Kindern auftritt. Beim rheumatischen Fieber kommt es zu Fieber und Gelenkschmerzen und einer Schädigung der Herzklappen, wenn nicht rechtzeitig mit einem Antibiotikum (z. B. Penicillin) behandelt wird.

Rheumatismus, Oberbegriff für eine Vielzahl von Erkrankungen der Knochen, Gelenke, Muskeln und des Bindegewebes, die mit Schmerzen, Steifheit und Entzündungen einhergehen.

Röntgenbild, eine Art Fotografie, die durch die Verwendung von Röntgenstrahlen (nach dem Physiker WILHELM CONRAD RÖNTGEN, * 1845, † 1923) erzeugt wird. Ein Röntgenbild wird aufgenommen, wenn zur Diagnose einer Erkrankung ein Bild der inneren Organe des Körpers benötigt wird oder wenn z. B. das Ausmaß von Knochenverletzungen nach einem Unfall bestimmt werden soll.

rote Blutkörperchen, scheibenförmige Blutzellen, die das Hämoglobin enthalten. Die roten Blutkörperchen versorgen alle Zellen im Körper mit Sauerstoff und entfernen die Kohlendioxidabfälle, die aus dem Stoffwechsel stammen.

Röteln, eine akute und ansteckende Krankheit; sie wird durch ein Virus verursacht. Symptome sind rötlicher Hautausschlag und Lymphdrüsenschwellungen; verleiht lebenslange Immunität.
❧ Röteln können schwere Schäden beim Embryo hervorrufen, wenn die Mutter während der ersten drei Schwangerschaftsmonate an Röteln erkrankt. Deshalb sollten Frauen im gebärfähigen Alter, die noch keine Röteln hatten, sich impfen lassen. Bei einer Schwangerschaft wird der Schutz überprüft.

Rückenmark, die große Säule aus Nervengewebe, die von der Schädelbasis bis zum unteren Drittel der Wirbelsäule im Rückenmarkskanal verläuft. Als Teil des zentralen Nervensystems leitet es Nervenimpulse zwischen dem Gehirn und anderen Körperteilen hin und her. Diese Impulse laufen über einzelne Nervenstränge und Nerven, die sich wie Zweige eines Baumes vom Rückenmark her erstrecken und in ihrer Gesamtheit ein Netzwerk bilden.

Ruhr, schmerzhafte, durch Entzündung und Durchfall gekennzeichnete Darmerkrankung. Ruhr kann durch Bakterien verursacht oder die Folge einer Verseuchung mit Amöben sein.

Sabin-Impfstoff, von dem amerikanischen Wissenschaftler ALBERT B. SABIN (* 1906, † 1993) entwickelter Schluckimpfstoff, der Immunität gegen Kinderlähmung verleiht.

Salmonellen, in verschiedenen pathogenen Formen vorkommende Bakterien. Eine Salmonellenart kann Typhus erzeugen, andere sind für bestimmte Formen der Lebensmittelvergiftung verantwortlich.

Samen, die zähflüssige weißliche Substanz, die von den verschiedenen Drüsen des männlichen Fortpflanzungssystems erzeugt wird und die Samenfäden (Spermien) enthält.

Sarkom, *das* bösartiger, in der Regel von Binde- und Stützgewebe ausgehender Tumor (*siehe auch* Karzinom).

Sauerstoff, chemisches Element, das für die Freisetzung von Energie im Körper nötig ist. Der Anteil des Sauerstoffs in unserer Atemluft beträgt ungefähr ein Fünftel.

Scharlach, *der* akute Infektionskrankheit, die von Streptokokken-Bakterien erzeugt wird. Die Symptome des Scharlachs sind Fieber, Halsschmerzen und ein hellroter Hautausschlag. Scharlach kann mit Penicillin gut behandelt werden.

Scheide, Vagina, röhrenförmiges Organ der Frau, das das äußere Genitale mit der Gebärmutter verbindet.

Schilddrüse, große Drüse am Hals, die zum endokrinen System gehört. Die Schilddrüse produziert Hormone, die Wachstum und Stoffwechsel steuern.

Schlaganfall, Schlag, plötzlicher Verlust von Gehirnfunktionen, der durch eine Unterbrechung der normalen Blutzufuhr zum Gehirn verursacht wird. Ein gerissenes Blutgefäß oder die Thrombose eines Blutgefäßes im Gehirn können einen Schlaganfall erzeugen. Die klinischen Symptome können leicht sein und aus vorübergehender Lähmung und Sprachstörungen bestehen, es kommen jedoch häufig auch schwere Gehirnschäden und tödliche Verläufe nach Schlaganfällen vor.

Schleimbeutel, mit Flüssigkeit gefüllter Beutel, der die Reibung zwischen den Knochen, Bändern und Sehnen in den Gelenken vermindert.

Schleimhaut, Schleim erzeugende Hautschicht, mit der innere Organe und Eingeweide ausgekleidet sind, die nach außen führen, z. B. der Mund, der Magen-Darm-Trakt, die Nase, die Scheide und die Harnröhre. Diese Hautschichten sind mit Drüsen versehen, die den Schleim absondern.

Schnecke, Teil des Innenohrs, das eigentliche Hörorgan, das den Hörnerv enthält.

Schneidezähne, die scharfen Zähne vorne im Mund (vier oben und vier unten).

Schrittmacherzellen, Zellen, die elektrische Impulse erzeugen und weiterleiten. Schrittmacherzellen befinden sich v. a. in der Herzmuskulatur, wo sie den Herzschlag regeln. Wenn der natürliche Schrittmacher im Herzen nicht richtig funktioniert, kann ein künstlicher Herzschrittmacher erforderlich sein – ein elektrisches Gerät, das die Herztätigkeit durch Stromstöße künstlich anregt und in Gang hält. Ein künstlicher Herzschrittmacher kann durch eine Operation in den Körper eingepflanzt werden.

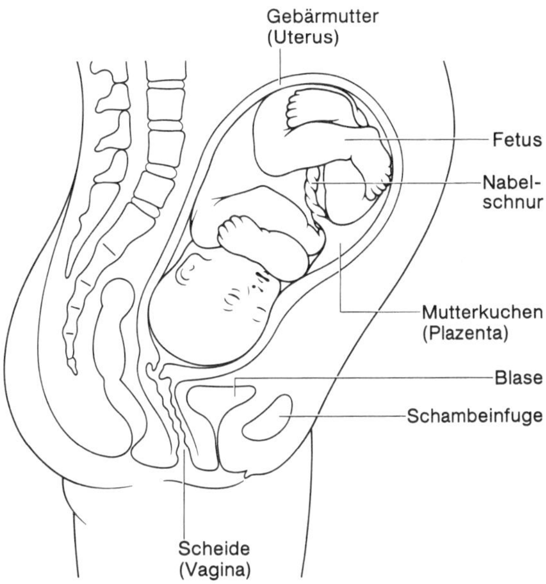

Die Gebärmutter im neunten Schwangerschaftsmonat

Schwangerschaft, Gravidität, der Zeitabschnitt von der Empfängnis bis zur Geburt des Kindes, durchschnittlich 267 Tage. Da der Befruchtungstermin meist nicht genau bekannt ist, geht man bei der Berechnung der Schwangerschaftsdauer und somit des Geburtstermins vom ersten Tag der letzten normalen Menstruation aus und rechnet 280 Tage hinzu. Während der Schwangerschaft vergrößert sich die Gebärmutter, das Milchdrüsengewebe der Brüste wächst und die später auch bei der Geburt besonders beanspruchten Körperteile (u. a. Scheide, Damm, Bauchmuskulatur) werden aufgelockert.

Sehne, festes Band aus Bindegewebe, das die Muskeln mit den Knochen verbindet.

Sehnerv, der Nerv, der elektrische Impulse von der Netzhaut im Auge zum Gehirn leitet.

sekundäre Geschlechtsmerkmale, Organe oder Eigenschaften, durch die sich die Geschlechter voneinander unterscheiden, ohne dass sie der Fortpflanzung dienen, u.a. die weibliche Brust, die Höhe der Stimmlage sowie die Körperbehaarung.

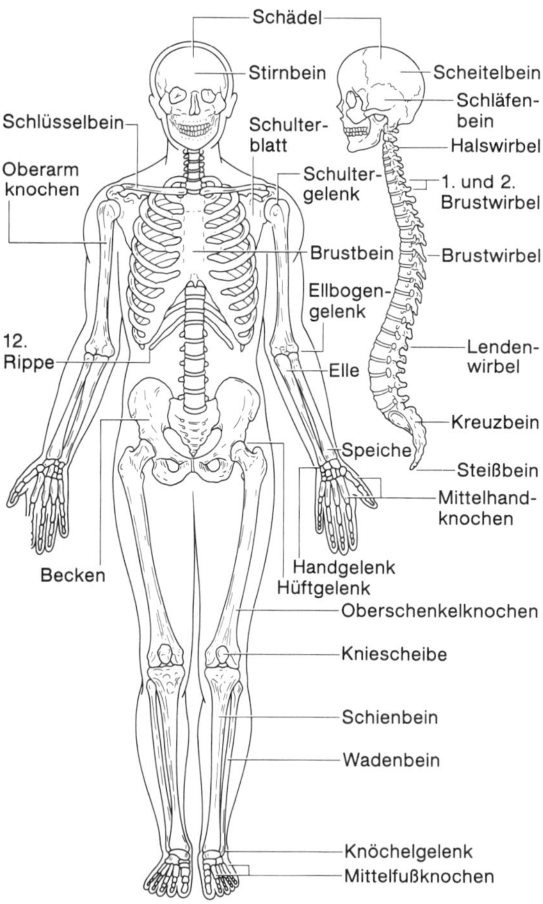

Skelett. Vorderansicht (links) und Seitenansicht des Schädels mit der Wirbelsäule (rechts)

Skelett, das Knochengerüst des Körpers, das die Körpergewebe und inneren Organe trägt und schützt. Das menschliche Skelett besteht aus 206 verschiedenen Knochen, deren kleinste die sechs Hörknöchelchen im Mittelohr (drei in jedem Ohr), die größten die Oberschenkelknochen sind.

Sodbrennen, brennende Empfindung in der Brust an der Verbindungsstelle von Speiseröhre und Magen. Sodbrennen wird durch Magensäure verursacht, die in das untere Ende der Speiseröhre fließt.

Spastiker, *siehe* zerebrale Kinderlähmung.

Speichel, die von den Speicheldrüsen ausgeschiedene Flüssigkeit. Der Speichel enthält Enzyme, die die Verdauung von Kohlenhydraten einleiten. Er ist außerdem zur Befeuchtung des Mundes wichtig und macht Speisen leichter kau- und schluckbar.

Speiseröhre, aus Muskeln bestehender Verbindungskanal zwischen Mund und Magen; sie dient dem Nahrungstransport.

Spermien, Samenfäden, Spermatozoen, reife männliche Keimzellen, die in großer Zahl im Hoden gebildet und in der Samenflüssigkeit ausgeschieden werden.

Spirale, Intrauterinpessar, Empfängnisverhütungsmittel aus Plastikmaterial, das in die Gebärmutter eingelegt wird.

Staphylokokken, Bakterien, die Furunkel, Blutvergiftung und andere schwere Infektionen verursachen können.

Staublunge, chronische Lungenkrankheit, verursacht durch das Einatmen von Kohlenstaub über lange Zeiträume. Sie kommt bei Bergleuten vor und ist eine der häufigsten Berufskrankheiten.

Sterilisation, *die* durch Chemikalien, Hitze oder Bestrahlung erreichte komplette Entfernung aller Mikroorganismen und anderer Krankheitserreger von einem Gegenstand oder einer Oberfläche.
Der Begriff wird auch für Eingriffe verwendet, die zu einer Unfruchtbarkeit führen. Beispiele sind die Vasektomie beim Mann oder die chirurgische Abbindung der Eileiter bei der Frau.

Stethoskop, *das* von Ärzten bzw. Krankenpflegepersonal benutztes Instrument zum Abhören von im Körper entstehenden Geräuschen, z. B. zur Beurteilung der Herztöne eines Patienten.

Stimmbänder, zwei im Kehlkopf gelegene Gewebefalten, die zu schwingen beginnen, wenn die aus den Lungen ausgeatmete Luft über sie hinwegströmt. Die Stimmbänder erzeugen die Töne, die beim Singen und Sprechen entstehen.

Stoffwechsel, die Gesamtheit physikalischer und chemischer Prozesse, die innerhalb lebender Zellen ablaufen und zur Aufrechterhaltung von Leben nötig sind.

Streptokokken, Bakterien, die verschiedene Infektionen, u. a. Scharlach und Angina, erzeugen können.

Stress, *der* [englisch ›Druck, Anspannung‹], Störung des normalen Körperzustandes oder der Körperfunktionen durch physische äußere Einwirkungen, z. B. eine Verletzung, oder psychische Faktoren, z. B. Angst. Eine Rolle des Stresses bei der Entstehung verschiedener Krankheiten wie Herzinfarkt oder Krebs wird diskutiert.

Symptom, *das* Anzeichen einer Krankheit; Kombinationen von verschiedenen Symptomen sind für bestimmte Krankheiten charakteristisch; z. B. sind Husten, Fieber und Halsschmerzen Symptome der Grippe.

Syndrom, *das* Gruppe von Zeichen und Symptomen, die häufig zusammen auftreten und charakteristisch für bestimmte Krankheiten sind.

Syphilis, *die* auch **Lues, venerische Krankheit,** chronische Geschlechtskrankheit, die in mehreren Stadien verläuft und deren erste Zeichen Hautflecken (so genannte Schanker) sind. Unbehandelt kann die Erkrankung praktisch jedes Körpergewebe einschließlich Herz und Nervensystem befallen und Blindheit, Geisteskrankheit und Tod verursachen. Die von einem Bakterium verursachte Erkrankung kann im frühen Stadium mit Penicillin erfolgreich behandelt werden.

Talgdrüsen, in der Haut gelegene Drüsen, die eine ölige Substanz, den Talg, produzieren. Der Talg erhält die Geschmeidigkeit von Haaren und Haut.

Tb, *siehe* Tuberkulose.

Testosteron, *das* männliches Geschlechtshormon, das die sekundären Geschlechtsmerkmale bestimmt. Es wird von den Hoden produziert.

Tetanus, *der* *siehe* Wundstarrkrampf.

Thalamus, *der* der Teil des Gehirns, der die Geschmacks-, Geruchs-, Hör- und Lichtwahrnehmung koordiniert.

Therapie, Heilbehandlung; Behandlung einer Krankheit.

Thiamin, *das* eines der B-Vitamine. Es kommt in vielen pflanzlichen und tierischen Nahrungsmitteln vor, besonders in Weizenkeimöl. Es wird vom Körper für den Stoffwechsel und das Funktionieren des Nervensystems benötigt und heißt auch Vitamin B_1.

thorakal, zum Brustkorb gehörend.

Thorax, *der* der Teil des Körpers zwischen Hals und Zwerchfell; die Brust, der Brustkorb.

Thrombose, *die* [griechisch ›Blutpfropf‹], Entwicklung eines Blutgerinnsels im Gefäßsystem. Je nachdem, wo sich das Gerinnsel bildet, kann eine Thrombose z. B. zu einem Schlaganfall (zerebrale Thrombose) oder zu einem Herzinfarkt führen.

Thrombozyten, *siehe* Blutplättchen.

Thymus, *der* eine hinter dem Brustbein gelegene Drüse, die bei der Entwicklung des Immunsystems eine wichtige Rolle spielt. Der Thymus ist in der Kindheit und frühen Jugend relativ groß und beginnt sich im Alter zwischen acht und zehn Jahren zurückzubilden.

Tollwut, akute Krankheit, die von einem Virus verursacht wird, das das zentrale Nervensystem angreift und zu Lähmungserscheinungen und zum Tod führt, wenn der Patient nicht sofort geimpft wird oder bereits geimpft ist. Die Tollwut wird auf den Menschen durch den Biss infizierter Tiere übertragen.

Totgeburt, Geburt eines toten Kindes. Der Ausdruck wird besonders für ein tot geborenes Kind aus der Phase der Schwangerschaft verwendet, in der ein gesundes Kind bereits lebensfähig wäre.

Toxine, giftige Substanzen, meist Eiweiße (Proteine), die ein Abfallprodukt des Stoffwechsels sein können. Toxine, die von Bakterien im menschlichen Körper produziert werden, können extrem gefährlich sein und zu Erkrankungen wie Wundstarrkrampf oder Botulismus führen.

Trauma, *das* [griechisch], durch Gewalteinwirkung entstandene Verletzung des Organismus.
❧ Als Trauma bezeichnet man auch eine starke seelische Erschütterung, die (oft im Unterbewusstsein) noch lange wirksam ist (*siehe auch* Kapitel 11).

Trichinose, *die* Krankheit, die man durch den Genuss von rohem oder ungenügend erhitztem Schweinefleisch erwirbt. Die Erkrankung wird durch einen Wurm, der das Fleisch als Parasit befällt, verursacht und besteht zunächst aus Übelkeit,

Erbrechen und Durchfall, später kommen Muskelbeschwerden, Wassereinlagerungen in Lidern und Gesicht sowie hohes Fieber hinzu.

Tripper, *siehe* Gonorrhö.

Trommelfell, die Membran, die das äußere Ohr vom Mittelohr trennt. Die Schwingungen dieser Membran, die von den Geräuschwellen ausgelöst werden, führen zur Hörempfindung.

Tuberkulose, Abkürzung **Tb,** *die* früher auch als Schwindsucht bezeichnete Infektionskrankheit, die durch Bakterien verursacht wird, die hauptsächlich die Lungen angreifen. Typisch für die Erkrankung ist die Bildung von Gewebsknötchen, so genannten Tuberkulomen, in der Lunge und – in späteren Stadien der Erkrankung – in den Knochen, Gelenken und anderen Teilen des Körpers. Die Tuberkulose kann mit einer Kombination aus verschiedenen Antibiotika geheilt werden und ist im Gegensatz zu den Entwicklungsländern in den Industriestaaten kein wesentliches Gesundheitsproblem mehr.

Tumor, *der* Gewebsschwellung, die durch das Wachstum von Zellen verursacht wird. Man unterscheidet gutartige und bösartige Tumoren, wobei letztere auch als Krebs bezeichnet werden.

Typhus, *der* durch ein Bakterium verursachte Infektionskrankheit des Verdauungssystems mit Fieber, Bauchschmerzen, blutigen Durchfällen und allgemeinem Krankheitsgefühl. Das Typhus-Bakterium gelangt durch die Aufnahme von verseuchtem Wasser oder verdorbenen Lebensmitteln in den Körper und kann zum Tode des Patienten führen.

Ultraschall, eine Methode, Erkrankungen und Strukturen innerer Organe mittels Schallwellen hoher Frequenz zu untersuchen. Die Schallwellen werden von den Organen zurückgeworfen und mit einer Art Mikrofon wieder aufgefangen. Aufgrund des unterschiedlichen Widerstands der Gewebe gegenüber Schallwellen ergeben die verschiedenen Organe unterschiedliche Reflexmuster, die ein Computer verrechnet und zu einem Bild des Körpers zusammensetzt. Ultraschall wird häufig verwendet, um den sich im Mutterleib entwickelnden Fetus darzustellen; das Bild kann z. B. zeigen, ob es sich um Zwillinge handelt und ob bestimmte Auffälligkeiten vorliegen. Wenn eine bildliche Darstellung des Körpers medizinisch notwendig erscheint, wird der Ultraschall häufig dem Röntgen vorgezogen; im Gegensatz zum Röntgen nämlich ist die beim Ultraschall verwendete Strahlung auch in hohen Dosen nicht karzinogen.

ungesättigte Fettsäuren, *siehe* Fette.

Urin, von den Nieren erzeugte Flüssigkeit, die aus Wasser und darin gelösten Substanzen besteht; der Urin wird in der Harnblase zwischengelagert und dann über die Harnröhre ausgeschieden (*siehe auch* harnausscheidendes System).

Vagina, *die* *siehe* Scheide.

Vasektomie, *die* chirurgisches Verfahren, bei dem die Samenleiter, die den Samen aus den Hoden in die Harnröhre transportieren, durchtrennt oder abgebunden werden. Die Vasektomie ist eine Form der Sterilisation beim Mann und kommt in der Geburtenkontrolle zur Anwendung. Sie hat keinen Einfluss auf die Fähigkeit des Mannes, Samenflüssigkeit zu produzieren; die Samenflüssigkeit enthält dann jedoch keine Spermien mehr.

vegetatives Nervensystem, der Teil des Nervensystems, der die unwillkürlichen Körperfunktionen steuert, z. B. die Verdauung, den Herzschlag und die Funktion der Drüsen im Hormonsystem.

Venen, die Blutgefäße, die das Blut von den Organen zurück zum Herzen transportieren (*siehe auch* Herz-Kreislauf-System).

venerische Krankheit, *siehe* Syphilis.

Verdauung, das Aufbrechen der Nahrung, die aus komplizierten organischen Molekülen besteht, in kleinere Moleküle, die der Körper aufnehmen kann und zum Erhalt und zum Wachstum verwendet.

Verdauungssystem, Gesamtheit der Organe im Körper, die für die Verdauung verantwortlich sind. Das Verdauungssystem beginnt beim Mund, zieht sich durch Speiseröhre, Magen, Dünndarm und Dickdarm und endet mit Mastdarm und Darmausgang. Weitere Organe, die zum Verdauungssystem gehören, sind z. B. Leber, Bauchspeicheldrüse und Gallenblase.

Verteidigungsreaktion, die Abfolge von Prozessen, die im Körper ablaufen, wenn er mit irgendeiner Form von körperlichem oder seelischem Stress konfrontiert ist. Ein Beispiel: Wenn eine Person sich einer Gefahr gegenübersieht (wie dem Angriff eines gereizten Tieres), sendet das Nervensystem

Signale aus, damit Adrenalin, Kortison und andere Hormone ins Blut freigesetzt werden. Diese Hormone bereiten den Körper entweder darauf vor, sich der Gefahr (dem angreifenden Tier) entgegenzustellen oder sich in Sicherheit zu bringen. Weitere Veränderungen, die den Körper auf sein Handeln vorbereiten, sind erhöhter Herzschlag, erweiterte Pupillen (um die Sicht zu verbessern) und verstärkte Blutzufuhr in den Muskeln.

Virulenz, *die* die Fähigkeit eines Krankheitserregers, z. B. eines Mikroorganismus oder eines Toxins, eine Krankheit zu erzeugen.

Virus, *das* (Mehrzahl: Viren), winziger Organismus, der aus einem Kern aus Nukleinsäuren besteht, welcher von einer Hülle aus Eiweißen (Proteinen) umgeben ist. Viren sind so klein, dass man sie nur durch spezielle Mikroskope sichtbar machen kann. Sie können nur in lebenden Zellen wachsen und sich vermehren.

Virusinfektion, durch ein Virus hervorgerufene Infektionskrankheit. Im Gegensatz zu bakteriellen Infektionen lassen sich Virusinfektionen nicht durch Antibiotika behandeln. Zu den Virusinfektionen zählen z. B. Herpes, Hepatitis, Windpocken, Grippe und Masern.

Vitalzeichen, Pulsrate, Körpertemperatur, Blutdruck und Atemfrequenz einer Person. Die Vitalzeichen werden gewöhnlich gemessen, um einen schnellen Eindruck von dem allgemeinen Gesundheitszustand eines Patienten zu erhalten.

Vitamine, komplizierte organische Verbindungen, die der Körper in kleinen Mengen für das normale Wachstum und den Stoffwechsel benötigt. Vitamine sind ein wichtiger Bestandteil einer ausgewogenen Ernährung. Sie kommen in normalen Lebensmitteln vor, können aber auch künstlich zugegeben werden, um den Ernährungswert von Lebensmitteln zu steigern. Es sind zahlreiche verschiedene Vitamine bekannt, und jedes einzelne hat eine genau definierte Aufgabe bei den Funktionen des Körpers. Vitamin C wird z. B. für das Ausheilen von Wunden und Knochenbrüchen benötigt; Vitamin A verleiht dem Körper Widerstandskraft gegenüber Infektionen. Die meisten Vitamine sind für den Körper so wichtig, dass sich in ihrer Abwesenheit bestimmte Krankheiten entwickeln. So führt z. B. Vitamin-D-Mangel zu Rachitis.

Vollnarkose, Narkose, die den ganzen Körper betrifft. Diese Form der Narkose wirkt auf das Gehirn ein und macht bewusstlos.

Vorsteherdrüse, Prostata, Drüse im männlichen Fortpflanzungssystem, die die Harnröhre und das untere Ende der Harnblase umschließt. Ein großer Teil der Samenflüssigkeit stammt aus der Vorsteherdrüse.

Wehen, schmerzhafte Kontraktionen der Gebärmutter, durch die das Kind und die Nachgeburt ausgetrieben werden.

Weisheitszähne, vier Backenzähne, je zwei im Ober- und im Unterkiefer, die als letzte Zähne durchbrechen.

❧ Diese Zähne heißen Weisheitszähne, weil sie erst um das 20. Lebensjahr erscheinen, wenn ein Mensch körperlich ausgereift ist. Häufig dringen die Weisheitszähne nicht durch das Zahnfleisch hindurch, sondern bleiben im Kieferknochen stecken, wo sie Entzündungen verursachen können.

weiße Blutkörperchen, farblose Blutzellen, die bei der Bekämpfung von Infektionen eine wichtige Rolle spielen. Manche weißen Blutkörperchen reinigen das Blut, indem sie Fremdkörper, z. B. Bakterien, umschlingen und zerstören, andere bilden Antikörper oder bauen totes Zellmaterial ab.

Windpocken, harmlose, jedoch höchst ansteckende Krankheit, die durch ein Virus hervorgerufen wird. Typische Merkmale sind leichtes Fieber und Pusteln auf der Haut. Windpocken gelten als Kinderkrankheit, können aber auch im Erwachsenenalter auftreten.

Wundbrand, *siehe* Gangrän.

Wundstarrkrampf, Tetanus, akute Infektionskrankheit, deren Symptome von einem von Bakterien hergestellten Toxin verursacht werden. Diese Bakterien kommen besonders in Staub und Erde vor und gelangen durch Hautwunden in den Körper. Symptome des Wundstarrkrampfes sind sehr schmerzhafte Muskelkrämpfe, besonders im Bereich der Kaumuskulatur. Wundstarrkrampf ist eine tödliche Erkrankung, die aber durch Immunisierung (Tetanusimpfung) verhindert werden kann.

Zahnbein, Dentin, knochenähnliche, harte Grundsubstanz des Zahnes, befindet sich unter dem Zahnschmelz.

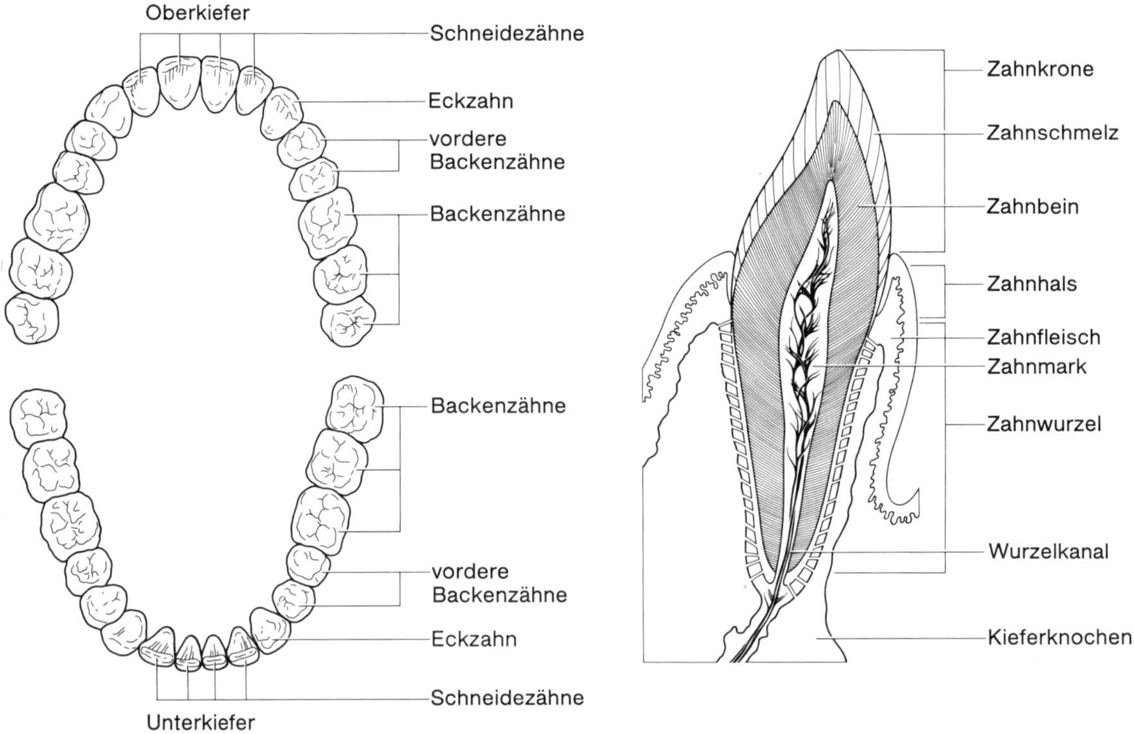

Zähne. Das Gebiss eines Erwachsenen (links) und der Schnitt durch einen Schneidezahn (rechts)

Zähne, harte, in den Kiefern eingebettete Struktur, die zum Kauen verwendet wird. Der Zahn besteht aus einer Krone, die mit hartem Zahnschmelz bedeckt ist, einer Wurzel, mit welcher er im Kiefer verankert ist, und einem Zahnhals, der mit Zahnfleisch bedeckt ist und von der Krone bis zur Wurzel reicht. Der größte Teil des Zahns besteht aus Zahnbein, das direkt unterhalb des Zahnschmelzes beginnt. Das weiche Innere des Zahns, das Zahnmark, enthält Nerven und Blutgefäße. Der Mensch besitzt Backenzähne zum Zermahlen, Schneidezähne zum Abbeißen und Eckzähne zum Reißen der Nahrung.

Zelle, Grundbaustein aller Lebewesen. Zellen bilden Gewebe, welche wiederum Organe bilden.

zentrales Nervensystem, *siehe* Nervensystem.

zerebral, das Gehirn betreffend.

zerebrale Kinderlähmung, Zerebralparese, Hirnlähmung infolge einer Schädigung des Gehirns vor oder während der Geburt oder während der frühen Kindheit. Symptome sind unter anderem spastische Lähmungen und Sprachstörungen.

zervikal, den Nacken oder Hals (auch den Gebärmutterhals) betreffend, zu ihm gehörend, z. B. zervikale Rückenmarksnerven (die Rückenmarksnerven auf der Höhe der Halswirbel).

Zirrhose, Gewebsveränderung von Organen, v. a. als chronische Leberkrankheit, bei der die normalen Leberzellen durch Bindegewebe ersetzt werden. Wegen der Narben, die diese Krankheit verursacht, entstehen bleibende Schäden. Zirrhose ist oft eine Folge von Alkoholismus.

Zwerchfell, kuppelförmiges Gebilde aus Muskeln und Bindegewebe, das den Unterleib vom Brustkorb trennt und an der Atmung beteiligt ist. Wenn das Zwerchfell sich zusammenzieht, strömt Luft in die Lungen, erschlafft es, wird die Luft hinausgepresst.

Zwölffingerdarm, der erste Teil des Dünndarms; er liegt direkt unter dem Magen.

Zyste, *die* überwiegend gutartige Geschwulst, die aus einem geschlossenen Sack mit flüssigem oder halbfestem Inhalt besteht.

13
Die Wissenschaft vom Leben

Das Studium der Lebewesen der Erde hat eine lange Geschichte. Die ersten Anstrengungen der ursprünglich Naturgeschichte genannten Wissenschaft waren aufgrund der Vielfalt der Lebewesen zunächst auf deren Beschreibung und Einordnung in Gruppen (Klassifikation) gerichtet. Die ältesten überlieferten Klassifikationen entstanden im 4. Jh. v. Chr. in Griechenland, und noch immer fließen neue Erkenntnisse in die Systematik ein. Heute werden die Lebewesen in fünf Reiche unterteilt (Bakterien, Einzeller, Pilze, Pflanzen und Tiere).

Zwei Entdeckungen innerhalb der letzten 150 Jahre haben die Biologie entscheidend beeinflusst: Die erste war die Entwicklung der Evolutionstheorie durch CHARLES DARWIN (1809–1882). Seine umstrittene Theorie erklärt, wie neue Arten entstehen können und behauptet ferner, dass unter dem Einfluss der natürlichen Selektion nur die am besten angepassten Wesen überleben. Die darwinsche Theorie wurde durch Erkenntnisse der Genetik und Populationsbiologie in unserem Jahrhundert erweitert und gestützt (Neodarwinismus).

Die zweite große Veränderung in dieser Wissenschaft war gekennzeichnet durch die Entdeckung der Desoxyribonukleinsäure (DNS) und der Ribonukleinsäure (RNS) in den 1950er-Jahren. Diese Entdeckung ermöglichte, die komplexen biochemischen Vorgänge in Zellen mit dem Wissen über die DNS zu entschlüsseln.

Seit den 1970er-Jahren werden die molekulargenetischen Methoden immer weiter verfeinert, sodass das Erbgut von Lebewesen im Labor inzwischen gezielt verändert werden kann. Diese ›Gentechnik‹ verändert die Struktur von Lebewesen und ist Gegenstand heftiger Diskussionen. Die durch den Einsatz der Gentechnik gemachten Fortschritte in der Krebsforschung und anderen medizinischen Gebieten und die industrielle Nutzung von gentechnisch veränderten Bakterien (z. B. zur Produktion von Medikamenten) werden selten infrage gestellt, aber das Entlassen von veränderten Organismen in die Umwelt (z. B. Sojapflanzen oder Zuckerrüben) und das Klonen von Säugetieren, das 1997 erstmals mit einem Schaf gelang, werfen grundlegende naturwissenschaftliche und ethische Fragen auf.

Die Stichworte in diesem Kapitel wurden mit dem Ziel ausgesucht, den Lesern das Verständnis für biologische Themen in den Medien zu erleichtern. Einige dieser Begriffe erscheinen in den Medien häufig unkommentiert, sind aber zum Verstehen der wissenschaftlichen Seite solcher Beiträge unerlässlich.

Adaptation, *die* [lateinisch ›Anpassung‹], Veränderung von lebenden Systemen als Reaktion auf ihre Umwelt. Die Adaptation wahrt oder verbessert die Lebensfähigkeit der Organismen. Dichter Pelz z. B. ist eine Adaptation an Kälte.

aerob [zu griechisch aḗr ›Luft‹], Organismen, die Sauerstoff zum Leben brauchen. Gegensatz anaerob.

Algen, einfache Pflanzen, die Chlorophyll, aber keine besonderen Gewebe wie Phloem *(siehe dort)*

und Xylem *(siehe dort)* zum Wasser- und Stofftransport enthalten. Algen bestehen manchmal aus nur einer Zelle. Keine Algen sind die Blaualgen; sie, auch als Cyanobakterien bekannt, gehören zu den Bakterien.
❧ Algen bilden die grüne Schleimschicht auf Teichen. Sie produzieren einen beachtlichen Teil des Sauerstoffs der Erde.

Allesfresser, Tiere, die sich von Pflanzen und Tieren ernähren. Menschen und Bären z. B. sind Allesfresser.

Aminosäuren, organische Moleküle, bilden zusammengesetzt die Proteine. Aminosäuren bestehen aus Wasserstoff, Kohlenstoff, Sauerstoff und Stickstoff. Lysin, Phenylalanin und Tryptophan z. B. sind Aminosäuren.
❧ Aminosäuren gehören zu den Grundbausteinen des Lebens.

Amöbe, *die* ein einzelliges Tier ohne festen Umriss, mit veränderlicher Gestalt. Amöben zählen zu den bekanntesten einzelligen Tieren, den Protozoen.
❧ Amöboid werden Gegenstände mit veränderbarer, nicht fester Form genannt.

Amphibien, *die* [zu griechisch amphíbios ›doppellebig‹], Wirbeltiere, z. B. Frösche, die teils im Wasser, teils an Land leben.
❧ Amphibienfahrzeuge sind Kraftfahrzeuge, die im Wasser und an Land verwendet werden können.
❧ Amphibien waren die ersten Landbewohner.

anaerob, bezeichnet Prozesse, wie Gärung, die unter Ausschluss von Sauerstoff ablaufen, bzw. Organismen, die nur unter Sauerstoffausschluss leben können. Gegensatz aerob.

Anatomie, *die* [griechisch ›das Zerschneiden‹], der (Fein-)Bau von Tieren und Pflanzen; auch dessen Erforschung mithilfe mikroskopischer Beobachtung und Sektion.

Art, Gruppe von Lebewesen, die nahe verwandt sind und sich untereinander fortpflanzen können; kleinste Einheit der biologischen Klassifikation. Arten können weiter unterteilt werden in Unterarten, Varietäten, Rassen und Sorten. Katzen, Hunde, Schimpansen und Menschen sind Arten. Siamesische Katzen oder Dackel sind Varietäten oder Rassen, keine Arten.

Atmung, *siehe* Kapitel 12.

Bakterium, *das* [griechisch ›Stock; Stab‹; Mehrzahl: Bakterien], einzelliger Mikroorganismus ohne echten Zellkern. Bakterien vermehren sich durch Mitose *(siehe dort)* oder durch Sporen *(siehe dort)*.
❧ Einige Bakterien sind für Menschen von Nutzen, z. B. solche, die im Magen vorkommen und die Verdauung unterstützen, andere sind schädlich, z. B. die krankheitserregenden.

Bazillus, *der* (Mehrzahl: Bazillen), Gattung stäbchenförmiger Bakterien.

Befruchtung, Verschmelzung von Geschlechtszellen zur Bildung eines neuen Lebewesens. Beim Menschen verschmilzt das Sperma, genauer, ein Spermium des Mannes mit dem Ei der Frau; die dabei entstehende Zygote teilt sich mehrfach in ein Gebilde mit vielen Zellen, nistet sich in der Gebärmutter ein und wächst zu einem Embryo heran. Bei Pflanzen geht der Befruchtung die Bestäubung voraus. Pollenkörner, die die männlichen Geschlechtszellen enthalten, gelangen auf die Narbe, womit die Bestäubung abgeschlossen ist. Von dort wachsen Pollenschläuche durch den Griffel zum Stempel, durch die die männlichen Geschlechtszellen zu den weiblichen gelangen. Aus der Verschmelzung entwickelt sich die Frucht.

Bestäubung, Vorgang, bei dem Pollenkörner (die die männlichen Geschlechtszellen enthalten) zur Befruchtung zu den weiblichen Organen der Pflanze gelangen. Bei Blütenpflanzen ist dies die Narbe, von dort wachsen Pollenschläuche durch den Griffel zum Stempel, wo die Samenanlagen mit den weiblichen Geschlechtszellen sitzen. Bei nacktsamigen Pflanzen aber (z. B. bei Nadelbäumen) sind die Samenanlagen nicht in einem Stempel eingeschlossen, sodass der Pollenstaub direkt dorthin gelangen kann. Die Bestäubung kann durch Tiere (v. a. Insekten) oder durch den Wind, bei Züchtungen auch gezielt mit dem Pinsel erfolgen. In der Regel erfolgt die Bestäubung als Fremdbestäubung (Allogamie), das heißt, männliche und weibliche Geschlechtszellen stammen von verschiedenen Individuen. Bestimmte Pflanzen, z. B. die Erbse, öffnen ihre Blüten jedoch nicht, sodass es zur Selbstbestäubung (Autogamie) und anschließend zur Selbstbefruchtung kommt. Wasserbestäubung, z. B. bei Seegras, ist selten.

Biochemie, *die* [zu griechisch biós ›Leben‹], Wissenschaft von der Struktur und der Funktion komplexer organischer Moleküle in lebenden Systemen.

biochemischer Stoffwechsel, die langen Ketten chemischer Reaktionen, die in lebenden Systemen üblicherweise als Kreisläufe ablaufen.

Biologie, Studium des Lebens und seiner Gesetzmäßigkeiten.

Biomasse, Gesamtmasse aller lebenden und toten Organismen und die daraus gebildete organische Substanz.
❧ Der Begriff Biomasse tritt häufig in Diskussionen um Energiequellen auf, denn Biomasse kann direkt (z. B. als Brennholz) oder indirekt (nach Umwandlung zu Alkohol [*siehe* Gasohol, Kapitel 17]) als Energielieferant genutzt werden.

Biophysik, *die* Studium von Lebewesen mit den Arbeitsweisen der Physik.

Biosphäre, *die* die oberste Schicht der Erdkruste und die unterste, innere Schicht der Atmosphäre; Ort aller lebenden Systeme.

Blüte, der Teil der Pflanze, der den Samen produziert; er besteht normalerweise aus Blütenblättern, Stempel und Pollen tragenden Staubbeuteln.

Botanik, *die* [griechisch ›Kräuter betreffend‹], wissenschaftliches Studium und Klassifizierung von Pflanzen.

Brontosaurus, *der* [griechisch ›Donnereidechse‹], ein großer, Pflanzen fressender Dinosaurier, möglicherweise der bekannteste Dinosaurier. Sein wissenschaftlicher Name ist heute Apatosaurier.

Carson, Rachel Louise amerikanische Autorin und Wissenschaftlerin (* 1907, † 1964), die sich energisch gegen die Zerstörung der Natur eingesetzt hat. Zu ihren bekanntesten Büchern zählt ›Der stumme Frühling‹ (1962), das den zu häufigen Gebrauch von Schädlingsbekämpfungs- und Unkrautvernichtungsmitteln behandelt.

chemische Evolution, *die* Bildung zusammengesetzter organischer Moleküle aus einfachen unorganischen Molekülen infolge chemischer Reaktionen während der Frühzeit der Erde in den Meeren; gilt als erster Schritt in Richtung Entwicklung des Lebens auf diesem Planeten. Die chemische Evolution dauerte weniger als eine Milliarde Jahre.
❧ Viele einzelne Schritte der chemischen Evolution können heute im Labor nachvollzogen werden.

Chlorophyll, *das* [griechisch ›Blattgrün‹], eine chemische Substanz, die für die Grünfärbung der Pflanzen verantwortlich ist. Chlorophyll spielt eine wichtige Rolle für die Pflanzen bei der Umwandlung von Sonnenlicht in Energie (*siehe auch* Photosynthese).

Chordatiere, *die* Tiere mit einem zentralen, auf der Rückenseite gelegenen Nervensystem und einem darunter gelegenen Stützstab.
❧ Die Chordatiere bilden einen Stamm im Tierreich, zu dem neben einigen einfach gebauten Meerestieren auch die Wirbeltiere gehören.

Chromosomen, *die* einzelne Teile der DNS *(siehe dort)* einer Zelle, die während der Mitose *(siehe dort)* mikroskopisch sichtbar werden. Aufgrund ihrer unterschiedlichen Länge und Form kann man die Chromosomen unterscheiden. Jedes Chromosom trägt charakteristische Gene; es liegt bei höhe-

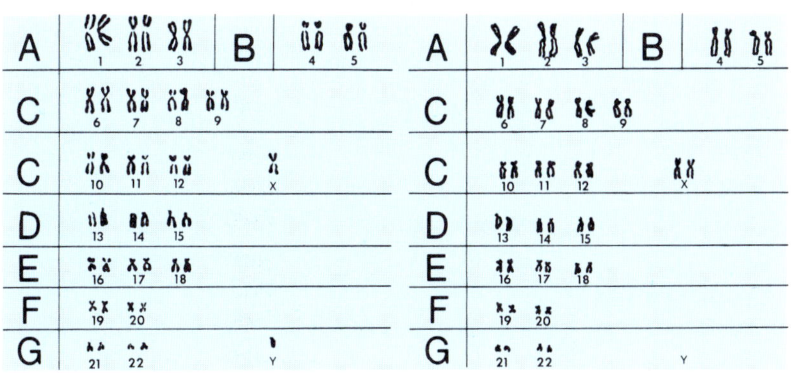

Menschlicher Chromosomensatz (links männlich, rechts weiblich) mit den Geschlechtschromosomen X,Y

ren Organismen meist zweimal vor, wobei eines vom Vater und eines von der Mutter stammt. Geschlechtschromosomen sowie Chromosomen, die die gleichen Gene tragen, nennt man homologe Chromosomen. Jede Pflanzen- bzw. Tierart hat eine charakteristische Anzahl von Chromosomen, Menschen z. B. haben 46.
❧ Beim Menschen wird das Geschlecht von zwei Chromosomen bestimmt: dem weiblichen X-Chromosom und dem männlichen Y-Chromosom (*siehe* Geschlechtschromosomen).

Crick, Francis Harry Compton britischer Biochemiker (* 1916), der zusammen mit J. D. WATSON die Struktur der DNS *(siehe dort)* entdeckte. Er erhielt für diese Arbeit 1962 den Nobelpreis für Medizin oder Physiologie.

Darwin, Charles Robert britischer Naturforscher (* 1809, † 1882). Er entwickelte die nach ihm benannte Evolutionstheorie (Darwinismus), die grundlegende Theorie der modernen Biologie. Darwins berühmteste Bücher sind ›Die Entstehung der Arten durch natürliche Zuchtwahl‹ (1859) und ›Die Abstammung des Menschen‹ (1871).
❧ Darwins Ideen wurden später vielfach auf die Gesellschaft übertragen (so genannter Sozialdarwinismus) und oft missbraucht, z. B. im Nationalsozialismus zur scheinbar biologisch begründeten Rechtfertigung der Rassendiskriminierung.

Desoxyribonukleinsäure, *siehe* DNS.

Dinosaurier, *der* [griechisch ›furchtbare Echse‹], Dinosaurier sind ausgestorbene Tiere, die für viele Millionen Jahre die beherrschenden Bewohner des Festlands waren.
❧ Zu den bekanntesten Dinosauriern gehören Tyrannosaurus Rex, Brontosaurus *(siehe dort),* Stegosaurus und Triceratops.

DNS, *die* Abkürzung für **D**esoxyribo**n**ukleins**ä**ure, ein Molekül, das in allen lebenden Systemen die Erbinformation trägt (*siehe* genetischer Code). Das DNS-Molekül hat die Form einer Doppelhelix, zusammengesetzt aus einer Vielzahl kleinerer Moleküle (*siehe* Nukleotide). Die Arbeitsweise der DNS liefert die grundlegende Erklärung über die Gesetze der Vererbung. Die DNS wirkt auf verschiedene Arten: 1) Wenn sich eine Zelle teilt, entschraubt sich die Doppelhelix und spezielle Proteine bilden zu jedem Strang einen neuen Partnerstrang. Dieser Prozess wird Replikation genannt. Die beiden neuen DNS-Stränge werden dann während der Zellteilung zwischen den neu entstehenden Zellen aufgeteilt, sie tragen die gleiche Erbinformation wie die Ausgangszelle. 2) Bei der geschlechtlichen Zellteilung erhalten die entstehenden Geschlechtszellen (Ei und Spermium) je eines der homologen Chromosomen. 3) In der Zelle steuert die DNS die Herstellung von Proteinen und anderer für die Zellfunktion wichtiger Moleküle.

dominantes Merkmal [zu lateinisch dominus ›Herr‹], in der Genetik Merkmal bzw. Eigenschaft, die auf die Nachkommen übertragen wird, wenn mindestens ein Elternteil sie vererbt.
❧ Beim Menschen z. B. ist dunkles Haar ein dominantes Merkmal. Vererbt ein Elternteil die Veranlagung für dunkle, der andere für helle Haare, wird das Kind dunkle Haare haben.

Doppelhelix, *die* Form der DNS. Eine Helix ist eine dreidimensionale Spirale, wie z. B. eine Spiralfeder oder das Geländer einer Wendeltreppe. Ein DNS-Molekül besteht aus zwei miteinander verknüpften Helices.

durchbrochenes Gleichgewicht, ein mögliches Muster der Evolution. Die Idee eines durchbrochenen Gleichgewichts nimmt an, dass lange Zeiträume mit geringen Veränderungen in Lebewesen unterbrochen werden durch kurze Perioden plötzlicher Veränderungen. Es ist unter Biologen umstritten, ob Änderungen beständig oder nach dem Muster des durchbrochenen Gleichgewichts auftreten.

Eiweiße, *siehe* Kapitel 12.

Eizellen, auch Eier genannte weibliche Geschlechtszellen.

Embryo, *der* [griechisch ›neugeborenes (Lamm)‹], eine sich entwickelnde Pflanze oder ein solches Tier. Ein Pflanzenembryo ist eine noch nicht entwickelte Pflanze in einem Samen. Als Tierembryo wird ein Tier von der Entwicklung aus der einzelligen Zygote *(siehe dort)* bis zu seiner Geburt bezeichnet (*siehe auch* Embryo, Kapitel 12).

Embryologie, *die* Studium und Lehre vom Embryo; eines der Hauptforschungsgebiete der modernen Biologie.

Die Enstehung der Arten, Kurztitel des Buches von CHARLES DARWIN, das die Evolutionstheorie erklärt. Als es 1859 erschien, rief es große Streitigkeiten hervor. Es veranlasste viele Gläubige, ihren christlichen Glauben infrage zu stellen, denn es ließ Zweifel an der geschichtlichen Genauigkeit der Schöpfungslehre aufkommen.

Enzym, *das* [griechisch ›in Sauerteig‹], ein Proteinmolekül, das anderen organischen Molekülen hilft, chemisch miteinander zu reagieren, ohne selbst dabei verändert zu werden. Enzyme wirken als Katalysatoren für biochemische Reaktionen.

Eugenik, *die* [zu griechisch eugenḗs ›wohlgeboren; von edler Abkunft‹], Anwendung genetischer Erkenntnisse mit dem Ziel, die positiven Erbanlagen der Bevölkerung zu vermehren, die negativen zu verringern. Die Eugenik war eine populäre Theorie Anfang des 20. Jh., heute ist sie sehr umstritten, auch weil sie im Nationalsozialismus zur biologischen Begründung der Rassendiskriminierung missbraucht wurde.

Evolution, *die* [lateinisch ›das Aufschlagen (eines Buches)‹], eine Theorie, die in heutiger Form erstmals von CHARLES DARWIN im 19. Jh. aufgestellt wurde. Danach haben sich die auf der Erde lebenden Arten durch natürliche Auswahl (Selektion) über längere Zeiträume entwickelt und in ihrer Vielfalt aufgefächert. Man nimmt an, dass sich das Leben auf der Erde in drei Phasen entwickelte. Zuerst während der chemischen Evolution, in deren Verlauf organische Moleküle entstanden. Danach folgte die Entwicklung einzelner Zellen mit der Fähigkeit zur eigenen Vermehrung. Dieser Schritt führte schließlich zum Entstehen komplexer (zusammengesetzter) Organismen mit geschlechtlicher Fortpflanzung. Als Tatsache ist Evolution heute von Wissenschaftlern anerkannt, allerdings gibt es weiter Diskussionen über deren genauen Ablauf.

Familie, in der biologischen Klassifikation die Kategorie, die niedriger als die Ordnung und höher als die Gattung ist. Löwen, Tiger, Geparden und Hauskatzen gehören zu derselben biologischen Familie. Menschen zählen zur biologischen Familie der Hominiden.

Fassungsvermögen, auch Umweltkapazität genannt, in der Ökologie die Anzahl an Lebewesen, die längere Zeit an einem Ort in einem stabilen Gleichgewicht existieren kann, ohne die Umwelt zu schädigen.

Fauna, *die* Gesamtheit der Tiere, besonders die Tiere eines bestimmten Lebensraumes zu einer bestimmten Zeit.
❧ Fauna war eine altitalische Feld- und Waldgöttin, deren Name seit dem 18. Jh. auf vielen zoologischen Büchern erscheint.

Fette, eine Gruppe organischer Moleküle, zu der Fette und Öle gehören. Fette sind nicht wasserlöslich.

Fische, Klasse der Wirbeltiere, die mit Kiemen und nicht mit Lungen atmen, im Wasser leben und größtenteils Eier legen, obwohl einige Fische auch lebend gebärend sind. Einige Biologen fassen die Fische als Überklasse zusammen und unterteilen diese in drei Klassen: Knochenfische, wie z. B. Kabeljau; Fische, deren Skelett aus Knorpel und nicht aus Knochen gebildet ist, wie z. B. die Haie, und Fische ohne Kieferschädel wie die Neunaugen.

Fleischfresser, Lebewesen, die sich in erster Linie von Fleisch ernähren. Die Fleischfresser (also die Raubtiere) sind eine Ordnung der Säugetiere, zu denen z. B. die Tiger und Hunde gehören. Auch einige Pflanzen, z. B. die Venusfliegenfalle, sind Fleischfresser (Fleisch fressende Pflanzen).

Flora, *die* Gesamtheit der Pflanzen, besonders die Pflanzen eines bestimmten Lebensraumes zu einer bestimmten Zeit.
❧ Flora war eine römische Göttin der Blumen. Ihr Name erscheint seit dem 17. Jh. auf den Titelblättern von Pflanzenbeschreibungen.

Fötus, *der* [lateinisch ›das Zeugen; das Gebären‹; Mehrzahl: Föten], auch Fetus, der Embryo eines Tieres, das seine Jungen lebend zur Welt bringt (im Gegensatz zu Eier legenden Tieren). Beim Menschen wird der Embryo dann Fetus genannt, wenn alle wichtigen Körperstrukturen ausgeformt sind, das ist ca. acht Wochen nach der Befruchtung (*siehe auch* Fetus, Kapitel 12).

Fremdbefruchtung, die Befruchtung *(siehe dort)* der Eizelle einer Pflanze mit dem Samen einer anderen Pflanze.

Frucht, in der Botanik der Teil einer Samen tragenden Pflanze, der die Samen bis zur Reife umschließt. Die Frucht entwickelt sich im weiblichen Teil der Pflanze.

Gartenbau, die Wissenschaft von Anbau, Zucht und Pflege der Gartenpflanzen.

Gärung, *die* eine chemische Reaktion, in deren Verlauf Zucker in kleinere Moleküle zerlegt wird, die dann in lebenden Systemen weiter verwertet werden können. Alkoholische Getränke wie Bier, Wein oder Whiskey werden durch kontrollierte Gärung hergestellt. Gärung ist ein anaerober Prozess.

Gattung, in der biologischen Klassifikation die Kategorie unterhalb der Familie und oberhalb der Art. Wölfe gehören derselben Gattung an wie Hunde. Füchse hingegen gehören zu einer anderen Gattung als Wölfe und Hunde, aber zu derselben Familie.

Gen, *das* (Mehrzahl: Gene), der Abschnitt eines DNS-Moleküls, der ein bestimmtes Protein codiert (*siehe* genetischer Code). Gene kontrollieren die an die Nachkommen weitergegebenen Eigenschaften, indem sie die Informationen dafür weitergeben, die in einer bestimmten Reihenfolge von Nukleotiden *(siehe dort)* auf kurzen Abschnitten der DNS festgelegt sind.

Genetic Engineering, *das* [dʒɪˈnetɪk endʒɪˈnɪərɪŋ; englisch ›Gentechnologie‹], gezielte Manipulation von DNS-Molekülen zur Produktion neuer Organismentypen im Labor.
❧ Gentechnik wird heute z. B. zur künstlichen Herstellung von Arzneimitteln oder zur Züchtung besonders widerstandsfähiger Pflanzen kommerziell genutzt. ❧ Gentechnik ist heftig umstritten, besonders wegen der nicht vorhersehbaren Risiken, die auftreten können, wenn künstlich hergestellte Organismen unkontrolliert in Kontakt mit der natürlichen Umgebung kommen.

Genetik, *die* Wissenschaft von der Vererbung. Jedes Lebewesen enthält das genetische Material auf den DNS-Molekülen. Dieses Material wird bei der Fortpflanzung weitergegeben. Die Grundeinheit der Vererbung ist das Gen.

genetischer Code, *der* bestimmte Reihenfolge der Nukleotide der DNS *(siehe dort)* eines Lebewesens. Verschiedene Anordnungen dieser Moleküle auf der Doppelhelix der DNS bewirken unterschiedliche genetische Codes und demzufolge unterschiedliche Informationen für die Zellen hinsichtlich ihres Wachstums und ihrer Fortpflanzung.

Genpool, *der* [...pu:l], Gesamtheit aller Erbanlagen einer Art oder Population.

geschlechtliche Fortpflanzung, das Hervorbringen neuen Lebens durch zwei Elternorganismen, von denen jeder die Hälfte des Genmaterials an die Nachkommen weitergibt. Die Nachkommen sind genetisch von ihren Eltern verschieden.

Geschlechtschromosomen, *die* die zwei Chromosomen in jeder Körperzelle eines Lebewesens, die das Geschlecht bestimmen. Dies sind beim Menschen X- und Y-Chromosomen.
❧ Wie bei den anderen Chromosomenpaaren auch wird jeweils ein Geschlechtschromosom von jedem Elternteil weitergegeben. Die Mutter vererbt nur X-Chromosomen. Trägt bei der Befruchtung der Same des Vaters ein X-Chromosom, wird das Kind ein Mädchen. Trägt der Same des Vaters ein Y-Chromosom, wird es ein Junge.

geschlechtsgebundenes Merkmal, ein Merkmal, das an ein Gen geknüpft ist, welches auf einem Geschlechtschromosomen liegt.
❧ Beim Menschen liegt z. B. das Gen für Farbenblindheit auf dem X-Chromosom.

Geschlechtszellen, Samen und Eier von Lebewesen. Geschlechtszellen haben nur halb so viele Chromosomen wie andere Körperzellen.

geschlossenes Ökosystem, ein klar begrenztes Ökosystem: Außer Energie kann nichts heraus, nichts hinein.
❧ Die Erde ist ein geschlossenes Ökosystem.

Gewebe, Gruppe von Zellen mit ähnlicher Struktur oder Funktion, gepaart mit anderen Materialien, z. B. Nerven-, Muskel- oder Bindegewebe.

Gleichgewicht der Natur, ein Konzept der Ökologie, das sich natürliche Systeme in einem Gleichgewicht vorstellt. Wird ein Element darin verändert, hat dies Auswirkungen auf das ganze System. Man nimmt an, dass der natürliche Zustand eines jeden Systems der ideale ist, der am besten unverändert bleibt. Ob ein Gleichgewicht der Natur tatsächlich existiert, ist unter Ökologen umstritten.

Gliederfüßer (Arthropoden), Stamm des Tierreichs. Gliederfüßer sind Tiere mit paarigen Gliedmaßen und einem gegliederten Körper. Zu ihnen zählen z. B. Insekten, Spinnen, Tausendfüßer und

Krebse. Die Gliederfüßer bilden den artenreichsten Stamm des Tierreichs.

Glukose, *die* die am weitesten verbreitete Form des Zuckers; kommt vielfach im Körper von Lebewesen vor. Ein Zuckermolekül ist aus Kohlenstoff, Sauerstoff und Wasserstoff zusammengesetzt.
❧ Glukose ist an der Produktion von Energie in Pflanzen und Tieren beteiligt.

Gonaden, *die* die Organe eines Tieres, die die Geschlechtszellen hervorbringen: Eierstöcke bei der Frau, Hoden beim Mann.

Gradualismus, *der* in der Evolutionstheorie die Idee, dass Veränderungen der Arten das Ergebnis langsamer, beständiger Anhäufung kleinerer Veränderungen sind.

Grundumsatz, *der* das Energieniveau eines ruhenden Lebewesens, bei dem nach Energiezufuhr sofort Leistung erbracht werden kann.

grüne Revolution, das Ansteigen der Weltproduktion von Getreide wie Weizen und Reis seit den 1960er-Jahren aufgrund qualitativ besserer Samen und neuer landwirtschaftlicher Technologien.

Haeckel, Ernst deutscher Biologe und Naturphilosoph (* 1834, † 1919), war einer der leidenschaftlichsten Verfechter der Evolutionstheorie von CHARLES DARWIN.

Hominiden, *die* [zu lateinisch homo ›Mensch‹], die biologische Familie, zu der unsere Art, Homo sapiens, der heutige Mensch, gehört. Mitglieder dieser Familie sind auch die Neandertaler und andere Vorläufer der heute lebenden Menschen wie der Australopithecus, der Homo erectus und der Homo habilis. Die heute lebenden Menschen sind die einzigen überlebenden Hominiden.

Homo, biologische Gattung, zu der die Menschen zählen. Die Gattung Homo schließt auch die Neandertaler und andere Hominiden ein.

Die Individualentwicklung wiederholt die Stammesentwicklung, das so genannte biogenetische Grundgesetz. Dieser Satz besagt, dass der Einzelne während seiner Embryonalentwicklung der Entwicklung seiner Art folgt bzw. diese wiederholt. So scheint bei der Entwicklung des Menschen der Embryo zu einer bestimmten Zeit Kiemen ähnlich denen der Fische zu haben. Diese Informationen dienten früher zur Stützung der Evolutionstheorie, neuere Überprüfungen aber haben Zweifel an der Genauigkeit der Beobachtungen aufkommen lassen.

Instinkt, *der* Verhalten, das nicht erlernt, sondern vererbt wird.

in vitro [lateinisch ›im Glas‹], künstlich, im Labor (in Glasgefäßen, z. B. Reagenzgläsern) hergestellt. In-vitro-Bedingungen unterscheiden sich von Bedingungen in der Natur.
❧ In vitro wird z. B. in Zusammenhang mit ›In-vitro-Befruchtung‹ gebraucht, das ist das Hervorbringen menschlicher Embryos im Labor; diese Embryos werden umgangssprachlich auch ›Retortenbabys‹ genannt.

in vivo [lateinisch ›im Leben‹], in der Natur; In-vivo-Bedingungen unterscheiden sich von Laborbedingungen.

Kaltblüter, Tiere, wie z. B. Reptilien, die ihre Körpertemperatur nicht oder nur unvollkommen regulieren können; sie werden deshalb bei Kälte träge.
❧ Als Kaltblüter bezeichnet man auch Pferderassen kräftiger, schwerer Pferde mit ruhigem Temperament, die oft in der Land- oder Forstwirtschaft als Zugpferde verwendet werden.

Kambium, *das* die Schicht eines Baumes unterhalb der Rinde, von der das Dickenwachstum ausgeht.

Klasse, in der biologischen Klassifikation die Stufe unterhalb des Stammes und oberhalb der Ordnung.
❧ Säugetiere, Reptilien und Insekten bilden verschiedene Klassen.

Klassifikation, *die* Ordnungsschema für Lebewesen. In der Biologie werden Pflanzen und Tiere normalerweise nach ihrer äußeren Gestalt in einem absteigenden System nach folgenden Kategorien geordnet: Reich, Stamm, Klasse, Ordnung, Familie, Gattung und Art. Der Mensch beispielsweise gehört zum Tierreich, dem Stamm der Wirbeltiere, zur Klasse der Säugetiere, zur Ordnung der Primaten, zur Gattung Homo, zur Art Homo sapiens. Biologen füllen des Öfteren die Lücken des Systems mit besonderen Kategorien, wie z. B. Überfamilien und Unterarten. Der Mensch gehört danach nicht nur zum Stamm der Chordatiere, sondern auch zum

Unterstamm der Wirbeltiere. Die drei Klassen der Fische werden zusammengefasst in einer Überklasse.

❧ Pflanzen und Tiere werden gewöhnlich anhand der Gattung und Art bestimmt, dementsprechend wird der Mensch wissenschaftlich als Homo sapiens bezeichnet. – Das Beispiel zeigt die Klassifikation des Sibirischen Tigers und der Hauspflaume in absteigender Reihenfolge, beginnend mit der umfassendsten Kategorie. Biologen, die auf Klassifikation spezialisiert sind (Systematiker) verändern und verfeinern ständig die Systematik, denn es werden immer wieder neue Verbindungen zwischen Organismen entdeckt.

Reich Tiere	**Reich** Pflanzen
Stamm Chordatiere	**Abteilung** Samenpflanzen
Unterstamm Wirbeltiere	**Unterabteilung** Bedecktsamer
Klasse Säugetiere	**Klasse** Zweikeimblättrige Pflanzen
Ordnung Fleischfresser	**Ordnung** Rosenartige
Familie Katzen	**Familie** Rosengewächse
Gattung Panther	**Gattung** Pflaume
Art Tiger	**Art** Hauspflaume
Unterart Sibirischer Tiger	**Varietät** Edelpflaume

Klon, *der* durch ungeschlechtliche Vermehrung entstandene Nachkommen, die erbmäßig mit ihren ›Vorfahren‹ und untereinander identisch sind (exakt gleiche DNS). Da jede einzelne Zelle die DNS enthält, die ein Individuum kennzeichnet, ist es prinzipiell möglich, auch komplizierte lebende Systeme im Labor nachzubilden oder zu vermehren.

Kohlendioxid, *das* organische Verbindung; chemische Formel CO_2. Abfallprodukt, das bei der Atmung von Tieren und Menschen entsteht; es wird von den Pflanzen bei der Photosynthese verwendet.

Kohlenhydrate, *die* Substanzen, die aus langen Ketten von Sauerstoff-, Wasserstoff- und Kohlenstoffmolekülen bestehen. Zucker, Stärke und Zellulose sind Kohlenhydrate.

❧ Kohlenhydrate in der Nahrung liefern Energie für den Körper und werden dort – bei Überschuss – in Fett umgebaut und gespeichert.

Kohlenstoff, *der* Element aller organischen Moleküle in lebender Materie. Durch Zusammenschluss zu Ringen oder Ketten bilden Kohlenstoffmoleküle eine große Vielfalt chemischer Verbindungen.

Kohlenstoffkreislauf, *der* Kreislauf des Kohlenstoffs in der Biosphäre. Kohlenstoff wird in Form von Kohlendioxid von Pflanzen aufgenommen. Die Tiere fressen die Pflanzen und nehmen so den Kohlenstoff auf. Sie geben diesen in Form von Kohlendioxid wieder an die Umgebung ab, und der Kreislauf beginnt von vorn.

Kreationismus, *der* [zu lateinisch creare ›(er)schaffen‹], wörtliche Auslegung des biblischen Schöpfungsberichts. Kreationisten lehnen die darwinsche Entwicklungstheorie strikt ab. Der Kreationismus ist heute in den USA als Gegenrichtung zur Evolutionstheorie verbreitet.

Krebse, Klasse der Gliederfüßer mit Panzer bzw. Schale.

Kreuzung, *die* Nachkommen von Eltern verschiedener Abstammung produzieren.

❧ Kreuzung wird häufig in der Landwirtschaft angewandt, um neue, unempfindliche und gegen Krankheiten widerstandsfähige Pflanzen kommerziell herzustellen.

Laubbäume, Bäume und Sträucher, die im Gegensatz zu den Nadelbäumen im Winter ihre Blätter verlieren und eine Ruhephase einlegen.

Leben, bestimmte Daseinsform, gekennzeichnet durch folgende Merkmale: Stoffwechsel, Fähigkeit zu Wachstum und Fortpflanzung, Reizbarkeit, Bewegung (grundlegende Merkmale aller Lebewesen).

Lebensraum, das Gebiet bzw. die Art der Umgebung, in der bestimmte Tiere oder Pflanzen normalerweise leben.

❧ In der Zeit des Nationalsozialismus wurde der Begriff missbraucht, um Ansprüche auf polnische und russische Gebiete herzuleiten (›Lebensraum des deutschen Volkes‹).

Carl von Linné (links) und Gregor Mendel (rechts)

Linné, Carl von schwedischer Naturforscher (* 1707, † 1778), entwickelte 1735 das heute übliche Schema der biologischen Klassifikation. Er vereinheitlichte die wissenschaftliche Benennung von Tieren und Pflanzen anhand ihrer Zugehörigkeit zu einer bestimmten Gattung und Art. Menschen z. B. werden danach als Homo sapiens, die Hausmücke als Culex pipiens bezeichnet.

Meiose, *die* [griechisch ›das Verringern‹], Zellteilung, bei der vier ›Tochterzellen‹, jede mit der Hälfte der Gene der Elternzelle, entstehen. Die Meiose ist ein Schlüsselprozess der geschlechtlichen Fortpflanzung. In den Eierstöcken und Hoden entstehen durch die Meiose eine Vielzahl verschiedener Geschlechtszellen (Samen- bzw. Eizellen), denn die Gene der Elternzelle können in unterschiedlicher Art und Weise aufgeteilt werden. Die Geschlechtszellen verschmelzen dann bei der Befruchtung und bringen ein neues Individuum mit der vollen Anzahl der Gene – jeweils zur Hälfte von jedem Elternteil – hervor. Weil die Geschlechtszellen (in ihrer Zusammensetzung) so unterschiedlich sind und von zwei verschiedenen Elternteilen stammen, sind viele unterschiedliche Formen für die Eigenschaften der Nachkommen möglich.

Mendel, Gregor österreichischer Biologe und Mönch (* 1822, † 1884). Mendel entdeckte durch Experimente mit Erbsenpflanzen die grundlegenden Gesetze der Vererbung.

Meristem, *das* [griechisch], auch Bildungsgewebe genannt, der Teil einer Pflanze, der teilungsfähig ist und von dem Wachstum ausgeht. Normalerweise finden sich Meristeme an den Spitzen von Sprossachse (Stängel, Stamm) und Wurzeln und an den Ansatzstellen der Zweige am Stamm. Bei Bäumen erfolgt das Wachstum vom Kambium aus *(siehe dort)* der Schicht unterhalb der Rinde.

Metamorphose, *die* [griechisch ›Umgestaltung‹], Veränderung eines heranwachsenden Tieres, genauer, eine deutlich sichtbare Veränderung wie z. B. die Umwandlung von einer Raupe zu einem Schmetterling.

Mikroorganismen, *die* [zu griechisch mikrós ›klein‹], Lebewesen, die so klein sind, dass sie nur durch ein Mikroskop sichtbar sind, z. B. Bakterien, Protozoen, Viren.

Missinglink [englisch ›fehlendes Glied‹], in der Stammesgeschichte von Tieren und Pflanzen Bindeglied, das zwischen Stammformen und aus diesen hervorgegangenen Gruppen existiert haben muss, auch zwischen dem Menschen und seinen tierischen Ahnen. Der Begriff beruht auf einem Missverständnis der Evolutionstheorie: sie geht nicht davon aus, dass der Mensch vom Affen abstammt, sondern behauptet vielmehr, dass Menschen und Menschenaffen gemeinsame Vorfahren haben.

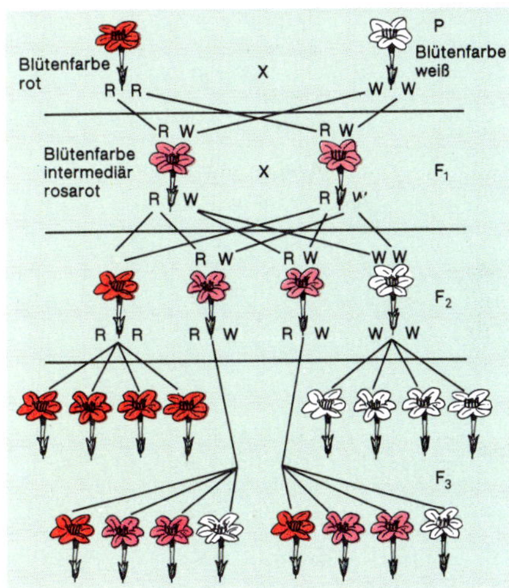

Schematische Wiedergabe der von Gregor Mendel erkannten Vererbungsregeln (P Elterngeneration; F1, F2, F3 erste, zweite, dritte Nachkommensgeneration; R Erbanlage für rote Blütenfarbe; W Erbanlage für weiße Blütenfarbe)

Mitose, *die* Teilung einer einzelnen Zelle in zwei identische ›Tochterzellen‹. Die Mitose beginnt, wenn die DNS der Elternzelle sich selbst kopiert; am Ende sind zwei Zellen mit dem gleichen Genmaterial entstanden (*siehe* Genetik). Die meisten Körperzellen des Menschen sowie alle einzelligen Organismen vermehren sich durch Mitose.

Molekularbiologie, *die* Wissenschaft, die sich mit dem Studium der Struktur, Funktion und der Reaktionen von DNS, RNS, Proteinen und anderen Molekülen, die am Lebensprozess beteiligt sind, befasst.

Moleküle, *die* (Einzahl: Molekül), Kombination zweier oder mehrerer Atome, die durch zwischen ihnen wirkende Kräfte zusammengehalten werden.

Morphologie, *die* [griechisch ›Lehre von der Gestalt‹], Wissenschaft von der äußeren Gestalt der Lebewesen.

Mutagen, *das* [zu lateinisch mutare ›verändern‹], Verursacher von Mutationen in Lebewesen. Chemikalien, wie Drogen oder Giftstoffe, und Strahlung können als Mutagene wirken.

Mutationen, *die* Veränderungen in Chromosomen oder Genen, die andere Eigenschaften der Nachkommen – im Vergleich mit ihren Eltern – bewirken. Mutationen können durch die Wirkung von Chemikalien, Strahlung oder durch Hitzeeinfluss auf die DNS ausgelöst werden. Mutationen bringen einige der Unterschiede zwischen Mitgliedern einer Art hervor, auf die dann die natürliche Auslese wirkt.

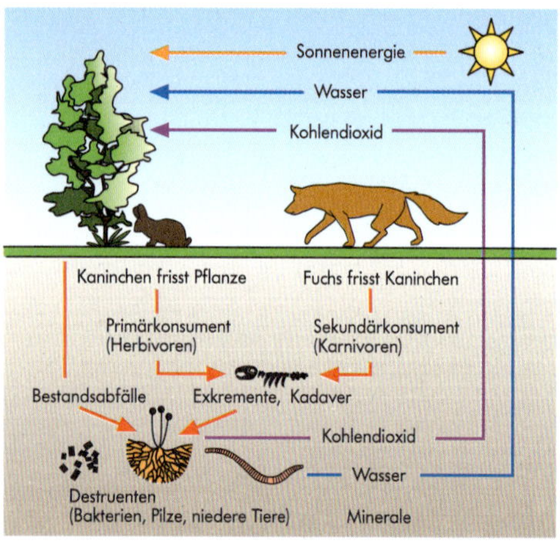

Schematische Darstellung einer Nahrungskette

Nahrungskette, Reihe von Schritten, bei denen von Lebewesen Energie produziert, verbraucht und umgewandelt wird. Beispiel: Die Sonne ermöglicht dem Getreide zu wachsen, das Getreide ernährt das Vieh und schließlich essen die Menschen das Fleisch.

❧ Schädliche Chemikalien, z.B. Schwermetalle, Insektenvernichtungsmittel, können beim Umlauf (Aufstieg) in der Nahrungskette angereichert werden.

natürliche Auslese, auch Selektion genannter, grundlegender Prozess der von CHARLES DARWIN beschriebenen Evolutionstheorie. Aufgrund natürlicher Auslese werden diejenigen Eigenschaften eines Individuums, die es ihm ermöglichen, zu überleben und mehr Nachkommen zu erzeugen, in allen Individuen der Art auftauchen, schon deswegen, weil diese Mitglieder der Art mehr Nachkommen haben werden.

❧ Im 19. Jh. beschrieb man diesen Prozess mit dem Begriff ›Überleben des Stärksten, am besten Angepassten‹. Dies wurde oft missverständlich gebraucht und wird daher von den Wissenschaftlern heute nicht mehr benutzt.

Nukleinsäuren, *die* organische Moleküle, die im Zellkern vorkommen. Die bekanntesten Nukleinsäuren DNS und RNS kontrollieren die Vererbung und die chemischen Prozesse in der Zelle.

Nukleotide, *die* charakteristische Molekülgruppen auf der DNS-Doppelhelix.

❧ Die Reihenfolge der Nukleotide auf der DNS bestimmt den genetischen Code.

Ökologie, *die* [griechisch], Wissenschaft von den Wechselwirkungen zwischen Organismen und ihrer Umwelt.

ökologische Nische, der Platz oder die Funktion eines Organismus innerhalb seines Ökosystems.

❧ Verschiedene Organismen können um dieselbe Nische konkurrieren. Zum Beispiel kann es in einem Wald eine Nische für ein Lebewesen geben, das fliegt und sich von Blütennektar ernährt. Diese Nische kann von einem Vogel, einem Insekt oder auch von einem Säugetier, z.B. einer Fledermaus, eingenommen werden.

Ökosystem, *das* Einheit aus Lebewesen und deren Lebensraum. Zum Ökosystem Feld/Wiese gehören z.B. Greifvögel sowie Mäuse als Nahrung der Greifvögel und Gras als Nahrung der Mäuse.

❧ Chemische Substanzen durchlaufen Ökosysteme in Form von Kreisläufen (*siehe* Kohlenstoffkreislauf).

Ordnung, in der biologischen Klassifikation die Kategorie unterhalb der Klasse und oberhalb der Familie. Hunde und Katzen gehören zur Ordnung der Fleischfresser; Menschen, Affen und Menschenaffen gehören zur Ordnung der Primaten.

Organ, *das* Teil eines Lebewesens, unterscheidbar von anderen Teilen und für eine bestimmte Funktion (Tätigkeit) bestimmt. Organe bestehen aus Geweben und werden zu Systemen zusammengefasst, z. B. zum Verdauungssystem.

Organellen, *die* Zellteile, die Nahrung lagern, Abfall entsorgen, Energie liefern oder andere Tätigkeiten ähnlich den Organen in größeren Lebewesen ausführen.

organische Moleküle, *die* kleinste Einheiten organischer Verbindungen. Alle diese Moleküle haben als Grundgerüst eine Kette aus Kohlenstoffatomen. Es gibt vier Hauptkategorien: Proteine, Kohlenhydrate, Fette und Nukleinsäuren (DNS und RNS).

organische Verbindungen, Verbindungen, die den für Lebewesen charakteristischen Kohlenstoff enthalten (*siehe auch* Kapitel 16).

Pasteur, Louis [pas'tœ:r], französischer Chemiker und Mikrobiologe (* 1822, † 1895), entdeckte als Ursache zunächst der alkoholischen Gärung dann auch vieler Krankheiten die Infektion mit Mikroorganismen. Er erkannte, dass vorsichtiges Erhitzen die Mikroorganismen abtötet (Pasteurisation). Außerdem entwickelte er Impfmittel gegen die Tollwut, Milzbrand und andere Tierkrankheiten.
❧ Aufgrund der Entdeckungen Pasteurs begannen die Ärzte mit der Sterilisation (Entkeimung) ihrer Geräte vor Operationen und bei der Geburt.

Pasteurisation, *die* [pas'tœr...], das Erhitzen von Milch und anderen Flüssigkeiten, um krankheitserregende Mikroorganismen abzutöten und den Gärungsprozess zu kontrollieren.

Pfahlwurzel, einzelne tiefe Wurzel vieler Laubbäume, bildet die Grundlage ihres Wurzelsystems.

Pflanzenfresser, Lebewesen, das sich von Pflanzen bzw. Pflanzenbestandteilen ernährt. Schafe und Pferde z. B. sind Pflanzenfresser.

Pflanzenreich, eines der fünf Reiche *(siehe dort)* der Lebewesen. Die meisten Pflanzen gewinnen Energie durch Photosynthese *(siehe dort)*.

Phloem, *das* [zu griechisch phlóos ›Bast‹], Gefäßsystem einer Pflanze, in dem Nahrung von den Blättern in andere Pflanzenteile transportiert wird (*siehe* Xylem).

Photosynthese, *die* der Prozess, in dem grüne Pflanzen die Energie des Sonnenlichts benutzen, um aus energiearmem Kohlendioxid energiereiche Kohlenhydrate (Zucker) zu machen. Der Sauerstoff, den die Pflanze dabei abgibt, ist nur ein Nebenprodukt dieser komplizierten Reaktionsfolge.
❧ Grüne Pflanzen benötigen Chlorophyll zur Photosynthese.

Physiologie, *die* [griechisch-lateinisch ›Naturkunde‹], Wissenschaft von der Funktion der Lebewesen, dazu zählen auch Prozesse wie Ernährung, Bewegung und Fortpflanzung.

Pilze, eine Art Pflanze, aber ohne Chlorophyll, auch Schimmelpilze und Hefen. Einige Biologen sehen die Pilze in der Klassifikation als ein eigenes Reich, nicht dem Pflanzenreich zugehörig, da sie ihre Nahrung nicht über die Photosynthese, sondern von anderen Lebewesen oder den Überresten abgestorbener Lebewesen erhalten.

Pollen, *der* Gesamtheit der männlichen Geschlechtszellen einer Pflanze, die durch eine widerstandsfähige Schicht geschützt sind (Pollenkörner). In blühenden Pflanzen wird Pollen in dünnen (Staub-)Fäden der Pflanze hergestellt, in den Staubblättern.
❧ Bei Pollenflug (Verteilung von Pollen durch Wind) können häufig allergische Reaktionen beim Menschen ausgelöst werden.

Primaten, *die* Ordnung der Säugetiere, zu der Affen, Menschenaffen und Menschen gehören.

Protoplasma, *das* geleeartiges Material einer Zelle innerhalb und außerhalb des Zellkerns, Ort der lebenserhaltenden chemischen Reaktionen.

Protozoen, *die* einzellige Tiere wie die Amöben, einfachste Form tierischen Lebens. Die Biologie ordnet sie heute eher dem Reich der Einzeller (Protisten) zu, nicht mehr dem Tierreich.

❧ Einige Protozoen sind Parasiten und können Krankheiten hervorrufen, wie z.B. Malaria und Ruhr.

Reich, in der biologischen Klassifikation die umfangreichste Kategorie für Lebewesen. Die bekanntesten Reiche sind das Pflanzen- und das Tierreich. Heute nennen Biologen noch drei weitere Reiche: die Prokaryonten (z.B. Bakterien und Blaualgen), die Einzeller oder Protisten (z.B. Rotalgen, Schleimpilze, Amöben und andere einzellige Tiere) sowie die Pilze.

rekombinante DNS, *die* Bezeichnung für das Endprodukt und das Verfahren, normalerweise im Rahmen von Genetic Engineering angewandt, bei dem DNS-Stränge verschiedenen Ursprungs verknüpft werden, um ein neuartiges Gen herzustellen. Gensplitting (Genteilung) ist eine andere Bezeichnung für dieses Verfahren.

Reptilien, *die* Klasse der Wirbeltiere, vermehren sich normalerweise durch Eier. Eidechsen, Schlangen, Schildkröten und Alligatoren gehören zu den Reptilien. Reptilien sind Kaltblüter.
❧ Dinosaurier waren Reptilien.

rezessives Merkmal, in der Genetik ein Merkmal, das von beiden Eltern gleichzeitig weitergegeben werden muss, um bei den Nachkommen aufzutauchen. Rezessive Merkmale können im Genmaterial einer Person vorliegen, ohne sichtbar zu werden. Beispiel: Eine dunkelhaarige Person kann ein Gen für dunkles Haar in sich tragen, das dominant ist, und ein Gen für helles Haar, das ein rezessives Merkmal ist. Es ist demnach möglich, dass dunkelhaarige Eltern ein blondes Kind haben, vorausgesetzt jeder Elternteil vererbt jeweils ein Gen für helles Haar.

Ribonukleinsäure, Abkürzung RNS, ein Molekül, das eine wichtige Rolle bei der Kontrolle der Zellaktivitäten durch die DNS *(siehe dort)* übernimmt, besonders bei der Bildung der Proteine. Es liegt sowohl im Cytoplasma als auch im Zellkern vor.

Same, *der* männliche Geschlechtszellen, die aus dem Kopf, dem Mittelstück und dem Schwanz bestehen.

Säugetiere, Klasse der Wirbeltiere, gekennzeichnet durch eine mehr oder weniger behaarte Körperoberfläche und die Milchproduktion der Weibchen. Die meisten Säugetiere sind lebend gebärend. Menschen sind Säugetiere.

Soziobiologie, modernes, umstrittenes Forschungsgebiet der Biologie. Die Soziobiologie geht davon aus, dass menschliches Verhalten und soziale Merkmale vererbt (nicht anerzogen o.Ä.) werden.

Spore, *die* von Pflanzen hervorgebrachte Fortpflanzungszelle oder Gruppe solcher Zellen, die in der Lage sind, sich zu einer voll ausgebildeten Zelle zu entwickeln, ohne mit anderen Fortpflanzungszellen zu verschmelzen. Die Sporen nicht blühender Pflanzen entsprechen dem Pollen der Blütenpflanzen. Einfache Pflanzen, wie Schimmelpilze, Hefepilze und Farne, vermehren sich durch Sporen, die durch Wind oder etwas anderes an einen neuen Ort gebracht werden, wo sie sich entwickeln.

Stamm, eine der größeren Kategorien im biologischen Reich der Lebewesen; zweitgrößte Einheit der biologischen Klassifikation. Gliederfüßer, Wirbeltiere und Weichtiere bilden einen Stamm. Stämme des Pflanzenreichs werden auch Abteilungen genannt.

Staubblatt, das Pflanzenorgan, das den Pollen produziert.

Stempel, der weibliche Teil der Pflanze, in blühenden Pflanzen in der Mitte der Blüte. Nach der Befruchtung mit Pollen entwickelt sich aus dem Stempel die Frucht.

Stickstofffixierung, *die* Umwandlung von atmosphärischem Stickstoff (den Pflanzen nicht aufnehmen können) in Formen des Stickstoffs, die Pflanzen aufnehmen können. Bakterien im Boden bewirken diese Umwandlung.

stickstoffhaltige Rückstände, tierische Abfälle, besonders Harn, die einen hohen Anteil an Stickstoff enthalten.
❧ Stickstoffhaltige Abfälle können wertvolle Düngemittel sein.

Stoffwechsel, die Gesamtheit der chemischen Reaktionen zur Aufrechterhaltung des Lebens in Lebewesen.
❧ Beim Menschen ist der Stoffwechsel an die Aufnahme und Verwertung von Nahrung geknüpft; Personen mit hoher Stoffwechselaktivität können mehr essen als andere, ohne zuzunehmen.

System, *das* eine Gruppe von Körperorganen mit ähnlicher Struktur oder solche, die zum Ausüben einer bestimmten Tätigkeit zusammenarbeiten, wie z. B. das Verdauungssystem, das Nervensystem oder das Atemsystem.

Taxonomie, *die* [griechisch], Klassifikation von Lebewesen.

Tierreich, eine Gruppe von Lebewesen, die sich von denen des Pflanzenreichs durch die Fähigkeit zur aktiven Bewegung von einem Ort zum anderen und durch einen Stoffwechsel ohne Photosynthese unterscheidet.

Tierversuch, das Benutzen von lebenden Tieren als Versuchsobjekte im Labor, besonders bei der Entwicklung neuer medizinischer Techniken oder beim Testen von neuen Arzneimitteln (*siehe* Vivisektion).

Tyrannosaurus rex, *der* großer Fleisch fressender Dinosaurier, ging auf zwei Beinen. Sein Name ist zusammengesetzt aus den griechischen Wörtern mit der Bedeutung ›Tyrann‹ und ›Eidechse‹ sowie dem lateinischen Wort für ›König‹.

ungeschlechtliche Fortpflanzung, die Erzeugung von Nachkommen ohne Beteiligung beider Elternteile. Beispiele für ungeschlechtliche Fortpflanzung sind die Zweiteilung von Einzellern durch Mitose *(siehe dort)* oder die Produktion von Sporen *(siehe dort)* in einigen Pflanzen bzw. pflanzenähnlichen Lebewesen. Auch Insekten, z. B. Blattläuse, können einen Teil ihrer Nachkommen so erzeugen.

Virus, *der* (Mehrzahl: die Viren), Mikroorganismus, der aus RNS-Molekülen, eingehüllt in eine Schutzhülle aus Proteinen, besteht. Viren sind die einfachsten Formen des Lebens. Sie sind für ihre Vermehrung und für ihr Wachstum auf andere lebende Zellen angewiesen (*siehe auch* Virus, Kapitel 12).

❧ Viren verursachen viele Krankheiten.

Vivisektion, *die* [lateinisch], das Aufschneiden oder Sezieren von lebenden Tieren für Forschungszwecke.

Vögel, Klasse der Wirbeltiere, charakterisiert durch Federn, zwei Beine und zwei Flügel. Vögel sind Warmblüter, ihre Jungen schlüpfen aus Eiern.

Warmblüter, Tiere, wie die Säugetiere und Vögel, die ihre Körpertemperatur konstant halten, egal, welche Umgebungstemperatur herrscht.

Wasserkultur, Anzüchten von Pflanzen in einer künstlichen Nährlösung, die den Pflanzenwurzeln die notwendigen Nahrungsbestandteile in wässriger Lösung anbietet.

Watson, James Dewey ['wɔtsn], amerikanischer Biochemiker (* 1916), der zusammen mit F. H. C. CRICK die Doppelhelixstruktur der DNS entdeckte und dafür 1962 mit dem Nobelpreis für Medizin oder Physiologie ausgezeichnet wurde.

Weichtiere, auch Mollusken genannter Stamm der Wirbellosen mit weichen Körpern und muskulärem Fuß. Einige Weichtiere haben harte Schalen oder Panzer, z. B. Austern, Tintenfische.

Winterschlaf, schlafend oder nicht aktiv überwintern. Bären, Murmeltiere, Hamster und viele andere Tiere halten Winterschlaf.

Wirbellose, Tiere ohne Wirbelsäule.

Wirbeltiere, Tiere mit Rückenmark, das von einem Rückgrat umschlossen ist.

❧ Die fünf traditionellen Klassen der Wirbeltiere sind die Amphibien, die Vögel, die Fische, die Säugetiere und die Reptilien.

Wurzel, der Pflanzenteil, der nach unten wächst, die Pflanze an ihrem Platz festhält, Wasser und Mineralstoffe aus dem Boden aufnimmt und häufig als Nahrungsspeicher dient. Es gibt die Hauptwurzel und so genannte Seiten-(Neben-)Wurzeln. Die harte Spitze, die Wurzelhaube, schützt die darunter liegenden wachsenden Zellen. Wurzelhaare vergrößern die aufnahmefähige Wurzeloberfläche.

❧ ›Wurzel‹ wird auch übertragen im Sinne von ›Ursprung‹ verwendet.

X-Chromosom, *das* *siehe* Geschlechtschromosomen.

Xylem, *das* [zu griechisch xýlon ›Holz‹], Gefäßsystem in Pflanzen, das Wasser transportiert.

Y-Chromosom, *das* *siehe* Geschlechtschromosomen.

Zelldifferenzierung, *die* die sich während des Entwicklungsprozesses in mehrzelligen Lebewesen herausbildenden Unterschiede in der Struktur und

Funktion von Zellen. Beim Menschen z. B. entwickeln sich einige Zellen zu Nerven-, andere zu Muskelzellen usw.
❧ Die Zelldifferenzierung ist eines der biologischen Hauptforschungsgebiete.

Zelle, Grundeinheit aller Lebewesen mit Ausnahme der Viren. In höheren Organismen besteht die Zelle aus einem Zellkern (der das Erbmaterial enthält), dem Zellplasma und den Organellen, alles eingeschlossen von einer Zellmembran.
❧ Zellen gleicher Struktur und Funktion bilden Gewebe.

Zellkern, in der Biologie der zentrale Ort der Zelle, Ort der DNS. Der Zellkern erscheint normalerweise als dunkler Fleck im Innern der Zelle. Einfache Zellen (z. B. wie die von Bakterien oder Blaualgen) haben keinen Zellkern.

Zellmembran, *die* Struktur, die eine Tierzelle von ihrer Umgebung und eine Pflanzenzelle von der sie umgebenden Zellwand trennt. Die Zellmembran stellt ein kompliziertes System dar. Durch sie gelangen Nahrungsmittel in die Zelle hinein und Abfallprodukte aus der Zelle heraus.

Zellulose, *die* [zu lateinisch cellula ›kleine Zelle‹], eine zähe, faserige Substanz, Hauptbestandteil vor allem der Zellwand von Pflanzen.

Zellwand, äußere, der Stabilisierung dienende Hülle einer typischen Pflanzenzelle; besteht aus Zellulose und liegt außen an der Zellmembran an.

Zoologie, *die* wissenschaftliches Studium und Klassifikation von Tieren.

Zucker, die Kohlenhydrate, die den Lebewesen Energie liefern können. Der gewöhnliche Tafelzucker ist Saccharose. Einige andere Zuckerarten sind z. B. Fruktose, der Zucker der Früchte, Laktose, der in der Milch vorkommt, und Glukose, der am häufigsten vorkommende Zucker im Körper von Tieren und Pflanzen.

Zygote, *die* [zu griechisch zygón ›Joch‹], die einzelne Zelle, die aus der Vereinigung der elterlichen Geschlechtszellen bei der Befruchtung hervorgeht. Durch wiederholte Zellteilungen (Mitose) entstehen aus den Zygoten neue Individuen.

Zytoplasma, *das,* **Zellplasma,** in der Biologie das außerhalb des Zellkerns liegende Zellmaterial.

14
Geographie

Durch die Informationen der Massenmedien (Zeitung, Rundfunk, Fernsehen) und die vielfältig genutzten Möglichkeiten zu reisen ist die Erde ›kleiner‹ geworden. Wir sehen uns ständig Nachrichten aus allen Teilen der Welt gegenüber, wobei das Interesse an Ländern und Völkern oftmals durch die Zufälle der ›großen‹ und ›kleinen‹ Weltgeschichte diktiert wird. Wer beispielsweise wusste schon etwas über die Falklandinseln, bevor es ihretwegen zum Krieg zwischen Argentinien und Großbritannien kam?
Die Geographie als die Erdkunde wird zudem von Veränderungen, die jede Epoche prägen, mit betroffen; das, was lange als gesichertes geographisches Wissen betrachtet wurde, wird durch politische Ereignisse plötzlich infrage gestellt. So verändern die Vorgänge auf dem Gebiet der ehemaligen Sowjetunion das Erscheinungsbild eines ganzen Kontinents. Neue Staaten bilden sich, alte lösen sich auf, Grenzen werden verändert.
Das vorliegende Kapitel versucht, die Grunddaten, die das Gesicht der Erde aus unserer Sicht bestimmen, seien sie nun bleibend oder veränderbar, zu vermitteln.

Aachen, Stadt in Nordrhein-Westfalen, nahe der belgischen und niederländischen Grenze (253 000 Einwohner). Aachen ist Heilbad mit heißen Kochsalzquellen, Sitz einer Technischen Hochschule und anderer Bildungsstätten. Mittelpunkt der Stadt ist das Münster, in dem in einem prächtigen goldenen Schrein die Gebeine KARLS D. GR. ruhen.
❧ Eine Spezialität ist das Gebäck der Aachener Printen. ❧ In Aachen wird jährlich der Internationale Karlspreis für Verdienste um die europäische Einigung verliehen.

Aargau, Kanton in der deutschsprachigen Schweiz (rund 540 000 Einwohner) mit der Hauptstadt Aarau. Fruchtbares Hügelland an der Aare und am Rhein.

Abruzzen, Gebirgsteil des Apennin in Italien.

Aconcagua, höchster Berg Amerikas (6 959 m), in den Anden Argentiniens gelegen.

Addis Abeba, Hauptstadt von Äthiopien (2,11 Mio. Einwohner).

Adriatisches Meer, Teil des Mittelmeers zwischen Italien und der Balkanhalbinsel (Kroatien, Albanien).

Afghanistan, Republik in Vorderasien, 652 000 km^2; rund 21 Mio. Einwohner, begrenzt von Pakistan, dem Iran und den aus der Sowjetunion hervorgegangenen Staaten Turkmenistan, Tadschikistan und Usbekistan. Hauptstadt: Kabul. Das Land ist geprägt von kahlen Hochgebirgen, Steppen und Wüsten, die mit fruchtbaren Tälern abwechseln. Die Bevölkerung bekennt sich überwiegend zum sunnitischen Islam.
❧ Nach dem Sturz der Monarchie 1973 führte die Machtübernahme durch eine kommunistische Regierung 1978 zum Bürgerkrieg, in dem bis 1989 auch sowjetische Truppen eingesetzt wurden (*siehe auch* Afghanistankrieg, Kapitel 1).

Afrika, Kontinent südlich von Europa, rund 30 Mio. km^2 groß (etwa $^1/_5$ der Landfläche der Erde). Im Norden ist Afrika vom Mittelmeer, im Westen vom Atlantischen und im Osten vom Indischen Ozean begrenzt. Nach Norden und Süden folgen, vom Äquator ausgehend, aufeinander: die Zone mit tropischem Regenwald, der Savannengürtel und große Trockengebiete (im Norden die Sahara, im Süden die Kalahari).

❧ Die afrikanischen Staaten weisen in Bezug auf ihre wirtschaftliche Entwicklung große Unterschiede auf. Neben industrialisierten Ländern (z. B. Nigeria, Südafrika) gibt es sehr arme Länder (z. B. Äthiopien, Sudan), die immer wieder von Hungerkatastrophen heimgesucht werden. Die meisten Länder waren im 19. Jh. Kolonien europäischer Staaten und erlangten erst nach 1945 ihre Unabhängigkeit. Von den über 642 Mio. Einwohnern stellen südlich der Sahara die Schwarzen den größten Anteil.

Afrika. Dünengebiet in der Sahara

Ägypten, Republik im Nordosten Afrikas, ca. 1 Mio. km^2; rund 66 Mio. Einwohner. Hauptstadt: Kairo. Der größte Teil des Landes gehört zur Wüste Sahara, aber fast die gesamte Bevölkerung lebt im fruchtbaren Niltal. Hier entstand um 3000 v. Chr. eine der ältesten Kulturen der Menschheit, deren Zeugnisse Ziel zahlreicher Touristen sind (*siehe* Kapitel 1).

❧ Ägypten verlor seit 1948 vier Kriege gegen Israel. Als erstes arabisches Land schloss es 1979 mit Israel einen Friedensvertrag (*siehe* Nahostkonflikt, Kapitel 3).

Alaska, nördlichster Bundesstaat der USA, sehr gebirgig und reich an Bodenschätzen, v. a. Erdöl. Alaska wurde 1867 von Russland an die USA verkauft (für 7,2 Mio. Dollar). Entdeckt wurde es vom Dänen VITUS JONASSEN BERING (* 1680, † 1741).

Albanien, Republik an der Adriaküste im Westen der Balkanhalbinsel, nördlich von Griechenland, 29 000 km^2; 3,2 Mio. Einwohner. Hauptstadt: Tirana. Das Land ist größtenteils gebirgig. Albanien zählt zu den ärmsten Ländern Europas. Nach jahrzehntelanger strenger kommunistischer Herrschaft, die das Land isolierte, begann 1990 eine Hinwendung zur Demokratie.

Aletschgletscher, größter und längster (24,5 km) Alpengletscher, in den Berner Alpen.

Aleuten [...e'u...], Inselkette, die sich in großem Bogen westlich von Alaska zwischen Beringmeer und Pazifischem Ozean erstreckt.

Algerien, Republik in Nordafrika am Mittelmeer, 2,4 Mio. km^2; 29 Mio. Einwohner. Hauptstadt: Algier. Die Bevölkerung lebt vorwiegend von der Landwirtschaft in der Küstenebene, daneben hat das Land reiche Bodenschätze (vor allem Erdöl, Erdgas). Der größte Teil Algeriens gehört zur Wüste Sahara. Algerien war französische Kolonie und wurde 1962 nach einem langen Unabhängigkeitskrieg unabhängig. Das Land steckt in einer schweren Wirtschaftskrise, begleitet von bürgerkriegsähnlichen Unruhen.

Allgäu, Alpen- und Voralpenland in Süddeutschland östlich des Bodensees.

Alpen, höchstes Gebirge in Europa. Die höchsten Erhebungen sind in den Westalpen Montblanc (4 810 m), Monte Rosa (4 634 m), in den Ostalpen Bernina (4 049 m), Ortler (3 899 m), Großglockner (3 797 m). Der höchste deutsche Gipfel ist die Zugspitze (2 962 m). Viele Flüsse entspringen in den Alpen (z. B. Rhône, Rhein und Po). Am Gebirgsrand liegen viele große Seen: Vierwaldstätter See, Bodensee, Zürichsee, Genfer See im Norden, Lago Maggiore, Luganer See, Comer See, Gardasee im Süden.

Während der Eiszeit bedeckten riesige Gletscher die Alpen bis weit ins Alpenvorland hinein. Heute sind nur noch die inneren und höchsten Teile vergletschert. Wichtigste Einnahmequelle für viele Alpenbewohner ist der Fremdenverkehr, durch den aber vor allem die höher gelegenen Gebiete zunehmend in Mitleidenschaft gezogen werden.

Alster, rechter Nebenfluss der Elbe, in Hamburg seenartig zur Außen- und Binnenalster aufgestaut.

Amazonas, größter Strom Südamerikas, 6518 km lang und mit über 7 Mio. km² Einzugsgebiet das größte Flusssystem der Erde. An der Mündung zum Atlantischen Ozean ist der Amazonas über 250 km breit (*siehe auch* Amazonen, Kapitel 9).

Amerika, aus Nord- und Südamerika bestehender Doppelkontinent, im Westen vom Pazifischen, im Osten vom Atlantischen Ozean begrenzt. Amerika erstreckt sich über 14000 km von Norden nach Süden. Im Aufbau gleichen sich Nord- und Südamerika: entlang der Westküsten hohe Gebirgsketten (Kordilleren), im Landesinnern große Ebenen, nahe den Ostküsten wieder Gebirge, aber wesentlich niedriger und erdgeschichtlich erheblich älter. Verbunden sind die beiden Teile des Doppelkontinents durch die etwa 1900 km lange, größtenteils gebirgige ›Landbrücke‹ Mittelamerikas. Hier sind Vulkanausbrüche und Erdbeben häufig. Amerika wurde vor über 25000 Jahren von Asien aus besiedelt. Die Nachkommen dieser Völker sind die Indianer. Mit der Entdeckung Amerikas durch CHRISTOPH KOLUMBUS (1492) begann die Eroberung des Kontinents durch die Europäer. Der größte Teil der indianischen Ureinwohner wurde dabei ausgerottet. Die meisten amerikanischen Kolonien wurden im 19. Jh. unabhängig.
❧ Benannt ist der Kontinent nach dem italienischen Seefahrer AMERIGO VESPUCCI (* 1451, † 1512).

Amsterdam, Hauptstadt der Niederlande, 728000 Einwohner, mit zwei Universitäten, der ältesten Wertpapierbörse der Erde und bedeutenden Museen, Diamantschleifereien. Die Altstadt ist auf in den Boden gerammten Pfählen errichtet und von vielen Kanälen, den Grachten, durchzogen.

Amur, Fluss in Ostasien, über lange Strecken Grenzfluss zwischen Russland und China.

Anatolien, asiatischer Teil der Türkei, der sich als Halbinsel zwischen Schwarzem Meer und Mittelmeer nach Westen erstreckt.

Andalusien, südspanische Landschaft mit den Städten Sevilla, Málaga, Córdoba und Granada. Der arabische Einfluss, unter dem Andalusien jahrhundertelang stand, ist noch heute, z. B. im Städtebau, sichtbar.

Der Nordarm des Amazonas unterhalb von Macapà

Anden, lang gestrecktes Gebirge an der Westseite Südamerikas. Höchste Erhebung ist der Aconcagua (6959 m).

Andorra, Kleinstaat (Fürstentum) in den Pyrenäen zwischen Frankreich und Spanien, 453 km² groß, 72000 Einwohner, Amtssprache Katalanisch, gemeinsam regiert von Frankreich und dem spanischen Bischof von Urgel.

Angola, Republik im südwestlichen Afrika, am Atlantischen Ozean, 1,25 Mio. km², 12 Mio. Einwohner. Hauptstadt: Luanda. Über die Hälfte der Bevölkerung lebt von der Landwirtschaft (Zuckerrohr, Kaffee), reiche Bodenschätze (Erdöl, Diamanten, Erze).
Angola war bis 1975 portugiesische Kolonie. Es folgte ein Bürgerkrieg, an dem auch kubanische und südafrikanische Truppen beteiligt waren.

Ankara, seit 1923 Hauptstadt der Türkei, in Anatolien gelegen, etwa 3 Mio. Einwohner.

Antarktis, Land- und Meergebiete um den Südpol. Das Gebiet ist von einem Eispanzer bedeckt, der stellenweise über 4000 m dick ist. Viele Staaten haben Forschungsstationen errichtet. Durch ein internationales Abkommen wurde der Abbau von Bodenschätzen in der Antarktis bis zum Jahr 2041 untersagt.

Antillen, mittelamerikanische Inselgruppe zwischen Karibischem Meer und Atlantischem Ozean.

Man unterscheidet die Großen Antillen (Kuba, Jamaika, Hispaniola, Puerto Rico) und östlich und südlich davon die Kleinen Antillen.

Apennin, Gebirge, das den größten Teil der italienischen Halbinsel durchzieht, überwiegend Kalkgestein, im Gran Sasso 2 914 m hoch.

Appalachen, Gebirge an der Ostseite Nordamerikas. Es erstreckt sich vom Süden der USA bis nach Kanada. Höchste Erhebung: Mount Mitchell, USA (2 037 m).

Appenzell, Name zweier Halbkantone in der deutschsprachigen Schweiz, südlich des Bodensees. Außerrhoden hat vorwiegend protestantische, Innerrhoden vorwiegend katholische Bevölkerung.

Apulien, Landschaft im südöstlichen Italien, an der Adriaküste, mit den Hafenstädten Bari und Brindisi. Ausgedehnter Anbau von Getreide, Wein, Mandeln und Oliven.

Äquatorialguinea, Republik in Westafrika, am Golf von Guinea; eines der ärmsten Länder Afrikas; rund 28 000 km^2 mit 410 000 Einwohnern. Amtssprache Spanisch.

Arabien, Halbinsel in Vorderasien, zwischen Persischem Golf und Rotem Meer. Arabien ist größtenteils Wüste. Größte wirtschaftliche Bedeutung haben die reichen Erdöllagerstätten.

Argentinien, Republik in Südamerika; mit 36 Mio. Einwohnern auf fast 2,8 Mio. km^2 das zweitgrößte südamerikanische Land; Hauptstadt: Buenos Aires. Große Bedeutung hat die Landwirtschaft. Nach den USA ist Argentinien größter Rindfleischproduzent der Erde. Das Vorkommen an Bodenschätzen (Erdöl, Kohle, Eisenerz, Kupfer) ist bedeutend. – Die demokratische Verfassung Argentiniens wurde in der Vergangenheit oft durch Diktatoren außer Kraft gesetzt. 1982 kam es mit Großbritannien zum Krieg um die Falklandinseln, den Argentinien verlor.

❧ Argentinien erhielt seinen Namen nach dem Silberreichtum (lateinisch argentum ›Silber‹), den die spanischen Kolonisatoren hier vermuteten.

Arktis, Land- und Meergebiete um den Nordpol. Dazu gehören Inseln wie Grönland und Spitzbergen sowie die nördlichsten Teile Europas, Asiens und Amerikas. Das Meer ist am Nordpol ganz von Pack- und Treibeis bedeckt.

Ärmelkanal, Meeresstraße zwischen England und Frankreich, die den Atlantischen Ozean mit der Nordsee verbindet. An der engsten Stelle (zwischen Dover und Calais) 32 km breit. Ein Eisenbahntunnel unter dem Kanal (›Eurotunnel‹) wurde 1994 eröffnet.

Armenien, Republik im Süden Transkaukasiens (29 800 km^2; 3,5 Mio. Einwohner), Hauptstadt: Erewan. Armenien ist ein Binnenstaat, umgeben von Georgien, Aserbaidschan, dem Iran und der Türkei. Es ist ein erdbebengefährdetes Gebirgsland, das den Nordostteil des Ararathochlandes umfasst. Der Ararat ist mit 5 137 m die höchste Erhebung. Nur 44 % der Landesfläche sind landwirtschaftlich nutzbar (Anbau von Tabak, Wein, Obst, Baumwolle, Reis, Getreide), an Bodenschätzen sind u. a. Kupfer, Zink, Zinn und Gold vorhanden. Die Leicht- und die Lebensmittelindustrie sind vorherrschend. Armenien löste sich 1991 als unabhängiger Staat von der Sowjetunion.

Aserbaidschan, Republik im Südosten von Transkaukasien (86 600 km; 7,7 Mio. Einwohner), Hauptstadt: Baku. Das Land grenzt an Georgien, Russland, das Kaspische Meer, an den Iran, die Türkei sowie an Armenien, das das im Innern von Aserbaidschan liegende Gebiet von Bergkarabach für sich beansprucht. Zu Aserbaidschan gehört auch die Exklave Nachitschewan (zwischen Armenien und dem Iran). Das Kernland Aserbaidschans ist die Kura-Araks-Niederung, die zum Kaspischen Meer hin auf unter Weltmeeresniveau abfällt, mit trockenem subtropischem Klima; zum Kaukasus hin erreicht das Gebirgsland Höhen bis über 4 200 m. Wichtigster Rohstoff ist das Erdöl. Aserbaidschan gehört zu den alten Agrarländern mit traditioneller Bewässerungskultur (besonders für Baumwolle, Wein, Tabak, Seidenraupenzucht). Das Land steht wegen Bergkarabach im Konflikt mit Armenien und proklamierte bereits 1989 seine Souveränität.

Asien, der größte Erdteil bedeckt fast $^1/_3$ der Landfläche der Erde und wird im Norden vom Nördlichen Eismeer, im Osten vom Pazifischen und im Süden vom Indischen Ozean begrenzt. Da Asien im Westen mit Europa zusammenhängt, werden beide Kontinente oft auch zusammenfassend als Eurasien bezeichnet. Große Inselgruppen gehören zu Asien:

im Osten Japan und die Philippinen, im Südosten die Malaiischen Inseln.
Asien hat von allen Kontinenten die meisten Einwohner: über 3,6 Mrd. Die meisten Menschen leben in China, Indien und Indonesien. Die Gebirge Innerasiens tragen die höchsten Gipfel der Welt: Pamir (›Dach der Welt‹), Karakorum und Himalaja (mit dem Mount Everest, 8 848 m). Vom Himalaja zieht sich eine Kette von Faltengebirgen nach Westen bis in die Türkei. Gebirgig ist auch der Osten Asiens, während der Westen große Tiefländer (z. B. Westsibirien) und Senken aufweist, z. B. die große Senke des Kaspischen Meers.
Das asiatische Klima reicht von kältesten Wintern in Ostsibirien bis zu heißem, trockenem Wüstenklima auf der Arabischen Halbinsel. In Süd- und Südostasien herrscht Monsunklima.

Athen, Hauptstadt Griechenlands mit der Hafenstadt Piräus (rund 3,1 Mio. Einwohner). Mitten in der Stadt liegt die Akropolis.
❧ Ihren Namen verdankt die Stadt der Göttin Athene. Heute ist Athen, besonders durch die Abgase des Straßenverkehrs, von der Umweltzerstörung bedroht.

Äthiopien, Republik im Nordosten Afrikas, am Roten Meer, 1,13 Mio. km^2; 59,6 Mio. Einwohner. Hauptstadt: Addis Abeba. Die Hälfte des gebirgigen Landes liegt höher als 1 200 m. Äthiopien wird immer wieder von Hungersnöten bedroht. Eine der Ursachen dafür war in der Vergangenheit ein 30 Jahre währender Bürgerkrieg. Bis 1974 war Äthiopien ein Kaiserreich, danach eine Militärdiktatur, die 1991 gestürzt wurde.

Atlantischer Ozean, zweitgrößter Ozean, zwischen Europa und Afrika im Osten und Amerika im Westen. Von Norden nach Süden verläuft der Mittelatlantische Rücken, ein unterseeisches, zusammenhängendes Gebirge. Der Atlantik bedeckt rund $^1/_5$ der Erdoberfläche. Tiefster Punkt ist der Puerto-Rico-Graben mit 9 219 m.

Atlas, zum einen Bezeichnung für eine als Buch gebundene Sammlung von Landkarten, zum anderen Name eines Gebirges in Nordafrika (Marokko, Algerien), im weiteren eine griechische Gottheit (*siehe* Kapitel 9).

Ätna, Vulkan auf der Mittelmeerinsel Sizilien, 3 369 m, der größte tätige Vulkan Europas.

Augsburg, Stadt in Bayern, am Lech (267 000 Einwohner). Die Stadt ging aus einem römischen Legionslager hervor und war im 14.–16. Jh. ein europäisches Handels- und Kulturzentrum; hier lebten die Kaufmannsfamilien der Fugger und Welser.

Australien, der kleinste Kontinent (rund 7,7 Mio. km^2), auf der Südhalbkugel gelegen. Zu Australien gehören die Insel Tasmanien im Südosten und einige kleinere Inselgruppen. Der Osten Australiens ist gebirgig (Mount Kiusko, 2 230 m), in der Mitte und im Westen erstrecken sich weite, teilweise sehr trockene Flachländer. In Australien gibt es viele nur dort vorkommende Tierarten (z. B. Känguru, Koala, Schnabeltier). Australien bildet zusammen mit Tasmanien und kleineren Inseln den Australischen Bund, den der Fläche nach sechstgrößten Staat der Erde (18,5 Mio. Einwohner). Hauptstadt: Canberra.

Avignon [aviˈɲɔ̃], Stadt in Südfrankreich (92 000 Einwohner), im 14. Jh. Residenz der Päpste.

Azoren, westlich von Portugal gelegene vulkanische Inselgruppe im Atlantischen Ozean; gehört zu Portugal.

Baden, westlicher Teil Baden-Württembergs, zwischen Neckar, Hochrhein und Bodensee; bedeutende Städte sind Mannheim, Heidelberg, Karlsruhe, Freiburg im Breisgau und Konstanz.

Baden-Württemberg, im Westen und Süden an Rhein und Bodensee angrenzendes deutsches Bundesland (10,4 Mio. Einwohner, 36 000 km^2). Hauptstadt: Stuttgart. Baden-Württemberg verfügt über bedeutende Industrien, besonders um Mannheim, Karlsruhe und Stuttgart.

Bagdad, Hauptstadt des Irak (4,4 Mio. Einwohner).

Bahamas, Inselgruppe zwischen Florida und Kuba und Staat im Rahmen des britischen Commonwealth.

Bahrain, Emirat am Persischen Golf (rund 600 000 Einwohner). Hauptstadt: Menama. Das Land verfügt über Erdölvorräte und ist stark industrialisiert. Bis 1971 war Bahrain britisches Protektorat. Als Finanzplatz konnte Menama z. T. die Nachfolge Beiruts antreten.

Baikalsee, größter Gebirgssee Asiens in Ostsibirien (31 500 km^2), mit 1 620 m Tiefe der tiefste See der Erde.

Balearen, spanische Inselgruppe im westlichen Mittelmeer. Die größten Inseln sind Mallorca, Menorca und Ibiza. Auf den Inseln herrscht starker Fremdenverkehr.

Bali, östlich von Java liegende, zu Indonesien gehörende Insel.

Balkan, Gebirge in Bulgarien, zwischen Donau und Schwarzem Meer (im Botew 2376 m hoch). Nach dem Gebirge ist die Balkanhalbinsel benannt, auf der die Staaten des ehemaligen Jugoslawiens, Albanien, Griechenland, Südbulgarien und der europäische Teil der Türkei liegen.

Bangkok, Hauptstadt von Thailand (5,9 Mio. Einwohner), unweit des Golfs von Siam gelegen; lebhaftes Geschäfts- und Touristenzentrum.

Bangladesh [...dɛʃ], Republik östlich von Indien, am Golf von Bengalen (125 Mio. Einwohner, 144 000 km²). Hauptstadt: Dhaka. Aufgrund seiner Lage im Mündungsgebiet von Ganges und Brahmaputra wird das Land immer wieder von verheerenden Flutkatastrophen heimgesucht.
❧ Nach 1947, als die Briten die Kolonie Indien aufgaben, war Bangladesh mit dem Tausende Kilometer entfernt liegenden Pakistan zu einem Staat verbunden. Mithilfe Indiens setzte es 1971 seine Unabhängigkeit durch.

Barbados, östlichste Insel der Kleinen Antillen, seit 1966 unabhängiger Staat im Rahmen des britischen Commonwealth; 431 km²; rund 268 000 Einwohner.

Barcelona, zweitgrößte Stadt Spaniens (1,5 Mio. Einwohner), im Nordosten am Mittelmeer; bedeutende Handels- und Industriestadt mit einem der Haupthäfen des Mittelmeers. Hauptstadt Kataloniens, Austragungsort der Olympischen Sommerspiele 1992.

Basar [persisch ›Markt‹], Markt und Händlerviertel in orientalischen Städten.

Basel, zweitgrößte Stadt der Schweiz (190 000 Einwohner), am Rhein gelegen. Basel besitzt die älteste Schweizer Universität, ein mittelalterliches Münster und bedeutende chemische Industrie. Die Stadt und ihr Umland beiderseits des Rheins bilden die beiden Halbkantone Basel-Stadt und Basel-Landschaft.

Bayerischer Wald, waldreiches Mittelgebirge im Südosten Bayerns, Teil des Böhmerwalds.

Bayern, mit etwa 70 500 km² größtes deutsches Bundesland im Südosten der Bundesrepublik Deutschland (12 Mio. Einwohner), Hauptstadt: München. Bayern grenzt im Osten an die Tschechische Republik, im Südosten und Süden an Österreich und hat hier Anteil an den Alpen (Allgäu, Berchtesgadener Land, Zugspitze). Bedeutendster Fluss ist die Donau, die das Voralpenland von den übrigen Landesteilen trennt. Mit seinen Seen (Ammersee, Tegernsee, Chiemsee, Starnberger See) und alten Städten (Würzburg, Nürnberg, Regensburg, Augsburg, Passau, Rothenburg ob der Tauber) ist Bayern ein beliebtes Reiseland.
❧ Bayern war bis 1919 Königreich und wurde dann Republik (Freistaat).

Beirut, Hauptstadt des Libanon, 1,9 Mio. Einwohner. Durch den Bürgerkrieg im Libanon wurde die Stadt stark zerstört.
❧ Die ehemals ›westlich‹ geprägte wichtige Finanz- und Handelsmetropole des Vorderen Orients hat durch den libanesischen Bürgerkrieg (seit 1975) ihre Stellung verloren.

Belfast, Hauptstadt von Nordirland, 297 000 Einwohner.

Belgien, Königreich in Westeuropa (10 Mio. Einwohner; 30 500 km²). Hauptstadt: Brüssel. An der Nordsee liegen die großen Seehäfen Oostende und Zeebrugge. Bedeutende Städte sind zudem Antwerpen, Gent, Brügge, Namur und Lüttich.
❧ Die Zusammensetzung der Bevölkerung aus Flämisch sprechenden Flamen (im Norden) und Französisch sprechenden Wallonen (im Süden; daneben eine Deutsch sprechende Minderheit im Osten) sorgt immer wieder für Auseinandersetzungen.
❧ Belgien entstand als unabhängiger Staat 1830 durch Abspaltung von den Niederlanden, nachdem es lange zu Spanien und Österreich gehört hatte.

Belgrad, Hauptstadt von Jugoslawien und Serbien (1,16 Mio. Einwohner).

Belize [bɛˈli:z], Staat an der Ostküste Mittelamerikas (189 000 Einwohner, 23 000 km²). Hauptstadt: Belmopan. Das Land ist Mitglied im britischen Commonwealth. Haupterwerbszweig ist die Landwirtschaft. Ausgeführt werden Edelhölzer (v. a. Mahagoni), Zitrusfrüchte, Zucker.

Benin, Republik an der Küste Westafrikas (4,8 Mio. Einwohner; 112 600 km²). Hauptstadt: Porto Novo. Amtssprache ist Französisch (ehemals französische Kolonie). Hauptausfuhrgüter: Baumwolle, Palmkerne, Kakao. Benin hieß bis 1975 Dahomey.

Beringstraße, Meeresstraße zwischen Alaska und Sibirien, benannt nach dem dänischen Seefahrer VITUS JONASSEN BERING (* 1680, † 1741).

Berlin, ehemals Hauptstadt Preußens und später des Deutschen Reichs, heute Hauptstadt der Bundesrepublik Deutschland und deutsches Bundesland (3,4 Mio. Einwohner). Nach dem Zweiten Weltkrieg wurde die Stadt in die vier Sektoren der Siegermächte aufgeteilt. Bis zur deutschen Wiedervereinigung war West-Berlin seit 1961 durch eine Mauer von Ost-Berlin (Hauptstadt der DDR) getrennt. Trotz der politischen Situation (Teilung der Stadt, Lage inmitten des Staatsgebiets der DDR) wurde Berlin nach 1945 wieder bedeutendste Industriestadt zwischen Paris und Moskau.

Berlin. Schlossbrücke und Dom

Bermudas, Inselgruppe im Atlantik, östlich der USA. Die Bermudas sind britische Kronkolonie.

Bern, Hauptstadt der Schweiz (239 000 Einwohner). Der Kanton Bern ist der zweitgrößte Kanton der Schweiz (941 000 Einwohner). Er erstreckt sich im Norden bis zum Schweizer Jura. Hier spricht man Französisch, in den übrigen Gebieten Deutsch. Das Berner Oberland im Süden weist Gipfel über 4 000 m Höhe auf (Jungfrau, Mönch).

Bethlehem, Stadt 10 km südlich von Jerusalem (30 000 Einwohner) im israelisch besetzten Westjordanland aber mit palästinensischer Selbstverwaltung; im Neuen Testament der Geburtsort Jesu.

Bhutan, Königreich im östlichen Himalaja (1,16 Mio. überwiegend buddhistische Einwohner, 47 000 km²). Hauptstadt: Thimphu.

Birma, Republik am Golf von Bengalen (44,5 Mio. Einwohner; 676 500 km²). Hauptstadt: Rangun. Im Westen und im Osten wird Birma von bis zu 5 000 m hohen Gebirgen begrenzt. Hölzer (besonders Teak) sowie Edelsteine (Smaragde) sind wichtige Exportgüter.

❧ Birma (andere Schreibung auch Burma, offiziell Myanmar) leidet unter einer der härtesten Militärdiktaturen Asiens.

Bodensee, vom Rhein durchflossener größter deutscher See (538,5 km²) an der Grenze zur Schweiz und zu Österreich. Das milde Klima des Bodenseegebiets begünstigt Wein- und Obstbau sowie den Anbau von Frühgemüse. Auf dem Bodensee gibt es keine internationalen Grenzen.

Bogotá, Hauptstadt von Kolumbien (6 Mio. Einwohner).

Böhmen, von Gebirgen (z. B. Böhmerwald, Erzgebirge, Fichtelgebirge) umrahmte Landschaft in der Tschechischen Republik mit der Hauptstadt Prag.

Böhmerwald, Mittelgebirge im Grenzgebiet zwischen Deutschland, der Tschechischen Republik und Österreich. Höchste Erhebung ist der Große Arber (1 456 m).

Bolivien, an Brasilien angrenzende Republik in Südamerika (7,9 Mio. Einwohner; 1,1 Mio. km²). Hauptstadt: Sucre. Regierungssitz ist La Paz. Im Westen hat das Land Anteil an den Anden, der Osten ist tropisches Tiefland. Bolivien ist einer der bedeutendsten Zinnproduzenten der Erde und eines der ärmsten Länder Lateinamerikas.

Bologna [bo'loɲa], Stadt in Norditalien (398 000 Einwohner) mit der ältesten Universität Europas (1119 gegründet).

Bombay ['bɔmbeɪ], zweitgrößte Stadt (9,93 Mio. Einwohner), bedeutendster Hafen und eines der wichtigsten Industriezentren Indiens.

Bonn, bis zur deutschen Wiedervereinigung Hauptstadt und alleiniger Regierungssitz der Bundesrepublik Deutschland (307 000 Einwohner).

Bonn liegt am Rhein, gehört zu Nordrhein-Westfalen, besitzt eine Universität und ist der Geburtsort BEETHOVENS und der Sterbeort ROBERT SCHUMANNS.

Bordeaux [bɔr'do], Hafen- und Handelsstadt im Südwesten Frankreichs, an der Garonne (213 000 Einwohner). Die die Stadt umgebende Landschaft, das Bordelais, ist das größte europäische Weinbaugebiet.

Bornholm, dänische Ostseeinsel vor der Südspitze Schwedens.

Bosnien und Herzegowina, ehemals Teil der Republik Jugoslawien, erklärte das Gebiet 1992 seine Unabhängigkeit (51 129 km²; 3,7 Mio. Einwohner, Hauptstadt: Sarajevo). Im jugoslawischen Bürgerkrieg wurde Bosnien und Herzegowina Hauptschauplatz der blutigen Auseinandersetzungen zwischen den Bevölkerungsgruppen (rund 40% Muslime, 30% Serben, 20% Kroaten), die erst durch das Dayton-Abkommen (*siehe* Kapitel 1) formal beigelegt wurden. – Überwiegend gebirgig, besitzt das Land bedeutende Industrien (Eisen und Stahl, Maschinenbau, Holz-, Chemie-, Textilindustrie).

Bosporus, Meerenge zwischen Europa und Asien, in der Türkei. Am Bosporus liegt Istanbul.

Botswana, Republik im südlichen Afrika (1,57 Mio. Einwohner; 600 000 km²). Hauptstadt: Gaborone. Das Staatsgebiet umfasst den größten Teil der Kalaharisteppe. Wichtigster Wirtschaftszweig ist der Bergbau (Diamanten).

Brahmaputra, einer der Hauptströme Südasiens, 2 900 km lang. Er entspringt in 6 000 m Höhe im Himalaja und mündet mit dem Ganges in den Golf von Bengalen.

Brandenburg, mit 29 476 km² größtes der neuen Bundesländer (2,6 Mio. Einwohner). Hauptstadt: Potsdam. Brandenburg grenzt im Osten an Polen. Seen und künstliche Wasserstraßen prägen die zur Norddeutschen Tiefebene gehörende, ehemals stark sumpfige Landschaft.

❧ Als ›Mark Brandenburg‹ bildete Brandenburg den Kern Preußens.

Brasilien, Republik in Südamerika (165,8 Mio. Einwohner), der fünftgrößte Staat der Erde (8,5 Mio. km²). Hauptstadt: Brasilia. Der Norden wird vom Tiefland des Amazonas eingenommen, den überwiegenden Teil des Landes bildet das Brasilianische Bergland. Brasilien ist ein Land mit großen natürlichen Reichtümern. Landwirtschaft, Viehzucht und Industrie sind wichtige Wirtschaftszweige. Es verfügt über große Vorkommen an Bodenschätzen, die teilweise noch unerschlossen sind. Für das Weltklima von großer Bedeutung sind seine vom Raubbau bedrohten Regenwälder.

❧ Im Unterschied zu den übrigen, Spanisch sprechenden Ländern Lateinamerikas spricht man in Brasilien Portugiesisch.

Bremen, Hafenstadt an der Unterweser, die als Freie Hansestadt Bremen zusammen mit Bremerhaven das kleinste deutsche Bundesland bildet (700 000 Einwohner). Bremen besitzt nach Hamburg den wichtigsten deutschen Seehafen.

Breslau, Stadt in Polen (643 000 Einwohner). Die Stadt heißt mit polnischem Namen Wrocław. Bis 1945 war sie die Hauptstadt Schlesiens.

Bretagne [brə'taɲ], Halbinsel im Nordwesten Frankreichs mit einer buchtenreichen Küste. Entlang der Küsten finden sich die meisten Ortschaften, darunter zahlreiche Badeorte. Das Innere ist von Heide, Mooren und Wäldern bedeckt. Hauptstadt ist Rennes, der größte Hafen ist Brest.

Britische Inseln, Inselgruppe in Nordwesteuropa mit den Hauptinseln Großbritannien und Irland sowie kleineren Inseln (z. B. Man, Shetlandinseln).

Brunei, selbstständiges Sultanat (5 800 km²; 315 000 Einwohner) in Südostasien, an der Nordwestküste der größtenteils zu Indonesien gehörenden Insel Borneo. Grundlage der Wirtschaft ist Erdöl, das das Land zu einem der reichsten Staaten und seinen Sultan zum reichsten Mann der Erde gemacht hat.

Brüssel, Hauptstadt von Belgien (mit Vororten 953 000 Einwohner). Die Stadt besitzt einen der schönsten alten Plätze Europas, die Grand' Place. In Brüssel befinden sich das Hauptquartier der NATO und die Kommission der Europäischen Gemeinschaften.

❧ Seit alters her bekannt sind die gewebten Brüsseler Spitzen.

Budapest, Hauptstadt von Ungarn (1,8 Mio. Einwohner), beiderseits der Donau gelegen und 1872 durch Zusammenlegung der Gemeinden Buda, Obuda und Pest entstanden.

Buenos Aires [spanisch ›gute Lüfte‹], Hauptstadt von Argentinien (3 Mio., mit Vororten etwa 11,3 Mio. Einwohner).

Bukarest, Hauptstadt von Rumänien (2,3 Mio. Einwohner). Das Stadtbild ist vom 19. Jh. geprägt.

Bulgarien, Republik in Südosteuropa (110 000 km²; 8,3 Mio. Einwohner), am Schwarzen Meer. Hauptstadt: Sofia. Der Norden des Landes wird vom Donautiefland eingenommen, der Süden ist gebirgig. An der Schwarzmeerküste mit ihrem milden Klima herrscht Fremdenverkehr. Zur Bevölkerung gehören eine starke türkische und makedonische Minderheit.
❧ Das ehemals zum Ostblock gehörende Land gab sich 1991 eine neue, demokratische Verfassung.

Bundesrepublik Deutschland, *siehe* Deutschland.

Burgenland, östlichstes Bundesland Österreichs (270 000 Einwohner, 4 000 km²). Hauptort: Eisenstadt. Das Burgenland grenzt im Osten an Ungarn, im Süden an Slowenien. Bedeutend ist der Fremdenverkehr am Neusiedler See.

Burgund, Landschaft in Ostfrankreich, bekannt vor allem durch Weinanbau um die Städte Dijon, Beaune und Mâcon.

Burkina Faso, Republik in Westafrika (274 200 km²; 11,3 Mio. Einwohner). Hauptstadt: Ouagadougou. Amtssprache Französisch. Das Land hieß früher Obervolta und wird größtenteils von Savannen und Halbwüsten eingenommen; es hat gegen Wasserknappheit und Dürre zu kämpfen und ist eines der ärmsten Länder der Erde.

Burundi, Republik im ostafrikanischen Hochland, am Tanganjikasee (6,5 Mio. Einwohner; 28 000 km²). Hauptstadt: Bujumbura. Das zu den am dichtesten besiedelten Ländern Afrikas zählende Burundi wird zu 80% vom Bantuvolk der Hutu bewohnt, denen 12% Tutsi gegenüberstehen, die die Herrenschicht bilden; die Gegensätze zwischen ihnen führen immer wieder zu blutigen Spannungen.

Camargue [ka'marg], Landschaft in Südfrankreich am Mittelmeer, im Delta der Rhônemündung. Die Camargue war einstmals Sumpfland. Bekannt ist diese Landschaft durch die Zucht von Pferden und Kampfstieren und den Reisanbau; auch sind hier Flamingos zu beobachten.

Cambridge ['keɪmbrɪdʒ], Stadt in England nördlich von London mit der nach Oxford ältesten und bedeutendsten Universität des Landes (90 000 Einwohner).

Canberra ['kænbərə], die Hauptstadt Australiens (332 000 Einwohner).

Canterbury ['kæntəbərɪ], Stadt im Südosten Englands (34 000 Einwohner), bekannt vor allem durch seine Kathedrale aus der Frühzeit der Gotik. Der Erzbischof von Canterbury ist geistliches Oberhaupt der Anglikanischen Kirche.

Capri, vor Neapel liegende Insel mit bedeutendem Fremdenverkehr. Die Insel ragt steil aus dem Meer und erreicht 589 m Höhe. Eine Hauptattraktion ist die Blaue Grotte, eine der vielen Höhlen an der steilen Küste.

Caracas, Hauptstadt von Venezuela (3,4 Mio. Einwohner einschließlich Vororten).

Casablanca, größte Stadt und Wirtschaftszentrum Marokkos, an der Küste des Atlantischen Ozeans gelegen (2,4 Mio. Einwohner).

Ceylon, früherer Name von Sri Lanka *(siehe dort).*

Champagne, Landschaft in Nordfrankreich, östlich von Paris, bekannt vor allem durch Weinbau und die Herstellung von Schaumwein (Champagner). Im Mittelpunkt steht die Stadt Reims.

Chartres [ʃartr], Stadt in Frankreich, südwestlich von Paris (39 000 Einwohner). Die Kathedrale gehört zu den ersten gotischen Bauten des 12./13. Jh. und ist weltberühmt wegen ihrer Glasfenster.

Chemnitz, Industriestadt im Bundesland Sachsen (266 000 Einwohner). Die Stadt hieß während des Bestehens der DDR Karl-Marx-Stadt.

Chicago, am Michigansee gelegene zweitgrößte Stadt der USA mit dem größten Binnenhafen der Erde (mit Vororten über 8 Mio. Einwohner).

Chiemsee, größter bayerischer See (ca. 80 km²), südöstlich von München. Mitten im See liegt die Herreninsel mit dem im Stile des Schlosses von Versailles erbauten Schloss Herrenchiemsee.

Chile, Republik im Westen Südamerikas (757000 km²; 14,8 Mio. Einwohner). Hauptstadt: Santiago. Chile liegt im Gebiet der Anden und erstreckt sich über 4300 km entlang der Küste des Pazifiks. Seine größte Breite beträgt nur 435 km. Der Norden ist Wüste (Atacama). Zwischen der Hochkordillere (bis 6900 m hoch) im Osten und der niedrigeren Küstenkordillere im Westen erstreckt sich das Große Längstal. Der größte Teil der Bevölkerung lebt in Mittelchile. Wichtigster Wirtschaftsbereich ist der Bergbau (vor allem Kupfer). Landwirtschaftlicher Anbau ist fast nur im Großen Längstal möglich. Bedeutend ist die Fischindustrie. Das Land stand 1973–90 unter einer Militärdiktatur.

Reisfelder in China

China, volkreichster Staat der Erde (9,6 Mio. km²; 1,2 Mrd. Einwohner), in Ostasien. Hauptstadt: Peking (Beijing). Ein großer Teil des Landes ist gebirgig, im Westen mit höchsten Gipfeln über 7000 m (Kun-lun, Tien-shan), im Süden bis 2000 m hoch. Tiefländer finden sich im Nordosten (Mandschurei) und an den großen Flüssen Hwangho und Jangtsekiang. Größter Wirtschaftszweig ist die Landwirtschaft (Reis, Tee, Sojabohnen). Die industrielle Fertigung nimmt aber lebhaften Aufschwung (Maschinenbau, Stahlerzeugung) seit sich das Land unter Führung von DENG XIAOPING (*siehe* Kapitel 1) marktwirtschaftlichen Regeln zugewandt hat. Das Land ist reich an Bodenschätzen (v. a. Kohle, Erdöl, Eisenerz). Seit alters her wird in China die Seidenraupenzucht betrieben und Seide exportiert. Begehrt war auch chinesisches Porzellan, dessen Herstellung den Chinesen vor den Europäern gelang; sie erfanden auch das Schießpulver.
Das chinesische Kaiserreich, das im 17. Jh. seine größte Ausdehnung hatte, bestand bis 1912. Es war v. a. durch die Lehre des KONFUZIUS geprägt und von einer Elite von Beamten, den Mandarinen, verwaltet. Gegen den Einfall der nördlichen Nachbarvölker suchten sich die chinesischen Herrscher durch die Große Chinesische Mauer zu schützen, die ab 200 v. Chr. entstand. Nach 1912 war China Republik unter dem Präsidenten SUN YATSEN (* 1866, † 1925). Seit 1920 herrschte Bürgerkrieg, aus dem die Kommunistische Partei unter MAO ZEDONG siegreich hervorging. Sie verdrängte die Anhänger CHIANG KAI-SHEKS auf die Insel Taiwan (Formosa), wo diese einen eigenen Staat errichteten. China wurde kommunistische Volksrepublik. 1989 wurden Unruhen, in deren Verlauf die Errichtung eines freiheitlichen Regierungssystems gefordert wurde, in mehreren chinesischen Städten durch Militäreinsatz blutig unterdrückt.

Chur [ku:r], Hauptstadt des Schweizer Kantons Graubünden im Tal des Hochrheins (30000 Einwohner).

Colombo, Hauptstadt von Sri Lanka (644000 Einwohner).

Colorado, Fluss im Südwesten der USA (2334 km lang), der unter anderem die tiefen Schluchten des Grand Canyon durchfließt. Nach ihm wurde auch der amerikanische Bundesstaat Colorado benannt.

Comer See, in Oberitalien gelegener See, ca. 51 km lang und 4,5 km breit, der tiefste See (410 m) am Südrand der Alpen. Im Südteil gabelt er sich in einen südwestlichen (Ramo di Como) und einen südöstlichen Teil (Lago di Lecco).

Costa Brava, spanische Mittelmeerküste nordöstlich von Barcelona, Granitküste mit Sandbuchten.

Costa del Sol [spanisch ›Sonnenküste‹], spanische Mittelmeerküste im Süden, zwischen Gibraltar und Almería.

Costa Rica, Republik in Mittelamerika (50700 km²; 3,8 Mio. Einwohner). Hauptstadt: San José. Wichtigster Wirtschaftszweig ist die Landwirtschaft (Kaffee, Bananen). Costa Rica ist ein neutraler Staat und hat keine Armee.

Côte d'Azur [kotda'zy:r], französischer Teil der Riviera.

Curaçao [kyra'sou̯], zu den Niederlanden gehörende Insel vor der Nordküste Venezuelas im Karibischen Meer (444 km²; 170 000 Einwohner).

Dakar, Hauptstadt des Senegal (1,9 Mio. Einwohner).

Dallas, Stadt in Texas, USA (mit Vororten rund 4 Mio. Einwohner). Dallas ist wichtige Geschäftsmetropole und Mittelpunkt eines großen Erdöl- und Erdgasgebiets.
❧ In Dallas wurde im November 1963 Präsident J. F. KENNEDY ermordet.

Dalmatien, schmale Küstenlandschaft an der Adria. Die Küste ist an vielen Stellen steil und unwegsam, ihr sind viele Inseln vorgelagert. Hauptorte sind Dubrovnik, Split und Rijeka.

Damaskus, Hauptstadt von Syrien (1,5 Mio. Einwohner); war unter den Omaijaden politischer und kultureller Mittelpunkt des Kalifenreichs.

Dänemark, Königreich zwischen Mittel- und Nordeuropa (44 500 km²; 5,2 Mio. Einwohner). Hauptstadt: Kopenhagen. Dänemark setzt sich aus der Halbinsel Jütland und vielen Inseln (z. B. Seeland, Fünen, Lolland, Bornholm) zusammen. Das Land ist hügelig. Zu Dänemark gehören auch Grönland und die Färöer, eine Inselgruppe in der Nordsee zwischen Schottland und Island. Dänemark wird intensiv landwirtschaftlich genutzt, wobei die Viehwirtschaft die größte Bedeutung hat. Ihre Erzeugnisse (Butter, Käse, Eier, Fleisch) sind überwiegend für die Ausfuhr bestimmt. Wichtigster Wirtschaftszweig ist jedoch die Industrie (z. B. Werften, Lebensmittelverarbeitung, Möbelherstellung). Die Lage zwischen Mittel- und Nordeuropa beschert Dänemark sehr viel Durchgangsverkehr. Zwischen den Inseln und zum skandinavischen Festland verkehren daher viele Fähren.

Danzig, polnisch **Gdansk,** Stadt in Polen (463 000 Einwohner), liegt südlich der Mündung der Weichsel in die Danziger Bucht. Im Mittelalter gehörte Danzig zum Deutschen Orden und war Mitglied der Hanse. Nach dem Ersten Weltkrieg wurde die Stadt als ›Freie Stadt Danzig‹ dem Völkerbund unterstellt und vom Deutschen Reich abgetrennt. Von den Arbeitern der Danziger Leninwerft gingen in den 1980er-Jahren wesentliche Impulse für ein Ende des kommunistischen Regimes in Polen aus.

Dardanellen, Meeresstraße, die das Marmarameer mit dem Ägäischen Meer verbindet.

Delhi, Stadt im Norden Indiens, deren südlicher Stadtteil Neu-Delhi die Hauptstadt des Landes ist (8,4 Mio. Einwohner).

Den Haag, Stadt in den Niederlanden (445 000 Einwohner), Regierungssitz und Residenz des niederländischen Königshauses.

Detroit [dɪ'trɔɪt], Stadt in den USA (mit Vororten 5,3 Mio. Einwohner) an den Großen Seen, Zentrum der amerikanischen Automobilindustrie.

Deutsche Demokratische Republik, *siehe* Deutschland.

Deutschland, Republik in Mitteleuropa (357 000 km²; 82 Mio. Einwohner), ein Bundesstaat. Hauptstadt: Berlin. Der größte Teil Deutschlands wird von Mittelgebirgen eingenommen. Sie erstrecken sich im nördlichen Teil vom Rheinischen Schiefergebirge im Westen bis zum Erzgebirge im Osten, im südlichen Teil vom Pfälzer Wald bis zum Bayerischen Wald. Zwischen den Mittelgebirgen liegen Senken und Beckenlandschaften, z. B. die Oberrheinische Tiefebene und das Thüringer Becken. Südlich der Mittelgebirge hat Deutschland geringen Anteil an den Alpen, im Norden dehnt sich die Norddeutsche Tiefebene aus. Vor der deutschen Küste liegen in der Nordsee die Friesischen Inseln und Helgoland, in der Ostsee Fehmarn und Rügen, die größte deutsche Insel. Die deutsche Wirtschaft ist vor allem von der Industrie bestimmt. Deutschland ist der bedeutendste Industriestaat Europas. Die ostdeutsche Wirtschaft wird seit der Wiedervereinigung 1990 an die Bedingungen der Marktwirtschaft angepasst und umgestaltet. Dies hat, jedenfalls vorübergehend, zu hoher Arbeitslosigkeit geführt. In der deutschen Bevölkerung ist seit Jahren die Zahl der Geburten niedriger als die Zahl der Todesfälle, sodass die Zahl der Deutschen abnimmt. In Deutschland leben rund 7 Mio. Ausländer (8,5 % der Bevölkerung). Als Folge des Zweiten Weltkriegs bis zur deutschen Vereinigung am 3. 10. 1990 war Deutschland geteilt in die westliche Bundesrepublik Deutschland mit parlamentarisch-demokratischer Verfassung und in die mit der Sowjetunion verbündete Deutsche Demokratische Republik (DDR) staatssozialistischer Prägung. Das Regime der DDR wurde im Rahmen einer geänderten weltpolitischen Lage durch die Bevölkerung mit friedlichen Mitteln beseitigt.

Dhaka, Hauptstadt von Bangladesh (6,1 Mio. Einwohner).

Dnjepr, Fluss in der ehemaligen Sowjetunion, nach der Wolga der größte Strom Osteuropas (2 200 km lang). Der Dnjepr durchfließt die Ukraine und mündet ins Schwarze Meer.

Dolomiten, Teil der Südlichen Kalkalpen in Italien (Südtirol), die hauptsächlich aus Dolomit bestehen. Höchste Erhebung ist die Marmolada (3 342 m). Hauptorte sind Cortina d'Ampezzo, St. Ulrich und Canazei.

Dominica, größte Insel der Kleinen Antillen nördlich der Küste Südamerikas und Republik (seit 1978), zum britischen Commonwealth gehörend (751 km^2; 72 000 Einwohner).

Dominikanische Republik, Staat auf der Antilleninsel Hispaniola (49 000 km^2; 8,2 Mio. Einwohner). Hauptstadt: Santo Domingo. Die Bevölkerung besteht aus ca. 73 % Mulatten, 16 % Weißen und 11 % Schwarzen. Grundlage der Wirtschaft sind Zuckerrohranbau, Bergbau und Tourismus. Das Land trennte sich 1844 von Haiti.

Don, Fluss im europäischen Teil Russlands, 1 970 km lang. Der Don mündet in ein Nebenmeer des Schwarzen Meers.

Donau, zweitlängster Fluss Europas, 2 850 km lang. Die Donau entspringt auf der Ostseite des Schwarzwalds und fließt durch bedeutende Städte (u. a. Regensburg, Wien, Budapest, Belgrad). Sie bildet die Grenze zwischen Rumänien und Bulgarien und ist Hauptzufluss des Schwarzen Meeres.

Dortmund, Stadt in Nordrhein-Westfalen, im östlichen Teil des Ruhrgebiets (rund 593 000 Einwohner), ein bedeutender Industriestandort und Handelshafen.

Dover, Stadt an der Südküste Englands (33 000 Einwohner). Fährhafen für den Reiseverkehr über den Ärmelkanal.

Dresden, Hauptstadt des Freistaates Sachsen (485 000 Einwohner), am Oberlauf der Elbe. Als Residenz der sächsischen Kurfürsten und Könige wurde Dresden zu einer der schönsten deutschen Städte (›Elbflorenz‹) ausgebaut. In der Nacht vom 13./14. 2. 1945 wurde die Stadt Opfer eines militärisch sinnlosen Angriffs britischer und amerikanischer Bomber.

Dschibuti, Djibouti, Republik im Nordosten Afrikas, am Zugang zum Roten Meer (22 000 km^2; 623 000 Einwohner). Hauptstadt: Dschibuti. Haupteinnahmequelle des Landes ist der Hafen der Hauptstadt. Bis 1977 französische Kolonie.

Dublin ['dʌblɪn], Hauptstadt der Republik Irland (481 000 Einwohner), an der Ostküste der Insel.

Düsseldorf, Hauptstadt von Nordrhein-Westfalen, am Rhein gelegen (570 000 Einwohner); bedeutende Verwaltungs-, Industrie- und Messestadt.

Ebro, Fluss in Nordspanien (927 km lang), mündet südwestlich von Barcelona ins Mittelmeer.

Ecuador, Republik im Nordwesten Südamerikas, am Pazifik (283 600 km^2; 12,1 Mio. Einwohner). Hauptstadt: Quito. Das Land erstreckt sich vom Küstentiefland im Westen über die Anden (mit Höhen über 6 000 m) bis zum Amazonastiefland im Westen. Wichtigstes Ausfuhrgut Ecuadors ist Erdöl. In der Küstenzone werden auf großen Plantagen Bananen, Kaffee, Kakao und Zuckerrohr angebaut.

Edinburgh ['edɪnbərə], Hauptstadt und kultureller Mittelpunkt Schottlands (420 000 Einwohner).

Eifel, nordwestlicher Teil des Rheinischen Schiefergebirges zwischen Mosel, Rhein und Rur. Die Eifel ist ein welliges Hügelland von etwa 600 m Höhe mit rauem, niederschlagsreichem Klima. Maare (z. B. Laacher See) und Basaltkuppen (Hohe Acht, 747 m) zeugen von erloschenem Vulkanismus.

Eiger, Kalkgipfel (3 970 m hoch) in den Berner Alpen südlich von Grindelwald. In der fast senkrechten Nordwand kamen schon viele Bergsteiger ums Leben.

Elba, zu Italien gehörende gebirgige Insel (224 km^2) im Mittelmeer zwischen Korsika und dem Festland. Wirtschaftsgrundlage sind Landwirtschaft, Erzabbau und Tourismus.

❧ 1814 wurde Elba NAPOLEON I. als selbstständiges Fürstentum überlassen. Von dort brach er auf, um erneut sein Kaiserreich in Frankreich zu errichten, was jedoch scheiterte und zu seiner Verbannung nach St. Helena *(siehe dort)* führte.

Elbe, mitteleuropäischer Strom (1 165 km lang), entspringt im Riesengebirge und mündet bei Cuxhaven in die Nordsee. Kanäle verbinden die Elbe mit dem Niederrhein, der Ostsee, der Spree und der Oder.

Elfenbeinküste, Republik in Westafrika, am Atlantischen Ozean (322 000 km^2; 14,3 Mio. Einwohner). Hauptstadt: Yamoussoukro. Im Süden des Landes herrscht feuchtheißes Tropenklima, hinter der Küste liegt ein breiter Streifen mit Regenwald. Nach Norden folgt eine Savannenlandschaft. Wichtigster Wirtschaftszweig ist die Landwirtschaft. In großen Plantagen werden vor allem Kaffee und Kakao angebaut.

El Salvador, Republik in Mittelamerika, an der Küste des Pazifischen Ozeans (21 000 km^2; 6 Mio. Einwohner). Hauptstadt: San Salvador. El Salvador ist ein fruchtbares Hügel- und Gebirgsland mit zum Teil noch aktiven Vulkanen. Von den zentralamerikanischen Staaten ist es der kleinste und am dichtesten besiedelte. Wichtigster Wirtschaftszweig ist die Landwirtschaft; Baumwolle und Kaffee sind wichtige Ausfuhrgüter. In El Salvador herrschte 1977–92 ein blutiger Bürgerkrieg.

Elsass, zu Frankreich gehörende Landschaft am Oberrhein mit der linksrheinischen Tiefebene, einem Teil der Vogesen sowie dem nördlich anschließenden Hügelland. Wichtigste Städte sind Colmar, Mülhausen und Straßburg. Die Elsässer sprechen teilweise noch eine alemannische Mundart. In seiner Geschichte gehörte das Elsass wechselweise zu Deutschland und zu Frankreich.

Ems, Fluss in Nordwestdeutschland (371 km lang), der im Teutoburger Wald entspringt und bei Emden in den Dollart, eine Bucht der Nordsee, mündet. Nach ihm ist das Emsland benannt, dessen wichtigste Städte Lingen und Meppen sind.

Engadin, Hochtal im schweizerischen Kanton Graubünden, vom oberen Inn durchflossen. Mit Städten wie Sils und St. Moritz ist das Engadin ein bedeutendes Ferien- und Wintersportgebiet.

England, südlicher Teil der britischen Hauptinsel.

Erfurt, Hauptstadt von Thüringen (201 000 Einwohner). Früher war Erfurt Mitglied der Hanse, seine Universität war ein Zentrum des deutschen Humanismus.

Eritrea, Republik im nordöstlichen Afrika, an das Rote Meer grenzend, umgeben von Dschibuti, dem Sudan und Äthiopien (121 100 km^2; 3,6 Mio. Einwohner), Hauptstadt: Asmara.Das Land erstreckt sich längs der Korallenküste des Roten Meeres (ca. 1 000 km Küstenlänge). Landeinwärts erhebt sich hinter der halbwüstenhaften Küstenebene im Norden das Zentrale Hochland. Eritrea gehört zu den ärmsten Ländern der Erde. Etwa 80 % der Bevölkerung leben von der Landwirtschaft. Abbaufähige Bodenschätze (Erdöl, Erdgas, Gold, Kuper, Eisenerz) sind vorhanden oder werden in beträchtlicher Größenordnung vermutet. Eritrea setzte 1993 seine Unabhängigkeit von Äthiopien durch.

Erzgebirge, deutsches Mittelgebirge im Grenzgebiet zu Tschechien (im Keilberg 1 244 m hoch). Im 15. Jh. wurde hier vor allem Silber- und Zinnerz abgebaut. Bekannt ist ferner das von hier stammende Holzspielzeug (Weihnachtsanhänger u. a.).

Essen, Handels- und Industriestadt in Nordrhein-Westfalen, inmitten des Ruhrgebiets (603 000 Einwohner). Hauptort des gleichnamigen katholischen Bistums. Gesamthochschule (seit 1972).

Estland, Republik an der Ostsee (45 100 km^2; 1,4 Mio. Einwohner). Hauptstadt: Tallinn. Das Land ist ein seen- und waldreiches Flach- und Hügelland mit vielen Mooren. Estland gehörte zur ehemaligen Sowjetunion und ist seit 1991 unabhängig.

Euphrat, längster Strom Vorderasiens (2 700 km). Der Euphrat durchfließt Syrien und den Irak und mündet in den Schatt el-Arab.

Europa, zweitkleinster Erdteil (10,5 Mio. km^2), der mit der großen asiatischen Landmasse zusammenhängt. Die Grenze zwischen beiden Erdteilen bilden Uralgebirge, Kaspisches und Schwarzes Meer sowie der Kaukasus. Im Norden stößt Europa an das Nördliche Eismeer, im Westen an den Atlantischen Ozean, im Süden wird es durch das Mittelmeer von Afrika getrennt. Im Vergleich mit anderen Kontinenten ist Europa reich gegliedert in große Halbinseln und Nebenmeere. Größte Halbinseln sind im Norden Skandinavien (mit Norwegen, Schweden, Finnland), im Süden die Iberische Halbinsel (Portugal, Spanien), die Apenninenhalbinsel (Italien) und die Balkanhalbinsel (v. a. Albanien,

Griechenland). Die größte Inselgruppe sind die Britischen Inseln im Nordwesten. Skandinavien wird von einem fast 2 500 m hohen Gebirge durchzogen. Von Nordfrankreich dehnt sich keilförmig ein breites Tiefland bis zum Uralgebirge aus. Nach Süden folgen Mittelgebirge mit Beckenlandschaften und zwischen Mittel- und Südeuropa ein Zug junger Faltengebirge (Pyrenäen, Alpen, Karpaten, Balkan), die bis über 4 000 m aufragen. In Südeuropa gibt es Vulkane (Vesuv, Ätna). Das Klima in Europa ist größtenteils gemäßigt. Der Süden hat heiße, trockene Sommer und regenreiche Winter, der hohe Norden Polarklima. Europa ist der dichtestbesiedelte Erdteil und nächst den USA der wichtigste Wirtschaftsraum der Erde.

Everest, Mount Everest, höchster Berg der Erde (8 846 m hoch), im östlichen Himalaja im Grenzbereich zwischen Nepal und China gelegen; 1953 erstmals von dem Neuseeländer EDMUND P. HILLARY (* 1919) und dem Sherpa TENZING NORGAY (* 1914, † 1986) bestiegen.

Falklandinseln, Malwinen, zu Großbritannien gehörende Inselgruppe im Südatlantik, etwa 500 km vor der Küste Argentiniens, rd. 2 700 Einwohner. Das wichtigste Ausfuhrgut ist Schafwolle. 1982 kam es wegen der Inseln zwischen Argentinien und Großbritannien zum Krieg, den Großbritannien gewann.

Färöer, zu Dänemark gehörende Inselgruppe zwischen Schottland und Island (rund 43 000 Einwohner). Die Inseln sind vulkanischen Ursprungs.
❧ Färöer ist dänisch und bedeutet ›Schafsinseln‹.

Fehmarn, zu Schleswig-Holstein gehörende Ostseeinsel. Durch die etwa 1 km lange Brücke über den Fehmarnsund und die Fährlinie zur dänischen Insel Lolland hat Fehmarn große Bedeutung für den Verkehr zwischen Skandinavien und Mitteleuropa (Vogelfluglinie).

Feldberg, höchster Berg des Schwarzwalds (1 493 m), durch seinen Schneereichtum ein beliebtes Wintersportgebiet. Im Taunus nördlich von Frankfurt liegen der Große Feldberg (880 m) und der Kleine Feldberg (826 m).

Fès, Fez, größte Stadt im Norden Marokkos (510 000 Einwohner).

Feuerland, zu Chile und Argentinien gehörende Inselgruppe an der Südspitze Südamerikas.

Fichtelgebirge, deutsches Mittelgebirge im Nordosten Bayerns mit höchsten Erhebungen über 1 000 m. Das Fichtelgebirge besteht aus welligen, weit geschwungenen Höhenzügen, die ein flachwelliges Hochland umschließen. Neben der Landwirtschaft gibt es eine bedeutende Porzellanindustrie.

Fidschi, Republik und Inselgruppe im Pazifischen Ozean, östlich von Australien und Neuseeland (18 274 km^2; 796 000 Einwohner). Hauptstadt: Suva. Von den rund 360 Inseln sind etwa 110 bewohnt.

Finnland, Republik im Nordosten Europas (338 000 km^2; 5,2 Mio. Einwohner). Hauptstadt: Helsinki. Finnland besteht größtenteils aus felsigem und hügeligem Flachland. Die Küste ist reich an Buchten, ihr sind im Westen und Süden viele Inseln und Schären vorgelagert. Im Süden des Landes gibt es rund 55 000 Seen, nach Norden hin viele Sümpfe und Moore. Obwohl Finnland am Polarkreis liegt, ist das Klima durch den Einfluss des Golfstroms recht mild. Fast $^2/_3$ des Landes sind von Wäldern (meist Nadelwälder) bedeckt. Große wirtschaftliche Bedeutung hat die Holz verarbeitende Industrie (Sägewerke, Papier- und Möbelfabriken). Finnland gehörte bis 1917 zum Russischen Reich.

Flandern, Landschaft an der Nordseeküste, die sich von Nordfrankreich bis in den Südteil der Niederlande erstreckt. Flandern war im Mittelalter eines der reichsten Gebiete Europas (Handel und Tuchherstellung). Bedeutende Städte sind Gent und Brügge.

Flensburg, Hafenstadt in Schleswig-Holstein an der Flensburger Förde (84 000 Einwohner).

Florenz, Hauptstadt in der italienischen Region Toskana, beiderseits des Arno gelegen (377 000 Einwohner). Florenz ist neben Rom die an Bauwerken und Kunstschätzen reichste Stadt Italiens.

Florida, Halbinsel und Bundesstaat im Südosten der USA. Das Land ist reich an Seen und teilweise sumpfig. Das subtropische Klima mit milden und trockenen Wintern lockt zahlreiche Touristen und Pensionäre an. Das amerikanische Raketenstartgelände Cape Canaveral (zeitweilig Cape Kennedy) liegt an der Ostküste Floridas.

Formosa, portugiesischer Name der Insel Taiwan.

Franken, deutsche Landschaft am mittleren und oberen Main, zum größten Teil im Norden Bayerns gelegen. Größte Städte in Franken sind Nürnberg und Würzburg.

Frankfurt, Frankfurt am Main ist die größte Stadt Hessens (652 000 Einwohner), Verkehrsknotenpunkt und Bankenzentrum.
Frankfurt (Oder) liegt im Bundesland Brandenburg an der Grenze zu Polen (80 000 Einwohner).

Fränkische Alb, Gebirge in Nordbayern, östlich von Nürnberg. Die Fränkische Alb ist im Mittel etwa 500–600 m hoch. Sie ragt mit einer bis 280 m hohen Stufe über das Vorland. Den Nordteil bildet die landschaftlich reizvolle Fränkische Schweiz.

Frankreich, Republik im Westen Europas, flächenmäßig der größte westeuropäische Staat (552 000 km^2; 58 Mio. Einwohner). Hauptstadt: Paris. Die Umrisse Frankreichs gleichen etwa einem Sechseck. Im Norden grenzt das Land an den Ärmelkanal, im Westen an den Atlantischen Ozean und im Südosten ans Mittelmeer. Natürliche Grenzen sind im Süden die Pyrenäen, im Osten die Alpen, der Jura und der Rheingraben. Große Beckenlandschaften und Mittelgebirge gliedern das Landschaftsbild. Das ›Herz‹ Frankreichs bildet das Pariser Becken. Zwischen dem Zentralmassiv und den Pyrenäen breitet sich das von der Garonne durchflossene Aquitanische Becken aus. Das Rhône-Saône-Tal erstreckt sich vom Rheintal nach Süden bis zu den französischen Mittelmeerlandschaften (Languedoc, Provence/Côte d'Azur), die zu den beliebtesten Feriengebieten Europas zählen. Große wirtschaftliche Bedeutung hat der französische Weinbau (z. B. um Bordeaux im Südwesten oder in Burgund im Südosten), ebenso der Obst- und Gemüseanbau und die Viehzucht.
Seit der Französischen Revolution 1789 gab es mehrere republikanische Verfassungen. Die heutige Verfassung (Fünfte Republik) gilt seit 1958. Zu Frankreich gehören die Mittelmeerinsel Korsika sowie einige Überseegebiete des ehemaligen französischen Kolonialreichs (z. B. in Südamerika oder im Pazifischen Ozean).

Freiburg, die badische Universitätsstadt Freiburg im Breisgau mit ihrem gotischen Münster liegt am Westrand des südlichen Schwarzwalds (200 000 Einwohner). Der schweizerische Kanton Freiburg (französisch Fribourg; 232 000 Einwohner) mit dem Hauptort Freiburg im Üchtland umfasst vor allem das Schweizer Mittelland.

Fünen, dänische Insel zwischen der Halbinsel Jütland und der Hauptinsel Seeland. Größte Stadt auf Fünen ist Odense.

Gabun, Republik an der Westküste Afrikas (268 000 km^2; 1,2 Mio. Einwohner), Hauptstadt: Libreville. Das Land ist im Küstengebiet mit Savanne, im Landesinnern mit tropischem Regenwald bedeckt.

Galápagosinseln, zu Ecuador gehörende vulkanische Inselgruppe im Pazifischen Ozean mit seltenen Tier- und Pflanzenarten, besonders den großen Schildkröten und Echsen.

Gambia, Republik an der Küste Westafrikas (11 300 km^2; 1,2 Mio. Einwohner). Hauptstadt: Banjul. Das Land erstreckt sich rund 350 km lang beiderseits des Flusses Gambia, ist an der breitesten Stelle aber nur 45 km breit.

Ganges, Hauptstrom im Norden Vorderindiens, rund 2 700 km lang. Der Ganges mündet mit dem Brahmaputra in einem riesigen, fruchtbaren, aber stark hochwassergefährdeten Delta in den Golf von Bengalen.
❧ Der Ganges ist der heilige Fluss der indischen Hindus; sein Wasser gilt als heilig und rituell reinigend.

Gardasee, östlichster und größter der italienischen Alpenseen (368 km^2) mit mildem Klima, in dem sogar Orangen und Zitronen gedeihen.

Garonne, längster Fluss im Südwesten Frankreichs, 650 km lang. Die Garonne bildet mit der Dordogne die Gironde-Mündung bei Bordeaux.

Gelber Fluss, der chinesische Fluss Hwangho *(siehe dort)*.

Gemeinschaft unabhängiger Staaten, GUS, Zusammenschluss von selbstständigen Staaten der ehemaligen Sowjetunion.

Genezareth, See in Nordisrael nahe der Grenze zu Syrien. Sein Wasserspiegel liegt 209 m unter dem Meeresspiegel. Damit ist der See Genezareth der tiefstgelegene Süßwassersee der Erde.

Genf, die Stadt Genf (172 000 Einwohner) am Ausfluss der Rhône aus dem Genfer See ist Sitz zahlreicher internationaler Organisationen (z. B. Weltgesundheitsorganisation, Rotes Kreuz). Genf ist zugleich Hauptstadt des gleichnamigen Kantons im französischsprachigen Südwesten der Schweiz (396 000 Einwohner), der das Hügelland am südwestlichen Ende des Sees umfasst.

Genfer See, französisch **Lac Léman,** größter See der Alpen (581 km²) an der französisch-schweizerischen Grenze. Bekannte Städte an seinen Ufern sind Genf, Lausanne und die Kurorte Montreux und Vevey.

Gent, Hafen- und Industriestadt in Belgien (225 000 Einwohner). Durch den Gent-Terneuzen-Kanal ist die Stadt mit Brügge und der Nordsee verbunden.

Genua, Hafenstadt im Nordwesten Italiens (641 000 Einwohner), größter Handelshafen des Landes.

Georgien, Republik an der Ostküste des Schwarzen Meers (69 700 km²; 5 Mio. Einwohner). Hauptstadt: Tiflis. Georgien umfasst im Norden den Hauptkamm des Großen Kaukasus und grenzt im Süden an die Türkei. Bis 1991 war das Land ein Teil der ehemaligen Sowjetunion.

Gera, Stadt in Ostthüringen (118 000 Einwohner).

Ghana, Republik in Westafrika am Golf von Guinea (238 500 km²; 19 Mio. Einwohner). Hauptstadt: Accra. Den größten Teil des Landes nimmt das Voltabecken ein, das von Hügelketten umrahmt wird. Eine nach Westen breiter werdende Ebene zieht sich an der Küste entlang. Größter Fluss ist der Volta, der im Unterlauf zu einem der größten Stauseen der Erde aufgestaut ist. Ghana ist der größte Kakaoerzeuger der Erde. Das Land ist reich an Bodenschätzen wie Gold, Diamanten, Eisenerz. Eine wichtige Einnahmequelle ist auch die Ausfuhr von Holz. Ghana war ehemals britisches Kolonialgebiet. 1957 wurde Ghana unabhängig.

Gibraltar, seit 1704 zu Großbritannien gehörende Halbinsel an der Südspitze der Iberischen Halbinsel (5,8 km², rund 25 000 Einwohner). Beherrschend ist ein 400 m hoher Fels – die einzige Stelle Europas, an der Affen frei leben. Die Meerenge von Gibraltar, die Europa von Afrika trennt, ist an der schmalsten Stelle nur 14 km breit.

❧ Spanien fordert Gibraltar von Großbritannien zurück. Die Legende sagt, die Rückgabe erfolge erst, wenn die Affen Gibraltar verlassen haben.

Gironde [ʒiˈrɔ̃d], Mündungstrichter der mit der Dordogne vereinigten Garonne in Südwesten Frankreichs.

Giseh, Gizeh, Stadt in Ägypten am Unterlauf des Nil (2,1 Mio. Einwohner). Bei Giseh liegen die größten ägyptischen Pyramiden.

Glarus, Kanton der deutschsprachigen Schweiz (38 700 Einwohner), der sich von den Glarner Alpen im Süden bis zum Walensee im Norden erstreckt.

Glasgow [ˈglɑːsgəʊ], Stadt in Schottland (765 000 Einwohner), größte schottische Hafen-, Handels- und Industriestadt.

Gobi, steppenartige Wüste in Mittelasien, zur Mongolei und China gehörend. Die Gobi liegt rund 1 000 m hoch und erstreckt sich über 2 000 km in westöstlicher Richtung.

Gotland, schwedische Ostseeinsel, etwa 90 km vor der Ostküste des Landes gelegen (3 001 km² groß).

Granada, spanische Stadt im Andalusischen Bergland im Süden des Landes (246 000 Einwohner). Aus der Zeit des maurischen Königreichs (1238 bis 1492) stammt die berühmte Burg der Stadt, die Alhambra.

Graubünden, flächengrößter Kanton der Schweiz, im Osten des Landes gelegen (185 000 Einwohner). Hauptort ist Chur. Graubünden wird von den Gebirgszügen der Rätischen Alpen, der Berninagruppe und der Engadiner Alpen durchzogen.

Graz, Hauptstadt des österreichischen Bundeslandes Steiermark (239 000 Einwohner).

Greenwich [ˈgrɪnɪdʒ], Londoner Stadtbezirk, durch dessen Sternwarte der Nullmeridian (*siehe* Kapitel 15) verläuft.

Grenada, zum Commonwealth gehörender Staat auf den Kleinen Antillen in Westindien (344 km²; 93 000 Einwohner). Hauptstadt: St. George's.

Griechenland, Republik in Südosteuropa (132 000 km²; 10,6 Mio. Einwohner). Hauptstadt: Athen. Griechenland umfasst den südlichen Teil der Balkanhalbinsel und über 2 000 Inseln, von denen 150 bewohnt sind. Das Land ist überwiegend gebirgig.

Höchster Berg ist der Olymp (2911 m) in Nordgriechenland. Die Peloponnes, die größte griechische Halbinsel, ist durch den Kanal von Korinth vom Festland getrennt. Vor der Westküste Griechenlands liegen die Ionischen Inseln, vor der Ostküste im Ägäischen Meer die Inselgruppen der Kykladen und Sporaden. Kreta im Südosten ist die größte griechische Insel. In Griechenland herrscht größtenteils Mittelmeerklima mit trockenen, heißen Sommern und milden, regenreichen Wintern. Neben Landwirtschaft, Bergbau und Industrie bilden Reedereien und der Fremdenverkehr wichtige Zweige der griechischen Wirtschaft; für Letzteren sind vor allem die Zeugnisse altgriechischer Kultur von Bedeutung.

Grönland, größte Insel der Erde (2,2 Mio. km^2; 56000 Einwohner). Grönland gehört zu Dänemark, hat aber Selbstverwaltung. Hauptstadt ist Godthåb. Mehr als $^4/_5$ der Insel sind von Eis bedeckt, das stellenweise über 3000 m dick ist und im Norden in das Packeis übergeht, das den Nordpol und das Nördliche Eismeer bedeckt.

❧ Grönland wurde bereits 875 von den Normannen entdeckt, die es ›Grünes Land‹ nannten.

Großbritannien und Nordirland, Königreich im Nordwesten Europas, ein Inselstaat zwischen Nordsee und Atlantischem Ozean (242400 km^2; 58,6 Mio. Einwohner), Hauptstadt: London. Die Hauptinsel weist zahlreiche Buchten auf, sie ist von Norden nach Süden fast 1000 km lang, kein Ort ist mehr als 130 km von der Küste entfernt. Die Mitte, der Süden und der Osten der Hauptinsel werden von England eingenommen, der Westen von Wales, der Nordteil von Schottland. Nordirland bildet den Nordteil der Insel Irland. Zu Großbritannien gehören weiter die Orkney- und Shetlandinseln im Norden, die Hebriden im Nordwesten, sowie die der französischen Küste vorgelagerten Kanalinseln (›Normannische Inseln‹). Das Klima ist bestimmt durch die Nähe zum Meer und den Einfluss des Golfstroms (kühle Sommer, milde Winter). Nur im Süden und Südosten sind die Sommer wärmer. Das Land verfügt über große Bodenschätze (Steinkohle, Nordseeöl). Wichtigster Wirtschaftszweig ist die verarbeitende Industrie, bedeutend auch die Textilindustrie und das Dienstleistungsgewerbe.

Großbritannien war im 19. Jh. auf dem Höhepunkt seiner Macht als Industrie- und Handelsnation. Es besaß rund ein Viertel der Erdoberfläche als Kolonien. Durch die beiden Weltkriege und die Auflösung des Kolonialreichs büßte das Land seine Vormachtstellung ein.

❧ Der offizielle Staatsname lautet ›Vereinigtes Königreich von Großbritannien und Nordirland‹.

Großbritannien. Bergbautal in Südwales

Große Seen, die vom Sankt-Lorenz-Strom in Nordamerika entwässerten Seen Oberer See, Michigan-, Huron-, Erie- und Ontariosee im Grenzbereich Kanadas und der USA.

Großglockner, höchster österreichischer Alpenberg in den Hohen Tauern mit zwei Gipfeln (Großglockner, 3797 m; Kleinglockner, 3764 m).

Guadalquivir, Fluss in Südspanien (560 km lang).

Guadeloupe, zu Frankreich gehörende Inselgruppe der Kleinen Antillen (443000 Einwohner).

Guam, zu den USA gehörende Insel im nordwestlichen Pazifischen Ozean, ein Militärstützpunkt (549 km^2; 161000 Einwohner).

Guatemala, Republik in Zentralamerika (109000 km^2; 10,8 Mio. Einwohner). Hauptstadt: Guatemala. Das Land ist durch Hochgebirge geprägt mit vielen, zum Teil noch tätigen Vulkanen und häufigen Erdbeben. Die Bevölkerung ist überwiegend indianischer Abstammung. Große Anziehungskraft für den Fremdenverkehr besitzen die Bauwerke und Zeugnisse der Mayakultur.

Guayana, Landschaft im Norden Südamerikas zwischen Orinoco, Atlantischem Ozean und Amazonastiefland.

Guinea, Republik an der Westküste Afrikas (246 000 km^2; 7,4 Mio. Einwohner). Hauptstadt: Conakry. Auf die feuchtheiße Küstenzone (Niederguinea) im Westen folgen Grassavannen (Mittelguinea) und das trockenere Oberguinea. Die Bevölkerung setzt sich aus sehr vielen Volksgruppen zusammen. Bis 1958 war Guinea französische Kolonie.

Guinea-Bissau, Republik in Westafrika (36 000 km^2; 1,2 Mio. Einwohner). Hauptstadt: Bissau. Das Land, bis 1974 portugiesische Kolonie, hat kaum Industrie und gehört zu den ärmsten Ländern der Erde.

Guyana, Republik im Nordosten Südamerikas (215 000 km^2; 850 000 Einwohner). Hauptstadt: Georgetown. Tropischer Regenwald bedeckt $^3/_4$ des Landes. Hauptsiedlungs- und Wirtschaftsgebiet ist die Küstenebene. Bauxitaufbereitung und Verarbeitung von Zuckerrohr sind Grundlagen der Wirtschaft.

Haifa, bedeutendste Hafenstadt Israels am Mittelmeer (255 000 Einwohner).

Haiti, Republik im Westen der Antilleninsel Hispaniola (27 750 km^2; 7,9 Mio. Einwohner). Hauptstadt: Port-au-Prince. Haiti gehört zu den ärmsten Ländern Amerikas. Seit 1964 stand das Land unter der Familiendiktatur der DUVALIERS, die 1986 gestürzt wurde. Demokratische Verhältnisse wurden jedoch erst nach einer Militärintervention der UNO ab 1994 hergestellt.

Halle an der Saale, Universitätsstadt in Sachsen-Anhalt (254 000 Einwohner).
❧ In Halle wurde der Komponist GEORG FRIEDRICH HÄNDEL geboren.

Hamburg, bedeutendster deutscher Seehafen, an der Unterelbe gelegen, als Stadtstaat (Freie und Hansestadt Hamburg) selbstständiges Bundesland (1,7 Mio. Einwohner).

Hannover, Landeshauptstadt von Niedersachsen, am Rand der Norddeutschen Tiefebene an der Leine gelegen (518 000 Einwohner). Die hier jährlich stattfindende Hannover-Messe ist eine der weltgrößten Messen für Technik.

Hanoi, Hauptstadt von Vietnam (2,2 Mio. Einwohner).

Harare, Hauptstadt von Simbabwe (1,2 Mio. Einwohner). Die Stadt hieß bis 1982 Salisbury.

Harz, weit in das nordwestdeutsche Flachland vorgeschobenes deutsches Mittelgebirge, rund 100 km lang und 30 km breit. Höchste Erhebung ist der Brocken (1 142 m).

Havanna, Hauptstadt von Kuba (2,2 Mio. Einwohner) mit einem der besten Naturhäfen der Karibik.

Hawaiiinseln, Inselgruppe im nördlichen Pazifischen Ozean, mit acht größeren und vielen kleineren Inseln vulkanischen Ursprungs (16 705 km^2; 1,2 Mio. Einwohner). Die Inseln bilden seit 1959 einen Bundesstaat der USA. Hauptort ist Honolulu.

Hebriden, zu Großbritannien gehörende Gruppe von Felseninseln vor der Westküste Schottlands.

Helgoland, zu Schleswig-Holstein gehörende Felseninsel in der Deutschen Bucht (Nordsee), die jährlich von vielen Touristen besucht wird.
❧ Die Insel kam erst 1890 durch deutsch-britischen Vertrag im Austausch gegen die ostafrikanische Insel Sansibar zu Deutschland.

Helsinki, Hauptstadt von Finnland (546 000 Einwohner).

Hessen, deutsches Bundesland (21 100 km^2; 6,03 Mio. Einwohner). Hauptstadt: Wiesbaden. Kerngebiet ist das reich bewaldete und durch zwei Senken gegliederte Hessische Bergland (z. B. Vogelsberg, Rhön, Meißner). Im Süden hat Hessen Anteil an der Oberrheinischen Tiefebene, die sich hier zur Rhein-Main-Ebene erweitert und zur Wetterau fortsetzt. Nordhessen ist dünn besiedelt. Das Rhein-Main-Gebiet ist neben dem Ruhrgebiet der größte städtische Ballungsraum Deutschlands. Zentrum der Region als Messe- und Bankenmetropole und Verkehrsknotenpunkt (internationaler Flughafen) ist Frankfurt am Main. Wirtschaftlich bedeutend sind ferner chemische Industrie, Kraftfahrzeugbau (Rüsselsheim), Lederwarenindustrie (Offenbach), Weinbau (Rheingau). An zahlreichen Heilquellen entstanden Kurorte (z. B. Wiesbaden, Bad Homburg).

Himalaja, höchstes Gebirge der Erde, in Südasien zwischen der nordindischen Tiefebene und dem Hochland von Tibet. Höchste Erhebung ist der Mount Everest (8 846 m), neun weitere Gipfel sind höher als 8 000 m.

Helgoland.
Im Vordergrund die Felseninsel mit dem Schutzhafen, im Hintergrund die Düne

Hindukusch, Hochgebirge in Innerasien mit vielen Höhen über 7000 m, die westliche Fortsetzung des Himalaja.

Hinterindien, Halbinsel in Südostasien zwischen dem Golf von Bengalen und dem südchinesischen Meer. Auf der Halbinsel liegen die Staaten Birma, Thailand, Kambodscha, Laos, Vietnam und ein Teil Malaysias.

Hiroshima, japanische Hafenstadt im Westen der Hauptinsel Honshu (1,1 Mio. Einwohner); im Zweiten Weltkrieg, am 6. 8. 1945, durch die erste Atombombe der Amerikaner zerstört.

Hispaniola, zweitgrößte Insel der Antillen, südöstlich von Kuba. Auf der Insel liegen die Staaten Haiti und Dominikanische Republik.

Hohes Venn, fast 700 m hoher Mittelgebirgsrücken südlich von Aachen im Grenzgebiet zwischen Belgien und Deutschland.

Hollywood ['hɔlɪwʊd], Stadtteil von Los Angeles in Kalifornien (USA); Zentrum der Filmindustrie.

Holsteinische Schweiz, wald- und seenreiche, kuppige Landschaft in Schleswig-Holstein zwischen Lübeck und Kiel.

Honduras, Republik in Zentralamerika (112 000 km^2; 6,1 Mio. Einwohner). Hauptstadt: Tegucigalpa. Bis auf die Küstenebene, wo Bananen angebaut werden, ist Honduras weitgehend Gebirgsland. Seit der Selbstständigkeit 1828 gab es in Honduras immer wieder innere Unruhen und Kriege mit den Nachbarn.

Hongkong, ehemals britische Kolonie an der Südostküste Chinas (1 071 km^2; 6,6 Mio. Einwohner). Hongkong besitzt einen der bedeutendsten Seehäfen der Welt und ist internationales Handels- und Börsenzentrum. Das Gebiet fiel am 1. Juli 1997 vertragsgemäß an China zurück, behält aber weitere 50 Jahre politische und wirtschaftliche Autonomie (so genannte Sonderverwaltungszone).

Honolulu, Hauptstadt des amerikanischen Bundesstaates Hawaii (423 000 Einwohner).

Hoorn, Kap Hoorn, die Südspitze Südamerikas, in der Schifffahrt für seine Klippen und die dort oft tobenden Stürme bekannt.
❧ Kap Hoorn wurde 1616 von einem Niederländer entdeckt und nach seiner Heimatstadt benannt.

Hudsonbai ['hʌdsnbeɪ], flaches Mittelmeer im Norden Kanadas, 1,2 Mio. km^2 groß, von November bis Mai vereist, benannt nach dem englischen Entdecker HENRY HUDSON (* 1550, † 1611).

Hunsrück, südwestlicher Teil des Rheinischen Schiefergebirges zwischen Mosel und Nahe, die linksrheinische Fortsetzung des Taunus.

Hwangho, ›Gelber Fluss‹, mit 4 875 km Länge der zweitlängste Fluss Chinas. Er mündet auf der Nordseite der Halbinsel Shantung ins Gelbe Meer.

Iberische Halbinsel, westlichste und größte der drei südeuropäischen Halbinseln. Sie umfasst Portugal und Spanien. Ihren Namen verdankt sie dem alten Volk der Iberer.

Iguaçu, wasserreicher linker Nebenfluss des Paraná in Südamerika (1 320 km lang). Kurz vor der Mündung bildet er die Iguaçu-Fälle, in denen das Wasser auf 4 km Breite rund 80 m in die Tiefe stürzt.

Ijsselmeer ['ɛi̯səl...], Binnensee in den Niederlanden, eine ehemalige Bucht der Nordsee, die 1932 durch einen 32 km langen Abschlussdeich vom Meer abgetrennt wurde. Ein großer Teil des Ijsselmeers wurde seitdem trockengelegt, um Festland zu gewinnen.

Iller, rechter Nebenfluss der Donau (147 km lang).

Indien. Straße in Kalkutta

Indien, Republik in Südasien (3,3 Mio. km²; 982,2 Mio. Einwohner). Hauptstadt: Neu-Delhi. Das Land ist der siebtgrößte und nach China volkreichste Staat der Erde. Im Norden hat Indien Anteil am Himalaja. Südlich davon liegt die Ebene mit den großen Strömen Ganges und Brahmaputra. Der größte Teil, die eigentliche Halbinsel, wird vom Hochland von Dekhan eingenommen. Es fällt nach Osten ab und wird im Westen und Osten von den Gebirgszügen der Ghats begrenzt. Die Küstenebene im Osten ist breiter als die im Westen und dichter besiedelt. Das Klima wird bestimmt durch den Wechsel der Monsune. Im Winter wehen sie aus Nordosten und sind trocken, im Sommer aus Südwesten und bringen reichen Niederschlag, am meisten im Nordosten des Landes und an der Westküste. Der flache Nordwesten hat Wüstenklima. Die Landwirtschaft ist von den Monsunen abhängig; bleibt der Regen aus oder bringt er zu wenig Niederschläge, reichen die landwirtschaftlichen Erträge für die Ernährung nicht aus. In den verschiedenen Regionen werden Reis, Hirse, Weizen, Mais, Hülsenfrüchte, Baumwolle, Jute, Tabak und Gewürze angebaut. Indien ist zudem der größte Produzent von Tee der Erde. Das Land besitzt die größte Anzahl von Rindern, die aber aus religiösen Gründen (›heilige Kühe‹) nicht geschlachtet werden.
Auch Bodenschätze sind, besonders im Dekhan, reichlich vorhanden: Kohle, Eisenerze, Mangan, Kupfer, Bauxit, Glimmer und Erdöl.
Trotz Maßnahmen der Regierung zur Verringerung der Geburtenzahl ist das Wachstum der Bevölkerung immer noch sehr hoch. Viele Menschen leben am Rand der Städte in Elendsvierteln.
Indien gehörte seit dem 18. Jh. zum britischen Kolonialreich. 1947 wurde das Land unabhängig, nachdem es viele Jahrzehnte um seine Unabhängigkeit gekämpft hatte; Führer dieser Bewegung war MAHATMA GANDHI (*siehe* Kapitel 1). Die überwiegend islamischen Teile wurden zum selbstständigen Staat (heute Pakistan und Bangladesch).

Indischer Ozean, der kleinste der Ozeane, zwischen Asien, Afrika, Australien und der Antarktis. Er ist in mehrere Becken gegliedert und erreicht im Sundagraben südlich von Java seine größte Tiefe (7 455 m).

Indonesien, Republik in Südostasien (1,9 Mio. km²; 206 Mio. Einwohner). Hauptstadt: Jakarta. Indonesien ist ein Inselstaat mit rund 13 677 Inseln beiderseits des Äquators, davon sind 6 000 bewohnt. Die größten sind die Großen Sundainseln (Sumatra, Java, Celebes und Borneo), außerdem gehören dazu die Kleinen Sundainseln und die Molukken. Die meisten Inseln sind gebirgig, auf vielen gibt es noch tätige Vulkane. Das Klima ist tropisch mit stellenweise sehr hohen Niederschlägen. Der größte Teil der Bevölkerung bekennt sich zum Islam und lebt auf Java. Hauptwirtschaftszweig ist die Landwirtschaft, von den Bodenschätzen ist Erdöl am wichtigsten. Indonesien gehört zu den industriell aufstrebenden Staaten Südostasiens. Es wurde 1997

von der asiatischen Wirtschaftskrise erfasst, da das wirtschaftliche Wachstum zum großen Teil auf ausländisches Kapital, also auf Kredite, gestützt ist. Schädlich wirkt sich auch die Korruption aus, an der die Familie des ehemaligen Präsidenten SUHARTO maßgeblich beteiligt ist.
Im 19. Jh. war Indonesien eine niederländische Kolonie und wurde 1949 unabhängig.

Indus, Hauptstrom Pakistans (3 180 km lang). Aus Tibet kommend, durchbricht er den Himalaja und vereinigt sich in der Ebene mit den fünf Flüssen des Pandschab. In einem großen Delta mündet er bei Karatschi in den Indischen Ozean.

Inn, rechter Nebenfluss der Donau (510 km lang).

Innsbruck, Hauptstadt des österreichischen Bundeslandes Tirol (110 000 Einwohner). Ort der Olympischen (Winter-)Spiele 1964 und 1976.

Ionische Inseln, Inselgruppe vor der Westküste Griechenlands (mit Korfu, Paxos, Ithaka). Die Inseln sind gebirgig und zum Teil sehr fruchtbar.

Irak, Republik in Vorderasien (438 000 km²; 21,8 Mio. Einwohner). Hauptstadt: Bagdad. Gebirgsland im Nordosten, das von Euphrat und Tigris durchflossene Zweistromland (Mesopotamien) und Wüste westlich des Euphrat prägen das Landschaftsbild. Das Klima ist kontinental (heiße Sommer, kalte Winter). Die Bevölkerung besteht größtenteils aus Arabern. Im Nordosten leben 1,5 Mio. Kurden, im Süden eine schiitische Minderheit; beide Bevölkerungsteile werden vom Regime des SADDAM HUSAIN gewaltsam unterdrückt. Größte wirtschaftliche Bedeutung hat das Erdöl. Nach einem blutigen Putsch übernahm 1958 das Militär die Macht in Irak. Von 1980 bis 1988 führte das Land Krieg gegen den Iran. 1990 überfiel die irakische Armee das Nachbarland Kuwait und besetzte es. Eine von der UNO beauftragte und von den USA geführte alliierte Streitmacht zwang den Irak zum Rückzug (2. Golfkrieg).

Iran, Republik in Vorderasien zwischen Kaspischem Meer und Persischem Golf (1,6 Mio. km²; 65,7 Mio. Einwohner). Hauptstadt: Teheran. Im Norden erstreckt sich das Elburs-, im Westen das Zagrosgebirge, dazwischen das Hochland von Iran, das zum Trockengürtel der Erde gehört. In manchen Teilen ist es fast vegetationslos (Salzwüsten, Salzseen). In den Randgebirgen fällt genügend Niederschlag für den Ackerbau. Die Bevölkerung konzentriert sich besonders im Nordwesten und in den städtischen Ballungsräumen. Der schiitische Islam ist Staatsreligion. Iran, das frühere Persien, gehört zu den größten Erdöl- und Erdgasförderländern der Erde. Von Bedeutung ist auch traditionelles Handwerk (Teppichknüpferei). Die Herrschaft des Schah wurde 1979 durch ein am schiitischen Islam orientiertes Revolutionsregime beendet.

Irland, Republik auf der Insel Irland im Nordwesten Europas (70 300 km²; 3,7 Mio. überwiegend katholische Einwohner). Hauptstadt: Dublin. Die Insel liegt westlich der britischen Hauptinsel, ist arm an Wald und hat große Moore. Das Klima ist gemäßigt und sehr feucht. Ihm verdankt Irland sein immergrünes Pflanzenkleid (›Grüne Insel‹). Den größten Teil der landwirtschaftlichen Produktion erbringt die Viehwirtschaft. Ein wichtiger Wirtschaftsfaktor ist auch der Fremdenverkehr. Irland wurde 1921 von Großbritannien unabhängig, jedoch verblieb der überwiegend protestantische Norden bei Großbritannien.

Isar, rechter Nebenfluss der Donau (263 km lang), der durch München fließt und bei Deggendorf mündet.

Ischia [ˈiskia], italienische Insel am Eingang zum Golf von Neapel, die wegen ihrer Thermalquellen das ganze Jahr über regen Fremdenverkehr hat.

Islamabad, die 1961 angelegte Hauptstadt Pakistans (340 000 Einwohner).

Island, zu Europa gehörender Inselstaat im nördlichen Atlantischen Ozean (103 000 km²; 276 000 Einwohner). Hauptstadt: Reykjavik. Island ist meist aus vulkanischem Gestein aufgebaut und hat viele noch tätige Vulkane und heiße Quellen. Es gehörte bis 1944 zu Dänemark und ist seither selbstständig.

Israel, Republik in Vorderasien, an der Ostküste des Mittelmeers (20 800 km²; 5,9 Mio. Einwohner). Hauptstadt: Jerusalem. Der Süden des Landes wird von der Wüste Negev eingenommen, der Norden gliedert sich in die Küstenebene, das Bergland und den westlichen Teil des Jordangrabens. Israel liegt im Übergangsgebiet von Mittelmeer- zu Wüstenklima (warme, trockene Sommer, im Bergland kühle, in den Niederungen milde Winter). Trotz ungünstiger Bedingungen (Wüste, Wassermangel, knappe Rohstoffe, mehrere Kriege mit den arabischen

Nachbarn) hat Israel eine moderne Industrie aufgebaut. Die wichtigsten Industriestandorte sind Tel Aviv-Jaffa und Haifa. Landwirtschaft wird intensiv betrieben, großenteils mit Bewässerung. Die bedeutendsten Häfen sind Haifa und Aschdod am Mittelmeer sowie Elath am Roten Meer. Die Gründung des Staates Israel 1948 hatte zur Folge, dass viele Araber das Land verlassen mussten. Sie stellen bis heute als Palästinenserflüchtlinge in den Nachbarstaaten ein ungelöstes Problem dar. Israel musste in vier Kriegen (1948, 1956, 1967, 1973) mit seinen Nachbarstaaten um seine Existenz kämpfen.

Istanbul, größte Stadt und Haupthafen der Türkei am Bosporus (7,8 Mio. Einwohner).
❧ In seiner Geschichte hieß Istanbul zunächst Byzanz, später Konstantinopel.

Italien, Republik in Südeuropa (301 000 km²; 57,6 Mio. Einwohner). Hauptstadt: Rom. Zum Staatsgebiet gehören ein Teil des Alpensüdrandes, die Po-Ebene, die italienische Halbinsel (›Stiefel‹), Sardinien, Sizilien und einige kleinere Inseln. Die Halbinsel wird in der ganzen Länge vom Apennin durchzogen, der sich im Bogen bis nach Sizilien fortsetzt. Mehrere noch tätige Vulkane (Vesuv, Ätna, Stromboli) und heiße Quellen sind Zeugen eines unruhigen Untergrundes. Italien hat Mittelmeerklima (milde, feuchte Winter, heiße, trockene Sommer). Am dichtesten besiedelt sind Norditalien und die Gebiete um Rom und am Golf von Neapel. Der Süden (Mezzogiorno) ist unterentwickelt, sodass in der Vergangenheit viele Menschen in den Norden zogen oder auswanderten (vor allem in die USA). In der Industrie bestehen neben wenigen Großbetrieben viele Kleinbetriebe, besonders im verarbeitenden Gewerbe. Elektrotechnik und Fahrzeugbau besitzen Weltgeltung. Eine überragende wirtschaftliche Bedeutung hat der Fremdenverkehr. Italien war viele Jahrhunderte in verschiedene Staaten geteilt. Erst 1870 gelang es, das Land als Königreich Italien (ab 1946 Republik) zu einen.

Jakarta, Djakarta, Hauptstadt von Indonesien (9,1 Mio. Einwohner).

Jamaika, zum britischen Commonwealth gehörender Staat auf der drittgrößten Insel der Großen Antillen, südlich von Kuba (11 000 km²; 2,5 Mio. Einwohner). Hauptstadt: Kingston. Das Innere der Insel ist gebirgig (bis 2 257 m hoch). Wichtigster Wirtschaftszweig ist der Bergbau (Bauxit). Im 17. Jh. war Jamaika der größte Sklavenmarkt Amerikas. Die ehemalige britische Kolonie wurde 1962 unabhängig.

Jangtsekiang, Fluss in Asien, die bedeutendste Wasserstraße Chinas, 6 300 km lang. Er gehört zu den längsten und wasserreichsten Flüssen der Erde.

Japan, Kaiserreich in Ostasien (378 000 km²; 126,3 Mio. Einwohner), Hauptstadt: Tokio. Japan ist ein Inselstaat auf über 3 900 Inseln. Die Hauptinseln sind Honshu, Hokkaido, Kyushu und Shikoku. Durch das Ostchinesische und das Japanische Meer ist Japan vom asiatischen Festland getrennt. Die Inseln sind im Innern gebirgig, die Küsten im Südwesten durch viele Buchten gegliedert. Höchster Berg ist der Vulkankegel Fujisan (3 776 m). Das Klima ist durch den Wechsel der Monsune bestimmt, die im Sommer aus Süden oder Südosten, im Winter aus Norden oder Nordwesten reichliche Niederschläge bringen. Nur $^1/_6$ der Fläche ist landwirtschaftlich nutzbar. Japan zählt trotz fehlender eigener Rohstoffe zu den leistungsstärksten Industrienationen der Erde. Japanische Produkte sind in vielen Sparten starke Konkurrenten für die westeuropäische Industrie (z. B. bei Rundfunk- und Fernsehgeräten, Computern, Optik, Kraftfahrzeugen). Das Land besitzt die größten Banken der Erde. Ende des 19. Jh. entwickelte sich Japan zu einer asiatischen Großmacht. Als Verbündeter Deutschlands und Italiens trat es in den Zweiten Weltkrieg ein und wurde 1945 durch den Abwurf zweier amerikanischer Atombomben auf Hiroshima und Nagasaki zur Kapitulation gezwungen.

Java, größte und wichtigste Insel Indonesiens (118 000 km²).

Jemen, Republik im Südwesten der Arabischen Halbinsel (528 000 km²; 16,8 Mio. Einwohner). Hauptstadt: San'a. Das Hochland im Südwesten hat fruchtbare vulkanische Böden und wird landwirtschaftlich genutzt. Von Bedeutung ist auch die Viehhaltung. Bis 1990 war Jemen geteilt in eine Arabische Republik und eine Demokratische Volksrepublik.

Jenissei, Fluss in Sibirien (4 100 km lang).

Jersey ['dʒəːzɪ], vor der französischen Küste liegende britische Insel, die größte der Normannischen Inseln (116 km², 73 000 Einwohner).

Agrarlandschaft auf der Insel Innoshima (Japan; links) und bei Calgary (Kanada; rechts)

Jerusalem, Hauptstadt von Israel (602 000 Einwohner). Der Ostteil der Stadt ist seit 1967 von Israel besetzt, er wurde 1980 annektiert. Jerusalem hat für die drei Religionsgemeinschaften Judentum, Christentum und Islam zentrale Bedeutung.

Jordanien, Königreich in Vorderasien (98 000 km^2; 6,3 Mio. Einwohner). Hauptstadt: Amman. Teile des Landes westlich des Jordan mit der Altstadt von Jerusalem sind seit 1967 von Israel besetzt, auf sie hat Jordanien 1988 zugunsten der Palästinenser verzichtet. Östlich des Jordan steigt das Bergland bis auf 1 745 m an und fällt nach Osten zur Wüste hin ab, die den größten Teil des Landes einnimmt. Jordanien gehört im Nahostkonflikt zu den politisch gemäßigten arabischen Staaten.

Jugoslawien, Name für zwei Staaten in Südosteuropa. Nach dem 1. Weltkrieg entstand aus Resten des Habsburgerreichs, des Osmanischen Reichs und aus Serbien das Königreich Jugoslawien (Hauptstadt: Belgrad), ein Vielvölkerstaat, der sehr unterschiedliche Volksgruppen auf seinem Territorium vereinigte. Nach dem 2. Weltkrieg gab Präsident TITO dem Land eine kommunistische Staatsordnung, die die nationalen Gegensätze im Innern überdeckte. TITO gelang es zudem, Jugoslawien dem Einfluss der Sowjetunion zu entziehen. Nach TITOS Tod (1980) traten die Spannungen zwischen den Volksgruppen nach und nach immer schärfer hervor und führten zur Loslösung von Slowenien, Makedonien, Kroatien sowie von Bosnien und Herzegowina. Besonders Letztere traten den Vorherrschaftsansprüchen Serbiens entschieden entgegen und erfochten ab 1991 in kriegerischen Auseinandersetzungen ihre Unabhängigkeit. Heute existiert Jugoslawien als Bundesrepublik Jugoslawien (Hauptstadt: Belgrad; 102 173 km^2; 10,6 Mio. Einwohner), nur noch bestehend aus den Republiken Serbien und Montenegro. Auch dieser Staat vereinigt noch zahlreiche Volksgruppen. Dominiert von den Serben (etwa 63 % der Bevölkerung), kämpfen vor allem die im Gebiet Kosovo lebenden, dort die große Mehrheit bildenden muslimischen Albaner (etwa 16 % der jugoslawischen Bevölkerung) um politische und kulturelle Autonomie.

Jungferninseln, *siehe* Virgin Islands.

Jungfrau, Gipfel in den Berner Alpen in der Schweiz (4 158 m hoch).

Jura, Gebirgszug an der Nordwestseite der Alpen. Der westliche Teil liegt auf französischem, der nordöstliche Teil auf schweizerischem Gebiet. Der gleichnamige Kanton mit dem Hauptort Delémont liegt im französischsprachigen Nordwesten der Schweiz. Es gibt hier eine bedeutende Uhrenindustrie und Weinbau.

K2, Chogori, zweithöchster Berg der Erde, der höchste Gipfel des Karakorum (8 607 m) im pakistanisch besetzten Teil Kaschmirs.

Kabul, Hauptstadt von Afghanistan (1,5 Mio. Einwohner).

Kairo, Hauptstadt Ägyptens und größte Stadt Afrikas (6,8 Mio., mit Vororten 14 Mio. Einwohner).

Kalahari, Trockensteppe im südlichen Afrika, größtenteils zu Botswana gehörend, ca. 1 Mio. km^2 groß. Einziger Fluss, der das ganze Jahr Wasser führt, ist der Okawango, der jedoch nicht im Meer, sondern in einer riesigen Sumpflandschaft endet.

Kalifornien, an der Westküste der USA gelegener Bundesstaat, benannt nach der Landschaft Kalifornien, deren südlicher Teil zu Mexiko gehört. Kalifornien ist der drittgrößte Bundesstaat der USA mit der höchsten Einwohnerzahl (32,3 Mio.). Die wichtigsten Städte sind (neben der Hauptstadt Sacramento) San Francisco und Los Angeles. Kalifornien ist hoch industrialisiert (besonders Computer, Spielfilme aus Hollywood) und besitzt eine bedeutende landwirtschaftliche Produktion; wichtig ist auch der Fremdenverkehr.

Kalkutta, größte Stadt in Indien, im Mündungsdelta von Ganges und Brahmaputra gelegen (11,2 Mio. Einwohner in der Stadtregion).

Kambodscha, Kampuchea, konstitutionelle Monarchie in Südostasien (181 000 km^2; 10,7 Mio. Einwohner). Hauptstadt: Phnom Penh. Kernland ist die dicht besiedelte Ebene des Mekong und des Großen Sees (Tonle-Sap). Das tropische Klima wird vom Monsun bestimmt.
Kambodscha war ein Teil des französischen Indochina und wurde 1955 unabhängig. Von den USA in den Vietnamkrieg hineingezogen, stand das Land von 1975 bis 1979 unter der Herrschaft des kommunistischen Terrorregimes der Roten Khmer unter der Führung von POL POT (* 1928, † 1998), der das Land im Sinne eines ›Steinzeitkommunismus‹ umgestalten wollte (z. B. Entvölkerung der Städte, Verfolgung von Gebildeten); ein großer Teil der Bevölkerung wurde dabei umgebracht. Nach dem Sturz des Regimes durch vietnamesische Truppen führten die Roten Khmer einen langen Bürgerkrieg. Durch einen 1991 geschlossenen Waffenstillstand wurden Friedensverhandlungen ermöglicht.
❧ Das Volk von Kambodscha (amtlich: Khmer) genoss bis zu seiner Verstrickung in den Vietnamkrieg den Ruf besonderer Friedfertigkeit und Kultiviertheit.

Kamerun, Republik im Westen Zentralafrikas am Golf von Guinea (475 400 km^2; 14,3 Mio. Einwohner). Hauptstadt: Yaoundé. Das Land erstreckt sich vom Kongobecken im Süden bis zum Becken des Tschadsees im Norden. Der größte Teil ist Bergland (höchste Erhebung: Kamerunberg, 4 070 m). Das Klima ist tropisch mit sehr hohen Niederschlägen. Wichtigster Wirtschaftszweig ist die Landwirtschaft. Kamerun war bis 1918 deutsche Kolonie. Der Hauptteil des Landes kam dann unter französische Herrschaft und wurde 1960 unabhängig.

Kanada, Staat in Nordamerika, zweitgrößtes Land der Erde (rund 10 Mio. km^2; 30,5 Mio. Einwohner). Hauptstadt: Ottawa. Kanada umfasst den nördlichen Teil des amerikanischen Festlands und die kanadisch-arktischen Inseln. Fast die Hälfte wird von der flachwelligen Landschaft des kanadischen Schildes rund um die Hudsonbai eingenommen. Westlich davon erstrecken sich die Großen Ebenen (Great Plains), ein Tafelland, im Westen erheben sich die Rocky Mountains. Im Südosten liegen die Ausläufer der Appalachen. Kanada hat größtenteils arktisches Klima (lange, strenge Winter und kurze, mäßig warme Sommer). Fast die Hälfte des Landes ist mit Wald bedeckt. Die Hälfte der Bevölkerung ist englischsprachig, etwa ein Viertel französischsprachig. Am stärksten französisch geprägt ist die Provinz Quebec.
Große wirtschaftliche Bedeutung haben Landwirtschaft und Viehzucht. Das Land ist reich an Bodenschätzen. Die Erschließung im Norden ist schwierig, weil dort der Boden bis in größere Tiefen gefroren ist. In der Industrie stehen Zellstoff- und Papierherstellung an erster Stelle. Kanada kam im 18. Jh. unter britische Herrschaft. 1931 wurde das Land als Mitglied im britischen Commonwealth unabhängig.

Kanarische Inseln, zu Spanien gehörende Inselgruppe vor der Nordwestküste Afrikas, zu der sieben größere und sechs kleinere Inseln gehören (z. B. Teneriffa, Gran Canaria, Fuerteventura, Lanzarote). Die Inseln sind vulkanischen Ursprungs. Höchste Erhebung ist der Pico de Teide auf Teneriffa (3 716 m). Wegen des milden Klimas und der reizvollen Landschaft gibt es auf den Inseln, besonders im Winter, starken Fremdenverkehr.

Kap der Guten Hoffnung, das Südende der südafrikanischen Halbinsel bei Kapstadt.

Kap Hoorn, *siehe* Hoorn.

Kapstadt, am Fuße des Tafelbergs gelegene Hafenstadt und Sitz des Parlaments der Republik Südafrika mit 2,4 Mio. Einwohnern.

Kap Verde, Republik auf den Kapverdischen Inseln vor der Westküste Afrikas (4 000 km^2; 408 000 Einwohner). Hauptstadt: Praia. Die Inselgruppe ist vulkanischen Ursprungs. Von den 15 Inseln sind 10 bewohnt. Die Inseln gehörten bis 1975 zu Portugal und sind wirtschaftlich sehr arm.

Karakorum, stark vergletschertes Hochgebirge in Innerasien, zwischen Himalaja, Pamir und Kunlun. Der Karakorum gehört zu den höchsten Gebirgszügen der Erde.

Karawanken, Gebirgsgruppe der südlichen Kalkalpen, im Grenzgebiet von Österreich und Slowenien.

Karibisches Meer, südwestlicher Teil des Meeres zwischen Nord- und Südamerika, ein Nebenmeer des Atlantischen Ozeans. Über dem Karibischen Meer bilden sich zwischen Sommer und Frühherbst die gefürchteten Hurrikane.

Karlsruhe, bedeutende Industrie- und Handelsstadt in Baden-Württemberg, zwischen nördlichem Schwarzwald und Rhein gelegen (267 000 Einwohner); Sitz von Bundesverfassungsgericht und Bundesgerichtshof.

Kärnten, südlichstes Bundesland Österreichs (564 000 Einwohner). Hauptstadt: Klagenfurt. Zentrum des Landes ist das Klagenfurter Becken, das rings von Bergketten umschlossen ist, sodass die Sommer heiß und regenarm und die Winter kalt sind. Die Seen (z. B. Ossiacher See, Wörthersee) sind Mittelpunkt für einen ausgeprägten Fremdenverkehr.

Karpaten, 1 300 km langes Faltengebirge im Südosten Europas. Höchste Erhebung ist die Hohe Tatra in den Westkarpaten (2 655 m).

Karwendelgebirge, Teil der Nordtiroler Kalkalpen nördlich von Innsbruck mit Höhen über 2 700 m; es ist die größte unbewohnte Fläche Mitteleuropas.

Kasachstan, Republik in Zentralasien, östlich des Kaspischen Meers (2,7 Mio. km^2; 16,3 Mio. Einwohner). Hauptstadt: Alma-Ata. Der größte Teil des Landes ist Halbwüste, Wüste und Steppe. Das Klima ist extrem kontinental und sehr trocken. Kasachstan verfügt über reiche Bodenschätze (Erdöl, Kohle, Kupfer, Zink). Bis 1991 war das Land Teil der ehemaligen Sowjetunion. In der Kasachischen Steppe liegt das Weltraumzentrum Baikonur.

Kaschmir, Gebirgslandschaft im nordwestlichen Himalaja und im Karakorum. Der südwestliche Teil wird von Indien verwaltet, der nördliche Teil ist von Pakistan und China besetzt. Die Bevölkerung ist überwiegend muslimisch. Bekannt ist die Seiden-, Teppich- und Wollweberei (Kaschmirwolle). Kaschmir ist ein Zankapfel zwischen Indien und Pakistan. 1965 kam es deswegen zum militärischen Konflikt.

Kaspisches Meer, größter abflussloser See der Erde (370 000 km^2) an der Grenze zwischen Europa und Asien. Die Südküste gehört zu Iran, der übrige Teil zum Gebiet der ehemaligen Sowjetunion (Aserbeidschan, Russland, Kasachstan, Turkmenistan). Der Wasserspiegel liegt 28 m unter dem Meeresspiegel. Da die Verdunstung höher ist als die Niederschläge und der Zufluss an Süßwasser, sinkt der Wasserspiegel ständig.

Kastilien, Hochland in der Mitte der Iberischen Halbinsel, im Durchschnitt 600 m hoch, das Kernland Spaniens. Im Zentrum liegt die spanische Hauptstadt Madrid.

Katalonien, Landschaft und autonome Region mit eigener Sprache (Katalanisch) im Nordosten von Spanien. Kulturelles und wirtschaftliches Zentrum ist Barcelona.

Katar, Qatar, Scheichtum im Südwesten des Persischen Golfs (11 000 km^2; 520 000 Einwohner). Hauptstadt: Doha. Das Land ist eine wüstenhafte Halbinsel mit reichen Erdöllagerstätten.

Kaukasus, der Große Kaukasus ist ein Hochgebirge zwischen Schwarzem und Kaspischem Meer. Höchste Erhebung ist der Elbrus (5 633 m). Südlich davon erstreckt sich der Kleine Kaukasus mit Höhen bis 3 724 m.

Kenia, Republik in Ostafrika am Indischen Ozean (583 000 km^2; 29 Mio. Einwohner). Hauptstadt: Nairobi. Von der Küste steigt das Land nach Nordwesten allmählich an. Im Westen liegt das Hochland mit dem Ostafrikanischen Graben, überragt von Vulkanen (Mount Kenia, 5 194 m). Das tropische Klima ist im Landesinnern durch die Höhenlage gemildert. Eine wichtige Einnahmequelle ist der Fremdenverkehr. Die Industrie Kenias ist führend in Ostafrika. Die ehemals britische Kolonie wurde 1963 unabhängig.

Khartum, Hauptstadt der Republik Sudan in Afrika (1,8 Mio. Einwohner).

Kiel, Landeshauptstadt von Schleswig-Holstein, ein bedeutender Ostseehafen (244 000 Einwohner).

Kieler Förde, Einschnitt der Ostsee in das ostholsteinische Hügelland, 17 km lang und bis zu 6 km breit.

Kiew, Hauptstadt der Ukraine (2,6 Mio. Einwohner). Kiew war Mittelpunkt des Kiewer Reichs, der ersten territorialen Herrschaftsbildung auf russischem Boden.

Kilimandscharo [Suaheli ›Berg des bösen Geistes‹], im Nordosten Tansanias gelegener höchster Berg Afrikas (5 895 m), aus drei Vulkanen zusammengewachsen, mit eisbedecktem Gipfel.

Kinshasa [...ʃ...], Hauptstadt der Demokratischen Republik Kongo (4,6 Mio. Einwohner).

Kirgisien, Republik in Zentralasien (198 500 km^2; 4,6 Mio. Einwohner). Hauptstadt: Bischkek (früher Frunse). Kirgisien ist Gebirgsland mit Höhen über 7 000 m. In der Landwirtschaft ist die Viehzucht dominierend. Das Land verfügt über reiche Bodenschätze (z. B. Erdöl, Kohle, Antimon, Quecksilber). Kirgisien war Teil der ehemaligen Sowjetunion und hat sich 1991 für unabhängig erklärt.

Kiribati, aus mehreren Inselgruppen bestehende Republik im Pazifischen Ozean am Äquator (728 km^2; 81 000 Einwohner). Hauptstadt: Bairiki auf der Hauptinsel Tarawa. Die früher zu Großbritannien gehörenden Inseln (meist Atolle) sind seit 1979 unabhängig.

Klagenfurt, Hauptstadt des österreichischen Bundeslandes Kärnten, östlich des Wörthersees gelegen (90 000 Einwohner).

Kleinasien, *siehe* Anatolien.

Köln, in Nordrhein-Westfalen beiderseits des Rheins gelegene alte Bischofs- und Universitätsstadt (1 Mio. Einwohner); sie ist ein sehr bedeutender Industrie- und Handelsplatz und Verkehrsknotenpunkt (besonders für den Eisenbahnverkehr), Sitz überregionaler Einrichtungen und kulturelles Zentrum des Rheinlandes (u. a. Kirchen, Museen, Messen). Die Stadt geht auf eine römische Siedlung zurück, aus deren Namen (Colonia Agrippinensis) sich ihr heutiger entwickelte. Im Mittelalter war Köln die größte deutsche Stadt und ein geistiges Zentrum Europas. Ihr Stadtbild wird vom gotischen Dom beherrscht, dem größten in Deutschland, der 1248 begonnen, aber erst 1880 fertig gestellt wurde. Er beherbergt in einem prächtigen goldenen Schrein der Legende nach die Gebeine der Heiligen Drei Könige.

❧ Die Kölner gelten als lebenslustig und pfiffig. Dieser Charakterzug kommt besonders in den Figuren von Tünnes und Schäl, über die es zahllose Witze gibt, den Geschichten des Hänneschen- sowie des Millowitsch-Theaters zum Ausdruck.

Kolumbien, Republik im Nordwesten Südamerikas, im Westen an den Pazifischen Ozean, im Nordwesten an das Karibische Meer grenzend (1,1 Mio. km^2; 40,8 Mio. Einwohner). Hauptstadt: Bogotá. Kolumbien hat Anteil an den Anden, die sich im Süden des Landes in drei Gebirgsketten teilen (in der Zentralkordillere bis 5 750 m hoch). Den Osten des Landes nehmen Tiefländer ein. Das Klima ist bis in 1 000 m Höhe tropisch heiß, mit zunehmender Höhe gehen die Temperaturen zurück. Kolumbien ist nach Brasilien der größte Kaffeeproduzent der Erde. 1819 wurde Kolumbien von Spanien unabhängig.

❧ Seinen Namen verdankt es dem Entdecker CHRISTOPH KOLUMBUS.

Komoren, Inselgruppe im Indischen Ozean zwischen der Nordspitze Madagaskars und der ostafrikanischen Küste. Seit 1975 ist die Republik Komoren selbstständig (2 235 km^2; 660 000 Einwohner). Hauptstadt: Moroni.

Kongo, übergreifender Name für zwei Staaten in Zentralafrika: Die Republik Kongo liegt am Westrand des Kongobeckens (342 000 km^2; 2,8 Mio. Einwohner). Hauptstadt: Brazzaville. Das Land erstreckt sich beiderseits des Äquators bis zum Atlantischen Ozean. Wichtigster Wirtschaftszweig ist die Nutzung des tropischen Regenwalds, der rund die Hälfte des Landes bedeckt. Kongo gehörte ehemals zu Frankreich und ist seit 1960 unabhängig.
Die Demokratische Republik Kongo hieß bis 1997 Zaire (2,35 Mio. km^2; 45 Mio. Einwohner). Hauptstadt: Kinshasa. Das Nachbarland zur Republik Kongo liegt größtenteils im Kongobecken. Höchste

Erhebung ist der Ruwenzori (5 119 m) auf der Grenze nach Uganda. In dem tropischen Klima herrschen Regenwald und Feuchtsavanne vor. Größte wirtschaftliche Bedeutung hat der Bergbau (Diamanten, Kobalt, Kupfer). Die ehemals belgische Kolonie (›Belgisch-Kongo‹) wurde 1960 unabhängig (*siehe auch* Kongokrise, Kapitel 1).
Kongo (auch: Zaire) heißt auch der wasserreichste Strom Afrikas (4 320 km lang). Er entspringt als Lualaba in der Demokratischen Republik Kongo, durchfließt in weitem Bogen das Kongobecken und mündet mit einer riesigen Trichtermündung in den Atlantischen Ozean.

Königsberg, ehemalige Hauptstadt der Provinz Ostpreußen, heute in einer russischen Sonderzone gelegen (420 000 Einwohner).
❧ Königsberg war die Krönungsstätte der preußischen Könige; hier wirkte der Philosoph IMMANUEL KANT.

Kopenhagen, Hauptstadt von Dänemark, im Osten auf den Inseln Seeland und Amager am Oresund gelegen (487 000, mit Vororten 1,8 Mio. Einwohner).

Kordilleren [...lj...], die Kettengebirge im Westen von Nord- und Südamerika. Mit über 15 000 km Länge sind sie das größte Faltengebirge der Erde.

Korea, Land auf einer Halbinsel in Ostasien, seit dem Ende des Koreakriegs (1953; *siehe* Kapitel 1) in die Republiken von Nord- und Südkorea geteilt. Die Ostseite der Halbinsel ist gebirgig (bis 2 744 m hoch), die Westseite ist ein von Hügelländern durchsetztes Tiefland. Vor der West- und Südküste liegen viele Inseln.
Das sozialistisch verfasste Nordkorea umfasst den Festlandsaum und den nördlichen Teil der Halbinsel (120 500 km²; 23,3 Mio. Einwohner). Hauptstadt: P'yŏngyang. Landwirtschaftlich genutzt werden vor allem die Ebenen der Westküste. Das Land verfügt über reiche Bodenschätze (z. B. Kohle, Eisenerz, Kupfer). Sie sind Grundlage einer bedeutenden Industrie. Vor allem Misswirtschaft und hohe Militärausgaben sind für eine schwere Versorgungskrise verantwortlich, die die Bevölkerung seit Mitte der 1990er-Jahre durchleidet.
Das westlich orientierte Südkorea umfasst die Halbinsel südlich des 38. Breitengrades mit den vorgelagerten mehr als 3 000 Inseln (99 000 km²; 46,1 Mio. Einwohner). Hauptstadt: Seoul. Nach dem Koreakrieg wurde in Südkorea, zunächst mithilfe der USA, eine Industrie aufgebaut, mit der das Land heute auf den internationalen Märkten auftritt.
Korea kam, nachdem es die Unabhängigkeit von China erreicht hatte, 1905 unter japanische Herrschaft. Nach dem Zweiten Weltkrieg besetzten die USA den südlichen, die Sowjetunion den nördlichen Teil des Landes. Nach deren Abzug führte der Versuch kommunistischer Truppen, auch den Süden zu besetzen, zum Krieg, der mit der Teilung des Landes endete. Seit 1990 verhandeln beide Staaten über die Wiedervereinigung.

Korfu, nördlichste der zu Griechenland gehörenden Ionischen Inseln.

Korinth, Stadt in Griechenland im Nordosten der Peloponnes am Isthmus von Korinth (22 600 Einwohner). Der Kanal von Korinth (6 300 m lang) durchschneidet die Landenge.

Korsika, zu Frankreich gehörende Insel im Mittelmeer nördlich von Sardinien. Korsika ist ein stark zertaltes, wildes Gebirgsland mit fruchtbaren, aber stellenweise versumpften Küstenebenen im Osten. Die wichtigsten Städte sind Ajaccio und Bastia.
❧ NAPOLEON I. stammte von Korsika.

Kosovo, autonome (bis 1990) Provinz im serbisch beherrschten Restjugoslawien im Süden des Landes, die die Unabhängigkeit anstrebt (2,1 Mio. Einwohner, vorwiegend Albaner, vor dem Bürgerkrieg 1999). Hauptstadt: Priština.

Kreta, Insel im östlichen Mittelmeer, die größte der griechischen Inseln (8 259 km²). Kreta ist im Innern gebirgig (bis 2 456 m hoch), hat aber auch weit gestreckte Täler und Hochebenen. Die wichtigsten Städte sind Heraklion und Chania. Das milde Klima und die Reste der antiken minoischen Kultur haben Kreta zu einem beliebten Urlaubsziel werden lassen.

Krim, zur Ukraine gehörende Halbinsel an der Nordküste des Schwarzen Meers. Der größere Nordteil ist Flachland mit kontinentalem Klima, entlang der steilen Südküste herrscht Mittelmeerklima.

Kroatien, Republik in Südeuropa, ehemals Teil Jugoslawiens (56 500 km²; 4,5 Mio. Einwohner). Hauptstadt: Zagreb. Das Land umfasst das fruchtbare Tiefland zwischen Drau, Save und Donau, das

Gebirgsland im Westen und das dalmatinische Küstengebiet. Kroatien hat sich 1991 für unabhängig erklärt und ist aus dem Staatsverband Jugoslawiens ausgetreten.

Kuala Lumpur, Hauptstadt von Malaysia in Südostasien (1,17 Mio. Einwohner).

Kuba, größte Insel der Großen Antillen, südlich von Florida. Sie bildet zusammen mit kleineren Inseln die Republik Kuba (111 000 km²; 11,1 Mio. Einwohner). Hauptstadt: Havanna. Der größte Teil Kubas ist Flachland, nur der Osten ist gebirgig (bis 1 994 m hoch). Das Klima ist tropisch mit reichen Niederschlägen im Sommer. Größte wirtschaftliche Bedeutung hat der Anbau von Zuckerrohr. Bis zur Unabhängigkeit 1901 war Kuba zunächst unter spanischer, dann bis 1934 unter US-amerikanischer Herrschaft. Nach langem Bürgerkrieg errichtete FIDEL CASTRO 1959 ein kommunistisches Regierungs- und Gesellschaftssystem.

Kuwait, Scheichtum am Persischen Golf (17 800 km²; 2 Mio. Einwohner). Hauptstadt: Kuwait City. Kuwait liegt inmitten einer heißen Kies- und Salzwüste. Der Reichtum des Landes ist in seinen Erdöllagern begründet. Das ehemals unter britischer Herrschaft stehende Gebiet wurde 1961 unabhängig. Nach der Besetzung durch irakische Truppen 1990 wurde es von einer internationalen Streitmacht unter Führung der USA wieder befreit.

Kykladen, griechische Inselgruppe im Ägäischen Meer.

Labrador, Halbinsel im Nordosten Kanadas, ein von vielen Seen durchsetztes flachwelliges Hochland, das am Ostrand bis auf 1 700 m ansteigt und mit einer zerklüfteten Steilküste zum Meer abfällt. Das Klima ist kalt und rau.

Lac Léman, der Genfer See *(siehe dort).*

Ladogasee, größter Binnensee Europas, im Nordwesten Russlands gelegen (17 700 km²). Der See ist von rund 500 Inseln durchsetzt und von November bis April mit Eis bedeckt.

Lago Maggiore [- mad'dʒoːre], zweitgrößter der italienischen Alpenseen (212 km²), in den Tessiner Alpen gelegen. Rund 1/5 gehört zum schweizerischen Kanton Tessin, 4/5 zu Italien. Die reizvolle Landschaft und das milde Klima sind Grundlage für einen lebhaften Fremdenverkehr.

Lagos, größte Stadt Nigerias, am Golf von Benin in Westafrika (1,4 Mio. Einwohner).

Lahore, zweitgrößte Stadt Pakistans, Hauptstadt der Provinz Pandschab, nahe der Grenze zu Indien gelegen (5,5 Mio. Einwohner).

Lanzarote, nordöstlichste der Kanarischen Inseln, 795 km²; wüstenhaft mit vielen Vulkanen.

Laos, Volksrepublik in Südostasien (237 000 km²; 5,2 Mio. Einwohner). Hauptstadt: Vientiane. Laos ist ein lang gestrecktes Gebirgsland zwischen Thailand und Vietnam, zum großen Teil von tropischen Regenwäldern bedeckt. Fruchtbar ist im Westen die Ebene des Mekong. In dem tropischen Monsunklima fallen im Sommer reichlich Niederschläge. Nach dem Ende der französischen Herrschaft 1953 kam es in Laos zu einem Bürgerkrieg, in dessen Verlauf das damalige Königreich Laos auch in den Vietnamkrieg hineingezogen wurde. Nach dem Sieg kommunistischer Kräfte (1975) wurde die Volksrepublik ausgerufen.

La Paz, Stadt in Bolivien (739 000 Einwohner). Regierungssitz des Landes und höchstgelegene Großstadt der Erde (3 600–4 000 m hoch gelegen).

La Plata, Rio de la Plata, gemeinsamer Mündungstrichter der Flüsse Paraná und Uruguay an der Ostküste Südamerikas. Seine bedeutendsten Häfen sind Buenos Aires, La Plata und Montevideo.

Lappland, nördlichste Landschaft Skandinaviens, zu Norwegen, Schweden, Finnland und Russland gehörend. Die Bevölkerung dieses Gebiets sind die Lappen, die sich selbst als ›Samen‹ bezeichnen. Das Innere Lapplands besteht größtenteils aus weiten, unbesiedelten Hochflächen.

Lateinamerika, zusammenfassende Bezeichnung für die Länder Mittel- und Südamerikas, in denen eine auf das Lateinische zurückgehende Sprache (Spanisch, Portugiesisch) gesprochen wird.

Lausanne [lo'zan], Hauptstadt des schweizerischen Kantons Waadt, am Nordostufer des Genfer Sees (124 000 Einwohner); Sitz des Eidgenössischen Bundesgerichts und des Internationalen Olympischen Komitees.

Lech, nördlich von Augsburg mündender rechter Nebenfluss der Donau (263 km lang).

Leipzig, Stadt im Norden Sachsens (490 000 Einwohner), bedeutendste Handels- und Industriestadt Mitteldeutschlands (u. a. mit der Leipziger Messe).

Leningrad, *siehe* Sankt Petersburg.

Lesotho, Königreich in Südostafrika, von der Republik Südafrika vollkommen umschlossen (30 355 km²; 2,1 Mio. Einwohner). Hauptstadt: Maseru. Das Land wird von einem Militärrat regiert und ist wirtschaftlich und politisch von Südafrika abhängig.

Lettland, Republik an der Ostsee (64 500 km²; 2,4 Mio. Einwohner). Hauptstadt: Riga. Lettland ist ein Moränenhügelland mit vielen Seen und Mooren. Es gehörte zur ehemaligen Sowjetunion und ist seit 1991 unabhängig.

Libanon, Republik an der Ostküste des Mittelmeers in Vorderasien (10 400 km²; 3,2 Mio. Einwohner). Hauptstadt: Beirut. Der Libanon gliedert sich von West nach Ost in einen schmalen, dicht besiedelten Küstenstreifen, das Libanongebirge (bis 3 088 m hoch), das Talbecken der Beka und den Antilibanon (bis 2 629 m hoch).
Das Land stand bis zu seiner Unabhängigkeit (1946) unter französischer Herrschaft. Es wird von maronitischen Christen, Moslems und Drusen bewohnt. Der Libanon wurde immer stärker in den Nahostkonflikt hineingezogen und durch Bürgerkrieg seiner ehemaligen Bedeutung als ›Schweiz des Nahen Ostens‹ beraubt.

Liberia, Republik an der Westküste Afrikas (111 400 km²; 2,7 Mio. Einwohner). Hauptstadt: Monrovia. Das Land ist zu drei Vierteln von tropischem Regenwald bedeckt.
Liberia wurde 1847 von freigelassenen (lateinisch liber ›frei‹, daher der Name Liberia) amerikanischen Sklaven gegründet. Ein blutiger Bürgerkrieg, in dem sich soziale Spannungen und ethnische Gegensätze widerspiegeln, forderte von 1989 bis 1991 vor allem unter der Zivilbevölkerung Tausende von Todesopfern.

Libyen, Republik in Nordafrika (1,76 Mio. km²; 5,4 Mio. Einwohner). Hauptstadt: Tripolis. Das Land grenzt im Norden an das Mittelmeer und reicht im Süden weit in die Wüste Sahara hinein. Es besteht zu 90 % aus Wüste. Libyen ist einer der größten Erdölexporteure der Erde. 1951 erlangte das Land die Unabhängigkeit und wurde ein Königreich. Nach dem Sturz des Königs errichteten Offiziere unter Oberst GADDHAFI eine sozialistische Regierung auf islamischer Grundlage.

Liechtenstein, Fürstentum in den Alpen zwischen Österreich und der Schweiz (160 km²; 32 000 Einwohner). Hauptstadt: Vaduz. Wichtigste Wirtschaftszweige sind Industrie und Dienstleistung. Mit der Schweiz besteht ein Zoll- und Währungsabkommen.

Liestal, Hauptstadt des schweizerischen Kantons Basel-Landschaft (12 700 Einwohner).

Ligurien, italienische Landschaft am Golf von Genua. Die Gebirgszüge der Meeralpen, der Ligurischen Alpen und des Apennin fallen zur Steilküste der Riviera ab. Das Gebirge schützt die Küste vor kalten nördlichen Luftmassen, sodass auch im Winter mildes Klima herrscht. Hauptort ist Genua.

Lima, Hauptstadt von Peru, nahe der Küste des Pazifischen Ozeans gelegen (5,7 Mio. Einwohner).

Linz, Hauptstadt des österreichischen Bundeslandes Oberösterreich an der Donau (208 000 Einwohner).

Lissabon. Praça de Dom Pedro IV mit dem Theater

Lissabon, Hauptstadt von Portugal, größte Stadt und wichtigster Hafen des Landes an der Mündungsbucht des Tejo (2 Mio. Einwohner).
❧ Zur Zeit der Entdeckungen (nach 1500) war Lissabon eine der reichsten Städte der Erde. 1755 wurde die Stadt durch ein Erdbeben stark zerstört.

Litauen, Republik an der Ostsee (65 200 km^2; 3,7 Mio. Einwohner). Hauptstadt: Vilnius (Wilna). Litauen ist überwiegend Hügelland. Eine breite Niederung geht im Westen zur sandigen Ostseeküste über. Hauptfluss ist die Memel. Litauen war im 15./16. Jh. Teil des polnisch-litauischen Reichs. Nach dem 2. Weltkrieg gehörte es zur ehemaligen Sowjetunion und ist seit 1991 unabhängig.

Liverpool [ˈlɪvəpu:l], Stadt an der Westküste Englands, eine bedeutende Hafen-, Handels- und Industriestadt (544 000, mit Vororten 1,4 Mio. Einwohner).

Ljubljana (deutsch: Laibach), Hauptstadt der Republik Slowenien (273 000 Einwohner).

Loire [lwa:r], längster Fluss Frankreichs (1 010 km lang). Die Loire entspringt in den Cevennen, durchfließt Mittelfrankreich und mündet bei Saint Nazaire in den Atlantischen Ozean. Besonders am Mittellauf des Flusses, im ›Garten Frankreichs‹, sind in der Renaissancezeit zahlreiche Schlösser errichtet worden.

Lombardei, Landschaft in Norditalien mit der fruchtbaren Poebene als Kerngebiet. Hauptstadt ist Mailand. Die Lombardei ist dicht besiedelt und gehört zu den landwirtschaftlich und industriell am weitesten entwickelten Gebieten Italiens.

Lomé, Hauptstadt der Republik Togo am Golf von Guinea (513 000 Einwohner).

London, Hauptstadt von Großbritannien und Nordirland, im Südosten des Landes beiderseits der Themse gelegen (7 Mio. Einwohner). Die Stadt ist Sitz von Königshaus und Regierung und internationales Handels- und Börsenzentrum.

Los Angeles [lɔs ˈændʒɪlɪz], Stadt im US-Bundesstaat Kalifornien (3,5 Mio. Einwohner).

Lothringen, Landschaft im Nordosten Frankreichs, von Mosel und Maas durchflossen. Der mittlere Teil Lothringens ist reich an Eisenerzlagern. Bedeutendste Städte sind Metz und Nancy. Die deutschsprachigen Teile Lothringens gehörten zusammen mit dem Elsass 1871–1918 zum Deutschen Reich.

Luanda, Hauptstadt und bedeutendster Hafen von Angola in Südwestafrika (2 Mio. Einwohner).

Lübeck, Stadt in Schleswig-Holstein an der unteren Trave (216 000 Einwohner), im Mittelalter führende Hansestadt.

Luganer See, stark gegliederter See am Südrand der Alpen, zum größten Teil zum schweizerischen Kanton Tessin, zum kleineren Teil zu Italien gehörend.

Lüneburger Heide, von der Eiszeit geprägte Hügellandschaft im Norddeutschen Tiefland. Die Heidelandschaft mit Zwergstrauchheiden und Wacholder entstand durch fortschreitende Waldvernichtung.

Lusaka, Hauptstadt, Industrie- und Handelszentrum von Sambia (980 000 Einwohner).

Luxemburg, Großherzogtum in Westeuropa zwischen Belgien, Frankreich und Deutschland (2 590 km^2; 424 000 Einwohner). Hauptstadt: Luxemburg. Das Land ist das kleinste der Benelux-Länder mit dem höchsten europäischen Pro-Kopf-Einkommen.

Luzern, Stadt (57 000 Einwohner) und Kanton in der Schweiz. Der deutschsprachige Kanton liegt im Mittelland (343 000 Einwohner). Er reicht im Nordwesten bis fast an die Aare und im Süden bis in die Alpen hinein.

Lyon [ljɔ̃], Stadt in Frankreich am Zusammenfluss von Rhône und Saône, zweitgrößtes Wirtschafts- und Kulturzentrum des Landes (423 000 Einwohner). Früher war die Stadt ein Zentrum der Seidenweberei. In Lyon hat INTERPOL ihren Sitz.

Maas, Fluss in Westeuropa, der in Ostfrankreich entspringt, Belgien und die Niederlande durchfließt und bei Rotterdam in die Nordsee mündet (925 km lang).

Macao, zu Portugal gehörendes Gebiet in Südchina an der Mündung des Kanton-Flusses (17 km^2; 500 000 Einwohner) mit voller innerer Selbstverwaltung, das 1999 an China zurückgegeben wurde.

Madagaskar, Inselrepublik vor der Ostküste Afrikas im Indischen Ozean (587 000 km^2; 15 Mio. Einwohner). Hauptstadt: Antananarivo. Das Land ist im Innern weitgehend gebirgig. Wichtigstes Ausfuhrgut ist Kaffee, daneben Gewürznelken und Vanille. Madagaskar wurde 1960 von Frankreich unabhängig.

Madeira, zu Portugal gehörende vulkanische Inselgruppe nordwestlich des afrikanischen Festlands (796 km²; 254 000 Einwohner). Das milde Klima begünstigt Gemüse- und Weinanbau und zieht viele Touristen an.

Madrid, Hauptstadt und größte Stadt Spaniens (3,1 Mio. Einwohner).

Magdeburg, Hauptstadt von Sachsen-Anhalt inmitten eines fruchtbaren Löss- und Schwarzerdegebiets; an der Elbe gelegen mit bedeutendem Binnenhafen (235 000 Einwohner).

Maghreb [arabisch ›Westen‹], der westlichste Teil der arabisch-muslimischen Länder (Marokko, Algerien, Tunesien).

Mailand, zweitgrößte Stadt Italiens, in der Poebene gelegen, bedeutendste Handels- und Industriestadt des Landes und kultureller Mittelpunkt Norditaliens (1,3 Mio. Einwohner).

Main, größter rechter Nebenfluss des Rheins (524 km lang). Er durchfließt in mehreren großen Bögen das Frankenland und mündet bei Mainz.

Mainau, Insel im nordwestlichen Teil des Bodensees mit sehr mildem Klima, sodass südländische Pflanzen gedeihen (Zitronen-, Orangenbäume).

Mainz, Hauptstadt von Rheinland-Pfalz, am Rhein gegenüber der Mainmündung gelegen (177 000 Einwohner); Universitäts- und Domstadt.

Makedonien, Mazedonien, Landschaft auf der Balkanhalbinsel, ein Gebirgsland mit weiten fruchtbaren Ebenen. Völkerrechtlich gehört der südliche Teil zu Griechenland mit Saloniki als wichtigster Stadt. Im Norden liegt die unabhängige Republik Makedonien (2 Mio. Einwohner) mit der Hauptstadt Skopje, früher ein Teil des ehemaligen Jugoslawiens.
❧ ALEXANDER D. GR. stammte aus Makedonien.

Malawi, Republik im südlichen Ostafrika, ein Hochland westlich und südlich des Malawisees (118 500 km²; 10,4 Mio. Einwohner). Hauptstadt: Lilongwe. Ausfuhr von Tee, Tabak, Zuckerrohr und Erdnüssen. Das ehemals britische Gebiet (Njassaland) wurde 1964 unabhängig.

Malawisee (auch **Njassasee** genannt), lang gestreckter See im südlichen Ostafrika, drittgrößter See Afrikas (30 800 km² groß). Der See ist bis zu 706 m tief.

Malaysia, Wahlmonarchie in Südostasien, auf dem Südteil der Malaiischen Halbinsel sowie im Norden von Borneo gelegen (329 700 km²; 21 Mio. Einwohner, zumeist Malaien, Chinesen, Inder). Hauptstadt: Kuala Lumpur. Zwei Drittel des Landes sind gebirgig, das Klima ist tropisch. Malaysia ist größter Lieferant der Erde von Naturkautschuk, Palmöl, Palmkernen und Zinn. Die ehemals britische Kolonie wurde 1957 unabhängig.

Malediven, Republik auf der gleichnamigen Inselgruppe (rund 2 000 Inseln, davon 200 bewohnt) im Indischen Ozean südwestlich von Indien (300 km²; 271 000 Einwohner arabischen und malaiischen Ursprungs). Hauptstadt: Male. Die ehemalige britische Kolonie wurde 1965 unabhängig und zählt zu den ärmsten Ländern der Erde.

Mali, Republik in Westafrika, ein Binnenstaat (1,2 Mio. km²; 11 Mio. Einwohner). Hauptstadt: Bamako. Weite Ebenen und flache Becken (Savannen und Wüste) kennzeichnen das Landschaftsbild. Im Süden werden Erdnüsse, Baumwolle und Zuckerrohr für die Ausfuhr angebaut. Das ehemals zu Frankreich gehörende Land wurde 1960 unabhängig.

Mallorca [maˈʎɔrka], größte Insel der Balearen im westlichen Mittelmeer. Hauptort ist Palma. An den Küsten lebhafter Tourismus.

Malta, Republik und Inselgruppe im Mittelmeer südlich von Sizilien (300 km²; 384 000 Einwohner). Hauptstadt: Valletta. Die Inseln sind bis 253 m hoch und haben durch ihr mildes Klima im Winter bedeutenden Fremdenverkehr. Die ehemals britische Kronkolonie wurde 1964 unabhängig.
❧ 1530 wurde der Johanniterorden mit Malta belehnt, aus ihm ging der Malteserorden hervor.

Malwinen, *siehe* Falklandinseln.

Managua, Hauptstadt von Nicaragua (1,2 Mio. Einwohner).

Manchester [ˈmæntʃɪstə], Stadt in England, Mittelpunkt der englischen Baumwollindustrie und nach London zweitwichtigstes britisches Finanz- und Handelszentrum (448 000 Einwohner).

Mandschurei, früherer Name des nordöstlichen Teils der Volksrepublik China, von Russland, Korea und der Mongolischen Volksrepublik begrenzt. Kerngebiet der Mandschurei ist die fruchtbare Nordostchinesische Tiefebene. Das Gebiet verfügt über reiche Bodenschätze (Kohle, Eisenerz, Erdöl, Bauxit).

Manhattan [mæn'hætn], *siehe* New York.

Manila, Hauptstadt der Philippinen (mit Vororten 8,6 Mio. Einwohner).

Mannheim, Universitäts-, Industrie- und Handelsstadt in Baden-Württemberg am Zusammenfluss von Rhein und Neckar mit großem Binnenhafen und einem schachbrettartig angelegten Innenstadtkern (320 000 Einwohner).

Maputo, Hauptstadt von Moçambique (931 000 Einwohner).

Marianen, vulkanische Inselgruppe im Westen des Pazifischen Ozeans zwischen Japan und Neuguinea. Östlich der Inseln verläuft der Marianengraben, ein Tiefseegraben (10 924 m tief).

Marmarameer, Binnenmeer in der Türkei, durch den Bosporus mit dem Schwarzen Meer, durch die Dardanellen mit dem Ägäischen Meer verbunden.

Marne, rechter Nebenfluss der Seine in Frankreich (525 km lang).

Marokko, Königreich im Nordwesten Afrikas (447 000 km^2; 27,4 Mio. Einwohner). Hauptstadt: Rabat. Im Westen grenzt Marokko an den Atlantischen Ozean, im Norden an das Mittelmeer. Der größte Teil des Landes wird von den Gebirgsketten des Atlas eingenommen. Nach Südosten schließt sich die Sahara an. Wichtige Städte sind neben Rabat Casablanca, Fès, Marrakesch und Tanger. Die Landwirtschaft bringt hohe Erträge. An Bodenschätzen ist vor allem Phosphat von Bedeutung. Marokko stand bis 1956 unter französischer Herrschaft und wurde dann unabhängig.

Marseille [mar'sɛj], auf eine antike griechische Gründung zurückgehende Stadt in Frankreich nahe der Rhône-Mündung, größter Mittelmeerhafen des Landes (807 000 Einwohner).

Martinique [marti'nik], zweitgrößte Insel der Kleinen Antillen, zu Frankreich gehörend (1 100 km^2; 389 000 Einwohner).

Matterhorn, Felsgipfel in den Walliser Alpen auf der Grenze zwischen der Schweiz und Italien (4 478 m).

Mauretanien, Republik in Westafrika (1 Mio. km^2; 2,5 Mio. Einwohner). Hauptstadt: Nouakchott. Das Land ist größtenteils Wüste. Größte wirtschaftliche Bedeutung hat der Bergbau (Eisenerz). Mauretanien wurde 1960 von Frankreich unabhängig.

Mauritius, Inselstaat im Indischen Ozean östlich von Madagaskar, eine Republik (2 040 km^2; 1,1 Mio. Einwohner). Hauptstadt: Port Louis. Wichtigster Wirtschaftszweig ist der Zuckerrohranbau. Die ehemals britische Kolonie ist seit 1968 selbstständig.

McKinley, Mount McKinley ['maʊnt mə'kɪnlɪ], höchster Berg Nordamerikas, in Alaska gelegen (6 193 m).

Mecklenburg-Vorpommern, an der Ostsee gelegenes deutsches Bundesland auf dem Gebiet der ehemaligen DDR (23 170 km^2; 1,8 Mio. Einwohner). Hauptstadt: Schwerin. Das Land erstreckt sich zwischen Lübecker und Pommerscher Bucht. An der flachen, mit vielen Dünen besetzten Küste liegen viele Seebäder (z. B. Heiligendamm, Warnemünde) und die alten Hansestädte Wismar, Rostock und Stralsund. Durch das Landesinnere zieht sich die Moränenlandschaft der Mecklenburgischen Seenplatte. Landwirtschaft, Fischerei und Schiffbau sind wichtige Wirtschaftszweige.

Mekong, längster Fluss Südostasiens (4 500 km). Er entspringt in China und mündet im südlichen Vietnam in einem mächtigen Delta in das Südchinesische Meer.

Melanesien, die Inselgruppen im westlichen Pazifischen Ozean nordöstlich von Australien (u. a. mit Neuguinea, Salomon-, Santa-Cruz-Inseln, Fidschi, Neuen Hebriden, Neukaledonien).

Mesopotamien, zum größten Teil zum Irak gehörende Landschaft um die beiden Flüsse Euphrat und Tigris.

Mexiko, Republik in Mittelamerika (2 Mio. km^2; 95,8 Mio. Einwohner). Hauptstadt: Mexiko. Das Land ist überwiegend Hochland (im Norden um 1 000 m, im Süden 2 000–3 000 m hoch), durch hohe Bergketten begrenzt. Im Süden schließt sich eine Zone noch tätiger Vulkane an mit den höchsten Erhebungen Mexikos: Popocatépetl (5 452 m) und Pico de Orizaba (5 700 m). Den Ostteil nimmt die

Mexiko. Anbau von Sisalagaven auf der Meseta Central in Chiapas

wasserarme Halbinsel Yucatán ein. Das Klima ist tropisch bis subtropisch. Mexiko hat reiche Bodenschätze (Erdöl, Erdgas, Gold, Silber). Die Industrie entwickelt sich rasch. Bedeutend ist der Fremdenverkehr. Probleme bereitet das große Bevölkerungswachstum; wegen fehlender Arbeitsplätze wandern viele Menschen (oft illegal) in die USA aus. Mexiko war die Heimat der Azteken, deren Reich Spanien Anfang des 16. Jh. eroberte. 1821 wurde Mexiko von Spanien unabhängig. Bis zum Beginn des 20. Jh. gab es hier mehrere Bürgerkriege.

Michigansee [ˈmɪʃɪgən...], *siehe* Große Seen.

Mikronesien, ein aus Koralleninseln bestehender Staat im nordwestlichen Pazifik nördlich von Neuguinea, umfasst die größten der mikronesischen Archipele und die Karolinen.

Mississippi, größter Strom Nordamerikas (5 971 km lang). Er entspringt im Norden der USA und mündet in den Golf von Mexiko.

Missouri, längster Nebenfluss des Mississippi (2 241 km lang), mündet bei Saint Louis.

Mittelamerika, Übergangslandschaft zwischen Nord- und Südamerika mit Zentralamerika und den Westindischen Inseln.

Mittelmeer, als Europäisches Mittelmeer ein Nebenmeer des Atlantischen Ozeans zwischen Südeuropa, Vorderasien und Nordafrika. Durch die Straße von Gibraltar ist es mit dem Atlantik verbunden, der Suez-Kanal stellt eine künstliche Verbindung zum Roten Meer her. Das Wasser des Mittelmeers erneuert sich nur alle 100 Jahre, weshalb es gegen Umweltschäden empfindlich ist.

Moçambique [mosamˈbɪk], Republik in Südostafrika am Indischen Ozean (800 000 km^2; 18,8 Mio. Einwohner). Hauptstadt: Maputo (früher Lourenço Marques). Das Land gliedert sich in ein Tiefland entlang der Küste und 1 000 m hohe Hochländer im Norden und Nordwesten. Das Klima ist an der Küste tropisch, im Hochland gemäßigt. Wichtigste Exportgüter sind Fische und Cashewnüsse. Die Industrie verarbeitet landwirtschaftliche Erzeugnisse. Die zahlreichen Bodenschätze werden noch kaum genutzt. Moçambique gehörte zu Portugal. 1962 begann ein Unabhängigkeitskrieg, der 1975 mit der Unabhängigkeit endete. Unter der dann folgenden Herrschaft der marxistischen FRELIMO-Partei sank das Land in die Reihe der zehn ärmsten Länder der Erde ab.

Mogadischu, Hauptstadt und wichtigster Hafen von Somalia in Ostafrika (1 Mio. Einwohner).

Moldau, Hauptfluss Böhmens, der nördlich von Prag in die Elbe mündet (435 km lang). Moldau heißt auch eine Landschaft im Osten Rumäniens.

Moldowa, Moldawien, Republik zwischen Rumänien und der Ukraine (33 700 km^2; 4,4 Mio. Einwohner). Hauptstadt: Chişinău. Das Land ist leicht hügelig und wird von mehreren Flüssen durchschnitten. Die Landwirtschaft ist der wichtigste Wirtschaftszweig. Die Industrie verarbeitet landwirtschaftliche Erzeugnisse. Das Land war früher Teil der ehemaligen Sowjetunion und ist seit 1991 unabhängig. Ein Teilgebiet verlangt als ›Dnjestr-Republik‹ die Loslösung von Moldawien.

Molukken, östlichste Inselgruppe Indonesiens. Die Inseln sind gebirgig und haben mehrere, zum Teil noch tätige Vulkane.

Monaco, Fürstentum an der französischen Riviera in Zoll- und Währungsunion mit Frankreich (2 km^2; 33 000 Einwohner). Wichtige Einnahmequellen sind der Fremdenverkehr und die Spielbank von Monte Carlo. Privatpersonen zahlen keine Einkommen-

steuer, weswegen Monaco ein beliebtes ›Steuerparadies‹ ist.
❧ Das Fürstentum fällt vertragsgemäß an Frankreich, wenn das regierende Fürstenhaus aussterben sollte.

Mongolei, Staat in Innerasien, zwischen Russland und China (1,6 Mio. km²; 2,6 Mio. Einwohner). Hauptstadt: Ulan Bator. Das Land ist ein überwiegend abflussloses Hochland, im Westen und Nordwesten von den Gebirgsketten des Altai begrenzt. Wichtigster Wirtschaftszweig ist die Viehzucht. Der Staat entstand 1924 aus der 1911 von China abgefallenen Äußeren Mongolei als kommunistische Mongolische Volksrepublik (Reformen seit 1990).

Montblanc [mɔ̃'blɑ̃], höchste Berggruppe Europas, in den Westalpen an der französisch-italienischen Grenze gelegen (4 810 m).

Montenegro, Republik innerhalb der Bundesrepublik Jugoslawien (13 812 km²; 640 000 Einwohner). Hauptstadt: Podgorica.

Monte Rosa, Gebirgsmassiv in den Walliser Alpen an der schweizerisch-italienischen Grenze (höchster Punkt ist die Dufour-Spitze mit 4 634 m).

Montevideo, Hauptstadt und bedeutendste Industrie- und Hafenstadt Uruguays (1,4 Mio. Einwohner).

Mosel, linker Nebenfluss des Rheins (545 km lang). Sie entspringt in den Vogesen und mündet bei Koblenz. Zwischen Trier und Koblenz wächst der Moselwein.

Moskau, Hauptstadt und wirtschaftlicher Mittelpunkt von Russland zu beiden Seiten der Moskwa (8,5 Mio. Einwohner). Moskau brannte beim Einmarsch NAPOLEONS I. 1812 zu zwei Drittel nieder.

München, Landeshauptstadt von Bayern, größte Stadt Süddeutschlands mit bedeutender Industrie (1,3 Mio. Einwohner).

Nagasaki, Hauptstadt im Westen der japanischen Insel Kyushu (438 000 Einwohner), im Zweiten Weltkrieg (9. 8. 1945) durch die zweite Atombombe der Amerikaner zerstört.

Naher Osten, Vorderer Orient, im englischen und französischen Sprachgebrauch auch **Mittlerer Osten,** die außereuropäischen Länder am östlichen Mittelmeer (arabische Staaten Vorderasiens sowie Israel). Häufig werden auch Ägypten, die Türkei und Iran mit einbezogen.

Nairobi, Hauptstadt von Kenia in Ostafrika (1,5 Mio. Einwohner).

Namibia, Republik im südlichen Afrika (823 000 km²; 1,6 Mio. Einwohner). Hauptstadt: Windhuk. Namibia ist ein Hochland (1 400–1 800 m), das sanft zur Kalahari im Osten und steil zur Küstenwüste (Namib) im Südwesten abfällt. Es gibt Bergbau (v. a. Diamanten, Uran) und Viehzucht. Das Land gehörte bis 1918 zum deutschen Kolonialreich (Südwestafrika) und kam dann unter südafrikanische Verwaltung. Seit 1990 ist Namibia unabhängig. Rund 7 % der Bevölkerung sind Weiße (davon 30 % deutschsprachig).

Nauru, Inselrepublik im südwestlichen Pazifischen Ozean (21 km²; 11 000 Einwohner). Hauptstadt: Yaren.

Neapel, italienische Hafenstadt am Golf von Neapel, westlich des Vesuvs, das Zentrum der süditalienischen Industrie (1 Mio. Einwohner).

Neckar, rechter Nebenfluss des Rheins (367 km lang). Der Neckar entspringt bei Schwenningen und mündet bei Mannheim.

Nepal, Königreich in Asien auf der Südseite des Himalaya (147 000 km²; 22,8 Mio. Einwohner). Hauptstadt: Kathmandu. In Nepal liegt der höchste Berg der Erde (Mount Everest, 8 848 m). Der Süden des Landes ist Flachland. Eine große Rolle spielt der Fremdenverkehr.

Neu-Delhi, *siehe* Delhi.

Neuenburg, Neuchâtel [nøʃa'tɛl], Stadt (32 000 Einwohner) und Kanton in der französischsprachigen Schweiz (167 000 Einwohner), zwischen Jura und Neuenburger See. Bedeutendster Wirtschaftszweig ist die Uhrenindustrie.
❧ Das Kantonsgebiet gehörte 1707–1857 zu Preußen.

Neuenburger See, am Rand des Jura gelegener Schweizer See im Kanton Neuenburg.

Neuengland, der nordöstliche Teil der USA, der seit Anfang des 17. Jh. von England aus besiedelt wurde.

Neufundland, Insel vor der Ostküste Kanadas, 109 000 km² groß. Das Innere ist eine wellige Hochfläche, die felsige Steilküste ist durch Fjorde gegliedert. Wichtigster Wirtschaftszweig ist die Fischerei.

Neuguinea [...gi'ne:a], nördlich von Australien gelegene zweitgrößte Insel der Erde (772 000 km²). Die Insel wird von einer Gebirgskette durchzogen, die bis über 5 000 m aufragt. Das Klima ist tropisch feucht. Der Westteil gehört zu Indonesien (Irian Jaya), der Ostteil bildet den Hauptteil des Staates Papua-Neuguinea.

Neukaledonien, französisches Überseeterritorium im Pazifischen Ozean, östlich von Australien.

Neuseeland, Inselstaat im südwestlichen Pazifischen Ozean (271 000 km²; 3,8 Mio. Einwohner). Hauptstadt: Wellington. Neuseeland gliedert sich in die Nord- und die Südinsel sowie mehrere kleinere Inseln. Der größte Teil des Landes liegt höher als 2 000 m. Bedeutendster Wirtschaftszweig ist die Landwirtschaft. Die wichtigsten Anbaugebiete liegen auf der Südinsel, auf der Nordinsel überwiegt Milchwirtschaft. Schafzucht (rund 65 Mio. Schafe) gibt es auf beiden Inseln. Die ehemals britische Kolonie wurde 1931 selbstständiges Mitglied des Commonwealth.

Neusiedler See, schwach salzhaltiger See im österreichischen Burgenland. Das Südende gehört zu Ungarn. Am See gibt es regen Fremdenverkehr.

New York [nju: 'jɔ:k], Stadt im Osten der USA im Staat New York gelegen, eine der größten Städte der Erde (7,4 Mio. Einwohner) und Industrie-, Handels- und Finanzmittelpunkt des Landes; Sitz der Vereinten Nationen. New York liegt an der Mündung des Hudson in den Atlantischen Ozean auf mehreren Inseln und dem Festland. Den Stadtkern mit der Wolkenkratzersilhouette bildet Manhattan. In den Hafen von New York einfahrende Schiffe werden von der 46 m hohen Freiheitsstatue begrüßt, einem Geschenk Frankreichs.
❧ New York geht auf eine holländische Gründung (1626 als Fort Neu-Amsterdam) zurück, kam 1664 an England und wurde umbenannt.

Niagarafälle, Wasserfälle des Niagara an der Grenze zwischen Kanada und den USA, auf kanadischer Seite (Hufeisenfall) 900 m breit und 49 m hoch, auf amerikanischer Seite 300 m breit und 51 m hoch.

Nicaragua, Republik in Zentralamerika, zwischen Honduras und Costa Rica (131 000 km²; 4,8 Mio. Einwohner). Hauptstadt: Managua. Im Innern ist das Land gebirgig mit zum Teil noch tätigen Vulkanen. Häufig von Erdbeben bedroht. Wichtigster Erwerbszweig ist die Landwirtschaft.
Das ehemals spanische Gebiet wurde 1839 unabhängig. 1990 wurde ein 10 Jahre dauernder Bürgerkrieg beendet (*siehe auch* Sandinisten, Kapitel 1).

Nidwalden, Schweizer Halbkanton am Südufer des Vierwaldstätter Sees (276 km²; 37 000 Einwohner). Hauptort ist Stans. Die Bevölkerung ist überwiegend deutschsprachig. Zusammen mit Obwalden bildet Nidwalden den Kanton Unterwalden.

Niederlande, Königreich in Westeuropa, an der Nordsee (41 500 km²; 15,7 Mio. Einwohner). Hauptstadt ist Amsterdam, Regierungssitz Den Haag. Das Land wird umgangssprachlich nach den beiden größten Provinzen meist Holland genannt. Es ist ein Tiefland und bildet die westliche Fortsetzung der Norddeutschen Tiefebene. Hohe Dünen säumen die Küste. Ein großer Teil des Landes liegt unter dem Meeresspiegel. Durch Eindeichung wurde Ackerland gewonnen, vor allem im Bereich des Ijsselmeers. Im Osten liegt die wenig fruchtbare Geest, im Süden reichen Ausläufer des Rheinischen Schiefergebirges bis in die Niederlande. Große Bedeutung hat die Landwirtschaft, vor allem die Blumenkulturen (Tulpenfelder) und der Obst- und Gemüseanbau in Treibhäusern. Das Land gehört zu den wichtigsten Handelsländern der Erde (Rotterdam als Umschlagplatz für Erdöl) und hat eine hochmoderne verarbeitende Industrie. Im 17. Jh. wurden die Niederlande zur größten Handels- und Seemacht Europas. Sie besaßen ein großes Kolonialreich, vor allem in Südostasien. Nach 1945 wurden fast alle Kolonien unabhängig.

Niederländische Antillen, zu den Niederlanden gehörende Inseln vor der Westküste Venezuelas im Karibischen Meer (213 000 Einwohner). Die Niederländischen Antillen haben innere Autonomie.

Niederösterreich, größtes österreichisches Bundesland (19 000 km²; 1,5 Mio. Einwohner). Hauptstadt ist St. Pölten. Das Land grenzt im Norden und Osten an die Tschechische und die Slowakische Republik und umfasst im Süden die österreichischen Alpen, im Norden das Wald- und Weinviertel. Landwirtschaft und Weinbau sind bedeutend. Die hoch entwickelte Erdölindustrie nutzt Öl- und Gasvorkommen des Landes. Eingebettet in Niederösterreich liegt das Bundesland Wien.

Niedersachsen, deutsches Bundesland zwischen Nordseeküste und deutschen Mittelgebirgen (47 400 km^2; 7,8 Mio. Einwohner). Hauptstadt: Hannover. Weite Teile des Landes werden landwirtschaftlich genutzt. Viehzucht und Milchwirtschaft überwiegen im Marschland hinter den Deichen, Obstbau an der Unterelbe, Getreideanbau vor den Mittelgebirgen. In Ostfriesland, der Lüneburger Heide, im Weserbergland und im Harz spielt der Fremdenverkehr eine wichtige Rolle. Industriegebiete liegen um die Großstädte Osnabrück und Hannover und um die Hafenstädte Emden, Wilhelmshaven und Cuxhaven. Der einzige größere Industrieraum mit dichterer Besiedlung entstand zwischen Hannover, Wolfsburg und Salzgitter.

Niger, Republik in Westafrika, ein Binnenstaat (1,3 Mio. km^2; 10 Mio. Einwohner). Hauptstadt: Niamey. Niger erstreckt sich weit in die Sahara, die $^2/_3$ des Landes einnimmt. Im Süden ist Ackerbau möglich. Die große Dürre in der Sahelzone zu Beginn der 1970er-Jahre traf das Land schwer. Der ehemals zu Frankreich gehörende Staat wurde 1960 unabhängig. Der Fluss Niger ist der drittgrößte Strom Afrikas (4 160 km lang). Er durchfließt in weitem Bogen Guinea, Mali, Niger und Nigeria und mündet in den Golf von Guinea.

Nigeria, Republik in Westafrika am Golf von Guinea (924 000 km^2; 106 Mio. Einwohner). Hauptstadt: Abuja. Die Niederschläge nehmen von Süden nach Norden ab, entsprechend verändert sich das Landschaftsbild: vom Regenwald im Süden über Feuchtsavanne bis zur Trockensavanne im Norden. Die Landwirtschaft ist ertragreich. Wichtigstes Ausfuhrgut ist Erdöl. Das ehemals britische Gebiet wurde 1960 unabhängig.

Nikosia, Hauptstadt von Zypern (193 000 Einwohner).

Nil, längster Strom Afrikas (6 671 km lang). Er entspringt als Kagera in den Bergen Ostafrikas und mündet nördlich von Kairo in einem riesigen Delta ins Mittelmeer.

Norddeutsche Tiefebene, zwischen den Küsten von Nord- und Ostsee und dem Nordrand der Mittelgebirge gelegene deutsche Landschaft, deren Oberflächenformen wesentlich durch die letzte Eiszeit geschaffen wurden.

Nordirland, der nordöstliche Teil von Irland, der 1921 bei Großbritannien verblieben ist. Im Gegensatz zur Bevölkerung der Republik Irland sind die Bewohner Nordirlands überwiegend protestantisch. Seit 1966 sind die sozialen Gegensätze zwischen dem katholischen und dem protestantischen Bevölkerungsteil offen ausgebrochen und entladen sich in gewaltsamen Auseinandersetzungen.

Nordkap, steiles, 307 m hohes Vorgebirge auf der norwegischen Insel Mageroy, das als Nordspitze Europas gilt.

Nördliches Eismeer, Nordpolarmeer, größtenteils mit Eis bedecktes Nebenmeer des Atlantischen Ozeans zwischen Europa, Asien, Amerika und Grönland.

Nord-Ostsee-Kanal, fast 100 km langer Kanal für Seeschiffe zwischen Brunsbüttel und Kiel-Holtenau, der Nord- und Ostsee verbindet, meistbefahrener Schifffahrtsweg der Erde.

Nordpolargebiet, *siehe* Polargebiete.

Nordrhein-Westfalen, volkreichstes und am dichtesten besiedeltes deutsches Bundesland (34 100 km^2; 17,9 Mio. Einwohner). Hauptstadt: Düsseldorf. Rund $^2/_3$ des Landes sind Tiefland (Niederrheinische und Westfälische Bucht) und $^1/_3$ Gebirgsland (Rheinisches Schiefergebirge, Weserbergland). Der Rhein durchfließt das Land von Süden nach Norden. Bedeutendster Binnenhafen ist Duisburg. Auf der Grundlage des Steinkohlebergbaus und der Eisenverhüttung wuchsen die Städte von Duisburg bis Dortmund zum Ruhrgebiet zusammen. In den letzten Jahren hat sich der wirtschaftliche Schwerpunkt von der Ruhr an den Rhein verlagert (Köln, Düsseldorf). Landwirtschaftlicher Anbau auf fruchtbaren Böden findet westlich von Köln und nördlich des Ruhrgebiets (Soester Börde) statt.

Nordsee, Nebenmeer des Atlantischen Ozeans zwischen dem europäischen Festland, den Britischen Inseln und Skandinavien, im Durchschnitt nur 93 m tief. Die Nordsee ist ein bedeutendes Fischereigebiet und eines der verkehrsreichsten Meere der Welt. Seit den 1960er-Jahren werden die großen Erdöl- und Erdgasvorkommen der Nordsee v. a. von Großbritannien und Norwegen genutzt.

Normandie, Landschaft im Nordwesten Frankreichs mit der Halbinsel Cotentin und dem Mündungsgebiet der Seine. Hauptort ist Rouen. Anziehungspunkte für den Fremdenverkehr sind die zahlreichen Badeorte und Fischerstädtchen an der Küste.

Norwegen, Königreich in Nordeuropa, das den Westen Skandinaviens bildet (324 000 km^2; 4,4 Mio. Einwohner). Hauptstadt: Oslo. Das Land ist größtenteils gebirgig. Viele, weit ins Land dringende Fjorde gliedern die Küste, die dank des warmen Golfstroms auch im Winter eisfrei ist. Wirtschaftlich einträglich ist die Stromerzeugung durch Wasserkraft, die den Aufbau einer Stahl- und Aluminiumindustrie begünstigt hat. Aus der Nordsee werden Erdöl und Erdgas gefördert. Weiterhin sind Seeschifffahrt und Fremdenverkehr von Bedeutung. Norwegen war jahrhundertelang unter dänischer, im 19. Jh. unter schwedischer Herrschaft. 1905 wurde das Land unabhängig.

Nürnberg, Stadt in Bayern, an der Pegnitz gelegen, Zentrum der deutschen Spielwarenindustrie (487 000 Einwohner).

Ob, Hauptstrom des Westsibirischen Tieflands (3 680 km lang).

Oberösterreich, österreichisches Bundesland, das im Westen an Deutschland, im Norden an die Tschechische Republik grenzt (ca. 12 000 km^2; 1,37 Mio. Einwohner). Hauptstadt: Linz. Im Süden hat das Land Anteil an den Alpen (Dachstein, 3 000 m), im Westen befindet sich die Seenlandschaft des Salzkammerguts (z. B. Hallstätter-, Atter-, Mondsee). Wichtige Erwerbsquellen sind die Förderung von Braunkohle, Erdgas und Erdöl. Steyr, südlich von Linz, besitzt die größten Fahrzeugfabriken Österreichs.

Oberrheinische Tiefebene, Tal des Oberrheins zwischen Basel und Mainz, etwa 30–50 km breit und 300 km lang. Es ist ein Grabenbruch, der im Tertiär entstand, als die Alpen aufgefaltet wurden. Es gehört zu den wärmsten Gebieten Deutschlands.

Obervolta, früherer Name von Burkina Faso.

Obwalden, Schweizer Halbkanton im Bergland südlich des Vierwaldstätter Sees, durch das zu Nidwalden gehörende Engelberger Tal in zwei Teile getrennt (491 km^2; 32 000 Einwohner). Hauptort ist Sarnen. Die Bevölkerung ist überwiegend deutschsprachig. Zusammen mit Nidwalden bildet Obwalden den Kanton Unterwalden.

Odenwald, deutsches Mittelgebirge zwischen dem Kraichgau im Süden und dem Main im Norden, das im Westen zur Oberrheinebene stark abfällt. Höchste Erhebung ist der Katzenbuckel (626 m).

Oder, Strom in Mitteleuropa (860 km lang). Er entspringt im Odergebirge östlich von Olmütz (Tschechische Republik) und mündet in Pommern in die Ostsee. 85 % der polnischen Binnenschiffstransporte entfallen auf die Oder.

Oldenburg, Stadt in Niedersachsen (154 000 Einwohner).

Olymp, höchstes Gebirge Griechenlands (2 911 m hoch); in der griechischen Sage Sitz der Götter.

Oman, Sultanat im Südosten der Arabischen Halbinsel (212 000 km^2; 2,4 Mio. Einwohner). Hauptstadt: Maskat. Das heiße Wüstenklima lässt nur an der Küste und im Süden Oasenfeldbau zu. Grundlage der Wirtschaft ist das Erdöl.

Ontariosee, östlichster und kleinster der Großen Seen in Nordamerika.

Oranje, Strom in Südafrika (1 860 km lang). Er entspringt im Osten des Landes in den Drakensbergen und mündet an der Westküste in den Atlantik.

Orinoko, Strom im Norden Südamerikas (2 140 km lang). Er entspringt im Bergland von Guayana, durchfließt in weitem Bogen Venezuela und mündet mit riesigem Delta in den Atlantischen Ozean.

Orkneyinseln [ˈɔːknɪ...], nördlich von Schottland gelegene Inselgruppe der Britischen Inseln (976 km^2; 19 600 Einwohner). Die Inseln haben nebliges, mildes und feuchtes Klima. In ihrer Nähe liegen von Großbritannien ausgebeutete Erdölfelder.

Osaka, japanische Hafenstadt auf Honshu, nach Tokio das bedeutendste Handels- und Industriegebiet des Landes mit künstlich ins Meer gebautem Flughafen (2,6 Mio. Einwohner).

Oslo, Hauptstadt von Norwegen, wichtigster Hafen und kultureller Mittelpunkt des Landes (494 000 Einwohner).

Ostende, Oostende, Stadt in Westflandern, Belgien; Seebad und Seehafen mit bedeutendem Fährverkehr nach Großbritannien (69 000 Einwohner).

Österreich, Republik in Mitteleuropa, im Südosten an Deutschland angrenzend (84000 km^2; 8,1 Mio. Einwohner). Hauptstadt: Wien. Österreich ist in neun Bundesländer gegliedert. Fast $^2/_3$ des Staatsgebiets nehmen die Alpen ein. Höchster Berg ist der Großglockner (3797 m) in den Zentralalpen, von denen die Nördlichen und Südlichen Kalkalpen durch große Längstäler abgegrenzt sind. Nördlich der Donau liegt die flachwellige Ebene des Mühl- und Waldviertels. Neben zahlreichen Seen in den Alpen hat das Land Anteil am Bodensee im Westen und am Neusiedler See im Osten. Das Klima ist im größten Teil mitteleuropäisch mit ganzjährig hohen Niederschlägen am Nordrand der Alpen. Im Osten ist das Klima kontinentaler. Im Gebirge wird fast ausschließlich Viehwirtschaft betrieben, im Alpenvorland auch Ackerbau. Weinbau findet sich in Niederösterreich und im Burgenland, Obstbau in der Steiermark. Österreich ist ein leistungsfähiger Industriestaat. Das Land ist ein wichtiges europäisches Durchgangsland zwischen Nord- und Mitteleuropa einerseits und Italien und dem Balkan andererseits. Große Bedeutung hat der Fremdenverkehr, der jedoch die Umwelt in den Alpen zunehmend belastet. Österreich, nach dem Ersten Weltkrieg aus der Doppelmonarchie Österreich-Ungarn hervorgegangen, verpflichtete sich 1955 zur Neutralität.

Ostfriesland, Landschaft in Norddeutschland zwischen dem Mündungsgebiet der Ems und dem Jadebusen. Zu ihr zählen auch die vorgelagerten Ostfriesischen Inseln.

Ostpreußen, Teil des Norddeutschen Tieflands, bis 1945 eine preußische Provinz mit der Hauptstadt Königsberg. Das Gebiet gehört heute teils zu Polen, teils zu Russland.

Ostsee, Nebenmeer des Atlantischen Ozeans mit niedrigem Salzgehalt, zwischen Skandinavien, Jütland, Norddeutschland, Polen, den baltischen Staaten, Russland und Finnland gelegen; 422000 km^2 groß, bis zu 459 m tief.

Ottawa, Hauptstadt Kanadas und dessen kulturelles und wissenschaftliches Zentrum (323000 Einwohner).

Oxford, Stadt in England nordwestlich von London mit der ältesten Universität des Landes (98000 Einwohner).

Ozeanien, die Inseln des Pazifischen Ozeans, vor allem im südwestlichen Teil (Melanesien, Mikronesien, Polynesien).

Pakistan, Republik in Asien, im Nordwesten des indischen Subkontinents (796000 km^2; 130,6 Mio. Einwohner). Hauptstadt: Islamabad. Im Norden hat Pakistan Anteil an Hindukusch und Himalaja. Mehr als ein Drittel des Landes wird vom Tiefland des Indus eingenommen, der im Unterlauf im Frühjahr weitgehend verdunstet. Grundlage der Wirtschaft ist die Landwirtschaft (größtes bewässertes Becken der Erde), in den Gebieten ohne Bewässerung die Weidewirtschaft. An Bodenschätzen werden Steinkohle, Erdöl und Erdgas gefördert.
Das ehemals zu Britisch-Indien gehörende, überwiegend von Moslems bewohnte Gebiet bildete nach 1947 einen aus West- und Ostpakistan bestehenden Staat. In einem Bürgerkrieg erkämpfte sich Ostpakistan als Bangladesh *(siehe dort)* 1971 die Unabhängigkeit.

Palästina, historische Landschaft in Vorderasien an der Ostküste des Mittelmeers, die sich in fruchtbare Küstenebenen, das Bergland von Judäa und Galiläa und den steil abfallenden Jordangraben gliedert. Palästina ist sowohl für das Judentum und den Islam als auch für die christlichen Konfessionen heiliges Land. Auf einem Teil von Palästina wurde 1948 gegen den Widerstand der arabischen Länder der Staat Israel gegründet, was viele Palästinenser zum Verlassen ihrer Heimat zwang. Der sich daraus entwickelnde Nahostkonflikt ist noch ungelöst.
Ein 1994 zwischen Israel und der PLO, der politischen Vertretung der Palästinenser, geschlossenes Abkommen räumt den Palästinensern auf einem Teil der von Israel besetzten arabischen Gebiete Teilautonomie ein.

Palau, Republik auf den Palau-Inseln, einer Inselgruppe im Pazifischen Ozean (458 km^2; 19000 Einwohner). Hauptstadt: Koror. Die Inseln sind gebirgig und von Korallenriffen umgeben. Sie waren von 1899 bis 1919 deutsche Kolonie und sind heute Treuhandgebiet der USA mit innerer Autonomie.

Palermo, Handels- und Hafenstadt an der Nordküste von Sizilien (686000 Einwohner).

Pamir, Hochland in Zentralasien, ein Knoten großer Gebirgssysteme (Tien-shan, Alaigebirge, Transalai, Kun-lun, Karakorum und Hindukusch, daher auch ›Dach der Welt‹).

Pampa, Landschaft in Südamerika, zum größten Teil in Argentinien. Ursprünglich Grassteppe, hat sie sich aufgrund ihrer fruchtbaren Böden zum wirtschaftlichen Kernland Argentiniens entwickelt.

Panama, Republik auf der zentralamerikanischen Landbrücke (78 700 km^2; 2,8 Mio. Einwohner). Hauptstadt: Panama. Das Land ist gebirgig und an der schmalsten Stelle nur 55 km breit. Die Landwirtschaft beschränkt sich auf $^1/_4$ des Landes. Haupteinnahmequelle ist der Panamakanal. 1821 wurde das Land von Spanien unabhängig und schloss sich Kolumbien an. Der Bau des Kanals führte zur Erklärung der Selbstständigkeit (1903) unter dem Schutz der USA.

Panamakanal, Wasserstraße für den internationalen Schiffsverkehr zwischen Atlantischem und Pazifischem Ozean durch die Landenge von Panama (1914 eröffnet; 81,6 km lang, bis 300 m breit und mindestens 12,4 m tief). Der Kanal wurde von den USA gebaut, nachdem ihnen ein fünf Meilen breiter Streifen beiderseits des Kanals (Kanalzone) vertraglich zugesichert worden war. Kanal und Kanalzone stehen seit 1982 unter der Hoheit Panamas, die USA genossen bis zur vollständigen Rückgabe der Kanalzone 1999 bestimmte Rechte.

Pandschab, hauptsächlich zu Pakistan gehörende Landschaft in Vorderindien, eine von fünf Zuflüssen des Indus gebildete Stromebene.

Papua-Neuguinea, Republik in Ozeanien, die die Osthälfte Neuguineas und weitere Inseln im Pazifik umfasst (463 000 km^2; 4,6 Mio. Einwohner). Hauptstadt: Port Moresby. Die Einwohner leben überwiegend von der Landwirtschaft. Das ehemals zu Australien gehörende Land wurde 1975 selbstständig.

Paraguay, Republik in Südamerika, ein Binnenstaat (407 000 km^2; 4,9 Mio. Einwohner). Hauptstadt: Asunción. Im Westen breitet sich die Ebene des Gran Chaco aus, im Osten ist das Land gebirgig. Das Klima ist überwiegend subtropisch. Landwirtschaft und Viehhaltung sind bedeutend. Paraguay war im 17./18. Jh. ein von den Jesuiten geführtes staatliches Gebilde; 1811 wurde es von Spanien unabhängig. Der Versuch, durch einen Krieg gegen Brasilien, Argentinien und Uruguay (1865–70) Zugang zum Meer zu erhalten, war erfolglos.

Paraná, Strom in Südamerika (3 780 km lang). Er entspringt in Brasilien und mündet zusammen mit dem Uruguay in den Río de la Plata.

Paris, Hauptstadt von Frankreich (2,2 Mio., mit Vororten ca. 9,3 Mio. Einwohner), zu beiden Seiten der Seine gelegen; kultureller, wirtschaftlicher und politischer Mittelpunkt des Landes. Paris ist seit dem 10. Jh. die Hauptstadt des Landes. 1789 verbreitete sich von hier die Französische Revolution. Das heutige Stadtbild entstand im Wesentlichen im 19. Jh. im Auftrag NAPOLEONS III., durch Baron HAUSSMANN (Große Boulevards, Bahnhöfe, Parkanlagen, die Oper).

Paris. Die Seine-Insel Ile de la Cité mit der Kathedrale Notre-Dame

Pazifischer Ozean, größter der drei Ozeane, der die Hälfte der Meeresfläche und mehr als ein Drittel der Erdoberfläche einnimmt. Er erstreckt sich zwischen Asien, Australien und Amerika. Der Meeresboden ist in mehrere Becken gegliedert. Größte Tiefe ist der Marianengraben (10 924 m). Im Osten, Norden und Westen ist der Pazifische Ozean von Tiefseegräben gesäumt, die auf dem Festland von einer Kette junger Vulkane und Zonen starker Erdbebentätigkeit begleitet werden.

Peking, Beijing, Hauptstadt der Volksrepublik China, im Norden der Großen Ebene (6,8 Mio. Einwohner).

Peloponnes, südliche Halbinsel Griechenlands, durch die Landenge von Korinth mit Mittelgriechenland verbunden. Die Halbinsel ist gebirgig mit fruchtbaren Tallandschaften. Die vielen historischen Stätten (z. B. Olympia, Sparta, Mykene, Epidauros, Korinth) ziehen viele Touristen an.

Persien, *siehe* Iran.

Persischer Golf, Arabischer Golf, flaches Mittelmeer zwischen Iran, Irak und der Arabischen Halbinsel. An den Küsten und im Golf selbst lagern riesige Erdöl- und Erdgasvorräte.

Peru, Republik im Westen Südamerikas (1,3 Mio. km²; 24,8 Mio. Einwohner). Hauptstadt: Lima. Das flache Küstenland ist außer an den Flussmündungen wüstenhaft. Das Gebirgsland umfasst die beiden Ketten der Anden und die dazwischenliegende Hochebene mit dem Titicacasee. Das tropisch-heiße Waldland im Osten geht in das Amazonastiefland über. Große wirtschaftliche Bedeutung hat der Fischfang. Ausgeführt werden vor allem Bodenschätze (Kupfer). Das Reich der Inka wurde im 16. Jh. durch die Spanier erobert. 1821 wurde das Land unabhängige Republik.

Pfalz, Landschaft in Deutschland links des Oberrheins, die von der Rheinebene über die Haardt, den Pfälzer Wald und das Pfälzer Bergland bis zum Hunsrück und Saarland reicht.

Philippinen, Inselgruppe und Republik in Südostasien, insgesamt 7 100 Inseln (300 000 km²; 72,9 Mio. Einwohner). Hauptstadt: Manila. Zwei Drittel der Landesfläche entfallen auf die größten Inseln Luzon und Mindanao. Sie sind im Innern gebirgig mit zum Teil noch tätigen Vulkanen. Haupterwerbszweig ist die Landwirtschaft. Wichtigstes Bergbauprodukt ist Kupfer. Das ehemals spanische Gebiet kam Ende des 19. Jh. an die USA und wurde 1946 unabhängig.

❧ Die Philippinen wurden 1521 von MAGELLAN für Spanien in Besitz genommen; ihren Namen erhielten sie 1543 nach dem spanischen König PHILIPP II. (* 1527, † 1598).

Phnom-Penh, Hauptstadt von Kambodscha in Südostasien (920 000 Einwohner).

Piemont, Landschaft in Oberitalien mit dem westlichen Teil der Poebene und dem anschließenden Alpengebiet. Wirtschaftliches Zentrum ist Turin.

Piräus, Industriezentrum und wichtigster Hafen in Griechenland, mit Athen zusammengewachsen.

Plattensee, im Westen Ungarns gelegener größter mitteleuropäischer See (591 km²) mit sehr geringer Tiefe (nur 2–11 m), ein beliebtes Fremdenverkehrsgebiet.

Po, Strom in Norditalien (652 km lang). Er entspringt in den Westalpen, durchfließt die Poebene, eine 500 km lange und 50–120 km breite, kanalreiche fruchtbare Ebene, und mündet in das Adriatische Meer.

Polargebiete, Gebiete um die beiden Pole der Erde. Das Nordpolargebiet (Arktis) umfasst das Nordpolarmeer mit Inseln (z. B. Grönland, Spitzbergen) und einen schmalen Streifen der angrenzenden Festländer Amerikas, Europas und Asiens. Das Meer ist in seinen nördlichen Teilen mit Treib- und Packeis bedeckt. Das Klima ist meist trocken mit Temperaturen im Winter bis −40 °C. Die Inseln und Festländer sind größtenteils Eis-, Fels- und Schuttwüste. Das Südpolargebiet (Antarktis) ist fast ganz von einem mächtigen Eispanzer bedeckt (bis über 4 000 m dick). Das Klima ist sehr kalt mit Temperaturen bis −90 °C. Besitz- und Nutzungsrechte an der Antarktis sind im Antarktisvertrag von 1959 geregelt. Der Abbau der Bodenschätze (v. a. Erdöl) wäre äußerst schwierig und ließe schwere Umweltschäden befürchten.

Polen, Republik im Osten Mitteleuropas, an der Ostsee (313 000 km²; 38,6 Mio. Einwohner). Hauptstadt: Warschau. Das Tiefland an der Ostsee ist von den Eiszeiten geprägt und hat fruchtbare Böden. Südlich schließt sich ein Bergland an mit Höhen bis 600 m. Die Gebirgszone im Süden wird von Sudeten und Karpaten gebildet. Höchste Erhebung ist die Meeraugspitze in der Hohen Tatra (2 499 m). Der wirtschaftliche Schwerpunkt Polens hat sich von der

Landwirtschaft auf die Industrie verlagert (Metallindustrie, Schiffbau, verarbeitende Industrie). Das oberschlesische Industrierevier im Süden des Landes hat bedeutende Kohlevorkommen. Im 18. Jh. wurde Polen Spielball seiner Nachbarn (Preußen, Russland, Österreich), die das Land unter sich aufteilten. Polen wurde zur ›Nation ohne Staat‹. Erst als Folge des Ersten Weltkriegs entstand der polnische Staat neu. Das Staatsgebiet des heutigen Polens ist eine Folge des Zweiten Weltkriegs. Polen erhielt die deutschen Gebiete östlich von Oder und Neiße und verlor seine Ostprovinzen an die Sowjetunion. Seit dem Ende des sozialistischen Regierungssystems 1989 wird die Wirtschaft des Landes nach marktwirtschaftlichen Gesichtspunkten umgestaltet.

Polynesien, die aus Tausenden von Inseln bestehende Inselwelt im zentralen Pazifischen Ozean. Die Inseln sind entweder vulkanischen Ursprungs oder Atolle.

Pommern, ehemals preußische Provinz südlich der Ostsee, durch die Oder in das vorwiegend ebene Vorpommern im Westen und das von einer Seenplatte durchzogene, heute zu Polen gehörende Hinterpommern getrennt.

Popocatépetl, Vulkan am Rand des Hochlands von Mexiko (5452 m).

Portugal, Republik im Westen der Iberischen Halbinsel (92000 km^2; 10 Mio. Einwohner). Hauptstadt: Lissabon. Zum Staatsgebiet gehören Madeira und die Azoren. Im Norden und Osten hat Portugal Anteil am Hochland der Halbinsel (bis fast 2000 m hoch). Das Klima ist mittelmeerisch, im Norden feuchter und kühler als im Süden. Portugal ist im europäischen Maßstab ein wirtschaftlich eher bescheidenes Land. Rund die Hälfte seiner Fläche ist ackerbaulich nutzbar, 1/3 Portugals ist bewaldet. Wichtiges landwirtschaftliches Ausfuhrgut ist Kork. Die Fischerei ist bedeutend, die Industrie befindet sich in beachtlichem Ausbau.
Portugal war im 15. Jh. eine führende Seemacht; große überseeische Besitzungen (v. a. Brasilien) und das zeitweilige Monopol im Gewürzhandel machten das Land reich. 1910 wurde es Republik. 1926–74 wurde es diktatorisch regiert. Danach trat eine demokratische Verfassung in Kraft.

Potsdam, Hauptstadt von Brandenburg (131000 Einwohner), mit zahlreichen wissenschaftlichen Einrichtungen und Museen und Maschinen- und Gerätebauindustrie. Ehemalige preußische Residenz- und Garnisonsstadt.

Prag, Hauptstadt und kulturelles und wirtschaftliches Zentrum der Tschechischen Republik zu beiden Seiten der Moldau (1,2 Mio. Einwohner). Seit dem 14. Jh. wurde Prag zu einer der beeindruckendsten Städte Europas ausgebaut und lag im Schnittpunkt mehrerer Kulturen (Böhmen, Deutsche, Juden). Die 1348 durch Kaiser KARL IV. gegründete Karls-Universität war die erste Universität im Heiligen Römischen Reich Deutscher Nation.

Pretoria, Hauptstadt (Regierungssitz) und industrielles Zentrum der Republik Südafrika (525000 Einwohner).

Provence [prɔ'vãs], altbesiedelte Landschaft in Südfrankreich, die das Küstengebiet des Mittelmeers zwischen Rhône und Var sowie die südlichsten und südwestlichsten Teile der französischen Alpen umfasst. Das reizvolle Gebiet verdankt seinen Namen den Römern, die hier ihre älteste gallische Provinz unterhielten, die später nur ›Provincia‹ genannt wurde.

Puerto Rico, kleinste Insel der Großen Antillen (8900 km^2; 3,8 Mio. Einwohner). Puerto Rico gehört mit einem Sonderstatus bei innerer Selbstverwaltung zu den USA.

Puszta, ursprünglich fast baumloses, nur spärlich mit Gras bewachsenes Gebiet im Ungarischen Tiefland, heute mit Bewässerung als Ackerland genutzt.

P'yŏngyang, Pjöngjang, Hauptstadt von Nord-Korea (2,7 Mio. Einwohner).

Pyrenäen, Hochgebirge im Südwesten Europas, das Spanien von Frankreich trennt. Höchste Erhebung ist der Pico de Aneto (3404 m). Im östlichen Teil des Gebirges liegt Andorra.

Quebec [kve'bɛk], Hauptstadt der gleichnamigen kanadischen Provinz, am St.-Lorenz-Strom im französischsprachigen Teil des Landes gelegen (167000 Einwohner).

Quito ['kito], Hauptstadt von Ecuador im Nordwesten Südamerikas (1,5 Mio. Einwohner).

Rabat, Hauptstadt von Marokko (1,3 Mio. Einwohner).

Rangun, Hauptstadt von Birma in Südostasien (2,5 Mio. Einwohner).

Regensburg, Universitätsstadt in Bayern an der Donau (141 000 Einwohner).

Reims [rɛ̃:s], Universitätsstadt in Frankreich nordöstlich von Paris in der Champagne, Hauptort der Champagnerherstellung (206 000 Einwohner). Die hochgotische Kathedrale war die Krönungsstätte der französischen Könige.

Réunion [rey'njõ], zu Frankreich gehörende Insel im Indischen Ozean östlich von Madagaskar (2 500 km^2; 698 000 Einwohner).

Reykjavik, Hauptstadt und Haupthafen Islands im Südwesten der Insel (105 000 Einwohner).

Rhein, längster und wasserreichster Fluss Deutschlands (1 320 km lang). Er entspringt in der Schweiz, durchfließt den Bodensee, die Oberrheinebene, das Rheinische Schiefergebirge und die Kölner Bucht. In den Niederlanden bildet er mit der Maas ein breites Delta und mündet als Lek und Waal in die Nordsee.

Rheinisches Schiefergebirge, Westteil der deutschen Mittelgebirge, eine durch einzelne Kuppen und Höhenzüge charakterisierte Hochfläche. Sie wird durch den Rhein und seine Nebenflüsse gegliedert in (linksrheinisch) Hunsrück, Eifel, Hohes Venn, (rechtsrheinisch) Taunus, Westerwald, Rothaargebirge, Bergisches Land, Sauerland und Kellerwald.

Rheinland-Pfalz, deutsches Bundesland, im Süden und Westen an Frankreich, das Saarland, Luxemburg und Belgien angrenzend (19 900 km^2; 4 Mio. Einwohner). Hauptstadt: Mainz. Den nördlichen Landesteil nimmt das Rheinische Schiefergebirge ein, den Süden das Pfälzer Bergland und der Pfälzer Wald. Die Oberrheinebene und das Rheinhessische Hügelland gehören zu den klimatisch mildesten Landschaften Deutschlands. Die Rheinpfalz, Rheinhessen und das Gebiet Mosel-Saar-Ruwer sind die drei größten deutschen Weinbauregionen. Industrielles Zentrum ist Ludwigshafen, das mit Mannheim und Heidelberg zum Ballungsraum Rhein-Neckar gehört. Weitere Wirtschaftsschwerpunkte sind um Mainz (Rhein-Main-Gebiet), Koblenz und Kaiserslautern in der Pfalz.

Rhein-Main-Donau-Großschifffahrtsweg, Wasserstraße für die Binnenschifffahrt, die nach ihrer Fertigstellung (1992) das bis dahin fehlende Verbindungsstück zwischen Nordsee und Schwarzem Meer darstellt.

Rhodesien, früherer Name von Simbabwe.

Rhodos, griechische Insel vor der Südwestküste der Türkei. Die gebirgige Insel hat bedeutenden Fremdenverkehr.

Rhön, vulkanisches Mittelgebirge im Grenzraum von Hessen, Bayern und Thüringen. Höchste Erhebung ist die Wasserkuppe (950 m).

Rhône, wasserreichster Fluss Frankreichs (812 km lang). Die Rhône entspringt in den Berner Alpen (Schweiz) und mündet in einem großen Delta in den Golf von Lion (Mittelmeer).

Riesengebirge, höchster Gebirgszug der Sudeten auf der Grenze zwischen Polen und Tschechien. Höchste Erhebung ist die Schneekoppe (1 603 m).

Rio de Janeiro, Hafenstadt und wichtigster Einfuhrhafen in Brasilien am Atlantischen Ozean (5,6 Mio. Einwohner).
❧ Weltbekannt ist die Stadt wegen ihres zuckerhutförmigen, mit einer Christusstatue gekrönten Felskegels, des Strandes von Copacabana sowie des Karnevals.

Río de la Plata, *siehe* La Plata.

Rio Grande, Fluss in Nordamerika (3 034 km lang). Er entspringt in den Rocky Mountains und mündet in den Golf von Mexiko.

Riviera, schmale, durch Buchten und Vorgebirge gegliederte Küste des Mittelmeers zwischen Marseille in Frankreich (›Côte d'Azur‹) und La Spezia in Italien, eines der bedeutendsten europäischen Fremdenverkehrsgebiete.

Rocky Mountains ['rɔkɪ 'maʊntɪnz], östlicher Teil der nordamerikanischen Kordilleren. Das Gebirge erstreckt sich über 4 800 km vom Norden Kanadas bis zum Süden der USA. Höchste Erhebung ist der Mount Elbert (4 399 m).

Rom, Hauptstadt Italiens beiderseits des Tibers (2,6 Mio. Einwohner). Rom ist auch Sitz des Papstes und kulturelles Zentrum des Landes. Die Museen der Stadt zählen zu den bedeutendsten der Erde. Ihre Kunstwerke und die vielen historischen Bauwerke und Denkmäler, zum Teil aus der Antike, ziehen sehr viele Touristen an. Rom wurde nach der Legende 753 v. Chr. durch Romulus gegründet. Zu den ältesten Teilen der Stadt gehören das Forum Romanum, viele Tempel, Triumphbögen, Kolosseum und Engelsburg.

Rostock, Hafenstadt in Mecklenburg-Vorpommern an der Ostsee (237 000 Einwohner).

Rotes Meer, lang gestrecktes Nebenmeer des Indischen Ozeans zwischen Afrika und Arabien. Durch den Suezkanal ist es mit dem Mittelmeer verbunden. Die größte Tiefe beträgt 2 604 m.

Rotterdam, zweitgrößte Stadt der Niederlande und wichtigster Handelsplatz des Landes im Rheindelta (590 000 Einwohner). Rotterdam ist, gemessen am Gesamtgüterumschlag, der größte Hafen der Erde.

Ruanda, Republik im ostafrikanischen Hochland, ein Binnenstaat (26 000 km^2; 6,6 Mio. Einwohner). Hauptstadt: Kigali. Ruanda ist eines der am dichtesten besiedelten Länder Afrikas. Größte Bedeutung hat die Landwirtschaft. Ruanda war ehemals deutsches, dann belgisches Gebiet und ist seit 1962 unabhängig. In dem seit Jahrzehnten schwelenden Konflikt zwischen den beiden Bevölkerungsgruppen der Hutu und der Tutsi kamen in den 1990er-Jahren etwa 1 Mio. Menschen um.

Rügen, in der Ostsee gelegene größte deutsche Insel (973 km^2), durch den 2,5 km breiten Strelasund vom Festland getrennt. Rügen besteht zum großen Teil aus weichem Kalkstein (Kreide).

Ruhr, rechter Nebenfluss des Rheins (213 km lang). Die Ruhr entspringt im Sauerland und mündet bei Duisburg.
❧ Mit der Ruhr wird oft die Rur verwechselt, ein auf dem Hohen Venn entspringender Nebenfluss der Maas.

Ruhrgebiet, bedeutendster deutscher Industriebezirk und eines der am dichtesten besiedelten Gebiete Europas. Ursprünglich war der Steinkohlebergbau die Grundlage für eine große Anzahl von Industrien (Eisen- und Stahlindustrie, chemische Industrie). Der Rückgang der Kohleförderung und Krisen in der Eisen- und Stahlindustrie führten zur Ansiedlung neuer Industrien und Gewerbe.

Rumänien, Republik in Südosteuropa am Schwarzen Meer, nördlich der unteren Donau (237 500 km^2; 22,4 Mio. Einwohner). Hauptstadt: Bukarest. Rumänien wird in weitem Bogen von den Karpaten durchzogen, die über 2 500 m hoch aufsteigen und das Hochland von Siebenbürgen begrenzen. Am Außenrand des Gebirges erstrecken sich Tief- und Hügelländer. Das Klima ist im Innern gemäßigt kontinental, an der Küste mild. Das Land hat reiche Bodenschätze und eine bedeutende Industrie. Nach dem Zweiten Weltkrieg wurde Rumänien eine kommunistisch geführte Volksrepublik. 1989 wurde die kommunistische Herrschaft gestürzt.

Russland, größte und wirtschaftlich wichtigste Republik der ehemaligen Sowjetunion, größtes Land der Erde (17,1 Mio. km^2; 146,3 Mio. Einwohner). Hauptstadt: Moskau. Russland umfasst $^4/_5$ des osteuropäischen Flachlands, das Uralgebirge und ganz Nordasien. Nach Osten erstreckt sich das Land bis zum Pazifischen Ozean, im Süden erreicht es den Kaukasus und das Kaspische Meer. Das Klima ist ausgesprochen kontinental (kurze, warme Sommer, lange, kalte Winter), im Osten Sibiriens mit Temperaturen bis unter −50 °C. Ausgenommen sind nur der Süden des Fernen Ostens (Monsunklima) und die subtropische Schwarzmeerküste. Russland verfügt über reiche Bodenschätze (Erdgas, Erdöl, Kohle). Industrieschwerpunkte sind das westliche Russland (um Moskau und Sankt Petersburg), das Uralgebiet und das südliche Westsibirien (um Kusnezk). Russland ist seit 1990 selbstständige Republik in der Gemeinschaft unabhängiger Staaten und durchlebt eine Phase tief greifender innerer Umwandlungen.

Saale, auch als Sächsische oder Thüringer Saale bezeichneter linker Nebenfluss der Elbe (427 km lang), entspringt im Fichtelgebirge und mündet südlich von Magdeburg.

Saarbrücken, Hauptstadt des Saarlands (196 000 Einwohner); Universitätsstadt.

Saarland, deutsches Bundesland, im Süden und Westen an Frankreich grenzend (2 570 km^2; 1,1 Mio. Einwohner). Hauptstadt: Saarbrücken. Das Saarland ist größtenteils Bergland mit Anteil am Hunsrück und Pfälzer Bergland. Steinkohlevorkommen und Eisenverhüttung ließen zwischen Neunkirchen und der Saar ein großes Industriegebiet entstehen. Zwischen dem Ersten und Zweiten Weltkrieg war das Saargebiet zwischen Deutschland und Frankreich umstritten. 1957 wurde es nach einer Volksabstimmung ein Land der Bundesrepublik Deutschland.

Sachsen, deutsches Bundesland (18 300 km²; 4,5 Mio. Einwohner). Hauptstadt: Dresden. Das Land erstreckt sich vom Erzgebirge im Süden bis zum Rand des Norddeutschen Tieflands. Es wird landwirtschaftlich stark genutzt und hat eine vielseitige Industrie (u. a. Maschinen- und Fahrzeugbau, Optik, Spielwaren, Musikinstrumente). Seine republikanisch-föderative Eigenständigkeit betont Sachsen durch die Bezeichnung ›Freistaat Sachsen‹.

Sachsen-Anhalt, deutsches Bundesland (20 400 km²; 2,7 Mio. Einwohner). Hauptstadt: Magdeburg. Das Land reicht vom Norddeutschen Tiefland bis zum Harz. Zwischen Merseburg, Halle und Bitterfeld befand sich das Zentrum der chemischen Industrie der ehemaligen DDR.

Ein Wadi in der Sahara

Sahara, größte Wüste der Erde, fast so groß wie Europa und eines der heißesten Gebiete der Erde. Sie erstreckt sich in Nordafrika über 6 000 km von West nach Ost und über 2 000 km von Nord nach Süd. Die Sahara ist weitgehend ein Tafelland mit weiten flachen Becken und Senken. Im Innern ragen Gebirgsmassive (Hoggar, Tibesti) bis über 3 000 m hoch auf, nach Süden schließen sich Bergländer an. Fels-, Stein- und Geröllwüsten überwiegen, Sandwüsten nehmen nur ein Zehntel der Fläche ein. Einziger Dauerfluss ist der Nil, viele Trockenflussbetten (Wadis) führen nur nach seltenen Regengüssen streckenweise Wasser. Bewohnt wird die Wüste außerhalb des Niltals von rund 2 Mio. Menschen, meist Oasenbauern oder Nomaden.

Sahelzone, Landschaftsgürtel in Nordafrika am Südrand der Sahara, Übergangsbereich zwischen den äußerst trockenen Wüstengebieten im Norden und den Savannengebieten im Süden. Durch lange Trockenperioden werden die dort lebenden Menschen und Tiere immer wieder von Hungerkatastrophen bedroht.

Salomonen, Staat auf den Salomoninseln im südwestlichen Pazifischen Ozean, östlich von Neuguinea (28 900 km²; 417 000 Einwohner). Hauptstadt: Honiara. Die vulkanischen Inseln sind von tropischem Regenwald bedeckt; unabhängig seit 1978.

Salzburg, Bundesland in Österreich (7 200 km²; 511 000 Einwohner) mit der Hauptstadt Salzburg (144 000 Einwohner). Das Land erstreckt sich vom Nordrand der Alpen nach Süden über die Kalkalpen und das Salzachtal bis zu den Hohen Tauern. Im Nordosten gehört ein Teil des Salzkammerguts dazu. Industrie hat sich v. a. um die Stadt Salzburg und um Hallein angesiedelt. Bedeutend ist die Papier- und Holzverarbeitung. Eine wichtige Erwerbsquelle ist der Fremdenverkehr. Die Stadt Salzburg, deren Altstadt durch barocke Plätze, Kirchen und Paläste geprägt ist, zieht als Geburtsstadt MOZARTS jährlich mit ihren Festspielen viele Fremde an.

Salzkammergut, Landschaft in Österreich, zu den Bundesländern Oberösterreich, Steiermark und Salzburg gehörend. Gebirgsgruppen (Dachstein) und Seen (Attersee, Wolfgangsee) prägen eine Landschaft, die jährlich viele Reisende anzieht.

Sambesi, mit 2 660 km Länge größter Fluss im südlichen Afrika. Er entspringt auf der Lundaschwelle in Sambia und mündet in Moçambique in den Indischen Ozean.

Sambia, Republik im Innern des südlichen Afrika (753 000 km²; 8,7 Mio. Einwohner). Hauptstadt: Lusaka. Das Land ist eine teils bewaldete Hochfläche (1 100–1 500 m hoch), von einzelnen Bergen überragt. Hauptexportgut ist Kupfer. Ehemals britisch, wurde Sambia 1964 unabhängig.

Samoainseln, zu Polynesien zählende Inselgruppe vulkanischen Ursprungs im Pazifischen Ozean. Die östlichen Inseln gehören zu den USA, die westlichen bilden den unabhängigen Staat West-Samoa.

San Francisco, Hafenstadt in Kalifornien, USA (735 000 Einwohner), auf der Landzunge zwischen

Pazifischem Ozean und der Bucht von San Francisco. Wahrzeichen der Stadt ist die Golden Gate Bridge, eine 2 150 m lange Hängebrücke; beliebter Tourismusort.

San José [saŋxoˈse], Hauptstadt von Costa Rica in Mittelamerika (329 000 Einwohner).

Sankt Bernhard, zwei Alpenpässe: der Große Sankt Bernhard (2 471 m hoch) zwischen Martigny (Schweiz) und Aosta (Italien), der Kleine Sankt Bernhard (2 188 m hoch) zwischen Isèretal (Frankreich) und Aostatal (Italien).

Sankt Gallen, Kanton in der Nordschweiz (2 000 km²; 445 000 Einwohner), erstreckt sich vom Bodensee nach Süden bis zum Kamm der Glarner Alpen. Er ist ein Zentrum der Textilindustrie. Die gleichnamige Kantonshauptstadt (70 600 Einwohner) ist Bischofssitz und Universitätsstadt.

Sankt Gotthard, Gebirgsmassiv in der Zentralschweiz, bis 3 192 m hoch. Neben einer Passstraße ist der Sankt-Gotthard-Tunnel eine wichtige Verkehrsverbindung nach Italien.

Sankt Helena, Insel im Atlantischen Ozean vor der Küste des südlichen Afrika.
❧ NAPOLEON I. wurde 1815 hierhin verbannt und starb 1821 hier.

Sankt-Lorenz-Strom, Strom im östlichen Nordamerika, Abfluss der Großen Seen (1 287 km lang). Er mündet mit einem breiten Trichter in den Sankt-Lorenz-Golf.

Sankt Petersburg, hieß 1924–91 Leningrad, zweitgrößte Stadt in Russland an der Mündung der Newa in den Finnischen Meerbusen (4,7 Mio. Einwohner); als ›Fenster zum Westen‹ von Zar PETER D. GR. 1703 als neue Hauptstadt des Russischen Reiches gegründet, eine der architektonisch reizvollsten Städte Nordeuropas.

San Marino, selbstständige Republik südlich von Rimini (61 km²; 26 000 Einwohner). Wirtschaftliche Grundlagen sind Fremdenverkehr und Briefmarkenverkauf. Währung ist die italienische Lira.

San Salvador, Hauptstadt von El Salvador in Mittelamerika (422 000 Einwohner).

Sansibar, zu Tansania gehörende Insel vor der Ostküste Afrikas (1 660 km²).

Santiago de Chile, Hauptstadt von Chile (5 Mio. Einwohner).

Santo Domingo, Hauptstadt der Dominikanischen Republik (2,1 Mio. Einwohner).

Saône [so:n], größter Nebenfluss der Rhône in Frankreich (482 km lang), entspringt in Lothringen und mündet in Lyon.

São Paulo, mit 10 Mio. Einwohnern größte Stadt Brasiliens, Zentrum des Kaffeehandels und industrielles Zentrum; 50 km vom Atlantischen Ozean entfernt.

São Tomé und Principe, Inselstaat in Westafrika im Golf von Guinea (964 km²; 141 000 Einwohner). Die Inseln gehörten zu Portugal und wurden 1975 unabhängig.

Sarajevo, Hauptstadt von Bosnien-Herzegowina, einer ehemaligen Teilrepublik Jugoslawiens (360 000 Einwohner). Austragungsort der Olympischen Winterspiele 1984. Im jugoslawischen Bürgerkrieg hart umkämpft.

Sardinien, zweitgrößte italienische Insel im Mittelmeer (23 813 km²). Sardinien ist buchtenreich und gebirgig (bis 1 834 m hoch). Die Hauptstadt Cagliari liegt im Süden der Insel. An den Küsten, v. a. an der Costa Smeralda, bedeutender Tourismus.

Saudi-Arabien, Königreich in Vorderasien, das den größten Teil der Arabischen Halbinsel umfasst (2,1 Mio. km²; 20,2 Mio. Einwohner). Hauptstadt: Riad. Fast die ganze Fläche wird von Wüsten und Wüstensteppen eingenommen. Weite Teile im Innern bleiben jahrelang ohne Regen. Landwirtschaft findet nur in Oasen und in künstlichen Bewässerungsanlagen statt. Grundlage der Wirtschaft ist das Erdöl, von dem das Land die vermutlich größten Vorräte der Erde besitzt.

Sauerland, Nordostteil des Rheinischen Schiefergebirges, Erholungsgebiet für die Bevölkerung des Ruhrgebiets.

Savoyen, geschichtliche Landschaft in den französischen Alpen.

Schaffhausen, Stadt und Kanton in der Nordschweiz. Der Kanton liegt am Rheinufer (Rheinfall) zwischen Schwarzwald, Schwäbischer Alb und Schweizer Mittelland (298 km²; 73 700 Einwohner). Die Stadt Schaffhausen (33 600 Einwohner) ist Zentrum der Metallindustrie. In ihrer Nähe der größte mitteleuropäische Wasserfall, der Rheinfall (150 m breit, 24 m tief).

Schanghai, größte Industrie- und Hafenstadt in der Volksrepublik China am Ostchinesischen Meer (7,5 Mio. Einwohner).

Schatt el-Arab, vereinigter Unterlauf von Euphrat und Tigris, der bei Fao in den Persischen Golf mündet.

Schelde, Hauptfluss im mittleren Belgien (430 km lang). Er entspringt in Nordfrankreich und mündet in den Niederlanden in die Nordsee.

Schlesien, Gebiet im östlichen Mitteleuropa, beiderseits der oberen und mittleren Oder. Die Gebiete östlich von Oder und Neiße kamen nach dem Zweiten Weltkrieg zu Polen, die westlichen zu Sachsen.

Schleswig-Holstein, nördlichstes Land der Bundesrepublik Deutschland (15 700 km^2; 2,7 Mio. Einwohner). Hauptstadt: Kiel. Das Land nimmt den südlichen Teil der Halbinsel Jütland zwischen Nord- und Ostsee ein und hat Halligen und Inseln (Helgoland, Nordfriesische Inseln, Fehmarn). Bedeutend ist die Landwirtschaft. Industrie ist vor allem in den südlichen Landesteilen zu finden. Eine große Rolle spielt der Fremdenverkehr an der Küste und auf den Inseln.

Schneekoppe, höchster Berg des Riesengebirges (1 603 m) an der polnisch-tschechischen Grenze.

Schottland, nördlicher Teil der britischen Hauptinsel; ehemals ein selbstständiges Königreich.

Schwäbische Alb, aus flach geneigten Kalkschichten aufgebautes Mittelgebirge in Südwestdeutschland, das sich 220 km lang und 40 km breit vom Hochrhein nach Nordosten erstreckt. Die Alb ist durchschnittlich 500–900 m hoch. Höchste Erhebung ist der Lemberg (1 015 m) im Südwesten.

Schwarzes Meer, Nebenmeer des Europäischen Mittelmeers, durch Bosporus, Marmarameer und Dardanellen mit dem Mittelmeer verbunden. Seine größte Tiefe beträgt 2 245 m.

Schwarzwald, Mittelgebirge in Südwestdeutschland, steil aus dem Oberrheinischen Tiefland aufsteigend und langsam nach Osten abfallend. Die höchsten Erhebungen (Feldberg, 1 493 m; Belchen, 1 414 m) liegen im Südschwarzwald.

Schweden, Königreich im Osten der Skandinavischen Halbinsel (450 000 km^2; 8,8 Mio. Einwohner). Hauptstadt: Stockholm. Das südschwedische fruchtbare Tiefland geht über in ein bis zu 400 m hohes Hügelland, dem sich nach Norden die Mittelschwedische Senke mit zahlreichen Seen anschließt. Das Skandinavische Gebirge fällt nach Südosten sanft ab. Ein Teil des Landes liegt nördlich des Polarkreises. Im Norden ist das Klima durch trockene, warme Sommer und schneereiche, sehr kalte Winter gekennzeichnet. Der Süden hat gemäßigte Temperaturen. Wirtschaftlich bedeutend sind im Süden Land- und Viehwirtschaft, im Norden Forstwirtschaft. Auf dem Bergbau (Eisenerz) beruht eine hoch entwickelte Eisen- und Stahlindustrie.

Schweiz, Republik im Südwesten Mitteleuropas (41 300 km^2; 7,1 Mio. Einwohner). Hauptstadt: Bern. Das Land ist gebirgig und liegt zur Hälfte über 1 000 m hoch. Im Nordosten erstreckt sich der Schweizer Jura. Das Mittelland zwischen Jura und Alpen ist ein von Flusstälern zerschnittenes, bis 1 000 m hohes Hügelland. Die Schweizer Alpen sind durch große Talzüge (Rhein, Rhône) stark zergliedert. Höchste Erhebung ist die Dufourspitze (Monte Rosa, 4 634 m) in den Walliser Alpen. Die Schweiz ist reich an Seen (Zürichsee, Neuenburger See, Vierwaldstätter See, Anteil an Bodensee und Genfer See). Hier werden vier verschiedene Sprachen gesprochen: Französisch im Westen und Südwesten, Deutsch im Mittelland und im größten Teil der Alpen, Italienisch im Süden (Tessin) und Rätoromanisch im Südosten (Graubünden). Die Schweiz ist heute in erster Linie Industrieland (v. a. chemische Industrie, Uhrenindustrie) und internationales Finanzzentrum. Die landwirtschaftliche Anbaufläche geht zurück. Hoch entwickelt ist die Milchwirtschaft.

Die staatliche Gliederung kennt 20 Kantone und sechs Halbkantone. Die Schweizer Nation hat sich aus einem losen Bund freier Bauerngemeinschaften und Städte entwickelt (1291 Zusammenschluss der drei Urkantone Uri, Schwyz und Unterwalden zur Eidgenossenschaft). Seine Neutralität bewahrte das Land in den beiden Weltkriegen vor einem Angriff und ließ es zu einem Mittelpunkt der internationalen Diplomatie werden (besonders Genf).

Schwerin, Hauptstadt von Mecklenburg-Vorpommern (105 000 Einwohner).

Schwyz [...i:...], Kanton in der deutschsprachigen Schweiz mit dem gleichnamigen Hauptort (14 000 Einwohner), einer der drei Urkantone (908 km²; 130 000 Einwohner). Der Kanton erstreckt sich im Alpenvorland zwischen Vierwaldstätter- und Zürichsee.

Senegal, Republik in Westafrika am Atlantischen Ozean (197 000 km²; 9 Mio. Einwohner). Hauptstadt: Dakar. Weite Flachländer bestimmen das Landschaftsbild, im Südwesten feucht, im Südosten ziemlich trocken. Am dichtesten besiedelt ist die Halbinsel Kap Verde mit der Hauptstadt Dakar, dem größten Hafen Westafrikas. Die ehemals französische Kolonie wurde 1960 unabhängig.

Seoul, Hauptstadt von Süd-Korea (10,2 Mio. Einwohner), Austragungsort der Olympischen Sommerspiele 1988.

Serbien, Gliedstaat der Bundesrepublik Jugoslawien (88 361 km²; 9,9 Mio. Einwohner); Hauptstadt: Belgrad. Das Gebiet umfasst auch die formal autonomen Provinzen Wojwodina und Kosovo. Serbien liegt im kontinentalen Klimabereich, wobei der südliche Teil mediterranes Klima aufweist. $^2/_3$ der landwirtschaftlichen Nutzfläche sind Ackerböden, $^1/_4$ Weideland. Serbien ist reich an Bodenschätzen (Braunkohle, Erze). Bei Trepča liegt die größte europäische Bleihütte.

Serengeti, Hochfläche im Norden Tansanias in Ostafrika. Der Serengeti-Nationalpark ist eines der wildreichsten Gebiete Afrikas.

Sevilla, Stadt in Südspanien, kultureller und wirtschaftlicher Mittelpunkt Andalusiens (77 000 Einwohner). 1992 fand hier die Weltausstellung statt.

Seychellen, Inselstaat im Indischen Ozean nördlich von Madagaskar (443 km²; 76 000 Einwohner). Hauptstadt: Victoria. Die größte der über 80 zum Teil gebirgigen Inseln ist Mahé. Im tropischen Klima gedeihen Kokospalmen, Zimt, Vanille und Tee; sehr bedeutsam ist auch der Fremdenverkehr. Die Seychellen wurden 1976 von Großbritannien unabhängig.

Shannon [ˈʃænən], längster Fluss Irlands (370 km lang).

Shetlandinseln, zu Großbritannien gehörende Inselgruppe 200 km nördlich von Schottland (1 429 km²; 23 000 Einwohner). Die in der Nähe befindliche Erdölförderung brachte dem Gebiet einen wirtschaftlichen Aufschwung, der allerdings Natur und traditionelle Wirtschaft (Schafzucht, Wollherstellung) beeinträchtigt.

Sibirien, der größte Teil des asiatischen Staatsgebiets Russlands, flächenmäßig etwa so groß wie Europa. Sibirien gliedert sich in das Westsibirische Tiefland (zwischen Uralgebirge und Jenissei), das Mittelsibirische Bergland, das Nordostsibirische Gebirgsland (2 500–3 500 m hoch) und die Gebirge Südsibiriens (von Altai bis Stanowoi). Das Klima ist extrem kontinental. Der größte Teil des sibirischen Bodens ist ständig gefroren und taut im Sommer nur oberflächlich auf. Der Norden und Nordosten sind fast menschenleer. Sibirien ist sehr reich an Bodenschätzen; rund 70 % der Rohstoffvorkommen der ehemaligen Sowjetunion lagern hier.

Siebengebirge, kleines Gebirge südöstlich von Bonn zwischen Kölner Bucht und Westerwald mit mehreren bewaldeten Kuppen aus vulkanischem Gestein; bekannt sind v. a. Petersberg und Drachenfels.

Sierra Leone [siˈɛra -], Republik in Westafrika am Atlantischen Ozean (71 700 km²; 4,6 Mio. Einwohner). Hauptstadt: Freetown. Das Land steigt zum Hochland von Guinea an. Das Klima ist tropisch mit Sommerregen. Wirtschaftsgrundlagen sind Landwirtschaft und Bergbau (Diamanten). Das Land gehörte größtenteils zu Großbritannien und wurde 1971 unabhängig.

Sierra Nevada [spanisch ›beschneites Gebirge‹], zum einen das höchste spanische Gebirge, das im Süden des Landes auf 3 481 m ansteigt, zum anderen gleichnamiges Hochgebirge in Kalifornien (USA) mit Höhen bis über 4 000 m.

Simbabwe, Republik im südlichen Afrika (391 000 km²; 11,4 Mio. Einwohner). Hauptstadt: Harare. Der größte Teil des Binnenstaats ist Hochland, der Osten wird von einem über 2 000 m hohen Randgebirge beherrscht. Simbabwe gehört zu den am stärksten industrialisierten Ländern Afrikas. Größte wirtschaftliche Bedeutung hat der Bergbau. Das ehemals britische Gebiet erklärte sich 1965 als Rhodesien unter weißer Herrschaft für unabhängig. 1980 wurde nach jahrelangem Guerillakrieg und einer Verfassungskonferenz mit britischer Leitung eine von Schwarzen geführte Regierung gewählt.

Sinai, zu Ägypten gehörende Halbinsel im Norden des Roten Meers zwischen dem Golf von Suez und Akaba. Das wüstenhafte Gebiet war zeitweise von israelischen Truppen besetzt.
❧ In der Bibel ist Sinai der Name des auch Horeb genannten Gebirges, wo MOSES das Gesetz empfing.

Singapur, Stadtstaat in Südostasien am Südende der Malaiischen Halbinsel (626 km²; 3,5 Mio. Einwohner, darunter ca. 77% Chinesen). Singapur ist hoch industrialisiert, sein Hafen ist einer der größten der Erde. Das ehemals britische Gebiet wurde 1963 unabhängig.

Sizilien, zu Italien gehörende größte Insel des Mittelmeers (25 400 km²; 5,1 Mio. Einwohner). Die Hauptstadt Palermo liegt an der Nordküste. Die Insel ist vorwiegend gebirgig mit schmalen Küstenebenen. An der Ostseite erhebt sich der noch tätige Vulkan Ätna (3 369 m).

Skandinavien, Teil Nordeuropas, vor allem die Skandinavische Halbinsel mit Norwegen und Schweden. Im weiteren Sinn zählen auch Dänemark und Finnland sowie Island und die Färöer zu Skandinavien.

Slowakische Republik, Republik in Mitteleuropa (rund 49 000 km²; 5,4 Mio. Einwohner). Hauptstadt: Bratislava (deutsch Preßburg). Das Land umfasst große Teile der Westkarpaten, fruchtbares Tiefland nördlich der Donau und einen Teil des von der Theiß durchflossenen Tieflands im Osten. Die Slowakische Republik entstand zum 1. 1. 1993 aus der Aufteilung der Tschechoslowakei.

Slowenien, Republik im Norden des ehemaligen jugoslawischen Staatsgebiets (20 250 km²; 2 Mio. Einwohner). Hauptstadt: Ljubljana (deutsch Laibach). Slowenien umfasst die südöstlichen Alpen- und Karstlandschaften und ist fast zur Hälfte mit Wald bedeckt. Industrie und Landwirtschaft sind hoch entwickelt. Slowenien erklärte sich 1991 für unabhängig.

Sofia, Hauptstadt von Bulgarien (1,1 Mio. Einwohner).

Solothurn, Stadt in der Nordschweiz, Hauptort des gleichnamigen Kantons. Die Nordhälfte des Kantons (791 km²; 243 000 Einwohner) gehört zum Jura, der Süden greift über das Aaretal ins Mittelland hinein. Bedeutend ist die Uhrenindustrie.

Somalia, Republik in Ostafrika an der Küste des Golfs von Aden und des Indischen Ozeans (638 000 km²; 9,3 Mio. Einwohner). Hauptstadt: Mogadischu. Das Land erreicht im Norden Höhen über 2 000 m und fällt steil zur Küste ab. Hohe Temperaturen und Regenarmut prägen das Klima. Das früher zu Großbritannien und Italien gehörende Land wurde 1960 unabhängig. Es ist infolge eines seit mehreren Jahren andauernden Bürgerkriegs wirtschaftlich zerrüttet und von Hunger bedroht.

Sowjetunion, ehemaliger Staat in Osteuropa und Nordasien (22,2 Mio. km²; 288 Mio. Einwohner). Hauptstadt war Moskau. Die Sowjetunion gliederte sich in 15 Sozialistische Sowjetrepubliken, von denen Russland die weitaus größte war. Die Einführung von Reformen durch MICHAIL GORBATSCHOW in dem kommunistisch regierten Land löste zunächst Unabhängigkeitsbestrebungen der baltischen Staaten, besonders Litauens, aus, führte zu einem Gärungsprozess im Inneren und zur Auflösung des Vielvölkerstaats Sowjetunion (Dezember 1991). Beschleunigt wurde diese Entwicklung durch den Putschversuch reformfeindlicher Kräfte im August 1991.

Spanien, Königreich in Südwesteuropa, das den größten Teil der Iberischen Halbinsel einnimmt (505 000 km²; 39,6 Mio. Einwohner). Hauptstadt: Madrid. Zu Spanien gehören die Inselgruppen Balearen (v. a. mit Mallorca) und Kanarische Inseln. Das Innere Spaniens besteht aus dem Hochland von Kastilien, das von Gebirgen durchzogen wird. Grenzgebirge gegen Frankreich im Norden sind die Pyrenäen. Das Klima ist im Nordwesten sehr feucht, an der Ost- und Südküste mittelmeerisch, im Innern trocken. Die Hochflächen sind das Hauptgebiet des Getreide- und Weinbaus, im Süden auch der Olivenkulturen. Auf großen Bewässerungsflächen werden im Osten und Südosten vor allem Obst und Gemüse angebaut. Der Bergbau ist Grundlage einer breit gefächerten Industrie. Einer der wichtigsten Wirtschaftszweige ist der Fremdenverkehr. Nach dem Spanischen Bürgerkrieg (1936–39) wurde das Land unter General FRANCO diktatorisch regiert. Seit 1975 führten Reformen unter König JUAN CARLOS I. (* 1938) das Land zur Demokratie.

Spessart, deutsches Mittelgebirge zwischen Rhön und Odenwald (bis 586 m hoch).

Spitzbergen, zu Norwegen gehörende Inselgruppe im Nordpolarmeer mit umfangreichen Kohlevorkommen.

Sri Lanka, Inselstaat im Indischen Ozean südöstlich von Indien (65 600 km²; 18,4 Mio. Einwohner). Hauptstadt: Colombo. Die Insel ist größtenteils Flachland, der südliche Teil gebirgig (bis 2 500 m). In dem tropischen Monsunklima herrscht Plantagenwirtschaft vor (Tee, Kautschuk, Kokospalmen). Sri Lanka hieß bis 1972 Ceylon, war ehemals britisches Gebiet, es wurde 1948 unabhängig. Etwa $^3/_4$ der Bevölkerung sind Singhalesen, $^1/_5$ Tamilen; zwischen diesen Gruppen kommt es seit Anfang der 1980er-Jahre zu blutigen Auseinandersetzungen.

Spanien. Maurische Burg (15. Jh.) in Almansa

Starnberger See, See im bayerischen Alpenvorland südwestlich von München (57 km² groß).

Steiermark, österreichisches Bundesland (16 400 km²; 1,2 Mio. Einwohner). Hauptstadt: Graz. Die Steiermark ist das waldreichste Land Österreichs (rund die Hälfte der Fläche ist waldbedeckt). Sie umfasst einen großen Teil der Ostalpen und das nach Süden vorgelagerte Hügelland bis zur slowenischen Grenze. Wirtschaftliche Grundlagen sind Industrie und Bergbau (z. B. Eisenerz).

Steinhuder Meer, flacher, nur bis zu 3 m tiefer See in Niedersachsen nordwestlich von Hannover, ca. 30 km² groß.

Stettin, polnisch **Szczecin,** ehemals deutsche Stadt in Polen (419 000 Einwohner), an der Oder vor ihrer Mündung ins Stettiner Haff, der größten Meeresbucht der Ostsee.

Stiller Ozean, der Pazifische Ozean.

Stockholm, Hauptstadt von Schweden, Residenz des Königs und bedeutendste Industriestadt des Landes (727 000 Einwohner).

Straßburg, Stadt in Frankreich, geistiger und wirtschaftlicher Mittelpunkt des Elsass (256 000 Einwohner); Sitz des Europäischen Parlaments, des Europarats und des Europäischen Gerichtshofs für Menschenrechte.

Stuttgart, Hauptstadt von Baden-Württemberg (585 000 Einwohner), in einem kesselartigen Tal gelegen.

Sucre, Hauptstadt von Bolivien in Südamerika (149 000 Einwohner). Regierungssitz ist La Paz.

Südafrika, Republik im Süden des afrikanischen Kontinents (1,1 Mio. km²; 39,4 Mio. Einwohner). Hauptstadt: Pretoria. Das Land ist im Innern eine eintönige Hochfläche (1 000–1 500 m) mit einzelnen Bergkuppen, steigt zu den Drakensbergen auf 1 800 m an und fällt steil zur Küstenebene ab. Das Klima ist subtropisch. Die Kapprovinz im Süden erhält Winterregen, die inneren Gebiete sind trockener. Südafrika ist das am stärksten industrialisierte Land Afrikas. Wichtigste Bodenschätze sind Gold, Diamanten, Kohle und Uran. Kernland Südafrikas ist die 1652 als niederländische Siedlung entstandene Kapprovinz, die 1806 von den Briten erobert wurde; 1910 entstand das Kolonialgebiet ›Südafrikanische Union‹; 1961 unabhängig. Die schwarze Bevölkerungsmehrheit (rund 70 %) wurde jahrzehntelang durch die weiße Minderheit unterdrückt (Politik der Apartheid). Seit 1991 wurde die Rassentrennung abgebaut; 1994 trat eine neue Verfassung in Kraft, die allen Bürgern gleiche Rechte einräumt; mit NELSON MANDELA (im Amt bis 1999) wurde ein schwarzer Präsident gewählt.

Sudan, Republik in Nordostafrika am Oberlauf des Nils (2,5 Mio. km²; 28,3 Mio. Einwohner). Hauptstadt: Khartum. Sudan ist das flächenmäßig größte Land Afrikas. Es umfasst den Ostteil der Sahelzone und hat Anteil an der Sahara. Sudan ist eines der ärmsten Länder der Erde. Industrie ist kaum vorhanden. Sudan ist seit 1956 unabhängig. Zuvor wurde es von Ägypten und Großbritannien gemeinsam verwaltet. Gegenwärtig ist es in einen Bürgerkrieg verstrickt.

Sudeten, ca. 150 km langes, bis 60 km breites Mittelgebirge in der Tschechischen Republik, Polen und Deutschland; höchste Erhebung ist die Schneekoppe (1 603 m).

Südpolargebiet, *siehe* Polargebiete.

Südsee, südwestlicher Teil des Pazifischen Ozeans.

Südtirol, Landschaft in Norditalien, ursprünglich der Südteil Tirols südlich des Brenners. Heute ist Südtirol ein Teil der italienischen Region Trentino-Südtirol, im Hinblick auf die dort lebende starke deutschsprachige Minderheit mit Selbstverwaltungsrechten ausgestattet.

Südwestafrika, *siehe* Namibia.

Suezkanal, Seeschifffahrtskanal in Ägypten, 195 km lang. Der Suezkanal verbindet das Mittelmeer mit dem Roten Meer und verkürzt den Seeweg nach Asien beträchtlich. Er wurde 1859 bis 1869 unter der Leitung des französischen Ingenieurs FERDINAND DE LESSEPS (* 1805, † 1894) erbaut.

Surinam, Republik an der Nordostküste Südamerikas, im Bergland von Guayana (163 000 km²; 414 000 Einwohner). Hauptstadt: Paramaribo. Das Land, größtenteils von tropischem Regenwald bedeckt, hat reiche Bauxitvorkommen. Die ehemals niederländische Besitzung wurde 1975 unabhängig.

Swasiland, Königreich auf der Ostseite des südafrikanischen Hochlands (17 300 km²; 952 000 Einwohner). Hauptstadt: Mbabane. Das Land besteht größtenteils aus Savanne. Das ehemals britische Gebiet wurde 1968 unabhängig.

Sydney [ˈsɪdnɪ], größte Stadt und bedeutendstes Industriezentrum Australiens (3,7 Mio. Einwohner).

Sylt, größte und nördlichste der Nordfriesischen Inseln, durch einen Eisenbahndamm (›Hindenburgdamm‹) mit dem Festland verbunden. Hauptort ist Westerland.

Syrien, Republik in Vorderasien (185 000 km²; 15,3 Mio. Einwohner). Hauptstadt: Damaskus. Der Westen ist gebirgig (Antilibanon, Hermongebirge). Im Osten liegen Ebenen und Tafelländer, die im Norden vom Euphrat und seinen Nebenflüssen durchzogen werden. Der größte Teil des Landes ist Wüste und Wüstensteppe. Syrien zählt zu den entschiedensten Gegnern der israelischen Staatsgründung. In den libanesischen Bürgerkrieg griff es militärisch ein und hat dort ca. 30 000 Soldaten stationiert.

Tadschikistan, Republik in Zentralasien (143 100 km²; 6 Mio. Einwohner). Hauptstadt: Duschanbe. Das Land hat Anteil an den höchsten Gebirgen der Erde (Pamir, Tienshan, Alai). Wichtigster Wirtschaftszweig ist die Landwirtschaft (Baumwolle). Tadschikistan war Teil der ehemaligen Sowjetunion und ist seit 1991 selbstständig.

Tahiti, zu Frankreich gehörende vulkanische Insel im Pazifischen Ozean (Polynesien).

Taiga, überwiegend aus Nadelhölzern bestehender Waldgürtel in Sibirien und im Nordwesten Russlands, größtes zusammenhängendes Waldgebiet der Erde.

Taiwan, Republik in Ostasien, Staat auf der Insel Taiwan (früher Formosa) südöstlich des chinesischen Festlands (36 200 km²; 21,6 Mio. Einwohner). Hauptstadt: Taipei. Die Insel wird von einem bis 4 000 m hohen Gebirge durchzogen. Das Klima ist überwiegend subtropisch. Das Land ist stark industrialisiert und stark verstädtert. Der Staat wurde 1950 unter dem Schutz der USA auf der Insel Taiwan gegründet, nachdem die chinesische Regierung unter Marschall CHIANG KAI-SHEK von den Kommunisten vom Festland verdrängt worden war.

Tajo [ˈtaxo], portugiesisch **Tejo** [ˈtɛʒu], längster Strom der Iberischen Halbinsel (1 120 km lang). Er entspringt östlich von Madrid und mündet bei Lissabon in den Atlantischen Ozean.

Tanganjikasee, lang gestreckter See im Zentralafrikanischen Graben, bis zu 1 435 m tief und 34 000 km² groß.

Tansania, Republik in Ostafrika am Indischen Ozean (945 000 km²; 32,1 Mio. Einwohner). Hauptstadt: Dodoma (frühere Hauptstadt: Daressalam). An das hügelige Küstengebiet schließen sich Savannenhochflächen an. Höchste Erhebung ist der Kilimandscharo (5 895 m). Das Klima ist an der Küste heiß, im Hochland gemildert. Der Staat entstand 1964 aus dem Zusammenschluss der Inseln Sansibar und Pemba mit dem Gebiet Tanganjika auf dem Festland, das bis zum Ersten Weltkrieg deutsches Kolonialgebiet war.

Tatra, Gebirgsmassiv der Westkarpaten, zum Teil Nationalpark. Höchster Teil ist die Hohe Tatra (2 635 m).

Tauern, Gebirgsgruppe in den österreichischen Alpen. Die Hohen Tauern (höchster Gipfel: Großglockner, 3 797 m) sind stark vergletschert. Die nordöstliche Fortsetzung bilden die Niederen Tauern (höchster Gipfel: Hochgolling, 2 863 m).

Taunus, südöstlicher Teil des Rheinischen Schiefergebirges zwischen Untermain und Rhein im Süden und Lahn im Norden. Höchste Erhebung ist der Große Feldberg (880 m).

Tegernsee, See in den bayrischen Alpen südlich von München (9 km² groß, bis 72 m tief); am Ostufer liegt der gleichnamige Ort.

Tegucigalpa, Hauptstadt von Honduras in Zentralamerika (814 000 Einwohner).

Teheran, Hauptstadt von Iran, größte Stadt Vorderasiens (6,7 Mio. Einwohner).

Tejo, *siehe* Tajo.

Tel Aviv-Jaffa, Hafenstadt in Israel am Mittelmeer (355 000 Einwohner), das wirtschaftliche Zentrum Israels.

Teneriffa, größte der zu Spanien gehörenden Kanarischen Inseln; wichtigster Wirtschaftszweig ist der Fremdenverkehr. Hauptort ist Santa Cruz.

Tessin, südlichster Kanton der Schweiz (2 810 km²; 305 000 Einwohner), überwiegend italienischsprachig. Hauptort ist Bellinzona. Der größte Teil wird von den Tessiner Alpen eingenommen mit Höhen über 3 000 m. Bedeutend ist der Fremdenverkehr (v. a. um Lugano, Locarno, Ascona), besonders im Südteil, wo auch im Winter mildes Klima herrscht.

Teutoburger Wald, Höhenzug in Nordwestdeutschland (bis 446 m hoch).

Texas, zweitgrößter Staat der USA, am Golf von Mexiko (19,4 Mio. Einwohner). Er erstreckt sich von der Küstenebene über die Great Plains bis zu den Ausläufern der Rocky Mountains. Texas verfügt über große Erdöl- und Erdgasvorkommen. Bedeutende Städte sind Houston, Dallas und Austin.

Thailand. Schwimmender Markt in Damnoen Saduk

Thailand, Königreich am Golf von Siam in Hinterindien (513 000 km²; 60,3 Mio. Einwohner). Hauptstadt: Bangkok. Kerngebiet ist die fruchtbare Ebene des Menam. Im Süden hat Thailand einen fast 1 000 km langen Anteil an der Malaiischen Halbinsel. Das Klima ist tropisch (Monsune). Wichtigste Wirtschaftszweige sind Landwirtschaft und Fremdenverkehr. Das seit Jahrhunderten selbstständige Königreich hieß bis 1939 Siam.

Themse, längster Fluss Englands (346 km lang), mündet östlich von London in die Nordsee.

Thurgau, überwiegend deutschsprachiger Kanton in der Nordschweiz, im Mittelland (1 015 km², 225 000 Einwohner). Hauptort: Frauenfeld (20 000 Einwohner). Am Bodensee spielen Obstbau und Fremdenverkehr eine große Rolle.

Thüringen, deutsches Bundesland (16 300 km²; 2,4 Mio. Einwohner). Hauptstadt: Erfurt. Thüringen liegt im Bereich der deutschen Mittelgebirge und umfasst das fruchtbare Thüringer Becken und den Thüringer Wald mit dem Frankenwald. In Thüringen liegen die Städte Eisenach und Weimar sowie die Wartburg.

Tiber, Fluss in Mittelitalien (405 km lang), der im Apennin entspringt, Rom durchfließt und bei Ostia ins Tyrrhenische Meer mündet.

Tibet, Gebiet mit Selbstverwaltungsrechten in der Volksrepublik China (1,2 Mio. km²; 2,4 Mio. Einwohner). Hauptstadt: Lhasa. Tibet ist die höchstgelegene Landmasse der Erde (durchschnittlich 4000 m hoch). Es liegt zwischen Kunlun, Himalaja, Karakorum und dem Osttibetisch-Chinesischen Bergland. Tibet stand seit dem 11. Jh. unter dem prägenden Einfluss des Lamaismus (*siehe* Kapitel 8). 1951 wurde es von China besetzt. Der oberste Priester des Landes (Dalai-Lama), der traditionell die Führung des Staates innehat, floh 1959 nach Aufständen gegen die chinesische Herrschaft nach Indien.

Tiflis, Hauptstadt von Georgien östlich des Schwarzen Meers (1,3 Mio. Einwohner).

Tigris, wasserreichster Strom Vorderasiens (1950 km lang). Er entspringt in der Türkei, durchfließt den Irak und bildet mit dem Euphrat den Schatt el-Arab.

Tirana, Hauptstadt von Albanien (270000 Einwohner).

Tirol, österreichisches Bundesland im Westen des Landes (12650 km²; 661000 Einwohner). Hauptstadt: Innsbruck. Tirol, Österreichs wichtigstes Fremdenverkehrsland, ist ein Hochgebirgsland zwischen Deutschland und Italien und umfasst einen zentralen Teil der Alpen. Hauptsiedlungsgebiet und Wirtschaftszentrum ist das Inntal.

Titicacasee, zu Bolivien und Peru gehörender See im Hochland Südamerikas (auf 3812 m Höhe), größter Hochlandsee der Erde (8300 km²).

Titisee, See im südlichen Schwarzwald nordöstlich des Feldbergs (1,3 km², bis 40 m tief).

Togo, Republik in Westafrika am Golf von Guinea (57000 km²; 4,4 Mio. Einwohner). Hauptstadt: Lomé. Das Land ist ein schmaler, langer Landstreifen und wird großenteils von Savannen eingenommen. Haupterwerbszweige sind die Landwirtschaft und der Abbau von Phosphat. Bis 1918 deutsche Kolonie, wurde das Land 1960 aus französischer Herrschaft in die Unabhängigkeit entlassen.

Tokio, seit 1868 Hauptstadt von Japan auf der Insel Hondo (8 Mio. Einwohner).

Tonga, Königreich und Inselgruppe östlich von Australien (747 km²; 98000 Einwohner). Hauptstadt: Nuku'alofa.

Toskana, Region und historische Landschaft in Mittelitalien mit der Hauptstadt Florenz. Die Toskana ist eines der wichtigsten Fremdenverkehrsgebiete Europas; bei Carrara wird Marmor gebrochen, um Prato gibt es bedeutende Textilindustrie.

Totes Meer, abflussloser Mündungssee des Jordangrabens an der israelisch-jordanischen Grenze, 403,5 m unter dem Meeresspiegel. Der Salzgehalt ist mit 26,3 % extrem hoch.

Trinidad und Tobago, Inselrepublik vor der Nordwestküste Südamerikas (5130 km²; 1,3 Mio. Einwohner). Hauptstadt: Port of Spain. Die Inseln verfügen über reiche Erdöl-, Erdgas- und Asphaltvorkommen. Ehemals britisch, wurden sie 1962 unabhängig.

Tripolis, Hauptstadt von Libyen am Mittelmeer (1,7 Mio. Einwohner).

Tschad, Republik im Norden Zentralafrikas (1,3 Mio. km²; 7,3 Mio. Einwohner). Hauptstadt: N'Djamena. Das Land erstreckt sich von der Sahara im Norden bis zur Feuchtsavanne im Süden, wo Ackerbau möglich ist. Das ehemals französische Gebiet wurde 1960 unabhängig.

Tschechien, Tschechische Republik, aus der 1992 auseinander gebrochenen Tschechoslowakei entstandener Staat (78900 km², 10,3 Mio. Einwohner), Hauptstadt: Prag. Das aus den historischen Landschaften Böhmens und Mährens bestehende Gebiet ist im Innern in Hügelländer und plateauartige, flachwellige Hochländer gegliedert. Die politischen Umwälzungen seit 1989 zwingen die Wirtschaft zu marktwirtschaftlich orientierten Veränderungen. Die Industrie (v. a. Maschinen, Fahrzeuge) ist traditionell hoch entwickelt.

Tschechoslowakei, ehemaliger Staat in Mitteleuropa. Das Land ging nach dem Ersten Weltkrieg aus dem untergegangenen Kaiserreich Österreich-Ungarn hervor. Nach dem Zweiten Weltkrieg wurde die Tschechoslowakei ein kommunistisch regierter Staat. Nach der Rückkehr zur Demokratie (1989) sah sich die Tschechoslowakei 1992 der Auflösung gegenüber, v.a. durch Unabhängigkeitsbestrebungen im slowakischen Teil.

Tunesien, Republik in Nordafrika, am Mittelmeer (163 600 km^2; 9,3 Mio. Einwohner). Hauptstadt: Tunis. Der Nordteil des Landes hat Mittelmeerklima, südlich des Atlasgebirges herrscht Steppen- und Wüstenklima. Der Fremdenverkehr ist bedeutend. Wichtigste Bodenschätze sind Phosphat, Erdöl und Erdgas. Tunesien gehörte ehemals zum französischen Kolonialgebiet und wurde 1956 unabhängig.

Turin, Handels- und Industriestadt in Oberitalien am Po (909 000 Einwohner); wichtig ist der Kraftfahrzeugbau.

Türkei, Republik in Südosteuropa und Vorderasien (779 500 km^2; 64,5 Mio. Einwohner). Hauptstadt: Ankara. Die Türkei gliedert sich in einen europäischen (23 600 km^2 nördlich des Bosporus) und einen weit größeren asiatischen Teil; dieser umfasst vor allem die Halbinsel Kleinasien (Anatolien), ein steppenhaftes, von Gebirgen umrahmtes Hochland. Die Küste des Ägäischen Meers ist stark gegliedert. Das Klima ist im Innern trocken, an der Küste feuchter. Haupterwerbszweig ist die Landwirtschaft (Getreide, Oliven, Baumwolle, Obst und Gemüse). Der Bergbau fördert Kohle, Eisenerz, Chrom und Kupfer. Die Industrie wird ausgebaut.
Die Türkei in ihrer heutigen Gestalt entstand nach dem Ersten Weltkrieg aus dem Osmanischen Reich. 1923 wurde unter ihrem ersten Präsidenten, MUSTAFA KEMAL PASCHA, genannt KEMAL ATATÜRK, die Republik ausgerufen und eine westlich orientierte Politik eingeleitet.

Turkmenistan, Republik in Mittelasien östlich des Kaspischen Meers (488 100 km^2; 4,3 Mio. Einwohner). Hauptstadt: Aschchabad. Turkmenistan grenzt im Süden an Iran und Afghanistan und wird größtenteils von Sandwüsten eingenommen. 1991 hat sich das ehemals zur Sowjetunion gehörende Land für unabhängig erklärt.

Tyrrhenisches Meer, Teil des Mittelmeers zwischen Italien, Korsika und Sizilien.

UdSSR, Abkürzung für **U**nion **d**er **S**ozialistischen **S**owjet**r**epubliken, die frühere Sowjetunion.

Uganda, Republik im ostafrikanischen Hochland (241 000 km^2; 20,5 Mio. Einwohner). Hauptstadt: Kampala. Das Land wird im Westen vom Ruwenzori (5 119 m), im Osten vom Vulkan Mount Elgon (4 321 m) überragt. Hauptwirtschaftszweig ist die Landwirtschaft. Die ehemals britische Kolonie wurde 1962 unabhängig.

Türkei. Erdpyramiden in Göreme

Ukraine, Republik in Osteuropa am Nordufer des Schwarzen Meers (603 700 km^2; 50,8 Mio. Einwohner). Hauptstadt: Kiew. Die Ukraine umfasst den Südwesten des Osteuropäischen Flachlands und die Halbinsel Krim. Hauptstrom ist der Dnjepr. Die Landwirtschaft ist hoch entwickelt (Getreide, Zuckerrüben, Sonnenblumen, Gemüse). Das Land verfügt über reiche Bodenschätze und hat vielfältige Industrie. Die Ukraine war Teil der ehemaligen Sowjetunion und ist seit 1991 unabhängig.

Ungarn, Republik im südöstlichen Mitteleuropa (93 000 km^2; 10,2 Mio. Einwohner). Hauptstadt: Budapest. Ungarn ist größtenteils Tiefland (Puszta), das von den Ostalpen, den Karpaten und dem Dinarischen Gebirge eingeschlossen wird. Das Klima ist kontinental, die Niederschläge nehmen nach Osten hin ab. $^2/_3$ des Landes werden landwirtschaftlich genutzt (Getreide, Gemüse, Obst, Wein). Wichtig ist die Viehzucht. Bedeutende Industriezweige sind Schwerindustrie und Maschinenbau, Elektro-, Textil- und chemische Industrie. Bis 1989 war Ungarn ein kommunistisch regierter Staat. Die Planwirtschaft, auch früher schon durch marktwirtschaftliche Elemente ergänzt, ist seit der Rückkehr zur Demokratie durch die Marktwirtschaft ersetzt.

Unterwalden, einer der drei Schweizer Urkantone in der deutschsprachigen Schweiz. Er besteht aus den beiden Halbkantonen Obwalden und Nidwalden.

Ural, Gebirge in Russland, das als Grenze zwischen Europa und Asien gilt. Das 40–150 km breite, bis 2534 m hohe Gebirge erstreckt sich über 2000 km weit von Norden nach Süden. Der Fluss Ural entspringt im südlichen Uralgebirge und mündet ins Kaspische Meer.

Uri, einer der drei Urkantone in der deutschsprachigen Schweiz, zwischen Sankt-Gotthard-Pass und Vierwaldstätter See (1 080 km^2; 35 800 Einwohner). Hauptort und Industriezentrum (Holzverarbeitung, Maschinenbau) ist Altdorf (3 300 Einwohner). Der Fremdenverkehr ist eine wichtige Einnahmequelle.

Uruguay, Republik in Südamerika, nördlich des Río de la Plata am Atlantischen Ozean (177 400 km^2; 3,3 Mio. Einwohner). Hauptstadt: Montevideo. Das Land ist ein flachwelliges Hügelland. Wichtigste Wirtschaftszweige sind Landwirtschaft und Viehzucht. Die Industrie verarbeitet landwirtschaftliche Erzeugnisse. Uruguay ist seit 1825 selbstständig.

Uruguay, Río Uruguay, Strom im südlichen Südamerika (1 790 km lang). Er vereinigt sich mit dem Paraná zum Río de la Plata und mündet in den Atlantischen Ozean.

USA, Abkürzung für United States of America (*siehe* Vereinigte Staaten von Amerika).

Usbekistan, Republik in Mittelasien südlich des Aralsees (447 400 km^2; 23,6 Mio. Einwohner). Hauptstadt: Taschkent. Den größten Teil des Landes nehmen Wüsten und Halbwüsten ein, den Südosten Ausläufer des Pamir-Alai-Gebirgssystems. Wichtigstes Wirtschaftsprodukt ist Baumwolle. Usbekistan, ehemals Teil der früheren Sowjetunion, ist seit 1991 unabhängig.

Valais, *siehe* Wallis.

Vatikanstadt, selbstständiges, 1929 durch Vertrag mit der Republik Italien entstandenes Staatsgebiet (800 Einwohner) im Nordwesten von Rom. Der Papst ist Inhaber aller Staatsgewalt.

Vaud, *siehe* Waadt.

Venedig, Stadt in Italien, in einer Lagune an der Adria auf etwa 150 Inseln gelegen (291 000 Einwohner). Die Gebäude sind auf Pfahlroste gegründet. Venedig ist Kulturzentrum mit reichen Kunstschätzen und regem Fremdenverkehr. Umweltverschmutzung bedroht die Substanz der Stadt.

Venezuela, Republik im Norden Südamerikas (912 000 km^2; 23,2 Mio. Einwohner). Hauptstadt: Caracas. Das Land erstreckt sich vom Tiefland im Nordwesten bis zum Bergland von Guayana im Südosten. Wirtschaftsgrundlage ist der Reichtum an Erdöl. Anfang des 19. Jh. löste sich das Land von der spanischen Herrschaft (seit 1830 selbstständig).

Vereinigte Arabische Emirate, Staat von sieben Scheichtümern (Emiraten) am Persischen Golf (83 600 km^2; 2,6 Mio. Einwohner). Hauptstadt: Abu Dhabi. Das Land ist vorwiegend Wüste und verfügt über reiche Erdölvorkommen, die den ehemals unbedeutenden Oasen und Hafenplätzen zu moderner Entwicklung verhalfen.

Vereinigte Staaten von Amerika, USA, Staat in Nordamerika, nach Fläche und Einwohnerzahl der viertgrößte Staat der Erde, fast so groß wie Europa (9,4 Mio. km^2; 274 Mio. Einwohner). Hauptstadt: Washington. Das Staatsgebiet umfasst den südlichen Teil des nordamerikanischen Festlands, Alaska, Hawaii und weitere abhängige Gebiete (z. B. Puerto Rico). Den Ostteil des Landes durchziehen von Nordwesten nach Südosten die Appalachen, die nach Osten steil zur Küstenebene, nach Westen in mehreren Stufen abfallen. Die Mitte der USA wird von Ebenen eingenommen, die westlich des Mississippi in den Great Plains bis zum Fuß der Rocky Mountains ansteigen. Den Westen des Landes nimmt das Gebirgssystem der Kordilleren ein mit mehreren Gebirgsketten und zwischengeschalteten Beckenlandschaften.
Das Klima ist weitgehend kontinental geprägt (heiße Sommer, kalte Winter). Der Westen (Kalifornien) und der Südosten (Florida) gehören zum subtropischen Bereich.
Die USA sind die stärkste Industrienation der Erde. Großbetriebe und Konzerne haben überragende Bedeutung. Hauptzweige der Industrie, die vor allem im Nordosten konzentriert ist, sind Maschinen- und Fahrzeugbau, Elektro-, chemische und Textilindustrie, Computer und Flugzeugbau. Die Landwirtschaft erzeugt in großem Stil Getreide, Mais, Soja-

bohnen, Baumwolle, Südfrüchte. Ein wichtiger Wirtschaftszweig ist auch der Fremdenverkehr, z. B. in Kalifornien und Florida. Durch ihre Filmindustrie (Hollywood) nehmen die USA Einfluss auf die Lebensweisen überall auf der Erde. Etwa 12% der Einwohner sind Schwarze; besonders im Süden und Westen leben viele Einwanderer aus Mittel- und Südamerika.
1776 erklärten die im Osten gelegenen 13 britischen Kolonien (›Neuenglandstaaten‹) ihre Unabhängigkeit. Erster Präsident war GEORGE WASHINGTON. Bis Mitte des 19. Jh. dehnten die USA ihr Staatsgebiet bis zum Golf von Mexiko im Süden und zum Pazifischen Ozean im Westen aus. 1861–65 tobte der amerikanische Bürgerkrieg (Sezessionskrieg) zwischen den Nord- und den Südstaaten, den der Norden mit Präsident ABRAHAM LINCOLN für sich entschied und der zur Sklavenbefreiung führte.

Vesuv, Vulkan bei Neapel in Süditalien (1 281 m hoch). Der letzte größere Ausbruch fand 1944 statt.

Victoriafälle, Wasserfälle des Sambesi im südlichen Afrika, wo der Fluss in eine 110 m tiefe und 1 700 m breite Schlucht stürzt.

Victoriasee, größter See Afrikas im ostafrikanischen Hochland in über 1 130 m Höhe (68 000 km² groß). Der See gehört zu Uganda, Kenia und Tansania.

Vierwaldstätter See, See in der Zentralschweiz, zu den Kantonen Uri, Schwyz, Unterwalden und Luzern gehörend; reger Fremdenverkehr.

Vietnam, Republik in Südostasien, am Südchinesischen Meer (332 000 km²; 77,5 Mio. Einwohner). Hauptstadt: Hanoi. Das Klima ist vom Monsun geprägt. Mehr als ein Drittel des Landes ist von tropischem Regenwald bedeckt. Wichtigstes Anbauprodukt ist Reis. Seit Ende des Vietnamkriegs (*siehe* Kapitel I) steht das Land unter kommunistischer Herrschaft.

Virgin Islands ['vəːdʒɪn 'aɪləndz], Inselgruppe der Kleinen Antillen, zu den USA und Großbritannien gehörend.

Vogelsberg, Mittelgebirge vulkanischen Ursprungs in Hessen nordöstlich von Frankfurt am Main (773 m hoch).

Vogesen, Mittelgebirge im Nordosten Frankreichs (Elsass), das ›Gegenstück‹ des Schwarzwalds. Höchste Erhebung ist der Große Belchen (1 424 m) in den Südvogesen.

Vorarlberg, westlichstes österreichisches Bundesland (2 600 km²; 346 000 Einwohner). Hauptstadt: Bregenz. Zentrale Landschaft mit der dichtesten Besiedlung ist die Rheinebene bis zum östlichen Bodenseeufer. Im Süden reicht das Land bis in die Zentralalpen (höchster Gipfel: Piz Buin, 3 312 m). Vorarlberg ist das am stärksten industrialisierte Bundesland Österreichs.

Vorderasien, südwestlichster Teil Asiens, zwischen Mittelmeer, Schwarzem und Kaspischem Meer, Persischem Golf, Indischem Ozean und Rotem Meer.

Vorderindien, Halbinsel in Südasien, zwischen dem Arabischen Meer und dem Golf von Bengalen. Die Halbinsel wird vor allem von Indien eingenommen.

Waadt, französisch **Vaud,** Kanton in der französischsprachigen Schweiz, der sich vom Juragebirge im Nordwesten bis zum Genfer See im Süden und zu den Waadtländer Alpen im Osten erstreckt (3 220 km²; 608 000 Einwohner). Hauptstadt ist Lausanne. Wichtiger Industriezweig ist die Uhrenherstellung. Mittelpunkt des Fremdenverkehrs ist Montreux am Genfer See.

Wachau, Engtal der Donau zwischen Melk und Krems in Niederösterreich, ein bedeutendes Weinbau- und Fremdenverkehrsgebiet.

Walachei, Kernlandschaft Rumäniens zwischen Südkarpaten und Donau. Die Walachei ist Kornkammer und wichtigste Industrieregion des Landes.

Wales ['weːlz], mit England vereinigtes Fürstentum im südlichen Großbritannien, eine in die Irische See vorspringende Halbinsel, vorwiegend Bergland.

Wallis, französisch **Valais,** Kanton im Südwesten der Schweiz, im Westteil französisch-, im Ostteil deutschsprachig (5 230 km²; 273 000 Einwohner). Hauptort ist Sion (Sitten). Der Kanton umfasst im Wesentlichen das Längstal der oberen Rhône, das im Westen an den Genfer See stößt. Wichtigste Erwerbsquellen sind Fremdenverkehr und Landwirtschaft; im Rhônetal v. a. Wein- und Obstbau.

Warschau, Hauptstadt von Polen (1,6 Mio. Einwohner).

Warthe, längster Nebenfluss der Oder (808 km lang). Die Warthe entspringt in Polen und mündet bei Küstrin.

Wien. Das Burgtheater

Washington (D. C.) ['wɔʃɪŋən di:'si:], Bundeshauptstadt der USA, zugleich Bundesdistrikt (**D**istrict of **C**olumbia; 543 000 Einwohner).

Watzmann, Bergstock in den Berchtesgadener Alpen in Bayern (2 713 m hoch).

Weichsel, Fluss im östlichen Mitteleuropa (1 047 km lang). Sie entspringt in Südpolen und mündet in die Danziger Bucht (Ostsee).

Weißrussland, an Polen und Litauen grenzende Republik in Osteuropa (207 600 km^2; 10,3 Mio. Einwohner). Hauptstadt: Minsk. Das Gebiet liegt im Westen des russischen Flachlands und hat große Moore und Sümpfe. Das Klima ist gemäßigt (milde Winter, mäßig warme Sommer). Ehemals Teil der früheren Sowjetunion, seit 1991 selbstständig.

Weser, durchgängig schiffbarer Fluss im nördlichen Deutschland (477 km lang, mit Werra 733 km). Die Weser entsteht aus dem Zusammenfluss von Werra und Fulda und mündet bei Bremerhaven in die Nordsee.

Westerwald, rechtsrheinischer Teil des Rheinischen Schiefergebirges, eine wellige Hochfläche zwischen Bergischem Land im Norden und Taunus im Süden.

Westfalen, nordöstlicher Teil von Nordrhein-Westfalen, umfasst einen Teil des Weserberglandes, das Münster- und das Sauerland.

Westindien, die Inseln Mittelamerikas, die sich in einem 4 000 km langen Bogen zwischen Nord- und Südamerika erstrecken.

Westsahara, Gebiet an der Westküste Afrikas (266 000 km^2; 275 000 Einwohner). Hauptstadt: El Aaiún. Das Land ist ein sehr regenarmes Randgebiet der Wüste Sahara. Bedeutend sind die Phosphatvorkommen. Seit 1979 von Marokko besetzt, strebt die Bewegung ›Polisario‹ für das Land die Unabhängigkeit an.

Wetterau, nördliche Fortsetzung des Oberrheintals zwischen Taunus und Vogelsberg.

Wettersteingebirge, Teil der Nördlichen Kalkalpen, im Grenzgebiet zwischen Deutschland und Österreich. Höchster Gipfel ist die Zugspitze (2 962 m).

Wien, Hauptstadt von Österreich, zugleich österreichisches Bundesland, an der Donau gelegen (420 km^2; 1,6 Mio. Einwohner). Wien ist Finanz- und Handelszentrum Österreichs und der kulturelle Mittelpunkt des Landes mit reicher Baugeschichte.

Wiesbaden, Landeshauptstadt von Hessen und Kurort zwischen Südhang des Taunus und Rhein (266 700 Einwohner).

Windhuk, Hauptstadt von Namibia (147 000 Einwohner).

Wolga, größter europäischer Strom (3 530 km lang). Die Wolga entspringt nordwestlich von Moskau, durchfließt den europäischen Teil Russlands und mündet mit großem Delta ins Kaspische Meer.

Wörther See, größter See Kärntens in Österreich mit regem Fremdenverkehr, ca. 17 km lang, 1–1,5 km breit, bis 86 m tief.

Württemberg, ehemaliges Königreich, östlicher Teil Baden-Württembergs.

Yokohama, bedeutendster Handelshafen Japans auf der Insel Honshu (3,3 Mio. Einwohner).

Yukatán, Halbinsel in Zentralamerika zwischen Golf von Mexiko und Karibischem Meer. Die Halbinsel umfasst Belize sowie einen Teil von Guatemala und Mexiko.

Zagreb mit Stephansdom

Zagreb, Hauptstadt von Kroatien (867000 Einwohner).

Zaire, *siehe* Kongo.

Zentralafrikanische Republik, Binnenstaat in Zentralafrika (623000 km²; 3,5 Mio. Einwohner). Hauptstadt: Bangui. Das Land liegt in 500–1000 m Höhe. In dem tropischen Klima bestimmen Feuchtsavanne und Regenwälder das Landschaftsbild. Wertvolle Bodenschätze (Diamanten, Erze) werden abgebaut. Das Land gehörte bis 1960 zum französischen Kolonialgebiet. Den anschließenden Bürgerkrieg beendete 1962 die UNO.

Zentralamerika, Festlandbrücke Mittelamerikas, die Nordamerika und Mexiko mit Südamerika verbindet.

Zentralmassiv, Landschaft im mittleren und südlichen Frankreich, eine Plateaulandschaft in 700 bis 800 m Höhe, die von einzelnen vulkanisch entstandenen Berggruppen überragt wird. Höchste Erhebung ist der Puy de Sancy im Mont-Dore (1886 m).

Zug, Kanton in der deutschsprachigen Zentralschweiz mit dem gleichnamigen Hauptort (22200 Einwohner). Der Kanton (240 km²; 96000 Einwohner) umfasst das Tal der Lorze sowie die Nordhälfte des Zuger Sees. Haupterwerbsquellen sind Landwirtschaft und Fremdenverkehr.

Zugspitze, höchster Gipfel der deutschen Alpen (2962 m) im Wettersteingebirge.

Zürich, Stadt und Kanton in der Nordschweiz. Der Kanton (1730 km²; 1,18 Mio. Einwohner) umfasst den größten Teil des Gebiets um den Zürichsee, im Norden das Zürcher Unterland und im Osten das Zürcher Oberland. Industrie hat sich v. a. um Zürich und Winterthur angesiedelt. Die Stadt Zürich, größte Stadt der Schweiz, ist internationales Handels- und Finanzzentrum (338600 Einwohner).

Zürichsee, See in der nördlichen Schweiz, an dessen Nordspitze die Stadt Zürich liegt, 90 km² groß, bis 143 m tief.

Zweites Baku, auch Ural-Wolga-Erdölgebiet, das nach dem Westsibirischen Tiefland wichtigste Erdölgebiet in Russland. Es wurde 1929 erschlossen und entwickelte sich zum Zentrum der petrochemischen Industrie.

Zwickau, Stadt in Sachsen, im nördlichen Erzgebirgsvorland (104900 Einwohner) mit bedeutender Industrie.

Zwolle, Stadt in den Niederlanden, im Mündungsgebiet der Ijssel (104000 Einwohner); wichtiger Eisenbahnknotenpunkt.

Die Altstadt von Zug

Zypern, Inselstaat im östlichen Mittelmeer, überwiegend gebirgig (9 250 km^2; 771 000 Einwohner). Hauptstadt: Nikosia. Zwischen Gebirgsketten im Norden und Süden erstreckt sich eine weite Ebene, das Hauptanbaugebiet der Insel. Der Bergbau fördert vor allem Kupfer, Asbest, Chromerze, Marmor und Gips. Einen Aufschwung erlebt auch der Tourismus, besonders im südlichen Teil. Das Klima hat trockene, heiße Sommer und milde Winter. Die ehemals britische Insel wurde 1960 unabhängig. Spannungen und Unruhen zwischen dem türkisch (etwa 19 %) und dem griechisch-zypriotischen (etwa 80 %) Bevölkerungsteil führten 1974 zum Einmarsch türkischer Truppen. Seitdem ist die Insel geteilt in einen griechisch-zypriotischen Süd- und einen türkisch-zypriotischen Nordteil.

15
Geowissenschaften

Die zentrale Frage der Wissenschaften, die sich mit dem Planeten Erde befassen, ist: Welche Kräfte und Vorgänge haben das heutige Erscheinungsbild der Erde geprägt und verändern es weiterhin? Eine wesentliche Erkenntnis ist, dass es drei ineinander verzahnte Bereiche sind:
In der Geosphäre, der Gesteinshülle der Erde, spielen sich Werden und Vergehen des festen Landes ab. Die Geologie formuliert dazu zwei grundlegende Aussagen. Die erste, besagt, dass die Erde sehr alt ist und ihre Geschichte an den Gesteinen der Erdkruste abgelesen werden kann. Die zweite wird mit den Schlagworten ›Kontinentalverschiebung‹ und ›Plattentektonik‹ umrissen: Die Erde hat sich entwickelt und verändert sich noch heute; Kontinente verschieben sich, stoßen zusammen und bilden wieder neue Landmassen. Die Geologie untersucht die Gesteine und ihre Geschichte. Die Erforschung der Kräfte, die die Vorgänge in der Erdkruste steuern, ist das Aufgabengebiet der Geophysik. Zugleich mit diesen großräumigen Veränderungen finden kleinräumigere Vorgänge statt: Vulkanismus, Abtragung, Transport und Ablagerung von Schutt und Geröll durch fließende Gewässer. Diese Veränderungen untersucht die Geomorphologie.
In der Atmosphäre, der Lufthülle der Erde, vollzieht sich das Wettergeschehen. Durch die Einstrahlung der Sonne und die Drehung der Erde bilden sich Luftdruckunterschiede, die großräumige, erdumspannende Windsysteme hervorrufen. Das Wetter und seine Erscheinungen sind Untersuchungsgegenstand der Meteorologie. Niederschläge, Temperatur und andere Merkmale, die sich über kürzere oder längere Zeiträume ändern, prägen das Klima der einzelnen Regionen der Erde. Seine Wandlungen untersucht die Klimatologie.
Zwischen der Geosphäre und der Atmosphäre vollziehen sich die Veränderungen der Hydrosphäre, der ›Wasserhülle‹ der Erde. Wasser verdunstet von der Erdoberfläche und kommt als Niederschlag zurück. Die Hydrographie ist die Lehre vom Wasser auf der Erde.
Dieses Kapitel erläutert die wichtigsten Begriffe aus den genannten Bereichen.

Abendrot, die Rotfärbung des westlichen Himmels nach Sonnenuntergang. Sie entsteht, weil das Licht der tief stehenden Sonne einen besonders langen Weg durch die Atmosphäre zurücklegen muss. Dabei wird es, ähnlich wie beim Durchgang durch ein Prisma, in seine farblichen Bestandteile zerlegt, von denen nur die gelben und roten Strahlungsanteile zu einem geringen Teil zum Beobachter kommen. Ähnlich das Morgenrot am östlichen Himmel.

Abendstern, der helle Planet Venus *(siehe dort).*

Ammoniten, ausgestorbene Meerestiere, die im Erdmittelalter weit verbreitet waren. Ihre schneckenhausähnlichen Kalkschalen findet man oft als Versteinerung in muschelkalkreichen Böden.

Äquator, größter Breitenkreis, der die Erde in eine Nord- und in eine Südhalbkugel teilt, rd. 40 075 km lang.

Archipel, *der* Bezeichnung für Inselgruppen im Weltmeer.

artesischer Brunnen, *siehe* Brunnen.

Astronomie, *die* [zu griechisch ástron ›Gestirn‹], **Himmelskunde, Sternkunde,** Wissenschaft, die sich mit der Erforschung der Himmelskörper beschäftigt. Die Astronomen beobachten und beurteilen die aus dem Weltraum kommenden Strahlungen und ziehen daraus Rückschlüsse auf die Beschaffenheit der die Strahlungen aussendenden Strahlungsquellen des Kosmos. Zu diesen Quellen gehören die Körper des Sonnensystems (die Sonne, die Planeten, die Monde, die Planetoiden, die Kometen und die Meteorite), die Sterne des Milchstraßensystems (alle Sterne, die wir nachts mit bloßem Auge sehen können, sind entweder Planeten oder Sterne des Milchstraßensystems) und die anderen Sternsysteme (Galaxien).

Atmosphäre, *die* [zu griechisch atmós ›Dunst‹ und sphaĩra ›Kugel‹], die Gashülle eines Planeten. Die Erdatmosphäre besteht aus einem Gemisch von etwa 78% Stickstoff, 21% Sauerstoff und rund 1% Kohlendioxid und Edelgasen. Eine genaue Obergrenze lässt sich nicht angeben; ab etwa 400 km Höhe geht die Erdatmosphäre allmählich in den Weltraum über.

Atoll, *das* ein ringförmiges Korallenriff, das eine Lagune umschließt.

Barometer, *das* Gerät, mit dem der Luftdruck gemessen wird. Meist ist es ein Dosenbarometer, eine luftleere Metalldose, deren Deckel sich bei Änderung des Luftdrucks verformt; die Verformung wird mechanisch auf den Zeiger übertragen.
❧ Das erste Barometer wurde 1643 von dem Italiener EVANGELISTA TORRICELLI (* 1608, † 1647) gebaut.

Basalt, sehr hartes vulkanisches Gestein von dunkelgrauer bis schwarzer Farbe, oft zu sechseckigen Säulen erstarrt. Bevorzugtes Schotter- oder Baumaterial.

Baumgrenze, Grenzzone im Gebirge, bis zu der Baumwuchs möglich ist (in deutschen Mittelgebirgen bei etwa 1050 m, in den Alpen bis 2400 m, in den Tropen bis zu 3500 m).

Bims, Lava, die durch vulkanische Gase stark aufgeschäumt ist. In der Bauindustrie wird Bims zur Herstellung von Hohlblocksteinen verwendet.

Blitz, hell aufleuchtende Funkenentladung beim Gewitter. Meist sind Blitze als gezackte Linien sichtbar und haben Temperaturen von über 25000 °C.

Blizzard ['blɪzəd; englisch], plötzlich auftretender Schneesturm in Nordamerika.

Bora, *die* heftiger trockener Fallwind an der Küste Kroatiens, der vor allem im Winter auftritt.

Brandung, auf die Küste auftreffende, sich überstürzende Wellen. Die Kraft der Brandung kann die Form einer Küste allmählich verändern.

Braunkohle, *siehe* Kohle.

Breite, die geographische Breite gibt an, wie weit ein Ort vom Äquator entfernt ist. Sie wird in Breitengraden (0° bis 90°) ausgedrückt. Die Breitenkreise bilden zusammen mit den Meridianen das Gradnetz der Erde.

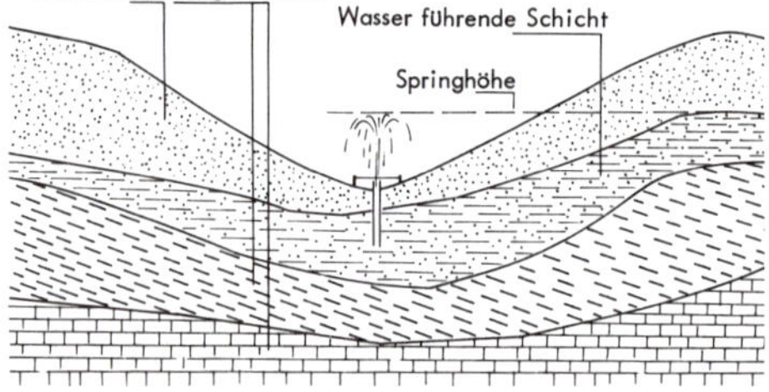

Schematische Darstellung eines artesischen Brunnens

Brunnen, Anlage zur Wasserversorgung. Alle Brunnen sind so gebaut, dass sich in ihnen Grundwasser sammelt. Durch Pumpen oder mit Schöpfgefäßen wird es nach oben gebracht. Beim artesischen Brunnen steht das Wasser unter Druck und gelangt von selbst an die Oberfläche.

Canyon, *der* [von spanisch cañon ›Röhre‹], tief eingeschnittenes enges Tal mit steilen Wänden, z. B. der Grand Canyon in den USA.

Datumsgrenze, ungefähr mit dem 180. Längengrad zusammenfallende, durch den Pazifischen Ozean führende gedachte Linie auf der Erdoberfläche. Wenn man sie von West nach Ost überschreitet, gilt dasselbe Datum zwei Tage lang, in umgekehrter Richtung wird ein Tag übersprungen.

Deich, Damm, der Küsten oder Flussufer vor Überschwemmungen schützt. Bei einem Seedeich liegt die Deichkrone in der Regel 3 m über dem bisher erreichten höchsten Hochwasserstand.

Delta, fächerförmig verzweigtes Mündungsgebiet eines Flusses.
❧ Delta ist der vierte Buchstabe des griechischen Alphabets. Nach dessen Form (Δ) sind solche Flussmündungen benannt. Deltaförmige Flussmündungen haben z. B. der Rhein, die Rhône, der Nil, der Mekong.

Desertifikation, ein vom Menschen ausgelöster Prozess der Ausbreitung von Wüsten *(siehe dort).*

Diamant, [griechisch, eigentlich ›Unbezwingbares‹], das härteste Mineral, eine kristallisierte Form des Kohlenstoffs, zugleich einer der wertvollsten Edelsteine. Gefördert werden Diamanten v. a. in Zaire, der Republik Südafrika, Namibia und Botswana.

Dolomit, das Mineral Calcium-Magnesium-Karbonat, benannt nach dem französischen Mineralogen GRATET DE DOLOMIEU (* 1750, † 1801). Es bildet sich durch chemische Umwandlung von Kalkstein.
❧ Dolomit war namengebend für die Dolomiten (*siehe* Kapitel 14).

Donner, rollendes oder krachendes Geräusch, das bei einem Gewitter dem Blitz folgt und durch die plötzliche Ausdehnung der vom Blitz erhitzten Luft entsteht.

Dorf, ländliche, traditionell bäuerliche Siedlung mit einer größeren Zahl von Gehöften. Man unterscheidet verschiedene Dorfformen: Weiler sind klein, unregelmäßig angelegt, mit wenigen Gehöften; Haufendörfer sind ebenfalls unregelmäßig, aber größer und haben einen Dorfkern; in Straßendörfern reihen sich die Häuser zu beiden Seiten einer Straße aneinander, oft über mehrere Kilometer; beim Hufendorf, ebenfalls entlang nur einer Straße, liegt der landwirtschaftliche Besitz direkt hinter dem Gehöft; ein lang gestreckter Dorfplatz (Anger), auch Wiese oder Weiher, kennzeichnet das Angerdorf; ein Dorf mit einem fast kreisförmigen Dorfplatz, um den die Gehöfte fächerförmig gruppiert sind, ist ein Rundling.

Dränage, *die* [...ˈnaːʒə], Entwässerung des Bodens durch ein Grabensystem, in dem Rohre verlegt sind.

Drift, *die* vom Wind erzeugte oberflächl. Meeresströmung.

Dritte Welt, *siehe* Kapitel 3.

Druse, *die* [aus althochdeutsch druos ›verwittertes Erz‹], Hohlraum in vulkanischen Gesteinen, an dessen Innenwänden sich oft regelmäßige Mineralkristalle gebildet haben.

Dschungel [aus indisch Hindi jangal ›Sumpfwald‹], ursprünglich Bezeichnung für die Wälder am Fuß des Himalaja in Indien. Heute umgangssprachlich für andere tropische Wälder.

Düne, durch Wind zusammengewehte Anhäufung von feinem Quarzsand, die bis zu 300 Meter hoch wird und mit dem Wind wandern kann. Dünen sind auf der dem Wind zugewandten Seite (Luv) flach und fallen auf der Gegenseite (Lee) steil ab.

Dünung, Wellenbewegung der Meeresoberfläche, lange, gleichmäßig laufende Wellen ohne Schaumkronen.

Ebbe und Flut, das Fallen und Steigen des Meeresspiegels im Wechsel der Gezeiten *(siehe dort).*

Edelstein, seltenes Mineral, meist von besonders schöner Farbe und Lichtwirkung. Edelsteine sind meist sehr hart und werden zu Schmuck verarbeitet. Ihr Gewicht wird in Karat gemessen (1 Karat = 0,2 Gramm). Zu den teuersten Edelsteinen gehören die Diamanten. Weniger wertvolle Edelsteine, nennt man Schmucksteine oder Halbedelsteine.

Einzugsgebiet, das jeweils von einem Fluss mit seinen Nebenflüssen entwässerte Gebiet; so z. B. umfasst das Einzugsgebiet des Amazonas 7 Mio. km^2.

Eis, feste Form des Wassers, die bei 0 °C durch Gefrieren entsteht. Das Wasser dehnt sich dabei um etwa $^1/_{11}$ seines Volumens aus. Darauf beruht seine Sprengwirkung. Selbst Gesteine werden zersprengt, wenn Wasser in ihren Hohlräumen und Spalten gefriert.

Eisberge, im Meer schwimmende große Eismassen. Sie brechen von Gletschern ab, deren Zungen bis ins Meer reichen, und treiben mit der Strömung fort. Nur etwa $^1/_5$ bis $^1/_8$ eines Eisbergs ragt aus dem Wasser heraus. Die größten Eisberge der Antarktis haben eine Fläche bis 180 km², ihre Wände fallen 30–50 m senkrecht ab.

Eiszeit, Abschnitt der Erdgeschichte, in dem durch Temperaturrückgang weite Teile der Erdoberfläche von großen Eismassen bedeckt waren. Das letzte große Eiszeitalter begann vor etwa 2 Millionen Jahren mit dem Pleistozän und endete vor rund 10 000 Jahren mit der Würmeiszeit. Im Alpenraum gab es vier Eiszeiten (Günz, Riß, Mindel, Würm) mit zwischengeschalteten Warmzeiten; in Norddeutschland sind drei Eiszeiten nachweisbar (Elster, Saale, Weichsel). In Europa reichte das Eis von Norden bis an die deutschen Mittelgebirge, die teilweise vergletschert waren (Vogesen, Schwarzwald, Böhmerwald).

Ekliptik [lateinisch], fast kreisförmige Bahn der Erde um die Sonne. Von der Erde aus gesehen erscheint es so, als bewege sich die Sonne im Lauf eines Jahres auf dieser Bahn.

Epizentrum, Gebiet direkt über dem Erdbebenherd, allgemein der Ort der größten Erdbebenstärke.

Erdbeben, Erschütterung des Erdbodens durch Vorgänge in der Erdkruste. Meist werden Erdbeben ausgelöst durch Verschiebungen oder Brüche in der Erdkruste, seltener durch Vulkanausbrüche oder Einsturz unterirdischer Hohlräume. Zur Feststellung der bei einem Erdbeben ausgelösten Energie mithilfe normierter Seismographen dient die ›Richterskala‹, die nach oben offen ist, die also das Erfassen von Erdbeben in beliebiger Stärke erlaubt; größte bisher gemessene Stärke war 8,6.

Erde, fünftgrößter der neun Planeten des Sonnensystems, von der Sonne aus gezählt der dritte Planet. Die Erde bewegt sich auf einer fast kreisförmigen Bahn um die Sonne. Für einen Umlauf benötigt sie 365 Tage und sechs Stunden. Gleichzeitig dreht sie sich in 24 Stunden einmal um ihre eigene Achse. Dadurch entsteht der Wechsel von Tag und Nacht. Die Erde hat eine annähernd kugelförmige Gestalt. Ihr Umfang beträgt rund 40 000 km, ihr Durchmesser 12 750 km. Kenntnisse über den Aufbau der Erde konnte man durch Messungen bei Erdbeben gewinnen. Die oberste Schicht, die Erdkruste, reicht bis in etwa 40 km Tiefe, darunter folgt der Erdmantel und in rund 2 900 km Tiefe der Erdkern. Die Verteilung von Land und Wasser auf der Erdoberfläche ist ungleich: fast $^3/_4$ sind vom Meer bedeckt, nur $^1/_4$ entfällt auf das Festland und die Inseln.

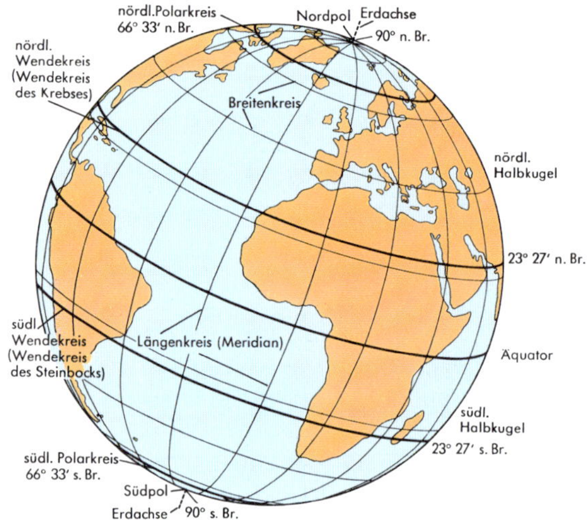

Die Erdkugel

Erdgas, Ansammlung von brennbaren Gasen in der Erdkruste, die ähnlich wie Erdöl aus pflanzlichen und tierischen Lebewesen hervorgegangen sind.

Erdgeschichte, Entwicklungsgeschichte der Erde, besonders der Erdkruste. Die Erdgeschichte wird von der Geologie erforscht, die Entwicklung des Lebens auf der Erde von der Paläontologie. Wichtige Zeugen für die zeitliche Gliederung der Erdgeschichte sind die Fossilien. Man unterscheidet folgende Hauptabschnitte, die jeweils wieder in zahlreiche Unterabschnitte unterteilt werden: Präkambrium (Erdurzeit; Dauer: 3,5–4 Milliarden Jahre), Paläozoikum (Erdaltertum; Dauer: 345 Millionen Jahre), Mesozoikum (Erdmittelalter; Dauer: 159 Millionen Jahre), Neozoikum (Erdneuzeit; Dauer: 65 Millionen Jahre).

Erdkunde, *siehe* Geographie.

Erdöl, flüssiges Gemisch verschiedener Kohlenwasserstoffe, die sich in früheren Epochen der Erdgeschichte in Meeresräumen gebildet haben. Eine große Zahl abgestorbener Lebewesen (z. B. Algen,

Muscheln, Fische) wurde bei Abwesenheit von Sauerstoff durch Bakterien umgebildet. Dieser Vorgang setzte sich unter einer Deckschicht aus Ton und Sand fort, bis unter höheren Temperaturen und hohem Druck Kohlenwasserstoffe entstanden. Sie sammelten sich schließlich unter undurchlässigen Schichten in Lagerstätten an, von wo es heute durch Bohrungen an die Erdoberfläche geleitet wird. Erdöl und Erdgas liefern zur Zeit den größten Teil der benötigten Energie.

Erdteil, Kontinent, große zusammenhängende Landmasse der Erde. Man unterscheidet die Erdteile Afrika, Amerika, Asien, Australien, Europa und die Antarktis. Größe und Form der heutigen Erdteile haben sich in sehr langen Zeiträumen der Erdgeschichte gebildet. Teile der Erdkruste trieben aufeinander zu, andere entfernten sich voneinander. An ihrer Vorderseite wurden Faltengebirge aufgestaut (z. B. die südamerikanischen Anden). Der Himalaja und benachbarte Gebirge entstanden beim ›Aufprall‹ Indiens auf den asiatischen Kontinent. An der Rückseite der driftenden Erdteile blieben Inselketten zurück (z. B. die Philippinen).

Erosion, *die* [lateinisch ›das Zerfressenwerden‹], Abtragung von Gesteinsmaterial durch Wind, Eis, Schnee, vor allem aber durch Wasser.

Erz, Mineral mit hohem Metallgehalt. In Erzen kommt nutzbares Metall rein oder in hohen Anteilen vor, sodass sie sich zur Metallgewinnung eignen. Die nicht verwertbaren Anteile von Erzen nennt man taubes Gestein.

Fallwind, abwärts gerichtete großräumige Luftströmung, die meist auf der dem Wind abgewandten Seite eines Gebirges auftritt. Beim Absteigen erwärmt sich die Luft, sodass manche Fallwinde warm sind, z. B. der Föhn; war die Luft in der Höhe jedoch sehr kalt, sind die Fallwinde trotz Erwärmung am Fuß des Gebirges immer noch recht kühl.

Fata Morgana, *siehe* Luftspiegelung.

Feldspat, meist gelbliches bis rötliches oder farbloses Mineral. Fast $^2/_3$ aller Gesteine der Erdkruste bestehen aus Feldspaten. Bei der Verwitterung entstehen Kaolin und Tonminerale. Feldspat wird zur Herstellung von Glas und Porzellan und für Glasuren verwendet.

Felsenmeer, Blockmeer, Ansammlung von gerundeten oder kantigen Felsblöcken an Berghängen. Sie stammen meist aus vulkanischen Gesteinen, sind durch die Verwitterung freigelegt worden und an Hängen ins Rutschen geraten, wo sie sich oft in großer Zahl angesammelt haben. Felsenmeere gibt es z. B. im Odenwald.

Feuerstein, Flint, aus verfestigter Kieselsäure bestehendes Gestein von blauschwarzer bis gelblicher Färbung. Es lässt sich leicht zu scharfkantigen Stücken zerschlagen. In der Steinzeit wurden z. B. Faustkeile, Klingen und Äxte aus Feuerstein gefertigt, bis in die Gegenwart schlägt man mit Feuerstein Feuer.

Findling, großer Gesteinsblock, der von Gletschern der Eiszeit weit von seinem Ursprungsort transportiert wurde und nach dem Abschmelzen des Eises liegen blieb.

Firn [von althochdeutsch firni ›alt‹], körniger Schnee im Hochgebirge, der mehrfach aufgetaut und wieder gefroren ist. Aus Firn entsteht mit der Zeit Gletschereis.

Fixstern [zu lateinisch fixus ›feststehend‹], selbstleuchtender Himmelskörper, der im Unterschied zu den Planeten seinen Ort am Himmel kaum zu verändern scheint. Da Fixsterne sich aber durchaus bewegen, ist die Bezeichnung etwas irreführend und wird in der Astronomie eher vermieden.

Fjord, *der* sehr tief eingeschnittenes Tal mit steilen Wänden, das von Gletschern der Eiszeit wie ein Trog ausgehobelt wurde. Nach dem Ende der Eiszeit drang das Meer ein. Fjorde sind meist lang gestreckt, z. B. in Norwegen.

Flöz, Gesteinsschicht mit abbauwürdigen Gesteinen im Bergbau (z. B. Kohlenflöz).

Fluss, fließendes Gewässer auf dem Festland, in dem sich Niederschlagswasser (Regen, Hagel, Schnee) und das aus Quellen austretende Grundwasser sammeln. Ein Hauptfluss und seine Nebenflüsse entwässern ein bestimmtes Gebiet, das von der Wasserscheide *(siehe dort)* umgrenzt ist. In feuchten Gebieten führen fast alle Flüsse ständig Wasser, in Trockengebieten häufig nur während der Regenzeit. Das Wasser der Flüsse transportiert Gesteinsmaterial mit sich, das im Unterlauf oder im Mündungsgebiet abgelagert wird.

Föhn, warmer, trockener Fallwind *(siehe dort)* auf der vom Wind abgewandten Seite (Leeseite) eines Gebirges. Föhn tritt besonders häufig am Nordrand der Alpen auf.

Förde, tief ins Festland reichende Meeresbucht. Während der Eiszeit lagen hier große Gletscherzungen, die sich nach deren Abschmelzen mit Wasser füllten. So entstanden z. B. die Kieler, Schleswiger und Flensburger Förde.

Fossilien [zu lateinisch fossilis ›ausgegraben‹], versteinerte Reste von Tieren oder Pflanzen aus früheren Epochen der Erdgeschichte. Leitfossilien sind solche Überreste, die nur in einer bestimmten Gesteinsschicht auftreten und für sie kennzeichnend sind.

Front, in der Wetterkunde die Grenzlinie zwischen warmen und kalten Luftmassen am Boden.

Frühling, Jahreszeit, die auf der Nordhalbkugel vom 21. März bis 21. Juni dauert, auf der Südhalbkugel vom 23. September bis 22. Dezember.

Furt, seichte Stelle in einem Fluss, die durchwatet oder durchfahren werden kann.
❧ Furten waren v. a. im Mittelalter für den Verkehr und die Entstehung von Siedlungen (z. B. Frankfurt, Schweinfurt, Ochsenfurt) von großer Bedeutung.

Galaxie, *siehe* Sternsysteme.

Galaxis, das Sternsystem der Milchstraße.

Gebirge, hoch aufragende Gebiete der Erdoberfläche, die sich in Bergkämme, Einzelberge, Täler und Hochflächen unterteilen. Nach der Höhenlage werden Mittelgebirge (in Mitteleuropa bis etwa 1 500 m hoch) und Hochgebirge unterschieden mit jeweils eigenen, typischen Oberflächenformen. Mittelgebirge sind erdgeschichtlich meist sehr alt und haben abgerundete Kuppen und Rücken, die fast immer bis in die oberen Höhen bewaldet sind. Hochgebirge sind später entstanden. Sie weisen schroff ausgebildete Formen auf (scharfe Grate, hoch aufragende Felswände und Gipfel, tief eingeschnittene Täler), tragen in der Höhe keine Vegetation und sind in der Gipfelregion häufig mit Schnee und Eis bedeckt.

Geest, *die* aus sandigen, eiszeitlichen Ablagerungen bestehender Landschaftstyp im Norden und Nordwesten Deutschlands mit wenig fruchtbaren Böden (bedeckt v. a. mit Heide und Kiefernwald). Die Geest liegt höher als das vorgelagerte Marschland.

gemäßigte Zone, Bereich der Erdoberfläche auf der Nord- und Südhalbkugel jeweils zwischen den Wendekreisen und den Polarkreisen. Das Klima ist gekennzeichnet durch Temperaturunterschiede in den Jahreszeiten, vorherrschende Westwinde und Regen zu allen Jahreszeiten.

Geographie, *die* [griechisch ›Erdbeschreibung‹], Wissenschaft von den Erscheinungen und Räumen der Erdoberfläche und den unteren Schichten der Atmosphäre. Die allgemeine Geographie untersucht, wie Klima, Gewässerverhältnisse, Verteilung der Pflanzen- und Tierwelt und Oberflächenformen miteinander verflochten sind. In vielen unterschiedlichen Landschaftstypen wird dieses Zusammenwirken deutlich. Die Ausprägung einer Landschaft hat für die Tätigkeit des Menschen entscheidende Bedeutung, z. B. bei der Anlage von Siedlungen und Verkehrswegen, bei den Formen des Wirtschaftens. Die Länderkunde behandelt Erdteile, Länder und Gebiete und versucht, sie jeweils in ihrer Eigenart zu erfassen und darzustellen. Wichtige Hilfsmittel der Geographie sind Karte und Luftbild.

Geologie, *die* [griechisch ›Lehre von der Erde‹], Lehre vom Bau, von der Zusammensetzung und Geschichte der Erdkruste sowie von den auf sie einwirkenden Kräften.

Gesteine, aus einem Gemenge von Mineralien bestehende große Körper, die die Erdkruste und den oberen Erdmantel aufbauen. Gesteine werden nach ihrer Entstehung unterschieden. Magmengesteine dringen in glutflüssigem Zustand entweder bis an die Erdoberfläche (Ergussgesteine) oder erstarren in den oberen Teilen der Erdkruste (Tiefengesteine). Sedimentgesteine entstehen durch die Ablagerung von verwittertem und zersetztem Gesteinsmaterial (z. B. Kalkstein, Sandsteine). Die meisten Gesteine der Erdoberfläche gehören zu dieser Gruppe. Metamorphe Gesteine entstehen aus Magmen- oder Sedimentgesteinen, die unter hohem Druck und steigenden Temperaturen umgewandelt werden.

Gewitter, Wettererscheinung mit elektrischen Entladungen aus einer Gewitterwolke in Form von Blitz und Donner. Gewitter sind meist begleitet von heftigen Schauern. Hohe Luftfeuchtigkeit und starke, aufwärts gerichtete Luftströmungen (z. B. im Sommer über dem erhitzten Erdboden) sind Voraussetzungen für die Entstehung von Gewittern. Beim Aufsteigen kühlt die warme Luft ab, die in ihr enthaltene Feuchtigkeit kondensiert in Form von kleinen Wassertröpfchen. So entstehen Haufenwolken, die durch kräftige Aufwinde im Innern bis in Höhen von 8 bis 12 km wachsen können. Mit der Bildung von Wassertröpfchen beginnen Teile der Wolke, sich elektrisch aufzuladen. Negativ geladene Teilchen sammeln sich im unteren Teil der Wolke, positiv geladene im oberen. Dazwischen sowie zwischen Wolke und Erdboden bauen sich elektrische Spannungen auf, die sich in Form von Blitzen entladen.

Geysir, Geiser, *der* heiße Springquelle in vulkanischen Gebieten der Erde. Kühles Grundwasser wird im Erdinnern durch heißes Magma bis zum Sieden erhitzt. Wenn es ›überkocht‹, dringt es durch einen Schlot empor, reißt dabei weiteres Wasser mit und schießt als Wasserfontäne aus dem Boden. Nach dem Ausbruch füllt sich der Schlot wieder mit kühlem Grundwasser, und der Ausbruchskreislauf beginnt von neuem.
❧ Ein bekannter Geysir (›Old Faithful‹), im amerikanischen Yellowstone-Nationalpark schießt nach Pausen von jeweils ca. 70 Minuten eine 40 m hohe Fontäne empor.

Gezeiten, regelmäßiges Heben und Senken des Meeresspiegels. Das Steigen des Wassers heißt Flut, das Fallen Ebbe. Ursache für die Gezeiten sind die Anziehungskräfte vor allem zwischen Erde und Mond und die Fliehkräfte, die bei der Bewegung der Erde um die Sonne entstehen. Diese Kräfte erzeugen zwei ›Flutberge‹, die durch die Erddrehung täglich mit dem Mond einmal um die Erde wandern. Etwa 12–13 Stunden vergehen zwischen dem Eintreffen der Flut an einem Ort.

Gletscher, Eismassen, die oberhalb der Schneegrenze entstehen, wo im langjährigen Durchschnitt mehr Schnee fällt als abtaut (Nährgebiet). Durch sein eigenes Gewicht geschoben, fließt das Gletschereis langsam talwärts und schmilzt. Eine große Menge grobes und feines Gesteinsmaterial bleibt nach dem Abschmelzen als Moräne zurück.

Glimmer [englisch ›glänzen‹], hell oder dunkel glänzendes, in Form von Blättchen auftretendes Mineral, das in vielen Gesteinen vorkommt.

Globus, *der* [lateinisch ›Kugel‹], verkleinerte Nachbildung der Erde durch eine Kugel. Ein Globus hat eine drehbare, meist schräg stehende Achse.
❧ Den ältesten heute noch erhaltenen Globus baute 1492 MARTIN BEHAIM (* 1459, † 1507) in Nürnberg.

Gneis, aus Feldspat, Quarz und Glimmer bestehendes Gestein, das unter Druck und Hitze aus magmatischen (Paragneis) oder Sedimentgesteinen (Orthogneis) entstanden ist. Gneis hat eine schieferige Struktur.

Geysir Strokkur auf Island

Golf, sehr große Meeresbucht, z. B. der Golf von Biskaya zwischen der Nordküste Spaniens und der Westküste Frankreichs.

Golfstrom, warme, bis 150 km breite Meeresströmung im Atlantischen Ozean. Sie kommt aus dem Golf von Mexiko und trägt warmes Wasser bis vor die Küsten Nordeuropas. Der Golfstrom beeinflusst in hohem Maße das Klima in Mittel- und Nordeuropa.

Gradnetz, den Globus überziehendes, aus Meridianen *(siehe dort)* und Breitenkreisen bestehendes gedachtes Netz von Linien. Mit seiner Hilfe lässt sich die geographische Lage jedes Punktes der Erdoberfläche genau bestimmen.

Granit, Gruppe der am weitesten verbreiteten Tiefengesteine. Hauptbestandteile sind Feldspat, Quarz und Glimmer.

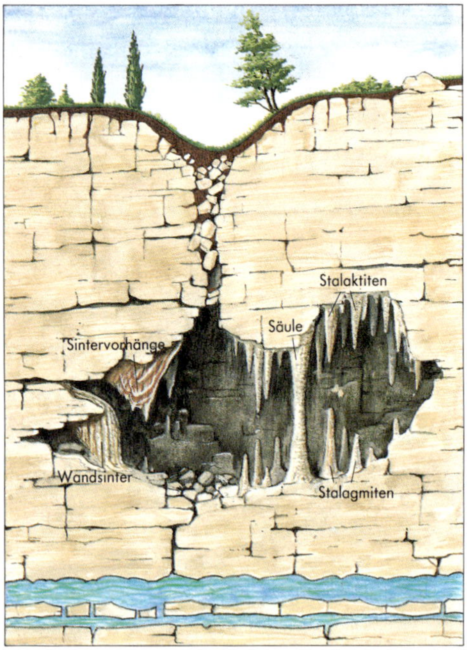

Höhle. Schnitt durch eine Karsthöhle

Graupeln, fester Niederschlag in Form kleiner weißer Eiskörner.

Grundwasser, unterirdisches Wasser in den Hohlräumen der Erdrinde, das durch Versickern der Niederschläge, aber auch aus Flüssen und Seen dorthin gelangt. Dabei wirken sandige Schichten wie ein Filter, sodass Grundwasser meist keimfrei ist. Für die Versorgung mit Trinkwasser spielt es eine wichtige Rolle. Die ›Versiegelung‹ der Erdoberfläche besonders durch asphaltierte Straßen sowie das beschleunigte Fließen des Wassers in begradigten Flüssen bewirken wesentlich eine Verminderung der Grundwasserreserven.

Haff, flache Meeresbucht, die durch eine Nehrung *(siehe dort)* fast völlig vom offenen Meer abgetrennt ist und meist nur schmale Durchlässe zum offenen Meer hat. In Europa sind Haffs eine typische Erscheinung der Ostseeküste.

Hagel, fester Niederschlag in Form von Eiskugeln oder -stücken von mehr als 5 mm Durchmesser. Hagelkörner können die Größe von Tennisbällen erreichen.

Halligen, flache Inseln im Wattenmeer, vorwiegend vor der Westküste Schleswig-Holsteins. Bei normalem Hochwasserstand ragen die Halligen ein wenig aus dem Wasser heraus, bei Sturmfluten nur noch die künstlich aufgeschütteten Erdhügel (Wurten), auf denen die Gebäude errichtet sind.

Heide, mit Gräsern, Kräutern und Sträuchern bewachsene, baumarme Landschaft mit nährstoffarmen Böden, vor allem in Mittel- und Westdeutschland.

Herbst, Jahreszeit, die auf der Nordhalbkugel vom 23. September bis 21. Dezember dauert, auf der Südhalbkugel vom 21. März bis 21. Juni.

Himmel, scheinbares Gewölbe in Form einer Halbkugel, das auf dem Horizont ruht und an dem die Gestirne angeheftet zu sein scheinen.

Hoch, Hochdruckgebiet, in der Wetterkunde ein Gebiet, in dem im Vergleich zu der Umgebung hoher Luftdruck herrscht. Die Luft fließt am Boden aus einem Hoch spiralförmig heraus, auf der Nordhalbkugel im Uhrzeigersinn. Die von oben nachfließende Luft erwärmt sich beim Abstieg, sodass im Kern eines Hochs sich die Wolken auflösen und meist sonniges Wetter mit tiefblauem Himmel herrscht.

Höhlen, große Hohlräume im Gestein, die entweder mit dem Gestein zugleich entstanden sind, z. B. durch die Ansammlung von großen Gasblasen in vulkanischen Gesteinen, oder nachträglich gebildet wurden. Die größten Höhlen entstehen in Kalkgestein, wo entlang von Rissen und Spalten durch versickernde Niederschläge der Kalk gelöst wird. Mit der Zeit können so riesige Höhlensysteme ausgewaschen werden, in denen vom Boden und von der Decke Tropfsteine wachsen.

Hurrikan, *der* [ˈhʊrika:n, ˈhʌrɪkən], tropischer Wirbelsturm (bis zu 200 km/h) im Golf von Mexiko und im Karibischen Meer.

Insel, allseitig von Wasser umgebenes Land. Inseln treten meist in Gruppen (Archipel) oder Reihen (Inselketten) auf.

Islandtief, im nördlichen Atlantischen Ozean bei Island auftretendes Tiefdruckgebiet, das West- und Nordeuropa häufig Niederschläge bringt.

Isobare, *die* [zu griechisch ísos ›gleich‹ und báros ›Druck‹], Linie auf einer Wetterkarte, die Orte gleichen Luftdrucks miteinander verbindet.

Isotherme, *die* [zu griechisch ísos ›gleich‹ und thermos ›Wärme‹], Linie auf einer Wetterkarte, die Orte gleicher Temperatur miteinander verbindet.

Isthmus, *der* [griechisch ›Landenge‹], schmales, zwischen Meeresteilen liegendes Landstück, das zwei benachbarte Landgebiete miteinander verbindet (z. B. Isthmus von Korinth).

Jahreszeiten, die vier Zeitabschnitte des Jahres Frühling, Sommer, Herbst und Winter. Ihr Wechsel beruht darauf, dass die Rotationsachse der Erde nicht senkrecht auf ihrer Bahn um die Sonne steht, sondern geneigt ist. Dadurch erreicht die Sonne für jeden Erdort zu verschiedenen Zeiten des Jahres verschiedene Mittagshöhen, von den Wendekreisen polwärts zu Beginn des Sommers die größte (Sommersonnenwende), zu Beginn des Winters die niedrigste (Wintersonnenwende). Die größere Mittagshöhe im Sommer hat zur Folge, dass die Sonnenstrahlen steiler einfallen und die Sonne länger scheint (Tag länger als die Nacht); beides bewirkt eine stärkere Erwärmung.

Jupiter, größter Planet unseres Sonnensystems (Durchmesser an seinem Äquator: 142 800 km). Er dreht sich in nur etwa 10 Stunden einmal um die eigene Achse. Für einen Umlauf um die Sonne benötigt er knapp zwölf Jahre. Um Jupiter kreisen 16 Jupitermonde; die ersten (Jo, Europa, Ganymed und Callisto) entdeckte GALILEO GALILEI 1610, während Thebe und Metis erst 1980 erkannt wurden.

Kalk, aus Ablagerungen von kalkhaltigen Meerestieren entstandenes Gestein (Kalkstein, Gips, Marmor). Kalkstein bildet ganze Gebirgszüge, z. B. die Kalkalpen. Er ist ein wichtiger Rohstoff in der Bauindustrie.

Kältepole, Gebiete der Erdoberfläche mit den niedrigsten Temperaturen. Der Kältepol der Südhalbkugel liegt in der östlichen Antarktis (−88 °C), der Kältepol der Nordhalbkugel in Ostsibirien (−70 °C).

Kanal, künstlich angelegte Wasserstraße, die verschiedene Flüsse, Seen oder Meere verbindet. Höhenunterschiede im Gelände werden durch Schleusen oder Schiffshebewerke überwunden.
❧ Wichtige Kanäle sind der Suez- und der Panamakanal.

Kar, *das* nischen- oder sesselförmige Hohlform in den Steilhängen vergletscherter Gebirge.

Karst, *der* nach dem Karstgebirge in Slowenien und Kroatien benannte Landschaftsform, die durch eine Vielzahl von Formen an der Erdoberfläche und im Untergrund (z. B. Höhlen, Einsturztrichter) gekennzeichnet ist. Die Formen entstehen in Kalkgestein durch Lösungsvorgänge des Grund- und Oberflächenwassers.

Katarakt, *der* Stromschnelle, Wasserfall.

Klamm, *die* schmale, von einem Gebirgsbach meist tief eingeschnittene Felsschlucht.

Kliff, Steilabfall an der Küste, der von der Brandung beständig unterspült wird.

Klima, der für ein größeres Gebiet und über einen längeren Zeitraum typische Ablauf des Wetters. Die Kennzeichen für ein bestimmtes Klima (z. B. Temperatur, Niederschlag, Luftdruck, Luftfeuchtigkeit, Windrichtung und -stärke) werden über viele Jahre hinweg gemessen, um daraus Durchschnittswerte zu ermitteln. Beeinflusst wird das Klima auch durch die geographische Breite, Höhenlage, Verteilung von Land und Meer, Beschaffenheit des Bodens und Vegetation. Der Einfluss der Verteilung von Land und Meer führt zur Unterscheidung von Kontinentalklima (im Innern der Kontinente; warme Sommer, kalte Winter; große Temperaturschwankungen im Tages- und Jahresverlauf) und ozeanischem Klima (vom Meer beeinflusst; mäßig warme Sommer, milde Winter; geringe tägliche und jährliche Temperaturschwankungen).
Trotz der vielfältigen Einflüsse auf das Klima sind auf der Erde mehrere Klimazonen ausgebildet: beiderseits des Äquators die feuchtheiße tropische Zone (sehr hohe Niederschläge, geringe Temperaturschwankungen), polwärts gefolgt von der subtropischen Zone (hohe Temperaturen, geringe Niederschläge), der gemäßigten Zone (deutliche Temperaturunterschiede im Jahresverlauf, Niederschläge zu allen Jahreszeiten), der subpolaren Zone (kurze, mäßig warme Sommer, lange, kalte Winter) und der polaren Zone (Durchschnittstemperatur des wärmsten Monats nicht über +10 °C).

Klippe, gefährlicher Felsen wenig unter oder über einer Wasserfläche, besonders häufig an Steilküsten.

Kohle, aus zersetztem Pflanzenmaterial in früheren Erdzeitaltern entstandenes brennbares, braunes bis schwarzes Sedimentgestein. Die Bildung von Kohle vollzog sich über große Zeiträume. In tropischem Klima entstanden aus großen Sumpfmoorwäldern zunächst Torfmoore. Diese wurden nach und nach von Gesteinsschichten luftdicht überdeckt, und unter Druck und Wärme bildete sich zunächst Braunkohle und später, bei weiterer Verfestigung und höherem Kohlenstoffgehalt, Steinkohle. Neben Kohlenstoff enthalten Kohlen Wasserstoff, Sauerstoff, Stickstoff und Schwefel sowie Asche. Die bei der Verbrennung von Kohle frei werdenden Stick- und Schwefeloxidgase tragen wesentlich zur Umweltbelastung bei. Kohle ist in Flözen in anderen Gesteinsschichten eingelagert.
Steinkohlelagerstätten (Ruhr- und Saargebiet) werden in Deutschland in Gruben (bis 1 500 m Tiefe) abgebaut, Braunkohle (Ostdeutschland und Kölner Bucht) wird in oft riesigen Tagebauen gewonnen.

Korallenriff. Säulenartiges Saumriff an der Küste von Nauru

Komet, *der* Himmelskörper in unserem Sonnensystem, der auf einer elliptischen Bahn die Sonne umkreist. Kometen bestehen aus einem festen Kern, einer gasförmigen Hülle und einem ebenfalls gasförmigen Schweif.
❧ Der bekannteste Komet ist der Halleysche Komet, benannt nach dem englischen Astronomen EDMOND HALLEY (* 1656, † 1742).

Kontinent, *siehe* Erdteil.

Koog, Polder, durch Eindeichung gewonnenes und gegen Überflutung geschütztes Neuland, z. B. an der schleswig-holsteinischen Nordseeküste.

Korallenriff, aus den kalkigen Skeletten unzähliger Korallen bestehendes Riff. Obwohl Korallenriffe pro Jahr etwa nur 1 cm wachsen, können sie in warmem, sauerstoff- und nährstoffreichem Wasser sehr große Ausmaße annehmen, vor allem in tropischen Meeren (Großes Barriereriff vor der Nordküste Australiens: 2 000 km).

Kosmos, *siehe* Weltall.

Küste, Übergangsbereich zwischen Festland und Meer, der sich durch Brandung, Strömungen, Gezeiten, Ablagerungen der Flüsse und des Meeres ständig verändert, z. B. gibt es Fjord-, Haff-, Schärenküsten.

Lagune, seichter Meeresteil an Flachküsten, der durch Sandablagerungen (Nehrung) abgetrennt ist. Auch die Wasserfläche im Innern eines Atolls wird als Lagune bezeichnet.

Länge, die geographische Länge gibt an, wie weit ein Ort vom Nullmeridian entfernt ist. Sie wird in Längengraden (0° bis 180°) ausgedrückt und östlich des Nullmeridians *(siehe dort)* als östliche Länge, westlich davon als westliche Länge bezeichnet. Die Längenkreise sind gedachte Linien, die durch die beiden Pole der Erde gehen und zusammen mit den Breitenkreisen das Gradnetz *(siehe dort)* der Erde bilden.

Lava, *die* bei Vulkanausbrüchen austretendes Magma und das daraus entstehende poröse, häufig auch glasige Ergussgestein. Die Lava hat beim Austritt eine Temperatur von 1 000 bis 1 300 °C und erstarrt bei 700–900 °C.

Lawine, an steilen Gebirgshängen plötzlich abstürzende große Schneemassen, die auch mit Eis, Erde und Geröll vermischt sein können. Wenn eine Schneedecke am Boden schlecht haftet oder ihre Schichten nur einen ungenügenden inneren Zusammenhalt aufweisen, besteht Lawinengefahr, besonders bei starken Schneefällen, Tauwetter oder Umschichtung von Schneemassen durch Wind.

Legende, Erläuterungen der auf einer Landkarte verwendeten Zeichen, Farben und Abkürzungen.

Lichtjahr, in der Astronomie gebrauchte Einheit für die Strecke, die das Licht während eines Jahres zurücklegt (rund 10 Billionen km).

Löss, feinkörniger, gelblicher, durch Wind abgelagerter Flugstaub. Er besteht größtenteils aus mehlfeinen Quarzkörnchen und ist sehr kalkhaltig. Löss bildet sehr fruchtbare Böden.

Luft, Gasgemisch, das die Atmosphäre der Erde bildet. In den unteren Schichten besteht sie vor allem aus Stickstoff (78%) und Sauerstoff (21%). Außerdem enthält sie Kohlendioxid und Edelgase. Je nach Temperatur vermag sie unterschiedlich viel Wasserdampf aufzunehmen: viel bei hohen, weniger bei niedrigen Temperaturen. Auch der Luftdruck ist von der Temperatur abhängig. Da ein Würfel kalter Luft schwerer ist als ein gleich großer Würfel warmer Luft, herrscht bei Kaltluft am Boden meist hoher, bei Warmluft niedriger Luftdruck.

Luftdruck, Druck, den die Atmosphäre mit ihrem Gewicht auf die Erde ausübt. Gemessen wird der Luftdruck mit dem Barometer. Er wird in Hektopascal (hPa) angegeben und beträgt in Meereshöhe im Durchschnitt 1013 hPa.
❧ Die Einheit Hektopascal ist seit dem 1. 1. 1984 in Staaten, die Mitglieder der Weltorganisation für Meteorologie sind, üblich; sie hat die frühere Einheit Millibar abgelöst.

Luftspiegelung, durch Brechung und Spiegelung von Lichtstrahlen an Luftschichten unterschiedlicher Temperatur hervorgerufene optische Erscheinung. Solche Luftschichten entstehen über stark erhitzten oder gekühlten Flächen, z. B. in der Wüste (Fata Morgana) oder auf erwärmten Landstraßen. Dabei können weit entfernte Gegenstände sichtbar werden, Himmelslicht kann auf einer trockenen Fläche wie Wasser aussehen.

Maar, *das* durch vulkanische Gasexplosionen entstandene trichterförmige, meist mit Wasser gefüllte Vertiefung in der Erdoberfläche, z. B. in der Eifel.

Magma, *das* [griechisch ›geknetete Masse‹], glutflüssige Gesteinsschmelze aus dem Erdinnern mit Temperaturen über 1200 °C.

Marmor, durch Druck und hohe Temperaturen umgewandelter Kalkstein. Durch Verunreinigungen kann er flecken- oder linienhaft verfärbt sein. Marmor ist polierfähig und wird daher gerne als Material für Bildhauer und für Bauten verwendet.

Mars, von der Sonne her gesehen der vierte Planet unseres Sonnensystems. Für einen Umlauf um die Sonne benötigt er rund zwei Jahre. Sein Äquatordurchmesser ist etwa halb so groß wie der der Erde. Die Umdrehungsachse steht schräg, daher gibt es auf dem Mars Jahreszeiten wie bei uns. In seinen rötlich leuchtenden Wüstengebieten toben heftige Staubstürme.
❧ Im Zuge der amerikanischen Pathfinder-Mission setzte eine Raumsonde das Roboterfahrzeug Sojourner am 5. Juli 1997 auf der Marsoberfläche aus. Wie schon die Raumsonden Viking 1 und 2 aus dem Jahr 1975 suchte Sojourner erfolglos nach einfachen Formen des Lebens. Doch lieferte das ›Marsmobil‹ eindrucksvolle Bilder von der Marsoberfläche.

Marsch, Marschland, niedrig gelegenes, bei Flut teilweise überschwemmtes Land an Flachküsten mit starken Gezeiten. Zum Schutz des fruchtbaren Landes ist die Marsch meist durch Deiche geschützt.

Maßstab, Angabe über das Verhältnis von Strecken auf Landkarten gegenüber ihrer wirklichen Länge. Der Maßstab 1 : 50000 bedeutet, dass 1 cm auf der Karte 50000 cm = 500 m in der Natur entsprechen.

Meere, große zusammenhängende Wassermassen, die insgesamt rund 70% der Erdoberfläche bedecken, zum größeren Teil auf der Südhalbkugel. Durch die Kontinente werden drei große Weltmeere voneinander getrennt: Pazifischer, Atlantischer und Indischer Ozean (*siehe* Kapitel 14). In die sie umgebenden Landmassen greifen sie ein als Randmeere (z. B. Nordsee), Binnenmeere (z. B. Schwarzes Meer) oder Mittelmeere (z. B. Europäisches Mittelmeer). Nach der Tiefe unterteilt man den Meeresboden in die Schelfe (bis 200 m Tiefe), den Kontinentalabfall (bis 3500–4000 m Tiefe), die Tiefseebecken (4000–6000 m Tiefe) und die Tiefseegräben (bis über 10000 m Tiefe). Meerwasser ist salzig. Der Salzgehalt liegt durchschnittlich bei 35 g pro Liter (größtenteils Kochsalz).

Meeresspiegel, Wasseroberfläche des Meeres, deren durchschnittliche Lage Ausgangspunkt für alle Höhenangaben auf der Erde ist (Normalnull).

Meeresströmung, Bewegung des Wassers in den Ozeanen, das durch beständig wehende Winde (z. B.

Passate) bis in eine Tiefe von 200 m horizontal in Bewegung gesetzt wird. Auch Unterschiede der Temperatur und des Salzgehalts führen zu Wasserbewegungen. Für das Leben im Meer und die angrenzenden Kontinente sind Meeresströmungen von größter Bedeutung (z. B. der warme Golfstrom für Europa).

Meridiane, gedachte Linien, die die beiden Pole der Erde miteinander verbinden und zusammen mit den Breitenkreisen das Gradnetz der Erde bilden.

Merkur, sonnennächster und (nach Pluto) zweitkleinster Planet unseres Sonnensystems).

Mesozoikum, Erdmittelalter, Abschnitt der Erdgeschichte, der vor 225 Millionen Jahren begann und vor 65 Millionen Jahren zu Ende ging.

Meteor, *der* [griechisch ›Himmelserscheinung‹], kurzlebige Leuchterscheinung beim Eindringen eines Meteoriten in die Erdatmosphäre (Sternschnuppe).

Meteorit, *der* außerirdischer Kleinkörper, der in die Erdatmosphäre eindringt, dort ganz oder zum Teil verdampft und die als Meteor bezeichnete Leuchterscheinung verursacht.

Meteorologie, Wetterkunde, Wissenschaft, die sich mit den Vorgängen in den unteren Schichten der Atmosphäre befasst, vor allem mit den Eigenschaften und Ursachen des Wettergeschehens.

Milchstraße, Galaxis, breiter, heller Gürtel um die Himmelskugel, der durch den vereinigten Glanz vieler, weit entfernter Sterne entsteht. Sie alle gehören zum Milchstraßensystem, ein Sternsystem, dem auch unser Sonnensystem angehört.

Minerale [zu lateinisch minera ›Erzschacht‹], chemisch und physikalisch einheitliche, feste Bestandteile der Erdkruste oder von Himmelskörpern. Minerale liegen meist als Kristalle oder körnige Gemengeteile, z. B. in Gesteinen, vor. Über 3 000 Mineralarten sind bekannt, aber nur zehn von ihnen bilden über 96 % der oberen Erdkruste (Plagioklase, Kalifeldspate, Pyroxene, Hornblenden, Olivine, Quarz, oxidische Eisenerze, Glimmer, Kalkspat, Tonminerale). Nur einzelne Minerale (Erze, Salze) kommen in abbauwürdigen Lagerstätten vor.

Mond, Himmelskörper, der sich um einen Planeten und mit diesem um die Sonne bewegt. Der Erdmond bewegt sich auf einer elliptischen Bahn in 27 Tagen und knapp 8 Stunden um die Erde. Er erhält sein Licht von der Sonne und erscheint daher von der Erde aus in verschiedenen Mondphasen. Dieser Mond besitzt keine Lufthülle. Er hat eine kugelförmige Gestalt, sein Durchmesser beträgt etwa $^1/_4$ des Erddurchmessers (3 476 km). Von der Erde ist er rund 380 000 km entfernt. Mit bloßem Auge lassen sich auf seiner Oberfläche helle und dunkle Gebiete unterscheiden. Dabei handelt es sich um Gebirgsketten, Krater und Ringgebirge. Raumsonden haben seit 1959 den Mond erforscht. Am 20. 7. 1969 landeten die USA im Rahmen ihres Apollo-Programms (Apollo 11) eine Landefähre mit NEIL ARMSTRONG (* 1930) und EDWIN ALDRIN (* 1930) auf dem Mond.

Mondfinsternis, teilweise oder totale Verfinsterung des Mondes beim Durchgang durch den Erdschatten. Dazu muss sich die Erde auf einer nahezu geraden Linie zwischen Sonne und Mond befinden.

Monsun, *der* jahreszeitlich wechselnder Wind, hauptsächlich in Vorderindien und Ostasien. Er weht im Sommer vom Meer zum Land, im Winter vom Land zum Meer. Ursache ist die unterschiedliche Erwärmung von Meer und Landmassen.

Moor, mit Torf bedecktes, feuchtes Gelände mit schlammigem Boden. Moore entstehen, wo mehr Wasser (Niederschlag) auftritt, als abfließen, versickern oder verdunsten kann, z. B. bei verlandenden Seen oder Altarmen von Flüssen. Man unterscheidet Flach- oder Niedermoore und Hochmoore. Flachmoore sind reich an Pflanzenarten, da die Wurzeln der Pflanzen bis ins nährstoffreiche Grundwasser hinabreichen. Bei Hochmooren ist das nicht der Fall, sodass hier nur wenige, anspruchslose Arten wachsen.

Moräne, *die* von Gletschern transportierter und zurückgelassener Gesteinsschutt: als Seitenmoräne am Rand eines Gletschers, als Mittelmoräne beim Zusammenfließen zweier Gletscher, als Grundmoräne zwischen Gletscher und Untergrund, als Endmoräne am unteren Ende des Gletschers.

Morgenrot, Rotfärbung des östlichen Himmels vor Sonnenaufgang. Sie ist auf die gleiche Weise zu erklären wie das Abendrot *(siehe dort)*.

Morgenstern, der helle Planet Venus *(siehe dort)*.

Nehrung, flacher, einem Haff oder Strandsee vorgelagerter Landstreifen, z. B. beim Kurischen Haff an der Ostsee.

Neozoikum, Erdneuzeit, Abschnitt der Erdgeschichte, der vor 65 Millionen Jahren begann.

Neptun [nach dem römischen Gott Neptun], von der Sonne aus gezählt der achte Planet unseres Sonnensystems (Durchmesser: 48 600 km). Neptun wurde erst nach Erfindung des Fernrohrs entdeckt.

Nordlicht, das Polarlicht auf der Nordhalbkugel.

Nordpol, Punkt auf der Nordhalbkugel, an dem die gedachte Erdachse die Erdoberfläche durchstößt.

Nordstern, der Polarstern *(siehe dort)*.

Normalnull, der mittlere Wasserstand des Meeres als Ausgangsfläche für Höhenmessungen auf der Erdoberfläche (Abkürzung: NN).

Nullmeridian, Längengrad auf 0° geographischer Länge. Er verläuft durch die alte Sternwarte im Londoner Stadtteil Greenwich.

Oase, *die* [griechisch ›bewohnter Ort‹], Gebiet in Wüsten- oder Trockengebieten mit Pflanzenwuchs, landwirtschaftlicher Nutzung und ziemlich dichter Besiedlung. Oasen entstehen an Quellen, Flussläufen oder Stellen mit hohem Grundwasserstand.

Obsidian, *der* vulkanisches Gesteinsglas, das bei der Erstarrung kieselsäurereicher Lava entstand. Es ist schwarz oder dunkelgrau bis dunkelbraun und hat ähnliche Eigenschaften wie Feuerstein.

Opal, lebhaft schillerndes Mineral aus wasserhaltiger Kieselsäure, in bestimmten Färbungen als Edelstein geschätzt.

Orkan, Wind von Windstärke 12 und mehr und Windgeschwindigkeiten über 100 km/h. Orkane treten am häufigsten über tropischen Meeren auf (*siehe auch* Hurrikan, Taifun) und erreichen Windgeschwindigkeiten von über 200 km/h.

Ozean, Bezeichnung für die drei großen Weltmeere Pazifischer, Atlantischer und Indischer Ozean (*siehe* Kapitel 14).

Ozon, Form des Sauerstoffs, bei der sich die Moleküle aus drei Atomen zusammensetzen (O_3), während ›normale‹ Sauerstoffmoleküle aus zwei Atomen bestehen (O_2). Ozon bildet sich unter Einwirkung ultravioletter Strahlung oder durch elektrische Entladung aus O_2 und ist stark giftig. 30 km über der Erdoberfläche befindet sich eine Ozonschicht rund um die Erde. Sie schirmt die ultraviolette Strahlung der Sonne ab und ist daher für das Leben auf der Erde von größter Bedeutung. Lücken in dieser Schicht (›Ozonloch‹), die seit einigen Jahren vor allem über der Antarktis auftreten, werden auf den schädigen-

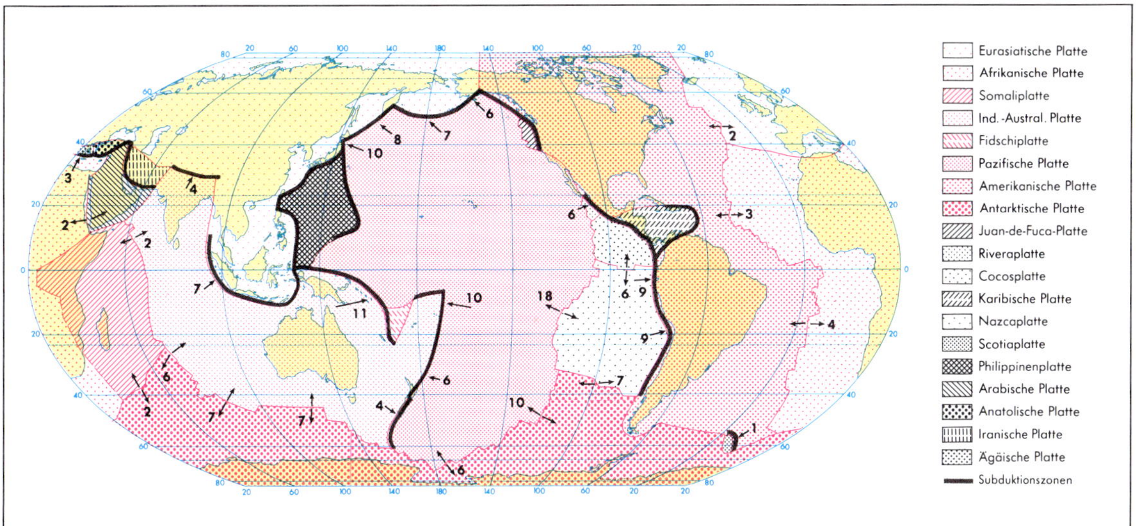

Plattentektonik. Die Struktur der Erde. Die Pfeile geben die Bewegungsrichtungen und -geschwindigkeiten (in cm pro Jahr) an den Einfluss bestimmter Treibgase (z. B. aus Spraydosen) zurückgeführt.

Packeis, aneinander gepresste und übereinander geschobene Eisblöcke des Packeises in den Polargebieten (bis zu 30 m hoch).

Paläontologie, Wissenschaft, die die vorzeitliche Entwicklung des Lebens auf der Erde erforscht. Sie versucht den Bau und die Lebensweise von Pflanzen und Tieren zu rekonstruieren, einzuordnen und zu datieren.

Paläozoikum, Erdaltertum, Abschnitt der Erdgeschichte, der vor 570 Millionen Jahren begann und vor 225 Millionen Jahren zu Ende ging.

Polarlicht. Aufnahme vom 24. 3. 1991 bei Lübeck

Pass, Stelle im Gebirge, die den Übergang von einem Talgebiet in ein anderes ermöglicht.

Passat, *der* in weiten Teilen der Tropen vorherrschende östliche trockene Luftströmung, auf der Nordhalbkugel aus Nordosten, auf der Südhalbkugel aus Südosten.

Planeten [griechisch ›die Umherschweifenden‹], Himmelskörper unseres Sonnensystems, die auf Ellipsenbahnen die Sonne umkreisen. Unterschieden werden vier innere (Merkur, Venus, Erde, Mars) und fünf äußere Planeten (Jupiter, Saturn, Uranus, Neptun, Pluto).

Planetoiden, Kleinplaneten, kleinere planetenähnliche Himmelskörper, die v.a. zwischen der Mars- und der Jupiterbahn die Sonne umkreisen.

Plattentektonik, wissenschaftliche Theorie, nach der die Erdkruste aus mehreren Platten besteht, die sich langsam, aber stetig bewegen. Auf diese Weise werden die Auffaltung großer Gebirgszüge (z. B. der Anden) oder vulkanische Erscheinungen und Erdbeben (z. B. an den Rändern des Pazifischen Ozeans) erklärt. – Abb. S. 499.

Pleistozän, *siehe* Eiszeit.

Pluto, sonnenfernster und kleinster Planet unseres Sonnensystems (3 000 km Durchmesser).

Polarkreis, Breitenkreis auf der Nord- und Südhalbkugel, die vom Äquator jeweils 66,5° entfernt verlaufen.

Polarlicht, Leuchterscheinung der hohen Atmosphäre mit wechselnder Stärke, Farbe und Form. Es wird ausgelöst durch elektrisch geladene Teilchen, die von der Sonne abgestrahlt werden; sie dringen in den Gebieten um die Pole in die Atmosphäre ein und regen deren Atome in Höhen zwischen 100 und 400 km Höhe zum Leuchten an.

Polarnacht, Zeit, während der die Sonne in den Polargebieten länger als 24 Stunden unter dem Horizont bleibt. Die Länge der Polarnacht nimmt von den Polarkreisen zu den Polen hin zu.

Polarstern, Nordstern, hellster Stern im Sternbild des Kleinen Wagens, der fast genau über dem Nordpol steht und somit die Nordrichtung anzeigt.

Polder, *siehe* Koog.

Prärie, große, baumlose Grassteppen in Nordamerika, die von den Waldgebieten im Osten bis zu den Rocky Mountains im Westen reichen.

Priel, *der* flussähnliche Wasserrinne im Wattenmeer der Nordsee, in der bei Ebbe das Wasser abläuft.

Quartär, jüngste, noch die Gegenwart umfassende Periode der Erdgeschichte, Abschnitt des Neozoikums, der vor rund 2 Mio. Jahren begann.

Quarz, nach den Feldspaten das häufigste Mineral der Erdkruste. Quarzkristalle bilden sechseckige Säulen mit aufgesetzter Pyramide. Färbung und Durchsichtigkeit können sehr verschieden sein: Der Bergkristall ist farblos und durchsichtig, der Milchquarz weiß und trüb, der Amethyst violett und durchsichtig, der Rosenquarz rosafarben. Sie werden als Schmucksteine verwendet.

Regenbogen, farbige Lichterscheinung in der Atmosphäre in Form eines Kreisbogens. Ein Regenbogen entsteht, wenn Sonnenstrahlen an Regentropfen abgelenkt oder zurückgeworfen werden. Das Licht wird dabei in seine farblichen Bestandteile zerlegt, die rote Farbe liegt immer außen am Bogen. Um einen Regenbogen zu beobachten, muss der Betrachter die Sonne im Rücken haben.

Regenwald, Waldtyp innerhalb der immerfeuchten Tropen (mehr als 2000 mm Niederschlag pro Jahr). Er besteht aus immergrünen Bäumen und ist meist in 4–5 Vegetationsstockwerken aufgebaut. Charakteristisch ist der außerordentliche Reichtum an Baumarten. Das größte Regenwaldgebiet der Erde ist das Amazonasbecken in Südamerika. Für das Klima der Erde sind die Regenwälder von großer Bedeutung. Heute sind sie vielerorts durch Rodung in ihrem Bestand bedroht.

Regenzeit, Jahreszeit mit vorherrschenden Niederschlägen. In tropischen Ländern ist dies meist der Sommer, am Rand der Tropen und in Gebieten mit Mittelmeerklima der Winter.

Reif, Niederschlag aus feinen Eisteilchen, die aus dem Wasserdampf der Luft bei Temperaturen unter 0 °C entstehen, z. B. an Grashalmen, Ästen, Zäunen.

Riff, lang gestreckte Bank oder Klippenreihe im Meer, unter oder nur wenig über der Wasseroberfläche. Riffe bestehen aus Fels, abgelagertem Sand oder abgestorbenen Korallenskeletten.

Sander, von Schmelzwasserflüssen vor Gletschern abgelagerte flache, fächerförmige Sand- oder Schotterfläche, als Zeugen der Eiszeit noch heute landschaftsprägend (z. B. Münchener Ebene).

Sandstein, Ablagerungsgestein aus kleinen, durch Bindemittel verfestigten Sandkörnern. Sandsteine sind je nach ihrer Zusammensetzung unterschiedlich gefärbt und werden vielfach als Baumaterial verwendet.

Saturn, zweitgrößter Planet unseres Sonnensystems mit einem Äquatordurchmesser von 120 870 km. Er wird von mindestens 23 Monden umkreist und ist von einem System von Ringen in der Äquatorebene umgeben.

❧ Der Saturn war bereits im Altertum bekannt und hieß bei den Griechen Kronos.

saurer Regen, säurehaltige Niederschläge, die bei der Verbrennung von Kohle, Erdöl und Erdgas als Folge des Ausstoßes von Schwefeldioxid (SO_2) und Stickoxiden (NO_x) in der Atmosphäre entstehen. Das dorthin gelangte SO_2 und die NO_x werden teilweise zu Schwefel- und Salpetersäure umgesetzt und schlagen als Regen, Schnee u. Ä. nieder. Saurer Regen gilt als Hauptursache für das Waldsterben.

Savanne, Vegetationsform in den wechselfeuchten Tropen mit geschlossenem Grasbewuchs und einzelnen Sträuchern, Bäumen und Baumgruppen. Während sich in der Regenzeit üppiges Pflanzenwachstum entfaltet, verdorrt die Landschaft in der Trockenzeit. Heimat schnell laufender Tiere (Antilope, Leopard, Löwe).

Schäre, kleine Felseninsel, die von einem Gletscher abgeschliffen wurde. Schären gibt es v. a. vor norwegischen, schwedischen und finnischen Küsten.

Schelf, Festlandsockel, flacher Saum von Kontinenten und größeren Inseln bis etwa 200 m Tiefe, der vom Schelfmeer bedeckt ist.

Schiefer, Gesteine, die durch Gebirgsdruck in dünne Platten zerlegt wurden (z. B. Dachschiefer) oder die blättrige, parallel ausgerichtete Minerale enthalten (z. B. Glimmerschiefer).

Schirokko, *der* im Mittelmeergebiet vor allem im Frühjahr auftretender warmer, teilweise stürmischer Wind aus südöstlichen Richtungen.

Schnee, aus Eiskristallen bestehender fester Niederschlag. Bei starkem Frost bilden sich trockene, körnige Eiskristalle (Pulverschnee), bei Temperaturen nahe dem Gefrierpunkt werden die Kristalle feucht und kleben zusammen (Schneeflocken). Oberflächliches Auftauen und Wiedergefrieren von abgelagertem Schnee führt zur Verharschung. Werden dabei die Schneekristalle zerstört, entsteht Firn.

Schneegrenze, jahreszeitlich unterschiedlich verlaufende Grenze zwischen schneebedecktem und schneefreiem Gebiet im Gebirge.

Seebeben, Erdbeben, dessen Herd unter dem Meeresboden liegt. Starke Seebeben können Seewellen (Tsunamis) auslösen, die sich ringförmig mit 700 km/h vom Herd ausbreiten und bis zu 30 m Höhe erreichen; sie rufen an Küsten schwere Überschwemmungen hervor.

Seismograph, *der* [griechisch ›Erdbebenschreiber‹], Gerät, mit dem Erschütterungen des Erdbodens (durch Erdbeben, Sprengungen oder unterirdische Atomversuche) aufgezeichnet werden. Die Bewegungen der Erde werden durch eine Masse über Pendel- und Federschwingungen sichtbar gemacht, ihr zeitlicher Verlauf aufgezeichnet.

Siel, *der* oder *das* mit Verschluss versehene Öffnung in See- oder Flussdeichen, durch die bei niedrigem Außenwasserstand das eingedeichte Gebiet entwässert wird.

Smog, *der* [Kunstwort aus englisch smoke ›Rauch‹ und fog ›Nebel‹], sichtbare Luftverschmutzung, die v. a. über Ballungsgebieten auftritt, wenn Abgase, Ruß und Asche bei bestimmten Wetterlagen nicht abziehen können. Dies ist der Fall, wenn schwere bodennahe Kaltluft nicht von höherer leichterer Warmluft verdrängt werden kann.

Sommer, die warme Jahreszeit, auf der Nordhalbkugel vom 21. Juni bis zum 23. September, auf der Südhalbkugel vom 22. Dezember bis 21. März.

Sonne, Zentralgestirn unseres Sonnensystems. Die Planeten, ihre Monde und zahllose Kleinkörper erhalten von der Sonne Licht und Wärme. Von der Erde aus erscheint die Sonne als runde, scharf begrenzte Scheibe. Die kugelförmige Sonne hat einen Durchmesser von 1,392 Millionen km (das ist das 109fache des Erddurchmessers), ihre mittlere Entfernung zur Erde beträgt 149,6 Millionen km. Sie besteht zum größten Teil aus Wasserstoff, dessen Atomkerne im Innern zu Helium verschmelzen und dabei riesige Energien freisetzen, die v. a. als Licht und Wärme abgestrahlt werden. Der ›Brennstoffvorrat‹ der Sonne reicht noch für 5 Milliarden Jahre.

Sonnenfinsternis, Verdunkelung der Sonne, die entsteht, wenn sich der Mond auf seiner Umlaufbahn zwischen Erde und Sonne schiebt. Bei der totalen Sonnenfinsternis wird die ganze Sonnenscheibe vom Mond bedeckt, bei der partiellen nur ein Teil.
❧ In Deutschland kann die nächste totale Sonnenfinsternis am 11. August 1999 beobachtet werden.

Sonnensystem, die Sonne und alle Himmelskörper, die ständig der Anziehungskraft der Sonne unterliegen und sie auf elliptischen Bahnen umkreisen: Planeten und ihre Monde, zahllose kleine Himmelskörper und interplanetare Materie (Staub und Gase). Die Sonne stellt die Hauptmasse des Systems (750 mal so groß wie die Masse aller anderen Himmelskörper unseres Sonnensystems zusammen). Das Sonnensystem entstand vor etwa 4,6 Milliarden Jahren, unter Bedingungen, über die es letztlich nur Vermutungen gibt.

Sonnenwende, Zeitpunkt, zu dem die Sonne auf ihrer scheinbaren jährlichen Bahn den höchsten oder tiefsten Stand hat. Auf der Nordhalbkugel fällt der Höchststand auf den 21. Juni (Sommeranfang, längste Sonnenscheindauer), der Tiefststand auf den 21. Dezember (Winteranfang, kürzeste Sonnenscheindauer).

Springflut, besonders großes Gezeitenhochwasser. Es entsteht, wenn sich bei Vollmond oder Neumond die Anziehungskräfte von Sonne und Mond auf die Erde verstärken. Trifft eine Springflut bei stürmischem Wetter mit einer Sturmflut zusammen, kann sie verheerende Wirkung haben.

Stadt, größere geschlossene Siedlung, die im Unterschied zum Dorf in Stadtviertel (z. B. Geschäfts-, Wohn-, Industrieviertel) gegliedert ist. Ihre Bewohner arbeiten vorwiegend außerhalb der Landwirtschaft. Eine Stadt ist im Allgemeinen wirtschaftliches, kulturelles und verwaltungsmäßiges Zentrum eines größeren Gebiets.

Stalagmit, Stalaktit, *siehe* Tropfsteinhöhle.

Steppe, Landschaftsgürtel mit Pflanzen, die der periodischen Trockenheit angepasst sind (Gräser, Kräuter, Sträucher). Steppen treten auf in den sommertrockenen, winterkalten Gebieten der gemäßigten Zonen sowie in subtropischen Gebieten als Umrandung von Wüsten. Sie sind von Südosteuropa bis nach Zentralasien, in Nordamerika (Prärie), in Südamerika (Pampa) und in Australien verbreitet.

Sterne, im astronomischen Sinn selbstständig leuchtende Gaskugeln im Weltall. Im Unterschied zu Planeten, die ebenfalls als helle Lichtpunkte sichtbar sind, aber nicht selbst leuchten, ändern Sterne ihre Position am Himmel scheinbar nicht. Die am Himmel sichtbaren Sterne gehören fast alle zu unserem Milchstraßensystem. Sie umkreisen das Zentrum der Milchstraße mit unterschiedlicher Geschwindigkeit. Die Mehrzahl der Sterne ist der Sonne in den physikalischen Eigenschaften ähnlich.

Sternschnuppe, *siehe* Meteor.

Sternsysteme, meist als Galaxien bezeichnete größere Ansammlung von vielen Millionen bis einigen 100 Milliarden Einzelsternen. Die Erde gehört mit der Sonne zum Sternsystem der Milchstraße.

Stratosphäre, *die* über der Troposphäre liegende Schicht in der Atmosphäre.

Sturm, sehr heftiger Wind der Stärke 9–11.

Sturmflut, durch anhaltenden, gegen die Küste wehenden Sturm erzeugter hoher Wasserstau des Meeres, der besonders in Buchten und an Flachküsten schwere Verwüstungen hervorrufen kann.

Subtropen, ein über 2000 km breiter Klimagürtel zwischen Tropen und gemäßigter Zone. Zu den Subtropen gehören die großen Wüsten und warmen Steppen der Erde, ebenso die Gebiete mit Mittelmeerklima; die monatliche Durchschnittstemperatur beträgt 18 °C und sinkt selten unter 10 °C.

Südpol, Punkt auf der Südhalbkugel, an dem die gedachte Erdachse die Erdoberfläche durchstößt.

Taifun, tropischer Wirbelsturm im Indischen und Pazifischen Ozean, tritt v. a. zwischen Juli und November auf.

Taiga, der überwiegend aus Nadelhölzern bestehende Waldgürtel in Sibirien und im nordwestlichen Russland. Sie ist das größte zusammenhängende Waldgebiet der Erde. Nördlich der Taiga schließt sich die Tundra an.

Tal, lang gestreckter, hohlförmiger Einschnitt in die Erdoberfläche, durch Wasser geschaffen und meist auch von einem Wasserlauf durchflossen.

Tau, Niederschlag in Form von kondensiertem Wasserdampf am Boden. Tau bildet sich besonders in klaren Nächten, wenn der Erdboden die gespeicherte Wärme ungehindert abstrahlt und sich stark abkühlt. In gemäßigten Klimazonen entfallen 2–5 % des Niederschlags auf Tau.

Tertiär, Periode der Erdgeschichte, Abschnitt des Neozoikums, der vor 65 Millionen Jahren begann und vor 2 Millionen Jahren endete. Im Tertiär entstand weitgehend das heutige Bild der Erde.

Thermalquelle, warme Quelle, deren Wasser mit mindestens 20 °C an die Oberfläche tritt (z. B. in Wildbad im Schwarzwald mit 38 °C, in Wiesbaden mit 68 °C, in Aachen mit 77 °C).

Tide, *die* das Steigen und Fallen des Meeresspiegels im Ablauf der Gezeiten.

Tief, Tiefdruckgebiet, in der Wetterkunde ein Gebiet, in dem im Vergleich zu der Umgebung niedriger Luftdruck herrscht. Die Luft strömt am Boden spiralförmig in ein Tief hinein, auf der Nordhalbkugel entgegen dem Uhrzeigersinn. Die im Tief gegeneinander strömende Luft steigt auf und kühlt ab. Dies führt zur Wolkenbildung und häufig zu trübem Wetter mit Niederschlägen.

Tiefsee, Bereich des Meeres, der die landfernen, lichtlosen Ozeanräume ab etwa 800 m Tiefe umfasst. Die Tiefsee bedeckt mehr als 60 % der Erdoberfläche.

Tornado, *der* [spanisch ›gedreht‹], lokaler Wirbelwind, der meist im mittleren Westen der USA auftritt, eine besonders große Trombe.

Trombe, *die* [von italienisch tromba ›Trompete‹], Luftwirbel mit senkrechter Achse. Wird an Land als Wettersäule und über Wasser als Wasserhose bei starken Temperaturgegensätzen ausgebildet. Kleinere Tromben bilden sich in Erdbodennähe. Sie können bis zu 100 m emporwachsen und haben, durch aufgewirbelten Staub sichtbar geworden, die Form eines langen Rüssels. Große Tromben nennt man Tornados, die einen Durchmesser von bis zu 500 m erreichen, große Windgeschwindigkeiten (um 200 km/h) erreichen, gewaltige Energien freisetzen und große Zerstörungen hervorrufen können.

Tropen [griechisch ›Wende‹], Zone der Erde beiderseits des Äquators zwischen den Wendekreisen. Die Temperaturen in den Tropen sind sehr hoch und ändern sich im Jahresverlauf nur wenig. Infolge der hohen Verdunstung gehen in vielen tropischen Gebieten fast täglich heftige, meist gewittrige Regen-

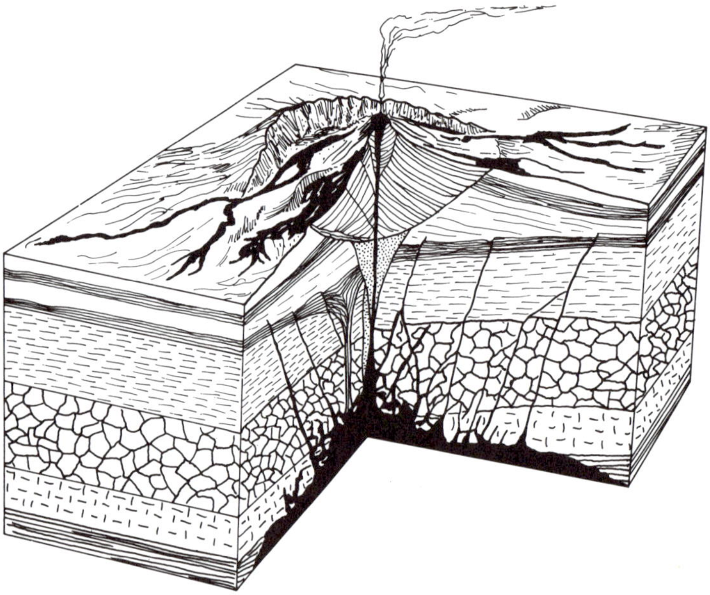

Vulkan.
Blockbild des Vesuv (schwarz: Lava in Stöcken, Gängen, Schlot und Strömen)

fälle nieder. Wo sie ganzjährig auftreten, wächst immergrüner Regenwald, der in den tropischen Randbereichen allmählich in Savannen übergeht.

Tropfsteinhöhle, unterirdischer Hohlraum in kalkreichen Gegenden, der durch Lösungsvorgänge des Grundwassers entstanden ist. Herabtropfendes kalkhaltiges Wasser hinterlässt an der Decke und auf dem Boden winzige Kalkspuren, sodass mit der Zeit Kalksäulen von der Decke herab (Stalaktiten) und vom Boden nach oben (Stalagmiten) wachsen.

Troposphäre, unterste Schicht der Atmosphäre, die an den Polen bis in 8 km, über dem Äquator bis in 16 km Höhe reicht.

Tsunamis, *siehe* Seebeben.

Tuff, Tuffstein, vulkanische Asche, die bei Explosionen ausbrechender Vulkane ausgeschleudert wird und sich als poröses Gestein ablagert.

Tundra, im Norden Asiens, Europas und Amerikas verbreitete baumlose arktische Vegetationszone, die sich nördlich an die Taiga anschließt und hauptsächlich mit Flechten, Moosen und Zwerggesträuch bedeckt ist.

Universum, *das* [lateinisch ›ganz, sämtlich‹], *siehe* Weltall.

Uranus, von der Sonne aus gezählt der siebte Planet unseres Sonnensystems. Er hat einen Äquatordurchmesser von 51 800 km. Für einen Umlauf um die Sonne braucht er 84 Jahre.

Urstromtal, breite Talniederung am Rand eiszeitlicher Gletscher, in der sich das Schmelzwasser sammelte und abfloss. Urstromtäler finden sich besonders in Norddeutschland.

Urwald, vom Menschen nicht oder nur wenig veränderter, wild wachsender Wald.

Variskisches Gebirge, vor etwa 200–300 Millionen Jahren entstandenes Faltengebirge in Mittel- und Westeuropa. Es erstreckt sich im großen Bogen vom französischen Zentralmassiv bis zu den Sudeten. Es ist im Laufe der Erdgeschichte stark abgetragen, sodass heute nur noch einzelne Rümpfe bestehen.

Venus, von der Sonne aus gezählt der zweite Planet unseres Sonnensystems (Äquatordurchmesser 12 104 km). Für einen Umlauf um die Sonne benötigt die Venus rund 225 Tage. Nach Sonne und Mond ist sie das hellste Gestirn des Himmels, sie ist Morgen- und Abendstern.

Vulkan, Stelle der Erdoberfläche, an der Magma und Gase austreten, v. a. ein aus vulkanischem Material aufgebauter Berg. Bei einem Vulkanausbruch werden feste, flüssige und gasförmige Stoffe aus dem Erdinnern an die Oberfläche gebracht. Diese Stoffe können aus sehr großer Tiefe (bis über 50 km) stammen.

Wadi [arabisch ›Wasser‹], ein episodisch oder periodisch durchflossenes Wüstental in Nordafrika oder Vorderasien.

Waldgrenze, Grenzzone, ab der geschlossene Baumbestände aufhören. Im Gebirge ist sie gekennzeichnet durch den Übergang von Nadelwald zu buschförmiger Vegetation (montane oder alpine Waldgrenze).

Warmzeit, Zeitabschnitt zwischen zwei Eiszeiten, in dem wärmeres Klima herrschte.

Wasserscheide, Trennungslinie der Einzugsgebiete zweier Flusssysteme, die meist über den Kamm eines Höhenzugs verläuft. Hauptwasserscheiden trennen die Einzugsgebiete der zu verschiedenen Meeren fließenden Gewässer (z.B. Rhein/Nordsee; Rhône/Mittelmeer; Donau/Schwarzes Meer). Die europäische Wasserscheide, die die Flusssysteme des Rheins und der Donau trennt, verläuft teilweise über die Schwäbische Alb.

Watt, *das* an flachen Gezeitenküsten der seichte Teil des Meeresbodens, der bei Ebbe ganz oder teilweise trocken liegt (besonders an der niederländisch-deutschen Nordseeküste). In seinen höchsten Teilen entsteht aus dem Watt fruchtbarer Marschboden.

Weltall, Kosmos, Universum, die Gesamtheit des mit Materie erfüllten Raums. Der mit den gegenwärtig zur Verfügung stehenden Methoden beobachtbare Teil des Weltalls hat einen Durchmesser von etwa 15 Milliarden Lichtjahren und enthält etwa 100 Milliarden Sternsysteme. Eines dieser Systeme ist die Milchstraße.

Weltraum, der Raum außerhalb der Erdatmosphäre, der mithilfe der Raumfahrt erreichbar erscheint.

Wendekreise, die beiden Breitenkreise auf 23,5° nördlicher und südlicher Breite, über denen die Sonne zur Zeit der Sonnenwende im Zenit steht.
❧ Unsere Sonne erreichte vor 2000 Jahren um den 21. Juni das Tierkreissternbild Krebs und um den 21. Dezember das des Steinbocks; daher werden auch heute noch der nördliche Wendekreis als Wendekreis des Krebses und der südliche als Wendekreis des Steinbocks bezeichnet, obwohl die Sonne aufgrund der Kreiselbewegung der Erde um den 21. Juni in das Sternbild der Zwillinge und um den 21. Dezember in das Sternbild des Schützen hineinwandert. An den Wendekreisen ›wendet‹ die Sonne in ihrer scheinbaren Bahn um die Erde und nähert sich wieder dem Äquator.

Wetter, der jeweilige Zustand der unteren Schichten der Atmosphäre an einem Ort. Dieser Zustand wird bestimmt durch Wettererscheinungen wie Luftdruck, Windrichtung und Windstärke, Temperatur, Luftfeuchtigkeit, Bewölkung und Niederschläge. Weil die Luft durch die Drehung der Erde und die unterschiedliche Erwärmung durch die Sonne ständig in Bewegung gehalten wird, erreicht die Atmosphäre nie einen Zustand der Ruhe. Daher ändert sich das Wetter ständig.
❧ Wetter nennt man auch das Gasgemisch in Bergwerksgruben.

Wind, Luftströmung, die durch Druckunterschiede in der Atmosphäre entsteht. Der Wind weht aus Gebieten höheren in Gebiete tieferen Luftdrucks. In ihrer Bewegung wird die Luft jedoch durch die Umdrehung der Erde abgelenkt. Daher strömt sie auf der Nordhalbkugel im Uhrzeigersinn aus einem Hochdruckgebiet heraus und entgegen dem Uhrzeigersinn in ein Tiefdruckgebiet hinein. Die Geschwindigkeit einer Luftströmung (Windstärke) ist abhängig von der Höhe der Luftdruckgegensätze.

Winter, die kalte Jahreszeit, auf der Nordhalbkugel vom 21. Dezember bis zum 21. März, auf der Südhalbkugel vom 21. Juni bis 23. September.

Wirbelsturm, an Sturmfronten auftretender Luftwirbel, in dem die Luft fast kreisförmig um ein Zentrum mit extrem niedrigem Luftdruck (das ›Auge‹) wirbelt. In der Luftsäule treten orkanartige Windstärken mit Geschwindigkeiten bis 200 km/h auf, im Zentrum herrscht Windstille (*siehe auch* Trombe).

Wolken, in der Luft schwebende sichtbare Ansammlung von Wassertröpfchen oder Eisteilchen. Wolken entstehen, wenn der in der Luft enthaltene Wasserdampf zu kleinen Tröpfchen kondensiert. Die Form der Wolken ist abhängig von der Luftströmung, in der sie entstehen. Bei nach oben strömender Luft bilden sich Haufen- oder Quellwolken. Seitwärts gerichtete Luftbewegung erzeugt Schicht-

Wolken. Haufenwolke (Kumulus)

wolken. Wenn beide Strömungsrichtungen zusammen auftreten, entstehen Haufenschichtwolken. Nach der Höhenlage unterscheidet man hohe, mittelhohe und tiefe Wolken sowie Wolken, die durch mehrere ›Stockwerke‹ reichen.

Wüste, Landschaft mit geringem oder völlig fehlendem Pflanzenwuchs. Ursache für die Entstehung von Wüsten sind entweder fehlende Wärme (Kältewüsten im Hochgebirge und in den Polargebieten) oder Mangel an Wasser (Trocken- oder Heißwüsten). Durch die Verwendung abholzbaren Baumwuchses als Brennholz wird v. a. in Afrika die Wüstenbildung (Desertifikation) begünstigt.
Die größten Wüstengebiete liegen in Afrika (Sahara), auf der Arabischen Halbinsel, in Asien (Gobi) und Australien. Die heutige wirtschaftliche Bedeutung der Wüsten beruht auf Bodenschätzen wie z. B. Erdöl und -gas in Nordafrika und Vorderasien, Diamanten und Erzen in Namibia oder Phosphaten in der Westsahara.

Zenit, *der* [arabisch ›Richtung‹], Punkt am gedachten Himmelsgewölbe, der sich senkrecht über dem Beobachter befindet.

Zyklon, *der* [zu griechisch kýklos ›Kreis‹], ein Luftwirbel, v. a. die tropischen Wirbelstürme im Golf von Bengalen; zu unterscheiden von Zyklonen, den Gebieten mit niedrigem Luftdruck.

16
Exakte Naturwissenschaften und Mathematik

Naturwissenschaften ist der Oberbegriff für alle Wissenschaften, die sich mit der systematischen Erforschung der Natur und dem Erkennen von Naturgesetzen befassen. Man teilt die Naturwissenschaften auch heute noch, entsprechend der unbelebten und belebten Natur bzw. Materie, ein in die mathematisch formulierbaren exakten Naturwissenschaften Physik, Chemie, Astronomie und Geologie sowie die biologischen Naturwissenschaften, die unter dem Oberbegriff der Biologie unter anderem Zoologie, Botanik, Ökologie, Genetik und Molekularbiologie umfassen (*siehe* Kapitel 13). Das Ziel der Naturwissenschaften besteht nicht nur darin, die Erscheinungen und Vorgänge in der Natur sowie ihre Gesetzmäßigkeiten zu ergründen und zu beschreiben, sondern auch darin, die gewonnenen Erkenntnisse im Rahmen der angewandten Naturwissenschaften, also der Technik (*siehe* Kapitel 17), dem Menschen nutzbar zu machen. Insofern schaffen die Naturwissenschaften die Voraussetzungen für alle Bereiche menschlicher Aktivität.
Die Methoden der Naturwissenschaften sind neben dem Beobachten und Messen in gezielt vorgenommenen Versuchen, die sich wiederholen lassen, das Beschreiben, Vergleichen, Ordnen und Zusammenfassen von Einzelerscheinungen. Dazu gehören auch das Heraussondern des als wesentlich Erachteten, die Verallgemeinerung von Einzelbeobachtungen und die logische Folgerung einer Aussage, einer Gesetzmäßigkeit. Die Aufstellung von Hypothesen, Modellen oder Theorien gibt Anlass, weitere Versuche anzustellen, um gefundene Gesetzmäßigkeiten zu überprüfen. Hilfsmittel einerseits und Grundlage andererseits für die Naturwissenschaften ist die Mathematik. Bis heute erhält sie starke Impulse aus dem Versuch, mit mathematischen Mitteln zur Beschreibung naturwissenschaftlicher und anderer Vorgänge beizutragen. Viele Probleme können heute nur noch durch das Zusammenwirken verschiedener Wissenschaftsgebiete gelöst werden. Den Versuch, die Entwicklungen in den exakten Naturwissenschaften und in der Mathematik zu beschreiben, unternehmen die Stichwörter dieses Kapitels.

absoluter Nullpunkt, die tiefste mögliche Temperatur; entspricht dem Punkt, an dem jede Wärmebewegung der Atome zum Erliegen kommt. Der absolute Nullpunkt liegt bei $-273{,}15°\,C = 0\,K$ (*siehe* Kelvin-Skala). Die tiefste bisher erreichte Temperatur eines Festkörpers liegt bei 3 Milliardstel Kelvin über dem absoluten Nullpunkt.

abstrakte Zahl, in der Mathematik die reine Zahl, das heißt, ohne Angabe des Gezählten.

Achse, in der Geometrie eine Gerade, um die sich ein Gegenstand drehen kann oder die eine Figur in zwei symmetrische Hälften zerlegt.
❧ Die Erdachse ist eine gedachte Gerade, die durch Südpol und Nordpol der Erde verläuft.

Adhäsion, *die* [lateinisch], Anziehungskraft auf molekularer Ebene (*siehe* Molekül); das Zusammenhaften von zwei Oberflächen verschiedener Natur (*siehe* Kohäsion).

Adsorption, *die* [lateinisch], Aufnahme eines Gases, einer Flüssigkeit oder einer gelösten Substanz durch die Oberfläche eines Körpers.

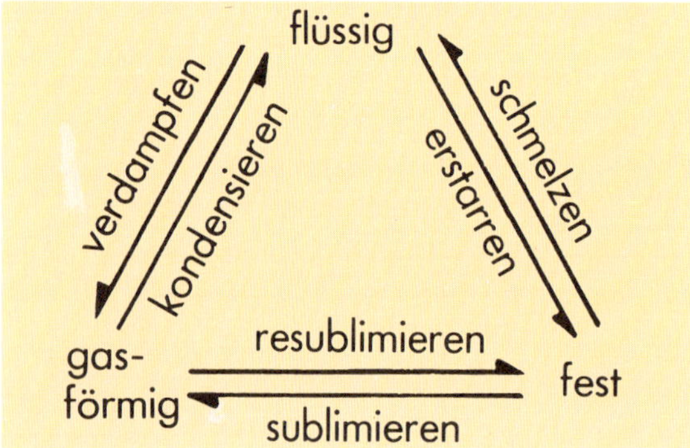

Aggregatzustände der Materie

Aggregatzustände der Materie, die Zustände, in denen die Materie vorliegen kann: gasförmig, flüssig und fest. Ändert sich die Temperatur, so kann ein Phasenübergang in der Materie auftreten, wobei diese ihren Aggregatzustand wechselt. Beispiele für Phasenübergänge sind Schmelzen (Übergang vom festen in den flüssigen Aggregatzustand), Verdampfen (Übergang vom flüssigen in den gasförmigen Zustand) und Kondensation (aus einem Gas wird eine Flüssigkeit).

Alchimie, ein vor allem im Mittelalter betriebenes Wissensgebiet, bei dem es u. a. darum ging, ein chemisches Element in ein anderes umzuwandeln. Die Alchimie gilt als ein Vorgänger unserer wissenschaftlichen Chemie.
❧ Die Suche nach dem Stein der Weisen, der Blei und andere wertlose Metalle in Gold verwandeln sollte, war eine wichtige Beschäftigung der Alchimisten. ❧ Heute bringt man die Alchimie in Zusammenhang mit Zauberei, schwarzer Magie und der Suche nach geheimem Wissen.

Algebra, *die* ein Teilgebiet der Mathematik, dessen wichtigstes Kennzeichen es ist, dass Symbole verwendet werden, welche für Zahlen stehen. Beispiele: $a^2 + b^2 = c^2$ im Satz des PYTHAGORAS oder $(a + b)^2 = a^2 + 2ab + b^2$ in der (ersten) binomischen Formel.

Algorithmus, *der* ein Rechenverfahren, das schrittweise abläuft und nach endlich vielen Schritten zu einem Ergebnis führt. Algorithmen sind gewissermaßen die Denkstrukturen von Computern.

Alphastrahlung ['alfa...], Teilchenstrahlung, die von radioaktiven Kernen ausgesandt wird, wobei jedes dieser Teilchen aus zwei Protonen und zwei Neutronen zusammengesetzt ist. Alphateilchen tragen eine positive Ladung.
❧ Alphastrahlung ist, anders als Gammastrahlung, nur von geringer Durchdringungskraft; schon Kleidungsstücke können sie abschirmen.

Amplitude, *die* [lateinisch ›Größe, Weite‹], in der Physik die Höhe eines Wellenbauches (oder die Tiefe eines Wellentales) bei einer Welle.

Analysis, *die* [griechisch-lateinisch ›Auflösung‹], dasjenige Teilgebiet der Mathematik, das Methoden zur Untersuchung stetiger Änderungen bereitstellt. Zur Analysis gehören die Differenzial- und Integralrechnung; in der Schule bildet sie den Anfang der höheren Mathematik und wird nach Algebra und Geometrie behandelt.
❧ Die Analysis wurde gegen Ende des 17. Jh. durch ISAAC NEWTON und GOTTFRIED WILHELM LEIBNIZ entwickelt. Die beiden gerieten in einen heftigen Streit darüber, wem nun die Ehre der Entdeckung gebühre. Heute steht fest, dass beide unabhängig voneinander zum Ziel gelangt sind.

Andromedanebel

Andromedanebel, in der Astronomie die der Milchstraße am nächsten gelegene Galaxie; sie erscheint in Form eines zentralen Kernes mit Spiralarmen daran. Die Galaxie verdankt ihren Namen der Tatsache, dass die Sterne des Sternbildes Andromeda um sie herum gelagert sind. Die Entfernung zur Erde beträgt ca. 2,4 Mio. Lichtjahre.

anorganische Chemie, das Teilgebiet der Chemie, das sich mit anorganischen Molekülen beschäftigt, z. B. mit Metallen (*siehe auch* organische Chemie).

anorganische Moleküle, alle Moleküle, die nicht zu den organischen gehören. Anorganische Moleküle sind in der Regel einfach aufgebaut und finden sich nicht in Lebewesen. Obwohl alle organischen Substanzen Kohlenstoff enthalten, gibt es auch anorganische Stoffe, in denen Kohlenstoff vorhanden ist, z. B. Kohlendioxid. Die Unterscheidung organisch/anorganisch ist somit in gewissem Grade eine Sache der Vereinbarung.

Antimaterie, in der Physik eine seltene Art subatomarer Materie, die ein Spiegelbild der gewöhnlichen Materie darstellt. Das zu einem Elementarteilchen gehörige Antiteilchen besitzt dieselbe Masse wie ersteres; ansonsten sind alle Eigenschaften entgegengesetzt. Das zu einem Elektron gehörige Antiteilchen ist das Positron; dieses hat die gleiche Masse wie das negativ geladene Elektron, ist aber positiv geladen. Antiprotonen sind genauso schwer wie die positiv geladenen Protonen, tragen aber eine negative Ladung. Trifft Antimaterie auf Materie, so vernichten sie sich entweder gegenseitig, wobei sich die Massen in Energie umwandeln, oder es entstehen neue Teilchenarten.
❧ Soweit das die Wissenschaft heute sagen kann, gibt es im Universum so gut wie keine natürlich vorkommende Antimaterie; allerdings lässt sich diese in Teilchenbeschleunigern erzeugen.

Apogäum, *das* [griechisch-lateinisch], der Punkt auf der Bahn eines Satelliten (z. B. des Mondes) der Erde, der am weitesten von dieser entfernt liegt.

Arbeit, in der Physik im einfachsten Fall das Produkt von Kraft und Weg. Arbeit wird immer dann verrichtet, wenn ein Körper entgegen einer Kraft (z. B. Schwerkraft, elektrische Kraft) bewegt wird.

Archimedes, griechischer Mathematiker, Naturwissenschaftler und Ingenieur (*um 285 v. Chr., †212 v. Chr.). Seine bekannteste Entdeckung war der Auftrieb *(siehe dort).*
❧ Archimedes soll ›Heureka‹ (griechisch ›Ich habs gefunden!‹) ausgerufen haben, als er in sein Bad stieg und erkannte, dass sich das Volumen eines Körpers dadurch bestimmen lässt, dass man feststellt, wie viel Wasser er verdrängt. Mithilfe dieser Einsicht bewies er, dass eine angeblich rein goldene Krone noch andere Metalle enthalten musste.
❧ Das archimedische Prinzip besagt: Taucht man einen Gegenstand in Wasser ein, so scheint er um einen bestimmten Betrag leichter geworden zu sein. Dieser Betrag entspricht gerade dem Gewicht der verdrängten Wassermenge. Das archimedische Prinzip gilt auch für Gase.

Astrophysik, derjenige Teilbereich der Astronomie, der sich mit den physikalischen Eigenschaften der Himmelskörper und mit deren Zusammensetzung beschäftigt.

Äthylalkohol, auch Ethanol genannt, die Art von Alkohol, die bei der Gärung von Zucker in Getreide entsteht; diese wird durch Hefebakterien ausgelöst.
❧ Alkoholische Getränke enthalten Äthylalkohol.

Atmosphäre, *die* *siehe* Kapitel 15.

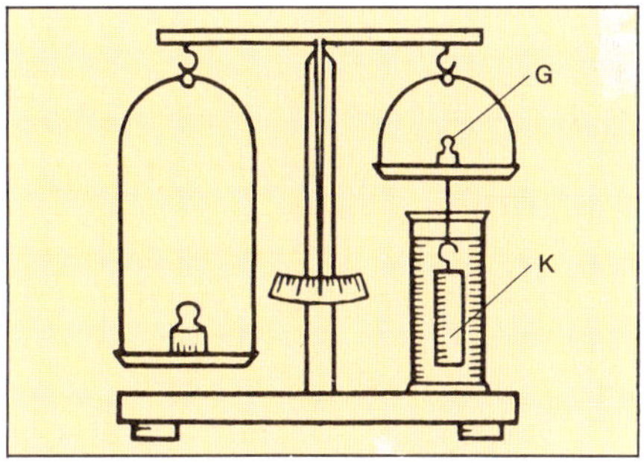

Archimedisches Prinzip. Das Gewicht G zeigt an, um wie viel leichter der in Wasser getauchte Körper K wird

Atom, *das* [griechisch ›unteilbar‹], ein Grundbaustein der Materie und die kleinste Einheit der chemischen Elemente. Atome bestehen aus einem positiv geladenen Kern (aus Protonen und Neutronen) und aus Elektronen, die eine negativ geladene Hülle bilden.

Atomgewicht, die Masse eines Atoms, wird auf einer Skala gemessen, auf der das Wasserstoffatom die Masse 1 besitzt. Weil fast die gesamte Masse eines Atoms in seinem Kern sitzt und weil sowohl das Proton als auch das Neutron das Atomgewicht 1 haben, entspricht das Atomgewicht ziemlich genau der Anzahl von Protonen und Neutronen in einem Kern.

Atomuhr, gegenwärtig die genauesten Uhren; sie messen die Zeit mittels der Schwingungen, die die

Elektronen eines Cäsiumatoms ausführen. Die Standardsekunde wird heute durch Messungen einer Atomuhr definiert.

Auftrieb, die Kraft, die dazu führt, dass Gegenstände schwimmen können. Taucht ein Körper in eine Flüssigkeit (oder in ein Gas) ein, so wirkt nach dem Archimedischen Prinzip (*siehe* ARCHIMEDES) eine nach oben gerichtete Kraft auf ihn, deren Stärke dem Gewicht der vom Körper verdrängten Flüssigkeits- oder Gasmenge entspricht.

Axiom, *das* [griechisch ›was für wichtig erachtet wird‹], ein unmittelbar einleuchtender Grundsatz, der seinerseits nicht weiter zu begründen ist. In der Mathematik des 20. Jh. ist ein Axiom eine unbewiesene Aussage, die als Grundlage für die Gewinnung weiterer Aussagen durch logisches Schließen dient.

axiomatisch-deduktive Methode, das Verfahren, das in der Mathematik angewandt wird, um zu neuen Erkenntnissen zu gelangen. Dieses besteht darin, dass Axiome aufgestellt werden, aus denen Folgerungen abgeleitet werden. Anders als bei der empirischen Methode *(siehe dort)* gelten diese Axiome als gegeben; eine Überprüfung findet nicht statt. Lediglich Axiome, aus denen sich Widersprüche ergeben, müssen verworfen werden.

Base, *siehe* Säure.

Becquerel, *das* [bɛˈkrɛl], die gesetzliche, nach dem französischen Entdecker der Radioaktivität ANTOINE HENRI BECQUEREL (* 1852, † 1908) benannte Einheit für die Radioaktivität (1 Becquerel = 1 Zerfall je Sekunde).

Beschleunigung, *die* eine Änderung in der Geschwindigkeit eines Gegenstandes. Im Allgemeinen versteht man darunter, dass sich die Geschwindigkeit eines Gegenstandes erhöht. Ein Gegenstand erfährt aber auch eine Beschleunigung, wenn sich bei gleich bleibender Geschwindigkeit seine Richtung ändert, weil z. B. eine Kraft auf ihn einwirkt.
❧ In den Wissenschaften nennt man auch Abbremsen (Verzögerung) eine Beschleunigung (negative Beschleunigung).

Betastrahlung, *die* eine der drei bei der natürlichen Radioaktivität auftretenden Strahlungsarten. Es handelt sich dabei um negativ geladene Elektronen von hoher Energie, die von radioaktiven Kernen ausgehen. Im Unterschied zur Alphastrahlung hat Betastrahlung eine gewisse Durchdringungskraft; sie geht z. B. durch Kleidung und Holzwände hindurch. Betastrahlung kann in Nebelkammern sichtbar gemacht werden.

Beugung, Abweichung einer Wellenausbreitung (z. B. Licht, Schall) von der ursprünglichen Richtung, z. B. an den Grenzen eines Hindernisses.
❧ Die Beugung von Schallwellen bewirkt, dass diese auch hinter Hindernisse gelenkt werden, man also ›um die Ecke‹ hören kann. Bei Licht führt die Beugung dazu, dass der Schatten eines Körpers ›verwaschene‹ Ränder aufweist.

Billiarde, tausend Billionen oder eine Eins mit 15 Nullen: $1\,000\,000\,000\,000\,000 = 10^{15}$ (*siehe* Potenz). Im Amerikanischen heißt die Billiarde Quartillion.

Billion, eine Million Millionen oder eine Eins mit zwölf Nullen: $1\,000\,000\,000\,000 = 10^{12}$ (*siehe* Potenz). Im Amerikanischen heißt die Billion Trillion.

binomische Formeln, Grundformeln der Algebra, mit denen man zweigliedrige Ausdrücke (Binome) ausrechnen kann. Es gibt davon drei Formeln:
$(a + b)^2 = a^2 + 2ab + b^2$ erste binomische Formel;
$(a - b)^2 = a^2 - 2ab + b^2$ zweite binomische Formel;
$a^2 - b^2 = (a + b)(a - b)$ dritte binomische Formel.
Für a und b kann man Zahlen einsetzen; z. B. ergibt $a = 17$ und $b = 9$ in der ersten Formel:
$$(17+9)^2 = 17^2 + 2 \cdot 17 \cdot 9 + 9^2 = 289 + 306 + 81 = 676.$$

Blei, chemisches Symbol Pb (von lateinisch ›plumbum‹), ein chemisches Element, weiches und giftiges Schwermetall, das in Batterien und Akkumulatoren verwendet wird.
❧ Bleiabschirmungen dienen in Medizin und Technik als Strahlenschutz, z. B. beim Röntgen.

Bohr, Niels dänischer Physiker (* 1885, † 1962), der die Quantenmechanik *(siehe dort)* mitbegründete und das bohrsche Atommodell entwickelte. Er gab 1921 eine theoretische Erklärung des Periodensystems der chemischen Elemente; ab 1935 befasste er sich mit der Kernphysik und entwickelte 1939 mit dem Amerikaner JOHN ARCHIBALD WHEELER (* 1911) die für die technische Nutzung wichtige Theorie der Kernspaltung.
❧ 1922 erhielt Bohr den Nobelpreis für Physik.

bohrsches Atommodell, eine Modellvorstellung über den Atomaufbau, nach der die Elektronen auf

Kreisbahnen um den Kern laufen. Elektronenbahnen gibt es nur in einigen wohl bestimmten Entfernungen vom Kern. Ändert ein Elektron seine Bahn, so vollführt es einen plötzlichen Quantensprung *(siehe dort)*. Die Energiedifferenz zwischen der alten und der neuen Bahn wird in Form elektromagnetischer Wellen abgestrahlt.
❧ Das bohrsche Atommodell wurde nach dem dänischen Physiker NIELS BOHR benannt.

Brechung, die Richtungsänderung eines Lichtstrahls, wenn dieser aus einem Ausbreitungsmedium in ein anderes eintritt, das eine größere oder geringere Dichte aufweist. Brechung tritt z. B. auf, wenn Licht von Luft in ein Prisma eintritt.
❧ Linsen und andere optische Geräte arbeiten mithilfe der Brechung.

Brennweite, der Abstand zwischen dem Brennpunkt einer Linse und der Linse selbst. Sie ist ein Maß für die Brechkraft der Linse.

brownsche Bewegung [braʊn...], die unregelmäßige, erst unter einem Mikroskop sichtbare Bewegung, die kleinste in einer Flüssigkeit schwebende Teilchen vollführen. Diese ergibt sich aus den Zusammenstößen zwischen den Teilchen und den Atomen oder Molekülen der Flüssigkeit.
❧ ALBERT EINSTEIN erklärte erstmals die brownsche Bewegung und wies auch darauf hin, dass diese einen unmittelbaren Beweis für die Existenz von Atomen darstellt.

Bruch, das Verhältnis zwischen zwei Zahlen, z. B. $3 : 4 = \frac{3}{4}$. Die Zahl über dem Bruchstrich heißt der Zähler, die unterhalb der Nenner (dieser muss immer von null verschieden sein). Man unterscheidet die Stammbrüche $\frac{1}{2}$, $\frac{1}{3}$, $\frac{1}{4}$ mit dem Zähler 1, die abgeleiteten Brüche, das sind alle Nichtstammbrüche $\frac{2}{3}$, $\frac{8}{5}$, $\frac{6}{8}$, die echten Brüche $\frac{2}{3}$, $\frac{4}{7}$, $\frac{1}{9}$, bei denen der Zähler kleiner als der Nenner ist und die unechten Brüche $\frac{5}{2}$, $\frac{4}{3}$, $\frac{11}{6}$, bei denen der Zähler größer ist als der Nenner.

Bunsen, Robert Wilhelm deutscher Chemiker (* 1811, † 1899), förderte die Chemie seiner Zeit mit zahlreichen Entdeckungen, z. B. zur physikalischen Chemie, Hüttentechnik, Maßanalyse, Photochemie und Spektralanalyse. Zu seinen bekanntesten Erfindungen gehören die Wasserstrahlpumpe und der nach ihm benannte Bunsenbrenner.
❧ Bei Versuchen mit Eisenhydroxid fand Bunsen 1834 zufällig, dass dieses auch als Mittel gegen Arsenvergiftungen brauchbar ist.

Chaosforschung [k...; griechisch cháos ›der unendlich leere Raum, die gestaltlose Urmasse (des Weltalls)‹], eine neu entstandene Forschungsrichtung in der Mathematik und den Naturwissenschaften. Sie beschäftigt sich mit solchen Systemen, deren Verhalten zwar kurzfristig vorhersagbar ist – man spricht deshalb von deterministischen Systemen – jedoch langfristig unvorhersagbar und damit chaotisch ist. Das bekannteste Beispiel für ein chaotisches System ist das Wetter, das nur für kurze Zeit sicher vorhersagbar ist.

Chemie, *die* [arabisch], die Wissenschaft, die die Zusammensetzung, die Eigenschaften und die Reaktionen der Materie untersucht, insbesondere auf dem Niveau der Atome und Moleküle.

chemische Bindung, Bezeichnung für den Zusammenhalt von Atomen in Molekülen und Kristallen. Die bindenden Kräfte sind elektrischer Natur. Je nach Art der dabei auftretenden Verhältnisse der Elektronenbindung unterscheidet man zwischen Atombindung (kovalente Bindung) und Ionenbindung *(siehe dort)*.

chemische Reaktion, ein Vorgang, in dessen Verlauf sich die Atome eines oder mehrerer Elemente neu anordnen, um so eine neue Substanz zu bilden. Im Verlauf einer chemischen Reaktion wird stets Wärme aufgenommen oder abgegeben.

chemisches Element, *siehe* Element.

chemisches Gleichgewicht, ein Gleichgewichtszustand in einem System chemischer Reaktionen. In einem chemischen Gleichgewicht bilden sich und zerfallen die Substanzen in gleich großen Mengen, weshalb die Anzahl an Molekülen einer bestimmten Substanz in der Summe unverändert bleibt.

Chlor, chemisches Symbol Cl, ein chemisches Element, hochgiftiges Gas von stechendem Geruch. Chlor ist neben Natrium ein Bestandteil des Kochsalzes.
❧ In geringer Konzentration gelöst in Wasser dient Chlor zur Desinfektion, z. B. in Schwimmbädern.

Curie, Marie [ky'ri:], in Polen geborene französische Chemikerin (* 1867, † 1934), begründete die Radiochemie. Sie entdeckte zusammen mit ihrem

Mann Pierre (* 1859, † 1906) das Radium und das Polonium. Gemeinsam mit ihrem Lehrer A. H. Becquerel (* 1852, † 1908) erhielt das Ehepaar 1902 den Nobelpreis für Physik. Marie Curie untersuchte die Eigenschaften des Radiums und stellte das Element erstmals rein dar. 1911 trug ihr dies den Nobelpreis für Chemie ein.
❧ Marie Curie ist bis heute eine der wenigen Personen geblieben, die Nobelpreise in zwei verschiedenen Disziplinen erhalten haben. Auch ihre Tochter Irène Joliot-Curie (* 1897, † 1956) erhielt 1935 den Nobelpreis für Chemie.

Dampf, gasförmiger Aggregatzustand *(siehe dort)* eines Stoffes, der mit der flüssigen oder festen Phase des gleichen Stoffes im thermodynamischen Gleichgewicht steht; meistens versteht man darunter Wasserdampf.

Dehydratation, *die* [griechisch], das Entziehen von Wasser; die Trocknung.

Dezibel, *das* Kurzzeichen dB, eine nach dem amerikanischen Erfinder A. G. Bell (*siehe* Kapitel 17) benannte Einheit für Lautstärken, wird vor allem in der Elektroakustik verwandt.

Dezimalzahl, eine mit den natürlichen Zahlen von 0 bis 9 im Dezimalsystem dargestellte Zahl, z. B. $569{,}28 = 5 \cdot 100 + 6 \cdot 10 + 9 \cdot 1 + 2 \cdot \frac{1}{10} + 8 \cdot \frac{1}{100}$.
Die erste links bzw. rechts vom Dezimalkomma stehende Zahl besitzt den Stellenwert 1 bzw. $^1/_{10}$, die zweite links bzw. rechts stehende Zahl besitzt den Stellenwert 10 bzw. $^1/_{100}$ usw. Jede Zahl ist als endliche oder unendliche Dezimalzahl darstellbar, letztere kann periodisch oder nichtperiodisch sein. Die ganzen Zahlen und alle Brüche, deren Nenner nur Vielfache von 2 und 5 enthalten, besitzen eine endliche Dezimalzahldarstellung: $1 = 1{,}0$,; $\frac{1}{20} = \frac{1}{2 \cdot 2 \cdot 5} = 0{,}05$.
Der Bruch $\frac{4}{11} = 0{,}363636... = 0{,}\overline{36}$ besitzt die Periode 36; die Kreiszahl $\pi = 3{,}141592...$ ist nichtperiodisch.

Dialyse, *die* [...'lyzə; griechisch], die Trennung von großen und kleinen Molekülen durch Diffusion *(siehe dort)* durch eine Membran.
❧ In der Medizin nutzt man das Verfahren, um Stoffwechselprodukte aus dem Blut auszuscheiden, wenn die Nieren nicht mehr einwandfrei funktionieren (›künstliche Niere‹).

Dichte, das Verhältnis von Masse und Volumen eines Körpers; hängt vom Material, vom Druck und von der Temperatur ab.

Dissipation, *die* der Übergang irgendeiner Energieform in Wärmeenergie. Dissipative Systeme oder Strukturen befinden sich fernab von ihrem thermodynamischen Gleichgewicht.

Doppler-Effekt, ein nach dem österreichischen Physiker Christian Doppler (* 1803, † 1853) benanntes Phänomen, das bei jeder Art von Wellen auftritt. Die Frequenz einer Licht- oder Schallwelle erscheint höher, wenn sich die entsprechende Quelle auf den Beobachter zubewegt, und niedriger, wenn sich die Quelle von ihm wegbewegt. Hupt z. B. ein Auto im Vorbeifahren, so erscheint der Hupton dem Zuhörer beim Herannahen höher als beim Wegfahren.
❧ Die Rotverschiebung *(siehe dort),* die bei weit entfernten Galaxien auftritt, ist das Ergebnis eines Doppler-Effektes, dem das von den Galaxien ausgesandte Licht unterliegt.

Dreisatz, ein Rechenverfahren, dass in drei Schritten (Sätze genannt) aus drei gegebenen Größen eine vierte unbekannte Größe bestimmt. Beispiel: Wie viel wiegen 3 Eier, wenn 8 Eier 480 g wiegen? Dreisatz:
1. 8 Eier wiegen 480 g;
2. 1 Ei wiegt 480 g : 8 = 60 g;
3. 3 Eier wiegen 60 g · 3 = 180 g.

Druck, die Kraft, die je Fläche ausgeübt wird (*siehe* Luftdruck).
❧ Die gesetzliche Einheit für den Druck ist das Pascal *(siehe dort).* ❧ Beim Blutdruck ist noch die Angabe in Millimeter Quecksilbersäule gebräuchlich (mm Hg).

Durchmesser, eine Strecke, die durch den Mittelpunkt eines Kreises oder einer Kugel geht und zwei Punkte der Kreislinie beziehungsweise der Kugeloberfläche miteinander verbindet.

Durchschnitt, eine Zahl, die für eine Menge von Zahlen steht. Mittelwert und Median sind Beispiele für Durchschnittsbildungen. Im Allgemeinen bedeutet Durchschnitt so viel wie Mittelwert.

Dynamik, *die* [dy...; griechisch], Teilgebiet der Mechanik, in dem der Zusammenhang zwischen

Kräften und den durch sie verursachten Bewegungszuständen untersucht wird.

Ebene, geometrisches Grundgebilde mit nur zwei Dimensionen – Länge und Breite (eine Höhe fehlt).

ebene Geometrie, das Studium von zweidimensionalen Figuren.
❧ Die ebene Geometrie gehört zu den ältesten Teilgebieten der Mathematik. ❧ Der antike griechische Mathematiker EUKLID (um 300 v. Chr.) hat erstmals ein sorgfältig durchgearbeitetes Lehrbuch der ebenen Geometrie geschrieben. Sein Buch ›Die Elemente‹ blieb für Jahrhunderte ein Standardwerk.

Edelgas, gasförmige Elemente, die so gut wie gar nicht zu chemischen Reaktionen fähig sind. Sie treten im Periodensystem der Elemente *(siehe dort)* in der rechten Randspalte auf.
❧ Die bekanntesten Edelgase sind Helium und Neon.

Albert Einstein

Einstein, Albert Physiker deutscher Herkunft (* 1879, † 1955), war der bedeutendste Physiker des 20. Jh. Er siedelte 1894 in die Schweiz über und nahm 1901 deren Staatsbürgerschaft an. 1902–09 arbeitete er im Patentamt in Bern und wurde 1911 Professor in Zürich und Prag, ab 1914 in Berlin. 1933 emigrierte er in die USA und wurde 1940 amerikanischer Staatsbürger. Einstein entwickelte die spezielle (1905) und die allgemeine Relativitätstheorie (1915) und revolutionierte damit die Grundlagen der Physik. 1921 erhielt er den Nobelpreis für Physik. Gleichzeitig ebnete er mit der Lichtquantenhypothese (1905) den Weg für die Quantenphysik.
❧ Einstein glaubte fest an die Gesetzmäßigkeit der Natur. Er sagte: ›Gott würfelt nicht‹ und ›Gott ist raffiniert, aber nicht bösartig‹. Im Zweiten Weltkrieg sprach sich Einstein für den Bau einer Atombombe durch die USA aus, um der Entwicklung einer Bombe durch das Dritte Reich zuvorzukommen. Nach dem Krieg warnte der überzeugte Pazifist jedoch die Öffentlichkeit vor den Gefahren von Kernwaffen.

Eisen, chemisches Symbol Fe (von lateinisch ferrum), ein chemisches Element, das wichtigste Gebrauchsmetall, vor allem als Gusseisen und Stahl.

Elastizität, *die* [griechisch], eine Eigenschaft mancher Materialien, nach Verformung wieder in ihren ursprünglichen Zustand zurückzukehren. Sie setzen jeglicher Verformung eine elastische Kraft entgegen.

elektrische Ladung, eine grundlegende Eigenschaft der Materie. Man unterscheidet positive und negative elektrische Ladung. Ein elektrisch geladener Körper übt auf andere geladene Körper eine Kraft aus. Gleichnamige Ladungen (also positiv-positiv und negativ-negativ) stoßen einander ab, ungleichnamige (positiv-negativ oder umgekehrt) ziehen sich dagegen an. Die Protonen *(siehe dort)* der Atomkerne tragen eine positive Ladung, während die Elektronen *(siehe dort)* eine negative besitzen. Normalerweise enthält ein Atom ebenso viele Protonen wie Elektronen, weshalb es nach außen keine elektrische Ladung zeigt; man sagt dann, es sei neutral. Die elektrische Ladung von Substanzen rührt daher, dass in ihnen ein Ungleichgewicht zwischen positiven und negativen Ladungen vorliegt.

elektrischer Strom, das Fließen elektrischer Ladungen, meist Elektronen.

elektrisches Feld, ein von elektrischen Ladungen erzeugtes Feld.

Elektrizität, *die* [französisch, zu griechisch ēlektron ›Bernstein‹ (da sich dieser durch Reiben elektrisch auflädt)], Bezeichnung für alle Erscheinungen, die im Zusammenhang mit elektrischen Ladungen und den damit verbundenen elektrischen Feldern und Strömen auftreten.

Elektrolyse, in der Chemie jeder Vorgang, bei dem eine chemische Reaktion durch einen elektrischen Strom ausgelöst wird.

❧ Die bekannteste technische Nutzung der Elektrolyse ist das Galvanisieren, bei dem eine dünne Metallschicht auf einen Gegenstand aufgebracht wird.

Elektromagnet, ein Magnet, dessen magnetisches Feld dadurch entsteht, dass durch eine Leiterspule ein Strom fließt. Elektromagnete finden in der Technik vielfältige Verwendung, z. B. als Schaltrelais oder Lasthebemagnete an Kranen zur Verladung von Schrott und anderen Eisenteilen.

elektromagnetische Induktion, die Erzeugung elektrischen Stroms auf magnetischem Weg: Verändert man ein magnetisches Feld, das von einer elektrischen Leiterschleife umschlossen wird, so entsteht ein elektrischer Strom. Die verbreiteste Anwendung dieses Phänomens ist der Generator.
❧ Die elektromagnetische Induktion wurde von dem britischen Physiker und Chemiker MICHAEL FARADAY (* 1791, † 1867) entdeckt.

elektromagnetische Strahlung, jede Art von elektromagnetischer Welle.

elektromagnetische Wellen, alle sich wellenförmig mit Lichtgeschwindigkeit (= 300 000 km/s, Formelzeichen *c*) ausbreitenden, räumlich und zeitlich periodischen elektromagnetischen Felder. Sie unterscheiden sich voneinander nur durch ihre Wellenlänge (Formelzeichen λ) und ihre Frequenz (Formelzeichen ν), die in der Formel $c = \lambda \cdot \nu$ miteinander verknüpft sind. Elektromagnetische Wellen werden in der Reihenfolge abnehmender Wellenlängen eingeteilt in Radiowellen, Mikrowellen, Infrarot, sichtbares Licht, ultraviolettes Licht, Röntgenstrahlung, Gammastrahlung.

Elektron, ein Elementarteilchen mit negativer Ladung und einer sehr kleinen Masse. Elektronen befinden sich in Atomen in der Hülle, die den Atomkern umgibt. Die chemischen Reaktionen, die Atome betreffen, hängen eng mit den Eigenschaften der Elektronenhülle zusammen.
❧ Bewegt sich eine große Anzahl freier Elektronen durch einen elektrischen Leiter, so spricht man von elektrischem Strom.

Elektronenmikroskop, ein Gerät, bei dem anstelle von Licht Elektronen benutzt werden, um ein Bild von einem sehr kleinen Gegenstand, etwa Einzelteile eines Kleinstlebewesens, zu erzeugen.

elektrostatische Aufladung, eine Ansammlung elektrischer Ladung, die dadurch entsteht, dass ein Material an einem anderen Material gerieben wird.
❧ Ein Beispiel hierfür sind die Funken, die überspringen, wenn jemand, der eine Zeit lang auf einem Kunststoffteppich gelaufen ist, an ein eisernes Geländer greift.

Element, in der Chemie eine Substanz (z. B. Kohlenstoff, Wasserstoff, Sauerstoff, Eisen), die sich auf chemischem Wege nicht weiter zerlegen lässt. Zu jedem chemischen Element gehört ein spezieller Typ von Atom; Verbindungen entstehen, wenn sich die Atome verschiedener Elemente zusammenfinden und sich zu Molekülen binden. Es gibt mehr als hundert bekannte Elemente, davon kommen 92 in der Natur vor; die restlichen wurden künstlich hergestellt.

Elementarteilchen, die kleinsten, nicht weiter zerlegbaren materiellen Teilchen. Hierzu gehören die Elektronen sowie die in den Atomkernen enthaltenen Protonen und Neutronen. Die moderne Physik geht davon aus, dass Protonen und Neutronen aus noch elementareren Teilchen, den Quarks *(siehe dort),* aufgebaut sind. Neben den Bausteinen der Atome gibt es zahlreiche weitere Elementarteilchen, die mithilfe von Teilchenbeschleunigern erzeugt werden, aber nach Sekundenbruchteilen wieder zerfallen.

Ellipse, *die* [zu griechisch élleipsis ›Mangel‹ (da die vollkommene Kreisform ›fehlt‹)], in der Geometrie die Kurve, die ein Punkt beschreibt, wenn er sich so bewegt, dass die Summe seiner Abstände zu zwei festen Punkten (den so genannten Brennpunkten) immer den gleichen Wert hat. Fallen die beiden Brennpunkte zusammen, so wird die Ellipse zu einem Kreis; sind die Brennpunkte voneinander verschieden, so sieht die Ellipse wie ein zusammengedrückter länglicher Kreis aus.
❧ Die Bahnen aller Planeten sowie der Kometen sind Ellipsen.

***E=mc²*,** von ALBERT EINSTEIN aufgestellte Gleichung zur Relativitätstheorie *(siehe dort). E* steht für Energie, *m* für Masse und *c* für die Lichtgeschwindigkeit. Gemäß dieser Gleichung sind Energie und Masse ineinander umwandelbar.

empirische Methode [zu griechisch émpeiros ›erfahren, kundig‹], eine Art und Weise, Forschung in folgenden Schritten zu betreiben: 1. Sorgfältige Beobachtung der Natur; 2. Ableitung von Gesetzmäßigkeiten; 3. Aufstellen von Hypothesen; 4. Testen dieser Hypothesen anhand von Beobachtungen und Experimenten. Dieses Vorgehen ist charakteristisch für die Erfahrungswissenschaften, insbesondere für die Naturwissenschaften. Die Mathematik dagegen verwendet die axiomatisch-deduktive Methode *(siehe dort),* in den Geisteswissenschaften kommt die Hermeneutik (*siehe* Kapitel 8) zum Tragen.

endotherm [griechisch], Wärme bindend; eine chemische Reaktion, bei der Wärme zugeführt werden muss; Gegensatz: exotherm.

Energie, *die* [zu griechisch enérgeia ›wirkende Kraft‹], die Fähigkeit, Arbeit leisten zu können. Ein Gegenstand kann z. B. Energie besitzen aufgrund seines Bewegungszustandes (man spricht dann von kinetischer Energie) oder aufgrund seiner Lage (potenzielle Energie). Die in der Natur vorkommenden Energieformen (neben den genannten z. B. thermische, elektrische, magnetische, chemische Energie oder Kernenergie) können weitgehend ineinander umgewandelt werden.

❧ Die wichtigste Eigenschaft der Energie ist, dass sie weder erzeugt noch vernichtet werden kann; die Gesamtenergie eines isolierten physikalischen Systems verändert sich also nicht. Dies ist das Prinzip von der Erhaltung der Energie (so genannter Energiesatz). Es ist daher auch unmöglich, ein so genanntes Perpetuum mobile zu bauen, eine Maschine, die ohne Energiezufuhr Arbeit verrichtet.

Entropie, *die* [griechisch], eine thermodynamische Zustandsgröße, die ein Maß für den Ordnungszustand eines Systems darstellt. In einem abgeschlossenen System kann die Entropie niemals abnehmen (so genannter Entropiesatz). Sie bleibt konstant bei einem umkehrbaren (reversiblen) Prozess und nimmt zu bei einem natürlich verlaufenden, nicht umkehrbaren (irreversiblen) Vorgang, z. B. der Abkühlung eines heißen Körpers. Bei nicht abgeschlossenen Systemen, die ständigen Stoffaustausch mit ihrer Umgebung haben (z. B. lebende Organismen), kann die Entropie zunehmen, gleich bleiben oder abnehmen.

❧ Der Begriff Entropie wurde von dem deutschen Physiker RUDOLF CLAUSIUS (* 1822, † 1888) eingeführt. Er stellte auch den Entropiesatz auf.

Euklid, ein antiker griechischer Mathematiker (* um 365 v. Chr., † um 300 v. Chr.), der als Begründer der Geometrie gilt. Den Bereich der klassischen Geometrie nennt man nach ihm auch ›euklidische Geometrie‹. Sein Buch mit dem Titel ›Die Elemente‹ war über 2000 Jahre lang Grundlage für die Mathematikausbildung und das nach der Bibel am weitesten verbreitete Buch.

exotherm [griechisch], Wärme liefernd; eine chemische Reaktion, in deren Verlauf Wärme frei wird; Gegensatz: endotherm.

Exponent, die hochgesetzte Zahl hinter einer anderen Zahl bei Potenzen oder Wurzeln, z. B. bei 5^6. Dies bedeutet, dass 5 sechsmal mit sich zu multiplizieren ist: $5^6 = 5 \cdot 5 \cdot 5 \cdot 5 \cdot 5 \cdot 5 = 15625$.

exponentielles Wachstum, das Wachstum eines Systems, in dem der Zuwachs proportional zum schon Vorhandenen ist (z. B. Verdopplung in jedem Wachstumsschritt): Je größer das System bereits ist, desto umfangreicher fällt der Zuwachs aus.

❧ Im übertragenen Sinn bedeutet exponentielles Wachstum ein Wachstum, das alle Grenzen sprengt, wie z. B. die Zunahme der Erdbevölkerung.

Faraday, Michael [ˈfærədɪ], britischer Physiker und Chemiker (* 1791, † 1867), entdeckte die nach ihm benannten Gesetze der Elektrolyse *(siehe dort)*, die elektromagnetische Induktion *(siehe dort)* und schuf weitere Grundlagen der Elektrizitätslehre.

❧ Ursprünglich Buchbindergeselle arbeitete sich Faraday durch Selbststudium vom Laborgehilfen bis zum Direktor des Laboratoriums der angesehenen ›Royal Institution‹ hoch.

Fermi, Enrico aus Italien stammender amerikanischer Physiker (* 1901, † 1954), lieferte entscheidende Beiträge zur Entwicklung der modernen Physik. 1934 entwickelte er die Theorie des Betazerfalls, 1942 baute er den ersten Kernreaktor, in dem ihm erstmals eine kontrollierte und sich selbst erhaltende Kettenreaktion gelang. Fermi war auch an der Entwicklung der amerikanischen Atombombe maßgebend beteiligt. 1938 erhielt er den Nobelpreis für Physik u. a. für seine Entdeckung radioaktiver Elemente durch Neutronenbeschuss.

❧ Der Kernreaktor, mit dem Fermi seine Versuche machte, stand unter der Zuschauertribüne des Footballstadions von Chicago.

Festkörper, Stoffe, für die die dauerhafte Anordnung der Atome in festen Strukturen kennzeichnend ist, z. B. Kristalle. Festkörper setzen Verformungen einen großen Widerstand entgegen. Mit ihren physikalischen Eigenschaften beschäftigt sich die Festkörperphysik.

Finsternis, in der Astronomie ein Phänomen, das entsteht, wenn für einen Beobachter ein Himmelskörper das Licht eines anderen abdeckt. Die wichtigsten von der Erde aus sichtbaren Finsternisse sind die Sonnenfinsternis (dabei verdeckt der Mond die Sonne) und die Mondfinsternis (dabei steht die Erde zwischen Sonne und Mond und verhindert so, dass das Sonnenlicht auf den Mond treffen kann).
❧ Die nächste totale Sonnenfinsternis, die von Deutschland aus beobachtbar ist, wird sich am 11. 8. 1999 ereignen.

Flammpunkt, die Entzündungstemperatur von Dämpfen brennbarer Flüssigkeiten durch eine herangeführte Flamme. Der Flammpunkt ist ein Maß für die Feuergefährlichkeit eines Stoffes.

Fliehkraft, *siehe* Zentrifugalkraft.

Fluchtgeschwindigkeit, auch **Entweichgeschwindigkeit** genannt, die Anfangsgeschwindigkeit, die ein Raumflugkörper haben muss, damit er ohne weiteren Antrieb den Anziehungsbereich eines Planeten, z. B. der Erde, verlassen kann.
❧ Um die Anziehungskraft der Erde zu überwinden, muss eine Rakete ungefähr 40 000 km/h oder rund 11,2 km/s schnell sein.

Fluoreszenz, *die* charakteristische Leuchterscheinung bei gewissen festen Körpern, Flüssigkeiten und Gasen nach einer Bestrahlung mit Licht, Röntgen- oder Teilchenstrahlung. Im Gegensatz zur Phosphoreszenz *(siehe dort)* entsteht kein Nachleuchten.

Flüssigkeit, ein Stoff im flüssigen Aggregatzustand *(siehe dort)* der Materie, in dem sich die Atome oder Moleküle frei gegeneinander bewegen können, ohne allerdings den Kontakt zueinander zu verlieren. Eine Flüssigkeit passt sich der Form ihres Gefäßes an, kann aber ihr Volumen (im Gegensatz zu Gasen) nicht ändern.

fraktale Geometrie, eine von dem amerikanisch-französischen Mathematiker BENOIT MANDELBROT (* 1924) eingeführte Geometrie, die sich im Gegensatz zur euklidischen Geometrie (*siehe* Euklid) nicht mit ›einfachen‹ Formen (z. B. Gerade, Würfel, Kreis) befasst, sondern mit komplexen Gebilden und Erscheinungen (den so genannten Fraktalen), wie sie ähnlich auch in der Natur vorkommen (z. B. Luftwirbel, Schneeflocken, Verästelungen). Jedes Fraktal ist durch ›Selbstähnlichkeit‹ gekennzeichnet, d. h., jeder noch so kleine Ausschnitt ähnelt bei entsprechender Vergrößerung dem Gesamtobjekt. Mithilfe der fraktalen Geometrie war es möglich, viele komplexe Naturerscheinungen mathematisch zu erfassen und am Computer zu simulieren.

freier Fall, in der Physik die Bewegung eines Körpers, auf den nur die Schwerkraft einwirkt. Durch Experimente nachgewiesen ist, dass im freien Fall alle Körper gleich schnell fallen, unabhängig von ihrem Gewicht.
❧ Satelliten im Weltraum befinden sich physikalisch im Zustand des freien Falls. Die Schwerkraft wird jedoch aufgrund ihrer Bewegung von der Fliehkraft kompensiert.

Frequenz, *die* [lateinisch ›Häufigkeit‹], in Physik und Technik die Häufigkeit eines periodischen Vorgangs, z. B. einer Schwingung, je Zeiteinheit, z. B. einer Sekunde. Die Einheit für die Frequenz (Formelzeichen f oder ν ist das Hertz (Einheitenzeichen Hz).

Fullerene, Großmoleküle aus räumlich vernetzten Kohlenstoffatomen, die eine kugelige Anordnung bilden. Beispiele sind das aus 60 Kohlenstoffatomen bestehende C_{60}-Fulleren (auch ›Fußballmolekül‹ oder ›Buckyball‹ genannt) und das C_{70}-Fulleren (›Rugbyball‹).
❧ Benannt wurden die Fullerene nach dem amerikanischen Architekten RICHARD BUCKMINSTER FULLER (* 1895, † 1983), dessen Kuppelbauten genau dem Bauprinzip der Moleküle entsprechen.

Fuzzylogik [ˈfʌzɪ... zu englisch fuzzy ›unscharf‹], ein Logiksystem, das nicht nur die Wahrheitswerte ›wahr‹ und ›falsch‹ bzw. 1 und 0 kennt, sondern mehrere bis unendlich viele. Damit kann die Fuzzylogik auch den Übergang zwischen nur unscharf trennbaren Werten (z. B. ›warm‹ und ›kalt‹) oder unscharfe Aussagen (z. B. ›Es ist ziemlich kalt.‹) formal abbilden.
❧ Anwendungen findet die Fuzzylogik v. a. in der Regelungstechnik (z. B. Temperaturregulierung) und im Bereich der künstlichen Intelligenz. Auch

manche Haushaltsgeräte besitzen bereits Fuzzyregler.

Galilei, Galileo italienischer Mathematiker, Physiker und Philosoph (* 1564, † 1642), einer der bedeutendsten Gelehrten seiner Zeit. Galilei war ab 1589 Professor für Mathematik in Pisa und ab 1592 in Padua. Er leitete in reinen Gedankenexperimenten die Fallgesetze her und bewies sie experimentell. Mithilfe seines selbst gebauten Fernrohrs entdeckte Galilei die bergige Natur des Mondes, den Sternenreichtum der Milchstraße, die Phasen der Venus, die vier größten Jupitermonde, die Saturnringe und die Sonnenflecken. Aufgrund seiner Beobachtungen trat Galilei für das heliozentrische Weltbild des NIKOLAUS KOPERNIKUS ein und geriet dadurch ab 1616 in Konflikt mit der katholischen Kirche. 1632/1633 musste er in einem von der Kirche geführten Prozess der kopernikanischen Lehre abschwören. Sein für die Entwicklung der Physik wichtigstes Werk ›Unterredungen und mathematische Demonstrationen über zwei neue Wissensgebiete ...‹ entstand in der über ihn verhängten unbefristeten Haft, die er in seinem Landhaus verbrachte.
❧ Legende ist sein Ausspruch ›Und sie bewegt sich doch‹ (nämlich die Erde), den er nach seiner Verurteilung getan haben soll. ❧ Galileis Konflikt mit der Kirche ist oft auch dichterisch behandelt worden, u.a. von B. BRECHT. ❧ 1992 rehabilitierte ihn die katholische Kirche.

Gammastrahlung, die energiereichste Strahlung aus dem elektromagnetischen Spektrum mit den kleinsten Wellenlängen und den größten Frequenzen. Sie tritt bei natürlicher und künstlicher Radioaktivität auf und ist beim radioaktiven Zerfall neben Alpha- und Betastrahlung die dritte Komponente der radioaktiven Strahlung. Im Unterschied zur Alpha- und Betastrahlung lässt sich Gammastrahlung jedoch nicht elektrisch oder magnetisch ablenken.
❧ Gammastrahlen werden in der Medizin zur Tumorbehandlung und in der Technik zur zerstörungsfreien Werkstoffprüfung genutzt.

ganze Zahlen, die natürlichen Zahlen zusammen mit den entsprechenden negativen Zahlen -1, -2, -3 usw. Die ganzen Zahlen umfassen somit die positiven ganzen Zahlen $1, 2, 3, \ldots$, die negativen ganzen Zahlen $-1, -2, -3, \ldots$ und die Null, welche weder positiv noch negativ ist.

Gas, in der Physik ein Aggregatzustand *(siehe dort)* der Materie, bei dem die Atome oder Moleküle weiträumiger verteilt sind als diejenigen in Flüssigkeiten oder festen Körpern. Gase füllen den zur Verfügung stehenden Raum stets vollständig aus und können ihr Volumen kontinuierlich verändern.

Galileo Galilei

Gauß, Carl Friedrich deutscher Mathematiker, Astronom und Physiker (* 1777, † 1855), gehört zu den bedeutendsten Mathematikern aller Zeiten. Er stammte aus einfachsten Verhältnissen und konnte dank eines Stipendiums des Herzogs von Braunschweig studieren. Mit 22 Jahren promovierte er, 1801 erschien sein Buch ›Untersuchungen über höhere Arithmetik‹, das die Grundlage der modernen Zahlentheorie bildet. In seinem astronomischen Hauptwerk ›Theorie der Bewegung der Himmelskörper‹ (1809) gab er der Astronomie eine neue Grundlage. Als Physiker beschäftigte sich Gauß mit dem Erdmagnetismus und erfand ein Messgerät zur Messung des Magnetismus.
❧ Eine Anekdote erzählt, wie Gauß als Schüler in kürzester Zeit die Zahlen von 1 bis 100 addierte, indem er die Anzahl der Paarungen $99 + 1 = 100$, $98 + 2 = 100$ usw. feststellte. ❧ Gauß wurde wegen seiner überragenden Leistungen schon zu seinen Lebzeiten als ›Princeps mathematicorum‹ (›Fürst der Mathematik‹) bezeichnet. Heute führt fast jedermann ein Bild von Gauß mit sich, denn das Motiv des 10-DM-Scheins ist ihm gewidmet.

Geigerzähler, *der* von den Physikern HANS GEIGER (* 1882, † 1945) und ERWIN WILHELM MÜLLER (* 1911, † 1977) entwickeltes Zählrohr (eigentlich Geiger-Müller-Zählrohr), mit dessen Hilfe man die von radioaktiven Quellen ausgehende Strahlung feststellen kann. Die ausgesandten Teilchen erzeugen ein Knacken im Geigerzähler.

gemeinsamer Nenner, eine Zahl, mit deren Hilfe man Brüche mit unterschiedlichen Nennern in solche mit gleichem Nenner überführen kann, um diese Brüche addieren und subtrahieren zu können. So ist z. B. 12 ein gemeinsamer Nenner für $^1/_3$ und $^1/_4$, denn diese Brüche lassen sich als $\frac{4}{12}$ bzw. $\frac{3}{12}$ schreiben, ihre Summe ist somit $\frac{7}{12}$, ihre Differenz $^1/_{12}$.
❧ Im übertragenen Sinn meint man mit gemeinsamem Nenner das Verbindende in verschiedenen Ereignissen oder Meinungen.

Geometrie, dasjenige Teilgebiet der Mathematik, das sich mit den Eigenschaften und Beziehungen von Punkten, Geraden, Winkeln, Flächen und Körpern beschäftigt. Es wurde von EUKLID begründet.

geometrische Folge, in der Mathematik eine Zahlenfolge, deren Glieder man erhält, indem man immer das unmittelbar vorangehende Glied mit einer festen Zahl multipliziert. So ist beispielsweise 1, 2, 4, 8, 16, 32, ... eine geometrische Folge. Der Faktor, mit dem multipliziert wurde, ist 2.
❧ Viele Wachstums- und Ausbreitungsvorgänge, wie etwa das Bevölkerungswachstum, können mithilfe geometrischer Folgen beschrieben werden.

geometrischer Ort, in der Geometrie die Menge aller Punkte (und nur diese), die einer bestimmten Bedingung genügen. So bilden alle Punkte der Ebene, die von einem festen Punkt einen bestimmten Abstand haben, einen Kreis (mit diesem Punkt als Mittelpunkt). Analog ergibt sich im Raum die Kugeloberfläche als geometrischer Ort aller Punkte, die von einem bestimmten Punkt einen festen Abstand haben.

Gerade, eine Menge von Punkten, die nur eine Dimension – die Länge – hat.

Geschwindigkeit, der Vektor *(siehe dort),* der angibt, in welche Richtung sich ein Objekt bewegt und wie schnell diese Bewegung erfolgt. Ist die Bewegung geradlinig und unbeschleunigt (*siehe* Beschleunigung), berechnet sich die Größe der Geschwindigkeit als der Quotient aus zurückgelegtem Weg und hierfür benötigter Zeit.

Gewicht, die Kraft, die von der Schwerkraft auf einen Körper ausgeübt wird.
❧ Das Gewicht eines Gegenstandes beträgt auf dem Mond nur rund $^1/_6$ seines Gewichtes auf der Erde.

Gitterstruktur, in der Chemie diejenige Strukturform, die man üblicherweise bei festen Körpern, v. a. Kristallen, vorfindet. In diesen sind die Atome miteinander verbunden und zu einem regelmäßig aufgebauten Gitter zusammengefügt.

gleichförmige Bewegung, eine Bewegung, bei der keine Beschleunigung stattfindet, sich also die Geschwindigkeit nicht ändert. Die gleichförmige Bewegung verläuft notwendig geradlinig.

Gleichgewicht, ein Zustand, in dem sich alle einwirkenden Einflüsse gegenseitig ausgleichen. In der Mechanik ergibt sich ein Gleichgewicht, wenn sich alle Kräfte, die auf einen Körper einwirken, gegenseitig aufheben. In der Chemie tritt ein Gleichgewicht auf, wenn die chemischen Reaktionen so ablaufen, dass die Gesamtmenge aller beteiligten Stoffe unverändert bleibt.

Gleichung, eine Form, mit der die Gleichheit zweier mathematischer Formeln ausgedrückt wird. Man schreibt Gleichungen mithilfe des Gleichheitszeichens, z. B. $(a + b)^2 = a^2 + 2ab + b^2$.

Glockenkurve, *siehe* Normalverteilung.

Grad, Formelzeichen °, in der Geometrie eine Einheit für den Winkel: ein Grad ist gleich $^1/_{360}$ des Vollkreises. In der Physik eine Einheit für die Temperatur, z. B. 4° Celsius für 4 Grad der Celsius-Temperaturskala.

Gramm, Einheit für die Masse. Ein Kubikzentimeter Wasser wiegt rund ein Gramm. Das Einheitenzeichen für Gramm ist g: 4 g sind somit vier Gramm.

Graph, die zeichnerische Darstellung eines Zusammenhanges zwischen Zahlen. Eine Kurve zeigt die Veränderung einer Größe in Abhängigkeit vom Wert einer zweiten Größe.

Gravitation, *die* [von lateinisch gravis ›schwer‹], die Kraft, mit der sich zwei Körper aufgrund ihrer Masse gegenseitig anziehen. ISAAC NEWTON gab als erster eine Formel für die Gravitation an. Die Gravitation hält den Mond auf seiner Umlaufbahn um die Erde, aber auch die Planeten auf ihren Bahnen. Auch für das Fallen von Gegenständen auf die Erde ist die Gravitation, die man in diesem Falle auch Schwerkraft nennt, verantwortlich. Die allgemeine Relativitätstheorie *(siehe dort)* ist eine Theorie der Gravitation.

H_2O, die chemische Formel für Wasser. Jedes Wassermolekül besteht aus zwei Atomen Wasserstoff (H) und einem Atom Sauerstoff (O).

Hahn, Otto deutscher Chemiker (* 1879, † 1968), gelang 1938 die erste Kernspaltung. Hahn war ab 1910 Professor in Berlin und leitete 1928–45 das Kaiser-Wilhelm-Institut für Chemie. Er befasste sich mit der Untersuchung radioaktiver Stoffe, gemeinsam mit seiner Mitarbeiterin LISE MEITNER (* 1878, † 1968) entdeckte er verschiedene radioaktive Elemente. Nach Vorarbeiten mit ihr gelang ihm gemeinsam mit FRIEDRICH WILHELM (Fritz) STRASSMANN (* 1902, † 1980) die Kernspaltung von Uran, die MEITNER wiederum theoretisch erklärte. Hahn erhielt für diese Entdeckung den Nobelpreis für Chemie des Jahres 1944, der ihm 1945 überreicht wurde.

Halbwertszeit, in der Kernphysik diejenige Zeit, nach der nur noch die Hälfte des ursprünglich vorhandenen radioaktiven Ausgangsmaterials übrig bleibt. Die Halbwertszeiten radioaktiver Substanzen reichen von Bruchteilen von Sekunden bis hin zu Milliarden von Jahren. Die Halbwertszeit ist für alle Kerne einer bestimmten Art gleich; sie hängt weder von der Temperatur noch von anderen äußeren Bedingungen ab. Auf der bekannten Halbwertszeit radioaktiver Elemente beruht die radioaktive Altersbestimmung (*siehe* Radiokarbonmethode, Kapitel 17).

Heisenberg, Werner deutscher Physiker (* 1901, † 1976), einer der Begründer der Quantenmechanik, formulierte 1927 die heisenbergsche Unschärferelation *(siehe dort)*. 1933 erhielt Heisenberg den Nobelpreis für Physik für 1932. Während des Zweiten Weltkrieges beschäftigte er sich mit der Kernspaltung und war Leiter des deutschen Kernenergieprojektes. Heisenberg setzte sich später intensiv mit den philosophischen und gesellschaftspolitischen Problemen auseinander, die die moderne Physik aufwirft.

heisenbergsche Unschärferelation, ein von WERNER HEISENBERG formuliertes Grundprinzip der Quantenmechanik, demzufolge es unmöglich ist, die Position und den Impuls eines quantenmechanischen Objektes gleichzeitig genau zu messen. Die Unschärferelation gilt auch für andere Größenpaare, wie z. B. Energie und Lebensdauer eines Elementarteilchens.

Helium, chemisches Symbol He, ein chemisches Element, das zu den so genannten Edelgasen gehört. Der Kern des Heliumatoms besteht aus zwei Protonen und zwei Neutronen; er wird von zwei Elektronen umgeben. Helium wird wegen seiner Unbrennbarkeit dazu benutzt, Ballone zu füllen.

Helix, in der Geometrie eine Schraubenlinie im dreidimensionalen Raum.
❧ Bekannt geworden ist die Helix im Zusammenhang mit der Struktur der DNS-Moleküle (*siehe* Kapitel 13); diese bilden eine Doppelhelix.

Helmholtz, Hermann Ludwig von deutscher Naturwissenschaftler (* 1821, † 1894), der wichtige Beiträge u. a. zur Sinnesphysiologie, zur Physik und den Grundlagen der Geometrie leistete. Helmholtz entdeckte 1842 den Ursprung der Nervenfasern und maß 1850 erstmals die Fortpflanzungsgeschwindigkeit der Nervenerregung. Mit seinem Buch ›Die Lehre von den Tonempfindungen als physiologische Grundlage für die Theorie der Musik‹ (1863) begründete er die moderne musikalisch-akustische Forschung. In der Physik formulierte Helmholtz das Prinzip von der Erhaltung der Energie.
❧ Eine seiner wichtigsten Erfindungen war der für die augenärztliche Untersuchung notwendige Augenspiegel. ❧ Helmholtz wurde durch seine zahlreichen Vorträge und Schriften einer der einflussreichsten Vertreter des naturwissenschaftlichen Fortschrittsdenkens im 19. Jahrhundert.

Hertz, nach dem deutschen Physiker HEINRICH HERTZ (* 1857, † 1894), dem Entdecker der elektromagnetischen Wellen, benannte Einheit der Frequenz: Ein Hertz bedeutet eine volle Schwingung pro Sekunde. Das Einheitenzeichen lautet Hz.
❧ Der elektrische Strom für den Haushalt hat in Deutschland die Frequenz 50 Hz, der für die Eisenbahnen $16^2/_3$ Hz.

Hintergrundstrahlung, eine schwache Strahlung, die man auf der Erdoberfläche registriert und die aus der Höhenstrahlung sowie in geringem Maße von radioaktiven Substanzen im Erdgestein und in der Atmosphäre stammt.

Hochtemperatursupraleitung, *siehe* Supraleitfähigkeit.

Hubble, Edwin Powell [ˈhʌbl], amerikanischer Astronom (* 1889, † 1953), begründete die moderne, das Weltall außerhalb des Milchstraßensystems erforschende Astronomie (extragalaktische Astronomie). 1929 entdeckte er den Zusammenhang zwischen der Rotverschiebung der Spektrallinien in den Spektren extragalaktischer Sternsysteme und deren Entfernung.
❧ Nach Hubble ist das Weltraumteleskop benannt, das die NASA und die europäische Weltraumbehörde ESA gemeinsam entwickelten und 1990 in eine kreisförmige Umlaufbahn in etwa 600 km Höhe gebracht. Es dient zur Beobachtung lichtschwacher und weit entfernter Objekte.

Hyperbel, in der Geometrie ein Paar von Kurven, die sich beide ins Unendliche erstrecken, wobei sie sich Geraden immer mehr nähern, ohne diese jemals zu erreichen.

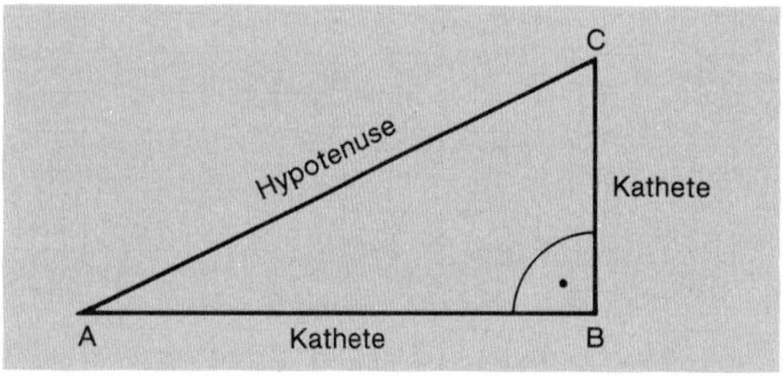

Hypotenuse, in einem rechtwinkligen Dreieck diejenige Seite, die dem rechten Winkel gegenüberliegt. Die Hypotenuse ist stets die längste Seite eines rechtwinkligen Dreiecks.

Hypothese, *die* [griechisch ›das Unterstellte‹], eine Aussage, die als mögliche Erklärung eines Sachverhaltes in Betracht kommt. Die Wissenschaft testet Hypothesen, indem sie Folgerungen aus diesen ableitet, die man experimentell überprüfen kann. Stellt sich heraus, dass die Beobachtungen nicht mit den aufgrund der Hypothese gewonnenen Erwartungen übereinstimmt, so wird die Hypothese verworfen.

Hz, das Einheitenzeichen für die Einheit Hertz der Frequenz.

Impuls, *der* [zu lateinisch impellere ›anstoßen‹], Bewegungsgröße eines Körpers, gleich dem Produkt aus Masse des Körpers und dessen Geschwindigkeit. Der Gesamtimpuls eines abgeschlossenen Körpers bleibt, z. B. bei Stoßprozessen, erhalten (Impulserhaltungssatz).
❧ Im übertragenen Sinn spricht man bei Menschen von Impuls und meint damit Antrieb, Regung: ›Sein erster Impuls war davonzulaufen.‹

Infrarotstrahlung, *die* eine für das Auge unsichtbare elektromagnetische Strahlung mit einer größeren Wellenlänge als Licht. Infrarotstrahlung wird angewandt u. a. in der Heiz- und Trocknungstechnik (Wärmestrahlung), bei Fernbedienungen, Nachtsichtgeräten usw.
❧ Die Infrarotstrahlung wurde 1800 von dem deutsch-britischen Astronomen FRIEDRICH WILHELM HERSCHEL (* 1738, † 1822) entdeckt.

Interferenz, *die* eine Überlagerungserscheinung, die immer dann entsteht, wenn zwei Wellen an einem Punkt des Raumes zusammentreffen. Die Interferenz ergibt sich dabei als Summe der Beiträge der beiden Wellen. Treffen z. B. die Wellenberge zweier identischer Wellen aufeinander, so entsteht ein Wellenberg doppelter Höhe. Fällt dagegen ein Wellenberg mit einem Wellental zusammen bei ansonsten identischen Wellen, löschen sich die Wellen gegenseitig aus.

Ion, *das* [zu griechisch ión ›Gehendes‹], ein Atom, das entweder Elektronen abgegeben oder eingefangen hat, sodass das Atom nach außen eine elektrische Ladung trägt, die je nachdem positiv bzw. negativ ist.

Ionenbindung, eine chemische Bindung, die darauf beruht, dass ein Atom an ein anderes ein Elektron abgibt. So entsteht eine elektrische Kraft, die die Atome zusammenhält.

irrationale Zahlen, alle reellen Zahlen *(siehe dort),* die nicht als Bruch darstellbar sind, das sind alle nichtperiodischen Dezimalzahlen, z. B. $\sqrt{2}$ und die Kreiszahl π (Pi).

Isomerie, *die* [zu griechisch isomerẽs ›aus gleichen Teilen bestehend‹], in der Chemie das Auftreten von zwei oder mehr Verbindungen (Isomere) mit gleicher Summenformel, aber unterschiedlichem Aufbau der Moleküle und unterschiedlichen physikalischen und chemischen Eigenschaften.

Isotop, *das* [zu griechisch ísos ›gleich‹ und tópos ›Platz, Stelle‹], ein Atomkern eines Elements, der sich von einem anderen Atomkern desselben Elementes dadurch unterscheidet, dass der Atomkern zwar die gleiche Anzahl Protonen, aber eine unterschiedliche Anzahl von Neutronen besitzt. Isotope werden kenntlich gemacht, indem man die Summe ihrer Protonen und Neutronenzahlen angibt. Uran 235 (^{235}U) z. B. ist das Isotop des Urans mit insgesamt 235 Protonen und Neutronen in seinem Kern.

Kalorie, *die* [zu lateinisch calor ›Wärme‹], die Wärmemenge, die erforderlich ist, um die Temperatur von einem Gramm Wasser um ein Grad Celsius zu erhöhen.
❧ Die Kalorie ist eine nichtgesetzliche Einheit der Energie, wird aber noch oft im Zusammenhang mit Nährwertangaben verwendet. Die gesetzliche Energieeinheit ist das Joule.

Kapillare, *die* [zu lateinisch capillus ›Haar‹], ein dünner Schlauch, wie beispielsweise die Blutgefäße oder ein Strohhalm, durch den eine Flüssigkeit fließt.
❧ Aus dem Zusammenspiel von Flüssigkeit und Gefäßwand ergibt sich eine Kraft, die die Flüssigkeit im Schlauch hochheben oder herunterdrücken kann. Man spricht von Kapillarität.

Kardinalzahl, eine Zahl, die dazu dient anzugeben, wieviel Dinge es in einer Menge gibt, wobei deren Anordnung nicht wiedergegeben wird. Eins, zwei, tausend sind Kardinalzahlen (*siehe auch* Ordinalzahl).

Katalysator, *der* [zu griechisch katálysis ›Auflösung‹], in der Chemie eine Substanz, die eine chemische Reaktion auslöst oder beschleunigt, ohne selbst verbraucht zu werden.

Kathete, *die* in einem rechtwinkligen Dreieck jede der beiden Seiten, die den rechten Winkel einschließen. Die Katheten sind einzeln stets kleiner als die Hypotenuse, für die Summe ihrer Quadrate gilt der Satz des PYTHAGORAS *(siehe dort)*. – Abb. S. 535.

Kathodenstrahlröhre, eine Vakuumröhre, die aus Elektronen bestehende Strahlen aussendet, deren Ziel und Bahn durch elektrische und magnetische Felder kontrolliert wird. Die Innenfront der Vorderseite der Röhre ist mit einer Substanz belegt, die Licht aussendet, wenn sie von Elektronen getroffen wird. Indem man den Auftreffpunkt der Elektronenstrahlen auf dieser Innenfront steuert, kann man auf dieser Bilder erzeugen. Moderne Elektronenstrahlröhren werden genutzt als Bildröhren für Fernseher, Radar und Computerbildschirme.

Kehrwert, auch reziproker Wert genannt, diejenige Zahl, die man erhält, wenn man eins durch die Ausgangszahl dividiert. Der Kehrwert von 9 ist somit $^1/_9$.

Kelvin, William Lord Kelvin of Largs britischer Physiker (* 1824, † 1907), gehörte zu den Begründern der modernen Thermodynamik. Er entwickelte ab 1848 die nach ihm benannte Temperaturskala (*siehe* Kelvinskala) und untersuchte u. a. den Stromtransport in Kabeln. Kelvin erfand zahlreiche Messverfahren und -geräte (u. a. das Spiegelgalvanometer) und verbesserte den Schiffskompass.
❧ Kelvin hieß ursprünglich William Thomson, 1866 wurde er geadelt und 1892 zum Lord erhoben.

Kelvinskala, *die* vom absoluten Nullpunkt (−273,15 °C = 0 K) ausgehende Temperaturskala. Einer Temperaturdifferenz von einem Kelvin (1 K) entspricht eine Temperaturdifferenz von einem Grad Celsius (1 °C). Eis taut also nach der Kelvinskala bei ungefähr 273 K, auf der Celsiusskala bei 0 °C.
❧ Die Kelvinskala ist die Temperaturskala, die in der wissenschaftlichen Forschung verwendet wird.

Kepler, Johannes deutscher Astronom und Mathematiker (* 1571, † 1630). Als Mathematiker der Landesregierung in Graz (ab 1594) erstellte er Kalender mit Voraussagen. Da seine Voraussagen für 1594 (kalter Winter, Türkeneinfall) weitgehend zutrafen, wurde Kepler schnell berühmt. 1600 siedelte er nach Prag über und wurde Assisstent des damals bekanntesten Astronomen TYCHO BRAHE (* 1546, † 1601). Nach dessen Tod erhielt Kepler die Stelle als Hofastronom Kaiser RUDOLFS II. (* 1552, † 1612, Kaiser ab 1576). Kepler stellte die Erfahrung in ihrem Aussagewert über die Aussagen der Bibel und vollzog damit eine für die neuzeitliche Naturwissenschaft entscheidende Wendung. Für die Astronomie wichtig sind die keplerschen Gesetze, deren erstes u. a. besagt, dass Planeten und die Sonne

Johannes Kepler

ellipsenförmige Bahnen haben. Die von Kepler erarbeiteten Tafeln mit Sonnen-, Mond- und Planetenpositionen (so genannte Rudolfinische Tafeln) erschienen 1627 und bildeten über 200 Jahre die Grundlage für astronomische Berechnungen.

Kern, auch Atomkern genannt, das kleine, dichte Zentrum der Atome, das aus Protonen und Neutronen zusammengesetzt ist und eine positive elektrische Ladung trägt.
❧ Die Kernphysik beschäftigt sich mit der Zusammensetzung und dem Aufbau der Atomkerne.

Kernfusion, *die* der Vorgang, bei dem zwei kleinere Atomkerne zu einem größeren verschmelzen, wobei Energie freigesetzt werden kann.
❧ Bei der Fusion von Wasserstoff zu Helium werden gewaltige Energiemengen frei. Dieser Prozess ist die wichtigste Energiequelle der Sterne, insbesondere auch unserer Sonne. ❧ Auch in Wasserstoffbomben läuft eine Kernfusion ab, die die Energie liefert. ❧ Eine kontrollierte Kernfusion in einem Reaktor könnte eine Energiequelle der Zukunft sein.

Kernladungszahl, die Anzahl von Protonen und damit auch die Anzahl von Elektronen, die ein Atom eines bestimmten Elements aufweist.

Kernspaltung, die Zerlegung eines größeren Atomkerns in zwei kleinere Bruchstücke unter Freisetzung von Energie. Spaltbare Kerne sind z. B. Uran und Plutonium. Die bei einer Kernspaltung frei werdende Energie wird in Kernkraftwerken in elektrischen Strom umgewandelt, aber auch für Kernwaffen benutzt.
❧ Die erste Kernspaltung wurde 1938 von OTTO HAHN *(siehe dort)* und FRITZ STRASSMANN durchgeführt. Heute wird in Deutschland rund ein Drittel des elektrischen Stroms aus Kernenergie erzeugt.

Kettenreaktion, in Chemie und Physik eine Abfolge von Reaktionen, die sich selbst aufrecht erhält. Bei der Kettenreaktion, die in mit Uran betriebenen Kernreaktoren abläuft, regt jeweils ein Neutron einen Kern dazu an, sich zu spalten, wobei zwei oder mehr Neutronen frei werden. Diese lösen neue Kernspaltungen aus, welche ihrerseits neue Neutronen produzieren.
❧ Bildlich gesprochen nennt man jede Ereignisfolge, bei der das Ergebnis des einen Ereignisses die Ursache des nächsten ist, eine Kettenreaktion.

Kinematik, *die* [zu griechisch kinēsis ›Bewegung‹], das beschreibende Studium von Bewegungen, wobei weder die bewegten Massen noch die bewegenden Kräfte in Betracht gezogen werden.

kinetische Energie, diejenige Energie, die ein Gegenstand aufgrund seiner Geschwindigkeit besitzt.

kleinster gemeinsamer Nenner, die kleinste Zahl, die als gemeinsamer Nenner zweier Brüche *(siehe dort)* dienen kann. Will man Brüche addieren, so muss man zuerst dafür sorgen, dass sie die gleichen Nenner haben. Gemeinsame Nenner z. B. der Brüche $^1/_{12}$ und $^5/_9$ sind die Zahlen 36, 72, 108. Der kleinste gemeinsame Nenner, auch Hauptnenner genannt, ist hier 36.
❧ Vom kleinsten gemeinsamen Nenner spricht man auch dann, wenn man ausdrücken will, dass man sich auf minimale Gemeinsamkeiten geeinigt hat.

Kobalt 60, chemisches Symbol ^{60}Co, ein radioaktives Isotop, das entsteht, wenn man Atome des Elementes Kobalt mit Neutronen beschießt.
❧ Kobalt 60 wird überwiegend in der Medizin zur Strahlentherapie verwendet.

Kohäsion, *die* [zu lateinisch cohaerere ›zusammenhängen‹], Anziehungskraft auf der Ebene der Moleküle, auch das Zusammenhalten zweier Oberflächen, die aus derselben Substanz bestehen.

Kohlendioxid, *das* *siehe* Kapitel 13.

Kohlenmonoxid, *das* chemisches Symbol CO, ein Gas, dessen Moleküle ein Kohlenstoffatom und ein Sauerstoffatom enthalten. Kohlenmonoxid entsteht bei Verbrennungsvorgängen, z. B. in Automotoren und Kaminen.
❧ Kohlenmonoxid ist leichter als unsere Umgebungsluft. ❧ Durch seine Fähigkeit, sich schneller als Sauerstoff mit den roten Blutkörperchen zu verbinden, schädigt es die Menschen schwer, die es einatmen.

Kohlenstoff, chemisches Symbol C, ein chemisches Element, das ein Grundbaustoff von Organismen ist.
❧ In der Chemie gehören die Stoffe, die Kohlenstoff enthalten, zur organischen Chemie, alle anderen zur anorganischen Chemie.

Kohlenstoff 14, chemisches Symbol ^{14}C, ein radioaktives Isotop des Kohlenstoffs, das entsteht, wenn man Stickstoff mit Neutronen beschießt.
❧ Kohlenstoff 14 wird oftmals zur radioaktiven Altersbestimmung (*siehe* Radiokarbonmethode, Kapitel 17) verwendet, um das Alter z. B. von Fossilien zu bestimmen.

Kohlenwasserstoffe, chemische Verbindungen mit dem Hauptmerkmal, dass sie lange Ketten von Kohlenstoffatomen enthalten, an die Wasserstoffatome gebunden sind.
❧ Viele Kohlenwasserstoffe dienen als Brennstoffe, wie z. B. Benzin, Methangas (der wichtigste Bestandteil des Erdgases) und Holz.

Kolloid, *das* [zu griechisch kólla ›Leim‹ und oeidēs ›ähnlich‹], ein Stoff, der sich in feinster Verteilung in einer Flüssigkeit oder einem Gas befindet. Mit den besonderen Eigenschaften der Kolloide beschäftigt sich die Kolloidchemie.

Kondensationspunkt, diejenige Temperatur, bei der ein gasförmiger Stoff sich verflüssigt. Der Kondensationspunkt entspricht dem Siedepunkt und ist wie dieser vom Druck abhängig.

Konstante, *die* [lateinisch constare ›feststehen‹], eine unveränderliche Zahl, die in Gleichungen oder Formeln auftritt, z. B. die Lichtgeschwindigkeit (300 000 km/s) oder die Zahl π (Pi) für die Kreisberechnung (3,1415...).

Konvektion, *die* [zu lateinisch convectio ›Zusammenbringen‹], das Aufsteigen von Wärme mit gleichzeitigem Abkühlen und anschließendem Absinken. Auf diese Weise entsteht ein ununterbrochener Stoffkreislauf mit Wärmetransport; z. B. der Kreislauf in einer Heizungsanlage oder die Luftbewegungen in der Erdatmosphäre, die die Wärme vom Äquator zum Nord- und zum Südpol hin befördern.

Koordinaten, *die* eine oder mehrere Zahlen, die einen Punkt auf einer Geraden, in einer Ebene oder im Raum festlegen. Weiß man, dass der Punkt auf einer bestimmten Geraden liegt, so benötigt man zu seiner Festlegung nur eine Zahl, bei einer Ebene benötigt man zwei, beim Raum drei Zahlen.

Kopernikus, Nikolaus deutscher Astronom und Mathematiker (* 1473, † 1543), der ab 1510 als Domherr in Frauenburg (Ermland) wirkte. 1514 trug er einem kleinen Kreis kirchlicher Würdenträger sein Weltbild vor, in dem die Sonne im Mittelpunkt der um sie kreisenden Planeten, darunter auch der Erde, steht (heliozentrisches Weltbild). Kopernikus ging dabei noch von kreisförmigen Planetenbahnen aus, deshalb gelangen ihm keine besseren Voraussagen über den Lauf der Gestirne. Erst nachdem J. KEPLER die Ellipsenbahnen für die Planeten eingeführt hatte, setzte sich das heliozentrische Weltbild durch. Im Zuge der Auseinandersetzung um GALILEO GALILEI wurde das Werk des Kopernikus von kirchlicher Seite verworfen. – Abb. S. 524.

kosmische Hintergrundstrahlung, eine Strahlung im Mikrowellenbereich, die auf die Erde aus allen Richtungen aus dem Weltall auftrifft.
❧ Die kosmische Hintergrundstrahlung gilt als Überrest oder ›Echo‹ des Urknalls *(siehe dort).*

Kosmologie, diejenige Wissenschaft, die sich mit den großen Strukturen, dem Ursprung und der Entwicklung des Universums beschäftigt.

Kraft, in der Physik die Ursache für eine Veränderung im Bewegungszustand eines Körpers. Die moderne Definition der Kraft (Kraft ist gleich Masse mal Beschleunigung) wurde von ISAAC NEWTON angegeben.
❧ Gewicht ist eine Kraft, der die Gravitation *(siehe dort)* zugrunde liegt.

Kreiszahl, *siehe* Pi.

Kristall, [zu griechisch krýstallos ›Eis; Bergkristall‹], ein Material, das aus exakt geometrisch ange-

Nikolaus Kopernikus

ordneten Atomen besteht und das sich deshalb durch hohe Symmetrie auszeichnet.

❧ Der ursprünglich nur für Eis benutzte Name wurde schon von PLINIUS D. Ä. für wasserklare, von gut ausgebildeten, ebenen, glänzenden Flächen umschlossene Quarze aus den Alpen gebraucht.

kritische Masse, in der Physik diejenige Masse an spaltbarem Material, die erforderlich ist, um eine Kettenreaktion aufrechtzuerhalten.

❧ Der Ausdruck kritische Masse wird oft auch übertragen gebraucht für diejenige Menge von etwas, die gebraucht wird, um eine bestimmte Wirkung hervorzubringen.

Lackmus, *das* blauer Pflanzenfarbstoff aus Lackmusflechten. – In der Chemie ein Farbstoff, mit dem man feststellen kann, ob eine Lösung eine Säure oder eine Lauge ist. Säuren färben blaues Lackmuspapier rot, Laugen rotes Lackmuspapier blau.

Laplace, Pierre Simon Marquis de [la'plas], französischer Mathematiker und Physiker (* 1749, † 1827), war einer der führenden Mathematiker seiner Zeit. Laplace fasste die bis zu seiner Zeit bekannten Tatsachen über die Himmelsmechanik in einem fünfbändigen Werk zusammen und bewies darin die Unveränderlichkeit bestimmter Teile der Planetenbahnen. Mithilfe seiner ›Analytischen Theorie des Wahrscheinlichen‹ (erschienen 1812)

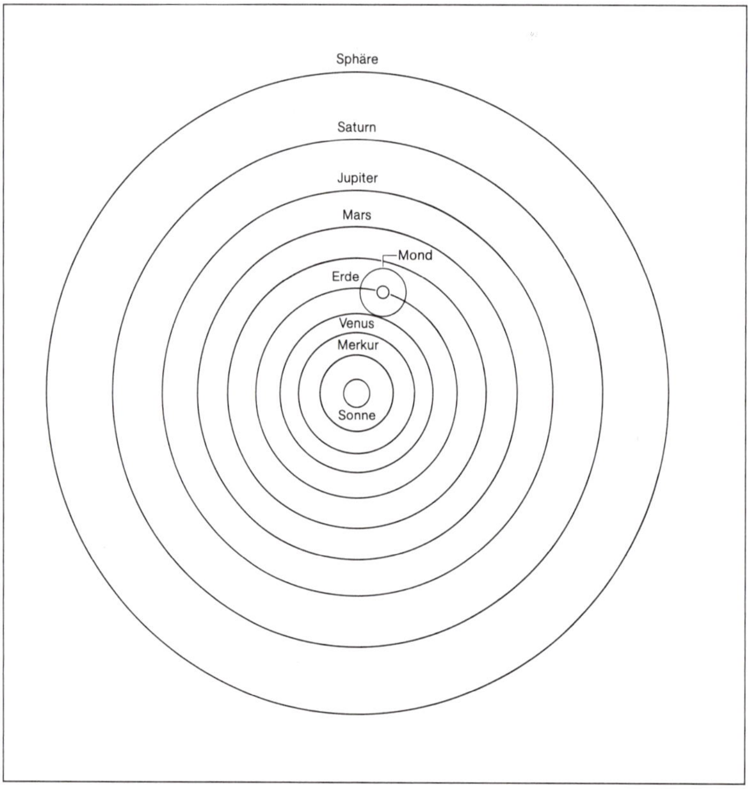

Das heliozentrische Weltbild des Kopernikus

konnten wahrscheinlichkeitstheoretische Probleme mathematisch behandelt werden.

❧ Als Examinator an der ›École militaire‹ prüfte er 1785 u. a. auch NAPOLÉON BONAPARTE.

latente Wärme, Wärme, die aufgenommen oder abgegeben wird, wenn ein Körper seinen Aggregatzustand *(siehe dort)* ändert. Beim Übergang vom flüssigen in den gasförmigen Zustand entsteht so die Verdunstungskälte (Entzug der latenten Wärme aus der Umgebung), beim umgekehrten Vorgang die Kondensationswärme.

Lavoisier, Antoine Laurent de [lavwaˈzje], französischer Chemiker (* 1743, † 1794), war Mitglied der Académie des sciences (›Akademie der Wissenschaften‹) und Begründer der modernen Chemie. Er erkannte die Verbrennung als Aufnahme von Sauerstoff und propagierte eine neue chemische Nomenklatur.

❧ Lavoisier wurde während der Französischen Revolution (*siehe* Kapitel 1) als ehemaliger Steuerpächter der Erpressung beschuldigt und hingerichtet.

Legierung, *die* [zu italienisch legere ›eine Verbindung herstellen‹], ein Material, das aus zwei Metallen oder aus einem Metall und einer weiteren Substanz besteht. Messing z. B. ist eine Legierung aus Kupfer und Zink, Stahl besteht aus Eisen und Kohlenstoff. Legierungen weisen gegenüber den Basismetallen oft andere Eigenschaften auf: So ist Messing härter als Kupfer und als Zink, Stahl ist härter als Eisen und als Kohlenstoff.

Leistung, in der Physik die Arbeit, die je Zeiteinheit verrichtet wird. Die Leistung wird in Watt oder in Kilowatt, bei Automotoren auch in PS, angegeben.

Licht, elektromagnetische Wellen, die für das menschliche Auge sichtbar sind. Das Spektrum des sichtbaren Lichts reicht vom kurzwelligen Violett bis zum langwelligen Rot.

Lichtgeschwindigkeit, die Ausbreitungsgeschwindigkeit von Licht. Im Vakuum beträgt diese rund 300 000 km/s, in Materie ist sie geringer.

❧ Das Licht benötigt rund acht Minuten, um von der Sonne zur Erde zu gelangen.

❧ Vom Mond zur Erde braucht das Licht (und jede andere elektromagnetische Welle auch) rund eineinhalb Sekunden. Deshalb ergeben sich in Gesprächen, die Astronauten auf dem Mond mit dem Bodenpersonal führen, Unterbrechungen von etwa drei Sekunden.

Lichtjahr, diejenige Entfernung, die das Licht in einem Jahr zurücklegt: fast neun Billionen Kilometer. Das Lichtjahr dient in der Astronomie als Einheit vor allem für Entfernungen außerhalb des Sonnensystems.

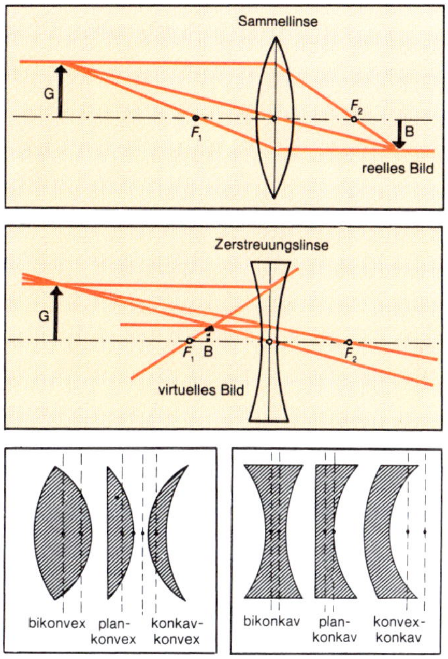

Strahlengang durch konvexe und konkave Linsen (oben); G Gegenstand, B Bild, F_1,F_2 Brennpunkte. Verschiedene Linsenformen (unten)

Linsen, lichtdurchlässige Körper, die durch Brechung des Lichtes eine optische Abbildung vermitteln können. Je nach Art der Wölbung unterscheidet man zwischen konvexen und konkaven Linsen: Konvexe Linsen sind in der Mitte dicker als am Rand, konkave Linsen sind in der Mitte dünner als am Rand.

Lösung, in der Chemie eine einheitliche Mischung, z. B. zweier Flüssigkeiten.

Machzahl, die in Vielfachen der Schallgeschwindigkeit angegebene Geschwindigkeit eines Objektes. Fliegt ein Flugzeug mit Schallgeschwindigkeit, so fliegt es mit Mach 1; doppelte Schallgeschwindigkeit entspricht Mach 2.

❧ Diese Einheit ist nach dem österreichischen Physiker und Philosophen ERNST MACH (* 1838, † 1916) benannt.

Magnet, *der* [zu griechisch líthos magnḗtēs ›Stein aus Magnesia‹], ein Gegenstand, der um sich herum ein magnetisches Feld *(siehe dort)* erzeugt. Es gibt Magnete, die ihr Feld ohne äußere Erregung beliebig lange behalten (Dauer- oder Permanentmagnete), und Elektromagnete, die nur für die Dauer eines Stromdurchflusses magnetisch sind. Das von einem Magneten aufgebaute Magnetfeld entspringt fast vollständig aus zwei Bereichen an seinen Enden, den Magnetpolen. Ein drehbar aufgehängter Stabmagnet pendelt sich so ein, dass der eine Pol (Nordpol) nach Norden und der andere (Südpol) nach Süden weist. Zwischen den Polen verschiedener Magnete bestehen Kraftwirkungen: Gleichartige Pole stoßen sich ab, ungleichartige ziehen sich an. Dauermagnete können durch Erhitzen zerstört werden.
❧ Die magnetische Wirkung bestimmter Metalle, vor allem des Eisens, wurde für den Kompass nutzbar gemacht.

Magnetfeld, durch Magnete oder bewegte elektrische Ladungen erzeugtes Feld, das Kraftwirkungen zwischen Magneten oder elektrischen Strömen vermittelt. Wird z. B. eine Kompassnadel an einem bestimmten Ort abgelenkt, so herrscht dort ein Magnetfeld.
❧ Sonne, Erde und viele Planeten besitzen z. B. ebenfalls Magnetfelder. ❧ Mit Elektromagneten können heute Millionen Mal stärkere Magnetfelder als das Erdmagnetfeld erzeugt werden.

Magnetismus, eine Eigenschaft, die manche Materialien besitzen (z. B. Eisen) sowie der elektrische Strom. Diese können auf einen Magneten *(siehe dort)* eine Kraft ausüben.

Masse [zu griechisch maza ›Teig aus Gerstenmehl; Klumpen (aus Metall)‹], in der Physik die Eigenschaft der Materie, 1. einer Änderung ihres Bewegungszustandes einen Widerstand entgegenzusetzen (träge Masse), 2. der Wirkung der Gravitation *(siehe dort)* zu unterliegen (schwere Masse). Die Basiseinheit für die Masse ist das Kilogramm.

Materie, in der Physik stoffliche Substanz, im Gegensatz zu Wellenstrahlung.

Mathematik, *die* [von griechisch máthēma ›das Gelernte‹], die Wissenschaft von den Zahlen, Gleichungen, Funktionen sowie von den geometrischen Figuren (*siehe* Geometrie) und deren Eigenschaften und Beziehungen. Die wichtigsten Teilgebiete der so genannten reinen Mathematik sind Arithmetik, Algebra und Analysis. Daneben gewinnt heute die angewandte Mathematik, wie z. B. die Numerik *(siehe dort),* zunehmend an Bedeutung.

Maxwell, James Clerk [ˈmækswəl], britischer Physiker (* 1831, † 1879), der den Elektromagnetismus erforschte und sich mit der Farbenlehre sowie der kinetischen Gastheorie befasste. Maxwell formulierte die vier Grundgleichungen der Elektrodynamik (*siehe* maxwellsche Gleichungen), aus denen sich die Existenz elektromagnetischer Wellen ergab, die sich mit Lichtgeschwindigkeit ausbreiten. Er schloss daraus, dass das Licht eine elektromagnetische Welle sei. Auf Maxwell geht auch die heutige Auffassung zurück, Gase seien eine Ansammlung von sich bewegenden Molekülen (kinetische Gastheorie).
❧ Maxwell wird in seiner Bedeutung für die Physik oft mit I. NEWTON und A. EINSTEIN auf eine Stufe gestellt.

maxwellsche Gleichungen, die von J. C. MAXWELL formulierten Grundgleichungen der Elektrodynamik, die den Zusammenhang und die Wechselwirkung zwischen den elektromagnetischen Feldern und den elektrischen Ladungen und Strömen liefern. Mit ihren Lösungen lassen sich sämtliche elektromagnetischen Erscheinungen beschreiben, soweit nicht atomare Vorgänge eine Rolle spielen.

Mechanik, *die* [zu griechisch mēchanikḗ ›die Kunst, Maschinen zu erfinden und zu bauen‹], dasjenige Teilgebiet der Physik, das sich mit den Bewegungen materieller Körper beschäftigt. Der Ausdruck Mechanik bezieht sich meistens auf die Bewegungen großer Objekte, während diejenigen von Atomen und Molekülen in der Quantenmechanik untersucht werden.
❧ Die Grundgesetze der Mechanik sind die newtonschen Axiome *(siehe dort).* ❧ Bis in das 20. Jh. hinein galten die Gesetze der Mechanik als Vorbild für alle Naturgesetze. Die entsprechende Weltanschauung nennt man Mechanismus.

mechanistisches Weltbild, die Art und Weise, wie sich I. NEWTON und seine Anhänger im 18. Jh. das Universum vorgestellt haben. Dieses verglichen sie mit einem Uhrwerk, das Gott aufgezogen habe und das nun gemäß Gottes Gesetzen ablaufe.

Mendelejew, Dimitrij russischer Chemiker (* 1834, † 1907), arbeitete auf dem Gebiet der physikalischen Chemie und förderte die technologische Erschließung Russlands. Unabhängig von dem deutschen Chemiker JULIUS LOTHAR MEYER (* 1830, † 1895) stellte er 1869 gleichzeitig mit diesem ein Periodensystem der chemischen Elemente *(siehe dort)* auf, aufgrund dessen er das Vorhandensein und die Eigenschaften neuer Elemente vorhersagte.

Menge, eine Zusammenfassung von wohl unterschiedenen Dingen unserer Anschauung oder unseres Denkens zu einem Ganzen, z. B. die Menge der Seiten dieses Buches oder diejenige seiner Buchstaben (*siehe auch* Mengenlehre).

Mengenlehre, ein Teilgebiet der Mathematik, das sich mit Mengen *(siehe dort)* und deren Eigenschaften und Beziehungen beschäftigt.
❧ Die Mengenlehre wurde von dem deutschen Mathematiker GEORG CANTOR (* 1845, † 1918) entwickelt. ❧ In den 1960er- und 1970er-Jahren wurde sie – teilweise gegen heftige Proteste der Elternverbände – als ›neue Mathematik‹ in den Schulen gelehrt, da man der Ansicht war, die Mengenlehre fördere das logische Denken der Kinder. Zu Beginn der 1990er-Jahre wurde sie in den Schulen wieder abgeschafft.

Meter, *das* [zu griechisch metrón ›Maß‹], die Basiseinheit der Länge, Einheitenzeichen m.
❧ Das Meter wurde von der französischen Nationalversammlung 1795 als Maßeinheit vorgeschrieben, setzte sich aber erst ab 1840 durch. ❧ Die französische Akademie der Wissenschaften legte das Meter als einen Bruchteil eines Längenkreises der Erde fest. Seit 1983 ist das Meter definiert als die Strecke, die das Licht in $^1/_{299\,792\,458}$ s im Vakuum zurücklegt.

metrisches System, ein Maßsystem, bei dem die Verhältnisse zwischen den Vielfachen einer Basiseinheit immer Vielfache von Zehn ergeben. So ist z. B. ein Kilogramm gleich tausend Gramm und ein Meter entspricht 100 Zentimeter. Alle Staaten der Erde mit Ausnahme der USA verwenden das metrische System. In der Wissenschaft verwendet man das SI-System: Das ist eine Abkürzung für Système internationale, was so viel wie Internationales (Einheiten-)System bedeutet. In Deutschland ist das metrische System gesetzlich vorgeschrieben.

Mikrowellen, elektromagnetische Wellen, deren Wellenlängen im Bereich mehrerer Zentimeter liegen und die somit langwelliger als Infrarot und kurzwelliger als Radiowellen sind.
❧ Mikrowellen werden besonders gut von Wasser und organischen Stoffen absorbiert. Hierauf beruht die Wirkungsweise des Mikrowellenherds.

Milliarde, tausend Millionen oder eine Eins mit neun Nullen: $1\,000\,000\,000 = 10^9$. Im Amerikanischen wird die Milliarde als Billion bezeichnet.

Million, tausend Tausender oder eine Eins mit sechs Nullen: $1\,000\,000 = 10^6$.

Mittelwert, in der Statistik ein Wert, der einer Gruppe von Individuen oder einer Menge von Daten zugeordnet wird. Den einfachsten Mittelwert erhält man, wenn man alle Zahlenwerte addiert und durch deren Anzahl anschließend dividiert. Das ergibt das so genannte arithmetische Mittel. Beispielsweise ist acht das arithmetische Mittel von fünf, sieben und zwölf ($= 24 \div 3$).

Molekül, eine Kombination von zwei oder mehr Atomen, die durch chemische Bindung *(siehe dort)* zusammengehalten wird.

Molekulargewicht, die Summe der Atomgewichte *(siehe dort)* aller Atome, die ein bestimmtes Molekül bilden.

natürliche Zahlen, die vertrauten Zahlen null, eins, zwei, drei usw.

Nenner, in der Mathematik diejenige Zahl, die bei einem Bruch unten steht. Der Nenner des Bruches $\frac{2}{3}$ ist 3.

Neutron, *das* [zu lateinisch neutrum ›keins von beiden‹], ein Elementarteilchen, das keine elektrische Ladung trägt; einer der Bausteine des Atomkernes. Ein Neutron besitzt in etwa die gleiche Masse wie ein Proton.

Neutronenstern, hauptsächlich aus Neutronen bestehender Stern. Die Masse ist etwa so groß wie die der Sonne, der Radius beträgt aber nur 10 km.

Newton, Isaac [ˈnjuːtn], englischer Mathematiker, Physiker und Astronom (* 1643, † 1727), einer der

Begründer der klassischen theoretischen Physik und der Himmelsmechanik. Er war ab 1669 Professor für Mathematik in Cambridge und ab 1689 Vertreter der Universität Cambridge im britischen Parlament. In seinem Werk ›Mathematische Prinzipien der Naturlehre‹ formulierte Newton sein schon 1666 gefundenes Gravitationsgesetz und bewies die Richtigkeit der keplerschen Gesetze (*siehe* Kepler). Als Astronom bewies Newton die Gültigkeit der irdischen Naturgesetze auch für die Himmelskörper. Bei optischen Experimenten entdeckte er die Zusammensetzung des weißen Lichtes aus den verschiedenen Spektralfarben. Mit LEIBNIZ (*siehe* Kapitel 8) geriet Newton in Streit darüber, wer die Infinitesimalrechnung zuerst erfunden hatte. Heute steht fest, dass beide unabhängig voneinander diese Rechenweise erfanden.
❧ Der Legende nach fand Newton das Gravitationsgesetz, als direkt vor ihm ein Apfel vom Baum fiel und gleichzeitig der Mond sichtbar war.

newtonsche Axiome, *die* [ˈnjuːtnʃə...], die drei von ISAAC NEWTON formulierten Grundgesetze der Mechanik: 1. Jeder Körper verharrt im Zustand der Ruhe oder der gleichförmigen Bewegung, solange keine Kräfte auf ihn einwirken (Trägheitsgesetz). 2. Die auf einen Körper wirkende Kraft F ist gleich dem Produkt aus seiner Masse m und seiner Beschleunigung a: $F = ma$ (dynamisches Grundgesetz). 3. Zu jeder Kraft gehört eine gleich große ihr entgegengerichtete Kraft (Wechselwirkungsgesetz).

Normalverteilung, eine Funktion, die die Verteilung der Ergebnisse zahlreicher Zufallsexperimente in Naturwissenschaften, Technik, Wirtschaft und Gesellschaft beschreibt, z. B. die Geschwindigkeitsverteilung von Gasmolekülen, die jährliche Temperaturverteilung in Städten und die Verteilung der Körpergrößen in der Bevölkerung. Die grafische Darstellung der Normalverteilung in einem Koordinatensystem zeigt eine glockenförmige Kurve, die symmetrisch ist und in der Mitte ihr Maximum erreicht. Der deutsche Mathematiker CARL FRIEDRICH GAUSS wendete diese Funktion sehr erfolgreich zur Beschreibung der zufälligen Beobachtungsfehler bei astronomischen und geodätischen Messungen an, weshalb die Normalverteilung auch Gauß-Verteilung und ihre Kurve gaußsche Glocken- oder Fehlerkurve heißt.

Nova, *die* [von lateinisch nova (stella) ›neuer (Stern)‹], in der Astronomie das Auftauchen eines neuen Sterns am Himmel. Man nimmt an, dass die Nova Teil eines Doppelsterns ist, in dem Gas in gewaltigen Explosionen in den Weltraum geschleudert wird.

Numerik, *die* [von lateinisch numeri ›Zahlen‹], der Teilbereich der angewandten Mathematik, der sich mit der (näherungsweisen) Lösung von rechnerischen Problemen mithilfe von Algorithmen beschäftigt. Heute hat die Numerik große Bedeutung im Zusammenhang mit Computern.

Oberflächenspannung, die Kraft, die an der Oberfläche von Flüssigkeiten wirkt und die diese zu Tropfen zusammenzieht. Wasser besitzt eine hohe Oberflächenspannung und bildet deshalb leicht Tropfen, Alkohol hat eine geringe, weshalb er nur selten Tropfen bildet.
❧ Die große Oberflächenspannung des Wassers ermöglicht es z. B. Insekten, darauf zu laufen. ❧ Sie lässt auch zu, dass man auf einem randvoll mit Wasser gefüllten Glas einen ›Hügel‹ schütten kann. Erst die Zerstörung der Oberflächenspannung, z. B. mit einem Tropfen Spülmittel, bringt das Wasser zum Überlaufen.

Oppenheimer, Julius Robert amerikanischer Atomphysiker (* 1904, † 1967), machte sich um die Verbreitung der Quantenmechanik in den USA verdient. 1943 wurde er Direktor der Forschungslaboratorien in Los Alamos und damit Leiter des amerikanischen Atombombenprojektes (›Manhattanprojekt‹); er gilt deshalb als ›Vater der Atombombe‹. Oppenheimer war einflussreicher Vorsitzender des Beratungsgremiums der amerikanischen Atomenergiebehörde. Ende 1953 wurde gegen ihn eine Untersuchung wegen ›kommunistischer Gesinnung‹ eingeleitet, da er sich dem Bau einer amerikanischen Wasserstoffbombe widersetzte. Erst 1963 rehabilitierte ihn der amerikanische Präsident.
❧ Die Wandlung von R. Oppenheimer vom Befürworter der amerikanischen Atomenergiepolitik zu deren Gegner war auch Gegenstand der Literatur, so z. B. in HEINAR KIPPHARDTS (* 1922, † 1982) Schauspiel ›In der Sache J. Robert Oppenheimer‹ (1964).

Optik, *die* [zu griechisch optikḗ (téchnē) ›das Sehen betreffend(e Lehre)‹], dasjenige Teilgebiet der Physik, das sich mit dem Licht befasst.

Ordinalzahl, eine Zahl, die die Stelle oder Position von etwas in einer Reihe angibt, z. B. der Erste, die Zweite (*siehe auch* Kardinalzahl).

organische Chemie, dasjenige Teilgebiet der Chemie, das sich mit organischen Molekülen befasst, das heißt mit Stoffen, die Kohlenstoffatome enthalten. Gegensatz: anorganische Chemie.

Osmose, *die* [zu griechisch ōsmós ›das Stoßen; Stoß‹], das Durchdringen eines Lösungsmittels durch eine halbdurchlässige Trennwand, wie beispielsweise Zellwände oder eine Gummihaut. Hat die Konzentration der Lösung auf beiden Seiten der Trennwand den gleichen Wert erreicht, hört die Osmose auf.

Oxidation, *die* [zu griechisch oxýs ›scharf; sauer‹], eine chemische Reaktion, bei der sich ein chemisches Element mit Sauerstoff verbindet. Eine Oxidation kann entweder schnell (z. B. verbrennen) oder langsam (z. B. rosten) erfolgen. Der der Oxidation entgegengesetzte chemische Vorgang ist die Reduktion *(siehe dort)*.

Parabel, *die* [zu griechisch parabolḗ ›Gleichnis‹], in der Geometrie eine Kurve, die aus einem in einer Richtung gekrümmten Ast besteht, der sich symmetrisch zur Achse ins Unendliche erstreckt.
❧ Gegenstände, die von der Erde weggeschleudert werden, bewegen sich aufgrund der Fallgesetze auf einer parabelförmigen Flugbahn.

Parameter, *der* eine Zahl oder eine Größe, von der eine andere Zahl oder Größe abhängt.

Pauling, Linus Carl [ˈpɔlɪŋ], amerikanischer Chemiker (* 1901, † 1994), wurde durch die Anwendung der Quantenmechanik auf die Probleme der chemischen Bindung zum Begründer der Quantenchemie. Für seine Erforschung der Struktur vieler Proteine erhielt er 1954 den Nobelpreis für Chemie. Als entschiedener Gegner der Atombombenversuche erhielt er 1962 den Friedensnobelpreis.

Perigäum, *das* [zu griechisch perígeios ›die Erde umgebend‹], der Punkt auf der Bahn eines Satelliten, an dem dieser der Erde am nächsten kommt.

Periodensystem der Elemente, die systematische tabellarische Anordnung aller chemischen Elemente. Sie spiegelt die Gesetzmäßigkeiten des atomaren Aufbaus und der physikalischen und chemischen Eigenschaften der Elemente wider. Die waagerechten Zeilen (Perioden) des Systems zeigen die Elemente in steigender Ordnungszahl, die senkrechten Spalten sind die Gruppen (auch Elementfamilien genannt), in denen die Elemente nach ähnlichen chemischen und physikalischen Eigenschaften geordnet sind.
❧ Eine systematische Anordnung der Elemente versuchte 1817 erstmals der deutsche Chemiker JOHANN WOLFGANG DÖBEREINER (* 1780, † 1849). Heute gilt das 1869 vorgeschlagene System D. MENDELEJEWS. – Tafel S. 530.

Pferdestärke, Abkürzung und Einheitenzeichen PS, eine noch oft verwendete (aber gesetzlich nicht mehr zulässige) Angabe über die Leistung einer Maschine: 1 PS = 736 W (*siehe* Watt, Kapitel 17).
❧ Die Leistungsangabe in PS geht zurück auf JAMES WATT, der die Leistung seiner Maschinen mit der Arbeit verglich, die ein Pferd in einer Sekunde leistet.

Phasenübergang, *siehe* Aggregatzustände der Materie.

Photon, *das* auch Lichtquant oder Strahlungsquant genanntes Elementarteilchen, das sich mit Lichtgeschwindigkeit bewegt.
❧ Den Begriff prägte 1905 ALBERT EINSTEIN für die Energiequanten des elektromagnetischen Strahlungsfeldes (z. B. Licht, Röntgenstrahlung).

pH-Wert, in der Chemie ein Maß dafür, wie stark eine Säure oder eine Lauge ist. Neutralität entspricht dem pH-Wert 7, Laugen haben einen pH-Wert zwischen 7 und 14, Säuren einen pH-Wert zwischen 0 und 7. Der pH-Wert kann grob mit Lackmuspapier bestimmt werden.

Physik, *die* [von griechisch physike (theoría) ›Naturforschung‹], die Wissenschaft, die sich mit der Erforschung aller experimentell und messend erfassbaren sowie mathematisch beschreibbaren Erscheinungen und Vorgängen in der Natur befasst. Die Physik erforscht auch die Erscheinungs- und Zustandsformen der Materie und die zwischen den Materiebausteinen bestehenden Kräfte und Wechselwirkungen. Die Physik ist eine für die anderen Naturwissenschaften grundlegende Wissenschaft und hinsichtlich ihrer Methodik beispielgebend. Die Grundbegriffe und Methoden haben überfachliche Bedeutung.

Periodensystem der chemischen Elemente[1])

Periode	Gruppe 1 A B	Gruppe 2 A B	Gruppe 3 A B	Gruppe 4 A B	Gruppe 5 A B	Gruppe 6 A B	Gruppe 7 A B	Gruppe 8			Gruppe 0
1	**1 H** Wasserstoff 1,0079										**2 He** Helium 4,00260
2	**3 Li** Lithium 6,941	**4 Be** Beryllium 9,01218	**5 B** Bor 10,81	**6 C** Kohlenstoff 12,011	**7 N** Stickstoff 14,0067	**8 O** Sauerstoff 15,9994	**9 F** Fluor 18,998403				**10 Ne** Neon 20,1797
3	**11 Na** Natrium 22,9898	**12 Mg** Magnesium 24,305	**13 Al** Aluminium 26,98154	**14 Si** Silicium 28,0855	**15 P** Phosphor 30,97376	**16 S** Schwefel 32,066	**17 Cl** Chlor 35,453				**18 Ar** Argon 39,948
4	**19 K** Kalium 39,0983	**20 Ca** Calcium 40,08	**21 Sc** Scandium 44,9559	**22 Ti** Titan 47,90	**23 V** Vanadium 50,9414	**24 Cr** Chrom 51,996	**25 Mn** Mangan 54,9380	**26 Fe** Eisen 55,847	**27 Co** Kobalt 58,9332	**28 Ni** Nickel 58,69	
	29 Cu Kupfer 63,546	**30 Zn** Zink 65,38	**31 Ga** Gallium 69,72	**32 Ge** Germanium 72,59	**33 As** Arsen 74,9216	**34 Se** Selen 78,96	**35 Br** Brom 79,916				**36 Kr** Krypton 83,80
5	**37 Rb** Rubidium 85,4678	**38 Sr** Strontium 87,62	**39 Y** Yttrium 88,9059	**40 Zr** Zirkonium 91,24	**41 Nb** Niob 92,9064	**42 Mo** Molybdän 95,94	**43 Tc** Technetium [99]	**44 Ru** Ruthenium 101,07	**45 Rh** Rhodium 102,9055	**46 Pd** Palladium 106,42	
	47 Ag Silber 107,868	**48 Cd** Cadmium 112,41	**49 In** Indium 114,82	**50 Sn** Zinn 118,69	**51 Sb** Antimon 121,75	**52 Te** Tellur 127,60	**53 I** Iod, Jod 126,9045				**54 Xe** Xenon 131,30
6	**55 Cs** Cäsium 132,9054	**56 Ba** Barium 137,33	**57–71** Lanthanoide s. u.*)	**72 Hf** Hafnium 178,49	**73 Ta** Tantal 180,9479	**74 W** Wolfram 183,85	**75 Re** Rhenium 186,2	**76 Os** Osmium 190,2	**77 Ir** Iridium 192,22	**78 Pt** Platin 195,09	
	79 Au Gold 196,9665	**80 Hg** Quecksilber 200,59	**81 Tl** Thallium 204,37	**82 Pb** Blei 207,2	**83 Bi** Wismut 208,9804	**84 Po** Polonium [210]	**85 At** Astat [210]				**86 Rn** Radon [222]
7	**87 Fr** Francium [223]	**88 Ra** Radium 226,0254	**89–103** Actinoide s. u.**)	**104 Rf** Rutherfordium [261]	**105 Db** Dubnium [262]	**106 Sg** Seaborgium [263]	**107 Bh** Bohrium [262]	**108 Hs** Hassium [265]	**109 Mt** Meitnerium [266]	**110** Element 110	**118** Element 118
	111 Element 111	**112** Element 112		**114** Element 114		**116** Element 116					

*) Lanthanoide:

57 La Lanthan 138,9055	**58 Ce** Cer 140,115	**59 Pr** Praseodym 140,9077	**60 Nd** Neodym 144,24	**61 Pm** Promethium [147]	**62 Sm** Samarium 150,4	**63 Eu** Europium 151,96	**64 Gd** Gadolinium 157,25	**65 Tb** Terbium 158,92534	**66 Dy** Dysprosium 162,50	**67 Ho** Holmium 164,93032	**68 Er** Erbium 167,26	**69 Tm** Thulium 168,9342	**70 Yb** Ytterbium 173,04	**71 Lu** Lutetium 174,967

**) Actinoide:

89 Ac Actinium 227,278	**90 Th** Thorium 232,0381	**91 Pa** Protactinium 231,0359	**92 U** Uran 238,0289	**93 Np** Neptunium 237,0482	**94 Pu** Plutonium [244]	**95 Am** Americium [234]	**96 Cm** Curium [247]	**97 Bk** Berkelium [247]	**98 Cf** Californium [251]	**99 Es** Einsteinium [252]	**100 Fm** Fermium [257]	**101 Md** Mendelevium [258]	**102 No** Nobelium [259]	**103 Lr** Lawrencium [260]

[1]) Für die graph. Darstellung des PSE wird häufig das hier wiedergegebene ›Kurzperiodensystem‹ gewählt, bei dem man die chem. Elemente der Haupt- und Nebengruppen – rechts oder links angeordnet – in einer einzigen Spalte aufführt. In der vorliegenden Darstellung sind Ordnungszahl und Elementsymbol fett gedruckt, darunter stehen der Name des Elements und die Atommasse des natürl. Isotopengemischs, in eckigen Klammern die Masse des langlebigsten der bekannten Isotope oder (bei den Elementen mit den Ordnungszahlen 43, 61 und 84) die Masse des am besten untersuchten Isotops. Daneben sind weitere Arten der Darstellung für das PSE gebräuchlich, so v. a. das ›Langperiodensystem‹ (mit mehreren Varianten), bei dem in den einzelnen Spalten nur Haupt- oder Nebengruppenelemente stehen (Reihenfolge der Gruppen: 1 A bis 7 A, 8, 1 B bis 7 B, 0; Gruppe 0 häufig auch vor 1 A).

Pi, Formelzeichen π auch Kreiszahl oder ludolphsche Zahl genannte Zahl, die das Verhältnis von Kreisumfang zu Kreisdurchmesser angibt. Man benötigt sie, um Kreisflächen berechnen zu können, und erhält sie, indem man den Umfang eines Kreises durch seinen Durchmesser dividiert. Die Zahl π hat den Wert 3,14159...
❧ 1995 wurde die Zahl π mithilfe eines Computers bis auf 3,22 Mrd. Stellen berechnet.

Planck, Max deutscher Physiker (* 1858, † 1947), der die Quantentheorie begründete und dadurch Mitbegründer der modernen Physik wurde. Er beschäftigte sich mit der Thermodynamik und entdeckte bei seinen Arbeiten auf diesem Gebiet eine neue Naturkonstante, das plancksche Wirkungsquantum *(siehe dort),* 1900 formulierte er das nach ihm benannte Strahlungsgesetz. Dass sich die von A. EINSTEIN entwickelte Relativitätstheorie schnell in Deutschland durchsetzen konnte, war v. a. Plancks Verdienst.
❧ 1918 erhielt Max Planck den Nobelpreis für Physik. ❧ 1948 wurde die ›Kaiser-Wilhelm-Gesellschaft zur Förderung der Wissenschaften‹ in ›Max-Planck-Gesellschaft zur Förderung der Wissenschaften e. V.‹ umbenannt.

plancksches Wirkungsquantum, eine erstmals von MAX PLANCK entdeckte Naturkonstante, die den mathematischen Zusammenhang herstellt zwischen der Frequenz einer elektromagnetischen Welle und deren Energie, die in so genannten Quanten (Photonen) auftritt. Plancks Entdeckung erklärte die scheinbar paradoxe Tatsache, dass sich Strahlung manchmal wie eine Welle und manchmal wie ein Teilchen verhält.
❧ Das plancksche Wirkungsquantum tritt in allen Gesetzen der Atom-, Kern- und Elementarteilchenphysik auf.

Plutonium, *das* [nach dem Planeten Pluto], ein chemisches Element (chemisches Symbol Pu), das in der Natur nur in sehr geringen Mengen in Uranerzen vorkommt; es wird meist künstlich in Kernreaktoren erzeugt. Wichtigstes Isotop des Plutoniums ist ^{239}Pu mit einer Halbwertszeit von 24 110 Jahren. Man erhält es aus dem Uranisotop ^{238}U.
❧ Wegen seiner langen Halbwertszeit und seiner hohen Giftigkeit stellt Plutonium hinsichtlich der sicheren Entsorgung von Atommüll ein großes Problem dar. ❧ Am 9. 8. 1945 wurde die erste in den USA hergestellte Plutoniumbombe auf Nagasaki abgeworfen.

Polarisation, die Richtung, in die das elektrische Feld einer elektromagnetischen Welle zeigt.

Polygon, in der Geometrie ein geschlossenes Vieleck mit drei oder mehr Seiten.

Polymer, *das* [griechisch], in der Chemie ein langes Molekül, das aus einer Kette von kleineren und einfacheren Molekülen zusammengesetzt ist.
❧ Proteine und viele Kohlenwasserstoffe, z. B. Zellulose, sind Polymere, ebenso wie Plastik.

Positron, *das* [Kurzwort aus **posi**tiv und Elek**tron**], ein positiv geladenes Elementarteilchen, das Antiteilchen des Elektrons *(siehe dort).*

Potenz, in der Mathematik das Produkt einer Zahl mit sich selbst, wobei die Hochzahl, der Exponent, angibt, wie oft diese Multiplikation auszuführen ist; z. B. bedeutet 5^6: $5 \cdot 5 \cdot 5 \cdot 5 \cdot 5 \cdot 5 = 15\,625$.

potenzielle Energie, die Energie, die ein Gegenstand aufgrund seiner Lage besitzt und nicht aufgrund seines Bewegungszustandes. Hält eine Person einen Gegenstand in der Hand, so enthält dieser eine gewisse potenzielle Energie. Diese wandelt sich in kinetische Energie – also in die Energie der Bewegung – um, wenn die Person den Gegenstand loslässt und dieser in Richtung Boden fällt.

Primzahl, eine Zahl, die nur durch eins und sich selbst teilbar ist. Primzahlen sind 2, 3, 5, 7, 11 und so weiter.
❧ Die größte bekannte Primzahl (1994) ist $2^{859\,433} - 1$, eine Zahl mit 258 716 Ziffern.

Prisma, *das* [griechisch ›das Zersägte‹], in der Geometrie ein Körper, dessen Grund- und Deckfläche gleichartig sind und dessen Seitenflächen alle parallele Kanten besitzen.
❧ Ein Prisma aus Glas kann dazu verwendet werden, weißes Licht in seine verschiedenen Farben zu trennen. So entsteht das Spektrum des Lichts, das man auch beim Regenbogen antrifft.

Proton, *das* [zu griechisch prōtos ›erster; wichtigster‹], ein elektrisch positiv geladenes Elementarteilchen, einer der Bausteine des Atomkerns.
❧ Ein Proton ist mehr als tausendmal so schwer wie ein Elektron. ❧ Protonen und Neutronen zusam-

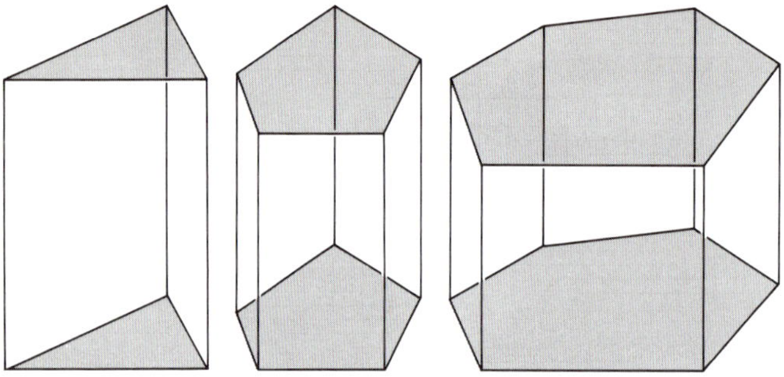

Prisma.
Verschiedene Prismenformen

men machen fast die gesamte Masse eines Atomes aus.

Prozent, ein in Hundertstel angegebener Bruchteil. Zwölf Prozent bedeuten also so viel wie zwölf Hundertstel oder 0,12. Man schreibt hierfür 12%.

ptolemäisches Weltbild, die Vorstellung vom Aufbau der Welt nach dem antiken griechischen Astronomen PTOLEMÄUS. Dabei stand die Erde unbeweglich im Mittelpunkt; Sonne, Mond, die Planeten und die Sterne drehten sich um die Erde.
❧ Die Astronomen vertraten das ptolemäische Weltbild fast 1 500 Jahre lang, bis sich das Weltbild des N. KOPERNIKUS *(siehe dort)* durchsetzte.

Ptolemäus, Claudius griechischer Astronom, Mathematiker und Naturforscher (* um 100, † um 160), der in Alexandria wirkte. Über sein Leben ist nur wenig bekannt. Sein Handbuch ›Mathematische Sammlung‹, das erste systematische Handbuch der mathematischen Astronomie, wurde für alle astronomischen Handbücher bis über N. KOPERNIKUS hinaus bestimmend. U.a. enthält es eine Einführung in das ptolemäische Weltbild *(siehe dort),* beschäftigt sich mit den Berechnungen und Ursachen der Mond- und Sonnenfinsternisse und liefert die Theorie für die Planeten Saturn, Jupiter, Mars, Venus und Merkur. Eine weitere große Schrift des Ptolemäus, seine acht Bücher umfassende ›Geographia‹, vermittelt die mathematischen Kenntnisse für die Längen- und Breitenbestimmung von Orten. Sein Handbuch ›Tetrabiblos‹ ist noch heute ein Regelwerk der Astrologie.

Puffer, in der Chemie eine Lösung, die sowohl Säuren als auch Basen neutralisiert.
❧ Puffer finden oft als Medikament Verwendung, um z.B. den Säuregehalt der Magensäure herabzusetzen.

Pulsar, *der* [zu englisch pulse ›Impuls‹], ein sich schnell drehender Neutronenstern, der Radiowellen abstrahlt. Diese Strahlung trifft auf der Erde in deutlich abgegrenzten Pulsperioden ein.
❧ Der erste Pulsar wurde 1967 entdeckt.

Punkt, ein geometrisches Grundgebilde ohne Ausdehnung, also ohne Länge, Breite und Höhe, z.B. festgelegt durch zwei sich schneidende Geraden.

Quadrat, *das* in der Mathematik das Produkt einer Zahl mit sich selbst oder auch die zweite Potenz *(siehe dort)* dieser Zahl, z.B. $15^2 = 15 \cdot 15 = 225$.
In der Geometrie ist das Quadrat ein Viereck mit vier gleich langen Seiten und vier rechten Winkeln.

Quadratur des Kreises, eine Aufgabe der antiken Geometrie, bei der es darum geht, zu einem vorgegebenen Kreis mit Zirkel und Lineal ein flächengleiches Quadrat zu konstruieren. Die Quadratur des Kreises ist nicht durchführbar; sie kann nur näherungsweise geleistet werden.
❧ Quadratur des Kreises wird heute oft im Sinne von unlösbarer Aufgabe gebraucht.

Quant, *das* [zu lateinisch quantum ›wie groß‹], die kleinste unteilbare Einheit physikalischer Größen, z.B. der elektrischen Ladung. Ursprünglich verwendete man den Begriff Quant nur für die Energiequanten und bei elektromagnetischen Wellen, deren Quanten die Photonen *(siehe dort)* sind.

Quantenmechanik, *die* ein u.a. von W. HEISENBERG mitbegründetetes Teilgebiet der Physik, das sich mit der Mechanik der Elementarteilchen und Atomkerne beschäftigt. Die Quantenmechanik liefert u.a. eine Erklärung für den Schalenaufbau der Elektronenhülle der Atome, der Molekülstruktur und der chemischen Bindung sowie der physikalischen Eigenschaften der Festkörper.

Quantensprung, in der Physik der Übergang eines Elektrons in einem Atom von einem Zustand in einen anderen, wobei ein Photon ausgesandt oder absorbiert wird.

Quarks, *die* [kwɔ:ks], in der Physik die Elementarteilchen, aus denen die Kernbausteine Proton und Neutron aufgebaut sind. Quarks gehören zu den elementarsten Bausteinen der Materie. Sie können als freie Teilchen nicht existieren und nur indirekt nachgewiesen werden.
❧ Die Bezeichnung wurde nach geisterhaften Wesen aus dem Roman ›Finnegans wake‹ von J. JOYCE geprägt.

Quasar, *der* [Kurzwort aus englisch **Quas**i-stell**ar** (objekt) ›sternenähnlich(es Objekt)‹], die weitesten von der Erde aus noch beobachtbaren Galaxien, von denen man annimmt, dass sie das erste Stadium in der Entwicklung von Sternen darstellen.
❧ Der erste Quasar wurde 1960 entdeckt.

Quecksilber, chemisches Symbol Hg, ein schweres, silbermetallisch glänzendes chemisches Element; das einzige Metall, das bei Zimmertemperatur flüssig wird. Quecksilber zieht sich bei Temperaturrückgang stark zusammen und dehnt sich bei Temperaturanstieg stark aus. Deshalb findet es in Thermometern Verwendung.
❧ Quecksilberdämpfe sind hochgiftig. ❧ Quecksilber kommt v. a. im Mineral Zinnober vor.

Quotient, *der* [zu lateinisch quotiens ›wie oft?‹], in der Mathematik sowohl das ausgerechnete als auch das nicht ausgerechnete Ergebnis einer Division. Sowohl $\frac{12}{4}$ als auch 3 sind der Quotient der Aufgabe ›dividiere 12 durch 4‹.

Radikal, *das* in der Chemie ein Atom oder Molekül, das über mindestens ein freies Elektron verfügt, mit dem es chemische Bindungen eingehen kann. Im Allgemeinen sind Radikale an schnell ablaufenden chemischen Reaktionen beteiligt.

Radioaktivität, *die* die Eigenschaft der radioaktiven chemischen Elemente, sich ohne äußere Beeinflussung unter Aussendung von Alpha-, Beta- oder Gammastrahlung *(siehe dort)* in andere Elemente umzuwandeln, die ihrerseits wieder radioaktiv sein können. Die Radioaktivität beruht darauf, dass die Atomkerne dieser Elemente instabil sind, weil sie einen Überschuss an Protonen oder Neutronen besitzen, der durch die Aussendung von Teilchen oder den Einfang von Elektronen beseitigt wird. Die Lebensdauer der einzelnen radioaktiven Stoffe schwankt zwischen Bruchteilen von Sekunden und Millionen von Jahren (*siehe* Halbwertszeit).
❧ Die Radioaktivität wurde zuerst von A. H. BECQUEREL (* 1852, † 1908) 1896 an Uranmineralen beobachtet.

Radiowellen, *siehe* elektromagnetische Wellen.

Radium, *das* [lateinisch], chemisches Symbol Ra, ein weiß glänzendes Metall, das aufgrund seiner hohen Radioaktivität ein schon bei Tageslicht sichtbares Leuchten zeigt. In der Natur kommt Radium in Uranmineralen und in bestimmten Quellgewässern vor. Radium gehört zu den seltensten Metallen.
❧ Radium wurde von MARIE und PIERRE CURIE entdeckt und erforscht.

Radius, bei einem Kreis oder einer Kugel der halbe Durchmesser.

rationale Zahlen, alle Zahlen, die durch Teilen einer ganzen Zahl durch eine weitere, von Null verschiedene ganze Zahl entstehen, also als ein Bruch zweier ganzer Zahlen darstellbar sind.

rechter Winkel, ein Winkel von 90°, der entsteht, wenn zwei Geraden sich senkrecht aufeinander schneiden.

rechtwinkliges Dreieck, ein Dreieck, das einen rechten Winkel enthält.
❧ Für rechtwinklige Dreiecke gilt der Satz des Pythagoras *(siehe dort)*.

Reduktion, eine chemische Reaktion, bei der einer Substanz Sauerstoff entzogen wird; das der Oxidation *(siehe dort)* entgegengesetzte Verfahren.

reelle Zahlen, alle durch Dezimalzahlen darstellbaren Zahlen. Die reellen Zahlen umfassen die rationalen Zahlen bzw. Brüche *(siehe dort)* und die irrationalen Zahlen, das sind alle nicht als Bruch darstellbaren Zahlen, z. B. $\sqrt{2}$ und π (Pi).

Reflexion, *die* das Zurückwerfen von Licht oder anderen Wellen durch eine Oberfläche.

Relativitätstheorie, eine erstmals 1905 von ALBERT EINSTEIN formulierte Theorie über Raum, Zeit und Bewegung. Man unterscheidet die spezielle Relativitätstheorie und die allgemeine Relativitätstheorie (1915).

Die spezielle Relativitätstheorie beruht auf dem speziellen Relativitätsprinzip. Dieses besagt, dass alle Beobachter, die sich relativ zueinander mit einer konstanten Geschwindigkeit bewegen, die gleichen Naturgesetze feststellen. Die Lichtgeschwindigkeit hat für alle diese Beobachter den gleichen Wert und kein Körper kann über sie hinaus beschleunigt werden. Daraus folgt z. B., dass Uhren, die bewegt werden, langsamer laufen als solche, die ruhen (*siehe* Zwillingsparadoxon), und dass bewegte Gegenstände kürzer und mit größerer Masse erscheinen als ruhende. Diese Effekte machen sich aber erst nahe der Lichtgeschwindigkeit bemerkbar. Eine der wichtigsten Aussagen der speziellen Relativitätstheorie ist die Äquivalenz von Masse und Energie (*siehe* $E = mc^2$) als Grundlage der Gewinnung von Kernenergie. Alle diese Vorhersagen sind heute experimentell bestätigt.
Die allgemeine Relativitätstheorie ist die moderne Theorie der Gravitation *(siehe dort).* Nach dem Äquivalenzprinzip kann ein Beobachter z. B. in einem abgeschlossenen Fahrstuhl nicht zwischen Schwerkraft und Trägheitskraft unterscheiden. Die allgemeine Aufhebung dieser Unterscheidung führt zu einem völlig neuen Verständnis der Gravitation, das die Grundlage der heutigen Kosmologie bildet. Die berühmteste Folgerung aus der allgemeinen Relativitätstheorie ist, dass Lichtstrahlen abgelenkt werden, wenn sie nahe an der Sonne vorbeilaufen. Auch diese Vorhersage und andere wurden experimentell bestätigt. ❧ Im Nationalsozialismus wurde Einsteins Relativitätstheorie als ›entartete‹, ›jüdische Physik‹ bekämpft. Heute gilt sie als eines der wichtigsten Fundamente der modernen Physik.

Röntgen, Wilhelm Conrad deutscher Physiker (* 1845, † 1923), entdeckte 1895 die nach ihm benannte Röntgenstrahlung (von ihm selbst als X-Strahlen bezeichnet). Dafür erhielt er 1901 den ersten Nobelpreis für Physik.

Röntgenstrahlung, eine energiereiche elektromagnetische Strahlung zwischen dem ultravioletten Licht und der Gammastrahlung.
❧ Röntgenstrahlen durchdringen Materie und werden deshalb in der Medizin, z. B. bei Lungenuntersuchungen, und der Technik, z. B. in der Materialprüfung, verwendet.

Rotverschiebung, in der Astronomie der Effekt, dass sich das Licht eines Objektes, das sich von einem Beobachter wegbewegt, für diesen mehr oder weniger stark (das hängt von der Fluchtgeschwindigkeit des Objektes ab) rot verfärbt.
❧ Die Rotverschiebung, die man im Licht weit entfernter Galaxien beobachtet, lässt sich durch die stetige Ausdehnung des Universums erklären.

Rutherford, Ernest [ˈrʌðəfəd], britischer Physiker aus Neuseeland (* 1871, † 1937), einer der bedeutendsten Experimentalphysiker des 20. Jh. Er beschäftigte sich zunächst mit der Übertragung von Radiowellen und wandte sich dann der Erforschung der Radioaktivität und der Kernphysik zu. Er erkannte die Alpha- und die Betastrahlung (1898) und entdeckte 1900 auch die Gammastrahlen. 1903 wies er nach, dass sich die Alphastrahlung in elektrischen und magnetischen Feldern ablenken lässt. 1911 entwickelte er sein Atommodell, 1919 gelang ihm die erste künstliche Kernumwandlung, als er Stickstoff mit Alphastrahlung beschoss. 1908 erhielt Rutherford den Nobelpreis für Chemie.
❧ Ernest Rutherford wurde 1931 als Lord Rutherford of Nelson in den Adelsstand erhoben.

Salz, in der Chemie eine Substanz, die aus der Verbindung von sich neutralisierenden Säuren und Laugen hervorgeht.
❧ Das gängige Tafelsalz ist chemisch gesehen eine Verbindung aus Natrium und Chlor, nämlich Natriumchlorid (NaCl), und kann durch die Reaktion von Natronlauge mit Salzsäure hergestellt werden.

Satellit, *der* [zu lateinisch satelles ›Leibwächter‹], in der Astronomie ein natürliches (wie der Mond) oder ein künstliches (wie Fernsehsatelliten) Objekt, das sich in einer Umlaufbahn um einen Himmelskörper befindet.

Satz, in Mathematik und Philosophie eine bewiesene Aussage im Unterschied zur Vermutung. Man nennt den Satz oft auch Theorem (*siehe auch* Axiom).

Satz des Pythagoras, *der* nach dem griechischen Philosophen PYTHAGORAS von Samos (* um 570 v. Chr., † um 500 v. Chr.) benannter grundlegender Lehrsatz der Geometrie. Er besagt, dass bei einem rechtwinkligen Dreieck die Summe der Quadrate über den Katheten gleich dem Quadrat über der Hypotenuse ist. Hat man ein Dreieck mit der Hypotenuse c und den Katheten a und b gilt also $a^2 + b^2 = c^2$.

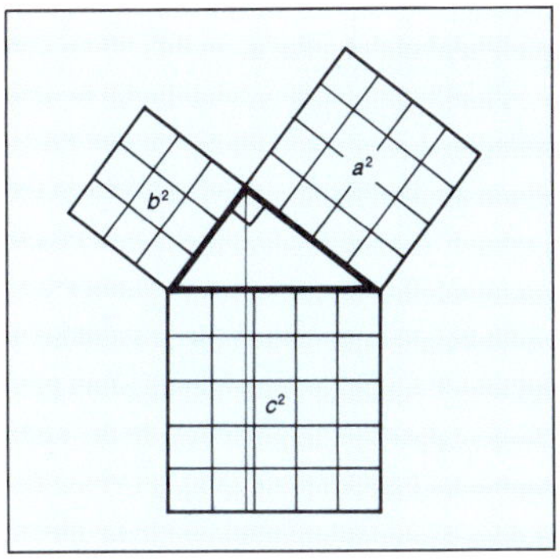

Satz des Pythagoras

❧ Der Satz des Pythagoras zählt zum ältesten geometrischen Wissen der Menschheit; er war bereits den Babyloniern um 2000 v. Chr. bekannt.

Sauerstoff, chemisches Symbol O, ein chemisches Element, das normalerweise gasförmig ist und etwa ein Fünftel der Erdatmosphäre ausmacht. Sauerstoff kommt gewöhnlich in Form von Molekülen vor, die aus zwei Atomen Sauerstoff bestehen.
❧ Wenn wir Sauerstoff einatmen, wird dieser vom Hämoglobin in unserem Blut in den Körper transportiert, wo er dazu verwendet wird, Energie durch Oxidation freizusetzen. ❧ Sauerstoff wird von Pflanzen bei der Photosynthese (*siehe* Kapitel 13) freigesetzt.

Säure, eine sauer schmeckende Substanz (meist in wässriger Lösung), die Metalle und andere Materialien angreift (ätzt). Säuren sind der chemische Gegensatz zu Basen (oder auch Laugen); beide neutralisieren einander. Säuren haben einen ph-Wert zwischen 0 und 7. Gibt man gleich große Teile einer Säure und einer Base zusammen, so entstehen Wasser und ein Salz.

Schallgeschwindigkeit, die Geschwindigkeit, mit der sich Schallwellen in einem Medium ausbreiten. Die Schallgeschwindigkeit in Luft beträgt etwa 340 m/s (= 1 220 km/h), in Flüssigkeiten und Festkörpern ist sie noch höher.
❧ Als erstes Landfahrzeug durchbrach 1997 ein mit Flugzeugtriebwerken angetriebener Düsenwagen die Schallmauer.

Schmelzpunkt, diejenige Temperatur, bei der ein fester Körper flüssig wird (*siehe* Aggregatzustände der Materie).

schwarzes Loch, in der Astronomie ein Objekt, das so massenreich ist, dass nichts, noch nicht einmal Licht, seiner Gravitation *(siehe dort)* entkommen kann. Ursprünglich wurde die Existenz von schwarzen Löchern durch die allgemeine Relativitätstheorie vorausgesagt. Man vermutet, dass schwarze Löcher beim Zusammenfallen sehr massenreicher Sterne entstehen.
❧ Im übertragenem Sinne bezeichnet man als schwarzes Loch etwas, das vollständig verschwunden ist.

schweres Wasser, auch Deuteriumoxid (chemisches Formelzeichen D_2O) genanntes Wasser, bei dem die normalerweise im Wasser vorhandenen zwei Wasserstoffatome gegen zwei Deuteriumatome ausgetauscht sind. Der Atomkern von Wasserstoff besteht nur aus einem Proton, der von Deuterium aus einem Proton und einem Neutron. Schweres Wasser wird durch Elektrolyse des natürlichen Wassers gewonnen, im Rückstand des Elektrolyten kann sich schweres Wasser bis zu 98% anreichern. Als überschweres Wasser bezeichnet man Wasser, das Tritiumatome (Atomkern aus einem Proton und zwei Neutronen) enthält.
❧ Schweres Wasser wird wegen seiner Bremswirkung und geringen Absorbtion für Neutronen beim Bau von Kernreaktoren (so genannte Schwerwasserreaktoren) verwendet.

Schwerkraft, die von einem Himmelskörper, insbesondere von der Erde, auf Gegenstände ausgeübte Anziehungskraft. Die Ursache der Schwerkraft ist die Gravitation *(siehe dort).*

Schwerpunkt, in der Physik ein für alle Teilchensysteme, z. B. eines starren Körpers, festgelegter Punkt, der sich nach den Gesetzen der Mechanik so bewegt, als ob die gesamte Masse des Körpers in ihm vereinigt wäre und alle auf ihn wirkenden äußeren Kräfte in ihm angreifen würden.

Sekunde, die Basiseinheit der Zeit, Einheitenzeichen s. Zur genauen Messung werden Atomuhren *(siehe dort)* verwendet.

Selbstentzündung, ein Vorgang, bei dem eine Ansammlung von Material (z. B. ölige Lappen) Feuer fängt, ohne dass von außen Hitze (z. B. in Form einer Flamme) zugeführt worden wäre. Auslösend hierfür ist die Oxidation der vorhandenen Substanzen.

Siedepunkt, diejenige Temperatur, bei der eine Flüssigkeit in den gasförmigen Zustand übergeht. Der Siedepunkt ist zugleich der Kondensationspunkt (*siehe auch* Aggregatzustände der Materie).
❧ Der Siedepunkt hängt vom herrschenden Druck ab, deshalb siedet Wasser auf hohen Bergen bei niedrigeren Temperaturen.

Signifikanz, *die* [lateinisch ›Deutlichkeit‹], in der Statistik eine Maßzahl, die die Wahrscheinlichkeit dafür angibt, dass das Ergebnis eines Experimentes oder die Auswertung einer Stichprobe den ›wahren‹ Wert liefert, den man durch eine ideale Stichprobe erhalten würde.

Silicium, siehe Kapitel 17.

Simulation, *die* [lateinisch ›Vorspiegelung‹], ein Verfahren, das mit Computerunterstützung komplexe und unübersichtliche Situationen nachbildet. Hierdurch werden exakte Rechnungen, aber auch aufwendige Experimente ersetzt.

Skala, *die* [lateinisch-italienisch ›Leiter‹], ein System von Markierungen, die in festen Abständen zueinander liegen und die dazu dienen, Messungen vergleichbar zu machen (zu standardisieren).
❧ Bei Temperaturskalen werden die festen Abstände Grade genannt, z. B. in der Celsiusskala (*siehe* Kapitel 17).

Sonnenfinsternis, *siehe* Finsternis.

Sonnenflecken, schwarze Flecken auf der Sonnenoberfläche, die durch magnetische Stürme hervorgerufen werden.
❧ Die Anzahl der Sonnenflecken schwankt in Perioden von rund elf Jahren. Während der Zeiten maximaler Anzahl von Sonnenflecken verursachen die von diesen ausgehenden Elementarteilchen Störungen in der Erdatmosphäre, insbesondere bei Radio- und Fernsehübertragungen.

Spektrum, *das* [lateinisch ›Erscheinung‹], das farbige Lichtband, das entsteht, wenn man weißes Licht durch ein Prisma leitet. Heute bezeichnet man in der Physik mit Spektrum die Zerlegung und systematische Aufreihung von Größen gleichen Ursprungs, z. B. von Energien oder Impulsen.
❧ Das Spektrum des weißen Lichts zeigt die Farben violett, blau, grün, gelb, orange und rot, die fließend ineinander übergehen. ❧ Im übertragenen Sinne bezeichnet Spektrum auch die Bandbreite, z. B. von Meinungen.

spezifisches Gewicht, das Verhältnis aus dem Gewicht eines Körpers und dessen Volumen. Das spezifische Gewicht ist charakteristisch für die jeweilige Substanz.

spezifische Wärme, diejenige Wärmemenge, die erforderlich ist, um die Temperatur einer bestimmten Substanz um ein Grad Celsius zu erhöhen. Die spezifische Wärme ist eine Materialkonstante.

Sphäre, *die* [sf...], die Kreislinie oder die Oberfläche einer Kugel.

spitzer Winkel, ein Winkel, der kleiner als neunzig Grad, aber größer als null Grad ist.

Standardabweichung, in der Statistik ein Maß dafür, wie stark die Daten um den Mittelwert herum gestreut sind.

Statistik, *die* ein Teilgebiet der angewandten Mathematik, das sich mit der Erfassung und Auswertung von Massenerscheinungen befasst. Als Statistik bezeichnet man auch die meist in Tabellenform zusammengefassten Ergebnisse von zahlenmäßigen Erfassungen bestimmter Sachverhalte, z. B. Einwohnerzahlen.

Stichprobe, in der Statistik eine Auswahl aus einer größeren Menge, z. B. den Bewohnern einer Stadt, um über die Gesamtmenge eine Aussage zu machen. Stichproben sollen repräsentativ sein und alle möglichen Einflüsse und Merkmale angemessen berücksichtigen.

Stickstoff, chemisches Symbol N, ein nichtmetallisches chemisches Element, das als farb- und geruchloses Gas etwa 78 % unserer Atmosphäre ausmacht.

Strahlung, Energie, die in Form von Wellen oder von Teilchen ausgesandt wird.

stumpfer Winkel, ein Winkel, der größer als 90 Grad, aber kleiner als 180 Grad ist.

subatomar, alle Teilchen oder Vorgänge, deren Ausdehnung unterhalb der Größe von Atomen liegt.

Sublimation, *die* [zu lateinisch sublimare ›erheben, erhöhen‹], in Chemie und Physik der direkte Übergang vom gasförmigen in den festen Aggregatzustand. Das Stadium der Flüssigkeit wird dabei übersprungen; tritt z. B. bei Schwefel auf.

Supernova, *die* [aus lateinisch super ›oben; über‹ und novus ›neu‹; Mehrzahl Supernovae], ein veränderlicher Stern, dessen Leuchtkraft plötzlich auf mehr als das Milliardenfache zunimmt. Supernovae sind massereiche (mindestens das zwei- bis dreifache der Sonnenmasse) Sterne, die am Ende ihrer Entwicklung stehen. Nach dem Helligkeitsausbruch wird die Supernova zu einem Neutronenstern *(siehe dort)* oder einem schwarzen Loch *(siehe dort)*.
❧ Eine Supernova strahlt innerhalb weniger Wochen oder Monate so viel Energie aus wie unsere Sonne in 10 bis 100 Mio. Jahren. ❧ Bis vor wenigen Jahren waren nur drei Supernovae im Milchstraßensystem bekannt: die so genannte chinesische Supernova aus dem Jahr 1054, die tychonische Supernova (1572, benannt nach TYCHO BRAHE [* 1546, † 1601]) und die so genannte keplersche Supernova (1604). Eine weitere Supernova wurde 1987 entdeckt.

Supraleitung, die Eigenschaft bestimmter Materialien, bei niedrigen Temperaturen keinen elektrischen Widerstand mehr zu zeigen und damit elektrische Ströme verlustfrei leiten zu können.
❧ Bis vor kurzem waren nur Materialien bekannt, die in unmittelbarer Nähe des absoluten Nullpunktes supraleitend wurden. Die Sprungtemperaturen der seit 1911 bekannten klassischen Supraleiter liegen unter 20 K (Kelvin); seit 1986 sind auch Supraleiter mit Übergangstemperaturen über 77 K bekannt, die damit eine kostengünstige Kühlung mit flüssigem Stickstoff ermöglichen. Supraleiter finden Einsatz in der Hochenergiephysik und in der Mess- und Nachrichtentechnik.

Symmetrie, *die* [griechisch-lateinisch ›Ebenmaß‹], in der Geometrie die punktweise Gleichwertigkeit zweier Figuren bezüglich eines Punktes (Symmetriezentrum, Punktsymmetrie), einer Geraden oder einer Ebene.
❧ In der bildenden Kunst bezeichnet Symmetrie das proportionale Verhältnis der Teile einer Figur zueinander und zum Ganzen.

Teilchenbeschleuniger, eine Anlage, mit deren Hilfe Elementarteilchen *(siehe dort)* auf hohe Energien beschleunigt werden, sodass sie Kern- und Elementarteilchenreaktionen auslösen oder Brems- und Synchrotronstrahlung erzeugen können. Teilchenbeschleuniger sind ein wichtiges Hilfsmittel beim Studium der Wechselwirkungen und der Struktur der Elementarteilchen und Atomkerne.

Teleskop, *das* [griechisch], ein Gerät, mit dessen Hilfe die Astronomen Bilder ferner Himmelskörper vergrößern oder mehr Licht bzw. andere Strahlung (z. B. Radiowellen) von einem Objekt sammeln. Am weitesten verbreitet ist das optische Teleskop (Fernrohr), das sichtbares Licht bündelt und über einen Spiegel oder über ein Linsensystem dem Auge zuführt. Mithilfe spezieller Teleskope lassen sich andere Arten elektromagnetischer Strahlung einfangen, z. B. Radiowellen mit Radioteleskopen und Röntgenstrahlung mit Röntgenteleskopen.

Teleskop.
Das Sonnenobservatorium Kitt Peak in Arizona/USA

❧ Röntgenteleskope können nur außerhalb der Atmosphäre in Satelliten arbeiten, da die Röntgenstrahlen von der Erdatmosphäre zu sehr gefiltert werden.

Temperatur, ein Maß für den Wärmezustand des Körpers, wird mit Thermometern, z. B. dem Alkohol- oder dem Quecksilberthermometer, gemessen.
❧ Die wissenschaftliche Einheit der Temperatur ist das Kelvin, im Alltag wird die Celsiusskala verwendet.

Theorem, *das* [griechisch-lateinisch ›das Angeschaute‹], allgemein Lehrsatz einer wissenschaftlichen Disziplin.

Theorie, *die* [griechisch ›das Zuschauen‹], die wissenschaftliche Begründung einer Erkenntnis oder eines Erkenntnisbereichs. In den Naturwissenschaften erklären die durch Experimente und Beobachtungen gesicherten Theorien die Naturereignisse. Bedeutsame Theorien sind die allgemeine und die spezielle Relativitätstheorie *(siehe dort)*.

thermisches Gleichgewicht, in Physik und Chemie der Zustand eines Systems, bei dem alle Teile die gleiche Temperatur besitzen.

Thermodynamik, *die* [zu griechisch thermos ›warm, heiß‹ und dýnamis ›Kraft‹], auch Wärmelehre genanntes Teilgebiet der Physik, das sich mit dem Verhalten physikalischer Systeme bei Zu- oder Abführung von Wärmeenergie und bei Temperaturänderungen befasst. Die Grundlage dafür sind die drei Hauptsätze der Thermodynamik: 1. Die Gesamtenergie eines abgeschlossenen physikalischen Systems bleibt gleich (Energieerhaltungssatz). 2. Wärme kann nicht von selbst von einem kälteren auf eine wärmeren Körper übergehen, anders formuliert: die Entropie *(siehe dort)* eines abgeschlossenen thermodynamischen Systems nimmt niemals ab. 3. Die Entropie eines festen oder flüssigen Körpers hat am absoluten Nullpunkt *(siehe dort)* den Wert null.

Tierkreis, die Himmelssphäre umspannende Zone von zwölf Sternbildern, den Tierkreissternbildern, entlang der scheinbaren Sonnenbahn (Ekliptik). In dieser Zone bewegen sich Sonne, Mond und Planeten am Himmel. Jedem Tierkreissternbild entspricht ein 30° umfassender Abschnitt der Ekliptik.
❧ Seit babylonischer und altchinesischer Zeit schreibt die Astrologie den Sternbildern des Tierkreises bestimmenden Einfluss auf das Schicksal des Menschen zu.

Trägheit, in der Physik das Bestreben der Körper, im Zustand der Ruhe oder der gleichförmigen Bewegung zu verharren. Nur Kräfte können eine Änderung des Bewegungszustandes bewirken.

Trapez, *das* [zu griechisch trapézion ›Tischchen‹], ein Vieleck mit vier Seiten, von denen nur zwei parallel sind.

Tripelpunkt [zu französisch triple ›dreifach‹], in der Physik derjenige Zustand bei einer bestimmten Temperatur und einem bestimmten Druck, in dem eine Substanz alle drei Aggregatzustände (fest, flüssig, gasförmig) zugleich einnehmen kann.
❧ Der Tripelpunkt des Wassers liegt geringfügig über dem Gefrierpunkt (bei 0,01 °C) bei einem sehr niedrigen Druck.

Ultraschall, für den Menschen unhörbarer Schall mit Frequenzen über 20 000 Hz. In der Medizin wird Ultraschall zur Diagnose und Behandlung (z. B. zur Zertrümmerung von Nierensteinen) genutzt. In der Technik setzt man Ultraschall u. a. zur Werkstoffprüfung ein.

ultraviolette Strahlung, auch als UV-Strahlung bezeichnete elektromagnetische Wellen, deren Wellenlänge etwas kürzer als die des sichtbaren violetten Lichtes, aber länger als die der Röntgenstrahlung ist. Eine natürliche Strahlungsquelle für ultraviolette Strahlung ist die Sonne.
❧ Ähnlich wie die Infrarotstrahlung lässt sich auch ultraviolettes Licht mithilfe spezieller Geräte und Filme feststellen. ❧ Sonnenbrand wird durch ultraviolettes Licht hervorgerufen. ❧ Die Ozonschicht in der Erdatmosphäre fängt den größten Teil der von der Sonne ausgehenden Ultraviolettstrahlung auf. Die Zerstörung der Ozonschicht (*siehe* Ozonloch, Kapitel 17) hat weit reichende Folgen für das Leben auf der Erde.

Umfang, die Länge einer Randlinie eines Kreises. Man berechnet ihn mit der Formel $2\pi r$ (oder Durchmesser mal der Zahl π).

Universum, *das* [zu lateinisch universus ›ganz, sämtlich‹], das Weltall.

Uran, chemisches Symbol U, ein silberglänzendes, weiches Schwermetall, das von Natur aus radioaktiv

ist. Seine Isotope ^{235}U und ^{238}U sind wichtige Kernbrennstoffe.
❧ Uran wurde 1841 von dem französischen Chemiker E. M. PÉLIGOT (* 1811, † 1890) erstmals als Metall isoliert. ❧ Es wurde nach dem im gleichen Jahrzehnt entdeckten Planeten Uranus benannt.

Urknall, der Anfang des Universums. Das Urknallmodell geht davon aus, dass das Universum vor Milliarden von Jahren in einem explosionsartigen Ereignis (so genannter Bigbang ›großer Knall‹) entstanden ist. Erst nach und nach bildeten sich dann Atome, Sterne und Galaxien. Für die Urknalltheorie sprechen die bei weit entfernten Galaxien beobachtete Rotverschiebung *(siehe dort),* welche zeigt, dass sich das Universum stetig ausdehnt.

Vakuum, *das* [zu lateinisch vacuus ›leer‹], im Idealfall der völlig leere, materiefreie Raum, in der Praxis ein Raum mit stark verminderter Gasdichte.
❧ Die Natur hat die Tendenz, ein Vakuum auszufüllen (z. B. mit Luft), man spricht deshalb vom ›Horror Vacui‹ (›Angst vor dem Vakuum‹). Dieser Ausdruck kann auch übertragen gebraucht werden. Er bedeutet dann so viel wie ›übertriebene Angst vor der Leere‹.

Valenzelektronen, *die* [zu lateinisch valentia ›Stärke‹], Bezeichnung für diejenigen Elektronen eines Atoms, die sich in den am wenigsten fest gebundenen Zuständen befinden. Diese Elektronen bestimmen, wie sich das jeweilige Atom mit anderen Atomen verbinden kann; sie sind somit für die chemischen Eigenschaften verantwortlich.

Vektor, *der* [lateinisch ›Träger, Fahrer‹], in der Mathematik und Physik eine Größe, die sowohl einen Betrag als auch eine Richtung besitzt. So ist z. B. die Geschwindigkeit ein Vektor, weil diese sowohl angibt, wie schnell sich ein Objekt bewegt, als auch in welche Richtung. Andere Vektoren sind u. a. die Beschleunigung, der Impuls und die Kraft.

Verbindung, in der Chemie eine Substanz, die zwei oder mehrere Elemente in einem wohlbestimmten Verhältnis zueinander enthält.

Verbrennung, chemische Reaktion, bei der brennbares Material schnell mit Sauerstoff reagiert.

Verdampfen, der Übergang von einer Flüssigkeit in den gasförmigen Zustand, wobei Wärme zugeführt werden muss (wie z. B. beim Verdampfen von Wasser).
❧ Das Verdampfen von Wasser aus den Ozeanen ist ein wichtiger Bestandteil des Wasserkreislaufs auf der Erde.

Verhältnis, ein mathematischer Ausdruck, der die Größe zweier Zahlen aufeinander bezieht, indem deren Quotient *(siehe dort)* gebildet wird.

Viskosität, *die* [zu lateinisch viscosus ›klebrig‹], die Reibung, die innerhalb einer Flüssigkeit stattfindet und die aus der Bewegung ihrer Moleküle gegeneinander entsteht. Die Viskosität verursacht den Widerstand mancher Flüssigkeiten gegen das Fließen.
❧ Die Viskosität spielt unter anderem bei Motorölen eine wichtige Rolle.

Volumen, *das* [zu lateinisch volvere ›drehen‹], auch Rauminhalt genannt, in der Geometrie der von der Oberfläche eines Körpers eingeschlossene Raum. Einheit des Volumens ist das Kubikmeter.

Vorsatz, Ergänzung einer physikalischen Einheit, mit der Vielfache und Teile der Einheit bezeichnet werden, Beispiele: Kilometer (1 km = 1 000 m), Megawatt (1 MW = 1 Million W), Milliliter (1 ml = $\frac{1}{1000}$ l), Mikrogramm (1 µg = 1 Millionstel g).

Wahrscheinlichkeitsrechnung, ein Gebiet der angewandten Mathematik. Die mengenmäßige Abschätzung der Möglichkeit für das Eintreten eines Ereignisses ist seine Wahrscheinlichkeit w, definiert als

$$w = \frac{\text{Zahl der günstigen Fälle}}{\text{Zahl der möglichen Fälle}}$$

Z. B. ist die Wahrscheinlichkeit, das Pik As aus einem Skatblatt zu ziehen nur $\frac{1}{32}$, hingegen eine beliebige Zehn (gleich welcher Farbe) zu ziehen $\frac{4}{32} = \frac{1}{8}$.

Wärme, in der Physik die ungeordnete Bewegungsenergie von Atomen oder Molekülen eines Körpers, deren Eigenschaft vom Wärmesinn erfasst wird.

Wärmekapazität, in der Physik ein Maß für die Energiemenge, die einem Stoff in Form von Wärme zugeführt werden muss, um bei diesem eine bestimmte Temperaturerhöhung zu erzielen.

Wärmelehre, *siehe* Thermodynamik.

Wasserstoff, chemisches Symbol H, ein farb- und geruchloses, leicht brennbares Gas, ist das leichtes-

te chemische Element. Normalerweise liegt Wasserstoff in Form zweiatomiger Moleküle (H_2) vor. Mit Chlor und Sauerstoff bildet er explosive Gemische (Knallgas).
❧ Bei Kernfusionen werden Wasserstoffatome mit Heliumatomen verschmolzen; dieser Vorgang läuft in Sternen und in der Wasserstoffbombe ab. ❧ Wasserstoff wurde in den 1920er-Jahren zur Füllung von Luftschiffen genutzt, bis 1937 das Luftschiff ›Hindenburg‹ in Lakehurst (USA) bei der Landung explodierte; seitdem benutzt man Helium für die Füllung von Luftschiffen.

Wechselwirkungen, die in der Natur vorkommenden Kräfte, die für die gegenseitige Beeinflussung physikalischer Objekte verantwortlich sind. Man unterscheidet die Gravitation (mit einem weiten Wirkungsbereich, wirkt zwischen Massen), die elektromagnetische (mit einer kurzen Reichweite, wirkt zwischen elektrischen Ladungen), die schwache und die starke Wechselwirkung (beide von sehr kurzer Reichweite, wirken zwischen Elementarteilchen).

weiße Zwerge, extrem kleine Sterne mit hohen Oberflächentemperaturen und daher weiß leuchtend. Ihre Größe ist gering (etwa entsprechend den bekannten Planetendurchmessern), ihre Masse dagegen ist vergleichsweise hoch (etwa der Sonnenmasse entsprechend). Weiße Zwerge gelten als ein Endstadium der Sternenentwicklung.

Welle, ein räumlich und zeitlich sich regelmäßig wiederholender Vorgang, bei dem Energie transportiert wird, ohne dass gleichzeitig ein Massetransport stattfindet. Die Energie wird dabei durch eine sich räumlich fortpflanzende Schwingungsbewegung getragen. Wellenvorgänge spielen in vielen Gebieten der Physik eine große Rolle, z. B. bei Schallwellen, elektromagnetischen Wellen. Wellen sind gekennzeichnet durch ihre Wellenlänge, durch die Zahl der Schwingungen in einer bestimmten Zeit (Frequenz) und durch ihre Ausbreitungsgeschwindigkeit.

Wellenlänge, der Abstand zwischen zwei Wellenbergen (oder auch zwischen zwei Wellentälern) einer Welle.

Weltraumteleskop, ein Teleskop, das in eine Umlaufbahn um die Erde gebracht worden ist, insbesondere das Hubble-Teleskop.

Zähler, in der Mathematik bei Brüchen die Zahl oberhalb des Bruchstriches. Der Zähler des Bruches $\frac{2}{3}$ ist 2.

Zentrifugalkraft, auch Fliehkraft oder Schwungkraft genannte Kraft, die bei Drehbewegungen entsteht und die von der Drehachse weggerichtet ist. Die Zentrifugalkraft erlaubt es z. B., eine wassergefüllte Plastiktüte um sich herumzuschleudern, ohne dass dabei Wasser verschüttet wird. Sie zählt zu den Trägheitskräften.

Zwillingsparadoxon, *das* in der Relativitätstheorie Bezeichnung für folgenden scheinbaren Widerspruch: Tritt Nina in einer Rakete eine Reise mit einer Geschwindigkeit nahe der Lichtgeschwindigkeit an, während ihr Zwilling Nora auf der Erde bleibt, so ist Nina bei der Rückkehr von ihrer Reise weniger gealtert als ihre zurückgebliebene Schwester Nora.
Dem Zwillingsparadoxon liegt die Tatsache zugrunde, dass eine Uhr A, die gegenüber einer gleichartigen ruhenden Uhr B schnell bewegt wird, im Vergleich zu B nachgeht. Diese Abweichung kann heute mit Atomuhren unmittelbar gemessen werden.

Zyklotron, *das* [zu griechisch kýklos ›Kreis‹ und Elek**tron**], ein ab 1929 entwickelter Teilchenbeschleuniger *(siehe dort).*

17
Die Technik

Unser tägliches Leben wird weitgehend von der Technik bestimmt. Seit der industriellen Revolution Ende des 18./Anfang des 19. Jh. hat sich die Technik grundlegend gewandelt und damit auch das Verständnis, was Technik eigentlich ist. Ging es ursprünglich vielleicht einmal darum, dem Menschen die körperliche Arbeit dadurch zu erleichtern, dass man die Gesetze der Mechanik anwandte, kam doch sehr schnell auch wirtschaftliches Denken hinzu: Man wollte rationelle Fertigungstechniken, um große Stückzahlen (Massenproduktion) mit möglichst wenig Beschäftigten produzieren zu können. Dies wurde durch den steigenden Automatisierungsgrad in der industriellen Produktion erreicht. Die von HENRY FORD (* 1863, † 1947) eingeführte Fließbandarbeit zerlegte den Arbeitsprozess in viele kleine Arbeitsschritte und brachte eine erhöhte Produktion. Die Entwicklung des Verkehrs führte zur Überwindung der räumlichen Entfernung. Eisenbahnen, Kraftfahrzeuge und Flugzeuge ließen Entfernungen schrumpfen und verkürzten Reisewege, Waren gelangten schneller zu den Kunden.
Die konsequente Beobachtung der Natur, die Erforschung natürlicher Phänomene brachten neue Erkenntnisse in Chemie und Physik und neue Produktionsverfahren. Die Großchemie entstand. Teilchenbeschleuniger und Elektronenmikroskope machen die Struktur der Stoffe deutlich und führen zu immer mehr neuen Werkstoffen. Heute meint Technik nicht mehr nur die Anwendung physikalischer Grundkenntnisse. Das Verständnis hat sich gewandelt und mit ihm auch der Begriff: Heute reden wir von Technologie. Damit ist nicht eine isolierte Verfahrenskunde gemeint, sondern die Verknüpfung von Technik einschließlich der Naturwissenschaften und der Ingenieurwissenschaften mit gesellschaftlichen Faktoren. Dies hat zur Entwicklung eines völlig neuen Wissenschaftszweiges geführt: der Technikfolgenabschätzung. Sie soll die Auswirkungen der Technik auf die Umwelt und den Menschen prüfen und Hinweise für die weitere Entwicklung geben. Diesen Wandel zu beschreiben, ist Aufgabe dieses Kapitels.

A, Einheitenzeichen für Ampere *(siehe dort).*

Akkumulator, *der* [lateinisch ›Anhäufer‹], ein elektrochemischer Energiespeicher (Batterie). Die chemischen Reaktionen, die bei Ladung und Entladung jeweils in umgekehrter Richtung ablaufen, richten sich nach den verwendeten Elektroden und dem Elektrolyt; bei dem Blei-Akkumulator (Kraftfahrzeugbatterie) bestehen die Elektroden z. B. aus Blei bzw. Bleidioxid, und das Elektrolyt ist Schwefelsäure. Der Akkumulator ist wieder aufladbar und liefert Gleichstrom.

AM, Abkürzung für Amplitudenmodulation (*siehe* Frequenzmodulation, *siehe* Modulation).

Ampere, *das* [amˈpɛːr], Einheitenzeichen A, Einheit der elektrischen Stromstärke.
❧ Das Ampere ist benannt nach dem französischen Physiker und Mathematiker ANDRÉ MARIE AMPÈRE (* 1775, † 1836), der den Zusammenhang zwi-

Bathyskaph. Das Tiefseetauchgerät ›Trieste‹ mit der kugelförmigen Stahlkabine

schen elektrischen und magnetischen Erscheinungen erforschte.

Analogrechner [zu griechisch analogos ›ähnlich‹], eine Rechenanlage, in der die Ausgangswerte einer Rechenaufgabe und auch das Ergebnis nicht in Zahlenform (digital), sondern als physikalische Größen, z. B. Spannungen, Ströme, Widerstände, dargestellt werden. Die einfachste Form eines analogen Rechenhilfsmittels ist der Rechenschieber (die physikalische Größe ist bei ihm die Länge). Analogrechner können sinnvoll dann eingesetzt werden, wenn die zu verarbeitende Information schon in analoger Form vorliegt (z. B. Messwerte) oder die Ergebnisse zum analogen Steuern (z. B. in Regelkreisen) verwendet werden. Analogrechner wurden häufig in der Wissenschaft eingesetzt.

Apollo-Programm, Raumfahrtprogramm der USA 1968–72 mit dem Ziel der Landung von Menschen auf dem Mond. Dies wurde erstmals mit Apollo 11 am 20. Juli 1969 erreicht. Als erster Mensch betrat NEIL ARMSTRONG (* 1930) den Mond. Als Trägerrakete diente die rund 2900 t schwere Saturn 5.

Astronaut, *der* [zu griechisch ástron ›Stern(bild)‹ und naũtes ›Seemann‹], Besatzungsmitglied eines bemannten Raumfahrzeugs der USA. In der ehemaligen Sowjetunion wurden Raumfahrer als Kosmonauten bezeichnet (so auch im heutigen Russland).

Atombombe, eine Bombe, deren Wirkungen auf der plötzlichen Energiefreisetzung bei unkontrollierter Kernspaltung beruhen. Die Zerstörungen werden durch die enormen Temperaturen (bis 20 Millionen Grad) und durch die starke Druckwelle hervorgerufen. Die radioaktive Strahlung schädigt bzw. tötet Lebewesen in Abhängigkeit von der aufgenommenen Strahlungsdosis.

Audiovision, die Aufzeichnung, Speicherung und Wiedergabe von Darbietungen von Bild- und Toninformationen in der Videotechnik.

Bathyskaph, *das* [...'ska:f; griechisch], bemanntes, selbstständig manövrierendes Tiefseetauchboot (etwa 15 m lang, etwa 10 cm Wanddicke). 1953 tauchte A. PICCARD auf 3 150 m Tiefe. Mit dem weiterentwickelten Bathyskaph ›Trieste‹ konnten 1960 JACQUES PICCARD und der amerikanische Marineoffizier DON WALSH im Marianengraben des Stillen Ozeans eine Tiefe von 10 916 m erreichen.

Bathysphäre, *die* [zu griechisch bathys ›tief‹ und sphaĩra ›Kugel‹], an einem Kabel hängende Tiefseetauchkugel (Innendurchmesser etwa 1,40 m). 1949 wurden mit einer solchen Tauchkugel 1 370 m Tiefe erreicht.

Carl Friedrich Benz (links) und Rudolf Diesel (rechts)

Batterie, zusammengeschaltete galvanische Elemente, die auf elektrochemischem Weg eine elektrische Spannung erzeugen. Handelsübliche Batterien sind Trockenbatterien mit eingedickten Elektrolytlösungen.

Befehl, *siehe* Programm.

Bell, Alexander Graham amerikanischer Erfinder und Wissenschaftler (* 1847, † 1922), arbeitete als Professor für Stimmphysiologie in Boston an der Umwandlung von Schallschwingungen (Sprache) in elektrische Strom- oder Spannungsschwankungen. Ergebnis dieser Forschungen war ein Telefonapparat, für den er 1876 ein Patent erhielt.

Benz, Carl Friedrich deutscher Ingenieur und Unternehmer (* 1844, † 1929), der 1883 in Mannheim die Benz & Cie., Rheinische Gasmotorenfabrik gründete. 1885 konstruierte er einen Einzylinder-Viertakt-Benzinmotor (etwa 1 PS Leistung) mit elektrischer Zündung, Oberflächenvergaser und Wasserkühlung. Diesen Motor baute er in einen dreirädrigen Wagen ein und schuf damit das erste Kraftfahrzeug (Auto), das am 3. 7. 1887 öffentlich vorgeführt wurde. Die Firma Benz & Cie. vereinigte sich 1926 mit der Daimler-Motoren-Gesellschaft zur Daimler-Benz AG; 1998 erfolgte die Fusion mit der Chrysler Corp. zur Daimler-Chrysler AG.
❧ Die Fernfahrt seiner Ehefrau BERTHA (* 1849, † 1944) von Mannheim nach Pforzheim (1888) bewies die Tauglichkeit der ›Motorwagen‹.

binäre Darstellung [zu lateinisch binarius ›zwei enthaltend‹], in der Datenverarbeitung die Darstellung von Zahlen und Entscheidungen durch nur zwei sich einander ausschließende Zeichen (z. B. ja/nein oder an/aus). In der Datenverarbeitung werden die Informationen in Speicherzellen eingeschrieben, von denen jede nur zwei Zustände annehmen kann.

Bit, *das* Abkürzung von **B**inary Dig**it** (›Binärziffer‹). Ein Bit ist die Bezeichnung für die kleinste Informationseinheit für Daten in binärer Darstellung.

Blindenschrift, die Codierung von Buchstaben in einem System von sechs jeweils paarweise übereinander angeordneten Punkten. Jeder Buchstabe wird dabei aus einer unterschiedlichen Anzahl oder verschieden angeordneten erhabenen Punkten gebildet, die ertastet werden können.

Byte, *das* [baɪt; englisch], in der elektronischen Datenverarbeitung eine zusammengehörende Folge von acht Bits, die damit die kleinste adressierbare Einheit in einem Computerspeicher darstellen. In Millionen und Billionen Bytes (Mega- und Gigabyte) werden die Speicherkapazitäten von Computern angegeben.

CASTOR, *der* Abkürzung von **Cas**k for Storage and **T**ransport **o**f **R**adioactive Material (›Behälter für die Lagerung und den Transport radioaktiven Materials‹). Ein Spezialbehälter für den Transport ausgebrannter Brennstäbe aus Kernkraftwerken und nuklearen Abfalls. Die Behälter sind gegen extreme Belastungen gesichert und sollen die Umgebung vor Strahlenbelastungen bereits unterhalb der natürlich vorhandenen Radioaktivität schützen.

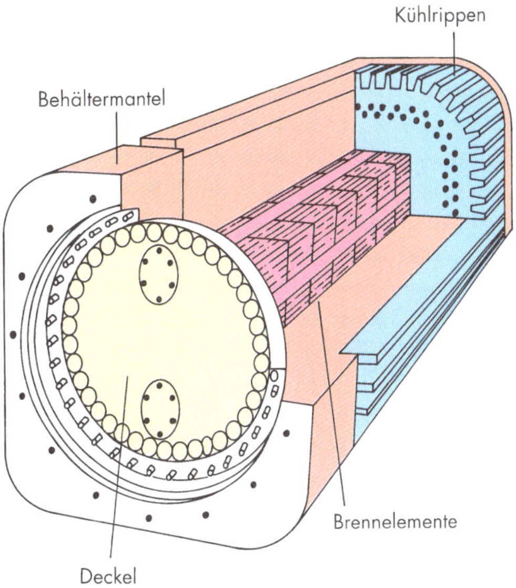

Teilschnitt durch einen CASTOR-Behälter

CD Abkürzung für **C**ompact**d**isc, eine Speicherplatte, auf der Bild- und Tonsignale (Sprache, Musik) durch eine konzentrische Folge von Pits (winzige Vertiefungen) digital gespeichert sind und mit einem Laserstrahl berührungsfrei gelesen werden können. CDs haben eine hohe Speicherkapazität und Datensicherheit.

CD-ROM Abkürzung für **C**ompact **D**isc **R**ead **O**nly **M**emory, optisches Speichermedium für Computer, das nur lesenden Zugriff erlaubt.

Celsius-Skala, eine nach dem schwedischen Astronomen ANDERS CELSIUS (* 1701, † 1744) benannte Temperaturskala, bei der für 0 °C der Gefrierpunkt und für 100 °C der Siedepunkt des Wassers bei normalem Luftdruck festgelegt sind. Ein Grad Celsius (°C) ist der hundertste Teil der Temperaturdifferenz zwischen 0 und 100 °C.

Chip, *der* [tʃɪp; englisch ›Schnipsel‹], eine integrierte Schaltung, bei der sämtliche Funktionseinheiten auf einem Halbleiterplättchen (meistens aus Silicium) von wenigen Millimetern Kantenlänge zusammengefasst sind.

Code, *der* [koːt; englisch], Richtlinie für die eindeutige Zuordnung von Zeichen eines Zeichenvorrates, z. B. des Alphabets, zu den Zeichen eines anderen Zeichenvorrates. Für die Computertechnik hat sich ein Binärcode durchgesetzt (*siehe* binäre Darstellung), das heißt, es sind nur zwei Zustände möglich, z. B. ›an/aus‹ oder ›ja/nein‹.

Computer, *der* [kɔmˈpjuːtə(r); englisch, zu to compute ›berechnen‹], eine technische Einrichtung zur elektronischen Datenverarbeitung. Ein Computer wandelt die ihm eingegebenen Eingabewerte nach bestimmten Regeln in Ausgabewerte um. Die Bearbeitungsregeln sind in einem Programm *(siehe dort)* festgelegt. Im Computer werden die Anweisungen des Programms schrittweise abgearbeitet. Die Programmschritte müssen in eine Folge für den Computer verständlicher Befehle übersetzt werden. Ein Computer besteht aus Eingabegeräten, Zentraleinheit mit Speicher und Ausgabegeräten.

CPU, *die* Abkürzung für **c**entral **p**rocessor **u**nit [englisch ›zentrale Prozessoreinheit‹], *siehe* Zentraleinheit.

Cyberspace, *siehe* virtuelle Realität.

Datenverarbeitung, die Übermittlung, Veränderung, Speicherung und Löschung von Daten, wobei digitale Daten nur aus Zeichen, analoge Daten nur aus kontinuierlichen Funktionen bestehen. Zu volkswirtschaftlicher Bedeutung gelangte die Datenverarbeitung durch den qualitativen Sprung von mechanisch arbeitenden Rechenmaschinen zur elektronischen Datenverarbeitung mit Computern.

DDT, die Abkürzung von **D**ichlor**d**iphenyl**t**richlorethan, ein Kontakt- und Fraßgift für verschiedene Insekten. Da DDT in der Natur nur langsam abgebaut wird und über Nahrungsketten auch zu Schädigungen von Säugetieren, Fischen, Vögeln und Menschen führt, ist es in vielen Ländern verboten worden.

Diesel, Rudolf deutscher Ingenieur und Erfinder (* 1858, † 1913), der zwischen etwa 1890 und 1897 einen Verbrennungsmotor mit Selbstzündung konstruierte (Dieselmotor). Wegen der hohen Kraftstoffverdichtung ist der Dieselmotor die Wärmekraftmaschine mit dem höchsten thermischen Wirkungsgrad. – Abb. S. 542.

digitaler Hörfunk, Hörfunksendungen, bei denen die Tonsignale nicht wie beim herkömmlichen Rundfunk in Wellenform, sondern als digitale Signalfolgen abgestrahlt werden. Der Vorteil ist eine weitgehende Störungsfreiheit und damit eine hohe Tonqualität.

digitales Fernsehen, die Übertragung von Fernsehsignalen mit digitaler statt der herkömmlichen analogen Technik. Beim digitalen Fernsehen ist durch die Anwendung der Datenkompression eine schmalbandige Ausstrahlung auch durch erdgebundene Sender möglich. Zum Empfang digitaler Fernsehsendungen mit einem nach dem herkömmlichen PAL-System arbeitenden Fernsehgerät ist ein Zusatzgerät (Set-Top-Box) erforderlich, das empfängerseitig die digitalen Signale wieder in analoge wandelt.

Digitalrechner [zu englisch digit ›Finger (den man zum Rechnen benutzt)‹], im engeren Sinn eine elektronische Datenverarbeitungsanlage (Computer), in der die Rechengrößen ziffernmäßig (digital) dargestellt und als Folge von Binärzeichen (*siehe* binäre Darstellung) verschlüsselt werden. Im weiteren Sinn gehören zu den Digitalrechnern auch schon die mechanischen und elektromechanischen Rechenmaschinen (*siehe* Analogrechner).

Diskette [zu englisch disc ›Scheibe, Platte‹, Floppy disc ›biegsame Scheibe‹], flexible, beidseitig mit einer magnetisierbaren Schicht überzogene Kunststoffscheibe, die in der elektronischen Datenverarbeitung als externer Massenspeicher verwendet wird. Die Daten werden magnetisch gespeichert und sind auf der Diskette in Spuren angeordnet. Moderne Disketten weisen 2 490 Spuren je Zoll auf und erlauben Speicherkapazitäten bis 120 Megabyte.

Drehmoment, das Produkt aus Kraft mal Kraftarm (Hebelarm), das eine Drehwirkung hervorruft. Das Drehmoment spielt für die Drehbewegung dieselbe Rolle wie die Kraft im Fall der geradlinigen Bewegung.

Edison, Thomas Alva amerikanischer Erfinder (* 1847, † 1931), der über 1 000 Patente anmeldete. Edison erwarb sein Wissen durch Selbstunterricht. Zu seinen Erfindungen zählen u. a. das Kohlekörnermikrofon, der Phonograph, die Kohlefadenglühlampe, der Nickel-Eisen-Akkumulator, die Verbundmaschine (Dampfmaschine mit elektrischem Generator). Die von ihm entdeckte Glühemission ermöglichte die Entwicklung der Elektronenröhre.

elektrischer Widerstand, eine Größe im Stromkreis, die sich als Quotient von Stromspannung und Stromstärke ergibt. Es ist der Widerstand, den das

Leitermaterial dem Stromdurchfluss entgegenstellt; gemessen wird der Widerstand in Ohm. Elektrischer Widerstand ist auch ein Schaltungselement.

Elektrizität, *siehe* Kapitel 16.

Elektromagnet, eine stromdurchflossene Spule mit einem unmagnetischen Eisenkern, der während der Dauer des Stromflusses vom magnetischen Feld der Spule durchsetzt und dadurch stark magnetisiert wird. Elektromagnete werden in elektrischen Schaltanlagen, in Relais, als Lasthebemagnete und in vielen anderen elektrischen Maschinen und Messgeräten eingesetzt.

elektromagnetische Induktion, der Zusammenhang von zeitlich veränderlichen elektrischen und magnetischen Feldern. Die Induktion erklärt z. B. die Umwandlung magnetischer Feldenergie in elektrische Energie und umgekehrt. Auf der Induktion beruhen sowohl die Funktechnik als auch elektrische Maschinen (Motoren und Generatoren).
❧ Die Induktion wurde von dem britischen Physiker MICHAEL FARADAY (* 1791, † 1867) erforscht.

Epoxidharze, eine Gruppe von Kunstharzen, die u. a. als Zweikomponentenkleber, Bindemittel, zum Tränken und Imprägnieren sowie zum Eingießen von elektronischen Bauelementen dienen.

Fahrenheit-Skala, eine in den USA verbreitete Temperaturskala, bei der der Gefrierpunkt des Wassers (0 °C) bei 32 °F und der Siedepunkt (100 °C) bei 212 °F liegt.
❧ Die Fahrenheit-Skala ist benannt nach dem deutschen Physiker DANIEL GABRIEL FAHRENHEIT (* 1686, † 1736), der die wissenschaftliche Wärmemessung begründete.

Faseroptik, Vorrichtung aus einzelnen oder mehreren zusammengefassten flexiblen Glas- oder Kunststoffasern, die als Lichtleiter sowohl zur rein optischen Bildübertragung als auch als Lichtwellenleiter der Übertragung codierter Informationen beliebiger Art dienen. Die Anwendungsgebiete reichen von der Medizin (z. B. Endoskop) bis zu den Glasfaserkabeln zur Übertragung von Bild-, Text- und Tonsignalen (Telekommunikation).

FCKW, Abkürzung für **F**luor**c**hlor**k**ohlen**w**asserstoffe.

Feed-back, *das* ['fi:dbæk; englisch ›Rückfütterung‹], englischer Ausdruck für die Rückkopplung *(siehe dort)*.
❧ In den Sozialwissenschaften, vor allem in der Psychologie, bezeichnet ›Feed-back geben‹, einem anderen seine Wahrnehmung über dessen Verhalten mitteilen.

Fernwirktechnik, ein Teilgebiet der Nachrichtentechnik, zu dem die Fernüberwachung und die Fernsteuerung gehören. Bei der Fernüberwachung werden Informationen erfasst, übertragen und ausgewertet. Bei der Fernsteuerung werden Steuerinformationen zur Beeinflussung des Objekts gebildet. Die Übertragung der Informationen kann dabei über Kabel oder drahtlos erfolgen.

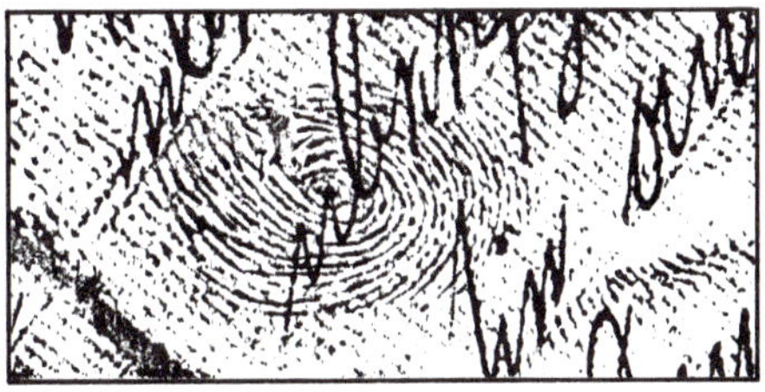

Mit Joddampf sichtbar gemachter Fingerabdruck auf einem Brief

Fingerabdruck, Abbild der Hautleisten (Papillarleisten) von den Unterseiten der Fingerspitzen. Da aus den Hautleisten ständig Schweiß in kleinsten Mengen abgesondert wird, entsteht auf den berührten Gegenständen ein Abdruck der Hautleistenreliefs, die bei jedem Menschen verschieden sind und während des ganzen Lebens unverändert bleiben. Sie eignen sich deshalb hervorragend zur sicheren Identifizierung von Personen.
❧ In der Kriminalistik wurde das Verfahren (›Daktyloskopie‹) von SIR EDWARD HENRY entwickelt und 1901 von Scotland Yard übernommen.

Fluorchlorkohlenwasserstoffe, Abkürzung FCKW, Kohlenwasserstoffverbindungen, in denen Wasserstoffatome teilweise oder völlig durch Fluor- und Chloratome ersetzt sind. Da diese Verbindungen zur Zerstörung der Ozonschicht beitragen und den Treibhauseffekt *(siehe dort)* verstärken, wird an einer Substitution (Ersatz) im industriellen Einsatz, z. B. als Kühlmittel, Reinigungsmittel, zur Herstellung von Dämmstoffen, gearbeitet. Als Treibgas in Spraydosen wurden sie in Deutschland schon 1991 verboten. Teilhalogenierte FCKW (H-FCKW) mit mindestens einem Wasserstoffatom sind in der EU bis 2015 zugelassen.

Flussdiagramm, auch Ablaufplan genannt, ist ein Hilfsmittel zur Darstellung von logischen Abhängigkeiten, z. B. in einem Computerprogramm.

FM, Abkürzung für **F**requenz**m**odulation.

fossile Brennstoffe, natürliche Stoffe (pflanzliche und tierische Fossilien), deren chemisch gebundene Energie durch Verbrennung als Wärmeenergie freigesetzt wird. Zu den fossilen Brennstoffen zählen Kohle, Erdöl, Erdgas und Torf. Bei der Verbrennung dieser Energieträger entsteht u. a. Kohlendioxid, das wiederum den Treibhauseffekt *(siehe dort)* verstärkt.

Frequenzmodulation, Abkürzung FM, eine Modulationsart des UKW-Rundfunks, bei der nicht die Amplitude (Amplitudenmodulation), sondern die Frequenz der Trägerschwingung im Takt z. B. der Tonfrequenz verändert wird (*siehe* Modulation). Modulationsverfahren ermöglichen die drahtlose Übertragung von Nachrichten (Sprache, Musik, Bilder).

Galvanisieren, das Beschichten von Oberflächen durch elektrolytische Abscheidung. Durch die galvanische Beschichtung werden die Oberflächeneigenschaften verbessert, z. B. für den Korrosionsschutz.

Gasohol, [aus englisch gas ›Treibstoff‹ und Alkohol], ein Gemisch aus reinem Alkohol (10–20 %) und bleifreiem Benzin (80–90 %), das in allen Benzinmotoren verwendet werden kann.

GAU, Kurzwort für **g**rößter **a**nzunehmender **U**nfall, der schwerste mögliche Unfall in einem Kernreaktor, der bei der Planung von Schutzmaßnahmen berücksichtigt wird. Ein GAU ist 1986 in Tschernobyl (Ukraine) eingetreten.

Gemini-Programm, amerikanisches Raumfahrtprogramm, in dessen Verlauf in den Jahren 1965/66 bemannte Raumflugunternehmen jeweils mit zwei Astronauten an Bord durchgeführt wurden.

Generator, *der* [lateinisch ›Erzeuger‹], eine Maschine zur Umwandlung von mechanischer in elektrische Energie durch elektromagnetische Induktion. Angetrieben werden Generatoren durch Wasser-, Dampf- oder Gasturbinen, kleinere Generatoren (Notstromaggregate) auch durch Dieselmotoren.

Gleichstrom, elektrischer Strom, der im Unterschied zum Wechselstrom *(siehe dort)* stets in die gleiche Richtung fließt. Gleichstrom entsteht bei elektrochemischen Vorgängen in Batterien oder nach Gleichrichtung aus Wechselstrom.

Halbleiter, ein Festkörper, dessen spezifischer elektrischer Widerstand zwischen dem von Metallen und Isolatoren liegt. Im Unterschied zu den Metallen steigt ihre elektrische Leitfähigkeit mit der Temperatur. Wichtigstes Halbleitermaterial ist Silicium, das als Basismaterial für integrierte Schaltkreise die Grundlage der Mikroelektronik bildet.

Handy, *das* ['hændɪ; englisch ›zur Hand‹, ›handlich‹], kleines netzunabhängiges Mobiltelefon, das auch zur Faxübertragung verwendet werden kann. Handys wiegen zwischen 200 und 300 g und verfügen über Hochleistungsbatterien.

Hardware, *die* ['hɑːdwɛə; englisch, eigentlich ›harte Ware‹], die gegenständlichen Teile einer Datenverarbeitungsanlage, also alle elektronischen, elektromechanischen und mechanischen Bauteile im Unterschied zu den Programmen, der Software *(siehe dort)*.

Hightech, *der* ['haɪ'tek; englisch aus high style ›hoher Stil‹ und technology ›Technologie‹], eine Kurzbezeichnung für Hochtechnologie: Damit werden Wissenschafts- und Technikbereiche zusammengefasst, von denen zukunftsweisende Entwicklungen für die Industriegesellschaft erwartet werden, z. B. Mikroelektronik, Nanotechnik, Kryotechnik, Bio- und Gentechnologie u. a.

Hubble Space Telescope, *das* [hʌbl...; englisch ›Hubble-Weltraumteleskop‹], 1990 durch ein Spaceshuttle auf eine Umlaufbahn in 600 km Erdentfernung gebrachtes Großteleskop zur Beobachtung lichtschwacher und weit entfernter astronomischer Objekte. Benannt wurde das Teleskop nach dem amerikanischen Astronomen EDWIN P. HUBBLE (* 1889, † 1953).

Hydraulik, *die* [zu griechisch hýdraulis ›Wasserorgel‹], technische Verfahren und Anlagen zur Kraftübertragung mittels Flüssigkeiten in geschlossenen Leitungssystemen, z.B. in hydraulischen Pressen, Hebebühnen, Bremsvorrichtungen.

IBM, Abkürzung für **I**nternational **B**usiness **M**achines Corporation, die weltweit größte Herstellerfirma von Computeranlagen. Von IBM wurde 1952 der erste Computer im Markt eingeführt.

Impedanz, *die* [zu lateinisch impedire ›hemmen‹], der Scheinwiderstand im Wechselstromkreis; er setzt sich aus dem reellen Wirkwiderstand und dem imaginären Blindwiderstand zusammen.

Induktanz, *die* [zu lateinisch inducere ›hineinführen‹], der Blindwiderstand (induktiver Widerstand) im Wechselstromkreis.

integrierte Schaltung, miniaturisierter elektronischer Baustein, bei dem alle Bauelemente (Transistoren, Dioden, Widerstände) auf einem Halbleiterchip zusammengefasst sind.
❧ Die Leistungsfähigkeit integrierter Schaltungen wird durch den Integrationsgrad ausgedrückt, der die Zahl der Transistorfunktionen (Grundfunktionen) angibt.

Internet, *das* [englisch net ›Netz‹], ein weltweit verbreitetes dezentrales Telekommunikationsnetz für die Übertragung digitalisierter Informationen. Der Zugang zum Netz erfolgt über Computer und Modem sowie einen Vermittler (›Provider‹) gegen eine Gebühr. Über das Internet ist der Zugang zu angeschlossenen Datenbanken sowie das Kopieren von Texten und Bildern auf den eigenen Rechner möglich. Außerdem kann u.a. elektronische Post (E-Mail) empfangen und verschickt werden.

ISDN, *das* Abkürzung für **i**ntegrated **s**ervices **d**igital **n**etwork [englisch ›Dienste integrierendes digitales Nachrichtennetz‹], Telekommunikationsnetz mit digitaler Vermittlungs- und Übertragungstechnik, mit dem alle Kommunikationsarten (Sprache, Text, Bild, Daten) in einem gemeinsamen öffentlichen Netz übermittelt werden.

Isolator, *der* [zu italienisch isolare ›von allem anderen abtrennen‹], ein elektrisch nicht leitender Stoff; auch das Konstruktionselement zur Befestigung Strom führender Leiter wird als Isolator bezeichnet.

Kathodenstrahlröhre [zu griechisch káthodos ›Hinabweg‹], eine Elektronenstrahlröhre, in der die aus der Kathode (negative Elektrode) austretenden Elektronen zu einem Strahl gebündelt werden. Dieser Elektronenstrahl kann elektrisch oder magnetisch abgelenkt werden, sodass er auf jeden Punkt eines Bildschirms gerichtet werden kann. Wichtigste Anwendung ist die Bildröhre von Fernsehgeräten und Monitoren.

Kernenergie, Atomenergie, Energie, die durch die Umwandlung von Atomkernen freigesetzt werden kann. Technisch realisiert ist die Kernspaltung in Kernreaktoren, während sich die Kernfusion, also die Verschmelzung von Atomkernen, noch im Forschungs- und Entwicklungsstadium befindet.

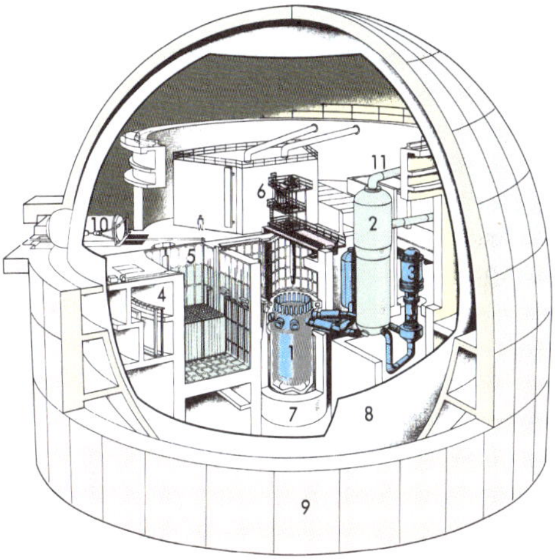

Reaktorgebäude eines Druckwasserreaktors:
1 Reaktordruckbehälter mit Rohrstutzen für Dampferzeuger (2), 3 Hauptkühlmittelpumpe, 4 Lager für neue Brennelemente, 5 Lagerbecken für abgebrannte Brennelemente, 6 Lademaschine, 7 biologischer Schild gegen Strahlung, 8 Sicherheitsbehälter, 9 Reaktorgebäude, 10 Materialschleuse, 11 Frischdampfleitung zur Turbine

Kernreaktor, Anlage zur Umwandlung von Kernenergie in Wärmeenergie, die dann zur Erzeugung von Wasserdampf verwendet wird. Der Dampf treibt über Turbinen Generatoren an, mit denen elektrischer Strom erzeugt wird. In Kernreaktoren, von denen es verschiedene Typen gibt, läuft eine gesteuerte Kernspaltung ab, im Unterschied zu den Kernwaffen, bei denen die Kernenergie explosionsartig freigesetzt wird (*siehe* Atombombe).

KI, *siehe* künstliche Intelligenz.

Kilowatt, Abkürzung kW, Einheit der Leistung, 1 Kilowatt = 1 000 Watt.

Kilowattstunde, Abkürzung kWh, Einheit der Arbeit bzw. Energie, besonders in der Elektrotechnik, 1 Kilowattstunde = 1 000 Wattstunden = 3,6 Megajoule.

Kompass, *der* ein Gerät zur Bestimmung der Himmelsrichtung. Die einfachste Form ist eine in der Waagerechten bewegliche Magnetnadel, die sich stets in Richtung des erdmagnetischen Felds einstellt, also in die Nordrichtung zeigt.
❧ Die Richtwirkung der Magnetnadel war bereits im 12. Jh. n. Chr. in China bekannt. ❧ Der französische Physiker LÉON FOUCAULT (* 1819, † 1868) konstruierte einen Vorläufer des Kreiselkompasses (Deklinabrium).

Kondensator, *der* [zu lateinisch condensare ›verdichten‹], ein Bauelement der Elektrotechnik zur Speicherung elektrischer Ladungen. Das Maß für das Fassungsvermögen von Kondensatoren ist die Kapazität, Maßeinheit ist das Farad.

Laserstrahl bei der Verdampfung von Stahl

Kosmonaut, *der* [zu griechisch kósmos ›Weltall‹ und naũtes ›Seemann‹], Teilnehmer an einem Raumfahrtunternehmen der früheren Sowjetunion bzw. Russlands.

Kraftwerk, technische Anlage, in der durch Energieumwandlung Elektrizität erzeugt wird. In Abhängigkeit von der eingesetzten Primärenergie unterscheidet man Wasser-, Wärme-, (Kohle-, Öl-, Erdgas-), Kern-, Gezeiten-, Wind-, Sonnen- und geothermische Kraftwerke. Wird in dieser Anlage auch Wärme ausgekoppelt (Kraft-Wärme-Kopplung), ist es ein Heizkraftwerk.

künstliche Intelligenz, Abkürzung KI, Methoden und Verfahren der Informatik, mit denen menschliche Fähigkeiten, besonders intelligentes Verhalten, von Computern erfasst und nachvollzogen werden können. KI bedeutet also im weitesten Sinn, mithilfe von Computern Probleme zu lösen, die Intelligenzleistungen voraussetzen.

Kurzschluss, eine elektrisch leitende Verbindung (Widerstand fast null) zwischen den Ausgangsklemmen von Spannungsquellen. Bei geringem Widerstand ist jedoch die Stromstärke sehr hoch. Das führt zu Schäden am Stromkreis bis hin zu Bränden.

Kybernetik, *die* [zu griechisch kybernetes ›Steuermann‹], die allgemeine Wissenschaft zur Untersuchung der Gesetzmäßigkeiten der Steuerung, der Regelung und Rückkopplung der Informationsübertragung und -verarbeitung in Maschinen, Organismen und Gemeinschaften. Die Kybernetik liefert formale mathematische Beschreibungen und modellartige Erklärungen von dynamischen Systemen.

Laser, *der* [ˈleɪzɛ; englisch], Kurzwort aus **L**ight **A**mplification by **S**timulated **E**mission of **R**adiation (›Lichtverstärkung durch angeregte Strahlungsemission‹), eine Lichtquelle, die einen extrem stark gebündelten Lichtstrahl (Laserstrahl) erzeugt. Eingesetzt werden Laserstrahlen in vielen Bereichen der Naturwissenschaften, Technik und Medizin, z. B. zum Lesen der Informationen auf Compactdiscs (CD), als Laserdrucker, zum Präzisionsbearbeiten (Trennen, Abtragen) kleiner Bauteile, bei Augenoperationen und für viele andere Einsatzzwecke. Der erste Laser, ein Rubinlaser, wurde 1960 entwickelt.

Leistung, der Quotient aus Arbeit und Zeit. Die Einheit der Leistung ist das Watt, für größere und große Leistungen das Kilo-, Mega- und Gigawatt.

Leiter, in der Elektrotechnik ein Stoff, der den elektrischen Strom leitet. In Leitern (vor allem Metalle) ist der elektrische Widerstand infolge der leichten Beweglichkeit der Ladungsträger (Elektronen, Ionen) gering, bei Supraleitern verschwindet er beim Unterschreiten der Sprungtemperatur sogar völlig.

Leitung, Einrichtung zum Transport von Stoffen, Energie oder Nachrichten. Für Flüssigkeiten und Gase verwendet man Rohrleitungen, für elektrische Energie oder Nachrichten Kabel, Freileitungen, Bündelleiter u. a.

Lichtmaschine, veraltete Bezeichnung für den Generator in Kraftfahrzeugen.

Linse, *siehe* Kapitel 16.

Luftverschmutzung, die Veränderung der natürlichen Zusammensetzung der Luft durch feste, flüssige und gasförmige Stoffe, die häufig durch menschliche Aktivitäten hervorgerufen wird. Wesentliche Quellen der Luftverschmutzung sind Vulkanausbrüche, Waldbrände, Verbrennungsvorgänge in Wärmekraftwerken und in Verbrennungsmotoren.

Magnetband, ein Kunststoffband, das mit magnetisierbarem Eisenoxid oder Chromdioxid beschichtet ist. Durch eine differenzierte Magnetisierung ist es möglich, Töne, Bilder oder Daten auf einem Magnetband zu speichern und wieder abzuspielen.

Magneteisenerz, auch Magnetit genannt, ist ein aus Eisenoxid bestehendes Mineral, das von Magneten angezogen wird.

Mainframe, *der* [ˈmeɪnfreɪm], Bezeichnung für einen Großrechner (Großcomputer).

Marconi, Guglielmo italienischer Hochfrequenztechniker (* 1874, † 1937), der das Verfahren der drahtlosen Telegrafie entwickelt hat. 1899 realisierte er eine Funkverbindung über den Ärmelkanal, 1901 sogar über den Atlantik. 1909 erhielt er den Nobelpreis für Physik zusammen mit KARL FERDINAND BRAUN (* 1850, † 1918), dem Erfinder der braunschen Röhre. Marconi befasste sich auch mit der Anwendung von Kurzwellen und entdeckte 1931 die Möglichkeit, Dezimeterwellen auch jenseits des optischen Horizonts zu empfangen.

Mega [griechisch megas ›groß‹], Vorsatzzeichen bei Einheiten, das den millionenfachen Wert der Grundeinheit bedeutet, z. B. 1 Megabyte = 1 Million Byte, 1 Megawatt = 1 Million Watt.

Mercury-Programm [ˈmɛːkjʊrɪ...], Raumflugprogramm der NASA mit sechs Flügen zwischen 1961 und 1963, von denen vier bemannt waren.

Mikrofiche, *das* oder *der* [...fiʃ], Planfilm im Postkartenformat, der Reihen verkleinerter Bild- und Textseiten zeigt. Die Informationen können mit einem Mikrofilm-Lesegerät betrachtet werden.

Mikrofilm, ein 16 mm breiter fotografischer Film mit hohem Auflösungsvermögen, mit dem eine Platz sparende Speicherung von Schriftgut möglich ist.

Mikroskop, *das* [zu griechisch mikrós ›klein‹ und griechisch skopeĩn ›betrachten‹], ein Instrument zur vergrößerten Betrachtung oder Abbildung sehr kleiner Gegenstände. Lichtmikroskope bestehen aus zwei Linsensystemen (Objektiv und Okular). Mit Elektronen-, Röntgenstrahl- oder Tunnelmikroskopen ist eine wesentlich höhere Vergrößerung möglich, mit Rastertunnelmikroskopen sogar die Darstellung von Strukturen von atomarer Kleinheit.

Mikrosystemtechnik, Technikgebiet, das sich mit der Entwicklung und Fertigung miniaturisierter technischer Baugruppen befasst, die aus mikromechanischen, mikroelektronischen oder mikrooptischen Einzelkomponenten bestehen und deren Wechselwirkungen aufeinander abgestimmt sind. Ein einfaches Mikrosystem besteht aus einer Sensoreinheit, dem Elektronikteil, das die vom Sensor kommenden Signale verarbeitet, und einem Stellglied (Aktor), das den aufbereiteten Signalen entsprechend reagiert.

Mobilfunk, Telekommunikationsdienst, mit dem eine drahtlose Datenübermittlung (Sprache, Texte, Bilder, Daten) mithilfe von Funksignalen möglich ist.

Modulation, *die* [zu lateinisch modulari ›abmessen‹], in der Kommunikationstechnik die Veränderung einer sinusförmigen hochfrequenten Trägerschwingung durch ein niederfrequentes Nachrichtensignal, damit eine drahtlose Übertragung möglich wird. Bei der Amplitudenmodulation (AM) wird die Amplitude (die maximale Auslenkung einer Schwingung aus der Ruhelage) durch das Nachrichtensignal verändert. Bei der Frequenzmodulation (FM) wird das Nachrichtensignal der Frequenz der Trägerschwingung überlagert. – Abb. S. 550.

Napalm, Metallverbindungen von **Na**phtensäuren oder **Palm**itinsäuren, die in Benzin oder Petroleum gelöst sind. Napalm wird als Brandbombenfüllung eingesetzt und zündet beim Aufprall von selbst. Es entwickelt Temperaturen von über 2000 °C und ist kaum löschbar.

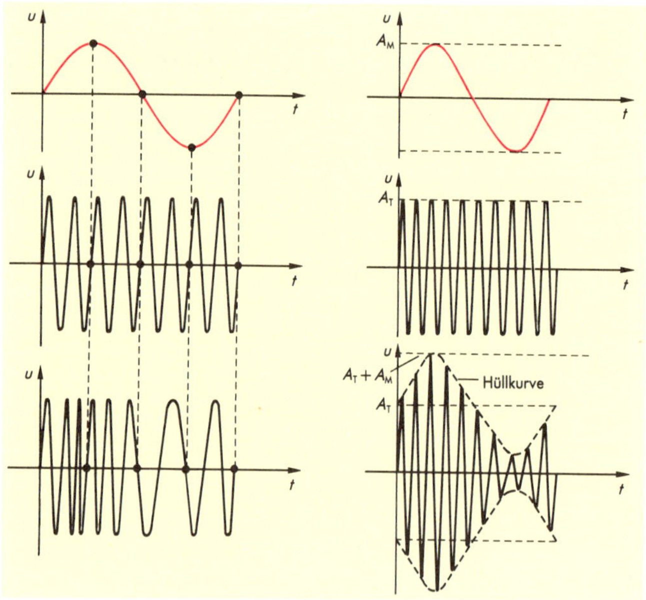

Die Modulation einer Trägerschwingung (Mitte) durch eine Modulationsschwingung (rot), bei Frequenzmodulation (links) und bei Amplitudenmodulation (rechts)

❧ Der Einsatz von Napalm im Vietnamkrieg (*siehe* Kapitel 1) löste weltweite Proteste aus.

Nylon®, *das* [ˈnaɪlɔn], ehemaliger Handelsname für reiß- und verschleißfeste Chemiefasern und Kunststoffe aus Polyamiden.

Offshoretechnik [...ʃɔː...; englisch ›vor der Küste‹], die Suche und Gewinnung von Erdöl und Erdgas in küstennahen Meeresgebieten. Je nach Meerestiefe werden die Bohrungen von Hubplattformen (bis 120 m Tiefe), Halbtauchern (bis 200 m Tiefe) oder Bohrplattformen (bis 300 m Tiefe) niedergebracht.

Ohm, die Einheit des elektrischen Widerstands, benannt nach dem deutschen Physiker GEORG OHM (* 1789, † 1854).

Onlinedienste [ɔnlain...; englisch on-line ›in Verbindung (mit einem Computer)‹], Telekommunikationsdienste, die Informationen (Texte, Sprache, Bilder) mittels digitaler Aufbereitung und Datenkompression über das Telefonnetz (mit zwischengeschaltetem Modem) zu Personalcomputern übertragen.

Otto, Nikolaus August deutscher Ingenieur und Erfinder (* 1832, † 1891), konstruierte Gasmotoren, baute eine atmosphärische Gasmaschine und entwickelte den nach ihm benannten Viertakt-Verbrennungsmotor (Patent vom 4. 8. 1877).

Ozonloch, Begriff, mit dem die Zerstörung der Ozonschicht der Erdatmosphäre beschrieben wird. Ursprünglich nur über dem Südpol nachgewiesen, wächst in den letzten Jahren auch ein Ozonloch im Winterhalbjahr über dem Nordpol.
Die Ozonzerstörung ist auf Fluorchlorkohlenwasserstoffe (FCKW), Chlorkohlenwasserstoffe und Halone zurückzuführen, die als Treibgase, Kühlmittel und Treibmittel z. B. in der Schaumstoffproduktion verwendet werden. Nach dem Aufstieg dieser Gasmoleküle in die Ozonschicht werden sie durch die UV-Strahlung zerstört, und das dabei frei werdende Chlor zersetzt wiederum das Ozon. Da die Ozonschicht der natürliche Schutz der Erde gegen die UV-Strahlung der Sonne ist, ist eine Reduzierung der Ozonschicht u. a. für eine Zunahme der Hautkrebserkrankungen verantwortlich.

PC, Abkürzung für **P**ersonal**c**omputer.

Perpetuum mobile, *das* [lateinisch ›das sich ständig Bewegende‹], eine Maschine, die nach einmaligem Anwurf ohne weitere Energiezufuhr von außen ununterbrochen Energie abgibt. Das ist nach dem Energiesatz (1. Hauptsatz der Thermodynamik) nicht möglich.

Personalcomputer, *der* [englisch ›persönlicher, privater Computer‹], Abkürzung PC, ein Arbeitsplatzcomputer (Mikrocomputer), also eine in den Abmessungen kleine Datenverarbeitungsanlage, die für einen einzelnen Benutzer installiert ist. Zur Ausstattung gehören ein Monitor (Sichtgerät), eine Tastatur, eine Maus als Zeigegerät, mindestens ein Disketten- und CD-ROM-Laufwerk, ein Festplattenspeicher bis in den Gigabytebereich sowie Schnittstellen für den Anschluss von Peripheriegeräten (z. B. Drucker). Moderne PC arbeiten mit Wortlängen von 32 oder 64 Bit, Taktfrequenzen über 150 Megahertz und Arbeitsspeichern zwischen 16 und 256 Megabyte.

Petrochemie [zu griechisch petros ›Stein‹], der Bereich der chemischen Industrie, in dem Chemierohstoffe aus Erdöl und Erdgas hergestellt werden. Etwa 95% aller organischen Chemikalien werden aus Erdöl oder Erdgas produziert.

Photoeffekt, auch lichtelektrischer Effekt genannter Vorgang, bei dem durch Lichteinwirkung Atomelektronen aus ihrem Bindungszustand gelöst werden und damit für den elektrischen Ladungstransport zur Verfügung stehen. Ausgenutzt wird dieser Effekt z. B. in Photozellen und anderen optoelektronischen Bauelementen, bei der Übertragung großer Informationsmengen in der Lichtleitertechnik sowie in Solarzellen zur Direktumwandlung von Sonnenlicht in elektrische Energie. PHILIPP LENARD (* 1862, † 1947) beschrieb den Photoeffekt.

Piccard, Auguste [piˈka:r], schweizerischer Physiker (* 1884, † 1962), der 1931 zusammen mit seinem Assistenten F. KIPFER von Augsburg aus zum ersten bemannten Ballonaufstieg in die Stratosphäre startete (erreichte Höhe 15 781 m). Nach dem 2. Weltkrieg wandte er sich der Erforschung der Tiefsee zu und konstruierte zusammen mit seinem Sohn JACQUES PICCARD (* 1922) das erste Tiefseetauchgerät, den *siehe* Bathyskaph ›Trieste‹.

Polymere [zu griechisch polys ›viel‹ und meros ›Teil‹], organische Verbindungen, deren Riesenmoleküle (Makromoleküle) aus einer großen Anzahl von Einzelmolekülen (Monomere) aufgebaut sind. Natürliche Polymere (Biopolymere) sind z. B. Zellulose, Stärke, Nukleinsäuren, synthetische Polymere sind z. B. viele Kunststoffe, Synthesekautschuk, Chemiefasern (Nylon) u. a.

Programm, in der Datenverarbeitung eine in einer Programmiersprache abgefasste Verarbeitungsvorschrift (Algorithmus) und die dazugehörenden Datenbereiche. Bei der Programmierung wird eine algorithmisch vorformulierte Lösungsvariante schrittweise in ein Programm einer Programmiersprache umgesetzt. Grundbestandteile eines Programms sind die Befehle (nicht weiter zerlegbare Einheit, Arbeitsschritt). Bei nicht maschinenorientierten Programmiersprachen spricht man statt von Befehlen von elementaren Anweisungen.

Programmiersprache, in der elektronischen Datenverarbeitung ein Regelwerk zum Abfassen von Programmen. Als Maschinensprache werden alle direkt vom Computer lesbaren Befehle und Verknüpfungen bezeichnet. Wichtige Programmiersprachen sind z. B. FORTRAN, BASIC, PASCAL.

Werner von Siemens (links) und Auguste Piccard (rechts)

Radar, *das* Kurzwort aus **Ra**dio **D**etecting **a**nd **R**anging (englisch ›Funkermittlung und Entfernungsmessung‹), ein Funkmessverfahren zur Bestimmung von Entfernung, Richtung und Geschwindigkeit bewegter Objekte. Eine scharf gebündelte elektromagnetische Welle wird von einem Sender abgestrahlt und von Hindernissen in Ausbreitungsrichtung der Welle reflektiert. Aus der Zeitdifferenz zwischen abgestrahlter und reflektierter Welle wird die Entfernung bestimmt. – Abb. S. 552.

radioaktiver Müll, radioaktiv strahlendes Material, das nach seinem Einsatz übrig bleibt und entsorgt werden muss. Das sind einmal Gegenstände, die mit radioaktivem Material in Berührung gekommen sind, z. B. schwach radioaktiver Abfall in der Medizin. Wesentlich problematischer ist hochradioaktiver Abfall, z. B. ›abgebrannte‹ Brennstäbe aus Kernreaktoren. Über die Endlagerung dieses Materials, die sich über Tausende von Jahren erstrecken wird, gehen die Meinungen noch auseinander. Am weitesten verbreitet ist gegenwärtig das Einschließen in Beton oder keramische Massen und Einlagern in geologisch stabilem Areal, z. B. in aufgelassenen Salzstöcken.

Radiokarbonmethode, Verfahren zur Altersbestimmung von organischem Material durch Messung des Gehalts an radioaktivem Kohlenstoff in Form des Kohlenstoffisotops ^{14}C, der nur während biologischer Aufbauprozesse eingebaut wird. Nach dem Absterben des Organismus wird kein ^{14}C mehr eingebaut und der vorhandene ^{14}C zerfällt mit einer bekannten Halbwertzeit, sodass aus der Menge des noch vorhandenen ^{14}C auf das Alter des Objekts geschlossen werden kann. Die Zuverlässigkeit der Radiokarbonmethode ist umstritten.

RAM, Abkürzung für **R**andom **A**ccess **M**emory [englisch ›Speicher mit wahlfreiem Zugriff‹], Bezeichnung für einen Halbleiterspeichertyp, der gelesen und beschrieben werden kann.

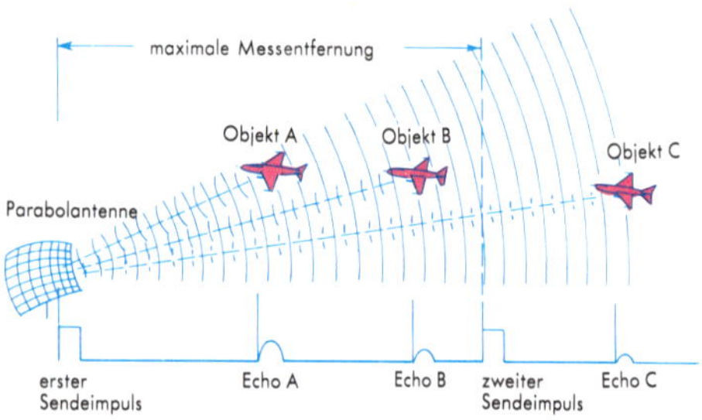

Radarerfassung eines Flugzeugs (schematisch)

Raumstation, ein bemannter Weltraumstützpunkt, der auf einer stabilen Umlaufbahn oberhalb der Atmosphäre die Erde umläuft und der aufgrund seiner Größe und Ausrüstung mehreren Raumfahrern den Aufenthalt bis zu mehreren Monaten Dauer ermöglicht. Die ersten Stationen, die russische ›Saljut‹ und die amerikanische ›Skyla‹ waren verhältnismäßig klein. Die russische Raumstation ›Mir‹ (1986 gestartet) hat bereits ein Gewicht von 90 t.

Rückkopplung, die Beeinflussung eines Ablaufs durch die Rückwirkung (Feedback) der Folgen auf den weiteren Verlauf. In der Elektroakustik, z. B. in elektronischen Verstärkerschaltungen, wird ein Teil des Ausgangssignals auf den Eingang zurückgeführt. So können die Trennschärfe und die Verstärkung erhöht und Schwingkreise entdämpft werden.

Satellit, *der* [von lateinisch satelles ›Leibwächter‹], ein Raumkörper, z. B. ein Mond, der einen Planeten umkreist und durch dessen Anziehungskraft auf seiner Bahn gehalten wird. Künstliche Satelliten heißen unbemannte Raumflugkörper für kommerzielle, wissenschaftliche oder militärische Zwecke, z. B. Nachrichten-, Wetter- oder Aufklärungssatelliten. Sie kreisen infolge des Gleichgewichts von Erdanziehungs- und Zentrifugalkraft ohne einen Antrieb zu benötigen um die Erde.

Satellitennavigation, Verfahren zur Standortbestimmung von Land- und Luftfahrzeugen sowie Schiffen mithilfe von Signalen künstlicher Erdsatelliten. Aus dem Vergleich der Empfangszeiten verschiedener Satelliten, deren Positionen und Bahndaten ebenfalls übermittelt werden, kann die Signallaufzeit zwischen Satellit und Fahrzeug und daraus dessen Position berechnet werden. Am weitesten verbreitet ist das Global Position System (GPS) mit 21 plus drei Reservesatelliten in Umlaufbahnen von 20 200 km Höhe, das seit 1993 voll einsatzfähig ist.

Schallmauer, der Geschwindigkeitsbereich in unmittelbarer Nähe der Schallgeschwindigkeit, in dem der Luftwiderstand eines Flugzeugs oder anderer Flugkörper stark ansteigt. Durch die Verdrängungswirkung werden sprunghafte Druckänderungen hervorgerufen, die innerhalb eines bestimmten Bereiches (Lärmteppich) auf der Erdoberfläche als Knall wahrgenommen werden.

❧ Der österreichische Physiker ERNST MACH (* 1838, † 1916) beschäftigte sich mit diesen Schallerscheinungen. Die nach ihm benannte Machzahl ist ein Maß für die Schallgeschwindigkeit.

Siemens, Werner von deutscher Ingenieur, Erfinder und Unternehmer (* 1816, † 1892), verbesserte den elektrischen Zeigertelegraphen und erfand 1866 die Dynamomaschine. Er hatte großen Anteil an der Durchsetzung der Telegraphie zur Nachrichtenübermittlung und ließ 1852 erstmals Tiefseekabel im Mittelmeer und 1867–70 von Suez nach Indien verlegen. – Abb. S. 551.

Silicium, *das* ein chemisches Element (Nichtmetall) mit dem Symbol Si. Es ist nach dem Sauerstoff das zweithäufigste Element in der Erdrinde. Silicium ist das wichtigste Material der Halbleitertechnik und Mikroelektronik. Allerdings benötigt man dafür hochreines Silicium, das in aufwendigem Herstellungsverfahren produziert werden muss.

Software, *die* ['sɔftwɛə; englisch eigentlich ›weiche Ware‹], Begriff der elektronischen Datenverarbeitung, mit dem die nicht zur gerätetechnischen Ausrüstung (Hardware [*siehe dort*]) gehörenden Bestandteile (Betriebssystem, Anwenderprogramme, Daten) bezeichnet werden.

Solarzelle [zu lateinisch sol ›Sonne‹], ein großflächiges Photoelement auf Halbleiterbasis, das die auftreffende Sonnenstrahlung direkt in elektrische Energie wandelt (die Umwandlungswirkungsgrade liegen zwischen etwa 12 und 25%, unter Laborbedingungen noch höher). Solarzellen werden z. B. zur Energieversorgung von Satelliten und elektrischen Geräten eingesetzt.
❧ 1992 wurde in Freiburg im Breisgau ein Haus erbaut, das für die Energieversorgung nur Solarzellen nutzt.

Spaceshuttle, *der* ['speɪsʃʌtl; aus englisch space ›Weltraum‹ und shuttle ›im Pendelverkehr eingesetztes Fahrzeug‹], teilweise wieder verwendbarer Raumtransporter der NASA. Der Außentank ist 47 m lang, die beiden Feststoffraketen (Booster) haben eine Länge von je 45,46 m (Durchmesser 3,7 m). Der zurückkehrende Orbiter hat eine Länge von 37 m und eine Spannweite von 23,8 m. Die Ladebucht zur Beförderung der Nutzlast ist 18,3 m lang und hat einen Durchmesser von 4,57 m.
❧ Die amerikanischen Raumfähren heißen ›Columbia‹, ›Discovery‹, ›Endeavour‹ und ›Atlantis‹. ❧ 1986 explodierte die Raumfähre ›Challenger‹ beim Start.

Sputnik [russisch ›Gefährte‹], die erste Satellitenreihe der Sowjetunion. Der Start von Sputnik 1 erfolgte am 4. 10. 1957 und war der erste gelungene Satellitenstart überhaupt. Der in den USA dadurch ausgelöste Schock führte zu verstärkten Anstrengungen, um den Entwicklungsrückstand aufzuholen.

Stromkreis, zu einem Kreis geschlossene Verbindung aus elektrisch leitendem Material (*siehe* Leiter), durch das ein elektrischer Strom fließt. Ein Stromkreis besteht mindestens aus der Spannungsquelle, dem Verbraucher sowie Hin- und Rückleitung.

Stromlinienform, eine Körperform mit möglichst niedrigem Strömungswiderstand gegenüber Flüssigkeiten und Gasen. Stromlinienformen bewirken eine ungestörte (laminare) Strömung ohne Wirbelbildung. Dadurch verringert sich der Energieaufwand (Kraftstoffverbrauch) für die Bewegung eines stromlinienförmigen Körpers.

Stromrichtung, die Richtung des Stromflusses (Elektronenflusses) in einem geschlossenen Stromkreis beim Anlegen einer elektrischen Spannung. Die Stromrichtung verläuft vom negativen Pol (Elektronenüberschuss) über einen Verbraucher zum positiven Pol. Die so genannte technische Stromrichtung ist entgegengesetzt dem tatsächlichen Elektronenfluss definiert, also vom Plus- zum Minuspol.

Supraleiter [zu lateinisch supra ›über‹], Material, in dem bei einer sehr niedrigen Temperatur (Sprungtemperatur) der elektrische Widerstand plötzlich gegen null geht. Supraleiter sind Metalle, Legierungen und metallähnliche Verbindungen. Die Forschung konzentriert sich auf Hochtemperatursupraleiter, deren Sprungtemperatur möglichst weit vom absoluten Nullpunkt entfernt ist. Das wird mit keramikähnlichen Werkstoffen erreicht, z. B. Thallium-Calcium-Oxid oder Strontium-Calcium-Oxid.
❧ Die Supraleitung wurde schon 1911 von dem niederländischen Physiker HEIKE KAMERLINGH ONNES (* 1853, † 1926) entdeckt.

Supraleitung, Eigenschaft von elektrischen Leitern, bei denen unterhalb einer materialabhängigen Übergangstemperatur (Sprungtemperatur) der elektrische Widerstand unmessbar klein und dadurch die elektrische Leitfähigkeit unendlich groß wird (Supraleitfähigkeit). Ursprünglich waren nur Materialien bekannt, deren Sprungtemperatur in der Nähe des absoluten Nullpunkts (−273,15 °C) liegt. Inzwischen sind auch Materialien gefunden worden, deren Sprungtemperatur über dem Siedepunkt von Stickstoff liegt (−190 °C).

Teleobjektiv, *das* [zu griechisch tēle ›weit, fern‹], fotografisches Objektiv mit langer Brennweite und schmalem Bildwinkel, bei Kleinbildkameras z. B. 85 bis 2000 mm und 30° bis 2°, mit dem entfernte Objekte so vergrößert werden, dass sie näher erscheinen.

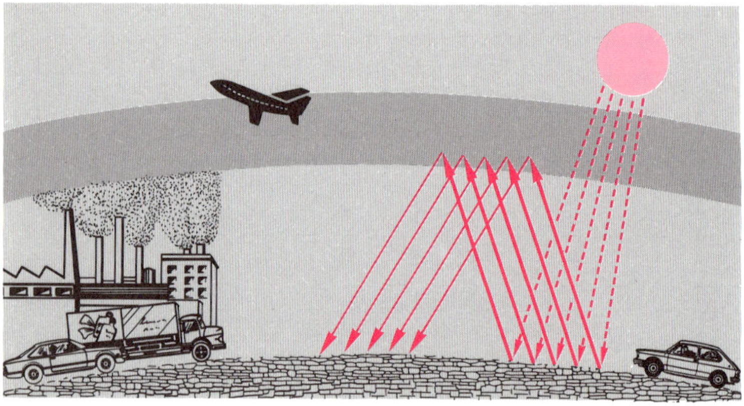

Der Treibhauseffekt.
Die kurzwelligen Sonnenstrahlen erwärmen die Erdoberfläche, die langwelligen Strahlen der Erde werden teilweise reflektiert und sorgen für zusätzliche Erwärmung

Thermoelement, *das* [zu griechisch thérmē ›Wärme‹], ein Gerät zur exakten Temperaturmessung. Es besteht aus zwei verschiedenen Materialien, z. B. Eisen/Konstantan, Nickel/Nickelchrom, die über zwei Lötstellen verbunden sind. Setzt man diese Verbindungsstellen unterschiedlichen Temperaturen aus (eine wird auf einem bekannten und konstanten Wert gehalten), so entsteht eine Thermospannung, deren Höhe ein direktes Maß für die Temperaturdifferenz ist.

Thermostat, *der* [zu griechisch thérme ›Wärme‹ und statós ›stehend‹], ein automatischer Temperaturregler zur Aufrechterhaltung eines Sollwerts der Temperatur. Er besteht aus einem Temperaturfühler (z. B. Bimetallstreifen) und einem elektrischen Schaltkontakt.

Transformator, *der* [lateinisch ›Umwandler‹], ein Gerät zur Umwandlung einer elektrischen Wechselspannung in eine höhere oder niedrigere Spannung gleicher Frequenz.

Transistor, *der* [Kurzwort aus englisch transfer ›Übertragung‹ und resistor ›elektrischer Widerstand‹], ein elektronisches Halbleiterbauelement mit mindestens drei Elektroden, das als Verstärker oder kontaktloser Schalter eingesetzt wird. Die Miniaturisierung hat dazu geführt, dass in integrierten Schaltungen *(siehe dort)* eine noch ständig steigende Anzahl von Transistorfunktionen pro Flächeneinheit konzentriert werden kann (gegenwärtig etwa $10^8 = 100$ Millionen je Chip). Die Transistorfunktionen innerhalb der integrierten Schaltungen auf einem Chip sind die Grundelemente von Mikroprozessoren und damit auch die der Zentraleinheit eines Computers.

Transrapid, in Deutschland entwickelte Hochgeschwindigkeits-Magnetschwebebahn (Höchstgeschwindigkeit 500 km/h), die mit einem Linearmotor angetrieben wird und berührungsfrei auf einer etwa 5 m hohen, gestelzten Schienenbahn gleitet. Zurzeit existiert lediglich eine Versuchsstrecke im Emsland; die Strecke Hamburg–Berlin wird wegen des nur geringen Zeitgewinns gegenüber einer herkömmlichen ICE-Verbindung nicht gebaut.

Treibhauseffekt, *der* eine allgemeine Erhöhung der weltweiten Durchschnittstemperaturen aufgrund der in der Atmosphäre vorhandenen Spurengase. Diese Gase lassen zwar das sichtbare Licht der Sonne zur Erdoberfläche durch, blockieren aber die von der Erde reflektierte Wärmestrahlung ähnlich wie die Scheiben eines Treibhauses. Von den Verursachergasen tragen allein Kohlendioxid (CO_2) zu rund 50%, die Fluorchlorkohlenwasserstoffe (FCKW) zu 20% und Methan zu 15% zum Treibhauseffekt bei. Von besonderer Bedeutung ist daher die von der UNO-Umweltkonferenz 1992 beschlossene Reduzierung des CO_2-Ausstoßes.

Tschernobyl, Stadt in der Ukraine, am Pripjet nahe seiner Mündung in den Kiewer Stausee. Hier ereignete sich 1986 im Kernkraftwerk ein GAU (größter anzunehmender Unfall). Dabei wurden erhebliche Mengen radioaktiver Partikel ausgeworfen. Die radioaktiven Wolken zogen bis nach Nord- und Westeuropa. Nach offiziellen Angaben starben bis 1994 etwa 125 000 Menschen, darunter 6 000 Katastrophenhelfer, an Strahlenschäden; 160 000 Kinder leiden an Strahlungsschäden.

Überschall, Bezeichnung von Geschwindigkeiten, die höher als die Schallgeschwindigkeit (etwa 331 m/s) sind (*siehe* Schallmauer).

UHF, Abkürzung für **U**ltra **H**igh **F**requency (Ultrahochfrequenz). Damit werden elektromagnetische Wellen (Radiowellen) mit Frequenzen zwischen 300 Megahertz und 3 Gigahertz (3 000 000 000 Hertz) bezeichnet.

V-2, deutsche Mittelstreckenrakete (auch A-4 genannt) mit Flüssigkeitsantrieb (Alkohol-Sauerstoff-Gemisch), die unter Leitung WERNHER VON BRAUNS (* 1912, † 1977) in Peenemünde (Vorpommern) entwickelt worden war. Technische Daten: Startgewicht 12 000 kg, Sprengstoff 1 000 kg, Reichweite 250 km, Geschwindigkeit etwa 5 000 km/h, Ersteinsatz am 6. 9. 1944.
Die Bezeichnung V-2 wurde als Kürzel für ›Vergeltungswaffe‹ eingeführt, da mit diesen Raketen britische Städte als ›Vergeltung‹ für die Bombardierung deutscher Städte durch angloamerikanische Bomberflotten angegriffen wurden.
❧ Die Wissenschaftler, die die V-2 entwickelten, wurden nach dem Zweiten Weltkrieg von den USA und der UdSSR für ihre eigenen Raketenprogramme in Dienst genommen.

Verbrennungsmotor, eine Kraftmaschine, bei der durch Verbrennung eines Luft-Kraftstoff-Gemischs mechanische Arbeit geleistet wird. Die beiden wichtigsten Typen sind der Ottomotor und der Dieselmotor (*siehe auch* Wankelmotor).

Verbundwerkstoffe, eine Gruppe von Werkstoffen, die aus verschiedenen Materialien zusammengesetzt sind, womit eine gezielte Eigenschaftsverbesserung möglich ist. So sind bei den Faserverbundwerkstoffen dünne textile, Glas- oder Kohlenstoffasern, -matten oder -gewebe in einen Basiswerkstoff eingebettet. Schichtverbundwerkstoffe werden z. B. durch Aufdampfen, Spritzen, Plattieren von dünnen Schichten auf einen Grundwerkstoff hergestellt.

Verstärker, in der Elektronik eine Schaltung oder ein Gerät zur Verstärkung (Vergrößerung) von Spannungen, Strömen und Leistungen. Wichtigste Bausteine in Verstärkerschaltungen sind aktive Bauelemente, vor allem Transistoren *(siehe dort)*.

virtuelle Realität, Bezeichnung für eine mittels Computer erzeugte scheinbare Wirklichkeit oder künstliche Welt (englisch ›Cyberspace‹), in der sich Personen mithilfe von speziellen Geräten (elektronische Brille, Datenhandschuh u. a.) interaktiv bewegen können.

Start einer V-2 in Peenemünde

Vulkanisation, *die* [zu englisch to vulcanize ›dem Feuer aussetzen‹], Verfahren, bei dem thermoplastischer Kautschuk in elastischen Weichgummi überführt wird. Dabei werden zwischen den Makromolekülen (*siehe* Polymere) Vernetzungsbrücken gebildet, sodass sich die Moleküle nicht mehr frei bewegen können. Als Vulkanisationsmittel dienen schwefelabgebende Substanzen.

Wankelmotor, auch Kreiskolbenmotor genannter Verbrennungsmotor, dessen Kolben eine stetig kreisende Bewegung ausführt. Der exzentrisch gelagerte dreieckförmige Drehkolben läuft in einem Gehäuse um und bildet mit diesem die sich stetig verändernden Arbeitsräume.
❧ Das Prinzip des Wankelmotors wurde von FELIX WANKEL (* 1902, † 1988) entwickelt.

Wärmebelastung, eine Form der Umweltverschmutzung, bei der Abwärme, z. B. aus Kraftwerken, in Gewässer eingeleitet wird. Die daraus entstehende Temperaturerhöhung des Wassers verringert den Sauerstoffgehalt des Gewässers, was schließlich zum ›Umkippen‹ führen kann.

Wasseraufbereitung, die Behandlung von Wasser, um es dem jeweiligen Verwendungszweck anzupassen. Schwebestoffe werden durch Flockung und anschließende Filtration (Kiesfilter) zurückgehalten. Gelöste organische Bestandteile werden durch Versickerung, durch biologischen Abbau oder mit Aktivkohle entfernt. Gelöste Eisenionen können durch oxidative Umwandlung beseitigt werden (Enteisenung). Bakterien werden mit Ozon und/oder Chlor abgetötet. Bei hoher Wasserhärte (Carbonatgehalt des Wassers) ist eine chemische Enthärtung oder eine Behandlung mit Ionenaustauschern notwendig.

Wasserkraftwerk, ein Kraftwerk, das die kinetische Energie aufgestauten oder hochgepumpten Wassers zur Erzeugung elektrischer Energie ausnutzt. Das Wasser treibt dabei Wasserturbinen an, die mit Generatoren gekoppelt sind, in denen die mechanische Energie des Wassers in elektrische Energie umgewandelt wird.

Watt, die Einheit der Leistung, Einheitenzeichen W, 1 Watt = 1 Joule pro Sekunde.
❧ Die Einheit wurde nach dem englischen Erfinder JAMES WATT benannt.

Watt, James [wɔt], englischer Techniker und Erfinder (* 1736, † 1819), verbesserte die Newcomen-Dampfmaschine und ließ sich ein Patent auf eine von ihm konstruierte Maschine erteilen, die die hin- und hergehende Bewegung (des Kolbens) in eine rotierende Bewegung (Kreisbewegung) umwandelte. Dadurch konnte die Dampfmaschine als Antriebsmaschine, z. B. für Textil- und Werkzeugmaschinen, verwendet werden (eine wesentliche Grundlage der industriellen Revolution).
❧ Watt erkannte als Erster, dass Wasser kein chemisches Element ist.

Wechselstrom, elektrischer Strom, dessen Richtung und Stärke sich im Unterschied zum Gleichstrom *(siehe dort)* periodisch ändern. Wechselstrom wird mit Generatoren erzeugt. Netz-Wechselstrom hat in Deutschland eine Frequenz von 50 Hertz; elektrische Bahnen werden mit $16^2/_3$ Hertz betrieben.

Weitwinkelobjektive, fotografische Objektive, mit denen man Bildwinkel von 60° bis 140° erfasst, mit den Superweitwinkelobjektiven (Fischaugenobjektive) sogar bis etwa 220° bei etwa 6 mm Brennweite.

Orville und Wilbur Wright. Doppeldecker-Motorflugzeug (1909)

Wright, Orville [raɪt], (* 1871, † 1948), und **Wilbur** (* 1867, † 1912), amerikanische Techniker und Luftfahrtpioniere. Nachdem die Brüder Wright die Gleitflugversuche OTTO LILIENTHALS (* 1848, † 1896) gründlich studiert hatten, führten sie selbst Gleitflüge aus, bauten dann einen Flugzeugmotor und gingen zum Motorflug über (erster Motorflug am 17. 12. 1903 mit dem Doppeldecker ›Flyer I‹ über 255 m in 59 Sekunden).

Zentraleinheit, *die* englisch Central processor unit (CPU) genannt, ist die Bezeichnung für den Rechnerkern und den Hauptspeicher eines Computers. Zum Rechnerkern gehören das Rechenwerk sowie ein Ein-/Ausgabeprozessor, über den die Verbindungen mit den Peripheriegeräten und dem Bedienungspersonal hergestellt werden.

101 Daten des 20. Jahrhunderts

1900

01. 01. 1900 Das bürgerliche Gesetzbuch tritt in Kraft.
10. 12. 1901 Die ersten Nobelpreise werden vergeben.
28. 06. 1902 Der amerikanische Präsident Th. Roosevelt erhält die Genehmigung zum Kauf der Panama-Konzession.
17. 12. 1903 Den Gebrüdern Wright gelingt der erste gelenkte Motorflug.
11. 08. 1904 Deutsche Kolonialtruppen schlagen den Herero-Aufstand in Deutsch-Südwestafrika nieder.
30. 06. 1905 Albert Einstein stellt seine Spezielle Relativitätstheorie vor.
17. 10. 1906 Der Physiker Arthur Korn verschickt ein Bild des Kronprinzen Wilhelm als »Telefax«.
07. 05. 1907 Carl Hagenbeck eröffnet seinen Tierpark in Hamburg.
12. 08. 1908 Das erste Exemplar des Modells T von Henry Ford läuft vom Band.
14. 05. 1909 Das Reichsbankgesetz stellt Banknoten und Goldmark als Zahlungsmittel gleich.

1910

31. 05. 1910 Großbritannien schließt seine Kolonien Kapprovinz, Natal, Oranje-Freistaat und Transvaal zum selbstständigen Dominion Südafrikanische Union zusammen.
14. 12. 1911 Roald Amundsen erreicht den Südpol.
15. 04. 1912 Der Luxusdampfer »Titanic« geht unter, 1503 Menschen sterben.
03. 02. 1913 Rudolf Steiner gründet die Anthroposophische Gesellschaft.
28. 07. 1914 Der Erste Weltkrieg beginnt mit der Kriegserklärung Österreich-Ungarns an Serbien.
22. 04. 1915 Erstmals werden chemische Kampfstoffe in einem Krieg eingesetzt.
05. 02. 1916 Hugo Ball eröffnet in Zürich das »Cabaret Voltaire«, die Geburtsstätte der Dada-Bewegung.
7./8. 11. 1917 Die russische Revolution bricht aus.
09. 11. 1918 Philipp Scheidemann ruft die deutsche Republik aus.
19. 01. 1919 Frauen dürfen erstmals aktiv und passiv wählen.

1920

02. 11. 1920 Das erste Hörfunkprogramm der Welt wird in Pittsburgh übertragen.
27. 07. 1921 Kanadische Mediziner isolieren erstmals das Hormon Insulin.
05. 11. 1922 Der britische Archäologe H. Carter entdeckt das Grab Tutanchamuns.
13. 05. 1923 Der Muttertag wird in Deutschland eingeführt.
21. 01. 1924 Wladimir Iljitsch Uljanow, genannt Lenin, stirbt.
21. 12. 1925 Sergej M. Eisensteins Film »Panzerkreuzer Potemkin» hat Uraufführung.
28. 06. 1926 Die Daimler-Benz AG wird gegründet.
20./21. 05. 1927 Charles Lindbergh überfliegt im ersten Non-Stop-Flug den Atlantik.
18. 11. 1928 Der erste Mickey-Mouse-Film kommt in die Kinos.
17. 03. 1929 General Motors wird Mehrheitsaktionär der deutschen Adam Opel AG.

1930

13.03.1930 Der Planet Pluto wird entdeckt.
01.05.1931 Das Empire State Building, lange Zeit höchstes Gebäude der Welt, wird eingeweiht.
27.02.1932 Adolf Hitler wird zum braunschweigischen Regierungsrat ernannt und erhält damit die deutsche Staatsbürgerschaft.
27.10.1933 Die chinesischen Kommunisten beginnen den »Langen Marsch«.
30.06.1934 Adolf Hitler lässt die Führung der SA verhaften und erschießen (»Röhm-Putsch«).
22.03.1935 In Deutschland beginnt die regelmäßige Ausstrahlung eines Fernsehprogramms.
12.06.1936 Die Golden Gate Bridge in San Franciso wird eingeweiht.
14.03.1937 Papst Pius XI. kritisiert in seiner Enzyklika »Mit brennender Sorge« die Unterdrückung in Deutschland.
12.03.1938 Deutsche Truppen marschieren in Österreich ein.
01.09.1939 Der Zweite Weltkrieg beginnt.

1940

21.08.1940 Leo Trotzkij wird in Mexiko ermordet.
12.05.1941 Konrad Zuse präsentiert den ersten Computer der Welt.
02.12.1942 Enrico Fermi setzt in Chicago die erste kontrollierte Kettenreaktion in Gang.
02.02.1943 Die 6. Armee kapituliert in Stalingrad.
06.06.1944 Alliierte Truppen landen in der Normandie.
24.10.1945 Erste Vollversammlung der UNO
07.01.1946 In Deutschland wird die Penicillinproduktion aufgenommen.
27.11.1947 Das Stück »Draußen vor der Tür« von Wolfgang Borchert hat Uraufführung.
21.06.1948 Die Deutsche Mark wird in den westlichen Besatzungszonen eingeführt.
04.04.1949 Das Verteidigungsbündnis NATO wird gegründet.

1950

25.06.1950 Der Koreakrieg beginnt.
30.06.1951 In Frankfurt am Main wird die Sozialistische Internationale gegründet.
26.05.1952 Der Deutschlandvertrag tritt in Kraft.
17.06.1953 Volksaufstand in der DDR
08.01.1954 Elvis Presley nimmt seine erste Schallplatte auf.
16.07.1955 In Kassel wird die erste »documenta« eröffnet.
04.11.1956 Russische Truppen schlagen den Aufstand in Ungarn nieder.
04.10.1957 Der russische Satellit »Sputnik 1« wird gestartet.
28.09.1958 In Frankreich wird mit der neuen Verfassung die Fünfte Republik eingeführt.
16.02.1959 Fidel Castro wird Ministerpräsident von Kuba.

14. 09. 1960	Das Erdölkartell OPEC wird gegründet.
13. 08. 1961	Bau der Berliner Mauer
26. 10. 1962	Spiegel-Affäre in Deutschland
08. 08. 1963	15 »Gentlemen« überfallen den Postzug Glasgow–London.
01. 06. 1964	Die PLO wird in Jerusalem gegründet.
13. 07. 1965	Der amerikanische Präsident Johnson lässt die US-Truppen in Vietnam zu Offensivaktionen übergehen.
21. 02. 1966	Frankreich kündigt seinen Austritt aus der militärischen Integration der NATO an.
03. 12. 1967	Dem südafrikanischen Chirurgen Ch. Barnard gelingt die erste Herztransplantation.
16. 03. 1968	Amerikanische Soldaten veranstalten in My Lai ein Massaker.
20. 07. 1969	Mit dem Amerikaner Neil Armstrong betritt erstmals ein Mensch den Mond.

12. 01. 1970	Die Kapitulation der Truppen Biafras beendet den Biafrakrieg in Nigeria.
07. 02. 1971	Die Schweiz führt das Frauenwahlrecht ein.
05. 09. 1972	Palästinensische Terroristen überfallen Israels Olympiamannschaft.
11. 09. 1973	General Pinochet putscht in Chile.
25. 04. 1974	Günter Guillaume wird verhaftet.
01. 11. 1975	Der italienische Regisseur Pier Paolo Pasolini wird ermordet.
10. 07. 1976	Die Chemiefabrik in Seveso bei Mailand explodiert und setzt große Mengen Dioxin frei.
15. 06. 1977	In Spanien finden die ersten freien Parlamentswahlen statt.
26. 07. 1978	Louise Brown, das erste »Retortenbaby« der Welt, wird geboren.
01. 02. 1979	Ayatollah Ruhollah Khomeini kehrt nach Teheran zurück und stürzt Schah Resa Pahlewi.

13. 01. 1980	Die neue Partei »Die Grünen« veranstaltet ihren Gründungsparteitag.
25. 01. 1981	In China wird die »Viererbande« zum Tode verurteilt.
02. 04. 1982	Beginn des Falklandkrieges zwischen Argentinien und Großbritannien.
05. 10. 1983	Der polnische Arbeiterführer Lech Wałęsa erhält den Friedensnobelpreis.
31. 10. 1984	Die indische Ministerpräsidentin I. Gandhi wird von zwei Soldaten ihrer Leibwache erschossen.
07. 07. 1985	Boris Becker gewinnt erstmals das Tennisturnier in Wimbledon.
19. 02. 1986	Die russische Raumstation »Mir« nimmt ihre Arbeit im All auf.
16. 08. 1987	Steffi Graf erreicht Platz 1 der Weltrangliste im Damentennis.
28. 06. 1988	In Moskau beginnt die Allunionskonferenz der KpdSU, auf der grundlegende Reformen des Staats- und Parteiapparats beschlossen werden.
04. 06. 1989	Die chinesische Armee schlägt die Demonstrationen auf dem Tienamin-Platz nieder.

03. 10.1990	Die DDR tritt der Bundesrepublik Deutschland bei.
17. 01.1991	Beginn des zweiten Golfkriegs gegen Irak
29. 02.1992	Eine Mehrheit in Bosnien und Herzegowina votiert für die Unabhängigkeit.
29. 05.1993	Fünf Türkinnen sterben bei einem Brandanschlag auf ein Haus in Solingen.
06. 05.1994	Der Eurotunnel zwischen Frankreich und Großbritannien wird eröffnet.
17. 06.1995	Christo beginnt den Reichstag in Berlin zu verhüllen.
27. 05.1996	Ein russisch-tschetschenisches Waffenstillstandsabkommen beendet den 1. Tschetschenienkrieg.
01. 07.1997	Die britische Kronkolonie Hongkong fällt an China zurück.
21. 05.1998	Der indonesische Staatspräsident Suharto tritt nach 30 Amtsjahren zurück.
12. 06.1999	Die ersten Kfor-Truppen marschieren in Kosovo ein.
31. 12.1999	Der russische Präsident Jelzin tritt zurück.
01. 01.2000	Die amerikanische Oberhoheit über die Kanalzone in Panama endet.

Register

A

B

C

D

E

F

G

H

I

J

K

L

M

N

O

P

Q

R

S

U

V

W

Bildquellenverzeichnis

A. G. E. Foto Stock, Barcelona. – Agence photographique de la Réunion des musées nationaux, Paris. – Fratelli Alinari, Florenz. – Archaeological Museum, Delphi. – Archiv für Kunst und Geschichte, Berlin. – Artothek, J. Hinrichs, Peißenberg. – The Associated Press, Frankfurt am Main. – BAVARIA Bildagentur, Gauting. – Bayerische Staatsbibliothek, München. – Bibliographisches Institut & F. A. Brockhaus, Mannheim. – Bibliothèque Nationale, Paris. – Bildarchiv Foto Marburg, Marburg. – Bildarchiv Preußischer Kulturbesitz, Berlin. – The Bridgeman Art Library, London. – Britisches Museum, London. – S. Brügger, Lübeck. – Büchergilde Gutenberg, Frankfurt am Main. – Bundesarchiv, Koblenz. – Bundesbildstelle, Berlin. – Burgerbibliothek, Bern. – Deutsche Luftbild, W. Seelmann & Co., Hamburg. – Deutsches Archäologisches Institut, Berlin. – Deutsches Institut für Filmkunde, Frankfurt am Main. – Deutsches Museum, München. – dpa Bildarchiv, Frankfurt am Main und Stuttgart. – Dumbarton Oaks Research Library and Collections, Harvard University, Washington D. C. – Elsevier, Amsterdam. – Eupra Bildarchiv, München. – R. von Forster, Frankfurt am Main. – U. Freitag, Lübeck. – Galleria Borghese, Rom. – Galleria Nazionale d'Arte Antica, Rom. – Studio X, Gamma, Limours. – Geopress, H. Kanus, München. – Dr. G. Gerster, Zumikon, Schweiz. – Gesamtdeutsches Institut, Bundesanstalt für Gesamtdeutsche Aufgaben, Bonn. – Prof. Dr. K. Gießner, Hannover. – Photographie Giraudon, Paris. – Goethe-Haus und Frankfurter Goethe-Museum, Freies Deutsches Hochstift, Frankfurt am Main. – Dr. G. Grill, Mannheim. – Hale Observatory, Pasadena, Kalifornien. – Prof. Dr. A. Herold, Gerbrunn. – Hirmer Verlag, München. – The A. Hutchison Library, London. – IFA-Bilderteam, Taufkirchen. – Institut für Meereskunde der Univ. Kiel. – Internationales Bildarchiv Horst von Irmer, München. – Jürgens, Ost + Europa Photo, Berlin. – Institut für wissenschaftliche Fotografie, M. Kage, Weißenstein. – Lichtbildarchiv Keil, Neckargemünd. – W. Keimer, Heidelberg. – Keystone Pressedienst, Hamburg. – A. Koch Kunstverlag, München. – P. Koch, Zollikon, Schweiz. – Kodansha International, Tokio. – Kunsthistorisches Museum, Wien. – Helga Lade Fotoagentur, Frankfurt am Main. – F. K. Frhr. von Linden, Waldsee, Pfalz. – F. Mader, Hamburg. – M. Matzerath, Karlsruhe. – Bildagentur Mauritius, Mittenwald. – T. Molter, Wolfenbüttel. – Arnoldo Mondadori Editore, Mailand. – Musée Cantonal des Beaux-Arts, Lausanne. – National Gallery of Scotland, Edinburgh. – W. Neumeister (†), München. – G. Dagli Orti, Paris. – Österreichische Galerie im Belvedere, Wien. – Österreichische Nationalbibliothek, Wien. – A. Perceval, Paris. – Pinacoteca di Brera, Mailand. – Rijksmuseum Kröller-Müller, Ede-Otterlo, Niederlande. – Bildarchiv S. Sammer, Neuenkirchen. – SCALA, Florenz. – Dr. K. Schaifers, Heidelberg. – S. Schapowalow, Hamburg. – Schiller-Nationalmuseum und Deutsches Literaturarchiv, Marbach am Neckar. – Bildarchiv Schneiders, Lindau am Bodensee. – Sven Simon Fotoagentur, Essen. – Staatsgalerie, Stuttgart. – Süddeutscher Verlag Bilderdienst, München. – Thomas-Mann-Archiv der Eidgenössischen Technischen Hochschule, Zürich. – Transglobe Agency, Hamburg. – Tretjakow-Galerie, Moskau. – Uffizien, Florenz. – Ullstein Bilderdienst, Berlin. – Univ.-Bibliothek Innsbruck. – Vatikanische Sammlungen, Vatikanstadt. – R. Wagenmann, Mannheim. – Woodmansterne, Watford, Großbritannien. – ZEFA – Zentrale Farbbild Agentur, Düsseldorf.